PROJEKT LEBEN

ETHIK FÜR DIE OBERSTUFE

Ernst Klett Schulbuchverlage
Stuttgart · Leipzig

Autorinnen und Autoren:
Dr. Eva Jelden
Dr. Matthias Jung
Heinz-Jürgen Loth M. A.
Prof. Dr. Rudolf Lüthe
Prof. Dr. Gottfried Orth
Dr. Volker Pfeifer
Meike Roth-Beck

unter Mitwirkung von:
Manfred Pöpperl
Dr. Monika Sänger

Das Buch folgt – soweit dem nicht Einsprüche von Autoren und Verlagen entgegen stehen – der reformierten Rechtschreibung nach dem Duden.

1. Auflage 1 8 7 6 5 4 | 2012 2011 2010 2009 2008

Alle Drucke dieser Auflage können im Unterricht nebeneinander benutzt werden,
sie sind untereinander unverändert. Die letzte Zahl bezeichnet das Jahr dieses Druckes.

Internetadresse: http://www.klett.de

Redaktion: Meike Roth-Beck, Eisenach
Layout: Josephin Müller
Assistenz: Andrea Kujat
Umschlag: Olaf Hein, Leipzig
Piktogramme: Erhard Müller, Leipzig
Schemata: Dieter Thärigen, Leipzig
Reproduktionen: Huth & Möller, Leipzig
Druck: Firmengruppe APPL, aprinta druck, Wemding

ISBN 3-12-694010-2

Liebe Schülerinnen/liebe Schüler, liebe Unterrichtende,

»Projekt Leben« zwischen zwei Buchdeckeln? Konfutse lehrte vor über 2500 Jahren, dass die edleste Art zu handeln mit »Nachdenken« verbunden ist. »Projekt Leben« soll Ihnen in diesem Sinn für Ihren Unterricht einen roten Faden an die Hand geben. Den Autorinnen und Autoren dieses Buches diente hierbei die Philosophie als Leitwissenschaft und als Strukturhilfe. Sie finden – auf diese Weise systematisiert – die Lehrplanvorgaben im Inhaltsverzeichnis übersichtlich gegliedert: als Themenschwerpunkte, die jeweils eine Doppelseite bilden. Ihre Alltagserfahrungen wurden berücksichtigt.

> *Der Mensch kann auf drei Arten handeln:*
> *erstens durch Nachdenken: das ist die edleste,*
> *zweitens durch Nachahmen: das ist die leichteste,*
> *drittens durch Erfahrung: das ist die bitterste.*
>
> Konfutse

Der Vorteil dieser Strukturierung liegt auf der Hand: Sie können sich thematisch schnell orientieren. Darüber hinaus bietet der transparente Aufbau der Doppelseite mit ihrer klaren Problemorientierung die Möglichkeit, ohne große Umwege die ethisch relevanten Fragen zu diskutieren. Es werden keine Patentrezepte erteilt, sondern Kriterien vorgegeben, über die sich alle im Unterricht Beteiligten verständigen können. Die Arbeitsaufträge unterstützen Sie, diese Kriterien zu erörtern und in größeren Zusammenhängen zu bewerten. Die Doppelseiten sind durch Querverweise miteinander vernetzt. Sie werden also auf weiterführende Aspekte anderer Seiten und Kapitel verwiesen und können diese berücksichtigen.

Beim Durchblättern des Buches werden Ihnen die Piktogramme auffallen, die rechts oben auf den Doppelseiten stehen. Sie geben folgende Hinweise:

Diskussion: *Wir möchten Ihnen Mut machen, das Schulfach als »Diskussionsfach« zu erproben. Vergessen Sie über dem Schulwissen Ihre eigenen Fragen nicht!*

Basiswissen: *Mit dieser Doppelseite können Sie sich grundlegend informieren.*

Hintergrund: *Mit dieser Doppelseite werden philosophisch-ethische Fragen in einen größeren Zusammenhang gestellt.*

GLOSSAR

Das Glossar am Schluss des Buches bietet Ihnen Informationen zu einigen erläuterungsbedürftigen Begriffen und Personen, die Sie sonst ggf. in einem Lexikon nachschlagen müssten.

INDEX

Ein Index erleichtert es Ihnen, die Aspekte des Lehrplanes aufzufinden.

Viel Freude beim Philosophieren wünscht Ihnen Ihr Autorenteam

1 Erste Schritte ethischen Argumentierens (Werkzeuge)

2 Herausforderung der Moderne: Moralität und Pluralismus

2.1 Anthropologie

2.2 Pluralismus

6 Entwürfe geglückten Lebens

6.1 Freiheit verlangt Verantwortung

6.2 Glück haben – glücklich sein

6.3 Geschichte bedenken – Zukunft entwerfen

Flugversuche

Schon immer haben sich Menschen nach dem guten, einem besseren Leben gesehnt. Am Anfang standen und stehen heute noch Visionen. Woher kommen sie? Was verraten sie über den Menschen, der sie denkt, und was hindert die Menschen daran sie umzusetzen? Nicht nur Philosophen versuchen, dem menschlichen Leben einen Sinn abzuringen. In einer Erzählung wird gefragt, was Gott am meisten an den Menschen überrascht, und er antwortet: »Sie langweilen sich Kinder zu sein und wollen schnell erwachsen werden, und als Erwachsene sehnen sie sich danach, wieder Kind zu sein. Sie setzen ihre Gesundheit aufs Spiel, um viel Geld zu verdienen, und dann geben sie all ihr Geld dafür aus, wieder gesund zu werden. Vor Sorgen um ihre Zukunft vergessen sie die Gegenwart, sodass sie weder heute noch morgen leben. Sie leben, als würden sie nie sterben, und sie sterben, als hätten sie nie gelebt.« Hat er Recht? Was bedeutet für Sie, erwachsen zu werden?

Hoffen – ein Grundtrieb des Menschen?

Unbefriedigt sein, wünschen, einen umfassenderen Zustand ins Auge fassen, wenn die Dinge anders (d. h. besser) sein könnten, als sie sind, ist die elementarste Form dieses Grundtriebes. Seine höchste Form ist die Utopie – die Herstellung der Vollkommenheit, die der Mensch ist oder zu verwirklichen trachtet oder die zumindest über ihm steht wie eine geistige Sonne. Eine solche Utopie ist nicht auf die Errichtung idealer Gemeinwesen beschränkt. Überall gibt es Wunschbilder: in unseren Träumen von vollkommener physischer Gesundheit und Schönheit, in denen wir Krankheit, Alter und sogar den Tod beiseite schieben, in den Träumen von einer Gesellschaft ohne Mangel. Es gibt die Vorstellungen einer durch technische Naturbeherrschung verwandelten Welt, die Traumbauten und Traumstädte, die sich nur unvollkommen in der ganzen anspruchslos funktionalen Architektur des wirklichen Lebens widerspiegeln. Die Utopie eines verlorenen oder noch unentdeckten Eden oder Eldorado trieb die Eroberer; die Traumlandschaft der Vollkommenheit, eine Welt, die dem Menschen angemessener eingerichtet wäre, ... ist in allen Menschen, die danach streben, sich selbst zu verwirklichen.

Eric Hobsbawn, 1960

▶ *Welche Funktion hat für Hobsbawn die Utopie im menschlichen Leben? Würde er den Äußerungen Frieds und Blochs (vgl. S. 11) zustimmen?*

Gründe

Weil das alles nicht hilft
Sie tun ja doch was sie wollen
Weil ich mir nicht nochmals
die Finger verbrennen will
Weil man nur lachen wird:
Auf dich haben sie gewartet
Und warum immer ich?
Keiner wird es mir danken
Weil da niemand mehr durchsieht
sondern höchstens
noch mehr kaputtgeht
Weil jedes Schlechte
vielleicht auch sein Gutes hat
Weil es Sache des Standpunktes ist
und überhaupt
wem soll man glauben?
Weil auch bei den andern nur
mit Wasser gekocht wird
Weil ich das lieber
Berufeneren überlasse
Weil man nie weiß
wie einem das schaden kann
Weil sich die Mühe nicht lohnt
weil sie alle das gar nicht wert sind
Das sind Todesursachen
zu schreiben auf unsere Gräber
die nicht mehr gegraben werden
wenn das die Ursachen sind.

Erich Fried, um 1950

Der Traum vom Fliegen –

Wie Leonardo da Vinci versuchten Erfinder und Ingenieure aller Zeiten immer wieder, Flugmaschinen zu konstruieren.

▶ *Fassen Sie die Aussage des Gedichtes kurz zusammen. Kennen Sie die von Fried genannten Gründe, etwas eigentlich Richtiges nicht zu tun, bei sich selbst? Nennen Sie Beispiele.*

Kein Leben ohne Ideale?

Niemals ist bisher in der Geschichte ein revolutionärer Impuls vollkommen liegen gelassen und vollkommen vergessen worden. Immer wieder taucht Sehnsucht auf und Wachtraum von dem besseren Leben, dream of the better life ... Niemals wird der bei der Enttäuschung stehen bleiben können innerhalb einer neuen Generation, aber auch schon bei der alten Generation nicht, sondern sie gibt mit moralischem Auftrag an sich selbst und erst recht an die Kommenden das ursprünglich Gemeinte und so ungeheuer Einleuchtende als ein Einzugedenkendes weiter. Ein Eingedenken dessen erscheint, was man hat machen wollen. Ernst Bloch, 1975

▶ *Stimmen Sie Dan Diners Aussage zu? Setzen Sie ihr die Meinung Blochs gegenüber.*

Keine Aussicht auf Besserung?

Ich gehe davon aus – und inzwischen lassen sich für dieses pessimistische Verständnis gute Gründe benennen –, dass der Fortschritt auf Wissenschaft und Technik, also auf Äußerlichkeiten, beschränkt ist. Früher glaubte man, dass der Mensch sich mit diesen Veränderungen ebenfalls verändern, verbessern würde. Das lässt sich nicht mehr aufrechterhalten. Damit will ich nicht gleich einer negativen Anthropologie das Wort reden, aber eine positive Anthropologie lässt sich vor dem Hintergrund der Ereignisse des 20. Jahrhunderts nicht mehr vertreten. Nein, es gibt keinen Fortschritt im Sinne einer positiv zu wertenden Veränderung des Menschen.

Dan Diner, 1999

Die »Eule der Minerva« gilt als Symbol der Philosophie: Sie fliegt erst in der Abenddämmerung – nicht während des Tagesgeschäftes, sondern danach.

so alt wie die Menschheit

Leonardo da Vinci versuchte eine Flugmaschine zu fertigen, die dem Körperbau des Vogels entsprach.

Wir sind im hohen Grade durch Kunst und Wissenschaft kultiviert. Wir sind zivilisiert, bis zum Überlästigen, zu allerlei gesellschaftlicher Artigkeit und Anständigkeit. Aber uns schon für moralisiert zu halten, daran fehlt doch viel.

Immanuel Kant

▶ *Welche Unterscheidung nimmt Kant vor, mit der »Fortschritt« differenziert betrachtet werden kann? Würden Sie ihm beipflichten (vgl. S. 50/51; 408/09)?*

Ich rege mich. Von früh auf sucht man. Ist ganz und gar begehrlich, schreit. Hat nicht, was man will. Ernst Bloch, 1947

Metaethik: Was bedeutet »gut«?

Wir wünschen uns einen »Guten Tag«, hören »gute Musik«, sind gelegentlich »gut drauf« oder »nicht gut auf jemanden zu sprechen«. Was meinen wir, wenn wir etwas oder jemanden für »gut« befinden?

Marc Chagall, David et Bathseba, 1956

Das Wörtchen »gut«

Nehmen wir an, daß ein Missionar, mit einem Grammatikbuch ausgerüstet, auf einer Kannibaleninsel landet. Das Vokabelverzeichnis seines Grammatikbuches gibt ihm das Äquivalent für das deutsche Wort »gut« in der Kannibalensprache. Nehmen wir an, daß – durch einen seltsamen Zufall – »gut« das Wort in der Kannibalensprache ist. Und nehmen wir weiter an, daß es wirklich ein Äquivalent ist – das heißt, es ist das allgemeinste Adjektiv des Empfehlens in ihrer Sprache. Vorausgesetzt, daß der Missionar sein Vokabelverzeichnis gemeistert hat, kann er mit ihm, solange er das Wort wertend und nicht beschreibend gebraucht, ganz zufriedenstellend mit den Eingeborenen über moralische Dinge reden. Sie wissen, daß er, wenn er das Wort gebraucht, die Person oder den Gegenstand, auf die er es anwendet, empfiehlt. Was sie seltsam finden werden, ist jedoch, daß er es so unerwartet auf Leute anwendet, die demütig und sanft sind und nicht große Mengen von Skalps sammeln; während sie doch daran gewöhnt sind, Leute zu empfehlen, die kühn und stämmig sind und mehr Skalps sammeln als der Durchschnitt. Doch weder sie noch der Missionar sind im Irrtum über die wertende Bedeutung des Wortes »gut«. Es ist das Wort, das man zum Empfehlen gebraucht. Wenn sie sich darüber im Irrtum befänden, wäre Kommunikation über moralische Angelegenheiten zwischen ihnen unmöglich.

R. M. Hare, 1983

▶ *Formulieren Sie mit Ihren Worten, was Hare mit seiner Geschichte sagen will. Beziehen Sie kritisch Stellung dazu.*

Verwendungsweisen von »gut«?

Nachdem »gut« in ebenso viel Bedeutungen ausgesagt wird wie »ist« – es wird in der Kategorie der Substanz ausgesagt, z. B. von Gott und der Vernunft, in der Kategorie der Qualität, z. B. von ethischen Vorzügen, in der Kategorie der Quantität, z. B. vom richtigen Maß, in der Relation, z. B. vom Nützlichen, in der Zeit, z. B. vom richtigen Augenblick, in der Kategorie des Ortes, z. B. vom gesunden Aufenthalt usw. – kann »gut« unmöglich etwas übergreifend Allgemeines und nur Eines sein. Denn sonst könnte es nicht in allen Kategorien ausgesagt werden, sondern nur in einer.

Aristoteles

▶ *Überprüfen Sie, ob unsere alltäglichen Verwendungen von »gut« in das aristotelische Kategorienschema passen.*

Verbindlichkeitsstufen von »gut«

1. Stufe (zweckrational): »gut für etwas«; hier geht es um Mittel, Wege und Verfahren, aber nicht ihre Zwecke oder Ziele. Ein Umweltschutzgesetz kann ökonomisch gesehen nützlich/schädlich sein, weil es das Wirtschaftswachstum fördert/hindert.

2. Stufe (pragmatisch): »gut für jemanden«. Es geht um das Wohlergehen von Individuen oder Gruppen.

3. Stufe (moralisch): »gut für jeden«.

Die Logik moralischer Werturteile

Die metaethische Frage lautet: Was meint man eigentlich, wenn man das Wort »gut« in einem Satz verwendet? Meint man etwa, dass die bezeichnete Sache selbst gut ist? Oder meint man, dass die Sache eine Empfindung im bewertenden Subjekt auslöst, die sich dann im Prädikat »gut« niederschlägt? Dahinter steht die entscheidende Frage nach dem Ob und dem Wie moralischer Erkenntnis überhaupt.

Streitgespräch zwischen einem Intuitionisten und einem Emotivisten

I.: Was ist denn an moralischen Tatsachen so problematisch? Die fundamentale kognitive Situation in der Moral ist, daß wir die Richtigkeit einer bestimmten Handlung unmittelbar sehen. Du weißt recht gut, daß du Versprechen halten solltest. Du weißt recht gut, daß menschliche Zuneigung gut, Grausamkeit aber schlecht ist.

E.: Ich möchte grundsätzlich sagen: Wer die Existenz objektiver moralischer Merkmale leugnet, will damit nicht leugnen, daß das Halten von Versprechen richtig ist. Er will lediglich darauf hinweisen, das richtig und falsch etwas ist, das man in seinem eigenen Herzen fühlt, nicht etwas, das man mit den Augen sehen oder mit den Ohren hören kann.

I: Aber schau dir doch mal an, was passiert, wenn jemand in Sachen Moral anderer Meinung ist als du. Du bringst dann Gründe hervor. Und dabei geht es doch ganz klar nicht um das Erklären eines emotionalen Zustandes, sondern darum, Beweise zur Stützung eines Urteils vorzubringen.

Intuition
unvermitteltes, vollständiges, zweifelsfreies (evidentes) Erfassen eines Objekts.

E.: Um dies ganz klar zu machen: Wir Emotivisten verwenden Gründe und Tatsachen bloß zur Stützung unserer eigenen Einstellungen, als Appell sozusagen an die Fähigkeiten der anderen, so zu fühlen und zu antworten, wie wir selbst es tun.

I.: Wir sehen das doch etwas anders. Aus der Tatsache, daß eine Handlung für andere unnötiges Leid mit sich bringt, folgt notwendigerweise, daß die betreffende Handlung falsch ist, gerade wie aus der Tatsache, dass ein Dreieck gleichseitig ist, notwendigerweise folgt, daß seine Winkel gleich groß sind. Empfindungen und Gefühle spielen hier eine herzlich kleine Rolle!

E.: Das ist doch purer rationalistischer Aberglaube! »Le cœur a ses raisons, que la raison ne connait pas« (Das Herz hat seine Gründe, die der Verstand nicht kennt): Das ist die ganze Wahrheit!

Nach: P. F. Strawson, 1974

▶ *Charakterisieren Sie anhand des Streitgesprächs die beiden metaethischen Grundpositionen. Welcher würden Sie den Vorzug geben? Achten Sie dabei auf die Art Ihrer Begründung.*

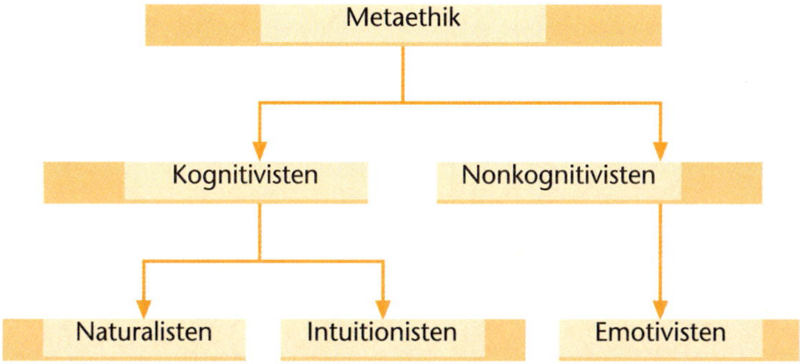

Sagen, »was ist« und sagen, »was sein soll«

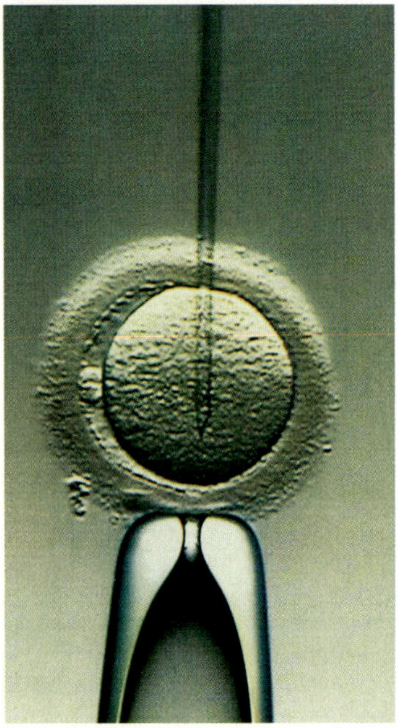

▶ *Ist das Bild Ihrer Meinung nach eine wertneutrale Abbildung oder appelliert es an Wertvorstellungen?*

Ein unmerklicher Übergang

In jedem Moralsystem, das mir bisher vorkam, habe ich immer bemerkt, dass der Verfasser eine Zeit lang in der gewöhnlichen Betrachtungsweise vorgeht, das Dasein Gottes feststellt oder Beobachtungen über menschliche Dinge vorbringt. Plötzlich werde ich damit überrascht, dass mir anstatt der üblichen Verbindungen von Worten mit »ist« und »ist nicht« kein Satz mehr begegnet, in dem nicht ein »sollte« oder »sollte nicht« sich fände. Dieser Wechsel vollzieht sich unmerklich; aber er ist von größter Wichtigkeit. Dieses »sollte« oder »sollte nicht« drückt eine neue Beziehung oder Behauptung aus, muss also notwendigerweise beachtet und erklärt werden. Zugleich sollte ein Grund angegeben werden, denn es scheint ganz und gar nicht einsichtig, wie diese neue Beziehung von anderen abgeleitet werden könne, die offensichtlich von ihr verschieden sind ... Und ich bin überzeugt, dass ein klein wenig Aufmerksamkeit auf diesen Punkt alle gängigen Moralsysteme umstürzen und uns sehen lassen würde, dass der Unterschied zwischen Laster und Tugend nicht ausschließlich auf Beziehungen zwischen Gegenständen begründet ist und nicht durch Vernunft erkannt wird.

David Hume, 1740

▶ *Erörtern Sie, welche Bedeutung der Unterscheidung zwischen »ist« und »soll« im alltäglichen Sprachgebrauch zukommt.*

▶ *Hume liegt offensichtlich viel an dieser Unterscheidung. Geben Sie seine Gründe hierfür wieder.*

In einem praktischen Schluss verbinden sich Aussagen mit Forderungen, d. h. Deskriptives mit Handlungsantrieben/-motiven:

Obersatz (normativ):
»Hilf jedem Menschen in Not!«

Untersatz (deskriptiv):
»Dieser Mensch ist in Not!«

Schluss (Konklusion):
»Also: Hilf ihm!«

Kleine Unterschiede

Soweit unsere Sprache dazu dient, Tatsachenbehauptungen aufzustellen und diese mitzuteilen, wird sie deskriptive Sprache genannt; die Aussagen dieser Sprache heißen auch Indikativsätze. Davon wird die präskriptive Sprache unterschieden. Zu dieser letzteren gehören Imperative und Werturteile. Die Imperative zerfallen in singuläre (»Schließ die Türe!«) und generelle (»Sage stets die Wahrheit!«); die Werturteile umfassen nicht-moralische (»Dies ist ein schlechtes Auto!«) und moralische (»Stehlen ist verwerflich!«). Moralische Urteile unterscheiden sich jedoch in einer wesentlichen Hinsicht von gewöhnlichen Imperativen. Ein nicht-moralischer Imperativ wie »Schließ die Türe!« wird entweder ohne weitere Rechtfertigung ausgesprochen oder es wird nur eine spezielle Rechtfertigung für die konkrete Situation gegeben. Bei einem speziellen moralischen Imperativ wie »Du sollst ihm die Wahrheit sagen!« hingegen kann man stets verlangen, ihn durch Vernunftgründe zu stützen.

Nach: W. Stegmüller, 1976

Grundlegende Unterscheidungen

Werte
geben eine allgemeine Zielorientierung (z. B. Gerechtigkeit, Leben).

Normen
geben eine konkrete Handlungsorientierung (»Du sollst nicht töten!«).

Moral
umfasst die insgesamt in einer Gemeinschaft praktizierten Sitten, Gebräuche, sozialen Ordnungsregeln.

Ethik
meint die philosophische Reflexion von Moral, die Untersuchung der sozialen Praxis auf ihre grundsätzliche Begründbarkeit hin:

1. **Unter deskriptivem Aspekt beschreibt die Ethik:**
   – die empirisch vorfindlichen Normensysteme bestimmter Gemeinschaften;
   – den Einfluss klimatischer, geographischer, kultureller, religiöser oder ökonomischer Faktoren auf die Moral einer Gemeinschaft.

2. **Unter normativem Aspekt fragt die Ethik:**
   – Was soll ich tun?

3. **Unter metaethischem Aspekt untersucht die Ethik:**
   – die Sprache und Logik moralischer Diskurse;
   – die Methoden moralischer Argumentation;
   – die Art und Leistungskraft ethischer Theorien.

Was soll ich tun? – Ein Beispiel:
Sven möchte sich von seiner Frau scheiden lassen, um seine Sekretärin zu heiraten. Sein Freund Mark hält diesen Schritt für moralisch falsch und meint, dass er sich nicht scheiden lassen sollte. Zur Begründung führt er gegenüber seinem Freund an:
– *Wenn du dich scheiden lässt, versündigst du dich; nach dem Willen Gottes darf eine gültige Ehe nicht nach dem Maßstab moralisch richtigen Handelns aufgelöst werden.*
– *Du hast deiner Frau versprochen, eine enge Lebensgemeinschaft zu führen; ein solches Versprechen darf man nicht brechen, bloß weil man jemanden momentan attraktiver findet (vgl. kantische Ethik).*
– *Das Unglück, das du durch deine Scheidung über deine Frau und deine Kinder brächtest, würde das Glück, das du für dich und deine neue Frau erwarten könntest, weit überwiegen. Man darf sein eigenes Glück nicht auf Kosten anderer verfolgen (vgl. Utilitarismus).*

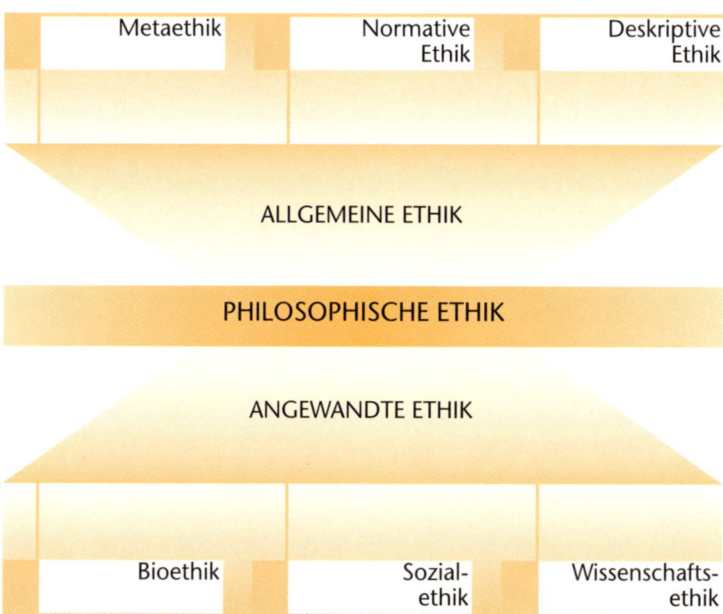

▶ *Welche Begründung im Beispiel »Sven möchte sich scheiden lassen« scheint Ihnen besonders plausibel?*

▶ *Versuchen Sie, folgende Ethik-Bereiche in das Schema einzuordnen:*
– Ökologieethik;
– politische Ethik;
– Technikethik;
– evolutionäre Ethik;
– Medizinethik;
– Wirtschaftsethik;
– Tierethik;
– Medienethik.

▶ *Überprüfen Sie, wo in diesem Buch die genannten Ethik-Bereiche vorkommen.*

Achtung, Falle! – Der naturalistische Fehlschluss

Der Naturalismus geht davon aus, dass »gut« als empirischer Sachverhalt rational überprüft werden kann. Das »Gute« ist ein natürlicher Gegenstand, dessen Existenz in der Erfahrung gegeben ist. Das bedeutet, dass Werturteile aus Tatsachenurteilen abgeleitet werden können. Diese Annahme liegt einem der verbreitetsten Fehlschlüsse ethischen Argumentierens zugrunde: dem naturalistischen Fehlschluss.

Eine offene Frage

Es mag sein, dass alle Dinge, die gut sind, auch etwas anderes sind, so wie alle Dinge, die gelb sind, eine gewisse Art der Lichtschwingung hervorbringen. Und es steht fest, dass die Ethik entdecken will, welches diese anderen Eigenschaften sind, die allen Dingen, die gut sind, zukommen. Aber viel zu viele Philosophen haben gemeint, dass sie, wenn sie diese anderen Eigenschaften nennen, tatsächlich »gut« definieren; dass diese Eigenschaften in Wirklichkeit nicht »andere« seien, sondern absolut und vollständig gleichbedeutend mit Gutheit (goodness). Diese Ansicht möchte ich den »naturalistischen Fehlschluss« nennen ... Jeder versteht sehr wohl die Frage »Ist dies gut?« Wenn er daran denkt, ist sein Geisteszustand anders, als wenn er gefragt würde »Ist dies lustvoll oder erwünscht oder bewährt?« Es hat eine eigene Bedeutung für ihn, selbst wenn er vielleicht nicht erkennt, worin diese Eigenheit besteht. Sooft er an »inneren Wert« oder »eigentlichen Wert« denkt oder von etwas sagt, dass es »existieren soll«, hat er das Einzigartige vor Augen – die einzigartige Eigenschaft von Dingen –, was ich mit »gut« bezeichne ... Wir dürfen uns also durch die Versicherung, eine Sache sei »natürlich«, nicht dazu verleiten lassen, einzuräumen, sie sei »gut«. Gut meint definitionsgemäß keineswegs etwas, das natürlich ist. Somit bleibt es stets eine offene Frage, ob etwas, was von Natur aus ist, auch gut ist.

G. E. Moore, 1970

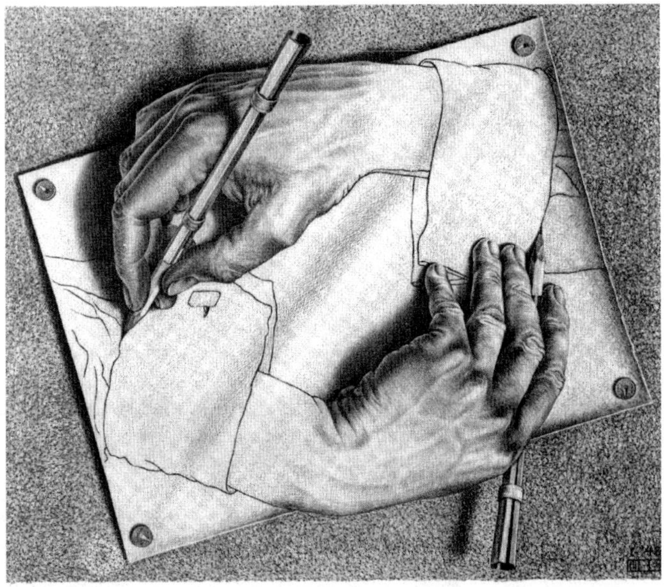

M. C. Escher, Zeichnen, 1948

► *Moore geht es vor allem um eine Klärung der Bedeutung von »gut«. Geben Sie seinen Begriff des »naturalistischen Fehlschlusses« wieder.*

► *Zeigen Sie, warum er »gut« grundsätzlich nicht mit »natürlich« oder »normal« gleichsetzt.*

Das Sein-Sollen-Problem

Nach David Hume ist es logisch unmöglich, nur aus deskriptiven, indikativischen Aussagen (Tatsachenfeststellungen) normative, imperativische Konklusionen (Sollensätze) abzuleiten. Aus dem, was ist, kann nicht auf das geschlossen werden, was sein soll. Keine wertende Aussage kann gültig aus einer Prämissenmenge gefolgert werden, die nicht wenigstens eine wertende Aussage enthält.

Es liegt nahe, zu sagen, dass es einer Person *a* in einer Situation *S* nur dann geboten ist, eine Handlung *F* zu vollziehen, wenn *a* in *S F* tatsächlich vollziehen kann, d. h. wenn *a* nicht aufgrund äußerer Umstände oder subjektivem Unvermögen daran gehindert ist, *F* zu tun. Danach wäre es z. B. jemandem nur dann geboten, einen anderen über einen Vorgang korrekt zu informieren, wenn er über diesen Vorgang tatsächlich Bescheid weiß. Nun ist die Aussage, dass *a* in der Situation *S* nicht *F* tun kann, eine nicht normative Aussage. Aus ihr folgt aber bei einer solchen Interpretation von Gebotsaussagen der rein normative Satz, dass es *a* in *S* nicht geboten ist, *F* zu tun.

F. v. Kutschera, 1977

► *Überprüfen Sie, ob Kutscheras Argumentation die These vom »naturalistischen Fehlschluss« widerlegt.*

Survival of the fittest?

Eine Meinung mit fatalen Folgen

Unter der Bedingung, dass sich im Laufe der Evolution durch den Mechanismus des »survival of the fittest« das Starke und Gesunde durchsetzt, ist es moralisch geboten, dass auch der Mensch seine starken und gesunden Artgenossen favorisiert und die Schwachen und Kranken vernachlässigt. Nun können wir beobachten, dass sich, statistisch betrachtet, überall in der Natur die starken und gesunden Lebewesen durchsetzen. Also soll auch der Mensch seine starken und gesunden Artgenossen favorisieren und die Schwachen und Kranken vernachlässigen.

Der Naturbegriff als Leerformel

Der Begriff »Natur« erscheint vielfach als Leerformel mit einem Anschein von Objektivität. »Natur« ist jedoch nicht nur inhaltlich offen und vage, sondern lässt die jeweils zugrunde liegende Ausdeutung als die objektive richtige, weil in den Tatsachen selbst liegende, erscheinen. Indem der Naturbegriff sowohl deskriptive wie auch normative Bedeutungen annehmen kann, ist er wie kein anderer dazu prädestiniert, die Kluft zwischen Sein und Sollen zu überspringen bzw. sie zu verschleiern. Die Werturteile, die sich hinter dem Wort »natürlich« verbergen, müssen als solche bewusst gemacht und somit diskutiert werden. Mit einer einfachen, aber gezielten Frage kann es uns gelingen, die unter Tatsachenbehauptungen versteckten Wertungen aufzudecken. Nehmen wir an, jemand behauptet, ein moralisches Urteil aus einer Reihe rein beschreibender Tatsachen ableiten zu können. Er geht also davon aus, dass W, ein wertendes Wort, logisch gleichzusetzen ist mit Q, einer Reihe von beschreibenden Prädikaten. Wenn wir ihn nun fragen, ob Q keinen Ausdruck enthält, der verdeckt wertend ist – wie z. B. »natürlich, oder normal oder zufriedenstellend oder elementare menschliche Bedürfnisse« –, so wird er seine Behauptung zurücknehmen müssen und sich in der Regel auf eine Diskussion der bislang unaufgedeckt gebliebenen Wertprämissen einlassen.

Volker Pfeifer

Demonstration einer Ideologie der »Starken und Gesunden« – Plakat nach einem Entwurf von Ludwig Hohlwein, um 1936

▶ *Erläutern Sie die Verwendung des Naturbegriffs in »Survival of the fittest«.*

▶ *Arbeiten Sie die Stelle der Argumentation heraus, an der ein naturalistischer Fehlschluss vorliegt.*

▶ *Untersuchen Sie, in welchen Sätzen ein naturalistischer Fehlschluss steckt:*

- *Viele Menschen hinterziehen Steuern. Du darfst das auch tun!*
- *Gut ist, was den Prozess der Evolution fördert!*
- *Immer mehr Menschen möchten gerne per Flugzeug verreisen. Deshalb müssen immer mehr Flughäfen gebaut werden.*
- *Alles, wozu wir technisch in der Lage sind, dürfen wir tun!*
- *Aus der Tatsache, dass der Mensch sich sexuell fortpflanzt, folgt, dass Homosexualität nicht richtig sein kann.*
- *X ist nützlich. – Du sollst X tun!*

Kann ein Mensch an der Moral seiner Zeit scheitern?

Wie wichtig eine angemessene soziale Moral ist, zeigt sich vielleicht am ehesten daran, dass ein problematischer Sittenkodex mit dazu beitragen kann, dass Individuen an den in ihrer Gesellschaft gegebenen Lebensbedingungen scheitern. Daher ist es eine immerwährende Aufgabe einer Kultur, die jeweils herrschenden Moralvorstellungen kritisch zu prüfen. Im 19. Jahrhundert wurde in drei Romanen der Weltliteratur, die kurz hintereinander erschienen, ein gesellschaftliches Problem sichtbar, das im Sittenkodex der Zeit seinen wichtigsten Ausdruck fand und das zum tragischen Scheitern dreier Frauen führte. Man kann dieses Problem so beschreiben: Der Sittenkodex der Zeit erlaubte Frauen nur die Rolle als Hausfrau und Mutter. Frauen, die sich in dieser Rolle nicht ausgefüllt fühlten, waren zu frustrierender Untätigkeit verdammt oder sie riskierten, wie die Heldinnen der drei Romane – »Madame Bovary« von Gustave Flaubert (1857), »Anna Karenina« von Leo Tolstoi (1878) und »Effi Briest« von Theodor Fontane (1894/95) – bei ihren Ausbruchsversuchen gesellschaftliche Ächtung oder den Tod.

Ist das Schicksal schuld?

Der Autor dieser Madame Bovary hat in der Provinz gelebt, auf dem Land, im Dorf und in der kleinen Stadt; und er ist da nicht an einem Frühlingstag vorbeigekommen, wie der Wanderer eines La Bruyère, der droben auf der Höhe seinen Traum als Bild am Hügelabhang ausmalt, sondern er hat dort wirklich und wahrhaftig gelebt. Und was hat er geschaut? Nichtigkeit, Jämmerlichkeit, Anmaßung, Dummheit, Gewitztheit, Eintönigkeit, Langeweile: Davon erzählt er uns. Die Landschaft in ihrer Wahrheit und Wesentlichkeit, den reinen Hauch des freien Himmels atmend, sie dient ihm nur als Staffage für gemeine platte Geschöpfe von dümmstem Ehrgeiz, unwissend oder halbgebildet, für Liebende ohne Zartgefühl. Die einzige träumerisch vornehme Natur [Emma Bovary], die sich hineingeschleudert sieht, nach einer Welt über diese hinaus suchend, sie wird da wie ohne Heimat sein, ohne Atem; und wie sie so leidet, wie sie niemanden findet, der ihr Antwort gibt, gerät sie außer sich, nimmt den schlechten Weg, gibt sich immer mehr einem trügerischen Traum und dem Reiz der Ferne hin und fällt Stufe um Stufe ins Verderben und in Vernichtung. Ist das moralisch? Ist das trostreich? Der Verfasser scheint sich die Frage nicht gestellt zu haben. Er hat sich nur eines gefragt: Ist es wahr?

Sainte-Beuve, 1857

Emmas Ehemann, der schlichte Landarzt Charles Bovary, kommentiert nach dem Selbstmord seiner über alles geliebten Frau gegenüber einem ihrer beiden ehemaligen Liebhaber, dem er die Affäre großzügig verzeiht, ihr gescheitertes Leben mit dem Satz »Das Schicksal ist schuld« (»C'est la faute de la fatalité!«).

▶ *Informieren Sie sich im Glossar über den Inhalt der o. g. Romane. Lesen Sie ggf. einen dieser Romane (in Auszügen) als unterrichtsbegleitende Lektüre.*

▶ *Kommentieren Sie die Einschätzungen von Emmas Leben durch den Literaturkritiker Sainte-Beuve und durch die von Flaubert erfundene Romangestalt Charles Bovary. Wo liegen hier Ähnlichkeiten und Unterschiede?*

▶ *Wie schätzen Sie selber das Verhältnis von Schicksal und Verschulden im Falle von Emma Bovary ein?*

Frauen als Opfer der Gesellschaft?

Anna Karenina endet wie Emma Bovary im Selbstmord. Ihr Schicksal weist auch über dieses tragische Ende hinaus weitgehende Parallelen zum Leben der französischen Landarztfrau auf, obwohl sie einer ganz anderen sozialen Schicht, der russischen Oberschicht, angehört. Aus der Sicht unseres Jahrhunderts kommentiert Erwin Wedel ihr Leben so:

Seinen unaufhaltsamen Verlauf nimmt das Verhängnis, als Anna, die sich in ihrem leidenschaftlichen Drang nach Glück unwiderruflich und ausschließlich für den Geliebten entschieden und ihren Mann und Sohn verlassen hat, die bittere Erfahrung macht, dass die Gesellschaft in ihrer Liebe nur den Fehltritt sieht und sie das Los einer von der Gesellschaft Ausgestoßenen auf sich nehmen muss. Die aufrichtig Lebende und Liebende klammert sich nun verzweifelt an das Einzige, was ihr verblieben ist: ihre Liebe, der sie alles geopfert hat und die sie sich um jeden Preis bewahren will. Dieser Kampf, dessen Sinn letztlich die absolute Inbesitznahme des Geliebten ist, führt aber im Gegenteil zur Entfremdung, die nach einer Phase erbitterter Eifersuchts- und Hassausbrüche in einen Zustand tiefster Hoffnungslosigkeit mündet. Aus dem Gefängnis ihrer seelischen Qualen findet Anna keinen anderen Ausweg mehr als »die Kerze« zu löschen, »in deren Schein sie das von Unruhe, Täuschungen, Kummer und Übel erfüllte Buch ihres Lebens gelesen«. Bestrafte Ehebrecherin? Ja, doch vor allem auch ein Opfer! Die beiden männlichen Gegenspieler Annas, Karenin [ihr Ehemann] und Wronski [ihr Geliebter, der im Gegensatz zu ihr trotz der Affäre gesellschaftsfähig bleibt], werden von ihrer menschlichen Größe und wahrhaften Gesinnung überstrahlt. Erwin Wedel, 1974

▶ *Als wessen Opfer sieht Wedel Anna Karenina? Wie sehen Sie sie?*

Effi Briests Ehemanns Innstetten fordert, als er lange nach dem Ende der Affäre Crampas' Liebesbriefe an seine Frau gefunden hat, diesen zum Duell auf. Er begründet die Entscheidung wie folgt:

Man ist nicht bloß ein einzelner Mensch, man gehört einem Ganzen an, und auf das Ganze haben wir beständig Rücksicht zu nehmen, wir sind durchaus abhängig von ihm. Ging es, in Einsamkeit zu leben, so könnte ich es gehen lassen; ich trüge dann die mir aufgepackte Last, das rechte Glück wäre hin, aber es müssen so viele leben ohne das »rechte Glück«, und ich würde es auch müssen und – auch können … Den, der einem das Glück genommen, den braucht man nicht notwendig aus der Welt zu schaffen. Man kann ihn, wenn man weltabgewandt weiter existieren will, auch laufen lassen. Aber im Zusammenleben mit den Menschen hat sich ein Etwas ausgebildet, das nun mal da ist und nach dessen Paragraphen wir uns gewöhnt haben alles zu beurteilen, die anderen und uns selbst. Und dagegen zu verstoßen geht nicht; die Gesellschaft verachtet uns, und zuletzt tun wir es selbst und können es nicht aushalten und jagen uns die Kugel durch den Kopf. Theodor Fontane, 1894/95

▶ *Wenn niemand am Schicksal Effis – die einen frühzeitigen, einsamen Tod stirbt – schuldig ist, ist dann ihr Scheitern ein unvermeidliches Geschick?*

▶ *Wenn Sie das Schicksal der drei Frauen auf heutige Zeiten übertragen sollten, wie würden Sie es beschreiben (vgl. S. 34–37)?*

▶ *Überlegen Sie, warum in der Literatur selten Männerfiguren in vergleichbaren Rollen thematisiert werden.*

➢ *Zur »weiblichen Philosophie« vgl. S. 288/89*

Durch die Verhältnisse determiniert?
Fontane geht es in seinem Roman nicht um eine Anklage, weder gegen eine der Personen noch gegen die Gesellschaft. Die Frage der Schuld bleibt offen, das Geschick Effis und Innstettens [ihres mehr als zwanzig Jahre älteren Ehemanns] ist durch die Charaktere und Verhältnisse determiniert. Sowenig sich Effi in ihrer seelischen Isolierung dem Verhängnis [ihrer ehebrecherischen Beziehung zu Crampas] entziehen kann, sowenig ist es dem korrekten, prinzipientreuen Innstetten möglich, anders als nach den Normen der Gesellschaftsordnung zu handeln. Kindlers Literatur-Lexikon, 1974

Moralisch am Ende? – Moral im Spiegel der Wissenschaft

Die Sucht nach dem maximalen Selbst

Wer kennt nicht die gigantische Davidstatue, die Michelangelo aus Marmor geschlagen hat? Sie steht da am Eingang des Palazzo Vecchio in Florenz. (Als Kopie. Das Orginal musste vor dem Smog in Museumshaft genommen werden. Auch dieser David in der Isolation.) Dieser David ist eigentlich eher ein Goliath als ein kleiner Hirtenjunge, der gegen den Riesen kämpft. Der David des Michelangelo macht uns bekannt mit dem selbstbewussten Renaissancemenschen, der sich aus der Vormundschaft von Theologie und Tradition zu befreien gedenkt. Dieser Marmor-David steht nicht nur am Eingang des Florentiner Palastes, sondern am Eingang der Neuzeit ... Der moderne Mensch ist der Alleinstehende, der sein Leben in abgeschlossenen Gehäusen verbringt. Allein sechzig Stunden im Jahr verbringt der deutsche (Durchschnitts-) Bürger in einer Single-Blechbox vor roten Ampeln ... Menschen scheinen sich immer weniger ertragen zu können. Ehen und Familien fallen schneller auseinander als Möbel aus dem Mitnahmemarkt. Die Menschen scheinen sich nicht mehr dauerhaft zu ertragen. Sie streifen sich kurz, um dann ihren Weg allein fortzusetzen ... Die nachmoderne Zeit brütet Menschen aus, die überhaupt nur leben können ohne Berührung mit anderen Menschen. Die autistische Gesellschaft ... verwirklicht ein hohes Maß an Freiheit und Individualität: Aber das kann zugleich ihr Ende sein ... Je schneller die religiösen und sozialen Bindungen zerfallen, desto nachdrücklicher muss das Individuum sich selbst befriedigen. Es muss sich selbst genügen, es muss sich selbst zur Sinnquelle werden. Der Sozialpsychologe Martin E. P. Seligmann spricht von einem maximalen Selbst. Der mittelalterliche Mensch verfügte über ein minimales Selbst: »Das minimale Selbst hatte sich wie das mittelalterliche Selbst einfach gut zu benehmen; es war erheblich weniger mit seinem Befinden beschäftigt. Es kümmerte sich weniger um Gefühle und mehr um Pflichten. Heute leben wir mit allen Konsequenzen in einer Kultur des maximalen Selbst.« Bruchlos kann dieser Satz in die Sprache der Ökonomie übersetzt werden: Auch das Selbst erlebt eine Kurve exponentiellen Wachstums. Es wuchert wie ein Krebsgeschwür. Alles, was nicht zur Selbstverwirklichung beiträgt, fällt unter den Tisch, und man sieht förmlich die Individuen vor dem Luftballon ihres Selbst sitzen und pusten und pusten – bis das maximale Selbst platzt und in alle Richtungen auseinander fliegt. Rolf Gronemeyer, 1992

▶ *Stimmt Gronemeyers Beschreibung von unserer Gesellschaft mit Ihrer Wahrnehmung überein? Nennen Sie Beispiele aus Ihrer Erfahrung, die für oder gegen den Text sprechen.*

A. R. Penck, Der Übergang, 1963

▶ *Beschreiben Sie, wie A. R. Penck den modernen Menschen darstellt. Diskutieren Sie folgende Einschätzung der gegenwärtigen Situation: Der Mensch steht vor nie dagewesenen moralischen Herausforderungen. Er muss Antworten geben auf die von seiner technischen Ratio selbst aufgeworfenen Fragen. Dem »Homo sapiens« fällt die Aufgabe zu, den »Homo Faber« einzuholen und an die Zügel zu nehmen (vgl. S. 90–93).*

Mit Moral und Ethik beschäftigen sich nicht nur Philosophierende und Menschen religiöser Gemeinschaften. Die Moral ist auch Forschungsgegenstand der Humanwissenschaften. Diese versuchen mit unterschiedlichen Modellen und Erklärungsmustern, die Fähigkeit des Menschen zu ethisch-moralischem Denken und Handeln zu erklären. Können uns Wissenschaften die Frage beantworten, ob die Moral wesentlich mit dem Menschen verbunden ist und ob sie ausreicht, die Probleme der Moderne zu meistern?

Die Biologie erforscht den Einfluss der Gene auf das moralische Verhalten des Menschen. Die Psychologie geht von seelischen Antriebskräften aus, die sein moralisches Verhalten beeinflussen. Die Soziologie untersucht die Gesellschaft und deren Einfluss auf die Moralität.

Das eigene Leben ist der Versuch und die Versuchung, in sich selbst Grund, Kraft, Ziel der Selbst- und Weltgestaltung zu finden. Dieser Versuch ist, von seinem Ende her gesehen, vom Scheitern bedroht. Dies gibt dem eigenen Leben seine Konturen: seine Flüchtigkeit, seinen Lebenshunger, seinen Geschmack von Bitternis, Trostlosigkeit, von Ironie und Leichtigkeit. Ulrich Beck, 1994

▶ *Welche Rolle spielt Ihrer Meinung nach heute die Moral?*

➤ *Zur »Biologie« vgl. S. 22–31*

➤ *Zur »Soziologie« vgl. S. 32–43*

➤ *Zur »Psychologie« vgl. S. 44–49*

Darwin zu Ursprung und Entwicklung von Moral

Ist in der Evolution ein sittlicher Fortschritt angelegt?

Darwin und der Affe, 1874

Die allmähliche Entwicklung der Moral

Die Tugenden, welche wenigstens im Allgemeinen von den Urmenschen geübt werden mussten, um zu ermöglichen, dass sie überhaupt zu Verbänden zusammentreten konnten ... werden fast ausschließlich nur innerhalb der Gemeinschaft eines Stammes gepflegt. Ein nordamerikanischer Indianer ist sehr mit sich zufrieden und findet den Beifall seiner Gefährten, wenn er einen Angehörigen eines anderen Stammes skalpiert ... Wenn der Mensch in der Kultur fortschreitet und kleine Stämme zu größeren Gemeinwesen sich vereinigen, so führt die einfachste Überlegung jedes Einzelnen schließlich zu der Überzeugung, dass er seine sozialen Instinkte und Sympathien auf alle, also auch auf die ihm persönlich unbekannten Glieder desselben Volkes auszudehnen habe. Wenn er einmal an diesem Punkt angekommen ist, kann ihn nur noch eine künstliche Schranke hindern, seine Sympathien auf die Menschen aller Nationen und aller Rassen auszudehnen. Die Idee der Humanität, eine der edelsten Tugenden, die dem Menschen eingepflanzt ist, scheint sich bei zunehmender Verfeinerung und Erweiterung unseres Wohlwollens nebenher zu entwickeln, bis sie mit der Ausdehnung desselben auf alle empfindenden Wesen ihren Höhepunkt erreicht. Sobald diese Tugend von einigen wenigen Menschen ausgeübt und verehrt wird, dehnt sie sich durch Unterricht und Beispiel auch auf die Jugend aus und eventuell auch auf die öffentliche Meinung.

Charles Darwin, 1871

Der Vorteil, sozial und »moralisch« zu sein

Wenden wir uns nun den sozialen und moralischen Fähigkeiten zu. Um sozial zu werden, mussten die Urmenschen oder die affenähnlichen Vorfahren des Menschen dieselben instinktiven Gefühle erwerben, die auch andere Tiere zu einem gemeinsamen Leben veranlassen; ohne Zweifel wiesen sie dieselbe allgemeine Disposition dazu auf. Sie müssen sich ungemütlich gefühlt haben, wenn sie von ihren Kameraden getrennt waren, für die sie einen gewissen Grad von Liebe fühlten; sie werden sich gegenseitig vor drohender Gefahr gewarnt und bei Angriff und Verteidigung unterstützt haben. Dies alles bedingt einen gewissen Grad von Sympathie, Treue und Mut. Solche soziale Qualitäten, deren hervorragende Bedeutung für die Tiere von niemandem bestritten wird, sind ohne Zweifel von den Vorfahren des Menschen in ähnlicher Weise erworben worden, nämlich durch natürliche Zuchtwahl, unterstützt durch ererbte Gewohnheit. Wenn zwei im selben Gebiet lebende Stämme von Urmenschen in Wettbewerb traten, von denen der eine bei sonst gleichen Verhältnissen eine große Zahl mutiger, einander ergebener und treuer Mitglieder umfasste, die in Not und Gefahr stets bereit waren, einander zu warnen, zu helfen und zu verteidigen, so ging schließlich dieser Stamm als Sieger aus dem Wettstreit hervor. Vergessen wir nicht, welche überragende Bedeutung der Treue und dem Mut in den unaufhörlichen Kämpfen der Wilden zukommt. Die Überlegenheit disziplinierter Soldaten über undisziplinierte Horden entspricht hauptsächlich dem Vertrauen jedes Einzelnen in seine Gefährten. Gehorsam ist von höchstem Wert; denn jede beliebige Regierungsform ist besser als gar keine. Selbstsüchtige, unverträgliche Menschen können nicht zusammenhalten, und ohne Eintracht kann nichts erreicht werden ...

Charles Darwin, 1871

▶ *Skizzieren Sie Darwins Vorstellung über die Entstehung von Werten und Normen. Erläutern Sie seinen Begriff des »sittlichen Fortschritts«.*

▶ *Zeigen Sie den logischen Widerspruch auf, in den sich Darwin verwickelt.*

Die Moral im Überlebenskampf

Schließlich entsteht unser moralisches Gefühl oder unser Gewissen – ein äußerst kompliziertes Empfinden, entsprungen den sozialen Instinkten, geleitet von der Anerkennung unserer Mitmenschen, geregelt von Verstand, Eigennutz und, in späteren Zeiten, von tiefen religiösen Gefühlen und befestigt durch Erziehung und Gewohnheit.

Es darf nicht übersehen werden, dass, wenn auch ein hoher Grad von Sittlichkeit jedem einzelnen Mann mit seinen Kindern nur ein geringes

Ethik als angewandte Biologie?

Die Biologie ist für die Ethik eigentlich ohne Bedeutung
Alle empirischen Aufschlüsse, die uns die Biologie über die Entstehungsbedingungen der Moral und die ihr zugrunde liegenden Mechanismen liefert, können uns bei dem Versuch, konkrete moralische Probleme zu lösen, nicht weiterhelfen. Pointierter ausgedrückt: Der Preis für die Verwissenschaftlichung der Moraltheorie ist ihre evaluative Irrelevanz.

Kurt Bayertz, 1990

Charles Darwin (1809–1882), unternahm von 1831 bis 1836 mit der »Beagle« eine Weltreise. Er sammelte in dieser Zeit umfangreiches Material zu geologischen und biologischen Erscheinungen. Diese Erkenntnisse wurden für seine Theorie richtungweisend. 1859 veröffentlichte er seine Grundlagen der Evolutionstheorie. Die These zum »Kampf ums Dasein« ist in die Geschiche eingegangen. Die moderne Soziologie baute auf seiner Idee der natürlichen Selektion als dem wichtigsten Mechanismus der Evolution auf. Im späten 19. Jh. sind biologische Prinzipien wie das »survival of the fittest« jedoch unzulässigerweise auf die menschliche Gesellschaft übertragen worden. Sie dienten so als vorgeschobene Legitimation z. B. aggressiver Außenpolitik oder Verbrechen gegen die Menschlichkeit.

Aus der Biologie lernen
Nehmen wir das Prinzip der Kooperation. Schon Darwin (1871) nahm dieses Prinzip sehr wichtig ... Ich denke, dass das, was wir als Moral bezeichnen, durchaus als Anwendung dieses uralten Prinzips der Kooperation verstanden werden könnte. In diesem Sinne würde ich von der Ethik als einer angewandten Biologie sprechen ... Die limitierte »Sympathie« des Menschen anderen Angehörigen seiner Spezies gegenüber bringt hier allerdings ernsthafte Probleme mit sich. Andererseits wird es uns allmählich bewusst, dass wir heute, um eine Reihe von globalen Gefahren zu bewältigen, einer mondialen Kooperation bedürfen; nur durch weltweites Zusammenarbeiten wird sich die Menschheit retten können. Diese Forderung ist einfach zu begründen: Wenn das Überleben der Kleingruppe durch Kooperation gewährleistet ist, dann könnte die Kooperation zwischen immer mehr Mitgliedern einer Spezies auch zum Überleben größerer Gruppen und schließlich der Spezies führen. Biologisch sind wir offenbar anders programmiert. Die Menschheit wird erst in neuerer Zeit ein Anliegen zumindest einiger von uns. Die größte Herausforderung, der sich mithin eine Ethik heute zu stellen hat, ist die Anwendung des Prinzips der Kooperation auf die Organisation einer »Weltgesellschaft«. Es würde sich dabei um die Ausdehnung eines uralten Evolutionsprinzips handeln. Wobei es mir bewusst ist, dass dieses Prinzip dabei in einem neuen, bislang nie da gewesenen Sinne anzuwenden wäre. Ob hier Hoffnung besteht, ist fraglich. Wir hätten aber damit zum ersten Mal ein Prinzip zur Hand, das sich in der Evolution bereits bewährt hat, und erstmals eine Ethik, die mit dem Postulat des Überlebens ernst macht. Schließlich wäre damit gezeigt, dass der Zusammenhang von Biologie und Ethik sozusagen a priori in unserer Evolution festgelegt ist und Natur und Moral keine unüberwindlichen Gegensätze bedeuten müssen; und dass die Biologie doch mehr zur Ethik beitragen kann als vielfach angenommen und dass dieser Beitrag ein durchaus positiver sein kann, sich also nicht im Sozialdarwinismus verlieren muss, der eben nur negative, »unmoralische« Auswirkungen haben kann.

Franz M. Wuketits, 1993

Übergewicht über die anderen Menschen desselben Stammes gibt, eine Vermehrung der Zahl gut begabter Menschen und ein Fortschritt der Sittlichkeit doch dem ganzen Stamm eine ungeheure Überlegenheit über alle anderen Stämme verleiht. Wenn ein Stamm viele Mitglieder besitzt, die aus Patriotismus, Treue, Gehorsam, Mut und Sympathie stets bereitwillig anderen helfen und sich für das allgemeine Wohl opfern, so wird er über andere Völker den Sieg davontragen.

Charles Darwin, 1871

▶ *Nehmen Sie kritisch Stellung zu der These, dass das Prinzip der Kooperation evolutionär angelegt ist.*

▶ *Überprüfen Sie den kritischen Einwand Bayertz' anhand konkreter Beispiele wie Lügen und Diebstahl.*

➢ Zum »sittlichen Fortschritt« vgl. S. 410/11 (Darwin); 408/09 (Kant/Hegel)

Herkunft unserer Gebote aus Sicht der Evolutionsbiologie

Der Biologe Charles Darwin (1809–1882) prägte nachhaltig die Vorstellung des in der Evolution angelegten sittlichen Fortschritts. Er ging davon aus, dass das soziale und moralische Verhalten in Gruppen entscheidenes Kriterium für das Überleben bedeutet und über Selektion bzw. Nichtselektion entscheidet. Die heutige Evolutionsbiologie entwickelte diese Gedanken weiter.

Marc Chagall, Mose empfängt die steinernen Gesetzestafeln aus der Hand Gottes (Ausschnitt)

Reproduktion sichern

Das dem evolutiven Reproduktionswettlauf zugrunde liegende Prinzip heißt interindividuelle Konkurrenz. Wie nun sollten sich innerhalb einer Population solche Individuen genetisch durchsetzen, die ihren eigenen Reproduktionserfolg zugunsten ihrer Konkurrenten oder zugunsten der Gemeinschaft einschränken? Alle Individuen, die sich nicht an eine derartige gemeinnützige Regel halten, müssten ihre altruistischen Populationsgenossen automatisch erfolgreich aus dem Rennen werfen. Im Hinblick auf die biologische Reproduktion geht im natürlichen Evolutionsprozess offenbar Eigennutz vor Gemeinnutz. Die Gretchenfrage, über welche die soziobiologische mit der zuvor beschriebenen Sichtweise in Konflikt gerät, ist letztlich die Frage nach der Einheit, an der die natürliche Selektion ansetzt, und nach der Ebene, auf der sie sich auswirkt. Natürliche Selektion setzt nach Maßgabe der individuellen Anpassungsqualitäten »Prämien« aus, die in Reproduktionswährung ausgezahlt werden, also gewissermaßen in einem Wechsel auf die Zukunft bestehen. Gutgeschrieben wird dieser Wechsel letztlich nicht den prämierten Individuen, sondern ihren Genen (bzw. ihren Allelen), die in den Folgegenerationen entsprechend vermehrt vertreten sind. »Konto-Inhaber« sind daher gar nicht die Individuen, sondern ihre genetischen Programme: Sie sind die eigentlichen Nutznießer, die überlebenden, sich im Laufe von Generationen vermehrenden oder verringernden Einheiten im biologischen Evolutionsgeschehen. Die sich fleißig reproduzierenden Individuen haben für sich selbst nicht nur nichts erwirtschaftet, die Reproduktion geht vielmehr in aller Regel eindeutig zu Lasten der Überlebenskraft und der Überlebenswahrscheinlichkeit der Reproduzenten: Als schnell vergängliche, leicht ersetzbare »Soldaten«, die im »Interesse« ihrer Gene engagiert am Daseinskampf teilnehmen, sind die Individuen oft längst tot, wenn die Erfolgsbilanz gezogen wird. Automatisch bessere Ausbreitungserfolge haben jene genetischen Programme, die ihre Individuen dazu bringen, sich ohne Rücksicht auf eigene Nachteile und Risiken für die Produktion und die Aufzucht von Nachwuchs einzusetzen: Wen wundert es da noch, dass der Drang zur Fortpflanzung den Organismen – Homo sapiens eingeschlossen – genetisch seit Jahrmilliarden so tief und unauslöschlich eingepflanzt ist?

Funkkolleg Tübingen, 1993

Die Belohnung der natürlichen Selektion

Wenn die Erfolgsbilanz im evolutionsbiologischen Sinne letztlich nicht auf der Ebene der Individuen, sondern auf der der Gene gezogen werden muss, dann reicht die individuelle Reproduktionsrate – das, was Evolutionsgenetiker nach Darwin die »persönliche Fitness« nennen – als Erfolgsmaßstab allein nicht mehr aus. Die identischen Allele stecken ja über die gemeinsame genealogische Abstammung mit nach Verwandtschaftsnähe bestimmter statistischer Wahrscheinlichkeit auch in anderen Individuen und können sich auch über diese vermehren. ... Natürliche Selektion sollte also im Interesse der Replikatoren (Gene) nicht nur jene Verhaltensprogramme fördern, die dem Einzelindividuum mehr Nachkommen bringen, sondern vor allem auch solche Verhaltensprogramme mit verstärkter Ausbreitung belohnen, die den jeweils nächsten Verwandten zu höherem Reproduktionserfolg verhelfen. Verwandtenunterstützung (Nepotismus) ist weltweit die ganz zwangsläufige Konsequenz der Tatsache, dass die eigentlichen »Konto-Inhaber« der biologischen Evolution nicht die Individuen – und natürlich schon gar nicht die Arten, Populationen oder Sozietäten – sind, sondern die Erbprogramme oder Gene, die ihr »Kapital« über möglichst viele »Filialen« verteilen und die ihrerseits natürlich kooperieren sollten. Diesen Prozess einer abgestuften Verwandtenunterstützung hat man auch »kin selection« (Verwandten-Selektion) genannt.
Was demnach von der natürlichen Selektion letztlich belohnt wird, ist nicht allein die Maximierung der »persönlichen Fitness«, sondern die der »Gesamtfitness« (inclusive fitness), die sich am individuellen Fortpflanzungserfolg plus Reproduktionserfolg der genealogischen Verwandten misst, jeweils gewichtet nach dem Grad der Verwandtschaftsnähe. Auf dieser Basis produziert natürliche Selektion Kooperation und (genetisch allerdings eigennütziges) altruistisches Verhalten. Eine zweite Schiene, über die sich – freilich auch hier nur wieder auf der Basis von genetischem Eigennutz – kooperatives und altruistisch erscheinendes Handeln durch natürliche Selektion entwickeln kann, ist die Tausch- oder Erwiderungsverlässlichkeit (Reziprozität) nach dem Prinzip: »Hilf du mir, so helfe ich dir!« Hofstadter brachte das auf die Formel: »Der wahre Egoist kooperiert.« Die logischen Folgerungen aus diesen Überlegungen und ihren empirischen Belegen sind, dass natürliche Selektion ihrer eigenen Natur nach überhaupt keinen im genetischen Sinn uneigennützigen Altruismus und kein undifferenziert-egalitäres, nicht nach genetischer Verwandtschaftsnähe und/oder Erwiderungsverlässlichkeit diskriminierendes altruistisches Verhalten hervorbringen kann. Funkkolleg Tübingen, 1993

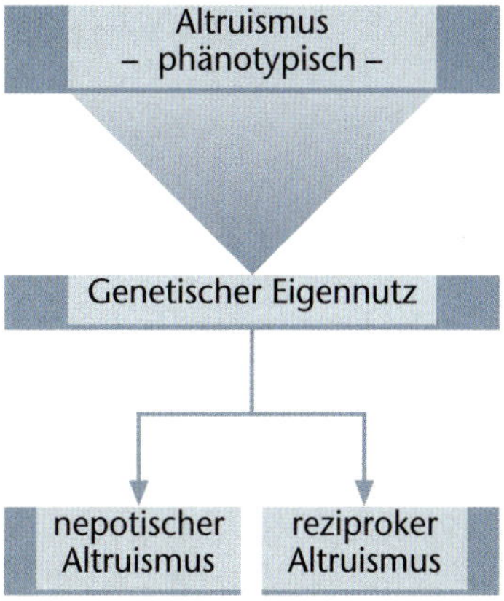

▶ *Erläutern Sie die im Text genannten Grundbegriffe der Evolutionsbiologie.*

Phänomene erklären, festschreiben, benutzen

Die Soziobiologie
untersucht das Sozialverhalten bei allen Arten von Organismen, einschließlich des Menschen. Die aus der Soziobiologie hervorgegangene Ethik, die so genannte evolutionäre Ethik, analysiert menschliche Gefühle wie Mitleid, Fürsorge, Altruismus oder Gerechtigkeitssinn usw. streng aus biologischer Sicht. Moralisches Verhalten wird grundsätzlich als Ergebnis des von der natürlichen Selektion beherrschten Evolutionsprozesses verstanden. Volker Pfeiffer

Der Biologismus
erklärt bzw. reduziert gesellschaftliche Phänomene auf biologische Betrachtungsweisen. In der Philosophie beschreibt er eine Richtung, die – reduktionistisch – alle seelischen Eigenschaften und Vermögen des Menschen einschließlich Denken und Erkennen als biologisch beschreib- und erklärbar begreifen möchte; Denk- und Erkenntnisvermögen werden als Funktionen des Lebens im Kampf um die Arterhaltung interpretiert. Erkenntnis wird so lediglich verstanden als zweckmäßiges Mittel im Überlebenskampf. Volker Pfeiffer

Ich gegen meinen Bruder; ich und mein Bruder gegen unsere Vettern, ich, mein Bruder und meine Vettern gegen die, die nicht mit uns verwandt sind; ich, mein Bruder, meine Vettern und meine Freunde gegen unsere Feinde im Dorf; sie alle und das ganze Dorf gegen das nächste Dorf.
Sprichwort

▶ *Welche Normen sind im Umgang mit Fremden aus der Sicht der evolutionären Ethik angelegt? Überprüfen Sie kritisch den Denkansatz der Soziobiologie.*
⮞ *Zum »Fremden« vgl. S. 70–73; 154/55*

Über ein bestimmtes Etwas, was Affen von Menschen trennt

Sind Schimpansen fair zueinander?

Der holländisch-amerikanische Primatologe Frans de Waal und sein Team haben am US-amerikanischen Yerkes Primate Center über drei Monate hinweg eine Gruppe von 19 Schimpansen ... unter anderem auch bei ihrem täglichen »Frühstück« beobachtet. Das morgendliche Mahl bestand aus Bündeln frisch geschnittener, Blätter tragender Äste verschiedener gern verzehrter Laubgehölze. Wenn die Tierpfleger die Mahlzeit in das Freigehege brachten, entstand regelmäßig großer Tumult. Genauso wie frei lebende Schimpansen, die bei ihren Streifzügen eine attraktive Nahrungsquelle entdeckten, umarmten und küßten sich die aufgeregten Tiere – wohl um sich »abzureagieren«, bevor sie mit dem Verzehr begannen. Es wurden in diesem Kontext 4653 soziale Interaktionen protokolliert, bei denen Futter eine Rolle spielte. ... Bei der quantitativen Analyse dieser Transaktionen ist Frans de Waal auf einen für unser Thema überaus bemerkenswerten Sachverhalt gestoßen: Die einzelnen Futter besitzenden Schimpansen waren nämlich sehr wählerisch in ihrer Bereitschaft, die Nahrung zu teilen. Einigen Tieren, die sich annäherten und um Futter bettelten, zeigten sie die »kalte Schulter«. Sie wendeten sich unfreundlich ab oder zogen das Futter näher an sich heran, so daß die bettelnden Habenichtse unverrichteter Dinge wieder abziehen mußten. Gegenüber anderen Tieren konnten sich dieselben Futterbesitzer hingegen äußerst großzügig zeigen und vorbehaltlos deren Teilhabe an der Blattmahlzeit erlauben. Frans de Waal konnte nun zeigen, daß unter den neun erwachsenen Tieren dieser Gruppe das Geben und Nehmen jeweils paarweise ausgeglichen war: Die Häufigkeit, mit der Individuum A seine Nahrung mit Individuum B teilte, korrelierte positiv mit der Häufigkeit, mit der Individuum B seinerseits seine Nahrung mit Individuum A teilte. Der Nahrungstausch erfolgte also in durch individualisierte Reziprozität geregelten Bahnen. Auch hatte das »Grooming«-Verhalten Einfluß auf das Nahrungsteilen. Unter »grooming« verstehen Verhaltensforscher das freundliche gegenseitige Fellpflegen. Häufigkeiten und Dauer des »groomings« zwischen den Mitgliedern einer Gruppe wird von den Fachleuten gut begründet als Spiegel der Individualbeziehungen innerhalb eines Sozialverbands verstanden. Die Schimpansendaten offenbarten nun, daß je häufiger und länger Individuum A vor der gemeinsamen Fütterung das Fell von Individuum B gepflegt hatte, desto häufiger sich später Individuum B durch seine Futtertoleranz gegenüber Individuum A revanchierte. Schimpansen scheinen zu erwarten, daß das Geben und Nehmen in einem sich abwechselnden Rollentausch zu erfolgen habe. Während man früher glaubte, daß eine weitgehend ungezwungene Abgabe von Nahrung und anderen Ressourcen eine originär menschliche Errungenschaft sei, ist durch diese und andere Ergebnisse der Primatenforschung jetzt deutlich geworden, dass die Fähigkeiten zum sozial bindenden und »geregelten« Gütertausch bereits im Tierreich, speziell bei Menschenaffen, und hier wiederum vor allem bei Schimpansen und Bonobos, angelegt sind.

Wenngleich das Nahrungsteilen unter den Schimpansen des Yerkes Center sich im allgemeinen sehr friedlich vollzog, kam es hin und wieder doch einmal zu einem aggressiven Schlagabtausch zwischen Angebetteltem und Bettler. Opfer der Aggression waren dann überdurchschnittlich häufig die sonst eher geizigen Schimpansen, die mit futterneidischer Attitüde am liebsten ihre begehrte Blattmahlzeit ganz allein verzehrt haben. Andererseits wurde den generösen Tieren ziemlich sicher selbst Generosität entgegengebracht, wenn sie ihrerseits Nahrungsteilung anmahnten. Weil aber die Korrelation zwischen Aggression und dem sie auslösenden Geiz auf Verhaltensweisen beruht, zwischen denen eine beachtliche Zeitspanne gelegen haben konnte, müssen Schimpansen über ein soziales Langzeit-Gedächtnis verfügen, das sehr genau die sozialen Transaktionen dauerhaft speichert und bilanziert. Demnach scheint es ganz so, daß Schimpansen aggressiv reagieren, wenn die offensichtlich erwartete Reziprozität der sozialen Beziehungen aus der Balance zu geraten droht. Schimpansen haben damit offenbar eine Sperre entwickelt, die verhindert, daß es leicht zu einer Akkumulation einseitiger Vorteilsnahme durch Ausbeutung individueller Beziehungen kommen kann. Reziprozität ist erwartet und in diesem Sinn ein Sollen. Zweifellos liegt in dieser Erwartungshaltung und in der Aggression, die ausbleibende Reziprozität einfordert, eine prägende subhumane Vorgabe für die Entwicklung menschlichen Normverständnisses und Rechtsverhaltens.

Eckart Voland, 1997

▶ *Beschreiben Sie die Grundmerkmale des Sozialverhaltens der untersuchten Primaten. Gibt es wesentliche Unterschiede zu unserem Begriff der Fairness?*

▶ *Inwieweit kann eine Untersuchung des Sozialverhaltens von Primaten Aufschluss über menschliches Normenverständnis geben?*

Affen können einander Bären aufbinden

Paul setzt auf seine Mutter

Ein jugendliches Männchen – Paul genannt – sieht, wie ein erwachsenes Weibchen schmackhafte Knollen ausgräbt. Paul blickt sich um, kann aber keine weiteren Paviane entdecken, obwohl sie sicherlich irgendwo in der Nähe sind. Er beginnt laut zu schreien – was Paviane normalerweise nur tun, wenn sie bedroht werden. Sekundenschnell ist Pauls Mutter zur Stelle und jagt das Weibchen über alle Berge. Paul hingegen vernascht die Knolle.

Reingelegt

Ein Schimpansen-Männchen verzehrt Bananen, deren Versteck niemand sonst kennt, als ein anderer Schimpanse auftaucht. Das Männchen lässt die Leckerbissen sofort liegen, läuft ein Stück weiter und schaut Löcher in die Luft. Der Neuling geht weiter, versteckt sich dann aber hinter einem Baum, um das erste Männchen zu beobachten. Als dieser seine Mahlzeit fortsetzen will, ist der zweite Mann prompt zur Stelle, jagt den ersten fort und isst die Bananen selbst. Volker Sommer, 1992

Moralische Qualität

Nur der Mensch verfügt über all jene ebenfalls phylogenetisch [stammesgeschichtlich] entstandenen kognitiv-intellektuellen, emotionalen und sozialen Fähigkeiten, die seinem Handeln – zwangsläufig und unabdingbar – moralische Qualität verleihen: Eine neue Dimension, der wir nie mehr entrinnen können. Nur wir tragen Verantwortung, und sie bleibt uns als Verpflichtung.

Christian Vogel, 1989

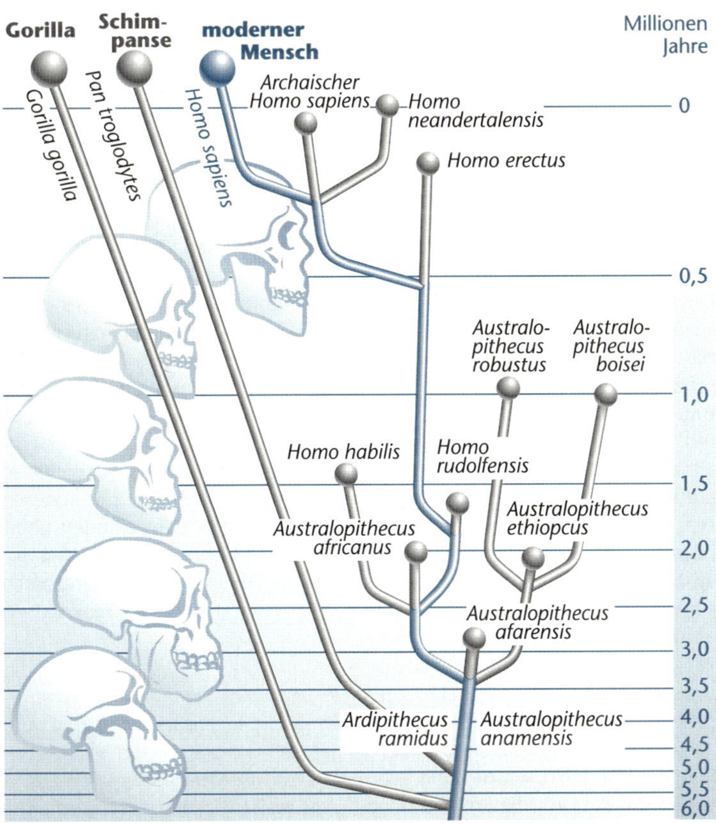

Hypothetischer Stammbaum der Hominiden

▶ *Primaten haben die Fähigkeit sich vorzustellen, was ihre Artgenossen denken oder fühlen. Sie sind auch in der Lage, »zu denken, was der andere denkt, was sie denken«. Inwiefern unterscheidet sich dieses Können von Empathie?*

Die evolutionäre Ethik und ihre Kritiker

Moral – eine kollektive Illusion?

Täuscht uns die Natur?
Der neue evolutionäre Ethiker nimmt an, dass Menschen vorprogrammiert sind, in bestimmten Denkkategorien breiter Kooperationsmuster zu denken, wobei diese Vorprogrammierung nicht ausreichend stringent ist, um unsere Handlungen in einer bestimmten Situation völlig zu kontrollieren. Die Behauptung ist also, dass die Natur uns, um uns zu Kooperatoren zu machen, mit Gedanken über die Notwendigkeit der Kooperation ausgefüllt hat. Wir mögen diesen Gedanken nicht immer vollständig entsprechen, aber sie sind vorhanden. Wir Menschen mögen manchmal gegen unsere eigenen Interessen handeln, aber im Großen und Ganzen geht es uns recht gut, weil wir die Gedanken über die Notwendigkeit der Kooperation haben. Was ist das Wesen dieser Gedanken über Notwendigkeit der Kooperation? Heutige Evolutionsbiologen gehen letztlich davon aus, dass diese Gedanken nichts anderes sind als der Glaube an Verpflichtungen zur Hilfe! Anders gesagt: Um uns zu »Altruisten« zu machen, hat uns die Natur als Altruisten gemacht. Es geht wohlgemerkt nicht darum, dass wir einseitig unsere eigenen Interessen verfolgten und dabei bloß so täten, als handelten wir aus Freundlichkeit. Wie jeder Evolutionist aufzeigen kann, erfüllen wir unsere Aufgabe oft sogar besser, wenn wir durch unsere Biologie getäuscht werden – und dies scheint bei der Kooperation allgemein der Fall zu sein. Wir denken, dass wir helfen sollten, dass wir anderen gegenüber Verpflichtungen haben, weil es in unserem biologischen Interesse liegt, diese Gedanken zu haben. Aber aus evolutionärer Perspektive existieren sie ausschließlich deshalb, weil diejenigen unserer Vorfahren, die solche Gedanken hatten, besser überlebten und sich fortpflanzten als diejenigen, die sie nicht hatten. Anders gesagt: Altruismus ist, genauso wie unsere Hände, Augen, Zähne, Arme und Füße, eine menschliche Anpassung. Wir sind moralisch, weil unsere Gene, wie sie durch die natürliche Selektion gestaltet worden sind, uns mit Gedanken über das Moralisch-Sein erfüllen. Die Moral ist nichts weiter als eine kollektive Illusion, die uns von unseren Genen für den Zweck der Fortpflanzung angedreht wurde.

Michael Ruse, 1993

Was wollten die Menschen damals ausdrücken? Dieses Felsenbild aus Tansania wird auf 25 000 Jahre geschätzt.

Grenzen der Soziobiologie
Die kritische Frage für die philosophische Ethik überhaupt ist zunächst die, ob es gelingt, alle Arten altruistischer Handlungen auf »Genegoismus« zurückzuführen. Am leichtesten scheint dies bei spontanen, affekthaften Handlungen zugunsten anderer oder der Gemeinschaft zu sein. Am schwierigsten dürfte es bei begründeten Handlungen zum Wohle eines oder aller anderen sein – wenn es solche überhaupt gibt. Ein altruistischer Affekt, der seit der Antike für die Ethik besondere Bedeutung besitzt, ist das Mitleid. ... Je nach Einschätzung des Verhältnisses zwischen Affekten und unparteiisch richtigem Handeln, wurde darin entweder die Basis für die Entwicklung von Wohlwollen und Rücksichtnahme für alle Menschen (z.B. Rousseau, Hume, Schopenhauer), eventuell sogar alle empfindungsfähigen Wesen gesehen, oder eine Störung der klaren, affektunabhängigen Erkenntnis des Richtigen (Platon, Spinoza, Kant). In der Regel galt Mitleid als etwas spezifisch Menschliches. Nach dem gegenwärtigen Stand ethologischer und entwicklungspsychologischer Forschung ist zumindest eine entscheidende Voraussetzung für Mitleid, nämlich Empathie, d.h. Fähigkeit, sich in die Gefühle anderer zu versetzen, wahrscheinlich schon bei einigen Primaten ... vorhanden und bei Kindern im vorsprachlichen Stadium ... entwickelt. Zumindest die Veranlagung dazu ist also einer soziobiologischen Erklärung zugänglich. Empathie dient offenbar der sozialen Kompetenz und damit auch dem Rang in der Gruppe. Ob ihre Entwicklung nicht eher durch Gruppen- als durch Gen-Selektion erklärbar ist, lasse ich dahingestellt sein. Schwierigkeiten für die soziobiologische Erklärung machen aber zum einen ihre Ausweitung: Menschen zeigen spontanes Mitgefühl auch für Mitglieder anderer Rassen, ja sogar nicht-menschliche Lebewesen. Zum anderen die Fähigkeit zur »Rationalisierung«: Rücksichtnahme, Wohlwollen und Hilfeleistung können kulturell zu Pflichten werden, die wir unabhängig von jeder spontanen Neigung von jedem anderen erwarten bzw. fordern. Die Möglichkeit, solche Forderungen aus eigener Einsicht zu erfüllen und das Wohl der anderen »aus Gründen« dem eigenen überzuordnen, ist das, was die philosophische Ethik eigentlich interessiert.

Ludwig Siep, 1993

▶ *Bestimmen Sie Ruses Naturbegriff.*
▶ *Welche Argumente von Siep überzeugen Sie?*
▶ *Wenn alle Moral prinzipiell ein Trick der Gene ist, wie kann die evolutionäre Ethik dann sicher sein, dass sie selbst kein Trick der Gene ist?*

Gene – die »Macher« altruistischen Verhaltens?

Altruismus – eine Laune der Natur?

Zweifellos bedeutet die Entscheidung für eine altruistische Handlung, wenn sie eine Wahl unter Alternativen darstellt, eine Entscheidung zur Herbeiführung eines Zustandes, der für den Handelnden gut ist. Wäre er nicht gut im Sinne von wünschenswert, würde er nicht vorgezogen werden. Wichtig ist aber allein, aus welchen Gründen er wünschenswert ist. Man kann nun dem Altruismus-Kritiker auch noch zugeben, dass der Handelnde offenbar wünscht, selber diesen Zustand herbeizuführen usw. Er hat also auch ein Interesse daran, dass ein solcher ist, der – in diesem Fall oder öfter – altruistisch handelt. Und da wir nicht umhin können, die Reaktionen anderer auf unser Handeln zu registrieren und selber als mehr oder weniger wünschenswert einschätzen, werden wir in der Regel auch daran interessiert sein, anderen als Altruist zu erscheinen. Wir haben ein »normatives Selbstbild«, dessen Billigung durch andere, manchmal auch dessen Bestreitung (wenn wir schocken, provozieren usw. wollen) wir wünschen. Aber all das schließt nicht aus, dass wir die Handlung primär überwiegend, vielleicht sogar nahezu ausschließlich, zu dem Zweck ausgeführt haben, anderen wohl zu tun, auf andere Rücksicht zu nehmen, andere zu fördern usw. Von bloß scheinbarem Altruismus kann höchstens die Rede sein, wenn die Erhaltung oder Bestätigung des normativen Selbstbildes das eigentliche, überwiegende Motiv oder der alleinige Grund der Handlung ist.

Ludwig Siep, 1993

In Australien lassen sich noch heute Felsmaler zum Sinn ihrer Motive befragen. Bis heute erhielt sich ihre jahrtausendealte Kultur.

Gene können nicht »denken«

Die Herausforderung der Soziobiologie könnte darin bestehen, alle in der Ethik sonst noch behaupteten Formen im Grund auf Genegoismus zurückzuführen. … Der Ausdruck Genegoismus ist noch missverständlicher als der des Altruismus. Gene sind biochemische Einheiten. Sie enthalten ein bestimmtes Programm zur Erzeugung von Proteinen, die den Organismus aufbauen und erhalten. Über die so aufgebauten Organe sowie über Hormone, Enzyme und andere Trägerstoffe können sie Verhaltensdispositionen beeinflussen. Aber sie besitzen selber natürlich nicht die Fähigkeit, sich zu verhalten oder gar zwischen Verhalten zu wählen. Es »bleibt ihnen nichts anderes übrig«, als biochemische »Befehle« zu geben. Und das Verhalten der Organismen, insoweit es durch Triebe zu einem der Verbreitung der Gene förderliches Verhalten bestimmt wird, führt solche Befehle aus – es »handelt« nicht »um der Genverbreitung willen«. Sogar der Ausdruck »Befehle« ist noch eine Metapher aus dem Bereich menschlichen Handelns und Sprechens – Gene enthalten und übertragen nur biochemische Informationen.

Ludwig Siep, 1993

Der genealogische Fehlschluss

besagt, dass die Entstehung einer Sache nicht mit deren Wesen identisch sein muss. Die Entstehung der Moral sagt daher nichts über deren Wesen … Die Ursprünge des Rechts, des Staates, der Wissenschaft usw. sind nicht deren Wesen. Was das Moralische ist, erfahren wir nicht durch den Blick zurück ins Paläolithikum, sondern durch die ethische Analyse der moralischen Gegenwartsprobleme. Das Wesen des Moralischen ist etwas Gegenwärtiges nichts Prähistorisches.

Konrad Ott, 1995

Auf die Frage: »Gibt es eine natürliche Moral?« lautet die Antwort: Im Hinblick auf den Teilaspekt, ob es in der Natur moralisch zugehe, eindeutig »Nein!« – Im Hinblick auf den Teilaspekt, ob in unserer Moral »Natur« stecke: »Ja, auch.« Doch konstituiert dieser Anteil nicht die moralische Qualität unseres Handelns oder Unterlassens.

Christian Vogel, 1993

▶ *Beurteilen Sie die angeführten Kritikpunkte zur »Macht« der Gene.*

▶ *Bestimmen Sie das Verhältnis, das zwischen Natur und Moral besteht.*

Sind wir Sklaven unserer Gene?

Sind eineiige Zwillinge identische Personen? Sind wir durch unsere biologische Anlage gänzlich festgelegt? Können Zwillinge auf Grund der Tatsache, dass sie identisches Erbgut besitzen, daraus Rechte ableiten? Folgender Gerichtsfall ging durch die Presse:

Eine niederländische Anwältin erstritt vor Gericht ihrer Mandantin – einem eineiigen Zwilling – das Recht auf einen Studienplatz in Medizin. Die eine Schwester hatte beim Losverfahren Glück, die andere Pech, und das wollte sie mit Blick auf den Gleichheitssatz nicht hinnehmen. Also Klage vor Gericht, dem die Anwältin – allem Anschein nach überzeugend – darlegte, dass die beiden Schwestern genetisch aufeinander angewiesen seien: Sie hätten dieselben Interessen, seien immer zur selben Schule gegangen, aßen das Gleiche und trugen die gleiche Kleidung.

► *Entscheiden Sie sich für eine der folgenden Perspektiven, aus der Sie den »Fall« bewerten wollen:*
1. Sie halten als Anwalt/Anwältin ein Plädoyer für die Klägerin.
2. Sie halten als Staatsanwalt/Staatsanwältin eine Gegenrede.
Argumente können Sie aus den folgenden Texten erschließen.

»Produkt« von Erbgut und Milieu

Auch Gene bestimmen unsere Psyche

Aufsehen erregte in jüngster Zeit ein »Dopamin-Rezeptor-Gen« (D4DR), das die Wirksamkeit des Hirnbotenstoffes Dopamin beeinflusst. Der entsprechende Genabschnitt auf dem Chromosom 11 besteht aus einer Sequenz von 48 Basenpaaren. Diese Sequenz wird nun auf dem Erbmolekül, der DNS, je nach Individuum unterschiedlich oft hintereinander geschaltet. Bei manchen Menschen wiederholt sie sich achtmal hintereinander, bei anderen nur zweimal. Ein Forscherteam aus Israel entdeckte 1995, dass Menschen mit einer langen Variante des D4DR-Gens ein hohes Bedürfnis nach äußeren Reizen und Stimulation (novelty seeking) zu haben scheinen. Zeitgenossen hingegen, auf deren Gen die kritische Basensequenz nur zwei- oder dreimal hintereinander geschaltet ist, sind überdurchschnittlich häufig ruhige Vertreter, die einen geordneten Tagesablauf lieben und Aufregungen eher als Belastung empfinden. Der D4DR-Genlocus wird mittlerweile mit einer ganzen Reihe weiterer psychischer Merkmale in Verbindung gebracht, zum Beispiel mit Rauchen, Heroin- und Alkoholabhängigkeit, ferner mit Hyperaktivität, Aufmerksamkeitsstörungen und nervösen Ticks (Tourette-Syndrom), mit Panikattacken und einem herabgesetzten Risiko für Depressionen.

Psychologie Heute, 1998

Einschränkung unserer Freiheit?

Temperament und Charakter
Das Temperament lässt sich nicht so leicht ändern. Es tendiert zu Beständigkeit, auch wenn ein Mensch heranreift. Der Charakter hingegen entwickelt und bildet sich in einem verwickelten Erfahrungsprozess. Verhaltensgenetiker unterscheiden scharf zwischen »geteilter« und »ungeteilter« Umwelt. Dahinter steckt die Beobachtung, dass Geschwister innerhalb derselben Familie nur in beschränktem Umfang die gleiche Umwelt teilen. Die geteilte Umwelt besteht aus jenen Einflüssen, denen alle Geschwister der Familie gleichermaßen ausgesetzt sind, also etwa die soziale Schicht, die Wohnumgebung, die gemeinsame Schule, das Gesprächsklima in der Familie, die Einstellungen und der Erziehungsstil der Eltern. Diese Milieuvariablen erklären zwischen zwei bis maximal zehn Prozent der Persönlichkeitsunterschiede. Als wesentlich wichtiger für die Sozialisation erwies sich die »ungeteilte«, also jeweils spezifische Umwelt, die jedes der Kinder in einer Familie hat. Jedes Geschwister macht innerhalb und außerhalb der eigenen vier Wände ganz individuelle Erfahrungen, die seine Persönlichkeit prägen: Ein Vorfall während der Embryonalentwicklung, eine enge Freundschaft, ein charismatischer Lehrer, der erste Job, eine große Liebe, eine schwere Krankheit u. Ä. Der Einfluss der individuellen Umweltereignisse auf die persönliche Entwicklung ist enorm. Nach: David C. Rowe, 1997

Die »vier Temperamente« nach Gary Larson – welchen Einfluss haben sie auf den Charakter des Menschen?

▶ *Erläutern Sie den Unterschied zwischen Temperament und Charakter.*
▶ *Können Sie die erwähnten Forschungsergebnisse anhand eigener Erfahrung bestätigen?*

Das Genom – nur eine Wahrheit von vielen?

Wenn die Ethik das Spiel bestimmt, gibt es einen freien Willen
Wie viele Philosophen glaube ich, dass Wissenschaft und Ethik zwei in sich geschlossene Systeme sind, die aus denselben realen Elementen bestehen, genau wie Poker und Bridge unterschiedliche Spiele sind, die mit dem gleichen Blatt von 52 Karten gespielt werden. In dem Spiel namens Wissenschaft werden Menschen als materielle Gegenstände behandelt, und seine Regeln sind die physischen Vorgänge, die durch natürliche Selektion und Neurophysiologie das Verhalten verursachen. In dem Ethikspiel dagegen sind Menschen gleichberechtigte, fühlende, vernünftige Akteure mit freiem Willen und seine Regeln sind die Formeln, die den moralischen Wert eines Verhaltens aufgrund seines inneren Wesens oder seiner Folgen bestimmen. Der freie Wille ist eine Idealisierung der Menschen, die das Ethikspiel erst möglich macht. Die euklidische Geometrie braucht Idealisierungen wie unendliche Geraden und vollkommene Kreise, und ihre Ableitungen sind stichhaltig und nützlich, obwohl es unendliche Geraden oder vollkommene Kreise in der wirklichen Welt nicht gibt. Aber die Wirklichkeit kommt der Idealisierung so nahe, dass man die Theoreme nutzbringend auf sie anwenden kann. Ganz ähnlich erfordert auch die Theorie der Ethik Idealisierungen wie freie, fühlende, vernünftige, gleichberechtigte Akteure, deren Verhalten keine Ursache hat, und auch ihre Schlussfolgerungen können stichhaltig und nützlich sein, obwohl es in der wirklichen Welt, wie die Wissenschaft sie sieht, keine Ereignisse ohne Ursache gibt.

Steven Pinker, 1998

▶ *Erläutern Sie Pinkers Sicht vom Verhältnis zwischen Wissenschaft und Ethik.*
▶ *Erörtern Sie Pinkers These, dass der freie Wille eine sinnvolle Idealisierung darstellt.*

Institutionen – die zweite Natur des Menschen?

Gehlen: Nichts geht ohne Institutionen

Institutionen entlasten

Die Instinkte bestimmen beim Menschen nicht, wie beim Tier, einzelne festgelegte Verhaltensabläufe. Stattdessen nimmt jede Kultur aus der Vielheit der möglichen menschlichen Verhaltensweisen bestimmte Varianten heraus und erhebt sie zu gesellschaftlich sanktionierten Verhaltensmustern, die für alle Glieder der Gruppe verbindlich sind. Solche kulturellen Verhaltensmuster oder Institutionen bedeuten für das Individuum eine Entlastung von allzu vielen Entscheidungen, einen Wegweiser durch die Fülle von Eindrücken und Reizen, von denen der weltoffene Mensch überflutet wird. ... Die Formen, in denen die Menschen miteinander leben oder arbeiten, in denen sich die Herrschaft ausgestaltet oder der Kontakt mit dem Übersinnlichen – sie alle gerinnen zu Gestalten eigenen Gewichts, den Institutionen, die schließlich den Individuen gegenüber etwas wie eine Selbstmacht gewinnen, sodass man das Verhalten des Einzelnen in der Regel ziemlich sicher voraussagen kann, wenn man seine Stellung in dem System der Gesellschaft kennt, wenn man weiß, von welchen Institutionen er eingefasst ist. Die Forderungen des Berufes und der Familie, des Staates oder irgendwelcher Verbände, denen man angehört, regeln uns nicht nur in unserem Verhalten ein, sie greifen bis in unsere Wertgefühle und Willensentschlüsse durch, und diese verlaufen dann ohne Bremsung und Zweifel wie von selbst, d.h. selbstverständlich, ohne dass eine andere Möglichkeit vorstellbar wäre, also schließlich mit der Überzeugungskraft des Natürlichen. Vom Inneren der Einzelperson her gesehen bedeutet das die »bienfaisante certitude«, die wohltätige Fraglosigkeit oder Sicherheit, eine lebenswichtige Entlastung, weil auf diesem Unterbau innerer und äußerer Gewohnheiten die geistigen Energien sozusagen nach oben abgegeben werden können; sie werden für eigentlich persönliche, einmalige und neu zu erfindende Dispositionen frei. Man kann anthropologisch den Begriff der Persönlichkeit nur im engsten Zusammenhang mit dem der Institutionen denken, die letzteren geben der Personqualität in einem anspruchsvolleren Sinne überhaupt erst die Entwicklungschance ... Jetzt gehen wir einen Schritt weiter und stellen die Frage, was eigentlich vor sich geht, wenn Institutionen gesprengt oder erschüttert werden. Das geschieht jedes Mal bei geschichtlichen Katastrophen, bei Revolutionen oder Zusammenbrüchen von Staatsgebilden oder Gesellschaftsordnungen oder ganzen Kulturen, auch bei gewaltsamer Intervention aggressiver Kulturen in friedlichere. Der unmittelbare Effekt besteht in einer Verunsicherung der betroffenen Personen, und zwar bis in die Tiefe hinein. Die Desorientierung ergreift die moralischen und geistigen Zentren, weil auch dort die Gewissheit des Selbstverständlichen gestrandet ist ...

Arnold Gehlen, 1971

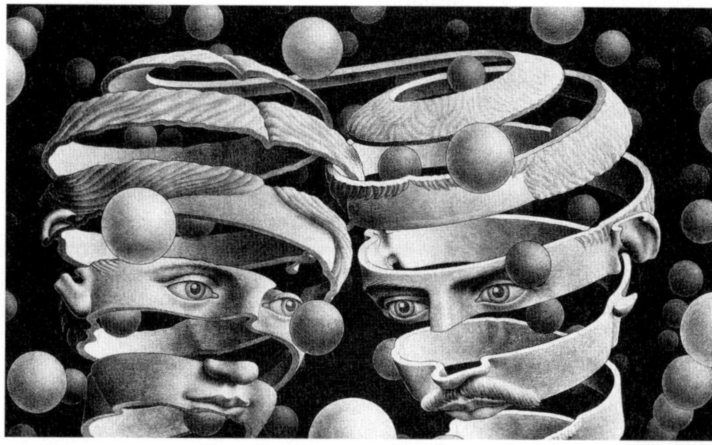

M. C. Escher, Band ohne Ende, 1956

Der Mensch – ein Mängelwesen

Wir sehen ..., wo wir auch hinblicken, den Menschen über die Erde verbreitet und trotz seiner physischen Mittellosigkeit sich zunehmend die Natur unterwerfen ... Man muss die Resultate dieser geplanten, verändernden Tätigkeit einschließlich der dazugehörigen Sachmittel, Denk- und Vorstellungsmittel zu den physischen Existenzbedingungen des Menschen rechnen, und diese Aussage gilt für kein Tier. Die Bauten der Biber, die Vogelnester usw. sind niemals voraussehend geplant und gehen aus rein instinktiven Betätigungen hervor. Den Menschen als Prometheus zu bezeichnen, hat daher einen exakten und guten Sinn. Der Mensch ist also organisch »Mängelwesen« (Herder), er wäre in jeder natürlichen Umwelt lebensunfähig, und so muss er sich eine zweite Natur, eine künstlich bearbeitete und passend gemachte Ersatzwelt, die seiner versagenden organischen Ausstattung entgegenkommt, erst schaffen, und er tut dies überall, wo wir ihn sehen. Er lebt sozusagen in einer künstlich entgifteten, handlich gemachten und von ihm ins Lebensdienliche veränderten Natur, die eben die Kultursphäre ist. Man kann auch sagen, dass er biologisch zur Naturbeherrschung gezwungen ist.

Arnold Gehlen, 1971

▶ *Erläutern Sie Gehlens Menschenbild (vgl. S. 93).*

▶ *Überprüfen Sie seine Thesen zum Wesen und zur Funktion von Institutionen am Beispiel Familie oder Kirche.*

In Institutionen denken?

Das mache ich für mich, in meinem Alltag. Ein ganz einfaches Beispiel. Ich saß in einer Kneipe, da war eine alte Dame, die hat sich ihr Essen da geholt. Sie war nicht gut zu Fuß. »Ich helfe Ihnen«, das ist für mich auch eine Sache von Engagement. Das ist dann eher die Richtung, in der ich dann tätig bin. So Institutionen sind nicht mein Ding. Da müsste es wirklich schon um Leben und Tod gehen. Dann schon. Aber ich habe wirklich einen Horror vor solchen Vereinigungen, egal in welcher Richtung. Ich habe dieses Unabhängigkeitsdenken. Da geht's doch oft wieder darum, dass einer der Boss sein will. Das wird dann immer alles aufgefressen von irgendwelchen internen Machtkämpfen. Und das stinkt mir so.

weiblich, 24 Jahre

Resultat einer Jugendstudie 1997:
Jugendliche engagieren sich gerne, wenn dies außer Einfluss und Erfolg auch Spaß verspricht. Die etablierten Strukturen sind für die junge Generation allerdings unattraktiv. Nur rund ein Prozent aller Befragten ist ein Mitglied einer Partei, lediglich drei Prozent haben sich einer Umwelt- oder Bürgerinitiative angeschlossen.

Erstarrte Institutionen

Gehlens Grundgedanke ist der, daß eben die beim Menschen von Natur aus fehlende Sinnorientierung und Stabilisierung des Verhaltens durch die Institutionen ersetzt werden kann und ersetzt werden muß. Diesem Gedanken entspricht ein tiefes Mißtrauen Gehlens gegenüber den bloßen Vorstellungen und theoretischen Willensbekundungen der reinen Subjektivität, d. h. aber im Grunde gegenüber dem Geist philosophischer Aufklärung, sofern dieser die Institutionen unmerklich auflöst und keine neuen zu schaffen vermag ... Gehlens Philosophie blickt fasziniert auf die archaischen Verhältnisse, die dem Idealbild des instinktanalogen Funktionierens der Institutionen in stileinheitlichen Kulturen am ehesten zu entsprechen scheinen; und sie verfolgt mit größtem Unbehagen den Abbau dieser Welt von Institutionen seit der griechischen Aufklärung und erneut seit dem Anbruch des Industriezeitalters zugunsten einer in sich selbst kreisenden unverbindlichen Subjektivität. ... Gehlen bleibt offenbar keine Möglichkeit, die Rebellionen der Subjektivität – und auch die großen europäischen Revolutionen – in ihrer geschichtlichen Berechtigung anzuerkennen, den Umstand also, daß nicht nur die schreckenerregende Labilität der individuellen Subjektivität sich immer erneut im Institutionellen festmachen muß, sondern auch umgekehrt die Unmenschlichkeit erstarrter Institutionen immer erneut aus der rebellierenden Subjektivität her beseitigt werden muß.

K. O. Apel, 1976

Hitliste »Vertrauen«, 1997

Umweltschutzgruppen	*3,8*
Menschenrechtsgruppen	*3,5*
Gerichte	*3,4*
Bürgerinitiativen, Polizei	*3,2*
Zeitungen	*3,1*
Gewerkschaften	*3,0*
Fernsehen	*2,9*
Arbeitgeberorganisationen	*2,6*
Bundesregierung, Bundestag, Kirchen	*2,5*
politische Parteien	*2,4*

Skala:
1 = wenig Vertrauen
bis 5 = sehr viel Vertrauen

▶ *Apel kritisiert Gehlen. Wer hat aus Ihrer Sicht die besseren Argumente?*
▶ *Nennen Sie entscheidende Qualitätsmerkmale von »zeitgemäßen« Institutionen.*

➢ *Zu »Institutionen« vgl. S. 42/43*

Rollenspiel und Rollenwechsel

Ein Hausmann 1996
Ich habe in den vergangenen Jahren ziemlich viel gearbeitet, bin aber weiterhin der Chefsprecher in unserer Familie, wenn es um Alltag, Kinder und Haushalt geht. Ulla hat Karriere gemacht in diesen Jahren. Andererseits ist es aber auch so, dass ich ohne meine kleinen Fluchten – also meine Seminare und mein Bücherschreiben – schon längst das Handtuch geworfen hätte. Nur Hausmann und sonst nichts, kochen, putzen, Hausaufgaben, das Mama-Radio auf WDR 2 hören, Chauffeur zur Musikschule, zum Reiten, zum Chor, spielen, Smalltalk mit den Nachbarinnen auf der Straße, abends Fernsehen ... vielleicht Samstag zum Frühschoppen und an einem freien Vormittag pro Woche eine Runde Squash mit einem Leidensgenossen, der die Verzweiflung an der Frage nach Sinnhaftigkeit des nur Hausmensch- und Muttervater-Daseins ebenso heftig an einem kleinen Ball auslässt wie ich, weil auch er keine rechte Antwort findet ... Nein das würde ich nicht ertragen. Ich liebe die Freiheit, tun und lassen zu könnnen, was ich will. Liebe es, zwischen Marmelade kochen und Seminarkonzept, zwischen Betten machen und Bücher schreiben jeden Tag neu entscheiden zu können. Und das genau kann ich jetzt tun.

Bundeszentrale für politische Bildung, 1996

▶ *Könnten Sie sich mit diesem Hausmann identifizieren?*

Immerfort Rollenspiele ...
Rollen repräsentieren die Gesellschaftsordnung. Diese Repräsentation hat zwei Ebenen. Erstens repräsentiert die gespielte Rolle sich selbst. Rechtsprechen zum Beispiel heißt, die Rolle des Richters spielen. Die rechtsprechende Person fungiert nicht »aus sich heraus«, sondern als Richter. Zweitens repräsentiert die Rolle des Richters einen ganzen »Verhaltenskomplex«. Seine Rolle steht in Verbindung mit anderen Rollen, deren Gesamtheit die Institution Recht ausmacht. Der Richter richtet als Repräsentant dieser Institution. Nur in ihrer Repräsentation durch Rollen manifestiert sich die Institution als wirklich erfahrbar. Mit diesem Ensemble »programmierter« Handlungen ist sie so etwas wie ein ungeschriebenes Textbuch eines Dramas, dessen Aufführung von der immer wiederkehrenden Darstellung vorgeschriebener Rollen durch lebendige Akteure abhängt. Die Schauspieler verkörpern ihre Rollen und vergegenwärtigen das Drama auf vorgegebener Bühne. Weder ein Drama noch eine Institution würde ohne solche immer wieder neu wiederholbare Verwirklichung bestehen können. Behauptet man also, daß Rollen Institutionen repräsentieren, so bedeutet das zugleich, dass Rollen es ermöglichen, dass Institutionen bestehen und immer wieder neu gegenwärtig von lebendigen Menschen erlebt werden. Mittels der Rolle, die er spielt, wird der einzelne in einzelne Gebiete gesellschaftlichen objektivierten Wissens eingewiesen, nicht allein im engeren kognitiven Sinne, sondern auch in dem des »Wissens« um Normen, Werte und sogar Gefühle. Richter sein heißt zwar in erster Linie, Wissen über Recht haben, vielleicht auch Wissen über ein weiteres Feld menschlicher Verhältnisse, sofern sie rechtlich relevant sind. Es heißt jedoch auch, Werte und Maßstäbe »wissen«, die dem Richter als Richter auferlegt sind, bis hin zu denen, die noch für des Richters Frau gelten. Der Richter muß auch etwas von Emotionen verstehen. Er muß wissen, wann er sich mit seinen eigenen Gefühlen zurückhalten muß. So wie sie schafft jede andere Rolle Zutritt zu einem besonderen Ausschnitt des gesamten Wissensvorrates der Gesellschaft. Für das Lernen seiner Rolle genügt es nicht, unmittelbar nötige Routinen zu ihrer »äußeren« Durchführung zu erwerben. Man muß mit den verschiedenen kognitiven und sogar affektiven Schichten des Wissensfeldes vertrautgemacht worden sein, das direkt und indirekt dieser Rolle eigentümlich ist. Wenn sich erst einmal im Gang der Geschichte einer Gesellschaft die Anhäufung von Wissen ergeben hat, so ist anzunehmen, daß aus Gründen der Arbeitsteilung rollenspezifisches Wissen schneller zunehmen wird als allgemein verbindliches.

Peter Berger/Thomas Luckmann, 1969

▶ *Rollen repräsentieren die Gesellschaftsordnung. Zeigen Sie im Besonderen die normative Funktion des Rollenspiels.*

Die perfekte Hausfrau 1920
In einer Gesellschaft, die wohlgeordnet sein sollte, ist die Frau als Gefährtin des Mannes vor allem dazu geschaffen, Kinder zu gebären und sie dann zu pflegen und zu waschen, den Haushalt sauber zu halten, Kinder zu erziehen, sich selbst Wissen anzueigenen, indem sie ihnen Wissen vermittelt, und das Leben ihres Gefährten so glücklich wie möglich zu gestalten, sodass sie ihn die furchtbare Ausbeutung, deren Opfer er ist, vergessen lässt. Das ist unserer Meinung nach ihre gesellschaftliche Rolle.

Gewerkschaft der Chemieindustrie, 1920

▶ *Vergleichen Sie die Geschlechterrollen dieser Zeit mit heute. Beurteilen Sie die Entwicklung im Kontext der Moderne (vgl. S. 54–61).*
▶ *Beschreiben Sie ein Frauenbild, mit dem Sie sich identifizieren könnten.*

Interessen (materielle und ideelle) nicht Ideen beherrschen unmittelbar das Handeln des Menschen.
Max Weber

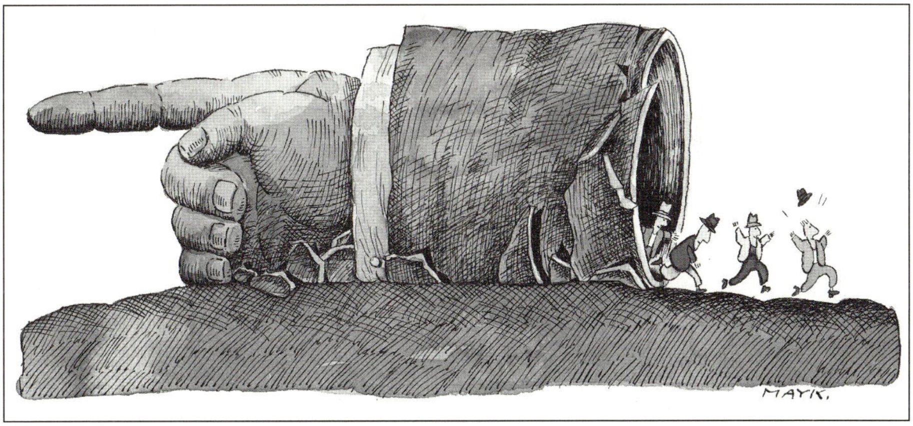

Janusz Majewski: Normverfall

Normen fallen nicht vom Himmel
Normen werden pragmatisch aus der Struktur der sozialen Interaktion abgeleitet. Sie verdanken insofern ihren Ursprung nicht einem ewigen platonischen Wertehimmel. Von einer genuinen Wertsphäre, aus der Normen gewonnen werden könnten, um menschliches Handeln regulieren zu können, ist nicht mehr die Rede. Werte haben ihren ontologischen Status eingebüßt und werden genetisch verstanden. Der Mensch hat sie geschaffen, um in der Welt leben zu können.

Nach: Günter Dux, 1997

▶ *Überlegen Sie mit Dux und Weber, wie Normen soziologisch erklärt werden können. Welche Rolle werden hierbei Bedürfnisse, Interessen und Macht spielen?*

Institution Ehe in der Krise?

Das Leben des 1947 geborenen Martin O.

... begann in einem städtischen Angestelltenhaushalt (Kleinfamilie Typ 1). Nach der Scheidung seiner Eltern lebte Martin bei seiner Mutter (Einelternfamilie Typ 2). Später zog er in eine Wohngemeinschaft (Typ 3). Nach einer längeren intimen Beziehung mit einem Mädchen (»living apart together« Typ 4), ging er eine feste Beziehung mit einer jüngeren Studienkollegin ein (nichteheliche Lebensgemeinschaft Typ 5). Nach wenigen Jahren trennte sich das Paar. Martin zog in eine Kleinwohnung (Alleinleben Typ 6). Je länger er allein lebte, desto entschiedener betrachtete er sich als Single (Typ 7). Martin durchlief in seinem bisherigen Leben sieben verschiedene Lebensformen.

Nach: Geschichte der Familie, 1998

▶ *Tauschen Sie sich über die verschiedenen Lebensformen aus, die Sie wie Martin O. schon »durchlaufen« haben. Diskutieren Sie, welche für Ihre Zukunft attraktiv sein könnte.*

Ehe: Pro, contra oder unentschieden?

Mich ein Leben lang an eine Person zu binden, würde mir nicht gefallen. Ich denke, wenn man sich wirklich liebt, ist man noch lange nicht dazu verpflichtet zu heiraten: Man kann auch so ein harmonisches Leben führen. Wenn es dann wirklich einmal zur Trennung kommen sollte, gibt es weniger aufwändige Dinge zu erledigen. Man ist völlig unabhängig und kann Entscheidungen, die man getroffen hat, einfach durchführen, ohne große Streitereien miteinander zu haben. Ich finde, auch ohne sich das Ja-Wort gegeben zu haben, kann man Kinder haben. Früher war es so üblich, dass auf eine Schwangerschaft eine schnelle Heirat folgte. Heutzutage ist dies absolut unnötig. *Frank, 18 Jahre*

Ich finde, dass es auch heute noch »modern« ist, in einer Ehe zu leben. Man sollte sich aber nicht, wenn man nicht will, an gängige Klischees halten. Ich akzeptiere auch »andere moderne Lebensformen«. Es muss nicht immer die Ehe sein. Annette, 17 Jahre

Wechselseitige Treue verpflichtet und gibt Kraft. Ich glaube, dass Partner ohne Trauschein bei ernsthaften Konflikten eher an Trennung denken und einfach davonlaufen. Werden sie bereit sein, Konflikte wirklich durchzustehen und vielleicht auch noch etwas Neues über sich und den anderen zu erfahren? Und wenn Kinder da sind? *Sabine, 18 Jahre*

Selbstverwirklichung – was bedeutet das für mich?

Lebensziel und -stil:
- Erfolg, hoher Lebensstandard
- konsumorientiert, Leben genießen
- Freiheit, Ungebundenheit

Arbeit/Leistung:
- Selbstverwirklichung, hohe Leistungsmotivation
- gut verdienen

Freizeit:
- Lesen, Musik, Kultur
- Abschalten, Freiheit, Abwechslung
- Lebensfreude, Spaß, Genuss
- Mitarbeit in gesellschaftlich engagierten Gruppen

Familie, Partnerschaft:
- Mann/Frau selbstständig im Beruf
- Gleichberechtigung und partnerschaftliche Rollenteilung
- geringe Bindungsbereitschaft

▶ *Das oben beschriebene Milieu wird als technokratisch-liberal, hedonistisch, alternativ links beschrieben. Bestimmen Sie Ihr »Wunsch-Milieu«.*

▶ *Würden Sie von sich sagen, dass Sie sich selbst verwirklichen?*

▶ *Legen Sie Kriterien fest, die Selbstverwirklichung qualifizieren.*

▶ *Beschreiben Sie Ihre Einstellung zu Ehe und Familie.*

Auch die Ehe zeigt das Doppelgesicht der Moderne

Individualisierung

Vor dem Hintergrund der Herausbildung des modernen Sozialstaats und der Wohlfahrtsgesellschaft hat sich ein Individualisierungsprozeß von bislang unerreichter Reichweite und Dynamik vollzogen. Für den Bereich von Ehe, Familie und Partnerschaft bedeutet die aufgrund der Ausweitung der Bildungschancen, der Arbeitsmöglichkeiten, der wachsenden Mobilität, Medien- und Konsumvielfalt bewirkte Optionserweiterung, daß angesichts des Übermaßes an Möglichkeiten jede einzelne Option – also auch das Sich-Festlegen auf Ehe und Elternschaft – vergleichsweise weniger wertvoll ist. Besonders Ehe und Elternschaft als langfristige biographische Festlegungen beinhalten einen Verzicht auf mögliche Alternativen. Die Optionserweiterung bewirkt eine normative Erosion von Ehe und Familie. Ehe und Elternschaft gelten nicht mehr als selbstverständliche Lebensperspektiven, sondern werden zum Gegenstand der freien Wahl und individueller Entscheidung. ... Das früher selbstverständliche Modell einer »Familienkarriere« weicht damit der Möglichkeit sukzessiver Wahlentscheidungen und bewirkt eine Pluralisierung von Lebensformen.

Rudolf Peuckert, 1997

Die Qual der Wahl

Die neuen Gebote von Freiheit und Selbstverwirklichung äußern sich darin, daß man sich immer häufiger einer festen Bindung entzieht. Die Partnerschaft ist zusehends als ständiger Prozeß des Aushandelns und Umdefinierens der Prinzipien des Zusammenlebens zu sehen. Mehr Partnerschaftserfahrung heißt zugleich, daß sehr viele junge Menschen mehr Trennungen durchlebt haben als frühere Generationen ... Der Entscheidungsspielraum hat sich vergrößert, aber die gewachsene Freiheit wurde erkauft mit einem geringen Halt durch normative Vorgaben und einer erheblichen Verunsicherung. Die aufgezeigten gesellschaftlichen Veränderungen werden von einem Wandel der Wertorientierungen begleitet ... Eine tendenzielle Rangverminderung haben die traditionellen Pflicht- und Akzeptanzwerte erfahren; an Bedeutung gewonnen haben Selbstentfaltungswerte wie die Betonung von Unabhängigkeit, Gleichheit und Selbstverwirklichung. Freisetzungsprozesse haben immer ein Doppelgesicht, zeichnen sich durch Widersprüche und Ambivalenzen aus. Die Herauslösung aus traditionellen Lebenszusammenhängen erhöht einerseits die Autonomie und Wahlmöglichkeiten. Der Lebenslauf wird offener, individueller gestaltbar. Andererseits führt Freisetzung auch zum Geltungsverlust der Sicherheit und Handlungswissen garantierenden Normen. Der einzelne wird in eine Privatsphäre entlassen, deren institutionelle Ungeregeltheit subjektiv häufig als Leere und wachsende Orientierungslosigkeit erlebt wird. Man kann nicht nur unter mehr Optionen wählen, man muß es auch ... Die freigesetzen Individuen werden arbeitsmarktabhängig und damit bildungsabhängig, konsumabhängig und abhängig von sozialrechtlichen Regelungen und Versorgungen.

Rudolf Peuckert, 1997

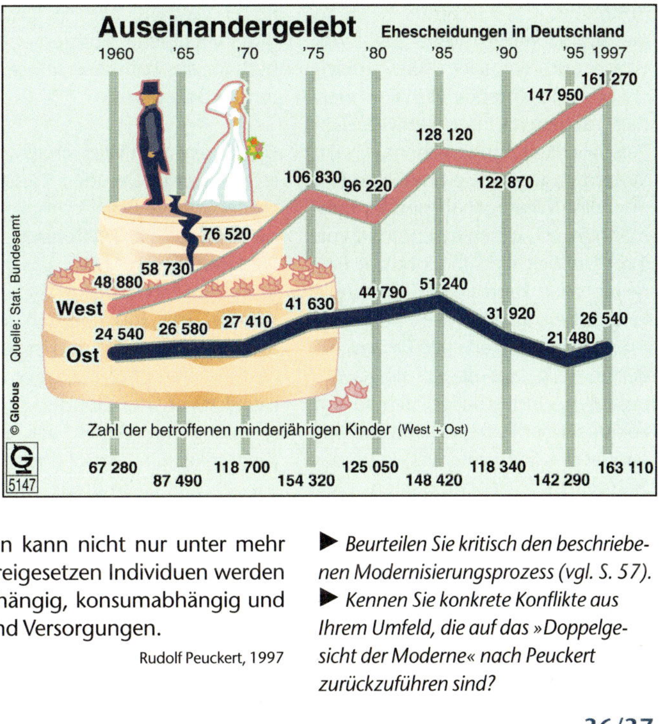

Wie können zwei Menschen, die gleich und frei sein oder werden wollen, die Gemeinsamkeit der Liebe finden und bewahren? In den Ruinen falsch gewordener Lebensformen bedeutet Freiheit: Aufbruch, Neu-Entwerfen, der eigenen Melodie folgen, die aus dem Gleichschritt führt.

Ulrich Beck

▶ *Und Ihre Melodie?*

▶ *Beurteilen Sie kritisch den beschriebenen Modernisierungsprozess (vgl. S. 57).*

▶ *Kennen Sie konkrete Konflikte aus Ihrem Umfeld, die auf das »Doppelgesicht der Moderne« nach Peuckert zurückzuführen sind?*

Niklas Luhmanns Systemtheorie

Das System hat Recht

A. R. Penck, Ein mögliches System (A = Ich), 1965

Funktionen – Systeme – Funktionen – Systeme

Die moderne Lebenswelt ist ungeheuer komplex. Sie zu analysieren bedeutet für den Soziologen eine ganz besondere Herausforderung. Niklas Luhmann glaubt in der »funktionalen Analyse« ein methodisches Instrument gefunden zu haben, mit dem er unsere gegenwärtige gesellschaftliche Wirklichkeit entschlüsseln kann. Es gibt nichts – so meint er –, was nicht auf eine Funktion hin befragbar und damit als Funktion begreifbar wäre. Die Gesellschaft als System stellt ein Ensemble von unterschiedlichen Funktionen dar. Niklas Luhmann unterscheidet grundsätzlich zwischen sozialen und psychischen Systemen.

»Wenn z. B. eine Frau im Schlachterladen Wurst kauft, gehen Sinnelemente ihres Handelns in das System Familie, die sie versorgt, ein und in das soziale System des Ladens im weiteren Rahmen des Wirtschaftssystems der Gesellschaft, die z. B. insititutionalisiert hat, dass man um Preise nicht feilscht. Der Stil ihres Auftretens, das Maß ihrer Kritik an der Ware, vielleicht die Wahl der Worte und vor allem alles abweichende und störende Verhalten werden dagegen ihrer individuellen Persönlichkeit zugerechnet.«[1] Ein System dagegen wie etwa eine Ehe oder eine Wissenschaft sind für Luhmann in sich geschlossene und von ihrer Umwelt klar abgegrenzte Einheiten. Man kann sie mit einer Zelle vergleichen. So wie diese ersetzen sie in einem kontinuierlichen Prozess die Bestandteile, aus denen sie jeweils bestehen, und erhalten sich so am Leben. Dieser Prozess der Selbst-Organisation (Selbstreferenz) bzw. des Sich-selbst-am-Leben-Erhalten (Autopoiesis) gibt dem einzelnen System die ihm eigene Qualität und unterscheidet es von anderen Systemen. Autopoietische Systeme mit ihren je eigenen Funktionsweisen sind weitestgehend autonom. Nur auf dem Schienennetz der eigenen Handlungsweise können fremde Informationen eingeschleust werden. Selbststeuernde Systeme können von Umweltereignissen zu eigenen Operationen bloß angestoßen werden. Ob eine Nachricht für ein System eine relevante Information darstellt oder nicht, »entscheidet« das System allein. Jedes Verstehen ist eine Operation des verstehenden Systems. Niemand kann die Gedanken eines anderen genau kennen, er kann sich lediglich eigene Vorstellungen darüber machen. Eine politische Partei versteht ebenso bestimmte gesellschaftliche Probleme nur innerhalb des Rahmens selbst gesetzter Wertkriterien.

Das Subsystem Wirtschaft

Jedes Subsystem der Gesellschaft verdankt seine Besonderheit einer so genannten »Leitdifferenz«, dem »binären Code«. Das, was z. B. die Wirtschaft als soziales System bestimmt und von anderen sozialen Systemen abgrenzt und in sich gliedert, ist eine besondere Form kommunikativer Handlungen, nämlich »Zahlungen«. Wenn der Systemtheoretiker die Wirtschaft begreifen will, so stellt er die Frage: Wie reproduziert das System Wirtschaft seine Elemente, die Zahlungen? Die Antwort lautet: durch Preise. Die ökonomische Kommunikation beobachtet also ihre Umwelt unter einem bestimmten Blickwinkel: was wirkt sich positiv auf Zahlungshandlungen aus? Dabei geht es primär darum, günstige Absatzmöglichkeiten, d. h. Märkte zu finden. Der Begriff des Marktes bezeichnet also kein selbstständiges System, sondern eine Umwelt des Systems Wirtschaft. Wie reagiert das System Wirtschaft auf politische oder sogar moralische Steuerungsversuche? »Der Schlüssel des ökologischen Problems liegt, was Wirtschaft betrifft, in der Sprache der Preise. Auf Störungen, die sich nicht in dieser Sprache ausdrücken lassen, kann die Wirtschaft nicht reagieren. Diese strukturelle Beschränkung auf Preise ist aber nicht nur ein Nachteil, nicht nur ein Verzicht auf andere Möglichkeiten; sie garantiert zugleich, dass das Problem, wenn es in Preisen ausgedrückt werden kann, im System auch bearbeitet werden muss.«[2] Die Wirtschaft ist in der Systemtheorie von Niklas Luhmann ein selbstreferentielles, ein sich selbst reproduzierendes und steuerndes System. Es gibt also keine direkte Möglichkeit eines polititischen, rechtlichen oder moralischen Einflusses auf sie.

Nach: [1] Hubert Wilke, 1983
[2] Niklas Luhmann, 1990

▶ *Charakterisieren Sie die Art und Weise, wie Luhmann Mensch und Gesellschaft begreift.*

Der binäre Code – oder: wie die Systeme funktionieren

Funktions-system	*Code*	*Medium*
Wirtschaft	*Haben/Nichthaben*	*Geld/Eigentum*
Recht	*Recht/Unrecht*	*Recht (= Gesetze, Entscheidungen)*
Wissenschaft	*wahr/unwahr*	*wissenschaftliche Erkenntnisse*
Politik	*Regierung/Opposition bzw. Innehaben/ Nichtinnehaben*	*Macht (öffentliche Ämter)*
Religion	*Immanenz/ Transzendenz*	*Glaube*
Erziehung	*gute/schlechte Zensuren*	*Karriereerwartungen*

Niklas Luhmann (1927–1998),
Soziologe und Systemtheoretiker; nach Luhmann ist die moderne Gesellschaft ausdifferenziert in parallele Funktionssysteme. Ein soziales System, dass überleben will, muss in der Lage sein, unter dauernder Veränderung zu vereinfachen.

Umwelt bezeichnet das, was nicht zu einem bestimmten System gehört. Nicht alles außerhalb eines Systems ist für dieses von Bedeutung. Was relevant ist, hängt vom Einzelfall ab. Jedes System kann als Teilsystem eines übergeordneten Systems und umgekehrt betrachtet werden. Entsprechend ändert sich, was als Umwelt gilt.

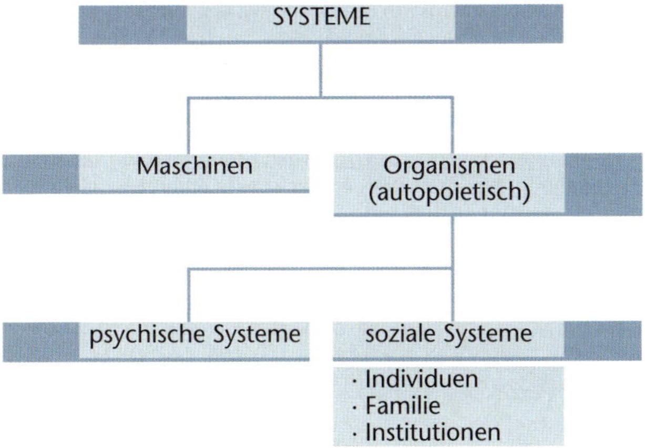

An die Stelle der Innen-Außen-Beziehung zwischen dem erkennenden Subjekt und der Welt tritt die System-Umwelt-Beziehung. Für die Bewußtseinsleistungen des Subjekts haben Welt- und Selbsterkenntnis das Bezugsproblem gebildet. Jetzt wird dieses Problem dem der Erhaltung und Erweiterung des Systembestands untergeordnet ... An die Stelle selbstbewußter Subjekte treten mithin sinnverarbeitende und sinnbenutzende Systeme.

Jürgen Habermas, 1985

Nur eine Frage der Systemlogik?
Herr A. fragt Herrn B., Manager einer Baumarktkette: »Unter welchen Bedingungen wäre es Ihnen möglich, die billigen Türen aus Tropenhölzern aus dem Angebot zu streichen, um einen Beitrag zur Erhaltung des brasilianischen Urwaldes zu leisten?« Herr B. antwortet: „Nur dann, wenn diese Maßnahme die Zahlungsbereitschaft der Kunden erhöht und zugleich verhindert werden kann, dass diese nun bei anderen Baumärkten kaufen.«

▶ *Skizzieren Sie den Ort, den Luhmann dem Subjekt in seiner Theorie einräumt. Diskutieren Sie, ob er dem Individuum damit gerecht wird.*

▶ *Ordnen Sie die Antwort des Managers »systemtheoretisch« ein.*
▶ *Überprüfen Sie Luhmanns Theorie am Beispiel Schule.*

Passt Moral in Luhmanns System?

Warum Moral universell ist, sich aber trotzdem den Systemen unterordnen sollte

Moral betrifft die ganze Person

Bei Moral und Ethik handelt es sich um ein hoch infektiöses Gebiet, das man nur mit Handschuhen und sterilen Instrumenten anfassen sollte ... Die Moral kann alles beurteilen – ebenso wie die Wissenschaft. Ihr Code gut/schlecht oder gut/böse hat ebenso universelle Relevanz wie der wissenschaftliche Code wahr/unwahr. Der Begriff, den ich vorschlagen möchte, bezieht sich auf menschliche Kommunikation. Eine Kommunikation nimmt moralische Qualität dann und nur dann an, wenn sie menschliche Achtung oder Missachtung zum Ausdruck bringt. Das geschieht normalerweise nicht direkt, sondern durch Hinweis auf Bedingungen, unter denen Menschen zu achten oder zu missachten sind. Diese Bedingungen beziehen sich nicht auf Spezialfähigkeiten wie etwa Leistungen als Sportler oder als Musiker. Es handelt sich also nicht um Probleme eines besonderen Könnens, bei denen man im Rahmen gesellschaftlicher Arbeitsteilung getrost akzeptieren kann, dass andere mehr können als man selbst. Die Begriffe Achtung/Missachtung beziehen sich auf die Person als Ganze und auf ihre Zugehörigkeit zur Gesellschaft. Es sind Bezeichnungen ... der Inklusion der Person in die Gesellschaft. Es gibt also keine Exklusion aus der Gesellschaft. Solange jemand an Kommunikation teilnimmt, und sei es im Gefängnis oder in einem Versteck von Terroristen, nimmt er an der Gesellschaft teil. Und gerade Terroristen legen typischen Wert auf diese Teilnahme. Sie legen einen Zettel an den Ort ihrer Taten oder schicken einen Bekennerbrief, um mitzuteilen, sie seien es gewesen.

Moral erzeugt Streit

Moral hat die Tendenz Streit zu erzeugen oder, wenn er zufällig ausbricht, zu verschärfen. Jeder der Beteiligten, der bei Meinungsverschiedenheiten moralisch argumentiert, setzt seine Selbstachtung ein, um seinen Argumenten Nachdruck zu verleihen. Es fällt dann schwer, den Rückzug anzutreten. Man hat sich durch Moral exponiert, hat Meinungen mit Bedingungen verknüpft, die Selbstachtung und Fremdachtung aufs Spiel setzen, und kann dann, auch wenn es um Bagatellen geht, die Moral selbst nicht bagatellisieren. So können Steppenbrände entstehen – und die Erfahrungen, die Europa seit dem Hochmittelalter mit religiös motivierten Aufständen und Unterdrückungen mit Kriegen um moralisch verbindliche Wahrheiten und aus Empörung erwachsenen Revolutionen gemacht hat, sollten eigentlich beim Stichwort Moral immer gleich dieses Problem vor Augen führen.

Herrschaft der Systeme

Inzwischen ist aber mit aller Deutlichkeit zu erkennen, dass die Regulierung der gesellschaftlichen Inklusion durch die Funktionssysteme übernommen worden ist. Welche Rechtsposition man hat, ergibt sich aus den Strukturen und Dispositionen des Rechtssystems (nicht zuletzt aus den Verträgen, die man selber abgeschlossen hat). Politisch kann jeder mitwirken, solange das politische System es selbst vorsieht. ... An Wirtschaft ist man beteiligt, soweit man zahlen kann. Und der Status, den die Erziehung verleiht, ergibt sich aus den langjährigen Karrieren in diesem System – vom Kindergarten bis zum Abschlussexamen der Universität. Diese verschiedenen Formen der Inklusion beeinflussen einander – aber nur in einem sehr losen Verhältnis, das eine Vielzahl von individuellen Kombinationsmöglichkeiten zulässt ... Und mit zunehmender Energie behaupten die Frauen, dass das auch für sie gelte. Die Ethik muss in der Lage sein, den Code der Moral (den sie betreut) von anderen Codes zu unterscheiden. Das gilt speziell mit Bezug auf Unterscheidungen von funktionsspezifischer Relevanz wie wahr/unwahr, oder Recht/Unrecht. Sie kann und muss zwar dabei bleiben, dass der Code der Moral universelle Relevanz hat, also auf ausnahmslos jedes Handeln angewandt werden kann; aber sie muss zugleich beachten, dass dies nicht geschieht, wenn andere Codes angewandt werden, für die in umgekehrter Perspektive dasselbe gilt. Man kann moralisch verlangen, dass unangebrachtes Moralisieren, z. B. in politischen Debatten, unterbleibe.

Niklas Luhmann, 1990

▶ *Erläutern Sie Luhmans systemtheoretischen Begriff der Moral. Beschreiben Sie das Verhältnis zwischen Moral und den Funktionssystemen.*

▶ *Ethik – eine Reflexionstheorie der Moral? Welche Aufgaben erwachsen ihr daraus?*

Argentinien

Moral – lieber weniger als mehr?

Moral erleichtert das Töten

Nicht die geringste und vielleicht aktuellste und dringlichste Aufgabe der Ethik wäre es, vor Moral zu warnen. Die Moral neigt zu Überhitzung. Sie erleichtert das Töten. Sie kann sich ruinös auswirken auf jeden, der seine Selbstachtung an diese oder jene Bedingung bindet und das publik macht. Moral ist ein scharfes Medikament, jedenfalls für feinnervige Zeiten. Ihre Eigenart wird verkannt, wenn man meint, es handle sich um Prinzipien, von denen man sich immer noch distanzieren könne, wenn es ernst wird. Immer wieder kann man erleben, wie andere auf ihren Prinzipien ausrutschen. Gegen Ende dieses Jahrhunderts erleben wir Moral gerade in dieser elementaren, wenn nicht wilden Form, weil viele andere Verhaltensbeschränkungen abgebaut sind und weil neuartige Probleme auftreten, die, wenn andere Lösungen nicht in Sicht sind, zunächst mit Moral angegangen werden. Man denke vor allem an diejenigen Probleme, die die so genannten neuen sozialen Bewegungen motivieren: an die Kriegsgefahr mit der zwangsläufigen Katastrophe, an die Umweltprobleme selbst oder auch an die steigenden Ansprüche, an uneingeschränkte Selbstverwirklichung. Wie am Ende des 16., des 17., 18. und des 19. Jh. rollt angesichts neuartiger gesellschaftlicher Umbrüche eine Moralwelle an. Aber diesmal sollte die Ethik sich etwas reservierter verhalten als früher und nicht noch Öl ins Feuer gießen. Niklas Luhmann, 1990

System ohne Moral?

Die funktionsspezifische Moral ist nicht, wie Luhmann befürchtet, das Relikt einer überholten, der alteuropäischen Gesellschaft. Sie bedeutet vielmehr ... eine zweite und logisch höher stufige Dimension von Normativität; sie ist die Bedingung dafür, daß die Normativität der ersten Dimension überhaupt »funktioniert«. Nur wenn die Wissenschaftler im großen und ganzen ihre Daten weder verfälschen noch voreilig interpretieren, trägt die Konkurrenz der Wissenschaftler zur wahren Erkenntnis bei. Nur wenn sich Ankläger, Verteidiger und Richter nicht, wie in mancher Diktatur, auf die abgekartete Sache einlassen, dient ihr Zusammenwirken einer gerechten Urteilsfindung ... Oder eine andere Frage: Steht es der demokratischen Politik, weil sie ja legitim ist, frei, beliebige Gesetze zu erlassen, oder gibt es – wieder aus moralischen Gründen – substantielle Einschränkungen: Prinzipien, die wie die Grund- und Menschenrechte von einer demokratischen Politik zwar formuliert, aber nicht eigentlich gewährt oder verweigert werden? Ohne eine gewisse personale Moral können die Funktionssysteme nicht funktionieren, und ohne eine institutionelle Moral fehlten den Funktionssystemen die Legitimationsgrundlagen.

Otfried Höffe, 1990

Und der Mensch?

Nach Luhmann haben die Funktionssysteme der modernen Gesellschaft den Menschen fest in der Hand. Was ist bei ihm dann der Mensch? Biologisch eine Anhäufung von Zellen, medizinisch ein funktionierender Organismus, eine komplexe Einheit, die selbst aus autonomen Systemen wie dem Gehirn besteht? Niemand weiß genau, was im Menschen das Letztmenschliche, am Individuum das Unteilbare ist. Nach: Hubert Willke, 1983

Argentinien

- ► *»Moral erleichtert das Töten« – Teilen Sie Luhmanns Behauptung?*
- ► *Entwerfen Sie ein Streitgespräch zwischen Höffe und Luhmann zum Menschenbild.*

- ► *Diskutieren Sie Einflussmöglichkeiten von Moral in Systemen.*

Institutionen: Garant oder Gefährdung unserer Freiheit?

Die Komplexität des zivilisatorischen Fortschritts regeln

Die Geister, die wir riefen
Was ist die Ursache bürokratischen Wachstums? Es ist die Reaktion auf die zunehmende Komplexität einer fortschreitenden Industrie- und Kommunikationsgesellschaft mit ihren globalen Märkten und internationalen Vernetzungen. Die moderne Industriegesellschaft hat durch Mobilität, Massenproduktion und großtechnische Strukturen Risiken für eine unübersehbare Zahl von Menschen geschaffen. Um diese Risiken zu minimieren und nach Möglichkeit auszuschließen, wurde eine überquellende Fülle an Normen geschaffen. Diese beziehen sich auf die Zusammensetzung unserer Lebensmittel, pharmazeutischer Produkte, auf bautechnische Vorschriften für Häuser, Straßen, Brücken und Tunnel, auf Regelwerke für den sicheren Betrieb von Kraftfahrzeugen, Schiffen und Flugzeugen, aber auch auf Umweltstandards, Datenschutz, Gentechnik und Organhandel und vieles anderes mehr. Der Regelbedarf bezieht sich aber auch auf die Bereiche der Bildung und Ausbildung, unser Netz der sozialen Sicherheit und den Schutz des Bürgers vor Gewalt und Verbrechen. Wir wollen gewiss sein, dass nur ein Sachkundiger, dessen Leistungsfähigkeit geprüft ist, Leistungen anbietet – handwerkliche Leistungen und Dienstleistungen von Ärzten, Rechtsanwälten und Steuerberatern. Unsere Kinder sollen nur ausgebildeten und geprüften Erziehern und Pädagogen anvertraut sein. Dieser aufwändige Regelungs- und Überwachungsbedarf ist beim Staat monopolisiert, weil nur er über die rechtlichen Mittel der Durchsetzung und Beachtung rechtlicher und technischer Normen verfügt.

John R. Searle, 1997

Im institutionellen Gehäuse sicher, aber beengt – und außerhalb?

Grenzen institutioneller Macht
Die Struktur institutioneller Tatsachen ist eine Struktur von Machtbeziehungen. Eine Lehre, die sich aus der Erforschung der institutionellen Tatsachen ziehen lässt, ist Folgende: Alles, was wir in der Zivilisation schätzen, erfordert die Schaffung und Aufrechterhaltung institutioneller Machtbeziehungen durch kollektiv zugewiesene Statusfunktionen. Diese erfordert ständige Überwachung und Anpassung, um Fairness, Effizienz, Flexibilität und Kreativität zu schaffen und zu bewahren, ganz zu schweigen von den traditionellen Werten wie Gerechtigkeit, Freiheit und Würde. Aber institutionelle Machtbeziehungen sind allgegenwärtig und wesentlich. Institutionelle Macht – massiv, durchdringend und normalerweise unsichtbar – durchdringt jeden Winkel und jede Ecke unseres gesellschaftlichen Lebens. ... Deontische Macht ist dazu da, Beziehungen zwischen Leuten zu regeln. In dieser Kategorie weisen wir Rechte, Verantwortlichkeiten, Pflichten, Privilegien, Strafen, Ermächtigungen und andere derartigen deontischen Phänomenen zu. Um ein Etikett zu haben, wollen wir sagen, dass es sich bei deontischen Statusfunktionen um konventionelle Macht handelt. Diese Terminologie ermöglicht uns, konventionelle von roher physischer Macht zu unterscheiden, obgleich natürlich die beiden oft Hand in Hand gehen; denn der Sinn der Verleihung von konventioneller Macht besteht oft darin, die Anwendung roher Macht zu autorisieren. Die Polizeigewalt ist ein offensichtliches Beispiel.

John R. Searle, 1997

► *Searle nennt Kriterien, mit denen institutionelle Macht legitimiert werden kann. Garantieren sie heute das, was sie versprechen?*

► *Diskutieren Sie folgende gesellschaftskritische These an konkreten Beispielen: Nicht jeder zivilisatorischer Fortschritt rechtfertigt dessen Aufrechterhaltung durch Institutionen.*

► *Bestimmen Sie konkret die Freiheiten, die staatliche Institutionen heute garantieren sollten.*

Habe Mut, dich deines eigenen Zweifels zu bedienen!

Scheingewissheiten

In unserer modernen Gesellschaft muß ein neuer Umgang mit Wissenschaft und Politik, eine neue Art gesellschaftliche Erfahrungen zu machen ermöglicht und institutionell begründet werden … Zum Beispiel der Zweifel, der der Wissenschaft nicht nur dient, sondern nun auch – reflexiv gewendet – deren falsche tönernde Eindeutigkeiten und Scheingewissheiten stört und gegebenenfalls zerstört, könnte zum Maßstab einer anderen Moderne werden, die das »Grundrecht auf Irrtum« achtet. Entgegen einem weitverbreiteten Vorurteil ermöglicht der Zweifel nämlich alles neu: Wissenschaft, Erkenntnis, Kritik, Moral; nur anders, ein paar Nummern kleiner, vorläufiger, farbiger, lernfähiger, damit aber auch wieder neugieriger, offener für Gegenteiliges, Unvermutetes, Unvereinbares, und zwar mit der Toleranz, die in der letzten Letztgewißheit des Irrtums gründet. Mit anderen Worten: Reflexive Modernisierung meint auch und wesentlich eine Rationalitätsform. Erst diese könnte dem historischen Apriori der Ambivalenz in der reflexiven Moderne gerecht werden. Ulrich Beck, 1993

▶ *Inwiefern könnte sich der Berliner Schüler bei seiner Klage auf Ulrich Beck berufen?*

Ein Berliner Schüler will sich vom Chemieunterricht befreien lassen und klagt 1997 vor dem Verwaltungsgericht. Der 17-Jährige begründet seinen Schulstreik mit genereller Kritik am Bildungswesen. Das Fach Chemie sei dafür ein Beispiel. »Statt kreativ und eigenständig zu arbeiten, lernen die Menschen in der Schule nur, Wissen zu pauken!«

Aufgabe des Rechtssystems

Eine Vernunftmoral verhält sich grundsätzlich kritisch zu allen naturwüchsigen, von Haus aus selbstverständlichen, institutionell auf Dauer gestellten, über Sozialisationsmuster motivational verankerten Handlungsorientierungen … Die Vernunftmoral ist auf Fragen der Gerechtigkeit spezialisiert und betrachtet grundsätzlich alles im scharfen, aber engen Lichtkegel der Universalisierbarkeit … Der Transfer vom Wissen zum Handeln bleibt jedoch ungewiß. Daher müssen die Motive der Handelnden auf dem Wege der Institutionalisierung eines Rechtssystems erreicht werden, das die Vernunftmoral handlungswirksam ergänzt. Das Recht ist beides zugleich: Wissenssystem und Handlungssystem. Es läßt sich ebensosehr als ein Text von Normsätzen und -interpretationen wie als Institution, d.h. als ein Komplex von Handlungsregulativen verstehen … Unter dem Gesichtspunkt der Komplementarität von Recht und Moral bedeutet die gerichtlich institutionalisierte Entscheidungspraxis für den einzelnen eine Entlastung von den kognitiven Bürden der eigenen Urteilsbildung. Nach: Jürgen Habermas, 1992

▷ *Zur »Entmündigung durch Wissenschaft« vgl. S. 116/17*

Der/Die Innengeleitete

Er/Sie handelt so, als ob er/sie einen Kreiselkompass in sich habe, nach selbst gewählten moralischen Grundsätzen, eigenverantwortlich; strebt vor allem nach Autonomie; setzt sich seine/ihre Ziele und strebt nach ihnen vernunftgemäß und unabhängig von Autorität und Zwang.

Der/Die Außengeleitete

Er/sie orientiert sein Verhalten durch ein Meinungs-Radargerät, richtet sich in seinem moralischen Verhalten nach Umwelt bzw. Öffentlichkeit; strebt vor allem nach sozialer Anpassung; verfolgt vornehmlich von der Gesellschaft vorgegebene, von seiner/ihrer Persönlichkeit nicht unmittelbar beeinflusste Ziele.

Nach: David Riesmann, 1965

▶ *Beschreiben Sie die Rolle, die dem Rechtssystem nach Habermas zukommt. Nennen Sie Vor- und Nachteile einer Entlastung für den Einzelnen, wie Habermas schreibt.*
▶ *Diskutieren Sie den Nutzen einer Klassifizierung der Menschen in Innen- und Außengeleitete. Trägt dieses Modell dazu bei, das Verhalten der Menschen heute zu Institutionen zu »erklären« (vgl. S. 32/33)?*

Die Entdeckung des Unbewussten

Wie funktioniert der psychische Apparat des Menschen?

Sigmund Freud: Es – Ich – Über-Ich

Zur Kenntnis dieses psychischen Apparates sind wir durch das Studium der individuellen Entwicklung des menschlichen Wesen gekommen. Die älteste dieser psychischen Provinzen oder Instanzen nennen wir das Es; sein Inhalt ist alles, was ererbt, bei Geburt mitgebracht, konstitutionell festgelegt ist, vor allem also die aus der Körperorganisation stammenden Triebe. Unter dem Einfluß der uns umgebenden realen Außenwelt hat ein Teil des Es eine besondere Entwicklung erfahren. Ursprünglich als Rindenschicht mit den Organen zur Reizaufnahme und den Einrichtungen zum Reizschutz ausgestattet, hat sich eine besondere Organisation hergestellt, die von nun an zwischen Es und Außenwelt vermittelt. Diesem Bezirk unseres Seelenlebens lassen wir den Namen des Ichs ... Infolge der vorgebildeten Beziehung zwischen Sinneswahrnehmung und Muskelaktion hat das Ich die Verfügung über die willkürlichen Bewegungen. Es hat die Aufgabe der Selbstbehauptung, erfüllt sie, indem es nach außen die Reize kennenlernt, Erfahrungen über sie aufspeichert (im Gedächtnis), überstarke Reize vermeidet (durch Flucht), mäßigen Reizen begegnet (durch Anpassung) und endlich lernt, die Außenwelt in zweckmäßiger Weise zu seinem Vorteil zu verändern (Aktivität); nach innen gegen das Es, indem es die Herrschaft über die Triebansprüche gewinnt, entscheidet, ob sie zur Befriedigung zugelassen werden sollen, diese Befriedigung auf die in der Außenwelt günstigen Zeiten und Umstände verschiebt oder ihre Erregung

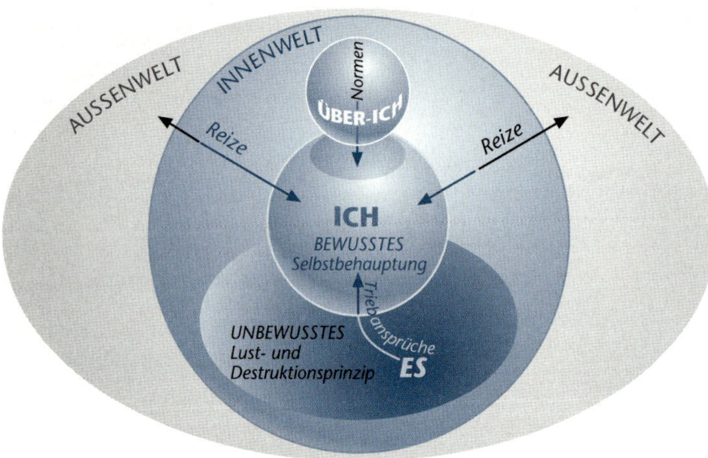

überhaupt unterdrückt. In seiner Tätigkeit wird es durch die Beachtungen der in ihm vorhandenen oder in dasselbe eingetragenen Reizspannungen geleitet. Deren Erhöhung wird allgemein als Unlust, deren Herabsetzung als Lust empfunden. Das Ich strebt nach Lust, will der Unlust ausweichen. Eine erwartete, vorausgesehene Unluststeigerung wird mit dem Angstsignal beantwortet ... Als Niederschlag der langen Kindheitsperiode, während der der werdende Mensch in Abhängigkeit von seinen Eltern lebt, bildet sich in seinem Ich eine besondere Instanz heraus, in der sich dieser elterliche Einfluß fortsetzt. Sie hat den Namen des Über-Ichs erhalten. Insoweit dieses Über-Ich sich vom Ich sondert und sich ihm entgegenstellt, ist es eine dritte Macht, der das Ich Rechnung tragen muß. Eine Handlung des Ichs ist dann korrekt, wenn sie gleichzeitig den Anforderungen des Es, des Über-Ichs und der Realität genügt, also deren Ansprüche miteinander zu versöhnen weiß. Man sieht, daß Es und Über-Ich bei all ihrer fundamentalen Verschiedenheit die eine Übereinstimmung zeigen, daß sie die Einflüsse der Vergangenheit repräsentieren, das Es den der ererbten, das Über-Ich im wesentlichen den der von anderen übernommenen, während das Ich hauptsächlich durch das selbst Erlebte, also Akzidentielle [Zufällige] und Aktuelle bestimmt wird. Nach: Sigmund Freud, 1974

▶ *Beschreiben Sie die Aufgabe des Ich. Welche Rolle spielt hierbei die Angst?*

Der Steppenwolf

[Ich vermute], daß er von liebevollen, aber strengen und sehr frommen Eltern und Lehrern in dem Sinne erzogen wurde, der das »Brechen des Willens« zur Grundlage der Erziehung macht. Dieses Vernichten der Persönlichkeit und Brechen des Willens nun war bei diesem Schüler nicht gelungen, dazu war er viel zu stark und hart, viel zu stolz und geistig. Statt seine Persönlichkeit zu vernichten, war es nur gelungen, ihn sich selbst hassen zu lehren. Jede Schärfe, jede Kritik, jede Bosheit, jeden Haß, dessen er fähig war, ließ er vor allem und zuerst auf sich selbst los. Was die anderen, was die Umwelt betraf, so machte er beständig die heldenhaftesten Versuche, ihnen nicht weh zu tun, denn das »Liebe deinen Nächsten« war ihm ebenso tief eingebleut wie das Hassen seiner selbst, und so war sein ganzes Leben ein Beispiel dafür, daß ohne Liebe zu sich selbst auch die Nächstenliebe unmöglich ist, daß der Selbsthaß genau dasselbe ist und am Ende genau dieselbe grausige Isoliertheit und Verzweiflung erzeugt wie der grelle Egoismus.

Nach: Hermann Hesse, 1927

▶ *Erklären Sie mit Freud die Reaktionen des Steppenwolfs auf seine Erziehung, wie sie Hermann Hesse in seinem Roman »Der Steppenwolf« beschreibt.*

▶ *Welche Möglichkeiten hätte er nach Freud, aus seiner Isolierung befreit zu werden?*

Salvador Dalí: »Das Rätsel der Begierde« (ma mére, ma mére, ma mére), 1929

Auswirkungen auf den Moralbegriff

Der Mensch als Kulturwesen
Sucht man von der Bestimmung des Über-Ich her Freuds Stellung zur Moral als ganze in den Blick zu bringen, so zeigt sich eine durchgängige Zweideutigkeit. Freud erkennt – das ist die eine Seite – keine Moral an, die an sich und in sich selbst gültig wäre. Sein Anliegen ist es, Moral genetisch zu erklären, das heißt letztlich auf Vorgänge im Energiehaushalt zurückzuführen. Freud nimmt aber – das ist die andere Seite – die Moral als Faktum hin. Er fühlt sich, als biologisch-medizinischer Wissenschaftler und sodann als Angehöriger einer bestimmten Kultur, deren Entwicklung gefährdet ist, veranlasst, zu der Moral Stellung zu nehmen und ihren Nutzen und Nachteil zu bedenken. Freud erkennt die Notwendigkeit von Ethik und Moral. Es ist unumgänglich, dass der Mensch sich Entsagung, positiv formuliert Disziplin, auferlege, gegenüber dem totalen Anspruch des Es. Der Mensch ist Kulturwesen geworden. Und nachdem er es geworden ist, muss er dem Gesetz der Kultur folgen. Kultur beruht auf der Beachtung des Realitätsprinzips durch das Ich. Nach: W. Schulz, 1980

Selbst-Reflexion
Die Kategorie des Unbewußten ist wohl die erfolgreichste Denkfigur in den Humanwissenschaften unseres Jahrhunderts. Mit diesem Reflexionsbegriff gelangen die größten Vorstöße der Grundlagenforschung über den Menschen und seine Zivilisation. Ohne ihn wäre die moderne Anthropologie undenkbar. Im Blick auf unbewußte Regulierungsmechanismen sozialen wie individuellen Verhaltens eröffnen die Humanwissenschaften einen beispiellosen reflexiven Angriff auf alles, was »dunkle Programmierung« ist und nicht bewußtes Verhalten …
Jede Bewußtmachung, jede Reflexion schlägt, und sei es noch so sanft, auf »den Fels des Unbewußten«. Und nur im Licht des Bewußten kann sich klären, wo die Aufklärung eine Schule der Veränderung zu sein hat und wo sie ihre Einsicht darin beweist, daß sie geschehen läßt, was nicht zu ändern ist.

Peter Sloterdijk, 1983

▶ *In Freuds Modell kommt Moral nicht vor, aber dennoch hat er sie im 20. Jahrhundert entscheidend mit geprägt. Diskutieren Sie diese These im Zusammenhang mit Schulz und Sloterdijk.*

»What's on a man's mind«
(Karikatur von Sigmund Freud)

Sigmund Freud (1856–1939),
Arzt und Psychologe jüdischer Herkunft, Begründer der Psychoanalyse, entwickelte das dreigliedrige Modell des psychischen Apparates des Menschen. Das Unbewusste meint alles, was verdrängt wird, weil es unangenehm, unschicklich oder abstoßend ist.

➢ *Zu »Freud« vgl. S. 366/67*

Durch die Psychologie zur reifen Persönlichkeit?

Die traditionelle Psychoanalyse erklärt den Menschen in den Begriffen eines psychischen Apparates, der Triebe verarbeitet. Die daraus abgeleitete Therapie konzentriert sich vor allem darauf, die Konflikte, die zwischen ES, ICH und ÜBER-ICH auftreten, zu lösen (vgl. S. 44). Die Selbstpsychologie hingegen geht von einem anderen Erklärungsmuster aus: Entscheidend ist das Milieu, in dem der Mensch Annahme oder Verweigerung erfährt. Die Selbstpsychologie betrachtet deshalb das Wechselspiel zwischen Umwelt und Mensch, um aus dieser Perspektive mögliche Defekte und Verzerrungen in den Mikrostrukturen des Selbst zu verstehen. Kohut argumentiert folgendermaßen:

Das verletzte Selbst

Wenn eine Mutter das fäkale Geschenk stolz annimmt – oder wenn sie es zurückweist oder daran uninteressiert ist –, so reagiert sie nicht nur auf einen Trieb. Sie reagiert auch auf das sich bildende Selbst des Kindes. Ihre Haltung beeinflußt, mit anderen Worten, eine Gruppe innerer Erfahrungen, die in der weiteren Entwicklung des Kindes eine entscheidende Rolle spielen. Sie reagiert – mit Annahme, Zurückweisung oder Nichtbeachtung – auf ein Selbst, das im Geben und Anbieten Bestätigung durch das spiegelnde Selbstobjekt sucht. Daher erlebt das Kind die stolze, freudige Haltung der Eltern oder ihren Mangel an Interesse nicht nur als Annahme oder Ablehnung eines Triebes, sondern auch – dieser Aspekt der Interaktion zwischen Eltern und Kindern ist oft der entscheidende – als Annahme oder Zurückweisung seines versuchsweise etablierten, doch noch verwundbaren kreativ-produktiv-aktiven Selbst. Wenn die Mutter dieses Selbst zurückstößt, gerade, wenn es sich als Mittelpunkt kreativ-produktiver Antriebe zu behaupten beginnt (vor allem natürlich, wenn ihre Zurückweisung oder der Mangel an Interesse nur ein Glied in einer langen Kette von Zurückweisungen und Enttäuschungen ist, die eine Folge ihrer unempathischen Persönlichkeit sind), dann wird das Selbst des Kindes sich geschwächt fühlen.

Heinz Kohut, 1996

Das solide Selbst

Ein Mensch erlebt sich selbst als kohärente, harmonische Einheit in Raum und Zeit, die mit ihrer Vergangenheit verbunden ist und sinnvoll in eine kreativ-produktive Zukunft weist, nur so lange, wie er in jedem Stadium seines Lebens erlebt, daß gewisse Vertreter seiner menschlichen Umgebung freudig auf ihn reagieren, als Quellen idealisierter Kraft und Ruhe verfügbar sind, im Stillen gegenwärtig, aber ihm im Wesen gleich und jedenfalls fähig, sein inneres Leben mehr oder weniger richtig zu erfassen, so daß die Reaktionen auf seine Bedürfnisse abgestimmt sind und ihm erlauben, ihr inneres Leben zu begreifen, wenn er solcher Unterstützung bedarf.

Heinz Kohut, 1987

Selbstobjekte

Die Selbstpsychologie vertritt die Auffassung, daß Selbst-Objekt-Beziehungen das Wesen des psychologischen Lebens von der Geburt bis zum Tode bilden, daß ein Schritt von Abhängigkeit (Symbiose) zu Unabhängigkeit (Autonomie) in der psychologischen Sphäre ebenso wünschenswert und möglich ist wie ein entsprechender Schritt von einem Leben, daß von Sauerstoff abhängig ist, zu einem davon unabhängigen Leben in der biologischen Sphäre. Die Entwicklungen, die normales psychologisches Leben kennzeichnen, müssen unserer Meinung nach in der sich wandelnden Natur die Beziehung zwischen dem Selbst und seinen Selbstobjekten gesehen werden und nicht darin, daß das Selbst die Selbstobjekte aufgibt.

Heinz Kohut, 1987

▶ *Definieren Sie mit Kohut Autonomie. Konkretisieren Sie die Funktion einer so verstandenen Autonomie als Lebensziel.*

Hetty Krist, Das Selbst und seine Selbstobjekte

Die Ursachen destruktiven Verhaltens

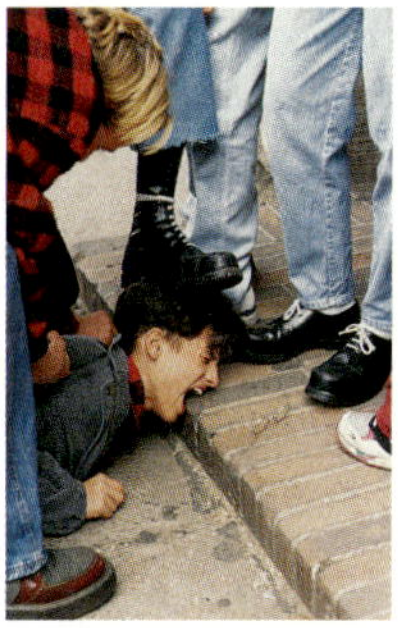

»Narzisstische« Persönlichkeitstypen nach Kohut

- *nach Spiegelung hungernde Persönlichkeit:* sucht zur Unterstützung ihres schwachen Selbstwertgefühls ständig nach sie bewundernden Selbstobjekten;
- *nach Idealen hungernde Persönlichkeit:* sucht idealisierbare Selbstobjekte, Menschen, die sie wegen ihres Status, ihrer Macht, Schönheit, Intelligenz bewundert;
- *alter-ego-hungrige Persönlichkeit:* sucht Beziehungen zu einem Selbstobjekt, das ihr gleicht und das die Wirklichkeit des eigenen Selbst bestätigen soll;
- *nach Verschmelzung hungernde Persönlichkeit:* hat das Bedürfnis, ihr Selbstobjekt zu kontrollieren;
- *Kontakt vermeidende Persönlichkeit:* vermeidet jeden sozialen Kontakt, um ihr verletzliches Selbst zu schützen.

Nach: R. J. Butzer, Heinz Kohut, 1997

Aggressionen sind sekundär

Im wesentlichen glaube ich, daß die Destruktivität des Menschen als psychologisches Phänomen sekundär ist; daß sie ursprünglich als Folge des Versagens der Selbstobjekt-Umgebung auftritt, die dem Bedürfnis des Kindes nach optimalen empathischen Reaktionen nicht entspricht. Aggression ist darüber hinaus als psychologisches Phänomen nicht elementar. Wie die anorganischen Bausteine des organischen Moleküls ist sie von Anfang an ein Bestandteil der Selbstbehauptung des Kindes und bleibt unter normalen Umständen eingeschmolzen in die Selbstbehauptung des reifen Selbst des Erwachsenen. Insbesondere destruktive Wut ist immer durch eine Verletzung des Selbst motiviert. Die tiefste Schicht, bis zu der die Psychoanalyse vordringen kann, ist nicht erreicht, wenn sie einen destruktiven biologischen Trieb aufdecken konnte, ist nicht erreicht, wenn der Analysand sich der Tatsache bewußt geworden ist, daß er töten will oder wollte. Dieses Bewußtsein ist nur eine Zwischenstation auf dem Wege zum psychologischen »gewachsenen Fels«: dazu, daß der Analysand sich bewußt wird, dass er eine schwere Kränkung erlitten hat, die die Kohärenz des Selbst bedrohte, vor allem eine narzistische Kränkung durch das Selbstobjekt der Kindheit. Heinz Kohut, 1996

Hilfskonzepte gegen Gewalt?

Die Einführung institutionalisierter Sportmöglichkeiten kann tatsächlich zu einer Verringerung der aggressiv-destruktiven Neigung jugendlicher Slumbewohner führen – nicht, weil ein Ventil für einen Trieb geliefert wurde, sondern wegen der Erhöhung des Selbstwertgefühls, die daher rührt, dass ein elterliches Selbstobjekt (eine Regierungsstelle) sich für die jungen Menschen interessiert, daß die Selbst-Kohärenz durch sportliches Können des Körpers gesteigert wird und daß idealisierbare Figuren (Sport-Idole) angeboten werden. All diese sozialen Reformen sind, mit anderen Worten, deshalb wirksam, weil sie zu einer Festigung des Selbst des Jugendlichen führen und damit sekundär zu einer Verringerung der diffusen Wut, die zuvor aus einer Matrix von Fragmentierung des Selbst entstanden war. Heinz Kohut, 1996

Sport ist kein Heilmittel,
er taugt nicht als
Gegenbild,
er ist ein Spiegel
der Gesellschaft,
ein solch genauer Spiegel,
dass die Betrachtung
des Bildes
bisweilen schmerzt.
Paul-Josef Raue

▶ *Bewerten Sie am Beispiel »jugendlicher Gewalt gegen ausländische Mitbürgerinnen und Mitbürger« die Tragfähigkeit von Kohuts Denkansatz.*

Der autonome Mensch: eine Illusion?

Die Psychologie spielt für die moderne Werbung eine zentrale Rolle. Ein gewünschtes Verhalten – Kaufverhalten – der potentiellen Konsumenten soll hergestellt werden und somit sicher abrufbar sein. Die Psychologie wird so zu einer Art Verhaltenstechnologie.

> *Moral ist keine Frage der Werbung. Werbung ist ein Spiegel der Gesellschaft, sie wird sinnvollerweise nicht päpstlicher sein wollen als der Papst.* Werbemanager

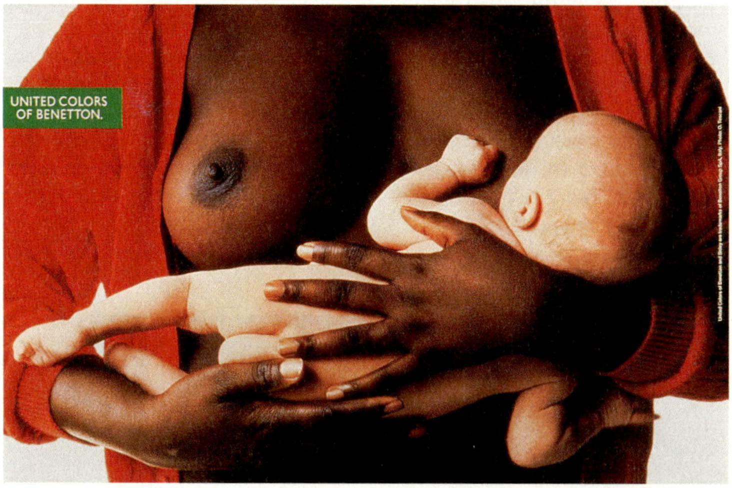

Benetton – »Werbung funktioniert durch Abweichung«

Werbetrends und Lerntheorie

Wie kann man als Werbemacher erfolgreich sein in Zeiten der Reizüberflutung?

Werbung muss von der Norm abweichen, sonst werfen die Unternehmen ihr Geld zum Fenster hinaus. Der Konsument wehrt sich mehr denn je, er selektiert mehr denn je. Die Marken werden aber in Wahrheit immer weniger unterscheidbar ... Und die armen Werber sollen dafür sorgen, dass jede Marke dennoch unterschiedlich wahrgenommen wird.

Wie kriegt man das hin?

Es gibt vier Möglichkeiten. Entweder man klotzt und penetriert mit großem Etat eine Botschaft, bis sie der Letzte gehört und kapiert hat. Das machen viele. Sehr teuer, wenig effizient. Oder man stellt nicht mehr das Produkt ins Zentrum der Werbung, sondern Emotionen, die sich mit dem Produkt verbinden sollen. Das Problem: Die Leute freuen sich an dem schönen Film und übersehen das Produkt. Oder man kommt drittens ganz schlicht und intelligent daher. Das Schlichte fällt auf, weil die anderen so herumbrüllen.

Und viertens?

Oder man fällt vollkommen aus der Rolle. Wie Benetton zum Beispiel. Solche Kampagnen funktionieren nur durch Abweichung. Schon der nächste, der so wirbt, wird nur noch langweilen.

Kürzlich war die Anzeige mit dem Röntgenbild eines Milchmannes zu sehen. Können Sie an diesem Beispiel erklären, wie gute Werbung funktioniert?

Wir sehen ein Skelett, das einen Korb mit Milchflaschen trägt. Ist das aufmerksamkeitsstark?

Ja.

Für welches Produkt wird damit geworben?

Milch.

Schon mal sehr gut, die Anzeige fällt auf, und man begreift, wofür sie wirbt. Was ist die Botschaft?

Milch tötet.

Nein, lesen Sie die Headline: »Der Milchmann ist für 213 Merkmale Ihres Kindes verantwortlich«. Zum Beispiel stärkt Milch die Knochen.

Wie sähe eine schlechte Anzeige für Milch aus?

Eine glückliche Mutter streichelt ihrem glücklichen Kind über die roten Backen und erklärt, wie gesund Milch ist. Viele Anzeigen für Milchwerbung sehen so aus.

W. Lürzer im Gespräch mit dem SPIEGEL, 1998

DIE VIER GRUNDFORMEN DES LERNENS

LERNEN

assoziativ	instrumentell	kognitiv	Handeln
- direkte Verknüpfung von Bewusstseinsinhalten - Reiz-Reaktions-Lernen	- positive und negative Verstärkung - Bestrafen und Loben	- Begriffsbildung - Wissenserwerb	- planvolles Handeln - Problemlösen

▶ *Erläutern Sie die im Interview genannten Grundsätze, nach denen eine gute Werbung funktioniert.*

▶ *Ordnen Sie das dem Interview zugrunde liegende Werbekonzept den »vier Grundformen des Lernens« zu.*

▶ *Sind Sie im obigen Sinne ein »guter« Konsument? Teilen Sie die Einschätzung zur Wirkung dieser Werbestrategie?*

Der Mensch im Menschen – ein Auslaufmodell?

Seine Abschaffung ist überfällig
Ein »Ich« ist ein Verhaltensrepertoire, das einem gegebenen Komplex von Kontingenzen (= Beliebigkeiten, zufällige Einwirkungen) entspricht. Die Vorstellung, die sich aus einer wissenschaftlichen Analyse ergibt, ist nicht die eines Körpers mit einer Person darin, sondern die eines Körpers, der eine Person ist in dem Sinne, dass er ein komplexes Verhaltensrepertoire entfaltet. Diese Vorstellung ist natürlich ungewohnt. Stellt man den Menschen so dar, erscheint er als ein Fremder, und vom traditionellen Standpunkt aus gesehen hat er vielleicht überhaupt nichts Menschenähnliches an sich. C. S. Lewis drückte das sehr unverblümt aus: Der Mensch sei im Begriff, abgeschafft zu werden. Augenscheinlich haben wir es mit Schwierigkeiten zu tun, wenn wir den Menschen identifizieren wollen, auf den solche Bemerkungen zutreffen. Lewis kann nicht die Spezies Mensch gemeint haben, denn diese wird nicht nur nicht abgeschafft, sondern sie füllt zusehends unsere Erde. Und genauso wenig verhält sich der Einzelmensch weniger wirksam oder produktiv. Was im Begriff ist abgeschafft zu werden, ist der »autonome Mensch« – der innere Mensch, der Mensch, der von der Literatur der Freiheit und Würde verteidigt wird. Seine Abschaffung ist seit langem überfällig. Der »autonome« Mensch ist ein Mittel, dessen wir uns bei der Erklärung jener Dinge bedienen, die wir nicht anders erklären können. Er ist ein Produkt unserer Unwissenheit, und während unser Wissen wächst, löst sich die Substanz, aus der er gemacht ist, immer mehr in nichts auf. Die Wissenschaft entmenschlicht den Menschen nicht, sie »dehomunkulisiert« ihn, und es bleibt ihr nichts anderes übrig, wenn sie der Abschaffung der menschlichen Spezies vorbeugen will: Wir können froh sein, wenn wir uns von diesem Menschen im Menschen befreit haben. Einer experimentellen Analyse zufolge verlagert sich die Determination des Verhaltens vom »autonomen Menschen« auf die Umwelt, die sowohl für die Evolution der Spezies als auch für das Repertoire, das jedes ihrer Mitglieder erworben hat, verantwortlich ist. Viele behaupten, die wissenschaftliche Sicht des Menschen führe zu verletzter Eitelkeit, zu einem Gefühl der Hoffnungslosigkeit und zu einer Sehnsucht nach Vergangenem. Aber keine Theorie ändert das, worüber eine Theorie handelt: Der Mensch bleibt, was immer er gewesen ist. Dagegen kann eine neue Theorie die Möglichkeit verändern, auf den Gegenstand einwirken. Die wissenschaftliche Sicht des Menschen bietet erregende Möglichkeiten. Wir haben noch nicht erkannt, was der Mensch aus dem Menschen machen kann.

Burrhus F. Skinner, 1971

Der Mensch ist kein Ding
Wenn jemand auf die Frage »Wer bin ich?« antworten würde: »Ich bin das Produkt meiner Umwelt«, machen wir uns wohl berechtigterweise Sorgen um ihn. Was meint er nur? Will er sich etwa vor seiner Verantwortung drücken? In der Tat: Eigenschaften und Produkte sind nie verantwortlich. Denn verantwortlich sind nur Personen und nicht Dinge. Personen sind verantwortlich für ihre Produkte oder Taten und in gewissen Grenzen auch für ihre erworbenen Eigenschaften, nämlich für die, die sie sich abgewöhnen sollten. »Wenn du dich zum Ding erklärst, zum Produkt oder zur Eigenschaft, weist du dir selbst einen Platz zu jenseits von Freiheit und Würde«, müssten wir jenem Sonderling antworten.

Nach: Richard Schröder, 1996

B. F. Skinner,
Vertreter eines radikalen Behaviorismus, begreift die menschliche Psyche als ein Produkt des Wechselspiels von Individuum und Umwelt. Geistige Prozesse kommen für ihn als Ursache menschlichen Verhaltens nicht in Frage.

*Nach Auffassung des **Behaviorismus** lässt sich alles Verhalten in Reiz-Reaktions-Einheiten zerlegen. Ein Reiz ist jede Form von Energie, die ein Sinnesorgan erregt. Reaktionen äußern sich als Muskel- oder Drüsenreaktionen. Gemeinsam auftretende Reaktionen bilden eine Handlung. Die Behavioristen ersetzen die Beschreibung und Erklärung des Bewusstseins und seiner Prozesse durch Vorhersage und Kontrolle von Verhalten.*

- ▶ *Stellen Sie Skinners Menschenbild neben die Tradition der Aufklärung* *(vgl. S. 244/45).*
- ▶ *Konkretisieren Sie Skinners letzte Aussage im Text durch Beispiele.*
- ▶ *Formulieren und begründen Sie Ihre Einwände gegen Skinners Thesen.*

Moralität – was den Menschen zum Menschen macht

Moralität wird oft als besonderer Sinn oder als Gefühl bezeichnet, das die Grundlage dafür ist, Dinge als gut oder schlecht zu bezeichnen. Immanuel Kant und Helmuth Plessner erklären die Moralität des Menschen auf unterschiedliche Weise. Zwischen ihren anthropologischen Betrachtungen liegen zwei Jahrhunderte Aufklärung. Während nach Kant dem Menschen die natürliche Anlage zur Moralität mitgegeben ist, die er vernünftig einsetzen kann und soll (vgl. S. 254/55), gibt es für Plessner kein moralisches Empfinden ohne Erfahrung eines Gegenübers, das dem Menschen erst ermöglicht, selbstbewusst zu werden und über sich zu reflektieren. Wird Moral mit der Entwicklung der Ichhaftigkeit erst gelernt?

Nur das, wozu er sich macht?

Es bleibt uns also, um dem Menschen im System der lebendigen Natur seine Klasse anzuweisen und so ihn zu charakterisieren, nichts übrig, als: dass er einen Charakter hat, den er sich selbst schafft; indem er vermögend ist, sich nach seinen von ihm selbst genommenen Zwecken zu perfektionieren; wodurch er, als mit Vernunftfähigkeit begabtes Tier (animal rationabile), aus sich selbst ein vernünftiges Tier (animal rationale) machen kann … Unter den lebenden Erdbewohnern ist der Mensch durch seine technische zur Handhabung der Sachen, durch seine pragmatische (andere Menschen zu seinen Absichten geschickt zu gebrauchen) und durch seine moralische Anlage in seinem Wesen (nach dem Freiheitsprinzip unter Gesetzen gegen sich und andere zu handeln) von allen übrigen Naturwesen kenntlich unterschieden. Die Summe der pragmatischen Anthropologie in Ansehung der Bestimmung des Menschen und die Charakteristik seiner Ausbildung ist Folgende: Der Mensch ist durch seine Vernunft bestimmt, in einer Gesellschaft mit Menschen zu sein und in ihr sich zu kultivieren, zu zivilisieren und zu moralisieren; wie groß auch sein tierischer Hang sein mag, sich den Anreizen der Gemächlichkeit und des Wohllebens, die er Glückseligkeit nennt, passiv zu überlassen. Man kann also sagen: Der erste Charakter der Menschengattung ist: das Vermögen, als vernünftiges Wesen, sich, für seine Person sowohl als für die Gesellschaft, worin ihn die Natur versetzt, einen Charakter überhaupt zu verschaffen; welches aber schon eine günstige Naturanlage und einen Hang zum Guten in ihm voraussetzt; weil das Böse (da es Widerstreit mit sich selbst bei sich führt und kein bleibendes Prinzip in sich selbst verstattet) eigentlich ohne Charakter ist. Der Charakter eines lebenden Wesens ist das, woraus sich seine Bestimmung zum Voraus erkennen lässt. Man kann es aber für die Zwecke der Natur als Grundsatz annehmen: Sie wolle, dass jedes Geschöpf seine Bestimmung erreiche; dadurch, dass alle Anlagen seiner Natur sich zweckgemäß für dasselbe entwickeln, damit, wenn gleich nicht jedes Individuum, doch die Spezies die Absicht derselben erfülle. Immanuel Kant, 1798

Josef Beuys, Mensch

Reflexivität als Voraussetzung von Moralität
In der Tat kann der Mensch zu sich »Ich« sagen – nach Kant als einziges unter den irdischen Wesen ... »Ich« bin im Punkt Null, von dem hier alles, auch mein Körper, näher oder ferner »dort« ist. Kraft dieser Hier-Erfüllung erlebe ich meinen Körper als Umkleidung oder mich in ihm als Futteral. Dadurch gewinne ich zu ihm eine Distanz, die dem Tier erspart ist ... Mit der Entwicklung der Ichhaftigkeit ist die Rückbezüglichkeit gegeben, die man im Hinblick auf das Miteinanderleben der Menschen als »Reziprozität der Perspektiven« bezeichnet hat. Jedes Ich hat einen anderen zur Seite oder sich gegenüber. Der primitive Egozentrismus wird auch von dorther durchlöchert. Im anderen erfaßt der Mensch den anderen als er selbst, weil er der andere auch ist. Das bedeutet noch keine Identifikation mit ihm, sondern eine einfache, in der Ichhaftigkeit wurzelnde Eigenart des Mitseins. Miteinander in diesem durch Reziprozität der Perspektiven gewährten Sinn können nur Menschen sein. Tierische Gemeinschaften sind vermutlich darum so anders in Festigkeit und Flüchtigkeit, weil ihnen das vermittelt-distanzierende Element der Rückbezüglichkeit fehlt. Diese erst ermöglicht Beziehung zu sich selbst. Fehlt sie, gibt es auch keine Identifikation mit dem eigenen Spiegelbild ... Mit dem Durchbruch zum Ich ist jedenfalls eine Positionsform etabliert, die ihrer eigenen Mitte ansichtig werden kann und muß und darum nicht mehr in sich ruht. Sie hat ihren Schwerpunkt außer sich, weshalb ich von exzentrischer Positionsform spreche. Die Monopolstellung des Menschen als »animal rationale» ist darin eingeschlossen, weil Vernunft, Einsicht, Versachlichung, Wortsprache nur dank des Außersichseins dieser Art Lebewesen möglich werden. Helmuth Plessner, 1976

▶ *Erklären Sie Kants Bild des Menschen. Erläutern Sie in diesem Zusammenhang den Stellenwert von Vernunft, Gesetz, Natur und Moral (vgl. S. 245–55).*
▶ *Vergleichen Sie die Bestimmung des moralischen Propriums bei Kant und Plessner.*

Können wir uns auf unsere Moral verlassen?

Hannah Arendt (1906–1975), deutsch-amerikanische Politologin und Philosophin jüdischer Herkunft, äußert sich in den 70er Jahren über die Moralität des Einzelnen zur Zeit des Holocaust:

Gut und Böse unterscheiden
Menschen müssen in der Lage sein, Recht von Unrecht zu unterscheiden, selbst wenn sie sich auf nichts anderes als ihr eigenes Urteilsvermögen verlassen können und dieses darüber hinaus im Widerspruch zur generellen Meinung steht ... Die wenigen, die Gut und Böse noch unterscheiden vermochten, verließen sich ausschließlich auf ihr eigenes Urteilsvermögen; es gab keine Regeln, auf die sie sich hätten beziehen können, da dem Unvorhersehbaren keine Regeln zugrunde lagen.
Hannah Arendt, 1964

▶ *Vergleichen Sie Arendts und Rortys Einschätzung der menschlichen Anlage zu moralischem Handeln. Welche Einschätzung vertreten Sie?*

Ohne Schuldbewusstsein
Gerade weil die Verbrecher nicht von den uns bekannten bösen und mörderischen Motiven getrieben wurden – sie haben gemordet, nicht um zu morden, sondern weil es zur Karriere gehörte –, hat uns allen nur zu nahe gelegen, das Urteil zu dämonisieren und eine geschichtliche Bedeutung in ihm zu entdecken. Und ich gebe zu: Es ist leichter zu ertragen, das Opfer eines Teufels in Menschengestalt ... zu sein, als das eines beliebigen Hanswursts, der noch nicht einmal verrückt oder ein besonders böser Mensch ist. Was wir alle an der Vergangenheit nicht bewältigen können, ist doch nicht etwa die Zahl der Opfer, sondern gerade auch die Schäbigkeit dieser Massenmörder ohne Schuldbewusstsein und die gedankenlose Minderwertigkeit ihrer so genannten Ideale.
Nach: Adelbert Reif, 1976

Die Betrachtungsweise, die ich vorstelle, besagt, daß es tatsächlich etwas wie moralischen Fortschritt gibt und daß dieser Fortschritt wirklich in Richtung auf mehr Solidarität geht. Diese Solidarität ist zu denken als die Fähigkeit, immer mehr zu sehen, daß traditionelle Unterschiede (zwischen Stämmen, Religionen, Rassen, Gebräuchen und dergleichen Unterschiede) vernachlässigbar sind im Vergleich zu den Ähnlichkeiten im Hinblick auf Schmerz und Demütigung – es ist die Fähigkeit, auch Menschen, die himmelweit verschieden von uns sind, doch zu »uns« zu zählen. Richard Rorty, 1991

> *Zum »moralischen Fortschritt« (Rorty) vgl. S. 412/13*

> *Zu »Arendt« vgl. S. 268–271*

Die Philosophie – Königin aller Wissenschaften?

Nicht nur beim Nachdenken über die Moralität des Menschen greifen Philosophen heute wie selbstverständlich auf Forschungsergebnisse angrenzender Fachwissenschaften zurück. Wo fängt also Philosophie an bzw. hört die Psychologie, Soziologie oder Biologie auf? »Zum Philosophieren bedarf es wie zu jeder anderen Praxis auch der Anleitung. Im Unterschied etwa zu Einführungen in mathematisch-naturwissenschaftliche Wissensgebiete gibt es für Philosophie aber keine rein technische Methodenlehre. Denn alles, was Philosophen durch den Kopf geht, verwandelt sich in Philosophie«, schreibt der Philosoph Ferdinand Fellmann. Aber was markiert die entscheidende Grenze zwischen Philosophie und den übrigen Wissenschaften? Ein Blick in die Geschichte zeigt, wie eng die Philosophie mit den übrigen Wissenschaften verbunden war, immer noch ist und wo ihre speziellen Aufgaben liegen könnten.

Victor de Vasarély, Tiger, 1938

Die Königin der Wissenschaften ...

Die akademische Philosophie versteht sich als Wissenschaft und nimmt als solche einen festen Platz an der Spitze der Fakultät ein, die ihren Namen trägt. Allerdings wird immer häufiger die Frage gestellt, wovon Philosophie eigentlich die Wissenschaft sei. »Die Wissenschaft vom Menschen« lautet eine gängige Antwort – »aber«, so die Gegenfrage, »sind dafür nicht Biologie, Medizin, Psychologie und Soziologie zuständig?« Die wissenschaftlich erforschbaren Gegenstände sind auf die Fachwissenschaften verteilt, sodass für die Philosophie außer unsichtbaren Wesenheiten wie Gott und Seele nichts übrig zu bleiben scheint ... Die schwierige Lage, in der sich die Philosophie neben den übrigen Wissenschaften heutzutage befindet, ist das Resultat einer langen und bisweilen schmerzlichen Entwicklung. In der Antike galt die Philosophie als unbestrittene »Königin der Wissenschaften«. Diese Bezeichnung trug sie zu Recht, da die Philosophie mit der Unterscheidung zwischen wahrem Wissen und bloßem Meinen (griechisch »episteme« und »doxa«) die Idee der Wissenschaftlichkeit allererst begründet hat. Nicht zufällig hat Platon die Geometrie als Eingangspforte zur Philosophie bezeichnet. In dieser Zeit bestand auch noch kein Unterschied zwischen der Philosophie und den Wissensgebieten, die wir heute als Fachwissenschaften bezeichnen. So umfasste das Werk des Aristoteles noch den gesamten Kanon des Wissens von der Logik, Physik, Psychologie, Kosmologie und Zoologie bis hin zur Politik, Ökonomik, Rhetorik und Poetik. Die Identität der Philosophie mit den Wissenschaften hat sich noch weit bis in die Neuzeit gehalten. Leibniz war einer der letzten Universalgelehrten des 18. Jahrhunderts, die neben der Philosophie auf verschiedenen wissenschaftlichen Gebieten Hervorragendes geleistet haben.

... verliert ihr Land

Mit der Einführung der experimentellen Methode in den Naturwissenschaften und der zunehmenden Spezialisierung auf allen Wissensgebieten haben sich die Einzeldisziplinen von der Philosophie schrittweise gelöst. Dadurch wurde die einstige Königin zu einer Herrscherin ohne Land. Ihre Entmachtung geschah nicht nur in der Weise, dass ihr die Gegenstände der Forschung entzogen wurden. Noch schwerer wiegt, dass die Kinder, die sie aus ihrem Schoß entließ, die Idee der Wissenschaftlichkeit in eine Richtung weiter entwickelt haben, die von der philosophischen Rationalität abweicht. Denn an die Stelle der Begründung des wahren Wissens aus Prinzipien trat das methodische Denken, dem es in erster Linie auf die Resultate ankommt. Das macht den Fortschritt der neuzeitlichen Naturwissenschaften unaufhaltsam. Mit der naturwissenschaftlichen Methodenrationalität, die auf strengen Kriterien der mathematischen Formulierung und der experimentellen Überprüfung von Theorien beruht, konnte die Philosophie, die das Ganze des Wissens im Auge hat, nicht mehr mithalten ... Die Konkurrenz der Wissenschaften ist (bis heute) geblieben, und alle Versuche, die Idee einer sich selbst genügenden Philosophie zu realisieren, scheitern am Wandel der naturwissenschaftlichen Rationalität. Das besagt: Philosophie als Wissenschaft kann sich nur noch im Verhältnis zu den Fachwissenschaften definieren. Auf die Emanzipation der Fachwissenschaften, die im 19. Jahrhundert ihren Höhepunkt erreicht, folgt im 20. Jahrhundert eine allmähliche Wiederannäherung der Philosophie an die Wissenschaften. Dabei ist lehrreich ... zu verfolgen, wie die modernen Leitwissenschaften die philosophischen Denkformen geprägt haben und bis heute noch prägen.

Ferdinand Fellmann, 1998

▶ *Konkretisieren Sie den Satz »Philosophie als Wissenschaft kann sich nur noch im Verhältnis zu den Fachwissenschaften definieren«.*

Wie Philosophen ihr (Neu-) Land sehen

Der Zweck der Philosophie ist die logische Klärung der Gedanken. Die Philosophie ist keine Lehre, sondern eine Tätigkeit. Ein philosophisches Werk besteht wesentlich aus Erläuterungen. Das Resultat der Philosophie sind nicht »philosophische Sätze«, sondern das Klarwerden von Sätzen. Die Philosophie soll die Gedanken, die sonst gleichsam trübe und verschwommen sind, klarmachen und scharf abgrenzen.

Ludwig Wittgenstein (1889–1951)

Während die Wissenschaften seit je auf der Suche nach Instrumenten der Naturbeherrschung sind, geht es der Philosophie darum, den Gebrauch der Instrumente für das menschliche Selbstverständnis akzeptabel und verträglich zu machen. … Der Philosophie (kommt) eine vermittelnde Funktion zu; sie leistet die Arbeit der Wissenschaften gleichsam noch einmal auf der Ebene der Selbstreflexion.

Ferdinand Fellmann, 1998

Die philosophische Reflexion ist keine inhaltliche Lehre, sondern eine »kritische« Tätigkeit, die die Anatomie unserer Sätze betreibt: Die Kunst der präzisen Darstellung ihrer Struktur und ihrer Funktionsweisen. Sie lehrt nicht irgendetwas, etwas anderes, Wichtigeres als das, was wir sonst sagen, glauben und behaupten, sondern macht klar und transparent, was wir sagen, wenn wir sprechen und dabei Sprachliches verwenden. Sie führt uns nicht aus der Welt. Vielmehr macht sie uns diese transparenter, wenn sie über die versprachlichten Verständigungsversuche nachdenkt, die wir unternehmen, um die Welt zu begreifen. Das ist, was reflexive Tätigkeit besagen soll.

Thomas Gil, 1998

Wie wissenswert ist also die heutige Wissenschaft? Wissen wir nicht zu vieles, was die Lebensgrundlagen zerstört? Ein Atombombenwissen ist nicht nur nicht wissenswert, sondern geradezu unvernünftig. Wäre nicht wissenswerter, was den Naturzusammenhang des menschlichen Lebens erhält, ein Erhaltungswissen anstelle des Zerstörungswissens? Welche Wissenschaft zu wissen gut ist und somit ihre Freiheit wert ist, lässt sich nicht wissenschaftlich beweisen, wohl aber philosophisch abwägen und politisch geltend machen.

Klaus Michael Meyer-Abich, 1984

Warum die Philosophen im Augenblick in Mode sind? Möglicherweise haben die Philosophen immer dann ihr Stichwort, wenn Dinge unklar werden, wenn Dinge in Bewegung geraten. Ich könnte mir jedenfalls vorstellen, dass es so ist. Und mir wäre das an sich eine liebe Vorstellung. Wenn Dinge unübersichtlich werden, wenn also der Orientierungsbedarf steigt, dann könnte es sein, dass die Philosophen in besonderer Weise gefragt sind, dass besondere Erwartungen an sie gerichtet werden, die sie manchmal wiederum nicht erfüllen können. Es gibt schon eine Krise der Philosophie. Aber ich glaube, diejenigen haben Recht, die sagen, dass sei keine Überflüssigkeitskrise, also eine Krise durch Überflüssigkeit, sondern eine Überforderungskrise. Man erwartet zuweilen vielleicht mehr, als wir leisten können, obgleich man das zu Recht von uns erwartet. Wir müssen uns anstrengen.

Odo Marquard, 1997

Auguste Rodin, Der Denker

▶ *Orientierungshilfe – Klärung der Gedanken – Reflexion– politischer Einfluss! – Erläutern Sie anhand dieser Schlagworte das, was Philosophie von anderen Wissenschaften abgrenzen könnte.*

▶ *Welche dieser Aufgaben sollte Ihrer Meinung nach Priorität haben?*

▶ *Reflektieren Sie philosophisch, wie Fellmann u. a. es fordert, Ansprüche aus der Evolutionsbiologie (vgl. S. 22–31), der Systemtheorie (vgl. S. 38–41) oder einer Position wie Skinner sie vertritt (vgl. S. 48/49).*

Im Supermarkt der Lebenswelten

Je freier, je autonomer der moderne Mensch in seiner Lebensgestaltung ist, umso dringlicher ist er auf eine vernünftige Abstimmung mit seinen Mitmenschen angewiesen. Freiheit ohne Grenzen bedeutet chaotische Beliebigkeit; Ordnung ohne Freiheit autoritäre Bevormundung. Können und sollen im angebrochenen Jahrhundert allgemein verbindliche Wertorientierungen (wieder) eine Rolle spielen? – Eine Frage, die mehr oder weniger offen in unserer Gesellschaft diskutiert wird. Einige Wissenschaftler sprechen in diesem Zusammenhang von der »postmodernen Beliebigkeit«. Kann die damit verbundene Wertorientierung durch soziologische Studien belegt werden?

Kult der Standpunktlosigkeit?

Die Heraldik der Postmoderne kommt ganz ohne Wappentier aus. Die »Postmodernen«, das sind jene, die's geblickt haben, dass keiner mehr so richtig durchblickt; jene, die sich nicht mehr verunsichern lassen von der eigenen Unsicherheit; sind jene, die aus der Not der Ratlosigkeit die Tugend überlegener Gelassenheit gewinnen. Es ist kein Zufall, dass die Vervielfachung des Medienangebots mit einer breiten Geistes- und Verhaltensströmung in Kunst und Wissenschaft, in Architektur und Pädagogik einhergeht, die man ebenfalls als »postmodern« etikettiert. Die televisionäre Abgeklärtheit scheint der pädagogisch beflissenen Aufklärung endgültig den Garaus zu machen. Das Fernsehen ist der Motor einer rundum populären Trivialisierung, die alles mit allem bis zur Unkenntlichkeit mischt; es präsentiert sich als der große Gemischtwarenladen der Motive und Meinungen, der Ideen und Stile, der konsequent Eindeutigkeit durch Masse ersetzt und damit die Beliebigkeit ins Grenzenlose wuchern lässt: Nur die Fernsehwerbung bringt es fertig, Gulaschfix mit Schumanns »Arabeske« zu kombinieren, und nur das postmoderne Lebensgefühl, einen McDonalds-Besuch als Kulturereignis zu inszenieren. Statt Überzeugung Styling, statt Theorien Gags: »Seien wir glücklich in der Konfusion«; nicht Wahrheit, die Konfusion wird uns frei machen! Diese vor allem steht im Mittelpunkt der Praxis einer »Rehabilitierung des Zufalls« : Alle Erwartung gehört der Ungebundenheit, »diese(m) Drang, mich treiben zu lassen, um allem zu begegnen«. Mit Hoffen auf bessere Zeiten mag sein Leben vertun, wer da mag: »Das Paradies beginnt dort, wo wir es für richtig halten.« Die einzige Sünde wider den postmodernen Geist ist die Festlegung, der Abbruch des Spiels: des Versuchens, Verwerfens und erneuten Versuchens. Er reklamiert für sich »das Recht, sich immerfort selbst zu widersprechen«. Die Weigerung, sich festzulegen, findet ihre Entsprechung in der Wahrnehmung der Welt als einer nicht festgelegten, doch höchst prekären. Die »Soziologie des Abwartens« ist nirgends aktueller als in Übergangszeiten. In Zeiten der Ungewissheit sorgt man am besten vor durch Beweglichkeit: Man ist am besten vorbereitet, wenn man auf alles vorbereitet ist. Die »neue Unübersichtlichkeit« erfordert als angemessene Reaktion die »neue Beweglichkeit« der Protagonisten. Musils »Mann ohne Eigenschaften« oder Woody Allens »Zeelig« verkörpern die Sozialtugenden der Stunde. Sie verharren zwischen den Fronten und Professionen, angespannt, auf alles vorbereitet und mit der saisonalen Theorieausstattung wohlversehen, gehen sie jargonvirtuos alle Gangarten mit, vermeiden aber aufs Sorgfältigste jede definitive Festlegung: abwarten und in Bewegung bleiben.

Nach: Bernd Guggenberg, 1988

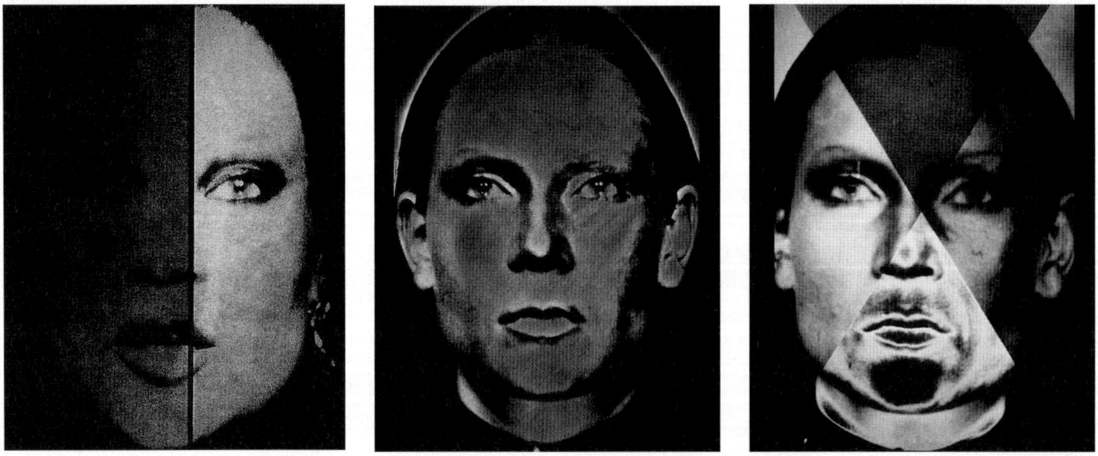

Katharina Sieverding, Selbstporträt, 1969, F-XIII, F-XV, F-XVII

▶ *Charakterisieren Sie die Grundhaltungen der »Postmodernen«. Würden Sie sich als postmodern bezeichnen?*

▶ *Diskutieren Sie, ob es gerechtfertigt ist, die gegenwärtigen Lebenshaltungen als generell postmodern zu bezeichnen.*

Verwirrspiel Wertorientierung?

Was man im Leben anstrebt, was wichtig ist

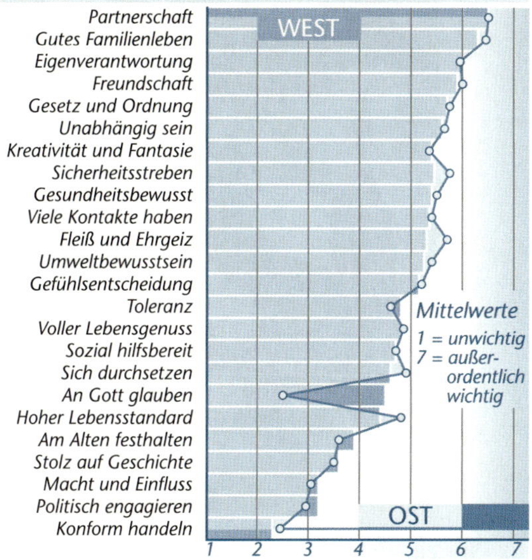

Veränderungen der Wertorientierungen in den alten Bundesländern (1987–1997)

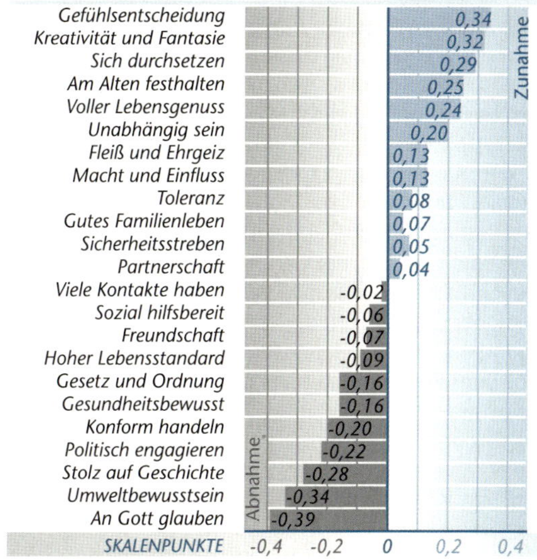

Die Daten gehen u. a. zurück auf den Speyerer Wertsurvey, der im Frühsommer 1997 bei 2000 Personen Ost und West ab 18 Jahren durchgeführt wurde. Thomas Gensicke, 1998

▶ *Versuchen Sie, für die auffälligen Daten und Veränderungen Gründe zu finden.*

Mal so und mal so

Die Wertorientierungen Jugendlicher ergeben ein verwirrendes Bild. Fast alle abgefragten Wertorientierungen korrelieren hoch miteinander, d. h. Werte, die in der Theorie als Gegensatz verstanden werden (z. B. soziale gegen materielle Werte) werden nicht als Gegensatz verstanden, sondern können gleich intensiv vertreten werden. Die Unschärfe zwischen den einzelnen Wertorientierungen und ihre verwirrende Gleichzeitigkeit kann verstanden werden als Anpassung oder Reflex auf eine Situation, die ihrerseits von Unschärfe, Konturenunklarheit, Diffusität und Widersprüchlickeit geprägt ist. Plural wären dann die Orientierungen Jugendlicher in dem Sinne, dass sie diese ihrem Handeln mal so und mal so zugrunde legen.

Nach: Shell-Studie (Auszug), 1997

Ihr »Werteprofil«

Mittelwerte 1 = unwichtig
7 = außerordentlich wichtig

▶ *Entwickeln Sie anhand der nebenstehenden Grafik Ihr eigenes »Werteprofil«. Vergleichen Sie Ihre Ergebnisse. Versuchen Sie einen »Trend« in der Wertorientierung auszumachen. Stimmt dieser Trend mit einem Ergebnis aus der Jugendstudie überein?*

▶ *Definieren Sie den Begriff »Wertepluralismus«.*

⮞ *Zur »Postmoderne« vgl. S. 286/87*

Individuell und plural

Geschlossene Gesellschaften

Eine andere Wertehierarchie

Das eigene Leben ist in diesem Sinne eine spätmoderne … Lebensform, welche … hoch bewertet wird. Das war historisch keineswegs immer so. In den Räumen der geschlossenen Gesellschaft bleibt das Individuum ein Gattungsbegriff: Die kleinste Einheit eines vorgestellten Ganzen. Erst die Enttraditionalisierung, die Öffnung der Gesellschaft, die Vervielfältigung und das Widersprüchlichwerden ihrer Funktionslogiken gibt der Empathie des Individuums gesellschaftlichen Raum und Sinn. So ist die positive Bewertung des Individuums ein wirklich modernes Phänomen, das gleichzeitig bis heute – wie die Rede von der Ego- oder Ellenbogengesellschaft anzeigt – heftig bekämpft wird. Durch die Geschichte hindurch wird individuelles Verhalten mit abweichendem oder sogar idiotischem Verhalten gleichgesetzt. Wenn Individualität im Bewusstsein eines Weltbildes auftaucht, so taucht sie auf als behaftet mit einem Makel oder einem Defekt … Im Griechischen scheint individuelles Verhalten der gemeinsamen Sache ausscherendes, … ja in letzter Instanz ein idiotisches Verhalten gemeint zu haben … Ähnliches gilt … für weite Teile des frühen Mittelalters, wo Individualität vor allem als ein zu vermeidendes, abweichendes oder sündhaftes Verhalten oder Sein gedeutet wird. Dieser abschätzige Sinn von Individualität zieht sich weit über die Antike und das Mittelalter hinaus bis in die Wissenschaften und die bürgerliche Welt, bis ins Motto über Sartres La nausée: Ce type n'a aucune valeur pour la sociéte, il n'est qu'un individu – bloß ein Individuum – das ist die knappste Formel für die Gegenposition zur frühromantischen Rehabilitation (und Neudefinition) des Wesens von Individualität … Tatsächlich ist erst mit der Emphase der Frühromantiker … die Wertehierarchie des Allgemeinen und des Individuellen auf den Kopf (oder auf die Füße) gestellt worden.

Ulrich Beck, 1995

Marc Chagall, Der Geiger, 1912/13

Das in sich geschlossenes Bild vom Menschen zerbricht

Patchwork?

Nun ist es aber nicht nur der Wind der Ereignisse, der mich schüttelt, wie er will, sondern die Bewegung und die Unsicherheit geht auch von mir selbst aus infolge der Unbeständigkeit meiner Haltung; und wer sich unbefangen beobachtet, findet, dass er fast nie zweimal der Gleiche ist. Mein Inneres erscheint einmal so, einmal so; das hängt davon ab, von welcher Seite ich es betrachte. Wenn ich verschiedenes von mir aussage, kommt das daher, dass ich mich verschieden sehe: Alle Gegensätzlichkeiten lassen sich abwechselnd irgendwie in mir entdecken … »Je nachdem« ist der Gesichtspunkt, der in meiner Logik am häufigsten vorkommt. Ich habe von mir selbst nichts Ganzes, Einheitliches und Festes, ohne Verworrenheit und in einem Gusse auszusagen … Wir sind alle aus lauter Flicken und Fetzen und so kunterbunt unförmlich zusammengestückt, dass jeder Lappen jeden Augenblick sein eigenes Spiel treibt. Und es findet sich ebenso viel Verschiedenheit zwischen uns und uns selber wie zwischen uns und andern.

Michel Montaigne, 1580

Keine in sich geschlossene Einheit

Wie es im Reich der Sterne mitunter zwei Sonnen sind, welche die Bahn eines Planeten bestimmen, wie in gewissen Fällen Sonnen verschiedener Farben um einen einzigen Planeten leuchten, bald mit rotem Lichte, bald mit grünem Lichte, und dann wieder gleichzeitig ihn treffend und bunt überflutend: So sind wir modernen Menschen, dank der komplizierten Mechanik unseres »Sternenhimmels« – durch verschiedene Moralen bestimmt; unsere Handlungen leuchten abwechselnd in verschiedenen Farben, sie sind selten eindeutig, – und es gibt genug Fälle, wo wir bunte Handlungen tun.

Friedrich Nietzsche, 1885

… Pluralität ist weder leicht zu leben noch leicht zu denken. Dass jeder von uns eine offene Kombination einer Vielzahl von Stimmen darstellt, ist vielleicht so schwierig zu begreifen, ja eine so frevelhafte Konzeption, wie die Unendlichkeit und Vielheit von Welten im 16. Jh. Ich möchte Sie daran erinnern, dass Giordano Bruno genau wegen dieser Idee … 1600 verbrannt wurde.

Ph. Sellers, 1975

Offene Gesellschaften

In der vormodernen Gesellschaft wurde das Leben der Menschen durch eine Vielzahl traditioneller, lokaler, familialer, ständischer und religiöser Bindungen bestimmt. Ein zentrales Moment des Übergangs in die Moderne ist die Freisetzung der Individuen aus Bindungen.

Michel Montaigne (1533–1592), französischer Schriftsteller und Philosoph; nach geisteswissenschaftlicher Ausbildung und einem Studium der Rechtswissenschaften wurde er 1557 Parlamentsrat und später Bürgermeister von Bordeaux. 1570 gab er jedoch das Amt auf und zog sich auf seinen Herrensitz zurück. Dort schrieb er seine Essays (Versuche), eine neue literarische Gattung, die Räsonnement, Analyse, Kritik und Moralisieren miteinander verbindet, bestimmt von den Sympathien und Antipathien des Autors. Seine Essays nehmen Gedanken der Philosophie des 17. Jahrhunderts vorweg.

➢ *Zu »Nietzsche« vgl. S. 248/59; 364/65*
➢ *Zur »Globalisierung« vgl. S. 86–89*

Individualisierung in Deutschland

Spätestens mit Beginn der sechziger Jahre dieses Jahrhunderts hat in der Bundesrepublik eine zweite Stufe gesellschaftlicher Modernisierung und Individualisierung eingesetzt. Vor dem Hintergrund der Herausbildung des modernen Sozialstaats und der Wohlstandsgesellschaft hat sich der Individualisierungsprozess von bislang unerkannter Reichweite und Dynamik vollzogen, ein historisch spezifischer Individualisierungschub, in dessen Verlauf auf dem Hintergrund eines relativ hohen materiellen Lebensstandards und weit vorangetriebener sozialer Sicherheit durch die Erweiterung von Bildungschancen, durch Mobilitätsprozesse, Verrechtlichung der Arbeitsbeziehungen, Verkürzung der Erwerbsarbeit die Menschen in einen historischen Kontinuitätsbruch aus traditionellen Bindungen herausgelöst und auf sich selbst und ihr individuelles (Arbeitsmarkt)-Schicksal mit allen Risiken, Chancen und Widersprüchen verwiesen wurden und werden … Individualisierung bezeichnet dabei den Prozess der Herausbildung von Fähigkeit, Freiheit und Notwendigkeit zur eigenen Entscheidung für alle Subjekte. Dieser Prozess greift bis in die intimsten Bindungen der Menschen hinein und begünstigt Verunsicherungen.

Rüdiger Peuckert, 1997

Frei und verwundbar

Heute werden die Menschen nicht aus ständischen, religiös-kosmologischen Sicherheiten in die Welt der Industriegesellschaft entlassen, sondern aus der nationalstaatlichen Industriegesellschaft in die Turbulenzen der Weltrisikogesellschaft versetzt. Den Menschen wird also das Leben mit den unterschiedlichen, einander widersprechenden globalen und privaten Risiken zugemutet. Individualisierung in diesem Sinne meint Enttraditionalisierung, aber auch das Gegenteil: die Erfindung von Traditionen. Die Idylle – Omas Apfelkuchen, Vergissmeinnicht und Kommunitarismus – hat Hochkonjunktur. Selbst traditionale, z. B. religiöse Deutungssysteme können sich nicht abschließen, prallen aufeinander, geraten im globalen Raum in Konkurrenz und Konflikt zueinander. Auch der Fundamentalismus … ist in diesem Sinne eine Reaktion auf beides: Individualismus und Globalisierung.

Ulrich Beck, 1995

▶ *Erschließen Sie anhand der vorliegenden Texte, welche Faktoren den zwiespältigen Prozess der Individualisierung befördern. Beurteilen Sie ihn aus Ihrer persönlichen Sicht.*

Paul Klee, Hauptwege und Nebenwege, 1929

Licht- und Schattenseiten

Pluralismus – Chancen und Risiken

Vielfalt statt Einfalt
Empirisch gesehen bezeichnet der Pluralismus eine Vielfalt von Bekenntnissen und Religionen (religiöser Pluralismus), von Werten (Wertpluralismus), gesellschaftlichen Gruppen (sozialer Pluralismus) und Politik bestimmenden Kräften (politischer Pluralismus). Diese mehrdimensionale Vielfalt verdankt unsere Lebenswelt vor allem den Glaubenskriegen der Reformationszeit, der europäischen Aufklärung, der bürgerlichen und der industriellen Revolution. Durch sie wurde ein Differenzierungsprozess in Gang gesetzt oder beschleunigt, der die relativ homogenen und stabilen Verhältnisse der so genannten alteuropäischen Gesellschaften, auch die Verbindung von Kirche und Staat aufgelöst und offene Gesellschaften von immer zahlreicheren Gruppen mit eigenen Interessen, Überzeugungen und Verhaltensweisen hervorgebracht hat. Otfried Höffe, 1988

Auflösung, Ablösung
Löst sich die Gesellschaft auf? Wenn man dem Gejammere über »Individualisierung« glaubt, könnte man das fast meinen. Die Wähler gehorchen nicht mehr, die Nichtwähler erst recht nicht ... Gibt es keine Solidarität mehr? Kann eine Gesellschaft der Ellenbogen überhaupt noch »Gesellschaft« genannt werden? Über den Atlantik schallt der Ruf der so genannten Kommunitaristen nach »Political correctness«. Neue Werte braucht das Land! Da gibt es keine Zweifel. Aber wohin man blickt: Individualisierung. Wenn das so weitergeht, sollte wenigstens der Gebrauch des Wortes bald unter Strafandrohung gestellt werden. Dabei handelt es sich um etwas Uraltes, wenigstens um ein Grundphänomen der sich entfaltenden Moderne. »Individualisierung« meint nicht Atomisierung, Vereinzelung, nicht Beziehungslosigkeit des frei schwebenden Individuums. Sondern: Erstens die Auflösung, zweitens die Ablösung industriegesellschaftlicher Lebensformen (Klasse, Schicht, Geschlechterrolle, Familie) durch solche, in denen die Individuen ihre Biographie selbst herstellen, inszenieren, zusammenschustern müssen. Die Normalbiographie wird zur Wahlbiographie, zur »Bastelbiographie«. Individualisierung beruht keineswegs auf einer freien Entscheidung ... Es handelt sich um einen Zwang, einen paradoxen Zwang freilich, zur Selbstherstellung, Selbstgestaltung, Selbstinszenierung, nicht nur der eigenen Biographie, sondern auch ihrer moralischen, sozialen und politischen Bindungen – allerdings: Unter sozialstaatlichen Vorgaben wie Ausbildung, Arbeitsmarkt, Arbeits- und Sozialrecht usw. Wo alles in Entscheidungen, die riskant werden, verwandelt wurde, muss von nun an sogar die traditionale Ehe gewählt und mit all den in sie eingebauten Widersprüchen als persönliches Risiko begründet und gelebt werden. Wer die »gute, alte« Solidarität wiederherstellen will, muss das Rad der Modernisierung zurückdrehen ... Was aber treibt Millionen in allen Ländern der Erde scheinbar individuell, aber tatsächlich einem allgemeinen Traum folgend, dazu, aus der Ehe auszubrechen, jenseits des rechtlichen Netzes und Nestes in »wilder Ehe« zusammenzuleben? Ist das eine Art »Ich-Fieber«, dem man durch Wir-Umschläge beikommen kann? Wohl kaum. Hier kündet sich ein neues Verhältnis von Individuum und Gesellschaft an. Gemeinsamkeit kann nicht länger von oben nach unten verordnet, sondern muss frei gefragt, herbeigestritten werden im Durchgang durch das Individuelle, Biographische; muss abgesprochen, ausgehandelt, begründet, erlebt, gegen die zentrifugale Kraft der Biographien bewahrt werden. Ulrich Beck, 1995

▶ *Ist Individualisierung mit Vereinzelung gleichzusetzen? Versuchen Sie mit Beck die zwei Seiten der Individualisierung zu beschreiben. Wägen Sie die Chancen mit den aufgezeigten Risiken ab.*

Anna: Ich denke, dass in den letzten Jahren mehr der Wunsch nach Individualität aufkam, dass jeder auffallen möchte. So geht es jedenfalls mir, und das merke ich auch in meinem Umkreis.
Liegt das am Alter?
Anna: Ich denke, das ist einfach normal, dass man ab einem gewissen Alter seinen eigenen Weg finden möchte. Ich denke aber auch, dass der Wunsch nach Individualität stärker geworden ist. Der Einzelne droht in der Masse unterzugehen. Da möchte man sich irgendwie ein bisschen abgrenzen ...
Barbara: Ich finde es Wurscht, ob jemand extravagant aussieht. Es ist wichtiger, dass sich jemand sonst als einzigartig herausstellt.
Lilli: Aber jemand, der innerlich langweilig ist, tendiert eher dazu, sich auch langweilig anzuziehen.
Wie ist es, müsst ihr eure Klamotten ... von eurem Taschengeld bezahlen?
Anna: Bei meiner Mutter ist das so: Wenn ich sage, dass ich irgendetwas brauche, dann gibt sie mir immer das Geld. Ich möchte sie aber nicht immer fragen. Ich habe mir gerade ausgerechnet, dass ich im Monat fast 800 Mark ausgebe ... Ich habe immer zwei bis drei Jobs. Regelmäßig arbeite ich nachts einmal pro Woche in einer Bar ...
Ceyda, du bekommst auch kein Taschengeld?
Ceyda: Früher schon. Meine Eltern haben sich jetzt getrennt. Und meine Mutter hat eh schon genügend andere Sorgen; sie hat noch einen

Pluralismus – eine Herausforderung!

Zwischen Anspruch und Wirklichkeit

Der Pluralismus besagt … – und darin steckt sein normativer Gehalt –, dass die Vielfalt und Unterschiedlichkeit anerkannt und gutgeheißen werden; bei aller funktionalen Verschiedenheit sind die Gruppen gleich berechtigt, sich frei zu entfalten. Die Politik wird nicht aus einem klar erkennbaren, aller politischen Auseinandersetzung voranliegenden und allen Beteiligten gleicherweise gerecht werdenden allgemeinen Wohl abgeleitet. Politische Entscheidungen gehen aus der ständigen Auseinandersetzung konkurrierender Interessengruppen hervor, die sich gegenseitig kontrollieren und in immer neuen Koalitionen zu einem mehrheitsfähigen Kompromiss »zusammenraufen« müssen.

Otfried Höffe, 1988

Zwei Niederländer, Viktor Horsting und Rolf Snoeren, erhielten mit 23 Jahren den ersten Preis bei einem Modewettbewerb in Paris.

Die Verfechter der offenen Gesellschaft glauben immer an die Möglichkeit der Verbesserung. Und weil Verbesserung Erprobung und Irrtum voraussetzt, besteht die offene Gesellschaft auf der Freiheit des Ausdrucks und dem Schutz abweichender Meinungen, selbst in Fragen wie den Kriterien für recht und wahr.

G. Soros, 1997

behinderten Bruder, der lebt auch bei uns … Klar, mal muss mir mein Papa etwas geben, mal meine Mutter. So viel verdiene ich nicht, obwohl ich wirklich andauernd arbeite. Ich bezahle mir auch mal meine Schuhe selber oder meine S-Bahn-Karte. Aber das meiste spare ich.

Glaubt ihr, dass soziale Unterschiede größer werden? Ist Arbeitslosigkeit bei euch ein Thema?

Anna: Ich kriege beide Seiten mit. Eine sehr gute Freundin von mir studiert und kriegt Bafög. Ihre Mutter kann und will sie nicht unterstützen. Sie ist ausgezogen, hat eine Sozialwohnung. Aber jetzt wurde ihr das Bafög gekürzt, davon kann sie nicht einmal mehr die Miete bezahlen …

Die andere Seite ist natürlich, dass man auch Leute in der Familie hat, die sehr gut verdienen. Die Diskrepanz ist sehr stark. Die eine Seite spürt man genauso wie die andere.

Macht ihr euch Sorgen darüber, was in zwei Jahren passiert, wenn ihr mit der Schule fertig seid?

Nicky: Ich denke schon darüber nach … Wir sehen ja, was im Moment auf dem Arbeitsmarkt los ist. Man kann da gar nicht realistisch sagen: So stelle ich mir das vor. Man kann sich einfach nicht darauf verlassen, dass es funktioniert.

Interview der ZEIT, 1997

Individualisierung als kulturelle Norm gilt für alle. Die … Realisierungschancen sind zwischen den Angehörigen der unterschiedlichen Milieus zunehmend ungleich verteilt … Konkurrenz wird zum zentralen Motor von Desintegration und damit der Auflösung des Sozialen.

Wilhelm Heitmeyer, 1992

▶ *Deuten Sie die Aussagen des ZEIT-Interviews: Inwiefern sind sie Ausdruck von Individualisierung und Pluralisierung?*

▶ *Höffe spricht von Pluralismus, der gesellschaftlich Konsens sein soll. Decken Sie an Beispielen den Widerspruch auf, der zwischen Anspruch (normativem Gehalt) und Wirklichkeit besteht.*

Welchen Pluralismus wollen wir?

1999: Die Dortmunder Polizistin Serap Mehder und ihre Mutter, die 1971 aus der Türkei ins Ruhrgebiet übersiedelte: Gelungene Integration – ein Drahtseilakt!

Es soll sie nicht geben, aber es gibt sie: Pluralismus-Verlierer

Ungleich – ungleichwertig?

Die Polarisierung der Gesellschaft nimmt zu. Wir werden es mit einer größer werdenden Gruppe von jungen Menschen, darunter auch zahlreichen ausländischen Jugendlichen zu tun bekommen, die mit den ständig steigenden Qualifikations- und Anpassungsforderungen des Arbeitsmarktes überhaupt nicht mehr zurechtkommen ... Wenn die verstärkte Prämierung des Starken so weitergeht, dann wird die Gesellschaft wohl darauf reagieren, indem sie ihr Interesse von sozialer Sicherung auf öffentliche Sicherheit verlagert. Der Staat wird aufrüsten ... Nach meinem Eindruck hat sich inzwischen ein ausgefeiltes System der Dethematisierung von Ungleichheit entwickelt ... Ich sehe fünf Strategien. Da sind erstens die Fairness-Rhetoriker. Für sie ist das Streben nach Gleichheit durch das Scheitern des Sozialismus diskreditiert: Alles, was sie noch zulassen wollen, ist sportlicher Umgang miteinander. Dann gibt es zweitens einige Vertreter der multikulturellen Gesellschaft, die auf ihre Weise zur Verschleierung von Ungleichheit beitragen: Indem sie ideologisch auf kulturelle Differenz pochen und Integration zur Zumutung erklären, übersehen sie, dass eben diese kulturellen Differenzen soziale Ungleichheit zementieren. Drittens gibt es die so genannten Modernisierer in allen Parteien, die Ungleichheit als dynamisches Prinzip des modernen Kapitalismus begrüßen: Angst vor dem gesellschaftlichen Abstieg hält die Leute auf Trab. Viertens kann man die Ungleichheit einfach wissenschaftlich dethematisieren, sozusagen soziologisch wegreden, wie es letzten Endes die Systemtheorie tut. Und schließlich bleibt die Möglichkeit, Ungleichheit als Ungleichwertigkeit zu begreifen: Das machen die Rechtsextremisten, und es ist wohl die unerfreulichste Art, mit dem Thema umzugehen.

Wilhelm Heitmeyer, 1999

▶ *Heitmeyer stellt 1999 eine Dethematisierung von Ungleichheit fest. Würden Sie das für die derzeitige Situation bestätigen? Ordnen Sie dazu Ihre Meinungen (auch Ihnen bekannte aus Gesellschaft und Politik) zur Integration von ausländischen Mitbürgerinnen und Mitbürgern in Heitmeyers Fünf-Punkte-System ein.*

▶ *Stellen Sie einen Katalog von nicht pluralisierbaren Normen auf, die Ihrer Ansicht nach universelle Gültigkeit haben sollten.*

Pluralismus mit einem kleinsten gemeinsamen Nenner?

Was ist nicht pluralisierbar?

... Unter Anerkennung der Menschen als selbst verantwortlicher Personen und mündiger Bürger erhält keine Institution oder Instanz das Recht, die Menschen zu bestimmten Formen zu zwingen. Im Raum der eigenen Gruppe sind die jeweiligen Interessen und Überzeugungen gewohnt, Anerkennung zu finden. Außerhalb stehen sie aber in Konkurrenz und Konflikt mit denen anderer Gruppen. Da die Lösung der Konflikte bei Menschen nicht instinktmäßig abgesichert ist, droht die Gefahr einer kollektiven Selbstzerstörung. Um diese Gefahr zu bannen und um zugleich einem kruden Sozialdarwinismus zu entgehen, der die Schwachen noch schwächer, die Vitalen und Gerissenen aber noch stärker macht, sind allgemeine Verbindlichkeiten erforderlich, die eine humane und gerechte Behandlung der Konflikte gewährleisten. Daher ist nicht ein absoluter Pluralismus sinnvoll; lebensfähig und wünschenswert ist allein ein relativer Pluralismus, der sich innerhalb grundlegender Gemeinsamkeiten entfaltet. Ein solcher Pluralismus kann dem Relativismus und Nihilismusverdacht begegnen. Auch wenn die modernen Gesellschaften gegen einen zeitlos gültigen Kodex von Werten skeptisch sind, auch wenn sie keiner persönlichen, politischen, religiösen oder intellektuellen Instanz Unfehlbarkeit zuerkennen, brauchen sie als Arbeits- und Kommunikationzusammenhang wenigstens einige allgemein gültige normative Verbindlichkeiten, die dem Widerstreit partikularer Bekenntnisse und Daseinsentwürfe enthoben sind. Dabei kommt den Menschenrechten eine besondere Bedeutung zu. Denn bei ihnen handelt es sich schon vom Begriff her um Rechte, die unabhängig von persönlichen und gesellschaftlichen Verhältnissen, von politischen Konstellationen und geschichtlich-kulturellen Bedingungen gültig sind. Als persönliche Freiheitsrechte, politische Mitwirkungsrechte sowie Sozial- und Kulturrechte sind die Menschenrechte Bedingungen und Ausdruck der gegenseitigen Anerkennung von grundsätzlich gleichberechtigten Personen. Daher bezeichnen sie Ansprüche, die jedem Menschen als solchem zukommen: Sie gehören zu dem, was einem legitimen Pluralismus entzogen ist und was jede Rechts- und Staatsordnung, gerade auch die pluralistische Demokratie, dem Menschen schuldet. Durch die Menschenrechte werden auch jene Minderheiten geschützt, die im pluralistischen Konkurrenzkampf zu kurz kommen. Otfried Höffe, 1988

(Man) wird ... einfach zur Kenntnis nehmen müssen, dass nach Prognosen im Jahr 2010 in Städten wie Wuppertal oder Solingen ausländische Mitbürger zwischen 20 und 40 Jahren einen Anteil von 45 bis 50 Prozent der Bevölkerung stellen werden. Ihre Integration in die Funktionssysteme dieser Gesellschaft ist schon heute sehr schwach. Es wird der demokratischen Kultur nicht bekommen, wenn sie in ethnische Organisationen gedrängt werden.

Wilhelm Heitmeyer, Soziologe, 1999

▶ *Höffe unterscheidet zwischen einem absoluten und einem relativen Pluralismus. Wogegen soll sich ein relativer Pluralismus wenden?*

▶ *Diskutieren Sie an konkreten Beispielen die gesellschaftliche Akzeptanz von Höffes relativem Pluralismus. Berücksichtigen Sie dabei das Beispiel »Integration ausländischer Mitbürgerinnen und Mitbürger« aus der Sicht Heitmeyers.*

Über die Kunst, sich zu streiten

Das Gespräch ist eine Grundform menschlicher Verständigung. Häufig ergibt sich am Ende ein Konsens, eine Übereinstimmung in wesentlichen Punkten. In nicht wenigen Fällen beschränkt sich allerdings die Möglichkeit, sich zu einigen darauf, mehr oder minder exakt sagen zu können, worin die Gesprächspartner nicht übereinstimmen. Dies wäre also ein Konsens im Dissens. Müssen wir uns damit zufrieden geben? Oder gibt es noch etwas jenseits von Konsens und Dissens, das ein Gespräch als gelungenes Gespräch qualifizieren könnte?

Was macht ein Gespräch zu einem Moralgespräch?

Umkehrbarkeit von Perspektiven

Jedesmal, wenn wir ein Kind fragen: »Wie würdest du dich fühlen, wenn dir ein anderes Kind absichtlich weh tut?«, jedesmal, wenn wir zu anderen sagen: »Ich will versuchen, deinen Standpunkt richtig zu verstehen«, begeben wir uns in ein Gespräch der moralischen Rechtfertigung. … Zu wissen, wie man eine bestehende zwischenmenschliche Beziehung aufrechterhält, bedeutet zu wissen, was es heißt, ein Ich zu sein, zu wissen, daß Ich für dich ein anderer bin und daß du ebenso ein Ich bist für dich selbst und ein anderer für mich … Kommunikative Handlungen sind Handlungen, durch die wir solche zwischenmenschlichen Beziehungen aufrechterhalten und durch die wir die Umkehrbarkeit der Perspektiven, die zum Wesen »erwachsener« Beziehungen gehören, in die Praxis umsetzen. Die Entwicklung dieser Fähigkeit, die Perspektiven umzukehren und uns den moralischen Gesichtspunkt zu eigen zu machen, sind eng miteinander verknüpft. Letztlich fordert der Universalisierungsgrundsatz von uns die Bereitschaft zur Umkehr der Standpunkte, ausgedehnt auf den Blickwinkel der gesamten Menschheit. Ohne diese Fähigkeit kann man kein guter Partner in einem Moralgespräch sein; umgekehrt wird diese Fähigkeit durch die Praxis des Moralgesprächs gefördert. Wenn ich ein Gespräch führen will, muß ich zuhören können, ich muß imstande sein, deinen Standpunkt zu verstehen; kann ich das nicht, hört das Gespräch auf, entwickelt sich zu einem Streit oder kommt erst gar nicht in Gang. Urteilen bedingt die Fähigkeit, sich die vielen verschiedenen Blickwinkel und Bedeutungsschichten, die eine »Situation« ausmachen, zu vergegenwärtigen. Eine solche Vorstellungskraft ist von entscheidender Bedeutung für die Entwicklung jener Feinfühligkeit für das Partikulare … Urteilen bedingt gewisse interpretative und narrative Fertigkeiten, die ihrerseits wieder die Fähigkeit der »erweiterten Denkungsart« voraussetzen.

Sheila Benhabib, 1995

▶ *Erläutern Sie, was Benhabib unter »erweiterter Denkungsart« versteht.*

Das sokratische Gespräch: Bis auf weiteres!

Solange in einer bestimmten Frage noch Meinungsverschiedenheiten bestehen, solange eine bestimmte Aussage noch nicht die Zustimmung aller Beteiligten findet, ist es natürlich, sich mit diesem Stand der Dinge noch nicht zufrieden zu geben. Im sokratischen Gespräch sollen wir über bloß subjektives Meinen hinauskommen. Deswegen prüfen wir, welche Gründe wir für unsere Behauptungen haben und ob diese Gründe von uns allen als zureichend anerkannt werden. Das Hinausstreben über bloß subjektives Meinen, das Streben nach intersubjektiv Gültigem, nach Wahrheit, wie wir früher unbefangen sagten, ist Motiv des sokratischen Gesprächs. Wenn wir im sokratischen Gespräch Konsensus über eine Aussage erreicht haben, dann hat dieser den Charakter des Vorläufigen: Bis auf weiteres bestehen keine Zweifel mehr an der erarbeiteten Aussage. Jedoch kann uns ein bisher nicht erwogener Gesichtspunkt in den Blick kommen, der neue Zweifel hervorruft. Dann muss die bisher nicht mehr angezweifelte Aussage von neuem geprüft werden. Niemals aber wird eine Aussage erreicht, die neuer Revisionsbedürftigkeit grundsätzlich entzogen wäre. Können wir das schrittweise Sich-frei-Machen von Irrtum, das schrittweise Überwinden von Zweifeln als eine Annäherung an die Wahrheit auffassen, mit der Einschränkung allerdings, dass die reine, der Irrtumsmöglichkeit und Revisionsbedürftigkeit entzogene Wahrheit unerreichbar bleibt? Gegen diese Auffassung ist eingewandt worden: Wenn es irrtumsfreie Wahrheit nicht gibt, dann können wir diesen Begriff nicht verwenden; dann hat die Redensart »der irrtumsfreien Wahrheit näher kommen« keinen Sinn. Das sokratische Gespräch setzt in der Tat den Begriff »irrtumsfreie Wahrheit« nicht voraus. Es setzt voraus, dass wir eine Aussage als falsch oder als nicht hinreichend begründet erkennen können. Dann geben wir sie entweder preis oder suchen sie so zu modifizieren, dass wir Einwände gegen die modifizierte Aussage nicht mehr sehen … Wir streben das Erreichbare an, und das ist der Sinn des Konsensus im sokratischen Gespräch. Er hat immer den Charakter: bis auf weiteres.

Gustav Heckmann, 1981

Regeln für ein sokratisches Gespräch

Sag deine eigene Meinung!
Belesene Leute zitieren gern ihre Lieblingsautoren. Wenn die Meinung eines Autos zur eigenen Meinung geworden ist, kann man sie auch als eigene formulieren. Dann kann die Meinung nämlich verteidigt oder korrigiert werden. Der nicht anwesende Autor kann seine Meinung nicht verteidigen oder korrigieren.

Sprich in kurzen, klaren Sätzen! Fasse dich kurz!
Diese beiden Regeln sind bei ihrer Einhaltung die Voraussetzung für Verständigung. Kurze Sätze werden besser verstanden. Außerdem reichen von diesen kurzen Sätzen wenige, um sich verständlich machen zu können. Oft erlebt man, dass jemand etwas sagt und dabei in die Runde sieht. Auf den Gesichtern kann man noch nicht den Ausdruck der Zustimmung erkennen. Nun wird weitergeredet, um die anderen zu überzeugen. Soll jemand anderes wiederholen, so wird deutlich, dass keiner mehr weiß, was am Anfang gesagt wurde. Wenn man sich kurz fasst und meint, die anderen hätten noch nicht verstanden, kann man sich später noch einmal vermitteln oder seine Argumente verteidigen. Im sokratischen Gespräch geht nichts verloren.

Hör genau zu!
Das ist wahrscheinlich die schwierigste Regel im sokratischen Gespräch. Reden kann heute jeder, aber das genaue Zuhören ist eine Kunst!

Sprich deine ehrlichen Zweifel gleich aus!
Zweifel sollen als Gegenargumente immer sofort ausgesprochen werden. Sie müssen echt sein, weil sie auch überprüft werden. Darum soll man nicht den »advocatus diaboli« spielen.

Nach: Detlef Horster, 1994

▶ *Sie können diese Regeln anhand des »kontrollierten Dialogs« überprüfen: Setzen Sie sich in Dreiergruppen zusammen. Zwei von Ihnen diskutieren über ein nicht allzu kompliziertes Problem. Bevor einer der beiden Diskutierenden antwortet, soll er zunächst präzise und knapp zusammenfassen, was sein Gegenüber gesagt hat – ohne Deutung und Kommentar. Ist der Partner mit der Zusammenfassung zufrieden, kann die Diskussion weitergehen. Der Dritte in der Gruppe beobachtet die beiden Diskutierenden. Nach ca. 10 Minuten können die Rollen getauscht werden. In der Auswertung der Gespräche sollten die Schwierigkeiten des genauen Zuhörens genannt und analysiert werden.*

Kaum zu glauben – alle unter einem Hut

Ich glaube, dass Ideen wie absolute Richtigkeit, absolute Genauigkeit, endgültige Wahrheit usw. Hirngespinste sind, die in keiner Wissenschaft zugelassen werden sollten … Diese Lockerung des Denkens scheint mir als der größte Segen, den die heutige Wissenschaft uns gebracht hat. Ist doch der Glaube an eine einzige Wahrheit und deren Besitzer zu sein, die tiefste Wurzel allen Übels auf der Welt.

Max Born, 1958

▶ *Beurteilen Sie Borns Überzeugung, dass der Glaube an eine einzige Wahrheit ein Hirngespinst ist.*
▶ *Ist der Relativismus die Lösung oder welche Konsequenzen hätte für Sie Borns These?*

Ziviler Ungehorsam

Pluralistische Gesellschaft und Gewissen

1983 wurden in Mutlangen mit Einverständnis der deutschen Bundesregierung amerikanische Atomraketen stationiert. Dagegen entfachte sich in breiten Teilen der Bevölkerung ein heftiger Protest. Die Demonstranten besetzten u. a. die Zufahrt zur Kaserne von Mutlangen. Handelte es sich dabei um einen gerechtfertigten Akt zivilen Ungehorsams?

▶ *Geben Sie die Argumentation von Richter und Angeklagtem wieder.*

Aus der Verteidigungsrede eines Angeklagten:
Ich habe wiederholt in Mutlangen demonstriert, weil ich dazu beitragen wollte, hier und heute einen öffentlichen Dialog wieder aufleben zu lassen. Ich habe demonstriert, weil ich, ein so genannter »Prominenter«, mich der Verpflichtung erinnere, auch künftig vor Ort, im Geist des Friedens und der Freundlichkeit, präsent zu sein. Verwerflich: Dieser Begriff trifft auf unsere Demonstration nicht zu. Hier werden Menschen, die aus ehrenwerten Motiven handeln, im Geiste Albert Schweitzers, Martin Luther Kings moralisch disqualifziert. Und – das ist ungeheuerlich! – Ja, wo leben wir denn? Immer noch im Vorgestern, wie die durchsichtige Tarnübersetzung des Begriffs »gesundes Volksempfinden« zu zeigen scheint? (Im Dritten Reich »gesundes Volksempfinden«, heute »verwerflich«: Hier wie dort manifestiert sich das gleiche Gut-Böse-Schema einer aufklärungsfernen Gerichtsbarkeit). Anstiftung zum Frieden als verwerflicher Akt: Diese Schreckensvision hätte mir mal einer ausmalen sollen, anno 45, nach der Befreiung unseres Landes vom Faschismus, für aberwitzig hätte ich den Menschen erklärt. »Verwerflich«: Zehn Minuten Demonstration zugunsten des Friedens, auf einer Straße, hinter der Waffen lagern, die Vernichtung für Zeit und Ewigkeit bergen?

Nach: Walter Jens, 1985

Aus der Urteilsbegründung des zuständigen Amtgerichts:
Gegenstand des strafrechflichen Vorwurfs ist allein der Umstand, dass Sie, wie zur Sache eingestanden, am 24.6.1984 gegen 15 Uhr mit anderen auf der Zufahrtsstraße zum US-Militärlager in Mutlangen drei Armeefahrzeuge blockiert, d. h. absichtlich nicht durchgelassen haben, bis Sie von Polizeibeamten weggeräumt worden waren. Sie haben sich damit ein Vergehen der Nötigung nach § 240 StGB in drei Fällen zum Nachteil der betroffenen Fahrzeuglenker zuschulden kommen lassen. … Das Merkmal verwerflich ist damit mit der Entscheidung BGH 18, 392 im Sinne von sozialer Unerträglichkeit oder auch, was auf das Gleiche hinausläuft, sozialer Missbilligungswürdigkeit zu interpretieren. Maßstab hierfür ist nicht das Gewissen des Einzelnen oder was er dafür halten mag, auch nicht ein irgendwie gearteter ethischer Entwurf. In einer von Verfassungs wegen gewollt pluralistischen Gesellschaft, die verschiedene Gewissensentscheidungen und ethische Entwürfe bewusst toleriert, scheitert dies bereits daran, dass insoweit ein einheitlicher Maßstab häufig nicht vorhanden wäre. Heranzuziehen ist vielmehr ein objektiver Maßstab, der unter Berücksichtigung des eben Gesagten nur in den Vorgaben der Rechtsordnung, damit auch der Verfassung, gefunden werden kann. In Anwendung dieses Maßstabes ist die geschehene Blockade zu missbilligen. Hierfür ist zunächst wesentlich, dass es keine rechtlichen Bestimmungen gibt, die ein derartiges Tun erlauben würden. Zwar schützt das Grundgesetz in Artikel 5 die Meinungsfreiheit und damit die geistige Auseinandersetzung, aber eben nur die geistige, d. h. die mit geistigen Mitteln sich vollziehende. Eine zur Verlautbarung von Protest durchgeführte Blockade fällt nicht darunter, weil hierdurch der Blockierte gezielt in seiner Handlungsfreiheit beeinträchtigt wird … Ähnliches gilt für Artikel 8 des Grundgesetzes. Diese Grundrechtsbestimmung schützt die Freiheit, sich zu versammeln, insbesondere als Mittel der Meinungsbildung und der Meinungskundgebung; insoweit aber nach ihrem ausdrücklichen Wortlaut auch nur die Freiheit zur friedlichen Versammlung. Versammlungen, die gezielt auf die Beeinträchtigung der Handlungsfreiheit anderer ausgerichtet sind, fallen nicht darunter … Andererseits verstoßen Blockaden in verschiedener Hinsicht gegen die Rechtsordnung … So hat es auch den Anschein, dass mit der Forderung, Blockadeaktionen als rechtens gelten zu lassen, letztlich … so genannte höhere Legitimität gegen die Legalität ausgespielt wird. Als der – sich in Verfassung und einfachem Recht ausdrückenden – Legalität verpflichteter Richter muss ich darauf hinweisen, dass solche Entgegensetzung von Legitimität und Legalität geeignet ist – es gibt ein historisches Beispiel –, dem Totalitären die Bahn zu bereiten, das wir beide ablehnen.

Werner Offenloch, 1985

Wann ist ziviler Ungehorsam gerechtfertigt?

Definition »ziviler Ungehorsam«
Wer allein oder gemeinsam mit anderen öffentlich, gewaltlos und aus politisch-moralischen Gründen heraus gegen ein bestehendes Gesetz verstößt, handelt grundsätzlich gerechtfertigt, wenn er dadurch gegen schwerwiegendes Unrecht protestiert und sein Protest verhältnismäßig ist.

Polizeieinsatz gegen Domonstranten beim Castor-Transport, 1996

Ein Pflichtenkonflikt
An welchem Punkt ist die Pflicht, sich den von einer Mehrheit beschlossenen Gesetzen zu fügen, angesichts des Rechtes zur Verteidigung seiner Freiheiten und der Pflicht zum Widerstand gegen Ungerechtigkeit nicht mehr bindend? Diese Frage rührt an den Sinn und die Grenzen der Mehrheitsregel. Daher ist das Problem des zivilen Gehorsams ein Prüfstein für jede Demokratie. Der zivile Ungehorsam ist nicht nur in dem Sinn eine politische Handlung, daß er sich an die politische Mehrheit richtet, die die politische Macht hat, sondern auch, weil er von politischen Grundsätzen geleitet und gerechtfertigt wird, d. h. von den Gerechtigkeitsgrundsätzen, die die Verfassung und die gesellschaftlichen Institutionen im allgemeinen bestimmen. Mit zivilem Ungehorsam zwingt eine Minderheit die Mehrheit zu prüfen, ob sie ihre Handlungen so aufgefaßt wissen möchte oder ob sie angesichts des gemeinsamen Gerechtigkeitssinnes die berechtigten Forderungen der Minderheit anerkennen möchte. Ziviler Ungehorsam findet vor dem Forum der Öffentlichkeit statt. Aus diesem Grunde ist er gewaltlos. Gewalthandlungen, die Menschen verletzen können, sind unverträglich mit dem zivilen Ungehorsam als einer Art Appell. Er kann warnen und mahnen, aber er droht nicht. Der zivile Ungehorsam bricht das Gesetz, doch die Gesetzestreue drückt sich im öffentlichen und gewaltlosen Charakter der Handlung aus, in der Bereitschaft, die gesetzlichen Folgen der Handlungsweise auf sich zu nehmen. Ziviler Ungehorsam unterscheidet sich eindeutig von militanter Aktion. Der Militante steht in einem viel tieferen Gegensatz zum bestehenden System. Er erkennt es nicht als gerecht an, er glaubt entweder daß es weit von seinen Grundsätzen abweicht oder daß es überhaupt von einer falschen Gerechtigkeitsvorstellung geleitet ist. Seine Handlung ist nach eigenen Maßstäben gewissenhaft, doch er wendet sich nicht an den Gerechtigkeitssinn der Mehrheit. Nach: John Rawls, 1979

▶ *Überprüfen Sie anhand der Definition des »zivilen Ungehorsams« und anhand des Textes von Rawls, ob das Handeln der Demonstranten zu legitimieren ist.*

Gegen den »zivilen Ungehorsam«

Das Überflüssigkeitsargument: Die vorhandenen politischen und rechtlichen Möglichkeiten, gegen politische Entscheidungen anzugehen, sind ausreichend.

Das Gefährlichkeitsargument: Der zivile Ungehorsam führt unweigerlich zu einer Schwächung des Legalitätsbewusstseins.

Das Rechtsstaatsargument: Der zivile Ungehorsam schwächt die Berechenbarkeit und Voraussehbarkeit staatlicher Maßnahmen.

Das Demokratieargument: Der zivile Ungehorsam widerspricht dem Prinzip der repräsentativen Demokratie.

▶ *Diskutieren Sie an aktuellen Fällen (z. B. Castortransporte) die rechtliche und moralische Legitimität zivilen Ungehorsams (vgl. S. 329).*
➤ *Zum »zivilen Ungehorsam« vgl. S. 192/93*
➤ *Zur »direkten Bürgerbeteiligung« vgl. Seite 169*

Gemeinsame Werte jenseits aller Interessenvielfalt?

Sire, ich bin ganz und gar nicht Ihrer Meinung ! Ich werde aber dafür kämpfen, dass Sie stets und überall diese Ihre Meinung sagen dürfen!

Voltaire (1694–1778)

Alle Menschen sind frei und gleich an Würde und Rechten geboren. Sie sind mit Vernunft und Gewissen begabt und sollen einander im Geiste der Brüderlichkeit begegnen.

Artikel 1 der Allgemeinen Erklärung der Menschenrechte, 1948

Es gelten die Menschenrechte als nicht pluralisierbare Grundwerte, aber ...

Menschenrechte – ihre Struktur und Bedeutung

Universalität

Sie besteht darin, daß Menschenrechte Rechte sind, die allen Menschen als Individuen unabhängig von einem Erwerbstitel zustehen. Es gibt einen Unterschied zwischen absoluten und relativen Menschenrechten. Absolute Menschenrechte sind Rechte, die alle gegenüber allen Menschen, Gruppen und Staaten haben. Das Recht auf Leben ist ein Beispiel. Relative Menschenrechte sind Rechte, die alle gegenüber mindestens einem Menschen, einer Gruppe oder einem Staat haben. Ein Beispiel für ein relatives Menschenrecht gegenüber dem Staat ist das Wahlrecht.

Moralische Geltung

Die zweite essentielle Eigenschaft ist, daß es bei ihnen um moralische Rechte geht. Ein moralisches Recht existiert, wenn die Norm, die es gewährt, moralisch gilt. Eine Norm ist moralisch, wenn sie gegenüber jedem, der sich auf eine rationale Begründung einläßt, gerechtfertigt werden kann.

Fundamentalität

Die Fundamentalität betrifft den Gegenstand der Rechte. Bei den Menschenrechten geht es um den Schutz und die Befriedigung von fundamentalen Interessen und Bedürfnissen. Ein Interesse oder Bedürfnis ist dann fundamental, wenn seine Verletzung oder Nichtbefriedigung entweder den Tod oder schweres Leiden bedeutet oder den Kernbereich der Autonomie trifft. Es gibt auch ein Menschenrecht auf ein Existenzminimum.

Priorität

Nicht das positive Recht (existierende Gesetzgebung) ist Maßstab für den Inhalt der Menschenrechte, sondern die Menschenrechte sind Maßstab für den Inhalt des positiven Rechts. Die Beachtung der Menschenrechte ist eine notwendige Bedingung der Legitimität des positiven Rechts. Positives Recht, das Menschenrechte verletzt, ist inhaltlich unrichtiges Recht. Nach: Robert Alexy, 1998

▶ *Erläutern Sie die Strukturmerkmale der Menschenrechte an konkreten Beispielen.*

Rechte allein genügen nicht!

Jedes menschliche Zusammenleben, das nicht auf Zwang gegründet ist, setzt die Anerkennung des Menschen als meinesgleichen voraus. Institutionen können nur insoweit dem menschlichen Zusammenleben förderlich sein, als sie auf der Anerkennung des Selbstbestimmungsrechts aller Betroffenen aufbauen und deren Grundrechte respektieren. In dieser Perspektive erscheint die Rechtsordnung nicht als bloßer Regelungszusammenhang, sondern als moralisch verbürgter, personenbezogener Anerkennungszusammenhang, von dem her sich auch der Sinn des Rechts in Konfliktfällen erst erschließt. »Sämtliche ›Menschenrechte‹ sind letzten Endes hinfällig und wirkungslos, wenn ihrer Grundlage der Imperativ ›ehre!‹ fehlt; mit anderen Worten, wenn die Anerkennung des Menschen durch die einfache Tatsache, dass der Mensch ›dieser‹ Mensch ist, fehlt. Rechte alleine genügen nicht« (Papst Johannes Paul II.).

F. X. Kaufmann, 1997

▶ *Worin unterscheiden sich nach Kaufmann Recht und Moral? Überprüfen Sie anhand eigener Beispiele den Sinn dieser Unterscheidung (vgl. S. 192).*

▶ *Konkretisieren Sie die Begriffe des Schemas links anhand von Beispielen.*

Die Todesstrafe – ein Skandal?

Rückfall ins Mittelalter
Die Todesstrafe ist ein Skandal. Eine aufgeklärte Gesellschaft muss um ihrer selbst willen den Justizmord ächten. Kein Staat hat das Recht, einen Menschen, der sich wehrlos in seiner Hand befindet, zu vernichten. Ein Schritt der menschlichen Zivilisation war, dass sich der Staat zwischen die privaten Rächer stellte. Ein weiterer Schritt, dass er sich bei der Ausübung seiner Macht selber Fesseln anlegte. Dazu gehörte die unbedingte Achtung der Würde des Menschen. Sie ist der staatlichen Gewalt vorgeordnet, wird nicht verliehen und kann deshalb nicht aberkannt werden. Die Menschenwürde ist »unantastbar« – und zwar die Würde eines jeden Menschen, auch die von Mördern und Staatsfeinden. Wer Menschen das Leben nimmt, raubt ihnen auch die Würde. Die Abschaffung der Todesstrafe ist deshalb ein großer Fortschritt.

Nach: Martin Klingst, 1999

Zum Tode verurteilt und vollstreckt

Das Recht auf Menschsein entziehen?
Ob und in welchem Umfang wir wirklich Rechte anerkennen, die dem Menschen zukommen, nur weil er Mensch ist, das entscheidet sich immer daran, wie weit wir den Kreis der »ungefiederten zweifüßigen« Lebewesen zu ziehen bereit sind, die wir unter die Universalie »Mensch« subsumieren. Es ist ja immer das Gleiche: Da erklären puritanische Auswanderer 1776 in Nordamerika, dass allen Menschen von ihrem Schöpfer gewisse unveräußerliche Rechte verliehen worden seien, aber ihre Nachkommen finden fast 100 Jahre lang nichts dabei, Schwarze als Sklaven zu halten. Da deklarieren die französischen Revolutionäre wenig später die Rechte des Menschen und Bürgers, haben aber tatsächlich nur die des Mannes im Auge. Da behandeln die Nazis die Juden, Serben die Muslime, Hutu die Tutsi schlimmer als Tiere. Offenbar finden Menschen immer wieder Gründe dafür, andere Teile der Menschengattung – brutal oder subtil – aus der Menschheit auszuschließen, sodass sie vor sich selbst gegen gar kein Menschenrecht verstoßen! Immer macht man dabei einen Gesichtspunkt geltend, von dem her man wissen und beurteilen kann, wer die Definition, die Bestimmung des Menschen erfüllt und wer nicht.

Hans-Richard Reuter, 1996

Ich betrachte die Todesstrafe als eine barbarische und unmoralische Einrichtung, die die Moral und die gesetzlichen Fundamente einer Gesellschaft aushöhlt. Ferner weise ich die Ansicht zurück, dass die Todesstrafe irgendeine gewichtige Abschreckungswirkung auf mögliche Verbrecher hat. Ich bin überzeugt, dass genau das Gegenteil wahr ist: Grausamkeit gebiert Grausamkeit. Andrej Sacharow, russischer Menschenrechtler, 1999

▶ *Auf Grund welcher Taten werden heute Menschen in verschiedenen Staaten hingerichtet? Diskutieren Sie mit oder gegen Klingst für bzw. gegen die Todesstrafe.*
▶ *Welches Argument spricht aus Reuters Analyse gegen die Todesstrafe?*

▶ *Diskutieren Sie die These, dass nicht die Meinungsvielfalt des Pluralismus, sondern Herrschaftsinteressen die politische Einlösung bestehender Menschenrechte gefährdet.*
➤ *Zur »Strafe als staatliche Maßnahme« vgl. S. 194/95*

Ein Blick in die »Multikulti«-Szene

Eine Welt für sich?

Die Wrangelstraße, nicht weit vom historischen Berliner Zenrum gelegen, ist eine Insel, eine abgeschottete kleine Welt. Für Berliner Verhältnisse ist es eine schmale Straße, verkehrsberuhigt und baumreich, an ihren beiden Enden von Kirchen abgeschlossen. Überall tritt man gegen lose Pflastersteine. Hundegebell pflanzt sich fort in der Luft. Die Köter der Punks streunen hier ohne Halsband umher und balgen sich mit den Hunden der Spaziergänger. Auf dem Gehweg lungern türkische Jugendliche herum, ein paar ältere Frauen mit Kopftüchern schieben sich in die Geschäfte, Männer mit weißen Bärten begrüßen sich mit Wangenküssen und hocken in neonbeleuchteten Cafés. In keinem Viertel der Hauptstadt leben so viele Türken wie in Kreuzberg – und selbst hier nirgendwo so viele wie in der Wrangelstraße. An beinahe jede Häuserwand sind Graffiti gesprüht, auch türkische, viele längst verwittert. Erol, Bekir und Ali ziehen an den Geschäften und Läden vorbei, stehen an den Häuserecken und reden und flachsen. Aber wo sind eigentlich die Frauen? »Es gehört sich nicht als Frau auf der Straße herumzulungern«, sagt Erol und er gibt sich keine Mühe, es weiter zu erklären. Er schaut einfach zur Seite, als wisse er, dass es sich nicht lohne, einem Fremden die Feinheiten türkischen Denkens zu erklären. Die Macht des Faktischen zerstört jedes Argument: »Siehst du hier etwa deutsche Frauen?« Die Jungen lachen, dann plappern sie wieder in ihrem holprigen Mehrsprachenmischmasch. »Ich weiß manchmal nicht, ob ich gerade was auf Deutsch oder Türkisch gesagt habe«, flachst Ali. Der Berliner Dialekt ist ihm deutlich anzuhören und ab und zu rollt eine türkische Vokabel durch den Satz. »Billiig, billiig, billiig ...«, tönt es ein paar Häuser weiter. Erol und Ali beobachten den Gemüsehändler amüsiert. In seinem Laden hat er türkische Tomatenkonserven zu mannshohen Pyramiden gestapelt, ein roter Berg. Warhol in Kreuzberg. Dies ist einer der wenigen Orte, wo Deutsche und Türken in der Wrangelstraße zusammentreffen, denn alle schätzen es, dass türkische Lebensmittelläden im Vergleich zu deutschen Supermärkten wirklich billig sind. Bekir zeigt mir den einzigen Ort in der Wrangelstraße, den noch nie ein Zivilpolizist betreten haben soll. Als ich in das Café komme, schaut der Kellner mich neugierig an und kratzt sich am Bart. Er beobachtet jede meiner Bewegungen. Bitte die Gäste nicht fotografieren! Zum ersten Mal fühle ich mich als Eindringling. Ein paar Meter weiter betrete ich eine kleine Schneiderei. Osman Uyar ist eine Besonderheit im Kiez. Der Türke hat eine Deutsche geheiratet, das Geschäft betreiben sie gemeinsam. Die Herzlichkeit ist einer der Gründe, warum Almut ihren Osman so schnell geheiratet hat, »vier Monate, nachdem wir uns kennen lernten« – bei der Hochzeit eines Verwandten. »In unserer Familie«, sagt Almut, »ist das Tradition. Meine Schwester ist mit einem Bulgaren verheiratet und lebt in Sofia und meine Tochter mit einem Albaner.«

Nach: Guido Eckert, 1999

▶ *Was charakterisiert das Leben der Menschen in der Wrangelstraße?*

▶ *Vergleichen Sie die vom Autor der Reportage gezeichneten Bilder mit Ihren eigenen Erfahrungen und Informationen.*

»Multikulti-Slang«

»Kommst du Frankfurt?« – »Nee, komme München«.

»Ey, hassu Problem oder was? Ich kann dir eins holen, wenn du willst«.– »Soll ich dir das Hirn pusten?«

Mit ihrer gemeinsam entwickelten Sprache hat die Jugend Multikulti schon längst umgesetzt. Wer Slang benutzt, macht sich zwar ein bisschen lustig über die grammatikalischen Unzulänglichkeiten der Ausländer. Der Motor ist aber die Faszination des anderen Lebensstils. Viele Gymnasiasten reden plötzlich gerne so abgehackt und absichtlich falsch, weil sie spüren, dass die neuen Vorbilder weniger domestiziert sind als sie. Slang spricht man nicht aus Herablassung, sondern mit Anerkennung.

M. Vigl, Ey Alter u. a., 1999

▶ *Beschreiben Sie ihre Einstellung zum »Multikulti-Slang«.*

▶ *Beziehen Sie kritisch Stellung zu den im Text formulierten Deutungen.*

Muslime in Köln; es gibt insgesamt 400 Moscheen in Deutschland

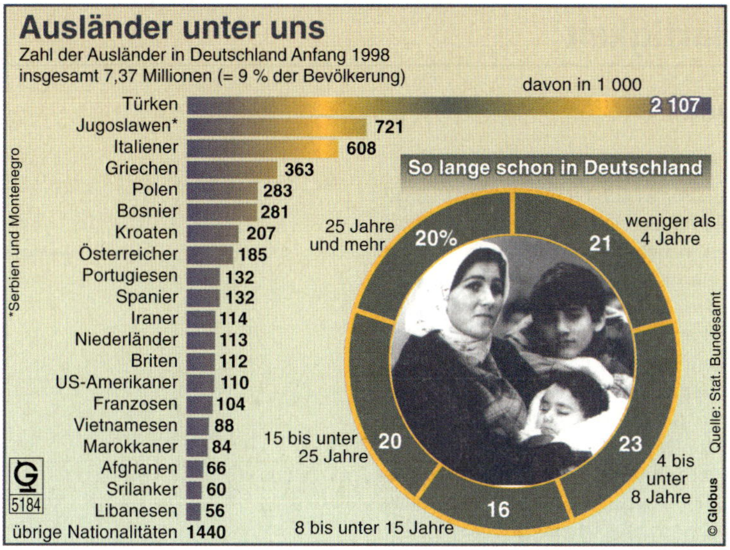

Vor drei Jahren habe ich mich entschlossen, das Kopftuch zu tragen. Ich glaube, es ist für mich das Richtige. Ich habe mich mehr für die Religion entschieden und nicht für die Karriere. Später möchte ich in der Türkei leben, dort heiraten und ein traditionelles Leben führen. Wegen der Schule kann ich nicht immer beten, ich hoffe aber, dass ich es machen kann, wenn ich geheiratet habe. Handan Ünlü (18), Schülerin

Ich habe einen deutschen Pass. Das Interessante ist, dass man von beiden Kulturen sich das Beste aussuchen kann. Von der türkischen z. B. die Gastfreundschaft, den Respekt vor Alten und Eltern. In der Türkei bin ich Ausländer, man kann nie direkt sagen, was die Heimat ist. Heiraten würde ich gerne einen Türken, aus religiösen und kulturellen Gründen. Er sollte nicht zu streng sein und mir nicht vorschreiben, was ich anzuziehen hätte.

Berin Ötken (26), Diplomingenieurin

Ich bin hier geboren. Meine langen Haare musste ich abschneiden, als ich 14 war, aber jetzt habe ich es durchgesetzt. Ich habe deutsche und türkische Freundinnen, aber heiraten möchte ich nur eine Türkin. Sie muss natürlich Jungfrau sein, auch wenn ich Sex vor der Ehe habe. Wenn ich Geld hätte, würde ich gerne einen Laden aufmachen, z. B. eine Disko.

Altan Yasar (18), Schüler

alle Zitate aus: Spiegel Spezial 1/98
zusammengestellt von Helinde Koelbl, 1998

Ich bin in der Türkei aufgewachsen, in der 6. Klasse in Berlin eingeschult worden und musste erst mal Deutsch lernen. Mein Vater hat darauf bestanden, dass ich aufs Gymnasium gehe. Manchmal weiß ich nicht, ob ich Türke oder Deutscher bin. Ich habe den Koran gelesen, gehe auch in die Moschee und trinke keinen Alkohol. Mein Glaube gibt mir das Gefühl, am Leben zu bleiben. Ich würde auch eine Deutsche heiraten, aber sie müsste den Glauben wechseln. Das Mädchen muss sauber und Jungfrau sein, sie ist kein Möbelstück, das man benutzt und wegschmeißt. Fatih Bayram (21), Schüler

▶ *Mit welchen Äußerungen können Sie sich identifizieren? Welche befremden Sie eher? Erörtern Sie Gründe und Hintergründe dieses Befremdens.*

⮞ *Zur »Vielfalt religiöser Orientierungen« vgl. 294/95*

Fremdheit und Fremdartigkeit

Beobachtungen an sich und anderen

Fremde als Eindringlinge

Zwei Passagiere in einem Eisenbahnabteil. Wir wissen nichts über ihre Vorgeschichte, ihre Herkunft oder ihr Ziel. Sie haben sich häuslich eingerichtet, Tischchen, Kleiderhaken, Gepäckablagen in Beschlag genommen. Auf den freien Sitzen liegen Zeitungen, Mäntel, Handtaschen herum. Die Tür öffnet sich, und zwei neue Reisende treten ein. Ihre Ankunft wird nicht begrüßt. Ein deutlicher Widerwille macht sich bemerkbar, zusammenzurücken, die freien Plätze zu räumen, den Stauraum über den Sitzen zu teilen. Dabei verhalten sich die ursprünglichen Fahrgäste, auch wenn sie einander gar nicht kennen, eigentümlich solidarisch. Sie treten den neu Hinzukommenden gegenüber als Gruppe auf. Es ist ihr Territorium, das zur Disposition steht. Jeden, der neu zusteigt, betrachten sie als Eindringling. Ihr Selbstverständnis ist das von Eingeborenen, die den ganzen Raum für sich in Anspruch nehmen. Diese Auffassung läßt sich rational nicht begründen. Um so tiefer scheint sie verwurzelt zu sein. Dieses harmlose Modell ist nicht frei von absurden Zügen. Das Eisenbahnabteil ist ein transitorischer Aufenthalt, ein Ort, der nur dem Ortswechsel dient. Die Fluktuation ist seine Bestimmung. Der Passagier ist die Negation des Seßhaften. Er hat ein reales Territorium gegen ein virtuelles eingetauscht. Trotzdem verteidigt er seine flüchtige Bleibe nicht ohne stille Erbitterung.

Hans Magnus Enzensberger, 1992

▶ *Stimmen Enzensbergers Beobachtungen mit Ihren Erfahrungen überein?*
▶ *Beschreiben Sie die Gefühle, die Sie haben, wenn Sie »Fremde« oder Fremdes wahrnehmen.*

Der Stachel des Fremden

Das Fremde im Kontrast zum Eigenen betrifft Erfahrungsgehalte und Erfahrungsbereiche. Fremd ist, was man mit Husserl Eigenheitssphäre nennen könnte. Eigenheit ist hierbei im weiteren Sinn zu verstehen als Zugehörigkeit, Vertrautheit, Verfügbarkeit, sei es die Eigenheit des Leibes, der Kleider, des Bettes, der Wohnung, der Freunde, der Kinder, der Generation, des Heimatlandes, des Berufes oder wessen auch immer. Die Frage, die sich dabei stellt, lautet: Wie ist der Kontrast von Eigenem und Fremdem zu denken, nach Art von Kern und Schale oder nach Art von Vorder- und Rückseite? Das Fremdartige, das die Grenzen bestimmter Ordnungen überschreitet, setzt eine bestimmte Form von Normalität voraus. Gibt es einen Kern unantastbarer Normalität oder durchdringen Eigenartiges und Fremdartiges sich auf solche Weise, daß wir mit Rousseau vom Kind im Erwachsenen, vom Wilden in den Städten, mit Freud vom Kranken im Gesunden, mit Darwin vom Tier im Menschen reden müssen? Alles Fremde und Fremdartige schillert ähnlich wie das Unheimliche, das im Heimischen nistet, zwischen Befremdendem, Verlockendem, Bedrohlichem und ruft nach Maßnahmen und Methoden der Eindämmung, der Einschränkung und Ausschließung, kurz: nach Bewältigung. Aneignung und Enteignung treten hier auf als Formen der Gegenreaktion und Überreaktion. Eine Erfahrung, die so etwas zuläßt wie die Erfahrung des Fremden, muß auf gewisse Weise sich selbst fremd werden, so daß man Erfahrungen macht und nicht nur solche sammelt. Im Zusammenspiel zwischen Frage und Antwort stoßen wir nicht auf bloß Gegebenes, aus dem etwas zu machen ist, sondern auf Gegebenes, das uns auffordert, anregt, einlädt, auch abschreckt. Um ein bezeichnendes Wortspiel zu zitieren: selbst das »ob-jet« hat etwas von einem »ob-jeu«. Was Sympathie und Antipathie angeht, so sind sie früher als Empathie, und Ähnliches gilt für Verständigung und Zwist im Vergleich zum einseitigen Verstehen.

Nach: Bernhard Waldenfels, 1990

▶ *Nennen und erläutern Sie die unterschiedlichen Fassetten des Fremdartigen.*
▶ *Versuchen Sie (ggf. im Bild) zu fassen, wie Sie sich den Kontrast von Eigenem und Fremdem vorstellen.*
▶ *Hat das Fremde oder Fremdartige für Sie etwas Positives oder Negatives?*

Das Bild der Fremden wandelt(e) sich

Fremde als Barbaren

Die archaische Welt bleibt in sich abgeschlossen: Die Reisen machen Angst und ziehen vorzugsweise Außenseiter an. Um griechischer Bürger zu sein, genügt es, daß der Vater Grieche war. Die Vorurteile gegen Gruppenfremde sind stark ausgeprägt. Die Fremden dagegen, die entschieden haben, sich im Land niederzulassen, und deren Handwerk oder Gewerbe man als nützlich für die Stadt erachtete, stellen die Kategorie der Metöken dar, der ortsansässigen Fremden. Es steht in dieser Epoche außer Diskussion, Nicht-Griechen in das Gemeinwesen zu integrieren. Der Begriff »Barbar« wird gebräuchlich, um die Nicht-Griechen zu bezeichnen. Für die Griechen bedeutet »barbarisch«: »unverständlich«, »nicht-griechisch«, »exzentrisch« oder »zurückgeblieben«. Es ist der Kontrast zu dem Fremden, der bei den Griechen das Bewußtsein der eigenen Freiheit entstehen läßt, und der Barbar wird von nun an mit dem Feind der Demokratie gleichgesetzt. Nach: Julia Kristeva, 1990

Das Fremde in uns selbst

Die Angst fixiert das Unheimliche ans Äußere, das Fremde in der Welt draußen; Freud verlagerte es ins Innere, ins Unbewußte. Das andere, das ist mein eigenes Unbewußtes, mein unbewußtes Eigenes. Das Unheimliche ist also ein Fall von verdrängter Angst. Die Verdrängung ist es, die das andere und letztlich das Fremde konstruiert. Es gilt also nach Freud, die Fremdheit in uns selbst aufzuspüren. Das ist vielleicht die einzige Art, sie draußen nicht zu verfolgen. Nach: Julia Kristeva, 1990

Michael Najjar, »Berührungsängste?« (ein Motiv aus der achtteiligen Foto-Serie »Annäherung«), 1999

▶ *Die Autorin versucht unsere Einstellung zu Fremden psychoanalytisch zu erklären. Was überzeugt Sie daran? Was können Sie aus eigener Erfahrung bestätigen?*

Weder Römer noch Barbar

Europa ist nichts anderes als eine große, aus mehreren kleinen zusammengesetzte Nation. Frankreich und England brauchen den Wohlstand Polens und Rußlands, so wie eine ihrer Provinzen die andere nötig hat. Und der Staat, der seine Macht durch die Niederwerfung seines Nachbarn zu mehren glaubt, schwächt sich gewöhnlich dadurch. Alle besonderen Pflichten hören auf zu bestehen, wenn man sie nicht erfüllen kann, ohne die menschlichen Pflichten zu verletzen. Darf man zum Beispiel an das Wohl des Vaterlandes denken, wenn es um das Wohl der Menschheit geht? Nein, die Pflicht des Bürgers ist ein Verbrechen, wenn sie die Pflicht des Bürgers vergessen macht. Die Unmöglichkeit, die Welt in ein und dieselbe Gesellschaft einzuordnen, hat die Menschen zu Fremden untereinander gemacht, aber diese Regelung besagt nichts gegen die ersten Pflichten, und der Mensch, der überall ein vernunftbegabtes Wesen ist, ist weder Römer noch Barbar. Charles Montesquieu, 1723

▶ *Beschreiben Sie, wie sich das Bild des Fremden von der Antike bis in die Zeit der französischen Aufklärung gewandelt hat. Sehen Sie Parallelen und Unterschiede zur gegenwärtigen Situation?*

> *Zu »Freud« vgl. S. 44/45; S. 366/67*

> *Zum »Bild des Fremden« vgl. S. 155*

Angst vor dem Fremden – eine anthropologische Konstante?

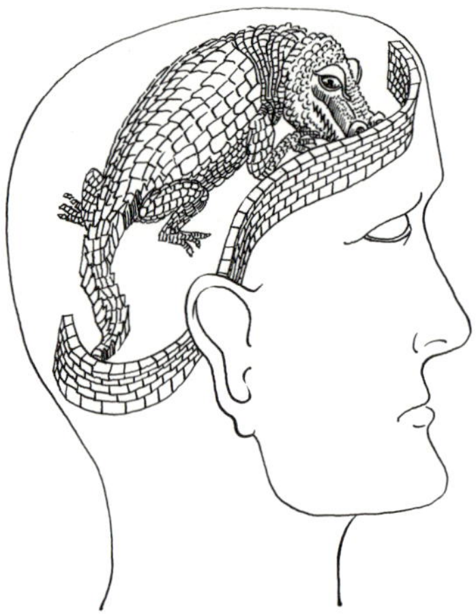

Hans G. Rauch: »Territoriales Denken«

Weibliche Mitglieder der »Old Glory Skinheads«, Atlanta (Georgia)

Allgegenwärtiges Urmisstrauen

Liegt es an den Familien? Den Schulen? Den Parteien? Den Medien? Der Arbeitslosigkeit? Den Rattenfängern? Während sich alle Welt – mit nicht gerade durchschlagendem Erfolg – Gedanken macht über die wahre Ursache der Ausländerfeindlichkeit in unserm Land, der Morde, der Brandschatzungen und der vielen kleinen Boshaftigkeiten, lässt sich in dem vielstimmigen Chor eine einzige dissonante Stimme hören, die hartnäckig eine ganz andere Erklärung anbietet. Es ist die des Humanethnologen Irenäus Eibl-Eibesfeldt, der seit mindestens 26 Jahren immer wieder das eine sagt: Es gibt eine dem Menschen angeborene »Fremdenfurcht« (Xenophobie), ein »Urmisstrauen« zwischen einander fremden Menschen und Menschengruppen, und es wäre ratsam, mit ihm zu rechnen. Er sieht soziale Vorgänge aus biologischer Perspektive, und wer das tut in Deutschland, setzt alle Rauchmelder in Aktion und löst Faschismusalarm aus. Die Biologie jedoch ist eine empirische und keine normative Wissenschaft, und ob der Mensch mit einem biologischen »Urmisstrauen« gegen Fremde ausgestattet ist, ist keine unvernünftige Frage. Das Thema ist viel zu ernst, um irgendeine Erklärung von vornherein zu verwerfen. Ein Indiz ganz anderer Art ist da die tägliche Evidenz. Vom diskreten Blick vorgeblichen Desinteresses, der in der U-Bahn den Andersfarbigen, anders Gekleideten, eine fremde Sprache Sprechenden mustert, bis zu den aus allen Himmelsrichtungen auf uns einströmenden, alles emotionale Fassungsvermögen übersteigenden Nachrichten von ethnischen Diskriminierungen und Kämpfen – Fremdenfurcht, Fremdenhass sind ganz offensichtlich keine Fiktionen verrannter Wissenschaftler, sondern alltäglichste Realität. Die Universalität eines Merkmals gilt allgemein als ein starker Hinweis darauf, dass eine »natürliche Veranlagung« im Spiel ist … Es ist aber nicht nur diese Quasi-Universalität selbst, die Verdacht erregt. Viel verdächtiger noch ist die Unauslöschbarkeit und Irrationalität jenes Urmisstrauens. Ethnische Konflikte überleben offenbar Hunderte und Tausende von Jahren, und wenn sie mit Zwang Generationen lang unterdrückt wurden, brechen sie sich an dem Tag, da der Zwang nachlässt, umso blutiger wieder Bahn. Sie schwelen auch dann fort, wenn der Hauptstrom aller Erziehung ihnen widerspricht, wenn die Gesellschaft einen ganzen Apparat von Drohungen und Versprechungen aufbietet, um sie auszumerzen. Was liegt eigentlich näher als der Verdacht, dass da etwas nicht mit rechten Dingen zugeht, dass man es mit einem Verhaltensatavismus zu tun hat, dass eine Stimme aus der Vorvergangenheit der Menschengattung mitspricht? Die Sozialpsychologie hat bei der Erforschung von Vorurteilen und Stereotypen einiges zutage gefördert, was der sozusagen in vivo gewonnenen biologischen These nicht nur nicht widerspricht, sondern sie in vitro, unter Laborbedingungen, stützt. Vor allem sind es die »Minimalgruppen«-Versuche: Jene Experimente, in denen sich erwies, dass man jeden beliebigen Haufen Menschen nehmen und nach willkürlichen Kriterien in zwei Gruppen teilen kann, nach der Augenfarbe oder auch bloß nach der Farbe eines jedem zugeteilten Kugelschreibers – und sofort bildet sich ein positives Wir-Gefühl der Gruppe gegenüber, in die der Zufall einen selbst versetzt hat. Es ist, als liege in den Menschen ständig etwas auf der Lauer.

Nach: Dieter Zimmer, 1993

▶ *Nennen Sie die Argumente, die Zimmer für den Nachweis einer allgegenwärtigen »Xenophobie« anführt.*

▶ *Wenn Zimmer mit seiner Analyse eine »Bestandsaufnahme« vornimmt, wie sollte sie dann »ausgewertet« werden?*

Selbstverunsicherungen gehören zur Identität dazu
Man muss nicht Rilke sein, um sein Leben in wachsenden Ringen zu leben, und auch keine Russin, um die Symbolik der Puppe in der Puppe zu verstehen. Tatsächlich wächst jeder Mensch seiner sozialen Natur gemäß in einem konzentrisch geordneten, schalenartigen Gemeinschaftsgefüge heran. Wir markieren jede dieser Schalen unseres sozialen Ichs sehr fein, auch sprachlich. Und in jeder sozialen »Zwiebelschale«, an jeder neuen Grenze, stellt sich jeweils die selbstverunsichernde Frage nach der Identität. Jeder weiß aus eigener Erfahrung, dass es nicht einfach, aber lebensnotwendig ist, sich selbst richtig einzuschätzen und sein Leben danach zu richten … Ständig bilden wir neue Zugehörigkeiten zu wechselnden Gruppen aus … [das] birgt Chancen und Gefahren zugleich. Hubert Markl, 1994

Ich sage, es gilt der kategorische Imperativ. Der Mensch ist in der Regel weder eine Graugans noch ein Waschbär. Er kann lernen, ist kreativ, hat Phantasie und Bewusstsein. Die Xenophobie des Säuglings muss doch nicht dazu führen, dass er als Erwachsener unfähig wird, mit Menschen anderer Hautfarbe zusammenzuleben.
Heiner Geißler, 1998

Gefahren
Unsere soziale Natur verführt uns andererseits beständig, die kollektiven Identitäten sehr eng zu definieren. Durch geschicktes Schüren von Ängsten … verengt sich der kollektive Lebenszweck und Selbstwert, die gemeinsame Identität, plötzlich auf nationalgesinnte Zugehörigkeit etwa als Deutsche, Kroaten oder Kurden oder auf ideologische Fixierung, sei es als Angehörige des KGB oder der Scientology-Sekte. Unser Bedürfnis nach kollektiver Identität macht uns frei, sie zu gestalten, und zugleich anfällig, ihr suchtartig zu verfallen, gerade weil ihr Inhalt kulturbedingt nicht angeboren ist. Die größte Gefahr für uns ist, aus der unübersichtlichen Vielfalt möglicher sozialer Bezüge auszuweichen in die Einfachheit sprachlicher, nationaler oder rassischer Reinheit, die Identität alleine in der Selbstgleichheit sucht. Dieser Rückfall in den Tribalismus könnte die Menschheit, die heute 4000 bis 5000 verschiedene Sprachen spricht, in einen globalen Kaukasus verwandeln. Hubert Markl, 1994

Chancen
Nichts in unserer Natur hindert uns daran, gleichzeitig kollektive Identitäten etwa als Bayern, Deutsche und Europäer zu entwickeln. Nichts zwingt uns, unsere kollektive Identität auf Menschen gleicher Abstammung oder Sprache zu beschränken (selbst wenn wir eine Neigung dazu verspüren). Es steht uns frei, selbst zu bestimmen, in welchen sozialen »Ringen« wir die Wirklichkeit gestalten. Insbesondere gibt es keinen biologischen Zwang, uns nach Sprachstämmen oder nationalstaatlich zu organisieren. Wir können unsere Identität ebenso gut in einer vielfältigen Rechts- und Sitten- wie in einer Sprachgemeinschaft finden.
Hubert Markl, 1994

▶ *Arbeiten Sie im Einzelnen die Gegenposition Markls zu Sommer heraus. Wie gewichten Sie die aufgezeigten »Gefahren« und »Chancen«?*

▶ *Würden Sie sich eher als Xenophilen oder Xenophobisten bezeichnen? Begründen Sie Ihre Haltung und führen Sie auf der Grundlage der Infos dieser Doppelseite ein Streitgespräch.*

Die Neue Rechte ordnet nicht mehr die Untermenschen den Herrenmenschen unter, sondern betont die Gleichrangigkeit der Kulturen – sofern diese nur für sich bleiben. Der »moderne« Rassist bedient sich der rhetorischen Figur der »bedrohten Völker«, zu denen er vor allem das eigene zählt. Durch Assimilation würden sie nur überfremdet und dem »kulturellen Genozid« ausgesetzt. Rassist ist, wer die Menschen einzig von ihrer Herkunft her bestimmt und in ihren Möglichkeiten auf alle Zeit zu fixieren sucht. Claus Leggewie, 1993

▶ *Informieren Sie sich im Glossar über den Begriff »Rasse«.*
⋗ *Zum »kategorischen Imperativ« vgl. S. 248–251*

Was heißt eine fremde Kultur verstehen?

Indonesien, Bali: auf dem Weg ins Reisfeld

Menschen auf Java

Auf Java arbeitete ich in den fünfziger Jahren. Ich forschte in einem kleinen, ärmlichen Landstädtchen: zwei schattenlose Straßen mit weiß getünchten, aus Holz gebauten Läden und Büros; dahinter drängten sich ungeordnet noch wackliger gebaute Bambushütten, hinter denen ein weiter, dicht besiedelter Halbkreis von Reisbauerndörfern begann. Land war knapp, Arbeit rar, die Politik unstabil, der gesundheitliche Zustand der Leute nicht besonders gut, die Preise stiegen, und die Lebensumstände waren insgesamt nicht vielversprechend ... Dennoch fand sich inmitten dieser deprimierenden Szenerie eine wirklich erstaunlich intellektuelle Vitalität, eine philosophische – und dabei ganz allgemein verbreitete – Leidenschaft, den Rätseln des Daseins auf den Grund zu gehen. Man konnte verarmte Bauern antreffen, die über die Willensfreiheit diskutierten; ungebildete Händler ergingen sich in Diskursen über die Eigenschaften Gottes; gewöhnliche Arbeiter entwickelten Theorien über das Verhältnis von Vernunft und Leidenschaft, das Wesen der Zeit und die Verläßlichkeit der Sinne. Was aber vielleicht am wichtigsten ist, man widmete sich dem Problem des Selbst – seiner Natur, Funktion und Wirkungsweise – mit einer gedanklichen Intensität, die man bei uns nur in den gelehrtesten Kreisen findet. Die zentralen Begriffe, anhand derer diese Gedanken entwickelt wurden und die somit die Grenzen dieser Betrachtungen und die Vorstellung der Javaner davon, was eine Person ist, vorzeichneten, gliederten sich in zwei letztlich religiöse Gegensatzpaare: einmal den Gegensatz zwischen »innen« und »außen«, zum anderen den zwischen »verfeinert« und »vulgär«. Diese Umschreibungen sind natürlich grob und ungenau: um die Frage, was diese Begriffe eigentlich bezeichnen, und ihre Bedeutungsschattierungen ging es ja gerade. Zusammengenommen bilden sie aber eine eigenständige, keineswegs nur theoretische Vorstellung vom Selbst, die für die Javaner das Medium darstellte, in dem sie andere und natürlich sich selbst wahrnehmen konnten. Die Begriffe für »innen«/»außen«, »batin« und »lair«, beziehen sich einerseits auf den Bereich eigener menschlicher Empfindungen, andererseits auf den Bereich beobachteten menschlichen Verhaltens. Hier muß ich sofort hinzufügen, daß sie nichts mit »Seele« und »Körper« nach unserem Verständnis zu tun haben, denn dafür gibt es ganz andere Begriffe mit ganz anderen Implikationen. »Batin«, das Wort für »innen«, bezieht sich auf den unbeständigen, sich ständig verändernden Fluß subjektiver Gefühle, den man direkt wahrnimmt, von dem man jedoch glaubt, daß er – zumindest in seinem Ursprung – bei allen Individuen derselbe ist und deren Individualität somit auslöscht. »Lair«, das Wort für »außen«, bezieht sich auf äußerliche Handlungen, Bewegungen, Gesten, Sprechweise – und von denen man wiederum annimmt, daß sie im Grunde bei allen Individuen unveränderlich sind. Daher betrachtet man diese beiden Gruppen von Phänomenen – innere Gefühle und äußere Handlungen – nicht als voneinander abhängig, sondern als unabhängige Daseinsbereiche, die jeweils für sich in die richtige Ordnung gebracht werden müssen. Hier, im Zusammenhang mit dem »in Ordnung bringen«, kommt der Gegensatz zwischen »alus«, dem Wort für »rein«, »verfeinert«, »glatt«, »erlesen«, »ätherisch«, »fein«, »zivilisiert«, »geschmeidig«, und »kasar« dem Wort für »unhöflich«, »grob«, »unzivilisiert«, »rauh«, »unsensibel«, »vulgär« zum Tragen. Es geht darum, in beiden getrennten Bereichen des Selbst »alus« zu sein. Um im inneren Bereich diesem Ideal näherzukommen, befleißigt man sich religiöser, größtenteils mystischer Übungen; im äußeren Bereich erreicht man dasselbe Ziel durch Beachtung der Etikette, deren Regeln in diesem Falle nicht nur außerordentlich kompliziert sind, sondern auch beinahe so etwas wie Gesetzeskraft haben. Durch Meditation reduziert der zivilisierte Mensch sein Gefühlsleben auf eine Art konstanter Grundschwingung; durch die Etikette schirmt er einerseits dieses Leben vor äußeren Störungen ab und reguliert andererseits sein äußeres Verhalten derart, daß es anderen als eine vorhersagbare, unauffällige, elegante und recht leere Folge choreographischer Bewegungen und wohlgesetzter Reden erscheint. Was unsere Fragestellung betrifft, so haben wir es hier mit einer gespaltenen Auffassung vom Selbst zu tun: auf der einen Seite Gefühle ohne Ausdruck und auf der anderen Ausdruck ohne Gefühle. Eine innere Welt gezähmter Emotionen und eine äußere Welt vorgezeichneten Verhaltens stehen einander als streng unterschiedene, nur auf sich selbst bezogene Bereiche gegenüber. Erst dann, wenn man einmal (wie ich damals) einen jungen Mann kennengelernt hat, dessen Frau – die er schon als Kind zu sich genommen hatte und die der Mittelpunkt seines Lebens war – vor kurzem plötzlich eines unerklärlichen Todes gestorben ist, und wenn man dann erlebt, wie er lächelnd jedermann begrüßt und sich förmlich für die Abwesenheit seiner Frau entschuldigt; wie er durch mystische Techniken versucht, die – so seine Worte – Hügel und Täler seiner Gefühle zu einer glatten Ebene zu begradigen (»Man muß«, sagte er mir, »innen und außen glatt sein«) – erst dann kann es uns, unseren eigenen Auffassungen über die Echtheit tiefer Gefühle und die moralische Bedeutung persönlicher Aufrichtigkeit zum Trotz, gelingen, die Möglichkeit einer solchen Auffassung vom Selbst ernstzunehmen und ihre eigentümliche Kraft, wie fern sie einem auch liegen mag, zu würdigen. Clifford Geertz, Ethnologe, 1997

Eine recht sonderbare Idee
Die abendländische Vorstellung von der Person als einem festumrissenen, einzigartigen, mehr oder minder integrierten motivationalen und kognitiven Universum, einem dynamischen Zentrum des Bewußtseins, Fühlens, Urteilens und Handelns, das sich sowohl von den anderen als auch von einem sozialen Hintergrund deutlich abhebt, erweist sich – wie richtig oder falsch sie auch sein mag – im Kontext der anderen Weltkulturen als eine recht sonderbare Idee. Nach: Clifford Geertz, 1997

▶ *Geertz beschreibt, wie Javaner versuchen, ihrem Ideal eines zivilisierten Menschen näher zu kommen. Was müssten Sie einem Javaner erklären, damit er sich in Deutschland zurechtfände?*
▶ *Nennen Sie einige Voraussetzungen, die Ihrer Meinung nach unbedingt notwendig sind, um eine »fremde« Kultur zu verstehen.*

Chancen auf eine multikulturelle Gesellschaft?

Der Kulturbegriff
Ich meine, daß der Mensch ein Wesen ist, das in selbstgesponnene Bedeutungsgewebe verstrickt ist, wobei ich Kultur als dieses Gewebe ansehe. … So wie die Anordnung der Basen in einer DNS-Kette ein codiertes Programm ist, Bündel von Instruktionen oder Rezept für die Synthese der komplexen Proteinstrukturen, die das Funktionieren des Organismus steuern, liefern auch Kulturmuster Programme für die Anordnung der sozialen und psychologischen Prozesse, die das öffentliche Verhalten steuern. Gerade weil nämlich beim Menschen die durch die Gene programmierten Prozesse im Vergleich zu den niederen Tieren so unspezifisch sind, sind die durch die Kultur programmierten so wichtig.
Clifford Geertz, 1997

Ständiger Perspektivenwechsel
Wir haben von einem bestimmten kulturellen Phänomen ein Vorverständnis, zu dem wir nach einem weiteren Kennenlernen des Phänomens immer wieder zurückkehren, das Vorverständnis korrigieren und erweitern, um uns dann wieder dem Phänomen zuzuwenden und so in einer Zirkelbewegung das Phänomen immer weiter zu erschließen, eine Bewegung, die je nach Beschaffenheit des Phänomens einmal ihr Ende findet oder grundsätzlich offen bleibt. Dieses Prinzip findet seine Anwendung auf Menschen, ihre Biographien, auf einzelne kulturelle Erscheinungen bis hin zu ganzen geschichtlichen Epochen.
»Das Parlament«, 1992

▶ *Beschreiben Sie den »Zirkel«, in dem sich menschliches Verstehen grundsätzlich bewegt.*

Bali, Bratan-See

Die Bedeutung der Scham: Sie spielt bei der Anhörung im Asylverfahren oft eine ausschlaggebende Rolle. Mancher Asylbewerber ist bei der Befragung nicht in der Lage, die Gründe für sein Asylgesuch zu benennen; das tief verankerte Schamgefühl verbietet es ihm z. B. über die Qualen der Folter zu sprechen. Er schweigt. Und – bekommt kein Asyl.
Nach: Beate Winkler, 1992

▶ *Haben Sie ähnliche Beispiele kulturbedingter »Missverständnisse« erlebt? Diskutieren Sie den daraus resultierenden Handlungsbedarf.*

▶ *Diskutieren Sie anhand der Aussagen zum Kulturbegriff bei Geertz und Schulte, ob eine multikulturelle Gesellschaft theoretisch einlösbar ist. Kann es ein Zusammenleben verschiedener Kulturen überhaupt geben (Nietzsche spricht vom Menschen als dem »nicht festgestellten Tier«)?*

Zu »Asyl« vgl. S. 176/77

Zu »Nietzsche« vgl. S. 258/59; 364/65

Der Streit ums Kopftuch

Das Kopftuch als Herausforderung

Einfach anders

Esra, die 18-jährige Schönheit in Stretchjeans und sexy Pullover, will mehr vom Leben als ihre Eltern; sie träumt von Weltreisen und vom Psychologiestudium. Tatsächlich findet sie nicht einmal einen schlecht bezahlten Ausbildungsplatz als Schneiderin oder Arzthelferin. In der Hierarchie der Lehrstellenanwärter rangieren türkische Mädchen, selbst wenn sie in Deutschland geboren sind, auf allerunterster Stufe. Dabei liegen ihre Noten deutlich über denen ihrer männlichen Mitschüler. Hoch motiviert und leistungsorientiert seien die jungen Türkinnen – vor allem »die mit Kopftuch« – , loben Pädagogen. Gerade türkische Mädchen bemühen sich intensiv um die eigene Berufsplanung. Doch die Realität läuft dem Wunschziel diametral entgegen: Ein Großteil der türkischen Mädchen hat gegen die deutsche Konkurrenz mit höheren Schulabschlüssen keine Chance oder scheitert an den Vorurteilen der Betriebe. Nur jedes dritte türkische Mädchen schafft den Sprung in eine Ausbildung; bei den deutschen Altersgenossinnen ist es immerhin jede zweite … Esra zeigt aller Welt gern und stolz ihre Locken. Dennoch ist da nichts Trennendes zwischen ihr und ihren Freundinnen, die das Kopftuch tragen. Keine abfällige Bemerkung, kein Blick von oben herab, kein moralischer Zeigefinger von der anderen Seite. Für Esra ist das Stück Stoff nicht Symbol für Rückständigkeit oder weibliche Unterdrückung, sondern einfach Ansichtssache.

Nach: Vera Gaserow, 1999

▶ *Beschreiben Sie die Probleme des türkischen Mädchens, gesellschaftlich anerkannt zu werden.*

▶ *Bedeutet das »Kopftuch« in Ihren Augen ein Hindernis für eine gesellschaftliche Integration?*

Muslimin: »Das Kopftuch ist Teil meiner Persönlichkeit«

Ich fühle mich durch das Kopftuch emanzipiert!

Reporter: Frau Yardim, Sie tragen ein Kopftuch. Viele Leute sagen, dies sei Ausdruck einer rückständigen Gesinnung.

Yardim: In Europa war die Entschleierung der Frau ein Symbol für die Emanzipation, das Kopftuch wird deshalb hierzulande von Frauen als Unterdrückung verstanden. Das trifft auf uns Musliminnen nicht zu. Ich fühle mich gerade durch das Kopftuch emanzipiert: Es ermöglicht mir freie Bewegung in der Männergesellschaft. Ich streite aber nicht ab, dass manche junge Frauen auch gegen ihren Willen ein Kopftuch tragen müssen.

Politologin: Natürlich habe ich mich auch erst gefragt: Wieso soll eine Frau nicht ein Kopftuch tragen, selbst dann, wenn sie Lehrerin ist? Doch dann kam ich ins Grübeln. Es ging auch um eine Botschaft, eine Demonstration – von einer Lehrerin, die Vorbild ist. Ich habe da noch kein endgültiges Urteil …

Deutscher »Islamexperte«: Mit dem Kopftuch soll ja eine bestimmte Form der Religiosität zum Ausdruck gebracht werden. Und da taucht die Frage auf: Ist sie kompatibel mit der Gesellschaft bei uns? Das Kopftuch symbolisiert ein Anderssein. Nur im individuellen Sinn? Oder ist das gesamte Lehr- und Rechtsgebäude des Islams gemeint? Da klingt das Problem an. Der islamische Glaube lässt sich zunächst mit westlichen Verfassungssystemen nicht vereinbaren. Natürlich müssen wir fragen: Wie kann er doch kompatibel gemacht werden? Aber zuerst müssen wir sehen, dass bestimmte Varianten des Islams Probleme haben mit Pluralität, Säkularität, Aufklärung …

Politologin: Die These, der Islam und der Westen seien nicht kompatibel, finde ich gefährlich. Das fördert die Verketzerung von Muslimen. Der Dialog mit der drittgrößten Glaubensgemeinschaft muss offen geführt werden – wie hoch ein Minarett in Deutschland sein kann und wie laut der Ruf des Muezzin.

Pädagoge: Es gibt doch auch das Modell der versöhnten Verschiedenheit: Man ist nicht eins, aber man respektiert sich, lernt voneinander. Wir müssen lernen, mit der gegenseitigen Fremdheit zu leben …

Deutscher »Islamexperte«: Ein türkisch-deutscher Student hat gesagt: Wenn die deutsche Fußballmannschaft siegt, dann trinken sie Bier auf den Sieg und ich Tee. Das ist der Unterschied. Gehen Sie in München an den Hauptbahnhof; da finden Sie 20 türkischsprachige Zeitungen. In jedem türkischen Haushalt laufen türkische Sender. Die Türken hier sind zwar ihrer Heimat fern, aber ihr untrennbar verbunden.

Nach: Thomas von Machui, 1999

Kopftuch in der Schule: Ein Zeichen, aber wofür?

Zeichen des Glaubens

Wenn eine Muslimin in Deutschland ein Kopftuch tragen will, dann soll sie das tun, egal ob sie nun als Lehrerin an einer staatlichen Schule unterrichtet oder Verkäuferin in einem Supermarkt ist. Egal, ob wir Westeuropäer ihre Entscheidung für die Verhüllung verstehen können oder nicht. Mit dem Kopftuch drückt sie ihren persönlichen Glauben an Gott aus, zeigt, dass ihr seine Gebote wichtiger sind als alle menschliche Eitelkeit. Ihren Glauben so zu leben, wie sie es für richtig hält und mit ihrem Gewissen vereinbaren kann, ist ihr gutes und in der deutschen Verfassung garantiertes Recht. Genauso wie es das Recht eines jeden Christen ist, seine Verbundenheit mit Gott und dem Christentum durch ein Kreuz um den Hals zu bezeugen. Wer sollte ihm dafür verbieten, an deutschen Schulen Lehrer zu werden? Selbstverständlich sollte allerdings sein, dass die in Kopftüchern und die mit Kreuzen in Schulen kein Betätigungsfeld für Missionsarbeit sehen. Wie Christen und Juden müssen Muslime das Recht haben, im Einklang mit ihrem Glauben ihren Beruf auszuüben. Gestattet man ihnen das nicht, werden sie das Gefühl entwickeln, dass die deutsche Gesellschaft sie ausgrenzen will, und sich aus ihr zurückziehen.

Nach: Annemarie Rösch, 1997

Zeichen der Unterdrückung

Jede Frau in unserer Gesellschaft hat das Recht, nach ihrer Fasson selig zu werden. Mit oder ohne Kreuz um den Hals. Mit oder ohne Tuch auf dem Kopf. Aber nicht im Iran, in Saudiarabien oder in Afghanistan. Das Recht auf Selbstbestimmung wird dort den Frauen buchstäblich aus dem Kopf geschlagen. Von einer Schule kann ich erwarten, dass Lehrerinnen und Lehrer meinen Kindern über ein humanistisch-aufgeklärtes Weltbild ein demokratisches Staatsverständnis vermitteln und sie zur Gleichberechtigung der Geschlechter erziehen. Bei der Kopftuch-Frage geht es schließlich nicht nur um Religion, sondern zugleich, wenn nicht zuerst, um Frauendiskriminierung. Eine Schullehrerin ist keine Privatperson. Und das Kopftuch, das sie trägt, kein exotischer Kopfschmuck. Es symbolisiert – auch wenn sie in ihrer Person den gegenteiligen Anschein erweckt – den Versuch, Frauen aus dem öffentlichen Leben zu eliminieren. Das soll kein Vorbild sein: für meine Tochter nicht – und schon gar nicht für meinen Sohn.

Nach: Mechthild Blum, 1997

▶ *Vor dem Hintergrund dieser Für-und-Wider-Argumente können Sie Ihr begründetes Urteil bilden.*

Im Unterricht einer 13. Klasse

Integration – aber wie?

Soll die Integration verschiedener Kulturen in einem Land kein Schlagwort bleiben, muss geklärt werden, was die Grundlage für ein Zusammenleben bilden soll. Gibt es einen Weg zwischen Assimilation und Abschottung?

Schulklasse in Birmingham

Eine vernünftige Hausordnung?

1. Auswanderung ist ein Menschenrecht, Einwanderung nicht. Damit ist nur eine uralte Hausordnung international und juristisch umformuliert. Wenn jemand unser Haus verlassen will, dürfen wir ihn nicht mit Gewalt daran hindern. Äußert jemand den Wunsch, in unserem Haus zu bleiben, entscheiden die Mitglieder des Haushalts, ob er bleiben darf oder gehen muss.

2. Die Hausordnung moderner Staaten oder die des neu errichteten europäischen Hauses braucht sich nicht von der allgemein geltenden Hausordnung zu unterscheiden.

3. Worin besteht diese Hausordnung? Erstens: Die Gäste oder Asyl Suchenden haben den staatlichen Gesetzen zu gehorchen, auch wenn sie aus Staaten kommen, in denen andere Gesetze gelten. Den Gesetzen zu gehorchen heißt nicht, sie auch zu lieben, sondern meint nur die Verpflichtung, nicht gegen sie zu verstoßen. Da die Gesetze schon bestanden, ehe die Gäste eintrafen, treten jene, die in das Haus kommen, in ein Rechtssystem ein. Zweitens: Die Asyl Suchenden wandern nicht nur in einen Staat ein, sie wandern auch in eine Gesellschaft ein. Sie müssen auch jenen ungeschriebenen Gesetzen folgen, die die Mindestvoraussetzungen menschlichen Umgangs in dieser Gesellschaft ermöglichen. Zum Beispiel den Geboten der Hygiene und der Höflichkeit. Die Bereitschaft, die Hauptverkehrssprache zu erlernen, gehört ebenfalls zu den ungeschriebenen Gesetzen. Drittens: Die Asyl Suchenden müssen zum Wohlbefinden des Haushalts beitragen. Drastisch gesagt, müssen sie entsprechend ihren Fähigkeiten und den Ansprüchen des Haushalts arbeiten. Diese drei Grundsätze sind keine der Kultur, sondern der Zivilisation. Die Sprache der umgebenden Gesellschaft zu erlernen ist eine Sache, sich mit der Literatur dieses Landes vertraut zu machen eine andere. Ob man eine andere Sprache besser beherrscht, eine andere Form von Literatur oder Musik pflegt, hat nichts mit der Hausordnung zu tun. Der Umstand, dass eine Gruppe von Menschen über die staatlichen Gesetze hinaus Gesetzen und Vorschriften folgt, hat nichts mit der Hausordnung zu tun. Literatur, Musik, religiöse oder ethnische Bräuche gehören in den Bereich der Kultur und sind nicht notwendig Teil einer bestimmten Zivilisation.

4. Respekt für den Unterschied ist die erste Pflicht des guten Hausherrn. Auch das ist nicht nur eine pragmatische, sondern ebenso eine ethische Verpflichtung, wie es entsprechend die Pflicht des Asyl Suchenden ist, der Hausordnung zu folgen. Der Hausherr befindet sich immer in der stärkeren Position; er gewahrt oder verweigert das Asyl, er legt die Hausordnung fest, er kennt ihre Feinheiten. Seine ethischen Pflichten sind deshalb ungeheuer. Angemessen und verantwortlich handelt, wer zwischen dem zivilisatorischen Minimum (»der Hausordnung«) auf der einen Seite und dem kulturellen Unterschied auf der anderen zu unterscheiden versteht. Menschen, die in einer bestimmten Kultur aufgewachsen sind, sind naive Universalisten. Der Ethnozentrismus wird noch durch den Glauben verstärkt, unsere Kultur, Literatur, Religion oder unser Essen seien von Natur aus das jeweils Beste, und alle Menschen, die anderen Gewohnheiten und Überzeugungen anhängen, verfügten nicht über die entsprechende Vernunft, um die Wahrheit zu erkennen. Der gute Hausherr gehört nicht zu dieser Sorte Rationalisten. Eher glaubt er mit Leibniz an die mögliche Harmonie aller denkbaren inkommensurablen Unterschiede.

5. Darauf zu bestehen, dass die Hausordnung befolgt wird, bedeutet für die verschiedenen Asyl Suchenden und Einwanderer, dass sie einige abstrakte Bestandteile ihres Unterschieds aufgeben, dass ihre konkreten Unterschiede aber gewissermaßen unangetastet bleiben. Man würde sich selber etwas vormachen oder sich pharisäerhaft gebärden, wenn man glaubte, dies ginge ohne Leid und Schmerzen ab. Es ist die Pflicht des Hausherrn, diese Leiden zu lindern und einen Ausgleich für die Schmerzen zu schaffen. Der wichtigste Ausgleich besteht in mehr Respekt. Der moralische Anteil, den der Ausländer an dieser Verpflichtung hält, unterscheidet sich zwar von dem des Hausherrn, doch entsprechen sie einander wechselseitig. Sie müssen in ihrem Verhältnis so symmetrisch werden, wie es nur menschenmöglich ist.

Agnes Heller

Zehn Thesen zum Asylrecht (Auszug), 1992

▶ *Dem Text liegt die Unterscheidung zwischen »Zivilisation« und »Kultur« zugrunde. Zu welchem Zweck wird sie von der Autorin eingeführt?*

▶ *Nennen Sie Konflikte, die sich aus einer Konkurrenz zwischen religiös-kulturellen und rechtlichen Verpflichtungen ergeben.*

▶ *Diskutieren Sie, ob die in der »Hausordnung« festgelegten Regeln den »Gästen« und den »Hausbewohnern« gerecht werden. Korrigieren bzw. ergänzen Sie diese. Scheint Ihnen dieses Integrationsmodell vernünftig, weil rational begründbar?*

Islamischer Religionsunterricht

In der Haupt- und Realschule in Köln-Kalk wird islamischer Religionsunterricht erteilt. »Allahu Akbar«, brüllt eine Stimme in den Klassenraum. Das Gemurmel verstummt, die Gesichter der 15 türkischen Schüler werden ernst. Der Ruf nach Allah kommt aus dem Videorecorder. An der Wand hängen ein großes Bild Atatürks und die rote Fahne mit dem Halbmond. Daneben türkische Popstars, ein Kalender mit Koransprüchen, Bilder aus Istanbul. »Die Schüler sollen sich wohl fühlen«, sagt der Türkischlehrer. Die Jungen haben ihr Haar mit Gel frisiert, einige ein Handy an den Gürtel geklemmt, die Mädchen tragen hochhackige Schuhe und enge Kleidung. Nur zwei mit Kopftüchern. Das Thema heute: das muslimische Opferfest und die Pilgerfahrt nach Mekka. Doch der Lehrer beginnt bei der christlichen Osterfeier. Was feiern die an Ostern? Was verbindet beide Religionen? Was sagt der Prophet Mohammed dazu? Die fünfzehnjährigen Schüler lassen keine Frage unbeantwortet. »Wer will selbst einmal zur Haddsch nach Mekka reisen?«, fragt der Lehrer am Ende der Stunde. Alle melden sich, die Plateausohlenmädchen, die Kopftuchträgerinnen, die Handyjungs. Warum? »Weil es der Koran vorschreibt.« – »Weil wir gute Muslime werden wollen.« Martin Spiewak, 1998

Modellprojekt »Islamkunde« in Nordrhein-Westfalen

▶ *Sollte Ihrer Meinung nach die Einführung eines islamischen Religionsunterrichts in Nordrhein-Westfalen auf andere Bundesländer übertragen werden?*
▶ *Stimmen Ihre Erfahrungen mit muslimischen Mitbürgern/Mitbürgerinnen mit denen Spiewaks überein?*

▶ *Versuchen Sie, sich in die Situation von Muslimen hineinzuversetzen. Wie würden Sie deren Integrationswillen und -möglichkeiten beurteilen (vgl. die »Hausordnung« nach Agnes Heller, S. 78)?*

Gleiche Rechte für Muslime

Die Rechte, die einem Christen zustehen, müssen ebenso für einen Muslim gelten. Wir dürfen allerdings die Prinzipien unserer eigenen Kultur, auch unsere religiösen Grundlagen, nicht vergessen. Der Dialog wird nur dann gelingen, wenn wir den muslimischen Forderungen Festigkeit entgegensetzen. Viele dieser Gruppen stammen aus einem Milieu, in dem Demokratie mit Schwäche gleichgesetzt wird. Der Islam muss zu einem Phänomen der deutschen Gesellschaft werden. Aus etwas Fremdem muss etwas entstehen, das die Deutschen als natürlichen Teil ihrer Gesellschaft betrachten. In seiner Geschichte hat sich der Islam ja als eine sehr pragmatische Religion erwiesen. Er ist heute in Indonesien ein anderer als in Saudiarabien oder der Türkei. Ähnlich kann die Entwicklung auch in Deutschland bzw. in Europa verlaufen. Die Muslime werden sich allerdings nicht anpassen wie einst die Polen oder die Hugenotten, deren Herkunft heute nur noch an ihren Namen zu erkennen ist. Sie werden sich wohl immer vom Rest der Gesellschaft unterscheiden. Auch eine rigide Trennung von Religion und Politik, die am Ende nur noch das »C« oder das »I« im Kürzel einer Partei übrig lässt, wird in der islamischen Welt wohl kaum eintreten. Udo Steinbach, 1999

▶ *Beziehen Sie kritisch Stellung zu den Thesen und Prognosen Steinbachs.*
▶ *Diskutieren Sie, ob der »Religion« in Hellers »Hausordnung« ein stärkeres Gewicht beigemessen werden sollte (vgl. S. 350/51).*

Das Ethos der Toleranz auf dem Prüfstand

Toleranz – Versuch einer Annäherung

Nehmen wir ein Beispiel: Herr Scholze ist überzeugt, dass Rauchen gesundheitsschädlich sei. Er hat gute Argumente für diese Überzeugung. Herr Scholze trifft Frau Blume. Frau Blume ist Raucherin. Herr Scholze ist überzeugt, dass Frau Blume sich damit (objektiv) schadet und dass es Frau Blumes Interesse sein müsste, nicht zu rauchen. Nehmen wir zusätzlich an, die Interessen von Herrn Scholze und anderen Personen seien nicht tangiert und Frau Blume sei der Meinung, dass ihr Rauchen nicht schadet. Gibt es für Herrn Scholze ein Gebot oder zumindest eine Erlaubnis zu intervenieren? Oder gebietet ihm die Toleranz, Frau Blumes Einstellung stillschweigend zu respektieren?

Streit um Demonstration mit Sarg

Der 23 Jahre alte Kurde Öztürk hatte sich am 1. November vergangenen Jahres in der Abschiebehaft in Stuttgart-Stammheim selbst in Brand gesetzt. In einem Abschiedsbrief schrieb er, er scheide aus Verzweiflung über seine bevorstehende Abschiebung in die Türkei aus dem Leben. Am Montag vergangener Woche erlag Öztürk seinen schweren Verletzungen. Der »Mesopotamische Kulturverein« beantragte, zum Gedenken an den Toten eine Trauerkundgebung in Stammheim veranstalten zu dürfen. Die Kundgebung wurde zunächst genehmigt, dann aber widerrufen, als bekannt wurde, dass der Sarg mit dem Toten zur Kundgebung nach Stammheim gebracht und zur Schau gestellt werden sollte. Die Stadt Stuttgart berief sich zur Begründung des Verbots auf Bestattungsgesetz und Bestattungsverordnung, die es nicht erlaubten, dass ein Leichnam außerhalb von Friedhöfen ausgestellt werde. Außerdem – so wurde argumentiert – handle es sich hier auch um einen Verstoß gegen die Menschenwürde, wenn Tote für politische Zwecke instrumentalisiert würden. Die Gegner des Verbots hielten dagegen, dass nach muslimischer Sitte ein Sarg ohnehin nicht geöffnet werde. Lediglich Vater und Brüder dürften den Toten zu Gesicht bekommen. Es sei vor allem ein Gebot der Toleranz, den Kurden die Möglichkeit zu geben, ihrer Trauer so Ausdruck geben zu können, wie sie es für richtig hielten. Wie würden Sie argumentieren?

FAZ, 1999

Die Tiefendimension der Toleranz

Die Toleranzidee hat sich im christlichen Abendland an der Religionsfreiheit entzündet. Dabei ist eine schwächere und passive Form der Toleranz, die bloße Duldung des Andersartigen, von einer stärkeren, aktiven und kreativen Form zu unterscheiden, der Offenheit für Unterschiede, ja sogar deren freier Anerkennung. Für die aktive Toleranz lässt sich nicht bloß das praktische (sittlich-politische) Prinzip der Freiheit, sondern auch das theoretische Interesse an der Wahrheit anführen. Da die menschliche Erkenntnis begrenzt ist, bietet die freie Auseinandersetzung unterschiedlicher Meinungen die bessere Chance zur Wahrheit als das »intolerante«, nämlich dogmatische und gegen Kritik verschlossene Beharren auf der einmal gebildeten Überzeugung. Die Toleranz meint nicht das Feigenblatt, hinter dem sich moralische Indifferenz und intellektuelle Schwäche verbirgt. Sie ist eine kritische Selbstständigkeit, die im Zusammenleben vor allem in Konkurrenzsituationen, gewisse Konflikte erst gar nicht aufkommen lässt und die die trotzdem notwendigen Auseinandersetzungen nicht mit der unerbittlichen Schärfe eines Glaubenskrieges führt. Wer tolerant ist, sucht nicht länger ein Leben, das auf Selbstbehauptung durch gewaltsame Bekehrung oder aber Überwindung des Gegners angelegt ist; er bemüht sich um ein Miteinander auf der Grundlage von Ebenbürtigkeit und Verständigung, wozu das Zuhörenkönnen, die Fähigkeit, auf den anderen einzugehen und ihn ernst zu nehmen, gehören, ferner die Bereitschaft, sich durch neue Situationen und neue Informationen belehren zu lassen. Vollendet wird die Toleranz in der Bereitschaft und Fähigkeit, sich in die Anschauungen und Lebensweisen des anderen einzufühlen. Wie der Pluralismus, so gründet auch die Toleranz in der Einsicht, dass niemand schlechthin fehlerfrei ist, ferner im Wissen um den Reichtum und die perspektivistische Befangenheit jeder konkreten Selbstverwirklichung sowie in der Einsicht in die Grenzen menschlicher Erkenntnis. Vor allem aber, und dabei die anderen Motive übergreifend, entspringt die Toleranz in der Anerkennung des anderen als einer freien und ebenbürtigen Person, die aufgrund der unverletzlichen Menschenwürde das Recht hat, ihre eigenen Überzeugungen zu bilden und ihnen gemäß allein oder mit Gleichgesinnten zu leben – vorausgesetzt, dass nicht dasselbe Recht aller anderen beeinträchtigt wird.

Otfried Höffe, 1988

▶ *Erläutern Sie die ethischen Grundelemente von Höffes Toleranzbegriff. Prüfen Sie, ob und inwieweit sie bei der Beurteilung der obigen Beispiele eine Rolle spielen könnten.*

▶ *Entwerfen Sie einen Leserbrief, in dem Sie zu dem »Streit um die Demonstration mit Sarg« Stellung beziehen.*

HAP Grieshaber, Toleranz

Toleranz als erweiterte Denkungsart

Der Begriff der »Neutralität« kann nicht bedeuten, daß universalistische Ethiken nicht Stellung bezögen, wenn es etwa um die Entscheidung zwischen gewaltorientierten Lebensformen und einer parlamentarischen Demokratie geht. Neutralität soll vielmehr bedeuten, daß die Normen, die die rechtlichen und öffentlichen Institutionen unserer Gesellschaften prägen, so abstrakt und allgemein sein sollten, daß sie viele verschiedene Lebensformen und viele verschiedene Begriffe des Guten ermöglichen. Zu ermutigen sind Pluralität, Toleranz, Mannigfaltigkeit in Kultur, Religion, Lebensform im Geschmack und im persönlichen Ausdruck. Gerade weil eine solche Denkweise die Bereitschaft beinhaltet, die eigenen Voraussetzungen ständig zu überprüfen, auch ihre Grundprinzipien zur Diskussion zu stellen, kann sie die philosophische Grundlage einer pluralistischen, toleranten Öffentlichkeit darstellen. Letztlich fordert der Universalisierungsgrundsatz von uns die Bereitschaft zur Umkehr der Standpunkte (Reziprozität). Je genauer wir die verschiedenen Blickwinkel erkennen können, unter denen sich eine Situation analysieren und deuten läßt, um so sensibler werden wir für die Eigenheiten, die Besonderheiten der jeweiligen Sichtweisen. Moralisches Urteilen meint die Fähigkeit, Dinge auch aus der moralischen Perspektive des oder der anderen betrachten zu können, der »erweiterten Denkungsart«, wie Arendt es mit Kant nennt. Dem konkreten Anderen begegnet man als einem Wesen, das in mancher Hinsicht anders denkt, fühlt, will und handelt, ohne daß diese Pluralität möglicher Perspektiven ein Grund wäre, es aus der Gemeinschaft vernünftiger Wesen auszuschließen, im Gegenteil: Da man sich allen Unterschieden zum Trotz in den anderen hineinversetzen kann und seinen Standpunkt zu teilen vermag, auch wenn man nicht seiner Meinung ist, gehen die Verschiedenheiten in die zwischenmenschliche Beziehung ein, von der sie getragen und als individuelle Besonderheiten, die ihren eigenen Wert haben, anerkannt und ausgehalten werden.

Nach: Seyla Benhabib, 1992

Es gibt Herren-Moral und Sklaven-Moral … Die vornehme Art Mensch weiß sich als das, was überhaupt erst Ehre den Dingen verleiht, sie ist Werte schaffend … Der Blick des Sklaven ist abgünstig für die Tugenden der Mächtigen: Er hat Skepsis und Misstrauen. Die Sklaven-Moral ist wesentlich Nützlichkeits-Moral (Mitleiden, die hilfreiche Hand, das warme Herz) … Jede aristokratische Moral ist unduldsam, in der Erziehung der Jugend, in den Ehesitten, im Verhältnis von Jung und Alt, in den Strafgesetzen. Sie rechnet die Unduldsamkeit selbst unter die Tugenden, unter dem Namen »Gerechtigkeit«.

Friedrich Nietzsche

▶ *Unduldsamkeit als eine Tugend? Erläutern Sie, wie Nietzsche zu dieser Wertung kommt (vgl. S. 258/59).*

▶ *Erörtern Sie die Schwierigkeiten, die einer allgemeinen Praxis der Toleranz häufig im Wege stehen.*

▶ *Diskutieren Sie Fälle, in denen, mit dem Vorwand der Toleranz, Verantwortungslosigkeit oder andere Interessen an deren Stelle treten.*

Droht uns ein kultureller Weltkonflikt? – Ein Streitgespräch

Selbst Europa ist im ausklingenden 20. Jahrhundert nicht von Kriegen verschont geblieben. Welche Rolle spielen darin kulturelle Unterschiede? Sind die kulturellen Unterschiede tatsächlich Auslöser der Konflikte? Verschiedene Sichtweisen ermöglichen unterschiedliche Interpretationen. Aber welche Sichtweise kann oder soll für die Zukunft wegweisend sein?

Zusammenprall der Kulturen

Meine These ist, dass die grundlegende Ursache von Konflikten in dieser neuen Welt in erster Linie nicht ideologischer oder wirtschaftlicher Natur sein wird. Der wichtigste Grund für Konflikte wird kulturell bestimmt sein. Nationalstaaten werden zwar die mächtigsten Akteure auf dem Globus bleiben, die grundsätzlichen Auseinandersetzungen der Weltpolitik aber werden zwischen Nationen und Gruppierungen aus unterschiedlichen Kulturen auftreten. Der Zusammenprall der Zivilisationen, der Kulturen (civilizations), wird die Weltpolitik beherrschen. Verwerfungen zwischen den Kulturkreisen werden den Frontverlauf der Zukunft bestimmen. Warum der Zusammenprall?

Erstens: Die Unterschiede zwischen den Kulturen sind nicht nur wirklich, sie sind auch grundlegend. Menschen verschiedener Kulturen haben sowohl unterschiedliche Anschauungen über das Verhältnis zwischen Gott und Mensch, Individuum und Gruppe, Bürger und Staat, Eltern und Kindern, Mann und Frau als auch über die relative Bedeutung von Rechten und Pflichten, Freiheit und Autorität, Gleichheit und Hierarchie. Diese Unterschiede sind in Jahrhunderten gewachsen. Sie sind weit fundamentaler als die Unterschiede von Ideologien oder von Regierungssystemen. Solche Differenzen bedeuten nicht notwendigerweise Konflikt. Im Laufe der Jahrhunderte allerdings haben Unterschiede zwischen Kulturen die längsten und gewalttätigsten Kriege hervorgebracht.

Zweitens: Die Welt wird kleiner. Das wachsende Kontaktgeflecht zwischen den Völkern verstärkt das eigene kulturelle Bewusstsein wie auch das Bewusstsein für die Unterschiede. Bürger der Vereinigten Staaten reagieren weitaus ablehnender auf Investitionen aus Japan als auf größere Investitionen aus Kanada oder aus Europa. Der Austausch zwischen Völkern verschiedener Kulturen verstärkt das Bewusstsein der Menschen, einer bestimmten Kultur anzugehören; das wiederum verstärkt Differenzen und Animositäten, die oft weit in die Geschichte zurückreichen.

Drittens: Der Prozess wirtschaftlicher Modernisierung und sozialen Wandels auf der ganzen Welt löst die Menschen von althergebrachten, dörflichen Identitätsmustern. Dies schwächt zugleich den Nationalstaat als eine Quelle der Identität. Die entstehende Lücke hat in vielen Teilen der Welt die Religion ausgefüllt, oft in Form von Bewegungen, denen der Stempel »fundamentalistisch« aufgedrückt wurde. Die Wiederauferstehung der Religionen, »die Rache Gottes«, liefert eine Grundlage für Identität und Hingabe, die nationale Grenzen überschreitet und Kulturen vereint.

Viertens: Das wachsende Kulturbewusstsein wird noch gesteigert durch die Doppelrolle des Westens. Auf der einen Seite befindet sich der Westen auf dem Höhepunkt seiner Macht. Vielleicht als Folge dessen jedoch erleben gleichzeitig die nichtwestlichen Kulturen das Phänomen einer »Rückkehr zu den Wurzeln«. Immer öfter hört man in letzter Zeit von Strömungen zur Selbstbesinnung und »Asiatisierung« in Japan oder jüngst auch von einer Debatte über »Verwestlichung« versus »Russifizierung« im Lande Boris Jelzins. Der mächtige Westen steht einem Nichtwesten gegenüber, der zunehmend den Wunsch, den Willen und die Möglichkeiten besitzt, die Welt auf nichtwestliche Weise zu formen.

Fünftens: Kulturelle Eigenheiten sind weniger austauschbar und daher auch weniger gefährdet als politische. In der ehemaligen Sowjetunion können Kommunisten zu Demokraten werden, Reiche können arm und Arme reich werden – aber Russen können sich nicht in Esten und Aserbaidschaner nicht in Armenier verwandeln. In den Klassen- und Ideologiekämpfen hieß die Schlüsselfrage: »Auf welcher Seite stehst du?« Die Menschen konnten sich für eine Seite entscheiden oder wechselten die Seiten. In Konflikten zwischen Kulturen lautet die Frage: »Was bist du?« Die Antwort steht fest und ist unveränderlich. Bekanntlich kann die falsche Antwort auf diese Frage in Bosnien, im Kaukasus oder im Sudan eine Kugel in den Kopf bedeuten. Der samtene Vorhang der Kulturen hat den Eisernen Vorhang der Ideologien abgelöst als bedeutsamste Scheidelinie Europas.

Samuel Huntington, 1993

In zwei Kulturen beheimatet …

▶ *Erläutern Sie die einzelnen Thesen Huntingtons. Versuchen Sie, dazu Gegenthesen aufzustellen.*

Für eine Zivilisation der Versöhnung

Dass der Islam für uns eine aktuelle Herausforderung ist, merken wir schon in unserer Nachbarschaft. Aber daneben gibt es auch andere Religionen und Kulturen, die in Hunderten Millionen Köpfen und Herzen wirksam sind und sich ebenfalls auf sich besinnen: Den Buddhismus, das Christentum, den Hinduismus, das Judentum und den Konfuzianismus, um nur die größten zu nennen. Es mag ja sein, dass die Gemeinsamkeiten aus Naturwissenschaft, Technik und globaler Information, aus weltweiter wirtschaftlicher Verflechtung und vielleicht sogar aus neu entstehenden Sicherheitsstrukturen uns davor bewahren, dass jene leichtfertigen Prophezeiungen sich erfüllen, die heute schon einen »clash of civilizations«, einen globalen Kulturkampf, voraussagen. Ein friedliches, menschenwürdiges Miteinander verlangt aber mehr. Wenn wir in einen Dialog mit anderen eintreten, bringen wir einige Essentials ein, die nicht verhandelbar sind. Dazu gehört die Freiheit der Rede und dazu gehört vor allem, dass niemand wegen seiner Überzeugung zu Schaden gebracht werden darf. Eine lange, oft blutige und grausame Geschichte hat uns in Europa gelehrt, dass diese Rechte niemals mehr zur Disposition stehen dürfen. Deswegen kann niemand hier Todesdrohungen für ein Buch akzeptieren. Wer in diesem Satz nur eine partikuläre, westliche Überzeugung sehen will, die sich zu Unrecht universale Geltung anmaße, dem sage ich: Einen Dialog gibt es nur, wenn niemand befürchten muss, wegen einer Äußerung gefangen, gefoltert oder ermordet zu werden. Die Frage liegt nahe, ob nicht ein gemeinsames Interesse aller Staaten und Kulturen besteht, dafür Sorge zu tragen, dass das Szenario nicht zur sich selbst erfüllenden Prophezeiung wird. Kann der interkulturelle Dialog Teil einer rationalen Friedensstrategie werden? Manches spricht dafür, dass es sich bei dem vermeintlichen »Kampf der Zivilisationen« in Wirklichkeit um einen »Kampf der politischen Fundamentalismen« handelt, an dem die gemäßigten Mehrheiten der Völker kein Interesse haben. Die Frage ist, ob in unserer Zeit als rationale Friedensstrategie eine Kultur übergreifende Zusammenarbeit der Aufklärer, der Pragmatiker, der Sucher nach einer Zivilisation der Versöhnung gegen die Maler der Feindbilder denkbar ist. Wir müssen nicht Muslime werden, um den Islam zu verstehen, und Muslime müssen auch nicht zum Christentum konvertieren, um uns zu verstehen. Wenn wir uns in eine andere Kultur »hineinversetzen«, dann heißt das nicht, dass wir darin versinken. Verständigen können wir uns nur von unserem jeweiligen Standpunkt aus. Wenn wir den eigenen Standpunkt um der Verständigung willen aufgeben, dann gibt es nichts mehr zu verstehen, keinen Unterschied mehr zu besprechen. Wirklich neugierig auf den Islam und seine reiche Kultur kann man doch nur sein, weil die eigene Kultur eine andere ist. Roman Herzog, deutscher Bundespräsident, 1995

▶ *Markieren Sie jene Stellen, an denen sich Herzog von Huntington deutlich unterscheidet.*

▶ *Arbeiten Sie die unterschiedlichen Wahrnehmungen und Voraussetzungen der beiden Autoren heraus. Welche Sichtweise sagt Ihnen mehr zu? Begründen Sie Ihre Haltung.*

> *Zur »Sichtweise der Religionsgemeinschaften« vgl. S. 350/51*

Das Problem der kulturellen Relativität

Nach verschiedenen Maßstäben geurteilt

Zwei Gesprächssituationen ...

Ich beginne mit zwei Gesprächen, die ich miterlebt habe bei meiner Arbeit als Forschungsberaterin an einer der UNO angeschlossenen internationalen Institution in Helsinki. Auf einer Konferenz über Werte und Technik hält ein amerikanischer Ökonom einen Vortrag, in dem er für die Erhaltung traditioneller gemeinschaftlicher Lebensformen in einem ländlichen Gebiet Indiens plädiert. Sein Beispiel: Genau so, wie man zu Hause von der menstruierenden Frau annimmt, sie verunreinige die Küche, die sie deshalb auch nicht betreten darf, nimmt man von der menstruierenden Frau an, sie verunreinige den Webstuhl; deshalb darf sie einen Raum, in dem sich Webstühle befinden, nicht betreten. Ein indischer Ökonom weist darauf hin, daß dieses Beispiel eher abstoßend als bewundernswert ist. Die Mitarbeiterin des ersten Ökonomen, eine elegante französische Ethnologin, wendet sich in einem verächtlichen Tonfall gegen den Sprecher, der die Einwände erhebt. Ob er denn nicht einsehe, daß es in diesen Dingen keinen privilegierten Standpunkt gebe? Ob er denn nicht wisse, daß er die radikale Andersheit dieser traditionsgebundenen Menschen außer acht lasse, wenn er seine westlichen Werte ins Spiel bringe? Die französische Ethnologin hält nun ihren eigenen Vortrag und bringt ihr Bedauern darüber zum Ausdruck, daß die Einführung der Pockenschutzimpfung in Indien durch die Engländer den uralten Kult von Sittala Devi ausgerottet habe; den Kult der Götter, die man anzubeten pflegte, um die Pockenerkrankung abzuwenden. Wie sie sagt, liegt hier ein weiteres Beispiel für die westliche Mißachtung von Differenz und Gemeinschaft vor. Irgendein Konferenzteilnehmer erhebt den Einwand, daß es sicherlich besser sei, gesund statt krank zu sein, zu leben statt zu sterben. Darauf erfolgt die kühle Antwort: Die westliche Medizin faßt die Dinge in binären Gegensätzen; das Leben wird dem Tod entgegengesetzt, die Gesundheit der Krankheit. Wenn wir uns dieser Scheuklappensichtweise entledigen, werden wir jedoch die radikale Andersheit indischer Traditionen verstehen.

Martha C. Nussbaum, 1993

Mann in Anatolien (Türkei) mit zwei von seinen vier Frauen

▶ *Beziehen Sie kritisch Stellung zu den geäußerten Meinungen. Mit welchen Äußerungen können Sie sich spontan identifizieren? Formulieren Sie erste Gründe.*

Das Argument aus der Relativität

Das Argument aus der Relativität nimmt seinen Ausgang von der allgemein bekannten Tatsache der Verschiedenheit moralischer Regelsysteme sowohl von Gesellschaft zu Gesellschaft als auch von einer Epoche zur anderen, schließlich noch von der Tatsache unterschiedlicher moralischer Überzeugungen der verschiedenen Gruppen und Klassen innerhalb ein und derselben Gesellschaft. Diese Verschiedenheit als solche ist ein bloßes Datum der deskriptiven Ethik, eine anthropologische Tatsache also. Das bloße Bestehen solcher Verschiedenheiten jedoch spricht noch nicht gegen die Objektivität sittlicher Werte.

J. L. Mackie, 1977

Ethnologischer Relativismus und Menschenrechte: drei Thesen

1. Das Individuum verwirklicht seine Persönlichkeit im Rahmen seiner Kultur; daher bedingt die Achtung individueller auch die Achtung kultureller Verschiedenheiten. Es kann so lange keine volle Entfaltung der individuellen Persönlichkeit geben, wie Menschen, die die Macht haben, ihre Befehle durchzusetzen, dem Einzelnen weismachen, dass die Lebensweise seiner Gesellschaft minderwertig ist.
2. Die Achtung kultureller Unterschiede folgt aus der wissenschaflichen Tatsache, dass noch keine Methode zur qualitativen Bewertung von Kulturen entdeckt worden ist.
3. Maßstäbe und Werte sind relativ auf die Kultur, aus der sie sich herleiten. Daher würde jeder Versuch, Postulate zu formulieren, die den Überzeugungen oder dem Moralkodex nur einer Kultur entstammen, die Anwendbarkeit einer Menschenrechtserklärung auf die Menschheit als Ganze beeinträchtigen.

Melville J. Herskovits, 1978

▶ *Erläutern Sie die Thesen von Herskovits.*
▶ *Zu welchen praktischen Konsequenzen führen sie?*
▶ *Welche Rolle spielen für ihn die Menschenrechte?*

Mädchen vor einer Dorfschule in Meghalaya (»Heimat der Wolken«). Die meisten der zahlreichen Völker dieses indischen Bundesstaates leben in matriliniarer Ordnung: Den Frauen gehört der Grund und Boden, sie sind Familienoberhäupter, Hüterinnen des Ahnenerbes und Verwalterinnen des Familienbesitzes.

Menschen sollten
1. fähig sein, bis zum Ende eines vollständigen menschlichen Lebens leben zu können, soweit, wie es möglich ist.
2. fähig sein, eine gute Gesundheit zu haben; Gelegenheit zur sexuellen Befriedigung zu haben.
3. fähig sein, unnötigen und unnützen Schmerz zu vermeiden und lustvolle Erlebnisse zu haben.
4. fähig sein, zu phantasieren, zu denken und zu schlußfolgern.
5. fähig sein, Bindungen zu Dingen und Personen außerhalb unserer selbst zu unterhalten.
6. fähig sein, sich eine Auffassung des Guten zu bilden und sich auf kritische Überlegungen zur Planung des eigenen Lebens einzulassen.

Nach: Martha C. Nussbaum, 1993

▶ *Überprüfen Sie, ob Sie anhand dieses Katalogs die geschilderten Praktiken in Indien (vgl. Text von Martha Nussbaum S. 84) rational verurteilen können.*
▶ *Untersuchen Sie, ob dieser Katalog eine willkürliche Setzung der Autorin darstellt oder ob er begründbar ist.*

Ein interkultureller Dialog …

Die Mitglieder einer gegebenen Gesellschaft S 1 haben bestimmt Vorstellungen von den Handlungsweisen und Gebräuchen einer Nachbargesellschaft S 2. Eine Unterhaltung zwischen Mitgliedern der beiden Gesellschaften kann damit begonnen haben, dass die Leute von S 1 die Auffassung vertreten, gewisse Bräuche in S 2 seien verurteilungswürdig (z. B. die Klitorisbeschneidung bei Frauen); die Leute von S 2 waren vielleicht daraufhin der Ansicht, die von S 1 seien schlicht unwissend oder begegneten ihrer Kultur und Religion mit Verachtung; diese Unterhaltung kann gleichwohl damit enden, dass die Leute von S 2 an ihren eigenen Überzeugungen möglicherweise etwas entdecken, was bei ihnen Zweifel an der Notwendigkeit eines so fragwürdigen Brauches aufkommen lässt. Beispielsweise könnte ihnen folgender Gedanke kommen: Selbst wenn permanente physische Verstümmelung als härteste Form der Strafe gegenüber einem einsichtsfähigen Erwachsenen, der sich des schändlichsten Verstoßes gegen Religion und Familie schuldig gemacht hat, angemessen wäre, so wäre eine solche Maßnahme keineswegs angemessen, wenn Erwachsene, die selbst unfreiwillig darunter zu leiden hatten, lange bevor sie irgendetwas begreifen konnten, diese Maßnahme routinemäßig an noch zu keinem Verstehen fähigen Kindern vornehmen. Man könnte auch sagen, dass die S 2 zumindest ansatzweise auf einen Grundsatz gestoßen sind, den sie mit den S 1 teilen, nämlich dass es die körperliche Unversehrtheit von Kindern gegenüber Übergriffen von Erwachsenen, die irreversible Schäden anrichten, zu schützen gilt; was jedoch eigentlich an diesem Grundsatz, der den Schutz des kindlichen Körpers anbetrifft, zählt, ist nicht die Tatsache, dass die S 2 ihn zufällig ansatzweise mit den S 1 teilen, sondern dass es sich in der Tat um ihre eigene Überzeugung handelt. Sie mögen sich dieser Überzeugung zuvor gar nicht bewusst gewesen sein, weil sie sie vor der Unterhaltung mit den S 1 noch nicht in genau dieser Weise artikuliert hatten. Oder sie mögen zuvor noch nicht erkannt haben, dass das, was sie als einen heiligen Ritus ihrer Religion wahrgenommen haben, auch die Verstümmelung eines kindlichen Körpers ist, so wie etwa eine Christin, die die Kommunion nimmt, möglicherweise nicht daran denkt, dass sie damit den Weintrauben-Boykott der Gewerkschaft der Landarbeiter torpediert.

Henry Shue, 1998

▶ *Der Autor fingiert einen interkulturellen Dialog. Welches sind die uneingestandenen Voraussetzungen, die er dabei macht?*
▶ *Erscheint Ihnen der Gesprächsverlauf samt Ergebnis plausibel oder zumindest wünschenswert?*
▶ *Sie können einen Dialog entwerfen, der eher Ihren Vorstellungen entspricht.*
➢ *Zum »interreligösen Dialog« vgl. S. 332–335; 340/41; 346–351*

Globalisierung: Zuwachs oder Verlust an Pluralität?

Führt Globalisierung zu einer kulturellen Verarmung?

Eine hellsichtige Prognose

Die Bourgeoisie hat durch ihre Exploitation [Ausbeutung] des Weltmarkts die Produktion und Konsumtion aller Länder kosmopolitisch gestaltet. Sie hat zum großen Bedauern der Reaktionäre den nationalen Boden der Industrie unter den Füßen weggezogen. ... An die Stelle der alten lokalen und nationalen Selbstgenügsamkeit und Abgeschlossenheit tritt ein allseitiger Verkehr, eine allseitige Abhängigkeit der Nationen voneinander. Und wie in der materiellen, so auch in der geistigen Produktion. Die geistigen Erzeugnisse der einzelnen Nationen werden Gemeingut. Die nationale Einseitigkeit und Beschränktheit wird mehr und mehr unmöglich, und aus den vielen nationalen und lokalen Literaturen bildet sich eine Weltliteratur.

Karl Marx, Kommunistisches Manifest, 1848

▶ *Überprüfen Sie, inwieweit die um die Mitte des 19. Jahrhunderts von Karl Marx formulierte Vorausschau in unserem Jahrhundert eingetreten ist.*

McDonaldisierung

Die Entfaltung des Weltmarktes hat tiefreichende Folgen für Kulturen, Identitäten und Lebensstile. Die Globalisierung ökonomischen Handelns wird begleitet von Wellen kultureller Transformation, einem Prozeß, den man »kulturelle Globalisierung« nennt. ... Dafür steht das Stichwort McDonaldisierung. Danach setzt sich mehr und mehr eine Universalisierung im Sinne einer Vereinheitlichung von Lebensstilen, kulturellen Symbolen und transnationalen Verhaltensweisen durch. Im niederbayerischen Dorf werden ebenso wie in Kalkutta, Singapur oder in den Favelas Rio de Janeiros die Fernseh-Serie Dallas konsumiert, Blue Jeans getragen und Marlboro als Zeichen der »freien, unberührten Natur« geraucht. Kurz, globale Kulturindustrie bedeutet zunehmend Konvergenz kultureller Symbole und Lebensformen. Der Vorsitzende von »Euro Disneyland« sagt: »Die charakteristischen Merkmale Disneys gelten universal. Versuchen Sie einmal, ein italienisches Kind zu überzeugen, daß ›Topolino‹ – der italienische Name für Micky Mouse – amerikanisch ist, Sie werden scheitern.« ... In dem Maße, in dem auch die letzten Welt-Nischen in den Weltmarkt integriert sind, entsteht zwar die eine Welt, aber nicht als Anerkennung von Vielfalt, der wechselseitigen Offenheit ..., sondern genau umgekehrt als eine Waren-Welt. In dieser werden lokale Kulturen und Identitäten entwurzelt und ersetzt durch Waren-Welt-Symbole, die dem Werbe- und Image-Design multinationaler Konzerne entstammen. Sein wird Design – und dies weltweit.

Ulrich Beck, 1997

▶ *Was heißt »Glokalisierung«? Für den »Lokalismus« wird im Text in erster Linie ein ökonomisches Motiv angeführt. Sehen Sie hinter der Gegenbewegung zur Globalisierung noch andere Motive und Ursachen?*

»Glokalisierung«

[Es kommt] überall zu einer neuen Betonung des Lokalen. Daß Globalisierung nicht nur De-Lokalisierung meint, sondern Re-Lokalisierung voraussetzt, entspringt schon dem ökonomischen Kalkül. »Global« – wörtlich genommen – kann niemand produzieren. Auch und gerade »global« produzierende und ihre Produkte vermarktende Firmen müssen lokale Bindungen entwickeln –, und zwar, indem erstens ihre Produktion auf lokalen Beinen entstehen und stehen und zweitens auch global vermarktbare Symbole aus den Rohstoffen lokaler Kulturen, die deswegen lebendig, eruptiv und disparat bleiben und gedeihen, »abgeschöpft« werden müssen. »Global« heißt, übersetzt und geerdet, »an mehreren Orten zugleich«, also translokal. Es ist daher kein Wunder, daß dieser Lokal-global-Nexus im Kalkül der großen Konzerne eine zentrale Rolle spielt. Coca-Cola und der Sony-Konzern beschreiben ihre Strategie als »globale Lokalisierung«. Ihre Chefs und Manager betonen, daß es bei Globalisierung nicht darum geht, Fabriken überall in der Welt aufzubauen, sondern darum, Teil der jeweiligen Kultur zu werden. »Lokalismus« lautet das Bekenntnis, die Unternehmensstrategie, die mit praktizierter Globalisierung an Bedeutung gewinnt. Man kann sich diese immanenten Grenzen linearer kultureller Globalisierung im Sinne der Vereinheitlichung der Welt nach dem Muster der McDonaldisierung in einer Grenzbetrachtung vergegenwärtigen. Eine – zu Ende gedacht – universalisierte Weltkultur, in der einerseits lokale Kulturen abgestorben, andererseits alle nach einem Schema konsumieren (essen, schlafen, lieben, sich kleiden, argumentieren, träumen etc.) wäre das Ende des Marktes, das Ende der Gewinne.

Ulrich Beck, 1997

▶ *Erläutern Sie die These von der »Konvergenz der globalen Kultur«.*
»Sein wird Design«: Was will der Autor des Textes damit sagen?

Michelangelo, Die Erschaffung des Menschen (Ausschnitt des Deckengemäldes der Sixtinischen Kapelle, Rom)

Profil des Bürgers von morgen:
Berufung: Bürger?
Hauptwohnsitz: das Eigenheim und die Welt?
Biografie: Immer wieder von vorne anfangen?
Moral: Bewältigung von diffusen Anforderungen und Ängsten?
Leidenschaft : den Ariadnefaden des eigenen Lebens suchen und ihn mit dem der anderen zu verknüpfen versuchen?

Ortsgebunden und unfrei ?

Ein Mädchen lebt in einer Sozialwohnung. Als sie fünfzehn war, war ihr Haar einen Tag rot, den nächsten blond, dann pechschwarz, dann trug sie Afrolook, dann Rattenschwänze, dann Zöpfe und schließlich war ihr Haar kurz geschoren, so daß es dicht am Schädel glänzte. Ihre Lippen waren scharlach-, dann purpurrot, dann schwarz. Ihr Gesicht war gespenstisch weiß, dann pfirsichfarben, dann bronze, als sei es aus Metall. Von Fluchtphantasien verfolgt, verließ sie das Haus mit sechzehn, um mit ihrem sechsundzwanzigjährigen Freund zusammenzuleben ... Als sie achtzehn war, ging sie zu ihrer Mutter zurück, mit zwei Kindern ... Sie saß in dem Zimmer, das sie zwei Jahre zuvor verlassen hatte; die verblaßten Fotos der Popstars starrten noch immer von den Wänden herunter. Sie sagte, sie fühle sich, als sei sie hundert Jahre alt. Sie war erschöpft. Sie hatte alles versucht, was das Leben zu bieten hatte. Nichts blieb mehr übrig.

Nach: Zygmunt Bauman, 1997

Ortlos und frei ?

Eine Frau mittleren Alters, Angestellte einer internationalen Handelsfirma, beherrscht fünf Sprachen und verfügt über drei Apartments an drei verschiedenen Orten. Sie migriert ständig zwischen verschiedenen Orten hin und her. Die Kultur, an der sie teilhat, ist nicht die Kultur eines bestimmten Ortes; es ist die Kultur einer Zeit. Es ist die Kultur der absoluten Gegenwart. Begleiten wir sie auf ihren ständigen Reisen von Singapur nach Hongkong, London, Stockholm, New Hampshire, Tokyo, Prag usw. Sie übernachtet immer im gleichen Hilton Hotel, ißt das gleiche Thunfischsandwich zu Mittag oder, wenn sie will, chinesisch in Paris und französisch in Hongkong. Sie benutzt das gleiche Faxgerät, Telefon, die gleichen Computer, sieht die gleichen Filme und diskutiert die gleichen Probleme mit den gleichen Leuten.

Zygmunt Bauman, 1997

Ein Nomadenleben

Das eigene Leben ist kein ortsgebundenes mehr, kein seßhaftes Leben. Es ist ein Leben »auf Reisen«, ein Nomaden-Leben im Auto, im Flugzeug, in der Bahn oder am Telefon, im Internet, ein transnationales Leben. Diese Technologien sind alltägliche Zeit- und Raumüberbrückungsmedien. Sie vernichten Entfernungen, stellen Nähe über Distanzen her und Distanzen in der Nähe. Die Leitfigur des eigenen Lebens ist das Leben mit dem Anrufbeantworter und der Mail-Box. Man ist da und nicht da, antwortet nicht und doch automatisch, sendet und empfängt – zeitlich und örtlich versetzt – Nachrichten, die man technisch von anderen Orten der Welt empfangen und gespeichert hat.

Nach: Ulrich Beck, 1997

Globalisierung bedeutet die Entstehung weltweiter Kommunikation und die Intensivierung übergreifender Austauschbeziehungen. Dank technischer Fortschritte, internationaler Abkommen und politischer Liberalisierungen führt die weltweite Vernetzung von Informations- und Verkehrsmitteln zu einem Schrumpfen von Raum und Zeit. Immer mehr Ereignisse können weltweit gleichzeitig wahrgenommen und an verschiedenen Orten der Welt wirksam werden. Daraus resultieren weltweite Konfliktlagen wie Umweltprobleme, Konfrontationen von Reichtum und Armut und Menschenrechtskonflikte.

▶ *Erläutern Sie, inwieweit die »Globalisierung« sich auf die Biografien heutiger Menschen auswirkt.*

▶ *Wie beurteilen Sie den beschriebenen Wandel? Wiegen die Chancen eventuelle Risiken und Nachteile auf?*

Globalisierung mit menschlichem Antlitz?

Neue Herausforderungen und Konflikte

Das globale Dorf ...

Die gegenwärtige globale Zivilisation hat ihren Anfang zweifelsohne in der europäischen Neuzeit genommen: mit ihrem Glauben an die rationale Erkenntnis, an die Idee des Fortschritts und an die Entwicklung der Wissenschaften und der Technik ... Kreuz und quer über die ganze Welt laufen Tausende von Wirtschafts- und Währungsbeziehungen, aus denen die Grundlage eines einzigen integralen Systems entsteht: Was auch immer passieren mag in einer bedeutenden Bank oder bedeutenden Börse irgendwo auf der Welt, die Folgen sind sofort überall spürbar. Beinah der gesamte Planet wird heute praktisch von der gleichen oder analogen Ware, den gleichen oder analogen Wirtschaftstechnologien, denselben oder analogen Verkehrsmitteln bzw. Infrastruktursystemen bedeckt. Und nicht nur das: Auf diese Informations- und Wirtschaftsglobalisierung folgt notgedrungen auch die Unifizierung des sozialen Verhaltens, der Lebensgewohnheiten, der Lebensart wie auch der Umwelt. In den Großstädten der Welt sind ähnliche Wolkenkratzer emporgewachsen, auf denen ähnliche Werbung prangt; in den verschiedensten Teilen der Welt sehnen sich die Menschen nach dem gleichen Lebensstandard. Globalisierung als Ergebnis einer schwindelerregenden zivilisatorischen Entwicklung hat gleichzeitig die Globalisierung ihrer dunklen Seite zur Folge: nämlich die Globalisierung aller großen Gefahren, die diese Entwicklung in sich birgt. Das Leben auf unserem Planeten befindet sich heute viel stärker in Gefahr als je zuvor ... Um es ganz frei zu formulieren: Die ganze Welt sitzt heute im selben Boot und beinahe alles, was irgendwo geschieht, wirkt sich direkt oder indirekt auf alle aus. Diese neue zivilisatorische Situation stellt an den menschlichen Geist ganz neue Ansprüche. Sie verlangt ihm etwas ab, was in einer solchen Dringlichkeit von ihm in der gesamten Geschichte noch nicht verlangt wurde und was zudem den geistigen Rahmen eben jener Zivilisation übersteigt, die diese Ansprüche geschaffen hat: Eine ganz neue Art globaler Verantwortung.

Václav Havel, 1998

▶ *Beschreiben Sie Hintergrund, Verlauf und typische Merkmale der von Havel analysierten Globalisierung.*

▶ *Havel spricht von einer »Globalisierung aller großen Gefahren«. Untersuchen Sie anhand konkreter aktueller Beispiele die Richtigkeit seiner These.*

▶ *Benhabib beschreibt zwei widersprüchliche Bewegungen. Erläutern Sie deren Ursachen und Hintergrund.*

Bindungen und Auflösungen

Die rasant voranschreitende Globalisierung, die globale materielle Kultur, die die Welt von Hongkong bis Lima, von Pretoria bis Helsinki überzieht, ... sind begleitet von kultureller und kollektiver Desintegration. Indien und die Türkei, die zu den ältesten Demokratien der Dritten Welt gehören, sind in Kämpfe verstrickt, die das politische Projekt säkularer repräsentativer Demokratie insgesamt in Frage stellen. Es ist wohl kaum nötig, den Bürgerkrieg im ehemaligen Jugoslawien, die Zerstörung von Tschetschenien durch die Russen, die nationalen Konflikte in Aserbaidschan Armenien, Mazedonien und Griechenland, die Massaker in Ruanda und in der Demokratischen Republik Kongo (bis 1997 Zaire) in diesem Zusammenhang besonders zu erwähnen. Die globale Integration verläuft parallel zu einer soziokulturellen Auflösung und dem Wiederaufflammen ethnischer, nationalistischer, religiöser und kultureller Separationsbestrebungen, weist also eine soziale Dynamik auf, die wir noch kaum verstanden haben. Der globale Trend zur Demokratisierung existiert tatsächlich. Aber ebenso real feststellbar sind die Widerstände und Antagonismen, die sich gegen diesen Trend im Namen vielfältiger Differenzen ethnischer, nationaler, linguistischer, religiöser und kultureller Natur behaupten. Wir erleben auf der ganzen Welt das Wiedererstarken einer Politik, die um die Anerkennung kollektiver Formen von Identität kämpft.

Seyla Benhabib, 1999

Menschenrechte versus Souveränität

Im Zentrum steht die Frage, unter welchen Prämissen eine humanitäre Intervention von außen und damit im völkerrechtlichen Sinne eine Verletzung von äußerer oder innerer Souveränität erlaubt, legitim oder sogar geboten ist. Dazu ist es ggf. notwendig, den Art. 43 der Charta der Vereinten Nationen zu novellieren. Denkbar sind folgende Situationen:

- krasse und massenhafte Verletzungen der Menschenrechte, wie sie von der Deklaration der Vereinten Nationen formuliert wurden, die ja immerhin von allen Mitgliedsstaaten unterschrieben wurde;
- massenhafte Vertreibung bis hin zum Genozid von ethnischen, religiösen, sozialen oder sonstigen Minderheiten;
- massenhafte Verelendung bis hin zu massenhaftem Sterben als Folge wirtschaftlicher oder ökologischer Katastrophen;
- massenhafte Verelendung bis hin zu massenhaftem Sterben als Folge von Bürgerkriegen.

Anlaß für humanitäre Intervention ist insbesondere dann gegeben, wenn die genannten Tatbestände mit einem Verfall der staatlichen Ordnung nach innen und außen einhergehen, wenn also an die Stelle eines staatlichen Gewaltmonopols eine Warlord-Situation getreten ist, in der nur noch das Faustrecht herrscht. In einem solchen Fall erlischt die Gültigkeit des Art. 2, Absatz 7 der Charta der Vereinten Nationen, der das Verbot der Einmischung vorsieht. Die Intervention hätte also die erste Aufgabe, dieses Gewaltmonopol wiederherzustellen, um überhaupt die Voraussetzung für humanitäre Aktivitäten zu gewährleisten.

Ulrich Menzel, 1998

Internationaler Gerichtshof in Den Haag

Eine universale Messlatte

Es gibt einen Kern von Gerechtigkeit, der von allen uns bekannten Kulturen gleichermaßen anerkannt wird. Zu diesem gemeinsamen Erbe der gesamten Menschheit, zu jener schon im empirischen Sinne nicht regional, sondern universal gültigen Gerechtigkeit, die es tatsächlich erlaubt, die gesamte Menschheit als eine moralische Gemeinschaft zu begreifen, gehören sowohl der Gedanke der Unparteilichkeit und die ihm dienenden Grundsätze der Verfahrensgerechtigkeit als auch jene Anerkennung von Rechtsgütern wie Leib und Leben, Eigentum, guter Name ..., die sich im entsprechenden Strafrecht seit dem alten Orient so gut wie allerorten nachweisen lassen.

Otfried Höffe, 1995

Eine »Weltbürgergesellschaft«?

In »Weltparteien« schlägt das Herz einer Weltgesellschaft. Ihre Werte und Ziele sind nicht national, sondern weltbürgerlich in dem Sinne, dass sie sich auf Werte und Traditionen der Menschheit in allen Kulturen und Religionen berufen und sich dem Globus als Ganzem verpflichtet fühlen. Sie widersprechen den festgefügten Prioritäten des Nationalen durch eine Politik konkreter Alternativen. Es muss Weltbürgerbewegungen französischer, nordamerikanischer, polnischer, deutscher, japanischer, chinesischer oder südafrikanischer Herkunft geben, die im Zusammenspiel miteinander in den unterschiedlichen weltgesellschaftlichen Nischen um das Durchsetzen kosmopolitischer Werte und Institutionen ringen.

Nach: Ulrich Beck, 1998

▶ *Erläutern Sie Inhalt und Begründung einer »universal gültigen Gerechtigkeit«. Diskutieren Sie, ob und inwieweit dieser allgemeine Maßstab bei der Entstehung eines globalen Strafrechts ausschlaggebend werden könnte (vgl. S. 168/69).*

▶ *Die nationale Souveränität ist ein hohes Gut; und trotzdem kann es von einem höher stehenden Prinzip außer Kraft gesetzt werden. Wie lässt sich dies begründen?*

▶ *Diskutieren Sie realistische Chancen und Risiken einer auf allgemeinen Werten und Institutionen aufbauenden »Weltbürgergesellschaft«.*

Fort-Schritt – Fortschreiten wohin?

Ein neue Ära

»Verantwortlich sind wir nicht nur für das, was wir tun, sondern auch für das, was wir nicht tun«, meinte schon Lao-tse vor über 5000 Jahren und glauben mit ihm heute noch nicht nur Philosophen, Richter und die meisten Menschen, sondern zunehmend auch die Politiker. Unter diesen Umständen bürdet das Folgende uns eine gewaltige Verantwortung auf.

»Alles wird anders werden«, hatte mein Vater gesagt, »der Mensch verlässt die Erde.« Stephan, 6 Jahre, 1969

Neil Amstrong, 21. 7. 1969 (der erste Mensch auf dem Mond): »Ein kleiner Schritt für einen Menschen, aber ein großer Schritt für die Menschheit.«

Die im Auftrag des US-amerikanischen Präsidenten erstellte Zukunftsstudie »Global 2000« enthält Prognosen »darüber, was mit der Weltbevölkerung, den Ressourcen und der Umwelt geschehen wird, wenn sich an den Grundlagen der heutigen Politik nichts ändert. Die Schlussfolgerungen, zu denen wir gelangt sind ..., sind beunruhigend ... Die Belastungen sind schon heute so stark, dass ihretwegen vielen Millionen Menschen die Befriedigung ihrer Grundbedürfnisse nach Nahrungsmitteln, Wohnraum, Gesundheit und Arbeit und jede Hoffnung auf eine Besserung versagt sind. Gleichzeitig nimmt die Belastbarkeit der Erde – die Fähigkeit biologischer Systeme, Ressourcen für die Bedürfnisse der Menschen zur Verfügung zu stellen – immer mehr ab ... Es muss eine neue Ära der globalen Zusammenarbeit und der gegenseitigen Verpflichtung beginnen, wie sie in der Geschichte ohne Beispiel ist.« Global 2000 (Thomas R. Pickering, 1980)

Ein Zeitalter der Sensationen

... [wir] sind gierig nach ständig Neuem. Unsere Kultur wird immer schnelllebiger und spannender, aber auch oberflächlicher. Im Privatfernsehen gibt es den Grundsatz: Im Seichten kann man nicht untergehen. In dieser Doppelbödigkeit muss man wohl das künftige Erlebniszeitalter sehen. Das Erlebniszeitalter kennt nur ein einziges Motiv: Die Angst, etwas zu verpassen, wenn draußen die Post abgeht. ... Das ist die neue »Konfettigeneration«. Wir brauchen Menschen, die mit dieser Erlebniskultur umgehen können. Ich vermute, erst wenn eine neue Generation heranwächst und die Erwachsenen merken, dass sich diese Generation immer weniger konzentrieren kann, immer nervöser und aggressiver wird, weil sie in dieser Häppchenkultur nicht mehr zur Ruhe kommt – erst wenn sie merken, dass das soziale Auswirkungen hat, etwa auf die zwischenmenschlichen Beziehungen, werden wir Konsequenzen ziehen.

Horst W. Opaschowski, Freizeitforscher, 1998

Umut:
»Ich möchte gern erfolgreich sein und Karriere machen, um weiterzukommen.«

Nadine:
»Ich habe Angst davor, dem Druck der Gesellschaft nicht standhalten zu können. Dann wäre der soziale Abstieg unaufhaltsam. Ich denke oft, dass das, was auf einen zukommt, einen total überfordert.«

Johanna:
»Ich habe Angst vor der Zukunft, weil ich ja jetzt schon nicht mal eine Lehrstelle bekomme. Aber vielleicht bin ich ja auch ein Glückskind.«

Umfrage bei Oberstufenschülerinnen und -schülern, 1999

Hielte ich mich für das, was diese Welt aus mir macht, dann kann ich wirklich nichts tun. Die Vernichtung der Erdkugel werde ich dann natürlich nicht stoppen können. Dächte ich aber daran, was ursprünglich jeder von uns ist beziehungsweise werden könnte – unabhängig von der Weltlage – nämlich ein autonomes menschliches Wesen, verantwortungsfähig in der Welt und für die Welt, dann kann ich selbstverständlich viel tun. Václav Havel, 1989

► *Machen Sie in Ihrer Klassenstufe eine kleine Umfrage. Was sind Ihre größten Hoffnungen, die größten Ängste?*
► *Wie schätzen Sie die Zuverlässigkeit von Langzeitprognosen ein?*

Ein großes Düsenflugzeug ist so schön wie der Parthenon.

Léon Krier, Stadtplaner und Designer

Der Philosoph Hans Georg Gadamer (geboren 1900) antwortete 1999 auf die Frage, welche Errungenschaften des 20. Jahrhunderts er in das neue Jahrtausend mitnehmen würde: »Alles, was wir gelernt haben, sollten wir auch für das neue Jahrhundert nicht vergessen. Dazu gehört vor allem das Wissen um die Grenzen der Maschinen.«

Eine Werbung zur Expo 2000

Die Zwiespältigkeit des Fortschritts

Technik als Heilsbringer

Mit Maschinen wollen sie Wunder tun. Was für welche? Gott brauchen sie jedenfalls nicht mehr, aber was sollen es für Wunder sein? Zum Beispiel soll es nicht mehr oben und unten geben. Sie brauchen es nicht mehr. Der Aristoteles, der für sie sonst ein toter Hund ist, hat gesagt – und das zitieren sie: Wenn das Weberschifflein von selber webte und der Zitherschlägel von selber spielte, dann brauchten allerdings die Meister keine Gesellen und die Herren keine Knechte. Und so weit sind sie jetzt, denken sie.

Der Inquisitor in »Leben des Galilei« von Bertolt Brecht

► *Was könnte Gadamer mit dem Wissen um die Grenzen der Maschinen meinen (vgl. S. 370/71)?*

Viel versprochen – wenig gehalten

Mancher Kritiker der »planenden Vernunft« (Friedrich Tenbruck), der auch noch im Denken des 20. Jahrhunderts die Anmaßungen eines Vernunftfetischismus und einer Planungsgläubigkeit wirksam werden sieht, fühlt sich veranlasst, die Krise der Neuzeit oder ihr Ende zu konstatieren: Der moderne Mensch sei den »Irrtümern des Konstruktivismus« (v. Hayek) unterlegen, als er glaubte, den von ihm in Gang gesetzten Prozess des wissenschaftlich-technischen Fortschritts beherrschen und sinnvoll lenken zu können. Der Grundanspruch der Moderne, formuliert von Bacon (»Wissen ist Macht«) und auf den Begriff gebracht in Descartes' Rede von den Menschen als »Maîtres et possesseurs de la nature«, ihre Anmaßung also, sich kraft Vernunft in der Wirklichkeit orientieren und behaupten, ihre Existenz menschenwürdig gestalten zu können, habe – so ein Tenor der Diagnose – alle Lebensumstände dermaßen kompliziert, dass das Gefühl einer Weglosigkeit vorherrsche.

Thomas Petermann, Philosoph, 1994

Der endgültig entfesselte Prometheus, dem die Wissenschaft nie gekannte Kräfte und die Wirtschaft den rastlosen Antrieb gibt, ruft nach einer Ethik, die durch freiwillige Zügel seine Macht davor zurückhält, dem Menschen zum Unheil zu werden … Die dem Menschenglück zugedachte Unterwerfung der Natur hat im Übermaß ihres Erfolges, der sich nun auch auf die Natur des Menschen selbst erstreckt, zur größten Herausforderung geführt, die je dem menschlichen Sein aus eigenem Tun erwachsen ist.

Hans Jonas

➢ *Zu Hans Jonas vgl. 278–281*

Noch mehr Technik – bessere Welt?

Sie sagen, man dürfe mit Technik keine Fehler kompensieren, die selbst erst durch Technik hervorgebracht worden sind. Ich glaube dies aber nicht. Im Gegenteil: Man muss an erster Stelle dort mit Technologien zu helfen versuchen, wo es Probleme gibt – in der Umwelt, in der Landwirtschaft.

Jozef Schell, Genforscher, 1998

► *Welche der Aussagen zum technischen Fortschritt finden Sie am plausibelsten? Begründen Sie, warum.*

Neue Möglichkeiten und neue Probleme

Es gibt heute viele Bereiche, in denen Technik und Wissenschaft genutzt werden. Sind Sie noch in der Lage diese zu durchschauen? Können sie nicht eher nur noch Expertinnen und Experten durchschauen? Max Weber fragte bereits Anfang des vorigen Jahrhunderts nach den prinzipiellen Folgen dieser Entwicklung für unser Selbstverständnis. Die Philosophen Gehlen und Krings weisen in diesem Zusammenhang auf zwei andere Aspekte hin: den der moralischen Verantwortung und der Steuerbarkeit von technischer Entwicklung. Sie vertreten unterschiedliche Standpunkte, die für eine eigene Urteilsbildung nicht unerheblich sind. Wie plausibel finden Sie die beiden Sichtweisen?

A. A. Sundokow, Übergang, 1987

Die Welt im Griff der Wissenschaft
Machen wir uns zunächst klar, was denn eigentlich diese intellektualistische Rationalisierung durch Wissenschaft und wissenschaftlich orientierte Technik praktisch bedeutet. Etwa dass wir heute, jeder z. B., der hier im Saale sitzt, eine größere Kenntnis der Lebensbedingungen hat, unter denen er existiert, als ein Indianer oder ein Hottentotte? Schwerlich. Wer von uns auf der Straßenbahn fährt, hat – wenn er nicht Fachphysiker ist – keine Ahnung, wie sie das macht, sich in Bewegung zu setzen. Er braucht auch nichts davon zu wissen. Es genügt ihm, dass er auf das Verhalten des Straßenbahnwagens »rechnen« kann, er orientiert sein Verhalten daran; aber wie man eine Trambahn so herstellt, dass sie sich bewegt, davon weiß er nichts. Der Wilde weiß von seinen Werkzeugen ungleich besser. Wenn wir heute Geld ausgeben, so wette ich, dass sogar wenn nationalökonomische Fachkollegen im Saale sind, fast jeder eine andere Antwort bereit halten wird auf die Frage: Wie macht das Geld es, dass man dafür etwas – bald viel, bald wenig – kaufen kann? Wie der Wilde es macht, um zu seiner täglichen Nahrung zu kommen, und welche Institutionen ihm dabei dienen, das weiß er. Die zunehmende Intellektualisierung und Rationalisierung bedeutet also nicht eine zunehmende allgemeine Kenntnis der Lebensbedingungen, unter denen man steht. Sondern sie bedeutet etwas anderes: das Wissen davon oder den Glauben daran: dass man, wenn man nur wollte, es jederzeit erfahren könnte, dass es also prinzipiell keine geheimnisvollen unberechenbaren Mächte gebe, die da hineinspielen, dass man vielmehr alle Dinge – im Prinzip – durch Berechnen beherrschen könne. Das aber bedeutet: die Entzauberung der Welt. Nicht mehr, wie der Wilde, für den es solche Mächte gab, muss man zu magischen Mitteln greifen, um die Geister zu beherrschen oder zu erbitten. Sondern technische Mittel und Berechnung leisten das. Dies vor allem bedeutet die Intellektualisierung als solche.

Max Weber, 1919

▶ *Kennen Sie im Sinne von Weber nicht »berechenbare« und daher »unbeherrschte« Bereiche? Kann und soll der Fortschritt diese »entzaubern« und nutzen?*

▶ *Beurteilen Sie am Beispiel der Ernährung und ihrer technischen Zubereitung die Rationalisierung unserer Lebensbereiche.*

Der Mensch kann
auf drei Arten handeln:
erstens durch Nachdenken:
das ist die edleste,
zweitens durch Nachahmen:
das ist die leichteste,
drittens durch Erfahrung:
das ist die bitterste.
Konfutse

Nur Rädchen im Getriebe des Fortschritts?
Seit die technisierten und industrialisierten Massenkriege ganze Bevölkerungen engagieren, ist es denkbar und nachfühlbar geworden, jedem Einzelnen die Mitverantwortung für gewaltige Ereignisketten zu übertragen. Dieser Einzelne hatte nicht die mindeste Chance, die Vorgänge und Kausalketten auch nur im Geringsten zu beeinflussen, und folglich wird bereits seine gesinnungsmäßige, ideelle Einstellung zu den Großereignissen selbst für zurechenbar befunden. Darüber hinaus, aber in derselben Linie, wird uns neuerdings nahe gelegt, rückwirkend die Gesinnung unserer Großväter und von deren Ahnen zu verwerfen ... Aus solchen Unmöglichkeiten kann man doch nur schließen, dass hier etwas im Grundsätzlichen nicht stimmt, sondern dass eine moralische Überforderung des einzelnen Menschen aus der falschen Perspektive heraus erfolgt ist, sein moralisches Organ sei für die Ereignisse von Weltdimensionen überhaupt zuständig. Früher nahm man das nur von Gott an. In Wirklichkeit ist es nicht wahr, dass das menschliche Organ denselben Kompetenzumfang hat wie das weltumspannende Informationssystem, es ist auf Naheliegendes eingestellt, wenigstens primär, und es sieht so aus, als ob eine neu entstehende Ferneethik sich erst im Stadium der Versuche und Irrtümer befindet ... Als Beispiel einer unhaltbaren Zumutung zitiere ich die folgende Äußerung eines sehr bekannten Gelehrten, der sagt: »Die Forschung ist verantwortlich für die gegenwärtige Lage der Menschheit. Sie hat uns aus dem naturgebundenen Paradies unserer Ahnen herausgeführt, sie hat in freier Tat die Waffen geschaffen, die uns heute mit Selbstvernichtung bedrohen.« Die Forschung ist verantwortlich, heißt es. Ich widerspreche dem, ich behaupte, dass für den Fortschritt im Sinne der Weiterentwicklung von Wissenschaft und Technik, einschließlich ihrer dann unvermeidlichen zahllosen direkten und indirekten Folgen, schlechthin niemand verantwortlich ist ... Dieser Fortschritt ist zu einem undurchbrechlichen Lebensgesetz der Menschheit geworden, kein Einzelner hat moralisch für ihn einzustehen, man hat sich seit langem auf dieses Element hinausgewagt, es gibt kein Zurück mehr und nur noch Lösungen nach vorn. Arnold Gehlen, 1961

Die Philosophie wird zunächt zeigen müssen, dass die Rationalität sich nicht selbst ihre Orientierung geben kann, sondern dass es dazu der Vernunft bedarf. Vernunft aber heißt, dass der Mensch sich nicht nur als rationales Wesen, sondern als sittliches Wesen begreift und begreifen soll ... Wir leben unter Voraussetzungen, von denen wir nichts wissen wollen, obwohl wir etwas von ihnen wissen könnten. Die Progression verläuft unorientiert, wenn nicht blind ...
So kann der Fortschritt selber zur Sackgasse werden. Hermann Krings, 1981

▶ *Vergleichen Sie Gehlens Behauptung vom Fortschritt als »undurchbrechliches Lebensgesetz der Menschheit« mit Krings Forderung, den technischen Fortschritt »vernünftig« zu steuern (vgl. S. 370/371.*

▶ *Kritisieren Sie die Sichtweise Gehlens mit der von Jonas (vgl. S. 278–281). Formulieren Sie dazu einen eigenen Standpunkt.*
▶ *Beschreiben Sie Zukunftsszenarien. Wo sehen Sie Möglichkeiten, mit unserem Handeln auf sie Einfluss zu nehmen?*

> *Zu »Weber« vgl. S. 266*

Natur: Rohstoff oder Mit-Welt?

Nicht nur die lebensbedrohlichen Auswirkungen unserer modernen Lebensweise bringen immer mehr Menschen zum Nachdenken. Auch unser täglicher Umgang mit Natur, ihre Technisierung, ihre Instrumentalisierung, ihre ausschließliche Indienststellung für den Menschen bereitet uns zunehmend Unbehagen. Wir erfassen und beachten sie nur in Kategorien ihrer Nützlichkeit: als »Rohstofflieferant«. Sollten wir sie nicht eher als »Mit-Welt« betrachten?

»Meisterwerke aus der Drei-Sterne-Küche«

Jedes Leben zählt

Wahrhaft ethisch ist der Mensch nur, wenn er der Nötigung gehorcht, allem Leben, dem er beistehen kann, zu helfen, und sich scheut, irgendetwas Lebendigem Schaden zu tun. Er fragt nicht, inwiefern dieses oder jenes Leben als wertvoll Anteilnahme verdient, und auch nicht, ob und inwieweit es noch empfindungsfähig ist. Das Leben als solches ist ihm heilig. Er reißt kein Blatt vom Baume ab, bricht keine Blume und hat Acht, dass er kein Insekt zertritt.

Albert Schweitzer, 1947

Alles Leben hat eine Seele

Die jainistischen Mönche tragen noch heute Gesichtstücher, um keine Kleinlebewesen einzuatmen und damit zu vernichten. Sie ernähren sich nur von Früchten oder nachwachsenden Pflanzenteilen; Wurzeln auszureißen gilt als Verstoß gegen das Tötungsverbot. Die besondere Solidarität des Hinduismus, Buddishmus und Jainismus mit allem Lebenden erklärt sich aus der Inkarnationslehre: Wer glaubt, seine Seele könne in einem anderen Leben in einer Pflanze neu zur Welt kommen, der achtet Pflanzen mehr als der, der sie vor allem als Zimmerschmuck oder Nahrung ansieht. Jörg Weber, 1990

Naumburger Dom: Der Heilige Franziskus spricht mit den Tieren

Tiere quälen verroht Menschen

In unserer christlich-europäischen Tradition ... gibt es ... das Verbot der Tierquälerei. Dieses Verbot wird freilich merkwürdig begründet. Es gilt nicht der Tiere wegen, sondern der Menschen wegen. Tiere zu quälen hat, so sagte man und so sagte noch Kant, eine verrohende Wirkung auf den Menschen. Das stimmt. Aber warum stimmt es? Wenn »an sich« nichts dabei ist, Tiere zu quälen, warum verroht es dann den Menschen? Es können ja wohl nur solche Handlungen den Menschen moralisch schaden, die an sich selbst schlecht sind. Weil es an sich selbst verwerflich ist, darum ist es gegen die Menschenwürde, was bei uns offiziell täglich geschieht. Robert Spaemann, 1980

»Macht euch die Erde untertan«

Cicero rechtfertigte das in seiner Weltsicht so: »Die Welt ist ... in erster Linie der Götter und Menschen wegen erschaffen worden, aber all ihre Einrichtungen sind nur zum Nutzen der Menschen ersonnen und ausgeführt.« Deshalb eigne sich der Rücken der Rinder vorzüglich zum Jochtragen bei der Feldarbeit und das Schwein habe seine Seele und sein Leben nur, um dem Menschen das Salz zum Einpökeln zu ersparen, »damit es nicht faule«. Jörg Weber, 1990

► *Können Sie sich mit einer der dargestellten Positionen identifizieren? Grenzen Sie Ihre Meinung gegenüber den anderen hier genannten ab und begründen Sie Ihre Position.*

Codex veterinarius
Das Interesse des Menschen darf nicht grundsätzlich höher bewertet werden als das Wohl des Tieres.
Tierärztliche Selbstverpflichtung, 1998

Klaus Staeck, Friedenstauben

Mit »Animal Peace« im Gespräch
Was ist der Unterschied zwischen Tierschützern und Tierrechtlern?
So wenig Frauen für Männer oder Schwarze für Weiße geschaffen wurden, so wenig wurden Tiere für den Menschen geschaffen. Tiere sind eigenständige Wesen mit einem Recht auf eigenständiges Leben. Deshalb fordern Tierrechtler die Beendigung der Ausbeutung von Tieren. Tierschützer begnügen sich ... mit der »Humanisierung« der Ausbeutung. Aber eine »Humanisierung« beispielsweise der Schlachtung ist natürlich genauso absurd wie eine »Humanisierung« der Sklaverei oder die Zulassung »sanfter« Vergewaltigung.
Mensch – Tier. Gibt es Grenzen der Gleichheit?
Das moralische Gleichheitsprinzip behauptet keine faktische Gleichheit, sondern fordert gleiche Berücksichtigung ähnlicher Interessen. Weil sowohl Menschen als auch Tiere ein immenses Interesse haben, nicht zu leiden, soll dieses Interesse auch bei Menschen und Tieren gleich ernst genommen werden – ohne Diskriminierung aufgrund der Artzugehörigkeit.
Welche Bedeutung hat der umstrittene ... Peter Singer für die Tierrechtsbewegung?
... Eine überhaupt nicht zu überschätzende. Sein 1975 erschienenes Buch »Animal Liberation« war die Initalzündung für die Tierrechtsbewegung ...
Werden Menschen die Tiere noch in 100 Jahren quälen und töten?
Die Tierrechtsbewegung ist die logische Fortsetzung anderer Befreiungsbewegungen, wie etwa die Befreiung der Sklaven oder der Emanzipation der Frauen: Stets geht es um die Überwindung [von] Diskriminierungen aufgrund moralisch irrelevanter Merkmale. Das Scheitern der Tierrechtsbewegung wäre nicht nur ein Schaden für die Tiere, sondern auch eine Bankrotterklärung für den Menschen.
Gespräch (Auszug) mit H. F. Kaplan, 1996

Zur Klage von Umweltverbänden im Namen von Seehunden
Tragender Grund dafür, dass die Rechtsordnung die Rechtsfähigkeit und damit insbesondere die Befähigung, Träger von Rechten zu sein, nur dem Menschen zuordnet, liegt in der Erkenntnis, dass nur ihm die besondere Personenwürde eigen ist, kraft seines Geistes, die ihn abhebt von der unpersönlichen Natur und ihn aus eigner Entscheidung dazu befähigt, seiner selbst bewusst zu werden, sich selbst zu bestimmen und sich und die Umwelt zu gestalten, die ihn von allen anderen Lebewesen der Natur abhebt ... Dem entspricht, dass es der deutschen Rechtsordnung auch sonst fremd ist, die Personen-Eigenart und damit die Fähigkeit, Rechte und Pflichten zu haben, auf Tiere zu übertragen. Tiere werden vielmehr – im rechtlichen Gegensatz zur Person – als Sache behandelt.
Verwaltungsgericht Hamburg 1988

Es ist jedoch keineswegs wahrscheinlich, dass alle Dinge für uns gemacht wurden, dergestalt, dass Gott kein anderes Ziel hatte, als er sie schuf. René Descartes

Grundgesetz, Art. 3, Abs. 1:
Alle Menschen sind gleich.

Das Bundesverfassungsgericht schließt daraus, man dürfe »weder wesentliches Gleiches willkürlich ungleich, noch wesentlich Ungleiches willkürlich« gleich behandeln. Mit anderen Worten: Es gibt ein Recht auf Gleichbehandlung aus Gründen der Gleichheit und ein Recht auf Andersbehandlung aufgrund der Verschiedenheit.
Jörg Weber, 1990

► *Diskutieren Sie über den Stellenwert des Gleichheitsgebotes und über dessen gesellschaftspolitische Einlösung.*

► *Welches »ähnliche Interesse« zwischen Mensch und Tier nennt Kaplan, welche Konsequenzen zieht er daraus? Gibt es noch andere?*
➤ *Zu »Macht euch die Erde untertan« vgl. S. 359 (christliche Umweltethik)*
➤ *Zu »Schweitzer« vgl. S. 265*

Haben Tiere Rechte? – Philosophische Positionen

Prognose vor 200 Jahren

Der Tag wird kommen, an dem der Rest der tierischen Schöpfung jene Rechte erwerben wird, die ihnen niemals hätten vorenthalten werden können außer durch die Hand der Tyrannei. Die Franzosen haben bereits entdeckt, dass die Schwärze der Haut keine Grund ist, einen Menschen auf Gedeih und Verderb den Launen eines Peinigers zu überlassen. Eines Tages wird die Erkenntnis kommen, dass die Zahl der Beine, der Behaarung der Haut oder das Ende des »os sacrum« (Kreuzbein) ebenso unzureichende Gründe sind, ein empfindungsfähiges Wesen dem gleichen Schicksal zu überlassen. Was aber soll die unüberwindliche Grenze ausmachen? Ist es das Vermögen der Vernunft oder vielleicht das Vermögen, einen Diskurs zu führen? Aber ein ausgewachsenes Pferd ist ein ungleich vernünftigeres und mitteilsameres Tier als ein Kind von einem Tag, einer Woche oder selbst einem Monat. Aber nehmen wir an, es wäre anders, was würde das ausmachen? Die Frage ist nicht: Können sie denken? Noch: Können sie sprechen? Sondern: Können sie leiden?

Jeremy Bentham, 1780

▶ *Sind wir moralisch verpflichtet, Tiere genauso wie Menschen nicht nur als Mittel, sondern auch als Zweck an sich zu betrachten? An welchen Punkten stimmen Benthams und Singers Argumentationen (siehe unten) überein, worin unterscheiden sie sich?*

Muss Moral Tiere mit einschließen?

Das Prinzip der Gleichheit und die Rücksicht auf Interessen anderer

Es gibt bedeutende Unterschiede zwischen Menschen und anderen Tieren, und diese Unterschiede müssen sich in gewissen Unterschieden zwischen den Rechten beider Gruppen niederschlagen. Die Anerkennung dieser offensichtlichen Tatsache ist jedoch kein Hindernis für die Ausdehnung des grundlegenden Prinzips der Gleichheit auf nichtmenschliche Wesen ... Die Ausdehnung des grundlegenden Prinzips der Gleichheit von einer Gruppe auf eine andere beinhaltet nicht, daß wir beide Gruppen in genau derselben Weise behandeln oder beiden genau dieselben Rechte gewähren müssen. Ob wir das tun sollten, wird von der Natur der Mitglieder beider Gruppen abhängen. Das grundlegende Prinzip auf Gleichheit, so lautet mein Argument, ist die Gleichheit der Rücksichtnahme; und gleiche Rücksicht auf verschiedene Wesen kann zu unterschiedlicher Behandlung und zu unterschiedlichen Rechten führen. ... Beispielsweise haben Frauen ein Recht zu wählen, da sie genauso wie Männer dazu fähig sind, vernünftige Entscheidungen zu treffen; Hunde dagegen sind nicht fähig, die Bedeutung des Wählens zu begreifen, und können deswegen auch kein Wahlrecht haben ... Die Fähigkeit zum Leiden – oder genauer, zum Leiden und/oder zum Genießen oder zum Glück – ist nicht einfach eine Eigenschaft, wie es die Fähigkeit zum Sprechen oder die zu höherer Mathematik sind ... Die Fähigkeit zu leiden oder zu genießen ist eine Voraussetzung, um überhaupt Interessen zu haben, eine Bedingung, die erfüllt sein muß, bevor wir in einer sinnvollen Weise von Interessen sprechen können. Es wäre Unsinn zu sagen, es sei nicht im Interesse eines Steins, von einem Schuljungen die Straße entlanggekickt zu werden. Ein Stein hat keine Interessen, weil er nicht leiden kann. Nichts, was wir ihm antun können, könnte in irgendeiner Weise einen Unterschied für sein Wohlergehen machen. Dagegen hat eine Maus ein Interesse daran, nicht gequält zu werden, weil sie sonst leiden würde. Wenn ein Wesen leidet, kann es keine moralische Rechtfertigung für die Weigerung geben, dieses Leiden zu berücksichtigen. Egal, um welche Art von Wesen es sich handelt, das Prinzip der Gleichheit verlangt, daß sein Leiden genauso viel zählt wie ein vergleichbares Leiden anderer Wesen – soweit grobe Vergleiche angestellt werden können. Wenn ein Wesen nicht fähig ist, zu leiden bzw. zu genießen oder Glück zu erfahren, gibt es nichts zu berücksichtigen. Deshalb ist die Grenze der Empfindungsfähigkeit (ich gebrauche das Wort als praktische, wenn auch nicht ganz genaue Abkürzung für die Fähigkeit, zu leiden bzw. zu genießen oder Glück zu erfahren) die einzig vertretbare Grenze der Rücksicht auf die Interessen anderer. Diese Grenze durch irgendeine Eigenschaft wie Intelligenz oder Vernünftigkeit zu setzen, hieße sie zufällig zu setzen ... Der Rassist verletzt das Prinzip der Gleichheit, indem er den Interessen der Mitglieder der eigenen Rasse bei einem Interessenskonflikt mehr Gewicht beimißt als denen einer anderen Rasse. Genauso setzt der Speziesist die Interessen seiner eigenen Spezies über die fundamentalsten Interessen der Mitglieder anderer Spezies. Für die große Mehrheit menschlicher Wesen, besonders in den städtischen, industrialisierten Gesellschaften, findet der direkteste Kontakt mit Mitgliedern anderer Spezies zur Essenszeit statt: Wir essen sie. Indem wir das tun, behandeln wir sie ausschließlich als Mittel zu unseren Zwecken ... Wenn der Besitz eines höheren Intelligenzgrades einen Menschen nicht berechtigt, einen anderen für seine Zwecke zu benutzen, wie kann er dann Menschen berechtigen, nichtmenschliche Wesen auszunutzen?

Peter Singer, 1976

▶ *Mit welcher Begründung nimmt Singer Leidensfähigkeit als Kriterium für moralische Gleichheit? Sind für Sie andere Merkmale oder Fähigkeiten als moralisches Kriterium bedeutsamer? Mit welcher Begründung?*

Differenz nicht leugnen

Unsere moralische Verpflichtung gegenüber dem Schaf hat ein geringeres Gewicht als die gegenüber dem Menschen, nicht weil das Schaf irgendwelche Qualitäten nicht hätte (etwa die, die es als Subjekt der moralischen Gesellschaft haben müßte), sondern weil das Schaf ein Schaf und der Mensch ein Mensch ist und weil wir Menschen sind. Das soll heißen: Daraus, daß wir in mehreren Stufen gelernt haben, daß der Sinn von Moral es verlangt, den partikularen eigenen Standpunkt zu überschreiten, von der Gruppe, der Nation, der Rasse schließlich zur Menschheit, folgt mitnichten, daß diese letzte Grenze auch noch ohne Verlust an moralischem Gewicht überschritten werden kann. Der Sinn des schrittweise Überschreitens war ja, daß wir begreifen sollen, daß die Menschheit eine große Familie ist, daß jeder Mensch, der mir begegnet, meine Schwester oder mein Bruder sein könnte, aber nicht, daß wir uns in eine Abstraktion verflüchtigen. Das Schaf könnte nicht meine Schwester oder mein Bruder sein ... Die Moral ist ihrem Sinn nach »zugunsten des Eigenen«, nämlich eines recht verstandenen »Wir«, daß so umfassend wie möglich verstanden werden muss, aber nur eben so weit. Unsere moralische Lage besteht darin, daß wir uns einerseits, wenn wir moralisch vorurteilslos denken, als Glieder der einen menschlichen Familie vorfinden, die die moralische Gesellschaft ausmacht, und andererseits als umgeben von vielen anderen Tieren, die fühlen und leiden wie wir, und doch nicht zu dieser Familie gehören. Sowohl die Gemeinsamkeit als auch die Differenz zu leugnen, ist ein Zeichen von mangelnder Urteilsfähigkeit. Auch gibt es nicht eine einfache Regel, die sagt, was aus der Differenz folgt. Ernst Tugendhat, 1997

Sandro Botticelli, Minerva bändigt den Kentauren, um 1482

► *Erläutern Sie den Speziesismus-Vorwurf. Trifft er auch denjenigen, der höhere Wirbeltiere in die moralische Rücksichtnahme einschließt, Mücken oder Bakterien tötet und Pflanzen isst?*

► *Widerspricht die schmerzlose Tötung von Tieren (zu beliebigen Zwecken) dem pathozentrischen Argument? Und bei Menschen?*

Anthropozentrische Naturethik

- *absoluter Anthropozentrismus: Nur ein Mensch hat einen moralischen Wert und verdient moralische Rücksichtnahme.*
- *relativer Anthropozentrismus: Auch Tiere, Pflanzen und Landschaften können einen moralischen Wert haben, wenn sie für uns Menschen wertvoll sind.*

Physiozentrische Naturethik

- *Pathozentrismus: Alle empfindungsfähigen Wesen haben ein Interesse an angenehmen Empfindungen und verdienen deswegen moralische Rücksichtnahme.*
- *Biozentrismus: Alles Lebendige strebt nach einem Weiterleben und verdient deshalb moralische Rücksichtnahme.*
- *Radikaler Physiozentrismus: Die ganze Natur verdient Rücksichtnahme um ihrer selbst willen.*

Nach: Angelika Krebs, 1997

► *Wie begründet Tugendhat, dass nicht alles, was fühlen und leiden kann wie wir, gleiche Rechte hat wie wir?*

► *Begründen Sie Ihre eigene Grenze der moralischen Rücksichtnahme auf Tiere. Was bedeutet der Begriff (Mit-)Menschlichkeit für Sie , was für Singer und Tugendhat?*

> *Zu Jeremy Bentham vgl. S. 238/39*

> *Zu Peter Singer vgl. S. 237*

Natur im Spiegel der Gesetze

In der abendländischen Rechtstradition gab es schon immer rechtliche Beschränkungen für den Umgang mit Tieren. So verbot der altbabylonische Codex Hammurabi (König von Babylon, 1728–1686 v. Chr.) aus dem 17. vorchr. Jahrhundert z. B. Tiere zu überanstrengen. Im römischen Recht war die mutwillige Tötung von Tieren untersagt. Begründet war dies aber allein im Nutzwert der Tiere: Natur genießt rechtlichen Schutz, soweit sie dem Menschen lebensdienlich ist. So war es auch bis vor kurzem im deutschen Recht. Erst 1993 wurde das Tierschutzgesetz grundlegend reformiert.

Juristische Grenzen der »Viehwirtschaft«

»Ich wollt, ich wär ein Huhn ...«?

1999 kamen 91 % aller deutschen Hühnereier aus Legebatterien. Einem im Legekäfig gehaltenen Huhn steht laut Gesetz eine Bodenfläche von 450 qcm in einem mindestens 45 cm hohen Käfig (ca. Höhe eines größeren Huhns) zu. Der Boden ist ein schräger Gitterrost, damit der Kot hindurchfallen kann und die Eier nach vorn auf ein Fließband rollen. Die Haltung in Dunkelställen ist erlaubt. Größere Hühnerei-Produzenten halten bis zu 2 Millionen Hühner in bis zu 6 Käfigreihen übereinander, bis zu 20 000 Hühner pro Halle. Nach massiven Protesten von Tierschutzverbänden beschlossen die EU-Agrarminister, dass Hühnerkäfige in der EU ab 2003 550 qcm und ab 2013 mindestens 750 qcm Platz pro Huhn bieten müssen. Im Juli 1999 entschied das Bundesverfassungsgericht in einer Normenkontrollklage, dass die Verordnung für Legehennenbatterien nicht verfassungskonform sei: Die Bestimmung der Mindest-Käfiggröße sei unvereinbar mit dem Tierschutzgesetz, das eine »artgerechte« Tierhaltung verlange. Ein liegendes Huhn habe einen Platzbedarf von 690 qcm, es müsse den Hühnern aber gleichzeitiges Schlafen in ihren Käfigen möglich sein.

Eva Jelden, 1999

▶ *Wissen Sie, wie Ihr Frühstücksei produziert wurde? Wie viel mehr würden Sie für ein unter tiergerechteren Bedingungen produziertes Ei bezahlen?*

▶ *Der Mensch ist nicht auf Fleisch als Nahrungmittel angewiesen. Wie weit sollte Ihrer Meinung nach Fleischkonsum als ein »vernünftiger Grund« für die Tötung von Tieren gelten?*

»Mit Freiheitsstrafe bis zu zwei Jahren oder mit Geldstrafe wird bestraft, wer ein Wirbeltier ohne vernünftigen Grund tötet.« So steht es im Tierschutzgesetz § 17 Abs. 1. Nach diesem Paragraphen wird – zum Beispiel – Reinhard K. am 9. 4. 99 zu 8 Monaten Haft auf Bewährung und zu 100 Arbeitsstunden in der Altenpflege verurteilt, weil er seine Katze »Mucki«, die ihn »genervt« habe, im heißen Backofen tötete. Nicht nur sinnlose Tierquälerei ist verboten; auch bloße Belästigung gilt, anders als z. B. beim Töten von Stubenfliegen, nicht als Grund. Jeder menschliche Nutzen hingegen berechtigt, Tiere zu töten. Zunehmend wird hier aber eine Einschränkung auf das absolut Notwendige gefordert.

... Leider endet der Schutz des Gesetzes und die Aktivität der meisten Tierschutzvereine dort, wo er eigentlich anfangen müsste, nämlich bei jenen Tierquälereien, die nicht aus Gedankenlosigkeit oder Rohheit begangen werden, sondern im Dienste von irgendetwas, was sich wissenschaftliche Forschung nennt. Unser Gesetz verbietet es nur, Tiere willkürlich und ohne vernünftigen Grund zu quälen. Was ist ein vernünftiger Grund im Sinne dieses Gesetzes? Jeder vermeintliche oder angebliche Vorteil des Menschen. Warum ist es dann nicht auch ein guter Grund, wenn ein Sadist durch Tierquälerei Befriedigung findet? Schließlich handelt es sich um den Lustgewinn eines Menschen und dies nur auf Kosten eines Tieres. Aber es ist eben ein Irrtum zu glauben, jeder beliebige Vorteil des Menschen rechtfertige jedes beliebige Leiden von Tieren.

Robert Spaemann, 1980

Alles, was Recht ist …

… ist auch Gesetz – oder sollte es sein. Urteilen Sie selbst. Im Folgenden sind einige wesentliche Passagen des 1993 stark reformierten Tierschutzgesetzes aufgeführt. Es spricht Tieren als unseren »Mitgeschöpfen« einige grundsätzliche Rechte zu:

(§ 1) Zweck dieses Gesetzes ist es, aus der Verantwortung des Menschen für das Tier als Mitgeschöpf dessen Leben und Wohlbefinden zu schützen. Niemand darf einem Tier ohne vernünftigen Grund Schmerzen, Leiden oder Schäden zufügen.
(§ 2) Wer ein Tier hält, betreut oder zu betreuen hat,
1. muss das Tier seiner Art und seinen Bedürfnissen entsprechend angemessen ernähren, pflegen und verhaltensgerecht unterbringen,
2. darf die Möglichkeit des Tieres zu artgemäßer Bewegung nicht so einschränken, dass ihm Schmerzen oder vermeidbare Leiden oder Schäden zugefügt werden.
(§ 3, Abs. 3) Es ist verboten, ein in Haus, Betrieb oder sonst in Obhut des Menschen gehaltenes Tier auszusetzen oder es zurückzulassen, um sich seiner zu entledigen …
(§ 4 Abs. 1) … Ein Wirbeltier darf nur unter Betäubung oder sonst, soweit nach den gegebenen Umständen zumutbar, nur unter Vermeidung von Schmerzen getötet werden … Ein Wirbeltier töten darf nur, wer die dazu notwendigen Kenntnisse und Fähigkeiten hat.
(§ 5 Abs. 1) An einem Wirbeltier darf ohne Betäubung ein mit Schmerzen verbundener Eingriff nicht vorgenommen werden.
(§ 7 Abs. 2) (2) Tierversuche dürfen nur durchgeführt werden, soweit sie zu einem der folgenden Zwecke unerlässlich sind:
1. Vorbeugen, Erkennen oder Behandeln von Krankheiten, Leiden, Körperschäden oder körperlichen Beschwerden oder Erkennen oder Beeinflussen physiologischer Zustände oder Funktionen bei Mensch oder Tier,
2. Erkennen von Umweltgefährdungen,
3. Prüfung von Stoffen oder Produkten auf ihre Unbedenklichkeit für die Gesundheit von Mensch oder Tier oder auf ihre Wirksamkeit gegen tierische Schädlinge,
4. Grundlagenforschung.
(3) Versuche an Wirbeltieren dürfen nur durchgeführt werden, wenn die zu erwartenden Schmerzen, Leiden oder Schäden der Versuchstiere im Hinblick auf den Versuchszweck ethisch vertretbar sind.
(5) Tierversuche zur Entwicklung von Tabakerzeugnissen, Waschmitteln und Kosmetika sind grundsätzlich verboten.
(§ 8 Abs. 1) Wer Versuche an Wirbeltieren durchführen will, bedarf der Genehmigung des Versuchsvorhabens durch die zuständige Behörde.

Nach: Bundesgesetzblatt Jahrgang 1998

▶ *Was bedeutet die Gesetzgebung für die Produktentwicklung und den Vertrieb von Mausefallen? Welche Passagen könnten bei der Frage, wie mit unerwünschtem Nachwuchs einer Hauskatze umgegangen werden darf, relevant sein?*

Mindest-Käfiggröße eines Huhnes

Klaus Staeck

Erst wenn das Nachhaltigkeitsprinzip verbindlich in die Verfassung aufgenommen ist, ist ein Leben auf Kosten der nachkommenden Generation nicht mehr möglich. Die Verschmutzung von Luft, Wasser und Boden, die deren natürliche Regenerationsfähigkeit überschreitet, bedeutet genauso wie die zunehmende Staatsverschuldung einen Betrug an der jungen Generation. Wünschenswert ist eine Verfassung, die nicht das Recht der bereits Geborenen schützte, wenn diese auf Kosten der nachkommenden Generationen sämtliche Ressourcen aufbrauchten.

Nach: FAZ, 1999

▶ *Diskutieren Sie die Forderung der Pressemeldung. Wie würden Sie abwägen zwischen unserem Ressourcenverbrauch, z. B. für Heizung oder Verkehr, und den Rechten der Nachkommenden? Dürfen wir Öl- und Kohlereserven verbrauchen, wenn wir dafür neue Technologien zur Energiegewinnung, z. B. die Wasserstofffusion, entwickeln?*

➢ *Zur »Nachhaltigkeit« vgl. S. 100/01*

»Nachhaltigkeit«: eine Frage der Ethik?

Mit »Nachhaltigkeit« Prioritäten setzen – aber welche?

Nachhalten: Verbrauchtes regelmäßig ersetzen
Kein Bauer isst sein Saatgut, er schlachtet sein Milchvieh nicht und gibt auch dem Kalb Milch. Der »vernünftige« Forstwirtschaftler pflanzte schon immer neue Bäume für gefällte. Der Unternehmer greift sein Betriebskapital möglichst nicht an, schützt sein Geldvermögen vor Inflation, pflegt und erneuert regelmäßig abgenutzte Produktionsmittel, verbrauchte Rohstoffe, sorgt für Ersatz auslaufender Firmenpatente und qualifizierter Führungskräfte.
Nachhaltigkeit bedeutet im kleinsten gemeinsamen Nenner, alles, was zum reibungslosen und ertragreichen Funktionieren des jeweiligen »Unternehmens« erforderlich ist, bei Verbrauch oder Verschleiß regelmäßig zu ersetzen: ob Bauernhof oder Forstwirtschaft, Region, Staat oder »Unternehmen Erde«. Aber was gehört zu einem System dazu, was sind seine Überlebensbedingungen? Um reibungsloses »Funktionieren« und »Ertrag« festzustellen und gar zu planen, müssen erst einmal die »Funktionen« des jeweiligen Systems und seine Komponenten und Wirkungen, also seine Überlebensbedingungen und sein Zweck, bestimmt werden. Das ist notwendig, denn sonst weiß man ja nicht, was ge- und verbraucht wird und wodurch es ersetzt werden darf. Eine Milchkuh, die alt wird und stirbt, kann ja schließlich nicht durch dieselbe Kuh ersetzt werden, sondern nur durch eine neue und – um den Hof nicht herunterzuwirtschaften – durch eine »adäquate« unter dem Gesichtspunkt ihres Nutzens wie Milchleistung, Futterverwertung und Lebenszeit. Und hier fangen die Probleme schon an: Wenn der Bauernhof seinen Ertrag sichern will, muss er die alternde Kuh durch eine quasi »modernere« ersetzen, denn durch die Züchtungen wurden immer höhere Milchleistungen pro Kuh erzielt und die Milch wurde immer billiger. Mit herkömmlich auf dem Hof gezeugten Kühen würden die Einnahmen also sinken. Ein Bauer könnte damit einen Betrieb bald in die Unrentabilität führen, also gerade nicht nachhaltig wirtschaften. Andererseits aber wird ein Ökologe gerade dies im Namen der Nachhaltigkeit verdammen: Die Gentechnik mit ihrer Zuchtauswahl und ihren Samenbanken habe aus dem ehemals widerständigen, optimal den hiesigen Klimaverhältnissen, Krankheiten und dem natürlichen Nahrungsangebot angepassten, in Jahrhunderten herangezüchteten Milchviehrassen in wenigen Generationen krankhaft empfindliche Milchlieferanten gemacht, die nur dank chemischer Substanzen überlebensfähig seien. Ehemals autarke Bauernhöfe wurden abhängig von Futtermittel-, Pharma-, Stalltechnik- und (als Milch-Abnehmer) Lebensmittelindustrie – ihr Überleben sei also viel gefährdeter als früher. Die natürliche Ressource »Kuh« hingegen, widerstandsfähig und chemiefreie Milch liefernd, werde durch solche Viehwirtschaft ersatzlos vernichtet.

Ethisch entscheiden
Wenn, wie es die Agenda 21 fordert, Nachhaltigkeitskonzepte für die ganze Wirtschaft einer Region entwickelt werden sollen, prallen unterschiedliche Standpunkte und Modelle aufeinander: Umweltschützer wollen die Natur, Politiker die Arbeitsplätze, Unternehmer ihr Geschäft und jeder von uns Einkommen, Wohnung, Nahrung, Erholungsraum usw. für die Zukunft sichern. Um unser Leben wirklich auf Dauer zu sichern, dürfen wir aber nicht eine Funktion auf Kosten der anderen optimieren, denn Wirtschaft kann ohne Menschen, Menschen können ohne Natur nicht überleben. Nachhaltige Lebensführung darf Verbrauch und Ersatz nicht getrennt wirtschaftlich, ökologisch oder egoistisch bestimmen, sondern gleichwertig ist Ersatz nur, wenn er in jeder dieser Perspektiven unseren Verbrauch ersetzt.

Eva Jelden, 2000

▶ *Erstellen Sie aus den genannten Interessen, die unter »Nachhaltigkeit« Unterschiedliches verstehen, eine Prioritätenliste.*

▶ *Vergleichen Sie Ihre Prioritäten mit den Werte-Entscheidungen, die mit dem Leitbild der »Nachhaltigkeit« verbunden sind (vgl. »Agenda 21« S. 107; vgl. »Zukunftsfähiges Deutschland« S. 114).*

Nachhaltiges Wirtschaften?
Die bisherigen Holzlieferanten eines Möbelkonzerns, alle aus südostasiatischen Ländern, haben ihre Wälder in naher Zukunft gerodet. Der Konzern sorgt vor und erschließt neue Lieferquellen in Brasilien.

1. Holzfäller in Südostasien forsten gerodete Tropenwaldflächen auf, um ihre Einnahmequellen für die Zukunft zu sichern.
2. Umweltvereine kämpfen dafür, dass in Tropenwäldern nur einzelne Bäume gefällt werden dürfen und diese natürlich nachwachsen müssen, weil in Tropenwäldern ca. 50 % aller Arten der Erde leben, in Wiederaufforstungen aber nur max. 10 %. Die langen, schwierigen Transportwege machen das Holz sehr teuer. Der Absatz geht stark zurück, es müssen Arbeiter entlassen werden.
3. Eine Regierung verbietet die Tropenwaldrodung in ihrem Land völlig. Sie importiert Altpapier und subventioniert den Aufbau einer Industrie, die Möbel aus Altpapier herstellt.
4. Herr Müller will umweltbewusst einkaufen. Statt aus Tropenholz sind die Fenster seines neuen Hauses aus Recycling-PVC.
5. Auch Frau Meyer ist umweltbewusst. Sie kauft Gartenmöbel aus Kiefernholz, da durch die regelmäßig notwendige Durchforstung unserer Nadelwälder viel Kiefernholz sowieso anfällt. So haltbar wie aus Tropenholz sind sie natürlich nicht.

Klaus Staeck

► *Diskutieren Sie die Beispiele unter folgenden Aspekten: Wessen Zukunft wird gesichert? Wie wird bestimmt, was verbraucht wurde? Wer hat seinen Verbrauch angemessen ersetzt?*

Nachhaltigkeit – was heißt das eigentlich?

Der Begriff »Nachhaltigkeit« stammt aus der Forstwirtschaft. Dem Konzept liegen damit gleichermaßen ökologische wie ökonomische Überlegungen zugrunde. Er entstand im 18. Jahrhundert und wurde später von der Wirtschaftswissenschaft aufgenommen.

Kontinuierlich …
Die Kunst, Wissenschaft, Fleiß und Einrichtung des Holzanbaues wird darin bestehen, eine kontinuierliche, beständige und nachhaltende Nutzung sicherzustellen. Hanns Carl von Carlowitz, 1713

… und dauerhaft
Neben ökologischer und betriebswirtschaftlicher wird auch eine soziale und kulturelle Nachhaltigkeit definiert: Zur sozialen N. einer Gesellschaft gehört beispielsweise die Bildung und Ausbildung der jungen Generation, zur kulturellen z. B. der Schutz »öffentlicher Kommunikationsräume«, die Förderung von Theatern oder auch ein anspruchsvoller Literaturunterricht in den Schulen. Eva Jelden, 1999

Keine Schwächung des Ertrags
Ein Wald wird nachhaltig benutzt, wenn die Holzschläge, welche jährlich oder in gewissen Zeiträumen in demselben geschehen, keine Schwächung der Ertragbarkeit herbeiführen und wenn nach der Abholzung des ganzen Waldes sein Besitzer wenigstens wieder ebenso große Holzvorräte benutzen kann, als sich in der Zeit vorfanden, wo diese Abholzung ihren Anfang genommen hätte. Karl Kasthofer, 1846

Wer will, dass die Welt bleibt, wie sie ist, will nicht, dass sie bleibt. Erich Fried

Natur erhalten – um ihrer selbst willen?

Der Mensch braucht Natur. Die Notwendigkeit von Naturschutz wird kaum noch bestritten. Erbittert gestritten wird aber um jede konkrete Forderung. Das Wattenmeer: ungenutztes Biosphärenreservat oder Freizeitgebiet? Der Wald: ertragreicher Forst oder naturbelassener Mischwald? Der Stadtpark und selbst der eigene Garten: gestaltete Landschaft oder lebendige Ökonische? Solche Uneinigkeiten lassen sich fast immer auf zwei grundsätzlich unterschiedliche Vorstellungen über die Gründe, warum Natur geschützt werden sollte, zurückführen. Die einen glauben, dass es Werte gibt, die der Natur »inhärent« sind, d. h., die der Natur an sich, unabhängig von menschlicher Wertsetzung, zukommen (»biozentrische Ethik«). Die anderen glauben, dass es eine solche »materiale Werteethik« (vgl. S. 264/65) nicht gibt und alle Werte nur dadurch entstehen, dass etwas für den Menschen wertvoll ist, die Erhaltung deshalb also letztlich nützlich (vgl. »Utilitarismus« S. 230–243). Beide Positionen werden hier und auf den folgenden Seiten »Was macht Natur wertvoll für uns?«diskutiert.

Der Eigenwert der Natur

Tiere jagen und jaulen, finden Schutz, suchen ihre Lebensräume und Partner aus, sorgen sich um ihre Jungen, fliehen vor Bedrohungen, werden hungrig, durstig, erhitzt, müde, erregt und schläfrig ... Diese wilden Tiere verteidigen ihr Leben, weil sie ein Wohl haben. Da gibt es jemanden hinter dem Fell und den Federn. Unser Blick wird von einem Tier erwidert, das selbst Anteil nimmt an der Welt. Tiere sind werthaft, sie sind fähig, Dinge in ihrer Welt zu bewerten ... Tiere bewahren und schätzen ihre Identität, wenn sie sich durch die Welt schlagen ... Nichts macht einer Pflanze etwas aus. Folglich, sagt Peter Singer, »gibt es nichts zu berücksichtigen«. Es gibt pflanzliches Wohl, aber keinen pflanzlichen Wert. Denn es gibt hier kein wertendes Wesen. Pflanzen tun Dinge, die uns interessieren, aber sie sind an ihrem Tun selbst nicht interessiert. Sie haben keine Optionen, unter denen sie wählen können. Sie besitzen nur ihr funktionales Wohl. Aber obwohl es nichts gibt, das Pflanzen etwas ausmacht, gibt es doch Dinge, die einen Unterschied für sie machen. Wir fragen bei einer schwächlichen Pflanze: Was ist los mit der Pflanze? Wenn ihr Sonne und Bodennährstoffe fehlen und wir ihr beides geben, sagen wir: Dem Baum tun Sonne und Nährstoffe wohl, und benefit, also daß etwas wohltut, fungiert überall sonst als Wertausdruck ... Manche befürchten, daß wir hier einen naturalistischen Fehlschluß begehen. Wir schauen, was es in der Natur biologisch so alles gibt, und schließen, daß es wertvoll und schützenswert sei. Aber ist es nicht vielmehr so, daß die Tatsachen hier Werttatsachen sind, wenn wir beschreiben, was dem Baum wohl tut? ... Selbst eine Spezies ist ein wertendes Wesen. Spezies haben eine biologische Identität, die sie durch die Zeit hinweg verteidigen, auch wenn sie keine subjektiven Erfahrungen machen ... Spezies stecken voller Leben, sie sind keine Prozesse, sie sind Ganzheiten, und sie haben eine gewisse Einheit und Integrität ... Jeder Biozentrismus, der sich auf Individuen konzentriert, muß die Tatsache wegargumentieren, daß die Selektion ziemlich rücksichtslos mit Individuen umgeht ... »Etwas ist gut«, schloß Aldo Leopold, »wenn es dazu tendiert, die Integrität, Stabilität und Schönheit der biotischen Gemeinschaft zu bewahren. Es ist schlecht, wenn es zu etwas anderem tendiert.« Leopold wünscht sich eine »land ethic« ... Ein Ökosystem bringt eine spontane Ordnung hervor, die Reichtum, Schönheit, Integrität und dynamische Stabilität der Bestandteile einschließt ... Die Erkundung des Wertes der Umwelt kommt aber erst dann zu ihrem Ende, wenn wir uns auf die planetare Ebene begeben ... Die Erde ist ein wirklich großartiger Planet, die wertvollste Entität überhaupt. Denn sie ist in der Lage, alle Werte auf der Erde hervorzubringen.

Holmes Rolston, 1994

Timm Ulrichs, Der Findling

▶ *Entsteht zwischen der These, dass dem gesamten Ökosystem ein »Wohl« zukommt, und der Tatsache, dass ohne »Fressen und Gefressenwerden« und natürliche Selektion kein Ökosystem nachhaltig überlebt, ein Widerspruch?*

▶ *Ist es nach Rolston moralisch oder unmoralisch, wenn ein Zoo seine überzähligen Tiere »artgerecht« an andere verfüttert?*

▶ *Dürfen Menschen versuchen, gesund zu werden, wenn das doch bedeutet, Tausende von Viren zu töten? Oder müssen sie gerade ohne Rücksicht auf Fauna und Flora ihr eigenes Wohl befördern, weil dies das ihr naturgemäße Wohl befördert?*

Was Rolston emphatisch mit (Eigen-)Wohl von Organismen bezeichnet, nennen andere Biozentriker Selbstorganisation, Selbsterhaltungsstreben oder Selbstzweck. Gibt es aber ethische Gründe, auf solche Zwecke Rücksicht zu nehmen? Nach Kant dürfen wir das, was einen eigenen Zweck hat, nicht als Mittel behandeln, denn es hat ein eigenes Wollen und ist darum gerade kein »es« mehr, sondern ein »jemand«. Aber sind dann nicht alle zweckmäßig auf Selbsterhaltung ausgerichtete Lebensfunktionen Indiz für ein aktives Streben nach einem eigenen Wohl, das moralischen Respekt verdient? Der folgende Text führt wichtige Unterschiede ein:

Während Zwecke im praktischen Sinne Handlungen orientieren, sind Zwecke im funktionalen Sinne bestimmte Zustände eines ereignishaften Geschehens. Eine Handlung unterscheidet sich von einem Ereignis darin, daß bei einer Handlung der Handelnde etwas anderes hätte tun können und somit die Verantwortung für das Getane trägt, wohingegen ein Ereignis etwas ist, das eintritt ... Thermostate verfolgen zum Beispiel keine Zwecke im praktischen Sinne, sondern nur im funktionalen Sinne, wenn sie eine bestimmte Raumtemperatur anstreben oder zu halten suchen. Zwei Arten funktionaler Organisation müssen unterschieden werden: mechanische Organisation und Selbstorganisation. Mechanisch organisierte Apparate, wie zum Beispiel Thermostate, erreichen ihre funktionalen Zwecke über fixe Antwortmechanismen. Selbstorganisierte Apparate, wie zum Beispiel »lernende« Schachcomputer, können ihre Effektivität durch eingebaute Feedback-Systeme steigern. Während bei gewissen »höheren« Tieren die Vorstellung, daß sie auch anders hätten handeln können und begrenzt Verantwortung für das Getane tragen, eine gewisse Plausibilität hat, gilt dies nicht für Bakterien, Pflanzen oder Ökosysteme ... Das heißt, »niedere« Tiere, Pflanzen, Ökosysteme mögen funktionale, aber sicher keine praktischen Zwecke verfolgen ... Das Verfolgen von Zwecken ist Teil des guten Lebens. Handelnden liegt an ihren Zwecken, sie sind ihnen nicht egal. Thermostate und Computer verfolgen funktionale Zwecke, ihnen liegt nicht an ihren Zwecken. Einem PC macht es nichts aus, wenn ein Stromausfall ihn mitten im Edieren eines Textes unterbricht. Moralischer Respekt ist Respekt für das, woran anderen liegt, für ihr subjektiv gutes Leben. Wäre dieser Satz falsch, dann müßten wir auch die funktionalen Zwecke von Thermostaten, Computern und Autos auch da, wo sie unseren Zwecken zuwiderlaufen, um ihrer selbst willen respektieren. Dies ist absurd. Verfolgen Pflanzen oder Ökosysteme nur Zwecke im funktionalen Sinne, dann haben ihre Zwecke somit keinen moralischen Wert ... [Man sollte] Zwecke im funktionalen Sinne schlicht »Funktionen« nennen.

Angelika Krebs, 1997

Ein Eigenwert ist ein Wert, der Tieren und Pflanzen selbst beigemessen wird, unabhängig von dem, was sie für den Menschen bedeuten ... Individuen, Artenpopulationen oder ganze biotische Gemeinschaften, die einen solchen inhärenten Wert besitzen, schulden wir moralische Achtung. Tatsächlich kann der moralisch Handelnde nur unter dieser Voraussetzung davon ausgehen, daß er solchen Wesen gegenüber verbindliche Pflichten und Verpflichtungen hat und ihnen gegenüber verantwortlich ist.

Paul W. Taylor, 1981

Die Natur ist in vielerlei Hinsicht für den Menschen wertvoll und lebensnotwendig. Aus moralischer Rücksicht den anderen Menschen und den zukünftigen Generationen gegenüber tragen wir Verantwortung für die Natur und sind wir zu einem schonenden Umgang mit ihr verpflichtet.

Eva Jelden, 1999

► *Erklären Sie den Unterschied zwischen einer Verantwortung für die Natur und gegenüber der Natur.*

► *Fassen Sie den Unterschied zwischen einem zweckgerichtet tätigen System und einem System mit der Fähigkeit, sich selbst Zwecke zu setzen, zusammen.*

► *Eine Pflanze »sucht« nach Nährstoffen und Licht. Ein Schachcomputer »sucht« nach der optimalen Spielstrategie und versucht zu gewinnen. Diskutieren Sie beide Vorgänge in ihren Parallelen und Unterschieden. Grenzen Sie menschliches Handeln davon ab.*

Was macht Natur wertvoll für uns?

Man kann sich aus einer religiösen Überzeugung heraus der Ehrfurcht allem Lebendigen oder des Respekts allem Sein gegenüber zu einer weitgehenden Rücksichtnahme gegenüber seiner Umwelt verpflichtet fühlen (etwa Vegetarier sein oder gar Veganer, also auch auf Eier und Milchprodukte verzichten). Soll diese subjektive Haltung aber auch anderen als moralisch verbindlich vorgeschrieben werden, so muss sie argumentativ plausibel gemacht und vernünftig begründet werden können. Es gibt neben dem so einsichtigen Argument der Nützlichkeit jedoch noch zahlreiche »gute Gründe« für z. T. sehr viel weiter gehende Forderungen als die des Utilitarismus (vgl. S. 230–243). Die wichtigsten Begründungen seien im Folgenden vorgestellt.

Wertvoll, weil sie schön ist

Ästhetische Kontemplation [Schönheit betrachten] ist eine universale Grundoption guten menschlichen Lebens. Sie hat eudämonischen Eigenwert, sie ist etwas, was man um seiner selbst willen tut. Grundsätzlich kann alles Objekt ästhetischer Kontemplation werden, sogar ein Abfallhaufen oder eine Fahrkarte. Aber es gibt Objekte, die zu ästhetischer Betrachtung mehr einladen als andere. Von diesen bevorzugten Objekten sagen wir, sie hätten ästhetischen Eigenwert ... In der Natur gibt es vieles, das zu ästhetischer Betrachtung einlädt: zarte Rosen, bizarre Felsformationen, majestätische Redwood-Bäume, der Horizont des Meeres. Die schöne und erhabene Natur hat ästhetischen Eigenwert. Mit fortschreitender Naturzerstörung wird auch die schöne und erhabene Natur zerstört. Eigeninteresse und moralischer Respekt für andere rechtfertigen den Schutz und die Kultivierung ästhetisch attraktiver Natur.

Angelika Krebs, 1997

▶ *Die »perfekte« Schönheit – natürlich oder vom Chirurgen? Macht das für Sie einen Unterschied?*

▶ *Erläutern Sie, wieso sich nach Krebs aus ästhetischen Gründen ein Naturschutz fordern lässt.*
Was wäre aus diesem Grund schützenswert?
Erklären Sie, warum dies eine anthropozentrische Auffassung ist (vgl. S. 97).

Das natürliche Schöne ist besonders schön

Ohne Anspruch auf Gestaltung

Das Design-Argument betont, daß wir bei menschengeschaffenen Gegenständen um eine Verantwortung für die Form, das Design, das wir den Dingen geben, nicht herumkommen. In der wilden Natur sind wir dagegen von dieser Verantwortung enthoben. Die wilde Natur tritt uns als gestaltete entgegen, man denke an Spinnengewebe, den Weg, den sich ein Bach in den Bergen sucht, den Gesang von Singvögeln oder Baumrinde. Die Entlastung von der Verantwortung für das Aussehen der Dinge in der Natur, stellt ein Moment von Lebensqualität dar, das um so dringlicher empfunden wird, je weniger gut die Designprobleme in der Welt und der menschlich überformten Natur gelöst sind.

Nach: Angelika Krebs, 1997

Ohne Anspruch auf Erfolg

Das Argument vom Sinn des Lebens versucht gewisse Einsichten der Weisheitslehren, etwa Meister Eckharts oder Dschuang Dsis, für die Naturethik fruchtbar zu machen. Danach ist es nicht weise, den Sinn des Lebens in der Erfüllung bestimmter Lebensprojekte – einer Karriere oder der Liebe zu einer Person etwa – zu sehen. Denn diese Projekte können immer scheitern, und damit verlöre ein solches Leben selbst seinen Sinn. Für den Weisen hat das Leben selbst und alles, was dazugehört – andere Menschen und die Natur –, Eigenwert, »Heiligkeit«. Wem es gelingt, das Leben um seiner selbst willen zu leben, der erfährt die wahre Lebensfreude, »beatitudo«.

Nach: Angelika Krebs, 1997

Ulrich Rückriem, »Granit (Normandie), gespalten, geschnitten« (freigestellt)

▶ *Das »Design-Argument«: Diskutieren Sie darüber, ob Schönheit der »wilden Natur« nicht durch ebenso schöne menschliche Kunstwerke ersetzbar ist.*

▶ *Das »Sinn-Argument«: Diskutieren Sie über die Vorstellung, dass das Leben selbst einen Sinn in sich habe (vgl. S. 264/65).*

Naturverlust als Selbstverlust

Das »Design«-Argument wies darauf hin, dass mit der Überformung alles Natürlichen eine zunehmende Verantwortlichkeit des Menschen gegenüber seiner gesamten Umgebung einhergeht. Der Aspekt der Selbstentfremdung fügt dem noch ein wichtiges Argument hinzu. Taugt diese Einsicht aber schon als moralische Handlungsnorm? Ist schon deswegen alles »Natürliche«, auch im Menschen, erhaltenswert?

In seiner Politik rechtfertigt Aristoteles die Sklaverei damit, dass die Sklaven Sklaven »von Natur« seien und es in ihrer Natur liege, regiert zu werden. Ebenso sei das Weibliche »von Natur aus« »geringer« als das Männliche, sodass es nur natürlich sei, wenn »das eine regiert und das andere regiert wird«. Ähnlich verteidigt im 18. Jahrhundert Edmund Burke das politische System der konstitutionellen Monarchie gegen die Französische Revolution damit, es befinde sich »in genauer Symmetrie und Übereinstimmung mit der Welt- und Naturordnung«. Beide Male wird eine positive Bewertung des »Natürlichen« vorausgesetzt.

Dieter Birnbacher, 1997

Die entfremdete Natur

Jürgen Mittelstraß hat die Entfremdung des Menschen von der Natur als Verlust der Natur sowie als Kehrseite ihrer Aneignung beschrieben. Indem wir Natur ... technischen Zwecken unterwerfen, wird sie uns zugleich als das fremd, was sie einmal war, nämlich Teil einer lebensweltlichen Orientierung, in deren Rahmen Natur und Leben noch eine Einheit bildeten ... Die Natur, die wir über ihrer wissenschaftlich-technischen Aneignung [Nutzung] verloren haben, steht für das Unverfügbare oder schlechthin Gegebene. Sie ist »etwas, das wir nicht können«, und damit Grundlage für unser Tun. Auf diese, vom tätigen Menschen und seinen Werken absehende Weise konnte Natur eine sinnstiftende Funktion wahrnehmen [sie war nicht erklärungsbedürftig, sondern selbstverständlich]. Wissen von der Natur in dieser Form ist Orientierungswissen. Hier versteht sich der Mensch gewissermaßen selbst als Teil der Natur [und ist sich in seinem So-Sein selbstverständlich]. Er trachtet nicht danach, über sie zu herrschen oder zu verfügen. Auf diese Weise verhalf Natur auch zu Antworten bei Fragen nach dem guten Leben. Genau dies ist uns aber mit dem Verlust der Natur abhanden gekommen. Psychologisch gesprochen haben wir eine Stütze verloren, die uns von der permanenten Last entbindet, unser Denken und Handeln stets und überall autonom begründen zu müssen.

Ralf Sichler, 1995, Jürgen Mittelstraß, 1982

Caspar David Friedrich, Morgen im Riesengebirge (Ausschnitt)

> *Zur »aristotelischen Metaphysik« vgl. S. 221*

▶ *Entfremdung und die Feststellung, der Mensch sei nur, wozu er sich selbst durch sein Tun mache, sind zentrale Punkte des Existenzialismus (vgl. S. 260–263). Diskutieren Sie: Hätte de Existenzialismus theoretisch auch bei Naturvölkern entstehen können?*

▶ *Arnold Gehlen hat aus dem menschlichen Verlust seiner eigenen Natur die Notwendigkeit von Institutionen als neue, feste Maßstäbe abgeleitet (vgl. S. 32/33). Wie stehen Sie zu diesem »Ersatz«-Vorschlag? Finden Sie Beispiele, wo frühere Orientierungen an Naturgegebenheiten heute durch Institutionen ersetzt werden.*

▶ *Kennen Sie Handlungen, die mit dem Hinweis, sie seien »natürlich« und »selbstverständlich«, gerechtfertigt werden (können)?*

Ökologische Gerechtigkeit

Nachhaltigkeitskonzepte fordern die Einschränkung des Energie- und Rohstoffverbrauchs (vgl. 100/01). In diesem Zusammenhang entstehen moralische Fragen: Müssen alle mitmachen? Wie kann trotz fehlender Gesetze die Einsicht zur Beschränkung des eigenen Ressourcenverbrauchs erreicht werden? Oder: Wie soll Nachhaltigkeit angesichts unterschiedlicher Lebenslagen der Menschen gerecht umgesetzt werden? Der Moralphilosoph Richard Hare führt logisch überzeugend vor, dass unter bestimmten Bedingungen eine Anerkennung des Nachhaltigkeits-Konzeptes gelingen kann: Hare unterstellt hierbei den Menschen einen moderaten Egoismus und minimale Vernünftigkeit (siehe unten).

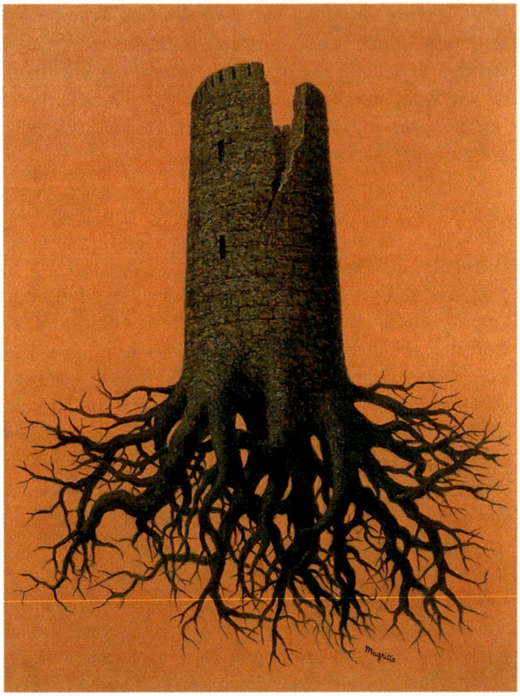

René Magritte, Almayer-Marotte, 1999

Vier Schritte zur goldenen Regel

1. Meine beste Position: Es ginge mir am besten, wenn alle ihr Verhalten auf ökologische Nachhaltigkeit umstellen würden, ich aber nicht.
2. Meine zweitbeste Position: Alle, auch ich, würden ihr Verhalten auf ökologische Nachhaltigkeit umstellen.
3. Meine drittbeste Position: Keiner würde sein Verhalten auf ökologische Nachhaltigkeit umstellen.
4. Meine viertbeste – schlechteste – Position: Keiner außer mir würde sein Verhalten auf ökologische Nachhaltigkeit umstellen

   Konklusion: Jeder will Position 1 für sich, muss also darauf achten, dass die anderen ökologisch nachhaltig handeln. Also werde auch ich scharf kontrolliert werden. Entweder verschafft die Gesellschaft diesen Kontrollen durch Durchsetzungsfähigkeit Erfolg: Dann haben alle die zweitbeste Position für sich. Oder der Gesellschaft gelingt dies nicht: Dann haben alle die 3. Position (und den ökologischen Ruin). Folglich erkäre ich mich (wie jeder andere, minimal vernünftige und moderat egoistische Mensch) bereit, gesellschaftlichen Institutionen legislative und exekutive Macht für diese Kontrollen zuzugestehen.

Nach: Richard M. Hare, 1966

Moderater Egoismus/minimale Vernünftigkeit
Annahme (A):
Wie ich kann auch jeder andere die oben stehende Überlegung anstellen. (minimale Vernunft)
Annahme (B):
Ich und jeder andere will die beste Position für sich, die er/sie haben kann. (moderater Egoismus)

▶ *Veranschaulichen Sie die Position 1 anhand konkreter Situationen, in denen auf Kosten des Allgemeinwohls egoistische Interessen durchgesetzt werden. Gibt es auch damit verbundene Nachteile? Wägen Sie Vor- und Nachteile gegenüber Position 2 ab.*

▶ *Kosten für Kontrollen könnten vermieden werden, wenn jeder freiwillig die Position 2 einnähme. In welchen »sozialen Kleingruppen« gelingt das erfahrungsgemäß – zumindest bei einigen Gütern und Bedürfnissen?*

▶ *Diskutieren Sie in diesem Zusammenhang den Stellenwert von tragenden sozialen Strukturen.*

Gerechtigkeit: international und intergenerationell

Das Nord-Süd-Gefälle, mit den sehr reichen europäischen Ländern auf der einen, den sehr armen, bevölkerungsstarken Ländern auf der anderen Seite, umfasst so starke Unterschiede von Reich und Arm, dass damit auch unausweichlich starke ökologische Ungleichheiten ... einhergehen ... Ökologische Themen können dies veranschaulichen:

1. Der CO_2-Anstieg führt zu einer weltweiten Klimaveränderung, deren Folgen in Form des möglicherweise erhöhten Meeresspiegels katastrophal wären. Ein Gerechtigkeitsproblem besteht beim CO_2-Ausstoß insofern, als auf der einen Seite die Entwicklungsländer in geringerem Maß zum Anstieg beitragen, sie auf der anderen Seite größere CO_2-Senken (Resorptionskapazitäten) bereitstellen und unter den Folgen ihrer geographischen Lage wegen erhöht zu leiden hätten.

2. Das Ozonproblem ist eindeutig eine Folge der über Jahrzehnte hinweg vorrangig in den Industrieländern in zunehmendem Umfang benutzten FCKW. Das inzwischen angestrebte totale Produktionsverbot von FCKW im Jahr 2000 ginge zu Lasten der Entwicklungsländer, weil sie die technisch effizienten und industriell wichtigen FCKW durch teurere Substitute ersetzen müssten ...

Zweifellos erscheint heute die Realisierung internationaler Gerechtigkeit als ein nahezu utopisches Ziel; in der Philosophie und in politischen Theorien ist aber außerdem umstritten, ob es sie in einem anspruchsvollen Sinn überhaupt geben sollte ... Ein berühmtes Argument von Rawls ... ist das »Willkür-Argument«: Eine faktische Ungleichverteilung von Naturgütern ist moralisch gesehen willkürlich und sollte korrigiert werden ... Wenn man ... von einer grundsätzlichen Rechtsegalität aller Menschen ausgeht, ist natürlich auch klar, dass wiedergutmachende Gerechtigkeit im Rahmen universeller Schadenskategorien gefordert ist. Da die Klimaveränderung zu einem hohen Anteil von den westlichen Ländern (USA, EU) verursacht ist und Ähnliches für die Ursachen des Ozon-Abbaus und die Meeresverschmutzung gilt, erwächst den reichen Ländern außerdem eine (zunehmend) umfangreiche Wiedergutmachungspflicht gegenüber den ärmeren Ländern ... Die meisten der eben berührten Umweltprozesse haben, weil sie längerfristig ablaufen, auch eine intergenerationelle Komponente. Klimaveränderung, Rohstoffausbeutung, Artensterben werden auch, teilweise sogar vorwiegend, die Zukünftigen belasten ...

1. Schulden wir (also) Zukünftigen Wiedergutmachung, wenn wir ihre Lebensgrundlagen bereits verschlechtert haben? [Und]

2. Müssen wir bei der Verteilung von Rohstoffen und anderen Naturgütern (z. B. Biotopen) auch die Zukünftigen berücksichtigen? ...

Wenn wir annehmen, dass eine moralische Rechtfertigung gleicher Rechte aller aktuell lebenden Menschen möglich ist, so wird es eine Rechtfertigung sein, die auf einer universellen moralischen Rücksichtnahme oder Anerkennung dieser Menschen (d.h. ihrer gleichen Grundrechte) beruht ... Wenn eine solche Begründung unter den heute Lebenden möglich ist, so schließt sie prinzipiell auch die zukünftig Lebenden mit ein, weil die konstitutiven Eigenschaften für diese Erweiterung nicht geändert werden müssen.

Anton Leist, 1996

1992 unterzeichneten neben Deutschland 169 Staats- und Regierungschefs in Rio die »Agenda 21«. Das war der internationale Versuch, die geforderte Ressourceneinsparungen auf Weltebene verbindlich festzulegen. Wie das Hare'sche Gedankenexperiment benötigt die Agenda 21 die Akzeptanz durch möglichst viele Menschen, denn ein Gesetz ist sie nicht. Jeder Staat muss sie nicht nur als gerechte Nutzen-Lasten-Verteilung akzeptieren, sondern sogar im eigenen Land die Mittel bereitstellen, die Ziele umzusetzen. Es geht um noch mehr: die politische Einsicht und den politischen Willen, dass weltweite soziale Gerechtigkeit und gleichmäßige Ressourcenverteilung und -nutzung ein Zukunftsmodell sein kann.

Leitbild der nachhaltigen Entwicklung

Die Ressourcen der Erde sollen künftig so behutsam bewirtschaftet werden, dass sie den Ansprüchen einer wachsenden Weltbevölkerung genügen und auch zukünftigen Generationen Freiräume und Entfaltungschancen bieten.

Aus der Agenda 21

England hat zur Erzeugung seines Wohlstands fast den ganzen Planeten gebraucht; wie viele Planeten benötigt dann Indien? Mahatma Ghandi

▶ *Diskutieren Sie auf Grundlage der Agenda 21 Ihre Vorstellungen von ökologischer Gerechtigkeit. Würden Sie sich dafür engagieren oder dafür werben? Begründen Sie Ihre Haltung.*

➢ *Zur »Verantwortung für die nachfolgenden Generationen« vgl. S. 114/115; 280/81 (Jonas); 382/83 (Dimensionen der Verantwortung)*

Genetik: Heilung oder Menschenzüchtung?

Sosehr sie die Methoden der Fortpflanzung auch durcheinander gewirbelt haben, – bisher haben die Wissenschaftler das Erbgut der Keimzellen noch nicht angetastet. Noch ist die Humangenetik eine rein diagnostische Disziplin, die im klinischen Alltag eher eine Nebenrolle spielt. Gleichwohl hat sich die Medizin schon längst des Menschen als Modelliermasse bemächtigt. DER SPIEGEL, 1999

▶ *Stellen Sie die Ihnen bekannten biotechnischen Verfahren zusammen, mit denen Eingriffe am Menschen vorgenommen werden können. Werden diese in Deutschland praktiziert?*

Gen-Manipulation und Folgen

Es steht zu befürchten, dass die Akzeptanz von Krankheit und Behinderung in unserer Gesellschaft durch die prädikative Medizin weiter abnimmt. Krankheit und Behinderung, oder schärfer formuliert: Kranke und Behinderte könnten ja verhindert werden. Schon heute kommt es aufgrund vorgeburtlicher Untersuchungen zu Abtreibungen. Ein krankes oder behindertes Kind wird von vornherein nicht akzeptiert. Dies ist aus ethischer Sicht eine äußerst bedenkliche Entwicklung, die nicht hingenommen werden darf. Für das Selbstverständnis der Behinderten wären die Folgen angesichts einer solchen Einschätzung durch die Mitwelt unabsehbar. Mit der konsequenten Anwendung der prädikativen Medizin wäre ein weiterer Anlass geschaffen, das komplexe Geschehen von Krankheit auf wenige, im Individuum angesiedelte Faktoren einzuengen. Die Krankheitsursache würde in den Einzelnen verlagert und Krankheit so zum persönlichen, privaten Schicksal. Andere Faktoren, wie eine krank machende Umwelt, könnten vernachlässigt werden. Der Betroffene wäre an seiner Krankheit selbst schuld. Es bestünde auch die Gefahr, Menschen nach bestimmten Gesichtspunkten zu klassifizieren und zu diskriminieren. Weiter stünde zu befürchten, dass der Mensch biologistisch gesehen wird, dass er allein auf seine genetische Ausstattung reduziert wird. Ein Widerspruch zu einem ganzheitlichen Menschenbild ist hier vorprogrammiert. Pränatale Diagnostik kann auch dazu benutzt werden, den Tod des erwarteten Kindes zu planen, wenn es krank ist oder den Vorstellungen der Eltern nicht entspricht. Johnannes Reiter, 1991

Heilung – oder »neue« Identität?

Jeder Mensch tritt ... als gezeugtes und geborenes, nicht als gemachtes und ausgewähltes Mitglied in die Gesellschaft ein. Er ergreift seine Rechte, ohne sie anderen verdanken zu müssen. Wenn an der befruchteten Eizelle ein gentechnologischer Eingriff erfolgt, und sei es mit medizinischer Zielsetzung, dann wird nicht eine existierende Person geheilt, sondern ihre Identität manipuliert. Generationen übergreifend könnte das gentechnische Wissen unserer Zeit zu einer ständig wachsenden Macht über kommende Generationen führen, und das heißt, von jenen aus gesehen: zu einer Herrschaft der Toten über die Lebendigen, der zudem die neue Qualität einer absoluten Irreversibilität eignete.

Reinhard Löw, 1989

▶ *Stellen Sie die von Reiter und Löw genannten Argumente zusammen, die vor einer bedenkenlosen Nutzung biotechnischer Eingriffe am Menschen warnen. Nennen Sie Gegenargumente und diskutieren Sie das Für und Wider verschiedener Eingriffe am menschlichen Erbgut.*

»Seit eine ›Landkarte‹ des menschlichen Genoms fertig gestellt wurde, arbeiten Forscher auf der ganzen Welt daran, für immer mehr Krankheiten einzelne Gendefekte verantwortlich zu machen. Diese Krankheiten lassen sich so schon beim Embryonen erkennen und manchmal auch therapieren. Immer wieder wird aber auch nach Genen für ›Defekte‹ wie Fettleibigkeit oder Vorzüge wie Intelligenz gesucht, um bei künstlicher Befruchtung das Embryo danach auswählen zu können. In Deutschland ist dies verboten.« Eva Jelden

Keimbahneingriff: bei Krankheit erlaubt?

Viele Kinder in Deutschland konnten nur geboren werden, weil ihre Zeugung außerhalb des Mutterleibs stattfand. Medizinisch sind Eingriffe dieser Art längst keine Ausnahme mehr. Neue technische Möglichkeiten werfen jedoch auch neue ethische Fragen auf, ob es beispielsweise erlaubt sein soll, nur solche Embryonen in die Gebärmutter einer Frau zu implantieren, deren genetischer Test kein defektes Gen im Erbgut aufweisen. Dieses Verfahren, die so genannnte Präimplantationsdiagnose (PID), ist derzeit in Deutschland nicht erlaubt. Die Abtreibung eines Embryos dagegen ist dann straffrei, wenn an ihm bestimmte, gesetzlich festgelegte Behinderungen festgestellt werden. Damit drängt sich die Frage auf, »welche Behinderungen« unter diese Regelung fallen sollen. Und ob nicht – wenn medizinisch möglich – Embryonen gentechnisch »repariert« werden sollten.

Sitzen Schwerstbehinderte, die beim Essen auf fremde Hilfe angewiesen sind, im Hotelrestaurant, können die anderen Urlauber den Reisepreis vermindern.

Entscheid des Amtsgerichts Flensburg, 1999

Die Einschränkung der Keimbahntherapie könnte also nur so scharf sein wie der Begriff der Krankheit. Sie würde in dem Maß kulturell und zivilisatorisch bedingten Schwankungen unterliegen, wie der Krankheitsbegriff schwankt. … So verstehe ich das gelegentlich geäußerte Bedenken, dass mit der Zulassung der Keimbahneingriffe die Menschen selbst zu perfektionierbaren Artefakten werden. Gegenüber den Menschen, welche das technisch erreichbare Ideal verfehlen und deren Leben durch erbliche Krankheiten geprägt ist, wird derselbe Einstellungswandel stattfinden wie gegenüber Trägern von Chromosomenanomalien seit dem Zeitpunkt, als pränatale Diagnose mit medizinisch indiziertem Schwangerschaftsabbruch möglich wurde. Meine Besorgnis wäre an diesem Punkt nicht so groß, wenn unsere gegenwärtige Gesellschaft nicht schon heute abweichendes Leben diskriminierte. Der Gedanke: »Dies muss man doch heute nicht mehr haben«, führt, wenn er gegenüber einem behinderten Menschen geäußert wird, zu seiner Ausgrenzung. Mit der Keimbahntherapie betritt die Gesellschaft den Stand der restlosen Technisierung der menschlichen Natur. Die genetische Identität der Menschen würde in den Raum der Politik hineingezogen.

Christoph Rehmann-Sutter, 1995

Gesund sein will doch jeder

Wenn Sie mich jetzt fragen, dann finde ich das unethisch [den Versuch, durch Klonierung für den Notfall Reserveorgane zu züchten]. Aber wenn ich krank wäre und dies meine einzige Rettung wäre, dann würde ich das sicher ganz anders sehen. Und ist es andererseits denn ethisch, darauf zu hoffen, dass ein junger Mensch auf der Autobahn verunglückt, um von ihm die benötigten Organe zu erhalten? Wenn in x Jahren in den USA Ersatzorgane gentechnisch hergestellt würden, glauben Sie, Deutschland könnte sich dann davon abkoppeln? Da würde sicher ein großer Markt entstehen. Und wenn man die Wahl hätte, entweder nicht zu überleben oder entsprechende Organe in den USA anzukaufen, dann würden dies Leute mit viel Geld sicher tun. Die wirtschaftlichen Kräfte würden in einer solchen Situation wahrscheinlich über die ethischen Fragen dominieren …

Wann könnte denn die Gentechnik so weit sein, dass mit ihrer Hilfe nicht nur Erbkrankheiten erkannt, sondern auch therapiert werden können?

Ich glaube, das wird innerhalb von 20 Jahren Realität. Vielleicht geht es auch ein wenig schneller. An diesen Dingen wird sehr intensiv geforscht.

Ethische Probleme sehen Sie aber nicht?

Natürlich nicht. Wenn ich eine Erbkrankheit hätte, die mit Hilfe einer Gentherapie heilbar wäre – wer wollte mir das und mit welcher Begründung verweigern?

Jozef Schell, Genforscher, 1998 (Gesprächs-Ausschnitt)

▶ *In welchen Punkten stimmen Sie Schell zu, wo würden Sie zurückfragen?*

▶ *Fassen Sie zusammen, welche ethischen Bedenken Sie mit Gentechnik haben. Würden Sie Ihr Kind vorgeburtlich untersuchen lassen?*

▶ *In den USA wurde ein Arzt zu Schadensersatz verurteilt, weil er durch eine fehlerhafte Chromosomen-Untersuchung einen gesunden Fötus diagnostizierte, das später geborene Kind aber tatsächlich eine genetische Behinderung hatte. Die Eltern hätten in diesem Falle den Fötus abtreiben wollen. Finden Sie das Urteil gerechtfertigt?*

Leben als Artefakt

Ein humanisiertes Schwein wäre zu patentieren, solange es kein Mensch ist. Aber ein Mensch, der einen Schweinekopf trägt – das darf auf keinen Fall passieren!

Andrea Schüßler, Patentanwältin

▶ *Warum darf das nicht passieren?*

Wo beginnt menschliches Leben?

Der Mensch – biologisch gesehen
»Es gibt gar keinen Beginn des Lebens – Leben ist ein kontinuierlicher Prozess. Ich kann nicht finden, dass jeder Embryo ein Potential hätte, welches es zu respektieren gilt.«, meint der Reproduktionsmediziner Robert Edwards. Die befruchtete Eizelle ist zunächst eine lebende Zelle wie Tausende andere auch, allein mit der Potentialität, ein Mensch zu werden. Wann aber ist er ein Mensch? Wer dies nicht durch philosophische Kategorien (Besitz von Selbstbewusstsein, Vernunft, Intentionalität u. a. m.) – und also frühestens beim Kleinkind – festmachen will, muss schon in der Potenz, ein Mensch werden zu können, den Eigenwert eines menschlichen Individuums achten. Diese Entscheidung muss man nicht nur für eine eigene Haltung zur Schwangerschaftsunterbrechung finden sowie für die Frage, wie lange solches Zellmaterial zu Forschungszwecken verwendet oder weggeworfen werden darf. Da diese Potenz der Embryonalzelle nur durch die humane DNS gekennzeichnet ist, man diese jedoch beliebig auseinander nehmen und neu, auch mit fremden, menschlichen oder tierischen Gensequenzen gemischt, zusammensetzen kann, kann auch die Philosophie kaum noch sagen, wann das so entstehende Wesen ein – nun gesunder, »verbesserter« – Mensch ist, wann aber ein Homunkulus, eine Chimäre zwischen Mensch und Tier. Eine Antwort müssen wir alle finden.

11. Weltkongress für Gynäkologie, 1985

▶ *Würden Sie Robert Edwards zustimmen, der davon ausgeht, dass es keinen Beginn des menschlichen Lebens gibt?*
▶ *Beschreiben Sie aus Ihrer Sicht, was Gynäkologen 1984 als die »Potenz der Embryonalzelle« bezeichneten.*

An welchem Punkt der Embryonalentwicklung kann von menschlichem Leben gesprochen werden, das es zu respektieren gilt? Die Meinungen dazu sind geteilt. Zu unterschiedlich sind die Auffassungen darüber, was denn eigentlich den Menschen als Menschen im Kern ausmacht.

Welche Rechte haben Embryonen?
Wer ein Embryoleben für unverfügbar hält – ab der Zeugung ... oder auch erst ab der Einnistung des Embryos nach etwa 14 Tagen ... –, tut dies häufig aus religiösen Gründen ... Anders als solche Glaubenspostulate sehen sich säkulare Versionen der Unverfügbarkeitsposition, die zumeist auf des Embryos Zugehörigkeit zur menschlichen Spezies oder auf seine potentiellen Eigenschaften rekurrieren, dem Vorwurf der Unplausibilität ausgesetzt ...: Eine Privilegierung der bloßen Gattungszugehörigkeit ohne Ansehen der konkreten Eigenschaften des Individuums, um das es gehe, lasse sich ebensowenig rechtfertigen wie etwa eine Privilegierung seiner Geschlechtszugehörigkeit ... Allerdings lässt sich die prima facie-Attraktivität des Speziesarguments sehr wohl damit erklären, dass unsere moralischen Dispositionen ... in erheblichem Maße affektiv ausgelöst werden – und daher vor so »personenähnlichen Nichtpersonen«, ... wie Embryonen es mit zunehmender Entwicklung werden, nicht haltmachen.

Nach: Bettina Schöne-Seifert, 1996

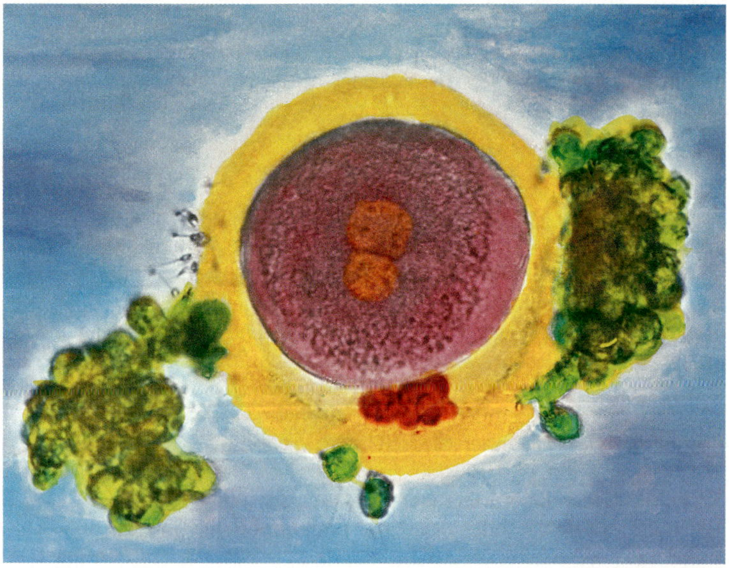

Menschliches Ei, 24 Stunden nach seiner Befruchtung

▶ *Wieso könnte man eine Sonderbehandlung menschlicher Embryonen unplausibel finden? Wie macht Tugendhat die Speziesprivilegierung plausibel (vgl. S. 97)?*

Kultivierung als Neuschöpfung?

Gentechnik ist höchst riskant, weil ihre Wirkungen auf das Ökosystem und den Menschen nicht absehbar sind. Die neue ethische Herausforderung der Biotechnologie aber geht tiefer: Das dialektische Verhältnis zwischen Mensch und Umwelt, zwischen der Bedingtheit des Menschen durch seine Natur und die Kultivierung dieser Natur durch den Menschen droht in Schieflage zu geraten. Wie bei kaum einer anderen Technologie wirken die Folgen auf unsere eigenen Grundbedingungen zurück. Wie definieren wir »gutes Leben« und welches Bild des Menschen steht dahinter?

Craig Venter, US-amerikanischer Gentechniker, kündigt an, bis 2010 ein völlig neues Bakterium aus genetischen Bausteinen zu konstruieren. Für die primitivste Form von Lebewesen seien nicht mehr als 300 Gene (also 300 x 4 DNS-Moleküle) erforderlich, für die er eine synthetische Zelle erzeugen will.

Pressemitteilung, 1999

Der »neue« Mensch?

Die körperliche und geistige Leistungsfähigkeit des Menschen ist ebenso beschränkt wie seine Lebensdauer, und so können wir viele Dinge, die wir als Individuum oder als Gattung gern tun möchten, nicht tun, weil wir durch unsere inneren Naturbedingungen daran gehindert werden. Es kann daher nicht verwundern, wenn diese faktische Begrenztheit der menschlichen Subjektivität zum Anlass für Projekte genommen wird, die auf eine zunächst punktuelle, am Ende möglicherweise aber totale Beseitigung dieser natürlichen Grenzen abzielen ... In diesem Sinne erweitert und radikalisiert der neuere Begriff der Subjektivität ... das Konzept menschlicher Selbsterhaltung durch das der Selbststeigerung der menschlichen Gattung im historischen Prozess. Eine solche Bestimmung übersteigt die bloße Beschreibung dessen, was der Mensch ist, und nimmt eine normative Dimension an. Wenn der Mensch nur als Subjekt die ihm und nur ihm eigenen Möglichkeiten entfalten und damit »Mensch« im vollen Sinne des Wortes werden kann, ergibt sich daraus die normative Schlussfolgerung, dass die Menschen nach einer möglichst umfassenden Kontrolle ihrer Lebensbedingungen streben sollen. Kurt Bayertz, 1987

Hieronymus Bosch, Der Garten der Lüste (Ausschnitt)

Der »alte« Mensch?

Auch an der Stilllegung eines genetischen Alterungsprogramms der Zellen wird gearbeitet. Es könnte irgendwann pränatal wie auch am Erwachsenen therapierbar sein. Wünschenswert? Ich muss gestehen, dass ich skeptisch werde, wenn ich mir eine menschliche Gesellschaft vorstelle, in der die Menschen vielleicht potentiell unsterblich würden, so wie Bakterien- oder Hefekulturen es sind, wenn ihnen nicht ein äußeres Unglück widerfährt ... Es könnte sein, dass nicht die Risiken und Nebenwirkungen der modernen Zivilisation uns die meisten Sorgen bereiten werden, sondern ihr Erfolg. Philosophieren heißt sterben lernen, so lautet ein alter Lehrsatz. Unser Leben ist auf Endlichkeit angelegt, und wir müssen einsehen, dass gerade in der kreativen Einmaligkeit sein tiefster metaphysischer Wert besteht. Rheinscher Merkur Nr. 36/1999

▶ *»Selbsterhaltung« oder »Selbststeigerung« durch die Überschreitung natürlicher Grenzen? – Erläutern Sie die zwei Menschenbilder, die Bayertz damit gegeneinander stellt. Welches Konzept würde vermutlich Reich befürworten?*

> *Zum »neuen Menschen« vgl. S. 410/11*

Menschenwürde zwischen Dasein und Design

Soll in der Biotechnologie alles erlaubt werden, was machbar ist? Diese Frage müssen sich nicht nur zukünftige Eltern, sondern alle stellen – verbunden mit der Überlegung, wie wir zukünftig mit uns selbst umgehen wollen, mit dem eigenen Körper und seinen Unzulänglichkeiten, mit Menschen, die nicht der gesetzten »Norm« entsprechen, mit Entscheidungen, die unser gesellschaftliches Zusammenleben heute und in Zukunft bestimmen sollen. Und: Vieles, was in Deutschland noch »diskutiert« wird, ist in anderen Ländern längst Praxis.

Zwischen Dasein und Design

Aus der Sicht der ethischen Selbstverständigung legt das Genom zwar Bedingungen der Identitätsbildung fest. Aber wir interpretieren diese Anlagen teils als ermöglichende, teils als beschränkende Bedingungen. Und diese können wir wiederum als Herausforderung oder als »lähmendes« Schicksal verstehen. Wie sich ein solches Selbstverständnis herausbildet, hängt unter anderem von Interpretationsmustern ab, die in einer Kultur vorherrschen. Es macht offensichtlich einen Unterschied, ob wir die genetische Ausstattung als Ergebnis eines Zufallsprozesses der Natur oder als Teil eines »verborgenen« Plans oder religiös als Gnade, als Bestimmung Gottes begreifen. Solche Interpretationen prägen das Bewusstsein von Freiheit, mit dem Personen ihre alltäglichen Handlungen ausführen. Wie sollte dieses Bewusstsein unberührt bleiben von dem Wissen, dass beim Design des eigenen Genoms weder der Zufall der Natur noch Gottes Vorsehung die Hand im Spiel hatte, sondern ein Peer? Jürgen Habermas, 1998

Johannes Grützke, »Komm, setz dich zu uns«, 1979

Verantwortlich auch für nicht genutzte Möglichkeiten

Mit den Fortschritten der Reproduktionstechnologie erweitern wir zwangsläufig unsere Verpflichtungen gegenüber unseren Kindern; die Optimierung der »sozialen Konstitution« reicht nicht mehr aus, wenn es möglich wird, auch ihre »natürliche Konstitution« zu beeinflussen. Dieser Prozess der ständigen Ausdehnung unserer Verantwortung hat die Entwicklung der Technik von Beginn an begleitet und erstreckt sich auf alle Bereiche. Die explosionsartige Zunahme der verfügbaren technischen Optionen innerhalb kürzester Zeit lässt diese Ausweitung im Bereich der menschlichen Fortpflanzung jedoch als besonders dramatisch erscheinen, zumal die bisherigen Innovationen offenbar nur das Anfangsstadium einer technischen Revolution darstellen, deren Perspektiven wir nur erahnen können. Wohin diese Entwicklung gehen mag, sei durch die Prognose Joseph Fletchers angedeutet, nach der sich unsere moralische Verantwortung auf dem Felde der Fortpflanzung von der bloßen Kontrolle der Zahl der Kinder, die wir haben, erweitern wird »zu dem heiklen Geschäft der Kontrolle der genetischen und physischen Qualität unserer Kinder. Es wäre ein ganzer Sprung, von den blinden Zufällen des sexuellen Roulette oder des ›Nehmen, was man kriegt‹ beim Kindermachen zur sorgfältigen Produktion vorfabrizierter Kinder überzugehen.« Kurt Bayertz, 1987

»Verbesserter« Mensch – beschädigte Menschenrechte?

Ich gehe davon aus, dass die Grundsätze einer egalitären Rechtsordnung nur solche Entscheidungskompetenzen zulassen, die mit dem gegenseitigen Respekt für die gleiche Autonomie eines jeden Bürgers vereinbar sind. So darf ein anderer über meine Arbeitskraft eine zeitlich und sachlich begrenzte Verfügung nur dann ausüben, wenn ich dazu meine Einwilligung gegeben habe. Zwar gibt es »besondere Gewaltverhältnisse« wie das zwischen Eltern und Kindern. Aber abgesehen davon, dass auch die elterliche Gewalt rechtlich beschränkt ist, genügt es für die Frage, ob das Klonen [oder Designen] von Menschen in die grundlegende Symmetrie der gegenseitigen Beziehungen zwischen freien und gleichen Rechtspersonen eingreifen würde, das Verhältnis erwachsener oder im rechtlichen Sinne mündiger Personen zu betrachten. Die Abhängigkeit vom Sozialisationsschicksal ist ohnehin anderer Art als die vom genetischen »Schicksal«: Die heranwachsende Person kann sich gegebenenfalls vom Elternhaus »abwenden« und mit dessen Tradtionen »brechen«, während sie ihren Genen unterworfen bleibt. Hat ein geklonter Mensch ein anderes Selbstverständnis? Die Frage ist, was sich für das moralische Selbstverständnis einer erwachsenen Person ändern müsste, wenn sie nicht natürlich gezeugt, sondern geklont worden wäre. Offensichtlich ändert sich nicht die Abhängigkeit von einem genetischen Programm, sondern die Abhängigkeit von der Festlegung dieses Programms durch eine andere Person. Wenn sich Eltern entschließen, ein eigenes Kind zu bekommen, wird der Nachwuchs durch die zufallsgesteuerte Kombination der beiderseitigen Gene zum Erben eines unübersichtlichen genealogischen Zusammenhangs. Zimmer betont mit Recht den Unterschied zwischen diesem Entschluss und der Entscheidung einer Person, von ihrem genetischen Code eine möglichst exakte Kopie herstellen zu lassen (oder ausgewähltes Erbmaterial anderer Personen zu nehmen ...). Die absichtliche Festlegung der Erbsubstanz bedeutet nämlich, dass sich für den Klon ein Urteil lebenslänglich verstetigt, welches eine andere Person vor seiner Geburt über ihn verhängt hat. Wem die Konnotationen der Gerichtsmetapher nicht schmecken, der mag mit Lutz Wingert sagen, dass hier eine interpersonale Beziehung an das Verhältnis von Designer und Produkt angeglichen wird ... Die geklonte Person hätte gewiss wie alle anderen die Freiheit, sich zu ihren Begabungen und Behinderungen zu verhalten und auf dieser Ausgangslage produktive Antworten zu finden. Aber für sie wären diese »Gegebenheiten der Geburt« keine zufälligen Umstände mehr, sondern das Ergebnis eines absichtlichen Tuns. Was für andere ein kontingentes Geschehen bleibt, kann der Klon einer anderen Person zurechnen. Die Zurechenbarkeit des intentionalen Eingriffs in eine Zone der Unverfügbarkeit bildet den moralisch und rechtlich relevanten Unterschied. Der Ausdruck »unverfügbar« soll dabei nur heißen: dem Zugriff anderer Personen – denen wir, normativ gesehen, gleichgestellt sind – entzogen. Dass die Bedingungen der Ausbildung personaler Identität in diesem Sinne unverfügbar sind, gehört offenbar auch zum modernen Verständnis von Handlungsfreiheit. Andernfalls ist die gegenseitige Anerkennung der gleichen Freiheit für alle in Frage gestellt ... Ich bin nicht sicher, wie dieser Perspektivenwechsel unser moralisches Selbstverständnis beeinflussen würde. Soweit ich sehen kann, müsste das Klonen von Menschen jene Symmetriebedingungen im Verhältnis erwachsener Personen untereinander verletzen, auf der bisher die Idee der gegenseitigen Achtung gleicher Freiheiten beruht. Dieses Bedenken erstreckt sich aber nicht ... auf die vorbeugende Eliminierung von Krankheiten (die freilich niemals vorgeschrieben, sondern nur erlaubt werden dürfte). Für eine normative Rechtfertigung solcher wohl umschriebenen pränatalen Eingriffe sehe ich allerdings ausschließlich negative Argumente, allgemein: die Vermeidung von Übeln. Wahrscheinlich ist das schon eine zu weiche Formulierung, denn die Definition von Übeln hängt von kulturellen Maßstäben ab, die sehr problematisch sein können. Galten nicht schon einmal »minderwertige Rassen« als ein Übel?

Jürgen Habermas, 1998

Thomas Mann schrieb bei der Geburt seines ersten Sohnes an seinen Bruder Heinrich, er wünsche sich seinen Sohn als »Fortsetzung und Wiederbelebung meiner selbst«.

Der menschliche Zustand ruft dauernd nach Verbesserung. Versuchen wir zu helfen ... Aber versuchen wir nicht, an der Wurzel unseres Daseins, am Ursitz des Geheimnisses, Schöpfer zu sein.

Hans Jonas

»Zukunftsfähige« Naturnutzung

Der Staat schützt auch in Verantwortung für die künftigen Generationen die natürlichen Lebensgrundlagen im Rahmen der verfassungsmäßigen Ordnung durch die Gesetzgebung und nach Maßgabe von Gesetz und Recht durch die vollziehende Gewalt und die Rechtsprechung.

Grundgesetz Artikel 20a von 1994

René Magritte, Der verheiratete Priester, 1950

An die nachfolgenden Generationen denken

Faktor vier – weltweit

Faktor vier wird, so hofft der Club of Rome, zu einem neuen Schlagwort. Doppelter Wohlstand, halbierter Naturverbrauch – das steht im Zentrum dessen, was die erste globale Revolution von uns fordert. Ohne eine weltweite Verdopplung des Wohlstands sind die bedrohlichen politischen Spannungen und die auf andere Weise ebenso bedrohliche weltweite Armut nicht zu überwinden … Und ohne eine Halbierung des Naturverbrauchs können die ökologischen Gleichgewichte nicht wiederhergestellt und die Lebensgrundlagen nicht langfristig gesichert werden, was der berühmte Bericht »Grenzen des Wachstums« von 1972 ausgeführt hat.

Ricardo Díez Hochleitner, Präsident des Club of Rome, 1995

Schüler gewinnen Wette

Genau sieben Monate haben die Schulen gebraucht, um ihren Ausstoß an umweltschädlichem Kohlendioxyd um zehn Prozent zu senken – die Bundesregierung traut sich allenfalls zu, dieses Sparziel in sieben Jahren zu erreichen. Eine viel zu lange Zeit, wie die Jugend im Bund für Umwelt und Naturschutz befand. Im November des vorigen Jahres traten 192 Schulen zur Klima-Wette mit der rot-grünen Koalition an. Und haben gespart: die Heizungen heruntergedreht, auf die Stand-by-Funktion der Computer verzichtet, den Wasser- und Lichtverbrauch reduziert. Die Käthe-Kollwitz-Schule im hessischen Langenselbold liegt noch bei 42 Prozent des früheren CO_2-Ausstoßes. Jetzt ist's an den Politikern, ihr Sparkonzept am kostengünstigen Vorbild zu orientieren. Doch zunächst muss das Umweltministerium der BUND-Jugend ein Fest ausrichten.

Rheinischer Merkur, 1999

Studie für Deutschland

In der Studie »Zukunftsfähiges Deutschland« wird das gleiche Recht eines jeden Menschen auf eine intakte Umwelt sowie das gleiche Recht proklamiert, für seine Lebensansprüche den Umweltraum zu nutzen, solange dieser nicht übernutzt wird. Der Umweltraum enthält die Menge natürlicher Ressourcen, die so verwendet werden können, dass eine hohe Lebensqualität für möglichst viele Menschen erreicht wird und die Lebensansprüche künftiger Generationen gewährleistet bleiben. Im Argumentationsstil spiegeln sich stark der Vorrang der sozialen Entwicklung, ein individueller Rechtsanspruch sowie ein auf den Menschen orientiertes Naturverständnis. Mit einer solchen ökologischen Grundrechtserklärung korrespondieren folgende Maximen: Die Nutzung einer Ressource darf nicht größer sein als ihre Regenerationsrate. Die Freisetzung von Stoffen darf nicht größer sein als die Aufnahmefähigkeit der Umwelt. Die Nutzung nicht erneuerbarer Ressourcen kann nur in dem Maß geschehen, in dem ausreichend erneuerbare Ressourcen nachwachsen, um die entsprechenden Aktivitäten ersetzen zu können.

Friedhelm Hengsbach, 1999

Vom »ökologischen Rucksack« bis zum »Öko-Audit«

Instrumente für ökologisches Wirtschaften

Der klassische Umweltschutz hat wenigstens zwei sehr wichtige Dinge hervorgebracht: die Produkt-Öko-Bilanz (vgl. »ökologischer Rucksack«) und das Öko-Audit. In beiden Fällen geht es um ein besseres ökologisches Verständnis der Wirkungen, einmal von einem Einzelprodukt und einer Herstellungsgeschichte, das andere Mal von einer ganzen Firma. Beides ist ziemlich aufwendig, aber beides kann sehr lehrreich sein. Über Ökobilanzen von Produkten und Dienstleistungen ist in den Jahren seit 1985 beachtlich viel geforscht und geschrieben worden. Von der ehrgeizigen, aber bislang nicht konsequent durchführbaren Produktlinienanalyse, die die gesamte direkte und indirekte Entstehungsgeschichte von Produkten mit den jeweiligen ökologischen Schadwirkungen erfassen will, bis zu einfachen Feststellungen – etwa über den Pestizideinsatz bei Äpfeln oder Baumwolle – gibt es ein riesiges und sich weiter vergrößerndes Feld von Möglichkeiten der ökologischen Produktkennzeichnung ... Die logische Weiterentwicklung der Risikoabschätzungen, das Öko-Audit, beansprucht prinzipiell die ökologischen Wirkungen eines Betriebes vollständig zu erfassen und der Öffentlichkeit zugänglich zu machen ... Für diejenigen Betriebe, die sich das Audit regelmäßig leisten können, wird es sich wahrscheinlich positiv auszahlen: Sie lernen mehr über ihren Betrieb, sie entdecken zahlreiche Einsparmöglichkeiten, sie erhalten ein besseres Ansehen und erreichen damit eine bessere Kundenbindung und Mitarbeitermotivation.

Ernst Ulrich von Weizsäcker, 1995

Durch Evolution sterben ständig Arten aus, durchschnittlich entsteht pro Monat aber auch eine neue. In den letzten Jahren überwiegt zunehmend das Aussterben.

Club of Rome

Empfehlungen

– keine neue Flächenversiegelung: bis 2010 soll die Neuinanspruchnahme unbebauten Bodens auf 10 % des heutigen Bedarfs zurückgehen;
– langfristig soll Neubedarf nur noch durch Umbenutzung gedeckt werden (z. B. ehemaliger Industrieflächen in Wohngebiete, Förderung verdichteter Wohnformen);
– Reduktion von Kohlendioxidausstoß (Förderung erneuerbarer Energieträger), wie es auf der Konferenz für Umwelt und Entwicklung 1992 in Rio de Janeiro verbindlich festgelegt wurde;
– Studie »Zukunftsfähiges Deutschland«.

Enquete-Kommission des dt. Bundestages »Schutz des Menschen und der Umwelt«

▶ *Haben Sie Vorschläge für Einsparungen an Ihrer Schule? Setzen Sie sich dafür ein?*

▶ *Schätzen Sie Ihren »Umweltverbrauch«. Diskutieren Sie mögliche Einsparungen, um den kommenden Generationen eine intakte Umwelt zu übergeben.*

Maßnahmen

Die Unternehmen könnten beispielsweise »Klimakredite« erwerben. Darunter versteht man Gutschriften dafür, dass die Firma in einem anderen Land dabei behilflich ist, Treibhausgas-Emissionen zu senken. Andersherum: Spart ein Unternehmen etwa tausend Tonnen CO_2 ein, kann es das entsprechende Guthaben an einen Dritten verkaufen, der dafür dann tausend Tonnen CO_2 emittieren darf. Bereits im Jahr 2010 werden nach Schätzungen der Weltbank solche Kredite im Wert von bis zu sechzehn Milliarden Dollar gehandelt ... Der Anteil der armen Länder am weltweiten CO_2-Ausstoß ist vergleichsweise gering. Daher werden ihnen Rechte zugestanden, in den kommenden Jahren ihre Emissionen zu steigern – oder mit den Reichen ins Geschäft zu kommen. Die Industrieländer können, um ihre Verpflichtungen zu erfüllen, von 2008 an auch außerhalb ihres Territoriums mit Emissionsrechten handeln.

Ralph Ahrens, 1999

EG-Öko-Audit-Verordnung
prüft und beschreibt Aufbau von Umweltmanagementsystemen und führt Umweltbetriebsprüfung durch.

Die Bundeshauptstadt Berlin will ihren Energieverbrauch bis 2004 auf 75 % des Verbrauchs von 1990 senken. Dafür werden 650 Mio DM bereitgestellt.

Josef Zens, 1999

Museen bewahren die Vergangenheit. Recycling bewahrt die Zukunft.

Th. W. Adorno

Das kann z. B. jede/jeder tun
Seit der Liberalisierung des Strommarktes kann man seinen Stromerzeuger selbst wählen. Viele Lieferanten bieten »Öko-Strom« an (z. B. Ares: »Eco 24« = Strom aus regenerativen Quellen [derzeit Windkraft, demnächst auch Wasserkraft], DM –,36 pro kwh gegenüber »Normaltarif«, bei »Power 24« DM –,26 pro kwh; Berliner Stadtwerke: Solarstrom für DM –,76 pro kwh, zertifiziert von WWF)

Was kann die Wissenschaft?

Entmündigt durch wissenschaftliche Experten?

Nur Nützliches ist gut

Ich halte dafür, daß das einzige Ziel der Wissenschaft darin besteht, die Mühseligkeit der menschlichen Existenz zu erleichtern. Wenn Wissenschaftler, eingeschüchtert durch selbstsüchtige Machthaber, sich damit begnügen, Wissen um des Wissens willen anzuhäufen, kann die Wissenschaft zum Krüppel gemacht werden, und eure neuen Maschinen mögen neue Drangsale bedeuten. Ihr mögt mit der Zeit alles entdecken, was es zu entdecken gibt, und euer Fortschritt wird doch nur ein Fortschreiten von der Menschheit weg sein. Die Kluft zwischen euch und ihr kann eines Tages so groß werden, daß euer Jubelschrei über irgendeine neue Errungenschaft von einem universalen Entsetzensschrei beantwortet werden könnte.

Galileo Galilei in »Leben des Galilei« von Bertolt Brecht

Auch der wissenschaftlich und rechtlich einwandfreie Umgang mit neuen Technologien hat in den letzten Jahrzehnten Katastrophen nicht verhindern können, die das Vertrauen auf die Harmonie von Wissenserweiterung, Naturbeherrschung und menschliche Autonomie zerstört haben. Ludwig Siep, 1993

Laut einer Pressemeldung der Anwaltskammer in Berlin von 1999 treten in über 90 % aller Gerichtsprozesse Fachgutachter auf. 1997 wurden bei 95 % aller Abstimmungen des Deutschen Bundestages wissenschaftliche Experten angehört bzw. Expertisen vorgelegt.

Eine der Möglichkeiten, eine Epoche zu beenden, besteht darin, dass man ihr einen treffenden Namen gibt. Ich schlage vor, dass wir die Mitte des 20. Jahrhunderts die Epoche der entmündigenden Expertenherrschaft nennen … Der Ernährungswissenschaftler schreibt die »richtige« Kost für den Säugling vor, der Psychiater verschreibt das »richtige« Antidepressivum, und der Schulmeister – mit inzwischen unumschränkter Erziehungsgewalt – fühlt sich berechtigt, seine Methode zwischen dich und alles, was du lernen willst, zu schieben. Jede neue Fachrichtung der Expertendienste ist, um sich entfalten zu können, darauf angewiesen, da die Öffentlichkeit neue Vorstellungen von gut und böse – und mithin darüber, was existieren darf und was nicht – übernimmt, die auch durch das Recht gestützt werden. So expandierte die Schule zum Kreuzzug gegen den Analphabetismus, sobald Analphabetismus als Übel definiert wurde. Kreißsäle wurden zum Tor der Welt, seit die Hausgeburt als schlecht und rückständig galt. Das Monopol der Experten definiert, was Abweichung ist und welche Abhilfen dagegen benötigt werden.

Ivan Illich, 1983

▶ *Erläutern Sie, warum Illich unseren Umgang mit Expertendiensten für entmündigend hält. Verlassen Sie sich z. B. auf den Rat des Arztes?*

Thomas Hobbes, Frontispiz zu seinem Werk »Leviathan«

Mündig durch wissenschaftliche Aufklärung?

Mittel und Zweck

(Die Wissenschaft) bedarf in jedem Betrachter erst eines Wert-Ideals, einer Werte schaffenden Macht, in deren Dienste sie an sich selber glauben darf. Sie selbst ist niemals Werte schaffend. … Wissenschaft – Umwandlung der Natur in Begriffe zum Zweck der Beherrschung der Natur – das gehört in die Rubrik »Mittel«, aber der Zweck und Wille des Menschen muss ebenso wachsen, die Absicht in Hinsicht auf das Ganze.

Friedrich Nietzsche, 1873

Optimismus

Aufklärer vom Schlage eines Condorcet hatten die überschwängliche Erwartung, dass Künste und Wissenschaften nicht nur die Kontrolle der Naturkräfte, sondern auch die Welt- und Selbstdeutung, den moralischen Fortschritt, die Gerechtigkeit der gesellschaftlichen Institutionen, sogar das Glück der Menschen befördern würden. Von diesem Optimismus hat das 20. Jahrhundert nicht viel übrig gelassen.

Jürgen Habermas, 1981

Sollen Wissenschaftler uns regieren?

In Francis Bacons Anfang des 17. Jahrhunderts zu Papier gebrachter Vision eines glücklichen Inselstaates, der biblische Traditionen pflegt und von den Segnungen technischer Forschung lebt, ist das politische Regiment durch ein Regiment von Experten ersetzt, ist der wissenschaftlich-technische Sachverstand an die Stelle der politischen Vernunft getreten. Im Pantheon von Neu-Atlantis stehen keine Herrscher und keine Militärs, auch keine Philosophie. Ein Führer erläutert: »Hier befindet sich die Statue eures Kolumbus, der Westindien entdeckte, ebenso die des ersten Schiffbauers, ferner die eures Mönches, der die Feuergeschütze und das Pulver erfand. Es stehen dort ferner die Statuen der Erfinder der Musik, der Buchstaben, der Buchdruckerkunst, der astronomischen Beobachtungen, der Metallverarbeitung, des Glases, der Seidenraupenkultur, des Weines, der Brotbereitung, des Zuckers … Jedem, der eine wertvolle Erfindung macht, errichten wir eine Statue.« Die Hoffnung, die Bacons Utopie zu vermitteln sucht, begründet den neuzeitlichen Begriff des Fortschritts, d.h. A) die gesellschaftliche Priorität eines sich in immer kürzer bemessenen Zeiträumen vollziehenden quantitativen und/oder qualitativen Anwachsens theoretischen Wissens und seiner technischen Nutzung, B) die Annahme, dass eine freie Entwicklung des Intellekts und eine Steigerung des naturwissenschaftlich-technischen Könnens nahezu zwangsläufig zu einer Humanisierung der Gesellschaft führe … Wie es scheint, haben die modernen Industriegesellschaften diese Vorstellung, zusammen mit der ebenfalls Bacon'schen Devise, Herrschaft über die Natur zu gewinnen, in ihren gesellschaftspolitischen Katechismus geschrieben … Ihr Merkmal ist das Regiment des Sachverstandes, die Herrschaft über Sachen. Zusammenhänge, die nicht als »technische« Zusammenhänge rekonstruierbar sind, können auf dieser Stufe keine Rationalität beanspruchen; Politik ist entweder angewandter Sachverstand oder sie bewegt sich außerhalb der Grenzen rational kontrollierbarer Verhältnisse … Nach Saint-Simon hat das industrielle System, d.h. die technische Rationalität, die Menschen »vom Joch der politischen Prinzipien befreit«; dafür tragen wir jetzt das Joch einer »prinzipienlosen« Technik. Über die Vorzüge dieses Joches ist endgültig noch nicht entschieden.

Jürgen Mittelstraß, 1982

Der Zweck unserer Gründung ist es, die Ursachen und Bewegungen sowie die verborgenen Kräfte in der Natur zu ergründen und die Grenzen der menschlichen Macht so weit wie möglich zu erweitern.

Der Führer auf »Neu-Atlantis«, Zukunftsutopie von Francis Bacon, 1627

▶ *Welche Hoffnung setzten die Aufklärer Saint-Simon und Condorcet in die Wissenschaft? Was sagen die drei Texte über die Möglichkeiten und Grenzen wissenschaftlichen »Sachverstandes« und »prinzipienloser Technik« bezüglich der »Humanisierung der Gesellschaft«?*

➤ *Zum »Fortschritt« vgl. S. 408–411*

➤ *Zu Friedrich Nietzsche vgl. S. 258/59; 364/65*

Gibt es Grenzen in der Forschung?

Unterliegt erst die Anwendung der Moral?

Der Philosoph Hans Mohr schreibt 1970 einen Antwortbrief an einen Kollegen, der forderte, der Forscher möge sich in seiner Tätigkeit auf den Nutzen und Segen für die Menschheit verpflichten:

Lieber Herr xxx,
Sie haben viel Beifall erhalten, als Sie bei Ihrer Ansprache von den Naturwissenschaftlern verlangten, sie sollten die Konsequenzen möglicher Forschung antizipieren und sittlich verantworten. Ich nehme an, dass Sie aus einem unmittelbaren Gefühl heraus gesprochen haben, und ich verstehe und achte dieses Gefühl. Es begleitet mich, seitdem ich produktiv Wissenschaft betreibe. Die Logik der Sachlage spricht jedoch gegen dieses Gefühl. Dies ist der Grund dafür, dass Sie zwar pointierte Kritik getrieben haben, uns aber eine Antwort auf das Problem schuldig geblieben sind. Ich war darob nicht verwundert, denn Sie verlangen Unmögliches. Der Vertreter der Physik hat in seinem Referat Beispiele dafür angeführt, wie schwierig es in der klassischen Physik gewesen ist, die mögliche gesellschaftliche Relevanz wissenschaftlicher Erkenntnis abzuschätzen. Ihr noch weiter gehendes Postulat, der Wissenschaftler müsse sich ein Urteil über das gesellschaftliche »Gut« und »Böse« der geplanten Forschung bilden, ist nicht erfüllbar; aus mehreren Gründen. Ein solches Urteil kann man sich nur bilden, wenn man außerwissenschaftliche Normen heranzieht. Zeitlich invariante außerwissenschaftliche Normen gibt es indessen nicht. Was heute »gut« ist, kann morgen »böse« sein, etwa bezogen auf das jeweilige Wertsystem der Gesellschaft. »Gut ist, was dem Volke nützt«; dieser Norm war die deutsche Wissenschaft vor 30 Jahren ausgesetzt, mit verheerenden Konsequenzen. Die Nationalsozialisten haben die wertfreie Wissenschaft, wie sie es nannten, mit aller Härte bekämpft und die Forderung nach einer wertenden Wissenschaft erhoben, natürlich einer solchen, die ihre eigenen Ziele und Interessen rechtfertigen sollte. Hitler hat diese Forderung mit brutaler Deutlichkeit ausgesprochen: »Der Gedanke einer freien, voraussetzungslosen Wissenschaft konnte nur im Zeitalter des Liberalismus auftauchen. Er ist absurd. Die Wissenschaft ist ein soziales Phänomen und wie jedes solches begrenzt durch den Nutzen oder Schaden, den es für die Allgemeinheit stiftet. Mit dem Schlagwort von der objektiven Wissenschaft hat sich die Professorenschaft nur von der sehr nötigen Beaufsichtigung durch die staatliche Macht befreien wollen.« Soweit ich sehe, ist dies generell der Anspruch politischer Ideologien. Selbst die Terminologie ist heute kaum anders als zu Hitlers Zeiten. Verschieden ist allenfalls die Couleur, oder, mit anderen Worten, das jeweilige Wertsystem, für dessen Begründung und Stabilisierung man die Wissenschaft heranziehen möchte. Doch nun zurück zu Ihrer Forderung an die Wissenschaftler. Erlauben Sie mir die Darlegung von Beispielen ... Alle kompetenten Wissenschaftler und die meisten Mediziner, deren Meinung ich kenne, sind der Auffassung, dass die Östrogene, als Medikamente oder als Ovulationshemmer angewendet, in den meisten Fällen sowohl physisch als auch psychisch ein besonderes Mittel sind, um Sexualverhalten und Reproduktion in einer Weise zu trennen, die der Würde des Menschen entspricht. – Jedermann weiß, dass z. B. Paul VI. und General de Gaulle völlig anderer Meinung sind. – Nach welchen nichtwissenschaftsimmanenten Maßstäben soll ein Forschungsprojekt über die Molekularbiologie der Östrogene beurteilt werden? ... Ist solche Forschung »gesellschaftlich« gut, die die Effizienz der Medizin weiter fördert? Schließlich ist die größte Gefahr, vor der wir stehen, die Bevölkerungsexplosion, in erster Linie darauf zurückzuführen, dass die Medizin auf eine wissenschaftliche Basis gestellt wurde und dadurch die Lebenserwartung in den meisten Teilen der Welt ungeheuer anstieg. Sollte man nicht die Möglichkeit ins Auge fassen, die Effizienz der Medizin zu reduzieren, um die Sterberate wieder zu erhöhen? Ist der hippokratische Eid noch zu verantworten? Ist es angesichts der Drohung, dass die Bevölkerungsexplosion die Menschheit vernichten wird, noch zu verantworten, Forschung zu betreiben, welche die zweithäufigste Todesursache, den Krebs, eventuell besiegen hilft?

Hans Mohr, Philosoph, 1970

Genforschung verbieten?

Gesetze braucht man. Aber man soll es nicht übertreiben. Ich möchte keine Regulierung, die sagt, diese oder jene Erkenntnisse sind tabu. Ich möchte nicht, dass mir jemand verbietet, bestimmte Kenntnisse zu erwerben. Regulierungen sollten erst bei der Anwendung von Erkenntnissen greifen ... Es gibt zwar Leute, die sagen, was man nicht weiß, kann man auch nicht anwenden. Aber ich glaube, dass das nicht die Zukunft ist, in die wir gehen. Es ist grundsätzlich unvermeidlich, dass die Menschen mehr und mehr wissen werden, wie sie bestimmte Dinge tun können – auch in der Gentechnik. Aber die möglichen Anwendungen dieser Erkenntnisse muss man natürlich regulieren.

Jozef Schell, 1998

▶ *Warum lässt sich nicht allein nach wissenschaftlichen Maßstäben entscheiden, ob ein Forschungsauftrag gut oder schlecht ist?*

▶ *Diskutieren Sie die von Mohr genannten Beispiele: Wer sollte über sie entscheiden?*

Joan Miró, Frau und Vögel bei Sonnenaufgang, 1946

Moral: Privatsache des Wissenschaftlers?

Nehmen wir an, ein Hochschullehrer erklärt seinem studentischen Publikum, der Schwangerschaftsabbruch sei in den Paragrafen 218ff. des Strafgesetzbuches geregelt, und er fügt hinzu, jeder Schwangerschaftsabbruch sei verwerflich. Es handelt sich hierbei offensichtlich um Äußerungen, die verschiedenen Kategorien angehören. Die Aussage über den Regelungsort des Schwangerschaftsabbruchs ist ein Tatsachenurteil, eine deskriptive Aussage also, und kann wahr oder falsch sein. Die Bemerkung über die Verwerflichkeit jedes Schwangerschaftsabbruchs hingegen stellt ein Werturteil dar.

Aber worin unterscheiden sich eigentlich Werturteile von Tatsachenaussagen? … Und warum sollte es problematisch sein, beide ohne nähere Erläuterung nebeneinander zu stellen? An Fragen wie diesen entzündete sich zu Beginn unseres Jahrhunderts der so genannte Werturteilsstreit. Die Wissenschaft, so erklärte damals Max Weber, könne niemanden lehren, »was er soll, sondern nur, was er kann und – unter Umständen – was er will«. Der Wissenschaftler solle deshalb deutlich machen, welche seiner Äußerungen (objektive) Sachaussagen und welche Werturteile darstellen … Tatsachenaussagen sind Aussagen, die empirisch prüfbar sind. Sie können wahr oder falsch sein. Dagegen stellen Werturteile subjektive Stellungnahmen zu einem Sachverhalt dar; sie sind nicht wahr oder falsch, sondern allenfalls richtig oder unrichtig … Die besondere Kompetenz, die Wissenschaftler von Berufs wegen beanspruchen können, bezieht sich in erster Linie auf Tatsachenaussagen … Werturteile hingegen sind von dieser wissenschaftlichen Kompetenz nicht mehr gedeckt, sondern von den ganz persönlichen Vorlieben und Abneigungen des Wertenden geprägt. Wer also etwa im Hörsaal die Behauptung aufstellt, jeder Schwangerschaftsabbruch sei verwerflich …, der überschreitet seinen wissenschaftlichen Kompetenzbereich und vermengt Wissenschaft mit Privatmoral.

Eric Hilgendorf, 1999

▶ *Formulieren Sie für ein beliebiges Thema »Tatsachenbehauptungen« und »wertende Stellungnahmen«. Warum sollten beide Aussageformen deutlich voneinander getrennt werden (vgl. S. 14/15)? Gibt es Schulfächer, die eher das eine, eher das andere thematisieren?*

➢ *Zu »Wissenschaft und Macht« vgl. S. 411 (Sloterdijk)*

Forscherdrang zwischen Dienstloyalität und Arbeitsethos

Wissen und Macht

»Wissenschaft kennt nur ein Gebot«?
Galilei: Ich habe widerrufen, weil ich den körperlichen Schmerz fürchtete.
Andrea: Nein!
Galilei: Man zeigte mir die Instrumente.
Andrea: So war es kein Plan?
Galilei: Es war keiner. – Pause –
Andrea, laut: Die Wissenschaft kennt nur ein Gebot: den wissenschaftlichen Beitrag.
Galilei: Und den habe ich geliefert ... Hätte ich widerstanden, hätten die Naturwissenschaftler etwas wie den hippokratischen Eid der Ärzte entwickeln können, das Gelöbnis, ihr Wissen einzig zum Wohle der Menschheit anzuwenden!

Dialog aus »Leben des Galilei« von Bertolt Brecht

▶ *Formulieren Sie moralische Ge- und Verbote für Wissenschaftlerinnen und Wissenschaftler.*

Moralische Forschungsgebote?
Als Bertolt Brecht den Gedanken eines »hippokratischen Eides« für Wissenschaftler und Ingenieure in die Schlußpassagen des »Galilei« einschob, spiegelte er damit eine Diskussion wider, die gegen Ende des Zweiten Weltkrieges aufgekommen war. Schon ein knappes Jahr vor dem Abwurf der beiden Atombomben auf japanische Städte, im Sommer 1944, schrieb der Physiker Max Born an seinen Kollegen Albert Einstein, daß die Wissenschaftler »einen internationalen Verhaltenskodex zur Ethik« brauchten, um nicht länger bloße »Werkzeuge der Industrien und Regierungen« zu sein. Einstein antwortete im September desselben Jahres: »Mit einem ethical code haben die Mediziner erstaunlich wenig ausgerichtet, und bei den eigentlichen Wissenschaftlern mit ihrem mechanisierten und spezialisierten Denken dürfte noch weniger eine ethische Wirkung zu erwarten sein.« Mit dieser skeptischen Einschätzung sollte Einstein ... großenteils Recht behalten.

Günter Ropohl, 1996

Janus, römische Plastik

Verantwortung vor der Gesellschaft

Arbeitsverweigerung aus Gewissensgründen
Mediziner hatten bei einem Pharmaunternehmen ein Strahlenschutzpräparat untersuchen sollen und diesen Auftrag abgelehnt, weil das Präparat in einem möglichen Atomkrieg auch militärisch verwendet werden könnte. Sie waren daraufhin entlassen worden, hatten dagegen geklagt und wurden in den ersten beiden Instanzen abgewiesen. Arbeitsverweigerung aus Gewissensgründen sei zwar bei sittenwidrigen Aufträgen zulässig. Aber »die subjektiven Moralanschauungen des einzelnen sind hier nicht maßgebend. Die Vorschrift schützt ein ... ethisches Minimum, nicht dagegen das ... besonders stark ausgeprägte Gewissen einzelner«, befand das Arbeitsgericht, und das Landesarbeitsgericht wies ausdrücklich auf die »Wertneutralität« des in Rede stehenden Entwicklungsbeitrages hin, der innerhalb der Arbeitsteiligkeit »zu gering« sei, als daß sich die Ärzte »mit dem fertigen Produkt und seinen Anwendungsmöglichkeiten identifizieren« mußten. Das Bundesarbeitsgericht hat demgegenüber inzwischen das Recht auf die subjektive Gewissensentscheidung ausdrücklich anerkannt.

Günter Ropohl, 1996

▶ *Diskutieren Sie Manfred Eigens Auffassung gegenüber der These, ein Wissenschaftler sollte seine Kenntnisse unabhängig von seiner eigenen moralischen Haltung in den Dienst gesellschaftlicher Mehrheiten stellen.*

▶ *Gilt die von Eigen konstatierte moralische Verpflichtung des Wissenden, »seine Einsichten und die daraus abzuleitenden Notwendigkeiten zu vertreten«, für jeden? Wie würden Sie handeln, falls Sie z. B. erführen, dass ein Industrieunternehmen heimlich unerlaubte Abwässer ableitet?*

Sind Forscher verantwortlich?
Der Forscher ist bei seinem Suchen zunächst allein der Wahrheit verpflichtet ... Aber er muss verantworten, wie er zu seinen Ergebnissen gelangt, er muss Aufwand an Geldmitteln und Arbeitskräften rechtfertigen, und er muss sich darum kümmern, was mit den Erkenntnissen geschieht ... In einer Demokratie hat der, der besondere Einsichten besitzt, besondere Pflichten. Pflicht des Wissenschaftlers ist es, seine Einsichten und die daraus abzuleitenden Notwendigkeiten zu vertreten, gleichgültig ob diese politisch opportun oder populär sind, und zwar nicht, weil er Wissenschaftler ist, sondern weil er – und ausschließlich dort, wo er – Einsichten besitzt, die anderen Menschen nicht zugänglich sind.

Manfred Eigen, Biochemiker, 1988

Lady Wilberforce soll 1860, als Charles Darwin ihr erklärte, der Mensch würde von affenähnlichen Vorfahren abstammen, gesagt haben: »Vom Affen! Wie entsetzlich! Wir wollen hoffen, dass es nicht stimmt; aber wenn es so ist, dann wollen wir beten, dass es nicht allgemein bekannt wird.«

▶ *Stimmen Sie dem zu? Sollte »gefährliches Wissen« geheim gehalten werden?*

Belebung eugenischen Denkens?
Bereits in den dreißiger Jahren, besonders aber nachdem die grausamen Folgen der nationalsozialistischen Eugenikgesetze bekannt wurden, gerieten vor allem die Theorien über die Vererbung komplexer Verhaltens- oder Persönlichkeitsmerkmale unter Kritik. Dennoch wurde die Eugenik auch in der Nachkriegszeit nicht ad acta gelegt. Sie sollte jedoch frei von rassischen und sozialen Vorurteilen und wissenschaftlich seriös sein … Heute richtet sich die Aufmerksamkeit der Genetiker zunehmend auf die Erforschung komplexer Krankheiten wie beispielsweise Diabetes mellitus, Herzkrankheiten oder Schizophrenie. Darüber hinaus sind auch wieder Verhaltens- und Persönlichkeitsmerkmale Untersuchungsgegenstand der molekularen Genetik. Dazu gehören, wie schon zu Zeiten der alten Eugenik, Alkoholismus, Aggressivität, Kriminalität und Homosexualität … Etabliert sich eugenisches Denken über individuelle Vorsorgeentscheidungen? … Ein Urteil über die ethische Vertretbarkeit der pränatalen Genanalyse muss demzufolge berücksichtigen, ob sichergestellt ist, dass die Verweigerung einer vorgeburtlichen Analyse oder die Entscheidung für ein behindertes Kind keine Nachteile für die Betroffenen mit sich bringt.

Regine Kollek, Biochemikerin, 1994

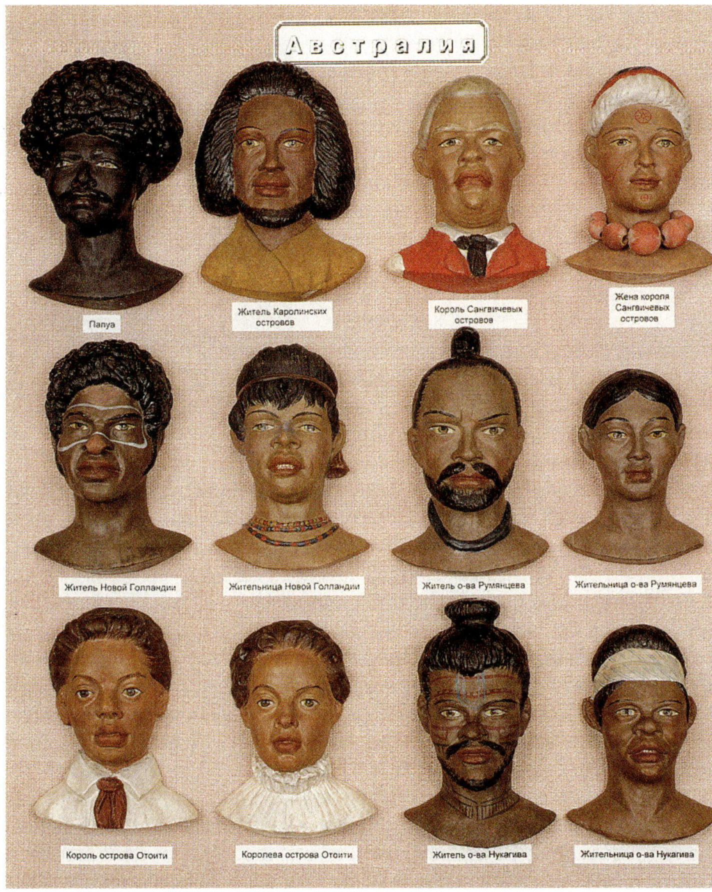

Fotografie aus: Peter the Great Museum of Anthropology and Ethnography, Sant Petersburg – Wie nie zuvor wurde der Mensch von den Forschern des 19. Jahrhunderts vermessen, klassifiziert und archiviert, nicht selten vor dem Hintergrund von Planungs- und Optimierungsfantasien. Das Bild zeigt verschiedene Menschentypen Ozeaniens, wie sie von Karl Ernst von Baers (1792–1876), dem Begründer der Anthropologie in Russland, gefertigt wurden.

▶ *Sollten Wissenschaftler weiterforschen, wenn sie vermuten, dass ihre Erkenntnisse und deren Verwendung moralisch verwerfliche soziale und politische Anschauungen unterstützen könnten?*

▶ *Wie beurteilen Sie Forscher, die während des Nationalsozialismus über Vererbungslehre arbeiteten (vgl. Kollek)?*

▶ *Stellen Sie die verschiedenen Interessen der Forscher, des Staates, der Eltern den »Interessen« des werdenden Lebens gegenüber. Markieren Sie die Stellen, wo Sie die Interessen Einzelner heute gefährdet sehen.*

⊳ *Zur »Forscherverantwortung« vgl. S. 382/83 (Dimensionen der Verantwortung)*

Die Grenzen wissenschaftlicher Prognosen

Wissenschaft und Wirklichkeit

In seinem 1939 erschienenen Buch »The Philosophy of Physical Sciences« vergleicht der englische Astrophysiker Sir Arthur Eddington den Naturwissenschaftler mit einem Ichtyologen, der das Leben im Meer erforschen will. Dieser wirft sein Netz aus, zieht es an Land und prüft seinen Fang nach gewohnter Art. Nach vielen Fischzügen und gewissenhaften Überprüfungen gelangt er zur Entdeckung eines Grundgesetzes der Ichtyologie [Wissenschaft von den Meerestieren]: Alle Fische sind größer als fünf Zentimeter. Er bezeichnet diese Aussage als Grundgesetz, da sie sich ohne Ausnahme bei jedem Fang bestätigt hatte. Dem Einwand eines Betrachters (eines »Metaphysikers«), der die grundsätzliche Bedeutung dieses Grundgesetzes mit dem Hinweis auf die Maschenweite des Netzes – die fünf Zentimeter beträgt – bestreitet, entgegnet der Ichtyologe unbeeindruckt: »Was ich mit meinem Netz nicht fangen kann, liegt prinzipiell außerhalb fischkundlichen Wissens, es bezieht sich auf kein Objekt der Art, wie es in der Ichtyologie als Objekt definiert ist. Für mich als Ichtyologen gilt: Was ich nicht fangen kann, ist kein Fisch.« Bei Anwendung dieses Gleichnisses auf die Naturwissenschaft entsprechen dem Netz des Ichtyologen das gedankliche und methodische Rüstzeug sowie die Sinneswerkzeuge des Naturwissenschaftlers. Er benutzt sie, um seinen Fang zu machen, das heißt, naturwissenschaftliches Wissen zu sammeln … Der Metaphysiker geht von der Vorstellung aus, dass es im Meer eine objektive, vom Beobachter unabhängige Fischwelt gibt, zu der auch sehr kleine Fische gehören können. Aber er hat Schwierigkeiten, deren »Objektivität« im Sinne des Ichtyologen zu beweisen … Die Naturwissenschaft handelt nicht von der eigentlichen Wirklichkeit, der ursprünglichen Welterfahrung – oder allgemeiner: was hinter dieser Welterfahrung steht –, sondern nur von einer bestimmten Projektion dieser Wirklichkeit, nämlich von dem Aspekt, den man nach Maßgabe detaillierter Anleitungen in Experimentalhandbüchern durch so genannte »gute« Beobachtungen herausfiltern kann … Das Netz symbolisiert die Verengung und Qualitätsveränderung, welche die Wirklichkeit durch unsere Vorstellungen, aber auch durch unsere spezielle Art zu denken erfährt. Es spielt die Rolle des Paradigmas im Sinne Thomas S. Kuhns, denn es bezeichnet ein Netz von »Vorurteilen«, denen wir alle unsere Wahnehmungen bei unserer Beschreibung unterordnen …

Viele für uns wichtige Erfahrungen, etwa auf religiösem oder künstlerischem Gebiet, erfüllen nicht die Auswahlkriterien einer wissenschaftlichen Betrachtung … Zum Grundverständnis unserer westlichen Zivilisation, die auf Veränderung und Machterhalt ausgerichtet ist, gehört es, sich die Wirklichkeit als objekthafte Realität vorzustellen – um sie so in den Griff zu bekommen … Insbesondere haben unsere Aussagen über das Verhalten der so genannten unbelebten Materie eine hohe Prognosesicherheit – sie haben uns zur Konstruktion von zuverlässig und wunschgemäß funktionierenden Maschinen befähigt, wie unser täglicher Umgang mit unserer hoch komplizierten Technik lehrt. Die hier propagierte Betrachtungsweise verurteilt uns also nicht zur Blindheit bezüglich der Zukunft oder zu totaler Ohnmacht bei ihrer möglichen Gestaltung. Aber sie zeigt deutlich Grenzen auf, die uns prinzipiell daran hindern, die Zukunft völlig »in den Griff« bekommen zu können.

Hans-Peter Dürr, Kernphysiker, 1997

▶ *Veranschaulichen Sie Dürrs Beschreibung wissenschaftlicher Erfassbarkeit an folgendem Beispiel: In China ist es seit Jahrhunderten selbstverständlich, beim Hausbau Feng Shui-Experten zu Rate zu ziehen. Sie achten bei Standort und Raumaufteilung auf die Erhaltung guter und die Zerstreuung schlechter »Qis«-»Lebens«-)Energien, die nach bestimmten Gesetzen abgelenkt, umgewandelt, konzentriert oder ferngehalten werden können. Obwohl für westliche Wissenschaft nicht feststellbar, richten sich immer mehr westliche Bauherren nach diesen Gesetzen.*
Kennen Sie andere Beispiele?

M. C. Escher, Konkav und Konvex (linke Seite), 1955;
Oben und Unten (rechte Seite) 1947

▶ *Stellen Sie Prognosen zusammen, die Sie für verlässlich halten.*
▶ *Wie wichtig sind Prognosen für Ihre persönliche Zukunftsplanung?*

Drei grobe Pinselstriche: Dies ist das Umschlagbild von »Global 2000«

… viele Flussregulierungsprojekte in den Tropen [z. B. haben] die Bewässerungssyteme stabilisiert, um eine Steigerung der landwirtschaftlichen Produktion zu ermöglichen. Dann wurde jedoch festgestellt, dass eine solche stabilisierte Bewässerungslandwirtschaft eine ideale Umgebung für die Verbreitung (durch Schneckenübertragung) so ernsthafter Krankheiten wie Bilharziose bildet.

The Global 2000 Report, 1980

▶ *Sind Umweltschäden Ausdruck falscher wissenschaftlicher Prognosen?*

Es gibt einen Weltmarkt für – vielleicht – fünf Computer.

Thomas Watson, Präsident von IBM, 1943

Intuition, Einsicht und Lernen sind nicht länger ausschließlicher Besitz des Menschen: Jedem großen Hochgeschwindigkeitsrechner können sie einprogrammiert werden.

Herbert Simon, 1958

Maschinen werden innerhalb der nächsten zwanzig Jahre dazu imstande sein, jede Arbeit zu übernehmen, die auch der Mensch ausführen kann.

Herbert Simon, 1965

Risikobegriff und Risikowahrnehmung

Leben in einer Risikogesellschaft

Hochmoderne Gesellschaften produzieren Risiken

Unsere Gesellschaft ist so kompliziert geworden, ist so intensiv von Technik durchdrungen, dass technische Risiken keine bloß technische Angelegenheit mehr sind. Im Begriff des Risikos kristallisieren sich die Grunderfahrungen und Probleme dieser hoch industriellen und weitgehend verwissenschaftlichten Gesellschaft. Man kann »Risiko« deshalb mit Fug und Recht als gesellschaftstheoretischen Begriff bezeichnen, der ein charakteristisches Merkmal moderner Gesellschaften bezeichnet … Insbesondere in den Bereichen Energie, Verkehr und Konsum sind wir alle in den hoch entwickelten Industriestaaten an der Vermehrung der Risiko-Effekte selbst aktiv beteiligt. Wer individuell als Opfer (Betroffener) erscheint, ist kollektiv gesehen Täter (Entscheidender) – oder wer einmal Entscheidungen trifft, kann in einem anderen Fall Betroffener sein. Riskant zu sein ist nicht nur Merkmal einer bestimmten Handlung, es ist unvermeidlich eine wesentliche Eigenschaft des Handelns schlechthin. Je größer die Unsicherheit über künftige Entscheidungen, Handlungen, Ereignisse wird, desto mehr ist die Rede vom Risiko berechtigt und notwendig. Denn auch der Versuch, riskante Handlungen durch besondere Vorsicht zu vermeiden, erweist sich als riskant: Man lastet sich damit Kosten auf, muss Verzicht üben, was sich im Nachhinein eventuell als unnötig erweisen könnte …

Im Verhältnis zu Sicherheit bezeichnet Risiko ein Maß für die ertragbare Unsicherheit oder für die vernünftigerweise zu erreichende Sicherheit. Darüber hinaus erfüllt der Risikobegriff Warnfunktion. Er signalisiert, dass angesichts einer Gefahr mehr getan werden kann: dass mehr Informationen eingeholt werden können, mehr Geld investiert werden sollte, mehr Gesetze erlassen werden könnten. Exakt berechnete Risikokalküle können so als Basis für soziale, politische, rechtliche Ansprüche dienen …

Sind die Risiken noch »kalkulierbar«?

Heute werden Gefahren auf Entscheidungen und Handlungen zurückgeführt und dadurch in die Form von Risiken gebracht. Konnte man noch vor zwei bis drei Jahrhunderten vieles der Natur, ihrem »Eigensinn« oder auch dem Schicksal zurechnen, so besteht in unserer Gesellschaft weitgehend Einigkeit darüber, dass bis auf wenige Ausnahmen alle Gefahren, die uns bedrohen, im Prinzip auf Entscheidungen beruhen und in diesem Sinne als vom Menschen verursacht betrachtet werden müssen. Dies gilt beim Blick auf die Gesellschaft als ganze. Blickt man jedoch genauer hin, so fällt innerhalb der Gesellschaft eine brisante Differenz auf: die schon erwähnte Kluft zwischen Entscheidern und Betroffenen. Aus der Perspektive des Entscheiders ist die Einrichtung eines Kernkraftwerkes oder die Genehmigung eines Freilandexperimentes in der Gentechnik ein Risiko, das man nach rationalen Regeln kalkulieren, bei dem man möglichen Nutzen und möglichen Schaden gegeneinander abwägen kann. Aus der Sicht des Betroffenen stellt diese Entscheidung eine Gefahr dar, die aus dem Verhalten von anderen resultiert, denen diese Entscheidung aber nicht eindeutig zugerechnet werden kann. Das entscheidungsabhängige Risiko wird für die Betroffenen zunehmend zur anonym verursachten Gefahr. Aus der Sicht der Technik-Ethik wird gefragt, wie es denn möglich sein kann, Verantwortung zu übernehmen für eine Zukunft, die niemand ganz genau kennen kann. Dabei wird betont, dass die zentrale Kategorie einer Ethik des Risikos die individuelle Verantwortung (als persönliche Haltung, sich selbst für etwas verantwortlich zu fühlen) ist … Wenn die Zukunft prinzipiell von unseren Entscheidungen beeinflusst werden kann, dann sind wir insoweit verantwortlich für zukünftige Entwicklungen, die wir gewollt bzw. um erhoffter Chancen willen in Kauf genommen haben. Wir haben Erfahrungen mit katastrophalen Folgen von Technik gemacht (z. B. bei der Atombombe), sodass wir nicht mehr sagen können: »Das haben wir nicht gewollt« … Die heutigen Generationen wissen um ihr Nicht-Wissen und haben die Verpflichtung, mit diesem verantwortungsvoll umzugehen. Der Philosoph Hans Jonas hat deshalb zwei Prinzipien benannt, die bei der Bewertung zukünftiger Entwicklungen in technologisch hoch entwickelten Zivilisationen als Richtschnur dienen können: »Heuristik der Furcht« und »Vorrang der schlechteren Prognose«. Damit ist gemeint, dass eine technische Entwicklung nicht nach ihrem Chancenpotential, sondern nach dem möglichen Schadensausmaß beurteilt werden soll. Es kann somit sein, dass man auf bestimmte Entwicklungen verzichten muss, weil die Folgen dieser Unterlassung weitaus leichter zu tragen sind als die Schäden, die nach einer Entscheidung für das Risiko möglicherweise eintreten könnten.

Gotthard Beck, Stefan Wolf, 1994

▶ *Erläutern Sie mit Beck/Wolf den Unterschied zwischen Gefahr und Risiko.*

▶ *Experten können mögliche Gefahren durch gentechnisch veränderte Nahrung nicht ausschließen. Sollte sie deshalb gesetzlich verboten werden oder genügt eine Kennzeichnungspflicht? Diskutieren Sie auch andere Beispiele, wie z. B. die Frage des Verbotes von Zigaretten durch den Staat.*

Natürliche und selbst gemachte Katastophen

Sind die exorbitanten Erdbebenopfer-Zahlen vergangener Epochen natürlich bedingt oder vielmehr zivilisatorisch, nämlich hausbau- und siedlungstechnisch? Wie hätte man in diesem Zusammenhang die Tausende von Opfern vorindustrieller Sturmflut-Katastrophen einzuordnen? Handelte es sich um Opfer naturaler Vorgänge oder unzulänglicher Deichbau-Technik?
Schlimme Folgen aus Handlungen sind ungleich weniger akzeptabel als schlimme Folgen aus Prozessen bloßer Natur, und der Zivilisationsprozess ist eine Verwandlung natürlicher in selbst gemachte Folgen. Unerwarteter Verlust des sehnlichst erwarteten Kindes zum Beispiel war bislang stets einer der Schicksalsschläge, die in ihrer Unverfügbarkeit hinzunehmen waren. Eine ungleich größere Last hat dem gegenüber jene moderne werdende Mutter zu tragen, die den Verdacht nicht ausschließen kann, sie habe ihr Kind in der Folge einer Vorsorgeuntersuchung (oder der Unterlassung einer solchen Untersuchung!) verloren.

Nach: Hermann Lübbe, 1993

▶ *Erklären Sie den Unterschied zwischen natürlich und menschlich bedingten Katastrophen.*

▶ *Wodurch kann eine Natur-Gefahr zu einem Risiko werden?*

▶ *Beck/Wolf meinen, dass wir alle gemeinsam für technologisch bedingte Risiken verantwortlich sind. Sollte bei der Einführung riskanter Technologien die Mehrheit auch einer Minderheit von Gegnern die Risiken zumuten dürfen?*

»Nicht Erdbeben, sondern schlechte Häuser töten«; 65 Prozent der türkischen Häuser sind Schwarzbauten – und entsprechend unsicher

▶ *Risiken lassen sich, so Beck/Wolf, zumeist minimieren. Halten Sie es für vertretbar, dass Unternehmer Abstriche bei der Erdbebensicherheit von Häusern machen, um auf diese Weise Mieten niedrig zu halten?*

▶ *Nennen und diskutieren Sie vermeidbare Risiken, die Sie freiwillig eingehen; nennen Sie die Gründe, warum Sie es tun.*

Risiko =
vermutliche Schadenshöhe x Eintrittswahrscheinlichkeit

Zur »Heuristik der Furcht« vgl. S. 278/79 (Jonas)

Wer bedient hier wen? Technische Handlungsmuster

»Eine Waffe ist aus moralischer Sicht neutral. Aber die Art, wie sie eingesetzt wird, kann gut oder schlecht sein.« So meinte Philippe Morillon, der 1993 das Kommando über die UNO-Friedenstruppen in Bosnien führte. Wertfreie Technik? Oder schreibt uns Technik bereits vor, wie wir mit den Dingen umgehen, legt fest, wie wir unsere Zwecke und Handlungsziele erreichen, meist mit vielen unbekannten Nebenfolgen, die wir überhaupt nicht wollten?

Technik – wertneutrales Mittel?
Diese klassische Auffassung der Technik als Mittel orientierte sich dabei am Einsatz von Werkzeugen, bei dem ein verantwortliches Subjekt ein oft multifunktionales Mittel in geeigneter oder ungeeigneter Weise für gute oder schlechte Zwecke einsetzt. Unter diesem Bild – der Mensch als »Bildhauer der Erde« (G. Droysen) – kann Technik wertfrei begriffen werden als »Zweck erfüllende Form« zum »Aufbau des Menschheitshauses aus dem Schatz kosmischer Möglichkeiten« (Fr. Dessauer), die die »idealen Lösungsformen jeweils bereitstelle – eine Auffassung, die die Ingenieursphilosophie vom ›one best way‹ prägt«.

Christoph Hubig, 1995

► *Was sind typische Werkzeuge, welchen Zweck haben sie, wofür kann man sie verwenden?*

Volker Tannert, Posing for Tatlin II, 1982

Technik prägt die Handlungsergebnisse
Weitaus problematischer wird jedoch jene Sicht der Technik, wenn man sich darüber vergewissert, dass der Werkzeuggebrauch nicht mehr Modell einer Technik als Mittel sein kann: Entwicklung, Herstellung und Nutzung von Maschinen lässt viele Subjekte in einen Handlungszusammenhang eintreten, in dem die Maschine als ein Schema der Realisierung von Zwecken nicht mehr als Werkzeug eines autonomen Subjektes, sondern als Rahmenprinzip unterschiedlicher Nutzung und Bedienung erscheint und das Handeln mit Technik zu einem Handeln mit »fremdem Wissen und fremdem Wollen« (G. Ropohl) wird. Technik als Maschinentechnik stellt nicht mehr für die Subjekte neutrale Mittel bereit … Zwar erweitern Maschinen die Handlungsspielräume der Menschen in verschiedener Hinsicht enorm. Zugleich erlauben sie jedoch nicht mehr eine Intervention in die komplexen Mittel-Zweck-Verknüpfungsketten, wie sie beim Werkzeugeinsatz noch möglich ist. Die Art der Zweckrealisierung (Ressourceneinsatz, Zeitaufwand, Präzision und Effektivität, Folgelasten) ist durch das Maschinenschema vorgegeben. Christoph Hubig, 1995

► *Nennen Sie eine Handlung, die Sie mit und ohne technischer Hilfe tun können (z. B. jemandem etwas mitteilen). Beschreiben Sie, wie die Wahl der Mittel die Handlung selbst und ihr Ergebnis verändert.*

Technik prägt das Leben
Das Bild der Technik als bloßes Mittel wird jedoch erst recht fraglich, wenn der Systemcharakter der modernen Technik bedacht wird. Die technischen Systeme (der Energiebereitstellung, der Datenkommunikation, der Müllentsorgung, der Fertigung, des Verkehrs etc.) sind nicht mehr bloß maschinelle Handlungsschemata, sondern machen grundlegende Bedingungen unserer Lebenswelt aus, innerhalb derer dann Werkzeugeinsatz oder Maschinennutzung stattfinden. Der »Sachzwangcharakter« (Helmut Schelsky) dieser Technik wird z. B. daran deutlich, dass Gegner dieser Systemtechniken deren Leistungen dennoch in Anspruch nehmen müssen.

Christoph Hubig, 1995

► *Kennen Sie technische Systeme, die Sie benutzen, obwohl Sie viele Nebenfolgen dieser Systeme nicht gutheißen? Welche »Sachzwänge« nehmen Sie in Kauf?*

Wer bestimmt die technischen Handlungsformen?

Mit einer technischen Neuerung wird nicht nur ein neuer künstlicher Gegenstand in die Welt gesetzt, sondern es wird zugleich auch eine neue Form menschlichen Handelns geschaffen ... Die gesellschaftliche Arbeitsteilung zwischen Produktion und Konsumtion, zwischen Herstellung und Gebrauch läuft darauf hinaus, dass sich die Verwender auf technische Gegenstände einlassen müssen, die fremden Ursprungs sind. Solange ein Mensch ohne Technik handelt, erreicht er seine Ziele allein durch eigenes Wissen und Können. Macht er sich hingegen für wesentliche Teilfunktionen seines Handelns technische Gegenstände zunutze, so verleibt sich das nun gebildete Handlungssytem Sachsysteme ein, in denen sich das Wissen und Können fremder Menschen verkörpert. Um diesen Vorgang zu kennzeichnen, möchte ich nun selbst den Begriff der Entfremdung aufgreifen. ... »Die Wissenschaft, die die unbelebten Glieder der Maschinerie zwingt, durch ihre Konstruktion zweckgemäß als Automat zu wirken, existiert nicht im Bewußtsein des Arbeiters, sondern wirkt durch die Maschine als fremde Macht auf ihn, als Macht der Maschine selbst« ... Und die Maschinerie ist nichts anderes als die »Akkumulation«, die Ansammlung »des Wissens und des Geschicks, der allgemeinen Produktivkräfte des gesellschaftlichen Hirns« ... Das eben beschriebene Verhältnis zwischen Technik und Mensch bezeichnet Marx ... als »die Herrschaft der vergangenen Arbeit [des Konstrukteurs und Erfinders] über die lebendige [des Arbeiters]« und er sieht darin »nicht nur soziale, – sondern sozusagen technologische Wahrheit«. Damit aber ist gesagt, daß Entfremdung ein Wesensmerkmal des Mensch-Maschine-Systems darstellt ... Es ist nun meine These, daß die Technik solange unvollständig ist, wie den Menschen die erforderliche Kompetenz fehlt, diese Entfremdung zu begreifen und zu bewältigen. Ich sage also nicht, die Entfremdung müsse beseitigt werden. Wollte man das ernsthaft verlangen, liefe es darauf hinaus, die gesellschaftliche Arbeitsteilung vollends rückgängig zu machen, und jeder müßte die technischen Gegenstände, die er verwenden will, selbst herzustellen lernen ... Meist wird den Menschen gar nicht bewußt, in welchem Maße sie heute auf fremdes Können angewiesen sind, dem sie doch alle jene technischen Handlungsmöglichkeiten verdanken, mit denen sie in der Berufswelt und in der Privatsphäre umgehen ... Daß eigenes Handeln von fremdem Können abhängt, wird meist erst im Reparaturfall begriffen. Dann nämlich muß man schmerzlich erfahren, daß einem Geschicklichkeit und Fertigkeiten fehlen, die man doch brauchen würde, um ein defektes Gerät zu demontieren, bestimmteTeile auszutauschen und das Ganze dann wieder zusammenzusetzen ... Schwerwiegender fast noch als das fremde Können wird das fremde Wissen erfahren, mit dem man konfrontiert wird, wenn man technische Gegenstände verwendet. Manche Menschen haben schon Schwierigkeiten mit dem elementaren Bedienungswissen, das sie sich doch auf jeden Fall aneignen müssen, wenn sie mit dem technischen Gegenstand umgehen wollen. Aber die technischen Sachsysteme tragen nicht nur fremdes Können und fremdes Wissen, sondern im gewissen Umfang auch fremdes Wollen in das anthropotechnische Handlungssytem hinein. Bis zu einem gewissen Grade verkörpern sie fremde Bedürfnisse, fremde Zielvorstellungen und fremde kulturelle Einstellungen ... Die meisten haben sich durchaus freiwillig entschlossen, ein Auto oder ein Fernsehgerät anzuschaffen, weil bestimmte Nutzungsvorteile auf der Hand lagen. Aber die schleichenden Veränderungen des Lebensstils, die eben doch auch gleichsam wie von einer fremden Macht ausgelöst wurden, hat zuvor kaum jemand bedacht.

Günter Ropohl, 1985

Wolf Vostell, Erbsentennisdampfschuh, 1967

▶ *1. Fremdes Können: Mit einem Auto können wir uns auf neue Art fortbewegen. Was müssen Sie können, um dieses »Können« des PKWs nutzen zu können?*

▶ *2. Fremdes Wissen: Die Automobilindustrie hat, außer der höheren Mobilität, die sie uns gibt, eine Fülle weiterer Folgen, z. B. Rohstoffverbrauch, neue Verkehrsrisiken, bleibelastete Luft usw. Wie viel müssen Sie wissen, um die Folgen Ihrer persönlichen PKW-Nutzung beurteilen zu können?*

▶ *3. Fremdes Wollen: Straßenbau, Urlaubsziele, Freizeitformen usw. hängen eng mit dem Privatverkehr zusammen. Würden Sie vorbehaltlos sagen, das Auto sei ein von Ihnen gewünschtes Mittel?*

Ist die technische Entwicklung steuerbar?

Technik prägt unser Leben von morgens bis abends. Alle unsere »Umweltmedien« sind erfüllt von technisch Erzeugtem: Lärm, Licht und fast alles, was wir berühren: Wie viel natürliche, wie viel technisch erzeugte Gegenstände nehmen Sie täglich in die Hand? Und in fast allen unseren täglichen Verrichtungen benutzen wir Technik: in der Arbeit, im Verkehr, bei der Zubereitung unseres Essens, selbst beim Duschen ist das Naturprodukt Wasser durch ein System von Pumpen, Filtern und Röhren zu uns gelangt und fließt wieder in ein solches ab. So verschieden diese technischen Werkzeuge, Maschinen und Systeme sind, so gemeinsam ist ihnen doch ihre rationale, zweckgerichtete, an Effektivität und Effizienz orientierte Grundstruktur; und viele sehen die Ursache für die meisten negativen Begleiterscheinungen der Moderne – ihre Schnelllebigkeit, Anonymität – in der Technik schlechthin. Was ist Technik: »zweite Natur«, fast »natürlicher« Organersatz, bequemes Einrichten in der Welt – oder neue, fremde Welt, die schließlich auch den Menschen selbst verändert?

»Durch Technik ein neues Verhältnis des Menschen zur Welt und zu sich selbst« (Schelsky)

► *Beschreiben Sie mit Schelsky die Wechselwirkung von »technischer Konstruktion« und dem Menschen, der sie schafft.*

► *Glauben Sie vorhersagen zu können, wie Schule in fünf Jahren aussieht? Könnten Regierung oder Elektronikkonzerne diese Entwicklung steuern?*

Die Vernunft schaut hinterher?

Wenn die moderne Technik vor allem Analyse beliebiger Gegenstände in unnatürliche Grundelemente und deren Synthese nach dem abstrakten Prinzip der höchsten Wirksamkeit, also nach keinem vorfindlichen Naturvorbild, ist, dann ist darin das werkzeughafte Organverhalten des Menschen gegenüber der Welt so weit aufgehoben, dass es das Belangloseste ist; an dessen Stelle ist ein Verhältnis des Menschen zu der so technisch erzeugten Gegenständlichkeit getreten, die diese als sein künstliches Werk ansehen lässt. Diese technische Welt ist in ihrem Wesen Konstruktion, und zwar die des Menschen selbst. Man denkt in rückwärts gewandten Bildern, wenn man von ihr als »künstlicher Natur« spricht, sie ist in viel exakterem Sinne der »künstliche Mensch«, die Form, in der der menschliche Geist sich als Weltgegenständlichkeit verkörpert und schafft. Gott schuf Erde, Wasser, Bäume, Tiere, also die Natur, aber der Mensch schuf Eisenbahnen und Asphaltstraßen, Flugzeuge und Rundfunk, Sputniks und Parteiorganisationen; in der technischen Zivilisation tritt der Mensch sich selbst als wissenschaftliche Erfindung und technische Arbeit gegenüber. Damit ist aber in der Tat ein neues Verhältnis des Menschen zur Welt und zu sich selbst gesetzt, das sich mit der technischen Zivilisation über die Erde verbreitet ... Weil es sich um eine Rekonstruktion des Menschen selbst handelt, gibt es kein menschliches Denken, das diesem Prozess als Plan und Erkenntnis seines Ablaufs vorausliefe.

Helmut Schelsky, 1961

Innovationsprozesse

Die Industriegesellschaft wird mit der Mikroelektronik wohl fertig, aber kaum mit deren atemberaubender Innovationsgeschwindigkeit.

Die Einsicht, dass Telekommunikation und Mikroelektronik jeden Lebensbereich in Staat und Wirtschaft entweder schon verändern oder noch verändern werden, und dies in einer sich beschleunigenden Weise, ist das eine, die angemessene Reaktion darauf in der täglichen Entscheidungs- und Investitionspraxis das andere.

Reimut Jochimsen, 1988

Wie Politik zu steuern versucht

Bereits im Mittelalter versuchte man, politische Mittel gegen unerwünschte Technikfolgen einzusetzen. So gab es in verschiedenen Städten Vorschriften, um Emissionen (Staub, Schwefel) zu vermeiden, in denen die Bürger buchstäblich zu ersticken drohten. Dass durch die Rauchfahnen der Metallschmelzen die Vegetation vernichtet wurde, war auch ohne wissenschaftliche Gutachten im heutigen Sinne eindeutig erkennbar, und die Betreiber besonders stark emittierender Betriebe wurden für Vegetationsschäden verantwortlich gemacht … Mit der ständig wachsenden Industrialisierung wurde aus einem eher gemächlichen Nebeneinander von Technik mit ihren unerwünschten Folgen einerseits und den Instrumenten zu ihrer Regulierung andererseits ein Wettrennen, in dem die technisch-wissenschaftliche Entwicklung einen gewaltigen Vorsprung bekommen hat. Staatliche und gesellschaftliche Institutionen scheinen sich damit abfinden zu müssen, dass ihnen überwiegend die nachträgliche Regulierung von Technikfolgen bleibt … Die Aufgabe des politischen Systems ist es, Konsens über bestimmte Ziele herzustellen und verbindliche Entscheidungen zu treffen. Im Zusammenhang mit Technik bedeutet dies, dass von gesellschaftlichen Gruppen, Verbänden und Parteien entwickelte Szenarien, Zukünfte, Leitbilder oder Entwicklungspfade zur Gestaltung zentraler Lebensbereiche wie Kommunikation, Energieversorgung, Stadtplanung, Umweltschutz, Verkehr, Arbeitswelt, Gesundheitswesen usw. aufgegriffen werden, um konsensfähige Lösungsvorschläge zu erarbeiten.

Josef Bugl, Manfred Mai, 1995

Leiterplatte durch eine Lupe; »Zugänge zur globalen Netzwerkinfrastruktur (Datenautobahnen) schaffen«

▶ *Charakterisieren Sie die im Text beschriebene historische Veränderung. Berücksichtigen Sie hierbei die Thesen von Jochimsen.*

Von der S-Bahn-Trasse zum Stau auf der Straße

Selbst Geldspritzen für den öffentlichen Verkehr können sich als Förderung der Autobranche entpuppen. Beim Planen neuer S-Bahn-Strecken etwa raten Verkehrsexperten schon seit Jahren zur Vorsicht. Natürlich ist es unter sozialen und umweltpolitischen Gesichtspunkten ein großer Vorteil, wenn die Bewohner von Umlandsgemeinden schnell und bequem in die nächste Stadt reisen können, ohne dabei aufs Auto angewiesen zu sein. Weniger Autoverkehr bewirkt die neue S-Bahn jedoch mit Sicherheit nicht. In der Regel passiert Folgendes: Sobald die Planungsunterlagen veröffentlicht werden, steigen die Baulandpreise rund um die künftigen Haltestellen sprunghaft. So mancher Stadtbewohner nutzt die Chance, ins Grüne zu ziehen und dennoch – dank der schnellen S-Bahn-Verbindung – täglich zum alten Arbeitsplatz in der Stadt zu pendeln. Wohnt er einmal draußen, wird er sich ein Auto anschaffen – und auch damit fahren. Der nächste Supermarkt ist eben schlecht erreichbar, und schließlich will man ja auch einmal abends oder am Wochenende in die Stadt – wenn die S-Bahn nur noch selten oder gar nicht fährt. Bald wird ein zweites Auto angeschafft: Wie sonst soll die Ehefrau die Kinder zum Kindergarten bringen?

Eva-Maria Thoms, 1997

Leere Straßen wirken auf Autos wie ein Magnet. Um München für die Olympischen Spiele 1972 fit zu machen, hat man dort Teile des mittleren Rings nach Art einer Stadtautobahn ausgebaut. Schon nach wenigen Jahren waren die Staus wieder da … und so entschloss sich die Stadt, den am stärksten belasteten Teil mit einem Tunnel auszubauen. Was die Planer nicht bedachten: Ein solcher Tunnel erhöht die Kapazität der Straße ungefähr auf das Doppelte. Die zusätzlichen Autos produzieren neue Staus auf den Straßen, die zum Tunnel hin oder von ihm weg führen. Heute sind die Staus rund um den Münchner Tunnel schlimmer als je zuvor.

Eva-Maria Thoms, 1997

▶ *Kennen Sie andere Beispiele kontraproduktiver Planung?*

▶ *Anwohner, Wirtschaftsunternehmen, demokratisch legitimierte Volksvertreter – diskutieren Sie modellhaft am Straßenbau die unterschiedlichen Interessen dieser drei Entscheidungsebenen. Wer sollte entscheiden?*

➢ *Zur »Partizipation von Bürgerinnen und Bürgern« vgl. S. 168/69; 200/01*

Ingenieure im Zwiespalt

Technisch perfekt, aber unverantwortlich?

Technik – erst durch Verwendung gut oder schlecht?
Herstellungshandeln ist immer nur Mittel zum Zweck, der sich erst im Verwendungshandeln erfüllt, und die Sachsysteme, die aus dem Herstellungshandeln hervorgehen, sind daher keine zweckneutralen Mittel – wie es mit der »Wertfreiheit der Technik« lange Zeit fälschlich behauptet wurde –, sondern sie verkörpern von vornherein einen mehr oder minder bestimmten Verwendungszweck. Allerdings gibt es Unterschiede im Spielraum der Zweckbestimmung, die bei der ethischen Diskussion im Einzelfall zu beachten sind. Gegen die vorausschauende Verantwortung des Ingenieurs wird häufig das Beispiel des Messers angeführt, dessen Hersteller doch nicht zu vertreten habe, ob das Messer später zum Brotschneiden oder zum Mord gebraucht werde. Richtig ist an diesem Einwand, daß die Zweckbestimmung des Messers ganz allgemein das Schneiden ist, eine technische Teilfunktion, die auf die verschiedensten Gegenstände und daher eben auch auf menschliche Körper angewendet werden kann ... Ein Großteil der Sachsysteme dagegen ist nicht multifunktional wie das einfache Werkzeug oder der komplizierte Computer, sondern trägt eine ganz bestimmte Zweckspezialisierung in der Konstruktion mit sich. Ein Fließband mit festgelegter kontinuierlicher Fördergeschwindigkeit ist nichts anderes als der technisch geronnene Zeitzwang für die daran tätigen Montagearbeiter, und der elektronische Minispion ist nichts anderes als die technisch vergegenständlichte Verletzung der Privatsphäre; derartige Beispiele ließen sich beliebig vermehren, und selbst beim Computer, der hinsichtlich der Nutzungszwecke multifunktional ist, ist doch die Frage noch nicht entschieden, ob nicht die gegenwärtigen, von den vorherrschenden Programmstrukturen erzwungenen Nutzungsbedingungen dem Verwender ebenfalls bestimmte Verhaltens- und Arbeitsmuster auferlegen, die ihn eigener Gestaltungsfreiheit und individueller Denkformen berauben.

Günter Ropohl, 1996

»Irgendwann einmal wird die Menschheit eine friedliche Nutzung meiner Maschine entdecken.«

▶ *Nennen Sie Beispiele für moralisch bedenkliche Technik. Halten Sie das herstellende Unternehmen oder den einzelnen Ingenieur für verantwortlich?*

Grenzen der Loyalität
Grundsätzlich hat auch der einzelne Ingenieur als Angestellter eine Verantwortlichkeit nicht nur gegenüber dem Vorgesetzten und der Firma oder den externen Autraggebern, sondern auch gegenüber der Öffentlichkeit und deren Wohlergehen. Dies führt zu den typischen Konflikten und entsprechenden Prioritätsproblemen bei der Verantwortlichkeitszumessung und der entsprechenden persönlichen Entscheidung. Meist steht der Angestellte unter dem Druck seinen Job zu verlieren, wenn er öffentlich seine Stimme gegen die Firma erhebt. Auch wenn wir nicht im amerikanischen »Hire-and-Fire-System« leben, muss der Ingenieur im Falle illegaler oder unmoralischer Zumutungen – zum Beispiel bei ungesetzlichen Schadstoffentsorgungen – mit diesen Konflikten leben. Man kann von ihm einerseits nicht allgemein Märtyrertum erwarten. Andererseits sollte er im Sinne einer »Whisle-Blowing-Ethik« zunächst auf dem Dienstwege, dann aber, sollte dies erfolglos bleiben, auch die Öffentlichkeit informieren, falls ihm illegale und allgemeinheitsschädigende Maßnahmen zugemutet werden oder zur Kenntnis kommen. Unsere höchste gerichtliche Rechtsprechung räumt dem subjektiven Gewissen einen Vorrang ein. Zu absoluter Loyalität gegenüber einem mit unethischen Mitteln arbeitenden Unternehmen ist kein Arbeitnehmer verpflichtet.

Hans Link, Interview (Ausschnitt), 1999

▶ *Erläutern Sie an einem Beispiel, wofür der Ingenieur gegenüber der Unternehmensleitung und gegenüber den Kunden und der Öffentlichkeit verantwortlich ist* *(vgl. S. 382/83).*

▶ *Welche Aufgaben würden Sie verweigern – auch wenn Sie dadurch Ihre Anstellung verlieren würden?*

Die besondere Verantwortung der Ingenieure

Gutes Gewissen oder Anstellung

Ein gutes Gewissen kann teuer werden … das zeigt die Geschichte eines Verfahrenstechnikers, der bei einem Großunternehmen angestellt war und den Betrieb einer Abwasser-Kläranlage zu überwachen hatte. Als er den Eindruck gewann, eine technische Verbesserung würde die Betriebssicherheit der Anlage erhöhen, lehnte das Unternehmen den Verbesserungsvorschlag ab, weil es die dafür erforderlichen Kosten scheute. Nachdem sich dann der befürchtete Störfall tatsächlich abgespielt und vorübergehend zu einer argen Vergiftung des Flußwassers geführt hatte, erwähnte dieser Ingenieur die Angelegenheit in einer Fachveröffentlichung über die Verbesserung von Kläranlagen. Unverzüglich erhielt er daraufhin von seinem Unternehmen die Kündigung …

Günter Ropohl, 1996

Leonardo da Vinci, Sichel und Panzerwagen.
Obwohl Leonardo da Vinci (1452–1519) den Krieg verabscheute, konstruierte er für seinen Freund Machiavelli Kriegsmaschinen, wie z. B. Panzerwagen.

Ingenieurberuf: Ansprüche

In Erfüllung ihrer beruflichen Pflichten sollen Ingenieure:

1. die Sicherheit, die Gesundheit und das Wohlergehen der Allgemeinheit bei der Ausübung ihrer Berufstätigkeit über alles stellen;
2. Kompetenz ausführen;
3. öffentliche Erklärungen nur in sachlicher und wahrheitsgetreuer Weise abgeben;
4. in beruflichen Angelegenheiten als gewissenhafte Vertreter oder Sachwalter ihrer Arbeitgeber oder Auftraggeber handeln.

Aus dem Kodex der National Society of Professional Engineers, 1990

George Grosz, Republikanische Automaten, 1920

▶ *Hat der entlassene Verfahrenstechniker (s. o.) alle vier Gebote befolgt?*
▶ *Haben Sie sich schon einmal aus moralischen Gründen geweigert, eine Aufgabe zu übernehmen und dafür einen »Preis bezahlen«, bzw. Nachteile »in Kauf« nehmen müssen?*

Der Mensch im Griff der Medizintechnik

Technikfolgen sind mögliche Folgen und ihr Eintreten daher, wie jede Zukunftsprognose, unsicher. Vorhersagen sind begrenzt durch den steten Fortschritt der Wissenschaft. Damit ist der aktuelle Wissensstand grundsätzlich unvollständig (vgl. S. 122/23). Aber nicht nur dies verursacht unvorhersehbare Folgen: Handlungen verändern, wenn sie technisiert werden, ihren Charakter; Ablauf und Resultat werden durch das Mittel, dem sie doch eigentlich die Funktion vorgeben, ihrerseits beeinflusst. Menschenbild und Weltbild entstehen in Auseinandersetzung mit den Dingen und den anderen Menschen. Neue »Werkzeuge« und ihre neuen Handlungsmöglichkeiten verändern auch diese Welt- und Selbstbilder. So z. B. wandelt sich in der Medizinethik das Bild des Menschen.

Frage: Wie schafft man es, einem »Toten« Organe, die noch lebendig sind, zu entnehmen? Antwort: Durch eine praktikable Definition von Tod, wie es die »Hirntod«-Definition leistet.

Klaus Schreiber, 1994

Fazit: Hirntote sind Sterbende; aber warum diskutieren wir nicht darüber, ob Sterbende im irreversiblen Koma als Organspender fungieren können?

M. Klein, Mediziner, 1994

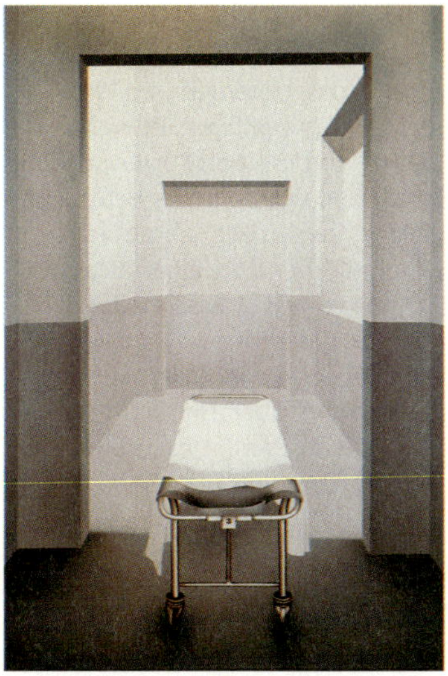

Ben Willikens, Bahre, 1973

Was heißt »natürlich« sterben?
Maßnahmen zur Verlängerung des Lebens dürfen in Übereinstimmung mit dem Willen des Patienten unterlassen oder nicht weitergeführt werden, wenn diese nur den Todeseintritt verzögern und die Krankheit in ihrem Verlauf nicht mehr aufgehalten werden kann. Bei Sterbenden kann die Linderung des Leidens so im Vordergrund stehen, dass eine möglicherweise unvermeidbare Lebensverkürzung hingenommen werden darf (passive Sterbehilfe). Eine gezielte Lebensverkürzung durch Maßnahmen, die den Tod herbeiführen oder das Sterben beschleunigen sollen, ist unzulässig und mit Strafe bedroht ... Bei Patienten mit infauster Prognose, die sich noch nicht im Sterben befinden, kommt eine Änderung des Behandlungszieles nur dann in Betracht, wenn die Krankheit weit fortgeschritten ist und eine lebenserhaltende Behandlung nur Leiden verlängert.

Bundesärztekammer, 1998

Technisierter Tod
[Es] ... soll das mit der Vorstellung von Blässe, Pulslosigkeit, Atemstillstand, Bewegungsstarre, Totenflecken und Schweigen verbundene Bild durch das nicht sinnlich erfahrbare Kriterium des Ausfalls der Hirnfunktionen ersetzt [werden] ... Teile unseres Körpers sind für den überwiegenden Anteil unserer Empfindungen und Fähigkeiten verzichtbar; unverzichtbar ist unser lebendes Gehirn. Ist es unwiederbringlich geschädigt: Wie sollen wir wahrnehmen und empfinden, reagieren und handeln? Der Tod des Gehirns ist daher gleichbedeutend mit dem Ende der Miterlebbarkeit seines Erlebens und mit dem Ende jeder noch so bescheidenen eigenwillentlichen Wirkungsmöglichkeit auf uns noch Überlebende.

Johann Spittler, 1995

▶ *Würden Sie Spittlers Sicht befürworten? Beziehen Sie Erfahrungen mit ein, die Sie im Umgang mit Tod und Sterben bei nahe stehenden Personen gemacht haben.*

▶ *Beschreiben Sie Spittlers Bild des Menschen. Stellen Sie ein Bild dagegen, das Sterben als Teil des Lebens versteht.*

Der herbeigeführte Tod: vom Arzt verantwortet?
Der »natürliche« Krankheitsverlauf endet mit dem »natürlichen«, nicht verantworteten Tod. Mit der Verfügbarkeit medizinischer Dauerbehandlung zur Erhaltung des Lebens ... ergab sich die neue Möglichkeit, jenen »natürlichen« Krankheitsverlauf zum Tode durch tätigen Abbruch einer Behandlung ... »zu gestatten«. Ein solch tätiger Abbruch wäre einerseits nach der alten performativen Kausaltheorie aktiv und verboten, aber nach der ihr zugehörigen normativen Kausaltheorie doch nur das Zulassen des natürliche Todes.

Nach: Bettina Schöne-Seifert, 1996

▶ *Beschreiben Sie die Problemlage, in der sich Ärzte und Angehörige befinden, wenn sie sich für/gegen den Abbruch einer Behandlung entscheiden müssen.*

Die Entwicklung der Hirntechnologie steht noch ganz am Anfang. Was könnte da an Segensreichem und Schrecklichem noch auf uns zukommen?
Man könnte sich vorstellen, auch bei anderen Hirnkrankheiten (wie derzeit bei Parkinson) und kognitiven Störungen Hirngewebe zu transplantieren, etwa bei der multiplen Sklerose, Veitstanz, der Epilepsie oder nach einem Schlaganfall. Es wäre möglich, dass man dabei auf der »Spenderseite« nicht mehr (wie bisher) mit normalem embryonalem Hirngewebe arbeitet, sondern mit gentechnisch veränderten Zellen ... Das Gleiche stellt man sich mit Viren vor, die gentechnisch verändert werden sollen, um im Gehirn Transmitter zu produzieren – im Tierexperiment erprobt man dies schon.
Und dann gibt es seit langem die Vorstellung von einem ins Hirn verpflanzten »Neurochip«, auf dem Wissen oder sogar Fähigkeiten gespeichert sind. Ist das bloß Sciencefiction?
Das ist zum Teil schon Realität. Es hat am National Institute of Health in den USA vor ein, zwei Jahren eine große Diskussion darüber gegeben, ob es legitim und ethisch genügend abgesichert ist, Elektroden in das Sehzentrum im Hinterhauptlappen des Gehirns einzupflanzen, um Blinden beim Sehen zu helfen ... Man könnte sich vorstellen, dass auch komplexe kognitive Funktionen einmal durch Implantate übernommen werden ... Wir haben so große Angst vor der Implantation, aber wir delegieren ja auch heute schon kognitive Aufgaben an Maschinen außerhalb des Gehirns ... Wenn das Herz aufhört zu schlagen, gilt ein Mensch in der Medizin noch nicht zwangsläufig als tot – erst der Hirntod bestimmt den Tod des Menschen. Das Gehirn, diese 3 % des Organismus, war bislang die letzte Zufluchtstätte für die Persönlichkeit. Nun ist auch dieses Hirngewebe plötzlich austauschbar. Damit stehen wir vor einer neuen kopernikanischen Wende. Mit Kopernikus hatte der Mensch seine Stellung in der Mitte des Kosmos verloren, jetzt erfährt das Subjekt, dass es nicht einmal einen »eigenen« Körper hat. ... Bei einer Transplantation verändern wir sowohl die Hard- als auch die Software des Gehirns. Wenn ein paar Zellen ausgetauscht werden, so bringt das immer auch etwas Programmcharakter in das System hinein ... Aber selbst angenommen, eine Transplantation beim Menschen verliefe zunächst unauffällig. Irgendwann bringen mich die Lebensumstände vielleicht doch in die Situation, dem entsprechenden Funktionsbereich des Gehirns größere Bedeutung beizumessen. Dann stehe ich plötzlich vor einem Funktionssystem mit Charakteristika, die ich bisher nicht gewohnt war und die »mich« stärker beeinflussen, als »ich« dies möchte.
Es kann aber doch auch vorkommen, dass »ich« mich nach einem solchen Eingriff mehr als »ich selbst« fühle als vorher ...
Hier kommen unsere ... Sprechweisen von »Ich« und »Selbst« an eine Grenze.

Detlef Linke, Neurologe, (Interview-Auschnitt) 1995

Technik prägt Denkweisen

... man kann z. B. leicht zeigen, wie an der Technik entwickelte Denkweisen sich in nichttechnische Gebiete, wo sie unangemessen sind, dennoch fortsetzen, und gerade, sofern das schon selbstverständlich geworden ist und also eigens angemerkt und ins Bewusstsein gehoben werden muss, beweist sich damit eine innere Tranformation der Art und Weise, wie wir Wirklichkeiten auffassen. ... So kann man heute geradezu technische Prinzipien benennen, die sich auch in den sozialen und zwischenmenschlichen Beziehungen vollständig durchgesetzt haben.

Arnold Gehlen, 1957

Entweder sind wir eine einheitliche Person. Dann ist da nicht etwas austauschbar. Oder wir sind von vornherein ein Stückwerk, das zu einem neuen Menschen zusammengesetzt werden kann. Detlef Linke, 1995

Zuerst war das Modell der Künstlichen-Intelligenz-Forschung der Mensch; die Aufgabe war zu Beginn dieser Forschungsarbeiten, den Computer dem menschlichen Vorbild nachzubauen, ihn zu einem einfachen Modell des Menschen zu machen. Heute haben wir angefangen, ... uns selbst im Definitionsrahmen einer Maschine zu verstehen. Dies bedeutet eine fundamentale Transformation des eigenen Selbstverständnisses.

Joseph Weizenbaum, Wissenschaftler, 1997

▶ *Was würden Sie an sich austauschen lassen? Bestimmen Sie hierbei eine Grenze: Bis zu welchem Punkt würden Sie sich noch als die gleiche Person empfinden?*

➤ *Zur »Sterbehilfe« vgl. S. 243 (utilitaristische Positionen)*

Technikbenutzung: Wissen wir, was wir tun?

1991 kamen beim Absturz einer Boeing 767/300 alle 223 Insassen ums Leben. Ursache: Der Bordcomputer hatte die Schubumkehr eingeschaltet, weil er die Flugsituation, vermutlich aufgrund besonderer atmosphärischer Druckverhältnisse, fälschlich als Landung interpretierte. Dadurch drehte sich das Flugzeug langsam auf den Rücken. Hier die letzten Aufzeichnungen des Cockpit-Gesprächs, nachdem die Warnleuchte zur Einschaltung der Schubumkehr anging.

Tausende von Toten im Straßenverkehr sind offenbar der ethisch gerechtfertigte »Preis« für die Möglichkeit individueller Mobilität.

Tippelt/Zimmermann, 1991

Das Kontrollzentrum des Atomkraftwerkes Grohnde bei Hameln, 1999

23 Uhr 21:21 *Thurner:* Scheiße.
21:23 *Welch:* Es kommt immer wieder. (Gemeint ist das Warnlicht.)
21:30 *Thurner:* Wir haben die Umschalthöhe passiert. (Damit ist eine Höhe von 6000 bis 8000 Fuß gemeint, in der die Höhenmessereinstellung nachjustiert wird.)
21:32 *Welch:* O. K.!
22:57 *Welch:* Was steht über das drinnen? (Gemeint ist, was die Check-Liste in Bezug auf das Warnlicht enthält.)
23:03 *Thurner:* Zusätzliche Systemfehler könnten einen Umkehrschub während des Fluges verursachen. Erwartet normale Umkehrschubfunktion nach dem Aufsetzen.
23:11 *Welch:* O. K.!
23:26 Lass mich das anschauen.
25:19 *Thurner:* Soll ich das Bodenpersonal fragen?
25:21 *Welch:* Was ist da los?
25:22 *Thurner:* Soll ich unseren Techniker fragen?
25:25 *Welch:* Du kannst ihm darüber erzählen. Gerade … es ist … es ist … es ist gerade … nein … es ist vielleicht … was? … Luftfeuchtigkeit oder eine andere Ursache … es ist nicht … es ist nicht … es ist gerade aufgeflackert … es schaltet sich immer wieder ein und aus.
25:38 *Thurner:* Yeah!
25:39 *Welch:* Aber du weißt, es ist ein … es ist nicht wirklich etwas, es ist nur eine Hinweislampe … ich weiß es nicht.
25:54 *Welch:* Könnte Luftfeutigkeit drinnen sein oder sonst was.
26:02 *Thurner:* Ich denke, du solltest das Seitenruder ein bisschen nach links trimmen.
26:05 *Welch:* Was ist denn das?
26:07 *Thurner:* Du solltest das Ruder ein bisschen nach links trimmen.
26:09 *Welch:* O. K.!
26:11 *Welch:* O. K. (beginnt, mehr als drei Minuten lang Zahlen zusammenzuzählen)
30:37 *Thurner:* Umkehrschub eingetreten!
30:41 *Welch:* Jesus Christ! (Bruch-Geräusch im Cockpit)
30:44 (vier Warnsignale ertönen, danach eine Alarmsirene)
30:52 *Welch:* Wart einen Augenblick.
30:57 *Welch:* Verdammt! (Ein Knall ist zu hören, die Aufnahme bricht ab.)

Mitschnitt in: Tagesspiegel, 1991

Das eigentliche Problem liegt allerdings darin, daß es gegenwärtig keine funktionierenden Instrumente gibt, die sicherstellen können, daß verursachte negative Effekte und ihre störenden Rückwirkungen für den Handelnden in denjenigen Daten sichtbar werden, die für ihn entscheidungsrelevant sind.

Bernd Biervert, Kurt Monse, 1988

Mehr noch als die ausufernde Bürokratie gleichen diese überdeterminierten Handlungsketten und Organisationsprogramme einer »Niemandsherrschaft« (Hannah Arendt) technischer und/oder ökonomischer Imperative, für die sich zwar nominell Verantwortliche oder Nutznießer, aber kaum mehr individuelle Verursacher oder definitiv Schuldige angeben lassen. Es handelt sich, wie Ulrich Beck formuliert, »um organisierte Unverantwortlichkeit«.

Rainer Paris, Soziologe, 1993

▶ *Verzichten Sie auf – einfach bedienbare – Technik, weil Sie bei ihr nicht wissen, was Sie tun?*

▶ *Nennen Sie technische Geräte, die Sie benutzen und deren Fehlfunktion lebensbedrohlich sein könnte, deren Funktionieren Sie aber nicht überprüfen können.*
▶ *Wen halten Sie (für die moralische Bewertung der Risiken und Nebenfolgen) verantwortlich?*

Organisierte Unverantwortlichkeit?

Ohne Technik ist nur Robinson

Eine Unzahl unserer Handlungen ist mit komplexen großtechnischen Geräten (Energieversorgung, Kommunikations-, Informations-, Verkehrssysteme usw.) verwoben, die eine Art Automatismus entfalten, indem sie uns zu bestimmten Verfahrensweisen zwingen. Denn ein Verzicht auf diese Leistungen steht nicht mehr im Belieben eines Einzelnen: Niemand kann ohne größte Einschränkungen seinen Haushalt vom elektrischen Netz abkoppeln, und niemand kann ohne schwerwiegende persönliche Folgen die Benutzung des Telefons am Arbeitsplatz verweigern. Aber geht nicht oftmals bereits die Kenntnis der eigenen Handlungsfolgen in dieser nicht nur technischen, sondern auch wirtschaftlichen, politischen und organisatorischen Vernetzung buchstäblich über den »Horizont« des Einzelnen? In vielen täglichen und lebensnotwendigen Verrichtungen kennen wir die Voraussetzungen, Folgen und Alternativen unserer Handlungen gar nicht mehr; ein Scheitern nehmen wir oft viel zu spät – und unverhältnismäßige Nebenfolgen – gar nicht mehr wahr. Vieles ist uns erst deshalb möglich, weil wir fremdes Können und Wissen in Anspruch nehmen, und ein vollständig eigenverantwortliches Robinson-Dasein hieße eben auch Verzicht auf ein riesiges Spektrum an Handlungsmöglichkeiten. Wir merken nur noch, was die modernen Informations- und Kommunikationsmittel uns mitteilen, und wir wirken in einer Weise und mit Folgen, die von der von uns in Gang gesetzten Technik bestimmt werden, und zwar mit Folgen, die in ihren Langzeiteffekten und synergetischen (sich gegenseitig verstärkenden) Folgen weit über unsere handlungsleitenden Absichten hinausgehen.

Nach: Christoph Hubig, Eva Jelden, 1994

Technische Infrastrukturen erbringen ihre Unterstützung weitgehend im Verborgenen, d.h. ihre Risiken, ihr Rohstoffverbrauch, ihr Störfallrisiko, die Umweltprobleme usw. sind für die Nutzer unsichtbar. Je tiefer insbesondere maschinelle Techniken in den Alltag »eingebaut« sind und je komplexer dabei die technischen, wirtschaftlichen, und strukturellen Voraussetzungen sind, umso mehr verringern sich die subjektiven Betroffenheiten und die objektiven Einflusschancen der Benutzer.

Nach: Ingo Braun, 1989

Der »Preis« unserer Mobilität
Tote und Verletzte im Straßenverkehr Deutschlands

Jahr	1998	1990	1991
Tote	9779	10631	11046
Verletzte	490434	516797	510931

Du steckst nicht im Stau, du bist der Stau!

Wir alle leiden unter den Technikfolgen: dem Lärm, der Luftbelastung und der Unfallgefahr durch den Straßenverkehr zum Beispiel. Für die eigene Autobenutzung haben wir dennoch meist viele – und oft ja auch verständliche – Gründe. Zumindest auf dem Land kommt der Verzicht auf ein Auto dem Ausschluss aus dem gesellschaftlichen Leben gleich. Und »ein Auto mehr oder weniger …« Den »Preis« dieser Mobilität zahlen alle, auch die ohne Auto, die Radler, Fußgänger, besonders Alte und Kinder. Eine liberal-utilitaristische Ethik, die die freie Entscheidung eines jeden als höchsten Wert ansieht, könnte dies rechtfertigen. Ein paretonischer Utilitarist dagegen, dem sein Schutz vor einer Schädigung durch andere wichtiger ist als seine Freiheit alles zu tun, würde dies für unverantwortlich halten: Für ihn darf die Wohlfahrt des einen nicht auf Kosten der Einschränkung des Wohlbefindens anderer gehen.

Eva Jelden, 1999

▶ *Nennen Sie Beispiele für »technische Infrastrukturen« und erläutern Sie an ihnen, wie sie in unseren Alltag eingebaut sind. Welche Risiken und Wirkungen dieser Technik sind dem Nutzer verborgen?*

▶ *Benennen Sie die Folgen des Autoverkehrs. Beurteilen Sie diese aus der Sicht der utilitaristischen Positionen (vgl. S. 238/39).*

»Bei Risiken und Nebenwirkungen fragen Sie ...«

Der Fachmann muss die Bedienung erklären

Anwender verursachen die Folgen

Nur bei zweckspezialisierten Sachsystemen trifft den Hersteller die volle Verantwortung für die Nutzungsfolgen. Bei multifunktionalen universellen Sachsystemen dagegen kann der Hersteller weder vorausbestimmen noch voraussehen, welchen konkreten Gebrauch der Verwender davon machen wird. Da ihnen die entsprechende Handlungsmacht fehlt, können die planenden und herstellenden Ingenieure unmöglich die ungeplante oder gar mißbräuchliche Verwendung ihrer Produkte verantworten; allenfalls können sie, soweit ein möglicher Mißbrauch vorhersehbar ist, die Missbrauchsresistenz der Produkte erhöhen. Günter Ropohl, 1996

... doch nur der Fachmann kann Folgen vorhersehen

Am 1.1.1990 trat das Produkthaftungsgesetz in Kraft. Ein Hersteller (bzw. Händler oder Importeur) haftet nun verschuldensunabhängig für

- Konstruktionsfehler (falsche Konzeption einer Produktserie bzw. ihrer Verarbeitung; z. B. gesundheitsschädliche Stoffe im Lebensmittel)
- Fabrikationsfehler (fehlerhafte Herstellung oder Verarbeitung eines Produktes; z. B. ein »Montagsauto« mit defekter Bremsleitung)
- Instruktionsfehler (unzulängliche Bedienungsanleitung, fehlende Warnhinweise usw.)
- Überwachungsfehler (unzulängliche Reaktion auf eine sich am Markt abzeichnende missbräuchliche Verwendung des Produkts; z.B. Überdosierung von Vitaminpillen oder modisches, aber gefährliches Tuning von Motorrädern).

Ein Fehler liegt dann vor, wenn das Produkt »nicht die Sicherheit bietet«, die zu dem Zeitpunkt, in dem es in den Verkehr gebracht wurde, »erwartet werden kann«. Ausgeschlossen ist die Haftung also, wenn ein Fehler »nach dem Stand der Technik« zum Zeitpunkt der Entwicklung des Produkts »noch gar nicht erkannt werden konnte«. Dieses Entwicklungsrisiko muss also nach wie vor der Kunde tragen. Pressemeldungen, 1987/90

▶ *Stellen Sie Prognosen zusammen, die Sie für verlässlich halten.*

Sinnvoller Verbraucherschutz – entmündigter Kunde?

Können Verbraucher wirklich »nichts dafür«, wenn ihr Auto sauren Regen und Waldsterben verursacht, sind sie von jeder Verantwortung befreit? Oder sind sie, zumindest moralisch, selbst (mit)verantwortlich für alle Folgen, die sie, vernünftiges Mitdenken und gewissenhaftes Informieren vorausgesetzt, selbst hätten wissen können?

»Warnung: Dieser Soda-Automat könnte Sie töten«

Das steht als Aufschrift auf allen US-amerikanischen Münz-Soda-Automaten. Bei Unfällen waren seit 1978 37 Menschen ums Leben gekommen, als sie durch Rütteln oder Kippen der eine Tonne schweren Geräte (wegen klemmender Münzen, um das Geld zu stehlen oder einen kostenlosen Drink zu bekommen) von den umkippenden Automaten erdrückt wurden. Pressemeldung, 1996

Tee für Kleinkinder?

Der Hersteller von Plastiknuckelflaschen und gesüßtem Kindertee-Pulver wurde zum Ersatz der Zahnbehandlungskosten verurteilt, weil er es versäumt habe, »zu prüfen, welche Gefahren der erfolgende Teegenuss für das Gebiss der Kleinkinder hatte«. Vor dem »nahe liegenden Fehlgebrauch« des Dauernuckelns hätte er die Eltern warnen müssen. Pressemeldung, 1992

»Warning: the coffee is hot and may burn your mouth?«

Dieser Text steht auf Schildern in Restaurants einer amerikanischen Fast-Food-Kette.

▶ *In welchen der Beispiele halten Sie den Benutzer für mitverantwortlich, weil er die Risiken und Schäden hätte wissen können? Gibt es Fälle, in denen Sie auf Technik verzichten, weil Sie unverantwortliche Risiken in der Benutzung sehen?*

Wurfpfeile
Der Bundesgerichtshof verurteilte einen Händler, der schlichte Wurfpfeile verkauft hatte, ohne zu prüfen, ob der Käufer diese missbrauchen könnte. Pressemeldung, 1992

Provider für wessen Interessen?
Ein Internet-Provider wurde zu 2 Jahren Haft auf Bewährung und einer hohen Geldstrafe verurteilt, weil über die von ihm verkauften Internet-Zugänge auch (nicht von ihm produzierte) kinder- und tierpornographische Inhalte abrufbar waren. Im Revisionsverfahren hoben die Richter das Urteil auf, da einem Provider eine technische Kontrolle hierüber nicht möglich sei.

Pressemeldung, 1998

Export von Kriegswaffen
Die Göttinger Gesellschaft für bedrohte Völker plant eine Anklage gegen die deutschen Exporteure einer Giftgas-Anlage an den irakischen Diktator Saddam Hussein, der Giftgas gegen Kurden eingesetzt hatte. Der Richter am Bundesgerichtshof Hans Josef Kullmann, Spezialist für Produkthaftung, meint, ein Vertriebshändler müsse »sicherstellen, dass gefährliche Stoffe oder Geräte nicht an Personen abgegeben werden, bei denen die Gefahr besteht, dass sie damit Unheil anrichten«. Wer will bestreiten, dass Saddam Hussein eine solche Person ist?

Pressemeldung, 1992

▶ *Mit Technik können Marktinteressen verschleiert werden. Diskutieren Sie diese These.*

Es haftet der Hersteller?

Computer und das Jahr 2000
Es war allen klar, dass irgendwann das Jahr 2000 beginnt. Aber die meisten Programmierer rechneten nicht damit, dass ihre Programme dann noch eingesetzt sein werden. Anders als voraus vermutet, wurde Software jedoch zumeist nur fortgeschrieben, nicht grundsätzlich neu geschrieben. Fließbänder stehen still, Millionen Kundendaten gehen verloren, Turbulenzen an der Börse, Flugsicherungssysteme oder gar AKW-Steuerungen versagen: Solche Horrorszenarien prognostizierten viele Computerwissenschaftler für den 1. 1. 2000. Denn die meist älteren Computerprogramme hielten die Datenanzeigen nur mit zweistelliger Jahreszahl, benutzen diese aber intern für vielerlei Funktionen, die sich kaum nachvollziehen lassen. In der EU wurden die Umrüstungskosten auf ca. 5 Milliarden geschätzt. Pressemeldung, 1999

Wer nämlich eine neue technische Lösung hervorbringt, erzeugt zugleich eine neue menschliche Handlungsform, die er allen Anwendern seiner Lösung nahe legt. … Und darin liegt das ethische Defizit technischen Handelns, dass er sich über die ethische Legitimation der solcherart erzeugten Handlungsmuster allzu selten Rechenschaft ablegt. Günter Ropohl, 1989

▶ *War der Einsatz von Computerprogrammen über den Jahreswechsel verantwortbar? Hätten z. B. Airlines ihre Flugzeuge an diesem Tag überhaupt starten dürfen? Oder hätte jeder Fluggast für sich entscheiden sollen?*

Müsste man bei neuen Technologien nicht erst viele Jahre lang Erfahrungen sammeln, bevor man sie in der Praxis nutzt? Ich glaube, das können wir uns nicht leisten. Es wäre wunderbar, wenn das so ginge. Aber der Wettbewerb funktioniert so heftig, dass man das nicht machen kann. Jozef Schell, Genforscher, 1998

Markt und Moral

Die deutsche Wirtschaftsform soll sich am Leitbild der »sozialen Marktwirtschaft« orientieren, die im Gegensatz zu einer reinen Marktwirtschaft Ungerechtigkeiten auszugleichen versucht. Eine solche Einmischung des Staates in die Ökonomie aus moralischen Gründen dürfe jedoch, so mahnen Wirtschaftsvertreter, nicht das »Prinzip« und die »Triebfeder« aller ökonomischen, d. h. nach »Effektivität« und »Effizienz« strebenden Handlungen, untergraben. Der Wirtschaftsvertreter Manfred Gentz und der Wirtschaftsethiker Peter Ulrich vertreten verschiedene Standpunkte in der Frage politischer Einflussnahme.

Aktionärsversammlung, 1997

Zwischen ökonomischem Zwang und moralischer Verantwortung

Die Logik des Marktes

Sind Ethik oder Moral überhaupt geeignete Meßlatten, um wirtschaftliches Handeln zu beurteilen? Denn in der Tat: Unternehmen werden doch wohl zu Recht zuerst nach ihrer wirtschaftlichen Leistung beurteilt, nach Umsatz, nach Ergebnissen, nach Beschäftigten, nach ihren volkswirtschaftlichen und sozialen Leistungen ... Marktwirtschaften setzen den Eigennutz als Triebfeder unternehmerischer Tätigkeit ein. Die List des Marktes führt zu einem volkswirtschaftlichen Gesamtnutzen, somit zu einem guten Ende, das sittlicher Bewertung durchaus standhält. Selbst wenn man wirtschaftliche Betätigung in einer freien Marktwirtschaft nicht als von sich aus gut einstufen möchte, so ist es doch aus der Sicht des Einzelunternehmens wenigstens ethisch neutral. Aus der Sicht des Ganzen ist es gut, solange und soweit die Gesetze des Marktes und die (vor allem sozialen) Rahmenbedingungen eingehalten werden. Eine freie, den Wettbewerb sichernde und soziale Ziele beachtende Marktwirtschaft ist letztlich Garant von bürgerlicher Freiheit und Demokratie. Dasselbe gilt auch umgekehrt.

Manfred Gentz, Ökonom, 1993

Des einen Profit des anderen Schaden?

Die Antwort auf diese Gefährdungen [von Arbeitnehmerinnen und Arbeitnehmern, der Kunden bei Gebrauch eines Produktes, der Umwelt] ist in aller Regel nicht das Verbot von Herstellung und Anwendung, sondern die Eindämmung der Risiken und der größtmögliche Schutz vor denkbaren Schädigungen. Dabei werden Restrisiken teilweise bewußt in Kauf genommen. ... Hier kann ein Konflikt der ethisch erwünschten Schadensminimierung für den Menschen mit den wirtschaftlichen Interessen des Unternehmens auftreten. Denn die Risikobegrenzung kann erhebliche Aufwendungen notwendig machen, die den Gewinn des Unternehmens schmälern. Deshalb wird der Staat im Rahmen einer Marktwirtschaft in aller Regel Normen setzen müssen, damit Eigennutz nicht zu Lasten Dritter optimiert wird. Die Normen sind auch deshalb nötig, weil nur so gleiche Wettbewerbsbedingungen für alle Marktteilnehmer geschaffen werden können. Andernfalls wird derjenige durch höhere Kosten und reduzierte Gewinne bestraft, der sich so verhält, dass er Schäden vermeidet, während sein Konkurrent für Rücksichtslosigkeit ökonomisch belohnt wird ... Sobald Schutzziele eindeutig definiert und in staatliche Normen umgesetzt sind, stellen sich ethische Fragen nicht mehr. Wie ist es aber, bevor solche Normen erlassen werden oder bevor Klarheit über Art und Umfang möglicher Schädigungen besteht? Müssten ethisch verantwortlich handelnde Unternehmensführungen hier im Interesse von Mensch und Umwelt nicht auf bestimmte Produktionsverfahren oder Produkte verzichten, wenn sie Gefahren nicht ausschließen können? ... Es gibt sicher Zwischenwege dort, wo die Existenz des Unternehmens nicht bedroht ist und das Unternehmen es verkraften kann, auf Teile möglichen Gewinns zu verzichten. Sobald die Existenzfrage gestellt ist, kann die Wirtschaft gegen ihre eigenen Existenzbedingungen nicht angehen und – jedenfalls nicht in der Breite – ihre Selbstaufgabe beschließen.

Manfred Gentz, Ökonom, 1993

▶ *Beschreiben Sie am Beispiel von »Umwelt-Risiken« die Rolle von Moral, Ethik und politischer Einflussnahme in der Systemlogik des Marktes, wie Gentz sie versteht.*

Die Logik des Marktes hinterfragen

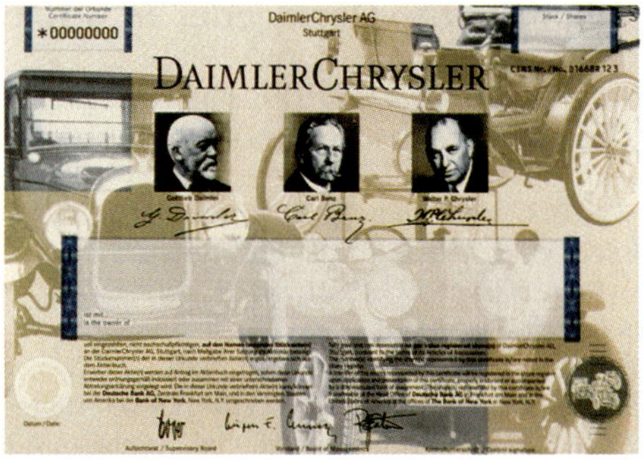

Daimler-Chrysler-Aktie

Viele Manager würden gern ethisch handeln, sagen aber, der internationale Konkurrenzdruck zwinge sie in einen hemmungslosen Wettbewerb.
Das ist das beliebte und gängige Sachargument. Viele, die so reden, denken meist, der harte Wettbewerb sei gut, er diene dem Gemeinwohl. Hier ist Aufklärung nötig: Im Bereich der Praxis – und Wirtschaften ist immer gesellschaftliche Praxis – gibt es keine absoluten Sachzwänge. Hinter den Sachzwängen stehen immer auch Interessen. Ein aktuelles Beispiel: Zwei große Firmen fusionieren. Wenn nach den Gründen gefragt wird, heißt es, der harte globale Wettbewerb zwingt uns dazu. Wenn man weiter fragt, stellt sich heraus, dass die Rendite auf das eingesetzte Geld unter dem Druck der internationalen Kapital- und Finanzmärkte erhöht werden soll.

Das ist doch aber ein Zwang, dem die Manager ausgesetzt sind.
Gewiss. Doch hinter dem Zwang stehen ganz klare Interessen, die festgemacht werden können: zum Beispiel die Interessen der Aktionäre an einer höheren Rentabilität. Wir haben also keinen anonymen, wertfreien Sachzwang auf der einen Seite und auf der anderen Seite betroffene Interessen wie die von Arbeitnehmern, deren Stellen gefährdet sind. Es gibt immer nur Ansprüche, die gegeneinander stehen. Deshalb geht es darum, Lösungen zu finden, die gegenüber allen Ansprüchen vertretbar sind. Warum sollen die Interessen von Aktienbesitzern prinzipiell höherwertig sein als die von Arbeitnehmern, um deren nackte Existenz es geht?

GG Art. 14 (2)
Eigentum verpflichtet. Sein Gebrauch soll zugleich dem Wohle der Allgemeinheit dienen.

Damit stellen Sie die vorherrschende Wirtschaftsphilosophie in Frage.
Ja, genau das ist notwendig. Aufgabe einer modernen Wirtschaftsethik ist es, die normativen Tiefenstrukturen der Art und Weise zu erhellen, wie wir über Wirtschaft reden. Auf dieser Grundlage kann man die Strukturen und Verhaltensweisen in der Wirtschaft hinterfragen.

Sie treten für eine Begrenzung des Marktes unter bestimmten Bedingungen ein. Wie begründen Sie das?
Die neue Idee der Marktbegrenzung bedeutet den Primat der Politik vor der Logik des Marktes. Diese Idee kommt gerade vom Liberalismus her, denn der freie Markt ist noch keine Garantie für freie Bürger. Eine freiheitliche Gesellschaft als lebbare Freiheit für alle Bürger ist der Grund, warum dem Markt Grenzen gesetzt werden müssen. Das muss dann auch gegen die Systemlogik der Marktwirtschaft politisch gesichert werden. Nicht überall muss der härteste Wettbewerb herrschen, so wie es die neoliberale Ideologie unter dem Motto »Mehr Markt« unterstellt. Deshalb braucht es eine übergeordnete politische Ebene, die nicht von den Wirtschaftlern bestimmt wird. Schließlich müssen die Bürger bestimmen, welche Rolle wirtschaftliche Zusammenhänge in der Gesamtgesellschaft spielen.

Wer kann solche Veränderungen in die Praxis umsetzen?
Ich glaube, immer mehr Menschen – und Manager sind ja auch Menschen – haben das ungute Gefühl, die wirtschaftliche Entwicklung sei fragwürdig. Sie werden sensibel für wirtschaftsethische Fragen. Wir müssen darüber nachdenken, wohin das Ganze führt … Privatwirtschaftlicher Erfolg muss menschenverträglich, sozialverträglich und ökologisch nachhaltig sein. Alles andere wird man auf Dauer als unlautere Form des Gewinnstrebens disqualifizieren müssen.

Peter Ulrich, Wirtschaftsethiker, 1999 im Gespräch

- ▶ *Ulrich argumentiert nicht, wie Gentz, auf der Basis der Logik des Marktes. Beschreiben Sie den Perspektivwechsel.*
- ▶ *Bestimmen Sie die ethischen Kriterien, die der Wirtschaftsethiker Ulrich über die Interessen des Marktes stellt.*
- ▶ *Stellen Sie die Perspektiven des Wirtschaftswissenschaftlers und des Wirtschaftsethikers nebeneinander. Sind Sie vereinbar?*
- ▶ *Nennen Sie Beispiele aus Politik und Gesellschaft, wo Sie die »Logik des Marktes« ablehnen würden. Begründen Sie.*

Die Idee des freien Wettbewerbs: gestern und heute

Adam Smith: »Denkt jeder an sich, ist an alle gedacht«

Der Philosoph Adam Smith (1723–1790) begründete die freie Marktwirtschaft. Ökonomie war zu Smiths Zeiten noch ein Teilgebiet der Moralphilosophie. Sein wichtigstes Werk ist »Der Wohlstand der Nationen« von 1759. Leitend für ihn war der Gedanke, dass jeder Mensch ein natürliches Recht auf Glückseligkeit besitzt. Das richtete sich gegen das zu seiner Zeit noch vorherrschende politische System, in dem Feudalherren auch über die wirtschaftlichen Belange ihrer Untertanen entschieden.

Das auf den eigenen Vorteil bedachte Selbstinteresse, mit dem der Schöpfer seine Erdenkinder ausgestattet hat, ist nur im Ausnahmefall böse, sonst aber sinnvoll und gut, weil es dazu beiträgt, den Anspruch auf eine Sicherung und Verbesserung des Daseins zu verwirklichen. Diesen allgemeinen Gedanken schmiedete Smith für die Ökonomie zurecht. Er pries den Eigennutz als den Motor allen wirtschaftlichen Handelns und schrieb: »Nicht vom Wohlwollen des Metzgers, Brauers und Bäckers erwarten wir das, was wir zum Essen brauchen, sondern davon, dass sie ihre eigenen Interessen wahrnehmen. Wir wenden uns nicht an ihre Menschen-, sondern an ihre Eigenliebe.« Und nachdem er dies erkannt hatte, stellte er einen Lehrsatz auf. Er besagt, dass die unzähligen, auf sich selbst bezogenen Aktivitäten, die das Wirtschaftsgeschehen in Schwung halten, nicht ins Chaos, sondern in die vom Schöpfer gewollte »natürliche« Ordnung führen … Der Kaufmann ist gezwungen, das anzubieten, was seine Kunden haben wollen, und das, was er anbietet, muss besser sein als das Produkt der Konkurrenz. Auf keinen Fall aber dürfe die Gesellschaft den Eigennutz, das Streben nach persönlichem Wohlstand unterdrücken. Denn dieses halte unseren Erwerbsfleiß in Gang. Vor allem durch den Erwerbsfleiß seien die Menschen auf die Idee gekommen, »den Boden zu kultivieren, Häuser zu bauen, Städte und Gemeinwesen zu gründen und alle jene Künste und Wissenschaften zu erfinden, die das Leben verfeinern und verschönern«. Demnach ist die Eigenliebe, die uns von der Geburt bis zum Grab begleitet und ohne die eine freie Marktwirtschaft überhaupt nicht denkbar wäre, ein positiver Charakterzug, eine Eigenschaft, die Achtung verdient.

A. R. Penck, »Das große Weltbild«, 1965

Nach: Paul-Heinz Koesters, 1993

▶ *Vergleichen Sie Adam Smiths marktwirtschaftliche Vorstellungen vom Wohlstand für alle durch eigennütziges Handeln mit dem utilitaristischen Konzept des Allgemeinwohls (vgl. S. 230–243).*

»Der freie Markt ist amoralisch«

Der moderne Wirtschaftstheoretiker Guy Kirsch befürwortet heute den freien Wettbewerb. Das werde durch das Prinzip legitimiert, nach dem jeder Marktteilnehmer seinen Vorteil sucht und in »freier«, liberaler Marktwirtschaft – wenn beide ihn als vorteilhaft ansehen – ein Handel zustande kommt. Dem Bäcker, so Kirsch, »liegt an sich selbst und an den Ferien am Strand; seine Kunden interessieren ihn als Personen nicht; ihn interessiert ihre Kaufkraft. Die Kunden sind für ihn der belanglose Appendix eines Geldscheins«:

Und die Kunden? – Sie kaufen wohl nur in den seltensten Ausnahmefällen Brötchen, damit der Bäcker sein Glück in Teneriffa machen kann; sie kaufen Brötchen, weil sie ihnen schmecken, weil sie ihrem Eigennutz dienlich sind. Für sie existiert der Bäcker als Person nicht; in ihren Augen ist er das triviale Anhängsel der Brötchen; diese allein sind sein Interesse. Dabei ist es keineswegs so, dass die Blindheit des Menschen für den Menschen, die Fixierung des Menschen auf die Tauschobjekte – Geld bzw. Brötchen – das Symptom einer pathologischen Perversität des gesellschaftlichen Interaktionssystems, hier: des Marktes, ist. Im Gegenteil: Der Markt funktioniert umso besser, genauer: der Wettbewerb ist umso vollkommener, desto geringer die persönlichen Präferenzen, desto vollständiger die Indifferenz gegenüber den Marktpartnern, desto ausschließlicher die Fixierung des Interesses auf die Tauschobjekte. Es ist richtig: Der Marktmechanismus lässt keinen Raum für das Wohlwollen des einen für den anderen; und: Mit dem Grad der Vollkommenheit des Wettbewerbs steigt für den Einzelnen die Notwendigkeit, seinen Eigennutz, die Maximierung seines Gewinns, nur seinen Eigennutz, seine Gewinnmaximierung im Auge zu haben ... So weit, so schlecht; aber auch: so weit, so gut. Der Marktmechanismus lässt nämlich auch keinen Raum für die persönliche Bösartigkeit. Mit der Vollkommenheit des Wettbewerbs sinkt für den Einzelnen die Möglichkeit, anderen seinen Willen aufzuzwingen, sie im Dienste des Eigennutzes in dem Sinn zu instrumentalisieren, dass er seine Wohlfahrt anders denn durch die Steigerung der Wohlfahrt des anderen, gar durch die Beeinträchtigung von deren Wohlergehen erhöht. Mit der Anonymisierung und der Entpersonalisierung der gesellschaftlichen Lebensverhältnisse, mit der Vergrößerung der zwischenmenschlichen Distanz verschwand ... die Möglichkeit der Nächstenliebe. Es blieb das Risiko, dass der eine, ob aus Böswilligkeit oder aus schierer Gedankenlosigeit, dem anderen etwas Böses antut. Dieses galt es zu verhindern. Der liberale Ordnungsentwurf, wie ihn die Klassiker im 18. und 19. Jahrhundert erarbeitet haben [zum Beispiel Smith], dient diesem Zweck.

Guy Kirsch, 1989

▶ *Beschreiben Sie den »vollkommenen Wettbewerb«, so wie Kirsch ihn sieht. Teilen Sie die Vorstellung, dass z. B. die Freundlichkeit eines Verkäufers auch nur »Ware« ist?*

▶ *Ist der »liberale Ordnungsentwurf«, so wie Kirsch ihn beschreibt, aus heutiger Sicht noch tragfähig (vgl. S. 138/39)?*

▶ *Kaufen Sie nur dort ein, wo für Sie eine Maximierung von Gewinn herausspringt oder gibt es für Sie Gründe, die jenseits von Marktinteressen liegen könnten?*

▶ *Brauchen Sie Konkurrenz, um zu Leistung angespornt zu werden, oder ist Ihnen partnerschaftliche Zusammenarbeit lieber? Was hieße das übertragen auf die Marktwirtschaft?*

Keine freie Marktwirtschaft ohne »Kooperation«

Wer nämlich auf den Wochenmarkt geht, unterstellt, dass die Gemüsehändlerin ihn nicht betrügt, und diese geht davon aus, dass die Kunden sich ihrem Stand nicht in räuberischer Absicht nähern ... Solche Regeln kommen zustande, wenn sie auf wohlverstandenem Eigeninteresse und langfristigen Klugheitserwägungen aller Marktteilnehmer gründen, wenn sie allen, die sie befolgen, Vorteile bringen. In einer Art rekonstruierten Gesellschaftsvertrags vereinbaren die Marktteilnehmer freiwillig, ihre Handlungsweisen wechselseitig zu beschränken, damit ihre Erwartungen verlässlich werden und ihr individueller Handlungsspielraum erweitert wird.

Friedhelm Hengsbach, 1996

▶ *Konkretisieren Sie Hengsbachs Beobachtung anhand von Beispielen, in denen z. B. auch Ehrlichkeit von Eigeninteresse sein kann. Inwiefern unterscheidet sich diese Anschauung von der Hobbes (vgl. S. 154/55)?*

… ist an alle gedacht? (Un-)Faire Marktwirtschaft

In vielen Ländern der Erde sind nicht alle Marktteilnehmer so »frei«, wie es Adam Smith sich vorstellte, in einen Handel oder ein Beschäftigungsverhältnis einzuwilligen (vgl. S. 140). Häufig zwingt sie die pure Überlebensnotwendigkeit zu Verträgen, die nur wenig mehr als ihr Überleben sichern. Was wir heute im Supermarkt kaufen, stammt auch aus diesen Ländern. Unterstützen und verantworten wir durch unseren Kauf soziale und ökologische Verhältnisse, die wir moralisch unverantwortlich finden?

Der Kunde ist König

»Unternehmenstester-AG« der deutschen Verbraucherverbände sollen in Zukunft Verbrauchern Informationen über Hersteller geben, damit diese bei denen kaufen können, »deren Politik mit den eigenen Wertvorstellungen und Überzeugungen am meisten übereinstimmen«. Zwei Drittel der Käufer wollten laut Umfrage bei Firmen kaufen, die »nachweislich verantwortlich« handeln. Wichtige Kriterien hierfür waren ihnen (in dieser Reihenfolge): Verzicht auf Kinderarbeit, Schaffung von Arbeits- und Ausbildungsplätzen, umweltfreundliche Produkte, Verzicht auf Tierversuche, gleichberechtigte Beschäftigung von Behinderten, Frauen und Ausländern. Das jeweils »beste Unternehmen« könne wegen der Vielzahl möglicher Kriterien nicht allgemein gültig, sondern nur von jedem Kunden entsprechend seiner Werte bestimmt werden.

Pressemeldung, 1998

Die andere Seite der Globalisierung

Internationale Konzerne mit Sitz in westlichen Ländern nutzen das Billiglohnniveau der Entwicklungsländer. Das scheint auf den ersten Blick nicht moralisch anstößig, weil das weltweite Lohngefälle bei gerechter Bezahlung auch zu allseitigem Vorteil genutzt werden könnte. Jedoch sind die Entwicklungsländer durch die begrenzte Nachfrage an Arbeit erpressbar, die Löhne können in diesen Ländern leicht gegen das Existenzminimum gedrückt werden. Wichtiger in unserem Zusammenhang ist jedoch der Export umweltriskanter Produktionstechnologien, wofür die Katastrophe von Bophal ein schockierendes Symbol abgibt. Von einem rein wirtschaftlichen Standpunkt aus sind nicht nur die niedrigen Risikostandards in Drittwelt-Ländern verlockend, sondern auch die im Katastrophenfall zu befürchtenden Entschädigungen, die aufgrund des niedrigen Lebensstandards ebenfalls erheblich niedriger sind. Die Auslagerung von westlichen Produktionen trägt aber auch generell zu einer einseitigen Industrialisierung der Entwicklungsländer bei.

Anton Leist, Philosoph, 1996

▶ *Bestimmen Sie Ihre Reihenfolge der hier genannten moralischen Kriterien. Erweitern Sie ggf. die Liste.*

Zum Beispiel Kaffee

Geht's uns zu gut – auf Kosten anderer?

Brasilien – das klassische Land des Kaffeeanbaus mit rund einem Drittel der Weltkaffeeproduktion – ist auch das klassische Land der Großplantagen und Monokulturen. Wie eh und je ziehen während der kurzen Erntemonate Wanderarbeiter mit ihren Familien auf der Suche nach Arbeit zwischen den Plantagen und Städten umher. Wer sich auf einer Plantage als Tagelöhner verdingt, lebt dort für die Dauer der Arbeit unter harten Bedingungen. Die Pflücker sind in einfachen Bretterbuden untergebracht, die hygienischen Bedingungen oft völlig unzureichend. Der Akkordlohn liegt in der Regel unter dem gesetzlichen Mindestlohn … Der großflächige monokulturelle Anbau von Kaffee bleibt nicht ohne ökologische Folgen. Die Rodung riesiger Waldflächen verändert den Nährstoffkreislauf des Bodens und das Klima. Abwechselnd häufen sich Dürren und überstarke Regenfälle … Die riesigen Flächen mit einheitlichem Pflanzenbestand sind außerdem ein idealer Nährboden für alle möglichen Kaffeeschädlinge und -krankheiten. Der großflächige Anbau kommt daher nicht ohne den massiven Einsatz von Argrarchemikalien aus … Rund eine halbe Million brasilianischer Landarbeiter erleidet pro Jahr Vergiftungen beim Umgang mit Pestiziden. 5 000 von ihnen müssen sterben.

DER SPIEGEL, 1987

»Fair-änderte« Marktordnung

Familienbetriebe kennen keine Monokulturen, Mischanbau ist dagegen das typische Merkmal kleinbäuerlicher Produktion ... Klimatische Veränderungen, Grundwasserabsenkungen oder Bodenerosion sind in Gebieten mit wirtschaftlich gesunden Kleinbauernbetrieben kaum zu befürchten. ... Etwa fünf Prozent vom Ladenpreis, den ein Pfund Kaffee in Deutschland kostet, ist der magere Anteil für die Kleinproduzenten. Ein Pfund Kaffee, das ist die Ernte eines Kaffeestrauches. Fünf Prozent, das entspricht bei einem Pfundpreis von durchschnittlich acht Mark ganzen 40 Pfennigen. [Zum Vergleich: Allein DM 2,20 verdient der deutsche Staat pro Pfund an Einfuhrzöllen und Umsatzsteuer.] Von solch niedrigen Margen kann keine Kleinbauernfamilie und kein Kaffeepflücker unter menschenwürdigen Bedingungen leben. Nicht Almosen, sondern faire und gerechte Preise fordert deshalb ... TransFair. Die Firmen schließen Direktverträge mit Kleinproduzenten, die sich zu Kooperativen und Selbsthilfeorganisationen zusammengeschlossen haben. Diese erhalten einen Preis, der über Weltmarktniveau liegt. Langfristige Abnahmeverträge sollen zudem den Kooperativen eine bessere Zukunftsplanung ermöglichen. Und falls von ihnen erwünscht, erhalten sie einen Teil des Lieferpreises vorab, um ihren Mitgliedern bereits bei Anlieferung der Ernte Bargeld auszahlen zu können. Das verschafft den Kleinbauern Unabhängigkeit von den »coyotes« [den Zwischenhändlern, die meist auch die Lebensmittelmärkte betreiben] und ermöglicht den Familien den Kauf dringend benötigter Waren.

Holger Baum/Dieter Offenhäußer, 1994

Drei Pfennig

Fair gehandelter Kaffee, der für die Verbraucher am eigens entwickelten TransFair-Siegel auf der Packung erkennbar ist, kostet rund 20 Prozent mehr als herkömmlich gehandelter Kaffee ... Von entscheidender Bedeutung bleibt daher der direkte Zugang zum Markt, den die Familienbetriebe allein über die Brücke des alternativen Handels haben. Nur so können sich die Kleinbauern von der Ausbeutung durch die Zwischenhändler befreien ... Mit den neuen partnerschaftlichen Handelsbeziehungen sind unzweifelhaft soziale und wirtschaftliche Fortschritte für viele zehntausend Bauernfamilien in den Kaffeeanbauländern verbunden: Ihre Einnahmen haben zugenommen und zu einer Verbesserung der Lebensbedingungen geführt. Erstmals kann zum Beispiel in einigen mittelamerikanischen Gebieten der regelmäßige Schulbesuch der Bauernkinder gewährleistet werden. Zudem haben Genossenschaften und Kooperativen aus den Mehrerlösen Wiederaufforstungsprogramme, Schulungsmaßnahmen im ökologischen Landbau, den zusätzlichen Anbau von Nahrungsmitteln oder Ausbildungsprojekte in den Bereichen Buchführung, Handwerk und Hauswirtschaft finanzieren können. Drei bis vier Pfennig pro Tasse, die fair gehandelter Kaffee die Verbraucher mehr kostet, haben für die Kleinproduzenten und ihre Familien die Welt »fair«-ändert.

Holger Baum/Dieter Offenhäußer, 1994

»Fair Trade« will nachhaltig Arbeits- und Lebensverhältnisse von Erzeugern in wirtschaftlich schwachen Ländern der Erde verbessern.

»Blauer Engel« fördert Produkte, die über deutlich bessere Umwelteigenschaften verfügen als vergleichbare konventionelle Ware.

Das »IBR-Siegel« garantiert umweltgerecht hergestellte, recycelbare und nicht gesundheitsschädigende Bauprodukte.

»Rugmark« verbietet in der Teppichherstellung Kinderarbeit und sichert Mindestlöhne zu.

Das »FSC-Gütesiegel« ist ein Zertifikat für Holz aus nachhaltiger Forstwirtschaft.

▶ *Viele Herstellungsbedingungen beeinflussen die Qualität des Produktes und betreffen so unmittelbar die Interessen des Konsumenten. Bei welchen Produkten achten Sie hingegen auf Bedingungen, die nur den Erzeugern/der Umwelt zu Gute kommen?*

Verantwortung zwischen Nachfrage und Angebot

Wir liefern es der Menschheit, sie will es haben.
Die Bedürfnisse steigen, dem folgen wir.

Ein Babywindel-Hersteller, 1999

»Lügen? – Tun doch alle!«
Ronnie Brock betreibt in Großbritannien seit Mitte 1998 eine »Alibi-Agentur« für wasserfeste Ausreden bei einem Seitensprung in der Beziehung, einer Einladung bei der Schwiegermutter, der man entgehen möchte, oder einer guten Ausrede, dem Freund beim Umzug leider nicht helfen zu können. Auf Bestellung liefert er Einladungen zu einer Tagung am Wochenende in Florenz, einen Anruf von der Firma zu einer dringenden Sitzung, Rechnungen für Geschäftsessen oder telefonische Buchungsbestätigungen – natürlich alles gefälscht. An Kundschaft mangelt es ihm nicht. »Natürlich, Lügen ist nicht gut«, gibt er zu, »aber das machen doch alle.« Und wenn es schon nötig sei, solle man einen Profi ranlassen.

dpa-Meldung, 1999

▶ *Was meinen Sie: Wer verantwortet diese Lüge? Ist es moralisch legitim, solche Produkte zu verkaufen?*

Kundenmacht – Kundenverantwortung

Der Kunde entscheidet doch!
Wie kaum in einem anderen gesellschaftlichen Bereich hat der Mensch als Kunde im Supermarkt die Macht, dem Markt durch schlichtes Nicht-Kaufen von Junk-Food gesunde Impulse zu geben. Selbst der Städter, dem das Huhn zu Lebzeiten fremd ist, muss stutzen, wenn ihm ein tiefgefrorenes 800-Gramm-Hähnchen für zwei (!) Mark, ein gegrilltes für 4,99 Mark angeboten wird: Das geht nur durch voll industrialisierte Tierproduktion und Kostensenkung um jeden Preis mit garantierten Nebenwirkungen. Eine glückliche Poularde vom Bio-Bauern ist zu teuer? Das stimmt nur, wenn man Lebensqualität darin sieht, weiterhin jeden Tag eine zu verzehren. Thomas Rogalla, 1999

Alle Exoten lieferbar
Tropenhölzer sind vor allem deshalb so beliebt, weil ausländische Firmen sie im Ursprungsland billig kaufen können. Während bei Kiefer oder Esche aus europäischen Breiten die Kosten für die Wiederaufforstung und Pflege des Waldes mitbezahlt werden müssen, werden die Neo-Kolonialisten aus Japan und Europa mit diesen Kosten praktisch nicht »belastet«. Die »Exoten« dienen bei uns als Bauholz und Rohstoff für Massenartikel wie Türen und Fenster. Nach den Studien des World Wildlife Fund werden pro Jahr fünf Millionen Hektar Regenwald im Auftrag der Holzimporteure vernichtet oder ernsthaft geschädigt. Wenn nur 5 % der Bäume eines Waldgebietes fallen, weil ja nur die starken Stämme lukrativ sind, werden 60 % des Bestandes zerstört.

Nach: Ingke Brodersen, 1998

▶ *Stimmen Sie Rogalla zu? Tragen nur die Hersteller Verantwortung oder auch die Kunden?*

▶ *Entwickeln Sie Kriterien für Ihren Einkauf in einem Baumarkt. Informieren Sie sich dazu über Umweltorganisationen zum Import von Tropenhölzern.*

»100 Jahre krumme Dinger«
Plakat einer Kampagne »Bananen aus fairem Handel« – gegen die Praktiken des Chiquita-Konzerns

Apfelsinen machen Politik
Zum Sturz des Apartheid-Regimes in Südafrika trugen auch die Aufrufe zahlreicher Menschenrechtsorganisationen bei, keine Waren von dort mehr zu kaufen. Viele große Handelsketten sahen sich gezwungen, Cape-Orangen und vieles andere aus ihren Listen zu nehmen. Auch die Deutsche Bank zog sich aus Finanzgeschäften mit Südafrika heraus, weil zahlreiche Kunden aus Protest gegen dieses Engagement ihre Konten kündigten.

Umweltverband zwingt Konzern
Dem britischen Ölkonzern Shell haben die Umweltschützer von Greenpeace mit Protestaktionen und Boykottaufrufen ihren Willen aufgezwungen, als Shell die Bohrinsel Brent Spar 1995 in der Nordsee versenken wollte. Der Aufruf hatte Erfolg: Tausende von Kunden kauften kein Shell-Benzin mehr, der Ölriese fürchtete um sein Image und um seine Kunden – und gab nach.

Tagesspiegel, 1999

OECD-Leitsätze für multinationale Unternehmen sollen nach Auffassung des Bundesverbandes der Deutschen Industrie freiwillig bleiben: »Wenn sich Entwicklungsländer in Verhandlungen nicht zu höheren Umwelt- und Sozialstandards verpflichten, darf diese Verantwortung keinesfalls auf die international tätigen Unternehmen abgeschoben werden.«

Pressemitteilung des BDI, 1999

▶ *Informieren Sie sich über die kritisierten »Praktiken« des Chiquita-Konzerns.*

▶ *Wo können Sie, wo würden Sie gern durch Kaufen und Nicht-Kaufen Veränderungen bewirken? Wo sehen Sie Ihren Einflussbereich, wo Ihren Verantwortungsbereich?*

Durch die Blume
Blumenplantagen sind oft stark umweltbelastend, und die Arbeit auf ihnen ist sehr gesundheitsgefährdend. Laut der Menschenrechtsorganisation »terre des hommes« sterben allein in Kenia jährlich 1 000 Frauen an den Folgen von Pestizidvergiftungen, die sie sich auf den Plantagen zuzogen. Sie müssen ohne Maske und Schutzkleidung bis zu 70 Wochenstunden für einen Tageslohn von kaum mehr als umgerechnet 3 DM arbeiten. Der Blumen-Groß- und Importhandelsverband (BGI) will ein »Flower-Label« vergeben für Blumen, bei deren Produktion soziale und ökologische Mindeststandards eingehalten werden, u. a. Mindestlöhne, Schwangeren-, Gesundheits- und Versicherungsschutz sowie Mitbestimmungsrechte.

Pressemeldung, 1999

▶ *Wären Sie bereit, mehr für Blumen zu zahlen, wenn die Arbeiter und Arbeiterinnen dafür ein Recht auf Gesundheits- und Mutterschaftsschutz, Alters- und Krankenversicherung und eine auskömmliche Entlohnung erhielten?*

▶ *Ist es gerecht, die Standards an den ortsüblichen Arbeitsbedingungen zu orientieren, oder sollten unsere Mindeststandards gelten?*

⊳ *Zur »Sozialen Gerechtigkeit in der Marktwirtschaft« vgl. S. 148/49*

Nur ein Homo oeconomicus?

»Primeln und Landschaft, doziert er, hätten einen großen Fehler: sie seien gratis. Liebe zur Natur halte keine Fabrik beschäftigt. Man hatte daher beschlossen, Liebe zur Natur abzuschaffen, wenigstens unter den niedrigeren Kasten, nicht aber den Hang, die Verkehrsmittel zu benützen.« Mit diesen Sätzen karikiert der Schriftsteller Aldous Huxley 1932 in seinem utopischen Roman »Brave New World« eine Welt, in der sich alles auf Technisierung und wirtschaftliche Nützlichkeit ausrichtet. Er greift damit ein Menschenbild auf, das der Nationalökonom Adam Smith im 18. Jahrhundert entwarf (vgl. S. 140). Die ökonomische Theoriebildung hält weitgehend an diesem Menschenbild fest. Ist es noch zeitgemäß?

Mag man den Menschen für noch so egoistisch halten, es liegen doch offenbar gewisse Prinzipien in seiner Natur, die ihn dazu bestimmen, an dem Schicksal anderer Anteil zu nehmen, und die ihm selbst die Glückseligkeit dieser anderen zum Bedürfnis machen, obgleich er keinen anderen Vorteil daraus zieht, als Zeuge davon zu sein.

Adam Smith, 1776

Heinrich Davringhausen, »Der Schieber«, 1921

Es war das Ziel der Väter der neoklassisch orientierten Nationalökonomik im ausgehenden 19. Jahrhundert, eine deterministische Wissenschaft zu begründen, die exakte, mathematisch formulierte Erklärungen und Prognosen ermöglichen sollte. Das Vorbild von William Jevons, Carl Menger und Léon Wallras war die klassische Mechanik mit ihrer mathematischen Logik. Analog zur Lehre von der Energie wollten sie eine Lehre des Nutzens im Bereich der Ökonomie schaffen. Der Mensch wurde dabei als ein Wesen konzipiert, das allein bestrebt ist, seinen persönlichen Nutzen zu steigern, ohne sich von anderen Einflüssen – zum Beispiel von anderen Menschen – beeinträchtigen zu lassen. Seine Entscheidungen gelten dabei als rational in dem Sinne, dass man annahm, er wähle stets diejenige Handlungsalternative, welche ihm den höchsten Nutzen verspricht. Diese Vorstellung des rationalen, eigennutz-orientierten, sich individualistisch entscheidenden Wesens Mensch bestimmt unter dem Namen Homo oeconomicus auch heute noch die ökonomische Theoriebildung ... Wie stark das Menschenbild des Homo oeconomicus in der Lehre und Forschung das Verhalten der Beteiligten prägt, zeigte sich bei Untersuchungen unter Studierenden: Studierende der Wirtschaftswissenschaften verhielten sich ... weniger kooperativ als Studierende anderer Fachrichtungen; sie versuchten häufiger als so genannte »Trittbrettfahrer« vom kooperativen Verhalten der anderen zu profitieren ... Rein eigennutz-orientiertes Verhalten führt allerdings zur Zerstörung der institutionellen Rahmenbedingungen des Wirtschaftens, da jede Institution auf Vertrauen und Kommunikation beruht. Ich fasse das als Ermutigung auf, sich nach anderen, langfristig tragfähigeren Menschenbildern als dem Homo oeconomicus umzusehen ... Seine egoistische Ausrichtung steht der Übernahme sozialer Verantwortung für andere Menschen oder gar für künftige Generationen ebenso entgegen wie einer kollektiven Zusammenarbeit mit anderen Menschen bei der Lösung ökologischer oder sozialer Probleme ... Beim Abfallsortieren, bei der Reduktion des Energieverbrauchs oder bei der Kaufentscheidung für ökologische Produkte entscheiden sich Menschen aufgrund moralischer Erwägungen und aus ihrer inneren Motivation heraus.

Bernd Siebenhüner, 1999

Nützliche Moral

Als Thomas Hobbes einmal gefragt wurde, warum er einem Bettler etwas gab, ob er das um Christi Gebot willen tue, antwortete er, es sei geschehen »einzig und allein, um sich von seinem elenden Gefühl angesichts des Bettlers zu befreien« ... Diese Aussage spiegelt eine jahrhundertealte Auffassung wider, die von vielen Sozialphilosophen und den Menschen überhaupt, wie auch besonders von der neoklassischen Ökonomie vertreten wurde, nämlich daß sich das menschliche Verhalten anhand des Eigennutzes erklären lasse. Altruistische Handlungen – soweit man sie überhaupt gelten läßt – werden als bloß eine andere Form der Verfolgung des Eigeninteresses hingestellt ... Die Sozialökonomie möchte diesen Denkansatz im Sinne einer deontischen Ethik zurechtrücken, für die es neben dem Eigennutz auch moralische und soziale Wirkkräfte gibt.

Amitai Etzioni, 1993

▶ *Nennen Sie moralische und soziale Wirkkräfte, die Sozialökonomen hier meinen könnten.*

▶ *Bewerten Sie kritisch die Beobachtung Siebenhüners, dass in einigen Bereichen der Wissenschaft am Bild des rein am Eigennutz orientierten Menschen festgehalten wird.*

▶ *Gibt es Bereiche, in denen Sie sich selbst (nicht) als Homo oeconomicus bezeichnen würden? Begründen Sie, warum.*

Die IBM möchte beispielhaft wirken, möchte den hohen Anspruch ihres sozialen Engagements unter Beweis stellen. Natürlich hoffen wir, dass darüber geredet und geschrieben wird und somit positives Image für die IBM geschaffen wird als Folge eines konkreten Vorteils, den die Gesellschaft aus den zugrunde liegenden Projekten gezogen hat. Bernd Pforr, Manager bei IBM, 1994

Hippokratischer Eid für Manager

Das »Europäische Management Forum« hat in den 1970er Jahren das »Davoser Manifest« verabschiedet. 1997 gehörte das Treffen in Davos zu den Top-Ereignissen der Wirtschaft. Knapp 2 000 Wirtschaftsführer aus aller Welt nahmen teil.

Die Ziele

Zielsetzung des professionellen Wirtschaftsmanagements ist es, seinen Kunden, Anlegern, Arbeitern und Angestellten sowie den Gemeinschaften, innerhalb deren es tätig ist, zu dienen und deren unterschiedliche Interessen in Einklang zu bringen.

Die Bezugsgruppen

1. Kunden: Das Management muss dem Kunden dienen. Es muss die Bedürfnisse des Kunden befriedigen und ihm den besten Wert geben. Wettbewerb der Unternehmen untereinander ist die allgemein übliche Methode, um sicherzugehen, dass der Kunde den besten Wert und die größte Auswahlmöglichkeit erhält.
2. Anleger: Das Management muss dem Anleger dienen, indem es ihm eine höhere Verzinsung seiner Investitionen ermöglicht, als der Zinssatz für Regierungsanleihen ausmacht. Ein derartig höherer Zinssatz ist notwendig, weil er eine Risikoprämie zu den Kapitalkosten einbeziehen muss. Das Management ist der Treuhänder der Aktionäre.
3. Beschäftigte: Das Management muss den Beschäftigten dienen, weil niemand in einer freien Gesellschaft die Führung durch Vorgesetzte akzeptieren wird, die nicht auch die Interessen der Untergebenen im Auge behalten. Insbesondere muss das Management die Kontinuität der Beschäftigung, die Verbesserung des Realeinkommens und die Humanisierung des Arbeitsplatzes sichern.
4. Gemeinschaft: Das Management muss der Gemeinschaft dienen. Es muss sich als Treuhänder des materiellen Universums für zukünftige Generationen auffassen. Es muss von den ihm zur Verfügung stehenden Kenntnissen und materiellen Hilfsquellen optimalen Gebrauch machen. Es muss die Grenzen des Wissens im Management und in der Technologie stetig weiter ausdehnen ... Daher sind Gewinne das notwendige Mittel, das Management in die Lage zu versetzen, seinen Kunden, Anlegern, Beschäftigten und der Gemeinschaft zu dienen.

Die Mittel

Das Management erreicht diese Zielsetzungen durch das Wirtschaftsunternehmen, in dem es tätig ist. Daher ist es notwendig, das Fortbestehen dieses Unternehmens auf lange Sicht sicherzustellen. Langfristiges Fortbestehen kann nicht ohne ausreichende Gewinne garantiert werden. Davoser Manifest, 1973 (Ausschnitt)

Der Wettbewerb zwingt zu fragwürdigen Praktiken. Dies glauben 60 % aller Manager in Deutschland, 54 % der schweizer, 40 % der US-amerikanischen und 35 % der französischen Manager.
Nach: Peter Ulrich/Ulrich Thielemann, 1993

▶ *Die Wirtschaftsmanager bezeichnen sich als »Treuhänder des materiellen Universums für zukünftige Generationen«. Kann das Versprechen halten, was es verspricht?*
▶ *Würden Sie das Manifest unterschreiben können? Ändern Sie es gegebenenfalls. Halten Sie es für praktikabel?*

Verteilungsgerechtigkeit trotz ungleicher Chancen?

Kann der Markt selbst eine Antwort auf die Frage nach Gerechtigkeit geben? Die »Spielregeln« besagen, dass erstens Leistungsvermögen und Kaufkraft am Markt Priorität haben, dem alles andere untergeordnet wird. Damit fallen also diejenigen heraus, die in diesem Sinne keine Leistungsträger sind: Kinder, Kranke, ältere Menschen, auch Behinderte. Der Markt fragt zweitens auch nicht nach den Grundbedürfnissen, sondern lässt das produzieren, was gut verkauft wird:

So wird ein Bauer in Kolumbien eher Orchideen anbauen, die nach Europa geflogen werden, als Mais oder Weizen, die den Grundbedürfnissen seiner Landsleute in der Stadt entsprechen. Wirtschaftliche Leistung ist drittens nicht mit der Arbeitsanstrengung gleichzusetzen. Der Bauer in Kolumbien strengt sich vermutlich nicht weniger an als der Autolackierer in Rüsselsheim … In einem arbeitsteiligen Produktionsprozess lässt sich viertens schwer entscheiden, welcher Anteil an der wirtschaftlichen Leistung den einzelnen Arbeitern und Arbeiterinnen zuzurechnen ist … Dies ist in arbeitsteiligen Produktionsprozessen weithin eine Frage des Ermessens, der Konvention sowie der wirtschaftlichen und politischen Macht …

Friedhelm Hengsbach, 1996

▶ *Geben Sie die »Spielregeln« des Marktes wieder, die Hengsbach nennt.*

▶ *Was könnte Hengsbach damit meinen, wenn er sagt, dass der Markt nur eine vorläufige Antwort auf die Frage nach Gerechtigkeit gibt.*

Zwischen Markt und Moral entscheiden?

Seit drei Jahren sind Sie Manager einer kleinen Bank-Filiale. Sie hoffen auf Beförderung und Versetzung in eine größere Stadt in einigen Jahren, weil Ihre Familie hier nicht sehr glücklich ist. Beim Aufstieg hängt viel von Ihrer Fähigkeit ab, schlechte und zweifelhafte Kredite zu minimieren. Ihr zehn Jahre altes Kind wurde mit einem Gehfehler geboren, aber während der letzten beiden Jahre hat es in einer örtlichen Reitschule Reiten gelernt; dies bedeutet Ihnen und Ihrer Frau sehr viel. Ihre Bank gab der Besitzerin der Reitschule drei Jahre zuvor einen erheblichen Kredit. Sie benutzte das Geld zur Entwicklung spezieller Hilfen und Reittechniken für behinderte Kinder. Ihre Methoden fanden landesweite Anerkennung, und seit Neuestem werden auch Ferienkurse veranstaltet. Derzeit aber arbeitet die Schule mit Verlust und braucht einen weiteren Kredit: Nicht-behinderte Reiter gingen zumeist zu anderen Reitschulen, und die speziellen Bedürfnisse der Kinder erfordern eine Schüler-Lehrer-Relation von 1:1. Außerdem steckte die Eigentümerin viel Zeit in Veröffentlichungen zu ihren Reit-Methoden. Vor Ihnen liegen die Akten Ihrer zwei Hauptproblemfälle, der Reitschule und »The Computer Group«. Genauso wie die Reitschule braucht »The Computer Group« eine Zufuhr an Betriebskapital, wenn sie überleben soll. Sie ist der Hauptarbeitgeber am Ort und hat landesweit Aufmerksamkeit durch die Beschäftigung vieler Einwanderer gefunden. Steigender Wettbewerb hat »The Computer Group« negativ beeinflusst, aber der Geschäftsführer hat Ihnen mitgeteilt, dass sie vor einem wichtigen Durchbruch in der Softwaretechnologie stehen. Sie müssen zwischen den Kreditwünschen der beiden entscheiden. Beide Betriebe können ohne einen positiven Entscheid wirtschaftlich nicht überleben. Hinzu kommt noch ein Rundschreiben des Vorstands, das sie kürzlich erhielten: »Wir schulden es unseren Kapitalgebern und zuverlässigen Kunden, dass wir nicht länger Konten führen, die nicht unsere Leistungskriterien erfüllen. Dabei dürfen wir nicht hart erscheinen, aber wir dürfen ebenso wenig als weich angesehen werden.«

Fall nach James J. Lynch, 1994

▶ *Sortieren Sie die Gründe für/gegen eine Bewilligung eines Kredites in berufliche, private, ökonomische und ethische Gründe. Verfassen Sie für beide Kunden eine begründete Absage/Zusage.*

»Freiheit, Gleichheit, Brüderlichkeit«?

Die Bedingungen für freies wirtschaftliches Handeln

Nach Adam Smith gehört die Freiheit von Tausch und Handel zu den Grundfreiheiten. Die Bedeutung des freien wirtschaftlichen Handelns für das moderne Leben wird in einigen Gesellschaften als selbstverständlich vorausgesetzt, doch wenn die Bedingungen dieses Handelns gefährdet sind, zeigt sich, wie wesentlich sie ist. Fehlt die Freiheit wirtschaftlichen Handelns, so ergibt sich daraus ein schwerwiegendes Problem an sich, ganz unabhängig von allen wirtschaftlichen Folgen ... Tatsächlich verstärkt sich das Problem der Ungleichheit, wenn wir anstelle der Einkommensungleichheit die Ungleichheit der Verteilung der Freiheiten ins Auge fassen. Das liegt vor allem daran, dass die Einkommensungleichheit mit ungleichen Möglichkeiten gekoppelt ist, Einkommen auch in Freiheiten umzusetzen. Jemand, der beispielsweise behindert, krank, alt oder in anderer Weise benachteiligt ist, kann zum einen Probleme haben, ein vernünftiges Einkommen zu verdienen, und sich zum anderen erheblichen Schwierigkeiten gegenübersehen, sein Einkommen in Freiheiten umzuwandeln, gut zu leben ... Um die Probleme der Ungleichheit zu bewältigen, können soziale Interventionen, auch staatliche Hilfe eine wichtige Rolle spielen. Wobei das Ziel in der Praxis nie absolute Gleichheit lauten kann (die sich sowieso nicht verwirklichen lässt), sondern immer nur, besonders krasse und unzumutbare Ungleichheiten zu beschneiden. Das gilt nicht nur für niedrige Einkommen, sondern auch für fehlende oder unzureichende Gesundheitsfürsorge und für andere Lebensbedingungen, die den Betroffenen jede Chance auf ein menschenwürdiges Dasein und Selbstachtung nehmen. Hier müssen dem Markt andere Einrichtungen der Gesellschaft zu Hilfe kommen, vor allem der Staat, aber auch gesellschaftliche Institutionen ... Wir sind fähig, am Leben und Leiden anderer Anteil zu nehmen – doch in welchem Maße das geschieht, hängt von der öffentlichen Diskussion und politischen Partizipation ab. Solidarität in dieser Form – als Kraft, die soziale Institutionen ins Leben ruft und am Leben erhält – kann den Marktmechanismus in einer Weise ergänzen, die zur Lösung der Probleme von Armut und krasser Ungleichheit beiträgt.

Amartya Sen, Ökonom, 1999

Die Wirtschaft der Neuzeit, mag sie auch von Märkten und Umsätzen bestimmt sein, verdankt ihre Entstehung nicht zuletzt bestimmten Gesellschaftsentwürfen, zu denen die Französische Revolution den wohl entscheidenden Beitrag geleistet hat.

Amartya Sen, Ökonom, 1999

▶ *Wirtschaft und gesellschaftliches Leben sind aufeinander angewiesen. Begründen Sie mit Sen, warum.*

Ein neuer Gesellschaftsvertrag?

Der Ruf nach einem neuen Gesellschaftsvertrag ertönt in letzter Zeit immer häufiger. Warum? Weil die wirtschaftliche Krise, insbesondere die verfestigte Massenarbeitslosigkeit, offenkundig nicht durch zu hohe Löhne, Abgaben oder Steuern, auch nicht durch einen Produktionsstau oder eine Wachstumsblockade allein verursacht ist, die eine Regierung oder ein Unternehmen im Alleingang überwinden könnte. Vielmehr sind die Produktionsverhältnisse brüchig geworden, auf die ein funktionsfähiger Markt angewiesen ist. Die Unternehmen und Kapitaleigner müssen erkennen, dass die soziale Marktwirtschaft auf zwei Brückenpfeilern beruht: einer leistungsfähigen Wirtschaft und einer demokratischen Gesellschaft, die durch sozialen Ausgleich inneren Frieden gewährleistet. ... Auch die individuelle wirtschaftliche Leistung ist nicht nur das Ergebnis der eigenen Begabung oder der eigenen Energie und infolgedessen nicht allein privates Gut. Denn dabei wird übersehen, wie sehr die wirtschaftliche Leistung, die der Einzelne erbringt und für die er entlohnt wird, durch andere Menschen vermittelt wird. Das individuelle Leistungsvermögen und die Leistungsbereitschaft ruhen auf einem Bündel gesellschaftlicher Vorleistungen.

Nach: Friedhelm Hengsbach, 1999

▶ *Was verstehen Sie unter Produktionsverhältnissen, die brüchig sind?*

▶ *Erläutern Sie das Bild der zwei Brückenpfeiler, auf der die soziale Marktwirtschaft ruht. Was könnte passieren, wenn ein Pfeiler einstürzt?*

▶ *Konkretisieren Sie an Beispielen das, was Hengsbach als Bündel gesellschaftlicher Vorleistungen bezeichnet. Welche Forderungen würden Sie daraus für die Marktwirtschaft ableiten?*

➢ *Zum »Bündel gesellschaftlichen Vorleistungen« vgl. S. 373*

Ökonomie und Ökologie

Unser Lebensstil soll »zukunftsfähig« werden, also nicht mehr Ressourcen verbrauchen, als zur gleichen Zeit – mit oder ohne unsere Hilfe – wieder neu entstehen (vgl. S. 100/01). Dieses Programm, auf das sich Deutschland auch in der internationalen Vereinbarung »Agenda 21« verpflichtete, wird bisher von unserer Wirtschaftsordnung aber eher verhindert als unterstützt. Woran das liegt und wie man das ändern könnte, soll auf dieser Seite erörtert werden.

Wirtschaft: Marktkräfte öko-logisch steuern

Natur: von keinem bezahlt

Die aus dem wirtschaftlichen Wachstum resultierende Umweltbelastung könnte theoretisch durch den Marktmechanismus korrigiert werden. Die Marktwirtschaft lenkt die wirtschaftlichen Aktivitäten durch die Preise auf der Grundlage von Angebot und Nachfrage. Güter mit einem großen Angebot haben einen (relativ) niedrigen, Güter mit einem kleinen Angebot einen (relativ) hohen Preis. Diese Regelung ist effizient, denn sie führt dazu, dass man reichlich vorhandene Güter, weil sie billig sind, in großem Ausmaß nachfragt, während knappe Güter, weil sie teuer sind, einer geringeren Nachfrage begegnen … Wäre die Natur in dieser Weise dem Marktmechanismus unterstellt, könnte es keine Umweltprobleme geben. Je mehr der Vorrat an natürlichen Ressourcen verbraucht und die Umweltmedien Luft, Wasser, Boden verschmutzt werden, je knapper die (intakte) Natur bzw. die (saubere) Umwelt wird bzw. je höher der Aufwand für die Säuberung wie für die Wiederherstellung der natürlichen Produktionsgrundlagen ist, umso teurer müsste die »Umwelt« werden. Die Leistung der Natur als Rohstofflieferant und als »Abfallkübel« würde dann weniger beansprucht und umso mehr würde man tun, um wieder eine saubere Umwelt bereitzustellen.

Die Selbstregulierung des Marktes

Die Tatsache, dass Umweltprobleme entstehen und zusätzliche staatliche Aktivitäten unter dem Titel »Umweltpolitik« notwendig werden, zeigt, dass in diesem Bereich die Selbstregulierung des Marktes nicht funktioniert. Es liegt ein »Marktversagen« vor. Dieses »Marktversagen« wird v. a. im Zusammenhang mit zwei Begriffen erklärt, die in der Umweltökonomie eine große Rolle spielen: mit dem Begriff der »externen Kosten« und dem Begriff des »öffentlichen Gutes«. »Externe Kosten« treten auf, wenn entweder die Produktion oder der Konsum eines Gutes Dritte in ihrem Vermögen oder in ihrem Wohlbefinden beeinträchtigt, ohne dass sie dafür entschädigt werden. Für externe Kosten muss der Verursacher nicht aufkommen. Sie können daher noch so hoch ansteigen; der Preis des Gutes, dessen Herstellung mit solchen externen Kosten verbunden ist, bleibt trotzdem tief und die Marktnachfrage hoch. Das Gleiche gilt in Bezug auf die »öffentlichen Güter«. Darunter versteht man Güter, die allen zur Verfügung stehen, also nicht einzelnen Konsumenten oder Produzenten exklusiv zugeteilt werden … Das Auftreten von Umweltproblemen in der Marktwirtschaft ist nur möglich, weil die Eigentumsordnung einer möglichen Verknappung der Umwelt nicht oder nur mangelhaft Rechnung trägt … Ein Teil der Umweltgüter gehört niemandem, wie die Luft, das Landschaftsbild, die Ruhe, das offene Meer. Sie sind »res nullius«, wie es im rechtlichen Sprachgebrauch heißt. Das Eigentumsrecht beschränkt sich aber auf deren wirtschaftliche Nutzung. Dies ist außer bei den Bodenschätzen auch der Fall beim Boden, bei den Binnengewässern, beim Wald, beim Wild usw. … Der Eigentümer kann zwar einen Preis verlangen für die Bebauung des Bodens, die Nutzung der Flüsse zur Elektrizitätsproduktion, die Holzgewinnung, die Jagd usw. … Er hat aber keinen Anspruch auf eine Entschädigung für die Wertverminderung, welche durch die Belastung des Bodens durch Schwermetalle, die Gewässerverunreinigung, die Minderung des Waldbestandes durch sauren Regen, die Dezimierung der Tierarten durch Beschneidung ihrer Lebensräume verursacht wird.

Hans Christoph Binswanger, Jürg Minsch, 1992

▶ *Vergleichen Sie die Forderung, Umwelt zu bezahlen, mit der Forderung einer weltweiten Einführung von CO_2-Produktions-Kontingenten (vgl. re.).*

▶ *Geben Sie Beispiele für »externe Kosten« und »öffentliche Güter«. Wer nutzt und wer bezahlt sie?*

▶ *Erklären Sie, wieso unsere Wirtschaftsordnung bisher nicht für eine effiziente, d. h. ökonomische Nutzung der Naturgüter sorgt.*

»Durch Steuern steuern«

▶ *Das Fünfzig-Pfennig-Stück steht hier für zwei Seiten politischen Handelns. Erläutern Sie es.*

Bei der Ökologisierung des Wirtschaftssystems geht es um zwei Dinge: um weniger Marktwirtschaft und gleichzeitig mehr Marktwirtschaft. Der Markt ist ökologisch blind. Marktkräfte können jedoch ein großes kreatives und auch zukunftsfähiges Potential entfalten, wenn die von der Politik gesetzten gesellschaftlichen Rahmenbedingungen den Anreiz dazu geben. Beispiel: Energiesteuer.

1992 wurden in Rio den einzelnen Staaten entsprechend ihrer Bevölkerungszahl Nutzungsrechte für ihren Primärenergie-Verbrauch (gemessen durch den CO_2-Ausstoß) zugeteilt, damit die Ausstoßmengen dieses Treibhausgases nicht über den natürlich abbaubaren liegen. Alle Industriestaaten verbrauchen derzeit deutlich mehr. Sie müssen daher langfristig entweder a) Energie sparen oder b) auf erneuerbare Energiequellen ausweichen, c) für Ausgleich sorgen (bspw. abgeholzten Regenwald aufforsten) oder d) Nutzungsrechte von anderen kaufen, z. B. von Ländern, die unter ihren Grenzen liegen (wie alle sog. Entwicklungsländer).

Steuern und der Verkauf und Verleih von Nutzungsrechten

Der Einbezug der Umweltbelastung in das Preissystem hat den Vorteil, dass die Nutzung der Umwelt dem gleichen Prinzip unterstellt wird wie die Nutzung aller übrigen Güter. Die Nutzung erfolgt aber nicht gegen oder neben dem Marktsystem, sondern im Einklang mit ihm. Da aber der Preis, d. h. die Umweltabgabe, durch die politischen Instanzen festgelegt wird, wird die mit dem Preissystem verbundene »Ungerechtigkeit«, dass Reiche viel und Arme weniger kaufen können, stärker empfunden, als wenn der Preis durch das spontane Spiel der Marktkräfte zustande kommt. Dieser Vorwurf kann u. U. durch »gerechte«, d. h. gleichmäßige Rückvergütung der Einnahmen gemildert werden. Er fällt aber dann weniger ins Gewicht, wenn die Einführung von Umweltabgaben zur Substitution von umweltgefährdenden durch umweltfreundliche Produkte und Prozesse Anlass gibt, sodass schon bei geringer Preiserhöhung eine große Umweltentlastung resultiert. Dies hängt davon ab, ob solche umweltfreundlichen Substitute unmittelbar zu Verfügung stehen bzw. gestellt werden können. Je umfassender die Umweltbelastung ist, je weniger Möglichkeiten es gibt, auf umweltfreundliche Produkte und Prozesse auszuweichen, weil schließlich alle im Übermaß produzierten Emissionen und Abfälle zu einer Umweltbelastung führen, umso mehr drängt sich der Übergang zu einem System von gratis zugeteilten, aber beschränkten Nutzungsrechten bzw. zu einem Rationierungssystem auf. Bei diesem erhalten entweder alle bisherigen oder alle potentiellen Nutznießer der Umwelt Nutzungsrechte.

Hans Christoph Binswanger, Jürg Minsch, 1992

▶ *Erkundigen Sie sich über die Ziele der ökologischen Steuerreform.*
Für welche Naturgüter werden Nutzungsrechte bzw. Verbrauchssteuer erhoben?

▶ *Die »Agenda 21« hat überall (und nicht nur) in Deutschland lokale »Agenda-Gruppen« initiiert. Erkundigen Sie sich nach Projekten vor Ort. Vielleicht nimmt auch Ihre Schule bereits daran teil?*

So, wie ehedem die Marktwirtschaft um die soziale Dimension erweitert wurde, muss sie nun um die ökologische Komponente ergänzt werden. Es muss bestimmt werden, wo politische Entscheidungen Vorrang vor der Entfaltung der Marktkräfte haben soll.

»Zukunftsfähiges Deutschland«, 1997

Ein Politiker denkt an die nächste Wahl, ein Staatsmann an die nächste Generation.

J. F. Clarke

▶ *Wen würden Sie lieber wählen: einen Politiker oder einen Staatsmann?*

Welche Gesellschaft wollen wir?

Geschichte und Gegenwart kennen eine Fülle miteinander konkurrierender Gesellschaftsmodelle. Sie wurden stets als Kritik an den herrschenden Verhältnissen verstanden. Die Demokratie wurde und wird – wenn nicht als die beste – so doch als »beste aller möglichen« Gesellschaftsformen proklamiert. Die Ethik kann nicht endgültig entscheiden. Sie kann aber zur Klärung Kriterien zur Beurteilung der Modelle entwickeln. Sie stellt Grundbedingungen und Grundrechte des Menschseins fest, gegen die keine Gesellschaftsordnung verstoßen darf. Und sie macht deutlich, dass ein moralisch akzeptables Miteinander vom Einzelnen nicht nur verlangt, die Freiheit des anderen nicht zu verletzen, sondern diesem diese Freiheit und ein menschenwürdiges Dasein überhaupt zu ermöglichen.

Aleksander Petrow, Abendstraße, 1980

Herstellung menschenwürdiger Verhältnisse

Überall wird heute gefordert, das Dasein, also das Überleben, und das unversehrte Wesensbild, also die Würde des Menschen, vor den Gefahren zu retten, die in der bloßen Fortschreibung des technologischen Fortschritts, also des laufenden Industrialisierungsprozesses, liegen. Aber muß man nicht zuerst fragen, ob das Dasein und die Würde des Menschen durch bloßes Bewahren des jetzigen Zustandes überhaupt zu retten sind? Genauer: Ist die Natur des Menschen und seiner längst schon technisch umgeformten Umwelt nicht so beschaffen, daß sie ohne eine Kritik und deutliche Richtungsänderung des technologischen und des sozialen Fortschritts nicht bewahrt werden können? Mir scheint die Forderung nach einer Bewahrung der heutigen Verhältnisse zu vergessen, daß die Würde des Menschen in vielen Aspekten und an vielen Orten zuallererst noch realisiert werden muß – insbesondere durch die weltweite Herstellung menschenwürdiger sozialer Verhältnisse. Um das hier konkret Gemeinte wenigstens anzudeuten: Die Verantwortungsperspektive aus der Sicht der ökologischen Krise ist ja nicht zufälligerweise eine solche der Intellektuellen in den fortgeschrittenen Industriegesellschaften. In Lateinamerika z. B. hat sie bislang kaum Chancen, etwa die tägliche Sorge nach einem Stück Brot für den Tag und einem Platz für die Nacht oder die Angst vor gewalttätiger Auseinandersetzung vom ersten Platz zu verdrängen. Daraus möchte ich natürlich nicht die Konsequenz ziehen: Wenn schon die Gerechtigkeit nicht verwirklicht werden kann, dann soll lieber die Welt zugrunde gehen (Fiat iustitia, pereat mundus). Aber es ist doch wichtig, auf eine Zweideutigkeit in der Parole vom Vorrang des Überlebens der Menschheit hinzuweisen: Rein biologisch gesehen, könnte das Überleben der Menschheit in der gegenwärtigen Situation der drohenden Überbevölkerung und der Ressourcenverknappung ja auch dadurch gewährleistet werden, daß Teile der Erdbevölkerung, z. B. in der Dritten Welt, verhungern. Eine solche »sozialdarwinistische« Lösung im Sinne des Gesundschrumpfens der Menschheit soll ja der Ökonomie-Nobelpreisträger Friedrich von Hayek als akzeptabel bezeichnet haben. Diese Lösung wäre in der Tat mit der Rettung der menschlichen Spezies und ihrer Zukunft durchaus vereinbar, und vielleicht ist sie sogar biologisch und ökologisch die effizienteste Lösung. Es genügt also nicht, wenn wir die »Permanenz echten Lebens auf Erden« oder den »Fortbestand der Menschheit auf Erden« zum (quasi-ontologischen) Ziel einer Verantwortungsethik proklamieren. Wir müssen auch den Rechts-Ansprüchen, den faktischen und den potentiell zu erwartenden Rechts-Ansprüchen aller jetzt und später lebenden Menschen gerecht werden und ihnen ein menschenwürdiges Leben ermöglichen.

Nach: Karl-Otto Apel, 1990

In Newham (England) überwachen 250 Kameras Tag und Nacht die Straßen. Derzeit wird ein elektronisches Gesichtserkennungs-

▶ *Erläutern Sie den von Apel geschilderten Konflikt zwischen westlichen ökologischen Forderungen und Problemen in anderen Teilen der Welt.*

▶ *Was gehört für Sie konkret zu den »Rechts-Ansprüchen« eines jeden Menschen (vgl. dazu die »Bedürfnis-Kataloge« S. 85; 390)?*

Der Beginn einer globalen Partnerschaft?

Gemeinsam kann es gelingen

Die Menschheit steht an einem entscheidenden Punkt ihrer Geschichte. Wir erleben eine zunehmende Ungleichheit zwischen Völkern und innerhalb von Völkern, eine immer größere Armut, immer mehr Hunger, Krankheit und Analphabetentum sowie eine fortschreitende Schädigung der Ökosysteme, von denen unser Wohlergehen abhängt. Durch eine Vereinigung von Umwelt- und Entwicklungsinteressen und ihre stärkere Beachtung kann es uns jedoch gelingen, die Deckung der Grundbedürfnisse, die Verbesserung der Lebensstandards aller Menschen, einen größeren Schutz und eine bessere Bewirtschaftung der Ökosysteme und eine gesicherte, gedeihliche Zukunft zu gewährleisten. Das vermag keine Nation allein zu erreichen, während es uns gemeinsam gelingen kann: in einer globalen Partnerschaft, die auf eine nachhaltige Entwicklung ausgerichtet ist. Auszug aus der Präambel der Agenda 21, 1992

Unworte der 1990er Jahre

1990	*Freisetzung*
1991	*ausländerfrei*
1992	*ethnische Säuberung*
1993	*Überfremdung*
1994	*Peanuts*
1995	*Diätenanpassung*
1996	*Rentnerschwemme*
1997	*Wohlstandsmüll*
1998	*sozialverträgliches Frühableben*
1999	*Menschenmaterial*

▶ *Erinnern Sie sich noch an die tatsächlichen Sachverhalte, die so umschrieben wurden? Was verschleiern bzw. verharmlosen sie?*

▶ *Was wäre Ihr Favorit für das »Unwort des Jahres«?*

1992 traten in Rio de Janeiro die Staaten der Welt zusammen und schrieben gemeinsam in der so genannten Agenda 21 an einem Programm für ein menschenwürdiges Zusammenleben. Darin werden u. a. Ziele für eine nachhaltige Siedlungspolitik genannt:

Oberstes Ziel der Siedlungspolitik ist die Verbesserung der sozialen und wirtschaftlichen Bedingungen und der Umweltqualität in städtischen und ländlichen Siedlungen sowie in der Lebens- und Arbeitswelt aller Menschen, insbesondere der städtischen und ländlichen Armutsgruppen. Grundlage solcher Verbesserungen sollen Maßnahmen im Rahmen der technischen Zusammenarbeit, Partnerschaften zwischen dem öffentlichen, dem privaten und dem kommunalen Sektor und die Beteiligung von Bürgergruppen und spezifischen Interessensgemeinschaften, wie etwa der Frauen, der indigenen [einheimischen] Bevölkerung, älterer Menschen und Behinderter am Entscheidungsprozess sein. Diese Grundprinzipien sollen fester Bestandteil der nationalen Siedlungspolitik sein.

programm erprobt. Es alarmiert die Polizei, wenn »unerwünschte Personen« auftauchen.

Ein Dorf verschanzt sich

Nachmittags in der Hamburger S-Bahn: Bahnhof Blankenese. Bevor der Zug in Richtung Hauptbahnhof startet, steigen in jeden Wagen zwei junge Männer in roten Anoraks. Sicherheitsleute. In Hamburg geht die Angst um. Kein Wunder bei der wachsenden Zahl von Überfällen, Vergewaltigungen und Einbrüchen. Die Hanseatische Wohnbau GmbH hat darauf reagiert und bietet deshalb im Bergedorfer Ortsteil Boberg das »Dorf der Zukunft« an. Ein geschlossenes Wohngebiet für 3 000 Menschen entsteht dort. Ähnlich wie in Amerika sollen Videokameras Bilder von den Straßen in alle Haushalte übertragen. Auf dem 51 Hektar großen Gelände entstehen 700 Reihenhäuser. Dazu gehören eine Grundschule, ein Kindergarten, ein Bürgerhaus und sogar ein eigenes Blockheizwerk. Begrenzt durch grüne Wiesen und eine vierspurige Bundesstraße, sind die neuen Dorfbewohner unter sich. In die Gemeinde führen nur Anliegerstraßen. Und überall hängen Videokameras, damit man schon sehen kann, ob ein fremdes Auto ins Dorf fährt oder die Schwiegermutter zu Besuch kommt. Pressemeldung, 1999

Wenn die im einzelnen Menschen vorausgesetzten sittlichen Kräfte zur Regulierung seiner Freiheit fortfallen, wenn die »inneren Regulierungskräfte« der Gesellschaft ausbleiben, dann tritt eine Außenlenkung in Form von Zwang und Reglementierung an deren Stelle.

Helmut Schmidt, Bundeskanzler, 1976

▶ *Was könnte Schmidt mit »Außenlenkung« gemeint haben?*

▶ *Vergleichen Sie die Zielsetzungen für das Modell-Dorf mit den Zielen der Siedlungspolitik der Agenda 21. Reflektieren Sie mit Apel kritisch die ethische Vertretbarkeit beider Modelle.*

Eine(r) gegen alle?

Thomas Hobbes

John Locke

Zwei Gesellschaftstheorien aus dem 17. Jahrhundert prägen noch heute unsere Auffassungen vom gesellschaftlichen Zusammenleben: die der Philosophen Thomas Hobbes (1588–1679) und John Locke (1632–1704). Beide stammen aus dem angelsächsischen Raum. Sie befassen sich mit der Frage des Naturzustand des Menschen, den sie unterschiedlich definieren. Während Hobbes den Naturzustand als rechtlosen Zustand beschreibt, als Krieg »aller gegen alle«, sind bei Locke die Menschen im Naturzustand freie und gleiche Wesen, die einem Naturgesetz unterworfen sind, das ihnen gottgegebene Moralregeln auferlegt. Locke geht davon aus, dass jedes Vernunftwesen nicht nur natürliche Rechte hat, sondern diese auch einsehen kann. Für Hobbes hingegen sind Naturrechte vernünftige Gesetze, die sich der Mensch erst geben muss, um sein Zusammenleben mit anderen Menschen zu sichern. Hobbes' politische Philosophie wird in seinem berühmtesten Werk »Leviathan« dargelegt, in dem er den vernünftigen Zweck der politischen Macht aufzeigt sowie die Notwendigkeit einer absoluten, unteilbaren Regierungsmacht.

Vernünftige Einzelkämpfer schließen Verträge

Vernünftig: Sich verbünden

So lehrt also die Erfahrung jeden, der die menschlichen Verhältnisse etwas aufmerksamer betrachtet, dass die Menschen aus freien Stücken nur zusammenkommen, weil die gemeinsamen Bedürfnisse oder die Ehrsucht sie dazu treiben; sie wollen von ihrer Verbindung nur irgendeinen Vorteil ... erlangen. Dasselbe ergibt sich mittels der Vernunft aus den Definitionen des Willens, des Guten, der Ehre und des Nutzens. Denn da wir freiwillig uns verbinden, so fragt man bei jeder Verbindung nach dem Zweck für einen solchen Entschluss, d.h. nach dem, was jedem der sich Verbindenden dabei als »gut« erscheint ... Somit wird jede Verbindung nur des Nutzens oder des Ruhmes wegen, d.h. aus Liebe zu sich selbst und nicht zu den Genossen eingegangen. Nimmt man nun zu dieser natürlichen Neigung der Menschen, sich gegenseitig Schaden zuzufügen, eine Neigung, die aus ihren Leidenschaften, hauptsächlich aber aus ihrer eitlen Selbstüberschätzung hervorgeht, dies Recht hinzu: allen gehört alles, ... so kann man nicht leugnen, dass der natürliche Zustand der Menschen, bevor sie zu Gesellschaften zusammentraten, der Krieg schlechthin gewesen ist, und zwar der Krieg aller gegen alle. Thomas Hobbes, 1658

Ein Vertrag für Frieden und Sicherheit

Da die Menschen ... von Natur aus alle frei, gleich und unabhängig sind, kann niemand ohne seine Einwilligung aus diesem Zustand verstoßen und der politischen Gewalt eines anderen unterworfen werden. Die einzige Möglichkeit, mit der jemand diese natürliche Freiheit aufgibt und die Fesseln der bürgerlichen Gesellschaft anlegt, liegt in der Übereinkunft mit anderen sich zusammenzuschließen und in eine Gemeinschaft zu vereinigen mit dem Ziel eines behaglichen, sicheren und friedlichen Miteinanderlebens, in dem sicheren Genuss ihres Eigentums und in größerer Sicherheit gegenüber allen, die nicht zu dieser Gemeinschaft gehören ... Wenn eine Anzahl von Menschen darin eingewilligt hat, eine einzige Gemeinschaft oder eine Regierung zu bilden, so haben sie sich ihr damit gleichzeitig einverleibt, und sie bilden einen einzigen politischen Körper, in dem die Mehrheit das Recht hat, zu handeln und die übrigen mitzuverpflichten ... Denn wenn eine Anzahl von Menschen mit der Zustimmung jedes Individuums eine Gemeinschaft gebildet hat, dann haben sie dadurch diese Gemeinschaft zu einem einzigen Körper gemacht, mit der Macht, wie ein einziger Körper zu handeln, was nur durch den Willen und den Beschluss der Mehrheit geschehen kann. Denn da eine Gemeinschaft allein durch die Zustimmung ihrer einzelnen Individuen zu handeln vermag und sich ein einziger Körper auch nur in einer einzigen Richtung bewegen kann, so muss sich notwendigerweise der Körper dahin bewegen, wohin die stärkere Kraft ihn treibt. Und das eben ist die Übereinstimmung der Mehrheit. ... Und somit ist der Einzelne durch diese Zustimmung verpflichtet, sich der Mehrheit zu unterwerfen ... Doch geschieht das nur mit der Absicht jedes Einzelnen, um damit sich selbst, seine Freiheit und sein Eigentum besser zu erhalten (denn man kann von keinem vernünftigen Wesen voraussetzen, dass es seine Lebensbedingungen mit der Absicht ändere, sie zu verschlechtern). Man kann deshalb auch nie annehmen, dass sich die Gewalt der Gesellschaft oder der von ihr eingesetzten Legislative weiter erstrecken soll als auf das gemeinsame Wohl. Sie ist vielmehr verpflichtet, das Eigentum eines jeden dadurch zu sichern, indem sie gegen jene drei erwähnten Mängel Vorsorge trifft, die den Naturzustand so unsicher und unbehaglich machen. John Locke, 1690

▶ *Stellen Sie die Textstellen gegenüber, in denen Hobbes und Locke sich zum Naturzustand und zum Vertragsabschluss äußern. Erläutern Sie die unterschiedlichen Argumentationsweisen.*

Die Frage, welches Menschenbild für eine Gesellschaft leitend sein soll, wird immer wieder neu gestellt. In der politischen Philosophie von Hobbes und Locke wurden sie aus unterschiedlichen Vorstellungen des Naturrechts hergeleitet. Die daraus resultierenden Gesellschaftstheorien haben bis heute noch Einfluss auf unsere Vorstellungen von Demokratie, Freiheit, Recht und Eigentum. Doch ist so ein Menschenbild, wie es Hobbes oder Locke denken, zukunftsweisend? Welches Menschenbild trägt unser menschliches Zusammenleben heute, welches soll es tragen?

»Wir« – wer gehört dazu?

Im Westen stehen nicht selten die Einheimischen gegen die zugewanderten »Ossis«. Im Osten gibt es vielfach, in Ambivalenz von Neugier und Angst, Sozialneid und Hass gegenüber den wie Konquistadoren auftretenden »Wessis«. Übersiedler aus dem Osten beargwöhnen im Westen deutschsprachige Aussiedler aus dem Südosten Europas; deutschsprachige Aussiedler zeigen Skepsis gegenüber fremdsprachigen Aussiedlern. Deutsche Über- und Aussiedler haben eine gemeinsame Abwehrhaltung gegen die Türken; die meisten zugewanderten Gruppen und eine wachsende einheimische Mehrheit zeigen gemeinsam aggressives Misstrauen gegenüber Asyl suchenden Flüchtlingen aus der Dritten Welt und zuwandernden Roma. Es gibt einen Schulterschluss zwischen Deutschen und einheimischen Ausländern gegenüber zugewanderten fremden Deutschen und neu zuwandernden Ausländern. Die Einwanderungsgesellschaft in diesem Land ist in ständiger Bewegung. Nora Bauer, 1999

Inklusiv Denken

Die Moral ist ihrem Sinn nach zugunsten des Eigenen, nämlich eines rechtverstandenen Wir, das so umfassend wie möglich verstanden werden muß, aber eben auch nur so weit. Wir müssen begreifen, daß die Menscheit eine große Familie ist und jeder Mensch, der mir begegnet, meine Schwester oder mein Bruder sein könnte. Ernst Tugendhat, 1997

Exklusiv Denken

Du sollst dich vor allem Fremden, insbesondere vor jedem fremden Menschen hüten, denn jeder Fremde ist ein Feind, der dir gefährlich werden kann. Die Berührung mit ihm schadet immer. Freund ist nur der Sippengenosse. Du sollst deinem Sippengenossen in jeder Lage und in jedem Falle helfen und für ihn Partei ergreifen; ob er Recht oder Unrecht hat; aber deinem Feind und jedem Fremden sollst du jederzeit und in jeder Weise schaden.

Aus den Geboten der Papayas

► *Wer unter Ihren Nachbarn ist Ihnen »fremd«, mit wem verbinden Sie gemeinsame Interessen? Inwiefern erschwert »Fremdheit« das Funktionieren von Verträgen?*

► *Vergleichen Sie Tugendhats Ausführungen mit den Geboten der Papayas: Auf welcher Ebene argumentieren sie? Wie unterscheiden sie sich inhaltlich?*

► *Welche Lebensverhältnisse könnten die Gebote der Papayas verständlich machen? Können Sie sie rechtfertigen?*

► *Diskutieren Sie, aufgrund welcher Anforderungen heute welches Menschenbild leitend sein sollte (vgl. S. 72/73).*

Gerechtigkeit mit dem Rechenschieber?

Vieles auf der Welt ist knapp – und begehrt. Allzu oft herrscht das Recht des Stärkeren. Oder es geht nach Leistung: 90 % des bundesdeutschen Privatvermögens ist in der Hand von 10 % der Haushalte. Bei vielen ungleich verteilten Gütern sucht der Staat aber nach einem Ausgleich. Auf dieser Seite werden unterschiedliche Güter mit ebenso unterschiedlichen Gründen für die bestehende Ungleichheiten und Rechtfertigungen für Verteilungskriterien vorgestellt.

Buffalo Bill vom Prenzlauer Berg

Wer bekommt ein Herz?

Zwei von drei Patienten, die auf ein Herz, eine Leber oder eine Lunge warten, sterben vor der erhofften Transplantation, weil es zu wenig Spenderorgane gibt. Damit sind Wartelisten unvermeidlich. Geld, Prominenz oder auch soziale Gründe wie die Unentbehrlichkeit einer Mutter kleiner Kinder beeinflussen den Platz auf der Warteliste nicht, ebenso wenig die früher erklärte eigene Organspendebereitschaft. Es gelten allein medizinische Gründe. Eine offizielle Rationierung oder, schonender ausgedrückt, »Prioritätensetzung« gibt es, bemerkte Vilmar (Ehrenpräsident der Bundesärztekammer), in anderen Ländern längst auch aus Mangel an Geld. Als Zuhörer fragte man sich daher, ob ähnliche Zuteilungsrichtlinien vielleicht eines Tages auch für andere teure medizinische Leistungen gelten könnten.

Die Hauptkriterien Notwendigkeit und Erfolgsaussicht stünden, so der Rechtsmediziner Schreiber, oft miteinander im Widerspruch: Wer ein neues Organ am dringendsten brauche, habe meist die schlechteste Erfolgsaussicht, und umgekehrt. Die Verweigerungsgründe seien rein medizinisch: Starke Raucher, Alkoholiker und andere Suchtkranke hätten zum Beispiel kaum Nutzen von einer Transplantation, HIV-Infizierte auch nur bedingt. Da die Organübertragung nicht Heilung bedeutet und der Empfänger lebenslang Patient bleibt, ist auch Zuverlässigkeit unabdingbar, etwa für die regelmäßige Einnahme der nötigen Medikamente und Einhaltung von Diätvorschriften.

Pressemeldung über die Richtlinien der Bundesärztekammer zur Warteliste für Organtransplantation, 2001

▶ *Fassen Sie die Kriterien für die Warteliste zusammen und beurteilen Sie sie. Würden Sie weitere Kriterien aufnehmen oder eine andere Reihenfolge für gerechter halten?*

Der Weg des Silbers

Ich stand am Ende stumm und dachte in dem Grund meiner Seele: »Gott, welch einen Unterschied machen Gesetze, Erziehung und Vaterland zwischen dem armen Neger, der das Silber in Peru aus dem Schoß der Erde holt, und dem Europäer, der es bei Geoffreys zum Kauf stellt?« – Beide haben eine unsterbliche Seele, durch göttlichen Hauch belebt, beide zwei Augen und Hände, beide sind zum Leben auf dieser Erde bestimmt. Ach, ich wende mich ab und schweige, bewundere den Ausbau der Fähigkeiten unseres Geistes und Körpers und gebe dem Schicksal unserer schwarzen, gelben und braunen Brüder eine Träne, weil diese Fähigkeiten bei ihnen erstickt, erwürgt und zum edlen Großen unbrauchbar gemacht werden.

Sophie de La Roche, um 1770 vorm Schaufenster eines Londoner Juweliers

▶ *Beurteilen Sie den Fortschritt der Gerechtigkeit seit 1770: Wie weit hat heute jeder die gleiche Möglichkeit zum »Ausbau der Fähigkeiten seines Geistes und Körpers«? Wie ist – im Vergleich mit Sophie de La Roche – Ihre Haltung gegenüber bestehenden Ungleichheiten?*

In kaum einem Land der Welt, in dem Menschen mit verschiedener Hautfarbe leben, sind Wohlstand und Lebensqualität zwischen ihnen gleich verteilt. Aufgeklärte Demokratien versuchen mit den verschiedensten Quotensystemen (wie auch bei der Gleichberechtigung der Geschlechter, vgl. S. 163) Chancengerechtigkeit herzustellen. Im Melting pot, USA, stehen Zulassungstests zum Studium im Zentrum der Diskussion. Aber wie viel Ausgleich ist gerecht? Was gesellschaftliche Chancengleichheit herstellt, bedeutet für den Einzelnen oft Chancenungerechtigkeit.

Hans Traxler, Chancengleichheit

Gerechtigkeit mit dem Rechenschieber?

Wer dabei [bei den Zulassungstests] 1200 Punkte erzielt, in der High School einen Abschluss mit Notendurchschnitt 1,8 erzielte und nebenbei Gruppenführer bei den Pfadfindern, Vize-Kreismeister im Schwimmen und Mitglied von Amnesty International war, steht vor folgender Situation: Bist du schwarz, Indianer oder lateinamerikanischer Herkunft, kommst du in jede Elite-Uni. Bist du weiß, hast du bestenfalls eine 20-Prozent-Chance, von renommierten Einrichtungen wie Stanford, Princeton und Berkeley aufgenommen zu werden. Bist du asiatischer Amerikaner, sind es knappe zehn Prozent.

Der Grund ist banal. Die weitgehend autonomen Verwalter amerikanischer Unis, bei Zulassungsfragen die »Admissions Officers«, wollen, dass die Studentenschaft so ausschaut wie das Land. Die Komposition der Rassen, Regionen und Religionen soll sich in der »class«, der Studentenschaft des Jahres XY, widerspiegeln. Wenn es 73 % Weiße, 18 % Schwarze, 4 % Hispanics, 3 % Asiaten und 2 Prozent Indianer und Sonstige gibt, dann werden höchstens 73 Prozent Weiße und 3 Prozent Asiaten aufgenommen. Diversity heißt der Zauberbegriff. Was macht man also, wenn hundert asiatische Bewerber bessere Eingangsvoraussetzungen haben als hundert schwarze? Man legt die Latte unterschiedlich hoch. …

▶ Fassen Sie die Gründe der Befürworter und der Gegner der Quote zusammen. Bilden Sie Arbeitsgruppen und formulieren Sie Aufnahmekriterien für die Aufnahme in Universität und Ausbildung. Begründen Sie Ihr Ergebnis gegenüber den Alternativen Ihrer Mitschüler und Mitschülerinnen.

Affirmative Action, ein Quoten-System mit dem Ziel der Wiedergutmachung für historisches Unrecht – praktisch eine Anleitung zur Gegendiskriminierung, so die Kritiker – sitzt tief im Gebälk des Hauses Amerika. Die einen sagen, das ist der Kitt, der vielleicht einmal zur brüderlichen Gesellschaft führt. Die anderen sagen, das ist der alte Wurm des Rassismus, jetzt nur mit umgekehrtem Kennzeichen …

Für die Kritiker ist es Amerikas Ausweis, sich nicht von einer Last befreien zu können, die längst abgetragen ist. Wie lange müssen wir Schwarze fördern, bis sie individuell gleiche Startchancen haben? Wie viele Generationen lang währt der Anspruch auf Wiedergutmachung? …

Die meisten Verwaltungen suchen einen Mittelweg. Explizit gibt es keinen Bonus mehr für dunkle Hautfarbe. Die entsprechenden Kästchen zum Ankreuzen auf den Bewerbungsbögen sind auf dem Rückzug. Statt ihrer sind neue Kriterien aufgenommen worden. Social Challenge, beispielsweise: sozial herausgefordert zu sein. Schlechtere Noten kann wettmachen, wer aus schwierigen Verhältnissen kommt, nicht in einer kompletten Familie aufwuchs oder Verwandte erziehen oder pflegen musste. Oft sind die Details, die in einem Essay zur eigenen sozioökonomischen Vergangenheit zu berichten sind, nichts anderes als Codeworte für die ethnische Zugehörigkeit. Robert von Rimscha, 1999

▶ Vergleichen Sie in den drei Beispielen die Gründe für – natürliche oder geregelte – Ungleichverteilungen und beurteilen Sie ihre Gerechtigkeit. Welche anderen Kriterien wären denkbar? Welche Möglichkeiten hat jeweils der Einzelne, seine Chancen zu verbessern?

Neue Spielregeln für die Gerechtigkeit?

Niemand schafft es ganz allein

Die Bürger seien mündig, heißt es. Sie müssten stärker für sich selbst verantwortlich sein und gemacht werden. Die staatliche Reglementierung sei ein Relikt des preußischen Obrigkeitsstaates und mit den Errungenschaften einer freiheitlichen Demokratie mündiger, selbstverantwortlicher Bürger nicht zu vereinbaren. Der Bundesrepublikaner sei jetzt erwachsen geworden, müsse sein Laufställchen verlassen und wenn er hinfalle, so werde ihn niemand mehr beim Aufstehen helfen. Das habe er jetzt allein zu besorgen. Wer das nicht kann, der …

Noch hört man nicht, was solchen Personen droht, aber es wird nicht mehr lange dauern, dann werden nicht mehr nur brutale Jugendliche auf Obdachlose eindreschen, sondern auch respektable Politiker jede Verantwortung für das, was anderen Menschen passiert, ablehnen.

Die Sozialkassen sind nicht entstanden, weil man die Menschheit knechten und knebeln wollte. Sie sind nicht ein Trick, um freien Menschen den Zugriff aufs erwirtschaftete Eigentum zu verwehren. Sie wurden eingerichtet, weil man die Erfahrung gemacht hatte, dass der Einzelne sein Schicksal nicht in der Hand hat, dass er schwache und dumme Momente kennt, dass er sein Glück und das der Seinen aus den Augen verlieren kann und dass es deshalb gut ist für ihn, seine Familie und die Gesellschaft, wenn ein Teil seines Lohnes einbehalten wird. Nicht um den Moloch Staat zu nähren, sondern um für ihn selbst vorzusorgen. Unser Sozialsystem entstand, weil man verstanden hatte, dass nicht jeder zu wirtschaften versteht…

Die Vorstellung, die Gesellschaft könne die Überlebensaufgabe jedem Einzelnen zuschieben, ist wenn nicht verbrecherisch, so doch naiv… Der heute Zwanzigjährige hat große Aussichten, das Jahr 2060 zu erleben. Die meisten von uns sind überfordert, in ihrer Lebensführung darauf Rücksicht zu nehmen.

Wenn ihnen von ihrem Lohn jeden Monat etwas abgezogen wird und sie erhalten nach vierzig Jahren davon etwas wieder, so freuen sie sich und sind froh, dass alles so schön geklappt hat.

Arno Widmann, 2000

▶ *Fassen Sie Widmanns Gründe für ein leistungsstarkes Sozialsystem zusammen. Stimmen Sie ihnen zu oder halten Sie mehr Eigenverantwortung für gerechtfertigt?*

»Neue Spielregeln«?

Ein Problem unserer alten Wohlfahrtsstaatsideale ist ferner der Gleichheitsgedanke, insbesondere die Idee »Gleichmäßigkeit der Lebensverhältnisse«. Auch diese soziale Idee ist längst Fiktion. Tarifverträge, die bundesweit gelten, benachteiligen alle Arbeitnehmer, die in Städten mit hohem Preisniveau leben.

Eine gerechte Lösung, wenn man sie anstreben will, erforderte gerade das Gegenteil: die Unterschiedlichkeit der Lebensbedingungen anzuerkennen. Wenn sozialer Konsens heißt, alle werden gleichmäßig behandelt, führen wir gerade soziale Ungerechtigkeit ein …

Was ist gerecht an einer Gesellschaft, in der Millionen von Arbeitslosen geduldet werden? Sie reserviert die Gerechtigkeit ausschließlich für jene, die Einkommen aus Beschäftigung haben. Deshalb ist es legitim, Beschäftigung zu niedrigerem Einkommen anzubieten, weil wir damit die Ausgrenzung eines Teils unserer Mitbürger beenden …

Keinen Pfennig für Gemeinkosten
1989/90: 11,8 %
1999: 16,0 %
(Anteil der Schwarzarbeit am Bruttosozialprodukt) Stat. Bundesamt, 6. 1. 01

Deutsch-deutsches Shakehand am Grenzübergang Helmstedt/Marienborn, 11. November 1989

Das Wort »Welt« ist vom althochdeutschen »weralt«, abgeleitet und bedeutet »Gemeinschaft der Menschen«.
Anton Zischka, 1968

► *Vergleichen Sie, wie viel Eigenverantwortlichkeit beide Autoren vom Einzelnen verlangen. Diskutieren Sie: Für welche »dummen und schwachen Momente« sollte der Staat vorsorgen? Welche Dummheit und welches Unglück sollte man selbst ausbaden müssen?*

Wir haben es hier nicht mit einem Eindringen des Marktes in das Soziale zu tun, wovor vielfach gewarnt wird, sondern mit einer Neubewertung dessen, was eigentlich als sozial gelten kann … Es müssen jene Kräfte bluten, die bisher als Schmarotzer auf Kosten der Gemeinschaft lebten, jene, die das Sozialsystem ausgenutzt, jene, die keine Anreize zur Mäßigung empfangen haben. … Warum sollten die Jungen heute Renten finanzieren, auf die sie selber niemals mehr Anspruch haben werden? Warum sollen die einen unter dem Mantel der Gerechtigkeit auf ihre »erworbenen Ansprüche« pochen dürfen, während sie desgleichen den Beitragszahlern verwehren?

Das zeigt: Neue Regeln sind nötig, zumindest ein neues Verständnis von Gerechtigkeit. Künftig wird ein Bedürftiger erst dann Ansprüche ans Sozialsystem stellen können, wenn er nachweist, welche eigenen Anstrengungen er bereits unternommen hat, um seiner Lage zu entfliehen, und wenn er aufzeigt, welche Finanzierungen er selber übernehmen kann. Die Gesellschaft wird mehr Eigenverantwortung verlangen …

Wir werden keine Ellbogengesellschaft, wir sind es schon seit langem, weil wir soziale Interessen wie Besitztümer behandeln. Wandeln wir sie wieder in soziale Chancen um! Birger Priddat, Wirtschaftswissenschaftler, 2000

► *Fassen Sie die Gründe zusammen, mit denen Priddat mehr Ungleichheiten rechtfertigt. Warum hält er eine staatlich gesicherte Gleichheit für sozial ungerecht?*

➢ *Zur Verteilungsgerechtigkeit vgl. S. 148*

Wo endet unsere Solidargemeinschaft?

Alle Menschen, auch die weniger leistungsfähigen und die nicht erfolgreichen, haben ein Recht darauf, unter menschenwürdigen Bedingungen leben zu können. Eine Politik der bloßen Chancengleichheit würde zwangsläufig zu flagranter Ungleichheit der Lebenschancen führen. Darüber hinaus wissen wir, dass die so genannten »Leistungsträger« durchaus nicht immer mehr leisten als jene, die auf Hilfe angewiesen sind. Oft entscheidet der Zufall über Erfolg oder Misserfolg im Leben.

Wolfgang Thierse, Bundestagspräsident, 1999

»Solidarität ist keine Einbahnstraße«

Schon als klassisches Rechtsprinzip bezeichnete »Solidarität« eine wechselseitige Verbundenheit, nämlich die gemeinsame Haftung von Mitschuldnern für gemeinsame Finanzgeschäfte. Die frühe Arbeiterbewegung okkupierte diesen Begriff – mitsamt dem impliziten Gebot der Gegenseitigkeit: Durch Solidarität überbot die eigene Klasse die gesellschaftsmächtige Konkurrenz bloßer Eigeninteressen; wie ein Mann stand man in der Arbeiterbewegung für die gemeinsame Sache. Dabei unterstützten die Stärkeren die Schwächeren – doch nicht als dauerhafte Einbahnstraße. Innerhalb der eigenen Klasse wurde Gegenseitigkeit erwartet, … (denn es) sitzen die Menschen »in einem Boot«, das sie nur gemeinsam oder gar nicht schaukeln. Dieser natürlichen Solidarität (»Gemeinverstrickung«) entspricht eine ethische Pflicht (»Gemeinverhaftung«), nämlich »das zu tun, was man einander schuldig ist«. Ob als Organisationsprinzip im Klassenkampf oder als Ordnungsprinzip der Gesellschaft: Solidarität soll einigermaßen sichere Ansprüche fundieren, so daß sich Menschen in ihrer Lebensplanung auf andere verlassen können, selbst wenn sie sich nicht mögen, sich nicht einmal kennen. Wahrscheinlich wird diese Verbundenheit nur dann, wenn sie die Menschen nicht – wie etwa die Liebe – ganz umfaßt und nicht – wie etwa die Nächstenliebe – auf Gegenleistungen verzichten muß. Liberale Gesellschaftstheorien trauen den Menschen selbst diese Solidarität nicht zu … Von Spencer über Durkheim bis zu Habermas wurde dieser liberalen Vorstellung von einer Gesellschaft purer Egoisten widersprochen – und Solidarität als notwendiges Medium des gesellschaftlichen Zusammenhalts angezeigt … Solidarisch ist man nicht mit jedem und jeder, sondern mit denen, die man aufgrund irgendwelcher Ähnlich- und Gemeinsamkeiten als gleich entdeckt hat. Unsere Solidaritätsgefühle sind am stärksten und prägen folglich auch nur dann soziale Zusammenhänge, wenn – so meint der Sozialphilosoph Richard Rorty – »die, mit denen wir uns solidarisch erklären«, »zu uns« gehören und »wir« etwas enger Begrenztes als die Menschenrasse sind. Andererseits überwinden die Gleichen durch Solidarität ihre Ungleichheit: … Solidarität ist »Verbundenheit trotz Differenz«. Zwischen Gebern und Nehmern nährt sich diese Verbundenheit aus einer – möglicherweise auch über lange Zeit latenten – Reziprozität. Ansprüche untereinander resultieren nämlich aus der gemeinsamen Sache, zu der auch die beizutragen haben, die – etwa aufgrund größerer Beeinträchtigung – die Unterstützung anderer beanspruchen (können). Solidarität funktioniert also weder nach dem Äquivalenz- noch nach dem Tauschprinzip.

Matthias Möhring-Hesse, 1996

- ▶ *Erläutern Sie den beschriebenen Zusammenhang von Solidarität und ethischer Pflicht.*
- ▶ *Analysieren Sie mit Möhring-Hesse Ihr Solidaritätsverhalten in der Klasse. Würden Sie Möhring-Hesse zustimmen, dass weder ein reines Äquivalenz- noch ein reines Tauschprinzip gilt?*
- ▶ *Gibt es eine »gemeinsame Sache«, die Sie mit anderen, Ihnen entfernten Menschen solidarisch verbinden könnte?*

Wer mehr leistet, muss mehr im Portemonnaie haben; wer mehr Risiko trägt, muss mehr Gewinn machen können. Leistung muss sich wieder lohnen ... Mehrleistung gerecht ins Portemonnaie zu bringen, statt vom Staat abzukassieren, ist doch kein rechter oder linker Grundsatz, da hat jeder Mensch ein Anrecht darauf.

Werner Müller, Wirtschaftsminister, 1999

Emblem der SED an der Fassade des Zentralkomitees, Berlin

»Leistungsträger« und »Schmarotzer«

Solidarität ist häufig mühsam, verspricht aber dem, der solidarisch ist, das gute Gefühl, ein anständiger Mensch zu sein, sowie die Geborgenheit einer Gemeinschaft, die zusammenhält ... Mit den Sozialversicherungen wird für kollektive Standardrisiken die Konkurrenz zwischen den Beschäftigten außer Kraft gesetzt: Die wegen Alter, Arbeitslosigkeit, Krankheit oder Pflegebedürftigkeit »Schwachen« werden von den »Starken« unterstützt, die gegenwärtig von diesen Risiken nicht betroffen sind, es aber in Zukunft sind bzw. sein könnten. Ungleich sind sich die Sozialversicherten also hinsichtlich ihrer ungleichzeitigen Betroffenheit. Soziale Ungleichheiten werden durch die bestehenden Sicherungssysteme kaum ausgeglichen, sondern als leistungsgerecht bestätigt ... Lediglich die Sozialhilfe sieht vom Prinzip der Leistungsgerechtigkeit ab und soll auf niedrigem Niveau die Bedarfsgerechtigkeit gesellschaftlicher Verteilung sichern ... Infolge der dauerhaften Massenarbeitslosigkeit werden [aber] die Voraussetzungen reziproker Solidarität abgetragen, nämlich die Hilfebedürftigkeit aus der Gegenseitigkeit solidarischer Leistungen ausgegrenzt ... Den Steuer- und BeitragszahlerInnen werden die LeistungsempfängerInnen zur Zumutung; immer weniger können sie erwarten, daß diese sich einmal ernsthaft revanchieren werden. Indem er diese Spaltung zwischen Gebern und Nehmern in Gang setzt, zerstört der Sozialstaat die Solidarität, die er eigentlich organisieren soll ... Welche Gemeinsamkeit läßt sich aber zwischen allen BundesbürgerInnen feststellen und einsichtig machen, damit die Gemeinheiten ihrer unzeitgemäßen Solidarität nicht das letzte Wort behalten? In Zeiten, in denen sie immer weniger gemeinsam haben, ist ihnen vielleicht (eines ...) wichtig, nämlich die demokratischen Spielregeln gesellschaftlicher Entscheidungsprozesse, in denen alle Bürger/Bürgerinnen sich selbst vertreten können, sich dazu aber wechselseitig die gleichen Möglichkeiten zusprechen müssen. Zumindest sollten ihnen diese Spielregeln wichtig sein – dann nämlich, wenn sie die mit der Gründung der zweiten deutschen Republik begonnene zivile Entwicklung fortsetzen wollen. Diese Entwicklung hat aber für alle Beteiligten ihren Preis.

Matthias Möhring-Hesse, Sozialethiker, 1996

Die gesetzliche Krankenversicherung ist geradezu ein Paradebeispiel dafür, wie man ein System ausbeutet. Jeder nimmt so viel, wie er nur bekommen kann. Das Hauptproblem besteht meiner Ansicht nach darin, dass der Beitragssatz vom Einkommen abhängt – egal, wie viele Familienangehörige noch mitversichert sind ... Dann behalten die, die nur teilweise arbeiten und deswegen weniger verdienen und weniger zahlen, den vollen Anspruch.

Juergen B. Donges, »Wirtschaftsweiser« im Sachverständigenrat bei der Bundesregierung, 1999

Arbeiten für die Gemeinschaft

Höhe der Steuern und Sozialabgaben, 1998 (Jahresbeitrag auf täglichen Durchschnittslohn umgerechnet):

Schweden:	*195 Tage*
Frankreich:	*168 Tage*
Deutschland:	*137 Tage*
Großbritannien:	*129 Tage*
USA:	*104 Tage*

▶ *Erläutern Sie die Unterschiede und Vorzüge von Bedarfsgerechtigkeit und Leistungsgerechtigkeit.*

▶ *Warum zerstört nach Möhring-Hesse der Sozialstaat die Solidarität, die er eigentlich schaffen sollte?*

▶ *Beurteilen Sie kritisch Möhring-Hesses Vorschlag, angesichts von Solidaritätsverfall, Bürgerinnen und Bürger stärker bei Entscheidungen mitzubeteiligen (vgl. S. 200/01).*

Chancengleichheit oder Chancenausgleich?

Heute fordern Frauen die Quote und damit nicht weniger als die Hälfte der Ausbildungs- und Arbeitsplätze – auch der besser bezahlten … Für die Männer wollen wir ebenfalls die Hälfte: an Kindererziehung, Haus- und Pflegearbeit … Wir bestehen auf unserem demokratischen Grundrecht auf Teilhabe an der Macht, an der Bildung und am gesellschaftlichen Reichtum – jetzt, hier und heute!

Manifest einer überparteilichen Initiative weiblicher Mitglieder des Bundestags, 1999 (Auszug)

▶ *Formulieren Sie Ihre vorläufige Meinung zur Quotenregelung. Überprüfen Sie Ihre Position anhand der folgenden Analyse von Lang.*

Mit einer Persiflage auf Renoirs berühmtes »Frühstück im Freien« startete eine finnische Frauenzeitschrift eine Kampagne für die Gleichberechtigung von Mann und Frau.

Durch Ungleichbehandlung zur Gleichberechtigung?

Quotierung ist unbestritten eines der heiß umstrittensten Themen in der frauen- und parteipolitischen Landschaft der letzten Jahre. Ausgangspunkt der Argumentation für die Einführung gesetzlicher Quoten ist, dass die in Art. 3 Abs. 2 Grundgesetz festgeschriebene Gleichberechtigung von Frau und Mann in der Rechtswirklichkeit faktisch noch nicht besteht. Trotz der formalrechtlichen Gleichstellung ist die Rechtswirklichkeit von Frauen durch vielfältige Benachteiligungen gekennzeichnet. Das gilt für die Bereiche Politik, Erwerbsleben, Gesellschaft und Privatleben. Die offensichtlichste Äußerung von Diskriminierung besteht in der Unterrepräsentation von Frauen in politischen und gesellschaftlichen Machtpositionen sowie in hoch qualifizierten Bereichen des Erwerbssektors. Der ehemalige Verfassungsrichter Ernst Benda hält den Nachweis einer »strukturellen Diskriminierung« für erbracht, wenn eine »signifikante Diskrepanz« zwischen der Zahl der beschäftigten Frauen und Männer besteht. Entsprechend argumentiert die Enquete-Kommission »Frau und Gesellschaft« des Bundestages: Die Unterrepräsentanz von Frauen auf der mittleren und höheren Ebene aller gesellschaftlichen Bereiche sei das »Ergebnis einer lang andauernden, aber als Vorgang nicht oder nur schwer erfassbaren Diskriminierung«. Gründe der Benachteiligung von Frauen liegen u. a. in dem festgeschriebenen traditionellen Rollenbild, der darauf ausgerichteten Sozialisation in Familie, Schule und Gesellschaft. Trotz inzwischen nahezu ausgeglichenen Bildungsniveaus tragen Frauen die Lasten der geschlechtsspezifischen Arbeitsteilung. Ausdruck findet die faktische Benachteiligung in der Unterrepräsentation in besser bezahlten Berufen und gesellschaftlichen Schlüsselpositionen, aber auch in der Gewalt gegen Frauen und in ihrer Reduktion auf die Rolle als Mutter oder Sexualobjekt, wie dies in den Medien und speziell in der Werbung immer noch häufig der Fall ist. Diese gewachsenen gesellschaftlichen Strukturen benachteiligen die Frauen als Individuen und als Gruppe. Als Einzelne haben Frauen nur geringe Chancen, sich in der männlich dominierten Gesellschaft durchzusetzen. Möglich ist das nur durch vergleichsweise höhere Leistung oder Anpassung an männliches Verhalten, und das bedeutet in jedem Fall: durch Anforderungen, denen Männer so nicht unterliegen. Quotierung soll Frauen für den Einstieg oder Aufstieg in gesellschaftliche Institutionen und Positionen die gleichen Chancen sichern. Quotierung ist keine geschichtslose Forderung, sondern steht am Ende einer langen Reihe von Überlegungen und Bemühungen zur Durchsetzung der Gleichberechtigung von Frauen. Das Gleichberechtigungsgebot in Kombination mit dem Sozialstaatsprinzip verlange, dass der Gesetzgeber gleiche Ausgangsbedingungen für Frauen schaffen muss. Denn reine Gleichbehandlung kann die bestehenden Nachteile für Frauen nicht ausgleichen.

Nach: Regina Lang, 1998

▶ *Konkretisieren Sie an Beispielen »strukturelle Diskriminierung«.*

▶ *Nennen Sie Gründe für eine »signifikante Diskrepanz« bei Arbeit und Einkommen von Männern und Frauen.*

Paradox?

Das Quotierungsverlangen ist ein Paradox: Es fordert Gleichstellung unter Gleichen im Namen von Gleichheit, muss also Ungleichheit voraussetzen und im Namen von angeblicher Gleichheit auszugleichen streben. Es stößt dabei unweigerlich auf den paradoxen Konsens, dass Gleichheit ohnehin gegeben ist, da sie im Grundgesetz steht, und zugleich, dass unter Ungleichen, wie es etwa Männer und Frauen sind, wahre Gleichheit weder möglich noch anzustreben sei. Frigga Haug, 1996

▶ *Klären Sie dieses Paradox auf, indem Sie die gesetzliche Quotenregelung mit der Gleichbehandlungsvorschrift des Grundgesetzes begründen.*

Durchschnittliche Bruttomonatsverdienste der Angestellten in Industrie und Handel

Jahr	Männer DM	Frauen DM	%
1960	714	391	54,8
1970	1511	887	58,7
1990	5037	3265	64,8
1991	5335	3483	65,3

Quelle: Bundesministerium für Frauen und Jugend, 1992, nur altes Bundesgebiet

Das Quotierungsgesetz

Das Gesetz sieht vor, dass Frauen bei gleicher Qualifikation wie ihre männlichen Mitbewerber im öffentlichen Dienst solange bevorzugt eingestellt oder befördert werden, bis in dem jeweiligen Bereich ein Frauenanteil von 50 % erreicht ist. Eine automatische und deshalb unzulässige Einstellung oder Beförderung von Frauen wird durch eine so genannte Öffnungs- oder Härtefallklausel ausgeschlossen. Danach können auch gleichermaßen qualifizierte Männer vorgezogen werden, wenn besondere persönliche Gründe – wie etwa Dienstalter oder Unterhaltsverpflichtungen – dafür sprechen. Der Europäische Gerichtshof stellte nicht nur die Vereinbarkeit des Gesetzes mit dem EU-Recht fest, sondern erkannte auch die Notwendigkeit gesetzlicher Vorschriften zur Frauenförderung an. Die Erfahrung lehre, dass »selbst bei gleicher Qualifikation die Tendenz besteht, männliche Bewerber vorrangig vor weiblichen Bewerbern zu befördern«. Hellmut Marschall, 1997

Frauen stellen die Hälfte der Weltbevölkerung dar, sie leisten zwei Drittel der Arbeit. Sie beziehen dafür 10 % des Welteinkommens und haben 1 % des Reichtums der Welt in ihrem Besitz.

Ingrid Olbricht, 1999

Gegenargument

Gegen die Quote führen viele an, dass bei einer Bevorzugung von Frauen – gleiche Qualifikation vorausgesetzt – Einzelne vom Gruppenschicksal bzw. seiner Kompensation profitieren. Und umgekehrt haben männliche Bewerber, auch wenn sie gleich qualifiziert sind, so lange das Nachsehen, bis genauso viel Frauen wie Männer eingestellt wurden. »Das mit der Quote ist ja wirklich sehr wichtig und richtig. Aber unsere Nachkommen müssen jetzt büßen für unsere Sünden. Ich z. B. habe einen hoch begabten Habilitanden. Natürlich hat er keine Chance, da jetzt überall Frauen genommen werden«, stellt ein Hochschullehrer fest. Nach: Frigga Haug, 1996

Altes Werbeplakat für FEWA

▶ *Halten Sie das Argument gegen die Quotenregelung für überzeugend?*

▶ *Diskutieren Sie »Quotenregelung pro und contra«. Beziehen Sie sich hierbei auch auf die Kriterien, die auf dieser Doppelseite genannt sind.*

Freiheit und Gerechtigkeit im Konflikt

Der Wunsch nach Gerechtigkeit und der Erhalt von Freiheit sind zwei menschliche Bedürfnisse, die in zwischenmenschlichen Beziehungen konkurrieren können. Ist es möglich, beide Bedürfnisse in Einklang zu bringen? Bereits Aristoteles (vgl. S. 212–223) erkannte, dass gerechtes Handeln zu tun hat mit einem angemessenen Umgang mit Macht, die ungleich verteilt ist. Macht erfordert dann einen verantwortlichen Umgang mit der Freiheit, die sich daraus ergibt. Noch heute ist die Frage der gerechten Verteilung knapper Güter hochaktuell. Solange es ein Machtgefälle zwischen Menschen gibt, ist es unumgänglich, sich über angemessene Verteilungskriterien zu verständigen. Doch geht es nicht nur um materielle Güter …

Symmetrie und Asymmetrien in menschlichen Beziehungen

Gerechtigkeit ist die Anerkennung einer fundamentalen Symmetrie in den Beziehungen von Menschen, und zwar dort, wo es um die Verteilung knapper Güter geht. Diese Symmetrie besteht nicht in einfacher Gleichheit aller, sondern darin, dass Asymmetrien der Rechtfertigung bedürfen … Wo ein Mensch diskriminierenden Maßnahmen unterworfen wird, die ihm selbst gegenüber gar nicht gerechtfertigt werden und auch gar nicht gerechtfertigt werden können, wo er als Staatsbürger benachteiligt wird, … da ist jene fundamentale Symmetrie verletzt, ohne die es keine Gerechtigkeit gibt. Gerechtigkeit heißt, wie gesagt, nicht, dass jeder das Gleiche bekommt oder das Gleiche leisten muss. Es heißt, dass der Maßstab bei der Verteilung von Lasten und Entschädigungen, wie immer er aussehen mag, nicht von vornherein zugunsten bestimmter Personen oder Personengruppen entworfen und bei der Anwendung nicht zugunsten oder ungunsten bestimmter Personen manipuliert wird. Darum wird Justitia mit einer Binde vor den Augen dargestellt … Aristoteles kannte zwei Arten von zwischenmenschlichen Handlungen, die der Forderung der Gerechtigkeit unterliegen: der Tausch von Gütern und die Verteilung von Lasten und Entschädigungen durch eine Autorität. Was die Tauschgerechtigkeit betrifft, so meinte er, es müsse beim Tausch stets auf die Gleichwertigkeit der getauschten Gegenstände bzw. auf den gerechten Preis geachtet werden. Nun hängt aber der Wert eines Gegenstandes weitgehend von der Schätzung der Beteiligten ab und diese wiederum unter anderem von der Seltenheit des fraglichen Gutes. Der Preis richtet sich bei funktionierendem Markt bekanntlich nach Angebot und Nachfrage. Warum sollte es ungerecht sein, bei einer Versteigerung dem Meistbietenden eine Sache um den Preis zu geben, den sie ihm wert ist? Die Frage nach der Tauschgerechtigkeit verlagert sich daher heute. Wir fragen: Warum ist jemand bereit, einen exorbitanten Preis zu zahlen? Handelt es sich um einen Liebhaber von Antiquitäten oder um einen Verdurstenden in der Wüste, der sein ganzes Vermögen für ein Glas Wasser hergibt? Im zweiten Fall liegt eine fundamentale Asymmetrie der beiden Parteien vor, und das Verlangen des Höchstpreises wäre eine himmelschreiende Ungerechtigkeit. Wir sprechen dann von Wucher. Die Ungerechtigkeit besteht in der Ausnutzung einer Notlage, in der Ausnutzung einer marktbeherrschenden Position, die es erlaubt, jeden Preis zu verlangen, oder in der Ausnutzung der Unwissenheit des Käufers bzw. des Verkäufers. Darum ist es eine Forderung der Gerechtigkeit an den Staat, solchen Asymmetrien entgegenzuwirken … Gerechtigkeit ist nämlich die Tugend dessen, der über Macht verfügt: die Tugend des Stärkeren.

Die Tugend des Stärkeren

Gerechtigkeit ist in erster Linie ein Gesichtspunkt bei der Verteilung knapper Güter innerhalb bestehender und institutionalisierter Beziehungen … Wäre dieses Beziehungsgeflecht annähernd symmetrisch, so stellte sich das Problem der Gerechtigkeit nicht. In dem Maße aber, wo es innerhalb dieses Systems, das heißt vor allem des Weltmarktes, echte Machtpositionen gibt, vor allem eine Machtstellung der Industrieländer, da taucht der Appell an Gerechtigkeit gegenüber den Inhabern dieser Machtposition auf. Sie sind nämlich tatsächlich noch etwas anderes als Tauschpartner, sie sind Verteiler, und als solche muss man von ihnen verlangen, dass sie Gesichtspunkte der Verteilungsgerechtigkeit berücksichtigen … Die Frage ist …, was der, der sich durch den Besitz von Macht als der Stärkere erwiesen hat, mit dieser Macht anfängt: ob er sein Handeln objektiven Wertrangordnungen unterstellt oder nur subjektiven Interessensgesichtspunkten.

Robert Spaemann, 1991

▶ *Nennen Sie Beispiele für asymmetrische Beziehungen, in denen Tauschgerechtigkeit gelingt bzw. Tauschgerechtigkeit nicht existiert.*

▶ *Sind Ihrer Meinung nach asymmetrische Beziehungen naturgegeben oder werden sie auch erzeugt?*

justitia legalis = justitia commutativa + justitia distributiva. Gesetzesgerechtigkeit ist Tausch-/Leistungsgerechtigkeit und Verteilungsgerechtigkeit. Nach: Aristoteles

▶ *Konkretisieren Sie an einem Beispiel, welche Voraussetzungen erfüllt werden müssen, damit ungleiche Verteilung von Macht in einer Beziehung zwischen Menschen nicht zwangsläufig zu Ungerechtigkeit führt.*

Relevante Verteilungskriterien

Verteilungsgesichtspunkte sind zunächst beliebig; Gerechtigkeit heißt nur, dass sie allgemein gelten und nicht von subjektiven Interessen diktiert werden. … Wenn die Tibetaner zum Dalai Lama dasjenige Kind erwählten, das ein bestimmtes Muttermal hatte, dann hat es keinen Sinn, dieses Verfahren von vornherein für ungerecht zu erklären … [Man kann] höchstens die Wahrheit dieses Glaubens bestreiten … Dennoch gibt es in einer aufgeklärten Zivilisation – und für die meisten Bereiche in jeder Zivilisation – durchaus die Möglichkeit, relevante Verteilungskriterien von nicht relevanten zu unterscheiden. Wer soll Medizin studieren? Reichtum der Eltern, ein Parteifunktionär als Vater, politische Betätigung in einer Staatsjugendorganisation sind offenbar keine relevanten Gesichtpunkte … Oft konkurrieren relevante Gesichtspunkte miteinander, und es ist schwer, sie in eine Reihenfolge zu bringen … Diese Konkurrenz ist schon den Philosophen der Antike aufgefallen. Sie haben gesprochen von proportionaler und arithmetischer Gleichheit. Arithmetische Gleichheit, das hieße: Jeder bekommt das Gleiche. Also nicht gleicher Lohn für gleiche Leistung, sondern für alle der gleiche Lohn ohne Rücksicht auf die Leistung … Das umgekehrte Prinzip ist das der proportionalen Gleichheit. Marx drückt das mit der Formel aus: Jeder nach seinen Fähigkeiten, jedem nach seiner Leistung. Dieses Prinzip »jedem das Seine« statt »jedem das Gleiche« ist in gewisser Weise der Gerechtigkeit näher als das arithmetische, aber es befriedigt auch nicht … Es gibt aber … noch eine andere Proportionalität, die zu einer gerechten Gesellschaft gehört: die Proportionalität im Verhältnis zu den Bedürfnissen eines Menschen. Dieses Prinzip ist erst durch das Christentum in die Welt gekommen. Es besagt, dass dem, der sich nicht selbst helfen kann, geholfen werden muss nach Maßgabe seiner Bedürfnisse. Es besagt, dass es nicht ungerecht ist, der Mehrheit die Aufgabe für Aufwendungen hierfür abzuverlangen …

Robert Spaemann, 1991

▶ *Erläutern Sie den Unterschied zwischen arithmetischer und proportionaler Gleichheit.*

»Nicht von subjektiven Interessen diktiert werden«

In der Regel läuft die Gleichbehandlung lernbehinderter und »normaler« Kinder auf Benachteiligung hinaus. Helga Rasper, Sonderpädagogin, 1999

▶ *Erläutern Sie anhand des Zitats von Rasper, warum Gleichbehandlung ungerecht sein kann.*

Es kann keiner gerecht sein,
der nicht menschlich ist.

Volkstümliche Redeweise

▶ *Was meint Spaemann mit dem »Prinzip«, das durch das Christentum in die Welt gekommen sei? Würden Sie darauf verzichten wollen?*

Gerechtigkeit muss alle Seiten kennen

»Ich mach jetzt ein Jahr Platte«

Ja, wie lebe ich? Morgens früh aufstehen natürlich. Sich nicht erwischen lassen, wenn man zum Beispiel im Keller schläft. Also muß man mindestens um fünf oder sechs raus sein, je nachdem, was das für ein Haus ist ... Früh fährt man zum Bahnhof Zoo, zum Frühstück um sechs. Dann »ne Weile durch die Stadt fahren«, vielleicht noch ein bißchen schlafen in der S-Bahn, wenn man nicht gestört wird. Dann zusehen, daß man irgendwo Mittag kriegt, wieder durch die Gegend oder sich in irgendeiner Wärmestube aufhalten, je nach Jahreszeit. Und dann abends wieder Platte, so zwischen zehn und zwölf, je nachdem.

Hans-Jürgen, 35 Jahre,
arbeitsloser Versicherungsvertreter

Armut aus gesellschaftspolitischer Sicht

Ist die Armut in den letzten Jahren gewachsen oder nicht?

Armut im Sinne von Einkommensarmut wird in der Regel an zwei Maßstäben gemessen. Zum einen gilt als quasi-offizielle Armutsgrenze das Niveau der »Hilfe zum Lebensunterhalt« im Rahmen der »Sozialhilfe«, die jedem Bürger ein menschenwürdiges Leben sichern soll. Legt man diese Armutsgrenze zugrunde, so kann man feststellen, dass Armut als Abhängigkeit von Sozialhilfe seit Anfang der achtziger Jahre drastisch gestiegen ist. Wählt man dagegen eine relative Armutsgrenze, bei der als arm gilt, wer über weniger als 50 Prozent des durchschnittlich verfügbaren bedarfsorientierten Haushaltseinkommens verfügt, dann ist der Umfang der Einkommensarmut im letzten Jahrzehnt nahezu gleich geblieben ...

Worauf führen Sie die wachsende Zahl von Sozialbedürftigen zurück?

Es gibt dafür mehrere Gründe. Erstens haben wir eine anhaltende Massenarbeitslosigkeit, von der inzwischen im Jahresdurchschnitt sechs bis sieben Millionen Menschen betroffen sind. Je länger die individuelle Arbeitslosigkeit dauert, desto größer wird das Risiko der betroffenen Menschen, auf Sozialhilfe angewiesen zu sein. Ein zweiter Grund für die zunehmende Armut ist der Wandel der Lebensformen. Wir haben eine zunehmende Zahl von Ein-Personen-Haushalten und von Alleinerziehenden. Durch diesen Individualisierungsprozess werden die allgemeinen Lebensrisiken für den Einzelnen größer. Ein dritter Grund sind Strukturmängel unseres sozialen Sicherungssystems. Die Arbeitslosenversicherung wie auch die Rentenversicherung orientieren sich traditionell vorrangig an der Sicherung des Lebensstandards – mit der Folge, dass Personen, die sich am unteren Ende der Einkommenspyramide befinden, dann von Einkommensarmut betroffen sind, wenn sie durch Arbeitslosigkeit, Krankheit ... aus dem Berufsleben herausfallen ...

Bedeutet eine entschlossene Bekämpfung der Armut eigentlich nicht grundsätzlich eine stärkere Belastung der Reichen ...?

Die große Gefahr ... liegt darin, dass die Lasten des sozialökonomischen Strukturwandels immer ungleichmäßiger verteilt werden. Dadurch wird der bisherige sozialstaatliche Grundkonsens in unserem Land in Frage gestellt. Dies ist ökonomisch, sozial und politisch äußerst gefährlich. Notwendig wäre ein striktes Festhalten an einem Konzept des Sozialstaates. Dies heißt zum einen, jedem Menschen den Zugang zum Arbeitsmarkt und ein existenzsicherndes Einkommen zu sichern. Zum anderen geht es um eine Lastenverteilung, die die ökonomisch Stärkeren stärker an der Bewältigung des Strukturwandels beteiligt, der ja die gesamte Gesellschaft betrifft. Die Lasten dürfen nicht einseitig den sozial Schwächsten aufgebürdet werden, weil die Gesellschaft dann ein Gesicht erhalten würde, das wir uns alle nicht wünschen können.

Interview (Ausschnitt) mit Walter Hanesch, Professor für Sozialpolitik und Sozialverwaltung, 1995

▶ *Definieren Sie mit Hanesch »Armut«. Warum ist seine Differenzierung wichtig?*

▶ *Vergleichen Sie die Analyse von Hanesch für Deutschland mit der Situation in Indien (vgl. S. 342/43).*

»Das kann ich nicht mit ansehen«
Eddi hat gesagt: Das kann ich nicht mit ansehen, daß ihr bei dem kalten Wetter hier [in einem Schrottauto] übernachtet. Na jedenfalls, er hat uns die Schlüssel zu seiner Wohnung in die Hand gedrückt und gesagt: Geht erst mal hoch und wascht euch. Könnt auch Klamotten von mir anziehen. Und wenn ihr wollt, könnt ihr bei mir übernachten. Ich hab' aber keinen Strom. Ich sage zu Eddi: Mir ist alles egal. Und Kalle auch. Wir haben schon zu lange auf der Straße gepennt. Wir sind zufrieden, wenn wir ein Bett haben. Und so haben wir bei Eddi übernachtet.

Frank, 25 Jahre, arbeitsloser Elektromonteur

»Schmeiß ihn raus, er bricht mir's Herz!«, sagte der Bankier Fürstenberg zu seinem Diener, als ihm ein Bettler das Elend seiner fünf Kinder ausmalte.

Ethische Forderungen

Freiheit ermöglichen
Soll rechtliche Freiheit zur realen Freiheit werden können, bedarf ihr Träger eines Grundanteils an den sozialen Lebensgütern; ja dieser Anteil an den sozialen Lebensgütern ist selbst Teil der Freiheit, weil er notwendige Voraussetzung ihrer Realisierung ist. Die sozialen Grundrechte zielen ihrer Idee nach auf die Gewährleistung dieses Anteils an den Lebensgütern: Recht auf Arbeit, Recht auf Wohnung, Recht auf Bildung, Recht auf Versorgung im Krankheitsfall und andere mehr. Sie sind, wie die Freiheitsrechte, staatsgerichtet. Nur ist der Staat nicht mehr Adressat eines Nichtangriffsanspruchs, wie bei den Freiheitsrechten, sondern Adressat eines Verfassungsanspruchs. Durch staatliche soziale Leistungen und Gewährleistungen soll die Freiheit real ermöglicht und gesichert werden.
… Der in ihnen enthaltene Verschaffungsanspruch ist so allgemein, daß daraus konkrete Rechtsansprüche im Wege der Interpretation nicht herleitbar sind … Sie richten sich, unmittelbar geltend, an die staatlichen Organe in Gesetzgebung und Verwaltung, die sie zur Erfüllung des in ihnen enthaltenen Auftrags verpflichten.

E. W. Böckenförde, 1980

Recht auf Grundgüter
In einer entwickelten Gesellschaft, die nicht unter extremen Knappheitsbedingungen leidet und also prinzipiell jeden mit Grundgütern ausstatten kann, sind Grundgüter Rechtsansprüche. Das bedeutet, dass niemandem Grundgüter vorenthalten werden dürfen, um andere dadurch besser zu stellen, sowie dass bei allen Entscheidungen die mit Grundgütern weniger gut ausgestatteten Personen, d. h. Personen mit geringerer Lebensqualität, besonders berücksichtigt werden müssen.

Julian Nida-Rümelin, Philosoph, 1996

▶ *Kennen Sie staatliche Leistungen, die die ethischen Ansprüche von Böckenförde und Nida-Rümelin berücksichtigen?*

▶ *Fassen Sie zusammen, was auf dieser Doppelseite aus unterschiedlichen Perspektiven zu Armut und Obdachlosigkeit gesagt wird. Ergänzen bzw. aktualisieren Sie auf der Grundlage Ihres Wissens:*
- *die Perspektive des Betroffenen;*
- *die gesellschaftspolitsche Analyse;*
- *die Einstellung eines Mitbürgers, der nicht betroffen ist;*
- *die ethischen Forderungen.*

Grundrechte: Bürgerpflicht und Bürgerfreiheit

Frei und gleich geboren

Aus der Französischen Verfassung von 1791
§ 1 Die Menschen sind und bleiben von Geburt an frei und gleich an Rechten. Soziale Unterschiede dürfen nur im gemeinsamen Nutzen begründet sein …
§ 4 Die Freiheit besteht darin, alles tun zu können, was einem anderen nicht schadet …
§ 17 Da das Eigentum ein unverletzliches und heiliges Recht ist, kann es niemandem genommen werden, wenn es nicht die gesetzlich festgelegte, öffentliche Notwendigkeit augenscheinlich erfordert und unter der Bedingung einer gerechten und vorherigen Entschädigung.

Weimarer Verfassung von 1919
§ 146 Für den Zugang Minderbemittelter zu den mittleren und höheren Schulen sind … öffentliche Mittel bereitzustellen …
§ 151 Die Ordnung des Wirtschaftslebens muss den Grundsätzen der Gerechtigkeit mit dem Ziel der Gewährleistung eines menschenwürdigen Daseins für alle entsprechen.
§ 155 Die Verteilung und Nutzung des Bodens wird von Staats wegen in einer Weise überwacht, die Missbrauch verhütet und dem Ziele zustrebt, jedem Deutschen eine gesunde Wohnung und allen deutschen Familien, besonders den kinderreichen, eine ihren Bedürfnissen entsprechende Wohn- und Wirtschaftsheimstätte zu sichern.

▶ *Ordnen Sie die genannten Forderungen den Begriffen Leistungs-, Bedarfs- und Verteilungsgerechtigkeit unter (vgl. S. 164/65).*
▶ *Welche heute in unserer Gesellschaft bestehenden Nachteile für Frauen sollten Ihrer Meinung nach z. B. durch Quotenregelung ausgeglichen werden (vgl. S. 162/63)?*
▶ *Vergleichen Sie hier aufgeführten Rechte mit den Forderungen von Christen (vgl. S. 346/47).*

Allgemeine Erklärung der Menschenrechte von 1948
Da die Anerkennung der allen Mitgliedern der menschlichen Familie innewohnenden Würde und ihrer gleichen und unveräußerlichen Rechte die Grundlage der Freiheit, der Gerechtigkeit und des Friedens in der Welt bildet …, proklamiert die Generalversammlung [der Vereinten Nationen] diese Allgemeine Erklärung der Menschenrechte als das von allen Völkern und Nationen zu erreichende gemeinsame Ideal …
§ 2 Jedermann hat Anspruch auf die in dieser Erklärung proklamierten Rechte und Freiheiten ohne irgendeine Unterscheidung, wie etwa nach Rasse, Farbe, Geschlecht, Sprache, Religion, politischer oder sonstiger Überzeugung, nationaler oder sozialer Herkunft, nach Vermögen, Geburt oder sonstigem Status …
§ 3 Jedermann hat das Recht auf Leben, Freiheit und Sicherheit der Person …
§ 12 Niemand darf willkürlichen Eingriffen in sein Privatleben, seine Familie, seine Wohnung und seinen Schriftverkehr oder rechtswidrigen Beeinträchtigungen seiner Ehre und seines Rufes ausgesetzt werden …
§ 13 Jedermann hat das Recht, in anderen Ländern vor Verfolgung Asyl zu suchen und zu genießen …
§ 18 Jedermann hat das Recht auf Gedanken-, Gewissens- und Religionsfreiheit …
§ 19 Jedermann hat das Recht auf Freiheit der Meinung und der Meinungsäußerung …
§ 22 Jedermann hat als Mitglied der Gesellschaft Recht auf soziale Sicherheit und hat Anspruch darauf, durch innerstaatliche Maßnahmen und internationale Zusammenarbeit unter Berücksichtigung der Organisationen und der Hilfsmittel jedes Staates in den Genuss der für seine Würde und die freie Entwicklung seiner Persönlichkeit unentbehrlichen wirtschaftlichen, sozialen und kulturellen Rechte zu gelangen …
§ 26 Jedermann hat das Recht auf Bildung …

Allgemeine Erklärung der Menschenrechte der UN, 1948

Zusatzabkommen von 1979
… im Hinblick darauf, dass die Vertragsstaaten der Internationalen Menschenrechtspakte verpflichtet sind, die Gleichberechtigung von Mann und Frau bei der Ausübung aller wirtschaftlichen, sozialen, kulturellen, bürgerlichen und politischen Rechte sicherzustellen …, jedoch besorgt darüber, dass die Frau trotz dieser verschiedenen Urkunden noch immer weitgehend diskriminiert wird …
§ 2a Den Grundsatz der Gleichberechtigung von Mann und Frau in ihre Staatsverfassung … aufzunehmen … und durch gesetzgeberische und sonstige Maßnahmen für die tatsächliche Verwirklichung dieses Grundsatzes zu sorgen …

Übereinkommen zur Beseitigung jeder Form von Diskriminierung der Frau, UN, 1979

Ewige Rechte oder ablösbare Traditionen?

Eine übergesetzliche Gerechtigkeit?
Es gibt also Rechtsgrundsätze, die stärker sind als jede rechtliche Satzung, sodass ein Gesetz, das ihnen widerspricht, der Geltung bar ist. Man nennt diese Grundsätze das Naturrecht oder das Vernunftrecht. Gewiss sind sie im Einzelnen von manchem Zweifel umgeben, aber die Arbeit der Jahrhunderte hat doch einen festen Bestand herausgearbeitet und in den so genannten Erklärungen der Menschen- und Bürgerrechte mit so weitreichender Übereinstimmung gesammelt, dass in Hinsicht auf manche von ihnen nur noch gewollte Skepsis den Zweifel aufrechterhalten kann.

Gustav Radbruch, Rechtswissenschaftler, 1945

Das Recht auf freie Meinungsäußerung schließt nicht das Recht ein, im voll besetzten Theater »Feuer« zu schreien.

Georg Christoph Lichtenberg

Viele Naturrechte
Es gibt nämlich gar nicht ein Naturrecht, sondern es gibt, angefangen von der griechischen Philosophie bis zum heutigen Tag, eine Reihe von historisch sich ablösenden Naturrechten, entstanden unter dem Einfluss der verschiedenen Kulturen, Weltanschauungen und politischen Situationen.

Erwin Riezler, 1960

▶ *Riezler und Radbruch beschreiben Naturrecht unterschiedlich. Welche Schlüsse könnten jeweils daraus gezogen werden?*

Die Mehrheit bestimmt?
»Die Weltanschauung der Demokratie ist der Relativismus« (Gustav Radbruch, Rechtstheoretiker) ... Die Weimarer Reichsverfassung entsprach solchen Auffassungen. Sie stand jederzeit zur Verfügung des Gesetzgebers ... Diese bitteren Erfahrungen haben nicht nur nach Radbruch dazu geführt, sich nach 1945 einer Lehre vom übergesetzlichen Recht zuzuwenden. Die Väter des Bonner Grundgesetzes haben die tragenden Verfassungsprinzipien jedem Zugriff – sei es noch so großer Mehrheiten – entzogen. Der »Wesensgehalt« der Grundrechte wurde für unantastbar erklärt; die Grundrechte verwirkt, wer sie zum Kampf gegen die freiheitliche demokratische Grundordnung missbraucht.

Christian Graf Krokow, 1983

Viele Bürger und Politiker fordern heute eine stärkere direkte Bürgerbeteiligung bei politischen Fragen.

▶ *Würden Sie ein Volksbegehren unterstützen? Laden Sie einen Vertreter/eine Vertreterin ein, die sich für »Mehr Demokratie« einsetzt.*

▶ *Ist ein Volksbegehren legitim (vgl. Grundgesetz)?*

➢ *Zur »Staatsgewalt, die vom Volke ausgeht« vgl. Grundgesetz Artikel 20 (2), im Buch S. 193*

Ursachen und Formen menschlicher Aggression

Das bei Menschen wie bei anderen biologischen Gattungen zu beobachtende aggressive Verhalten – insbesondere auch gegenüber Mitgliedern der eigenen Spezies – ist von verschiedenen Wissenschaften erforscht worden, so vor allem von der Psychologie, der Biologie und der Soziologie. Die in diesen verschiedenen Wissenschaften entwickelten Theorien über die Ursachen des aggressiven Verhaltens von Menschen stehen oft in einem spannungsvollen Verhältnis zueinander.

Aggression und Arterhaltung

Warum kämpfen Lebewesen überhaupt miteinander? Kampf ist in der Natur ein allgegenwärtiger Vorgang, die Verhaltensweisen ebenso wie die Angriffs- und Verteidigungswaffen, die ihm dienen, sind so hoch entwickelt und so offensichtlich unter dem Selektionsdruck ihrer jeweiligen arterhaltenden Leistung entstanden, dass es uns zweifellos zur Pflicht gemacht ist, diese Frage Darwins zu stellen ... Auch denken Fernerstehende bei Darwins Ausdruck »Kampf ums Dasein«, der zum oft missbrauchten Schlagwort wurde, irrtümlicherweise meist an den Kampf zwischen verschiedenen Arten. In Wirklichkeit aber ist der »Kampf«, an den Darwin dachte und der die Evolution vorwärts treibt, in erster Linie die Konkurrenz zwischen Nahverwandten.

Konrad Lorenz, 1963

Funktionen der Aggression

Es wäre falsch zu glauben, dass die drei im vorliegenden Kapitel bereits besprochenen Leistungen aggressiven Verhaltens, nämlich die Verteilung gleichartiger Lebewesen über den verfügbaren Lebensraum, die Selektion durch Rivalenkämpfe und die Verteidigung der Nachkommenschaft, die einzigen für die Arterhaltung wichtigen Funktionen seien. Wir werden später noch hören, welche unentbehrliche Rolle die Aggression im großen Konzert der Triebe spielt und wie sie als Motor und »Motivation« auch solche Verhaltensweisen treibt, die äußerlich mit Aggression nichts zu tun haben, ja sogar ihr Gegenteil zu sein scheinen. Dass gerade in den innigsten persönlichen Bindungen, die es zwischen Lebewesen überhaupt gibt, ein gerütteltes Maß von Aggression steckt, ist eine Tatsache, von der man nicht weiß, ob man sie als ein Paradoxon oder als einen Gemeinplatz bezeichnen soll ... Was dagegen schon an dieser Stelle geschildert werden kann, ist die Rolle, die der Aggression im Gefüge einer übergeordneten und dennoch leichter zu verstehenden Systemganzheit zufällt, nämlich innerhalb der aus vielen Individuen zusammengesetzten Gesellschaft sozialer Tiere. Ein Ordnungsprinzip, ohne das sich ein organisiertes Gemeinschaftsleben höherer Tiere offenbar nicht entwickeln kann, ist die sogenannte Rangordnung.

Sie besteht ganz einfach darin, dass von den in einer Gemeinschaft lebenden Individuen jedes einzelne weiß, welches stärker und welches schwächer ist als es selbst, sodass sich jedes von dem Stärkeren kampflos zurückziehen und seinerseits von dem Schwächeren erwarten kann, dass dieser kampflos weicht, wann immer eins dem anderen in den Weg kommt. Konrad Lorenz, 1963

▶ *Was sind nach Lorenz die positiven Funktionen der Aggression?*

Über das Töten von Artgenossen

Im Jahre 1955 schrieb ich in einer kleinen Schrift »Über das Töten von Artgenossen«: »Ich glaube – und es wäre Sache der Humanpsychologen, insbesondere der Tiefenpsychologen und Psychoanalytiker, dies zu prüfen – dass der heutige Zivilisierte überhaupt unter ungenügendem Abreagieren aggressiver Triebhandlungen leidet. Es ist mehr als wahrscheinlich, dass die bösen Auswirkungen der menschlichen Aggressionstriebe, für deren Erklärung Sigmund Freud einen besonderen Todestrieb annahm, ganz einfach darauf beruhen, dass die intra-spezifische Selektion dem Menschen in grauer Vorzeit ein Maß von Aggressionstrieb angezüchtet hat, für das er in der heutigen Gesellschaftsordnung kein adäquates Ventil findet.« Wenn in diesen Worten ein leichter Vorwurf liegt, muss ich ihn hier ausdrücklich zurücknehmen. Zur Zeit, da ich dies schrieb, gab es schon Psychoanalytiker, die durchaus nicht an den Todestrieb glaubten, sondern die selbstvernichtenden Auswirkungen der Aggression ganz richtig als Fehlleistungen eines an sich lebenserhaltenden Instinktes deuteten ... Sidney Margolin, Psychiater und Psychoanalytiker in Denver, Colorado, hat sehr genaue psychoanalytische und sozialpsychologische Studien an Prärie-Indianern, insbesondere an den Utes, angestellt und gezeigt, dass diese Menschen schwer an dem Übermaß an aggressiven Trieben leiden, die sie unter den geregelten Lebensbedingungen der heutigen nordamerikanischen Indianer-Reservate nicht abzureagieren vermögen. Konrad Lorenz, 1963

▶ *Wie erklärt Lorenz das zerstörerische Element menschlicher Aggression?*

Bösartige Destruktivität

Die biologisch adaptierte Aggression dient dem Leben. Dies wird prinzipiell sowohl vom biologischen als auch vom neurophysiologischen Standpunkt aus als sicher angenommen, wenn auch noch viele weitere Information notwendig ist. Es handelt sich um einen Instinkt, den der Mensch mit allen anderen Lebewesen teilt, unbeschadet gewisser Unterschiede ... Das Einzigartige beim Menschen ist, dass er von Impulsen, zu morden und zu quälen, getrieben werden kann und dass er dabei Lustgefühle empfindet. Er ist das einzige Lebewesen, das zum Mörder und Vernichter der eigenen Art werden kann, ohne davon einen entsprechenden biologischen oder ökonomischen Nutzen zu haben. Wir wollen im folgenden das Wesen dieser biologisch nicht-adaptierten, bösartigen Destruktivität untersuchen.

A. Paul Weber, Die Herren der Schöpfung, 1962/63

Dabei wollen wir uns vor Augen halten, dass die bösartige Aggression spezifisch menschlich ist und dass sie nicht aus einem tierischen Instinkt entstanden ist. Sie dient nicht dem physiologischen Überleben des Menschen und ist trotzdem ein wichtiger Bestandteil seines seelischen Haushalts. Sie ist eine der Leidenschaften, die bei gewissen Individuen und Kulturen dominant und mächtig sind, während dies bei anderen nicht der Fall ist. Ich will zu zeigen versuchen, dass die Destruktivität eine der möglichen Reaktionen auf psychische Bedürfnisse ist, die in der Existenz des Menschen verwurzelt sind, und dass sie ... das Ergebnis der Interaktion verschiedener sozialer Bedingungen mit den existenziellen Bedürfnissen des Menschen ist. Erich Fromm, 1973

▶ *Was unterscheidet die Theorien der Aggression von Fromm und Lorenz?*

➢ *Zu Ursachen destruktiven Verhaltens vgl. S. 47*

Physische und seelische Grausamkeit

Die seelische Grausamkeit, der Wunsch, einen anderen Menschen zu demütigen und seine Gefühle zu verletzen, dürfte noch weiter verbreitet sein als der körperliche Sadismus. Diese Art des sadistischen Agierens ist für den Sadisten viel weniger riskant; schließlich kommen dabei ja keine physische Gewalt, sondern »nur« Worte zur Anwendung. Andererseits kann aber das so erzeugte seelische Leiden ebenso intensiv oder noch intensiver sein als das körperliche. Ich brauche keine Beispiele für diesen seelischen Sadismus anzuführen. Eltern praktizieren ihn ihren Kindern, Lehrer ihren Schülern, Vorgesetzte ihren Untergebenen gegenüber – mit anderen Worten, er wird in allen Situationen angewandt, wo jemand da ist, der sich gegen den Sadisten nicht wehren kann. (Wenn ein Lehrer hilflos ist, werden oft die Schüler ihrerseits zu Sadisten.) Der seelische Sadismus kann sich auf viele, scheinbar harmlose Weisen tarnen; eine Frage, ein Lächeln, eine Bemerkung, die den anderen verwirrt. Wer kennt nicht einen »Künstler« in dieser Art des Sadismus, der stets genau das richtige Wort oder die richtige Geste findet, um einen anderen auf diese »unschuldige« Weise in Verlegenheit zu bringen oder zu demütigen. Natürlich ist diese Art des Sadismus oft noch wirkungsvoller, wenn die Demütigung im Beisein anderer geschieht. Erich Fromm, 1973

▶ *Wie bewerten Sie selber seelische im Vergleich mit physischer Grausamkeit? – Glauben Sie, wie Fromm, dass diese in unserer Gesellschaft weit verbreitet ist?*

Konkurrenz miteinander: Sie wollen immer mehr, als ihnen von selbst zufällt. Man kann dies als eine Situation strukturellen Mangels bezeichnen. Moral hat unter anderem die Aufgabe, die sich aus dieser Situation ergebenden unvermeidlichen Konkurrenzkämpfe von Gewalt frei zu halten. Dazu aber ist die Schaffung eines Ordnungssystems notwendig, das gewaltsame Übergriffe der Stärkeren auf die Schwächeren verhindert. Dieses Ordnungssystem beinhaltet auch die Herrschaft legitimierter Autoritäten über die Absichten einzelner Mitglieder des Gemeinwesens. Dazu müssen diese Autoritäten mit bestimmten Formen von Macht ausgestattet werden. In einigen Fällen wird diese Herrschaft auch den Einsatz von Zwang (z. B. Strafandrohung und Strafvollzug) gegenüber uneinsichtigen Einzelnen einschließen. Macht aber birgt die Gefahr des Missbrauchs. Eine Theorie der politischen Moral muss daher das Verhältnis von Herrschaft, Macht, Gewalt und Zwang klären.

Herrschaft, Macht, Gewalt

Unter Herrschaft versteht man die durch Sanktionsmöglichkeiten (z. B. Gewalt) gedeckte Chance, Freiheitsgrade einzuschränken und zu regeln. Bei der Herrschaft handelt es sich in der Regel um eine soziale Beziehung zwischen Menschen bzw. Gruppen von Menschen: A herrscht über B, d. h. A verfügt über Möglichkeiten, B in seinen Entscheidungen zu beeinflussen, wenn nicht zu steuern. – Herrschaft erfordert Macht. Diese wurde von Max Weber definiert als die »Chance, innerhalb einer sozialen Beziehung den eigenen Willen auch gegen Widerstreben durchzusetzen, gleichviel, worauf diese Chance beruht«. Die Macht wird hier nicht nur in ihrem Ursprung mit Wille und Freiheit (Chance) verknüpft, sondern ist auch in ihren Wirkungen auf das Feld menschlichen Handelns beschränkt. – Gewalt ist die von Menschen gegenüber Personen oder Sachen eingesetzte Kraft, ohne Rücksicht auf die Eigenart des Gegenübers. Sie ist jene Form der Macht, die den Willen des anderen nötigt oder bricht. Im Einsatz gegen Sachen führt sie zu Beschädigung oder Zerstörung. In dieser Bedeutung entspricht Gewalt dem lateinischen »violentia«, das auch »Gewalttätigkeit« und »Ungestüm« bezeichnet. – Der deutsche Ausdruck schließt aber auch an die Tradition der »potestas« an, die alle Formen der Herrschafts- und Befehlsgewalt umfasst. Sie kennzeichnet insbesondere die Vollmachten, die mit staatlichen Ämtern und Funktionen verbunden sind. Gewalt meint hier die legitime Machtausübung überhaupt und kommt mit dem Begriff der Herrschaft zur Deckung, wenn allgemein von »Staatsgewalt« oder von »Gewaltenteilung« die Rede ist.

Nach: Kai-Uwe Hellmann und Volker Gerhardt, 1999

▶ *Wie unterscheiden Hellmann und Gerhardt Herrschaft, Macht und Gewalt? – Erscheinen Ihnen diese Unterscheidungen sinnvoll?*

Kritik der Macht

Im öffentlichen Bewusstsein und in der literarischen Kritik wird die Macht weitgehend negativ bewertet. Sie gilt als »dämonisch« (G. Ritter) oder gar als »an sich böse« (J. Burckhardt). In diesen Urteilen spiegeln sich historische Erfahrungen mit jeweils bestimmten politischen, ökonomischen und sozialen Mächten, die sich gegen Recht und besseres Wissen brutal behaupten. Aus solchen Erfahrungen wird nicht selten ein Urteil gegen die politische Welt als ganze abgeleitet; die Macht erscheint dann als Repräsentant einer von Grund auf verderbten Realität, der man die Utopie einer von Macht und Herrschaft freien Zukunft entgegenhält. Die negativen historischen Erfahrungen führen aber in der Regel zu einer anderen Konsequenz: dass nämlich korrupten, rechtswidrigen Mächten mit Kritik und Widerstand begegnet werden muss. Eine solche Konsequenz ist aber mit einer prinzipiellen Ablehnung der Macht nicht mehr vereinbar, denn sie beansprucht selbst Macht, um sich gegen den Widersacher zu behaupten. In diesem Fall wird nicht die Macht als solche abgelehnt, sondern nur ihr Missbrauch durch bestimmte Machthaber. Nicht wenige der negativen Urteile über die Macht beruhen freilich auf der Schwierigkeit, Gewalt und Herrschaft von der Macht zu unterscheiden. Macht äußert sich in beidem: In der Gewalt jedoch in einer amorphen, meist physisch destruktiven Form; in der Herrschaft hierarchisch geordnet und in der Regel unter (tatsächlich bestehender oder angenommener) Zustimmung der Betroffenen. – In der Macht selbst steckt allerdings insofern eine Gefahr, als sie zur Verselbständigung tendiert und die Menschen mit einer gewissen Zwangsläufigkeit verführt, sich über alle Widerstände hinwegzusetzen. Vor allem in großer Machtfülle liegt der Reiz zu ihrem rücksichtslosen Gebrauch. Deshalb aber auf Macht insgesamt zu verzichten, bedeutete die Freigabe gesellschaftlichen Handelns überhaupt. Da diese Konsequenz weder praktisch möglich noch wirklich erwünscht ist, bleiben nur die zwar stets unvollkommenen, aber immer noch verbesserungsfähigen traditionellen Mittel gegen die Gefahren der Macht, nämlich institutionelle Kontrolle und persönliche Verantwortung. Die Grenzen der Macht werden also durch Recht und Moral bestimmt, die freilich, um wirksam zu sein, selbst der Macht bedürfen. So gesehen kann Macht nur durch Macht begrenzt werden. Die Macht ist daher ebensowenig absolut wie ihre Kritik.

Volker Gerhardt, 1999

▶ *Ist Macht ein notwendiges Übel?*

Kritik der Gewalt

In der Sprache der politischen Theorie wird bis ins 20. Jahrhunderts hinein nicht eindeutig zwischen Macht, Herrschaft und Gewalt unterschieden. Auch philosophische Autoren bemühen sich oft nicht um eine terminologische Abgrenzung. Nietzsche, der immerhin den Begriff des »Willens zur Macht« ins Zentrum seiner späten Lehre rückt, ist an einer begrifflichen Trennung nicht interessiert, sodass es unter den Interpreten strittig ist, ob er wirklich »Macht« oder nicht vielmehr »Gewalt« oder »Herrschaft« gemeint habe. Dabei bestätigt sich der von Soziologie und Politologie terminologisch abgesicherte Befund, dass die Macht das allgemeinere Phänomen darstellt, das sich als Herrschaft, als Gewalt oder auch anders ausprägen kann. Gewalt ist damit nur eine Form der Machtausübung, die im modernen Sprachgebrauch zunehmend im Sinne der violentia verstanden wird, während Herrschaft nunmehr deutlicher in die Tradition der potestas rückt. – Hinter der Bedeutungsverengung des Gewaltbegriffs im 20. Jahrhunderts steht die größere Aufmerksamkeit gegenüber der Relation von Zwecken und Mitteln im politischen Handeln. Angesichts der von den Staaten zunehmend beanspruchten, in Verfassungen verbrieften, von Justiz und Polizei kontrollierten Rechtsstaatlichkeit wird die Gewalt zunehmend als das den gegebenen Rahmen sprengende politische Mittel ausgegrenzt. Folglich wird es von den geltenden Gesetzen negativ sanktioniert. Die bürgerliche Staatstheorie – entsprechend auch die Theorie der heute etablierten sozialistischen Staaten – kennt die Gewalt nur als ultima ratio, die allein dort zulässig ist, wo alle anderen rechtlich-politischen Mittel versagen; nur den Staatsorganen selbst ist der Einsatz dieses Mittels unter bestimmten eingeschränkten Bedingungen erlaubt, während es den Bürgern prinzipiell untersagt ist, zur Gewalt zu greifen.

Im Gegensatz zu dieser Lehre wird die Gewalt von jenen, die in fundamentaler Opposition zur herrschenden Ordnung stehen, als das ihnen einzig verbleibende Instrument verteidigt – vor allem von kommunistischen und anarchistischen … Theoretikern, die gewaltsames Handeln als revolutionäres Mittel für unausweichlich halten. Während sich die Revolutionstheorien des 19. Jahrhunderts terminologisch noch nicht festlegen, gilt seit George Sorels Réflexions sur la violence (1908) die Gewalt als das entscheidende revolutionäre Mittel, das von der Erpressung durch Streik und Drohung über den bewaffneten Kampf bis zum Terror gegen einzelne Personen alles einschließen kann. In diesem Sinn ist die Gewalt auch von anderen politischen Bewegungen im Kampf um politische Anerkennung und religiösen Befreiungsbewegungen sowohl theoretisch gerechtfertigt wie auch praktisch eingesetzt worden.

Volker Gerhardt, 1999

► *Welche politischen und religiösen Bewegungen sind Ihnen bekannt, die die von ihnen angewandte Gewalt für gerechtfertigt halten? – Wie schätzen Sie selber die Möglichkeit ein, solche Gewaltanwendung moralisch zu rechtfertigen?*

➢ *Zu Diskussion um die Todesstrafe vgl. S. 67*
➢ *Zur »Strafe als staatliche Maßnahme« vgl. S. 194/95*

Die Würde des Menschen ist angetastet

Pablo Picasso, Guernica, 1937

1992 haben wir 110 Staaten gezählt, in denen Folter oder Misshandlungen vorgekommen sind. In 62 Staaten sind gewaltlose politische Gefangene inhaftiert. In mehr als 60 Staaten sind über 300 000 Gefangene ohne Anklage und Verfahren eingesperrt. In 25 Staaten »verschwanden« an die tausend Menschen. Und in 106 Staaten können Menschen nach wie vor zum Tode verurteilt werden. Volkmar Deile, Amnesty International, 1993

Menschenrechte – und die Realität

Gegner »unschädlich« machen

Die Strafarten, die verhängt wurden, bestanden in Essensentzug, Stehen auf dem Appellplatz, Strafarbeit, Strafexerzieren, Versetzung in die Strafkompanie, Kommandoverschlechterung, Stock- und Peitschenhieben, Hängen an einen Baum oder Pfosten, in Arrest, Erschlagen, Erhängen, Erschießen und in einer Fülle ausgesuchter Quälereien. Verhöre im Bunker spielten sich auf folgende Weise ab: Der Häftling musste sich nackt ausziehen, seine Kleider wurden peinlich genau durchsucht. Dann wurde er in eine verdunkelte Zelle gebracht und mit einer Handschelle angeschlossen, sodass er sich nicht bewegen konnte. Nachts machte Fischermann (ein Wachmann) auf Filzpantoffeln Rundgänge. Fand er den Häftling schlafend, so schlug er mit einem Gummiknüppel auf ihn ein. Schrie der Gefangene vor Schmerz, dann kam Sommer (anderer Wachmann) mit dem Ochsenziemer und schlug so lange zu, bis das Opfer bewusstlos war. Mitten in der Nacht kam Kriminalassistent Leclaire von der politischen Abteilung. Der Häftling wurde mit kaltem Wasser zum Bewusstsein gebracht und vorgeführt. Zur Auffrischung des Gedächtnisses verabreichte Leclaire zuerst ein paar Schläge mit dem Ochsenziemer über den Kopf. »Dass du hier nie mehr lebend herauskommst, darüber bist du dir doch im Klaren, nicht wahr?« Eugen Kogon, ehem. Gefangener im KZ Buchenwald, 1946

Massenmorde im 20. Jahrhundert

UdSSR (1917–87):	128.168.000
China (1949–87):	61.911.000
Deutschland (1933–45):	20.946.000
China (1928–49):	10.075.000
(1900–1987):	26.115.000
Ruanda	100.000 (geschätzt)

▶ *Wissen Sie, mit welcher Rechtfertigung die Massenmorde verübt wurden?*

Die Forderung, jegliche Grausamkeit und jegliche Demütigung zu unterbinden, bedarf ihrerseits keiner Rechtfertigung mehr, da Grausamkeit vermeidendes Verhalten moralisches Verhalten schlechthin ist. An dieser Stelle kommt jede Begründung an ihr Ende. Avishai Margalit, 1997

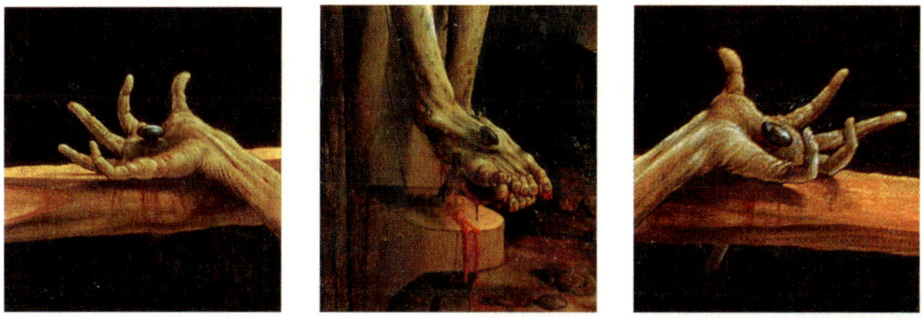

Nichts zeichnet das Bild dieser Welt tiefer als das Anlitz des leidenden, gefangenen, gefolterten, erniedrigten und beleidigten Menschen.

Eingriffspflicht als Menschenpflicht?

Wer nicht mitleidet, beschädigt sein eigenes Menschsein, denn er verroht in seinen humanen Gefühlen. Für Kant ist das Mitleid daher nicht nur ein individuelles moralisches Gefühl, sondern elementare Grundbedingung des eigenen Menschseins (vgl. S. 244–255).

Warum wir mitleiden

Die Wahrheit ist: Im Mitleid … denken wir zwar nicht mehr bewusst an uns, aber sehr stark unbewusst … Der Unfall des andern beleidigt uns, er würde uns unserer Ohnmacht, vielleicht unserer Feigheit überführen, wenn wir ihm nicht Abhilfe brächten … Oder es liegt im Unfalle und Leiden eines anderen ein Fingerzeig der Gefahr für uns; und schon als Merkmale der menschlichen Gefährdetheit und Gebrechlichkeit überhaupt können sie auf uns peinlich wirken … Nur dieses eigene Leid aber ist es, welches wir von uns abtun, wenn wir Handlungen des Mitleidens verüben.

Friedrich Nietzsche, 1881

▶ *Fühlten Sie sich schon einmal in Ihrer Menschenwürde verletzt? Beschreiben Sie Ihre Empfindungen.*

▶ *Wie würden Kant bzw. Nietzsche die Einstellungen von Melanie, Weiß oder Filipescu interpretieren? Wem würden Sie eher Recht geben?*

▶ *Untersuchen Sie, welche Auffassungen dieser Seite durch die »Mitleidsethik« Schopenhauers untermauert werden können (vgl. S. 256/57).*

Unmenschlichkeit betrifft jeden

Als heute Edina von ihren Erlebnissen erzählte, kam ich mir richtig blöd vor: Ich dachte, was ich getan hätte, wenn ich in Bosnien gewesen wäre: Dabei lief es mir eiskalt den Rücken hinunter. Wenn ich daran denke, wie es diesen Frauen in den Vergewaltigungslagern ging – täglich vergewaltigt zu werden und keine Ahnung zu haben, wie lange es noch gehen wird. Und als Andenken an den Krieg hat man dann ein Kind, welches Liebe, Schutz und Geborgenheit bei seiner Mutter sucht. Kann eine Mutter so viel Liebe aufbringen für ein Kind, welches sie immer an den Krieg erinnert? Oder bringen sich manche Frauen mit dem Kind um?! Stellen sie ihr Kind einfach auf die Straße?! Solche Gedanken kreisten den ganzen Tag in meinem Kopf herum. Können wir Frauen in der Schweiz nicht etwas unternehmen? Wir wissen doch alle, was es bedeutet, als Mann oder Frau nicht akzeptiert zu werden, und wir kennen die schrecklichen Minderwertigkeitsgefühle, die dadurch entstehen. Ich möchte mit diesem Text alle Leser bitten, über diese Fragen nachzudenken und sich bewusst zu werden, was in Bosnien überhaupt passierte.

Melanie, 16 Jahre

Ich stehe da, sehe zu und tue nichts. Ich stecke die Hände tiefer in die Taschen und weiß einen Augenblick überwach, dass man rufen müsste, schreien oder wenigstens zupacken, um irgendetwas zu tun, aber – ich tue nichts. Da bleibt mir nichts, als für mich und alle die anderen, die dabei waren, um Verzeihung zu bitten für das Unverzeihliche.

Christa Weiß, Schriftstellerin

Es gibt Dinge, die muss man einfach tun.

Radu Filipescu, rumänischer Widerstandskämpfer

Um nun die Menschenrechte zu erwähnen, sagte der Präsident von Bangladesch …: »Wir haben Mühe, unsere Bevölkerung satt zu bekommen. Wenn euer Präsident mahnt: ›Beachtet die Menschenrechte!‹, hetzt er zum Aufruhr.«

Pressemeldung, 1979

▶ *Bestimmen Sie die Rolle der Menschenrechte und die Probleme, die sich bei der Durchsetzung ergeben können (vgl. S. 84/85).*

➤ *Vgl. Art. 22 der UN-Menschenrechtskonvention von 1948, S. 168*

➤ *Zu »Nietzsche« vgl. S. 258/59; 364/65*

Asylrecht? – Asylpflicht?

Alle Menschen sind gleich. Daher darf niemand seiner Abstammung oder seines Geburtsortes wegen bevorteilt werden. Also ist die Konsequenz, so meinte 1795 schon Kant, ein allgemeines »Weltbürgerrecht« (ius cosmopoliticum), ein ... »Besuchsrecht, welches allen Menschen zusteht, sich zur Gemeinschaft anzudienen, ... das Recht eines Fremdlings, seiner Ankunft auf dem Boden eines anderen wegen von diesem nicht feindselig behandelt zu werden. Dieser kann ihn abweisen, wenn es ohne seinen (des Fremden) Untergang geschehen kann; solange er aber auf seinem Platz sich friedlich verhält, ihm nicht feindlich begegnen.« Und wie sieht die Realität aus?

Fluchtgründe

Von den betroffenen Menschen her betrachtet lassen sich die Gründe, warum jemand zum Flüchtling wird, in den Kategorien von Grundbedürfnisbefriedigung verstehen: Flucht vor Ermordung, also auf der Suche nach Lebensrettung; Flucht vor Repression und Menschenrechtsverletzung, also auf der Suche nach Freiheit; Flucht vor Elend, einschließlich ökologischen Katastrophen, also auf der Suche nach Wohlergehen; Flucht vor Entfremdung, also auf der Suche nach Identität und Sinnhaftigkeit. Die beiden ersten Kategorien werden für gewöhnlich »politische Flüchtlinge» genannt, die dritte Gruppe »Wirtschaftsflüchtlinge«. Die vierte Gruppe wären dann »Kulturflüchtlinge«, so etwa Muslime, die vor säkularen Regimen weichen. Gründe dafür, zum Flüchtling zu werden, gibt es – nicht anders als Bedürfnisse – auch jenseits der rein materiellen und somatischen Dimension ... Humane Einwanderungspolitik samt Vorkehrungen auch für einen massiven Zuzug von politischen, wirtschaftlichen und kulturellen Flüchtlingen sowie gleichzeitig – um den Zuzug doch auch wieder in relativen Grenzen zu halten – massive Anstrengungen des Nordwestens und Südostens zur Entwicklung des Südwestens und Nordostens: So lautet die eine Perspektive. Massenhafter Tod durch Abwehr von Einwanderern mittels Waffengewalt, Hunger, Seuchen und jegliche Art von Schikanen: Das ist die andere Perspektive. Wir haben die Wahl. Zu glauben, dass das momentane krasse Elend und die Ungerechtigkeit auf der Welt so weiterbestehen können wie bisher, ist nicht nur unmoralisch, sondern auch im höchsten Maße dumm.

Johann Galtung, Friedensforscher, 1992

Der deutsche Philosoph Walter Benjamin wurde im nationalsozialistischen Deutschland als Jude verfolgt. Er flüchtete zunächst nach Frankreich und später, als auch dort Juden verhaftet wurden, weiter nach Spanien. Dort wurde ihm jedoch, wie vielen anderen Flüchtlingen auch, die Einreise verweigert. 1940 beging Benjamin an der französisch-spanischen Grenze Selbstmord. Der links abgebildete, aus Beton gegossene Gang zum Meer ist Teil einer Gedenkstätte an diesem Ort (»Passagen», Dani Karavan, Portbou).

Fundamentale Menschenpflicht: Asyl

Kein Land ist Ausländern Rechenschaft schuldig für seine Maßnahmen und Maßstäbe, die es bei der Einbürgerung zugrunde legt; aber sehr wohl kann jeder Bürger verlangen, nicht ohne gesetzliche Grundlage und ohne eigene Schuld ausgebürgert zu werden. Gewisse fundamentale Gerechtigkeitspflichten hat allerdings jeder Mensch gegen jeden anderen Menschen einfach aufgrund der Tatsache, dass beide dem Menschengeschlecht angehören.

Robert Spaemann, 1991

- ▶ *Kennen Sie Schicksale von Flüchtlingen? Welche Fluchtgründe hatten sie?*
- ▶ *Was wären für Sie Gründe auszuwandern? Wann würden Sie ein Recht auf Asyl in anderen Staaten beanspruchen?*
- ▶ *Galtung nennt zwei Grundhaltungen im Umgang mit Flüchtlingen. Wie bewerten Sie in diesem Zusammenhang die deutsche Gesetzgebung (vgl. Art. 16 GG)?*
- ▶ *Wie würde Spaemann den »Fall« Benjamin beurteilen?*
- ▶ *Mit welcher Begründung sollte Ihrer Meinung nach die Erinnerung an den Selbstmord von Benjamin wach gehalten werden?*

Mehr Mut, Zivilität und Eigeninitiative?

Von 1983 bis 1997 haben ca. 2500 Personen in Kirchengemeinden Schutz vor einer unmittelbar bevorstehenden Abschiebung gefunden. In ca. 70 Prozent der Fälle von Schutzgewährung durch Kirchengemeinden konnten diese rechtliche oder humanitäre Lösungen zugunsten bedrohter Flüchtlinge erwirken.
So suchte zum Beispiel 1998 eine kurdischen Familie in einer Hamburger Kirche Schutz, deren Asylantrag abgelehnt worden war. 1991 war der kurdische Familienvater Zeuge mehrerer Morde an der kurdischen Bevölkerung geworden und war seitdem auf der Flucht vor den türkischen Behörden. In Deutschland versuchte er über Jahre hinweg deutsche Richter von seinem Fluchtgrund zu überzeugen. 1998 wohnten in seinem Dorf noch fünf Familien, die Schule war abgebrannt, sein Schwager an den Folgen der Folter gestorben, seine Frau spurlos verschwunden, ein Neffe im Gefängnis, ein anderer in der Psychiatrie. Die Hamburger Staatsanwaltschaft eröffnete gegen den Pastor der Hamburger Kirche ein Ermittlungsverfahren wegen »Beihilfe zum illegalen Aufenthalt«. Der Pastor erhielt anonyme Drohbriefe mit fremdenfeindlichen Parolen.

Mazedonien nahm 300 000 Kosovo-Flüchtlinge auf, die von den Serben aus ihrem Land vertrieben wurden. Deutschland gab 15 000 eine Aufenthaltserlaubnis.

... Nach einer Reihe von Anschlägen ... auf Kirchen, die sich für Asylbewerber einsetzen, hat Lübeck den Ruf, eine Stadt der Neonazis zu sein. Wie fühlen Sie sich da als Bürgermeister?
Mitverantwortlich auf jeden Fall, manchmal auch ohnmächtig, zu Teilen wütend. Vor allem aber Hilfe suchend, besonders bei den verschiedenen Gruppen dieser Stadt.
... Wo suchen Sie die Ursache für die Gewalt?
Die Ursachen sind in der Tat nicht die Flüchtlinge und Ausländer selbst. Es ist vielmehr der Wunsch nach einer anderen Republik, der sich darin auslebt. Die überkommenen Ordnungen sind eben nicht mehr da: dass man immer einen vor sich hat, der sagt, wo es langgeht, und dass der männlich ist und Führer. Das alles ist nicht mehr und wird als Verlust empfunden.
Das hieße, wir haben ein Zuviel an Freiheit ...
... Nein, nicht zu viel Freiheit, sondern zu wenig erlernte Fähigkeit, sie zu gestalten. Der Grund für Rassismus liegt in der Weise, wie Menschen hierzulande miteinander umgehen und umzugehen lernen: dass Anpassung als das Normale empfunden wird, eine freie Entwicklung aber als anstößig. Individualität, Streit und Kritik sind aber notwendig; sie bedeuten zwar Reibung, aber Reibung vermittelt Wärme. Nehmen Sie die Schule. In dem Augenblick, wo sich Lehrer und Schüler nichts mehr zu sagen haben, wo Schule nicht mehr als öffentlicher Raum wahrgenommen wird, in dem man sich auseinandersetzen muss, da setzt Trennung ein: Da wird die Schule zum erweiterten Privatraum, in dem alle nur ihre Privatinteressen kultivieren. Das ist für mich Entfremdung, und das kann, in der äußerten Konsequenz, bis zum Töten von Menschen führen: weil so nämlich im gesellschaftlichen Ganzen Menschen zweiter Klasse ausgemacht werden können. Diese Entfremdung, die wir fördern oder zumindest zulassen, ist letztlich der Ursprung von Feindlichkeit unter Menschen und damit von Rassismus.
Immer häufiger ist zu hören, die multikulturelle Gesellschaft sei gescheitert. Stimmt das?
Wir haben aufgrund der demografischen Entwicklung gar keine Alternative zu einem höheren Ausländeranteil. Die multikulturelle Gesellschaft kommt und muss kommen; wenn wir das ablehnen, sperren wir uns gegen die Möglichkeit der Gestaltung. Damit rede ich nicht dem unbegrenzten Zuzug das Wort, sondern dem kontrollierten ... Zum anderen sind Fremde eine Bereicherung ... Die Angst vor dem Fremden dagegen, die gerade wieder von Politikern rechter Couleur bewusst erzeugt wird, ist eine Angst des 19. Jahrhunderts.

Michael Bouteiller im Interview (Ausschnitt), 1998

- *Hat sich Ihrer Ansicht nach seit 1998 das politische Klima geändert?*
- *Teilen Sie die Ansicht Bouteillers, der Fremdenfeindlichkeit nicht nur auf die zunehmende Anzahl Asyl suchender Menschen zurückführt?*
- *Bouteiller wirbt dafür, »Freiheit zu gestalten«. Wie stellen Sie sich in diesem Sinne eine Schule vor (vgl. S. 252/53)?*

> *Zur »Fremdenfeindlichkeit« vgl. S. 68–73*
> *Zur »Integration« (Hausordnung von Heller) vgl. S. 78*

Zu viel Gemeinschaft wird totalitär

»Du bist nichts, dein Vaterland ist alles«

Totalitäre Staaten zeichnen sich alle durch zwei Aspekte aus. Erstens: Alle gesellschaftlichen Organisationsformen fördern das Aufgehen des Einzelnen in der Masse, und zweitens wird die herrschende Ideologie durch einen »starken Mann« an der Spitze verkörpert.

> *Der faschistische Staat ist Wille zur Macht und zur Herrschaft … In der Lehre des Faschismus bedeutet Herrschaft nicht nur Land, Soldaten oder Handel, sondern Geist.*
>
> Benito Mussolini, 1932

Der totale Staat muss ein Staat der totalen Verantwortung sein. Er stellt die totale Inpflichtnahme jedes Einzelnen für die Nation dar. Diese Inpflichtnahme hebt den privaten Charakter der Einzelexistenz auf. In allem und jedem, in seinem öffentlichen Handeln und Auftreten ebenso wie innerhalb der Familie und häuslichen Gemeinschaft, verantwortet jeder Einzelne das Schicksal der Nation. Nicht dass der Staat bis in die kleinsten Zellen des Volkslebens hinein Gesetze und Befehle ergehen lässt ist wesentlich, sondern, dass er auch hier eine Verantwortung geltend machen kann, dass er den Einzelnen zur Rechenschaft ziehen kann, der sein persönliches Geschick nicht dem der Nation völlig unterordnet. Dieser Anspruch des Staates, der ein totaler ist und an jeden Volksgenossen gestellt ist, macht das neue Wesen des Staates aus.

Nach: Ernst Forsthoff, 1976

»Aufgehen in der Masse«: Reichsparteitag der

»Ein Mann an der Spitze«: Anfang der 1970er küsst im Iran ein Mann dem Schah die Füße

Grenzen des Mehrheitsrechts

Auch Gruppeninteressen – im Sinne der Parole »Gemeinnutz geht vor Eigennutz« – können kriminellen Charakter annehmen. Dies kann auf der Ebene der Ethik nur dadurch ausgeschlossen werden, daß die durchaus zu fordernde Berücksichtigung der Interessen der Individuen – und der Gruppen als institutionalisierter Interessensgemeinschaften – a priori durch ein deontologisches Universalisierungsprinzip eingeschränkt wird. Dieses Prinzip kann und sollte zwar selbst schon auf menschliche Interessen Bezug nehmen – und insofern auf zu fordernde Konsensbildung –, aber nicht auf individuelle oder Gruppeninteressen als kontingente Gültigkeitsmaßstäbe der Moral, sondern auf die Interessen aller Betroffenen, … vor allem der schwächsten Mitglieder der Gesellschaft …

Karl-Otto Apel, 1990

- ▶ *Inwiefern deckt sich Mussolinis Zitat mit den Aussagen Forsthoffs?*
- ▶ *Wie beurteilen Sie die Gefahr, dass heute wieder totalitäres Gedankengut an Akzeptanz gewinnt? Können Sie in Ihrem Umfeld Ansätze dafür entdecken?*
- ▶ *Stellen Sie die Faktoren zusammen, die eine Entwicklung in Richtung Totalitarismus fördern.*
- ▶ *Eine »Erziehung zur Mündigkeit« – »nach Auschwitz« forderte Theodor Adorno. Kann man einer »Herrschaft des Geistes« vorbeugen? Wie argumentiert dazu Apel?*

Nationalsozialisten in Nürnberg, 1936

Ein Patriot ist jemand, der sein Vaterland liebt – ein Nationalist ist einer, der die Vaterländer der anderen verachtet.

Johannes Rau, Bundespräsident, 1999

Toleranz sollte eigentlich nur eine vorübergehende Gesinnung sein; sie muss zur Anerkennung führen. Dulden heißt beleidigen … Die wahre Liberalität ist Anerkennung.

Johann W. Goethe, 1809

Einfalt – Vielfalt

Wir müssen, ob wir wollen oder nicht, anders sein als andere, denn sonst erfahren wir nie, wer wir sind. Wer dies, sei es in der besten Absicht, verleugnet und vertuscht, erleichtert nur dem Demagogen das Handwerk. All unser Erkennen, Urteilen, Begreifen, ja Fühlen beruht auf der unterscheidenden Abgrenzung. Aber es ist vermeidbar, dass wir der Versuchung des Absoluten erliegen und dass aus der Abgrenzung das mörderische, totale Freund-Feind-Verhältnis wird … Die Flucht vor der Freiheit und Vielheit in das Eine und Eindeutige liegt gleichwohl nahe. Nur bedeutet unter modernen Bedingungen die Einfalt, die alles auf eine Karte setzt, nicht etwa Stärke, sondern Erstarrung, Schwäche und dem Prinzip nach ein pathologisches Verhältnis … Weil die Realität der modernen Gesellschaft [mit ihrer Vielfalt] die radikale »Gemeinschaft« mit Zerstörung bedroht, wird die entsprechende radikale Abriegelung nicht nur zur Existenzbedingung der exklusiven Gruppe, sondern als Feindseligkeit gegen das Bedrohende zugleich Rechtfertigung: Was »uns« zerstören will – also die Vielheit – muss zerstört werden, damit »wir« überleben können. Dieser Zerstörungswunsch aber mündet, als idealistisches Selbstopfer für die Gemeinschaft glorifiziert, früher oder später in die Selbstzerstörung … (Denn die radikale Abriegelung führt zu) einer Gewalttätigkeit nach außen, die sich bis zur hemmungslosen Aggression steigern kann, zum absoluten Freund-Feind-Verhältnis, das geradezu wahnhaft erfunden und nötigenfalls herbeiprovoziert wird, weil der Druck von außen als Bindemittel und Disziplinierungsinstrument nach innen gebraucht wird. An der nationalsozialistischen Gewaltherrschaft kann man die Zusammenhänge exemplarisch erkennen. »Volksgemeinschaft«, »Endlösung« bildeten ein pathologisches Bedingungsgefüge, das sich auf die eigene Katastrophe hin immer mehr verdichtete. Entsprechendes gibt es aber auch bei kleinen Gruppen, etwa bei der Entwicklung des Terrorismus in unserer Zeit … – und unter anderen Vorzeichen in Selbsteinschließung und Erziehung zum Hass auf den »Klassenfeind« in der »sozialistischen Gemeinschaft« der DDR. Und ist die Bundesrepublik ganz freizusprechen? Im Zeichen des Kalten Krieges und des Antikommunismus herangewachsen, hat sie jedenfalls in erheblichem Maße und auf lange Zeit die Disziplinierung nach innen mit einer ebenso ängstlichen wie aggressiven Abgrenzung gegen »den Osten« verbunden; auch in Wahlkämpfen ist diese Verbindung mehr als einmal hergestellt oder doch demagogisch nahe gelegt worden … Die Diskriminierung beginnt dort, wo jemand auf eine einzige Rolle schicksalhaft festgelegt wird – und die Gefährdung, auch und gerade die Selbstgefährdung dort, wo eine Loyalitätsanforderung absolut gesetzt wird und alle anderen erschlägt.

Christian Graf von Krockow, 1983

► *In welchen Fragen wünschten Sie sich mehr politischen Einfluss, um Macht und Subjektivität »in ein ausgewogenes Verhältnis zu bringen«?*

► *Erläutern Sie mit Rau und Krokow den Unterschied zwischen einem Patrioten und einem Nationalisten.*

> Zu Karl-Otto Apel vgl. S. 248/49 (Kant)

Minderheiten: Anpassung oder Autonomie?

Sozialer Friede erfordert Gleichberechtigung

Herr Eibl-Eibesfeldt, Sie warnen, zu viele Einwanderer gefährden den sozialen Frieden. Herr Geißler plädiert für eine multikulturelle Gesellschaft. Gefährdet er den inneren Frieden in diesem Land?

Eibl-Eibesfeldt: Ich möchte es freundlicher formulieren. Wenn man sich dafür engagiert, dass größere Gruppen von Einwanderern ihre eigene Kultur behalten und damit eigene Solidargemeinschaften bilden, wie das bei Teilen der türkischen Bevölkerung der Fall ist, die ganze Stadtviertel einheitlich bewohnen, kommt es in Krisenzeiten zu Spannungen. Denken wir etwa an die Konkurrenz um begrenzte Ressourcen wie Wohnungen, Sozialleistungen, Arbeitsplätze. Daher befürworte ich Immigration nur, wenn sie mit Assimilation einhergeht. Wir sind mit 230 Einwohnern pro Quadratmeter ein überbevölkertes Land.

Geißler: Überbevölkerung ist ein falsches Argument. Es leben heute nur zweieinhalb Millionen Menschen mehr in Deutschland als zu Beginn der neunziger Jahre. Antisemitismus und Fremdenhass haben vor allem etwas mit der geistigen Einstellung zu tun. Die Juden wurden im Dritten Reich verfolgt, ohne dass damals jedes Jahr 10000 oder 200000 Einwanderer ins Land kamen. Die Pogrome gegen die Indianer in den USA fanden in einem fast menschenleeren Kontinent statt. Ob wir in Frieden leben, entscheidet sich dadurch, ob wir bereit sind, ein Konzept zu entwickeln, das die Zuwanderung reguliert, die Ursachen für die Migration beseitigt und dafür sorgt, dass die Menschen, die bei uns wohnen, friedlich und gleichberechtigt miteinander leben.

Irenus Eibl-Eibesfeld und Heiner Geisler, SPIEGEL-Interview (Ausschnitt), 1998

▶ *Vergleichen Sie beide Positionen mit der auf Seite 70 beschriebenen Situation im Bahn-Abteil von Hans Magnus Enzensberger.*

Sozialer Friede erfordert Gemeinsamkeiten

Das zunehmende Miteinander von Angehörigen unterschiedlicher Kulturen (verlangt) das aktive Bemühen darum, alle Gruppen, die in einem Staatsgebilde vereint leben, auch in einem Grundkonsens zentraler Wertvorstellungen zu vereinen … Eine Kulturalismusdebatte hätte zum Ziel, zum einen die Übereinstimmung der Grundwerte hinter den unterschiedlichen kulturellen oder ethnischen Erscheinungsformen sichtbar zu machen oder wo nötig anzustreben und zum anderen die Bevölkerung mehr als bisher auf das Nebeneinander unterschiedlicher sekundärer Wertvorstellungen vorzubereiten. Das Schlagwort des »Rassismus« dagegen erstickt die notwendige Aussprache … Es ist völlig unproblematisch, Neuankömmlinge zu Tausenden oder Zehntausenden in unsere Kultur zu integrieren und in die demokratischen Spielregeln einzubinden – die Nachkriegsgeschichte der Bundesrepublik hat dies fünfzig Jahre lang bewiesen … Die kritische Grenze jedoch, das heißt, die Größe eines tatsächlich oder auch nur vermutet zur Integration unwilligen Bevölkerungsanteils, von der an diese Einbindung nicht mehr gewährleistet ist, ist unbekannt … Möglicherweise wird sich bei näherer Betrachtung zeigen, dass tatsächlich irgendwo eine Schnittstelle anzusetzen ist zwischen den Werten, die wir als relativ ansehen können, und anderen, die wir von jedem eingehalten sehen möchten. In einem solchen Fall wird sich die Entwicklung zu einer kulturellen Vielfalt wohl darin äußern, dass wir zahlreiche mehr und andere weniger nette neue Nachbarn bekommen, die zwar auch weiterhin exotische Musik hören und merkwürdige Speisen bevorzugen, die aber auch gleichzeitig auf solche Aspekte ihrer bisherigen kulturellen Identität verzichten müssen, die, obschon integrativer Teil ihrer Religion und Lebensart, mit hiesigen, nicht relativierbaren Verfassungsgrundsätzen und sonstigen Grundwerten kollidieren.

Paul U. Unschuld, Politikwissenschaftler, 1999

▶ *Diskutieren Sie anhand konkreter Situationen, was Sie als »Anpassung« von ausländischen Mitbürgerinnen und Mitbürgern erwarten; welche hier unüblichen Verhaltensweisen akzeptieren Sie (vgl. S. 78/79)?*

Keine Toleranz gegen Intoleranz!

Michel Friedman,
Zentralrat der Juden in Deutschland

Grenzen der Toleranz

Manchen afrikanischen Kulturen gilt wie seit Jahrhunderten auch heute noch die Beschneidung junger Mädchen als notwendiger kultischer Initiationsritus. Menschenrechtsorganisationen und Frauengruppen bekämpfen dies, vorwiegend durch Aufklärung über die schrecklichen psychischen und teilweise lebensgefährlichen Folgen, in den Heimatländern. In Deutschland wird die Beschneidung, auch unter eingewanderten Angehörigen afrikanischer Stämme, als schwere Körperverletzung strafrechtlich verfolgt.

Inga Markovits, Rechtswissenschaftlerin, 1999

Minderheiten und ihre Rechte

In Staaten mit ethnischen, religiösen oder sprachlichen Minderheiten darf Angehörigen solcher Minderheiten nicht das Recht vorenthalten werden, gemeinsam mit anderen Angehörigen ihrer Gruppe ihr eigenes kulturelles Leben zu pflegen, sich zu ihrer eigenen Religion zu bekennen, sie auszuüben oder sich ihrer eigenen Sprache zu bedienen.

Internationaler Pakt
über bürgerliche und politische Rechte, 1966

▶ *Erläutern Sie die grundsätzliche Problematik, die hinter der Beschneidung von Frauen steht, wenn es um die Anerkennung von Minderheiten geht.*

▶ *Übertragen Sie Friedmans Zitat auf die Rechte von Frauen.*

⪢ *Zu »Staaten mit religiösen Minderheiten« vgl. Israel/Palästina S. 340/41*

⪢ *Zur »kulturellen Relativität« vgl. S. 84/85*

Was ist »deutsch«?

Zur gelungenen Integration gehören bezogen auf unser Land zunächst einmal die Beherrschung der deutschen Sprache, ein qualifizierter Schulabschluss, die Teilhabe am Arbeitsmarkt und der gegenseitige Respekt voreinander. Schon bei diesen einfachen Kriterien zeigt sich, dass mit dem Begriff der Integration gar keine klaren Trennlinien zu ziehen sind zwischen Deutschen und Ausländern. Wer ist danach erfolgreicher integriert? Der bettelnde Punk am Cottbusser Tor in Kreuzberg oder die Kopftuch tragende türkische Berlinerin, die ihren Lebensunterhalt als Krankenschwester verdient? Was zur Integration unbedingt dazu kommen muss, ist der Wille der Anerkennung gemeinsamer Werte, Ideale und Institutionen. Wo es diesen Willen nicht gibt, macht sich Separatismus breit, eine gewollte und bewusst betriebene Verneinung von Gemeinsamkeiten mit der Mehrheitsgruppe oder mit anderen Gruppen.

▶ *Akzeptieren Sie die Ansprüche, die die Ausländerbeauftragte an jeden deutschen Staatsbürger formuliert?*

▶ *Welche Verhaltensweisen sollte man Ihrer Meinung nach mitbringen, damit in unserer Gesellschaft ein gutes Leben ermöglicht wird (vgl. S. 78)?*

▶ *Die Junge Union wollte 20 000 Sticker zu den Berliner Bezirkswahlen 1999 in Kreuzberg verteilen – gegen massiven Protest zum Teil sogar aus den eigenen Reihen. Vergleichen Sie die »Aussage« dieses Spruches mit der Äußerung der Berliner Ausländerbeauftragten!*

Mit Gewalt zum Frieden?

Keine Ethik der Welt kommt um die Tatsache herum, dass die Erreichung »guter« Zwecke in zahlreichen Fällen daran gebunden ist, dass man sittlich bedenkliche oder mindestens gefährliche Mittel und die Möglichkeit oder auch die Wahrscheinlichkeit übler Nebenerfolge mit in Kauf nimmt, und keine Ethik der Welt kann ergeben: wann und in welchem Umfang der ethisch gute Zweck die ethisch gefährlichen Mittel und Nebenerfolge »heiligt«.

Max Weber

Dem Guten kann nicht mit Bösem gedient werden

Immer noch stehen wir, zugegeben, hilflos vor dem Wahnsinn menschlicher Geschichte, doch Krieg gegen den Krieg zu setzen, bedeutet nichts weiter als eine Eskalation des Wahnsinns. Solange wir immer noch glauben, mit gutem Gewissen Menschen töten und Kriege gewinnen zu können, sind wir nicht auf dem Wege des Friedens, sondern stets nur dabei, den nächsten Krieg zu provozieren und uns dafür stets noch »besser« zu rüsten … Der Krieg ist die ewige Täuschung, dem Guten durch Böses, dem Leben durch Töten und der Gerechtigkeit durch Gewalt dienen zu können; er ist die Anmaßung, dass just wir es wären, die immer schon wüssten, wie andere ihre Konflikte zu lösen hätten; und er ist die Illusion, die Besserung der Welt gehe hervor aus der Detonation der »richtigen« Bomben zur »richtigen« Zeit. Grausamkeit überwindet man nicht mit Grausamkeit.

Eugen Drewermann, katholischer Theologe und Tiefenpsychologe, 1999

▶ *Drewermann und Vogel vertreten unterschiedliche Positionen in der Frage, ob Krieg gerechtfertigt ist. Wie argumentieren sie?*

▶ *Erläutern Sie die ethischen Grundentscheidungen, die dahinter stehen.*

Hans-Jochen Vogel, ehemaliger SPD-Vorsitzender und 1981 Regierender Bürgermeister von (West-)Berlin, hat als Jugendlicher die Nazis und den Zweiten Weltkrieg erlebt. Mit Rückblick auf diese Erfahrungen überlegt er, wie er im Fall des Kosovo-Krieges als verantwortlicher Politiker entschieden hätte:

Aus dieser Geschichte [der Judenverfolgung und dem Zweiten Weltkrieg] leiten sich für mich – und sicher nicht nur für mich – zwei Botschaften ab, von denen die eine lautet »Nie wieder Krieg!« und die andere »Nie wieder Vertreibung und Genozid [Völkermord]!«. In diesem quälenden Widerspruch hätte für mich schließlich die zweite Botschaft den Ausschlag gegeben, weil sich die Ereignisse in unserer unmittelbaren Nähe abspielen. Und weil ein Zurückweichen vor Milošević ihn und andere seiner Denkungsart ermutigt hätte, auch in Zukunft Menschen in ihren Machtbereichen zu vertreiben und auszurotten. Dabei hätte ich auch vor Augen gehabt, was Europa erspart geblieben wäre, wenn die NS-Diktatur schon nach den ersten Gewaltakten gestoppt worden wäre. Ich weiß, dass es bei solchen Entscheidungen nicht um falsch oder richtig und nicht darum gehen kann, schuldig zu werden oder unschuldig zu bleiben. Schuldig macht sich auch der, der sich nach bestem Wissen und Gewissen für das entscheidet, was er für das geringere Übel hält. Denn ein Übel bleibt der Krieg allemal.

Hans-Jochen Vogel, 1999

Heiligt der Zweck jedes Mittel?

Die Pflicht zur Einmischung ist auf dem besten Wege ein Recht zu werden. In der Gemeinschaft der demokratischen Staaten wächst die Überzeugung, dass sie kein Recht hat, hungernde, unterjochte, massakrierte Völker ihrem Schicksal zu überlassen. Die Schaffung eines internationalen Strafgerichtshofs … [ist ein Beispiel] für diese Entwicklung. Wer Verbrechen gegen die Menschlichkeit begeht, wird sich künftig der ganzen Menschheit verantworten müssen und nicht nur den Opfern. Jean-François Revel, Philosoph, 2000

Heinrich Hoerle, »Die Heimkehr«, 1930

Ich habe nicht nur gelernt: Nie wieder Krieg!, sondern auch: Nie wieder Auschwitz! [… Gegenüber dem Bosnien-Krieg gibt es] keine unschuldige Position. Das ist eine tragische Situation. Joschka Fischer, dt. Außenminister, 1999

Glaubt nicht, ihr hättet Millionen Feinde. Euer einziger Feind heißt Krieg.

Leserbrief, 1999

▶ *Formulieren Sie in einem fiktiven Leserbrief Ihre Meinung zur Frage, ob von deutscher Seite Krieg gegen Bosnien geführt werden durfte.*

▶ *Welcher der genannten Auffassungen zum Bosnien-Krieg würden vermutlich Vertreter der christlichen Friedensbewegung zustimmen (vgl. S. 336/37)?*

Du sollst nicht töten. (Bibel nach der Überetzung von Martin Luther)

Du sollst nicht morden. (Bibel nach der Übersetzung von Martin Buber)

Du sollst keine Wannsee-Konferenz abhalten. (Zeitungs-Kommentator)

Du sollst nicht zuschauen. (Raoul Hilberg, jüd. Holocaust-Forscher)

Vorschläge für die Inschrift eines Holocaust-Denkmals

▶ *Für welche Inschrift würden Sie plädieren? Wäre aus Ihrer Sicht zu ihrer Erfüllung jedes Mittel recht?*

Soll, muss man gar religiöse Auffassungen mit Gewalt durchsetzen? Vorbehaltlos verneint haben dies 1999 in einer Berliner Umfrage 85,7 % der türkischen und 80,2 % der deutschen Gymnasiasten sowie 59,5 % der türkischen und 53,4 % der deutschen Hauptschüler.

Pressemeldung, 1999

▶ *Welche Meinung vertreten Sie zur »Durchsetzung« religiöser Auffassungen (vgl. S. 298/99)?*

⊳ *Zum »Gerechten/Heiligen Krieg« vgl. S. 335*

Frieden: Was ist das?

Ur-Sehnsucht Frieden

Grundbedingungen für Glück
Von den Gütern des Friedens, den wir als sterbliche Menschen hier auf Erden, soweit er möglich ist, in den vergänglichen Dingen haben, macht die Tugend, wenn wir richtig leben, rechten Gebrauch. Haben wir ihn nicht, macht die Tugend auch von den Übeln, die der Mensch erleidet, guten Gebrauch. Aber wahre Tugend ist es nur dann, wenn sie alle Güter, die sie gut gebraucht, und alles, was sie im guten Gebrauch von Gütern und Übeln vollbringt, wo sie sich selbst mit jenem Ziel in Beziehung setzt, wo uns der Friede zuteil werden wird, so gut und groß, wie es keinen besseren und größeren geben kann. Deshalb können wir sagen, dass der Friede die letzte Stufe unserer Güter ist, und so haben wir auch das ewige Leben genannt.

Aurelius Augustinus, 426

Mit einer Fabelfigur begründet Augustinus, warum auch der egoistischste Eigenbrötler für alles Glück und alle Annehmlichkeiten auf Frieden angewiesen ist. Cacus (griechisch: schlecht) ist ungesellig, lebt ohne Familie und ohne Freunde in der Wildheit einer einsamen Höhle. Trotzdem sucht auch er nach bestimmten Formen des Friedens. Diesem schlechthin jedermann innewohnenden Bedürfnis nach Frieden entsprechend, formuliert Augustinus Minimalbedingungen des Friedens für jedes soziale Miteinander.

Der Mensch
Er wünscht Frieden mit seinem Leib durch Ernährung und Gesundheit zu halten;
er will den Frieden seiner psychischen Stimmungen und Launen;
er will Frieden gegenüber Eindringlingen;
er will Frieden und Sicherheit gegenüber dem Tod …

Was ist Frieden?
Der Friede des Leibes ist die geordnete Harmonie seiner Teile;
der Friede der irrationalen Seele ist die geordnete Ruhe ihrer Triebe;
der Friede der vernünftigen Seele ist das geordnete Dasein und Wohlbefinden des Lebewesens;
der Friede zwischen Leib und Seele ist das geordnete Dasein und Wohlbefinden des Lebewesens;
der Friede des sterblichen Menschen mit Gott ist der durch den Glauben geordnete Gehorsam gegenüber dem Gesetz;
der Friede in der Familie ist die geordnete Zustimmung der Mitglieder in Bezug auf Anweisung und Gehorsam …

Rudolf von Gumppenberg, 1987
(nach: Augustinus, 426)

▶ *Beide Bilder dieser Doppelseite illustrieren Frieden. Welche Aspekte werden jeweils betont?*

▶ *Entwerfen Sie für jede dieser Formen des Friedens nach Augustinus einen konkreten »Kriegszustand« als Gegenbild.*
▶ *Gibt es für Nichtkonfessionelle zum letzten Satz der augustinischen Friedensdefinition eine Entsprechung? Wie würde Kant sie formulieren (vgl. S. 185)?*
▶ *Vergleichen Sie die Auffassung von Augustinus mit dem Friedensverständnis im Islam (vgl. S. 334/35).*

Wege zum Frieden

Freiheit braucht Frieden, Friede braucht Verträge

Völker als Staaten können wie einzelne Menschen beurteilt werden, die sich in ihrem Naturzustand schon durch ihr Nebeneinandersein lädieren und deren jeder um seiner Sicherheit willen von dem andern fordern kann und soll, mit ihm in eine der bürgerlichen ähnliche Verfassung zu treten ... Gleichwie wir nun die Anhänglichkeit der Wilden an ihre gesetzlose Freiheit, sich lieber unaufhörlich zu balgen, als sich einem gesetzlichen, von ihnen selbst zu konstituierenden Zwange zu unterwerfen, mithin die tolle Freiheit der vernünftigen vorzuziehen, mit tiefer Verachtung ansehen und als Rohigkeit, Ungeschliffenheit und viehische Abwürdigung der Menschheit betrachten, ... gleichwohl ist die Art, wie Staaten ihr Recht verfolgen, der Krieg, der nur durch seinen günstigen Ausgang, nicht aber durch das Recht entschieden wird und dem mit dem Friedensvertrag zwar wohl im jeweiligen Kriege, nicht aber im Kriegszustand ein Ende gemacht wird (den man also auch nicht geradezu als ungerecht beurteilen kann, weil in diesem Zustande jeder sein eigener Richter ist) ... Da aber die Vernunft vom Throne der höchsten moralisch gesetzgebenden Gewalt herab den Krieg als Rechtsgang schlechterdings verdammt, den Friedenszustand dagegen zur unmittelbaren Pflicht macht, welcher doch ohne einen Vertrag der Völker unter sich nicht gestiftet oder gesichert werden kann: So muss es einen Bund von besonderer Art geben, den man den Friedensbund nennen kann, der vom Friedensvertrag darin unterschieden sein würde, dass dieser bloß einen Krieg, jener aber alle Kriege auf immer zu endigen suchte. Dieser Bund zielt auf keinen Erwerb irgendeiner Macht des Staats, sondern lediglich auf Erhaltung und Sicherung der Freiheit eines Staats für sich selbst und zugleich anderer verbündeter Staaten ... Wenn das Glück es so fügt: dass ein mächtiges und aufgeklärtes Volk sich zu seiner Republik (die ihrer Natur nach zum ewigen Frieden geneigt sein muss) bilden kann, so gibt diese einen Mittelpunkt der föderativen Vereinigung für andere Staaten ab, um sich an sie anzuschließen und so den Freiheitszustand der Staaten gemäß der Idee des Völkerrechts zu sichern und sich durch mehrere Verbindungen dieser Art nach und nach immer weiter auszubreiten. Nach: Immanuel Kant, 1795

Auf dem Weg zur Versöhnung in Nordirland, 1999

▶ *Worin unterscheiden sich die »tolle« und die »vernünftige« Freiheit?*
▶ *Wieso strebt ein aufgeklärter, mündiger Bürger und ebenso ein solcher Staat nach »vernünftiger« Freiheit?*
▶ *Welche internationalen Verträge kennen Sie, die in Kants Absicht zu einem »ewigen Frieden« führen könnten; welche Verträge wären weiterhin erforderlich?*

»Erziehung« zum Frieden

Recht verstanden meint Demokratie im Grunde ja nichts anderes als Frieden in Freiheit – oder, mehr noch: den Frieden als Freiheit.

Christian Graf von Krokow, 1983

Freiheit und Recht: Schwestern

Die Freiheit kann sich nur in fester staatlicher Ordnung gestalten. Sie zu schützen und wiederherzustellen, wo sie angetastet wird, das ist das erste Gebot derer, die die Freiheit lieben. Jede Gewaltherrschaft, von wem sie auch komme, werden wir bekämpfen bis zum Äußersten. Dem Gewaltprinzip zwischen den Völkern haben wir feierlich abgesagt; und dort wollen wir, dass das Recht und Freiheit zur Geltung komme.

Friedrich Ebert, 1919

Lernen, ungehorsam zu sein?

Erziehung zum Frieden ist Erziehung zur Empfindsamkeit, ja zur Empfindlichkeit: zum Leiden am Unrecht, an der Missachtung, der Gleichgültigkeit, den Schmerzen und Ängsten, die anderen und mir widerfahren, lange bevor sie zur Gewalt drängen ... Erziehung zum Frieden heißt auch: lernen, ungehorsam zu sein, bereit zu sein für Unordnung, wenn die Ordnung Beschwichtigung des Übels, Verleugnung des tatsächlichen Skandals ist; Erziehung zum Frieden heißt, mit Konflikten zu leben, um den Krieg zu vermeiden.

Hartwig von Hentig, 1980

Die Hölle

Ein großer Tisch mit vollen Suppenschüsseln. Aber die Menschen um ihn herum verhungern, denn ihre Löffelstiele sind zu lang, als dass sie mit den Löffeln essen könnten.

Der Himmel

Ein großer Tisch mit vollen Suppenschüsseln. Wieder haben die Menschen nur Löffel mit zu langen Stielen, als dass sie essen könnten, aber sie füttern sich

▶ *Erstellen Sie aus den genannten Aspekten eine Rangfolge.*
▶ *Haben Sie im Privaten Regeln, um den Freiheitsbereich nahe stehender Personen nicht zu verletzen? Welche würden Sie gern aufstellen?*

Ein Rädchen im Machtgetriebe

Diederich Heßling war ein weiches Kind, das am liebsten träumte, sich vor allem fürchtete und viel an den Ohren litt. Ungern verließ er im Winter die warme Stube, im Sommer den engen Garten, der nach den Lumpen der Papierfabrik roch und über dessen Goldregen- und Fliederbäumen das hölzerne Fachwerk der alten Häuser stand. Wenn Diederich vom Märchenbuch, dem geliebten Märchenbuch, aufsah, erschrak er manchmal sehr. Neben ihm auf der Bank hatte ganz deutlich eine Kröte gesessen, halb so groß wie er selbst! Oder an der Mauer dort drüben stak bis zum Bauch in der Erde ein Gnom und schielte her!

Fürchterlicher als Gnom und Kröte war der Vater, und obendrein sollte man ihn lieben. Diederich liebte ihn. Wenn er genascht oder gelogen hatte, drückte er sich so lange schmatzend und scheu wedelnd am Schreibpult umher, bis Herr Heßling etwas merkte und den Stock von der Wand nahm. Jede nicht herausgekommene Untat mischte in Diederichs Ergebenheit und Vertrauen einen Zweifel. Als der Vater einmal mit seinem invaliden Bein die Treppe herunterfiel, klatschte der Sohn wie toll in die Hände – worauf er weglief.

Kam er nach einer Abstrafung mit gedunsenem Gesicht und unter Geheul an der Werkstätte vorbei, dann lachten die Arbeiter. Sofort aber streckte Diederich nach ihnen die Zunge aus und stampfte. Er war sich bewusst: »Ich habe Prügel bekommen, aber von meinem Papa. Ihr wäret froh, wenn ihr auch Prügel von ihm bekommen könntet. Aber dafür seid ihr viel zu wenig.« Er bewegte sich zwischen ihnen wie ein launenhafter Pascha; drohte ihnen bald, es dem Vater zu melden, dass sie sich Bier holten, und bald ließ er kokett aus sich die Stunde herausschmeicheln, zu der Herr Heßling zurückkehren sollte …

Mit der gefühlsseligen Art seiner Frau war Heßling durchaus nicht einverstanden. Sie verdarb das Kind fürs Leben … Sie betete mit dem Kind »aus dem Herzen«, nicht nach Formeln, und bekam dabei gerötete Wangenknochen. Sie schlug es auch, aber Hals über Kopf und verzerrt von Rachsucht. Oft war sie dabei im Unrecht. Dann drohte Diederich, sie beim Vater zu verklagen; tat so, als ginge er ins Kontor, und freute sich irgendwo hinter einer Mauer, dass SIE nun Angst hatte. Ihre zärtlichen Stunden nützte er aus; aber er fühlte gar keine Achtung vor seiner Mutter.

Ihre Ähnlichkeit mit ihm selbst verbot es ihm. Denn er achtete sich selbst nicht, dafür ging er mit einem zu schlechten Gewissen durch sein Leben, das vor den Augen des Herrn nicht hätte bestehen können …

Nach so vielen furchtbaren Gewalten, denen man unterworfen war, nach den Märchenkröten, dem Vater, dem lieben Gott, dem Burggespenst und der Polizei, nach dem Schornsteinfeger, der einen durch den ganzen Schlot schleifen konnte, bis man auch ein schwarzer Mann war, und dem Doktor, der einem im Hals pinseln durfte und schütteln, wenn man schrie – nach allen diesen Gewalten geriet nun Diederich unter eine noch furchtbarere, den Menschen auf einmal ganz verschlingende: die Schule. Diederich betrat sie heulend, und auch die Antworten, die er wusste, konnte er nicht geben, weil er heulen musste. Allmählich lernte er den Drang zum Weinen gerade dann auszunutzen, wenn er nicht gelernt hatte – denn alle Angst machte ihn nicht fleißiger oder weniger träumerisch – und vermied so, bis die Lehrer sein System durchschaut hatten, manche üblen Folgen. Dem ersten, der es durchschaute, schenkte er seine ganze Achtung; er war plötzlich still und sah ihn, über den gekrümmten und vors Gesicht gehaltenen Arm hinweg, mit scheuer Hingabe an. Immer blieb er den scharfen Lehrern ergeben und willfährig. Den gutmütigen spielte er kleine, schwer nachweisbare Streiche, deren er sich rühmte … Die Macht, die ihn in ihrem Räderwerk hatte, vor seinen jüngeren Schwestern vertrat Diederich sie. Sie mussten nach seinem Diktat schreiben und künstlich noch mehr Fehler machen, als ihnen von selbst gelangen, damit er mit roter Tinte wüten und Strafen austeilen konnte. Sie waren grausam. Die Kleinen schrien – und dann war es an Diederich, sich zu demütigen, um nicht verraten zu werden. Heinrich Mann, 1914

▶ *Auf den ersten Seiten schildert Heinrich Mann in seinem Roman »Der Untertan« die prägenden Jugendeinflüsse seines Protagonisten Diederich. Wie könnte eine Verfilmung des Romans diese Sicht des Kindes auf die »vielen furchtbaren Gewalten, denen man unterworfen ist«, in Szene setzen? Entwerfen Sie für die ersten Kameraeinstellungen Regieanweisungen, die den Zuschauern die anschließende Szene Diederichs mit seinen Schwestern verständlich machen könnte! Die nebenstehenden filmtechnischen Fachausdrücke helfen Ihnen dabei.*

▶ *Skizzieren Sie eine Kurzbiografie, wie das weitere Leben Diederichs verlaufen könnte. Welche Bedeutung wird Gewalt – ihre Ausübung und ihre Erleidung – in seinen zwischenmenschlichen Beziehungen haben?*

Perspektive: Stellung der Kamera im Raum, gleichzeitig Sehweise des Zuschauers. Man unterscheidet zwischen Aufsicht, Augenhöhe und Untersicht (Froschperspektive), subjektiver und objektiver Kamera.
Kamerafahrt: Die Kamera bewegt sich auf etwas zu, von etwas weg oder sie begleitet einen sich bewegenden Gegenstand oder eine Person. Der Effekt kann durch echte Kamerafahrt oder durch Veränderung der Brennweite erzielt werden.
Schwenk: Bewegung der Kamera auf dem Stativ nach der Seite, nach oben oder unten.
Großaufnahme: Sie umfasst nur den einzelnen Gegenstand oder nur den Kopf eines Menschen und zentriert so die Aufmerksamkeit.
Nahaufnahme: Sie entspricht dem Brustbild einer Person (typisch für Nachrichtensprecher/innen).
Totale: Sie gibt einen Überblick über den Ort der Handlung und zeigt die handelnden Personen aus der Distanz.
Subjektive Kamera: Die Kamera schaut nicht auf den Protagonisten, sondern zeigt seinen Ort aus seinem Blickwinkel. Ihm nahe Gegenstände werden vergrößert, ferne verkleinert dargestellt. Dieser Effekt kann durch extreme Brennweiten verstärkt werden.

Heinrich Mann

Schriftsteller; geb. 27. 3. 1871 in Lübeck, gest. 12. 3. 1950 in Santa Monica (Kalifornien)
Im Gegensatz zu seinem Bruder Thomas Mann sah sich Heinrich Mann trotz seiner bürgerlichen Herkunft von Anfang an als sozialistischer Schriftsteller. Neben seinen zeitkritischen Werken waren es vor allem seine Romane mit historischen Themen, die ihn in der sozialistischen Literatur zum repräsentativen Schriftsteller werden ließen. Die große Roman-Trilogie »Das Kaiserreich« (»Der Untertan« [1914]; »Die Armen« [1917]; »Der Kopf« [1925]) ist ein zeitkritischer Angriff auf das deutsche Untertanendenken, wobei die satirische Überzeichnung als bitterer Ernst gemeint ist. Schon zuvor hatte Heinrich Mann in seinem Roman »Professor Unrat« (1905) die doppelbödige Moral und Dekadenz des Bürgertums angeprangert. 1933 erteilten ihm die Nationalsozialisten Berufsverbot.

➤ *Zum Thema »Mitverantwortung statt Gehorsam« vgl. S. 200/01*
➤ *Zu Montesquieus und Rousseaus Auffassung vom Bürger vgl. S. 190/91*

Konflikte lösen

Prügeleien gehören zur Schule, seit es sie gibt. Aber sie nehmen zu. Und bei den gesellschaftlich Benachteiligten wird am schnellsten zugeschlagen. Dies ist das Ergebnis einer Studie des Schulpädagogik-Professors Klaus-Jürgen Tillmann unter hessischen Schülern der 5. bis 10. Klasse.

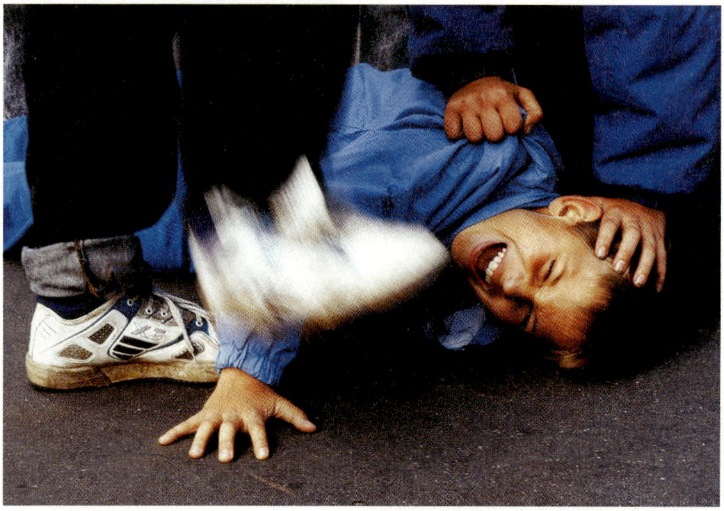

Ergebnis: Die soziale Hierarchie der Schulformen bildet sich ungebrochen in der Verteilung von Gewalt ab: 25 Prozent der Hauptschüler geben an, regelmäßig zuzuschlagen oder sich zu prügeln. Bei den Gymnasiasten sind es lediglich fünf Prozent. Bei psychischer Gewalt spielt die Schulform hingegen kaum eine Rolle: Knapp 60 Prozent aller Schüler geben an, in den letzten zwölf Monaten Mitschüler gehänselt oder beschimpft zu haben. Darunter sind genauso viele Mädchen wie Jungen. Bei körperlichen gewalttätigen Auseinandersetzungen beteiligen sich hingegen drei bis fünf Mal mehr Jungen als Mädchen.

Schüler sind selten nur »böse Täter« oder »arme Opfer«, betont Tillmann. Die Gruppe der häufigen Täter überschneide sich mit der Gruppe der häufigen Opfer. Man könne daher von zwei Milieus sprechen – von Schülern, die fast nie als Täter oder Opfer in Erscheinung treten, und von Schülern, die immer wieder in gewalttätige Auseinandersetzungen verstrickt sind.

Der heutige Schulalltag ist nicht von prügelnden Jugendlichen dominiert, wie manche Medien suggerieren. Aber Tillmanns Daten belegen, dass die Gewalt an Schulen zugenommen hat: Fünf Prozent aller Schüler gaben 1972 an, schon einmal einen Mitschüler zusammengeschlagen oder »arg zugerichtet« zu haben. Heute sind es 13 Prozent. Während die Gewalt an Gymnasien nur leicht gestiegen ist, ist Tilmann zufolge die Situation an Haupt- und Sonderschulen brisant – 23,5 Prozent aller Hauptschüler berichten, schon einmal einen Mitschüler zusammengeschlagen zu haben. 1972 waren es nur zehn Prozent.

Tagesspiegel, 14. 12. 2000

Angeklagter gesteht Mord an Obdachlosem

Täter von Greifswald zeigen keine Reue

Stralsund (dpa). Im Prozess um den gewaltsamen Tod eines Obdachlosen im Juni in Greifswald hat der mutmaßliche Haupttäter ein Geständnis abgelegt. Der 21-jährige Mann aus Gahlkow gab vor dem Landgericht Stralsund an, den 47-jährigen Klaus Gerecke mehrmals bis zur Bewusstlosigkeit brutal ins Gesicht und in den Bauch getreten und geschlagen und ihm damit schwere Verletzungen zugefügt zu haben. Der im Juni zu Tode geprügelte Obdachlose aus Greifswald ist nach Angaben der Staatsanwaltschaft eine Stunde lang von seinen Peinigern gequält worden. Der Angeklagte und zwei damals 18 Jahre alte Mädchen hatten zuvor Geld verlangt. Ihnen wird gemeinschaftlich begangener Totschlag vorgeworfen. Der 21-jährige ehemalige Hilfsschüler gab an, von den jungen Frauen mit den Worten »Da ist der Assi, klatsch ihn tot!« aufgehetzt worden zu sein. Auf die Frage des Richters, warum er nicht aufgehört habe, als sein wehrloses Opfer am Boden lag, gab der 21-Jährige an, er könne in solchen Momenten einfach nicht aufhören.

Tagesspiegel, 19. 12. 2000

▶ *Vergleichen Sie die Ergebnisse der Studie mit der Charakteristik Diederichs aus dem »Untertan« (vorherige Seite). Hätte Heinrich Mann eine Erklärung gewusst für die Erkenntnis, dass Geprügelte häufig auch selber prügeln?*

▶ *Können Sie die soziale Ungleichheit der Gewaltbereitschaft erklären? Berücksichtigen Sie bei Ihren Überlegungen auch die auf der rechten Seite stehenden Tipps zur gewaltfreien Konfliktlösung.*

Einmischen! Deeskalation als Technik der Gewaltvermeidung

Konflikte sind nicht nur unvermeidlich, sondern sie sind auch notwendig, so sehr vielfach auch danach gestrebt wird, sie zu vermeiden oder ihr Vorhandensein zu leugnen. Denn sie regen an zu neuem Nachdenken, ermöglichen neue Lösungen und fordern kreative Kräfte heraus. Problematisch ist nicht der Konflikt, sondern die Form seiner Austragung, sprich das Zurückgreifen auf Gewalt zur Durchsetzung von Interessen. Deshalb geht es darum, Menschen zu befähigen, ihre Konflikte ohne Anwendung von Gewalt zu lösen.
Zivile Konfliktbearbeitung zielt primär darauf,

- zu verhindern, dass Konflikte zu gewaltförmigen Konflikten (z. B. Krieg) eskalieren (Gewaltprävention) und

- bereits zur Gewalt eskalierte Konflikte so zu deeskalieren, dass der Konfliktinhalt bearbeitet und eine für alle Seiten befriedigende Regelung gefunden werden kann.

Abgrenzungen zwischen eigentlicher Konfliktbearbeitung und Gewaltprävention (einschließlich Erziehung zu Toleranz und Demokratie) sind allerdings nur schwer vorzunehmen, da diese Bereiche ineinander übergehen.

Aus: Bund für Soziale Verteidigung e.V., Informationsblatt Dez. 2000

▶ Bilden Sie Paare. Einer von Ihnen formt als »Bildhauer« den anderen zu einer Statue, die in ihrer Körperhaltung Aggressivität, Gewalt oder/und Unterdrückung ausdrückt. Anschließend betrachten alle »Bildhauer« wie in einer Art Galerie die Statuen, setzen sich ihrer Ausstrahlung aus – was empfinden Sie?

▶ Jeder »Bildhauer« sucht sich eine »Statue« und stellt sich ihr als Unterdrückter/Geschlagener gegenüber. Halten Sie diese Position einige Minuten. Was empfinden Sie?

▶ Die Hälfte aller Paare löst sich auf und geht zu einer der stehen gebliebenen »Statuen-Paare«. Spielen Sie Passant: Welche Haltung scheint Ihnen typisch? Wenn Sie sich einmischen wollen: Welche Geste könnte schlichten, welche weiter provozieren?

▶ Lösen Sie weiter die Hälfte aller Gruppen auf und positionieren Sie sich zu einer anderen Statuengruppe, bis die ganze Klasse ein gemeinsames Szenenbild darstellt. Prägen Sie sich die Stellungen ein. Sprechen Sie anschließend über die verschiedenen »Haltungen«.

Gewaltfrei gegen Gewalt: Was kann ich tun?

- *Aktiv werden! Lass dich von deiner Angst nicht blockieren. Jede Aktion kann andere anregen, ihrerseits einzugreifen.*
- *Verhalte dich nicht wie ein Opfer! Flehe nicht, sei nicht unterwürfig. Zeig, was du willst!*
- *Such das Gespräch! Schau deinen Gegner an. Sprich ruhig, laut und deutlich. Teile auch das Offensichtliche mit, nenne die Dinge beim Namen. Höre deinem Gegner zu.*
- *Nicht drohen oder beleidigen! Kritisiere das, was dein Gegner tut, aber äußere dich nicht geringschätzig über ihn. Versuch nicht, ihn einzuschüchtern oder ihm Angst zu machen.*
- *Fasse deinen Gegner nicht an! Körperkontakt ist eine Grenzüberschreitung, die zu neuer Aggression führt.*

Nach: Milan/Bund für Soziale Verteidigung, Web-Page 12/2000

Ziele der Förderung der Kommunikations- und Konfliktfähigkeit

- *Toleranz gegenüber individuellen Unterschieden*
- *Verbesserung des Einfühlungsvermögens durch die Fähigkeit, Gefühle zu erkennen und auszudrücken*
- *Förderung der Selbstsicherheit durch Selbstbehauptung, aber auch Selbstkontrolle in belastenden Situationen*
- *Entwicklung von Verhaltensalternativen und Abschätzung von Verhaltenskonsequenzen*
- *Förderung der Fähigkeit, Kompromisse zu finden und sich an Abmachungen zu halten*

Nach: Jefferys, K. & Noack, U., 1995

Das Programm von Jefferys & Noack (1995) ist auf die Sekundarstufe I zugeschnitten. Die Schülerinnen und Schüler in den Jahrgangsstufen 5 und 6, die besonders häufig in Auseinandersetzungen verwickelt sind, sollen ihre allgemeinen sozialen Kompetenzen erweitern und trainieren. Die Jahrgangsstufe 9 thematisiert die gleichen Fragen als Voraussetzung, um darauf aufbauend eine Schlichterausbildung mitzumachen und als Schlichter wirken zu können.

Wenn aus bösen Blicken böse Worte, aus bösen Worten Rempeleien und schließlich Schläge werden, »eskaliert« ein Konflikt. «Deeskalation« bedeutet, durch möglichst frühzeitiges Eingreifen dies Aufschaukeln zu verhindern.

▶ Ergänzen Sie die Listen: Was sind Ihre Erfahrungen?

➢ »Über die Lust, sich zu streiten« vgl. S. 62/63

Der Bürger: Souverän und dennoch Untertan?

Im Frankreich des 18. Jahrhunderts beschäftigen sich zwei Philosophen mit der Frage, wie ein Staat rechtsphilosophisch begründet werden kann. Charles Montesquieu (1689–1755) – Jurist und Philosoph – und Jean-Jacques Rousseau (1712–1778) – Philosoph, Schriftsteller und Musiker – gehen dabei von unterschiedlichen Denkvoraussetzungen aus.

Legitimer Gesetzgeber: das Volk

Montesquieu entwickelt die Idee einer Vereinbarkeit der verschiedenen nationalen Gesetze mit der Idee eines gemeinsamen, universalen Rechts. Seine Argumentation, die Freiheit des Individuums sei am besten durch eine Teilung der Staatsmacht zu sichern, war Wegbereiter für das politische Denken des 19. Jahrhunderts.

Zugegeben, in den Demokratien scheint das Volk zu tun, was es will. Aber weder die Demokratie noch die Aristokratie sind schon ihrem Wesen nach freie Staaten. Politische Freiheit findet sich nur bei einer gemäßigten Staatsführung. Denn wenn die vollziehende Gewalt nicht das Recht erhält, den Unternehmungen der gesetzgebenden Körperschaft Halt zu gebieten, wird diese despotisch regieren; denn da sie sich selbst jede Machtbefugnis geben kann, die ihr in den Sinn kommt, wird sie alle anderen Gewalten aufheben. Andererseits muss sie das Recht haben zu prüfen, auf welche Weise die von ihr erlassenen Gesetze vollzogen werden. Hat hingegen die vollziehende Gewalt zugleich das Recht, Gesetze zu erlassen, so hätte man Grund zu fürchten, dass ein Senat tyrannische Gesetze erlassen würde, um dann tyrannisch zu regieren. Man kann ebenso wenig von Freiheit sprechen, wenn die richterliche Gewalt nicht von der gesetzgebenden und vollziehenden getrennt ist. Würde die gesetzgebende zugleich richten können, so wäre alles nur durch Willkür entschieden. Wäre aber der Richter mit der vollziehenden verbunden, so würde er eine Machtvollkommenheit besitzen, die ihn zum Unterdrücker werden ließe.

Charles Baron de Montesquieu, 1748

Freiheit braucht Gesetz

Man muß klar erkennen, was Ungebundenheit, was Freiheit ist. Die Freiheit ist das Recht, alles zu tun, was die Gesetze erlauben, und wenn ein Bürger tun könnte, was sie verbieten, so hätte er, weil den andern die gleiche Möglichkeit gegeben wäre, keine Freiheit mehr. Montesquieu, 1749

▶ *Erläutern Sie den Begriff »Gewaltenteilung«, wie ihn Montesquieu versteht.*

▶ *Interpretieren Sie den Cartoon. Welche Vorzüge hat ein demokratisch verfasstes Gemeinwesen?*

Individuelle Rechte sichern

4. Die Freiheit besteht darin, alles tun zu können, was einem andern nicht schadet. Also hat die Ausübung der natürlichen Rechte jedes Menschen keine Grenze als jene, die den übrigen Gliedern der Gesellschaft den Genuß dieser nämlichen Rechte sichern. Diese Grenzen können nur durch das Gesetz bestimmt werden.
5. Das Gesetz hat nur das Recht, solche Handlungen zu verbieten, die der Gesellschaft schädlich sind. Alles, was durch das Gesetz nicht verboten ist, kann nicht verhindert werden, und niemand kann genötigt werden, zu tun, was das Gesetz nicht verordnet.
6. Das Gesetz ist Ausdruck des allgemeinen Willens. Alle Staatsbürger sind befugt, zur Feststellung desselben persönlich oder durch ihre Repräsentanten mitzuwirken. Es soll für alle das Gleiche sein, es mag beschützen oder bestrafen.

Französische Verfassung (Auszug), 3. 9. 1791

▶ *Unterscheiden Sie mit Montesquieu die Begriffe »Ungebundenheit« und »politische Freiheit«.*

▶ *Wie definiert die französische Verfassung von 1791 »Freiheit« (vgl. S. 168)?*

Rousseau denkt fortschrittspessimistisch: In Recht und Staat verfestigten sich Privilegien, Privateigentum und Macht, weil der »gute Naturzustand« der Menschen durch seine Selbstsucht verdrängt wurde. Ein Zurückgehen zum Naturzustand sei nicht möglich. Daher denkt Rousseau über eine Verbesserung des Menschen nach. Sein Denken kreist dabei um zwei Pole: die Erziehung und die legitime politische Ordnung. Im »Du contrat social ou principes du droit politique« (1762; »Vom Gesellschaftsvertrag oder Prinzip des Staatenrechts«) entwickelt er eine Staatsphilosophie, in der durch vertragliche Übereinkunft (contract social) sich die Einzelnen zu einem Gemeinwesen mit einem gemeinsamen Ich (moi commun) und einem gemeinsamen Willen (volonté général) zusammenschließen. Vom Gemeinwillen unterscheidet Rousseau den Willen aller (volonté de tous), der nichts anderes ist als die Summe der Willen aller ihrer Privatinteressen.

George Grosz, Straße in Berlin, um 1925

Was der Mensch durch den Gesellschaftsvertrag verliert, ist seine natürliche Freiheit sowie ein unbeschränktes Recht auf alles, was ihn lockt und was er erlangen kann. Was er gewinnt, ist nämlich die gesellschaftliche Freiheit und das Eigentum über alles, was er besitzt. Um diese Entschädigungen nicht zu übersehen, muss man gut unterscheiden zwischen der natürlichen Freiheit, die ihre Grenze nur an den Kräften des Individuums findet, und der gesellschaftlichen Freiheit, die durch den Gemeinwillen eingeschränkt ist ... Nach dem Vorhergesagten könnte man die moralische Freiheit, die allein den Menschen wahrhaft zum Herrn seiner selbst macht, als Errungenschaft des Gesellschaftszustandes buchen ... Wer das Gesetz gibt, weiß besser als sonst jemand, wie es durchgeführt und ausgelegt werden soll. Man scheint sich also keine bessere Verfassung denken zu können als die, in der die exekutive Gewalt mit der legislativen Gewalt verbunden ist. Gerade das aber macht die Regierung in mancher Hinsicht unzulänglich, weil die Dinge, die getrennt sein sollten, es nicht sind. Wenn Regierungsführung und Souverän bloß ein und dieselbe Person sind, bilden sie sozusagen eine Regierung ohne Regierung.

Jean-Jacques Rousseau, 1762

Grenzen des Rechts aus heutiger Sicht

Recht muß nicht Recht sein

Der Rechtsstaat der Neuzeit beruht auf der doppelten Einsicht, daß souveräne Macht latenter Terror und daß souveräne Freiheit jedes einzelnen latenter Bürgerkrieg (und dann ebenfalls Terror, nämlich Revolutionsdiktatur) bedeuten. Er ist der Versuch, Staatsmacht und individuelle Freiheit in ein ausgewogenes Verhältnis zu bringen, so daß beide Gefahren gebannt bleiben. Das gilt für den demokratischen Verfassungsstaat und auch für andere Ordnungen, soweit sie die Grundsätze elementarer Sittlichkeit, insbesondere der Menschenwürde, der Freiheit und Gleichheit nicht verletzen. Aber es gilt nicht bedingungslos. Nach Auschwitz und dem Archipel Gulag sollte heute niemand mehr bestreiten, daß unter gewissen Voraussetzungen selbst der Bürgerkrieg noch das kleinere Übel gegenüber der geltenden Rechtsordnung sein kann; erst recht natürlich ein Bürgerkrieg, der die Chance hat, in eine neue, gerechtere Ordnung hinüberzuführen. Widerstand verdient dann nicht nur moralische, sondern auch rechtliche Anerkennung. Diese kann er freilich erst nach dem Umsturz der alten Ordnung finden.

Nach: Martin Kriele, 1979

▶ *Nach Rousseau gewinnt und verliert der Mensch durch den Gesellschaftsvertrag. Erläutern Sie, warum.*

▶ *Welche Gefahr sehen Sie bei Verbindung der Legislative mit der Exekutive, wie sie Rousseau beschreibt?*

▶ *Inwiefern verlangt sittliches Handeln mehr als Gesetzeskonformität? Nennen Sie Beispiele aus der deutschen Geschichte. Und heute (vgl. S. 192/93)?*

Recht ist nicht immer Recht

Die Frage nach dem Verhältnis von Sittlichkeit und Recht ist eine hochaktuelle politische wie auch philosophische Frage. Der Philosoph Günther Patzig analysiert und definiert moralische Regeln und Rechtsregeln, indem er sie voneinander abgrenzt. Doch damit ist noch nicht die Frage beantwortet, inwiefern ein Rechtsverstoß aus ethischer Sicht gerechtfertigt wäre. Wie wird dazu grundsätzlich in der Rechtsphilosophie argumentiert?

Wie unterscheiden sich moralische Regeln von Rechtsregeln?

Moralische Regeln und Rechtsregeln beziehen sich beide auf menschliches Verhalten. Das ist ihr gemeinsamer Boden. Aber sie beziehen sich auf dies Verhalten in verschiedener Weise: Rechtsregeln werden zu bestimmter Zeit in einer konkreten Gesellschaft erlassen, Rechtssatzungen sind etwas Positives und Dokumentierbares. Über die Interpretation eines Rechtssatzes und seine Anwendung auf einen vorliegenden Fall kann man wohl streiten. Darüber, ob es einen solchen Rechtssatz gibt oder nicht gibt, ist eigentlich kein Streit möglich. Die Positivität der Rechtsnormen kommt auch darin zum Ausdruck, dass Normen von einem bestimmten Tag an in Kraft treten, andere Normen mit Wirkung eines bestimmten Tages abgeschafft werden können. Vom 1. September 1939 an war es in Deutschland ein Verbrechen, feindliche Sender abzuhören. Eine entsprechende Terminierung wäre bei moralischen Regeln unsinnig. Man kann nicht sinnvoll sagen, von einem bestimmten Tag an sei es moralisch verwerflich, Kinder durch Schläge zu bestrafen, oder moralisch erlaubt, sich das Leben zu nehmen. Rechtsnormen sind einklagbar und erzwingbar; bei moralischen Regeln können als Sanktion nur Ermahnung, Missbilligung und schließlich Abbruch des Umgangs auftreten. Eine Rechtsnorm, die fast jeder übertritt, ist ausgehöhlt und kann aufgegeben werden. Dagegen bleiben moralische Regeln auch dann in Kraft, wenn sie generell missachtet werden … Ein weiterer Unterschied zwischen Rechtsregel und moralischer Norm liegt darin, dass Rechtsregeln sich vor allem auf das äußere Verhalten der Menschen beziehen und keine Gesinnung vorschreiben. Ob jemand zähneknirschend seine Steuern zahlt oder mit Freuden, weil er an den wichtigen Aufgaben des Staates wenigstens finanziell mitwirkt, ist für die rechtliche Beurteilung seiner Handlungsweise gleichgültig. Die moralische Beurteilung hat es zwar nicht bloß mit der Gesinnung, wie oft zu Unrecht gemeint wird, aber doch eben auch mit der Gesinnung, die hinter einer Handlungsweise steht, zu tun … Auch betrachtet das Strafrecht Verhaltensweisen mit Gleichgültigkeit, die wir moralisch scharf verurteilen. Jeder kennt genügend Beispiele davon, wie – streng innerhalb der Legalität – Menschen einander das Leben zur Hölle machen können.

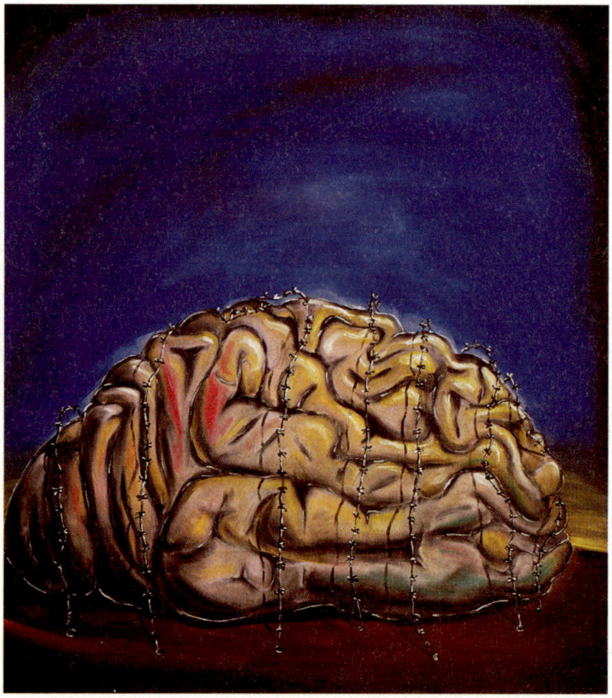

Jiri Georg Dukoupil, Geburtstag des gefangenen Fachmanns, 1982

Günther Patzig, 1971

▶ *Erörtern Sie mit Patzig die Unterschiede zwischen moralischen Regeln und Rechtsregeln.*

▶ *Nennen Sie aus Ihrer Erfahrung Situationen, in denen Moral- und Rechtsregeln zusammengehen, in Konkurrenz treten oder sich gegenseitig ausschließen.*

Die Befolgung von Gesetzen unterliegt der Sittlichkeit

Rechtspositivisten vertreten – anders als Naturrechtsphilosophen – in Fragen der Rechtsgeltung eine strikte Trennung von Recht und Moral. Sie sehen ihre Aufgabe darin, die existierende Gesetzgebung und Rechtspraxis – das positive Recht – in einer politisch und moralisch neutralen Weise zu analysieren:

Der Rechtspositivismus stellt dem Widerstandsrecht den Grundsatz »Recht ist Recht« gegenüber. Gegenüber dem positiven Recht könne es kein Gegenrecht geben, ganz unabhängig davon, wie das Recht moralisch, politisch oder theologisch zu beurteilen sei. Folgerichtig wären auch Widerstandskämpfer gleichzeitig moralisch zu ehren und gerichtlich zu verurteilen. Nur ein Amnestiegesetz könne sie retten. Doch wie wären Richter, die Naziverbrecher unter Verletzung des Grundsatzes »nulla poena sine lege« (keine Bestrafung ohne Gesetz) verurteilt haben, juristisch richtig zu behandeln? Sind sie wegen Rechtsbeugung anzuklagen? Wie sollten sich Staatsanwaltschaft und Gerichte in der Bundesrepublik den Widerstandskämpfern gegen Hitler gegenüber verhalten? Hätten sie wirklich und ernstlich angeklagt und verurteilt werden sollen? Die Lösung des Dilemmas besteht in der Einsicht, daß die Pflicht, dem Recht Folge zu leisten, durch das Gesetz nicht begründet wird, also selbst keine Rechtspflicht ist. Vielmehr ist es eine sittliche Pflicht, dem Gesetz Folge zu leisten, vorausgesetzt, daß das Recht »im großen und ganzen« der Sittlichkeit Rechnung trägt. Die Legitimität unserer Rechtsordnung beruht auf der Einsicht, daß sie allen bisher vorgeschlagenen Alternativen vorzuziehen ist, weil sie in verhältnismäßig höherem Maße als die anderen Frieden, Freiheit und Gerechtigkeit gewährleistet.

Nach: Martin Kriele, 1979

K. Huber war Regimegegner des Nationalsozialismus in Deutschland. Er wurde wegen staatsfeindlicher Propaganda angeklagt, weil er als Professor die Gesetze gegen die Juden verurteilte. Er begründete seine Haltung vor dem Volksgerichtshof 1943 wie folgt:

Was ich bezweckte, war die Weckung der studentischen Kreise nicht durch eine Organisation, sondern durch das schlichte Wort, nicht zu irgendeinem Akt der Gewalt, sondern zur sittlichen Einsicht in bestehende schwere Schäden des politischen Lebens, Rückkehr zu klaren sittlichen Grundsätzen, zum Rechtsstaat, zu gegenseitigem Vertrauen von Mensch zu Mensch, das ist nicht illegal, sondern umgekehrt die Wiederherstellung der Legalität. Ich habe mich im Sinne von Kants kategorischem Imperativ gefragt, was geschähe, wenn diese subjektive Maxime meines Handelns ein allgemeines Gesetz würde. Darauf kann es nur eine Antwort geben: Dann würden Ordnung, Sicherheit, Vertrauen in unser Staatswesen zurückkehren. Jeder sittlich Verantwortliche würde mit uns seine Stimme erheben gegen die drohende Herrschaft der bloßen Macht über das Recht, der bloßen Willkür über den Willen des sittlich Guten.

K. Huber, 1943

▶ *Erläutern Sie, wie Huber seinen illegalen Widerstand legitimiert (vgl. S. 64/65).*

Ein guter Bürger ist einer, der sich einmischt. Perikles, griechischer Politiker, 5. Jh. v. Chr.

▶ *Dieser Spruch von Perikles wurde bei einer Demonstration gegen das Atommüll-Lager Gorleben verwendet. Warum ausgerechnet dieser?*

▶ *Kriele befragt die rechtspositivistische Position. Auf welche »Schwachstelle« macht er aufmerksam?*

Die Pflicht, die man als Bürger erfüllt, ist Verbrechen, lässt sie uns die Pflicht vergessen, die man als Mensch hat.

Immanuel Kant, 1797

(1) Die Bundesrepublik Deutschland ist ein demokratischer und sozialer Bundesstaat.
(2) Alle Staatsgewalt geht vom Volke aus. Sie wird vom Volke in Wahlen und Abstimmungen und durch besondere Organe der Gesetzgebung, der vollziehenden Gewalt und der Rechtsprechung ausgeübt.
(3) Die Gesetzgebung ist an die verfassungsmäßige Ordnung, die vollziehende Gewalt und die Rechtsprechung sind an Gesetz und Recht gebunden.
(4) Gegen jeden, der es unternimmt, diese Ordnung zu beseitigen, haben alle Deutschen das Recht zum Widerstand, wenn andere Abhilfe nicht nötig ist.

Grundgesetz, Artikel 20

➢ *Zu »Mehr Demokratie« vgl. S. 169*

Strafen oder Bessern?

Rache wirft den Gestrauchelten nieder, statt ihn aufzurichten. Kein Strafvollzug kann das Gift der Rache in die Arznei der Resozialisierung verwandeln … Missglückte Sozialisierung macht den Kriminellen, der Strafvollzug macht dann aus dem Kriminellen den Ganoven … Die Gesellschaft erzeugt die Kriminalität durch Versäumnisse und verschlimmert sie durch Strafe.

Helmut Ostermeyer, Amtsrichter, 1972

Landesjustizminister fordert: »Schutz der Bevölkerung« muss neben Resozialisierung wieder gleichrangiges Ziel des Strafens sein. Der Vorrang der Resozialisierung, wie er sich seit den 80er Jahren in der Rechtspraxis durchgesetzt habe, sei »überholte Sozialromantik«.

dpa-Meldung, 1999

▶ *Vergleichen Sie die beiden Positionen zur Resozialisierung.*

Paul Klee, »Schande«, 1933

Von der Folterkammer zur »Besserungsanstalt«

Abschrecken und Vergelten

Die Kerker des Mittelalters waren Folterkammern und Prozessorte, nicht um die Wahrheit zu finden, sondern um ein konkretes Verhalten zu erzwingen, etwa andere Ketzer zu benennen oder Lösegeld zu zahlen. Dann aber war Schluss. Der antike und der mittelalterliche Mensch konnten sich nicht vorstellen, dass Rechtsbrecher auf Kosten der Gesellschaft unterhalten werden sollten. Nur bis zur Vollstreckung der eigentlichen »peinlichen« Körperstrafe wurden die Gefangenen in den Kerkern verwahrt, die es in Deutschland zu Tausenden gab. Gestraft wurde an Leib und Leben und öffentlich – in den barbarischsten Formen: durch Brandmarken und Prügeln, durch Köpfen, Hängen, Rädern, Verbrennen, Ertränken, Vierteilen. Humanste Strafform war das entehrende »an den Pranger Stellen«. Wurde zuerst bestraft, um zu vergelten – »Auge um Auge, Zahn um Zahn« – so trat als weiteres und mit der Zeit sogar überwiegendes Strafmotiv bald der Zweck der Abschreckung hinzu. Die Insassen der Kerker hatten keinen Anspruch auf Menschlichkeit, im Gegenteil: Härteste Behandlung sollte die Rechtsbrecher ihre Tat büßen lassen. An Besserung des Täters wurde nicht gedacht. Erst die »Zuchthäuser«, das erste deutsche 1608 in Bremen, hatten das Ziel der »Erziehung zur Arbeit« und der »Korrektur arbeitsscheuen Lebens«. Darum wurden auch Bettler, Waisen, Landstreicher und anderes »Lumpenpack« dort eingesperrt. Mit ihnen erst gab es die – wirtschaftlich also für die Gesellschaft sehr nützliche – Freiheitsstrafe, von Beginn an befrachtet mit dem moralischen Ziel der Besserung, das freilich fast immer verfehlt wurde. Mittlerweile haben die Protagonisten der Strafvollzugsreform erkennen müssen, dass derzeit nur geringe Chancen bestehen, die Gefängniswelt zu humanisieren. Im Strafvollzug gab es von jeher die doppelte Zielvorgabe: Sicherheit und Besserung. Stets sollten die Gefangenen von der übrigen Gesellschaft fern gehalten und auf gleichem Wege in diese wieder eingegliedert werden. Gleich ob Geldstrafe, Aussetzung der Strafe zur Bewährung, Wiedergutmachungsprojekte und gemeinnützige Arbeit oder die vielfältigen Erziehungsmaßnahmen im Bereich des Jugendstrafrechts, all diese »ambulanten Maßnahmen« sind notwendige und sinnvolle Alternativen zum Gefängnis, verbessern die Lebenslage der von Haft betroffenen Straftäter und versprechen zweifelsohne größere Erfolgschancen einer sozialen und gesellschaftlichen Integration.

Nach: Helmut Ortner, 1988

▶ *Wie sichern Sie in der Familie oder in der Clique, dass getroffene Absprachen eingehalten werden?*

▶ *Wenn Ihnen ein anderer ein Unrecht tat: Erwarten Sie Reue, Wiedergutmachung oder fordern Sie eine Strafe?*

▶ *Welche Sanktionen gibt es an Ihrer Schule? Diskutieren Sie an Beispielen sinnvolle bzw. gerechtfertigte Strafen.*

Karl Blechen, Galgenberg bei Gewitterstimmung, um 1834

Gesetzliches Strafen im Wandel

Wir haben das Recht und die Pflicht zur »defénse sociale«, das Recht der sozialen Verteidigung, wenn uns die soziale Vorbeugung mißlang. Wir haben auch das Recht, die Tat zu verdammen, aber nicht den Täter. Der Zweck des Konsequenzrechtes begründet sich ausschließlich auf den Schutz der Gesellschaft und somit auf Verhütung weiterer Taten, völlig ohne die Begleiterscheinungen, die Friedrich der Große »Infamie der Strafe« nannte. Diese Maßnahmen sollen nicht den Menschen diskriminieren, aber darauf ausgerichtet sein, eine Wiederholung der Tat zu verhindern und – wo es möglich ist – eine Wiedergutmachung zu erreichen. Das Jugendgerichtsgesetz in der Fassung vom 4. 8. 1953 gab erstmals die gesetzliche Möglichkeit dazu: Wiedergutmachung des Schadens, Hilfe für und Kontakt mit dem Opfer, und wo dies nicht möglich war, sozialer Einsatz für einen anderen bedürftigen Menschen. So wurde das Gleichgewicht des Rechts nicht dadurch wiederhergestellt, weil ein Übel durch ein weiteres Übel gesühnt werden sollte, sondern ein Übel durch ein Gutes.

Nach: Birgitta Wolf, 1981

Strafe muss wirken

Nicht nach dem Maße unserer moralischen Entrüstung dürfen Tatbestände und Strafzumessungsvorschriften konzipiert werden, sondern allein nach dem Maße des sozialen Schadens der Tat. Es wäre auch endlich klar, dass Strafvorschriften nur dann und dort zu installieren sind, wo sie sozialen Nutzen bewirken. Eine Rechtsnorm muss nicht sittlich sein, sie muss im Sozialbereich »mehr nützen als schaden« ... Wenn mit der Strafe nichts weiter bewirkt wird als eine Vermehrung der Sozialübel, so wäre das ein törichtes Unterfangen. Die Strafe muss einen Zweck haben, möglichst einen spezialpräventiven (Verhinderung der Rückfälligkeit des Täters) und immer einen generalpräventiven (Abschreckung für andere).

Jürgen Baumann, 1977

▶ *Vergleichen Sie die Ziele des Strafens bei Baumann mit den Zielen des Konsequenzrechtes.*

▶ *Vergleichen Sie Baumanns Rechtfertigung des Strafens mit der utilitaristischen Bestimmung des moralisch Guten (vgl. S. 230–243).*

▶ *Sollte es eine Grenze bei Sanktionen geben (vgl. S. 67)?*

Kein Vernünftiger straft, weil gefehlt wurde, sondern damit nicht mehr gefehlt werde. Seneca, 400 v. Chr.

Ehe man tadelt, sollte man versuchen, ob man nicht entschuldigen kann. G. Chr. Lichtenberg

Die Strafe, die züchtigt, ohne zu verhüten, heißt Rache. Albert Camus

Behandelst du die Menschen, wie sie sind, machst du sie schlechter. Behandelst du sie, wie sie sein könnten, machst du sie besser. Joh. W. v. Goethe

▶ *Vergeltung – Besserung der Täter (»Resozialisierung«, Erziehung, Therapie) – Sicherung der Gesellschaft – Abschreckung – Wiedergutmachung: In welchen Texten werden diese grundsätzlichen Strafprinzipien angesprochen?*

▶ *Diskutieren Sie diese Strafen aus der Perspektive des Täters, des Opfers und der Gesellschaft.*

»Rechtsfrieden« für Täter und Opfer

Wer nicht verzeihen kann, zerstört die Brücke, über die er einst selbst wird gehen müssen. Henry Kissinger

Frieden durch Gerechtigkeit
Ziel des Strafverfahrens ist nach Juristendefinition die richtige, prozessordnungsmäßig zustande gekommene, Rechtsfrieden schaffende Entscheidung über die Strafbarkeit des Beschuldigten. Eine Orientierung vermag diese Zielbestimmung nicht zu geben, weil sie die entscheidende Frage, was eine »richtige« Entscheidung ist, offen lässt. Als richtige Entscheidung wird allgemein die angesehen, die dem Angeklagten die seiner Schuld entsprechende Strafe zuerkennt ... Wenn nicht ganz klar ist, ob der schädigende Erfolg vorsätzlich oder fahrlässig verursacht wurde, ist von der milderen Strafform auszugehen. Wenn Zweifel an der Schuldfähigkeit bestehen, so ist von verminderter oder gar aufgehobener Schuldfähigkeit auszugehen. ... Der Grundsatz: »Im Zweifel für den Angeklagten« war bereits fester Bestandteil des antiken römischen Strafprozesses ... Verfahren brauchen nicht notwendig mit einem Urteil zu enden; ... [daneben] bleibt die Möglichkeit, das Verfahren vorläufig einzustellen und dem Angeklagten zugleich aufzuerlegen entweder: den Schaden wieder gutzumachen, einen Geldbetrag zugunsten einer gemeinnützigen Einrichtung oder der Staatskasse zu zahlen, sonstige gemeinnützige Leistungen zu erbringen ...

Albrecht Lüthke/Ingo Müller, 1997

▶ *Stellen Sie die Juristendefinition von Strafverfahren neben die Aspekte, die eine »richtige Entscheidung« ausmachen können. Welche Aspekte würden Sie besonders betonen und warum (vgl. unten)?*

Täter und Opfer zugleich?

»Resozialisierung« – was ist das?
»Man denkt halt über den ganzen Mist nach – also, ich hab' es auf alle Fälle gemacht. Und da bin ich halt draufgekommen, daß es nicht viel bringt. Früher hab' ich durch das, womit ich die Bedürfnisse befriedigt habe – da hab' ich praktisch immer nur meine Probleme gelöst, so gut es ging. Und die Probleme hab' ich jetzt abgebaut. Also hab' ich die Bedürfnisse auch nicht mehr. Durch's Motorrad habe ich zum Beispiel eine gewisse Freiheit gesucht. Die habe ich dadurch gefunden. Jetzt habe ich meine eigene persönliche Freiheit, also meine innerliche Freiheit, und da habe ich keine Bedürfnisse mehr, daß ich es irgendwie noch zeigen muß. Früher zum Beispiel, da habe ich keine innere Freiheit gehabt, null Selbstbewußtsein, gar nichts. Das ist jetzt anders.« (Heinz)
»Es ist so: Ich sage auch oft, das nächste Mal lass' ich mich nicht erwischen oder so, was du hier drinnen immer wieder hörst. Aber innerlich habe ich doch den Willen dazu oder doch das Bedürfnis danach, daß ich halt normal werde, daß ich mich halt ändere.« (Ferdi)
»Meinst du: sich weiterentwickeln – oder sich ändern?« (Sozialarbeiter)
»Daß ich mich halt einpasse, in die Gesellschaft einpasse. Das Bedürfnis habe ich. Aber wenn halt die Gegebenheiten nicht da sind, daß ich mich ändern kann, dann bleibt mir ja kein anderer Ausweg, als daß ich halt irgendwas [Kriminelles] mach'.« (Ferdi)

19 und 23 Jahre, verbüßen mehrjährige Gefängnisstrafen

Nicht büßen, sondern gutmachen
Ja, verbüßen oder absitzen ... mehr nicht. Ich glaube, dass ich keine Resozialisierung brauche, keine Erziehung. Sicher habe ich Fehler gemacht, aber ... was ich jetzt bräuchte, wäre keine Strafe, sondern die Möglichkeit, die Schäden wieder gutzumachen, Schulden und Gerichtskosten zu zahlen und meine Familie zu unterstützen, die jetzt auf das Sozialamt angewiesen ist. Ich muss hier die Zeit herumkriegen, so oder so ... Jetzt sind 3 Monate um und meine Frau darf mich zum ersten Mal nächste Woche besuchen, danach alle 14 Tage eine halbe Stunde ... Da denke ich die ganze Zeit ständig dran. M., 23 Jahre; 16 Monate wegen betrügerischem Autohandel

▶ *Finden Sie M.s Kritik berechtigt? Für welchen Straftypus plädiert er (vgl. S. 194/95)?*

Ermöglicht Recht denn nicht Gerechtigkeit?

Ungerechtigkeit verlangt nach Genugtuung

Kinder stehen vor einem Haus, drücken auf alle Klingelknöpfe, dann laufen sie fort. Ein Kind bleibt ruhig stehen, es hat nicht mit geklingelt. Dann stürzt jemand heraus, sieht das Kind und schlägt ihm ohne viel Federlesens eine schallende Ohrfeige. Das Kind schreit lauf auf, weniger vor Schmerz, nicht einmal wegen des Schrecks: aber wegen der Ungerechtigkeit ... Ein älterer Geschäftsinhaber wird krank, Steuerschulden laufen auf, er beantragt Erlass, da der Betrieb drastisch verkleinert ist. Das Finanzamt lehnt den Antrag ab, da bei Konkurs des Unternehmens keine Arbeitnehmer ihren Arbeitsplatz verlieren würden – der Betrieb ist längst auf die Größe eines Familienbetriebes zusammengeschrumpft. Der Konkurs ist wegen der Unnachgiebigkeit des Finanzamts nicht aufzuhalten. Der Geschäftsinhaber kann mit diesem Makel nicht leben und begeht Selbstmord. Ungerechtigkeit! ... Wir wollen auf der Stelle etwas tun. Jedenfalls staut es sich in uns, wir sind bereit auszubrechen. Das ist der Michael-Kohlhaas-Weg, der blindwütige Kampf gegen das Ungerechte auch auf die Gefahr hin, dabei selbst zugrunde zu gehen. Ist es schon aufgefallen, dass uns dieser Amoklauf gegen das als ungerecht Empfundene gar nicht irrational vorkommt, vielmehr durchaus vernünftig, sympathisch? Wir sind durchaus bereit, mit zu kämpfen, mit zugrunde zu gehen! Durch Ungerechtigkeit, heute in gesicherten – oder besser: gesicherteren – Verhältnissen erlebt, geht uns etwas verloren: innere Ausgewogenheit. Wir waren uns dieser vielleicht nicht besonders bewusst, nun aber ist es klar: Wir haben unseren Frieden verloren, denn wir sind auf Ungerechtigkeit gestoßen. Die Menschen leben ja wahrscheinlich deshalb in so relativem Frieden, weil sie sich in dem Glauben befinden, dass »jedem das Seine« wird.

Paul Lüth, 1981

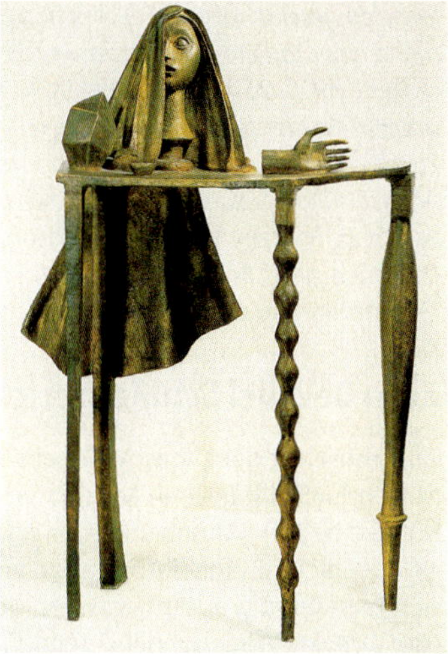

Alberto Giacometti, Der surrealistische Tisch, 1933

▶ *Nehmen Sie Stellung zu der These, dass nur der Verzicht auf Rache und eine Konfliktlösung unter Beteiligung beider Seiten eine »Spirale der Gewalt« zuverlässig verhütet (vgl. »Hobbes«, S. 154).*

Opfer-Sein und Machtlosigkeit

Es gibt die Schmach, Opfer zu sein. Opfer können sich dem Hass und der Rache verschreiben, sich in der Trauer vergraben oder daneben [u. a. bei staatlicher Verfolgung in einer Diktatur] einen Ausweg in politischer Aktivität suchen und finden. Das Opfer-Sein ist eine Form der Machtlosigkeit. Sie kann gegenständlich werden und Menschen beherrschen. Zwar ist die Rache am Täter ein Ausweg für das Opfer. Doch verstößt sie gegen den Anspruch der politisch verfassten Gesellschaft auf das Gewaltmonopol.

Nach: Norbert Brieskorn, 1990

Am 14. 05. 1997 wurde der ehemalige südafrikanische Präsident Federik de Klerk vor seiner Befragung durch die so genannte Wahrheitskommission vereidigt. Die 17 Mitglieder zählende Kommission wurde 1995 von Präsident Nelson Mandela benannt. Sie sollte nicht nur Menschenrechtsverletzungen während der Zeit der Apartheid in Südafrika untersuchen, sondern auch einen Heilungsprozess in Gang setzen, um eine wirkliche Aussöhnung zwischen Schwarzen und Weißen zu ermöglichen.

▶ *Neben strafrechtlichen Verfolgungen gibt es andere Versuche bei der Aufarbeitung der Vergangenheit. Diskutieren Sie die Vorteile, die sich aus diesen Verfahren für alle Betroffenen ergeben.*

Gemeinsame Konfliktlösung: Schüler urteilen über Schüler?

In vielen gesellschaftlichen Bereichen, besonders auch für die Schule, wird zunehmend eine stärkere Eigenverantwortlichkeit von Jugendlichen befürwortet. Mündigkeit (vgl. S. 254/55; 290/91) soll eben auch heißen, dass Jugendliche darin unterstützt werden, ihr Umfeld zu reflektieren und Handlungsalternativen selbst zu entwickeln. Schule soll kein Schonraum sein, sondern sich öffnen. Kann dieser Ansatz auf die Lösung von Konflikten übertragen werden? Gelingt die Forderung von mehr Partizipation Jugendlicher in der Schulpraxis, wenn es um die eigenen Probleme geht? Beispiele aus dem In- und Ausland stellen das unter Beweis. Welche Erfahrunge haben Sie damit?

Zum Beispiel Schülergerichte in Brooklyn

Zusammen regeln, was (ge)recht ist

Mit undurchdringlichen Mienen verfolgen die Geschworenen das Kreuzverhör. Sie tragen Blümchenkleider oder Latzhosen und haben lila Fingernägel, gelegentlich ist eine Zahnspange zu sehen. Die bunte Versammlung nimmt sich merkwürdig aus im ehrwürdigen Verhandlungssaal des Bezirksgerichts. Hier tagt das Jugendgericht: Teen-Gerichte sind in den USA überraschend erfolgreich. »Manchen Jugendlichen mag es leichter erscheinen, vor Altersgenossen zu stehen als vor einem erwachsenen Richter«, sagt ein Betreuer, »aber da irren sie sich.« Cathy gehört offenbar zu dieser Gruppe. Als sie vor das Teen-Gericht tritt, unterdrückt sie ein Gähnen; sie war von der Polizei erwischt worden, als sie ein Footballspiel ihrer Schule mit einem Umtrunk feierte. Minderjährige dürfen aber laut Gesetz keinen Alkohol trinken. »Ich habe nur ein- oder zweimal genippt«, erklärt sie forsch. Eine halbe Stunde später verlässt sie weinend das Gebäude. Die Geschworenen verurteilen sie zu vierzig Stunden gemeinnütziger Arbeit. Außerdem muss sie ihren Eltern einen Entschuldigungsbrief sowie einen langen Aufsatz über die Gefahren von Alkohol und Gruppenzwang schreiben. Und zweimal muss sie demnächst als Geschworene bei einem Teen-Gericht mitwirken. Die Bandbreite der Strafen legen die Organisatoren der »Gerichte« fest. Üblich sind neben der Verpflichtung zum Schreiben von Briefen, Aufsätzen und zu gemeinnütziger Arbeit wie Aushilfe im Altersheim oder Saubermachen im Park oft auch Besuche in Jugendstraflagern, zur Abschreckung. In einigen Städten können die Schülergerichte auch Hausarrest verhängen und Führerscheine sperren. Damit nicht »gute Kids« über »schlechte Kids« richten, gehört es meist zum Pflichtteil der Strafe, die Täter auch als Geschworene heranzuziehen. »Dadurch sehen sie das Gesetz einmal von der anderen Seite. Oft verstehen sie erst dann den Sinn der Strafe. Und es gibt ihnen Selbstwertgefühl, das sie häufig dringend brauchen.«

Nach einem Pressebericht, 1998

Vierzehn- bis Siebzehnjährige sitzen in Brooklyn zu Gericht über Gleichaltrige. Hier heben die Geschworenen des Red Hook Youth Court die Hand hoch zum Eid.

▶ *In deutschen Schulen werden Schülerinnen und Schüler zunehmend zu »Mediatoren« ausgebildet, um Konflikte und Regelverstöße von Mitschülern ohne Einschaltung von Lehrern oder gar der Polizei zu lösen. Auch an Ihrer Schule? Bei welcher Art von Problemen würden Sie dies sinnvoll finden?*

▶ *Die Schülergerichte in Brooklyn werden von Jugendgerichten, Polizeibehörden, Bezirksstaatsanwälten oder von Schulen organisiert. Diskutieren Sie, ob dieses Modell auf Ihre Situation an Ihrer Schule übertragbar wäre. Wenn ja: Von welchen Institutionen erwarten Sie Hilfe? Entwickeln Sie einen Projektplan.*

Verständigung heißt noch lange nicht Konsens. Davor steht – und darum geht es – die Herstellung von Gesprächssituationen, in denen Menschen mit unterschiedlichen, polarisierten und unvereinbaren Positionen, Erfahrungen, Weltbildern und Mentalitäten überhaupt gesprächsfähig werden. Otto Ulrich, Soziologe, 1993

Vier Schritte der Konfliktlösung

1. Konfrontation: Aufzeigen des eigenen Standpunktes;
2. Klärung: Vergleich mit dem des anderen;
3. Deutung: die Berechtigung des eigenen, die Fehler des anderen aufzeigen;
4. Durcharbeiten: darüber diskutieren. Paul Lüth, 1981

▶ *Welche Regeln würden Sie in Ihrem Klassenverband aufstellen, damit eine Herstellung von Gesprächssituationen gelingt, wie Sie Ulrich beschreibt und Lüth für eine Konfliktlösung voraussetzt?*

➢ *Zur Gesprächsführung vgl. S. 62/63*

Klassendisziplin per Vertrag?

An einer unterfränkischen Schule einigen sich Eltern und Lehrer auf Benimmregeln für die Kinder. Das Experiment hat Erfolg.

M. war es leid. Lärm und Schwätzen in den Klassenzimmern, unmotivierte Schüler, Aggressionen auf dem Pausenhof. »In den letzten Stunden am Freitag war eigentlich kein Unterricht mehr möglich«, sagte der Rektor der Schule. Er holte Eltern und Lehrer an einen Tisch und ließ sie vertraglich regeln, wie die Kinder zu erziehen seien. Das kuriose und gleichermaßen einzigartige Experiment zeigte Wirkung: In den Klassen ist jetzt Ruhe. Die Idee zu den Verträgen kam dem Rektor bei einer Diskussion mit seiner 17-jährigen Tochter. Sie wollte abends genauso lange ausgehen wie ihre Freundinnen. M. sprach kein Machtwort, sondern griff zum Telefon und vereinbarte mit den Eltern der Freundinnen eine einheitliche Uhrzeit. Das Problem war gelöst. Vor einem Jahr übertrug M. das Konzept auf die ganze Schule. Im Schnitt unterschrieb mehr als die Hälfte aller Eltern. Die Eltern vereinbarten zum Wohle ihres Kindes: Schimpfwörter werden unterlassen. Außerdem dürfen sich die Kinder erst nach 15 Uhr gegenseitig besuchen. So bleibt Zeit für Hausaufgaben. Und die Eltern der ersten Klasse erlauben keine Spielsachen mehr in der Schule. Eltern und Lehrer sollen an einem Strang ziehen. Die Regeln gelten für alle, kein Kind fühlt sich benachteiligt. Vom Erfolg ist der Rektor selbst überrascht. In den Pausen verringern sich Aggression und Gewalt, im Unterricht wächst die Konzentration. Zufrieden sind auch die Eltern. Nicht einmal die Schüler wehren sich. Nach: Focus, 1994

▶ *»Feind« heißt in der Sprache der Maori »ärgerlicher Freund«. Überlegen Sie, welche Einstellung dahinter stehen könnte. Würden Sie diese Auffassung übernehmen wollen?*

▶ *Im Fall der Schule in Unterfranken wird ein Konflikt anders gelöst. Bewerten Sie die Lösungsstrategie.*

▶ *Kann ein partizipatorischer Ansatz, wie er von Ulrich oder Lüth vorgestellt wird, in allen Schulen praktiziert werden oder sehen Sie Grenzen?*

▶ *Versetzen Sie sich in die geschilderte Situation von Schulleitung, Lehrern, Eltern und Schülern. Entwickeln Sie eine eigene Konfliktlösungs-Strategie.*

Bürger statt Untertan – Mitverantwortung statt Gehorsam

Alberto Giacometti, Der Platz, 1948

Keiner will's gewesen sein?
Ein Geistlicher hatte sich um ein Dorf von Rebbauern sehr verdient gemacht. Die Rebbauern beschlossen deshalb, ihm zu einem festlichen Anlass ein Fass Wein zu schenken. Jeder Bauer sollte zu diesem Zweck zwei Liter vom besten Wein, den er im Keller habe, beisteuern. Jeder Bauer goss hierauf in das bereitgestellte Fass die vereinbarten zwei Liter. Am betreffenden Anlass wurde das Fass nach einer festlichen Ansprache angestochen und dem Geistlichen das erste Glas kredenzt. Aber das Glas enthielt reines Wasser, und die festliche Stimmung verwandelte sich in allgemeine Beschämung.

Walter Jöhr, 1976

▶ *Haben Sie in ähnlichen Situationen bessere Lösungen als Kontrollen und Strafen gefunden?*

Gemeinsam gerechte Lösungen finden

Faire Lastenverteilung jenseits von Gerichtsentscheidungen?
Bei großtechnischen Vorhaben sind Risiken und Nutzen nicht gleich verteilt. In der Regel fällt der Nutzen bei einer Menge meist anonymer Konsumenten oder Produzenten an, während überwiegend die Standortbevölkerung das Risiko trägt. Dies führt zu ständigen Verletzungen des Fairness-Prinzips. Warum soll eine Gemeinde die Risiken des Konsums anderer Gemeinden tragen? Über Deponie-Standorte, Flughäfen usw. entscheiden gewöhnlich die Verwaltungen, allenfalls nach einer »öffentlichen Anhörung«, aber ohne Mitentscheidung der Betroffenen. Der Einzelne ist jedoch vielfach nicht mehr bereit, Entscheidungen zu akzeptieren, die ihn zugunsten der Allgemeinheit belasten. Der Gang zu den Gerichten ist dann häufig der letzte Ausweg. Gerichtsentscheidungen sind jedoch meistens keine »Lösungen«. Das Ziel der Mediation hingegen ist, die Betroffenen selbst einen Konsens finden zu lassen, da sie die »eigentlichen Experten« sind. Mediationsverfahren haben zwei wichtige Voraussetzungen: Die Teilnehmer müssen sich gegenseitig verpflichten, alle Aussagen in einem Diskurs zuzulassen, sich aber gleichzeitig damit einverstanden erklären, dass alle Aussagen prinzipiell der gegenseitigen Kritik zugänglich gemacht und nach nachvollziehbaren Regeln auf ihre Geltungsansprüche hin untersucht werden; und sie müssen die Bereitschaft mitbringen, eine faire Lösung des Konfliktes anzustreben, bei der alle Interessen und Werte grundsätzlich als legitim und verhandlungswürdig anerkannt werden.

Nach: Ortwin Renn, 1996

»Öffentliche Güter« erhalten – nur Sache des Staates?
Zu diesen »Gütern« gehört ein großer Teil der Kultur einer Gesellschaft, ihr Erbe, die Verteidigung, der Umweltschutz, ebenso entscheidende Wirtschaftsfaktoren wie große Teile der Wissenschaft und der Infrastruktur. Unter »Handlungen für die Gemeinschaft« verstehen wir z. B. das Wählen oder Dienst an Gemeinschaftsaufgaben. Staatlicher Zwang und Anreize sind die Hauptmittel, um diesen öffentlichen Gütern Gewicht zu verleihen und Ressourcen zuzuführen. Ein anderes wichtiges Mittel ist die Einschaltung moralischer Verpflichtungen. Mit dem Bürgersinn, der moralischen Verpflichtung gegenüber Gemeinschaftsproblemen, meint man das, was Menschen dazu veranlaßt, zu dem öffentlichen Gut etwas beizutragen.

Amitai Etzioni, 1993

▶ *Konkretisieren Sie den Begriff »Mediation«. Sehen Sie auch Nachteile?*

▶ *Mit welcher Zielsetzung ist/wäre für Sie in gemeinnützigen Einrichtungen eine ehrenamtliche Mitwirkung sinnvoll (vgl. S. 336–339; 373; 384/85)? Für welche »Güter« nach Etzioni würden Sie sich einsetzen?*

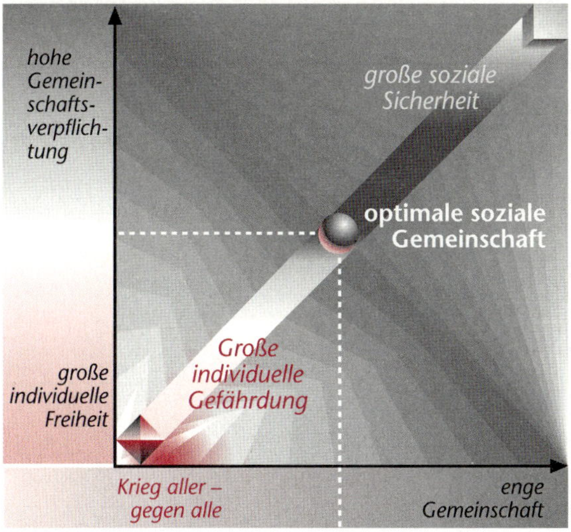

Nach Etzioni kann ein Staat nur die Sicherheiten garantieren, für die Bürger einstehen. Das Gegenteil hieße z. B. geringe Sozialverpflichtung bei großer individueller Unsicherheit.

▶ *Gibt es ein optimales Verhältnis von persönlicher Freiheit und sozialer Inpflichtnahme? Wie würden Sie dieses Verhältnis in Anlehnung an Etzionis Modell beschreiben?*

Zahlreiche Experimente unter verschiedenen Bedingungen ... zeigen, dass die Menschen nicht »schwarzfahren«, sondern freiwillig 40–60 % dessen bezahlen, was nach ökonomischen Berechnungen von allen als Gebühr erhoben werden müsste. Und der Hauptgrund: man betrachtet es als »recht« oder »fair«.

Amitai Etzioni, 1993

Ohne Konfliktfähigkeit keine Freiheit

Nur wo wenigstens dem Prinzip nach alle Interessen und Anschauungen zum Zuge kommen und nicht vorweg ausgeschlossen werden, kann man erwarten, dass sie auf die Dauer die Spielregeln achten und einhalten, statt entweder in die Resignation oder in verzweifeltes und gewalttätiges Aufbegehren zu verfallen ... Das ist die Alternative: Entweder die Freiheit zum Anderssein, zur legitimen Vielfalt und auch Gegensätzlichkeit von Anschauungen und Interessen in der demokratischen Friedensordnung um den Preis der ausdrücklich anerkannten Konflikthaftigkeit – oder scheinhafte Geborgenheit in der Gemeinschaftsidylle um den Preis teils der totalen Konformität, teils der Gewalt und des Terrors.

Christian Graf von Krockow, 1983

Ich hätte ein Europa der Freundschaft wunderbar gefunden. Leider kam man auf die gefährliche Idee, eine Familie daraus zu machen. Jeder weiß es: Unter Verwandten gibt es eben mehr Krach als unter Freunden.

Vicco von Bülow (alias Loriot), 1999

▶ *Hat Loriot damit Recht?*

[Man muss] lernen, dass Demokratie einem nicht geschenkt wird. Man kann sie nicht wie ein fertiges System so wie Software für einen Computer übernehmen. So funktioniert das bekanntlich nicht. Demokratische Fähigkeiten muss man sich erwerben und muss auch den Willen zur Demokratie mit einbringen.

Otto Schily,
Bundesinnenminister, 1999

Gemeinwohl ist nicht die Summe der Einzelinteressen. Gemeinwohl ist der Versuch des Ausgleichs von Interessen.

Angela Merkel,
CDU-Generalsekretärin, 1999

▶ *Diskutieren Sie die These: Eine Demokratie ohne offen ausgetragene Konflikte ist keine Demokratie. Welche Aspekte betonen hierbei Schily und Merkel? Welchen Aspekt würden Sie herausstellen?*

⮞ *Zum »Kommunitarismus« vgl. S. 284/85*

Medien: die vierte Macht im Staat

Zwischen Berichterstattung und Meinungsmache

Wir verlangen vom Journalismus die korrekte Bereitstellung aktueller Themen für die Medienkommunikation und meinen damit Angebote, bei denen möglichst ohne Störungen vermittelt wird. Und da wir gelernt haben, uns in dieser Vorstellungswelt zu bewegen, liegt es nahe, dass wir – wie für das Gelingen von Kommunikation – auch für das Gelingen von Medienkommunikation absolute Kriterien hochhalten: die Abbildung von Wirklichkeit durch die Medien, wahre und objektive Aussagen. Weischenberg, 1999

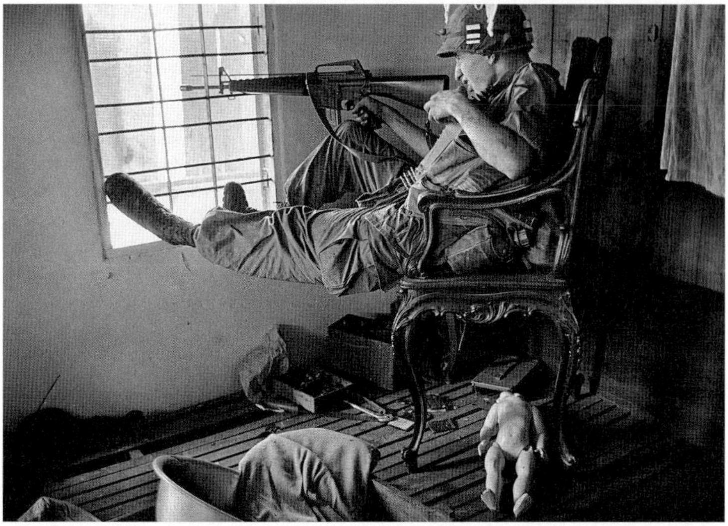

Krieg in Kambodscha

▶ *Was suggeriert das Foto für Sie? Wie erklären Sie sich das?*

▶ *Erläutern Sie anhand des Fotos, wie »wahre und objektive Aussagen« in einen neuen Deutungszusammenhang gebracht werden können. Würden Sie also Weischenbergs Anspruch zustimmen oder kritisieren?*

Medien machen Politik

Umfragen in Deutschland ergeben ein sehr hohes Umweltbewusstsein, dem jedoch überraschend wenig umweltfreundliches Verhalten entspricht. Der Psychologe Hans Spada führt als eine Ursache für diese Diskrepanz die Art an, wie Massenmedien über Umweltrisiken informieren: »Es wird ereignisorientiert anhand einzelner, nicht selten überzeichneter Schadensfälle berichtet.« Je klarer ein Verursacher – etwa die Industrie – herausgestellt werde, desto empörter reagiere die Öffentlichkeit; desto eher entlade sich auch Ärger in Boykotten. Spada und seine Mitarbeiter konnten sogar ein Computermodell aufstellen, das diese Reaktionen auf Meldungen zu Umweltschadensfällen simuliert und sehr genau vorhersagt, mit welchen emotionalen Reaktionen und Handlungstendenzen zu rechnen ist. Durch die Konzentration der Berichterstattung auf einzelne Schadensfälle würde der Einzelne von seinem persönlichen Beitrag zu Umweltverschmutzung und Klimawandel abgelenkt und sehe sich in der Rolle des Opfers, der nur von anderen Verhaltensänderungen verlange. Pressemeldung, 1999

Über die Macht, Wirklichkeit zu interpretieren

... Die Forderung, Wirklichkeit bruchlos abzubilden, hat nichts mit den Eigenheiten der menschlichen Wahrnehmung zu tun. Denn Menschen orientieren sich nicht an objektiven Maßstäben, sondern an relativen Kriterien, die sie benötigen, um sich in ihrem Umfeld zurechtzufinden. Dabei spielen die Medien allerdings inzwischen eine große Rolle. Journalisten repräsentieren jedoch nicht die Welt, sondern sie stellen Weltbilder vor. Sie leben zudem in ihren eigenen Beziehungen zur Wirklichkeit und werden in hohem Maße geprägt durch die Binnendiskussionen in ihrer Redaktion. Denn gerade Zeitungen sind Tendenzbetriebe, die sich im Laufe einer Entwicklung zumindest grob auf eine Tendenz in der Weltsicht verständigt haben und zudem von ökonomischen Parametern bestimmt werden ... Denn mit der Einführung des privaten Fernsehens und des privaten Rundfunks vor mehr als zehn Jahren hat sich auch die bundesdeutsche Medienlandschaft radikal verändert. Nachrichten müssen nun stärker verkauft, Informationen oftmals aufgepeppt und hübsch verpackt an die häufig nicht mehr konzentrationsfähigen Konsumenten gebracht werden. Michael Emmrich, 1999

▶ *Stellen Sie aus Ihrer Sicht als Konsument Forderungen an den Journalismus auf. In welcher Hinsicht sollte der Journalismus »frei« sein, in welcher Hinsicht »gebunden«?*

▶ *Informieren Sie sich über den Journalisten-Kodex des Deutschen Presserates. Halten Sie ihn für ausreichend? Sehen Sie ihn befolgt?*

»Fotoobjekte« in Kamerun

Wer Politik nicht in öffentlichkeitswirksamer Form vor- und voranbringt, riskiert nicht gehört, nicht gesehen und also insgesamt nicht wahrgenommen zu werden. Dass diese Formulierung der Politik und der Politikinhalte selbst beeinflussen muss, liegt auf der Hand.

Bernd Kießling, 1999

▶ *Diskutieren Sie die These, dass Menschen durch Medien nicht nur instrumentalisiert, sondern auch manipuliert werden. Welche Medien haben die Macht dazu?*

Medien und Wirklichkeit

Unsere Wirklichkeit ist gewissermaßen unsere kommunikative Gemeinschaftsproduktion ... Resultat eines kommunikativen Prozesses oder einer kommunikativen Auseinandersetzung, ... nichts, was uns in einer vermeintlich von uns unabhängigen Außenwelt einfach vorgegeben wäre. Es ist vielmehr umgekehrt: Die kommunikativ ausgehandelten Wahrnehmungs- und Deutungsschemata, die unseren Bezug auf die Wirklichkeit strukturieren und ordnen helfen, legen erst fest, was als [Definition zu gelten hat] ... – was freilich nicht heißt, dass hier ein Mechanismus im Spiel wäre, der unsere Definitionen quasi automatisch determinieren würde. Natürlich verfügen wir über ein großes Maß an individueller Definitionsfreiheit; dennoch sind wir als soziale Wesen immer auch von der Gesellschaft und ihrer Kultur bestimmt ... Weil aber die Kommunikation in unserer Mediengesellschaft immer mehr von den Massenkommunikationsmitteln beeinflusst und dominiert wird, müssen wir akzeptieren, dass gerade diese in zunehmendem Maße zur sozialen Konstruktion der Wirklichkeit beitragen ... Und deshalb sollte man gerade in der medienpädagogischen Praxis darauf Wert legen, den Menschen das Rüstzeug in die Hand zu geben, die wirklichkeitskonstruierende Macht der Medien zu reflektieren, um auf diesem Wege Einsicht in die Wirkung der Medien zu ermöglichen ... Wer sich der prinzipiellen Konstruktivität der Medien bewusst ist, geht manipulativen Täuschungsversuchen nicht mehr so leicht auf den Leim.

Bernd Kießling, 1999

▶ *Beurteilen Sie die Möglichkeit, der Macht von Medien entgegenzuwirken. Unterscheiden Sie hierbei die verschiedenen Formen von Medien.*

▶ *Ist für Sie die von Kießling beschriebene Medienmacht ein überzeugendes Argument für die Beibehaltung des öffentlich-rechtlichen Fernsehens?*

Die Gentechnik hat eine andere Sprache hervorgebracht, mit der wir über uns sprechen – eine Sprache, die sich an die Computertechnik anlehnt. Sprache aber hinterlässt Spuren ... Wer Begriffe rechtzeitig und in seinem Interesse besetzt, hat ein effektives Machtinstrument in der Hand. Medien müssen deshalb auch kritisch mit der an sie herangetragenen Sprache umgehen. Michael Emmrich, 1999

▶ *Beurteilen Sie folgende Begriffspaare:*
- *Entsorgungspark – Müllhalde;*
- *Flüchtling – Asylant;*
- *Immobilienhändler – Spekulant.*

Kennen Sie andere, manipulierende Begriffe aus Tageszeitungen?

▶ *Würden Sie aus der Macht von Sprache eine bestimmte Verantwortung für die Medienindustrie ableiten?*

Götter, Menschen und Gebräuche

Am Anfang des abendländischen Denkens stehen die griechischen Mythen, wie sie vor allem Homer überliefert hat. In ihnen erscheint das menschliche Handeln als ein von den Göttern inszeniertes Schauspiel. Die Menschen handeln nach dem Plan der Götter, die wiederum menschliche Züge tragen. Gegen diese mythische Weltauffassung argumentieren ungefähr seit dem 6. Jh. v. Chr. Philosophen, die im Namen der Vernunft die anthropomorphen Göttergestalten kritisieren und die menschliche Eigenverantwortung betonen. Damit setzt eine Entwicklung ein, die »vom Mythos zum Logos« führt: Als wahr gilt nur noch, was sich vor dem Forum kritischer Vernunft rechtfertigen kann.

Homer,
griech. Dichter, der im 8. Jh. v. Chr. in Kleinasien lebte. Homer hat die alten mündlichen Erzähltraditionen seiner Heimat aufgegriffen und zu den beiden Epen »Ilias« und »Odyssee« verarbeitet. So wurde er die prägende Gestalt für das Götter- und Menschenbild der Griechen und des ganzen klassischen Altertums.

Sind wir Marionetten in den Händen höherer Mächte?

Bei Homer veranlassen die Götter jede neue Wendung, die das Geschehen nimmt: … Am Anfang der Odyssee beschließt die Götterversammlung die Heimkehr des Odysseus; immer wieder greifen die Götter ein, bis endlich Odysseus mit Hilfe Athenas die Freier tötet. Stets laufen zwei Handlungen nebeneinander: die eine auf der oberen Bühne unter den Göttern, die andere hier auf Erden, und zwar wird alles, was hier unten geschieht, bestimmt durch das, was die Götter untereinander verhandeln. Denn menschliches Handeln hat keinen wirklichen und eigenständigen Anfang: was geplant und getan wird, ist Plan und Tat der Götter. Dies höhere Leben der Götter gibt dem irdischen Dasein seinen Sinn.

Bruno Snell, 1948

▶ *Welche Vorstellung menschlicher Verantwortung liegt den Mythen Homers zugrunde?*

▶ *Dass wir Marionetten der Götter sind, glauben heute die wenigsten Menschen. Aber der Gedanke, dass höhere Mächte unser Schicksal bestimmen, hat überlebt. In welche Vorstellungen fassen Menschen heutzutage diese Überzeugung?*

Im Götterhimmel Homers geht es menschlich-allzumenschlich zu; moralische Instanzen in unserem Sinn sind die Götter jedenfalls nicht. In der Odyssee erzählt Homer von Prügeleien und erotischen Abenteuern aller Art, z. B. vom Ausflippen des Hephaistos, der von seiner Frau Aphrodite mit Ares hintergangen wird, den beiden auflauert und sie im Bett mit einem unzerreißbaren Netz fesselt.

Bonaventura Genelli, (1798–1868), Hephaistos und Helios enthüllen den Göttern die Untreue der Aphrodite mit Ares.

Auf den Tanz folgte das Liebeslied vom Kriegsgott Ares und der attraktiven Aphrodite mit dem schönen Kränzchen: wie sie sich heimlich im Haus des Hephaistos trafen und zum ersten Mal miteinander schliefen. Ares brachte zwar große, herausragende Gaben mit, aber auch viel Schmach für das Ehebett und das Allerheiligste des Hephaistos. Doch der Götterschmied bekam Wind davon … Nachdem er die zutiefst kränkende Nachricht vernommen hatte, eilte er in seine Schmiede, das Herz voll böser Rachepläne.

Homer, Die Odyssee, erzählt von Christoph Martin, 1996

Kritik der menschengestaltigen Götter

Alles haben Homer und Hesiod den Göttern angedichtet, was nur immer bei den Menschen Schimpf und Schande ist: Stehlen, Ehebrechen und sich gegenseitig Betrügen. Die Äthiopier stellen sich ihre Götter schwarz und stumpfnasig vor, die Thraker hingegen blauäugig und rothaarig. Wenn Kühe, Pferde oder Löwen Hände hätten und damit malen und Werke wie die Menschen schaffen könnten, dann würden die Pferde pferde-, die Kühe kuhähnliche Götterbilder malen und solche Gestalten schaffen, wie sie selber haben.

Xenophanes

▶ *Arbeiten Sie das Grundmuster der Religionskritik des Xenophanes heraus.*

▶ *Beurteilen Sie ihre Reichweite: Gilt sie nur für anthropomorphe Mythen oder kann sie verallgemeinert werden?*

Ist das Übliche immer das Richtige?

Moralität und Sozialstruktur

In heroischen Gesellschaften (wie zur Zeit Homers) ist das Moralische mit der Sozialstruktur tatsächlich identisch. Es gibt nur eine einzige Art von sozialen Bindungen. Moralität als etwas davon Unterschiedenes gibt es noch gar nicht. Fragen der Bewertung sind solche der sozialen Fakten. Deshalb spricht Homer immer von einem Wissen dessen, was zu tun und wie zu urteilen ist. Die gegebenen Regeln, die den Menschen ihren Platz in der sozialen Ordnung und damit ihre Identität zuweisen, schreiben gleichzeitig vor, was diese tun müssen und was die Gesellschaft ihnen schuldig ist. Ebenso regeln sie, wie jemand behandelt wird, der dabei versagt. Ohne einen solchen Platz in der sozialen Ordnung wäre ein Mensch nicht nur außerstande, Anerkennung und Zusprache von andern zu erhalten; weder die anderen, noch er selbst könnten dann wissen, wer er ist.

Alasdaire MacIntyre, 1985

▶ *In der homerischen Gesellschaft fallen sozialer Erfolg und moralische Anerkennung weitgehend zusammen. Verhält es sich heute anders?*

Xenophanes,
griech. Philosoph des 6. Jh. v. Chr. Gilt als »Sturmvogel der Aufklärung«, weil er radikal gegen die landesüblichen Sitten und Konventionen anging und sie mithilfe philosophischen Denkens kritisierte.

Griech. Vasenmalerei, 6. Jh. v. Chr., Waffenläufer

Wie wichtig ist es, nach Ansehen und Anerkennung zu streben, indem man »das Übliche« tut? Xenophanes behandelt diese Frage am Beispiel des Sports, denn athletisches Aussehen und sportlicher Erfolg sind in der Welt Homers wichtige Kriterien sozialer Geltung. In einer Episode der Odyssee profiliert sich Odysseus sogar mit göttlicher Hilfe als Supersportler. Gegen die Verherrlichung des Sports und den Athletenkult polemisiert wiederum Xenophanes. Die herrschenden Maßstäbe müssen nicht immer die richtigen sein.

Die Stärke des Athleten

Euryalos sagte Odysseus streitlustig ins Gesicht: »Nein Fremder, es ist ganz einfach so, dass du keine Ahnung von Sport hast, der doch sonst jeden auf der Welt beschäftigt. Mit einem Athleten hast du keinerlei Ähnlichkeit.« Odysseus warf ihm einen finsteren Blick zu: »Das war nicht gut gesprochen, mein Lieber, du scheinst mir ein übler Typ zu sein. … Dein Vorwurf hat mich bitter verletzt, ich muss dir auf deiner Ebene antworten.« Wütend stand er auf, griff sich, noch im Mantel, einen Diskos, der größer und schwerer war als alle, die bisher im Wettkampf benutzt worden waren, drehte sich und schleuderte ihn mit der starken Rechten so beindruckend schwungvoll, dass die Phäaken sich ängstlich duckten. Weit über die anderen Markierungen hinaus sauste der Diskos. Denn in Gestalt eines Kampfrichters bestimmte, wer hätte es gedacht, (die Göttin) Athene die Flugbahn.

Homer, Die Odyssee,
erzählt von Christoph Martin, 1996

Gegen den Sportlerkult

Wenn einer auch in den landesüblichen Wettkämpfen den Preis davontrüge und von seinen Mitbürgern hoch geehrt würde, wäre er doch nicht so viel wert wie ich. Denn besser als die rohe Kraft von Männern und Rossen ist meine Weisheit. Fehlt doch dem Kult der Athleten jede innere Berechtigung. Daher ist es völlig ungerecht, die rohe Kraft höher zu bewerten als die köstliche Weisheit. Und wenn auch einer als tüchtiger Faustkämpfer unter seinen Landsleuten auftreten oder im Fünfkampf oder als Ringer sich auszeichnete oder durch die Schnelligkeit seiner Füße, so würde dadurch doch die Wohlfahrt der Stadt in keiner Weise gefördert.

Xenophanes

▶ *Für welche Verhaltensmuster kann der Sportlerkult als Beispiel dienen?*

▶ *Nennen Sie die Gründe, aus denen Xenophanes sich von sportlichem Erfolg nicht beeindrucken lässt.*

▶ *Sind körperliche Attraktivität und Sportlichkeit heutzutage noch Schlüssel zur sozialen Anerkennung?*

Sokrates: der Meister des philosophischen Gesprächs

Sokrates (470–399 v. Chr.) ist wohl einer der rätselhaftesten Gestalten in der Geschichte der Philosophie. Er hat keine einzige Zeile geschrieben. Ein Großteil dessen, was er gelehrt, gesagt oder gefragt hat, haben seine Schüler – Platon und Aristotles in erster Linie – schriftlich festgehalten. Er gehört ohne Zweifel zu denen, die den allergrößten Einfluss auf das europäische Denken ausgeübt haben. In Athen geboren – der Vater ein Handwerker, die Mutter Hebamme – und dort auch als Lehrer tätig, verbrachte er sein Leben vor allem auf Marktplätzen und in den Straßen, wo er mit allen möglichen Leuten redete.
Er wird als hässlich beschrieben: eine breite, flache Nase, hervortretende, aber lebhafte Augen, stets ungeordnete Locken, kleiner lauernder Mund. Und weiter: Man könne in der Gegenwart und der Vergangenheit suchen, aber seinesgleichen werde man nirgends finden. Der eigentliche Kern in seinem Wirken war seine Gesprächskunst. Mit ihr konnte er zum Begründer der philosophischen Ethik werden. Was war das Besondere an diesen Gesprächen, was war philosophisch daran?

Sokrates, bronzener Teilnachguss nach einer verschollenen römischen Kopie des Originals, ca. 380 v. Chr.

Der Logos zwingt zur Nachdenklichkeit

Die Frage nach der Sache selbst – die »Was«-Frage
Sokrates fragte: Was ist die Frömmigkeit selbst? Was ist die Tapferkeit selbst? Was ist die Gerechtigkeit selbst? Diese Wesensfrage betraf die Sache selbst. Das, was das Wesen der Gerechtigkeit ausmacht, ändert sich nicht. An die Stelle der Mythologie tritt das Vernehmen des Logos, das heißt die geistige Erfassung der sich gleich bleibenden Struktur der Sache. Diese These soll an einem Beispiel verdeutlicht werden. Im Dialog Laches wird im Zusammenhang mit Fragen der militärischen Ausbildung der Jugend das Problem der Tapferkeit erörtert. Sokrates formuliert die Frage so: »Dieses also wollen wir zuerst versuchen zu erklären, was die Tapferkeit ist; dann aber nach diesem auch überlegen, auf welche Art sie den Jünglingen beizubringen wäre, soweit es nämlich möglich ist, sie durch Übung und Unterricht beizubringen.« Der Duktus der sokratischen Frage ist klar: Zunächst muss man wissen, was die Sache ist, dann kann man über ihre Verwendung reden. Bemerkenswert ist, dass Laches die Frage sofort versteht und auch gleich eine Antwort parat hat: »Denn wenn jemand pflegt in Reih und Glied standhaltend die Feinde abzuwehren und nicht zu fliehen, so wisse, dass ein solcher tapfer ist.« Laches denkt bei seiner Antwort an eine bestimmte militärische Situation. Er versteht Tapferkeit als eine militärische Tugend. Aber diese Antwort befriedigt aus zwei Gründen nicht. Zum einen gibt es militärische Situationen, in denen es klüger ist zu fliehen und nicht standzuhalten, zum andern ist nicht berücksichtigt, dass Tapferkeit auch in nichtmilitärischen Situationen eine Bedeutung hat. Die Frage »Was ist Tapferkeit?« ist mit der bisherigen Aussage nicht beantwortet. Weitere Versuche werden mit einem höheren Allgemeinheitsgrad unternommen. Und so sagt Laches: Tapferkeit scheint mir »eine gewisse Beharrlichkeit der Seele zu sein, wenn ich doch das in allem sich Findende von der Tapferkeit sagen soll«. Doch auch gegen diese Formulierung erhebt Sokrates Einwände. Laches weiß nicht weiter und bemerkt schließlich ärgerlich: Wahrscheinlich laufe das Ganze darauf hinaus, dass allein »irgendein Gott« für tapfer erklärt würde. Den Gesprächsteilnehmern gelingt es nicht zu sagen, was Tapferkeit ist. Aber deutlich wird auch, welche Anforderungen an eine Antwort auf die Frage »Was ist Tapferkeit?« zu stellen ist. Es muss sich um eine Aussage handeln, die nicht nur für eine bestimmte Zeit gilt.

Nach: Wolfgang Pleger, 1998

▶ *Definieren Sie den Begriff Tapferkeit. Vergleichen Sie in einem zweiten Schritt das methodische Vorgehen des Sokrates mit dem Ihrigen.*

Sokratische Ironie: Sokrates spielt den Unwissenden oder gesteht ein, etwas tatsächlich nicht zu wissen. Das schmeichelt seinen Gesprächspartnern. Sie meinen alles zu wissen und breiten ihr vermeintliches Wissen aus. Erst durch gezieltes Nachfragen stellt sich heraus, dass sie selbst die Unwissenden sind.
Im folgenden Text denkt Sokrates über ein Gespräch mit einem Freund nach:

Bei mir selber aber bedachte ich im Fortgehen: Weiser als dieser Mensch bin ich zwar – denn es möchte wohl sein, dass keiner von uns etwas Gutes und Schönes weiß, aber dieser glaubt doch etwas zu wissen, was er nicht weiß, ich aber, gerade wie ich nicht weiß, glaube auch nicht zu wissen. Ich scheine doch wenigstens um ein Kleines weiser zu sein als dieser, weil ich, was ich nicht weiß, auch nicht zu wissen glaube. Von da ging ich wieder zu einem von denen, die für noch weiser als jener galten, und auch hier schien es mir wieder das Gleiche. Dadurch wurde ich diesem selbst wie auch vielen anderen verhasst.

Platon

Der Besserwisser kann nicht wirklich fragen

Ausgangspunkt vieler sokratischer Gespräche sind die Meinungen seiner Gesprächspartner. Gegen die Festigkeit und Selbstverständlichkeit des Für-Wahr-Gehaltenen geht Sokrates mit seinen Fragen an. Erste Antworten werden dann ihrerseits »hinterfragt«. Die Kunst des Fragens ist auch die Kunst des Weiterfragens. Grund und Gegengrund für ein Handeln werden unter die Lupe genommen. Die Dialektik als die Kunst dieses Weiterfragens ist einerseits die Kunst der Begriffsbildung als Herausarbeitung des gemeinsam Gemeinten. Sokrates verwickelt häufig seine Gesprächspartner in Widersprüche, was ihren Umgang mit Begriffen oder ihre Schlussfolgerungen betrifft. Andererseits will sie den Gesprächspartner auf die Suche schicken, ihn aus seinen vermeintlich richtigen Meinungen und Grundsätzen aufscheuchen. Deshalb kann ihm Sokrates die Lösung nicht einfach sagen. Denn entweder versteht er die überhaupt nicht, und dann hat das Sagen keinen Zweck. Oder aber er versteht sie als hingestellten Satz, ohne das Problem zu spüren. Er schluckt die Antwort und meint, er habe ihren Inhalt, und ist dann für wirkliche Erkenntnis verloren. Denn die Wahrheit erfasst nur, wer innerlich in Bewegung kommt.

Volker Pfeifer

Viel hat erfahren der Mensch, seit ein Gespräch wir sind. Hölderlin

Man muss nicht tun, was man gerne möchte. Man muss nicht tun, was die Leute sagen. Man muss das tun, was sich in einer vernünftigen Überlegung (Untersuchung) als das Richtige erweist.

Platon

▶ *Erläutern Sie die im Zitat ausgedrückte Grundhaltung des Sokrates.*

Warum ist dein Tenninsklub der beste?

Sokrates: Wohin so eilig?

Fred: ZumTennis!

Sokrates: Wo spielst du denn?

Fred: Nun, doch natürlich in dem besten Klub der Stadt.

Sokrates: So, du weißt also, welcher der beste ist?

Fred: Natürlich!

Sokrates: Das interessiert mich. Bei so vielen Dingen habe ich vergeblich gefragt, was das ist, was etwas gut sein lässt. Ich bin glücklich, jemanden gefunden zu haben, der es weiß, wenn auch nur im Tennis … Sag mir, warum ist dein Klub der beste?

Fred: Weil man die besten Verbindungen bekommt.

Sokrates: Was für Verbindungen? Zum Tennisspielen?

Fred: Ach wo, halt Verbindungen.

Sokrates: Aber … gehst du nicht in den Klub, um Tennis zu spielen?

Fred: Oh ja, das auch.

Sokrates: Nun, dann sage mir, warum dein Klub für dein Tennisspielen der beste ist.

Fred: Weil da die besten Spieler sind.

Sokrates: Das ist eine überzeugende Antwort. Und dennoch: Sag mir, … wenn es nun alles viel bessere Spieler sind als du – hast du schon einmal erlebt, dass bessere Spieler mit viel schlechteren spielen wollen?

Fred: Gewiss nicht.

Sokrates: Ist es dann nicht richtiger, in einen Klub zu gehen, wo die Spieler schlechter sind als du?

Fred: So könnte es scheinen, aber dann lerne ich ja nichts.

Sokrates: Das ist wahr. Also ist es wohl das Beste, in den zu gehen, wo man gleich gute Spieler findet?

Fred: Offenbar.

Sokrates: Aber was heißt: gleich gute Spieler? Solche, die es glauben zu sein, oder auch solche, die es sind, wenn sie sich auch selber für besser halten?

Fred: Die es glauben und sind, denn die anderen würden dann doch wieder nicht mit mir spielen.

Sokrates: O weh, mein Lieber, was hast du da gesagt? Hast du schon erlebt, dass jemand, der mit einem anderen gleich gut ist, nicht meint, besser zu sein?

Fred: Ja, das ist wahr.

Sokrates: Ein solcher wird also nicht mit dir spielen mögen. Mit wem willst du also dann spielen, wenn die, die gleich gut sind, glauben, zu gut zu sein?

Fred: Mit den schlechteren, die glauben, gleich gut zu sein.

Sokrates: Aber dann lernst du doch wieder nichts. Und außerdem, wenn sie es merken, dass sie schlechter sind, werden sie sich nicht danach drängen, mit dir zu spielen, weil sie doch wollen, dass man sie für gleich gut hält.

Fred: Allerdings …

H. G. Gadamer, 1990

Wer verstehen will, muss fragend hinter das Gesagte zurückgehen. Die Logik der Geisteswissenschaften ist eine Logik der Frage. H. G. Gadamer, 1992

▶ *Nennen und erläutern Sie typische Merkmale des sokratischen Dialogs (vgl. S. 62/63). Wie würden Sie Gadamers Dialog zu Ende führen?*

▶ *Entwerfen Sie einen ähnlichen Dialog zu einem Thema Ihrer Wahl.*

▶ *Das Gespräch als ein Leitmedium der Ethik: Beurteilen Sie diese These kritisch.*

▶ *Können Gespräche zu ethischen Einsichten oder ethischem Handeln führen? Welche Erfahrungen haben Sie diesbezüglich im Ethikunterricht oder außerhalb dessen gemacht?*

Platon: die Idee des Guten

Platon hat versucht, schwierige philosophische Sachverhalte mit Bildern und Gleichnissen zum Ausdruck zu bringen. Eines der bedeutendsten Gleichnisse der Philosophiegeschichte ist sein »Höhlengleichnis«. Die Situation des Menschen in der Welt, die Möglichkeit und Art des Erkennens und der Bildung, die Vorstellung von einem letzthin Guten und die Rolle der Philosophie: diese komplexen Probleme werden in komprimierter Form gleichnishaft dargestellt. Unter einem methodischen Blickwinkel kann die Grundfigur des dem Gleichnis zugrunde liegenden Gedankengangs als typisch für unser Fragen und unsere Versuche der Problemlösung in der Ethik angesehen werden. Zunächst haben wir es mit bestimmten Meinungen und vorläufigen Urteilen zu tun. In der Regel wollen wir hinter oder über diese hinauskommen, wollen sie im Rückgriff auf bestimmte Werte und Normen begründen bzw. rechtfertigen. Vielleicht gelingt uns eine Letztbegründung. Wir verharren jedoch nicht in der Theorie, sondern neigen dazu, das als richtig Eingesehene in die jeweilige Praxis umzusetzen.

Platon (427–348/347 v. Chr.), stammt aus einer hohen Athener Aristokratenfamilie. Er war Schüler des Sokrates und gründete die berühmte Akademie, eine Philosophieschule, an deren Ausbau er bis zu seinem Tod arbeitete.

Das Höhlengleichnis – ein metaphysisches Märchen

I Situation

Nunmehr, sprach ich, versinnbildliche dir unsere Natur und ihre Bildung oder Unbildung an folgendem Zustand. Sieh die Menschen gleichsam in einer unterirdischen höhlenartigen Wohnung mit einem Eingang, der sich gegen das Licht öffnet in Breite der ganzen Höhle, in der sie von Kind an leben, mit Fesseln um Schenkel und Nacken, sodass sie dort bleiben müssen und nur nach vorn sehen, aber infolge der Fesseln ihre Köpfe nicht herumdrehen können. Licht aber bekommen sie von einem Feuer, das oben und von fern in ihrem Rücken brennt, und zwischen dem Feuer und den Gefesselten sei oben ein Weg, und an ihm entlang denke dir eine Mauer gebaut, wie Gaukler vor den Leuten Schranken errichten, über die hinweg sie ihre Kunststücke zeigen. – Ich sehe es, sagte er. – So sieh denn auch, dass Menschen hinter der Mauer mannigfache Geräte entlangtragen, die die Mauer überragen, und Bildsäulen von Menschen und anderen Lebewesen aus Stein und Holz und alle möglichen Kunstgegenstände, und dass sie, wie natürlich, teils sprechen, teils schweigen beim Vorübergehen. – Seltsam ist dein Bild, sprach er, und seltsam sind deine Gefangenen.

II Ausgang: Alltagsmoral – Vorurteile

Sie gleichen uns, sagte ich. Glaubst du etwa, dass solche Menschen zunächst von sich selbst und einer vom anderen mehr gesehen haben als die Schatten, die vom Feuer auf die ihnen gegenüberliegende Höhlenwand fallen? – Wie könnten sie wohl, sagte er, wenn sie die Köpfe ihr Leben lang unbeweglich halten müssen? – Und dann von den vorübergetragenen Gegenständen, ist es damit nicht ebenso? Wie sonst? Wenn sie also imstande wären, sich miteinander zu besprechen, müssten sie dann nicht, was sie sehen, für wirkliche Dinge halten? – Notwendig. – Und wenn dann der Kerker an der gegenüberliegenden Wand einen Widerhall hätte, müssten sie dann, sooft einer von den Vorübergehenden spräche, nicht annehmen, dass nichts anderes spricht als der vorübergehende Schatten? – Beim Zeus, das mein ich, sagte er. – Und überhaupt, sprach ich, würden solche Leute nichts anderes für wahr halten als die Schatten der Geräte? – Unbedingt, sagte er.

III Erste Umkehr

So betrachte denn, sprach ich, wie ihre Lösung und Heilung von Fesseln und Unverstand vor sich gehen müsste, wenn es ihnen wirklich so erginge: Sooft einer entfesselt würde und plötzlich aufstehen müsste, um mit umgewandtem Nacken vorwärts zu gehen und zum Licht emporzublicken, aber bei alledem noch Schmerzen hätte und doch wegen des Glanzes jene Dinge, deren Schatten er damals sah, nicht ansehen könnte, was glaubst du, dass er da antworten würde, wenn man ihm sagte, damals habe er nur Tand gesehen, jetzt sei er der Wirklichkeit viel näher und, dem viel Wirklicheren zugewendet, sehe er richtiger? Und wenn man ihm dann jedes Einzelne im Vorübergehen zeigte und ihn durch Fragen zu sagen zwänge, was es wäre, glaubst du nicht, dass er dann in Verlegenheit kommen und was er damals sah für wahrer halten würde als das, was man ihm jetzt zeigt? – Ja, sehr, sagte er. Und wenn man ihn nun zwänge, in das Licht selbst zu sehen, so würden ihm doch die Augen schmerzen und er würde fliehend sich zu dem umwenden, was er erkennen kann, und glauben, dass das wirklich deutlicher sei als das, was man ihm zeigt. – So ist es, sagte er. – Wenn man ihn aber, sprach ich, von dort mit Gewalt den rauen und steilen Aufstieg hinaufzöge und nicht abließe, bis man ihn ans Sonnenlicht emporgezogen hätte, würde er da nicht leiden und ärgerlich werden über das Ziehen?

Im Ganzen ist das Höhlengleichnis ein Höhepunkt philosophischer Phantasie. Was direkt nicht darstellbar ist, wird hier indirekt, gleichnishaft gesagt. Die Umkehr: Die menschliche Einsicht ist gebunden an eine Umkehr. Erziehung (paideia) ist die Kunst solcher Umkehrung. Die Stufenlehre: Erkennen und Bildung gehen einen organischen Stufenweg. Vom sinnlich Wahrgenommenen geht es zum reinen Gedanken (Mathematik) – vom reinen Gedanken zur Idee (allgemeine Wissenschaft) – von der Idee zum Jenseits des Seins (Transzendenz) – von den Ideen zur einen Idee des Guten: agathon. Zwei Richtungen menschlichen Lebens: einmal aus der Erscheinungswelt in die Welt der Ideen; und dann: zurück zu den Erscheinungen der Welt des steten Wandels, um diesen entsprechend den gewonnenen Einsichten gestalten zu können.

▶ *Sie können das Höhlengleichnis inszenieren: Welchen Handlungsablauf, welche Szenenfolge, Kulissen usw. würden Sie entwerfen, um die Bedeutung des Gleichnisses besonders wirkungsvoll zum Ausdruck zu bringen?*

IV Begründung

Und wenn er dann ans Licht käme, die Augen voller Glanz haben und gar nichts von dem sehen, was wir jetzt das Wahre nennen? – Wenigstens nicht sogleich, sagte er. – Ist doch, meine ich, Gewöhnung nötig, um die Dinge dort oben zu sehen. Und zuerst würde er wohl am leichtesten die Schatten erkennen und danach die Bilder von Menschen und Dingen im Wasser, sie selbst aber erst später. Und hierauf würde er wohl die Dinge am Himmel und den Himmel selbst bei Nacht leichter ansehen, wenn er in das Licht der Gestirne und des Mondes schaute, als wenn am Tage in die Sonne und in ihr Licht. – Wie sollte er nicht?

V Ethische Letztbegründung

Endlich, glaube ich, könnte er aber auch die Sonne, nicht nur im Wasser und nicht nur ihre Erscheinung an einem anderen Ort, sondern sie selbst an und für sich und an ihrem eigenen Ort, erkennen und anschauen, wie sie ist. – Notwendig, sagte er. – Und da würde er dann bereits zu dem Schluss kommen, dass sie es ist, die die Gezeiten hervorbringt und die Jahre und alles überwaltet am sichtbaren Ort und gewissermaßen Ursache ist von allem, was sie sahen.

VI Zweite Umkehr

Doch nun, wenn er sich der ersten Behausung erinnert, der dortigen Weisheit und der Mitgefangenen von damals, glaubst du nicht, dass er sich dann glücklich preisen wird wegen des Wechsels und jene bedauert? – Ja, sehr. – Und wenn es damals Lob und Ehre bei ihnen gab und einen Preis für den, der das Vorüberziehende am schärfsten erkannte und sich am besten erinnerte, was davon früher oder später und was zugleich zu kommen pflegte, und danach am geschicktesten das Kommende zu erraten vermochte, glaubst du, dass er nach diesen Dingen noch Begierde trägt und nach der Stellung derer verlangt, die bei ihnen Ehre und Macht haben?

VII Von der Einsicht zum Handeln

So bedenke denn auch dies, sprach ich. Wenn er wiederum hinabstiege und sich auf denselben Platz setzte, würde er da nicht die Augen voll Dunkel haben, wenn er so plötzlich aus der Sonne käme? – Ja, sehr, sagte er. – Aber wenn er dann wieder in der Beurteilung der Schatten mit jenen immer Gefesselten wetteifern sollte, während er noch geblendet ist und ehe sein Auge sich wieder eingestellt hat – und die Zeit der Eingewöhnung wäre gar nicht kurz –, würde er da nicht Lachen erregen, würde man nicht von ihm sagen, er sei hinaufgestiegen und komme mit verdorbenen Augen zurück, und das tauge nichts und man solle den Aufstieg nicht versuchen. Und wenn man einen, der den Versuch macht, die Fesseln zu lösen und emporzuführen, in die Hände bekommen und töten könnte, würde man ihn nicht totschlagen? – Freilich, sagte er.

Platon: Sokrates im Gespräch mit seinem Schüler Glaukon

Die Sichtbarkeit der sichtbaren Dinge und die Fähigkeit des Auges zu sehen verdankt sich der Sonne, die das Licht spendet. Ähnliches gilt für die Idee des Guten. Die Analogie mit dem Sehen und dem Sichtbaren und seiner Angewiesenheit auf das Licht ist offenbar die Pointe. Wie das Sehen und das Licht »sonnenartig« sind, so sollen auch das Wissen und die »Wahrheit« gutartig heißen.

Volker Pfeifer

▶ *Arbeiten Sie den allgemeinen Gedankengang des Gleichnisses heraus. Achten Sie dabei auf die zahlreichen Details und interpretieren Sie deren Bedeutung.*

▶ *Worin überzeugt Sie das Gleichnis besonders; an welchen Stellen hätten Sie kritische Rückfragen?*

Der ideale Staat

Einen breiten Raum nimmt in Platons Schriften die Auseinandersetzung mit den Sophisten ein. Sie zogen durch das Land und erteilten gegen Bezahlung Unterricht. Im Vordergrund stand die Rhetorik als die Kunst, die, geschickt ausgeübt, politischen Erfolg garantierte. Jene Auseinandersetzung bot Platon die Gelegenheit, seine Vorstellung von Staat und Gerechtigkeit besonders deutlich zum Ausdruck zu bringen. Eine besonders radikale Position bezieht Kallikles, Gesprächspartner des Sokrates.

Auf der Suche nach der richtigen Lebensweise

Das Recht der Stärkeren

In der Regel aber steht das miteinander in Widerspruch, die Natur und die Satzung … Denn der Natur nach ist hässlicher, was auch schlechter ist, nämlich das Unrechtleiden, der Satzung nach aber das Unrechttun. Denn wer ein Mann ist, der lässt es sich nicht gefallen, Unrecht zu leiden, sondern nur ein Sklave, für den es besser wäre tot zu sein als zu leben, da er nicht imstande ist, wenn er beleidigt und gemisshandelt wird, sich selbst zu helfen und ebenso wenig einem anderen, den er lieb hat. Meiner Ansicht nach sind es eben die sich schwach Fühlenden unter den Menschen und die große Masse, die die Gesetze geben. In ihrem eigenen Interesse und zu ihrem Nutzen geben sie die Gesetze und teilen Lob und Tadel aus. Um die kraftvolleren Menschen, die imstande sind, sich Vorteile zu verschaffen, einzuschüchtern, und um selbst nicht ins Hintertreffen zu kommen, sagen sie, das Übervorteilen sei hässlich und ungerecht; und darin eben bestehe das Unrechttun, in dem Streben die anderen zu übervorteilen. Denn was sie selbst anlangt, so sind sie als die Schwächeren, glaube ich, ganz zufrieden, wenn sie nur das Gleiche haben. Deshalb wird es nach Satzung für ungerecht und hässlich erklärt, nach Übervorteilung der großen Masse zu streben, und man nennt dies Unrechttun. Die Natur selbst aber, denke ich, gibt deutlich zu erkennen, dass es gerecht ist, wenn der Bessere gegen den Schlechteren und der Fähigere gegen den Unfähigen im Vorteil ist. Dass dem so ist, zeigt sich in mannigfacher Weise nicht nur bei den übrigen Geschöpfen, sondern auch bei den Menschen in den Verhältnissen ganzer Staaten und Geschlechter: Es gilt nämlich da als ausgemachtes Recht, dass der Stärkere über den Schwächeren herrsche und gegen ihn im Vorteil sei … Kein Zweifel: Diese Leute handeln nach der Natur und, beim Zeus, nach dem Gesetz der Natur, aber freilich nicht nach jenem von uns willkürlich aufgestellten Gesetz, auf Grund dessen wir auf die Besten und Kraftvollsten unter uns gleich von Jugend auf die Hand legen und sie wie Löwen zu zähmen und zu sänftigen suchen, um sie unterwürfig zu machen, unter dem Vorgeben, es müsste Gleichheit herrschen und diese sei das Schöne und Gerechte. Aber lasst nur den rechten Mann erstehen, eine wirkliche Kraftnatur, der schüttelt all das ab, zerreißt die Fesseln und macht sich frei, tritt all unsere Paragraphen, unsere Zähmungs- und Besänftigungsmittel und den ganzen Schwall widernatürlicher Gesetze mit Füßen und steigt so vom Sklaven empor zum glänzenden Herrn über uns: Da leuchtet denn das Recht der Natur aufs Hellste hervor.

Platon

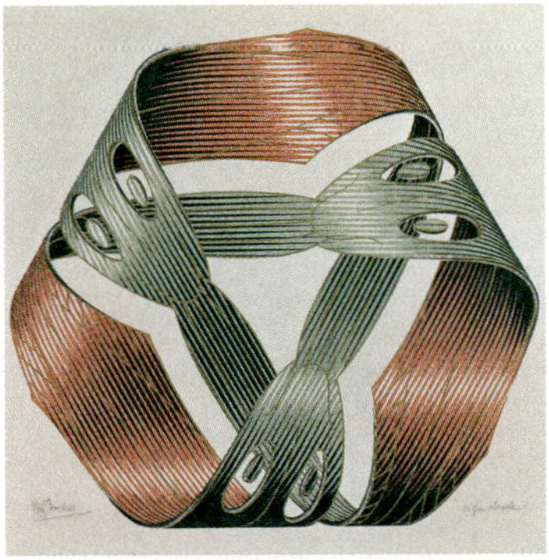

M. C. Escher: Möbiusband I, Holzstich, 1961

Platons Gegenentwurf

Gerechtigkeit, sagen wir, ist des einzelnen Mannes Sache, ist aber auch die Sache des ganzen Staates. Nicht wahr, größer ist der Staat als der Mann? So ist denn vielleicht mehr Gerechtigkeit im Größeren und lässt sich da leichter begreifen. Wenn ihr also wollt, so lasst uns zuerst in den Staaten suchen, was für ein Ding sie ist. Dann wollen wir uns so auch in jedem Einzelnen umsehen und in der Gestalt des Kleineren auf die Ähnlichkeit des Größeren sehen. Wenn wir also einen Staat im Geist entstehen sehen, würden wir da auch erblicken, wie seine Gerechtigkeit entsteht und die Ungerechtigkeit? … Nämlich, was wir von vorneherein als Gebot für alles Tun aufstellten, als wir den Staat gründeten, das, wie mir scheint, ist die Gerechtigkeit. Wir sagten oft, dass jeder Einzelne nur einen von den staatlichen Berufen treiben dürfe, zu dem seine Natur am berufensten wäre. Und doch auch, dass Das-Seine-Tun und Nicht-viel-Geschäftig-Sein Gerechtigkeit ist. Dies also muss die Gerechtigkeit sein: Das-Seine-Tun … Also die Vielgeschäftigkeit der drei Stände und ihr gegenseitiges Wechseln würde man ganz richtig als größten Schaden für den Staat bezeichnen und als besondere Untat. Umgekehrt: Wenn der Erwerbsmann, der Gehilfe und der Wächter jeder das Seine im Staat macht, dann ist es als das Gegenteil davon die Gerechtigkeit.

Platon

▶ *Kallikles setzt das »Recht der Natur« gegen die »Satzung«: Erläutern Sie diesen Unterschied.*

▶ *Welches Bild vom Menschen liegt seinen Ausführungen zugrunde?*

Gerechtigkeit auf Kosten der Freiheit?

Individuum und Staat im Einklang
Was die konkrete Ausgestaltung von Platons Ideal betrifft, so besteht die entscheidende Pointe in der wechselseitigen Durchdringung von Seele und Staat. In nichts ist Platon griechischer als in dem Gedanken eines strengen Parallelismus beider, und d. h. von Individualethik und politischer Ethik. Die Stände des idealen Staates sollen bekanntlich den Seelenteilen entsprechen und selbst die Verfallsstaatsformen sind jeweils bezogen auf einen bestimmten Menschentypus. Die Tugend des Staates geht aus der Tugend seiner Bürger hervor. Doch nicht nur Seele und Staat entsprechen einander; sie stehen auch mit dem Kosmos in Übereinstimmung. So fremd uns auch einige Ausführungen dieses Gedankens anmuten mögen, so wichtig ist es, hervorzuheben, dass der Staat nicht als ein rein zwischenmenschliches Phänomen gilt, sondern seinen Platz in einer umfassenden natürlichen Ordnung hat – ein wesentlicher Unterschied zur politischen Philosophie der Moderne. Eine entscheidende Konsequenz des Ordnungsgedankens ist, dass Natur, Seele und Staat als hierarchisch strukturiert erscheinen. Besonders wichtig ist das für die Seele. Der Wert einer Seele hängt nach Platon davon ab, wieweit sie »gerecht« ist, d. h. »das Ihrige tut« – denn Gerechtigkeit bedeutet für Platon das richtige Ordnungsverhältnis zwischen den Teilen eines Ganzen. Man sieht den Unterschied zur Moderne, etwa zu Hobbes, sofort: Während für diesen Gerechtigkeit in der Befolgung der staatlichen Gesetze besteht, ist Gerechtigkeit bei Platon erstens ein Begriff, der Staaten zu bewerten gestattet. Zweitens denkt er Gerechtigkeit von den Funktionsbedingungen des Ganzen, nicht von Rechten und Ansprüchen des Einzelnen her. Auch wenn ihm ein individualistischer Rechtsbegriff fernliegt, ist doch hervorzuheben, dass sein Staat seine letzte Grundlage in einer individualethischen Tugend, nämlich im richtigen Selbstverhältnis der Seele, hat. Für diese bedeutet, dass Gerechtigkeit und Besonnenheit, dass der niedrigere dem jeweils höheren Seelenteil untergeordnet ist. Die richtige Seelenhierarchie bei sich selbst festzulegen, ist die Voraussetzung politischer Tätigkeit; wer nicht das Haus seiner Seele in Ordnung zu bringen vermag, wird im Haus des Staates schließlich nur Unheil stiften – es sei denn, er wird von jenen beherrscht, denen jenes gelungen. Das heißt aber: Ideal ist der Staat, in dem die Philosophen Könige oder die Könige Philosophen sind.

Nach: Vittorio Hösle, 1997

Die vier Kardinaltugenden

SEELENTEIL	TUGEND	STAND
vernünftige Seele *Geist*	Weisheit	Lehrstand *Philosophen*
wollende Seele *Herz*	Besonnenheit *Tapferkeit*	Wehrstand *Wächter*
begehrende Seele *Bauch*	Mäßigung	Nährstand *Kaufleute* *Bauern* *Handwerker*
	GERECHTIGKEIT	

Tut jeder Seelenteil unter der Herrschaft der Vernunft das Seine, so ist der Mensch gerecht.

Unter den beiden nun, dem Unrechttun und Unrechtleiden, ist das größere Übel das Unrechttun, das kleinere das Unrechtleiden.
Sokrates

Dass Könige philosophieren oder Philosophen Könige würden, ist nicht zu erwarten, aber auch nicht zu wünschen; weil der Besitz der Gewalt das freie Urteil der Vernunft unvermeidlich verdirbt. Dass aber … Völker die Klasse der Philosophen nicht schweigen oder verstummen, sondern öffentlich sprechen lassen, ist beiden zur Beleuchtung ihres Geschäftes unentbehrlich.
Immanuel Kant, 1797

▶ *Arbeiten Sie mit Hösle die charakteristischen Merkmale des Gerechtigkeitsbegriffs bei Platon heraus. Überprüfen Sie, ob und inwieweit diese Interpretation sich mit den Äußerungen Platons deckt.*
▶ *Philosophen als Staatslenker: ein vernünftiger Vorschlag für unsere Gegenwart (vgl. S. 52/53)?*

Aristoteles: Gründer einer Ethik vernünftiger Praxis

Die aristotelische Philosophie und Ethik zeichnet sich durch ein ungewöhnliches Interesse an den wirklichen Dingen aus. Es ist, als schlüge der menschliche Geist erstmals unvoreingenommen die Augen vor allen Phänomenen auf. Mit Aristoteles beginnt das genaue und alles Einzelne gleichermaßen achtende Studium der Wirklichkeit im Ganzen. Seine Philosophie hat einen schwerlich zu übersehenden realistischen Grundzug. Es galt nun, die wirklichen den Menschen tatsächlich erfahrbaren Dinge zu erforschen. Mit dieser neuen Blickrichtung unterscheidet er sich grundsätzlich von seinem Lehrer Platon. Dieser sah über den wirklichen Dingen eine zweite, weit ursprünglichere Welt der Ideen. Diese Idealisierung, die sich über die Wirklichkeit gelegt hatte, baut nun Aristoteles systematisch ab.– Was heißt das für die Ethik? Mit welchen Fragen und Problemen hat sie sich nun auseinander zu setzen?

Was ist richtiges Handeln?

Handeln (Praxis) und Herstellen (Poiesis) sind zweierlei

Jedes praktische Können und jede wissenschaftliche Untersuchung, ebenso alles Handeln und Wählen strebt nach einem Gut, wie allgemein angenommen wird. Daher die richtige Bestimmung von »Gut« als »das Ziel, zu dem alles strebt«. Dabei zeigt sich aber ein Unterschied zwischen Ziel und Ziel: Das eine Mal ist es das reine Tätig-Sein, das andere Mal darüber hinaus das Ergebnis des Tätig-Seins: das Werk. Wo es Ziele über das Tätig-Sein hinaus gibt, da ist das Ergebnis naturgemäß wertvoller als das bloße Tätig-Sein. Da es aber viele Formen des Handelns, des praktischen Könnens und des Wissens gibt, ergibt sich auch eine Vielzahl von Zielen: Ziel der Heilkunst ist die Gesundheit, der Schiffsbaukunst das Schiff, das Ziel der Kriegskunst: Sieg, der Wirtschaftsführung: Wohlstand … Wenn es nun wirklich für die verschiedenen Formen des Handelns ein Endziel gibt, das wir um seiner selbst willen erstreben, während das Übrige nur in Richtung auf dieses Endziel gewollt wird, und wir nicht jede Wahl im Hinblick auf ein weiteres Ziel treffen – das gibt nämlich ein Schreiten ins Endlose, somit ein leeres und sinnloses Streben –, dann ist offenbar dieses Endziel »das Gut« und zwar das oberste Gut. Hat nun nicht auch für die Lebensführung die Erkenntnis dieses Gutes ein entscheidendes Gewicht und können wir dann nicht wie Bogenschützen, die ihr Ziel haben, leichter das Richtige treffen? Wenn ja, so müssen wir versuchen, wenigstens umrisshaft das Wesen des obersten Gutes zu fassen und (zwar zunächst) in welchem Bereich der Wissenschaften oder der praktischen Künste es zu finden ist. Man wird zugeben: Es gehört in den Bereich der Kunst, welche dies im eigentlichsten und souveränsten Sinne ist. Als solche aber erweist sich die Staatskunst. Sie nämlich setzt fest, welche Formen praktischen Könnens in den einzelnen Gemeinwesen unbedingt vertreten sein sollen, ferner, mit welchen und bis zu welchem Grad der einzelne Bürger sich zu beschäftigen hat. Wir sehen es ja, wie ihr selbst die angesehensten »Künste« untergeordnet sind, z. B. Kriegs-, Haushalts- und Redekunst. Da sie es also ist, die sich der übrigen praktischen Künste als Mittel bedient und dazu noch gesetzgeberisch bestimmt, was zu tun und was zu lassen sei, so umfasst ihr Endziel die Ziele aller anderen und dieses ihr Ziel ist daher für den Menschen das oberste Gut … Was ist das Ziel der Staatskunst und welches das höchste von allen Gütern, die man durch Handeln erreichen kann? In seiner Benennung stimmen fast alle überein. »Das Glück« – so sagen die Leute, und so sagen die feineren Geister, wobei gutes Leben und gutes Handeln in eins gesetzt werden mit Glücklichsein. Aber was das Wesen des Glückes sei, darüber ist man unsicher, und die Antwort der Menge lautet anders als die des Denkers.

Aristoteles

Was ist sittliche Einsicht?

Nachdem also wissenschaftliche Erkenntnis auf zwingendem Schlussverfahren beruht, es aber bei Dingen, deren Grundvoraussetzungen veränderlich sind, ein zwingendes Schlussverfahren nicht gibt – denn hier ist durchweg die Möglichkeit der Veränderung vorhanden – und nachdem man keine Überlegungen anstellen kann über Dinge, die mit Notwendigkeit existieren, so kann die sittliche Einsicht nicht wissenschaftliche Erkenntnis sein und auch nicht praktisches Können: wissenschaftliche Erkenntnis nicht, weil das Gebiet des Handelns veränderlich ist; praktisches Können nicht, weil Handeln und Hervorbringen der Gattung nach verschieden sind. So bleibt denn als Ergebnis, dass sie eine mit richtigem Planen verbundene, zur Grundhaltung verfestigte Fähigkeit des Handelns ist, des Handelns im Bereiche dessen, was für den Menschen wertvoll oder nicht wertvoll ist. Denn das Hervorbringen hat ein Endziel außerhalb seiner selbst, beim Handeln aber kann dies nicht so sein, denn wertvolles Handeln ist selbst Endziel. Aus diesem Grunde glauben wir, dass Perikles und Männer seiner Art sittliche Einsicht haben, weil sie nämlich einen Blick dafür besitzen, was für sie selbst und für den Menschen wertvoll ist. Einen solchen Blick schreibt man denen zu, die in der Verwaltung des Hauses und des Gemeinwesens tüchtig sind.

Aristoteles

▶ *Arbeiten Sie Aristoteles' Argumentationsgang und seine wesentlichen begrifflichen Unterscheidungen heraus.*

▶ *Der Text stammt aus dem Eingangskapitel der Nikomachischen Ethik: Untersuchen Sie, ob und inwieweit die Aussagen des Aristoteles über Ethik einen Bezug zu unserem heutigen persönlichen oder politischen Leben haben.*

▶ *»Sittliche Einsicht« ist nicht »wissenschaftlich«: Wie kommt Aristoteles zu dieser Aussage?*

▶ *Erläutern Sie noch weitere Grundelemente »ethischen Wissens«.*

Probleme praktischer Vernunft

Praktische Vernunft zweigeteilt

Praktische Vernunft bzw. Rationalität bezieht sich auf Handlungen, Ziele oder Normen. Inwiefern ist eine Handlung rational? Indem gezeigt wird, daß die Person diejenige Handlung realisiert hat, von der sie glaubt, daß sie in der betreffenden Situation ihr Ziel am besten erreicht. Diesen Aspekt von Handlungsrationalität, der nur den Mittel-Zweck-Zusammenhang betrifft, nennt man instrumentelle Rationalität der Mittel. Im Gegensatz zur instrumentellen Rationalität umfaßt Zweckrationalität oder prudentielle Rationalität auch ein Abwägen der Ziele. Bei instrumenteller Rationalität wird nur eine subjektiv richtige Mittel-Zweck-Beziehung verlangt. Die umfassendere Rationalität von Handlungen ist hingegen die prudentielle: Bei ihr sollen normative Gesichtspunkte der Richtigkeit von Handlungen die entscheidende Rolle spielen. Nach: Stefan Gosepath, 1999

▶ *Untersuchen Sie, inwiefern die Unterscheidung zwischen instrumenteller und Zweck-Rationalität schon bei Aristoteles angelegt ist.*

Raffael (Raffaelo Santi), Die Schule von Athen, 1509/1510

Herrschaft des Homo Faber

Unter den hervorragenden Merkmalen der Neuzeit von ihren Anfangsstadien bis in die Welt noch, in der wir leben, lassen sich überall die typischen Verhaltungsweisen von Homo Faber nachweisen: die Tendenz, alles Vorfindliche und Gegebene als Mittel zu behandeln; das große Vertrauen in Werkzeuge und die Hochschätzung der Produktivität im Sinne des Hervorbringens künstlicher Gegenstände; die Verabsolutierung der Zweck-Mittel-Kategorie und die Überzeugung, dass das Prinzip des Nutzens alle Probleme lösen und alle menschlichen Motive erklären kann; die souveräne Meisterschaft, für die alles Gegebene sofort Material wird und die gesamte Natur sich ausnimmt wie »ein ungeheuer großes Stück Stoff, aus dem wir herausschneiden können, was wir wollen, um es wieder zusammenzuschneidern, wie wir wollen«; die Gleichsetzung von Klugheit mit Scharfsinn oder Findigkeit und die Verachtung für alles Denken, das nicht einfach abzielt auf »die Fabrizierung von künstlichen Gegenständen, vor allem von Werkzeugen, mit denen man Werkzeuge produzieren kann, um die Fabrikation weiterhin bis ins Unendliche zu variieren«; schließlich die Selbstverständlichkeit, mit der Handeln und Herstellen identifiziert werden bzw. mit der alles Handeln im Sinne eines Herstellens verstanden wird. Hannah Arendt, 1960

▶ *Arbeiten Sie die Aktualität der aristotelischen Unterscheidung zwischen Handeln und Herstellen heraus. Sehen Sie Anknüpfungspunkte zu Arendts Unterscheidung in »Herstellen« und »Arbeiten« (vgl. S. 268/69)?*

MENSCHLICHES TUN

Herstellen	Handeln	Betrachten
- Poiesis - Technik	- Handeln - Praxis - sittliche Entscheidungen	- Theorie - Wissenschaft

➢ *Zu »Aristoteles« vgl. S. 223*

Wonach alle streben: Glück (»eudaimonia«)

Aristoteles gewinnt die Leitfrage seiner Ethik von einem elementaren lebensweltlichen Phänomen her. In seinen unterschiedlichen Tätigkeiten verfolgt der Mensch jeweils ein Ziel (griech. = telos). Alle Ziele »zielen« schließlich auf ein letztes, allgemeinstes. Und dies nennt Aristoteles das »Glück« (eudaimonia). Die Frage ist nun: Worin besteht dieses Glück? Ist diese Glücksvorstellung mit der Polis-Welt untergegangen oder für uns heute noch irgendwie richtungweisend?

Ethik als Theorie des Glücks

Was heißt Glück?

Vielleicht ist aber die Gleichsetzung von Glück und oberstem Gut nur ein Gemeinplatz und es wird eine noch deutlichere Antwort auf die Frage nach seinem Wesen gewünscht. Dem kann entsprochen werden, indem man zu erfassen sucht, welches die dem Menschen eigentümliche Leistung ist. Wie nämlich für den Flötenkünstler und den Bildhauer und für jeden Handwerker oder Künstler, kurz überall da, wo Leistung und Tätigkeit gegeben ist, eben in der Leistung, wie man annehmen darf, der Wert und das Wohlgelungene beschlossen liegt, so ist das auch beim Menschen anzunehmen, wenn es überhaupt eine ihm eigentümliche Leistung gibt. Sollte es nun bestimmte Leistungen und Tätigkeiten für den Zimmermann oder Schuster geben, für den Menschen als Menschen aber keine, sondern sollte dieser zu stumpfer Trägheit geboren sein? Sollte nicht vielmehr so wie Auge, Hand, Fuß, kurz jeder Teil des Körpers seine besondere Funktion hat, auch für den Menschen über all diese Teilfunktionen hinaus eine bestimmte Leistung anzusetzen sein? Welche nun könnte das sein? Die bloße Funktion des Lebens ist es nicht, denn die ist auch den Pflanzen eigen. Gesucht wird aber, was nur dem Menschen eigentümlich ist. Auszuscheiden hat also das Leben, soweit es Ernährung und Wachstum ist. Als Nächstes käme dann das Leben als Sinnesempfindung. Doch teilen wir auch dieses gemeinsam mit Pferd, Rind und jeglichem Lebewesen. So bleibt schließlich nur das Wirken des rationalen Seelenteils ... Ist das nun richtig und setzen wir als Aufgabe und Leistung des Menschen eine bestimmte Lebensform und als deren Inhalt ein Tätigsein und Wirken der Seele, gestützt auf ein rationales Element, als Leistung des hervorragenden Menschen dasselbe, aber in vollkommener und bedeutender Weise, und nehmen wir an, dass alles seine vollkommene Form gewinnt, wenn es sich im Sinne seines eigentümlichen Wesensvorzugs entfaltet, so gewinnen wir schließlich als Ergebnis: Das oberste dem Menschen erreichbare Gut stellt sich dar als ein Tätigsein der Seele im Sinne der ihr wesenhaften Tüchtigkeit. Gibt es aber mehrere Formen wesenhafter Tüchtigkeit, dann im Sinne der vorzüglichsten und vollendetsten. Beizufügen ist noch: »in einem vollen Menschenleben«. Denn eine Schwalbe macht noch keinen Frühling und auch nicht ein Tag. So macht auch nicht ein Tag oder eine kleine Zeitspanne den Menschen glücklich und selig. Dies also sei eine erste Skizze des obersten Gutes.

Aristoteles

Theoretiker und Praktiker

Eine Meinung darüber, was oberster Wert und Glück sei, gewinnt man wohl nicht ohne Grund aus den bekannten Lebensformen. In der Mehrzahl entscheiden sich die Leute, d. h. die besonders grobschlächtigen Naturen, für den Genuss und finden deshalb ihr Genügen an dem Leben des Genusses. Es gibt nämlich drei Hauptformen: erstens die soeben erwähnte (a), zweitens das Leben im Dienste des Staates (b), drittens das Leben als Hingabe an die Philosophie ... Ist aber die Glückseligkeit eine der Tugend gemäße Tätigkeit, so muss sie natürlich der vorzüglichsten Tugend gemäß sein, und diese ist wieder die Tugend des Besten in uns. Mag das die Vernunft oder etwas anderes sein, was seiner Natur nach als das Herrschende und Leitende auftritt und das Gute und Göttliche zu erkennen vermag, sei es selbst auch göttlich oder das Göttlichste in uns: Immer wird die seiner eigentümlichen Tugend gemäße Tätigkeit die vollendete Glückseligkeit sein. Dass diese Tätigkeit eine betrachtende ist, haben wir bereits gesagt ... Denn zunächst ist diese Tätigkeit die vornehmste. Die Vernunft nämlich ist das Vornehmste in uns, und die Objekte der Vernunft sind wieder die vornehmsten im ganzen Bereich der Erkenntnis. Sodann ist sie die anhaltendste. Anhaltend denken können wir leichter als irgendetwas anderes anhaltend tun ... Auch was man Autarkie nennt, findet sich am meisten bei der Betrachtung.

Aristoteles

▶ *Erläutern Sie die charakteristischen Merkmale des aristotelischen Glücksbegriffs. Achten Sie dabei auch auf das methodische Vorgehen: Wie, mit Hilfe welcher Fragen, baut Aristoteles seine Argumentation auf?*

▶ *Was vermissen Sie an dieser Definition von »Glück« (vgl. S. 390–407)?*

▶ *Erläutern Sie, wie Aristoteles die Rangordnung der verschiedenen Lebensformen begründet.*

▶ *Was versteht er unter »Autarkie«? An welcher Stelle würden Sie mit einer kritischen Rückfrage einhaken?*

»Eudaimonia« als Selbstverwirklichung

Aristoteles versteht Glück (»Wohlergehen«) nicht bloß subjektiv, als Wohlbefinden, sondern objektiv, als Verwirklichung des dem Menschen eigentümlichen Selbst, kurz als Selbstverwirklichung. Was heute »sinnerfülltes Leben« heißt und was in Ausdrücken wie »Lebensqualität« und »authentisches Leben« mitschwingt, nennen die Griechen »eu ze«, »das gute und gelungene, das geglückte Leben«. Ohne die persönliche Entscheidungsfreiheit einzugrenzen, hält Aristoteles eine für jeden Menschen gültige, insofern objektive Definition von Glück für möglich.

Eine Ethik für den Menschen

Das Leben selbst ist eine Kunst – in Wirklichkeit die wichtigste und zugleich schwierigste und vielfältigste Kunst, die der Mensch ausüben kann. Ihr Gegenstand ist nicht diese oder jene spezielle Verrichtung, sondern die »Verrichtung« des Lebens selbst, der Entwicklungsprozess auf das hin, was der Mensch potentiell ist. Für die humanistische Ethik ist »gut« gleichbedeutend mit »gut für den Menschen« und »böse« gleichbedeutend mit »schlecht für den Menschen«. Um zu wissen, was gut für den Menschen ist, müssen wir seine Natur kennen. Humanistische Ethik ist die angewandte Wissenschaft von der »Kunst des Lebens«. Sie beruht auf der theoretischen »Wissenschaft vom Menschen«. Die Natur alles Lebendigen ist die Erhaltung und Bejahung der eigenen Existenz. Allen Organismen wohnt die Tendenz inne, ihre Existenz zu erhalten. Von dieser Tatsache ausgehend, haben die Psychologen einen Selbsterhaltungstrieb angenommen. Danach besteht die erste »Pflicht« eines Organismus darin, lebendig zu sein. »Lebendig sein« ist eine dynamische, keine statische Größe. Die Existenz und die Entfaltung der spezifischen Kräfte eines Organismus sind ein und dasselbe. Allen Organismen wohnt die Tendenz inne, die ihnen eigenen Möglichkeiten zu verwirklichen. Demzufolge muss man das Ziel des menschlichen Lebens in der Entfaltung der menschlichen Möglichkeiten sehen. Allerdings existiert der Mensch nicht »im Allgemeinen«. Wenn er auch den Kern der menschlichen Eigenschaften mit allen Mitgliedern seiner Spezies gemeinsam hat, so ist er doch stets ein Individuum, ein einmaliges Wesen, das sich von jedem anderen Individuum unterscheidet. Er unterscheidet sich ebenso durch die besondere Mischung von Charakter, Temperament, Talenten, Dispositionen wie durch die Form seiner Finger. Die ihm eigentümlichen menschlichen Möglichkeiten kann er nur verwirklichen, wenn er seine Individualität verwirklicht. Die Aufgabe, lebendig zu sein, ist identisch mit der Aufgabe, er selbst zu werden, sich zu dem Individuum zu entwickeln, das er potentiell ist. Fassen wir zusammen: Gut im Sinne der humanistischen Ethik bedeutet Bejahung des Lebens, Entfaltung der menschlichen Kräfte; Tugend heißt, sich der eigenen Existenz gegenüber verantwortlich zu fühlen. Das Böse führt zur Lähmung der menschlichen Kräfte; Laster ist Verantwortungslosigkeit sich selbst gegenüber.

Erich Fromm, 1986

Erlebnisgesellschaft

Das Erlebnis wird auf eine Art und Weise ins Auge gefasst, wie ein Ingenieur mit dem Staubsauger umgeht. Der Ingenieur will die Leistungskraft des Staubsaugers maximieren. Der erlebnisrationale Mensch erwartet sich eine maximale innere Wirkung von äußeren Gegenständen. Dazu kann man auch Partner zählen, Umgebungen, in die man hinreist, natürlich auch Konsumgüter, Filme und Musik. Das alles gruppiert man um sich, in der Hoffnung auf ein intensiveres Erlebnis: Instrumentalisierung der Umwelt zur Optimierung des Innenlebens.

Psychologie Heute, 1999

▶ *Erläutern Sie die Grundelemente der Ethik für den Menschen von Fromm. Überprüfen Sie, inwieweit er sich auf Kerngedanken des Aristoteles bezieht.*

▶ *Beurteilen Sie kritisch, in welchem Maß Aristoteles mit seiner Vorstellung von »Glück« für uns heute noch maßgebend sein kann. Berücksichtigen Sie dabei auch die Charakterisierung unserer Gesellschaft als »Erlebnisgesellschaft« (vgl. S. 406/07).*

Ohne Tugend kein Glück?

Glück ist aktives Handeln in Übereinstimmung mit der für den Menschen eigentümlichen Fähigkeit, dem Vernunftvermögen. Der Mensch kommt erst eigentlich zu sich, verwirklicht seine in ihm liegenden Möglichkeiten, wenn die Vernunft bei seiner Lebensgestaltung das Zepter führt. Glück hat also auch mit einem Können, mit »Tüchtigkeit« (griechisch: arete) zu tun. Der Begriff des Glücks setzt den der Tugend voraus. Was versteht Aristoteles im Einzelnen unter »Tugend« und ist sein Begriff für uns heute noch relevant?

Tugend als Können

Wie werden wir tugendhaft?

Wenn sonach die Tugend zweifach ist, eine Verstandestugend und eine sittliche Tugend, so entsteht und wächst die erstere hauptsächlich durch Belehrung und bedarf deshalb der Erfahrung und der Zeit; die sittliche dagegen wird uns zuteil durch Gewöhnung, davon hat sie auch den Namen (ethisch, von ethos) erhalten, der nur wenig von dem Wort Gewohnheit (ethos) verschieden ist. Daraus erhellt auch, dass keine von den sittlichen Tugenden uns von Natur zuteil wird. Denn nichts Natürliches kann durch Gewöhnung geändert werden. Der Stein z. B., der sich von Natur nach unten bewegt, kann nicht gewöhnt werden, sich nach oben zu bewegen, wenn man ihn auch durch vieltausendmaliges Emporschleudern daran gewöhnen wollte, und ebenso wenig kann das Feuer an die Bewegung nach unten oder sonst etwas an ein seiner Natur entgegengesetztes Verhalten gewöhnt werden. Darum werden uns die Tugenden weder von Natur noch gegen die Natur zuteil, sondern wir haben die natürliche Anlage, sie in uns aufzunehmen, zur Wirklichkeit aber wird diese Anlage durch Gewöhnung … Die Tugenden erlangen wir nach vorausgegangener Tätigkeit, wie dies auch bei den Künsten der Fall ist. Denn was wir tun müssen, nachdem wir es gelernt haben, das lernen wir, indem wir es tun. So wird man durch Bauen ein Baumeister und durch Zitherspielen ein Zitherspieler. Ebenso werden wir aber auch durch gerechtes Handeln gerecht, besonnen, indem wir besonnen, und tapfer, indem wir tapfer handeln.

Aristoteles

Tugend als laue Mittelmäßigkeit?

Wenn nun jede Wissenschaft und Kunst ihre Leistung dadurch zu einer vollkommenen gestaltet, dass sie auf die Mitte sieht und dieselbe zum Zielpunkt ihres Tuns macht, deswegen pflegt man ja von gut ausgeführten Werken zu sagen, es lasse sich nichts davon- und nichts dazutun, in der Überzeugung, dass Übermaß und Mangel die Güte aufhebt, die Mitte aber sie erhält, wenn also die guten Künstler, wie gesagt, diese Mitte bei ihrer Arbeit im Auge behalten, und wenn die Tugend gleich der Natur sicherer und besser ist als alle Kunst, so muss wohl dies als Schlusssatz sich ergeben, dass die Tugend nach der Mitte zielt, die sittliche oder Charaktertugend wohlverstanden, da sie es mit den Affekten und Handlungen zu tun hat, bei denen es eben ein Übermaß, einen Mangel und ein Mittleres gibt. Beim Zagen z. B. und beim Trotzen, beim Begehren, Zürnen, Bemitleiden und überhaupt bei aller Empfindung von Lust und Unlust gibt es ein Zuviel und Zuwenig, und beides ist nicht gut.

Aristoteles

Mesoteslehre

Tollkühnheit	Mut	Feigheit
Stumpfsinn	Mäßigkeit	Zuchtlosigkeit
Verschwendung	Freigebigkeit	Geiz
Schmeichelei	Freundlichkeit	Streitsucht

Aristoteles verdeutlichte seinen Schülern die Mesotes-(Mitte-)Lehre anhand dieses Schemas.

▶ *Führen Sie das Schema im Sinne Aristoteles' weiter.*

▶ *Die Tugend als »maßvolle Mitte«: Wie sieht Aristoteles diesen Zusammenhang? Die Mesotes-Lehre ist oft als ein Weg zu mittelmäßigen Kompromissen verstanden worden. Überprüfen Sie diese Interpretation anhand des Textes.*

▶ *Erläutern Sie den Unterschied zwischen Verstandes- (dianoetischen) und Charakter- (ethischen) Tugenden.*

▶ *Charakterisieren Sie die ethischen Tugenden genauer. Achten Sie dabei auch auf die Verwendung des Naturbegriffs durch Aristoteles.*

▶ *Aristoteles scheint das »Learning by doing«-Prinzip als Lernmethode in Sachen Moral zu vertreten. Beziehen Sie kritisch Stellung dazu.*

Die Mesotes-Lehre: Leerformel oder Orientierungshilfe?

Eine Welt der Extreme

Die Ethik des Aristoteles ist rein irdisch. Aber seine Erde war flach. Aristoteles repräsentierte die Idee einer neuen Einheit der hellenistischen Welt. Er verkörperte sie in der Metaphysik, in der Politik und auch in der Ethik. Uns wurde das Genie des Aristoteles fremd, denn wir leben in einer Welt der Extreme. In der Tat, wenn wir uns die aristotelische Ethik näher anschauen, dann bemerken wir unschwer, dass ihr vor allem der Wunsch nach einer Synthese innewohnt, der Glaube, dass man zwischen zwei Extremen immer eine Mitte finden könne, die von beiden das Nützliche bewahrt und das Schädliche eliminiert, und dass der gesunde Menschenverstand in harmonischer Synthese vereinigt, was Mangel an Mäßigkeit einander als Gegensätze gegenüberstellt. Mit anderen Worten: Aristoteles meint, dass die Gegensätze zwischen den menschlichen Haltungen, die sich in gesellschaftlichen Auseinandersetzungen äußern, nicht in der Welt, sondern in der schädlichen Maßlosigkeit begründet sind, zu der die Unvernunft führt. Sie sind also das Werk des Menschen, der die Güter dieser Welt in der einen oder anderen Weise missbraucht. Leszek Kolakowski, 1974

Wassily Kandinsky, Kreise im Kreis, 1923

Was ist das »rechte Maß«?

Alle menschliche Ordnungen bilden sich in einem Geschiebe von Gleichgewichtsverhältnissen aus. Frieden erfordert eine »balance of power«; Medizin, Ethik, Psychiatrie haben es stets mit der Gefährdung oder Stabilisierung von spezifischen Gleichgewichten zu tun. Humanökologie wird zum Problem. Die Menschen haben in der wissenschaftlich-technischen Zivilisation das »Augenmaß für jene Gleichgewichtsverhältnisse verloren, die für sie Existenzbedingung sind. Sie haben Prozesse entfesselt, die irreversibel die bisherigen Gleichgewichte zerstören. Aber es ist nicht zu spät, an die alte Weisheit zu erinnern, dass nichts in der Natur Bestand haben kann, was sich nicht innerhalb seiner spezifischen Maße hält, und dass die Individuen, die Gesellschaften und die Imperien zugrunde gehen, wenn sie ihr Maß überschreiten. Was heißt in diesem Satz »Maß«? Wir sagten: Maße seien die Elemente der Ordnung eines Oikos. Ein Gebäude hat dann die rechten Maße, wenn es dem Leben, das seinem Schutze anvertraut ist, eine Ordnung gibt, in der es gedeiht. Untersucht man die Ordnungen des Lebens, so geht es immer um den Ausgleich einander widerstrebender Tendenzen und Kräfte. Es geht um die Herstellung von Gleichgewichten zwischen dynamischen Verhältnissen, in denen sich die Rhythmik der Lebensvorgänge gestaltet. Wir müssen heute neue Maße suchen. Zuvor müssen wir aber wieder lernen, was »Maß« überhaupt ist. Das führt uns zu den Griechen zurück. Georg Picht, 1982

Alles Unglück der Menschen kommt von einem Einzigen her: Sie verstehen es nicht, in Ruhe in einem Zimmer zu bleiben.

Blaise Pascal, 1670

Besonnenheit (Maß)

Besonnen ist noch nicht, wer zur Selbstkontrolle lediglich hin und wieder fähig ist, sondern erst derjenige, der sie zu einem Persönlichkeitsmerkmal ausbildet, zu einem charakterlichen Können, das man früher Arete, Virtus oder sittliche Tugend nannte. In der üblichen Übersetzung von Sophrosyne mit Temperantia bzw. Maß klingt an, daß nicht etwa alle Spontanität und Emotionalität unterdrückt werden sollte. Andererseits braucht es mehr als nur das rechte Maß, nämlich zusätzlich eine kreative Koordination. Wer besonnen ist, verfolgt Teil- und Einzelziele, die untereinander einen Zusammenhang bilden, eine Ordnung, die ein gelungenes Leben ermöglicht. Definieren kann man die Besonnenheit als das zur Grundhaltung gewordene Selbstverhältnis im Bereich des Emotionalen. Otfried Höffe, 1993

▶ *Die Mesotes-Lehre ist häufig kritisiert worden. Arbeiten Sie anhand der Texte die unterschiedlichen Positionen und deren Begründungen im Einzelnen heraus.*

▶ *Formulieren Sie Ihr eigenes Urteil: Inwiefern könnte die Idee des Aristoteles für Ihre eigene Lebensgestaltung bedeutsam werden?*

➤ *Zur »Seelenruhe« (Epikur) vgl. S. 224/25*

Ein Lob der Klugheit (»phronesis«)

Aristoteles braucht in seinem ethischen System noch eine Kraft, ein Können , die die Vermittlung des Logos (Vernunft) zum Ethos (Haltung) hin zum konkreten Handeln bewerkstelligen. Nicht in den allgemeinen Begriffen von Tapferkeit, Gerechtigkeit usw. vollendet sich das sittliche Wissen – zu dieser Ansicht neigte noch sein Lehrer Platon – sondern in der situativen Anwendung, die das hier und jetzt Tunliche im Lichte solchen Wissens bestimmt. Diese Leistung vollbringt die Klugheit. Sie wird zu einem unverzichtbaren Baustein der aristotelischen Ethik.

Die Klugheit weist den Weg zum guten Leben

Der Kluge muss das Einzelne kennen …

Was die Klugheit ist, können wir fassen, wenn wir betrachten, wen wir klug nennen. Der Kluge scheint das für ihn Gute und Zuträgliche recht überlegen zu können, nicht das Gute im Einzelnen, also was für die Gesundheit oder Kraft gut ist, sondern was das gute Leben im Ganzen angeht. So wäre der Kluge der gut Überlegende … Die Klugheit ist weder Wissenschaft noch Kunst; nicht Wissenschaft, weil der Gegenstand des Handelns sich auch anders verhalten kann, und nicht Kunst, weil Handeln und Hervorbringen verschiedene Gattungen sind. Es bleibt also nur, dass sie ein mit richtiger Vernunft verbundenes handelndes Verhalten sei im Bezug auf das, was für den Menschen gut oder schlecht ist. Das Hervorbringen hat ein Ziel außerhalb seiner selbst, das Handeln nicht. Denn das gute Handeln ist selbst ein Ziel. Auch betrifft die Klugheit nicht nur das Allgemeine, sondern muss auch das Einzelne kennen. Denn sie ist handelnd, und das Handeln betrifft das Einzelne. So gibt es auch Einzelne, die ohne wissenschaftliches Wissen zum praktischen Handeln in verschiedenen Dingen geeigneter sind als die Wissenden, nämlich die Erfahrenen. Wenn man nämlich weiß, dass leichtes Fleisch gut verdaulich und gesund ist, nicht aber weiß, welches Fleisch leicht ist, so wird er nicht die Gesundheit schaffen können; das wird eher jener können, der weiß, dass das Geflügelfleisch leicht ist. Die Klugheit aber ist handelnd. Also muss sie beides umfassen und noch mehr das Zweite … Es gibt eine Fähigkeit, die man Gewandtheit nennt. Ihr ist es eigentümlich, das zu tun und erreichen zu können, was zum vorgenommenen Ziele führt. Ist das Ziel gut, so ist sie lobenswert, ist es schlecht, so ist sie Gerissenheit. Darum nennen wir sowohl die Klugen wie auch die Gerissenen gewandt. Die Klugheit ist nun nicht diese Fähigkeit selbst, aber sie besteht nicht ohne sie. Eine solche Haltung aber wird diesem Auge der Seele nicht ohne Tugend zuteil, wie wir schon gesagt haben und es auch klar ist. Denn die Schlussfolgerungen, die das Prinzip des Handelns sind, lauten: »Weil das und das das Ziel und das Beste ist – es mag sein, was es will; man kann irgendetwas Beliebiges nehmen …« Dies wird aber nur dem Tugendhaften klar. Denn die Schlechtigkeit verführt und macht, dass man sich in den Prinzipien des Handelns vergreift. Also ist klar; dass man nicht klug sein kann, wenn man nicht tugendhaft ist.

Aristoteles

M. C. Escher, Hand mit spiegelnder Kugel

Diejenigen, die bereits über die richtige Haltung (»ethos«) verfügen, also im Besitz der charakterlichen Tugenden sind, brauchen die »phronesis« gar nicht mehr. Sie wissen ohnehin schon, was zu tun ist. Umgekehrt können jene, die eine richtige Grundhaltung erst anstreben, also noch gar nicht im Besitz derselben sind, von der »phronesis« noch gar keinen Gebrauch machen.

▶ *Erläutern Sie, wie sich dieses Dilemma auflösen ließe.*

▶ *»Vernünftig, klug, clever, gerissen«: Untersuchen Sie diese Adjektive anhand Ihres intuitiven Sprachverständnisses. Vergleichen Sie Ihre Ergebnisse mit den Bestimmungen des Aristoteles zur Klugheit. Was erscheint Ihnen an der Definition der Klugheit typisch für die aristotelische Argumentation?*

Die »phronesis« auf unsere Gegenwart übertragen

Klugheit und Lebenskunst

Zweifellos setzt die Klugheit zunächst beim Eigeninteresse des Individuums an. Dies bedeutet, daß es einem Selbst um sich und sein eigenes Leben geht, daß es davon ausgehend seine Interessen vertritt und dafür auch Nachteile in Kauf nimmt, wenn z. B. die Wahrung der Selbstachtung höher geschätzt wird als der Vorteil, der mit dem Verzicht darauf einherginge.

- Um der Klugheit willen transformiert das Selbst sein Eigeninteresse in ein aufgeklärtes Eigeninteresse. Die Klugheit verkörpert das Wissen davon und das Gespür dafür, was nicht nur jeweils »für mich« gut ist, sondern was »im Zusammenhang gut« ist. Also: Rücksicht – Umsicht – Voraussicht.
- Als Selbsterhaltungsprinzip der Klugheit läßt sich die Maxime formulieren: »Achte auf die Zusammenhänge, in denen du lebst, und auf die Möglichkeiten, über die du verfügst.«
- Der Angewiesenheit auf andere und die Allgemeinheit trägt das Subjekt mit einer Maxime Rechnung, die als Umkehrgebot der Klugheit bezeichnet werden kann: »Berücksichtige das Eigeninteresse anderer in derselben Weise, wie du das eigene geltend machst.«
- Dem entspricht ein ausdrückliches Überheblichkeitsverbot: »Überhebe dich nie über andere, um sie nur zum Mittel für eigene Zwecke zu gebrauchen.«
- In der reflektierten Lebenskunst werden die konzentrischen Kreise der Klugheit entfaltet, die sozial, räumlich und zeitlich immer weiter ausgreifen, um die Interessen anderer mitzubedenken.
- Schließlich sorgt die Klugheit dafür, in vielerlei Hinsicht das richtige Maß zu finden. Im Unterschied zu kategorischen Forderungen, die immer und überall und ausnahmslos zu gelten suchen, kennen kluge Maximen ein »Je nachdem«. Wilhelm Schmid, 1998

Tomi Ungerer: »Maus-klick«

Die Ohnmacht der »phronesis«?

Es ist zu fragen,was »phronesis« in einer technisch und wissenschaftlich durchrationalisierten Welt sein könnte. Daß wir nicht mehr in der wesentlich statischen und in ihren Grundstrukturen unveränderlichen sozialen Welt leben, auf die hin Aristoteles die Phronesis konzipiert hatte, scheint offenkundig. Die neuzeitliche Dominanz der »poiesis« und des Homo Faber beruhen nicht nur auf dem Vergessen einer wichtigen begrifflichen Unterscheidung, sondern die »techne« ist die Signatur unseres Zeitalters. Nach: Herbert Schnädelbach, 1992

▶ *Erläutern Sie Inhalt und Reichweite der Klugheitsprinzipien, wie sie Schmid aufzeigt. Zeigen Sie, an welchen Stellen sie über die Phronesis hinausgehen.*

▶ *Diskutieren Sie, ob und inwieweit sie zur Basis einer »reflektierten Lebenskunst« für uns heute werden könnten und sollten.*

Das aristotelische Bild vom Menschen

Der Ethik des Aristoteles liegen eine Reihe elementarer Aussagen über Natur und Wesen des Menschen zugrunde. Die Aussagen über menschliches Handeln, über das höchste Gut, die »eudaimonia«, die Tugenden lassen sich zurückführen auf bestimmte Merkmale des Menschen: seine Wesensnatur und seine Stellung im Kosmos. Von hier fällt also ein erhellendes Licht auf die Art und Weise, wie Aristoteles seine Ethik aufbaut.

M. C. Escher, Gestempeltes und koloriertes Ornament

Der Bau der Seele

Der Mensch als Zoon Politikon

Hiernach ist denn klar, dass der Staat zu den naturgemäßen Gebilden gehört und dass der Mensch von Natur ein nach der staatlichen Gemeinschaft strebendes Wesen (zoon politikon) ist; und derjenige, der von Natur und nicht durch zufällige Umstände außer aller staatlichen Gemeinschaft lebt, ist entweder mehr oder weniger als ein Mensch, wie etwa der von Homer Beschimpfte: »Ohne Geschlecht und Gesetz, ohne eigenen Herd«. Denn dieser ist von Natur ein solcher und gleichzeitig gierig nach Krieg, da er isoliert dasteht, wie man im Brettspiel sagt. Dass ferner der Mensch in weit höherem Maße als die Bienen und alle anderen herdenweise lebenden Tiere ein nach staatlicher Gemeinschaft strebendes Wesen ist, liegt klar zutage. Denn nichts tut, wie wir behaupteten, die Natur zwecklos. Der Mensch ist aber das einzige Lebewesen, das Sprache (logos) besitzt. Die bloße Stimme nämlich zeigt nur das Angenehme und Unangenehme an, darum kommt sie auch den anderen Lebewesen zu; die Sprache dagegen ist dazu bestimmt, das Nützliche und Schädliche deutlich kundzutun und also auch das Gerechte und Ungerechte. Denn das ist eben dem Menschen eigentümlich im Gegensatz zu den Tieren, dass er allein fähig ist, sich vom Guten (agathe) und Schlechten, von Recht und Unrecht Vorstellungen zu machen. Die Gemeinschaftlichkeit dieser Vorstellungen ruft aber eben das Haus und den Staat ins Leben.

Aristoteles

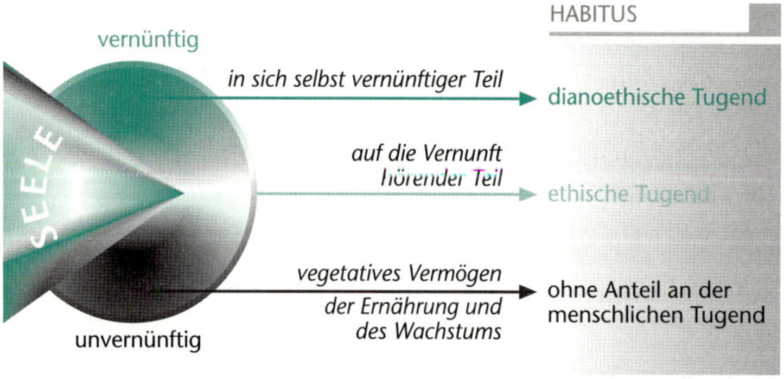

Der rationale Seelenteil

Das Glück stellt sich für Aristoteles dar als eine Tätigkeit der Seele im Sinne der ihr wesenhaften und eigentümlichen Tätigkeit. Was meint er mit »Tätigkeit der Seele«? Aristoteles unterscheidet in der Struktur der Seele drei Momente: ein vernunftsloses Moment – die vegetativen Funktionen des Menschen; ein in sich selbst vernünftiges Moment; und jenes Dazwischen, das zwar nicht in sich selbst vernünftig ist, das aber in einem Bezug zur Vernunft steht, auf sie hören, ihr gehorchen oder zuwiderhandeln kann. Vernunft im eigentlichen Sinne meint die Fähigkeit zur Vernunftserkenntnis. Sie soll zu entsprechend vernünftigem Handeln führen. Was den Menschen von allen anderen Lebewesen unterscheidet, ist sein Leben als Wirken des rationalen Seelenteils (logon echon).

Volker Pfeifer

▶ *Erläutern Sie, was Aristoteles unter Seele versteht.*

▶ *Vergleichen Sie seine Aussagen mit jenen Freuds (vgl. S. 44/45). Wo liegen zentrale Unterschiede?*

▶ *Der Mensch als ein soziales, rationales, sprachbegabtes und moralisches Wesen: Diese aristotelische Charakteristik ist zum festen Bestand des abendländischen Bildes vom Menschen bis in unsere Gegenwart geworden. Arbeiten Sie diese Kernaussagen aus dem Text heraus und achten Sie dabei auf die jeweilige Begründung.*

Teleologische Metaphysik

Das aristotelische Bild vom Menschen wird noch überwölbt von bestimmten metaphysischen Vorstellungen. Sie bilden den Schlussstein seines ethischen Gedankengebäudes.

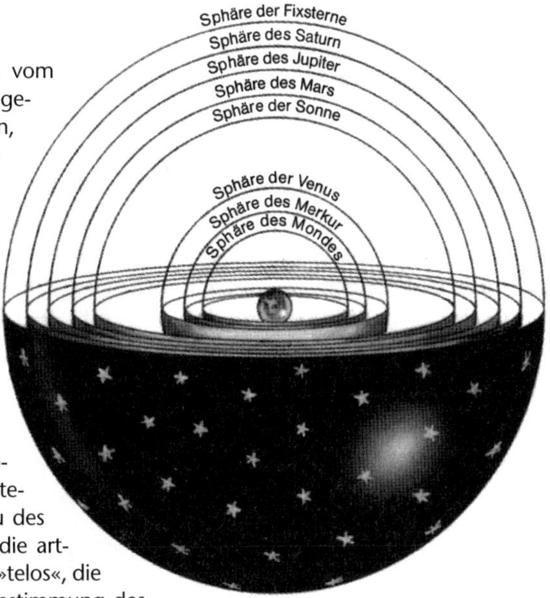

Aristotelisches Sphärenmodell: Die Erde befindet sich im Mittelpunkt.

Das ganze Weltgeschehen ist für Aristoteles ein großer, vom Zweck (telos) her bestimmter, vom Zweck bewegter und gesteuerter Prozess. Die Welt ist eine Stufenfolge von Formen, bei der jede folgende Stufe sämtliche vorausgehenden in sich einschließt: von der unbelebten Materie über die belebte Welt mit ihren Einzelstufen der Pflanze, des Tieres und des Menschen durch eine immer stärkere Befreiung der Form von der Materie bis hin zur höchsten materielosen Form, zu Gott, der seinem Wesen nach reine Form, reine Vernunft, bewegungsloser Beweger des Alls ist. Jeder Gegenstand auf jeder Stufe des Seins hat seinen eigenen spezifischen Zweck, seine eigene »entelechie«, ist aber gleichzeitig durch den Zweckzusammenhang des Alls, wonach jede höhere Stufe der Zweck der niederen ist, mit dem höchsten Zweck, mit Gott, verbunden. Diese teleologische Metaphysik – die originellste Schöpfung des Aristoteles – bildete einen vorzüglichen Grundriss für den Ausbau des ideellen Naturrechtsgedankens. Beim Menschen schließt die artgemäße Bestimmung seiner »Natur«, d. h. sein spezifisches »telos«, die Entfaltung seiner Vernunft ein, die zur wesensgemäßen Bestimmung des Menschseins gehört. Der »Zweck« eines Seienden bezeichnet nämlich immer die Entwicklung seiner Natur in ihrer höchsten Möglichkeit, wobei das Naturgemäße von Aristoteles als das Vollendete im Sinne des bestmöglichen Zustands eines Dinges oder Lebewesens gesehen wird. Die »Natur« ist die vollendete Form der Wirklichkeit eines Gegenstandes, die in der Materie nur der Möglichkeit oder Anlage nach liegt und im Werdeprozess aktualisiert wird. »Die Natur ist der Zweck eines jeden Gegenstandes. Die Beschaffenheit, die er beim Abschluss seines Werdeprozesses aufweist, nennen wir seine Natur, mag es sich nun um einen Menschen, um ein Pferd oder um ein Haus handeln. Auch sind Zweck und Ziel das Beste.« (Aristoteles)

Hans Welzel, 1990

▶ *Erläutern Sie, was Aristoteles unter »entelechie« versteht.*

Der Naturbegriff hat seine Tücken …
Die enge Verbindung von »Natur« und »Zweck« enthält jedoch eine gefährliche Doppelsinnigkeit. Man gerät dabei in jenen Zirkel, das, was man sich wünscht oder für gut hält, für das »Naturgemäße« zu erklären und dann hinterher das Gute aus diesem Naturgemäßen herauszuholen. Das Naturgemäße, das in Wahrheit nur eine Funktion des Guten ist, wird scheinbar zum Real- und Erkenntnisgrund des Guten. Das Naturgemäße, das nur vom Guten bestimmt wird, wird zum scheinbaren Bestimmungsgrund des Guten umgewandelt. Die Proteusgestalt der menschlichen Natur nimmt unter der Hand eines jeden naturrechtlichen Denkers die Gestalt an, die er sich wünscht. All das, was er für richtig und wünschenswert hält, hat er zuvor stillschweigend in seinen Naturbegriff vom Menschen hineingelegt, ehe er es zur Begründung seiner Überzeugung vom naturgemäß Richtigen wieder herausholt. Die »Natur« des Menschen ist ein so offener und gestaltbarer Begriff, dass schlechterdings alles in ihn hineingelegt und als Begründung wieder herausgeholt werden kann.

Hans Welzel, 1990

▶ *Überprüfen Sie, ob sich Aristoteles im Umgang mit dem Naturbegriff in einen Zirkel verwickelt.*

Die teleologische Ethik: Bilanz und Kritik

Im Zentrum der aristotelischen Ethik ist der »Zweck«-Begriff (griech. telos: Ende, Ziel) angesiedelt. Alle Menschen streben nach einem Zweck, einem Gut, ihrem Glück. Man hat daher diesen Typ von Ethik als Strebe-Ethik oder teleologische Ethik bezeichnet. Welches sind ihre wesentlichen Merkmale? Welches sind die Grundbausteine dieses philosophischen Gedankengebäudes, das sich grundsätzlich von anderen Modellen philosophischer Ethik unterscheidet (z. B. Kants Pflichten-Ethik, deontologische Ethik)?

Grundriss des aristotelischen Gedankengebäudes

Erfahrung und gelingendes Leben
Ausgehend von eigenen oder fremden Erfahrungen erarbeitet Aristoteles eine Theorie des Glücks. Er versteht das Handeln als ein Auslangen nach einem Ziel, als Streben. Das höchste Ziel, über das hinaus kein anderes gedacht werden kann, ist für ihn die »eudaimonia«, das gute, glückliche, gelingende Leben. Damit das konkrete Leben gelingen kann, sollten die einzelnen Individuen lernen, aktiv ihr Leben in die Hand zu nehmen und ihre Chancen und Möglichkeiten realisieren. Das gute, glückliche Leben ist so das Resultat einer schwierigen Arbeit am Selbst, eine Art »Selbststilisierung«. Diese umfasst Verstand und Gefühle. Die rationale Reflexion, die ihrerseits die Gefühle (Affekte) steuert, zielt auf eine Mitte, auf ein inneres Gleichgewicht zwischen einem Zuviel oder Zuwenig. Damit dies gelingen kann, müssen andere und anderes mithelfen: Freunde und Gesellschaft (polis) nämlich. Das gute Leben ist auf eine gute politische Ordnung angewiesen: »… eine Gesellschaft, in welcher nicht das Geld als Endziel gilt, in welcher nicht Krieg und Herrschaft als Endziel gilt, aber eine Gesellschaft, in welcher das gelungene Leben der Menschen in Übereinstimmung mit ihrer praktischen Vernunft das Endziel der Institutionen und politischen Entscheidungen ist« (Martha Nussbaum, 1997).

Volker Pfeifer

▶ *Sie können mit einem Brief auf diesen Artikel reagieren, in dem Sie einmal die Sicht Ihrer Zukunft beschreiben und zum anderen – soweit für Ihre Argumentation sinnvoll – auf wesentliche Fixpunkte der aristotelischen Ethik zurückgreifen. Worin sehen Sie mögliche aktuelle Bezüge dieses Ethik-Modells?*

Giorgio de Chirico, Mélancholie hermétique, 1919

Gibt es Leben nach dem Abitur?
Eine interessante Frage nicht nur für 12. Klasse-Integrierte, sondern auch für alle anderen Schüler, die dieser Klassenstufe entgegensiechen. Das Abitur bedeutet laut Grundtenor der meisten Lehrer, Eltern und anderer über Dreißigjährigen den Start ins (wahre) Leben. Zugegeben entlässt es die meisten Schüler in den längsten Abschnitt ihres Lebens, aber den Start ins Leben hier anzusiedeln, ist schwer fragwürdig, da jetzt mehrere Jahrzehnte der Arbeit und des langsamen Zerfalls vor uns liegen, deren Ziel es ist, als alte und verbrauchte Menschen eine Rente zu kassieren, welche die Jahre der Arbeit weder rechtfertigt, noch große Sprünge ins Extrem zulässt. Wir finden uns in Omitransporten in die schöne Schweiz wieder, bei denen uns clevere Jungs mit abgedunkelten Sonnenbrillen Heizmatratzen und Federbetten andrehen, schlucken unsere Verzögerungsmedizin und diskutieren sachverständig wichtige Probleme aus Fernsehsendungen …

Artikel aus einer Schülerzeitung, 1997

Mit Aristoteles gut leben

Aristoteles ist vorgeworfen worden, dass er die Ethik zu stark an ein jeweils schon gelebtes Ethos zurückbinde. Dadurch werden die eingelebten Sitten und überlieferten Traditionen kritiklos angenommen, ja sogar für unantastbar erklärt, das Denken in Alternativen (Utopie) unterbunden. Der folgende Text antwortet dieser Kritik:

Die Philosophie der provisorischen Lebensorientierungen ist keine andere als die Philosophie der vorhandenen Üblichkeiten, die geltend macht: Ohne diese vorhandenen Üblichkeiten – Traditionen, Sitten, Ursachen des Wissens und Handelns – können wir nicht leben; sie sind – mit oder ohne Programm der Absolutmachung des Menschen – nicht zu umgehen: unvermeidlich. Die Wahl, die wir sind, wird getragen durch sie als die Nichtwahl, die wir sind: Zukunft braucht Herkunft; Wahl braucht Üblichkeiten. Das bedeutet mitnichten, dass stets alle Traditionen unangetastet und alle Üblichkeiten unverändert bleiben müssen, denn im Gegenteil: Üblichkeiten sind durchaus änderbar, reformierbar. Es bedeutet nur: Stets müssen mehr Üblichkeiten aufrechterhalten werden als verändert, sonst ruiniert man unser Leben; und die – durchaus immer wieder einmal erfolgreich zu tragende – Beweislast hat stets der Veränderer. In diesem Sinn – nur in diesem – gilt für die Menschen die Unvermeidlichkeit der Üblichkeiten: Wir Menschen sind stets mehr unsere Üblichkeiten als unsere Wahl, und erst recht sind wir stets mehr unsere Üblichkeiten als unsere absolute Wahl. Folglich muss die nichtabsolute, die menschliche Philosophie ebendieses sein: die Apologie der Üblichkeiten … Zugleich scheint mir jenes Votum gegen die Üblichkeiten zunehmend dubios, das man das Eichmann-Argument nennen kann: Wer aus den Üblichkeiten lebe, stehe in direkter Gefahr, zu einem Eichmann zu werden, der schließlich gerade nur seine übliche Pflicht habe tun wollen. Mir scheint hier nur die zweite Hälfte der Untat in Rechnung gestellt, deren erste in der Verletzung einer Üblichkeit bestand: der Üblichkeit, seine Mitmenschen nicht umzubringen.

Odo Marquard, 1986

Gegen einen überzogenen Liberalismus, in dem die Rechte des Individuums zu weit gesteckt sind, wendet sich der Kommunitarismus. Er betont vor allem die Notwendigkeit gemeinsamer Werte. MacIntyre, einer der führenden amerikanischen Kommunitaristen, beruft sich dabei ausdrücklich auf Aristoteles.

Das Argument dafür, den Patriotismus als Tugend anzusehen, ist klar. Wenn es erstens der Fall ist, dass ich die Regeln der Moral nur in der Version aufnehmen kann, wie sie in einer bestimmten Gesellschaft verkörpert sind; und wenn es zweitens der Fall ist, dass die Moral in Begriffen bestimmter Güter gerechtfertigt werden muss, die innerhalb des Lebens bestimmter Gemeinschaften genossen werden können; und wenn es drittens so ist, dass ich typischerweise nur durch die besonderen Arten moralischer Unterstützung, die mir meine Gemeinschaft gewährt, zum moralisch Handelnden werde und als solcher erhalten werde, dann ist es klar, dass ich ohne diese Gemeinschaft kaum als moralisch Handelnder gedeihen kann … Meiner Gemeinschaft beraubt, laufe ich Gefahr, alle wirklichen Maßstäbe des Urteilens zu verlieren. Dieser Auffassung zufolge ist die Loyalität zu dieser Gemeinschaft, zur Hierarchie besonderer Verwandtschaft, zu einer besonderen lokalen und besonderen natürlichen Gemeinschaft, eine Bedingung der Moral. So sind der Patriotismus und die ihm verwandten Loyalitäten nicht nur Tugenden, sondern zentrale Tugenden.

Alasdair MacIntyre, 1993

▶ *Beziehen Sie kritisch Stellung zu der These: »Der Patriotismus ist eine zentrale Tugend.«*

Aristoteles (384–322 v. Chr.), nach einer Statue des späteren 4. Jh. v. Chr.

Aristoteles (384–322 v. Chr.),
15 Jahre nach dem Tod des Sokrates in Stagira auf der Halbinsel Chalkidike geboren. Er gehörte 20 Jahre lang der Akademie Platons an. 342 wurde er Erzieher Alexander d. Großen. 335 gründete er in Athen eine Philosophenschule, die nach den Wandelgängen (peripatoi) die peripatetische genannt wurde. Nach dem Tod Alexanders musste er Athen verlassen. Historischer und politischer Hintergrund der aristotelischen Ethik ist der Zerfall der Polis-Welt. Seine praktische Philosophie insgesamt lässt sich begreifen als »das Unternehmen einer Theorie des guten und gelingenden Lebens unter den Bedingungen einer Legitimitätskrise von Sitte und Herkunft«. (Günther Bien)

▶ *Arbeiten Sie heraus, wie Marquard die »Unvermeidlichkeit von Üblichkeiten« begründet.*

➢ *Zu »Kant« vgl. S. 244–255*

➢ *Zum »Kommunitarismus« vgl. S. 284/85*

Epikur: im Garten der Lüste

Im Mittelpunkt der Philosophie Epikurs steht die Lust. Er versteht darunter – anders als heute – nicht ein kurzfristiges (Lust-) Gefühl, sondern viel umfassender eine ganze Lebenseinstellung. Diese Lebenseinstellung beschreibt er in einem Brief an Menoikes (Auszug), der uns aus dem 3. Jh. v. Chr. überliefert ist. Fernando Savater zeigt, dass Epikur auch heute noch nach mehr als 2000 Jahren einige Denkanstöße geben kann. Wo soll Vergnügen anfangen, wo soll es aufhören?

Epikur (341–270 v. Chr.), gründete 306 in Athen eine »Schule im Garten«, einen philosophischen Gesprächskreis, an dem auch – für diese Zeit ungewöhnlich – Frauen und Sklaven teilnahmen. Epikur gilt als bedeutender Vertreter des Hedonismus (vgl. S. 400/01).

▶ *Epikur beschreibt einen Idealzustand des Lebens, der sich durch »Seelenruhe« auszeichnet. Wie müsste er demnach die Lust der Skater, wie die Sexualität, wie das Rauchen, wie Drogen usw. einschätzen?*

Gut ist, was Lust und Freude bereitet

Die Freude: A und O des Lebens

Ich weiß nicht, was ich mir als das Gute vorstellen soll, wenn ich die Lust des Geschmackes, die Lust der Liebe, die Lust des Ohres beiseite lasse, ferner die angenehmen Bewegungen, die durch den Anblick einer Gestalt erzeugt werden, und was sonst noch für Lustempfindungen im gesamten Menschen durch irgendein Sinnesorgan entstehen. So kann man auch nicht sagen, dass ausschließlich die Freuden des Geistes das Gute ausmachen …

Darum behaupte ich, dass die Freude das A und O des glückselig gestalteten Lebens ist. Sie kennen wir als unser erstes angeborenes Gut, von ihr lassen wir uns bei unserem Streben und Meiden leiten und nach ihr richten wir uns, alles andere Gut mit ihrem Maßstab messend … Unsere Aufgabe ist es, durch Abwägen und Unterscheiden des Zuträglichen und Abträglichen immer alles richtig zu bewerten, denn manchmal bedienen wir uns des Guten gleich wie eines Übels und umgekehrt. Auch die Selbstgenügsamkeit halten wir für ein großes Gut, doch nicht, damit wir uns unter allen Umständen am wenigen genügen lassen, sondern damit wir mit wenigem zufrieden sind, wenn wir nicht viel haben … Womit also gemeint ist, dass schon Brot und Wasser, wenn man sie zuvor entbehrte, einen Hochgenuss bereiten können. Außerdem fördert die Gewöhnung an eine einfache, nicht üppige Lebensweise die Gesundheit, befähigt den Menschen, unverdrossen zu leisten, was das Leben von ihm fordert, lässt uns die reicheren Genüsse, die uns dann und wann einmal geboten werden, umso stärker empfinden und unterstützt unsere Furchtlosigkeit gegenüber dem Zufall.

Epikur

Mit Hedonismus (griech. hedone, Lust) bezeichnet man allgemein eine ethische Auffassung, nach der menschliches Vergnügen oder Lustgefühl das Einzige an sich Gute und Unlust oder Schmerz das Einzige an sich Böse ist.

▶ *Was versteht Epikur unter »Lust«, was unter »Freude«?*

▶ *Mit »carpe diem« (pflücke den Tag) soll der römische Dichter Horaz Epikurs Ethik charakterisiert haben. Diskutieren Sie, wie das zu verstehen ist.*

Epikur: ein Vorbild für Genussmenschen?

Die Vernunft – das höchste Gut

Wenn wir nun also sagen, dass Freude unser Lebensziel ist, so meinen wir nicht die Freuden der Prasser, denen es ums Genießen schlechthin zu tun ist. Das meinen die Unwissenden oder Leute, die unsere Lehre nicht verstehen oder sie böswillig missverstehen. Für uns bedeutet Freude: keine Schmerzen haben im körperlichen Bereich und im seelischen Bereich keine Unruhe verspüren. Denn nicht eine endlose Reihe von Trinkgelagen und Festschmäusen, nicht das Genießen schöner Knaben und Frauen, auch nicht der Genuss von leckeren Fischen und was ein reich besetzter Tisch sonst zu bieten vermag, schafft ein freudevolles Leben, vielmehr allein das klare Denken, das allem Verlangen und allem Meiden auf den Grund geht und den Wahn vertreibt, der wie ein Wirbelsturm die Seelen erschüttert.

An allem Anfang aber steht die Vernunft, unser größtes Gut. Aus ihr ergeben sich alle übrigen Tugenden von selbst, ja sie ist sogar wertvoller als das Philosophieren, weil sie uns lehrt, dass in Freude zu leben unmöglich ist, ohne dass man ein vernünftiges, sittlich hoch stehendes und gerechtes Leben führt, dass es umgekehrt aber auch unmöglich ist, ein vernünftiges, sittlich hoch stehendes und gerechtes Leben zu führen, ohne in Freude zu leben. Denn die Tugenden sind mit dem freudevollen Leben eng verwachsen, und dieses ist von jenen nicht zu trennen.

Epikur, Brief an Menoikes

▶ *War Epikur ein »Epikureer«? Erörtern Sie diese Frage anhand des Textes.*

Ist die Tugend der Mäßigung »out«?

Wir müssen uns mit Zähnen und Klauen an den Genuss der Freuden dieses Lebens klammern, welche die Jahre eine nach der anderen unsern Händen entreißen.

Michel de Montaigne (1533–1592)

Wenn er (Montaigne) davon spricht, uns mit Zähnen und Klauen hartnäckig »an den Genuss der Freuden dieses Lebens« zu klammern, meint er, es ist gut, sich der Vergnügen zu bedienen, also immer eine gewisse Kontrolle über sie zu haben, die es ihnen nicht erlaubt, sich gegen den Rest deiner persönlichen Existenz zu kehren. … Das Vergnügen ist sehr angenehm, aber es hat eine unangenehme Neigung zum Ausschließlichen: Wenn du dich ihm allzu freigebig hingibst, kann es dir entgleiten … Der Unterschied zwischen »genießen« und »missbrauchen« ist genau dieser: Wenn du ein Vergnügen genießt, bereicherst du dein Leben, und jedes Mal gefällt dir nicht nur das Vergnügen mehr, sondern auch das Leben selbst; das Zeichen dafür, dass du es missbrauchst, ist die Erkenntnis, dass das Vergnügen dir das Leben ärmer macht und dich nicht das Leben interessiert, sondern nur dieses spezielle Vergnügen. Das heißt, das Vergnügen ist kein angenehmer Bestandteil der Vielfältigkeit des Lebens mehr, sondern eine Zuflucht, um dem Leben zu entfliehen, um dich vor ihm zu verstecken. … Die Kunst, das Vergnügen in den Dienst der Freude zu stellen, also die Tugend, nicht vom Genuss in den Verdruss zu fallen, pflegt man seit alters her Mäßigung zu nennen. Sie ist eine grundlegende Fähigkeit des freien Menschen, aber heutzutage nicht sehr in Mode.

Fernando Savater, 1993

Von dem, was die Weisheit für die Glückseligkeit des gesamten Lebens bereitstellt, ist das weitaus größte der Erwerb der Freundschaft.

… Liebesgenuss hat noch nie genutzt, man darf zufrieden sein, wenn er nicht schadete.

Epikur, Weisungen

▶ *Für Savater erschließt die Tugend der Mäßigung eine besondere Lebensqualität. Vergleichen Sie diese Vorstellung von Lebensqualität mit der Epikurs.*

▶ *Charakterisieren Sie Epikurs »Hedonismus«. Wo sehen Sie Parallelen, wo Unterschiede zur Ethik der Stoa (vgl. S. 226–229)?*

Zum »Verhältnis von Glück, Freude und Vergnügen« vgl. S. 400/01

Stoa – die Denker von der Säulenhalle

Der Niedergang der Polis bedeutet zugleich den Aufstieg des antiken Kosmopolitismus. Aus »Politen« werden allmählich »Kosmopoliten«. Das Individuum löst sich aus dem überschaubaren Verband des Stadtstaates. Dabei entstehen eine allgemeine Verunsicherung und Orientierungslosigkeit. Die Frage nach rechtem Handeln und Leben stellt sich verschärft. Damit rückt das Interesse an der Ethik ins Zentrum. In der Stoa spielt sie neben der »Logik« und der »Physik« die entscheidende Rolle. Wie sieht diese Ethik aus? Welches sind die zentralen Werte und Grundsätze?

Glück jenseits der Affekte …

Was heißt »naturgemäß« leben?
Bei alledem bin ich – wie unter allen Stoikern üblich – für Übereinstimmung mit der Natur. Von ihr nicht abzuweichen, nach ihrem Gesetz und Vorbild sich formen zu lassen, darin besteht die Weisheit. Demgemäß ist ein Leben dann glücklich zu nennen, wenn es sich im Einklang mit der eigenen Natur befindet. Das kann nur verwirklicht werden, wenn unser Geist gesund ist und immer gesund bleibt, wenn er weiterhin Tapferkeit und Tatkraft zeigt, wenn er ferner standhaft auszuhalten vermag, sich den Zeitumständen anpassen kann, nicht ängstlich besorgt ist um den Körper und seine Ansprüche, wenn er dann noch eine Vorliebe hat für alle möglichen Dinge, die das Leben angenehm machen, freilich ohne eines dieser Dinge anzubeten, wenn er die Gaben des Glücks nutzt, aber nicht von ihnen abhängig ist. Auch ohne nähere Erklärung begreifst du, dass ungestörte Ruhe, Unabhängigkeit sich einstellen, sobald das vertrieben ist, was uns reizt oder schreckt. Erfüllt uns doch dann anstelle der Begierden und all des Niedrigen, Hinfälligen und in seiner Schändlichkeit Verderblichen eine hohe Freudigkeit, die nicht zu erschüttern ist und sich immer gleichbleibt; Friedfertigkeit und Eintracht und sanfte Hoheit … Du siehst doch, in welch üble und schändliche Abhängigkeit jemand gerät, den Begierden und Schmerzen, diese unbeständigsten und unbändigsten Zwingherren, awechselnd knechten. Da darf es nur einen Ausweg geben: Unabhängigkeit gewinnen! Das aber kann nur gelingen, wenn man sich nicht um das Schicksal kümmert. Dann nämlich erwächst uns ein unschätzbares Gut: die sicher gegründete Ruhe und Erhabenheit des Geistes und nach überwundenen Schrecken eine großartige, durch nichts zu vertreibende Freude, die aus der Erkenntnis der Wahrheit stammt, endlich Leutseligkeit und innere Gelöstheit, an denen man seine Freude haben wird, nicht wie an einzelnen Gütern, sondern wie an Abkömmlingen eines ureigenen Gutes. Seneca

Marc Aurel (nach 176)

Seneca, Lucius Annaeus d. J. (ca. 4–65), römischer Politiker, Philosoph und Dichter (Hälfte einer Doppelherme)

Der Name »Stoa« wird abgeleitet von einer bunt ausgemalten Athener Markthalle (stoa poikile, bunter Säulengang), in der Zenon, der Begründer der Schule, zu lehren pflegte. Man gliedert die stoische Philosophie in drei Epochen:
- *ältere Stoa (310–166 v. Chr.): Zenon, Kleanthes, Chrysipp*
- *mittlere Stoa (2. und 1. Jh. v. Chr.): Panaitios*
- *jüngere Stoa (1. Jh. v. Chr. bis 2. Jh. n. Chr.): Seneca, Epiktet, Marc Aurel*

Sind Stoiker gefühlskalt?
Alle Affekte (z. B. Lust, Schmerz, Begierde, Furcht) sind für den Stoiker unbedingt verwerflich. Denn sie stammen aus der Schwäche des Logos, der den Einflüssen der Außendinge erliegt und auf seine Selbstbestimmung verzichtet. Das Ziel muss die völlige Freiheit von Affekten sein, die »Apathie«. Diese bedeutet aber nicht die Unempfindlichkeit gegenüber allen Eindrücken der Außenwelt. Der Stoiker ist kein Stein. Er hört nicht auf, zu fühlen und zu begehren. Wirklich »verwundbar« ist er allerdings nicht mehr, da er die feste Erkenntnis erworben hat. Nur »Narben« sind zurückgeblieben, nur »Schatten« von Affekten. Die stoische Apathie bedeutet nicht etwa wie Epikurs Ataraxie den Verzicht auf Aktivität; sie soll im Gegenteil erst die richtige Tätigkeit des Logos ermöglichen. Nach: Max Pohlenz, 1992

▶ *Erläutern Sie die stoische Telosformel: »In Übereinstimmung mit der Natur leben!« Wie verhalten sich die Begriffe Weltvernunft (logos), äußere Natur, Vernunft, Wesensnatur des Menschen und Glück zueinander?*
▶ *Diskutieren Sie den Stellenwert der stoischen Apathie im Blick auf Ihr Leben.*

Der antike Begriff »Natur« (physis) bedeutet:
- *die Gesamtheit der äußeren physischen Welt,*
- *das wahre Wesen (Wesenskern),*
- *die Vollendung (telos) einer Anlage durch zielgerichtete Entwicklung,*
- *die ordnende, zweckmäßig wirkende Macht (logos), nach deren Vorbild sich die Menschen richten.*

Das Ideal des Weisen

Lebensregeln

Nicht die Dinge selbst beunruhigen die Menschen, sondern die Vorstellungen von den Dingen. So ist zum Beispiel der Tod nichts Furchtbares, sonst hätte er auch dem Sokrates furchtbar erscheinen müssen, sondern die Vorstellung, er sei etwas Furchtbares, das ist das Furchtbare. Wenn wir also unglücklich, unruhig oder betrübt sind, wollen wir die Ursache nicht in etwas anderem suchen, sondern in uns, das heißt in unseren Vorstellungen … Wenn du wünschest, dein Weib, deine Kinder, deine Freunde möchten ewig leben, so bist du ein Narr. Denn du willst etwas, was nicht in deiner Macht steht, und betrachtest als dein Eigentum, was dir nicht gehört. Und wenn du willst, dass dein Diener keinen Fehler begeht, so bist du nicht minder töricht. Denn du willst, dass ein Versehen kein Versehen sei, sondern etwas anderes. Wenn du aber etwas Mögliches erstrebst, so kannst du es auch erreichen. Übe also, was du kannst! Derjenige ist Herr über einen andern, der die Macht hat, jenem zu geben, was er will, und von ihm fern zu halten, was er nicht will. Wer frei sein will, soll also weder erstreben noch vermeiden wollen, was in eines andern Macht steht, es sei denn, dass er ein Sklave werden möchte. Jedes Ding hat zwei Handhaben; je nachdem man es fasst, wird es unerträglich oder erträglich. Tut dir dein Bruder unrecht, so sage nicht: Er kränkt mich. Das ist die Handhabe, womit es unerträglich ist. Sage vielmehr: Er ist mein Bruder, der Genosse meines Lebens. Das ist die richtige Auffassung, welche die Sache erträglich macht. Epiktet

Der wahre Weise ist hoch erhaben über Königswürde und Herzogtitel; er hat seinen Herrschaftsbereich in seinem Inneren. Der Weise, bei Gott, schafft sich sein Glück selbst. Was bleibt ihm zu wünschen übrig? Michel Montaigne, 1582

▶ *Gibt es an sich, d. h. meinungsunabhängig, negative Dinge?*

Grundsätze eines moralisch guten Lebens

Die Außendinge selbst berühren die Seele auf keinerlei Weise. Sie haben keinen Zugang zu ihr und können die Seele weder umstimmen noch irgendwie bewegen. Sie erteilt sich vielmehr selber allein Stimmung und Bewegung, und nach Maßgabe der Urteile, die sie über ihre eigene Würde fällt, schätzt sie auch die äußeren Gegenstände höher oder niedriger. Die beste Art, sich an jemand zu rächen, ist die, nicht Böses mit Bösem zu vergelten. Füge dich in die Umstände, in die du durch dein Los versetzt bist, und den Menschen, mit denen das Schicksal dich zusammengeführt hat, erweise Liebe, aber aufrichtig … Ziehe dich in dich selbst zurück. Die in uns herrschende Vernunft ist ja von der Natur, dass sie im Rechttun Heiterkeit und Selbstzufriedenheit findet. Arbeite an deinem Innern. Da ist die Quelle des Guten, eine unversiegbare Quelle, wenn du nur immer nachgräbst … Alles ist wie durch ein heiliges Band miteinander verflochten. Nahezu nichts ist sich fremd. Alles Geschaffene ist einander beigeordnet und zielt auf die Harmonie derselben Welt. Aus allem zusammengesetzt ist eine Welt vorhanden, ein Gott, alles durchdringend, ein Körperstoff, ein Gesetz, eine Vernunft, allen vernünftigen Wesen gemein, und eine Wahrheit, sowie es auch eine Vollkommenheit für alle verwandten, derselben Vernunft teilhaftigen Wesen gibt. Marc Aurel

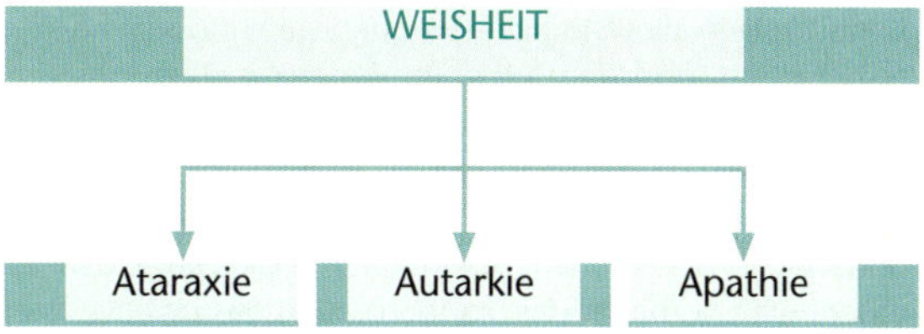

Welcher Begriff passt am besten zu Ihrer Generation?

realistisch (33 %)
cool (24 %)
ehrgeizig (21 %)
verträumt (19 %)
politisch (2 %)

Spiegel-Umfrage unter 15- bis 25-Jährigen, 1999

▶ *Man hat die stoische Ethik eine »Kosmosethik« genannt. Erläutern Sie dies.*

▶ *Ist mit dem Zerfall des stoischen Weltbildes auch ihre Ethik für uns unbedeutsam geworden?*

▶ *Der Weise ist als der wahrhaft tugendhafte Mensch allein glücklich: Nehmen Sie Stellung zu diesem Ideal des stoischen Weisen.*

Weltgesetz – Naturgesetz – Menschengesetz

Da die menschliche Natur Teil der kosmischen Natur ist, liefert das Gesetz, welches den Kosmos regiert, das Gesetz des göttlichen Logos, auch das Gesetz, welchem das menschliche Handeln entsprechen soll. Auch Staat und Gesellschaft sind Bestandteile der durch das allgemeine Naturgesetz bestimmten Weltordnung. Die Menschheit als Ganzes bildet eine Gemeinschaft von Vernunftwesen. Daher fühlt sich der Stoiker nicht nur zum Wirken für die staatliche Gemeinschaft verpflichtet – zum ersten Mal wird in der Geschichte der Ethik über »Pflicht« ausführlicher nachgedacht –, sondern er betrachtet sich auch als Bürger eines alle Menschen umfassenden Staatswesens: Er ist Kosmopolit. Cicero schreibt: »Die gegenseitige Schätzung der Menschen ist etwas Natürliches, sodass der Mensch dem Menschen, schon weil er Mensch ist, nicht fremd erscheint.«

Cicero (106–43 v. Chr.), Politiker und Schriftsteller

Pflicht und Gemeinwohl

Vernunft regiert die Welt!

Wenn ein Mensch seinem Mitmenschen etwas entzieht und dadurch auf dessen Kosten sich selber Vorteile verschafft, so ist das mehr gegen die Natur als Tod, Armut, Schmerz und all die anderen Nachteile, die unseren Leib oder unser Hab und Gut treffen können. Denn erstens hebt eine solche Handlungsweise die soziale Lebensgemeinschaft der Menschen auf. Wenn man sich nämlich so verhält, dass man um eigenen Vorteils willen den Nächsten beraubt oder schädigt, so muss dadurch der naturgemäße Zusammenhang der menschlichen Gesellschaft zerrissen werden. Wie unser ganzer Körper unausbleiblich geschwächt und zum Untergang geführt würde, wenn jedes einzelne Glied meinte, es könne nur dadurch gedeihen, dass es dem Nachbarglied seine Kraft entziehe, so müsste auch der Organismus der menschlichen Gemeinschaft zerfallen, wenn jeder von uns seinem Mitmenschen um eigenen Vorteils willen alles Mögliche wegnehmen und sich aneignen wollte. Wohl ist es berechtigt und steht nicht im Widerspruch zu unserer Natur, wenn jeder lieber sich selbst als einem anderen die Bedürfnisse des Lebens verschafft, aber die Natur verbietet es, dass wir aus Selbstsucht uns bereichern auf Kosten unserer Mitmenschen, sie ausbeuten, um selbst Mittel und Wege zu Wohlstand und Macht zu gewinnen. Aber nicht nur die Natur, d. h. das allgemeine Menschenrecht, verbietet das, sondern auch das positive Recht, auf dem verfassungsmäßig jede Volksgemeinschaft beruht. Denn darauf zielen doch Gesetze, und das wollen sie, dass die bürgerliche Gemeinschaft unversehrt bleibe; wer diese zerstört, den strafen sie mit Tod, Verbannung, Gefängnis, Geldstrafe. Noch viel mehr ergibt sich dies aus der vernünftigen Weltordnung, die unmittelbar göttliches und menschliches Gesetz ist. Wer sich mit ihr nicht in Widerspruch setzen will – keiner aber wird das wollen, der entschlossen ist, seiner eigenen Natur gemäß zu leben –, der wird es nie so weit kommen lassen, nach fremdem Gut zu streben und sich zuzueignen, was er einem anderen wegnimmt. Denn edler Sinn, Großmütigkeit, Menschenfreundlichkeit, Gerechtigkeit, Freigebigkeit, alle diese sozialen Tugenden liegen viel tiefer in der Natur des Menschen als das sinnliche Begehren, als Leben, als Reichtum, und gerade in der Verachtung dieser äußeren Güter und in der Überlegenheit über sie bewährt sich der hohe und edle Sinn.

Cicero

▶ *Im Gegensatz zu den Epikureern räumen die Stoiker den »sozialen Tugenden« (Pflichten) einen hohen Stellenwert ein (vgl. S. 224/25). Erläutern Sie die Begründung, die Cicero hierfür liefert.*

▶ *Vergleichen Sie den stoischen Pflichtbegriff mit jener Vorstellung von Pflicht, die der kantianischen Ethik zugrunde liegt (vgl. S. 245/46).*

Das Naturrecht

Es ist aber das wahre Gesetz die richtige Vernunft, die mit der Natur in Einklang steht, sich in alle ergießt, in sich konsequent, ewig ist, die durch Befehle zur Pflicht ruft, durch Verbieten von Täuschung abschreckt, die indessen den Rechtschaffenen nicht vergebens befiehlt oder verbietet, Ruchlose aber durch Geheiß und Verbot nicht bewegt. Diesem Gesetz etwas von seiner Gültigkeit zu nehmen, ist Frevel, ihm irgendetwas abzudingen, unmöglich, und es kann ebenso wenig als Ganzes außer Kraft gesetzt werden. Wir können aber auch nicht durch den Senat oder das Volk von diesem Gesetz gelöst werden, es braucht als Erklärer und Deuter nicht Sextus Aelius geholt werden, noch wird in Rom ein anderes Gesetz sein, ein anderes in Athen, ein anderes jetzt, ein anderes später, sondern alle Völker und zu aller Zeit wird ein einziges, ewiges und unveränderliches Gesetz beherrschen und einer wird der gemeinsame Meister gleichsam und Herrscher aller sein: Gott! Er ist der Erfinder dieses Gesetzes, sein Schiedsrichter, sein Antragsteller; wer ihm nicht gehorcht, wird sich selber fliehen und das Wesen des Menschen verleugnend wird er gerade dadurch die schwersten Strafen büßen, auch wenn er den übrigen Strafen, die man dafür hält, entgeht.

Cicero, De officiis III

▶ *Nennen und erläutern Sie die Merkmale des »Naturrechts« bei Cicero. Vergleichen Sie es mit der Auffassung des Naturrechts im 18. Jh. (vgl. S. 154/55).*

»Er ist doch ein Sklave!«
Zu meiner Freude erfahre ich von deinen Gästen, dass du mit deinen Sklaven ausnehmend freundschaftlich umgehst: Dies steht auch deiner Klugheit und deiner Bildung gut an. »Es sind doch Sklaven.« – Nein, vielmehr Menschen. »Es sind doch Sklaven.« – Nein, vielmehr Freunde von niederem Stand. »Es sind doch Sklaven.« – Nein, vielmehr Mitsklaven, falls du bedenkst, dass der Macht des Schicksals beide Seiten gleichermaßen ausgeliefert sind. Bedenke bitte auch, dass jener, den du verächtlich deinen Sklaven nennst, aus dem gleichen Samen entspross, sich am Anblick desselben Himmels erfreut, gleich atmet, gleich lebt, gleich stirbt! Du kannst jenen ebenso als Freien betrachten wie er dich als Sklaven. Bei der Varusniederlage hat das Schicksal manche Adlige, die schon Senatorenwürden zum Dank für ihre Kriegstaten gewärtigen durften, zu Fall gebracht: Den einen machte es zum Hirten, den anderen zum Hüter einer Kate … Gehe milde um mit deinen Sklaven, ja ausgesprochen freundlich, lass ihn teilnehmen an deinen Gesprächen, Beratungen und Geselligkeiten. »Er ist doch ein Sklave.« – Aber vielleicht innerlich frei (liber animo). »Er ist doch ein Sklave.« – Aber wird sich das wirklich als Nachteil erweisen? Zeig mir einen, der nicht Sklave ist! Der ist Sklave seiner Begierden, dieser seiner Habsucht, jener seines Ehrgeizes, alle der Hoffnung und alle der Furcht.

Seneca

Reine Gesinnungsethik?
Der stoischen Tugendlehre scheint der Mangel individualistischer Isolation und politischer Gleichgültigkeit schwer tilgbar anzuhaften. Die stoische Ethik erschöpft sich ja auffallend in Empfehlungen fürs private Dasein, für das eigene Seelenheil. Man könnte sie überdies als reine Gesinnungsethik verstehen, die ein aktives Eingreifen in das Weltgeschehen nicht vorsieht.

Willy Hochkeppel, 1984

Paul Klee, Revolution des Viaduktes, 1937

Es gibt kein Naturrecht!
Karneades also, da ja schwach war, was von den Philosophen behauptet wurde, nahm sich die Kühnheit, es zu widerlegen, weil er sah, dass es widerlegt werden konnte. Die Hauptsache seiner Darlegung war diese: Recht hätten sich die Menschen nach dem Nutzen gesetzt, natürlich verschieden entsprechend den Sitten, und bei denselben Leuten sei es zeitentsprechend häufig geändert worden, ein Naturrecht aber gäbe es nicht; alle Menschen und andere Lebewesen würden unter Führung der Natur zu ihrem Nutzen gezogen; daher gäbe es keine Gerechtigkeit, oder wenn es irgendeine gäbe, sei sie höchste Dummheit, da sie sich ja schade, wenn sie für fremden Vorteil sorge. Und er brachte folgendes Argument vor: Alle Völker, die eine blühende Herrschaft besäßen, und auch die Römer selber, die sich des ganzen Erdkreises bemächtigten, müssten, wenn sie gerecht sein wollten, das heißt, wenn sie fremden Besitz zurückerstatteten, in die Hütten zurückkehren und in Armut und Elend am Boden liegen.

Cicero, De re publica III

Bei welcher Handlung willst du vom Tode überrascht werden? Ich für meinen Teil bei einer menschlichen, wohltätigen, gemeinnützigen, edlen Handlung. Epiktet

▶ *Welche Grundsätze im Umgang mit Sklaven fordert Seneca? Erläutern Sie, inwieweit sich seine Forderungen konsequent aus der stoischen Ethik ergeben.*

▶ *Untersuchen Sie, ob Hochkeppels Kritik an der Stoa gerechtfertigt ist.*
▶ *Diskutieren Sie, welche Grundsätze der stoischen Ethik für uns heute noch maßgebend sein könnten.*

Vom moralischen Gefühl zum Gewissen

Die britische Moralphilosophie des 17. und 18. Jahrhunderts wird oft als eine Ethik des moralischen Gefühls (moral sense philosophy) bezeichnet. Damit wird ausgedrückt, dass hier ethische Urteile ebenso wie moralische Entscheidungen als das Ergebnis von Gefühlsprozessen und nicht als das Resultat von vernünftigen Argumenten betrachtet werden. Die Hauptvertreter dieser Lehrmeinung sind Shaftesbury, Hutcheson und Butler. Aber auch bei Hume finden sich noch Elemente dieser Moralphilosophie. Allen gemeinsam ist die Überzeugung, dass der Mensch – im Gegensatz zu dem negativen Menschenbild von Hobbes – eine natürliche Sympathie für andere Menschen und eine ursprüngliche Neigung zum Guten habe. Butler und Hume betonen aber zugleich, dass ebenso natürlich auch egoistische Neigungen im Menschen seien.

Wohlwollen und Gewissen

Die Natürlichkeit der moralischen Nötigung

Ein wirklich gut erzogener Mensch ist, unabhängig von seinen anderen Eigenschaften, unfähig, eine niedrige oder brutale Tat zu begehen. Er entscheidet sich in diesem Falle niemals und betrachtet die Lage auch nie nach den vorsichtigen Regeln des Eigennutzes und des eigenen Vorteils. Er handelt aus seiner eigenen Natur heraus, in gewisser Weise notwendig und unreflektiert … Das Gleiche gilt für den ehrenhaften Menschen. Er kann sich nicht zu einem Akt von Schurkerei entschließen. Eine »Rosine« ist keine Versuchung für ihn. Er mag und liebt sich selbst zu sehr.

Anthony Shaftesbury, 1711

Das Wohlwollen

Wohlwollen (benevolence) ist ein Wort, das im Allgemeinen geeignet ist, den inneren Ursprung der Tugend zu bezeichnen … Aber um dies genauer zu verstehen, ist es höchst notwendig, sich klar zu machen, dass unter diesem Namen sehr verschiedene Neigungen der Seele gefasst werden. Manchmal bezeichnet er eine ruhige, ausgedehnte Zuneigung oder einen guten Willen gegenüber allen Lebewesen, die des Glücks und des Leides fähig sind … Diese erste Art (von Wohlwollen) ist die liebenswerteste und vorzüglichste.

Francis Hutcheson, 1725

Auf der Flucht nach Albanien, 1999

Das Gewissen

Es gibt in den Menschen ein Prinzip der Reflexion, mit dessen Hilfe sie zwischen ihren Handlungen Unterschiede machen, sie gutheißen oder ablehnen. Wir sind offensichtlich Wesen, die über ihr eigenes Wesen nachdenken. Der Geist kann in den Blick nehmen, was in ihm selber geschieht, seine Neigungen, Abneigungen, Leidenschaften, Zuneigungen … und alle Handlungen, die aus diesen folgen. Bei dieser Betrachtung heißt sie die eine gut, die andere nicht, und in Bezug auf eine dritte ist sie weder zu- noch abgeneigt, sondern ganz gleichgültig. Dieses Prinzip im Menschen, mittels dessen er sein Herz, sein Temperament und seine Handlungen gutheißt oder schlecht, ist das Gewissen (conscience). Und dass diese Fähigkeit die Menschen davon abhält, einander Übles zu tun, sie vielmehr zum Guten führt, ist zu offensichtlich, um ausdrücklich darauf zu bestehen … Es gibt daher dieses Prinzip der Reflexion oder das Gewissen in der Menschheit. Es ist unnötig, seine Beziehung zum privaten Guten mit derjenigen zum öffentlichen Guten zu vergleichen; denn offensichtlich tendiert es zum einen wie zum anderen und steht gemeinhin in dem Ruf, zum Letzteren zu neigen … Wir können (von diesem Begriff) eine genaue Vorstellung davon herleiten, was menschliche Natur (human nature) bedeutet, wenn man nämlich sagt, dass Tugend bedeutet, dieser zu folgen, und Laster, von ihr abzuweichen.

Joseph Butler, 1726

▶ *Was ist bei Butler mit dem Ausdruck »Prinzip im Menschen« gemeint? Wie verhält sich diese Lehre zu Shaftesburys Bezugnahme auf die Rolle moralischer Erziehung?*

▶ *Wie verstehen Sie Hutchesons Begriff »Wohlwollen«? Geben Sie Beispiele für Wohlwollen.*

▶ *Wie ist in Ihrer Einschätzung das Verhältnis von Wohlwollen und Gewissen angemessen zu beschreiben?*

Die Kraft des moralischen Gefühls

Endziel aller moralischen Spekulationen ist, uns unsere Pflicht zu lehren und durch treffende Schilderungen von der Hässlichkeit des Lasters und der Schönheit der Tugend entsprechende Gewohnheiten zu erzeugen und uns zu bestimmen, das eine zu meiden, dem anderen uns zuzuwenden. Lässt sich das aber jemals von verstandesmäßigen Folgerungen und Schlüssen erwarten, die von sich aus keinerlei Macht über die Affekte ausüben, auch nicht die tätigen Kräfte des Menschen in Bewegung setzen? Sie ermitteln Wahrheiten; wo aber die ermittelten Wahrheiten farblos sind und weder Verlangen noch Widerwillen hervorrufen, können sie auf unser Tun und Verhalten keinen Einfluss gewinnen ... Unterdrückt man alle warmen Gefühle und alle Voreingenommenheit für die Tugend ebenso wie allen Abscheu vor dem Laster, macht man die Menschen vollkommen gleichgültig gegen diese Unterschiede, so hört die Moral auf, ein praktisches Anliegen zu sein, hat keinerlei Tendenz mehr, unser Leben und Handeln zu bestimmen ... Es ist wahrscheinlich, dass das endgültige Urteil, das Charaktere und Handlungen für liebens- oder hassenswert, für lobens- oder tadelnswert erklärt, das ihnen den Stempel des Ehrenhaften oder Unehrenhaften, der Billigung oder Missbilligung aufdrückt, ... das die Tugend zu unserem Glück, das Laster zu unserem Unglück macht, es ist wahrscheinlich, sage ich, dass dies endgültige Urteil auf irgendeinem inneren Sinn oder Gefühl beruht, das die Natur uns Menschen ganz allgemein mitgegeben hat. Denn was sonst könnte eine Wirkung dieser Art ausüben?

David Hume, 1751

▶ *Arbeiten Sie Ähnlichkeiten und Unterschiede zwischen den verschiedenen Theorien des moralischen Gefühls heraus. Nehmen sie kritisch Stellung dazu.*

▶ *Welche moralische Bedeutung hat aus Ihrer Sicht das (individuelle) Gewissen?*

Folgender utilitaristischer Grundsatz wurde zuerst von Hutcheson formuliert und später von Bentham weiterentwickelt:
»Die Handlung ist die beste, die das größte Glück der größten Anzahl erzeugt.«

A. A. C. Earl of Shaftesbury (1671–1713),
englischer Philosoph; er betonte die Unabhängigkeit der Moral von der Religion und die Nähe von Ethik und Ästhetik. 1699 veröffentlichte er die einflussreiche Abhandlung: »Eine Untersuchung über die Tugend«.

Francis Hutcheson (1694–1746),
englischer Philosoph, Professor in Glasgow; er präzisierte den von Shaftesbury eingeführten Begriff des moralischen Sinnes (moral sense). Eine seiner Hauptschriften ist: »Eine Untersuchung über den Ursprung unserer Ideen des Schönen und der Tugend« (1728).

Joseph Butler (1692–1752),
englischer Geistlicher, später Bischof; er entwickelte die Philosophie des moralischen Sinnes weiter zu einer philosophischen Theorie des Gewissens. Seine Philosophie hatte großen Einfluss auf die ethischen Theorien von David Hume. Besonders verbreitet waren die »Fünfzehn Predigten über die menschliche Natur« (1726).

David Hume: eine Ethik der Sympathie

Im Zentrum der Ethik des schottischen Philosophen David Hume stehen die Begriffe »Sympathie«, »Nutzen« und »Gerechtigkeit«. Die beiden letzten dieser Begriffe sind auch wesentliche Elemente anderer utilitaristischer Ethiken (vgl. S. 236/37). »Sympathie« ist der Gegenbegriff zu »Eigennutz«. Hume lehrt, dass die gegensätzlichen Kräfte des Eigennutzes und der Sympathie Einfluss nehmen auf die Handlungsentscheidungen der Menschen.

David Hume (1711–1776),
schottischer Philosoph und Historiker. Einer der Hauptvertreter des Empirismus und ein Vorbereiter der utilitaristischen Moralphilosophie des 19. Jahrhunderts. Schriften (u. a.): »Traktat über die menschliche Natur (1739/40), »Eine Untersuchung über die Prinzipien der Moral« (1751).

Zwischen Eigennutz und Sympathie

Das Prinzip Menschenliebe

[Bei moralischen Fragen muss der Mensch] von seiner persönlichen, besonderen Lage absehen und einen Standort wählen, den er mit anderen gemein hat ... Wenn er also zum Ausdruck zu bringen sucht, der und der Mensch besitze Eigenschaften, deren Tendenz der Gesellschaft verderblich sei, so hat er damit schon diesen gemeinsamen Standpunkt gewählt und das Prinzip der Menschenliebe (humanity) berührt, an dem jeder in irgendeinem Maß teilhat. Solange sich das Menschenherz aus denselben Elementen zusammensetzt wie bisher, wird es dem allgemeinen Wohl gegenüber nie völlig gleichgültig sein und nie von der Tendenz der Charaktere und Sitten ganz unberührt bleiben. Mag nun auch dieses menschenfreundliche Gefühl im Allgemeinen nicht für so stark gelten wie Eitelkeit oder Ehrgeiz, so kann doch nur dies als Allgemeinbesitz aller Menschen die Grundlage für die Moral oder für ein allgemeines System des Tadels und Lobes bilden. Der Ehrgeiz des einen Menschen ist nicht der des anderen, auch pflegt nicht das gleiche Endergebnis oder Objekt beide zufrieden zu stellen. Aber die Menschenliebe des einen ist die Menschenliebe des anderen, und bei allen menschlichen Wesen wirkt das gleiche Objekt auf diesen Affekt.

David Hume, 1751

Die Rolle der Sympathie

Und wenn auch die einzelne Rechtswidrigkeit so weit von uns abliegt, dass unser Interesse in keiner Weise durch dieselbe betroffen wird, so berührt sie uns doch unangenehm, weil wir finden, dass sie schädlich für die menschliche Gesellschaft und verderblich für alle ist, welche mit der Person, die sich ihrer schuldig gemacht hat, in Berührung kommen. Wir nehmen an ihrem Unbehagen durch Sympathie teil ... Im soeben betrachteten Fall ist dies Bewusstsein aus der Betrachtung fremder Handlungen entstanden. Aber wir unterlassen es nicht, dasselbe auch auf unsere eigenen Handlungen auszudehnen. Die allgemeine Regel reicht weiter als die Fälle, aus denen sie entsprang; gleichzeitig sympathisieren wir natürlicherweise mit anderen in den Gefühlen, die sie für uns haben. So ist der Eigennutz das ursprüngliche Motiv zur Festsetzung der Rechtsordnung, aber Sympathie für das Allgemeinwohl ist die Quelle der sittlichen Anerkennung, die dieser Tugend gezollt wird.

David Hume

Die Rolle des Eigennutzes

Meiner Meinung nach steht ... der Satz fest: Die Rechtsordnung hat nur in der Selbstsucht und der beschränkten Großmut der Menschen, im Verein mit der knappen Fürsorge, die die Natur für ihre Bedürfnisse getragen hat, ihren Ursprung.

David Hume, 1740

▶ *Beschreiben Sie Humes Menschenbild.*
▶ *Kann der Gegensatz von Eigennutz und Sympathie durch das Prinzip der Gegenseitigkeit moralischer Verpflichtungen überwunden werden?*
▶ *Beziehen Sie den Cartoon auf Humes Lehre von Eigennutz, Menschenliebe und Sympathie. Wie bestimmt Ihrer Meinung nach Hume das Verhältnis von Recht und Moral?*

Tugend und soziale Nützlichkeit

Die soziale Orientierung der Tugenden

Aus welchem anderen Grunde werden Zölibat, Fasten, Bußübungen, Kasteiungen, Selbstverleugnung, Erniedrigung, Schweigen, Einsamkeit und die ganze übrige Stufenleiter der mönchischen Tugenden überall von vernünftigen Leuten abgelehnt, als weil sie völlig zwecklos sind, weder das Glück des Menschen in der Welt fördern, noch ihn zu einem nützlichen Glied der Gemeinschaft machen, ihn weder für gesellige Unterhaltung qualifizieren, noch seine Fähigkeit zum Selbstgenuss steigern? Im Gegenteil, wir beobachten, dass sie allen diesen erstrebenswerten Zielen entgegenwirken, den Verstand verdummen, das Herz verhärten, die Phantasie trüben, das Gemüt verbittern. Wir setzen sie darum mit Recht auf die Gegenliste und reihen sie unter die Laster ein … [Das] unmittelbare Gefühl des Wohlwollens, der Freundschaft, der Menschenliebe und der Güte [ist] süß, wohltuend, sanft und angenehm, ganz unabhängig von allen Glücks- und Unglücksfällen. Mit diesen Tugenden verbindet sich obendrein ein angenehmes Bewusstsein oder Erinnern; sie erhalten uns in Stimmung uns selbst und anderen gegenüber, solange der erfreuliche Gedanke lebendig bleibt, dass wir unsere Pflicht gegen die Mitmenschen und die Gesellschaft erfüllt haben. Während aber alle Menschen auf unseren Erfolg eifersüchtig sind, wenn wir der Habgier und dem Ehrgeiz fröhnen, sind wir ihres Wohlwollens und ihrer guten Wünsche nahezu gewiss, solange wir auf dem Pfad der Tugend verharren und uns der Verwirklichung hochherziger Pläne und Vorsätze widmen. Welchen anderen Affekt gibt es, bei dem wir so viele Vorteile vereinigt finden: ein angenehmes Gefühl, ein befriedigendes Bewusstsein, einen guten Ruf?

David Hume, 1751

▶ *Erläutern Sie die positiven Auswirkungen der »Tugenden für andere« auf uns selbst.*

EIN TUGENDKATALOG
nach Hume

TUGENDEN

- Diskretion *(discretion)*
- Fleiß *(industry)*
- Sparsamkeit *(frugality)*
- Unerschütterlichkeit *(strength of mind)*
- Gutmütigkeit *(good sense)*

- Wohlwollen *(benevolence)*
- Gerechtigkeit *(justice)*
- Verlässlichkeit *(fidelity)*

NÜTZLICH — ANGENEHM

- Frohsinn *(cheerfulness)*
- Großherzigkeit *(magnaminity)*
- Mut *(courage)*
- Gelassenheit *(tranqility)*

- Höflichkeit *(politeness)*
- Bescheidenheit *(modesty)*
- Anstand *(decency)*

für den Besitzer *(possessor)* — für die anderen

▶ *Wie beurteilen Sie Humes Kritik an den mönchischen Tugenden?*
▶ *Sind nur soziale Tugenden im Sinne Humes wichtig?*

Nur eine bedingte Verpflichtung zur Moral?

David Hume vertritt die These, die Verpflichtung zum moralischen Handeln bestehe nicht absolut. Vielmehr sei sie an bestimmte Rahmenbedingungen geknüpft; zu diesen gehörten die (gesellschaftliche) Nützlichkeit des moralischen Handelns sowie die (individuelle) Zumutbarkeit dieses Handelns. Man könne sich – zumindest in der Form von Gedankenexperimenten – Situationen von Menschen vorstellen, in denen ein moralisches Handeln ihrerseits entweder ohne gesellschaftlichen Nutzen sei oder ihnen aber nicht zugemutet werden könne. In solchen (erdachten) Situationen gebe es keine Verpflichtung zur Gerechtigkeit.

Paradiesischer Überfluss

Angenommen, die Natur hätte den Menschen eine so überreiche Fülle äußerer Güter aller Art verliehen, dass jeder Einzelne ohne irgendwelche Ungewissheit über die Zukunft, ohne jede eigene Sorgfalt und Mühe sich mit allem ausgestattet sehe, was nur seine gierigsten Instinkte fordern, seine ausschweifendste Phantasie begehren und verlangen könnte. Angenommen, seine natürliche Schönheit übertreffe allen künstlichen Aufputz, die gleichmäßige Milde des Klimas mache alle Bekleidung und Verhüllung zwecklos, die wilden Kräuter lieferten ihm die schmackhafteste Nahrung, der klare Quell den reichsten Trunk. Es bedürfe keiner mühseligen Arbeit, keines Ackerbaus, keiner Schifffahrt. Musik, Dichtkunst und beschauliches Denken wären seine einzigen Aufgaben, Unterhaltung, Frohsinn und Freundschaft sein einziger Zeitvertreib. Es scheint einleuchtend, dass unter so günstigen Bedingungen jede andere soziale Tugend blühen und sich zehnfach vermehren würde, dass aber von der bedachtsamen, argwöhnischen Tugend der Gerechtigkeit nie auch nur im Traume die Rede gewesen sein würde. Welchen Zweck hätte eine Güterteilung, wenn jeder schon übergenug besäße? … Warum sollte ich einen Gegenstand mein nennen, wenn ich, sobald ein anderer ihn sich aneignet, nur die Hand auszustrecken brauche, um mir gleich wertvollen Ersatz zu beschaffen? Die Gerechtigkeit würde in einem solchen Falle, weil vollkommen nutzlos, eine leere Form sein und könnte nie in der Reihe der Tugenden ihre Stelle finden.

David Hume, 1751

▶ *Stimmen Sie Humes These zu, dass Gerechtigkeit nur dann eine Tugend ist, wenn sie gesellschaftlich nützlich ist?*

▶ *Sind Sie mit Hume der Meinung, dass in Notlagen, wie er sie beschreibt, fundamentale moralische Normen wie Gerechtigkeit außer Kraft treten?*

Bitterster Mangel

Angenommen, es entstehe in einer Gemeinschaft ein solcher Mangel an den täglichen Lebensbedürfnissen, dass die größte Sparsamkeit und Arbeitsamkeit die Mehrheit nicht vor dem Zugrundegehen, die Gesamtheit nicht vor dem bittersten Elend bewahren könnte. Man wird doch wohl ohne weiteres zugeben, dass in so drückender Notlage die strengen Gesetze der Gerechtigkeit außer Kraft träten und den stärkeren Motiven der Notwendigkeit und der Selbsterhaltung Platz machten … Nutzen und Zweck dieser Tugend [der Gerechtigkeit] besteht darin, durch Aufrechterhaltung der Gesellschaftsordnung Glück und Sicherheit zu schaffen. Da aber, wo die Gesellschaft im Begriff steht, durch äußerste Not zugrunde zu gehen, ist von Gewalttat und Ungerechtigkeit ein noch größeres Übel nicht zu befürchten, und jeder darf dann mit allen Mitteln, die ihm die Klugheit vorschreibt, die Menschlichkeit gestatten mag, für seine eigene Person sorgen.

David Hume, 1751

Ruandische Flüchtlinge 1996

Anfang des 19. Jahrhunderts: Engländer entdecken Birma.

Eine Gesellschaft von Engeln

Und wiederum: Angenommen, dass zwar die Bedürfnisse der Menschen dieselben bleiben wie bisher, dass aber ihre Seele sich so weit auftut und mit Freundschaft und Großmut erfüllt, dass jeder für jeden die innigste Liebe hegt und auf seinen eigenen Vorteil nicht in höherem Maße bedacht ist als auf den seiner Mitmenschen. Es scheint einleuchtend, dass in diesem Fall der Nutzen der Gerechtigkeit durch ein so weitgehendes Wohlwollen aufgehoben sein würde und man nie an die Trennungen und Schranken des Eigentums und der Verpflichtung gedacht hätte. Warum sollte ich einen anderen durch ein Schriftstück oder ein Versprechen festlegen, mir irgendeinen wertvollen Dienst zu leisten, wenn ich weiß, dass ohnehin schon das eifrigste Bestreben, mein Glück zu suchen, seine Triebfeder ist? David Hume, 1751

Humes Fazit

Somit beruhen die Gesetze der Billigkeit oder Gerechtigkeit durchaus auf der besonderen Zuständlichkeit und Lage, in die der Mensch versetzt ist, und verdanken ihr Zustandekommen und ihre Geltung dem Nutzen, der der Öffentlichkeit aus ihrer pünktlichen und regelmäßigen Beobachtung zufließt. Man gestalte an irgendeinem wichtigen Punkte die Lage der Menschen um, man schaffe größten Überfluss oder bittersten Mangel, man senke in die Menschenbrust vollkommene Mäßigung und Güte oder vollkommene Raubgier und Bosheit, so zerstört man, indem man die Gerechtigkeit ganz und gar nutzlos macht, zugleich ihr eigentliches Wesen ganz und gar und hebt ihre Verbindlichkeit für die Menschen auf. David Hume, 1751

▶ *Stimmen Sie Humes Fazit zu? Gelten moralische Verpflichtungen nur unter den vom ihm genannten Bedingungen?*

Eine Gesellschaft von Verbrechern

Nehmen wir weiter an, einen tugendhaften Menschen träfe das Geschick, dass er fern vom Schutze der Gesetze und der Staatsgewalt in eine Gesellschaft von Verbrechern [wörtlich: Schurken] geriete. Welches Verhalten hätte er in dieser beklagenswerten Lage zu beobachten? … Ihm bleibt … kein anderer Ausweg als sich zu bewaffnen, gleichviel wem Schwert oder Schild, die er ergreift, gehören mag. Er muss sich jedes Verteidigungs- und Sicherungsmittel beschaffen und hat, da seine persönliche Achtung vor dem Recht nicht mehr eigner oder fremder Sicherheit nützt, lediglich nach den Geboten der Selbsterhaltung zu fragen, ohne sich um diejenigen zu kümmern, die seiner Fürsorge und Beachtung nicht mehr wert sind. David Hume, 1751

▶ *Ergibt sich aus Humes Lehre in »Eine Gesellschaft von Verbrechern« das Recht, sich in einem Unrechtsstaat unmoralisch zu verhalten?*

▶ *Wie verhält sich Ihrer Meinung nach das allgemeine Sittengesetz zum jeweils geltenden Recht in einem Staat? Gelten moralische Prinzipien nur relativ zu jeweiligen Rechtsverhältnissen oder universell, d. h. im Rahmen eines allgemeinen Sittengesetzes?*

Vom Nutzen der Gerechtigkeit

Paul Gauguin, Nave nave Mahana, 1896

Was hält eine Gesellschaft zusammen?

Schon im Werk des Vorbereiters des modernen Utilitarismus, David Hume, spielt die soziale Tugend der Gerechtigkeit – zusammen mit der Verlässlichkeit – eine zentrale Rolle. Dies gilt auch noch für modernere und modernste Varianten des Utilitarismus. Es stellt sich die Frage, wodurch diese Sonderstellung der Gerechtigkeit innerhalb der Tugenden jeweils begründet ist und ob diese Begründung überzeugt.

Ruhe und Ordnung

Die sozialen Tugenden der Menschenliebe und des Wohlwollens wirken unmittelbar vermöge einer geradlinigen Tendenz oder eines direkten Instinkts, der vor allem das die Affekte erregende einfache Objekt im Auge behält und keinen Plan oder kein System, aber auch keine aus der Mitwirkung, der Nachahmung oder dem Beispiel anderer erwachsenden Folgen in sich begreift. Eltern eilen ihrem Kinde zu Hilfe, getrieben durch die sie beseelende Sympathie, die ihnen keine Zeit lässt, über die Gefühle oder das Verhalten aller anderen Menschen unter gleichen Voraussetzungen sich Gedanken zu machen. Ein edler Mensch ergreift freudig die Gelegenheit, seinem Freunde zu dienen, weil er sich dann unter der Herrschaft der wohlwollenden Affekte fühlt; und es kümmert ihn dabei nicht, ob schon früher irgendjemand auf der Welt von solchen edlen Motiven getrieben worden ist oder später einmal von deren Einfluss Zeugnis ablegen wird. In allen diesen Fällen haben die sozialen Affekte ein einzelnes besonderes Objekt im Auge und erstreben lediglich die Sicherheit oder das Glück der geliebten oder geachteten Person … Anders liegen die Dinge bei den sozialen Tugenden der Gerechtigkeit und Treue. Sie sind in hohem Maße nützlich, ja geradezu unentbehrlich für das Wohlergehen der Menschheit. Aber der aus ihnen erwachsende Nutzen ist nicht die Folge jeder besonderen Einzelhandlung, sondern entsteht aus dem Gesamtschema oder -system, über das die Gesamtheit oder doch die Mehrheit der Gesellschaft einig ist. Allgemeine Ruhe und Ordnung sind die Begleiterscheinungen der Gerechtigkeit und des völligen Nichteingreifens in das Eigentum anderer.

David Hume, 1751

▶ *Worin besteht der Nutzen von Ruhe und Ordnung für den einzelnen Bürger/die einzelne Bürgerin (vgl. »ungesellige Geselligkeit« bei Kant S. 245)?*

Gerechtigkeit als Achtung vor den Rechten anderer

Bei Hume ist der Begriff der Gerechtigkeit eng verbunden mit dem Anspruch auf die alleinige Verfügung über Privateigentum und mit der Tugend der Verlässlichkeit (»Treue«), die die Basis für unser Vertrauen in Versprechen und Verträge bildet. Der in Humes Tradition denkende englische Philosoph John Stuart Mill gibt dem Begriff der Gerechtigkeit im 19. Jahrhundert eine weitere Bedeutung. Für ihn ist das Wesen der Gerechtigkeit die Achtung vor den Rechten anderer. Rechte sind dabei grundsätzlich zu verstehen als die begründeten Ansprüche anderer.

Hat jemand [aus welchen Gründen auch immer] einen unserer Ansicht nach begründeten Anspruch darauf, dass ihm die Gesellschaft ein bestimmtes Gut verbürgt, dann sagen wir, dass er ein Recht darauf hat ... Ein Recht zu haben, bedeutet demnach, etwas zu haben, das mir die Gesellschaft schützen sollte, während ich es besitze. Wenn nun jemand fragt, warum sie das tun sollte, kann ich ihm keinen anderen Grund nennen als die allgemeine Nützlichkeit.

John Stuart Mill, 1861

Gerecht ist

1. die Achtung vor den gesetzlich verbürgten Rechten einer Person;
2. die Achtung vor den moralischen Rechten einer Person;
3. das Bemühen darum, dass jedermann bekommt, was er zu bekommen verdient, bzw. dass niemand etwas erleidet, das er nicht zu erleiden verdient;
4. die Einhaltung von Versprechen und die Erfüllung berechtigter Erwartungen;
5. die mit der Idee der Gleichheit (vor dem Gesetz) eng verbundene Bemühung um Unparteilichkeit.

Nach: John Stuart Mill, 1861

▶ *Geben Sie Beispiele für die genannten Arten von Gerechtigkeit.*

▶ *Worin zeigt sich der Nutzen der verschiedenen Arten von Gerechtigkeit?*

▶ *Muss Gerechtigkeit nützlich sein, um moralischen Wert zu haben?*

John Stuart Mill (1806–1873), englischer Philosoph und Nationalökonom, einer der Hauptvertreter des Utilitarismus.

Eine aktuelle Form des Utilitarismus wird von dem australischen Philosophen Peter Singer vertreten. Dieser betont die Rechte der Natur, insbesondere hoch entwickelter Tiere, gegenüber den Menschen sowie die Rechte der Menschen in armen Ländern gegenüber den Bürgern reicher Länder. Rechte werden dabei von ihm als zu berücksichtigende Interessen verstanden.

Dieses Buch [Praktische Ethik, 1979/93] handelt von der praktischen Ethik, das heißt von der Anwendung der Ethik oder Moral – ich werde die Wörter so verwenden, dass sie austauschbar sind – auf praktische Probleme, wie die Behandlung ethnischer Minderheiten, Gleichheit für Frauen, die Nutzung von Tieren zu Ernährungs- und Forschungszwecken, die Erhaltung der natürlichen Umwelt, Abtreibung, Euthanasie und die Verpflichtung der Wohlhabenden, den Armen zu helfen. ... Indem ich akzeptiere, dass moralische Urteile von einem universalen Standpunkt aus getroffen werden müssen, akzeptiere ich, dass meine eigenen Interessen nicht einfach deshalb, weil sie meine Interessen sind, mehr zählen als die Interessen anderer. Daher muss, wenn ich moralisch denke, mein ganz natürliches Bestreben, dass für meine Interessen gesorgt wird, ausgedehnt werden auf die Interessen anderer.

Peter Singer, 1979

Peter Singer (geb. 1946), australischer Philosoph, einer der aktuellen Repräsentanten des Utilitarismus.

▶ *Erläutern Sie Singers Prinzip der gleichen Interessenabwägung an verschiedenen Beispielen mit Bezug auf seinen Text.*

≥ *Zu »Singer« vgl. S. 96; 267*

Vom quantitativen zum qualitativen Utilitarismus

Die Entwicklung des Utilitarismus von dessen Begründer, Jeremy Bentham, zu seinem Vollender, John Stuart Mill, kann beschrieben werden als ein Übergang vom quantitativen zum qualitativen Utilitarismus. Beiden Formen ist gemeinsam, dass sie den Wert einer moralisch relevanten Entscheidung an den Folgen der jeweiligen Handlung messen und dass sie dabei das Kriterium der Mehrung von Lust und der Verringerung von Leid anwenden. Im quantitativen Utilitarismus zählt jedoch nur die reine Menge der verursachten Lust (des verhinderten Leids). Der qualitative Utilitarismus dagegen misst die jeweilige Lust noch an einem übergeordneten Kriterium, dem unterschiedlichen Wert der verschiedenen Formen von Lust, und betont im Gegensatz zu Bentham die positive Funktion des individuellen Gewissens.

Prinzip Glückmaximierung

Die Natur hat den Menschen unter die Herrschaft von zwei bestimmenden Herren gestellt, Schmerz und Lust (pleasure and pain). Sie alleine zeigen uns an, was wir tun sollen, und zugleich bestimmen sie auch, was wir tun werden. Auf der einen Seite ist das Kriterium (standard) für richtig und falsch, auf der anderen die Kette von Ursachen und Wirkungen an ihren Thron gefesselt. Sie beherrschen uns in allem, was wir tun, in allem, was wir sagen, in allem, was wir denken: Jeder Versuch, den wir unternehmen können, um ihr Joch abzuschütteln, wird sie nur weiter bestimmen und verstärken. In seinen Worten mag ein Mensch von ihrer Herrschaft abschwören: Aber in der Wirklichkeit wird er ihnen immer unterworfen bleiben. Das Prinzip der Nützlichkeit (principle of utility) erkennt diese Unterwerfung an und betrachtet sie als die Grundlage für das System, dessen Ziel es ist, das Gebäude des Glücks mit Hilfe von Vernunft und Gesetz zu errichten. Systeme, welche versuchen, sie in Frage zu stellen, handeln mit Klängen (sounds) statt mit Sinn, mit Launen (caprice) statt mit Vernunft, mit Dunkelheit statt mit Licht ... Das Prinzip der Nützlichkeit ist die Grundlage dieses Werkes: Es ist daher angemessen, zu Beginn eine ausdrückliche und bestimmte Darlegung dessen zu geben, was damit gemeint ist. Mit dem Prinzip der Nützlichkeit ist dasjenige Prinzip gemeint, welches jedwede Handlung billigt oder missbilligt, gemäß der Neigung, die sie jeweils zu haben scheint, das Glück derjenigen Gruppe zu mehren oder zu mindern, um deren Interessen es gerade geht. Oder, was das gleiche mit anderen Worten ausgedrückt ist, dieses Glück zu fördern oder zu behindern. Ich sage »jedwede Handlung« und deshalb nicht nur jede Handlung eines privaten Individuums, sondern auch jede Entscheidung einer Regierung. ... Freuden (pleasures) und die Vermeidung von Schmerzen sind die Ziele, die der Gesetzgeber im Blick hat: Es ist daher seine Pflicht, ihren Wert zu verstehen. Freuden und Schmerzen sind die Werkzeuge, mit denen er arbeiten muss: Es ist daher seine Pflicht, ihre Stärke (force) zu verstehen, was wiederum in anderen Worten ihr Wert ist. Für eine Person für sich alleine betrachtet, wird der Wert der Freuden und Leiden für sich selbst betrachtet größer oder geringer sein gemäß den folgenden vier Umständen: 1. ihre Intensität, 2. ihre Dauer, 3. ihre Sicherheit oder Unsicherheit, 4. ihre Nähe oder Ferne.

Jeremy Bentham, 1789

▶ *Welches sind die Hauptthesen Benthams in diesem Text?*

▶ *Nach welchen Kriterien unterscheidet er den unterschiedlichen Wert verschiedener Formen von Freuden und Leiden?*

▶ *Argumentieren Sie mit Bentham für bzw. gegen die Zulassung der jährlichen Love-Parade in Berlin. Welche Position würde Mill einnehmen?*

Unterschiedliche Qualitäten

Fragt man mich nun, was ich meine, wenn ich von der unterschiedlichen Qualität von Freuden spreche, und was eine Freude – bloß als Freude, unabhängig von ihrem größeren Betrag – wertvoller als eine andere macht, so gibt es nur eine mögliche Antwort: Von zwei Freuden ist diejenige wünschenswerter, die von allen oder nahezu allen, die beide erfahren haben – ungeachtet des Gefühls, eine von beiden aus moralischen Gründen vorziehen zu müssen – entschieden bevorzugt wird ... Es ist nun aber eine unbestreitbare Tatsache, dass diejenigen, die mit beiden gleichermaßen bekannt und für beide gleichermaßen empfänglich sind, der Lebensweise entschieden den Vorzug geben, an der auch ihre höheren Fähigkeiten beteiligt sind. Nur wenige Menschen werden darin einwilligen, sich in eines der niederen Tiere verwandeln zu lassen, wenn man ihnen verspräche, dass sie die Befriedigungen des Tieres in vollem Umfange auskosten dürften. Kein intelligenter Mensch möchte ein Narr, kein gebildeter Mensch ein Dummkopf, keiner, der feinfühlig und gewissenhaft ist, selbstsüchtig und niederträchtig sein – auch wenn sie überzeugt wären, dass der Narr, der Dummkopf oder der Schurke mit seinem Schicksal zufriedener ist als sie mit dem ihren ... Ein höher begabtes Wesen verlangt mehr zu seinem Glück, ist auch wohl größeren Leidens fähig und wird ihm sicherlich in höherem Maße ausgesetzt als ein niedrigeres Wesen; aber trotz dieser Gefährdungen wird es niemals in jene Daseinsweise absinken wollen, die es als niedriger empfindet. John Stuart Mill, 1861

▶ *Vergleichen Sie Mills Kriterium für den Wert von Freuden mit demjenigen Benthams. Welches Kriterium ist quantitativ, welches qualitativ?*

Jeremy Bentham (1748–1832), englischer Philosoph und Rechtstheoretiker, Begründer des Utilitarismus. Wichtigste Schrift: »Einführung in die Prinzipien der Moral und der Gesetzgebung« (1789).

Gewissen und Sozialität

Die fundamentale Sanktion aller Sittlichkeit ist somit (abgesehen von den äußeren Motiven) ein subjektives inneres Gefühl. Deshalb sehe ich nicht ein, wieso es denen, deren Norm die Nützlichkeit ist, schwer fallen sollte, auf die Frage nach der Norm dieser ihrer Sanktion zu antworten. Zu antworten wäre: dieselbe Sanktion, die für alle anderen moralischen Normen gilt – die Gewissenhaftigkeit des Menschen. Freilich wird diese Sanktion bei all denen ohne Wirkung sein, denen die Gefühle abgehen, an die sie appelliert; aber diese werden jedem anderen Moralprinzip genauso wenig Gehorsam leisten wie dem utilitaristischen. Auf sie kann jede Moral nur über die äußeren Sanktionen wirken ... Aber es gibt diese Grundlage in einem mächtigen natürlichen Gefühl; und das wird die Stärke der utilitaristischen Moral ausmachen, sobald nur das allgemeine Glück als ethische Norm anerkannt ist. Dieses unerschütterliche Fundament sind die Gemeinschaftsgefühle der Menschen – das Verlangen nach Einheit mit unseren Mitgeschöpfen, das bereits jetzt eine mächtige Triebkraft in der menschlichen Natur ist und glücklicherweise zu denen gehört, die, auch ohne dass sie den Menschen eigens eingeschärft werden, unter dem Einfluss fortschreitender Kultur immer stärker werden. Das gemeinschaftliche Leben ist dem Menschen so natürlich, so notwendig und so vertraut, dass er sich niemals – es sei denn in einigen ungewöhnlichen Fällen oder durch einen bewussten Akt der Abstraktion – anders denn als das Glied eines Ganzen denkt; und diese gedankliche Verbindung wird desto unauflöslicher, je weiter sich die Menschheit vom Zustand roher Selbstgenügsamkeit entfernt ... Nun ist aber ein Gemeinschaftsverhältnis, ausgenommen das zwischen Sklave und Sklavenhalter, nicht anders möglich als auf der Grundlage der gleichmäßigen Berücksichtigung der Interessen aller. Eine Gesellschaft von Gleichen kann nur unter der Voraussetzung existieren, dass die Interessen aller gleichmäßig beachtet werden. John Stuart Mill, 1861

▶ *Erläutern Sie den Zusammenhang von Gewissen, Interessen und Sozialität des Menschen nach Mill.*

▶ *Was ist nach Ihrer Ansicht bei Mill gemeint mit »äußeren Sanktionen«?*

Der Ursprung der Werte

In der Geschichte der Moralphilosophie ist immer wieder auch die Frage erörtert worden, woher denn die moralischen Werte (Leben, Gesundheit, Eigentum, Freiheit u. Ä.) stammen. Traditionelle Antworten wie etwa, dass sie sich göttlichen Geboten verdanken, sind aus philosophischer Sicht natürlich problematisch. Zu den genuin philosophischen Lösungsvorschlägen gehören dagegen die folgenden Überlegungen: Die moralischen Werte ergeben sich unmittelbar aus der Natur des Menschen (Naturrechtslehre); sie ergeben sich aus dem Sittengesetz, welches seinerseits ein Produkt der Vernunft ist. Im Rahmen der utilitaristischen Tradition kommt zu diesen Theorien eine weitere hinzu: Menschen haben Interessen; mit diesen Interessen korrespondieren moralische Werte. Wo keine entsprechenden Interessen vorhanden sind, gibt es auch nicht die korrespondierenden moralischen Werte (vgl. S. 234/35). Der deutsche Philosoph Günther Patzig kritisiert die Reduktion von Interessen auf Lustgewinn und entwickelt eine Ethik, die das utilitaristische Denken mit dem Verallgemeinerungsprinzip der Ethik Kants vermittelt (vgl. S. 248/49).

Günther Patzig (geb. 1926), *deutscher Philosoph. Verbindet utilitaristische ethische Prinzipien mit Grundzügen der Ethik Kants. Seine Ethik findet einen klaren Ausdruck in der weit verbreiteten Schrift »Ethik ohne Metaphysik«(1971).*

Interessen, Wünsche, Bedürfnisse

Was ist eigentlich das Ziel, dessen Förderung oder Beeinträchtigung den Maßstab für die moralische Beurteilung von Handlungen und Handlungsweisen hergeben soll? Bentham gab darauf die heroisch einfache Antwort: »The greatest happiness of the greatest number« ... Happiness oder Glück definierte er wiederum als das Übergewicht von »pleasure« über »pain«, und man hat sich seither angewöhnt, »pleasure« und »pain« in diesem Zusammenhang mit »Lust« und »Unlust« zu übersetzen. ... Die Freude, die wir empfinden, wenn wir etwas erreichen, das wir uns vorgenommen haben, ist aber im Normalfall nicht das Ziel, das uns zu unserer Anstrengung motiviert ... In den meisten Fällen folgen wir Bedürfnissen und Interessen, die sich überhaupt nicht auf Lustgewinn reduzieren lassen. Wir haben z.B. das Bedürfnis nach menschlichen Kontakten, nach sozialer Anerkennung, wir wollen unsere politischen Ansichten durchsetzen, für unsere Familien sorgen, unsere Fähigkeiten ausüben und entwickeln, ein Buch schreiben, etwas von der Welt sehen. Nun gilt auch, dass wir Freude und Befriedigung zu empfinden pflegen, wann immer wir unsere Ziele erreichen. Aber diese Freude setzt logisch gerade ein anderes Ziel voraus und kann in solchen Fällen nicht selbst das Ziel unserer Handlung sein ... Den Grundsatz einer utilitaristischen Theorie moralisch richtiger Handlungen kann man dahin ausdrücken: »Eine Handlung ist moralisch richtig, wenn sie dazu beiträgt, den von ihren Wirkungen unmittelbar und, soweit vorhersehbar, auch mittelbar Betroffenen ein Maximum an Befriedigung ihrer Bedürfnisse, Wünsche und Interessen zu sichern.«

Günther Patzig, 1994

Massenarmut im Südsudan, 1999: Bewohner eines Dorfes tragen Lebensmittel nach Hause, die von Flugzeugen der UNO abgeworfen wurden.

▶ *Diskutieren sie kritisch die Ableitung von moralischen Werten aus Interessen, Wünschen und Bedürfnissen.*

▶ *Wie weit geht Ihrer Einschätzung nach die Verpflichtung, andere bei der Befriedigung ihrer Interessen, Wünsche und Bedürfnisse zu unterstützen?*

Handlungsutilitarismus und Regelutilitarismus

... Wenn einer sagt, etwa ein Arzt solle seinen Patienten nach Möglichkeit helfen, weil das im Allgemeinen mehr günstige als ungünstige Folgen für alle Beteiligten hat, so scheint ein solcher Begründungssatz leer zu laufen. Soll denn ein Arzt etwa im Einzelfall prüfen, ob es nicht vielleicht bei einem seiner Patienten für alle Beteiligten günstiger wäre, wenn er nicht wieder gesund würde? Hat nicht der Arzt die einfache Pflicht, zu helfen, und zwar ganz ohne Seitenblick auf die Glücksbilanz der Allgemeinheit? Ist es nicht ebenso die Aufgabe eines Prüfers, die Leistung des Kandidaten gerecht zu bewerten, und nicht etwa darüber nachzudenken, welches Prüfungsergebnis für alle Beteiligten die segensreichsten Wirkungen haben würde? Bricht nicht das ganze Gebäude des Utilitarismus angesichts der Tatsache in sich zusammen, dass wir uns nach Regeln zu verhalten haben, die uns gar keine Freiheit mehr lassen zu entscheiden, ob die Anwendung dieser Regel im vorliegenden Fall günstige Folgen haben wird? ... Man hat unter diesem Gesichtspunkt zwischen dem Handlungsutilitarismus und dem Regelutilitarismus unterschieden. Nach dem Regelutilitarismus hat das Vorhandensein bestimmter Verhaltensregeln für eine Gesellschaft als Basis vertrauensvollen Zusammenwirkens einen so hohen Utilitätswert, dass der Einzelne in einer konkreten Situation gar nicht mehr das Recht haben kann, umständliche Abschätzungen der Wirkungen verschiedener Handlungsweisen vorzunehmen. Der Verstoß gegen eine anerkannte Regel, etwa die, Versprechen einzuhalten, bestehende Gesetze zu respektieren, sich des Eingriffs in freie Entscheidungen anderer zu enthalten, würde eine solche Störung des sozialen Zusammenhangs mit sich bringen, dass – außer in extremen Fällen – die Einhaltung der betreffenden Regel unbedingt geboten scheint. Hier ist der Punkt erreicht, an dem man auch in ein utilitaristisches System der Ethik »kategorische Imperative«, wie sie von Kant diskutiert worden sind, einbauen kann. Aber sie sind dann nicht mehr, wie bei Kant, die um alles Glück von Menschen unbekümmerten Wahrsprüche einer transzendentalen Vernunft; sie sind vielmehr Regeln, deren allgemeine Einhaltung erst die Basis schafft, auf der soziale Kooperation möglich ist. Günther Patzig, 1994

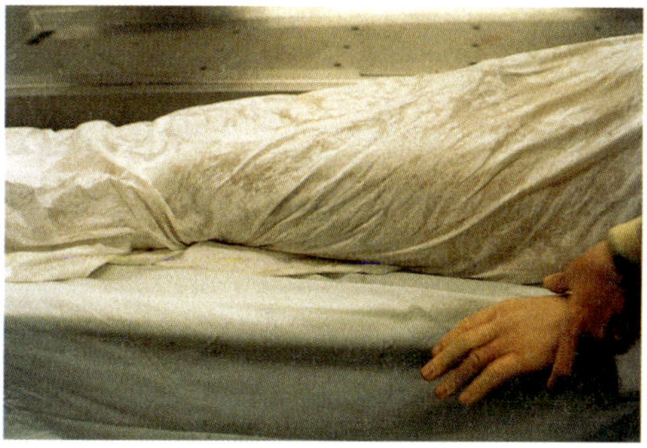

▶ *Erläutern sie den Unterschied zwischen Handlungs- und Regelutilitarismus.*

▶ *Worin besteht die Nähe des Regelutilitarismus zur Ethik Kants, worin unterscheidet er sich von ihr?*

Moralischer Relativismus?

[Man schließt] oft vorschnell aus der Verschiedenheit konkreter Verhaltensregeln und Stellungnahmen auf die Verschiedenheit der ihnen zugrunde liegenden allgemeinen Grundsätze und behauptet damit den prinzipiellen Relativismus ... Aber allmählich wird man diese Verhaltensweisen auf die Randbedingungen des Verhaltens zurückzuführen lernen und dann auch den Zusammenhang der befremdlichen Divergenzen mit gewissen Grundprinzipien erkennen, die man durchaus akzeptieren kann. Tatsächlich kann nach einiger Eingewöhnung in die Denkweise jener Gesellschaft, die man als Gast zu beobachten Gelegenheit hat, die Einsicht eintreten, dass die moralischen Grundprinzipien der eigenen und der beobachteten fremden Gesellschaft weithin übereinstimmen ... Es gibt z. B. bei mehreren Stämmen die Vorschrift, dass erwachsene Kinder ihre Eltern, wenn diese alt und schwach werden, töten sollen ... Die Verhaltensweisen wirken ... auf uns abschreckend und fremd; jedoch liegt ... das moralische Prinzip zugrunde, dass Kinder ihren Eltern Gutes erweisen sollen und verpflichtet sind, sie vor Leid und Elend zu bewahren, soweit sie dazu imstande sind. Wir sehen also, dass ein moralisches Prinzip, das auch bei uns gilt, zu ganz abweichenden konkreten Regeln führt.

Günther Patzig, 1994

▶ *Diskutieren Sie die Frage, wie überzeugend Patzigs Argumentation gegen den moralischen Relativismus ist.*

Löwe, Fuchs und Esel gingen gemeinsam auf die Jagd und erlegten einen Hirsch. Der Löwe trug dem Esel auf, das Wild zu teilen. Dieser machte aus der Beute drei gleiche Teile, worauf der Löwe so wütend wurde, dass er dem Esel das Fell über die Ohren zog. Nun befahl er dem Fuchs, die Einteilung zu übernehmen. Der Fuchs nahm die drei Teile und gab sie dem Löwen. Hocherfreut fragte der Löwe den Fuchs: »Wer hat dich gelehrt, auf diese richtige Art zu teilen?« – »Der Lehrer da mit dem roten Hut«, antwortete der Fuchs. Fabel von Aesop

▶ *Vergleichen Sie das in der Fabel geschilderte Verhalten mit dem Mill'schen Prinzip der »gleichmäßigen Berücksichtigung der Interessen aller«. Welche Lehre erscheint Ihnen realistischer?*

▶ *Wie – wenn überhaupt – lässt sich das in der Fabel geschilderte Verhalten rechtfertigen?*

▶ *Sehen Sie Parallelen zu dieser Problematik in politischen Zusammenhängen?*

Radikale Formen des modernen Utilitarismus

In den letzten Jahren wurde der Utilitarismus – insbesondere unter der dem Englischen entlehnten Bezeichnung »Konsequentialismus« – im Rahmen der so genannten »angewandten Ethik« diskutiert. Bei dieser kontroversen Debatte ging es insbesondere um die Kritik der traditionellen Absolutsetzung des Wertes menschlichen Lebens durch einige moderne Formen des utilitaristischen Denkens. Die Diskussion entzündete sich vor allem an den Themen »Schwangerschaftsabbruch« und »Sterbehilfe«.

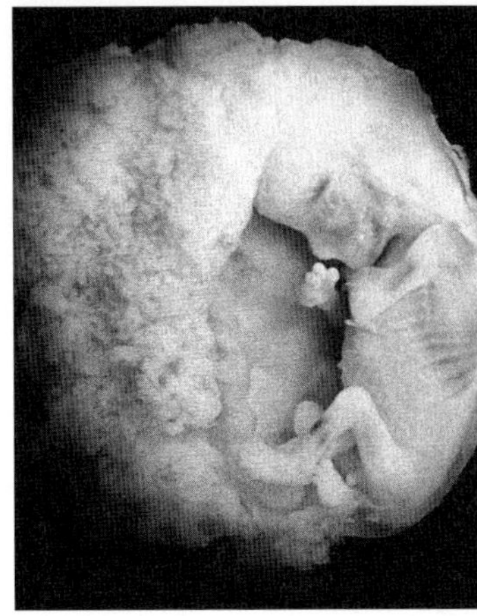

Muss jedes Kind leben?

Eine Reihe von Auffassungen, die der australische Philosoph Peter Singer insbesondere in seiner Schrift »Praktische Ethik« vertritt, haben in Deutschland zu erbitterten Kontroversen und heftigen Auseinandersetzungen geführt. Es ist nicht seine Argumentation für weit reichende Umverteilungsmaßnahmen zugunsten der Dritten Welt, auch nicht sein Eintreten für einen sehr weit gehenden Tierschutz, und es ist auch nicht die strikte Ablehnung jeder Form von Rassismus oder Sexismus, was viele empörte. Ausgelöst wurde die Empörung durch Auffassungen Singers, die man etwa in den folgenden drei Thesen zusammenfassen kann:

1. Das Leben sei nicht heilig oder unantastbar. So sei z. B. unter bestimmten Umständen die Tötung eines schwerstbehinderten Säuglings erlaubt. Ebenso sei es unter bestimmten Umständen moralisch zulässig, eine Person auf deren Verlangen hin zu töten – z. B. dann, wenn sie im Endstadium einer Krebserkrankung einen solchen Wunsch äußere.
2. Die entscheidenden Gründe dafür, jemandem ein Lebensrecht zuzusprechen, seien abhängig zu machen von der Eigenschaft, eine Person zu sein, nicht aber von der Zugehörigkeit zur Gattung Mensch. Es sei auch nicht jeder Angehörige der Gattung Homo sapiens in jeder Phase seines Lebens eine Person.
3. Zwischen einem Leben, das wert sei, gelebt zu werden, und einem Leben, für das dies nicht gelte, könne unterschieden werden.

Hegselmann/Merkel, 1991

Der deutsche Philosoph Norbert Hoerster spricht sich für eine ersatzlose Streichung des § 218 StGB, aber für einen uneingeschränkten Schutz des geborenen menschlichen Lebens aus:

Es gibt kaum ein aktuelles Problem in unserer Gesellschaft, dessen öffentliche Diskussion so sehr von Heuchelei, Vorurteil und Rationalisierung bestimmt ist wie das Abtreibungsproblem:
Man beschwört das Lebensrecht der »ungeborenen Kinder« – und spricht sich gleichzeitig für eine Fristen- bzw. Beratungsregelung aus. Man plädiert für eine Bestrafung jenseits der Dreimonatsfrist – und kann keinen einzigen relevanten Unterschied zwischen Früh- und Spätabtreibung nennen.
Man duldet massive und lang andauernde Quälereien von gewissen Lebewesen (Tieren) – und regt sich auf über die schmerzlose Tötung von anderen Lebewesen (Föten), deren Fähigkeiten weit weniger entwickelt sind.
Man behauptet, die vorgegebene Menschenwürde des Fötus zu schützen – und macht sich nicht klar, daß hinter dieser «Menschenwürde« allenfalls die religiöse Glaubensannahme der »Gottesebenbildlichkeit« steht. Man will durch ein Abtreibungsverbot die Entstehung menschlichen Lebens fördern – und propagiert gleichzeitig Empfängnisverhütung.
Man zitiert die Gesundheitsgefahren der Abtreibung – und vergißt, daß diese nicht größer sind als die Gesundheitsgefahren der Entbindung.
Man spricht von der «Widernatürlichkeit« der Abtreibung und ihren Folgeneurosen – und bedenkt nicht, daß es nicht Aufgabe des staatlichen Strafrechtes sein kann, Bürger vor den Gewissensfolgen ihrer selbstgewählten »Sünden« zu bewahren.
Wer den Fötus als Menschen bezeichnet, sollte ihn auch – mit allen Konsequenzen – als Menschen behandeln. Nicht derjenige schafft Gefahren, der lediglich geborenen menschlichen Wesen Menschenrechte und Gleichbehandlung zugesteht; sondern diejenigen schaffen Gefahren, die Menschenrechte und Gleichbehandlung für einige Wesen, obwohl diese in ihren eigenen Augen Menschen sind, willkürlich einschränken. Das fundamentale Prinzip, wonach jedem »Menschen« und jedem »Kind« – ob jung oder alt, ob behindert oder nicht – die gleichen Grundrechte zustehen, muß unantastbar bleiben.

Norbert Hoerster, 1991

▶ *Wie stehen Sie zu diesen drei Thesen Singers?*

▶ *Wie sollte man »Person« am sinnvollsten definieren (vgl. S. 132/33)?*

▶ *Erscheint ihnen Hoersters Kritik der Abtreibungsgegner angemessen und fair?*

▶ *Wie stehen Sie zu seiner These, der besondere Schutz des menschlichen Lebens könne nur für geborene Menschen gelten?*

Gilt der Schutz menschlichen Lebens absolut?

Der nicht spontane Tod

In Holland wurden 1995 offiziell 3 200 Fälle von Euthanasie gemeldet. Ein Psychologe sprach ironisch von einem »Rorschach-Test« für Euthanasie, einer Art »Feldversuch«, gut geeignet zum Studium der Verschiebung ethischer Grenzen und der folgenden Veränderungen in Gedanken, Gefühlen und Taten.

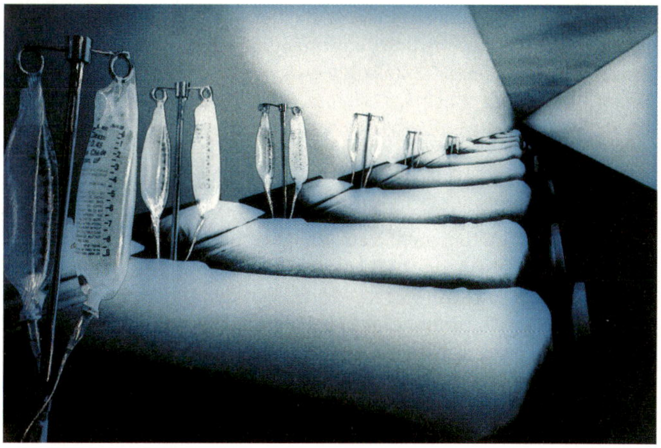

Alle Menschen sind Personen

Es sind bestimmte Eigenschaften von Menschen, die uns dazu veranlassen, Menschen »Personen« zu nennen. Aber was wir Personen nennen, sind nicht diese Eigenschaften, sondern deren Träger. Nun gibt es offensichtlich Menschen, die über diese Eigenschaften nicht verfügen. Es könnte also scheinen, dass diese Menschen keine Personen sind und auf Anerkennung als Personen keinen Anspruch erheben können. Dies ist Peter Singers und Norbert Hoersters ... These. ... Ich möchte im Folgenden sechs Gründe für die Unhaltbarkeit dieser Auffassung nennen und damit zugleich sechs Gründe für die Wahrheit unserer intuitiven Überzeugung, dass alle Menschen Personen sind:

1. ... Die Angehörigen der Spezies »homo sapiens« sind nicht nur Exemplare dieser Art, sie sind Verwandte und stehen deshalb von vornherein in einem personalen Verhältnis zueinander. »Menschheit« ist nicht, wie »Tierheit« nur ein abstrakter Begriff zur Bezeichnung einer Gattung, sondern ist zugleich Name einer konkreten Personengemeinschaft, der jemand nicht angehört aufgrund bestimmter faktisch feststellbarer Eigenschaften, sondern aufgrund des genealogischen Zusammenhangs mit der »Menschheitsfamilie« ...
2. Die Anerkennung als Person kann nicht erst Reaktion auf das Vorliegen spezifisch personaler Eigenschaften sein, weil diese Eigenschaften überhaupt erst auftreten, wo ein Kind diejenige Zuwendung erfährt, die wir Personen entgegenbringen ...
3. Wir können zwar zu zweifelsfreier Gewissheit über das Vorliegen von Intentionalität kommen und tun dies immer dann, wenn wir in unmittelbare personale Kommunikation eintreten, nicht aber können wir mit ähnlicher Sicherheit über deren Nichtvorliegen entscheiden ...
4. Wie nehmen wir ... [schwer Debile] wahr? Als Dinge? Als Tiere einer eigenen Art? Gerade nicht. ... Was wir bei schwer Debilen voraussetzen dürfen, wissen wir nicht. Aber da es die Eigentümlichkeit der menschlichen Natur ist, auf personale Weise gehandhabt zu werden, haben wir keinen Grund, diese Natur ganz anders zu betrachten, wenn sie schwer verunstaltet ist ...
5. Mit Bezug auf kleine Kinder lautet das Argument [Singers], dass sie erst potentielle Personen sind ... Es gibt keine potentiellen Personen. Personen besitzen Fähigkeiten, Potenzen. Personen können sich entwickeln. Aber es kann sich nicht etwas zur Person entwickeln. Aus »etwas« wird nicht »jemand« ...
6. Die Anerkennung von Personen ist die Anerkennung eines unbedingten Anspruchs. Die Unbedingtheit des Anspruchs wäre illusorisch, wenn zwar der Anspruch als solcher unbedingt, sein tatsächliches Vorliegen aber von empirischen Voraussetzungen abhängig wäre, die immer hypothetisch sind ... Personenrechte sind Menschenrechte ...

Robert Spaemann, 1998

Dass wir solche Individuen [die aufgrund massiver Defekte jene spezifisch menschlichen Eigenschaften nicht haben] trotzdem in unsere auf alle Menschen in gleicher Weise gerichteten moralischen Garantien einbeziehen, bedarf einer besonderen Begründung. Es kann ... damit gut begründet werden, dass es sehr gefährlich wäre, im Hinblick auf den Respekt vor der menschlichen Integrität irgendwelche Ausnahmen zuzulassen. Es wäre nämlich zu befürchten, dass unter Einwirkung starker, z. B. politischer Motive und Affekte sich Tendenzen durchsetzen könnten, bestimmten Gruppen von Individuen, insbesondere unbequemen Minderheiten, mit dem Argument, sie seien nicht eigentlich Menschen im vollen Sinne des Wortes, den Schutz zu entziehen, der ihnen als Menschen zusteht – die Behandlung politischer Dissidenten als Geisteskranke ist hierfür nur ein warnendes Beispiel.

Günther Patzig, 1993

▶ *Formulieren Sie auf der Basis der Überlegungen von Patzig und Spaemann eine konsequente Position zum Problem der »Tötung auf Verlangen«.*

▶ *Nennen Sie die zentralen Argumente von Patzig und Spaemann gegen die radikalen Konsequenzen, die aus den Ansichten Singers (vgl. nebenstehender Text; zu Singer selbst vgl. S. 237; 242/243; 267) resultieren. Nehmen Sie Stellung dazu.*

Kant und die Aufklärung

Die Aufklärung, entstanden im 17. und 18. Jh. vor allem in Frankreich und England, wollte die Menschen zum eigenen Vernunftgebrauch ermuntern und fragwürdige religiöse und politische Herrschaftsansprüche kritisieren. Kant ist neben Lessing der bedeutendste deutsche Aufklärer. In der »Berlinischen Monatsschrift« kam es 1784 zu einer Debatte darüber, was der Begriff »Aufklärung« eigentlich bedeute. In seinem Beitrag entwickelte Kant die berühmte Auffassung, nur durch Selberdenken lasse sich die Unmündigkeit der Menschen überwinden.

Jeder muss sich selbst aufklären

Aufklärung ist Ausgang des Menschen aus seiner selbst verschuldeten Unmündigkeit. Unmündigkeit ist das Unvermögen, sich seines eigenen Verstandes ohne Leitung eines anderen zu bedienen. Selbstverschuldet ist diese Unmündigkeit, wenn die Ursache derselben nicht am Mangel des Verstandes, sondern der Entschließung und des Mutes liegt, sich seiner ohne Anleitung anderer zu bedienen. Sapere aude! Habe Mut, dich deines eigenen Verstandes zu bedienen!, ist also der Wahlspruch der Aufklärung. Faulheit und Feigheit sind die Ursachen, warum ein so großer Teil der Menschen, nachdem sie die Natur längst von fremder Leitung freigesprochen, dennoch zeitlebens unmündig bleiben, und warum es anderen so leicht wird, sich zu deren Vormündern aufzuwerfen. Es ist so bequem, unmündig zu sein. Habe ich ein Buch, das für mich Verstand hat, einen Seelsorger, der für mich Gewissen hat, einen Arzt, der für mich die Diät beurteilt usw., so brauche ich mich ja nicht selbst zu bemühen. Ich habe nicht nötig zu denken, wenn ich nur bezahlen kann; andere werden das verdrießliche Geschäft schon für mich übernehmen. Dass der bei weitem größte Teil der Menschen den Schritt zur Mündigkeit außer dem, das er beschwerlich ist, auch für sehr gefährlich halte: Dafür sorgen schon jene Vormünder, die die Oberaufsicht über sie gütigst auf sich genommen haben. Nachdem sie ihr Hausvieh zuerst dumm gemacht haben und sorgfältig verhüteten, dass diese ruhigen Geschöpfe ja keinen Schritt außer dem Gängelwagen, darin sie sie einsperrten, wagen durften, so zeigten sie ihnen nachher die Gefahr, die ihnen drohet, wenn sie es versuchen, allein zu gehen. Nun ist diese Gefahr zwar so groß nicht, denn sie würden durch einige Mal Fallen wohl endlich gehen lernen: Allein ein Beispiel von der Art macht doch schüchtern und schreckt gemeiniglich von allen ferneren Versuchen ab. Es ist also für jeden einzelnen Menschen schwer, sich aus der ihm beinahe zur Natur gewordenen Unmündigkeit herauszuarbeiten. Er hat sie sogar lieb gewonnen und ist vorderhand wirklich unfähig, sich seines eigenen Verstandes zu bedienen, weil man ihn niemals einen Versuch davon machen ließ. Satzungen und Formeln, diese mechanischen Werkzeuge eines vernünftigen Gebrauchs oder vielmehr Missbrauchs, sind die Fußschellen einer immer währenden Unmündigkeit.

Immanuel Kant, 1784

Anselm Kiefer, Der gestirnte Himmel, 1969

▶ *Rekonstruieren Sie Kants Argumente dafür, dass Selberdenken für aufgeklärte Menschen entscheidend ist.*

▶ *Kant spricht von einem »Buch, das für mich Verstand hat«. Lässt sich das auf die Lehrbücher in der Schule beziehen, z. B. auf dieses Ethikbuch?*

▶ *Wer könnte mit den »Vormündern« gemeint sein, die nach Kant den Schritt zur Mündigkeit erschweren? Wie steht es mit Eltern und Lehrern? Wann erleichtern sie das Selberdenken, wann behindern sie es?*

Hoffnungen für die Menschheitsgeschichte

Für Kant bedeutete Fortschritt in erster Linie die moralische Besserung des Menschen. Bessere Technik und feinere Sitten können daher sehr wohl mit moralischer Stagnation einhergehen. In der »Idee zu einer allgemeinen Geschichte in weltbürgerlicher Absicht« schreibt er:

Wir sind im hohen Grad durch Kunst und Wissenschaft kultiviert. Wir sind zivilisiert bis zum Überlästigen, zu allerlei gesellschaftlicher Artigkeit und Anständigkeit. Aber, um uns für schon moralisiert zu halten, darin fehlt noch sehr viel. Denn die Idee der Moralität gehört noch zur Kultur; der Gebrauch dieser Idee aber, welcher nur auf das Sittenähnliche in der Ehrliebe und der äußeren Anständigkeit hinausläuft, macht bloß die Zivilisierung aus ... Alles Gute, das nicht auf moralisch-gute Gesinnung gepfropft ist, ist nichts als lauter Schein und schimmerndes Elend.

Immanuel Kant, 1784

▶ *Finden Sie heraus, was Kant mit den Begriffen Kultivierung, Zivilisierung und Moralisierung meinen könnte.*
▶ *Das »Sittenähnliche« im Unterschied zu einer aufrichtigen moralischen Haltung – suchen Sie dafür nach Beispielen aus Ihrer eigenen Lebenserfahrung.*

Immanuel Kant (1724–1804),
der bekannteste deutsche Philosoph. Mit seiner »Kritik der reinen Vernunft« beeinflusste er entscheidend die moderne Erkenntnistheorie; mit der »Kritik der praktischen Vernunft« und anderen Werken schuf er die wohl einflussreichste Moralphilosophie der Moderne. Kants bekanntester Ausspruch: »Zwei Dinge erfüllen das Gemüt mit immer neuer und zunehmender Bewunderung und Ehrfurcht, je öfter und anhaltender sich das Nachdenken damit beschäftigt: der bestirnte Himmel über mir und das moralische Gesetz in mir.«

Gibt es in der Geschichte der Menschheit Entwicklungstendenzen zum Guten hin? Welche Naturanlagen könnten einer solchen Entwicklung förderlich sein? Kant stellte sich diese Fragen, weil er Moral als etwas ansah, was über die Gegenwart hinaus die Zukunft der Menschen betrifft. Ganz nüchtern meint Kant, dass die Entwicklung der Moral angestoßen wird von etwas Außermoralischem: der »ungeselligen Geselligkeit«.

Das Mittel, dessen sich die Natur bedient, die Entwicklung aller ihrer Anlagen zu Stande zu bringen, ist der Antagonism [Gegensatz] derselben in der Gesellschaft, so fern dieser doch am Ende die Ursache einer gesetzmäßigen Ordnung derselben wird. Ich verstehe hier unter dem Antagonism die ungesellige Geselligkeit der Menschen; d. i. den Hang derselben, in Gesellschaft zu treten, der doch mit einem durchgängigen Widerstande, welcher diese Gesellschaft beständig zu trennen droht, verbunden ist ... Der Mensch hat eine Neigung, sich zu vergesellschaften; weil er in einem solchen Zustande sich mehr als Mensch ... fühlt. Er hat aber auch einen großen Hang, sich zu vereinzeln (isolieren): weil er in sich zugleich die ungesellige Eigenschaft antrifft, alles bloß nach seinem Sinne richten zu wollen, und daher allerwärts Widerstand erwartet, so wie er von sich selbst weiß, dass er seinerseits zum Widerstand gegen andere geneigt ist. Dieser Widerstand ist es nun, welcher alle Kräfte des Menschen erweckt, seinen Hang zur Faulheit zu überwinden, und, getrieben durch Ehrsucht, Herrschsucht oder Habsucht, sich einen Rang unter seinen Mitmenschen zu verschaffen, die er nicht wohl leiden, von denen er aber auch nicht lassen kann.

Immanuel Kant, 1784

▶ *Erläutern Sie den Begriff der »ungeselligen Geselligkeit«. Suchen Sie Beispiele aus Ihrer schulischen Erfahrung. Was hätte Kant in diesem Zusammenhang von Teamarbeit gehalten?*

Eine Gesellschaft Stachelschweine drängte sich an einem kalten Wintertage recht nahe zusammen, um durch die gegenseitige Wärme sich vor dem Erfrieren zu schützen. Jedoch empfanden sie die gegenseitigen Stacheln, welches sie dann wieder voneinander entfernte. Wann nun das Bedürfnis der Erwärmung sie wieder näher zusammenbrachte, wiederholte sich jenes zweite Übel, sodass sie zwischen beiden Leiden hin- und hergeworfen wurden. Bis sie eine mäßige Entfernung voneinander herausgefunden hatten, in der sie es am besten aushalten konnten. – Und diese Entfernung nannten sie Höflichkeit und feine Sitte.

Arthur Schopenhauer

▶ *Praktizieren die Stachelschweine in Schopenhauers Gleichnis die »ungesellige Gesellschaft«?*

➤ *Zu »Schopenhauer« vgl. S. 256/57*

Gesinnungsethik

Kants Ethik ist keine Ethik des Glücks, auch keine Ethik der Tugenden oder des Nutzens. Vielmehr steht in ihrem Zentrum der Begriff der Pflicht. Kant definiert: Pflicht ist Notwendigkeit einer Handlung aus Achtung fürs Gesetz. Nur der durch Pflicht bestimmte Wille ist ein guter Wille. Der Maßstab für den moralischen Wert einer Handlung ist allein diese Qualität des Willens (die Absicht des Handelnden), nicht die Qualität der tatsächlichen Handlungsfolgen. Eine solche Ethik nennt man – im Gegensatz zur Verantwortungsethik – Gesinnungsethik.

Freiheit und Pflicht

Der gute Wille

Es ist überall nichts in der Welt, ja überhaupt außerhalb derselben zu denken möglich, was ohne Einschränkung für gut könnte gehalten werden, als allein ein *guter Wille*. Verstand, Witz, Urteilskraft und wie die Talente des Geistes sonst noch heißen mögen, oder Mut, Entschlossenheit, Beharrlichkeit im Vorsatze, als Eigenschaften des Temperaments, sind ohne Zweifel in mancher Absicht gut und wünschenswert; aber sie können auch äußerst böse und schädlich werden, wenn der Wille, der von diesen Naturgaben Gebrauch machen soll und dessen eigentümliche Beschaffenheit deshalb Charakter heißt, nicht gut ist. Mit den Glücksgaben ist es ebenso bewandt. Macht, Reichtum, Ehre, selbst Gesundheit und das ganze Wohlbefinden und Zufriedenheit mit seinem Zustande, unter dem Namen der Glückseligkeit, machen Mut und hierdurch öfters auch Übermut, wo nicht ein guter Wille da ist, der den Einfluss desselben aufs Gemüt und hiermit auch das ganze Prinzip zu handeln berichtige und allgemein-zweckmäßig mache; ohne zu erwähnen, dass ein vernünftiger und unparteiischer Zuschauer sogar beim Anblicke eines ununterbrochenen Wohlergehens eines Wesens, das kein Zug eines reinen und guten Willens ziert, nimmermehr ein Wohlgefallen haben kann, und so der gute Wille die unerlässliche Bedingung selbst der Würdigkeit, glücklich zu sein, auszumachen scheint.

Immanuel Kant, 1785

Kants Kritik richtet sich vor allem gegen die traditionelle Lehrmeinung, Moralität ergebe sich allein schon durch das Vorhandensein von Tugenden. Kant glaubt, dass auch Tugenden missbraucht werden können. Deshalb ist es seiner Meinung nach notwendig, den Willen durch seine Unterordnung unter die Vernunft zu einem an sich guten Willen zu machen. Dieser Wille zeigt sich vor allen darin, dass der Handelnde seiner Pflicht folgt und nicht seiner Neigung.

Ich übergehe hier alle Handlungen, die schon als pflichtwidrig erkannt werden, ob sie gleich in dieser oder jener Absicht nützlich sein mögen; denn bei denen ist gar nicht einmal die Frage, ob sie aus Pflicht geschehen sein mögen, da sie dieser sogar widerstreiten. Ich setze auch die Handlungen beiseite, die wirklich pflichtmäßig sind, zu denen aber Menschen unmittelbar keine Neigung haben, sie aber dennoch ausüben, weil sie durch eine andere Neigung dazu getrieben werden. Denn da lässt sich leicht unterscheiden, ob die pflichtmäßige Handlung aus Pflicht oder aus selbstsüchtiger Absicht geschehen sei. Weit schwerer ist dieser Unterschied zu bemerken, wo die Handlung pflichtmäßig ist und das Subjekt noch überdem unmittelbare Neigung zu ihr hat.

Immanuel Kant, 1785

Oskar Schlemmer, Gruppe am Geländer I, 1931

▶ *Wie stehen Sie zu Kants Lehre, nur ein guter Wille sei an sich gut? Können Sie Beispiele für ein moralisch verwerfliches Verhalten geben, das mit der Tugend des Fleißes (des Mutes, der Beharrlichkeit) verbunden ist?*

▶ *Was ist eine Handlung aus Pflicht? Was ist der Gegensatz zu Pflicht?*

Probleme der Gesinnungsethik

Ein Beispiel Kants

Z. B. ist es allerdings pflichtmäßig, dass der Krämer seinen unerfahrenen Käufer nicht überteuere, und, wo viel Verkehr ist, tut dieses auch der kluge Kaufmann nicht, sondern hält einen festgesetzten allgemeinen Preis für jedermann, sodass ein Kind ebenso gut bei ihm kauft als jeder andere. Man wird also ehrlich bedient; allein das ist lange nicht genug, um deswegen zu glauben, der Kaufmann habe aus Pflicht und Grundsätzen der Ehrlichkeit so verfahren; sein Vorteil erforderte es; dass er aber überdem noch eine unmittelbare Neigung zu den Käufern haben sollte, um gleichsam aus Liebe keinem vor dem anderen im Preise den Vorzug zu geben, lässt sich hier nicht annehmen. Also war die Handlung weder aus Pflicht noch aus unmittelbarer Neigung, sondern bloß in eigennütziger Absicht geschehen. Immanuel Kant, 1785

Immanuel Kant ist der Begründer der so genannten Transzendentalphilosophie. Er verfasste die berühmte »Kritik der reinen Vernunft« (1781). Die Textauszüge auf diesen Seiten stammen aus seiner moralphilosophischen Schrift »Grundlegung zur Metaphysik der Sitten«(1785).

Ein anderes Beispiel aus heutiger Zeit

Die neue Mitschülerin Saskia hat einen Unfall und liegt für mehrere Wochen im Krankenhaus. Die Schülerinnen und Schüler des Ethik-Kurses wissen, dass sie in ihrer neuen Heimatstadt noch nicht viele Freunde hat. Außerdem ist sie zu Hause das einzige Kind und ihre Eltern sind beruflich extrem belastet. Sie glauben daher, dass einige Mitschüler aus der Klasse sie abwechselnd besuchen sollten, und der Kurssprecher schlägt vor, eine Art »Besuchsdienst« einzurichten. Da erklärt Bastian, das sei nicht nötig. Er fände die Neue »sehr nett«, wohne ohnehin in der Nähe des Krankenhauses und habe in den nächsten Wochen viel freie Zeit. Er wolle Saskia gerne täglich besuchen.

Bürger zweier Welten

… indessen er [der Mensch] doch notwendigerweise über diese aus lauter Erscheinungen zusammengesetzte Beschaffenheit des eigenen Subjektes noch etwas anderes zum Grunde liegendes, nämlich sein Ich, sowie es an sich selbst beschaffen sein mag, annehmen und sich also in Absicht auf die bloße Wahrnehmung und Empfänglichkeit der Empfindungen zur Sinnenwelt, in Ansehung dessen aber, was in ihm reine Tätigkeit sein mag, … sich zur intellektuellen Welt zählen muss, die er doch nicht weiter kennt. Immanuel Kant, 1785

▶ *Handelt Bastian pflichtgemäß; handelt er aus Pflicht?*

Friedrich Schiller,
(1759–1805), deutscher Dichter und Philosoph

Gerne dien ich den Freunden,
doch tu ich es leider mit Neigung,
und so wurmt es mich oft,
dass ich nicht tugendhaft bin.
Da ist kein anderer Rat,
du musst suchen sie zu verachten,
und mit Abscheu dann tun,
was die Pflicht dir gebietet.
Friedrich Schiller

▶ *Ist es nach Kant möglich, eine moralisch gute Handlung in Bezug auf eine Person zu vollziehen, der man sich »zugeneigt« fühlt? Kommentieren Sie in diesem Zusammenhang Schillers Spottgedicht auf Kants Pflicht-Ethik.*

Autonomie und Verallgemeinerungsprinzip

Moralische Verantwortung setzt Freiheit voraus. In der Philosophie unterscheidet man Handlungsfreiheit und Willensfreiheit. Unter Handlungsfreiheit wird dabei die Möglichkeit eines Menschen (oder einer Gruppe von Menschen) verstanden, sich in einer gegebenen Situation ohne äußeren Zwang (physische Gewalt, psychischer oder sozialer Druck) nach eigenem Gutdünken für eine von verschiedenen Handlungsalternativen zu entscheiden und diese zu realisieren. Die Frage, ob bei dieser Entscheidung sein Wille auch von allen inneren Zwängen frei war, bleibt dabei unberücksichtigt. Ist auch diese innere Freiheit gegeben, so sprechen die Philosophen von Willensfreiheit. Kant unterstellt die Realität von Willensfreiheit und betont, dass der moralische Gebrauch der Freiheit in der freiwilligen Bindung des individuellen Willens an das Sittengesetz besteht. Im Unterschied zur völlig bindungslosen Willkür nennt er diese Form der Freiheit Autonomie (Selbstgesetzgebung). Diese Selbstbindung vollziehen wir, indem wir unsere persönlichen Maximen den Imperativen des Sittengesetzes unterordnen.

Freiheit ist nicht Willkür

▶ *Konstruieren Sie Maximen, die zu den folgenden Handlungssituationen passen. Ordnen Sie diese den Unterscheidungen Kants (problematisch, assertorisch, apodiktisch) zu.*

Es könnte sein, dass morgen schönes Wetter ist. Obwohl ich auch heute keine Lust zum Arbeiten habe, erledige ich meine Schularbeit lieber sofort. Dann habe ich morgen für eine Radtour Zeit.

Ich will ein guter Pianist/eine gute Pianistin werden. Deshalb übe ich jeden Tag, obwohl mein Freund/meine Freundin sich darüber oft ärgert.

Ich werde mir ziemlichen Ärger einhandeln, wenn ich meinen Eltern die Wahrheit über meinen ersten (und letzten) Versuch mit Haschisch sage. Aber sie ahnen etwas; und wenn sie mich fragen, will ich sie nicht belügen.

Imperativ (nach Kant):
eine allgemein gültige sittliche Vorschrift

Maxime (nach Kant):
ein persönliches Handlungsprinzip

Kant unterscheidet den kategorischen von hypothetischen Imperativen:

Wenn nun eine Handlung bloß wozu anders als ein Mittel gut sein würde, so ist der Imperativ hypothetisch; wird sie als an sich gut vorgestellt, mithin als notwendig in einem an sich der Vernunft gemäßen Willen, als ein Prinzip desselben, so ist er kategorisch … Der hypothetische Imperativ sagt also nur, dass die Handlung zu irgendeiner möglichen oder wirklichen Absicht gut sei. Im ersteren Fall ist er ein problematisch-, im zweiten assertorisch-praktische Prinzip. Der kategorische Imperativ, der die Handlung ohne eine Beziehung auf irgendeine Absicht, d.i. auch ohne irgendeinen anderen Zweck, für sich als objektiv notwendig erklärt, gilt als ein apodiktisch-praktisches Prinzip. Immanuel Kant, 1785

▶ *Erläutern Sie den Unterschied zwischen hypothetischen und kategorischen Imperativen.*

Der kategorische Imperativ erscheint in Kants »Grundlegung zur Metaphysik der Sitten« in (fünf) verschiedenen Formeln. Die berühmteste davon ist die so genannte Grundformel. Häufig wird behauptet, in dieser Formulierung unterscheide sich Kants kategorischer Imperativ nicht von der so genannten »goldenen Regel«. Tatsächlich aber unterscheidet sich Kants kategorischer Imperativ von der »goldenen Regel« durch die strikte Bindung an das Verallgemeinerungsprinzip.

Die Verbindlichkeit von Versprechen

Die Frage sei z. B.: Darf ich, wenn ich im Gedränge bin, nicht ein Versprechen tun in der Absicht, es nicht zu halten? ... Würde ich wohl damit zufrieden sein, dass meine Maxime (mich durch ein unwahres Versprechen aus Verlegenheit zu ziehen) als ein allgemeines Gesetz (sowohl für mich als andere) gelten solle? Und würde ich wohl zu mir sagen können: Es möge jedermann ein unwahres Versprechen tun, wenn er sich in Verlegenheit befindet, daraus er sich auf andere Art nicht ziehen kann? So werde ich bald inne, dass ich zwar die Lüge, aber ein allgemeines Gesetz zu lügen gar nicht wollen könne; denn nach einem solchen würde es eigentlich gar kein Versprechen geben, weil es vergeblich wäre, meinen Willen in Ansehung meiner künftigen Handlungen anderen vorzugeben, die diesem Vorgeben doch nicht glauben oder, wenn sie es übereilterweise täten, mich doch mit gleicher Münze bezahlen würden; mithin meine Maxime, sobald sie zum allgemeinen Gesetze gemacht würde, sich selbst zerstören müsse. Immanuel Kant, 1785

Als Purzel gewahr wurde, wie wenig er im Leben bislang gemäß Kants kategorischem Imperativs gehandelt hatte, überkam ihn großes Wehklagen.

Universalisierung und Widerspruchsprüfung: ein Beispiel

Philipp hat seinen Freunden immer geholfen, auch dem ziemlich verschlossenen Thomas. Dieser hatte ihn aber niemals um seine Hilfe gebeten. Jetzt ist Philipp selber in einer schwierigen Lage. Seine Freunde könnten ihm helfen. Thomas aber hat dazu keine Lust. Seine Freunde werfen ihm Undankbarkeit in Bezug auf Philipp vor. Bei der moralischen Selbstprüfung müsste Thomas sich nach Kant die Frage stellen, ob er wollen kann, dass seine persönliche Handlungsmaxime allgemeines Gesetz werde. Er aber bezieht sich auf die goldene Regel und argumentiert wie folgt: »Ich bin eben nicht dankbar; und ich brauche es auch nicht zu sein. Ich will ja auch selber nicht, dass man sich mir gegenüber als dankbar erweist. Das Leben ist ein Kampf. Ich bin alleine stark genug, um mich darin zu behaupten. Ich brauche keine Hilfe und keine Dankbarkeit.« Die Freunde argumentieren mit Kants kategorischem Imperativ gegen ihn und behaupten, er könne nicht wollen, dass diese Handlungsmaxime allgemeines Gesetz werde. Zur Erläuterung verweisen sie auf ein Beispiel Kants bezüglich der Verbindlichkeit von Versprechen.

Kants kategorischer Imperativ (Grundformel):
Der kategorische Imperativ ist also ein einziger und zwar dieser: Handle nur nach derjenigen Maxime, von der du zugleich wollen kannst, dass sie ein allgemeines Gesetz werde. Immanuel Kant, 1785

- ▶ *Versuchen Sie, den Unterschied zwischen der »goldenen Regel« und Kants »kategorischen Imperativ« am Beispiel von Thomas' Konflikt mit seinen Freunden herauszuarbeiten.*
- ▶ *Mit welchem Gedankenexperiment kann ich überprüfen, ob ich nach einer moralisch guten Maxime zu handeln beabsichtige?*
- ▶ *Inwiefern verwickele ich mich nach Kant in einen Widerspruch, indem ich ein lügenhaftes Versprechen abgebe?*

Tu niemandem etwas Böses an, um nicht heraufzubeschwören, dass ein anderer es dir antue. Altägyptische Weisheitslehre

Alles nun, was ihr wollt, das euch die Leute tun sollen, das tut auch ihnen! Das ist das Gesetz und die Propheten.
Altes Testament

Was du nicht willst, das man dir tu, das füg auch keinem andern zu!
Alter Reimspruch auf der Basis von Tob 4,16, Mt 7,12 und Lk 6,31

Quod tibi fieri non vis, alteri non feceris.
Severus Alexander,
römischer Kaiser, gest. 235 n. Chr.

➢ *Zur »goldenen Regel« vgl. S. 348*

Die Formeln des kategorischen Imperativs

Neben der Grundformel des kategorischen Imperativs hat sich die Diskussion um Kants Ethik besonders auf zwei weitere Formulierungen konzentriert: die Naturgesetzformel und die Selbstzweckformel. Um möglichst scharf herauszuarbeiten, dass Moral eine Verbindlichkeit hat, die den Einzelnen zu einem bestimmten Verhalten nötigt, vergleicht er sie mit einem Naturgesetz. Allerdings ist dieses »Naturgesetz« das einzige, das Menschen aus freiem Willen als richtig und nötig einsehen können – und müssen, wenn es irgendeine Wirkung haben soll.

Handle so, als ob die Maxime deiner Handlung durch deinen Willen zum allgemeinen Naturgesetz werden sollte.

Immanuel Kant, 1785

Darf man faul sein?

Von dem, was Kant hier verurteilt, hat wohl jeder schon einmal geträumt. Auf einer Südsee-Insel in der Hängematte zu liegen, der »Ergötzlichkeit«, dem Müßiggang und dem Genuss zu frönen, ist eine zu verlockende Vorstellung, um sie nicht schon geträumt zu haben. Nun sagt uns Kant, dass diese Vorstellung zwar gedanklich geht, aber dass wir es eigentlich nicht wollen können. Also heißt es, Abschied zu nehmen von den Palmen der Südsee und gefälligst zur Kenntnis zu nehmen, warum unsere Träume unsittlich sind. Dass die armen Südsee-Insulaner dabei vielleicht als ein wenig verunglimpft dastehen, wollen wir dem großen Philosophen, der gemeint hat, dass die Lektüre von Reisebeschreibungen das Reisen ersetzen könne, großzügig durchgehen lassen ... Schließen wir unsere Betrachtung mit einem eigenen Beispiel ab: Fühle ich in mir eine musikalische Begabung, ist das eine Naturanlage in mir, die auf Verwirklichung ausgerichtet ist. Ohne alle Verwirklichung würde ich noch nicht einmal mein musikalisches Talent bemerkt haben. Dieses Ziel der Verwirklichung steht nun in Widerspruch zu einem anderen Ziel, das ich erreiche, wenn ich die folgende Maxime verallgemeinere: Ich will meine Talente verwahrlosen lassen und somit zum Verschwinden bringen. Wollen kann ich zwar mal das eine und mal das andere, aber ich kann mir keine Naturgesetzlichkeit vorstellen, die Verwirklichung und Verwahrlosung meiner Begabung zugleich will.

Ralf Ludwig, 1995

Pieter Brueghel d. Ä., Das Schlaraffenland

Aus dieser Formel ergeben sich nach Kant Pflichten gegen sich selbst und gegen andere. Er entwickelt sie in vier berühmten Beispielen, die sich auf den Selbstmord, auf das Halten von Versprechen, auf die Entfaltung von Talenten und auf die Hilfsbereitschaft beziehen. Das dritte Beispiel ist für Schüler und Lernende besonders aktuell. Hier geht es um die Frage, ob man moralisch verpflichtet ist, seine Begabungen zu entfalten.

Ein dritter findet in sich ein Talent, welches vermittelst einer Kultur ihn zu einem in allerlei Absicht brauchbaren Menschen machen könnte. Er sieht sich aber in bequemen Umständen und zieht vor, lieber dem Vergnügen nachzuhängen, als sich mit Erweiterung und Verbesserung seiner glücklichen Naturanlagen zu bemühen. Noch fragt er sich aber: ob, außer der Übereinstimmung, die seine Maxime der Verwahrlosung seiner Naturgaben mit seinem Hange zur Ergötzlichkeit an sich hat, sie auch mit dem, was man Pflicht nennt, übereinstimme. Da sieht er nun, dass zwar eine Natur nach einem solchen allgemeinen Gesetze immer noch bestehen könne, obgleich der Mensch (so wie die Südsee-Einwohner) sein Talent rosten ließe und sein Leben bloß auf Müßiggang, Ergötzlichkeit, Fortpflanzung, mit einem Wort, auf Genuss zu verwenden bedacht wäre; allein er kann unmöglich wollen, dass dieses ein allgemeines Naturgesetz werde oder als ein solches in uns durch Naturinstinkt gelegt sei. Denn als ein vernünftiges Wesen will er notwendig, dass alle Vermögen in ihm entwickelt werden, weil sie ihm doch zu allerlei möglichen Absichten dienlich und gegeben sind.

Immanuel Kant, 1785

▶ *Glauben Sie, dass Kant überzeugend begründet hat, dass man nicht faul sein darf? Könnte Ihrer Meinung nach jemand, der »nichts aus sich macht«, von Kants Argumentation erreicht werden?*

Der Mensch als Zweck in sich selbst und die Menschenwürde

Menschen gebrauchen andere Menschen häufig als Mittel zu irgendwelchen Zwecken. In der dritten Formel des kategorischen Imperativs sagt Kant, dass Menschen immer auch – nicht nur – Zwecke in sich selbst sind, und sie daher niemals als bloße Mittel behandelt werden dürfen.

> Handle so, dass du die Menschheit, sowohl in deiner Person, als in der Person eines jeden andern, jederzeit zugleich als Zweck, niemals bloß als Mittel brauchest. Immanuel Kant, 1785

▶ *Dass Menschen nützlich für die Zwecke anderer sind, ist nach Kant noch kein moralisches Problem. Was passiert aber, wenn Nutzen in Ausnutzung umschlägt? Erklären Sie mit den Worten Kants (Zweck/Mittel-Unterscheidung), was man in diesem Zusammenhang unter einem »nützlichen Idioten« versteht.*

▶ *Suchen Sie alltägliche Beispiele dafür, dass Menschen als Mittel eingesetzt werden, um bestimmte Zwecke zu erreichen. Für welche Zwecke benötigen Schüler ihre Lehrer als Mittel und umgekehrt?*

Egon Schiele, »Ein Aktmodell vor dem Spiegel zeichnend«, 1910

Dass Menschen Zwecke in sich selbst sind, nicht nur Treppenstufen auf dem Weg zum Erfolg anderer, begründet nach Kant die Würde des Menschen. Sie liegt in seiner Fähigkeit, sich selbst moralisch zu bestimmen, aus innerer Einsicht zu handeln. Alles,was bloß Mittel zum Zweck sein kann, ist käuflich, nur Selbstzwecke haben innere Würde.

Im Reich der Zwecke hat alles entweder einen Preis oder eine Würde. Was einen Preis hat, an dessen Stelle kann auch etwas anderes, als Äquivalent, gesetzt werden; was dagegen über allen Preis erhaben ist, mithin kein Äquivalent verstattet, das hat eine Würde. Was sich auf die allgemeinen menschlichen Neigungen und Bedürfnisse bezieht, hat einen Marktpreis; ... das aber, was die Bedingung ausmacht, unter der allein etwas Zweck an sich selbst sein kann, hat nicht bloß einen relativen Wert, d.i. einen Preis, sondern einen innern Wert, d.i. Würde. Nun ist Moralität die Bedingung, unter der allein ein vernünftiges Wesen Zweck an sich selbst sein kann; weil nur durch sie es möglich ist, ein gesetzgebend Glied im Reich der Zwecke zu sein. Also ist Sittlichkeit und die Menschheit, sofern sie derselben fähig ist, dasjenige, was allein Würde hat. Immanuel Kant, 1785

▶ *Können Sie Schieles Bild mit den Begriffen Würde, Mittel und Selbstzweck beschreiben?*

▶ *Behandelt jemand, der einen anderen Menschen zu bestechen versucht, ihn als Mittel oder als Zweck?*

▶ *Wer einen anderen nur als Mittel für irgendwelche eigenen Absichten gebraucht, der nutzt ihn aus und verletzt seine Würde. Verletzt er auch die eigene Würde?*

Ein Beispiel

Steffen ist ein schwieriger Typ und als Mitschüler nicht gerade beliebt. Auf Feten wird er nie eingeladen, obwohl er Anschluss sucht. Aber Steffens Vater hat gute Beziehungen zu G., dem Trainer der beliebten Fußballmanschaft F. C. Lützelkirchen. Als nun ein spannendes Spiel ansteht, für das ohne Beziehungen keine Karten mehr zu bekommen sind, sagt sich Moritz, Fußballfan und allseits beliebter Kumpel: »Ich werde Steffen auf meine nächste Party einladen. Vielleicht kann er uns noch Karten für das Spiel beschaffen.« Steffen freut sich riesig über die Einladung. Kaum ist er, noch etwas schüchtern, eingetroffen, sagt Moritz: »Hör mal, dein Vater kennt doch den G. ...«

▶ *Wie könnte diese Geschichte weitergehen? Wird Steffen ausgenutzt oder kann er froh sein eingeladen zu werden?*

▶ *Erfinden Sie zwei alternative Geschichten: eine, in der Steffen nur als Mittel gebraucht wird, und eine, in der er als Mittel und Zweck eine Rolle spielt.*

Kants Ethik auf dem Prüfstand

Zu den umstrittensten Teilen der Ethik Kants gehört das radikale Lügenverbot. Es verbietet die Lüge auch im Falle einer unbestreitbar guten Absicht, zu deren Erreichung die Lüge ein geeignetes, ja sogar notwendiges Mittel ist. Schon 1797 weist der schweizerische Philosoph Benjamin Constant diese Lehrmeinung Kants ausdrücklich zurück. Kant reagiert auf diese Kritik mit einer Erläuterung und Verteidigung seines radikalen Standpunkts unter dem programmatischen Titel: »Über ein vermeintes Recht aus Menschenliebe zu lügen«.

Oskar Schlemmer, Zwei Pierrots, 1923

Das Verbot der Lüge

Der angenommene Fall: Einer unserer Freunde wird von einem anderen Menschen verfolgt, welcher ihn töten will. Der Freund flüchtet sich zu uns. Der Verfolger folgt ihm. Bei uns angekommen, fragt er uns, ob sich der verfolgte Freund bei uns versteckt halte. Wir kennen seine mörderische Absicht. Es ergibt sich die Frage, ob wir in diesem Falle moralisch gerechtfertigt sind, wenn wir lügen und also behaupten, der Freund habe sich nicht bei uns versteckt. Kant verneint dies; Constant dagegen bejaht die Frage.

Unbedingte Wahrheitspflicht

Wahrhaftigkeit in Aussagen, die man nicht umgehen kann, ist formale Pflicht des Menschen gegen jeden, es mag ihm oder einem andern daraus auch noch so großer Nachteil erwachsen; und ob ich zwar dem, welcher mich ungerechterweise zur Aussage nötigt, nicht Unrecht tue, wenn ich sie verfälsche, so tue ich doch durch eine solche Verfälschung, die darum auch (obzwar nicht im Sinne des Juristen) Lüge genannt werden kann, im wesentlichsten Stücke der Pflicht überhaupt Unrecht: d. i. ich mache, so viel an mir ist, dass Aussagen (Declarationen) überhaupt keinen Glauben finden, mithin auch alle Rechte, die auf Verträgen gegründet werden, wegfallen und ihre Kraft einbüßen; welches ein Unrecht ist, das der Menschheit überhaupt zugefügt wird. Die Lüge also, bloß als vorsätzlich unwahre Declaration gegen einen anderen Menschen definiert, bedarf nicht des Zusatzes, dass sie einem anderen Schaden müsse; wie die Juristen es zu ihrer Definition verlangen (mendacium est falsiloquium in praeiudicium alterius). Denn sie schadet jederzeit einem anderen, wenngleich nicht einem andern Menschen, doch der Menschheit überhaupt, indem sie die Rechtsquelle unbrauchbar macht.

Immanuel Kant, 1797

Bedingte Wahrheitspflicht

Es ist eine Pflicht, die Wahrheit zu sagen. Der Begriff von Pflicht ist unzertrennbar von dem Begriff des Rechts. Eine Pflicht ist, was bei einem Wesen den Rechten eines anderen entspricht. Da, wo es keine Rechte gibt, gibt es keine Pflichten. Die Wahrheit zu sagen, ist also eine Pflicht; aber nur gegen denjenigen, welcher ein Recht auf die Wahrheit hat. Kein Mensch aber hat Recht auf eine Wahrheit, die anderen schadet.

Benjamin Constant, 1797

Nach Kant ist alleine der gute Wille das Kriterium für den moralischen Charakter einer Handlung. Damit setzt sich Kant in scharfen Gegensatz zur utilitaristischen Moral, für die die guten Konsequenzen einer Handlung moralisch entscheidend sind.

Eine Handlung aus Pflicht hat ihren moralischen Wert nicht in der Absicht, welche dadurch erreicht werden soll, sondern in der Maxime, nach der sie beschlossen wird, hängt also nicht von der Wirklichkeit des Gegenstandes der Handlung ab, sondern von dem Prinzip des Wollens, nach welchem die Handlung geschehen ist.

Immanuel Kant, 1785

▶ *Erläutern Sie die wesentlichen Unterschiede zwischen den Positionen und Argumenten von Kant und Constant.*

▶ *Welche Stärken und Schwächen haben die Positionen jeweils?*

Guter Wille oder gute Konsequenzen?

Mit der »Wirklichkeit des Gegenstandes der Handlung« ist gemeint, dass man auch erreicht, was man sich vorgenommen hat. Ob das der Fall ist, ist nach Kant für den moralischen Wert dieser Handlung bedeutungslos. Für die Utilitaristen (vgl. S. 232–243) werden dagegen Handlungen nach ihren wirklich eingetretenen Folgen beurteilt. Ein Beispiel macht deutlich, dass diese Frage erhebliche praktische Konsequenzen hat.

Ein Beispiel: Der Motorradunfall

Schon vor 20 Jahren hat Thomas den Führerschein gemacht und entsprechend lange liegt sein Kurs in erster Hilfe zurück. Die kurvige Landstraße, auf der er an diesem milden Sommerabend unterwegs ist, verleitet zum schnellen Fahren. In einer scharfen Rechtskurve muss Thomas eine Vollbremsung machen. Im Straßengraben liegt ein Motorradfahrer, sein lädiertes Bike blockiert die Fahrbahn. Thomas schaltet den Warnblinker ein und läuft zu dem Mann, der leblos, den Helm auf dem Kopf, merkwürdig verdreht auf dem Rücken liegt. Während Thomas die Situation realisiert, versucht er fieberhaft, sich an seinen Erste-Hilfe-Kurs zu erinnern. Muss er jetzt den Helm abnehmen, damit der Biker nicht erstickt? Oder besteht die Gefahr, beim Abnehmen alles noch schlimmer zu machen und womöglich eine Querschnittslähmung zu verursachen? Thomas ist ratlos und verzweifelt. Er sieht, dass etwas geschehen muss, hat auch eine Vermutung, was zu tun wäre, ist sich aber nicht sicher. Vielleicht, so denkt er, mache ich alles noch schlimmer, wenn ich jetzt den Helm abnehme.

▶ *Lesen Sie die drei folgenden Fortsetzungsmöglichkeiten. Macht es einen Unterschied für Ihre moralische Beurteilung von Thomas' Handeln, welche Version zutrifft?*

Version 1

Vorsichtig löst Thomas den Riemen und zieht den Helm vom Kopf des gestürzten Motorradfahrers. Dann bringt er ihn in die stabile Seitenlage und informiert die Unfallrettung. Als der Notarzt eintrifft, stellt sich heraus, dass Thomas' Handeln den Biker vor dem Ersticken gerettet hat und die Halswirbelsäule unverletzt ist.

Version 2

Vorsichtig löst Thomas den Riemen und zieht den Helm vom Kopf des gestürzten Motorradfahrers. Dann bringt er ihn in die stabile Seitenlage und informiert die Unfallrettung. Als der Notarzt eintrifft, stellt sich heraus, dass die Halswirbel des Bikers angebrochen waren. Thomas' Hilfe hat ihn zwar vor dem Ersticken gerettet, aber eine Querschnittslähmung verursacht.

Version 3

Vorsichtig will Thomas den Helm abnehmen, der sehr fest sitzt. Bei dem Versuch, den Helm vom Kopf zu bekommen, wird der Nacken des Motorradfahrers überstreckt, der Mann stirbt.

▶ *Diskutieren Sie diese Situation und überlegen Sie sich, wie Sie selbst handeln würden.*

▶ *Stellen Sie sich vor, Thomas wäre ein Philosophiestudent, der gerade Kants »Grundlegung zur Metaphysik der Sitten« gelesen hat. Was könnte ihm durch den Kopf gehen und wie könnte es seine Entscheidung beeinflussen?*

▶ *Nach Kant ist es möglich, dass eine in guter Absicht unternommene Handlung selbst dann moralisch gut genannt werden muss, wenn sie furchtbare Konsequenzen hat (Version 3). Darf man alles tun, solange guter Wille im Spiel ist?*

▶ *Hätte der überlebende Motorradfahrer in Version 2 das moralische Recht, Thomas wegen inkompetenter Hilfe gering zu schätzen oder ihn sogar zu verklagen?*

▶ *Wie wäre es bei Version 1 (nur gute Konsequenzen), wenn Thomas dem Motorradfahrer nur aus der Angst heraus geholfen hätte, ansonsten wegen unterlassener Hilfeleistung verklagt zu werden? Würde diese Motivation die moralische Einschätzung der Handlung verändern?*

> *Zur »Gesinnungs- und Verantwortungsethik« vgl. S. 266*

Disziplin oder Einsicht: Kant über moralische Erziehung

Menschwerdung durch Erziehung?
Der Mensch ist das einzige Geschöpf, das erzogen werden muss ... Ein Tier ist schon alles durch seinen Instinkt; eine fremde Vernunft hat bereits alles für dasselbe besorgt. Der Mensch aber braucht eigene Vernunft. Er hat keinen Instinkt und muss sich selbst den Plan seines Verhaltens machen. Weil er aber nicht sogleich im Stande ist, dieses zu tun, sondern roh auf die Welt kommt: So müssen es andere für ihn tun. Der Mensch kann nur Mensch werden durch Erziehung. Er ist nichts, als was die Erziehung aus ihm macht ... Da die Erziehung aber teils den Menschen einiges lehrt, teils einiges auch nur bei ihm entwickelt: So kann man nicht wissen, wie weit beim ihm die Naturanlagen gehen.

Immanuel Kant, 1803

Kants »Naturanlagen« lassen sich heute als die genetische Ausstattung eines Menschen verstehen. Vergleichen Sie dazu die Antwort eines modernen Biologen auf die Frage: Wie erwirbt das Individuum Moral?

Das Gute muss entwickelt werden
Der Mensch soll seine Anlagen zum Guten erst entwickeln; die Vorsehung hat sie nicht schon fertig in ihn gelegt; es sind bloße Anlagen und ohne den Unterschied der Moralität. Sich selbst besser machen, sich selbst kultivieren, und, wenn er böse ist, Moralität bei sich hervorbringen, das soll der Mensch. Wenn man das aber reiflich überdenkt, so findet man, dass dieses sehr schwer sei. Daher ist die Erziehung das größte Problem und das schwerste, was dem Menschen kann aufgegeben werden. Denn Einsicht hängt von der Erziehung und Erziehung hängt wieder von der Einsicht ab.

Immanuel Kant, 1803

Unser Verhaltensprogramm ist »offen«
Alle während der letzten Jahrzehnte gesammelten Belege weisen darauf hin, dass die Wertvorstellungen einzelner Menschen sowohl auf angeborenen Neigungen als auch auf Lernen beruhen. Der weitaus größte Teil wird durch Beobachtung und Unterweisung durch andere Mitglieder der Kulturgruppe erworben. Doch die Individuen scheinen ganz unterschiedlich befähigt zu sein, sich die moralischen Normen der Gruppe anzueignen. Und eben diese angeborene Fähigkeit, sich ethische Normen anzueignen und ethisches Verhalten zu übernehmen, ist der entscheidende Beitrag der Vererbung ... Das Wertesystem einer Person wird im Wesentlichen durch das gesteuert, was sie in ihrer Jugend in ihr offenes Verhaltensprogramm aufgenommen hat. Erst die enorme Kapazität dieses Programms beim Menschen macht Ethik möglich. Und das in der Kindheit gelegte Fundament hält unter normalen Umständen ein ganzes Leben. Ernst Mayr, 1998

Max Ernst, Die Jungfrau Maria schlägt das Jesuskind vor drei Zeugen, 1926

- *Finden Sie die Sätze von Kant aus heutiger Sicht noch plausibel? Wie verhalten Sie sich zu der Position Mayrs?*
- *Setzen Sie den Ausdruck »genetisch programmiertes Verhalten« an die Stelle von Kants »Naturanlagen«: Lässt sich dann der Satz noch halten oder muss er verändert werden?*
- *Stellen Sie sich vor, wir wären genetisch auf moralisches Verhalten festgelegt. Würde sich dadurch die Bedeutung der Moral verändern (vgl. dazu »Dressur oder Aufklärung«)?*

Sirenenabenteuer des Odysseus, dem Maler Python zugeschrieben (um 330 v. Chr.)

Dressur oder Aufklärung?
Der Mensch kann entweder bloß dressiert, abgerichtet, mechanisch unterwiesen oder wirklich aufgeklärt werden. Man dressiert Hunde, Pferde und man kann auch Menschen dressieren. Mit dem Dressieren aber ist es noch nicht ausgerichtet, sondern es kommt vorzüglich darauf an, dass Kinder denken lernen. Immanuel Kant, 1803

▶ *Diskutieren Sie: Lernen Sie in der Schule selbst zu denken oder werden Sie bloß mechanisch unterwiesen?*
▶ *Formulieren Sie Kriterien, wodurch sich echte Aufklärung von mechanischer Übung unterscheidet.*
▶ *Diskutieren Sie Ihren Schulalltag vor diesem Hintergrund. Wählen Sie ein Fach aus und prüfen Sie, ob der Lehrplan und die Unterrichtsgestaltung zum Selberdenken anregen oder nicht.*

Maximen des Selberdenkens statt Disziplin
[Die moralische Erziehung beruht nicht] auf Disziplin, sondern auf Maximen. Alles wird verdorben, wenn man sie auf Exempel, Drohungen, Strafen usw. gründen will. Sie wäre dann bloß Disziplin. Man muss dahin sehen, dass der Zögling aus eigenen Maximen, nicht aus Gewohnheit, gut handele, dass er nicht bloß das Gute tue, sondern es darum tue, weil es gut ist. Denn der ganze moralische Wert der Handlungen besteht in den Maximen des Guten … Man muss dahin sehen, dass das Kind sich gewöhne, nach Maximen und nicht nach gewissen Triebfedern zu handeln. Durch Disziplin bleibt nur eine Angewohnheit übrig, die doch auch mit den Jahren verlöscht. Wenn man Moralität gründen will: So muss man nicht strafen. Moralität ist etwas so Heiliges und Erhabenes, das man sie nicht wegwerfen und mit Disziplin in einen Rang setzen darf. Immanuel Kant, 1803

Heißt Verzicht auf Disziplin auch Verzicht auf Autorität? Vergleichen Sie dazu den folgenden Text, der sich mit jugendlichen Gewalttätern beschäftigt:

Erziehung kommt vom lateinischen »eruditio«, aus dem rohen Zustand herausholen. Darum geht es wohl. Ist der Rechtsradikalismus dieser Tage vielleicht auch, vielleicht vorrangig ein Erziehungsproblem, genauer: ein Resultat der Abwesenheit von Erziehung, von Autorität und Tugend? … Autorität ist weder Macht noch Zwang. Autorität schließt den Gebrauch von Zwang aus, und wo sie Gewalt braucht, hat sie schon versagt. Weder in der Familie, noch in den Zwischenetagen der Gesellschaft, noch im öffentlichen Raum sind Autorität und Freiheit Gegensätze. Der Verlust des einen ist kein Gewinn des anderen; Ziel von Autorität ist Sicherung, nicht Abschaffung der Freiheit. Es ist ein Missverständnis zu glauben, man müsse nun mehr von den Jugendlichen verlangen und aufmüpfige Kinder gehörig unter Druck setzen. Nachsitzen müssen Eltern und Erzieher. Claus Leggewie

▶ *Nach Kant können Disziplinierungsmaßnahmen zur moralischen Erziehung nichts beitragen. Finden Sie das nachvollziehbar (vgl. dazu »Freud«, S. 44)?*

➢ *Zur »Erziehung« vgl. S. 290/91*

Schopenhauer: Mitleid als ethisches Urphänomen

Arthur Schopenhauer geht der Frage nach, auf welchem Fundament die Moral zu errichten sei. Weder der Antike noch dem Christentum noch der Ethik Kants ist es seiner Meinung nach gelungen, Ethik »richtig« zu begründen. Letzterer – »ein Spinnegewebe der subtilsten, inhaltleersten Begriffe« – fehle ein echtes empirisches Fundament; dies sei aber nötig, denn die Moral habe es mit dem wirklichen Handeln des Menschen und nicht mit »apriorischen Seifenblasen« zu tun. Auf welchem Grunde baut nun Schopenhauer sein ethisches Lehrgebäude? Halten seine Fundamente dem Ansturm kritischer Fragen stand?

Julius Schnorr von Carolsfeld, Gleichnis vom barmherzigen Samariter, 1860

Die moralische Bedeutung des Mitleids

Wohl und Wehe eines andern

Kurzum, man setze zum letzten Beweggrund einer Handlung, was man wolle; immer wird sich ergeben, dass, auf irgendeinem Umwege, zuletzt das eigene Wohl und Wehe des Handelnden die eigentliche Triebfeder, mithin die Handlung egoistisch, folglich ohne moralischen Wert ist. Nur einen einzigen Fall gibt es, in welchem dies nicht statt hat: Nämlich wenn der letzte Beweggrund zu einer Handlung oder Unterlassung, geradezu und ausschließlich im Wohl und Wehe irgendeines dabei passiv beteiligten Andern liegt, also der aktive Teil bei seinem Handeln oder Unterlassen, ganz allein das Wohl und Wehe eines Andern im Auge hat und durchaus nichts bezweckt, als dass jener andere unverletzt bleibe oder gar Hilfe, Beistand und Erleichterung erhalte. Dieser Zweck allein drückt einer Handlung oder Unterlassung den Stempel des moralischen Wertes auf; welcher demnach ausschließlich darauf beruht, dass die Handlung bloß zu Nutz und Frommen eines andern geschehe oder unterbleibe … Wenn nun aber meine Handlung ganz allein des Andern wegen geschehn soll, so muss sein Wohl und Wehe unmittelbar mein Motiv sein: So wie bei allen andern Handlungen das meinige es ist. Dies bringt unser Problem auf einen engen Ausdruck, nämlich diesen: Wie ist es irgend möglich, dass das Wohl und Wehe eines Andern, unmittelbar, d. h. ganz so wie sonst nur mein Eigenes, meinen Willen bewege, also direkt mein Motiv werde, und sogar es bisweilen in dem Grade werde, dass ich demselben mein eigenes Wohl und Wehe, diese sonst alleinige Quelle meiner Motive, mehr oder weniger nachsetze? Offenbar nur dadurch, dass jener Andere der letzte Zweck meines Willens wird, ganz so, wie sonst ich selbst es bin: also dadurch, dass ich ganz unmittelbar sein Wohl will und sein Wehe nicht will, so unmittelbar, wie sonst nur das meinige. Dies aber setzt notwendig voraus, dass ich bei seinem Wehe als solchem geradezu mit leide, sein Wehe fühle, wie sonst nur meines, und deshalb sein Wohl unmittelbar will, wie sonst nur meines. Dies erfordert aber, dass ich auf irgendeine Weise mit ihm identifiziert sei, d. h. dass jener gänzliche Unterschied zwischen mir und jedem Andern, auf welchem gerade mein Egoismus beruht, wenigstens in einem gewissen Grade aufgehoben sei. Da ich nun aber doch nicht in der Haut des Andern stecke, so kann allein vermittelst der Erkenntnis, die ich von ihm habe, d. h. der Vorstellung von ihm in meinem Kopf, ich mich so weit mit ihm identifizieren, dass meine Tat jenen Unterschied als aufgehoben ankündigt. Der hier analysierte Vorgang aber ist kein erträumter oder aus der Luft gegriffener, sondern ein ganz wirklicher, ja, keineswegs seltener: Es ist das alltägliche Phänomen des Mitleids, d. h. der ganz unmittelbaren, von allen anderweitigen Rücksichten unabhängigen Teilnahme zunächst am Leiden eines andern und dadurch an der Verhinderung oder Aufhebung dieses Leidens, als worin zuletzt alle Befriedigung und alles Wohlsein und Glück besteht. Dieses Mitleid ganz allein ist die wirkliche Basis aller freien Gerechtigkeit und aller echten Menschenliebe … Allerdings ist dieser Vorgang erstaunenswürdig, ja, mysteriös. Er ist, in Wahrheit, das große Mysterium der Ethik, ihr Urphänomen und der Grenzstein, über welchen hinaus nur noch die metaphysische Spekulation einen Schritt wagen kann.

Arthur Schopenhauer, 1838

▶ *Erläutern Sie Schopenhauers Annahme, das Mitleid sei das »Urphänomen« der Ethik. Warum nennt er das Mitleid ein »Mysterium«?*

▶ *Schopenhauer leitet die Gerechtigkeit und die Menschenliebe aus dem Mitleid ab. Ist dies in Ihren Augen plausibel?*

▶ *Wie sehen Sie das Verhältnis zwischen Gerechtigkeit und Mitleid?*

Wenn das Mitleid an seine Grenzen stößt ...

Die metaphysische Basis der Ethik

Gehört demnach Vielheit und Geschiedenheit allein der bloßen Erscheinung an, und ist es ein und dasselbe Wesen, welches in allem Lebenden sich darstellt; so ist diejenige Auffassung, welche den Unterschied zwischen Ich und Nicht-Ich aufhebt, nicht die irrige: Vielmehr muss die entgegengesetzte dies sein ... Mein wahres, inneres Wesen existiert in jedem Lebenden so unmittelbar, wie es in meinem Selbstbewusstsein sich nur mir selber kund gibt. Diese Erkenntnis, für welche im Sanskrit die Formel »tattwam asi«, d.h. »dies bist du«, der stehende Ausdruck ist, ist es, die als Mitleid hervorbricht, auf welcher daher alle echte, d.h. uneigennützige Tugend beruht, und deren realer Ausdruck jede gute Tat ist. Diese Erkenntniss ist es im letzten Grunde, an welche jede Appellation an Milde, an Menschenliebe, an Gnade für Recht sich richtet: Denn eine solche ist eine Erinnerung an die Rücksicht, in welcher wir alle ein und dasselbe Wesen sind. Hingegen beruft Egoismus, Neid, Hass ... sich auf jene erstere Erkenntnis und beruhigt sich bei ihr.

Arthur Schopenhauer, 1838

Ich werfe den Mitleidigen vor, dass ihnen die Scham, die Ehrfurcht, das Zartgefühl vor Distanzen leicht abhanden kommt.

Friedrich Nietzsche

Arthur Schopenhauer (1788–1860) *setzte am 26. Juni 1852 in seinem Testament einen Fonds zum Universalerben ein: Der in Berlin errichtete Fonds diene der »Unterstützung der in den Aufruhr- und Empörungskämpfen der Jahre 1848 und 1849 für Aufrechterhaltung und Herstellung der gesetzlichen Ordnung in Deutschland invalide gewordenen preußischen Soldaten, wie auch der Hinterbliebenen solcher, die in jenen Kämpfen gefallen sind«.*

▶ *Erläutern Sie, wie Schopenhauer seine Ethik metaphysisch zu untermauern versucht.*

Mitleidsethik – kritisch betrachtet

Die eigentliche Schwierigkeit dieses Ansatzes liegt darin, daß Mitleid als natürliches Gefühl lediglich mehr oder weniger vorhanden ist. Es gibt wohl Menschen, die jedem Leid gegenüber spontan mit Mitleid reagieren, aber die meisten tun das nur partiell, und bei manchen ist der umgekehrte Affekt der Schadenfreude und der Freude an Grausamkeit stärker vorhanden als Mitleid. Kann denn ein solches natürlich vorgegebenes und in verschiedenen Graden vorhandenes Gefühl überhaupt Grundlage von Verpflichtungen sein? Sind wir verpflichtet zum Mitleid? Sicherlich: Ein mitleidloser Mensch kann nicht gut sein; aber wenn das Mitleid als solches bestimmend ist und nicht in der affektiven Achtung vor dem Menschen, die zugleich eine Achtung vor allen Menschen ist, ist es nur ein natürlich vorhandenes, mehr oder weniger starkes Gefühl, das als solches moralisch richtungslos ist. Es ist auch möglich, daß wir aus Mitleid moralisch falsch handeln: Wenn wir uns ausschließlich vom Leiden des Gegenüber leiten lassen, können wir gegen die Rechte anderer verstoßen. Das Mitleid ist eine Disposition, von der man sagen kann, daß sie auszubilden mit zur moralischen Erziehung gehört. Es hat einen wichtigen Stellenwert, aber man kann aus ihm selbst nichts Universelles und Normatives herauszaubern. Die Frage ist nicht, was wir mit allen Menschen teilen (da gibt es alles mögliche), sondern was es ist, worauf uns eine Moral allen Menschen gegenüber verpflichtet.

Nach: Ernst Tugendhat, 1993

Nach Schopenhauer gibt es nur drei »Grund-Triebfedern« menschlichen Handelns:
- *Egoismus, der das eigene Wohl will;*
- *Bosheit, die das fremde Weh will;*
- *Mitleid, das das fremde Wohl will.*

▶ *Lässt sich menschliches Handeln im Wesentlichen auf die Grundtriebfedern Egoismus, Bosheit und Mitleid zurückführen?*

▶ *Erörtern Sie die Leistungsfähigkeit und die Grenzen des schopenhauerschen Begründungsansatzes von Ethik.*

▶ *Arbeiten Sie Unterschiede und Parallelen einerseits zu Kants deontologischem und andererseits zum utilitaristischen Begründungsansatz heraus.*

„HABEN WIR ZUFÄLLIG NOCH NE FLASCHE MITLEID IM KÜHLSCHRANK?“

»Jenseits von Gut und Böse?« – Nietzsche als Kritiker der Moral

Friedrich Nietzsche war ein Meister des Verdachts. Seine Leidenschaft ging darauf aus, Mogelpackungen aufzuspüren, hinter den prunkvollen Fassaden der Zeit, in der er lebte, die wahren Motive sichtbar zu machen: Machtstreben, blinde Leidenschaften, Überlebenskämpfe. Von Nietzsche lässt sich lernen, dass der Gebrauch moralischer Begriffe wenig darüber verrät, was die wirklichen Motive eines Menschen sind: Wenn man die großen Sprüche nur lang genug auf ihre Stichhaltigkeit hin abklopft, dann fangen sie oft an, hohl zu klingen. Allerdings lassen sich Nietzsches Gedanken auch so verstehen, als ob jemand hier einen Standpunkt außerhab jeder Moral einnehmen wollte: eben »Jenseits von Gut und Böse«, wie der Titel einer seiner bekanntesten Schriften lautet. In jedem Fall aber sind sie gültige Warnungen vor moralischer Selbstgefälligkeit: Wo Moral draufsteht, ist nicht immer auch Moral drin!

Der Philosoph hat heute die Pflicht zum Misstrauen, zum boshaftesten Schielen aus jedem Abgrund des Verdachts heraus. Friedrich Nietzsche, 1886

Die Vielfalt der Moralen

Die Philosophen allesamt forderten, mit einem steifen Ernste, ... die Begründung der Moral – und jeder Philosoph hat bisher geglaubt, die Moral begründet zu haben; die Moral selbst aber galt als »gegeben«. Gerade dadurch, dass die Moral-Philosophen die moralischen Facta nur gröblich, in einem willkürlichen Auszug oder als zufällige Abkürzung kannten, etwa als Moralität ihrer Umgebung, ihres Standes, ihrer Kirche, ihres Zeitgeistes, ihres Klimas und Erdstriches, – gerade dadurch, dass sie in Hinsicht auf Völker, Zeiten, Vergangenheiten schlecht unterrichtet und selbst wenig wissbegierig waren, bekamen sie die eigentlichen Probleme der Moral gar nicht zu Gesichte: – als welche erst bei einer Vergleichung vieler Moralen auftauchen. In aller bisherigen »Wissenschaft der Moral« fehlte, so wunderlich es klingen mag, noch das Problem der Moral selbst: Es fehlt der Argwohn dafür, dass es hier etwas Problematisches gebe. Was die Philosophen »Begründung der Moral« nannten und von sich forderten, war, im rechten Licht gesehn, nur eine gelehrte Form des guten Glaubens an die herrschende Moral ... und jedenfalls das Gegenstück einer Prüfung, Zerlegung, Anzweiflung, Vivisektion eben dieses Glaubens.

Friedrich Nietzsche, 1886

▶ *Stellen Sie Nietzsches Argumente dafür dar, dass das bisherige Nachdenken über Moral das eigentliche Problem noch gar nicht erfasst hat.*

▶ *Macht es einen wichtigen Unterschied, ob man von »der Moral« oder von »den Moralen« spricht?*

▶ *Kann man der eigenen Moral gegenüber eine kritische Einstellung einnehmen? Falls ja, welche Konsequenzen hätte das?*

Was sagt eine Moral über denjenigen aus, der sie vertritt?

Abgesehen noch vom Werte solcher Behauptungen wie »es gibt in uns einen kategorischen Imperativ«, kann man immer noch fragen: Was sagt eine solche Behauptung von dem sie Behauptenden aus? Es gibt Moralen, welche ihren Urheber vor anderen rechtfertigen sollen; andre Moralen sollen ihn beruhigen und mit sich zufrieden stimmen; mit anderen will er sich selbst ans Kreuz schlagen und demütigen; mit andern will er Rache üben, mit andern sich verstecken, mit andern sich verklären und hinaus, in die Höhe und Ferne setzen; diese Moral dient ihrem Urheber, um zu vergessen, jene, um sich oder etwas von sich vergessen zu machen; mancher Moralist möchte an der Menschheit Macht und schöpferische Laune ausüben; manch anderer, vielleicht gerade auch Kant, gibt mit seiner Moral zu verstehen: »was an mir achtbar ist, das ist, dass ich gehorchen kann, – und bei euch soll es nicht anders stehn als bei mir!« – kurz, die Moralen sind auch nur eine Zeichensprache der Affekte.

Friedrich Nietzsche, 1886

▶ *Nietzsche nennt hier eine ganze Reihe außermoralischer Motive dafür, eine Moral zu haben. Wählen Sie sich ein Motiv aus – etwa: »Man vertritt eine bestimmte Moral, um sich zu rächen« – und suchen Sie nach Beispielen.*

▶ *Diskutieren Sie die These, Moralen seien »Zeichensprachen der Affekte«. Glauben Sie, dass man gleichzeitig diese These und eine bestimmte Moral vertreten kann?*

C. D. Friedrich, Der Wanderer über dem Nebelmeer

Friedrich Nietzsche (1844–1900), Philosoph und Altphilologe, früh zum Professor in Basel berufen, musste die Professur wegen gesundheitlicher Probleme bald aufgeben und führte dann lange ein unruhiges Wanderleben als freier Schriftsteller. 1889 verfiel er dem Wahnsinn und starb 1900 in geistiger Umnachtung. Er kritisierte Religion, Moral und Metaphysik des Abendlandes und wollte die Menschheit zu neuen Wertsetzungen befreien. Seine Ideen wurden häufig extrem verflacht und vereinfacht.

Der Gedanke, dass man sich nichts vormachen lassen soll, wird von Nietzsche auf die Moral im Ganzen angewandt. Er glaubt, dass moralische Ideale »nur« Rationalisierungen unseres »Zu-kurz-Gekommenseins« sind. Moral entsteht demnach dadurch, dass aussermoralische Einstellungen zu moralischen Werten umgewertet werden, diese Herkunft dann aber verleugnet wird.

Will jemand ein wenig in das Geheimnis hinab- und hinuntersehen, wie man auf Erden Ideale fabriziert? Wer hat den Mut dazu? … Wohlan! Hier ist der Blick offen in diese dunkle Werkstätte. Was geht da unten vor? … Die Schwäche soll zum Verdienste umgelogen werden, es ist kein Zweifel – und die Ohnmacht, die nicht vergilt, zur »Güte«; die ängstliche Niedrigkeit zur »Demut«; die Unterwerfung vor denen, die man hasst, zum »Gehorsam« (nämlich gegen einen, von dem sie sagen, er befehle diese Unterwerfung, – sie heißen ihn Gott). Das Unoffensive des Schwachen, die Feigheit selbst, an der er reich ist, sein unvermeidliches Wartenmüssen kommt hier zu gutem Namen, als »Geduld«, es heißt auch wohl die Tugend; das Sich-nicht-rächen-Können heisst Sich-nicht-rächen-Wollen, vielleicht selbst Verzeihung. Auch redet man von der »Liebe zu seinen Feinden« – und schwitzt dabei … Aber genug! genug! Ich halte es nicht mehr aus. Diese Werkstätten, wo man Ideale fabriziert, – mich dünkt, sie stinken vor lauter Lügen. Friedrich Nietzsche, 1887

▶ *Stellen Sie an einem Beispiel dar, wie nach Nietzsche eine persönliche Schwäche als moralischer Verdienst dargestellt werden kann.*

▶ *Diskutieren Sie, inwieweit es eine moralische Forderung unglaubwürdig macht, wenn sie sich aus vormoralischen Ursprüngen entwickelt hat.*

> *Zu »Nietzsches Religionskritik« vgl. S. 364/65*

Kierkegaard/Jaspers: Existenz und Glauben

Im 20. Jahrhundert erstarkt in Europa eine philosophische Denkrichtung, die mit der abendländischen philosophischen Tradition bricht. Philosophieren im Rahmen eines Systems wird ebenso abgelehnt wie allgemein-gültige Aussagen über den Menschen. Warum? Ausgangspunkt ist das rücksichtslose Fragen nach dem Sinn menschlicher Existenz, ausgelöst durch die Erfahrung ihrer Widersprüchlichkeit. Dahinter steckt ein gewandeltes Selbstbild: Der Mensch scheint nicht mehr bereit, sein Vorhandensein in der Welt als bloßes Faktum hinzunehmen, muss aber einsehen, dass sich eine Sinngebung einer logischen Erklärung entzieht. Verschiedene philosophische Positionen kreisen um diese existentiellen Fragen; den Anstoß gab der dänische Philosoph und Theologe Søren Kierkegaard.

Søren Kierkegaard (1813–1855),
dänischer Philosoph und Theologe; Begründer der Existenzphilosophie. Seine Analysen des menschlichen Daseins sind beeinflusst von eigenen religiösen Erfahrungen und der Auseinandersetzung mit dem christlichen Glauben. Nach Kierkegaard steht es dem Menschen frei, wie er seine Freiheit »verwalten« will, nicht aber, ob er frei sein will. Die Frage, wie der Mensch mit seiner Freiheit umgeht, ist die eigentliche existentielle Frage. Kierkegaard untersucht auf dieser Grundlage verschiedene Existenzmöglichkeiten, in denen Freiheit unterschiedlich gelebt wird. Dabei unterscheidet er drei Stadien: die ästhetische, die ethische und die religiöse Existenzmöglichkeit.

Die Stadienlehre Kierkegaards

Das ästhetische Stadium
Der Mensch lebt im Äußerlichen und Sinnlichen. Der Fülle der Möglichkeiten gegenüber verhält er sich anschauend und genießend, nicht aber tätig und verantwortlich. Er hat sich noch nicht selbst gewählt und verfällt in Daseinsleere und Verzweiflung, die ihm den Sprung ins nächste Stadium ermöglichen.

Das ethische Stadium
Wahl und Entscheidung kennzeichnen das Stadium der Freiheit. Indem der Mensch sich selbst wählt, wählt er auch, dass er Verantwortung für sein Selbst übernehmen will. Doch auch dieser Versuch, sich selber ethisch in die Hand zu nehmen, endet in der Verzweiflung. Der Mensch entdeckt zuletzt, dass er nicht aus sich selber heraus wahrhaft er selbst werden kann – er lädt Schuld auf sich, weil er nicht im Besitz der Bedingungen ist, ethisch ideal zu leben.

Das religiöse Stadium
Der Mensch muss den Sprung in den Glauben wagen. Er begreift, dass er im christlichen Verständnis nicht sich allein aus der Sünde befreien kann, weil allein Gott die Bedingung der Wahrheit geben kann. Im Glauben gründet sich der Mensch vorbehaltlos in Gott – erst jetzt existiert der Mensch für Kierkegaard wesentlich.

Monika Sänger, 1999

▶ *Erläutern Sie die Funktion der Verzweiflung bei Kierkegaard.*
▶ *Wie kann nach Kierkegaard der Mensch das moralisch Gute verwirklichen?*

Edvard Munch, Der Schrei, 1895

Ein Ausweg?
Doch was ist die menschliche Existenz, der Kierkegaard so leidenschaftlich nachforscht? Als existentieller Denker muss er den Begriff des Menschen aus der Selbsterfahrung gewinnen. Diese aber ist für ihn die Erfahrung der Fremdheit zur Welt und zu sich selber, der inneren Zerissenheit, der abgründigen Angst, der Verzweiflung. All das begreift Kierkegaard nicht nur als sein persönliches Schicksal, sondern auch und vornehmlich als die Grundsituation des Menschen. Dieser lebt unausweichlich in der »Angst« und in der »Verzweiflung« als der »Krankheit zum Tode«. Das aber gilt es in voller Ehrlichkeit auszuhalten. In der Angst nun – das ist die große Entdeckung Kierkegaards – erfährt der Mensch die Möglichkeit der Freiheit, und zwar als sein Grundwesen. Denn die Angst löst die Wirklichkeit in ein Geflecht von bedrängenden Möglichkeiten auf, denen gegenüber der Mensch sich zu entscheiden hat. Daher entdeckt er in ihr: Er ist nicht ein für alle Mal festgelegt; sein Sein ist ein Seinkönnen. »Das Ungeheure, das einem Menschen eingeräumt ist, ist die Wahl, die Freiheit.«

Wilhelm Weischedel, 1975

Wie kann und soll sich der Mensch in einer Zeit orientieren, die ihm keine Geborgenheit mehr garantieren kann? In so genannten »Grenzsituationen«, wie der Philosoph Karl Jaspers sagt, wird deutlich, wie brüchig der äußere Halt ist, auf den sich Menschen stützen können. Dem setzt er eine »philosophische Lebensführung« entgegen. Jeder Mensch sollte sich auf seine besondere geschichtliche Existenz mit ihren je spezifischen Möglichkeiten der Entscheidungen besinnen und seine Existenz in existentieller Kommunikation mit anderen Menschen entwickeln.

Grenzsituationen als Grundsituationen des Daseins
Vergewissern wir uns unserer menschlichen Lage. Wir sind immer in Situationen. Die Situationen wandeln sich, Gelegenheiten treten auf. Wenn sie versäumt werden, kehren sie nicht wieder. Ich kann selber an der Veränderung der Situation arbeiten. Aber es gibt Situationen, die in ihrem Wesen bleiben, auch wenn ihre augenblickliche Erscheinung anders wird und ihre überwältigende Macht sich in Schleier hüllt: Ich muss sterben, ich muss leiden, ich muss kämpfen, ich bin dem Zufall unterworfen, ich verstricke mich unausweichlich in Schuld. Diese Grundsituationen unseres Daseins nennen wir Grenzsituationen. Es sind Situationen, über die wir nicht hinaus können, die wir nicht ändern können. ... Im Durchleben der Grenzsituationen Tod, Kampf, Leiden, Schuld wird offenbar, wie schnell der vordergründige Halt an äußeren Lebensbedingungen zerbrechen kann und der Mensch radikal auf sich selbst zurückgeworfen wird. Am stärksten geschieht dies in der Erfahrung des Todes, der das bloße Dasein schlechthin bedroht und zum Prüfstein wird: Was angesichts des Todes wesentlich bleibt, ist existierend getan; was hinfällig wird, ist bloßes Dasein.

Karl Jaspers, 1971/1994

Bungee ist eigentlich kein Sport, eher eine Herausforderung. Es ist ein Befreiungserlebnis. S-Bahn-Surfen ist mörderisch. Die Surfer planen ein Todesrisiko voll ein ... Ein normaler Lebenslauf befriedigt nicht mehr. Ein Bungee-Springer

Existentielle Kommunikation
Die philosophische Lebensführung geht zwei Wege: in der Einsamkeit die Meditation durch jede Weise der Besinnung – und mit Menschen die Kommunikation durch jede Weise des gegenseitigen Sichverstehens im Miteinanderhandeln, Miteinanderreden, Miteinanderschweigen ... Was ich in der Besinnung für mich allein gewinne, das ist – wenn es alles wäre – wie nicht gewonnen. Was sich in Kommunikation verwirklicht, ist noch nicht, was nicht zuletzt in ihr gründet, ist ohne genügenden Grund. Die Wahrheit beginnt zu zweien. Daher fordert die Philosophie: ständig Kommunikation suchen, sie rückhaltlos wagen, meine trotzige, sich in immer anderen Verkleidungen aufzwingende Selbstbehauptung hingeben, in der Hoffnung leben, dass ich mir unberechenbar wiedergeschenkt werde aus Hingabe. ... Die Welt ist nur zu heilen, wenn der Einzelne die Heilung in sich beginnt, indem er sich, er weiß nicht woher, geschenkt wird. Doch er drängt zu einer Welt, die ihn in sich aufnimmt. Aus den Trümmern der zerbrochenen Welt, in den übermächtigen, immer noch wachsenden faktischen Apparaturen, die uns das Dasein erhalten und zugleich bedingen, soll eine neue Welt erwachsen. Jeder kann zum Mitschöpfer werden.

Karl Jaspers, 1971/1962

▶ *Grenzen Sie die »Grenzerfahrung« des Bungee-Springers vom Begriff der »Grenzsituation« ab, wie Jaspers sie versteht.*

Karl Jaspers (1883–1969),
lehrte in Heidelberg als Professor für Psychiatrie und Philosophie. Er wird als der bedeutendste Vertreter der Existenzphilosophie in Deutschland angesehen. Nach Jasper muss sich die Philosophie für die Grenzsituationen wie Kampf, Schuld und Tod interessieren, durch die sich der einzelne Mensch als einmaliges, selbstständiges Individuum erfährt.

▶ *Diskutieren Sie Jaspers' These, dass der einzelne Mensch für sich allein nicht Mensch werden kann. Konkretisieren Sie anhand von verschiedenen Formen der Beziehungen die Möglichkeit »existentieller Kommunikation«.*

Jean-Paul Sartre: Zur Freiheit verurteilt

Der französische Schriftsteller Jean-Paul Sartre radikalisiert mit seiner Philosophie eine Frage, mit der sich bereits Kierkegaard intensiv befasste: die der Freiheit des Menschen (vgl. S. 260). Nach Sartre ist der Mensch »Nullpunktexistenz«; er ist in das Dasein »geworfen«, nichts ist ihm vorgegeben, keine Werte, keine Normen. Die Existenz (Dasein) geht der Essenz (Wesensbestimmung) beim Menschen voraus. In das Dasein geworfen, kann und muss der Mensch wählen; er ist, wie Sartre sagt, »zur Freiheit verurteilt«. Aber nicht nur sein Wesen muss er selbst hervorbringen, sondern er muss auch die Vorstellungen vom Guten und das Gute in der Welt zuallererst entwerfen. Die ethische Aufgabe ist es, der zu werden, der man wirklich ist.

Jean-Paul Sartre (1905–1980), *war Lehrer, Philosoph und Schriftsteller. Mit Simone de Beauvoir, seiner langjährigen Lebensgefährtin – auch Philosophielehrerin und Schriftstellerin –, verband ihn eine intensive Freundschaft. Sartre hatte großen Einfluss auf die Philosophie des 20. Jahrhunderts und das gesellschaftliche Leben in Frankreich.*

Du sollst dir ein Bildnis machen: von dir selbst!

Und Gott sprach: Lasset uns Menschen machen nach unserm Bilde, uns ähnlich; die sollen herrschen über die Fische im Meer und die Vögel des Himmels, über das Vieh und alles Wild des Feldes und über alles Kriechende, das auf Erden sich regt. Und Gott schuf den Menschen nach seinem Bilde, nach dem Bilde Gottes schuf er ihn: als Mann und Weib schuf er sie.

1. Mose 1, 26–27

Kein Gott – kein Bild

Wenn wir einen Schöpfer-Gott annehmen, so wird dieser Gott meistens einem höher stehenden Handwerker angeglichen; ... wir räumen immer ein, dass der Wille mehr oder weniger dem Verstand folgt oder ihn wenigstens begleitet und dass Gott, wenn er schafft, genau weiß, was er schafft ... So verwirklicht der individuelle Mensch einen bestimmten Begriff, der im göttlichen Verstande ist. Der atheistische Existentialismus ... erklärt, dass, wenn Gott nicht existiert, es mindestens ein Wesen gibt, bei dem die Existenz der Essenz vorausgeht, ein Wesen, was existiert, bevor es durch irgendeinen Begriff definiert werden kann ... Was bedeutet hier, dass die Existenz der Essenz vorausgeht? Es bedeutet, dass der Mensch zuerst existiert, sich begegnet, in der Welt auftaucht und sich danach definiert.

Jean-Paul Sartre, 1969

Verurteilt frei zu sein

Wenn Gott ... nicht existiert, so finden wir uns keinen Werten, keinen Geboten gegenüber, die unser Betragen rechtfertigen. So haben wir weder hinter uns noch vor uns, im Lichtreich der Werte Rechtfertigungen oder Entschuldigungen. Wir sind allein, ohne Entschuldigungen. Das ist es, was ich durch die Worte ausdrücken will: Der Mensch ist verurteilt, frei zu sein. Verurteilt, weil er sich nicht selbst erschaffen hat, anderweit aber dennoch frei, da er, einmal in die Welt geworfen, für alles verantwortlich ist, was er tut. Der Existentialist glaubt nicht an die Macht der Leidenschaft. Er wird nie denken, dass eine schöne Leidenschaft ein verwüstender Wildbach ist, der den Menschen unvermeidlich zu gewissen Taten führt und der deshalb eine Entschuldigung ist. Er denkt, der Mensch sei für seine Leidenschaft verantwortlich. Der Existentialist wird auch nie denken, dass der Mensch auf Erden Hilfe finden könne in einem gegebenen Zeichen, das ihm seine Richtung weise.

Jean-Paul Sartre, 1969

▶ *Erklären Sie, wie Sartre den Menschen der Moderne bestimmt. Welche Konsequenzen hat das – weiter gedacht – für den einzelnen Menschen und die Gesellschaft?*

Totale Freiheit heißt totale Verantwortung

Verantwortung ja, aber wie?

Um Ihnen ein Beispiel zu geben, ... führe ich den Fall eines meiner Schüler an, der mich unter folgenden Umständen aufgesucht hatte: Sein Vater lebte in Zwiespalt mit seiner Mutter und neigte übrigens zur Kollaboration, sein älterer Bruder war bei der deutschen Offensive von 1940 getötet worden; und jener junge Mann wünschte in seinem etwas primitiven, aber hochherzigen Gefühl, ihn zu rächen. Seine Mutter lebte allein mit ihm, sehr betrübt durch den halben Verrat seines Vaters und durch den Tod ihres älteren Sohnes und fand nur Trost an ihm. Dieser junge Mann hatte in dem gegebenen Augenblick die Wahl, entweder nach England zu gehen und sich in die Freien Französischen Streitkräfte einzureihen – das heißt seine Mutter zu verlassen – oder bei seiner Mutter zu bleiben und und ihr leben zu helfen. Er gab sich gut Rechenschaft davon, dass diese Frau nur durch ihn lebte und dass sein Verschwinden – und vielleicht sein Tod – sie in die Verzweiflung stürzen würde. Er gab sich auch Rechenschaft, dass im Grunde, konkret gesprochen, jede Handlung, die er mit Rücksicht auf seine Mutter unternahm, ihre Entsprechung haben werde in dem Sinne, dass er ihr zu leben verhalf, währenddem jede Handlung, die er unternahm, um wegzureisen und zu kämpfen, eine zweideutige Handlung war, die im Sand verlaufen und zu nichts dienen würde. Zum Beispiel, indem er nach England reiste, konnte er unbestimmte Zeit in einem spanischen Lager verbleiben, wenn er über Spanien fuhr; er konnte in England oder Algerien ankommen und in ein Büro versetzt werden, um Schreibtischarbeiten zu machen. Folglich befand er sich angesichts zweier ganz unterschiedlicher Typen von Handlungen – einer konkreten, unmittelbaren, die sich aber nur an ein Individuum richtete; oder aber einer Handlung, die sich an ein unendlich weiteres Ganzes, eine nationale Gemeinschaft wendete, die aber eben deswegen zweideutig war und unterwegs unterbrochen werden konnte.

Jean-Paul Sartre, 1969

Jeder Mensch, der Handlungen durch seine Leidenschaften entschuldigt oder eine Vorausbestimmung erfindet, ist nach Sartre ein Mensch von schlechtem Willen. Diese Haltung (»mauvaise fois«) ist Selbstbetrug oder eine Flucht vor sich selbst.

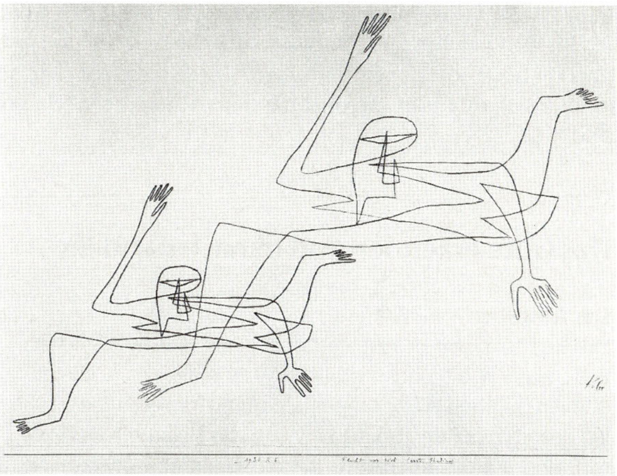

Paul Klee, Flucht vor sich selbst, 1931

Zwei Moralen im Widerstreit

Und gleichzeitig zögerte er zwischen zwei Typen von Moralen. Auf der einen Seite eine Moral der Sympathie, der individuellen Hingabe, und auf der anderen Seite eine umfassendere Moral, die aber von einer fragwürdigeren Wirksamkeit sein konnte. Es musste zwischen den beiden gewählt werden. Wer konnte ihm helfen zu wählen? Die christliche Lehre? Nein. Die christliche Lehre besagt: Seid barmherzig, liebet eure Nächsten, opfert euch auf für den andern, wählt den rauen Weg usw. Aber welches ist der raueste Weg? Wen soll man lieben wie seinen Bruder: den Kämpfer oder die Mutter? Welches ist die größte Nützlichkeit: jene unbestimmte, in einer Gesamtheit zu kämpfen, oder jene sichere, einem genau bestimmten Menschen leben zu helfen? Wer kann a priori darüber entscheiden? Niemand. Keine aufgezeichnete Moral kann es sagen. Die kantische Moral erklärt: Behandelt die andern nie als Mittel, sondern als Zweck. Sehr gut; bleibe ich bei meiner Mutter, so behandle ich sie als Zweck und nicht als Mittel, aber ich laufe Gefahr, diejenigen als Mittel zu behandeln, die um mich her kämpfen; und umgekehrt, wenn ich mich denen anschließe, die kämpfen, so behandle ich sie als Zweck und laufe dementsprechend Gefahr, meine Mutter als Mittel zu behandeln. Die Lösung? Das, was im Grunde wichtig ist, ist das Gefühl; ich sollte das wählen, was mich wirklich in eine bestimmte Richtung drängt.

Jean-Paul Sartre, 1969

- ► *Konkretisieren Sie Sartres Lösungsvorschlag. Vergleichen Sie seinen Denkansatz mit anderen Ihnen bekannten Ethiktypen.*
- ► *Diskutieren Sie seinen Lösungsansatz anhand eines eigenen Beispiels.*

Ist Leben ein absoluter Wert?

Zu Beginn des 20. Jahrhunderts treten mit der materialen Wertethik die antiken Überlegungen wieder in den Mittelpunkt der ethischen Überlegungen: Was ist das Gute und woran erkennen wir es? Was für ein Leben wollen wir? Während Aristoteles noch die konkreten Lebensformen zum Ausgang seiner Überlegungen nahm (vgl. S. 212–223), untersuchen die Wertethiker des 20. Jahrhunderts, wie z. B. Max Scheler, die Phänomene sittlichen Bewusstseins. Sie behaupten, dass das sittliche Bewusstsein im Wesen der Person liegt und dass alle Menschen mit einem eigenen »Organ« ausgestattet sind, mit dem Werthaftes erfühlt wird. Wertfühlen wird zu einer neuen Erkenntnisquelle erklärt!

Max Scheler (1874–1928),
Kultur- und Religionsphilosoph, Begründer der philosophischen Anthropologie. Er stellte der formalen Gesetzesethik Kants eine materiale Wertethik gegenüber, in der das Kriterium des Sittlichen im Erfühlen und Realisieren unwandelbarer sittlicher Werte besteht. Nach Scheler haben alle Menschen eine moralische Intuition. Das ihr zugrunde liegende Wertfühlen kann jedoch verkümmern oder – selbst verschuldet – ganz verschwinden.

Werte sind klare fühlbare Phänomene

Alle Werte (auch die Werte »gut« und »böse«) sind materiale Qualitäten, die eine bestimmte Ordnung nach »hoch« und »nieder« zueinander haben; und dies unabhängig von der Seinsform, in die sie eingehen, ob sie z. B. als pure gegenständliche Qualitäten oder als Glieder von Wertverhalten (z. B. angenehm oder schön sein von etwas) oder als Teilmomente in Gütern oder als Wert, den ein Ding hat, vor uns stehen. Die damit statuierte letzte Unabhängigkeit des Seins der Werte von Dingen, Gütern, Sachverhalten kommt in einer Reihe von Tatsachen scharf zur Erscheinung. Wir kennen ein Stadium der Werterfassung, wo uns der Wert einer Sache bereits sehr klar und evident gegeben ist, ohne dass uns die Träger dieses Wertes gegeben sind. So ist uns z. B. ein Mensch peinlich und abstoßend oder angenehm und sympathisch, ohne dass wir noch anzugeben vermögen, woran dies liegt ... In solchen Fällen offenbart sich sehr klar, wie unabhängig im Sein die Werte von ihren Trägern sind.

Max Scheler, 1921

Das Gute erkennen und danach handeln

Der Anspruch

Die Person gewinnt erst dadurch einen positiv sittlichen Wert, dass sie allgemein gültige Werte realisiert ... Alle allgemein gültigen Werte (allgemein gültig für Personen) stellen bezogen auf den höchsten Wert, das Heiligsein der Person, und auf das höchste Gut, »das Heil der individuellen Person«, nur das Minimum von Werten dar, unter deren Nichtanerkennung und Nichtrealisierung sie ihr Heil jedenfalls nicht erreichen kann; nicht aber schließen sie alle möglichen sittlichen Werte in sich, durch deren Realisierung sie es erreicht.

Die Verwirklichung

Die ethische Autonomie ist zweifach: die Autonomie der persönlichen Einsicht in das in sich Gute und Böse und die Autonomie des persönlichen Wollens des als gut und böse irgendwie Gegebenen. Der ersten steht die Heteronomie des einsichtslosen und blinden Wollens gegenüber, der zweiten die Heteronomie erzwungenen Wollens, die am deutlichsten in aller Willensansteckung und Suggestion vorliegt.

Max Scheler, 1921

▶ *Können Sie Beispiele nennen, die auf ein Reich der Werte hindeuten?*

▶ *Diskutieren Sie folgende Gegenthese zu Scheler: Werte wandeln sich im Laufe der Geschichte; sie werden nicht nur unterschiedlich interpretiert.*

▶ *Vergleichen Sie Schelers Wertehierarchie mit Ihnen bekannten Bedürfnishierarchien (vgl. S. 390). Worin liegt der prinzipielle Unterschied?*

Richard Oelze, »Erwartung« (Ausschnitt), 1935/36

Wahrhaft ethisch ist der Mensch nur, wenn er der Nötigung gehorcht, allem Leben, dem er beistehen kann, zu helfen, und sich scheut, irgendetwas Lebendigem Schaden zu tun. Er fragt nicht, inwiefern dieses oder jenes Leben als wertvoll Anteilnahme verdient, und auch nicht, ob und inwieweit es noch empfindungsfähig ist. Das Lebens als solches ist ihm heilig. Albert Schweitzer, 1923/1990

▶ *Ist diese Kernaussage aus Schweitzers Ethik für das anbrechende 21. Jh. eine weltfremde Utopie, ein notwendiges Korrektiv, ein überlebensnotwendiger Imperativ?*

Jenseits von Zweck oder Nutzen

Wo ich irgendwelches Leben schädige, muss ich mir darüber klar sein, ob es notwendig ist. Über das Unvermeidliche darf ich in nichts hinausgehen, auch nicht in scheinbar Unbedeutendem. Der Landmann, der auf seiner Wiese tausend Blumen zur Nahrung für seine Kühe hingemäht hat, soll sich hüten, auf dem Heimweg in geistlosem Zeitvertreib eine Blume am Rande der Landstraße zu köpfen, denn damit vergeht er sich an Leben, ohne unter der Gewalt der Notwendigkeit zu stehen. Diejenigen, die an Tieren Operationen oder Medikamente versuchen oder ihnen Krankheiten einimpfen, um mit den gewonnen Resultaten Menschen Hilfe bringen zu können, dürften sich nie allgemein dabei beruhigen, dass ihr grausames Tun einen wertvollen Zweck verfolge. In jedem einzelnen Falle müssen sie erwogen haben, ob wirklich Notwendigkeit vorliegt, einem Tiere dieses Opfer für die Menschheit aufzuerlegen. … Gerade dadurch, dass das Tier als Versuchstier in seinem Schmerze so Wertvolles für den leidenden Menschen erworben hat, ist ein neues, einzigartiges Solidaritätsverhältnis zwischen ihm und uns geschaffen worden. … Keiner mache sich die Last seiner Verantwortung leicht. Albert Schweitzer, 1960

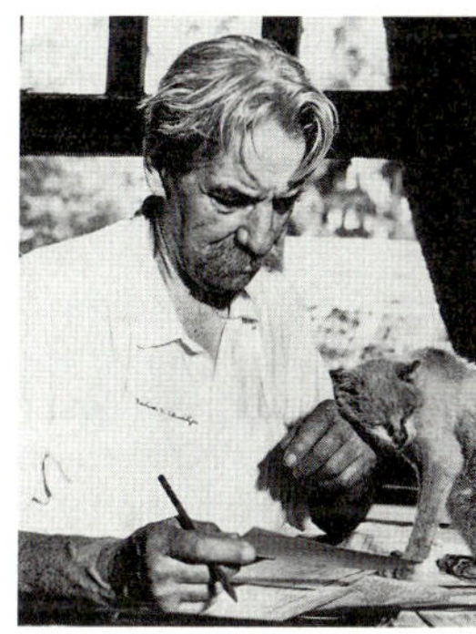

Albert Schweitzer (1875–1966), *protestantischer Theologe, Arzt und Kulturphilosoph. Er wirkte jahrzehntelang als Urwaldarzt in Lambarene, veröffentlichte bedeutende theologische, religionsphilosophische, ethische und musikwissenschaftliche Werke. Schweitzers moralphilosophische Gedanken, bekannt als Ethik der »Ehrfurcht vor dem Leben« gehören zu den einflussreichsten verantwortungsethischen Äußerungen der Zeit. Schweitzer fordert darin ein neues Bewusstsein, das elementar bleibt und nicht in abstraktes Denken verfällt.*

Das Grundprinzip des Sittlichen

Wahre Philosophie muss von der unmittelbarsten und umfassendsten Tatsache des Bewusstseins ausgehen. Diese lautet: »Ich bin Leben, das leben will, inmitten von Leben, das leben will.« Dies ist nicht ein ausgeklügelter Satz. Tag für Tag, Stunde für Stunde wandle ich in ihm. In jedem Augenblick der Besinnung steht er neu vor mir. Wie aus nie verdorrender Wurzel schlägt fort und fort lebendige, auf alle Tatsachen des Seins eingehende Welt- und Lebensanschauung aus ihm aus. Wie in meinem Willen zum Leben Sehnsucht ist nach dem Weiterleben und nach der geheimnisvollen Gehobenheit des Willens zum Leben, die man Lust nennt, und Angst vor der Vernichtung und der geheimnisvollen Beeinträchtigung des Willens zum Leben, die man Schmerz nennt: also auch in dem Willen zum Leben um mich herum, ob er sich mir gegenüber äußern kann oder ob er stumm bleibt. … Ethik besteht also darin, dass ich die Nötigung erlebe, allem Willen zum Leben die gleiche Ehrfurcht vor dem Leben entgegenzubringen wie dem eigenen. Damit ist das denknotwendige Grundprinzip des Sittlichen gegeben. Gut ist, Leben erhalten und Leben fördern; böse ist, Leben vernichten und Leben hemmen.

Albert Schweitzer, 1960

▶ *Beschreiben Sie den von Schweitzer geschilderten Zwiespalt, in dem Menschen stehen. Zeigen Sie, wie sich der Mensch nach Schweitzer dennoch ethisch verhalten kann.*

▶ *Übertragen Sie Schweitzers Grundprinzip des Sittlichen auf die heutige Situation. Diskutieren Sie ethische Fragen, wie sie z. B. in der Tierethik aufgeworfen werden: BSE, nicht tiergerechte Haltung, Tierversuche usw. (vgl. S. 94–97).*

Gesinnung oder Verantwortung?

Was geschieht, wenn ein allgemein anerkannter moralischer Grundsatz ins Wanken gerät? Im Rückblick betrachtet, zeugt das 20. Jahrhundert von zahllosen Konfliktsituationen, in denen Menschen in Deutschland abwägen mussten: Sollte auf Kosten der Moral gehandelt werden, um größeres Übel abzuwenden (Verantwortungsethik), oder dürfte keinesfalls die Norm, ein moralischer Grundsatz, aufgegeben werden (Gesinnungsethik)?

Max Weber (1864–1920)
war Soziologe, Historiker und Jurist; er hatte mehrere Professuren inne. Wegen eines Nervenzusammenbruchs setzte er zeitweise seine wissenschaftliche Arbeit als Privatgelehrter fort. Heute gilt er als der Begründer der Religionssoziologie. Diese soll sich auch Rechenschaft über den Sinngehalt oder die Werte geben, die den jeweiligen Handlungen zugrunde liegen. Doch sie soll das wertfrei tun, also keine Stellung dazu beziehen.

Zur Kritik der Gesinnungsethik

Wir müssen uns klar machen, dass alles ethisch orientierte Handeln unter zwei voneinander grundverschiedenen, unaustragbar gegensätzlichen Maximen stehen kann: Es kann gesinnungsethisch oder verantwortungsethisch orientiert sein. Nicht dass Gesinnungsethik mit Verantwortungslosigkeit und Verantwortungsethik mit Gesinnungslosigkeit identisch wäre. Davon ist natürlich keine Rede. Aber es ist ein abgrundtiefer Gegensatz, ob man unter der gesinnungsethischen Maxime handelt – religiös geredet: »Der Christ tut Recht und stellt den Erfolg Gott anheim« – oder unter der verantwortungsethischen, dass man für die (voraussehbaren) Folgen seines Handelns aufzukommen hat. … Keine Ethik der Welt kommt um die Tatsache herum, dass die Erreichung »guter Zwecke« in zahlreichen Fällen daran gebunden ist, dass man sittlich bedenkliche oder mindestens gefährliche Mittel und die Möglichkeit oder auch die Wahrscheinlichkeit übler Nebenerfolge mit in den Kauf nimmt, und keine Ethik der Welt kann ergeben, wann und und welchem Umfang der ethisch gute Zweck die ethisch gefährlichen Mittel und Nebenerfolge »heiligt«. Hier, an diesem Problem der Heiligung der Mittel durch den Zweck, scheint nun auch die Gesinnungsethik überhaupt scheitern zu müssen. Und in der Tat hat sie logischerweise nur die Möglichkeit: jedes Handeln, welches sittlich gefährliche Mittel anwendet, zu verwerfen. Logischerweise. Wahrlich: Politik wird zwar mit dem Kopf, aber ganz gewiss nicht nur mit dem Kopf gemacht. Darin haben die Gesinnungsethiker durchaus Recht. Ob man aber als Gesinnungsethiker oder als Verantwortungsethiker handeln soll, und wann das eine und das andere, darüber kann man niemandem Vorschriften machen. Nur eins kann man sagen: Wenn jetzt in diesen Zeiten … plötzlich die Gesinnungsethiker massenhaft in das Kraut schießen mit der Parole »Die Welt ist dumm und gemein, ich nicht; die Verantwortung für die Folgen trifft nicht mich, sondern die anderen, in deren Dienst ich arbeite und deren Dummheit oder Gemeinheit ich ausrotten werde«, so sage ich offen: dass ich zunächst einmal nach dem Maße des inneren Schwergewichts frage, das hinter dieser Gesinnungsethik steht, und den Eindruck habe: dass ich es in neun von zehn Fällen mit Windbeuteln zu tun habe, die nicht real fühlen, was sie auf sich nehmen, sondern sich an romantischen Sensationen berauschen. Das interessiert mich menschlich nicht sehr und erschüttert mich ganz und gar nicht. Während es unermesslich erschütternd ist, wenn ein reifer Mensch – einerlei ob alt oder jung an Jahren –, der diese Verantwortung für die Folgen real und mit voller Seele empfindet und verantwortungsethisch handelt, an irgendeinem Punkte sagt: »Ich kann nicht anders, hier stehe ich.« – Das ist etwas, was menschlich echt ist und ergreift. Denn diese Lage muss freilich für jeden von uns, der nicht innerlich tot ist, irgendwann eintreten können. Insofern sind Gesinnungsethik und Verantwortungsethik nicht absolute Gegensätze, sondern Ergänzungen, die zusammen erst den echten Menschen ausmachen, den, der den »Beruf zur Politik« haben kann.

Max Weber, 1919

Abtreibungsgegnerinnen

▶ *Erläutern Sie den Unterschied zwischen Gesinnungs- und Verantwortungsethik.*

Wann ist ein Leben lebenswert?

Gesinnungsethisch lässt sich für den Erhalt jeden werdenden menschlichen Lebens mit dem folgenden Syllogismus argumentieren:
1. Es ist unter allen Umständen moralisch falsch, ein unschuldiges menschliches Wesen zu töten.
2. Ein menschlicher Fötus ist immer ein solches unschuldiges menschliches Wesen. (Dies gilt z. B. auch dann, wenn die Schwangerschaft das Resultat einer Vergewaltigung ist.)
3. Also gilt: Es ist immer moralisch falsch, eine Schwangerschaft vorsätzlich abzubrechen.
Gegen eine solche gesinnungsethische Schlussfolgerung kann verantwortungsethisch mit dem Hinweis auf unwünschbare Folgen der Geburt schwerst behinderter Kinder argumentiert werden. Der australische Philosoph Peter Singer beschreibt mit dieser Absicht in einem Interview den folgenden Fall:

Grundlegend schlecht ist ..., daß [eine solche Entscheidung] unnötiges Leiden mit sich bringt. Angenommen beispielsweise, wir haben ein Neugeborenes vor uns, das unter einem sehr ernsten Zustand leidet. Es gab da einen Fall, der in der amerikanischen Literatur beschrieben wird. Es gibt eine Krankheit namens Epidermolysis Bullosa, die starke Blasenbildung auf der Haut verursacht, so daß das Kind als einem Brandopfer ähnlich beschrieben wird. Man kann es nicht berühren, ohne daß die Haut verletzt wird. Das geht einher mit inneren Blutungen. Wenn solche Neugeborenen im Einklang mit einer »Heiligkeit-des-Lebens«-Ethik behandelt werden, können sie viele Monate, vielleicht ein oder zwei Jahre überleben. Angesichts der Beschreibung, die ich gelesen habe, scheint mir ihr Leben aber aus kaum unterbrochenem Leid und Schmerz zu bestehen, von keinem kompensierendem Wert erleichtert.

Peter Singer, 1991

1971 wurde die Abschaffung des § 218 gefordert.

Singer vertritt die umstrittene These, dass es menschliches Leben geben kann, das wegen des Ausmaßes an dem mit ihm verbundenen Leid nicht gelebt werden sollte. Dieter Birnbacher schließt daran die Frage an, wie sich die moralische Lage darstellt, wenn das ins Feld geführte Leid nicht das des behinderten Kindes selbst, sondern vielmehr dasjenige der Angehörigen ist:

Eine Früheuthanasie in dem Umfang, der Singer vorschwebt ... läßt sich ... nicht intern, mit Bezug auf die Interessen des betroffenen Kindes selbst begründen, sondern allenfalls extern, mit Bezug auf die Interessen der Familie bzw. der Gesellschaft insgesamt. Ein Kind mit Down-Syndrom oder bestimmten Formen der Hämophilie hat keine wesentlich schlechteren Aussichten, ein glückliches Leben zu führen, als ein normales Kind. Es kann allerdings die Familie belasten und insbesondere die weiblichen Familienangehörigen in ihren Selbstverwirklichungschancen einschränken. Zweifellos muß man derartigen externen Überlegungen einen Platz in der utilitaristischen Folgenabwägung einräumen. Zugleich stellt sich jedoch die Frage, ob sich derartige externe Überlegungen, würden sie etablierte Praxis, noch hinreichend sicher begrenzen lassen. Es ist keineswegs immer sozial nützlich, Menschen nach Kriterien sozialer Nützlichkeit zu beurteilen. So bedenklich die Haltung eines blinden, um die individuellen und sozialen Folgen unbekümmerten »Alles tun, was man tun kann« ist, so berechtigt ist andererseits die Sorge, daß die Möglichkeit, Qualitätserwartungen an die eigenen Nachkommen u. a. durch selektive Früheuthanasie zu erfüllen, Anspruchshaltungen noch forcieren könnte, die bereits heute das Maß des für die Kinder Zuträglichen vielfach überschritten haben. Eine Praxis der externen Bewertung von Menschenleben würde darüber hinaus das Risiko beinhalten, instrumentalisierende Sichtweisen anderer Menschen generell zu unterstützen ... Die impliziten Normen, die bereits heute gesellschaftliche Zuwendung an die Bedingung von Leistungsfähigkeit und Produktivität knüpfen, würden noch verschärft.

Dieter Birnbacher, 1991

Werden Fürsorge und Zuwendung ... an Bedingungen geknüpft, muß auch das Vertrauen darauf schwinden, von anderen auch in Situationen und Positionen von Schwäche und Bedürftigkeit akzeptiert zu werden, also genau dann, wenn man der Fürsorge und Zuwendung anderer am meisten bedarf.

Dieter Birnbacher, 1991

- ▶ *Wie bewerten Sie Singers Argument, dass manch ein schwerst behindertes Leben für den betroffenen Menschen selbst nicht lebenswert ist?*
- ▶ *Inwieweit dürfen bei dieser Frage Ihrer Meinung nach externe Überlegungen im Sinne Birnbachers eine Rolle spielen?*
- ▶ *Wäre die Situation einer Schwangerschaft, die durch eine Vergewaltigung verursacht wurde, in Ihrer Sicht eine ausreichende moralische Rechtfertigung für einen Schwangerschaftsabbruch?*

➢ *Zur »Euthanasie« vgl. S. 242/43*

➢ *Zur »Gesinnungs- und Verantwortungsethik« aus christlicher Sicht vgl. S. 358–361*

Hannah Arendt – Vita activa

Ein bekanntes Buch von Hannah Arendt trägt den Titel »Vita activa oder vom tätigen Leben«. Darin beschreibt und analysiert sie die drei elementaren Grundformen menschlichen Tätigseins: Arbeiten, Herstellen und Handeln. Sie geht der Frage nach: Wie haben sich diese Tätigkeiten von der Antike bis heute gewandelt und in welcher Weise bestimmen sie die heutige Gesellschaft, die gesteigerte Weltentfremdung und Erfahrungsverlust hervorgebracht hat und in der Wissenschaft und Technik Menschen verachtende Züge tragen. Im Zentrum ihres Denkens steht also die Frage nach der »conditio humana« in einer sich wandelnden Welt.

Geburt und Tod

Die allgemeinste Bedingtheit menschlichen Lebens besteht darin, dass es durch Geburt zur Welt kommt und durch Tod aus ihr wie-der verschwindet. Der Neubeginn, der mit jeder Geburt in die Welt kommt, kann sich in der Welt nur darum zur Geltung bringen, weil dem Neuankömmling die Fähigkeit zukommt, selbst einen neuen Anfang zu machen, d.h. zu handeln. Im Sinne von Initiative – ein »initium« setzen – steckt ein Element von Handeln in allen menschlichen Tätigkeiten, was nichts anderes besagt, als dass diese Tätigkeiten eben von Wesen geübt werden, die durch Geburt zur Welt gekommen …

Die Welt der Dinge

Nun umfasst aber die Condition humaine, die menschliche Bedingtheit im Ganzen, mehr als nur die Bedingungen, unter denen den Menschen das Leben auf der Erde gegeben ist. Menschen sind bedingte Wesen, weil ein jegliches, womit sie in Berührung kommen, sich unmittelbar in eine Bedingung ihrer Existenz verwandelt. Die Welt, in der die Vita activa sich bewegt, besteht im Wesentlichen aus Dingen, die Gebilde von Menschenhand sind; und diese Dinge, die ohne den Menschen nie entstanden wären, sind wiederum Bedingung menschlicher Existenz. Die Objektivität der Welt – ihr Objekt- und Ding-Charakter – und die menschliche Bedingtheit ergänzen einander und sind aufeinander ein gespielt; weil menschliche Existenz bedingt ist, bedarf sie der Dinge, und die Dinge wären ein Haufen zusammenhangloser Gegenstände, eine Nicht-Welt, wenn nicht jedes Ding für sich und alle zusammen menschliche Existenz bedingen würden.

Arbeiten – Herstellen – Handeln

Sie sind Grundtätigkeiten, weil jede von ihnen einer der Grundbedingungen entspricht, unter denen dem Geschlecht der Menschen das Leben auf der Erde gegeben ist.

Die Tätigkeit der Arbeit entspricht dem biologischen Prozess des menschlichen Körpers, der in seinem spontanen Wachstum, Stoffwechsel und Verfall sich von Naturdingen nährt, welche die Arbeit erzeugt und zubereitet, um sie als die Lebensnotwendigkeiten dem lebendigen Organismus zuzuführen. Die Grundbedingung, unter der die Tätigkeit des Arbeitens steht, ist das Leben selbst. Im Herstellen manifestiert sich das Widernatürliche eines von der Natur abhängigen Wesens, das sich der immer währenden Wiederkehr des Gattungslebens nicht fügen kann und für seine individuelle Vergänglichkeit keinen Ausgleich findet in der potentiellen Unvergänglichkeit des Geschlechts. Das Herstellen produziert eine künstliche Welt von Dingen, die sich den Naturdingen nicht einfach zugesellen, sondern sich von ihnen dadurch unterscheiden, dass sie der Natur bis zu einem gewissen Grade widerstehen und von den lebendigen Prozessen nicht einfach zerrieben werden. In dieser Dingwelt ist menschliches Leben zu Hause, das von Natur in der Natur heimatlos ist, und die Welt bietet Menschen eine Heimat in dem Maße, in dem sie menschliches Leben überdauert, ihm widersteht und als objektiv-gegenständlich gegenübertritt. Die Grundbedingung, unter der die Tätigkeit des Herstellens steht, ist Weltlichkeit, nämlich die Angewiesenheit menschlicher Existenz auf Gegenständlichkeit und Objektivität. Das Handeln ist die einzige Tätigkeit der Vita activa, die sich ohne die Vermittlung von Materie, Material und Dingen direkt zwischen Menschen abspielt. Die Grundbedingung, die ihr entspricht, ist das Faktum der Pluralität, nämlich die Tatsache, dass nicht ein Mensch, sondern viele Menschen auf der Erde leben und die Welt bevölkern. Das Handeln bedarf einer Pluralität, in der zwar alle dasselbe sind, nämlich Menschen, aber dies auf die merkwürdige Art und Weise, dass keiner dieser Menschen je einem anderen gleicht, der einmal gelebt hat oder lebt oder leben wird. Hannah Arendt, 1958

► *Erläutern Sie an Bespielen die mehrfache Bedingtheit des Menschen, wie sie Arendt beschreibt.*

► *Differenzieren Sie die Begriffe »Herstellen« und »Arbeiten« an Beispielen.*

Max Beckmann, Departure (Triptychon), 1932/33–1950
Körperliche und seelische Gefangenschaft wird überwunden. Die Königin trägt den größten Schatz – die Freiheit, als Kind – in ihrem Schoß. Freiheit ist das Einzige, worauf es ankommt. Es ist die Abfahrt, der neue Anfang.

Verlust des politischen Raumes
Unter allen Gegenständen, die wir in der Welt vorfinden und die uns umgeben, besitzen die Konsumgüter den geringsten Grad an Beständigkeit, sie überdauern kaum den Augenblick ihrer Fertigstellung. Nicht mehr die Etablierung von totalitären Systemen, sondern die Entstehung der Konsumgesellschaft der westlichen Welt begünstigt heute den Verlust des politischen Raumes, der der »Humanität« ein Zuhause gibt. Orientieren wir uns also erst einmal an dem objektiv gegenständlichen Bestand der Welt, und nicht an den Tätigkeiten, welche ihn hervorbringen, so ist offenbar, dass die Herstellungs- und nicht die Arbeitsprodukte die Dauerhaftigkeit und Beständigkeit garantieren, ohne welche eine Welt schlechthin unmöglich wäre. Inmitten dieser relativ beständigen Dingwelt befinden sich die eigentlichen Konsumgüter, durch die das Leben sich am Leben erhält. Von der Notdurft des Körpers bestimmt und von seiner Mühsal erzeugt, aber ohne eigenen Bestand, erscheinen und verschwinden diese Güter inmitten von Dingen, die nicht verbraucht, sondern gebraucht werden, an die wir uns im Gebrauch gewöhnen und die uns durch den Gebrauch vertraut werden. Aus ihnen erwächst uns die Vertrautheit der Welt, ihrer Sitten und Gebräuche, die den Umgang von Mensch und Ding wie den zwischen den Menschen regeln. Was die Verbrauchsgüter für das Leben des Menschen bedeuten, bedeuten die Gebrauchsgegenstände für seine Welt. … Wirklichkeit und Verlässlichkeit der Welt beruhen darauf, dass die uns umgebenden Dinge eine größere Dauerhaftigkeit haben als die Tätigkeit, die sie hervorbrachte, und dass diese Dauerhaftigkeit sogar das Leben ihrer Erzeuger überdauern kann. Sofern menschliches Leben weltlich und weltbildend ist, hat es sich auf einen Prozess ständiger Verdinglichung eingelassen. Hannah Arendt, 1958

▶ *Nennen Sie Beispiele aus der »Dingwelt«, auf denen für Sie »Wirklichkeit und Verlässlichkeit der Welt« beruht. Inwiefern können Konsumgüter dies nicht leisten?*

▶ *Begründen Sie den Zusammenhang von Konsumgesellschaft und dem Verlust des „politischen Raumes", von dem Arendt spricht.*

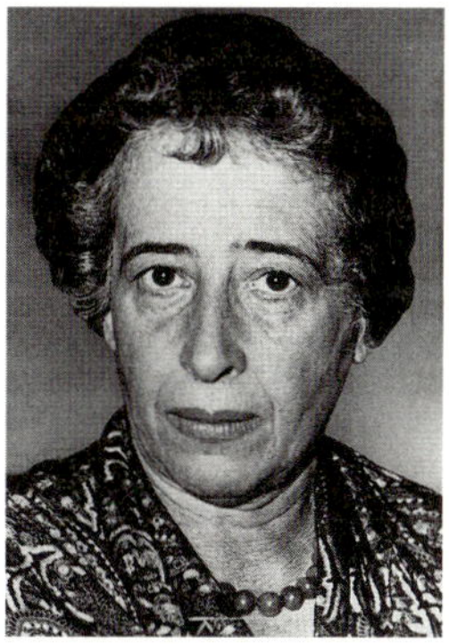

Hannah Arendt
war eine der großen Frauen … [des vergangenen] Jahrhunderts. Ihre entschlossene Wahl, zu sein, was Zufall oder Schicksal ihr zu sein bestimmt hatte: Die Tochter hoch gebildeter deutsch-jüdischer Eltern; Erbin einer langen geistigen und ästhetischen Tradition, die zurückgeht bis auf die Griechen; Beobachter und Schilderer ihrer modernen Auflösung; ein Passagier auf dem Schiff des 20. Jahrhunderts, Zeugin und Opfer seiner gewaltigen Erschütterungen, Freundin vieler Gefährten und Gezeichneten seiner Fahrt; eine magnetisch schöne Frau mit dem unbeirrbaren Unterschiedsgefühl für Freundschaft mit Männern und Frauen. Hans Jonas

Handeln: Die zweite Geburt

Philosophie nach Auschwitz

Dieser Entschluß, den Boden der Tatsachen ganz und gar zu verlassen und sich um die Gesetze, die sie dem Handeln diktieren wollen, ganz und gar nicht mehr zu kümmern, ist ein schwerer Entschluß, der aus der Einsicht stammt, daß in der Vergangenheit etwas geschehen ist, was nicht einfach schlecht oder unrecht oder grausam war, sondern was unter keinen Umständen hätte passieren dürfen. ... In Auschwitz hat sich der Boden der Tatsachen in einen Abgrund verwandelt, in den jeder hineingezogen werden wird, der nachträglich versucht, sich auf ihn zu stellen. Hier ist die Realität der Realpolitiker, von der sich die Mehrzahl der Völker immer und natürlicherweise bezaubern lassen, zu einem Ungeheuer geworden, das uns nur antreiben könnte, weiter Vernichtung zu betreiben wie man in Auschwitz Leichen fabrizierte.

Ist der Boden der Tatsachen zu einem Abgrund geworden, so ist der Raum, in den man sich begibt, wenn man sich von ihm entfernt, ein gleichsam leerer Raum, in welchem es nicht mehr Nationen und Völker gibt, sondern nur noch einzelne, für die es nicht mehr sehr erheblich ist, was die Mehrzahl der Menschen jeweils gerade denkt, und sei es die Mehrzahl des eigenen Volkes.

Hannah Arendt, 1976

Wo liegt die Kraft für gesellschaftliche Veränderung?

Ohne Geländer denken? – Hannah Arendt im Gespräch mit Hans Jonas

Jonas: Dass da auf dem Grund all unseren Seins und Handelns der Wunsch liegt, die Welt mit anderen Menschen zu teilen, ist unbestreitbar. Allerdings wollen wir eine bestimmte Welt mit bestimmten Menschen teilen. Und wenn es Aufgabe der Politik ist, die Welt zu einem passenden Zuhause für den Menschen zu machen, erhebt sich die Frage: Was ist ein passendes ZuHause für den Menschen? Darüber kann nur entschieden werden, wenn wir eine Idee davon bilden, was der Mensch ist oder sein soll. ... Wir können Urteile, die uns ins Verderben führen, mit vielen teilen; aber wir müssen an etwas jenseits dieser Sphäre appellieren.

Arendt: Also, wenn unsere Zukunft von dem abhängen sollte, was Sie jetzt sagen – nämlich davon, dass wir ein Letztes bekommen, das von oben herab für uns entscheiden wird, würde ich äußerst pessimistisch sein. Wenn das der Fall ist, dann sind wir verloren. Denn damit wird eigentlich gefordert, dass ein neuer Gott erscheine ... Zum Beispiel: Ich bin ganz sicher, dass diese ganze totalitäre Katastrophe nicht eingetreten wäre, wenn die Leute noch an Gott oder vielmehr an die Hölle geglaubt hätten, d. h. wenn es noch letzte Prinzipien gegeben hätte. Es gab aber keine. Und Sie wissen so gut wie ich, dass es keine letzten Prinzipien gab, an die man mit Aussicht auf Erfolg hätte appellieren könne. Man konnte niemanden anrufen. ... Und wenn Sie verallgemeinern wollen, dann könnten Sie sagen, dass diejenigen, die noch sehr fest an die so genannten alten Werte glaubten, am ehesten bereit waren, ihre alten Werte gegen einen neue Wertordnung einzutauschen, vorausgesetzt man gab ihnen eine. Und ich fürchte mich davor, weil ich glaube, dass in dem Moment, in dem Sie jemandem eine neue Wertordnung – oder jenes berühmte »Geländer« geben, diese sofort ausgetauscht werden kann.

Hannah Arendt, 1985

▶ *Arendt spricht von »jenem berühmten Geländer«, dass jederzeit ausgetauscht werden könne. Was meint sie damit?*

Die Suche nach dem Raum gemeinsamen Handelns

Der öffentliche Raum wie die uns gemeinsame Welt versammelt Menschen und verhindert gleichzeitig, dass sie gleichsam über- und ineinander fallen. Was die Verhältnisse in einer Massengesellschaft für alle Beteiligten so schwer erträglich macht, liegt nicht eigentlich, jedenfalls nicht primär, in der Massenhaftigkeit selbst; es handelt sich vielmehr darum, dass in ihr die Welt die Kraft verloren hat, zu versammeln, das heißt, zu trennen und zu verbinden. Diese Situation ähnelt in ihrer Unheimlichkeit einer spiritistischen Seance, bei der eine um einen Tisch versammelte Anzahl von Menschen plötzlich durch irgendeinen magischen Trick den Tisch aus ihrer Mitte verschwinden sieht, sodass nun zwei sich gegenübersitzende Personen durch nichts mehr getrennt, aber auch durch nichts Greifbares mehr verbunden sind.

Hannah Arendt, 1958

▶ *Arendt beschreibt Entfremdung zwischen Menschen. Konkretisieren und aktualisieren Sie ihre Aussage.*

Der Frauenaltar (hier Ausschnitt) wurde 1970 von der amerikanischen Malerin Candace Carter konzipiert. Carter fragt nach dem Sinn des Leidens vor dem Hintergrund der Leidens- und Widerstandsgeschichte von Frauen.

Die zweite Geburt

Das Faktum menschlicher Pluralität, die grundsätzliche Bedingung des Handelns wie des Sprechens, manifestiert sich auf zweierlei Art, als Gleichheit und als Verschiedenheit. Ohne Gleichartigkeit gäbe es keine Verständigung unter Lebenden, kein Verstehen der Toten und kein Planen für eine Welt, die nicht mehr von uns, aber doch immer noch von unseresgleichen bevölkert sein wird. Ohne Verschiedenheit, das absolute Unterschiedensein jeder Person von jeder anderen, die ist, war oder sein wird, bedürfte es weder der Sprache noch des Handelns für eine Verständigung; eine Zeichen- und Lautsprache wäre hinreichend, um einander im Notfall die allen gleichen, immer identisch bleibenden Bedürfnisse und Notdürfte anzuzeigen.

Sprechend und handelnd schalten wir uns in die Welt der Menschen ein, die existierte, bevor wir in sie geboren wurden, und diese Einschaltung ist wie eine zweite Geburt, in der wir die nackte Tatsache des Geborenseins bestätigen, gleichsam die Verantwortung dafür auf uns nehmen. Aber wiewohl niemand sich diesem Minimum an Initiative ganz und gar entziehen kann, so wird sie doch nicht von irgendeiner Notwendigkeit erzwungen wie das Arbeiten, und sie wird auch nicht aus uns gleichsam hervorgelockt durch den Antrieb der Leistung und die Aussicht auf Nutzen. Die Anwesenheit von anderen, jenen wir uns zugesellen wollen, mag in jedem Einzelfall als ein Stimulans wirken, aber die Initiative selbst ist davon nicht bedingt; der Antrieb scheint vielmehr in dem Anfang selbst zu liegen, der mit unserer Geburt in die Welt kam und dem wir dadurch entsprechen, dass wir selbst aus eigener Initiative etwas Neues anfangen. Hannah Arendt, 1958

▶ *Beschreiben Sie mit Hilfe des Bildes der zweiten Geburt die besondere Funktion des Sprechens und Handelns für den Menschen.*

▶ *Planen für eine Welt der künftigen Menschen – welche Bedingungen müssen nach Arendt erfüllt sein? Können Sie dazu aus ihren Texten Imperative ableiten?*

Wir alle aber, Männer wie Frauen, sind verstrickt in einem patriarchalischen Vergeltungssystem. Der Weg der Befreiung läuft über den Verzicht auf Rache. Kraft dieses Verzichtes können Eros und Gnade zur Bejahung der leiblichen Kreatürlichkeit, zur Wiederbegegnung der Geschlechter und zu einer sinnlichen Spiritualität führen, die die ganze Wesenhaftigkeit des Menschen verwandeln und beglücken kann. Candace Carter, 1999

Handelnd und sprechend offenbaren die Menschen jeweils, wer sie sind, zeigen aktiv die personale Einzigartigkeit ihres Wesens, treten gleichsam auf die Bühne der Welt, auf der sie vorher so nicht sichtbar waren, solange nämlich, als ohne ihr eigenes Zutun nur die einmalige Gestalt ihres Körpers und der nicht weniger einmalige Klang der Stimme in Erscheinung trat. Hannah Arendt, 1958

▶ *Sehen Sie Berührungspunkte zwischen Arendt und Carter? Was könnte Carter unter zweiter Geburt verstehen?*

▶ *Beschreiben Sie »Ihren« Raum, in dem Humanität wieder möglich werden könnte.*

Von der Tugend zur Sozialordnung: Gerechtigkeit im Wandel

Gerechtigkeit gilt seit der Antike als Grundbegriff der Moral und spielt in den Diskussionen der modernen Moralphilosophie eine zentrale Rolle. Dabei haben sich Begriff und Sache im Lauf der Zeit erheblich gewandelt. Wovon ist eigentlich die Rede, wenn es um Gerechtigkeit geht?

▶ *Macht Gerechtigkeit blind? Begründen Sie, warum Justitia immer mit verbundenen Augen dargestellt wird.*

Nike de Saint Phalle, Justicia

Dimension der Gerechtigkeit

Von »der« Gerechtigkeit zu sprechen, macht keinen Sinn. Hilfreich ist es daher, sich an die Unterscheidungen zu erinnern, die die Tradition geprägt hat. So kann man bei der Frage, um welche Art von Gerechtigkeit es denn gehe, zwischen metaphysischer, individueller und sozialer Gerechtigkeit unterscheiden. Wer nach der Gerechtigkeit der Weltordnung im Ganzen fragt, gibt dem Problem einen metaphysischen Sinn. Bei der individuellen Gerechtigkeit steht hingegen eine bestimmte Qualität individuellen Verhaltens im Zentrum, wie sie beispielsweise im Bild der richtenden Justitia mit verbundenen Augen veranschaulicht wird, deren Waage immer im Gleichgewicht bleibt. Soziale Gerechtigkeit schließlich zielt auf die moralische Qualifizierung der gesellschaftlichen Institutionen, Gesetze, Regierungsformen etc. Die moralphilosophische Diskussion der vergangenen Jahrhunderte hat den Akzent immer deutlicher auf diesen letzten Punkt gelegt: die Frage nach der Gerechtigkeit der sozialen Strukturen und das Verhältnis von Recht und Gerechtigkeit.

Matthias Jung

Will man wissen, was die Menschen, moralisch betrachtet, im Ganzen und Allgemeinen Werth sind; so betrachte man ihr Schicksal, im Ganzen und Allgemeinen. Dieses ist Mangel, Elend, Jammer, Quaal und Tod. Die ewige Gerechtigkeit waltet: wären Sie nicht, im Ganzen genommen, nichtswürdig; so würde ihr Schicksal, im Ganzen genommen, nicht so traurig seyn. In diesem Sinne können wir sagen: die Welt selbst ist das Weltgericht. Könnte man allen Jammer der Welt in eine Waagschale legen, und alle Schuld der Welt in die andere: so würde gewiss die Zunge einstehn. Arthur Schopenhauer, 1818

▶ *zu Schopenhauer vgl. S. 257/58.*

Die Gerechtigkeit gilt vielfach als die vornehmste der Tugenden, und »weder Abendstern noch Morgenstern sind derart wunderbar«, und im Sprichwort sagt man: »In der Gerechtigkeit ist alle Tugend zusammengefasst.« Aristoteles

▶ *vgl. S. 212–223.*

Der Hauptgegenstand der Grundsätze der sozialen Gerechtigkeit ist die Grundstruktur der Gesellschaft, die Bildung eines Systems der Zusammenarbeit aus den wichtigsten gesellschaftlichen Institutionen. Diese Grundsätze (sollen) für die Rechte und Pflichten in diesen Institutionen maßgebend sein, ebenso für die richtige Verteilung der Vorteile und Lasten des gesellschaftlichen Lebens.

John Rawls, 1975

▶ *zu Rawls vgl. die folgenden Doppelseiten.*

▶ *Ordnen Sie die drei Dimensionen der Gerechtigkeit den Texten zu.*
▶ *Diskutieren Sie, welche Dimension die wichtigste ist.*

Wie lässt sich Gerechtigkeit begründen?

Aristoteles: Gerechtigkeit als Tugend der Mitte
So ist denn gesagt, was das Gerechte und das Ungerechte ist. Es ergibt sich daraus, dass das gerechte Handeln die Mitte ist zwischen dem Unrechttun und dem Unrechtleiden. Denn das eine ist ein Zuviel, das andere ein Zuwenig. Die Gerechtigkeit ist also jene Tugend, durch die der Gerechte sich für das Gerechte entscheidet und danach handelt und sich im Verhältnis zu anderen oder anderen im Verhältnis zueinander nicht so zuteilt, dass er sich selbst vom Wünschbaren mehr, dem anderen weniger gibt, sondern dass er nach der proportionalen Gerechtigkeit verfährt, und dies auch bei anderen untereinander.

Aristoteles

Hans Burgkmair, Justizia – Allegorie der Gerechtigkeit mit Schwert und Waage

Immanuel Kant: Der allgemein gesetzgebende Wille und die öffentliche Gerechtigkeit
Der rechtliche Zustand ist dasjenige Verhältnis der Menschen unter einander, welches die Bedingungen enthält, unter denen allein jeder seines Rechts teilhaftig werden kann, und das formale Prinzip der Möglichkeit desselben, nach der Idee eines allgemein gesetzgebenden Willens betrachtet, heißt die öffentliche Gerechtigkeit.

Immanuel Kant, 1797

▶ *Vergleichen Sie diese Begründung mit der Konzeption des Kategorischen Imperativs (S. 248–251) und arbeiten Sie das Verhältnis von individueller Moral und rechtlichem Zustand heraus.*

John Stuart Mill: Gerechtigkeit auf Nützlichkeit
Die Gerechtigkeit, die auf Nützlichkeit gegründet ist, macht den Hauptteil und den unvergleichlich bedeutsamsten und verbindlichsten Teil aller Moral aus. Gerechtigkeit ist der Name für eine Reihe moralischer Regeln, die das menschliche Wohlergehen unmittelbar bestimmend und deshalb unbedingter verpflichtend sind als alle anderen Regeln des praktischen Handelns.

John Stuart Mill, 1871

▶ *Zu Mills Gerechtigkeitskonzeption vgl. S. 237*

Verhältnis (Proportion) zwischen mindestens zwei Menschen und den ihnen zugeteilten Gütern: A verhält sich zu B wie B zu C (dreigliedrige) oder wie C zu D (viergliedrige) Proportion

▶ *Setzen Sie für A und C konkrete Menschen ein, für B bzw. B und D Dinge, die viele Menschen gerne besitzen würden und veranschaulichen Sie so den Gedanken der proportionalen Gerechtigkeit.*

Das zentrale Dilemma: »Jedem das Seine« oder »Jedem das Gleiche«?

Jede Konzeption von Gerechtigkeit steht vor einer Schwierigkeit, die sich bereits dann stellt, wenn Kinder im Alltag die Verwendung von Wörtern wie »gerecht« und »Gerechtigkeit« lernen.

Ein solcher Fall ist die Aufteilung eines Kuchens unter Kindern, die gerecht heißt, wenn jedes ein gleich großes Stück erhält, vorausgesetzt, es bestehen keine Unterschiede unter ihnen, die als relevant gelten. Zu solchen Unterschieden zählen aber oft einerseits Beiträge, die ein Kind zum Kuchenbacken geleistet hat, andererseits Ungehorsam und schlechtes Betragen, für die ein Kind durch Vergrößerung belohnt oder durch Verringerung seines Kuchenstückes bestraft werden kann. Solche Umstände zwingen den, der den Gebrauch von »gerecht« lernt, seine vielleicht erste und einfachste Vorstellung von der Bedeutung von »gerecht« zu modifizieren und zu erklären, gerecht sei nicht einfach die gleiche Teilung (eines Kuchen), sondern die Teilung, bei der jeder das Seine erhält, das, was er verdient oder ihm zukommt oder gebührt.

Ulrich Steinvorth, 1991

▶ *Betrachten Sie vor dem Hintergrund dieses Textes den Cartoon auf S. 274/75. Welchen Gerechtigkeitsbegriff vertritt Asterix und nach welchem Konzept handelt Obelix?*

▶ *Vgl. dazu die Unterscheidung von arithmetischer und proportionaler Gleichheit auf S. 165.*

John Rawls: Eine Theorie der Gerechtigkeit

Der amerikanische Philosoph John Rawls (geboren 1921) versucht in seinem Hauptwerk »A Theory of Justice« ein Gedankenexperiment. Man stelle sich vor, als Mensch in einer Gesellschaft zu leben, ohne etwas über die eigene Identität, die eigenen Wünsche und Fähigkeiten zu wissen. Welche Gerechtigkeitsgrundsätze würde man für diese Gesellschaft aufstellen? Mit diesem Gedankenexperiment versucht Rawls Kriterien anzugeben, nach denen sich beurteilen lässt, ob eine Gesellschaft in gerechter Weise eingerichtet ist.

Asterix und Kleopatra

Faire Bedingungen für jeden

Jeder Mensch besitzt eine aus der Gerechtigkeit entspringende Unverletzlichkeit, die auch im Namen des Wohles der ganzen Gesellschaft nicht aufgehoben werden kann. Daher läßt es die Gerechtigkeit nicht zu, daß der Verlust der Freiheit bei einigen durch ein größeres Wohl für andere wettgemacht wird. Sie gestattet nicht, daß Opfer, die einigen wenigen auferlegt werden, durch den größeren Vorteil vieler anderer aufgewogen werden. Daher gelten in einer gerechten Gesellschaft gleiche Bürgerrechte für alle als ausgemacht; die auf der Gerechtigkeit beruhenden Rechte sind kein Gegenstand politischer Verhandlungen oder sozialer Interessensabwägungen ... Ich möchte eine Gerechtigkeitsvorstellung darlegen, die die bekannte Theorie des Gesellschaftsvertrages etwa von Locke, Rousseau und Kant verallgemeinert und auf eine höhere Abstraktionsebene hebt. Dazu darf man sich den ursprünglichen Vertrag nicht so vorstellen, als ob er in eine bestimmte Gesellschaft eingeführt würde oder eine bestimmte Regierungsform errichtete. Der Leitgedanke ist vielmehr, daß sich die ursprüngliche Übereinkunft auf die Gerechtigkeitsgrundsätze für die gesellschaftliche Grundstruktur bezieht. Es sind diejenigen Grundsätze, die freie und vernünftige Menschen in ihrem eigenen Interesse in einer anfänglichen Situation der Gleichheit zur Bestimmung der Grundverhältnisse ihrer Verbindung annehmen würden. Ihnen haben sich alle weiteren Vereinbarungen anzupassen; sie bestimmen die möglichen Arten der gesellschaftlichen Zusammenarbeit und der Regierung. Diese Betrachtungsweise der Gerechtigkeitsgrundsätze nenne ich Theorie der Gerechtigkeit als Fairneß. Wir wollen uns also vorstellen, daß diejenigen, die sich zu gesellschaftlicher Zusammenarbeit vereinigen wollen, in einem gemeinsamen Akt die Grundsätze wählen, nach denen Grundrechte und -pflichten und die Verteilung der gesellschaftlichen Güter bestimmt werden ... In der Theorie der Gerechtigkeit als Fairneß spielt die ursprüngliche Situation der Gleichheit dieselbe Rolle wie der Naturzustand in der herkömmlichen Theorie des Gesellschaftsvertrags. Zu den wesentlichen Eigenschaften der Situation gehört, dass niemand seine Stellung in der Gesellschaft kennt, seine Klasse oder seinen Status, ebensowenig sein Los bei der Verteilung natürlicher Gaben wie Intelligenz oder Körperkraft. Ich nehme sogar an, daß die Beteiligten ihre Vorstellung vom Guten und ihre besonderen psychologischen Neigungen nicht kennen. Die Grundsätze der Gerechtigkeit werden hinter einem Schleier des Nichtwissens festgelegt. Dies gewährleistet, daß dabei niemand durch die Zufälligkeiten der Natur oder der gesellschaftlichen Umstände bevorzugt oder benachteiligt wird. Da sich alle in der gleichen Lage befinden und niemand Grundsätze ausdenken kann, die ihn aufgrund seiner besonderen Verhältnisse bevorzugen, sind die Grundsätze der Gerechtigkeit das Ergebnis einer fairen Übereinkunft oder Verhandlung.

John Rawls, 1972

▶ *Erläutern Sie, was der »Schleier des Nichtwissens« verbirgt und warum sein Fehlen die Formulierung von Gerechtigkeitsgrundsätzen verzerren könnte.*

Grundsätze einer gerechten Gesellschaftsordnung

Erster Grundsatz:
Jedermann hat gleiches Recht auf das umfangreichste Gesamtsystem gleicher Grundfreiheiten, das für alle möglich ist.

Zweiter Grundsatz:
Soziale und wirtschaftliche Ungleichheiten müssen folgendermaßen beschaffen sein:
a) sie müssen … den am wenigsten Begünstigten den größtmöglichen Vorteil bringen,
b) sie müssen mit Ämtern und Positionen verbunden sein, die allen gemäß fairer Chancengleichheit offenstehen.

Erste Vorrangregel (Vorrang der Freiheit): …
a) eine weniger umfangreiche Freiheit muß das Gesamtsystem der Freiheiten aller stärken;
b) eine geringere als gleiche Freiheit muß für die davon Betroffenen annehmbar sein.

Zweite Vorrangregel (Vorrang der Gerechtigkeit vor Leistungsfähigkeit und Lebensstandard): …
a) eine Chancen-Ungleichheit muß die Chancen der Benachteiligten verbessern …
b) eine besonders hohe Sparrate muß insgesamt die Last der von ihr Betroffenen mildern.

John Rawls, 1972

▶ *Begründen Sie den Misereor-Aufruf mit Rawls' Grundsätzen einer fairen Gesellschaftsordnung.*

▶ *Verfassen Sie in Arbeitsgruppen Gerechtigkeitsgrundsätze für:*
a) die Lohnhöhe in zehn verschiedenen Berufen. (Beachten Sie den 2. Grundsatz.)
b) Rechtsvorschriften im Umgang mit Behinderten. (Beachten Sie die 2. Vorrangregel.)
c) die Behandlung Asylsuchender. (Beachten Sie die 1. Vorrangregel.)
d) die Höhe staatlicher Entwicklungshilfe. (Beachten Sie die 2. Vorrangregel.)

Verbote nur um der Freiheit willen
Was heißt also: Die Freiheit um der Freiheit willen einschränken? Rawls führt eine Reihe von Beispielen an, die sein Prinzip zulassen würde. Der einfachste Fall ist die Einführung von Verfahrensregeln für Diskussionen, die die Freiheit einschränken zu reden, wann immer man möchte. Ohne diese Einschränkung wäre die Freiheit zu sagen und zu vertreten, was man möchte, stark behindert und würde an Wert verlieren. Wie Rawls feststellt, sind solche Regeln für eine »ergiebige« Diskussion notwendig; offenkundig wird bei der Einführung solcher Regeln eine Bilanz gezogen, und diejenige Freiheit, die als weniger wichtig oder weniger wertvoll eingeschätzt wird, wird der anderen Freiheit untergeordnet. In diesem sehr einfachen Fall scheint es eine ganz klare Antwort auf die Frage zu geben, welche der beiden hier konfligierenden [einander entgegengesetzten] Freiheiten wertvoller sei, da, ganz unabhängig davon, wie die in der Diskussion verfolgten Ziele auch aussehen, die Freiheit, Gedanken im Gespräch auszutauschen ihrer Förderung in jedem Falle dienlicher ist als die Freiheit, Kommunikation zu unterbrechen. H. L. A. Hart, 1975

Ich denke im Zusammenhang mit Fair Play zunächst an jenen Kreisliga-Fußballer, der unlängst einen Elfmeter in voller Absicht weit neben das Tor schoss, weil er wusste, dass der Strafstoß zu Unrecht gegeben worden war.
Thomas Helmer, Fußball-Nationalspieler, ausgezeichnet mit der Fair-Play-Trophäe 1998

▶ *Stellen Sie Diskussions-Regeln auf, die Rawls' Forderungen entsprechen würden. Diskutieren Sie in einer so geregelten Diskussion, unter welchen Umständen Rawls die Einführung einer »Frauenquote« gerecht finden würde. (vgl. S. 162/63).*

Gerechtigkeit in pluralistischen Gesellschaften

Die »Theory of Justice« von John Rawls ist seit Jahrzehnten ein wichtiger Bezugspunkt aller Debatten zum Thema Gerechtigkeit in Ethik und politischer Philosophie. Dabei ging es häufig um die Frage, inwieweit Gerechtigkeit unter den Bedingungen eines sich immer mehr verschärfenden gesellschaftlichen Pluralismus realisiert werden kann. Rawls selbst hat seine Konzeption, angeregt durch seine Kritiker, vor allem in zwei Punkten präzisiert: im Hinblick auf ihren politischen Charakter und durch die Idee eines «overlapping consensus« (übergreifender Konsens).

▶ *Zum Pluralismus vgl. das Kapitel 2.2., bes. S. 66/67*

Der politische Charakter der Gerechtigkeit

Es geht darum, dass in einem demokratischen Verfassungsstaat das öffentliche Verständnis von Gerechtigkeit so weit wie möglich von kontroversen philosophischen und religiösen Lehren unabhängig sein sollte. Indem wir eine entsprechende Konzeption ausarbeiten, wenden wir das Prinzip der Toleranz auf die Philosophie selbst an: die öffentliche Gerechtigkeitskonzeption muss politisch und darf nicht metaphysisch sein … Der entscheidende Punkt ist, dass aus praktisch-politischen Gründen keine allgemeine moralische Lehre eine öffentlich anerkannte Grundlage für eine Gerechtigkeitskonzeption in einem modernen demokratischen Staat bereitstellen kann. Die gesellschaftlichen und historischen Bedingungen dieser Staaten haben ihren Ursprung in den auf die Reformation folgenden Religionskriegen und der anschließenden Entwicklung des Toleranzprinzips sowie in der Entstehung verfassungsmäßiger Regierungen und großer, industriell geprägter Marktwirtschaften. Diese Bedingungen berühren tiefgreifend die Anforderungen an eine praktikable Konzeption politischer Gerechtigkeit. Sie muss der Verschiedenheit der Weltanschauungen und der Vielfalt miteinander konkurrierender und inkommensurabler Konzeptionen des Guten gerecht werden, wie sie von den Mitgliedern bestehender demokratischer Gesellschaften vertreten werden. Weil nun … Gerechtigkeit als Fairness als eine politische Gerechtigkeitskonzeption für eine demokratische Gesellschaft gedacht ist, versucht sie ausschließlich auf grundlegende intuitive Gedanken zurückzugreifen, die in den politischen Institutionen eines demokratischen Verfassungsstaates und den öffentlichen Traditionen ihrer Interpretation verankert sind. John Rawls, 1992

▶ *Erörtern Sie, warum Rawls so großes Gewicht auf den politischen Charakter seiner Gerechtigkeitskonzeption legt.*

▶ *Welche Begründungsmöglichkeiten für Gerechtigkeit hält Rawls in modernen Demokratien für ungeeignet?*

»Politisch« im Unterschied zu „metaphysisch" gebraucht Rawls zur Charakterisierung von Gerechtigkeitskonzeptionen, die einer wesentlichen Forderung des Liberalismus genügen – nämlich neutral zu sein gegenüber konkurrierenden Weltbildern.

Jürgen Habermas, 1996

Der übergreifende intuitive Gedanke einer politischen Gerechtigkeitskonzeption ist die »Vorstellung der Gesellschaft als eines fairen Systems der Kooperation zwischen freien und gleichen Personen«. *John Rawls, 1993*

Der übergreifende Konsens

Gibt es Gemeinsamkeiten jenseits des weltanschaulichen Pluralismus?
Gerechtigkeit als Fairness versucht, eine Konzeption politischer Gerechtigkeit zu präsentieren, welche in den grundlegenden intuitiven Gedanken wurzelt, die in der politischen Kultur eines demokratischen Verfassungsstaates gefunden werden kann. Wir vermuten, dass diese Gedanken von jeder der widerstreitenden umfassenden Morallehren bejaht werden, die in einer hinreichend gerechten demokratischen Gesellschaft Einfluss haben. Daher versucht Gerechtigkeit als Fairness den Kernbereich eines übergreifenden Konsenses zu bestimmen, das heißt die gemeinsamen intuitiven Gedanken, die sich, in eine politische Gerechtigkeitskonzeption eingearbeitet, als ausreichend erweisen, einen gerechten Verfassungsstaat zu garantieren. Mehr können wir nicht erwarten, aber mehr benötigen wir auch nicht. Es scheint vielleicht, dass so verstanden die öffentliche Zustimmung zu Gerechtigkeit als Fairness nichts anderes sei als ein Gebot der Klugheit, was bedeutet, das diejenigen, welche dieser Theorie zustimmen, sie einfach als einen modus vivendi ansehen, der es den Gruppen im übergreifenden Konsens erlaubt, ihr eigenes Gut mit bestimmten Einschränkungen zu verfolgen, wobei jeder glaubt, dies sei unter den gegebenen Umständen zum eigenen Vorteil. … Dagegen sei … angemerkt: Gerechtigkeit als Fairness ist eine moralische Konzeption; sie enthält Begriffe der Person und der Gesellschaft, von Recht und Fairness sowie Gerechtigkeitsgrundsätze, mit den sie ergänzenden Tugenden, mittels deren sich diese Grundsätze im menschlichen Charakter verkörpern und die das politische und soziale Leben regulieren.

John Rawls, 1993

Runder Tisch, Berlin, 1990

▶ *Zum Projekt »Weltethos« als versuchte Konkretion eines übergreifenden Konsenses vgl. S. 348/49*

Persönliche Überzeugungen und öffentliches Gespräch
Die Ausbildung der moralischen Vermögen bei den Individuen stellt eine Voraussetzung für die Entfaltung der Gerechtigkeitsgrundsätze dar. Eine gerechte Gesellschaft ist andererseits die Bedingung für die Ausbildung moralischer Vermögen bei den Einzelmenschen … In einer Gesellschaft muss von der konsensualen Basis aller Bürger ausgegangen werden, um von da aus Kontroversen auszutragen und zu Vorschlägen für praktikable Lösungen zu kommen. Das bedeutet umgekehrt, dass eine persönliche moralische oder ethische Überzeugung nur dann zu einer allgemein verbindlichen Wahrheit werden kann, wenn sie allgemeine Zustimmung findet. In einer Gesellschaft, die in der Tradition der Aufklärung steht, ist es eine Selbstverständlichkeit, dass es keine dogmatische und missionarische Durchsetzung von moralischen und ethischen Überzeugungen mehr geben kann.

Detlef Horster, 1999

▶ *Auf welche normativen Vorstellungen könnten sich Ihrer Meinung nach Vertreter der verschiedenen Morallehren, Religionen und Weltanschauungen einigen?*
▶ *Welche Positionen halten Sie für nicht konsensfähig?*
▶ *Rawls betont den moralischen und politischen Charakter des überlappenden Konsens; arbeiten Sie den Unterschied zwischen einem solchen Konsens und einem bloßen Kompromiss heraus.*

Hans Jonas: Die Zukunft denken

Das Neuland kollektiver Praxis, das wir mit der Hochtechnologie betreten haben, ist für die ethische Theorie noch ein Niemandsland. Hans Jonas, 1979

Helge Leiberg, Wirt Erde, 1990

Die neue Aufgabe der Philosophie

SPIEGEL: Kann der Philosoph, kann die Philosophie die Welt verändern? Welche Rolle spielt der Philosoph heute? Soll er sich einmischen? Kann er Prozesse einleiten, steuern?

Jonas: Nein, wahrscheinlich nicht. Die Philosophie kann dazu beitragen, dass in der Erziehung ein Sinn dafür entwickelt wird, wie sich menschliches Handeln auf längere Sicht auf das sehr delikate Gewichtsverhältnis zwischen menschlichen Ansprüchen und Leistungsfähigkeit der Natur auswirkt. Sie kann durch ihre Reflexion und Artikulation daran mitwirken, dass Initiativen zur Rettung und Erhaltung der Umwelt zustande kommen. Kommt es zu ihnen, dann haben die Wirtschaftler, Politiker und Einzelwissenschaftler sehr viel mehr zu sagen als der bestinformierte Philosoph. Aber dann bleibt immer noch eine Aufgabe der Philosophie, zu wachen über die Menschlichkeit der Maßnahmen, mit denen man das Unheil zu stoppen versucht. Die könnten nämlich so sein, dass dabei die Sache, die man retten will, zum Teufel geht …

SPIEGEL: Was könnte zum Teufel gehen?

Jonas: Die Sache wird schließlich eine Machtfrage. Wenn die Vorräte der Erde, Wasser, Rohstoffe, Luft zur Neige gehen, dann könnten doch die Stärksten die Dezimierung der menschlichen Bedürfnisse und der Menschenziffern mit Gewalt erzwingen. Dieses grausame Grundgesetz der Evolution, dass die Stärksten überleben, darf nicht zum Gesetz des Überlebens der Menschheit werden. Dann geht wirklich unsere Kultur, die Menschlichkeit des Menschen, zum Teufel.

SPIEGEL: Wäre das die Aufgabe der Philosophie, eine neue Metaphysik des Menschen zu formulieren?

Jonas: Meine Auffassung ist, dass die Philosophie eine neue Seinslehre erarbeiten muss. In der sollte die Stellung des Menschen im Kosmos und sein Verhältnis zur Natur im Zentrum der Meditation stehen. Hier Friedenstifter zu sein, wäre der künftige Utopismus …

SPIEGEL: Sie halten es nicht für ganz ausgeschlossen, dass so etwas wie ein Prinzip Verantwortung zu einem modernen kategorischen Imperativ wird?

Jonas: Es geht um eine Erziehung des Menschen zu Lebenseinstellungen, die weniger gierig und gefräßig sind, dafür aber vielleicht anspruchsvoller in anderer Hinsicht. Man darf nicht fragen: Wird denn das helfen? Kann sich das durchsetzen gegenüber dem Vulgären, den Massenwünschen, den Gewohnheiten? Nach dem, was wir wissen, muss der Glaube daran sehr klein und schwach sein. Aber aufgeben ist das Letzte, was man sich erlauben darf.

SPIEGEL-Interview (Ausschnitt), 1992

▶ *Skizzieren Sie die drängenden Herausforderungen für die Menschen heute (vgl. S. 90/91).*

▶ *Welche Aufgabe schreibt Jonas der Philosophie zu (vgl. S. 52/53)?*

Nicht mehr nur lokal, sondern global denken

Eine neue Dimension stellt uns heute vor Herausforderungen
Ethik hatte es … mit dem Hier und Jetzt zu tun, mit Gelegenheiten, wie sie zwischen Menschen sich einstellen, mit den wiederkehrenden, typischen Situationen des privaten und öffentlichen Lebens. Der gute Mensch war ein solcher, der diesen Gelegenheiten mit Tugend und Weisheit begegnete, der die Fähigkeit dazu in sich selbst kultivierte und im Übrigen sich mit dem Unbekannten abfand. Alle Gebote und Maximen überlieferter Ethik, inhaltlich verschieden wie sie immer sein mögen, zeigen diese Beschränkung auf den unmittelbaren Umkreis der Handlung »Liebe deinen Nächsten wie dich selbst«, »Tue anderen, wie du wünschst, dass sie dir tun« … und so fort. Man beachte, dass in all diesen Maximen der Handelnde und der andere … Teilhaber einer gemeinsamen Gegenwart sind … Alle Sittlichkeit war auf diesen Nahkreis des Handelns eingestellt.

Heuristik der Furcht
An die Stelle der Liebe zum höchsten Gut, das der Mensch sich in seinem Tugendstreben selber zum Ziele setzen kann, muss heute die Furcht vor dem größten Übel treten. Eine gewisse negative Motivierung der Moral ist heute nötig geworden. Da, wo man nach der Verwirklichung des höchsten Gutes strebt, entweder für sich selber oder sogar in großherziger Ausbreitung der Arme für die ganze Menschheit, da tritt ein, was wir ja kennen gelernt haben: ein utopisches Streben, ein Streben nach einem vollkommenen Zustand, der genau das ist, was nicht erreichbar ist auf Erden. Ein Streben danach verführt eigentlich dazu, zu ignorieren, dass hier Grenzen gesetzt sind, über die wir nicht hinauskönnen und die uns zu einer gewissen Bescheidung nötigen. Dagegen lässt sich die Furcht vor dem größten Übel erwecken, indem man in den lebhaftesten Formen an die Wand malt, und zwar auch eindrucksfähigen jungen Gemütern gegenüber, was sie und wir anrichten durch den jetzigen Lebensstil und durch das Weitergehen der im Gange befindlichen Ruinierung der Umwelt. Das Gefühl davon oder das Bewusstsein davon, dass es so einfach nicht weitergeht, ist eigentlich leicht zu vermitteln. Wie weit das zu einer persönlichen Motivierung führt, ist aber eine andere Frage. Denn es könnte sein, dass die Menschheit die unausrottbare Neigung hat, stets das Nächste zunächst zu tun; und das ist, für sich und die Seinen zu sorgen und für sein Fortkommen, und das Entfernte mehr sich selbst zu überlassen. Die Erzeugung von Angst, von echter wohlbegründeter Angst, nicht Panik, sondern wohlbegründeter Angst um die Zukunft, scheint mir ein wesentlicher Faktor zu sein, der eine Zeitlang an die Stelle der Anweisung der Liebe zum höchsten Gute treten muss. Bedauerlicherweise, ist es doch viel schöner einem idealen Ziele nachzustreben. Im Moment ist es jedoch nötiger, genügend Furcht und Angst zu erzeugen, um das menschliche Dasein auf Erden und auch die Fülle des Reichtums der lebenden Natur zu bewahren.

Hans Jonas

▶ *Diskutieren Sie die Unterschiede zwischen »alter« und »neuer« Ethik. Begründen Sie mit Jonas die Untauglichkeit traditioneller Gebote und Maximen.*

Hans Jonas
hat mit seinem 1979 erschienenen Buch »Das Prinzip Verantwortung« den Versuch unternommen, eine »Ethik für die technologische Zivilisation« zu entwerfen. 89-jährig plädiert er gegen die ungebremste Verwüstung der Natur und für eine Ethik der Bescheidenheit. Der jüdische Technik-Philosoph, der bis zu seinem Tode 1993 in der Nähe von New York lebte, stammt aus Mönchengladbach. Seine Mutter starb zur Zeit des deutschen nationalsozialistischen Terrors in Auschwitz. 1933 emigrierte Jonas nach Palästina. Nach vielen religionsphilosophischen Arbeiten fand Jonas erst im Alter zu jenem Thema, das ihn schließlich zu einem vielfach geehrten Denker machte: dem Verhältnis des Menschen zur Natur und der daraus entstehenden globalen Verantwortung.

Der nachfolgenden Generation die wohlbegründete Angst überlassen?

▶ *Jonas' Philosophie fand indirekt Eingang in die Forderung »global denken, lokal handeln«. Beschreiben Sie die Einsicht, die sich in diesem Slogan widerspiegelt.*

Hans Jonas' Vermächtnis für nachfolgende Generationen

Dimensionen der Verantwortung

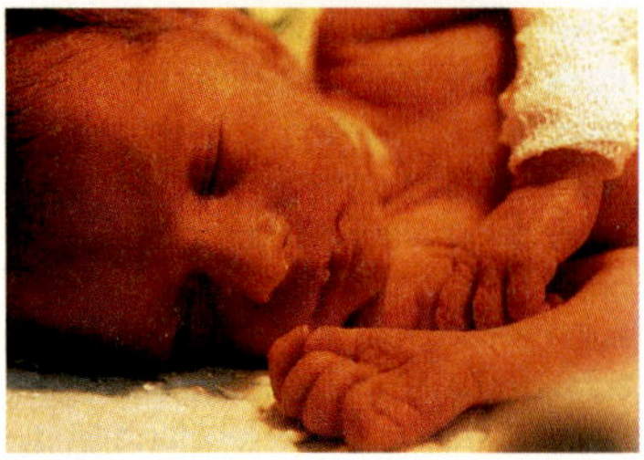

Die Ur-Verantwortung

Das Urbild aller Verantwortung ist die von Menschen für Menschen. Dieser Primat der Subjekt-Objekt-Verwandtschaft im Verantwortungsverhältnis liegt unwidersprechlich in der Natur der Sache ... Dies folgt aus der Nicht-Autarkie des Menschen; und die Ur-Verantwortung der elterlichen Fürsorge hat jeder zuerst an sich selbst erfahren. In diesem Grundparadigma wird die Knüpfung der Verantwortung an Belebtes am überzeugendsten klar. Nur das Lebendige also in seiner Bedürftigkeit und Bedrohtheit – und im Prinzip alles Lebendige – kann überhaupt Gegenstand von Verantwortung sein, muß es aber darum noch nicht sein: Ein Lebendes zu sein ist erst die notwendige Bedingung dafür im Gegenstande. Doch die Auszeichnung des Menschen, daß nur er allein Verantwortung haben kann, bedeutet zugleich, daß er sie für andere seinesgleichen – selber mögliche Verantwortungssubjekte – auch haben muß und im einen oder andern Verhältnis immer schon hat ... Damit ist er noch nicht moralisch, aber ein moralisches Wesen, das heißt ein solches, das moralisch oder unmoralisch sein kann. Hans Jonas, 1979

▶ *Diskutieren Sie über das Problem verantwortlichen Handelns am Beispiel des Kartoons unten (vgl. Schema der Verantwortungsrelation S. 383). An welcher Stelle setzt Jonas an?*

Verantwortung als kausale Zurechnung

Bedingung von Verantwortung ist kausale Macht. Der Täter muß für seine Tat antworten: Er wird für deren Folgen verantwortlich gehalten und gegebenenfalls haftbar gemacht. Dies hat zunächst rechtliche und nicht eigentlich moralische Bedeutung. Der angerichtete Schaden muß gutgemacht werden, auch wenn die Ursache keine Übeltat war, auch wenn die Folge weder vorausgesehen noch beabsichtigt war. Es genügt, daß ich die aktive Ursache gewesen bin. Aber doch nur in enger kausaler Verbindung mit der Tat, so daß die Zuschreibung eindeutig ist und die Folge sich nicht im Unvorhersehbaren verliert. ... Die Nachlässigkeit ist (hier) das einzige, was allenfalls moralisch schuldhaft zu nennen ist, und das in einem trivialen Grade; aber das Beispiel zeigt (wie das Alltägliche des Haftens von Eltern für ihre Kinder), daß zahlpflichtige Verantwortung von jeder Schuld frei sein kann. Hans Jonas, 1979

▶ *Inwiefern kann auch die außermenschliche Natur nach Jonas einen moralischen Anspruch an uns haben? Gibt es Zwecke an sich selbst über den Menschen hinaus (vgl. S. 96/97; 100–103)?*

Verantwortung für etwas Zu-Tuendes

Nun gibt es aber noch einen ganz andern Begriff von Verantwortung, der nicht die »ex-post-facto«-Rechnung für das Getane, sondern die Determinierung des Zu-Tuenden betrifft, gemäß dem ich mich also verantwortlich fühle nicht primär für mein Verhalten und seine Folgen, sondern für die Sache, die auf mein Handeln Anspruch erhebt. Diese Art Verantwortung und Verantwortungsgefühl, nicht die formal-leere »Verantwortlichkeit« jedes Täters für seine Tat, meinen wir, wenn wir von der heute fälligen Ethik der Zukunftsverantwortung sprechen. Und sie müssen wir mit dem bewegenden Prinzip früherer Moralsysteme und ihrer Theorien vergleichen. Wir kommen diesem substantiellen, zweckverpflichteten Begriff der Verantwortung empirisch am besten näher, wenn wir fragen, ... was mit »unverantwortlichem Handeln« gemeint sein kann. Hans Jonas, 1979

Ein neuer Imperativ für die Zukunft

Kants Imperativ ist zu erweitern
Kants kategorischer Imperativ sagte: »Handle so, daß du auch wollen kannst, daß deine Maxime allgemeines Gesetz werde.« Das hier angerufene »kann« ist das der Vernunft und ihrer Einstimmung mit sich selbst: Die Existenz einer Gesellschaft menschlicher Akteure (handelnder Vemunftwesen) vorausgesetzt, muß die Handlung so sein, daß sie sich ohne Selbstwiderspruch als allgemeine Übung dieser Gemeinschaft vorstellen läßt ... Es liegt aber kein Selbstwiderspruch in der Vorstellung, dass die Menschheit einmal aufhöre zu existieren, und somit auch kein Selbstwiderspruch in der Vorstellung, daß das Glück gegenwärtiger und nächstfolgender Generationen mit dem Unglück oder gar der Nichtexistenz späterer Generationen erkauft wird – so wenig, wie schließlich im Umgekehrten, daß die Existenz und das Glück späterer Generationen mit dem Unglück und teilweise sogar der Vertilgung gegenwärtiger erkauft wird. Das Opfer der Zukunft für die Gegenwart ist logisch nicht angreifbarer als das Opfer der Gegenwart für die Zukunft. Der Unterschied ist nur, daß im einen Fall die Reihe weitergeht, im anderen nicht.
Ein Imperativ, der auf den neuen Typ menschlichen Handelns paßt und an den neuen Typ von Handlungssubjekt gerichtet ist, würde etwa so lauten: »Handle so, daß die Wirkungen deiner Handlung verträglich sind mit der Permanenz echten menschlichen Lebens auf Erden«; oder negativ ausgedrückt: »Handle so, daß die Wirkungen deiner Handlung nicht zerstörerisch sind für die künftige Möglichkeit solchen Lebens«; oder einfach: »Gefährde nicht die Bedingungen für den indefiniten Fortbestand der Menschheit auf Erden«; oder, wieder positiv gewendet: »Schließe in deine gegenwärtige Wahl die zukünftige Integrität des Menschen als Mit-Gegenstand deines Wollens ein.« Es ist ohne weiteres ersichtlich, daß kein rationaler Widerspruch in der Verletzung dieser Art von Imperativ involviert ist. Ich kann das gegenwärtige Gut unter Aufopferung des zukünftigen Guts wollen. Ich kann, so wie mein eigenes Ende, auch das Ende der Menschheit wollen. Ich kann, ohne in Widerspruch mit mir selbst zu geraten, wie für mich so auch für die Menschheit ein kurzes Feuerwerk äußerster Selbsterfüllung der Langeweile endloser Fortsetzung im Mittelmaß vorziehen. Aber der neue Imperativ sagt eben, daß wir zwar unser eigenes Leben, aber nicht das der Menschheit wagen dürfen; ... Warum wir dieses Recht nicht haben, warum wir im Gegenteil eine Verpflichtung gegenüber dem haben, was noch gar nicht ist und »an sich« auch nicht zu sein braucht, jedenfalls als nicht existent keinen Anspruch auf Existenz hat, ist theoretisch gar nicht leicht und vielleicht ohne Religion überhaupt nicht zu begründen. Unser Imperativ nimmt es zunächst ohne Begründung als Axiom.

Hans Jonas, 1979

▶ *Welche Vorzüge führt Jonas für die Erweiterung von Kants Imperativ an? Wie begründet er ihre Geltung?*
▶ *Inwiefern ist Jonas Denkansatz aktuell (vgl. S. 100/01; 106/07; 114/15)?*

Kein Vabanquespiel
Es besteht ... eine unbedingte Pflicht der Menschheit zum Dasein, die nicht verwechselt werden darf mit der bedingten Pflicht jedes einzelnen zum Dasein. Über das indiviuelle Recht zum Selbstmord läßt sich reden, über das Recht der Menschheit zum Selbstmord nicht.

Hans Jonas, 1979

Prophetie
Eine neue Solidarität des Ganzen der Menschheit beginnt über uns zu dämmern. Eine gemeinsame Schuld verbindet uns, eine gemeinsame Verantwortung ruft uns auf. In dem blendenden Licht dieses neu sich öffnenden Horizonts verblassen Rassenkonflikte, und ihr Geschrei sollte verstummen. Ich weiß, es wird nicht verstummen, aber von nun an können wir es zum Schweigen bringen mit dem neuen Appell an diese Ehrfurcht gebietende Gemeinschaftlichkeit, die niemals zuvor offenbar gewesen war. ... Die jüngste Offenbarung ... ist der Aufschrei der stummen Dinge selbst und bedeutet, dass wir uns zusammentun müssen, um unsere die Schöpfung überwältigenden Kräfte in die Schranken zu weisen, damit wir nicht gemeinsam zugrunde gehen auf dem Ödland, das einst die Schöpfung war.

Hans Jonas

Die Diskursethik: Konsens trotz Interessenvielfalt?

Karl-Otto Apel und Jürgen Habermas entwickelten mit dem diskursethischen Modell Kants Denkansatz weiter (vgl. S. 244–255). Im Mittelpunkt steht für sie die Frage, wie ein Konsens trotz Interessenvielfalt möglich ist. Dieses Modell erhebt nicht den Anspruch, etwas völlig Neues zu lehren, sondern – wie Kant – auf ein Prinzip aufmerksam zu machen, das von Mitgliedern einer moralisch-sittlichen Kultur immer schon intuitiv anerkannt und ansatzweise bereits praktiziert wird. Faktisch debattieren wir über normative Fragen von der Steuererhöhung über die Rolle der Bundeswehr bis zur Quotenregelung für Frauen usw. Die Diskursethiker sind davon überzeugt, dass wir in diesen Debatten zu vernünftigen und akzeptablen Ergebnissen kommen können. Allerdings müssen wir uns an bestimmte Regeln halten. Ist dieses Modell tatsächlich praktikabel? Stimmen seine Voraussetzungen?

Der milde Zwang des besseren Arguments

Die Argumentationsregel

Die Argumentationsregel (Universalisierung) besagt, dass »die Folgen und Nebenwirkungen, die sich aus einer allgemeinen Befolgung der strittigen Norm für die Befriedigung der Interessen eines jeden Einzelnen voraussichtlich ergeben, von allen zwanglos akzeptiert werden können«.

Tomi Ungerer, »Im Griff der Verallgemeinerung«

Realer oder idealer Diskurs?

Die Diskursethik versteht sich vor allem als 1. universalistisch und 2. prozedural. Universalistisch ist sie, da »D« [das Moralprinzip] nicht nur die Moralvorstellungen vieler Bürger westlich-parlamentarischer Demokratien ausdrücken, sondern transkulturell gültig sein soll. Aber ist »D« gültig an sämtlichen Raum-Zeit-Stellen, sobald sich Personen darauf einlassen, eingelassen haben oder einlassen werden, normative Geltungsansprüche zu erheben und zu bestreiten? Dies wurde auch von Anhängern bezweifelt, da »D« unableitbar sei, wenn nicht eine Prämisse eingeführt würde, die dem Horizont der westlichen Moderne entstammt. Der Streit geht darum, ob wir als moderne bürgerliche Abendländer aufgrund kulturbedingter Vorurteile meinen, das Räsonieren über Normen habe bestimmte Implikationen, oder ob diese sich mit Mitteln der Logik so ableiten lassen, dass sie »eigentlich« auch für einen islamischen Fundamentalisten, einen serbischen Tschetnik, einen südamerikanischen Großgrundbesitzer, einen rassistischen Buren usw. einsichtig gemacht werden könnten, sobald man ohne aktuellen Handlungsdruck (gemäß der sokratischen Mäeutik) mit ihm darüber diskutierte. Die Prozeduralität besagt, dass Normen nur durch ein Verfahren gemeinsamer Willensbildung (praktischer Diskurs) als (un)gültig erwiesen werden können. Diskurse sind keine Verhandlungen, bei denen alle Beteiligten bei der Suche nach einem tragbaren Kompromiss von ihren unvereinbaren Interessen Abstriche zu machen bereit sind, sondern zielen ab auf eine einhellige oder einmütige Beipflichtung (Konsens). Diskursethik ist daher keine Ethik des fairen Kompromisses. Die Orientierung an Konsens hat ihr den Spott eingetragen, als »sprachtrunkener Rousseauismus« dem alten Traum vom »gemeinsamen Willen« nachzuhängen.

Nach: Konrad Ott, 1994

► Erläutern Sie »D«. Wodurch unterscheiden sie sich von Kants kategorischem Imperativ?

► Die Diskursethik ist »universalistisch« und »prozedural«. Erläutern Sie dies und die Ott'sche Kritik daran.

► Bestimmen Sie den Stellenwert des Konsensbegriffs in der Diskursethik.

Streit »Kämpfe an der Grenze von Nachbar Zorngibel« © Disney

Schritte einer diskursethischen Diskussion

- verbindliche Übereinkunft (Konsens);
- argumentative Erarbeitung von Einsicht und Akzeptanz bei allen Beteiligten;
- Suche nach Lösungen, denen alle zustimmen können;
- wechselseitige Anerkennung der Gleichheit und Freiheit aller Beteiligten;
- offene und ehrliche Äußerung der eigenen Bedürfnisse, Wünsche und Interessen;
- Einbeziehung aller vertretenen Positionen und betroffenen Personen in den Diskurs.

Diskursregeln

(1) Jeder Sprecher/jede Specherin, der/die ein Prädikat F auf einen Gegenstand A anwendet, muss bereit sein, F auf jeden anderen Gegenstand, der A in allen relevanten Hinsichten gleicht, anzuwenden.
(2) Jedes sprach- und handlungsfähige Subjekt darf an Diskursen teilnehmen.
(3) Jede/r darf jede Behauptung problematisieren.
(4) Jede/r darf jede Behauptung in den Diskurs einführen.
(5) Jede/r darf seine Einstellungen, Wünsche und Bedürfnisse äußern.
(6) Kein/e Sprecher/in darf durch innerhalb oder außerhalb des Diskurses herrschenden Zwang daran gehindert werden, seine in (2) bis (5) festgelegten Regeln wahrzunehmen.

▶ *Überprüfen Sie die Diskurs-Regeln auf ihre Voraussetzungen und ihre Folgen. Stellen Sie fest, wann und wo solche Diskurse geführt werden können.*

Gilt eine universelle, alle verbindende Vernunft?

Wir und die anderen

Wir sind, was wir sind, durch unser Verhältnis zu anderen. Unser Ziel muß daher unvermeidlich ein gesellschaftliches sein, sowohl in bezug auf seinen Inhalt als auch in bezug auf die Form. Die Sozialität ist Ursache der Universalität ethischer Urteile und bildet die Grundlage der verbreiteten Behauptung, daß die Stimme aller die allgemeine Stimme sei; d. h. daß jeder, der die Situation vernünftig beurteilt, auch zustimmen kann. Moralische Normen stützen ihre Autorität auf den Umstand, daß sie ein Allgemeininteresse verkörpern und daß mit der Wahrung dieses Interesses die Einheit des Kollektivs auf dem Spiel steht.

Jürgen Habermas, 1997

Ein kritischer Einwand?

Nehmen wir an, ein Potentat sitzt im Kreise seiner Sklaven und gibt ihnen alle Rederechte, auch das Recht, ihre Einstellungen, Wünsche und Bedürfnisse zu äußern. Daraus kann überhaupt nichts folgen, und wenn der Potentat, nachdem alle sich geäußert haben, Normen festlegen will, so können diese auf die Wünsche seiner Untergebenen so weit Rücksicht nehmen oder auch nicht, wie er es eben will … Eines wird hier deutlich: Die diskursethische Argumentation ist zirkulär: Was unter Vernunft zu verstehen ist, wird in der Bestimmung der (idealen) Sprechsituation mit ihren Diskursregeln schon vorausgesetzt.

Nach: Ernst Tugendhat, 1993

▶ *»Die Sozialität ist Ursache der Universalität ethischer Urteile.« Diskutieren Sie die Richtigkeit dieser These von Habermas.*
▶ *Überprüfen Sie, ob und inwieweit der Einwand von Tugendhat die diskursethische Argumentation trifft.*
▶ *Erläutern Sie anhand von Habermas und Tugendhat die Tragfähigkeit des diskursethischen Modells.*

Der Kommunitarismus – Tugend im neuen Gewand?

Die Moral schwebt nicht im luftleeren Raum, sondern ist immer an eine spezifische Gesellschaft gebunden! – So könnte ein Credo des Kommunitarismus lauten, einer politischen Theorie, für die die Abhängigkeit des Individuums von der Gesellschaft zentral ist. Alasdair MacIntyre, ein bedeutender philosophischer Kommunitarier, kritisiert deshalb eine liberale Auffassung von Moral, die in unserer Kultur in der Nachfolge Kants und Rawls' ein hohes Ansehen habe. Er wendet sich vor allem gegen die Vorstellung, einen unparteiischen, moralischen Standpunkt einnehmen zu können, von dem aus neutral (impersonally) geurteilt werden könne. Welche grundlegenden Ideen verbinden Anhänger des Kommunitarismus damit, wenn sie hervorheben, dass eine Person niemals nur rational, von Interessen, Neigungen und ihrer sozialen Stellung unbeeinflusst (moralisch) urteilen kann?

Ohne Gemeinschaft keine Moral

Die Moralen verschiedener Gesellschaften mögen in dem Gebot übereinstimmen, dass ein Kind seine Eltern ehren sollte, doch was ehren heißt und, mehr noch, was ein Vater oder eine Mutter ist, wird zwischen verschiedenen sozialen Ordnungen stark variieren. So ist das, was ich als Leitfaden meiner Handlungen und als Standard ihrer Beurteilung lerne, niemals die Moral als solche, sondern stets eine sehr spezifische Moral einer sehr spezifischen gesellschaftlichen Ordnung. Daraus folgt, dass ich meine Rechtfertigung für die Befolgung dieser moralischen Regeln in meiner bestimmten Gemeinschaft finde; ohne das Leben dieser Gemeinschaft hätte ich keinen Grund, moralisch zu sein. Aber dies ist nicht alles. Die Regeln der Moral zu beachten, ist charakteristischerweise und allgemein eine schwierige Anforderung an menschliche Wesen. In der Tat, wäre dem nicht so, hätten wir die Moral nicht so nötig. Weil wir ständig Gefahr laufen, von unmittelbaren Wünschen geblendet zu werden, von unseren Verantwortlichkeiten abgelenkt oder rückfällig zu werden, und weil sogar die besten unter uns manchmal recht außergewöhnlichen Verführungen ausgesetzt sind, ist es für die Moral wichtig, dass ich nur ein moralisch Handelnder sein kann, weil wir moralisch Handelnde sind – dass ich die um mich herum zur Festigung meiner moralischen Stärken und zur Hilfe bei der Überwindung meiner moralischen Schwächen brauche. Im Allgemeinen werden Individuen nur in einer Gemeinschaft zur Moral fähig, werden durch sie in ihrer Moral gestützt und werden in der Weise zu moralisch Handelnden, in der andere Leute sie und das anerkennen, was man ihnen schuldet und auch was sie schulden, wie auch in der Weise, in der sie sich selbst anerkennen. Wenn es erstens der Fall ist, dass ich die Regeln der Moral nur in der Version aufnehmen kann, wie sie in einer bestimmten Gemeinschaft verkörpert sind; und wenn es zweitens der Fall ist, dass die Moral in Begriffen bestimmter Güter gerechtfertigt werden muss, die innerhalb des Lebens bestimmter Gemeinschaften genossen werden können; und wenn es drittens so ist, dass ich typischerweise nur durch die besonderen Arten moralischer Unterstützung, die mir meine Gemeinschaft gewährt, zum moralisch Handelnden werde und als solcher erhalten werde, dann ist es klar, dass ich ohne diese Gemeinschaft kaum als moralisch Handelnder gedeihen kann. Daher kann mein Eintreten für diese Gemeinschaft und das, was sie von mir verlangt – sogar bis zu dem Punkt, an dem mein Leben gefordert ist, um das ihre zu erhalten –, nicht sinnvollerweise mit dem verglichen oder dem gegenübergestellt werden, was die Moral von mir verlangt. Meiner Gemeinschaft beraubt, laufe ich Gefahr, alle wirklichen Maßstäbe des Urteilens zu verlieren. Dieser Auffassung zufolge ist die Loyalität zu dieser Gemeinschaft, zur Hierarchie besonderer Verwandtschaft, zu einer besonderen lokalen und besonderen natürlichen Gemeinschaft, eine Bedingung der Moral. Alasdair MacIntyre, 1993

Ausverkauf der Werte?

▶ *Nach MacIntyres Grundgedanken sind Ihre Moralvorstellungen Reflex der Gemeinschaft(en), in der/denen Sie leben. Können Sie das bestätigen? Übertragen Sie seine Idee auf die moderne Gesellschaft.*

▶ *Vergleichen Sie MacIntyres Grundsätze mit der Ethik Kants (vgl. S. 244–255).*

Durch Tugend Einheit mit sich selbst!

Tugend anders definieren?

Die Frage lautet: Ist es rational zu rechtfertigen, jedes menschliche Leben als Einheit zu begreifen, so daß wir versuchen können, jedes menschliche Leben als im Besitz seines Gutes zu spezifizieren, und wir die Funktion der Tugenden dahingehend verstehen können, daß sie den einzelnen in die Lage versetzen, aus seinem Leben eher eine Art von Einheit als etwas anderes zu machen?

Alasdiar MacIntyre, 1995

Moralische Identität finden

... die Geschichte meines Lebens ist stets eingebettet in die Geschichte jener Gemeinschaften, von denen ich meine Identität herleite. Ich wurde mit Vergangenheit geboren; und der Versuch, mich auf individualistische Art von dieser Vergangenheit abzunabeln, bedeutet die Deformierung meiner gegenwärtigen Beziehungen. Der Besitz einer historischen Identität und der Besitz einer sozialen Identität fallen zusammen. Man beachte, daß ein Aufstand gegen meine Identität immer eine Möglichkeit ist, sie auszudrücken. Man beachte auch, daß aus der Tatsache, daß das Selbst seine moralische Identität in seiner und durch seine Zugehörigkeit zu Gemeinschaften wie der Familie, der Nachbarschaft, der Stadt und dem Stamm finden muß, nicht folgt, daß das Selbst die moralischen Beschränkungen der Besonderheit jener Gemeinschaftsformen anerkennen muß. Ohne diese moralischen Besonderheiten dort zu beginnen hieße, nie irgendwo zu beginnen; aber in der von solchen Besonderheiten ausgehenden Vorwärtsbewegung liegt die Suche nach dem Guten, nach dem Universellen. ... Ich bin daher zu wesentlichen Teilen das, was ich erbe, eine spezifische Vergangenheit, die in gewissem Umfang in meiner Gegenwart gegenwärtig ist. Ich sehe mich als Teil einer Geschichte, und das heißt ganz allgemein, als einer der Träger einer Tradition, ob mir das gefällt oder nicht, ob ich es erkenne oder nicht. Als ich den Begriff der Praxis beschrieb, war es wichtig anzumerken, daß jede Praxis immer Geschichten hat und daß das, was eine Praxis ist, zu jedem Zeitpunkt von einer Art des sie Verstehens abhängt, die oft über viele Generationen hinweg vermittelt worden ist. Soweit die Tugenden also die für eine Praxis erforderlichen Beziehungen aufrechterhalten, müssen sie Beziehungen sowohl zur Vergangenheit – und zur Zukunft – als auch in der Gegenwart aufrechterhalten.

Alasdair MacIntyre, 1995

Jean Dubuffet, Kein Wissen, keine Werte ohne Erinnerung: Memoration, 1979

Werte
sind die Vorstellungen, die in einer Gesellschaft allgemein (oder von vielen) als wünschenswert anerkannt sind und den Menschen Orientierung verleihen, z. B. Aufrichtigkeit, Gerechtigkeit, Treue.

Tugend
zeigt sich in der Fähigkeit, Werte umzusetzen bzw. sich den Werten entsprechend zu verhalten.

▶ *Erklären Sie, wie MacIntyre Tugend im konkreten Leben eines Menschen verortet.*
▶ *Übertragen Sie MacIntyres Idee von der Einheit des Selbst auf Ihre Person. Erzählen Sie »Ihre Geschichte« dazu.*
▶ *Stellen Sie Bedingungen zusammen, die eine Gesellschaft erfüllen muss, um dem Tugendideal von MacIntyre zu entsprechen. Ist Ihrer Meinung nach MacIntyres Philosophie als ethische Grundlage und politisches Programm für die gegenwärtige Situation geeignet?*

> Zur »Tugendethik bei Aristoteles« vgl. S. 216/17

Die Postmoderne: The Crazy Quilt oder Anything Goes

Nicht mehr die Bereitschaft zur Übernahme von fertigen Paketen des »richtigen Lebens«, sondern die Fähigkeit zum Aushandeln ist notwendig. Wenn es in unserer Alltagswelt keine unverrückbaren allgemein akzeptierten Normen mehr gibt, außer einigen Grundwerten, wenn wir keinen Knigge mehr haben, der uns für alle wichtigen Lebenslagen das angemessene Verhalten vorgeben kann, dann müssen wir Regeln, Normen, Ziele und Wege beständig neu aushandeln.

Heiner Keupp, 1996

Andy Warhol, Marilyn Monroe

Aus-ein-ander-fallen

Das Ganze des menschlichen Wesens, seine biologische, muskuläre, tierische Körperlichkeit ist in die mechanischen Prothesen übergegangen. Nicht einmal unser Gehirn ist in uns verblieben, sondern flottiert in den unzähligen Hertzschen Wellen und Vernetzungen, die uns umgeben.

Jean Baudrillard, 1993

Die Patchworkidentität oder: The Crazy Quilt

Die klassischen Patchworkmuster entsprechen dem klassischen Identitätsbegriff. Da sind geometrische Muster in einer sich wiederholenden Gleichförmigkeit geschaffen worden. Sie gewinnen eine Geschlossenheit in diesem Moment der durchstrukturierten Harmonie, in einem Gleichgewichtszustand von Form- und Farbelementen. Der »Crazy Quilt« hingegen lebt von seiner überraschenden, oft wilden Verknüpfung von Formen und Farben, zielt selten auf bekannte Symbole und Gegenstände. Gerade in dem Entwurf und der Durchführung eines solchen »Fleckerlteppichs« kann sich eine beeindruckende schöpferische Potenz ausdrücken. Wieder zurückübersetzt in identitätstheoretische Überlegungen lässt sich sagen, dass Identitätsbildung unter Bedingungen der Gegenwart etwas von diesem »Crazy Quilt« hat. Zu betrauern ist deshalb auch nicht der Verlust von Identität schlechthin, sondern allenfalls jenes Typus, der sich entsprechend dem klassischen Quilt über seine Geordnetheit und Voraussehbarkeit definiert. Wir haben es nicht mit »Zerfall« oder »Verlust der Mitte« zu tun, sondern eher mit einem Zugewinn kreativer Lebensmöglichkeiten, denn eine innere Kohärenz ist der Patchworkidentität keineswegs abhanden gekommen. Kohärenz entsteht nicht nur dann, wenn ich auf ein fixes Koordinatensystem von Normen und Sinnorientierungen zurückgreifen kann. Kohärenz ohne »Identitätszwang« ist ein kreativer Prozess von Selbstorganisation. Die Fähigkeit zur Kohärenz ist keine Persönlichkeitsdisposition, sondern entsteht aus der gelungenen Verknüpfung einer Person mit anderen, aus den dadurch möglichen Solidaritätspotentialen. Soziale Netzwerke sind Gelegenheitsstrukturen dazu, Potentiale, die zu realisierten und vertrauensvollen Beziehungen werden können. Das wiederum erfordert Subjekte, die ihr Leben nicht als dauerhaften olympischen Wettbewerb begreifen und leben müssen, in dem andere nur als zu besiegende Konkurrenten wahrgenommen werden.

Heiner Keupp, 1996

▶ *Beschreiben Sie Lebensstile, die den Prozess von Auflösung und Neuorganisation widerspiegeln könnten. Beurteilen Sie diese Entwicklung. Welche Rolle spielen hierbei Werte und Moral (vgl. S. 54/55)?*

Der moderne Mensch bastelt

Wenn die Erfahrung der Welt zwangsläufig in ein pluralisiertes Bewußtsein mündet, dann wäre auch das Streben nach Eindeutigkeit eine verfehlte Festlegung, eine Fessel, der virtuosen Weltteilhabe hinderlich! Wer sich in wechselnden Sinnsystemen bewegen, sich unter divergenten Lebensaspekten bewähren muß, der darf sich nicht mit zuviel »Identität« belasten; d. h. er darf sich nicht festlegen, sondern muß beweglich bleiben, offen und anpassungsfähig. Deshalb mißtraut er der Gravitation der Ideen und Ideale, der Gedanken und Gefühle, der Tugenden und Theorien. Was hier mit leichter Feder als Selbstcharakterisierung des Zeitgeistes daherkommt, ist mit etwas größerem Theorieanspruch auch schon als Theorie der Bastel Mentalität vorgetragen worden. Sie sieht die modernen Menschen als Produzenten individueller Lebens-Collagen.

Heiner Keupp, 1996

Das Credo der Postmodernen: Vielfalt statt Moral!

Baudrillard: Heute habe ich keine Kriterien mehr dafür an der Hand, die mir das Nachdenken darüber ermöglichen, ob das, was die Leute tun, gut oder schlecht ist, die es mir also ermöglichen, ihnen unter Umständen zu verzeihen. Ich kann die Dinge nicht mehr in den Begriffen von Schuld betrachten. Um zu verzeihen, muss man über eine Legitimität verfügen. Man muss über ein Statut verfügen, ansonsten ist das Verzeihen eine Mitleid erheischende Voreingenommenheit, wie das Mitleid, das Mitgefühl, die Solidarität. Diese Werte existieren nicht, sie sind scheinheilig und anmaßend. Worauf beruft man sich, wenn man behauptet, mit jemandem solidarisch zu sein, ihm zu verzeihen, ihm zu helfen? Das ist hart, gegebenenfalls unmenschlich, aber es scheint mir den Gegebenheiten angemessener zu sein. Es gibt keine transzendente, kollektive Hinterwelt mehr; woraus sollte sich also eine Legitimität ableiten? Folglich kann ich niemandem mehr verzeihen. Hierfür gibt es keine moralische Instanz mehr.

Die Frage nach dem Verzeihen würde sich also nur dann stellen, wenn man die moralischen Werte mit Gewalt wieder einzuführen suchte?

Baudrillard: Genau das tut man, indem man überall versucht, sie sachte wieder einzuführen und zu rehabilitieren. Diese gelifteten moralischen Werte sind aber nichts anderes als ein Handlungsschema aus zweiter Hand … Ich versuche, dieses entscheidende Ereignis, den Verlust der Werte, zur Kenntnis zu nehmen. Anstatt diesen Verlust zu kompensieren, setze ich auf die Indifferenz. Das gilt auch für mein eigenes Leben: Die Leere ertragen, bis eine andere Form des Ereignisses auftaucht.

Können Sie dem Abendland verzeihen, dass es so weit heruntergekommen ist?

Baudrillard: Nein! Ich verzeihe ihm nicht. Wenn ich im Fernsehen einen unserer schwachsinnigen Politiker sehe, dann verzeihe ich es ihm nicht, so schwachsinnig, so feige zu sein, und vor allem verzeihe ich es ihm nicht, uns für Idioten zu halten, etwas X-Beliebiges zu erzählen, uns also für jemand X-Beliebigen zu halten, und selbst auch noch an all das zu glauben. Wie bereits Flaubert sagte, ist das einzige Unverzeihliche die Dummheit. Dummheit ist inakzeptabel. Wenn man nicht mehr an den Wert glaubt, bleibt vielleicht als einzige Strategie, den Wertepredigern ihre heimliche Gleichgültigkeit gegenüber dem Wert vorzuhalten. Den Wert gibt es, aber ich glaube nicht an ihn, ganz so wie es Andy Warhol in der Kunst oder die Agnostiker in ihrem Verhältnis zu Gott taten. Es ist unnötig, all dem etwas an Glauben hinzuzufügen. Ich spiele nicht das Spiel der falschen Differenz, dieser falschen Werte, aber Sie spielen damit, ohne daran zu glauben; wenn ich dazu beitragen kann, dass Sie verschwinden, dann werde ich es tun. Meine Form des Terrorismus ist die Indifferenz. In einem anderen gesellschaftlichen Kontext wäre ich Terrorist, hier aber bleibt nur der Diskurs.

Jean Baudrillard im Gespräch, 1993

Der französische Philosoph Lyotard *beschreibt die Moderne als Epoche der Meta-Erzählung, in denen zeitliche und räumliche Vorkommnisse unter bestimmten Leit- und Einheitsbegriffen geordnet werden (etwa im Idealismus oder Marxismus). Postmodern ist die Diagnose von der Fragwürdigkeit solcher Meta-Erzählungen, weil die Einheits- und Leitbegriffe der Moderne ihre bindende Funktion verloren haben. Postmodern ist ein Denken, das sich nach dem Verlust der alten Einheiten und Zentren einer sich auftuenden Vielfalt stellt, ohne zu versuchen, das Erschreckende, Zerstreute dieser Vielfalt wieder unter unangemessenen Einheits-Begriffen zu subsumieren. Solange die Auflösung der Ganzheit noch als Verlust erfahren wird, befinden wir uns in der Moderne. Erst wenn sich eine andere Wahrnehmung dieses Abschieds – eine positive – herausbildet, gehen wir in die Postmoderne über. Nicht das »anything goes«, sondern eine unabgeschlossene, offene Suchbewegung wäre der angemessene Ausdruck postmoderner Vergewisserung.*

Gerecht sei der Mann, fürsorglich das Weib?

Können Frauen überhaupt gerecht sein, wenn sie so gewohnt sind zu lieben? Friedrich Nietzsche

Ein Fall
Die Musik-Band der Schule hat eine gemeinsame Kasse, in der sie ihr bei gelegentlichen Auftritten erspieltes Geld sammelt, bis es zu einer kleinen Feier reicht. Bereits zum zweiten Mal wurde sie aufgebrochen, diesmal sogar von einem Jugendlichen, der selbst hin und wieder in der Band mitspielt.

▶ *Diskutieren Sie die Begründungskriterien. Wie hätten Sie entschieden? Ist das Meinungsbild in Ihrer Klasse geschlechtsspezifisch verteilt?*

Hart, aber gerecht
Vor dem Gesetz sind alle gleich! Beim ersten Diebstahl wurde der Täter, ein Unbekannter aus einem anderen Stadtteil, ohne weitere Diskussion bei der Polizei angezeigt. Gleiches muss deshalb auch hier geschehen! – Typisch männlich?

Die Sorge um den Täter
Über den gelegentlichen Mitspieler darf man nicht wie über einen Fremden urteilen! Jeder der Band habe ihm das Gefühl gegeben, nicht richtig dazuzugehören, zur Fete sei ihm nicht Bescheid gegeben, letztes Mal sogar die Schuld für einen verpatzten Auftritt gegeben worden. Der Diebstahl sei aus Rache geschehen und eigentlich aus dem Wunsch, dazuzugehören. Statt Polizei lieber eine Strafe, die ihn in die Gemeinschaft einbezieht: Schadensersatz und 8 Wochen Putzdienst im Gruppenraum. – Typisch weiblich?

Beziehung statt Gleichheit?

Die amerikanische Philosophin Carol Gilligan brachte die Diskussion um die oben geschilderten beiden Positionen – »gerecht« oder »fürsorglich« – in Gang. Männer und Frauen, so stellte sie 1977 in einer empirischen Untersuchung fest, urteilen typischerweise verschieden.

»Ich habe ein Recht auf meine Ansichten«, erklärt ein Teenager mit Bezug auf religiöse Differenzen mit seinen Eltern. »Dennoch respektiere ich ihre Sichtweise.« »Ich verstehe ihre Furcht vor meinen neuen religiösen Ideen«, meint eine andere zum gleichen Thema, »aber sie sollten mir wirklich zuhören und versuchen, mich zu verstehen.« Der erste Sprecher begreift das Problem als Frage der individuellen Rechte, die es überall, also aus prinzipieller Gerechtigkeit auch in Beziehungen zu respektieren gilt. Die Sprecherin hingegen rückt statt des Rechts, anderer Meinung sein zu dürfen, die Sorge ins Zentrum, sich zu verstehen. Die beiden Perspektiven bezeichnen verschiedene Möglichkeiten, die Grundelemente moralischen Urteilens zu organisieren: das Selbst, die Anderen und die Beziehungen zwischen ihnen. Mit dem Wechsel der Perspektive von Gerechtigkeit zu Fürsorge verändert sich die Dimension, in der Beziehungen organisiert werden, von Ungleichheit <> Gleichheit hin zu Bindung <> Trennung. Gedanken und Gefühle sowie die Sprache werden so reorganisiert, dass Worte für Aspekte von Beziehungen eine andere Bedeutung annehmen. Beziehungen vorrangig in Begriffen von Bindung zu entwerfen (statt in Begriffen von Gleichheit), verändert die Art und Weise, wie man das Miteinander von Menschen begreift. Es wird weniger Hierarchie oder prinzipielle Gleichheit als vielmehr Netzwerk und Zusammengehörigkeit hervorgehoben, und das Urteil ist darauf eingestellt, Bedürfnisse wahrzunehmen und auf sie zu reagieren. An die Stelle der Frage »Was ist gerecht?« tritt die Frage »Wie soll man reagieren?«

Nach: Carol Gilligan, 1987

Weiblichkeit: angeboren?
Inzwischen haben zahlreiche Untersuchungen auf psychoanalytischem, theologischem und kulturwissenschaftlichem Sektor dazu beigetragen, zu erkennen, dass menschliche Lebewesen nicht oder jedenfalls nicht ausschließlich von Natur aus männlich oder weiblich sind, sondern durch Erziehungs- und Sozialisationsprozesse zu Männern oder Frauen werden. Im angelsächsischen Sprachraum bezeichnen die Begriffe »sex« und »gender« den Unterschied zwischen angeborenem biologischem Geschlecht und den Geschlechterrollen, die traditionell festgelegt und für das Selbstverständnis als Mann oder als Frau nicht weniger prägend sind als die naturale körperliche Ausstattung.

Annemarie Piper, 1993

▶ *Nennen Sie Beispiele für »sex«- und »gender«-Merkmale und erklären Sie beide Begriffe.*

»Die Frau – ein anderer Maßstab für Moral?«

Nicht vom Geschlecht, sondern von der sozialen Situation hängt in erster Linie ab, welcher Typus von Argumenten mobilisiert wird. … Ehe man daran ginge, geschlechtsspezifische Ethiken zu konstruieren, müsste man demnach wohl erst einmal situationsspezifische Ethiken postulieren! Rainer Döbert, 1988

Typisch Frau?
In unserer Kultur übernehmen Frauen vorwiegend und zum Teil sogar ausschließlich sog. »diffuse« Rollen, während Männer vor allem in »spezifischen« Rollen agieren. Ilona Ostner hat diese Rollenunterschiede in ihrer Gegenüberstellung von Berufsarbeit und Hausarbeit herausgearbeitet: Berufsarbeit hat es mit der Erfüllung klar definierter Aufgaben ohne Rücksicht auf die Bedürfnisse der jeweiligen Personen zu tun; Hausarbeit hingegen erfordert die ständige Bereitschaft, jederzeit alle nur geäußerten Bedürfnisse konkreter, nahe stehender Personen zu befriedigen. Sollten Frauen also in der Tat, wie Gilligan behauptet, moralische Konflikte eher aus einer Fürsorglichkeits- als aus einer Gerechtigkeitsperspektive betrachten, so könnte dies Folge der Tatsache sein, dass sie fast ausschließlich in diffusen Rollen agieren.
Annemarie Piper, 1993

Selbst wenn es so sein sollte und beweisbar wäre, dass es genetisch bedingte Unterschiede in den psychischen Eigenschaften und Fähigkeiten von Männern und Frauen gibt, wäre es ein Fehlschluss, daraus ein »Sollen« bestimmter gesellschaftlicher Arbeitsteilungen zwischen den Geschlechtern abzuleiten. Aber auch wenn man keine Wesensunterschiede der psychischen Eigenschaften und Fähigkeiten der Geschlechter annimmt, folgt daraus keinerlei »Sollen«, denn dies wäre ebenfalls ein »naturalistischer Fehlschluss«! Johanna Hopfner, Hans-Walter Leonhard, 1996

Weibliche Fürsorglichkeit: angeboren oder anerzogen?

► *Ist damit die geschlechtsspezifische Verteilung bei Gilligan erklärlich, vielleicht sogar berechtigt?*

► *Vergleichen Sie die typischen weiblichen und männlichen Rollenbilder in unserer Gesellschaft. Welche Bedeutung hat zwischenmenschliche Beziehung in weiblich und in männlich dominierten Bereichen?*

► *Erläutern Sie den naturalistischen Fehlschluss (vgl. S. 16/17). Können Sie Beispiele dafür geben? Welche Aufgabe hätte Ihrer Meinung nach in diesem Zusammenhang philosophische Ethik?*

Das unvollendete Projekt der Aufklärung

Aufklärung und Erziehung

Schon Kant hatte das Selberdenken, Ziel der Aufklärung, ins Zentrum der Erziehung gerückt. Dieses Ideal hat seine politische Entsprechung in der Demokratie, verstanden als die Selbstgesetzgebung der Bürger. Das »unvollendete Projekt der Moderne« (Jürgen Habermas) ist auf mündige, autonome Bürger angewiesen.

Verhüllter Reichstag in Berlin, 1995

Begriffe wie »Aufklärung« und »Emanzipation« beziehen sich – seit dem Ende des 18. Jahrhunderts, als Kant vom »Ausgang des Menschen aus seiner selbstverschuldeten Unmündigkeit« sprach – auf Prozesse, in denen man an sich selbst erfährt, wie man sich ändert, wenn man lernt, sich unter formalen Gesichtspunkten vernünftig zu verhalten. Aufklärung ist ein Reflex der Selbsterfahrung im Verlauf von Lernprozessen. Emanzipation bedeutet so etwas wie Befreiung aus Befangenheiten, für die wir gleichsam selbst Verantwortung tragen. Emanzipation ist eine sehr spezielle Art von Selbsterfahrung, weil sich darin Selbstverständigungsprozesse mit einem Zugewinn von Autonomie verschränken. Wir erkennen, wer wir sind, indem wir gleichzeitig uns im Verhältnis zu anderen anders sehen lernen. Erneuerungen dieser Art reichen oft in die Adoleszenz zurück.

Jürgen Habermas, 1991

▶ *Inwiefern kann man für die eigenen Befangenheiten verantwortlich sein?*

▶ *Aufklärung und Emanzipation beschreibt Habermas als Lernprozess. Worin besteht dieser Prozess, und inwiefern hängt er mit dem Erwachsenwerden zusammen?*

Aufklärung findet nur statt, wo Menschen Lernprozesse durchmachen, die auf Autonomie und inneres Wachstum abzielen. Zwischen der persönlichen Reifung durch Selberdenken und den Hoffnungen auf eine bessere Zukunft der Menschheit gibt es daher einen inneren Zusammenhang: Demokratien können sich nur entwickeln, wenn möglichst vielen Menschen die Chance auf persönliches Wachstum und Entfaltung gewährt wird. Erziehung wird dann immer mehr zur Selbsterziehung; sie ist keine bloße Vorbereitung aufs Erwachsenwerden, sondern Teil einer bewussten Lebensführung.

Wenn ich mir einen Rest Utopie bewahrt habe, dann ist es allein die Vorstellung, dass Demokratie – und der offene Streit um ihre beste Form – den Gordischen Knoten der schier unlösbaren Probleme zerhauen kann. Ich sage nicht, dass uns das gelingen wird. Wir wissen nicht einmal, ob es uns gelingen könnte. Aber weil wir es nicht wissen, müssen wir es wenigstens versuchen. Jürgen Habermas, 1999

Ist Erziehung nur Vorbereitung auf den »Ernst des Lebens«?

Erziehung ist traditionellerweise als Vorbereitung gedacht worden: als das Erlernen, Erwerben gewisser Dinge, weil sie später einmal nützlich sein werden. Das Ziel ist fern und die Erziehung ist ein Sich-Vorbereiten, ist das Vorspiel für etwas Wichtigeres, das später einmal geschehen soll. ... (Diese Idee widerspricht der Auffassung,) dass Wachstum oder die kontinuierliche Neugestaltung der Erfahrung das einzige Ziel sei. Wenn ein Mensch zu jedem beliebigen Zeitpunkt immer noch im Prozess des Wachstums begriffen ist, dann ist Erziehung allenfalls nebenbei eine Vorbereitung auf etwas Späteres. Erziehung bedeutet, jeweils den Grad und die Art von Wachstum zu erhalten, die in der Gegenwart möglich sind. Dies ist eine konstante Funktion, unabhängig vom Alter. Das Beste, was über irgendeinen speziellen Erziehungsprozess gesagt werden kann, wie den der formellen Schulzeit, ist, dass er den, der ihn durchläuft, für weitere Erziehung empfänglich macht: feinfühliger gegenüber Wachstumsbedingungen und fähiger, sie zu nutzen. Erwerb von Fähigkeiten, Besitz von Wissen, Erlangung von Kultur sind keine Ziele: Sie sind Zeichen des Wachstums und Mittel zu seiner Fortdauer.

John Dewey

▶ *Arbeiten Sie den Kontrast zwischen Deweys Konzeption und der traditionellen Auffassung von Erziehung heraus.*

▶ *Diskutieren Sie in diesem Zusammenhang den Satz »Nicht für die Schule, sondern für das Leben lernen wir.«*

Emanzipation und Demokratie

Die moralische Bedeutung der Demokratie

Das Herz der Gesellschaftlichkeit des Menschen ist die Erziehung. Die Idee der Erziehung als Vorbereitung und des Erwachsenseins als einer unwandelbaren Schranke des Wachsens sind zwei Seiten derselben schädlichen Unwahrheit. ... Wir übertreiben die intellektuelle Abhängigkeit der Kindheit, sodass die Kinder viel zu sehr am Gängelband geführt werden, und dann übertreiben wir die Unabhängigkeit des Erwachsenenlebens von der Intimität der Kontakte und der Kommunikation mit anderen. Wenn die Identität des moralischen Prozesses mit den Prozessen des spezifischen Wachstums erkannt wird, wird die bewusstere ... Erziehung der Kindheit als das ... wirkungsvollste Mittel des sozialen Fortschritts ... erkannt werden, und es wird auch deutlich sein, dass der Prüfstein aller Institutionen des Erwachsenenlebens in ihrer Wirkung besteht, fortgesetzte Erziehung zu fördern. Regierung, Geschäft, Kunst, Religion, alle sozialen Institutionen haben einen Zweck. Dieser Zweck besteht darin, die Fähigkeiten der menschlichen Individuen freizusetzen und zu entwickeln, ohne Rücksicht auf Rasse, Geschlecht, Klasse oder ökonomischen Status. Und dies ist eins mit der Behauptung, dass der Prüfstein ihres Wertes in dem Ausmaß liegt, in dem sie jedes Individuum zur vollen Höhe seiner Möglichkeiten erziehen. Demokratie hat viele Bedeutungen, aber wenn sie eine moralische Bedeutung hat, dann findet sie sich in der Entscheidung, dass der Prüfstein aller politischen Institutionen und industriellen Einrichtungen in dem Beitrag bestehen soll, den sie zum allseitigen Wachstum jedes Mitglieds der Gesellschaft beisteuern.

John Dewey

John Dewey, 1859–1952, *amerikanischer Philosoph und Pädagoge. Dewey gründete in Chicago eine der ersten Laborschulen, wirkte bei der Reform des Erziehungswesens in vielen Ländern mit und gilt als einer der wichtigsten Theoretiker der Demokratie. Eines seiner Hauptwerke trägt den Titel »Demokratie und Erziehung«.*

▶ *Arbeiten Sie heraus, warum Dewey den traditionellen Gegensatz zwischen Kindheit/Jugend und Erwachsenenleben für unbefriedigend hält.*

▶ *Dewey behauptet einen inneren Zusammenhang zwischen dem Funktionieren einer Demokratie und dem persönlichen Wachstum ihrer Mitglieder. Finden Sie diese These überzeugend?*

Das Denken ändern?

Im Augenblick glauben die meisten Menschen, dass derjenige am erfolgreichsten ist, der ein greifbares Ziel vor Augen hat und versucht, dieses Ziel konsequent zu erreichen. In einer Welt, in der die Zukunft auf Grund ihrer prinzipiell offenen Gesetzlichkeit, aber auch praktisch durch chaotische Prozesse nicht festgelegt ist, greift diese Strategie nicht mehr, weil sich die Bedingungen ständig verändern. Wer in der Evolution des Lebens mit ihren verrutschenden Zielen letztendlich überleben will, muss die Fähigkeit zum Spielen haben. Er darf sich nicht auf ein festes Ziel konzentrieren, sondern muss die Möglichkeit schaffen, unerwarteten Herausforderungen erfolgreich begegnen zu können. Dies verlangt Lebendigkeit und die Vermehrung der Optionen statt der Maximierung einer Option. Es ist wie bei der Vorbereitung auf eine Olympiade, bei der erst am Vorabend der Spiele entschieden würde, in welcher Disziplin ein Sportler antreten soll. Darauf müssen sich die Sportler auf ganz andere Weise vorbereiten – und zwar so, wie dies mehr der Vorbereitung auf das wirkliche Leben entsprechen würde. Nicht seine physischen Stärken haben dem Menschen eine so erfolgreiche Entwicklung beschert, sondern seine enorme Flexibilität. Flexibilität wird hierbei durch eine große Vielfalt und eine konstruktive Kooperation des Verschiedenartigen erreicht. Dabei muss das gemeinsame Spiel ein Plussummenspiel sein, in dem der Vorteil des einen auch zum Vorteil des anderen gereichen kann. Wenn die Menschen mit dieser Offenheit und Flexibilität in die Zukunft gehen, dann werden sie mit einem zukunftsfähigen Lebensstil auch zufrieden und glücklich sein.

Hans-Peter Dürr, Physiker, 2000
erhielt 1987 den alternativen Nobelpreis

Perspektivwechsel

▶ *Plädiert Dürr mit seinem Denken für eine »Erziehung«, die mit Deweys Ansatz nicht zu vereinbaren ist, oder sehen Sie Berührungspunkte? An welcher Stelle geht Dürr über Dewey hinaus?*

Was meinen wir eigentlich, wenn wir von Religion reden?

Sich über Religion zu verständigen ist schwer. Das hängt damit zusammen, dass es verschiedene Auffassungen darüber gibt, was Religion im Kern ausmacht. Ob Religion befürwortet oder abgelehnt wird, hängt oft mit einem Bild zusammen, das ungeklärt im Hintergrund steht. Um nicht aneinander vorbeizureden, bietet sich eine Klärung des eigenen Standpunktes an: Stellt es eine Innen- oder eine Außensicht dar? Von welcher Religion spricht man? Ist es überhaupt gerechtfertigt, von einer Religion im Allgemeinen zu sprechen? Gibt es eine Definition, auf die man sich beziehen könnte?

Die Innensicht

Die Naturwissenschaft hat nirgends einen Gott entdeckt, die Erkenntniskritik beweist die Unmöglichkeit der Gotteserkenntnis, die Seele aber tritt hervor mit der Behauptung der Erfahrung Gottes. Gott ist eine seelische Tatsache von unmittelbarer Erfahrbarkeit. Wenn dem nicht so wäre, so wäre von Gott überhaupt nie die Rede gewesen. Die Tatsache ist in sich selbst gültig, ohne irgendwelcher nichtpsychologischer Nachweise zu bedürfen, und unzugänglich für jegliche Form nichtpsychologischer Kritik. Sie kann sogar die unmittelbarste und damit die allerrealste Erfahrung sein, die weder belächelt noch wegbewiesen werden kann. Carl Gustav Jung

Die Innensicht: Gott muss nicht »bewiesen« werden

Die Außensicht

Die Religionssoziologie [bietet] ... einen funktionalen Religionsbegriff an. Sie setzt dabei Vordergrund-Assoziationen voraus, jenes Vorhandensein von allerlei eigenartigen Phänomenen – Kulten, Lehrsystemen, Erlebnissen usw. – und fragt nach ihrer Funktion in einer gegebenen Gesellschaft. Die Leistung dieser funktionalen Bestimmung von Religion liegt auf der Hand: Sie ermöglicht, die Frage nach dem »Wesen« von Religion und gar nach ihrer Wahrheit zu suspendieren und dem Streit der Vertreter verschiedener Religionen untereinander und dem Streit zwischen ihnen und den Atheisten zu überlassen. Sie hält sich an das faktische Vorkommen von Religion in der vergangenen und gegenwärtigen Welt und fragt nach dem, was Religion für ihre Anhänger und für die Gesellschaft leistet, – nach den anthropologischen Motivationen, die in der Religion ihren Ausdruck finden, – nach der Bedeutung der Religionen für den Zusammenhalt, für die Sozial- und Kulturgestalt einer Gesellschaft, – nach ihrer Benützbarkeit für die Legitimation der gesellschaftlichen Ordnung, schließlich nach Dominanz und Schwund von Religion im gesellschaftlichen Leben. Helmut Gollwitzer, 1980

Adelheid Resch (Malakademie Köln), Kölner Dom

► *Beschreiben Sie Ihre Haltung zu Religion. Welche Sichtweise sagt Ihnen mehr zu: die Innen- oder Außensicht?*

► *Diskutieren Sie, ob mit einer »Außensicht« das Phänomen Religion gänzlich erhellt werden kann.*

Von welcher Religion sprechen wir?

Aus einem Religionslexikon

Religion im Islam (»din«) bezeichnet ein Schuldverhältnis, gekennzeichnet durch Vergeltung und Belohnung; Religion im Judentum (»dat«) steht für Gesetz; Religion im Hinduismus kann mit »dharma« wiedergegeben werden, was eine kosmische Ordnung bezeichnet und Religion im Buddhismus ist »dhamma« – die Lehre Buddhas. In der abendländischen Kultur geht der Begriff Religion auf das lateinische Wort »religio« zurück, dessen Bedeutung schon in der Spätantike umstritten war. Der christliche Schriftsteller Laktanz leitet das Wort von »religare« ab und deutet es als »Wiederverbindung des Menschen mit Gott«. Er widerspricht damit dem römischen Schriftsteller Cicero, der das Wort von »relegere« ableitet und es als »sorgfältige Verehrung der Götter« gedeutet hatte. Beiden Ableitungen ist gemeinsam, dass sie die Unterscheidung zwischen menschlicher und göttlicher Sphäre voraussetzen. Von daher ist verständlich, dass der Gottesglaube oft als Wesen der Religion überhaupt betrachtet wurde.

Ullrich Berner, 1995

Sieben Dimensionen von Religion

– Rituale (Praxis)
– Emotionen (Erfahrung)
– Mythologie (Erzählung)
– Philosophie (Lehrgebäude)
– Gesetzgebung (Ethik)
– Institutionen (Soziales)
– und die Darstellung in Kunst, Architektur bzw. »Heilige Orte«.

Nach: Ninian Smart, Religionswissenschaftler

▶ *Stellen Sie Ihre Assoziationen zum Begriff Religion zusammen. Inwiefern decken sich Ihre Begriffe mit dem, was verschiedene Religionen unter Religion verstehen?*

▶ *Klären Sie in diesem Zusammenhang den Vorteil von Smarts Dimensionen von Religion.*

▶ *Diskutieren Sie, welche Dimension für Sie heute den größten Stellenwert hat.*

▶ *Ordnen Sie den Bildern dieser Seite die Religionen zu, für die sie stehen.*

➢ *Einige Funktionen von Religion:*

- *Vorwissenschaftliche Weltauslegung (Materialisten des 19. Jh.); »Opium und Protestation« (Karl Marx); vgl. S. 368/69;*
- *Religion als erstes Selbstbewusstsein des Menschen (Ludwig Feuerbach); vgl. S. 362/63;*
- *Übereinstimmung des Sitten- mit dem Weltgesetz (Immanuel Kant); vgl. S. 245–255;*
- *Entlastung der Subjektivität durch Tradition und Institution (Arnold Gehlen); vgl. S. 32/33;*
- *Symbolische Sinngebung (Max Weber).*

Wie hältst du's mit der Religion?

***Gretchen:** Nun sag, wie hast du's mit der Religion?*
Du bist ein herzlich guter Mann,
Allein ich glaub, du hältst nicht viel davon.
***Faust:** Lass das, mein Kind! Du fühlst, ich bin dir gut;*
Für meine Lieben ließ ich Leib und Blut,
will niemand sein Gefühl und seine Kirche rauben.
***Gretchen:** Das ist nicht recht, man muss dran glauben!*
***Faust:** Muss man?*

▶ *Faust und Gretchen versetzt ins 21. Jahrhundert – vorstellbar oder unrealistisch?*

Religiöse »Ausbildung«?

Meine Frau wurde katholisch erzogen und ist heute abtrünnig, ich wurde methodistisch erzogen und bin heute abtrünnig. Ich versuche, die Kirche im Herzen zu behalten ... (und) ich versuche herauszufinden, was die Welt uns über das zu sagen hat, was über die Welt hinausgeht. Es macht mir zu schaffen, dass meine Kinder keine formelle religiöse Ausbildung haben, die sie verlassen können; denn wenn man eine religiöse Ausbildung hat und sie dann aufgibt, dann weiß man, was man aufgibt. Im Pantheon meiner Kinder sind Jesus, der Nikolaus und Ronald McDonald ungefähr in derselben Startposition.

Stephen King, Schriftsteller und Filmemacher

▶ *Teilen Sie Kings Meinung zum Stellenwert »formeller religiöser Ausbildung«?*

Religion ohne Zukunft?

Eine Zeitanalyse, welche die religiöse Dimension ausklammert, ist defizient. Denn Religion ist wie die Kunst oder das Recht ein universales Phänomen: »Erfüllung der ältesten, stärksten und dringendsten Wünsche der Menschheit« (Sigmund Freud). Ihr »illusionärer Charakter« ist (selbst nach Freud) keineswegs erwiesen, ihr zentraler Inhalt vielmehr Sache eines vernünftigen Vertrauens. Dieses allgemein-menschliche Phänomen jedoch aus Nachlässigkeit, Ignoranz oder Ressentiment in der Analyse zu vernachlässigen, hieße, einer wesentlichen Dimension des Menschenlebens und der Menschheitsgeschichte, ob man sie nun bejaht oder verneint, nicht gerecht zu werden ... Es ist die institutionalisierte Religion, es sind die christlichen Kirchen, die zumindest in Europa aufgrund selbst verschuldeter Erstarrung und Isolierung (katholische Kirche) oder Erschöpfung und Profillosigkeit (protestantische Kirche) in einer Krise stecken. Aber von einem Absterben der Religion generell kann bei der gegenwärtigen Diffusion von Religion und dem Bekehrungseifer fundamentalistischer oder alternativer Gemeinschaften keine Rede sein.

Hans Küng, katholischer Theologe, 1992

▶ *Die einen sprechen von Säkularisierung, andere von fundamentalistischen Tendenzen (vgl. S. 298/99). Schildern Sie Ihre bisherigen Berührungspunkte mit Religion.*
▶ *Diskutieren Sie mit Freud den »illusionären Charakter« von Religion (vgl. S. 44/45; 366/67).*

Viele Menschen werden sich ihrer Religion bewusster, wenn sie mit ihrem Glauben in der Minderheit sind und in einer ihr fremden Kultur leben. Insgesamt kann dann Religion an Bedeutung gewinnen. Denn religiöse Bindung, die gemeinsamen Gottesdienste und Feste, geben Halt in einer Umgebung, die Anpassung in allen anderen Lebensbereichen erfordert. Die Abkoppelung von gesellschaftlichen und religiösen Veränderungen im Herkunftsland kann auch zur Erstarrung religiöser Vorstellungen und dem Festhalten an einem überholten Traditionalismus führen. Die Zuwanderung in eine pluralistisch und individualistisch orientierte Gesellschaft wie der deutschen kann auch zum Bedeutungsverlust von Religion führen. Dieser Prozess findet häufig in den Folgegenerationen der Zugewanderten statt. Für Menschen aus sehr religiösen Familien kann Migration auch Befreiung vom Zwang zur Religiosität und daraus abgeleitetem Verhalten sein.

Kleines Lexikon der ethischen Minderheiten in Deutschland

Seid ihr … religiös?

Nataly: Meine Eltern sind … überhaupt nicht religiös, eher traditionell. Wir feiern die Feiertage wie Jom Kippur und das Laubhüttenfest, man trifft sich mit der ganzen Familie, es wird gegessen. Mein Opa besteht dann immer darauf, dass wir beten.
Rafael: Ich halte relativ viele religiöse Vorschriften ein. Ich gehe Freitag und Samstag zur Synagoge, ich beachte die Speisegesetze. Aber es gibt sicher 500 Vorschriften, die ich übergehe. Religiös zu sein, bedeutet im Judentum etwas anderes als im Christentum. Bei uns ist das wie mit einer Leiter. Man kann nach oben steigen oder aber auf einer niederen Stufe verharren. Meine Religiosität habe ich auf den Nenner gebracht: Ich probiere, ein so guter Mensch zu sein, wie das geht, dann bin ich auch ein guter Jude.

Haben eure Mitschüler schon mal nach dem Schicksal eurer Familien in der Nazizeit gefragt?
Rafael: Es ist schon schwierig, jemandem zu sagen: Erzähl mal von deinen Großeltern. Und dann antwortet der: Die sind im KZ umgekommen, ich kann von denen nicht viel erzählen. Das ist eine ziemlich peinliche Situation.

Jüdische Schüler im Gespräch, 1994

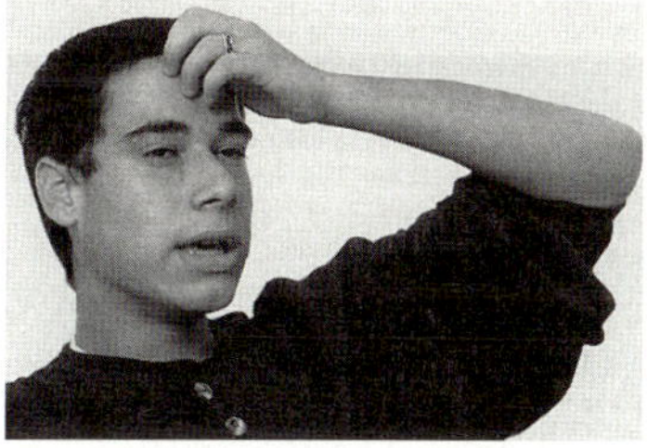

Die Islam-Phobie

Es gibt sie, und sie nimmt zu. Dagegen hilft nur Information. Etwa darüber, dass es den Islam eben nicht gibt. Und dass es in den Ländern, in denen im Namen Allahs Massaker geschehen, häufig nicht um Religion, sondern um ganz andere Dinge geht: um politische und wirtschaftliche Interessen.

Cem Özdemir, deutscher Politiker, 1998

Mehr- und Minderheiten

Katholiken und Protestanten bilden mit 40 % der deutschen Bevölkerung die größten Religionsgemeinschaften. 2,7 Millionen sind Muslime. Die Zahl religiöser Minderheiten lässt sich kaum erfassen, da sich jede Religionsgemeinschaft in zahlreiche Richtungen aufgliedert. Neben der katholischen und der protestantischen Kirche sind die jüdischen und die griechisch-orthodoxen Gemeinden anerkannte Körperschaften öffentlichen Rechts.

GG Artikel 4 (1–2)

(1) Die Freiheit des Glaubens, des Gewissens und die Freiheit des religiösen und weltanschaulichen Bekenntnisses sind unverletzlich.
(2) Die ungestörte Religionsausübung wird gewährleistet.

▶ *Ermitteln Sie, welche Glaubenshaltungen bzw. Religionen in Ihrem Kurs »vertreten« sind. Um welche anderen Erfahrungen mit Religion könnten Sie diese Buchseite also erweitern?*

▶ *Einigen Sie sich auf die drei wichtigsten Herausforderungen, vor denen heute Ihrer Meinung nach Religionen stehen.*

➤ *Zum »islamischen Religionsunterricht« vgl. S. 79*
➤ *Zum »Fundamentalismus« vgl. S. 298/99*

Religionen haben ihre eigene Sprache

Die Beurteilung von Religion aus einer Innen- oder Außenperspektive heißt nicht, dass sich beide Perspektiven notwendigerweise gegenseitig ausschließen müssen. So können beispielweise Theologen oder Religionswissenschaftler die Innen- wie auch die Außenperspektive von Religion einnehmen. Der Theologe Paul Tillich und der Religionswissenschaflter Wilfred C. Smith kommen auf unterschiedlichen Wegen zu ähnlichen Anschauungen darüber, was Religion im Kern ausmacht.

Wirklichkeit überschreiten

Zum menschlichen Leben gehört mehr, als das Auge wahrnimmt. Mehr für einen selbst, mehr für den eigenen Nachbarn, mehr für die uns umgebende Welt. Es ist mehr in der Vergangenheit, aus der wir kommen, und insbesondere, so scheint es, mehr im gegenwärtigen Augenblick, vielleicht sogar unendlich mehr. Da ist mehr in den Beziehungen, die uns als Personen zusammenhalten. Und je weiter wir sondieren, haben Menschen immer entdeckt, desto tiefer [ist] das Geheimnis oder die Bereicherung oder das Engagement. Es ist dieses »Mehr«, welches zumindest eine der Grundlagen menschlicher Religionen abgibt. Wir Menschen sind selten damit zufrieden gewesen »oberflächlich« zu sein und an der Oberfläche zu verbleiben, uns vorzustellen, dass die Wirklichkeit unser letztes Verständnis nicht überschreitet; und in unserer Geschichte auf unserem Planeten haben wir überwiegend unser Leben, sowohl das persönliche als auch das kulturelle, in Begriffen jener Überschreitung (Transzendenz) geordnet. Dennoch, wie kann man auf etwas verweisen, was man visuell nicht wahrnimmt? Wie sich auf einen Bereich jenseits allen Raumes sich beziehen? Wie sprechen oder denken über etwas, das nicht nur Worte übersteigt, sondern auch den Bereich des Geistes? Wie sogar etwas fühlen von dem, was man nicht berührt?

Die Kraft der Symbole

Unsere inhärente und charakteristische Fähigkeit, diese Dinge zu tun, findet ihren Ausdruck durch unsere spezielle Beziehung zu Symbolen. Diese haben sich über Jahrhunderte – manchmal mehr, manchmal weniger – als zugänglich einem solchen Unternehmen tauglich erwiesen, aber auf jeden Fall als unentbehrlich und allgegenwärtig. Es erweist sich, dass solche Symbole nicht nur die Kraft haben, unser ansonsten unvollkommenes Bewusstsein der Fülle dessen, was unter der Oberfläche liegt, auszudrücken, sondern auch zu bilden und zu kommunizieren und zu entlocken. Sie haben sowohl eine auslösende als auch eine gegenständliche Qualität und die Fähigkeit, die Emotionen und den unbewussten als auch den bewussten Geist zu organisieren, sodass wir in diese die tiefste Sichtweise unserer Humanität hineingeben können und von diesen eine Verbesserung der Persönlichkeit ableiten können. Ohne den Gebrauch von Symbolen, die religiösen Symbole inbegriffen, wären wir entschieden weniger human. Sehr unterschiedliche Arten von Dingen haben diesem Zweck gedient: ein Biber, der Himmel, ein zeremonieller Vorgang, Schweigen, erotische Liebe oder entsagender Asketismus, der Koran, eine historische Gestalt, Vernunft. Die Auswahl war bislang immens, verschiedene Gruppen haben – nicht immer erfolgreich – unterschiedliche Dinge ausgewählt, ihnen als Symbole zu dienen. Wie auch immer Symbole gebildet und dargelegt wurden, es wurde eine moralische Dimension des menschlichen Lebens entdeckt und beteuert. Wir sind uns nicht nur des Nützlichen und Nachteiligen bewusst geworden, sondern auch des Besseren und des Schlechteren und werden von irgendeiner Macht inspiriert, das Bessere anzustreben. Wir haben erkannt, dass einige Handlungen richtig sind, andere falsch und dass das zählt. Zu fast allen Zeiten an fast allen Orten ist die Ethik ein integraler Bestandteil des religiösen Gebäudes gewesen.

Wilfred C. Smith, Religionswissenschaftler, 1997

▶ *Für Smith gibt es einen direkten Zusammenhang zwischen Symbolen, Religion und Ethik. Erläutern Sie seinen Denkansatz anhand Ihnen bekannter symbolischer Handlungen.*

Transzendenz bedeutet Überschreitung der Grenzen des Diesseits. Dies versinnbildlicht jede Wallfahrt – wie hier im katholischen Pilgerzentrum von Lourdes am Fuße der Pyrenäen.

Eine Macht, die tief im Menschen wurzelt

Symbole als Ausdruck und Macht des Glaubens

Symbole wie Zeichen weisen auf etwas hin, was außerhalb ihrer selbst liegt. Das ist das Gemeinsame. Aber es besteht ein fundamentaler Unterschied zwischen beiden: Während Zeichen keinen Anteil haben an der Wirklichkeit und Mächtigkeit dessen, was sie bezeichnen, partizipieren Symbole an Sinn und Macht dessen, was sie bezeichnen. Wir haben gesagt: Das Symbol weist auf etwas hin, was außerhalb seiner selbst liegt. Hier stellt sich die Frage ein: Wieso haben wir das, was das Symbol repräsentiert, nicht direkt? Diese Frage führt uns zu der wichtigsten Funktion des Symbols: Das Symbol eröffnet uns Wirklichkeitsschichten, die sonst verborgen blieben und auf keine andere Weise sichtbar gemacht werden könnten als mit Hilfe von Symbolen. Jedes Symbol eröffnet eine Wirklichkeitsschicht, die der nichtsymbolischen Redeweise unzugänglich ist. Das kann aber nur geschehen, wenn auch die Schichten unserer Seele, unserer inneren Wirklichkeit geöffnet werden. So wirkt jedes Symbol in zwei Richtungen: Es öffnet tiefere Schichten der Wirklichkeit und der Seele. Das heißt aber letztlich, dass man Symbole nicht willkürlich erfinden kann – im Gegensatz zum Zeichen, das auswechselbar ist. Das führt weiter zu der Frage: Wie entstehen Symbole – und: Wie vergehen sie? Symbole werden – im Unterschied zum Zeichen – »geboren« und sie »sterben«. Das heißt, ist die Zeit reif, so entstehen sie; ist die Zeit über sie hinweggeschritten, so vergehen sie … Religiöse Symbole decken – wie auch alle anderen Symbole – eine verborgene Wirklichkeitsschicht auf, die der nichtsymbolischen Redeweise unzugänglich ist.

Nach: Paul Tillich, Theologe, 1952

▶ *Interpretieren Sie die Zeichnung. Sehen Sie einen Zusammenhang zu den Aussagen von Tillich?*

▶ *Erklären Sie anhand von zwei Motiven den Unterschied zwischen Symbol und Zeichen. Warum ist diese Unterscheidung wichtig?*

Dem Leben einen Sinn geben

Religiöse Symbole »haben« keine Bedeutung in sich selbst, sie fassen auf verschiedene Weise die Bedeutung von Welt und des menschlichen Lebens zusammen. In der jüngsten Geschichte des Westens ist die irrende Vorstellung aufgekommen, sich menschliches Leben grundsätzlich und natürlich als säkular vorzustellen und dass Religion ein hinzugefügtes Extra sei, hier und da dem standardisierten Humanem beigeheftet. Das erscheint nunmehr als falsch. Vielmehr haben die religiösen Systeme Menschsein auf unterschiedliche Weise ausgedrückt. Der Historiker kann nur berichten, dass es für uns Menschen charakteristisch ist, dem Leben eine Bedeutung zuzulegen und diese Bedeutung auf symbolische Weise zu formulieren, sei diese nun grotesk oder sublim.

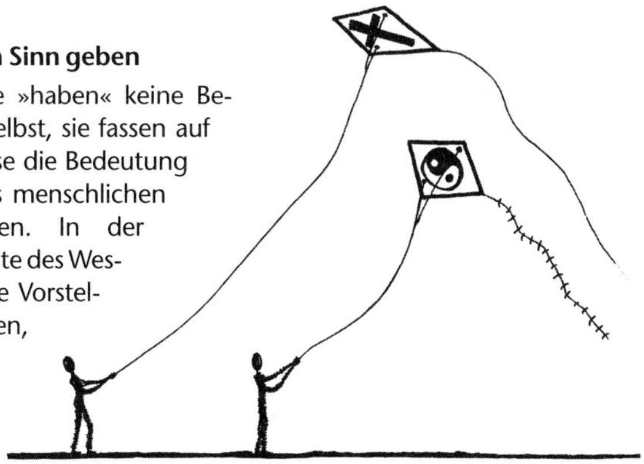

Wilfred C. Smith, Religionswissenschaftler, 1997

▶ *Nennen Sie Zeichen oder Symbole, die für Sie eine Rolle spielen. Diskutieren Sie kritisch die Kraft der Bindung dieser Symbole bzw. Zeichen.*

▶ *Kommentieren Sie dazu Smiths Ausführungen über religiöse Symbole.*

Wie kommt es zu religiösem Fundamentalismus?

Religion und Eros zählen zu den stärksten Kräften im Leben des Menschen. Aus der Religionsgeschichte kennen wir keine Gesellschaft, die auf Dauer die religiösen Bedürfnisse ihrer Mitglieder zu unterdrücken vermocht hätte. Das zeigt sich – wenn auch mit graduellen Unterschieden – in der Revitalisierung von Religion in jenen Staaten, die sich im letzten Jahrzehnt von der atheistisch-kommunistischen Ideologie abgekehrt haben und zu demokratischen Lebensformen übergegangen sind. Gegenwärtig sind nur 2,6 % der 6 Milliarden Menschen in die Rubrik Atheismus einzuordnen. Eine Gesellschaft ohne Religion lässt sich aufgrund bisheriger Erfahrungen für die Zukunft nicht annehmen.

Das Phänomen Religion: die Erfahrung einer »anderen Wirklichkeit«

Begegnung und Antwort

[Wir wissen, dass] ... in der Geisteswelt der Menschheit eigentümliche Erfahrungen von Wirklichkeiten bezeugt sind, die mit dem Begriff »heilig« benannt und dadurch von profaner Wirklichkeit unterschieden werden. Alle diese Phänomene nennen wir Religion; denn sie gehören in dem zusammen, was wir nach genauer Untersuchung all der verschiedenen Weisen der Erfahrung jener heiligen Wirklichkeit und der Reaktion auf sie abstrahierend als Begriff der Religion glauben feststellen zu können: Religion ist erlebnishafte Begegnung mit dem Heiligen und antwortendes Handeln des vom Heiligen bestimmten Menschen. Diese Definition, in der zwei in jeder Religion enthaltene Grundelemente, Begegnung mit dem Heiligen und Antwort des Menschen, unterschieden werden, scheint uns hinreichend weit, um die Mannigfaltigkeit aller geschichtlichen Religionen zu umfassen; denn diese Definition enthält mit Absicht für die beiden Grundelemente aller Religionen nur formale Strukturbezeichnungen für Beziehungen zum Heiligen, die in der geschichtlichen Wirklichkeit mit sehr verschiedenen Gehalten erfüllt sein können. »Begegnung mit dem Heiligen« kann, abgesehen davon, dass es sich bei dem begegnenden Heiligen um den Heiligen, um das Heilige und um die Heiligen handeln kann, in sehr verschiedener Weise erfolgen und an sehr verschiedenen Objekten. Begegnung mit dem Heiligen kann z.B. vorliegen als religiöse Erkenntnis, als Schau, als gläubige Erfahrung, als gehörtes Wort, als innerliche Erleuchtung usw. ... Die dem religiösen Menschen nächste und zu allen Zeiten nahe bleibende Objektsphäre, durch die hindurch numinose Wirklichkeit von ihm gewittert und erfahren wird, ist die Natur mit ihrer bunten Gestaltenfülle und ihren tief geheimnisvollen Vorgängen. Divinationsobjekte [Objekte, die als Vorzeichen gedeutet werden] sind weiterhin das Geschehen in der jeweils eigenen Volksgeschichte, schicksalhafte Ereignisse des eigenen persönlichen Lebens, Worte und Taten der großen Gottesmänner usw. Auf allen diesen Objektgebieten kann sich Begegnung mit dem Heiligen ereignen, und die Religionsgeschichte bezeugt, dass solche Begegnungen stattgefunden haben und Ausgangsbasis für Religionsbildungen geworden sind; denn auf diese wie immer geartete Begegnung folgt eine Antwort seitens der vom Heiligen bestimmten Menschen ... Unter antwortendem Handeln kann die ganze Fülle kultischer, magischer und ethischer Akte, ja auch die unendliche Vielfalt mythischer, begrifflicher und künstlerischer Ausdrucksbildungen verstanden werden.

Gustav Mensching, 1962

Auf Missionsveranstaltungen – wie hier in Deutschland 1993 – wird die Rückkehr zu den Fundamenten christlichen Glaubens gefordert.

▶ *Konkretisieren Sie an Beispielen »Begegnung mit dem Heiligen«, wie sie Mensching beschreibt (vgl. dazu Smith S. 296/297).*

▶ *Wenn es etwas gibt, worauf alle Religionen formal zurückführbar sind, warum ist dann oft der Dialog zwischen ihnen so schwierig (vgl. S. 332/333)?*

Wenn die »andere Wirklichkeit« absolut gesetzt wird

Religion in der Moderne: Die Mitte von Religion verlagert sich
Religiöse und soziale Gemeinschaft durchdringen und beeinflussen einander, was auch durchaus dazu führen kann, dass Religion für politische und wirtschaftliche Zwecke instrumentalisiert wird. Die Religionsgeschichte lehrt, dass keine Religion bislang davor gefeit war, dass Gläubige sich ihrer missbräuchlich bedienten. Denn aus soziologischer Sicht ist die religiöse Gemeinschaft wie andere Gemeinschaften oder Vereinigungen in die soziale Interaktion hineingestellt. Sie unterscheidet sich jedoch von den anderen durch ihre Überzeugung, einen Auftrag Gottes ausführen zu müssen oder entsprechend einer vorgegebenen, numinos bestimmten Ordnung die Welt gestalten zu müssen. Auf diese Weise erklärt sich, dass in der Geschichte Religion als Bestimmungsfaktor sozialer Identität auftreten konnte und religiöse Handlungsorientierungen mit Hilfe der staatlichen Ordnung durchgesetzt werden konnten. Die religiös begründete Ordnungsmetaphysik diente wiederum zur Legitimierung des Staates und seiner Herrschaftsstrukturen. Erst in der Moderne kam es zur Auflösung sakraler Bindungen und zur Befreiung des Individuums aus kollektivistischen Zwängen. Die von der Religion behauptete Eindeutigkeit von Wirklichkeit, die bis dahin nachhaltig die Kultur geprägt hatte, weicht heute einem mehr relativistischem Verständnis. Daraus folgt die kulturelle Freiheit des Indivduums, insofern Religion nur noch ein soziokulturelles Subsystem neben anderen ist, wie z. B. von Politik, Wirtschaft, Recht, Kunst, Erziehung u. a. m. H.-J. Loth

Religion [ist] nur geschichtlich wirklich … in einer Vielzahl von Religionen, in denen sowohl die Art der Begegnung mit dem Heiligen als auch die Antwort des Menschen auf diese Begegnung sehr verschieden sein kann. Gustav Mensching, 1962

Es ist ein oft begegnendes Missverständnis, wenn man Religion – oder Kirche in unserer Gesellschaft – als eine Institution ansieht, die irgendwo losgelöst zwischen Himmel und Erde existiert. H.-J. Loth

▶ *Nennen Sie die Gründe dafür, warum es so schwierig ist, Religion zu »definieren« (vgl. S. 292/93).*

Wie entsteht Fundamentalismus?
Das Wort Fundamentalismus selbst entstammt dem amerikanisch-protestantischen Milieu um die Jahrhundertwende, als bibeltreue Christen Front gegen Bibelkritik und darwinsche Evolutionstheorie bezogen. Ihnen ging es um die Rückkehr zu den Fundamenten christlichen Glaubens: die Unfehlbarkeit der Bibel und der christlichen Dogmen von der Jungfrauengeburt, die leibliche Himmelfahrt Christi und seine bevorstehende Wiederkunft. Nur mit unerschütterlicher Bibelfestigkeit könne man der sündigen Welt engegentreten! Durch die Verbindung mit dem politischen Konservatismus übt der protestantische Fundamentalismus in der Gegenwart einen nicht zu unterschätzenden Einfluss aus. Der Begriff des Fundamentalismus wird in der Gegenwart auch auf andere Religionen übertragen. So spricht man z. B. von einem Hindu-Fundamentalismus, der sich bisweilen gewalttätig gegen jene religiösen Gemeinschaften richtet, die sich nicht in die Hindu-Kultur einordnen lassen wollen. Zwischen den Fundamentalismen der verschiedenen Religionen bestehen keine Beziehungen, jeder hat seine eigene Geschichte. Auch wenn eine allgemeine Definition des Fundamentalismus unmöglich ist, dürfte doch allen gemeinsam sein, dass sie in einer Krisensituation entstanden, die aus der Begegnung mit der westlichen Moderne folgte, ihrem Rationalisierungsprozess und der damit verbundenen Auflösung alter sozialer und politischer Ordnung. Der Westen wird daher häufig zum bedrohlichen Anderen, dem gegenüber Grenzen gezogen werden müssen. Die eigenen traditionellen Ordnungsvorstellungen stellen ein Bollwerk dar. Quelle der eigenen Identität ist dann die eigene Religion, die in Verbindung mit konservativer Politik nicht nur nach religiöser, sondern auch kultureller, politischer, ökonomischer und auch sprachlicher Vorherrschaft strebt. Dabei kann auch der eigene Glaubensbruder ausgegrenzt und verfolgt werden, sofern er nicht die Überzeugung teilt, dass die eigenen Ordnungsvorstellungen die einzig gültigen sind. H.-J. Loth

▶ *Begründen Sie das Erstarken religiös begründeter fundamentalistischer Tendenzen aus der Geschichte.*

Fundamentalisten sind Feinde des Pluralismus! Gleichzeitig wird deutlich, dass trotz fortschreitender Globalisierung und weltumspannender Kommunikationstechnologie Religion und ethnischer Chauvinismus an Brisanz gewinnen. Die Fundamentalisten mögen zwar Gegner der Moderne sein, wissen aber die moderne Technologie sehr wohl für ihre Zwecke zu nutzen. H.-J. Loth

▶ *Informieren Sie sich über aktuelle Konflikte, in die religiöse Fundamentalisten verwickelt sind. Können Sie Loths Beobachtung bestätigen?*
▶ *Markieren Sie die Grenze zwischen Religion und Fundamentalismus .*
⊳ *Zur »darwinistischen Evolutionstheorie« vgl. S. 22/23*

Der Hinduismus – die Religion des ewigen Gesetzes

Der Hinduismus, eine der ältesten lebenden Religionen und mit etwa 780 Millionen Gläubigen auch eine der größten, entspricht nicht unseren herkömmlichen Vorstellungen: Es gibt keinen Stifter, keine kirchenähnliche Organisation, kein für alle Hindus verbindliches Lehrsystem und auch keinen Absolutheitsanspruch. Er ist das Ergebnis einer Assimilation verschiedener Traditionen, die bereits vor der Einwanderung der Indoeuropäer einsetzte. Letztere begründeten jedoch mit den Veden die Grundlage eines umfangreichen religiösen Schrifttums. Der Begriff »Hinduismus« wurde im 19. Jh. geprägt, die Selbstbezeichnung ist dagegen Sanātana Dharma, »Ewiges Gesetz«, dem alles Geschehen in der Welt unterliegt. So entsteht ein religiöses System von ungeheurer Vielfalt, das auf der Analyse der individuellen menschlichen Persönlichkeit beruht.

Hindu-Tempel, Neasden

Dimensionen des Yoga

Yoga als Disziplin

Wahrscheinlich ist die indische Spiritualität dem Westen durch Yoga vertraut geworden. Etymologisch ist das Wort abgeleitet von der Wurzel yuj = unterjochen, zusammenbinden, bereit machen, den Geist oder die Gedanken fixieren oder konzentrieren. In diesem Sinne bedeutet Yoga Unterjochung, Bindung, Vorbereitung, Konzentration. In den Yoga-Systemen bezeichnet das Wort die physische und geistige Disziplin, die die physische und geistige Energie und ihre Aktivitäten im Menschen auf eine solche Weise kontrolliert und harmonisiert, dass er befähigt ist, nach seiner geistigen Vollkommenheit zu streben. Die physische Übung wird Hatha-Yoga, die spirituelle Disziplin Rāja-Yoga genannt.

Alexander Thannippara, 1995

Drei Wege

Die drei Yoga-Wege … heißen: Karma-Yoga, der Weg des selbstlosen Handelns, Bhakti-Yoga, der Weg der hingebenden Liebe zu Gott, und Jñana-Yoga, der Weg der intuitiven, unmittelbaren Erkenntnis. Man kann diese drei Wege auch mit Denken, Fühlen und Handeln beschreiben. Jeder Yoga-Weg ist ein unabhängiger Weg zu Gott. Ist das Ziel erreicht, so scheinen alle Wege miteinander vereint zu sein. Die heilige Schrift der Hindus [hier die Gita] geht von einem Miteinander dieser Wege aus. Der nach Gott Suchende soll aktiv als auch meditativ sein und seine Liebe zu Gott entwickeln. Eine solche Synthese der Wege ist eigentlich das Ideal, das die Gita lehrt.

Ram Adhar Mall, 1997

Die Heiligen geben dem einen Wirklichen verschiedene Namen. Rigveda 1,164

Die Gita oder Bhagavadgita, »Der Gesang des Erhabenen« (wahrscheinlich aus dem 4. Jh. v. Chr) ist in diesem Jahrhundert zu ***der*** *heiligen Schrift des Hinduismus aufgestiegen und wird auch als die »Bibel Indiens« bezeichnet. Im Dialog mit Arjuna entwickelt der Mensch gewordene Gott Krishna die Wege zur Erlösung (Moksha). Er ist einerseits das Absolute, dem alle Manifestationen des Seins entstammen; er ist andererseits der persönliche Gott (Ishvara) und Vater.*

Die spirituelle Reise

Das Konzept des Yoga oder das des Mārga oder Weges steht also der Struktur nach im Zentrum des Hinduismus. Verstärken wir dies mit dem Bild des Reisens, ergeben sich viele andere Dimensionen …, die uns nun eher zugänglich sind. Z. B. ist in der Vorstellung des Hinduismus dieses Reisen nicht auf ein Leben beschränkt, sondern erstreckt sich über mehrere Leben, woraus sich die Vorstellung vom Samsāra [wörtlich »herumgehen«, »kreisen«] entwickelte, von dem kosmischen Prozeß, in dem Lebewesen sterben und wiedergeboren werden. Diese Lehre … beinhaltet auch die Beteiligung des Menschen am Prozeß des Samsāra. Der Mensch kann sich auf seiner Reise durch den Kosmos ziellos dahintreiben lassen oder bewußt das Ziel verfolgen, zu dem anderen Bereich hin durchzubrechen. Auf der Suche nach einem Prinzip, das die Erfahrungen erklärt, die einem auf der Reise begegnen, stößt man auf die Lehre vom Karma [»Tat«, »Handlung«]. Danach erzeugt jede Handlung genau die Konsequenz, die der moralischen Qualität der Handlung entspringt. Diese Konsequenz kann über mehrere Leben hinweg spürbar bleiben.

Arvind Sharma, 1997

Die Identität von ewiger Seele und dem Absoluten

Die Upanishaden gehen von der Überzeugung aus, dass es etwas innerhalb der menschlichen Seele [Ātman] gibt, das in seiner Unsterblichkeit und Ewigkeit an dem teilhat, was es auch in Brahman [bezeichnet als »Das«, nämlich das Eine, das Göttliche, das Absolute] gibt. Im Chāndoqya Upanishad lehrt Uddālaka seinen Sohn die Wahrheit des Lehrsatzes: Dieses »Das« bist Du.

Ram Adhar Mall, 1997

Die Heiligen Schriften der Hindus

Die Shruti

Die Shruti umfasst die vier Veden (abgeleitet von »veda«, Wissen). Übersetzt bedeutet shruti »das, was gehört wurde«; damit ist die Offenbarung eines Gottes an die Rishis (»Seher«) gemeint. Die Veden wurden vielleicht 1000 – 1. Jh. v. Chr. verfasst. Sie bestehen im Einzelnen aus:

- dem Rigveda, »das Wissen von den Preisliedern«;
- dem Yajurveda, »das Wissen von den Opfersprüchen«;
- dem Samaveda, »das Wissen von den Melodien«;
- dem Atharvaveda, »das Wissen von den Zaubersprüchen«.

Ein Hindu erläutert: »Die Veden ... umfassen eine riesige Literaturmasse ... Jeder einzelne der vier Veden lässt sich in vier Teile teilen: Samhitā oder Mantra (fromme Hymnen); Brāhmanas (die Texte der Priester ...) und die Upanishaden (esoterische philosophische Texte [von upanishad, »nahe sitzen«, zu Füßen eines Guru]). Die letzten und abschließenden Teile dieser Literatur werden auch Vedānta genannt (das Ende des Veda); sie bestehen aus den Upanishaden und werden allgemein in der Tradition als die Offenbarung schlechthin angesehen.« H-J. Loth

Das Akzeptieren der vedischen Autorität gilt als Kriterium der hinduistischen Orthodoxie! Arvind Sharma, 1997
Hindu, kanadischer Religionswissenschaftler

Die Smriti

Die Smirti heißt übersetzt »das, woran man sich erinnert«. Es sind autoritative geistliche Schriften, die menschlichen Verfassern zugeschrieben werden. Sie haben keinen verbindlichen Kanon und beinhalten u. a.:

- die Manusmriti, »die Gesetze des Manu« (vielleicht 4. Jh. v. Chr.);
- das Mahābhārata, »die Große [Erzählung] von dem Kampf der Nachkommen der Bhārata«, zwischen dem 2. und 7. Jh. kompiliert, berichtet von dem Krieg zwischen den Kaurava und Pāndava um die Herrschaft; das 6. Buch des Mahābhārata ist die Bhagavadgitā;
- das Rāmāyana, »Rāmas Lebenslauf«, wahrscheinlich aus dem 7. Jh. v. Chr.; es schildert die Geschichte der großen Liebe zwischen Rāma, einer Inkarnation des Gottes Vishnu, und Sitā;
- die Purānas, »Antike [Geschichten]«. H.-J. Loth

> *Zur «Wiedergeburtslehre« vgl. S. 311*

Obgleich es im Hinduismus eine unendliche Zahl von Göttern und lokalen Gottheiten gibt, hat sich schon in früher Zeit eine »Dreigestalt« (Trimurti) herausgebildet: Brahma, »der Schöpfer«; Vishnu, »der Alldurchdringende« und »Erhalter«; Shiva, »der Gütige, Freundliche« – ein vorarischer Gott, zuständig für Zerstörung, aber auch Neuschöpfung. In der Volksfrömmigkeit werden fast nur Vishnu und Shiva verehrt.

Von der leidvollen Existenz zu neuem Glück (Buddhismus)

Wohl kaum eine andere Weltreligion unterliegt im Westen so viel Missverständnissen wie der Buddhismus, der sich weniger als eine Religion, sondern eher als eine Daseinsanalyse versteht: Sehen, wie die Dinge in ihrem leidvollen und unbefriedigenden Charakter wirklich sind. Dieser »ärztlichen« Analyse des Heilers Buddha folgt ein Therapieangebot, das auf ein Verkleinern und schließlich Aufheben des Leids führt. Während wir immer wieder den historischen Buddha (etwa 560– 480 v. Chr.) in den Vordergrund stellen, steht für Buddhisten der Dhamma-Vinaya, die Lehre und die Disziplin des Buddha, im Mittelpunkt. Die Kenntnis des Dhamma-Vinaya zeigt, dass die Botschaft Buddhas keineswegs einfach ist!

Statuen des stehenden und

Einige ziehen es vor, die Lehre des Buddha als eine Religion zu bezeichnen, andere nennen sie eine Philosophie, noch andere halten sie für eine Religion und Philosophie. Aber es ist wohl korrekter, sie als einen »Way of Life« zu bezeichnen.

Buddhas Alter Pfad

Der Buddha, Gründer der großen Religion des Buddhismus, lebte im Norden Indiens vor mehr als 2500 Jahren und ist als Siddhartha bekannt (Sanskrit: Siddārtha, »einer, der seine Absicht erreicht hat«). Gotama (Sanskrit Gautama) war sein Familienname. Sein Vater Suddhodana regierte über das Gebiet der Sākyas in Kapilavatthu an der nepalischen Grenze. Mahāmāya, Prinzessin der Koliyas, war Suddhodanas Königin. An einem Vollmondtag im Mai … reiste Königin Mahāmāya mit Pomp von Kapilavatthu zu ihrem Elternhaus in Devadaha, um dem Brauch der Zeit folgend dort ihr Kind zu gebären … Auf halbem Wege zwischen beiden Städten brachte sie ihren Sohn im Lumbini-Hain, unter dem Schatten eines blühenden Sal-Baumes, zur Welt … Königin Mahāmāya, die Mutter, starb am siebten Tag nach der Geburt ihres Kindes und das Baby wurde von Pajāpati Gotami, der Schwester seiner Mutter, gestillt. Obgleich das Kind bis zum Mannesalter in einem raffinierten Milieu des materiellen Überflusses aufwuchs, unterließ der Vater es nicht, seinem Sohn jene Erziehung angedeihen zu lassen, die ein Prinz erhalten sollte. Er wurde in vielen Wissenszweigen ausgebildet und in den Kriegskünsten überflügelte er leicht alle anderen. Dennoch, seit Beginn seiner Kindheit hatte der Prinz sich ernsthafter Kontemplation hingegeben … Gemäß dem Brauch der Zeit wurde der Prinz im frühen Alter von 16 Jahren mit seiner Kusine Yasodharā verheiratet … Mit den Jahren und wachsender Reife begann der Prinz, den Kummer der Welt zu schauen. Wie die Bücher sagen, schaute er vier Erscheinungen: Die erste war die eines vom Alter geschwächten, äußerst hilflosen Mannes; die zweite war der Anblick eines nur aus Haut und Knochen bestehenden, sehr unglücklichen und schwachen, von irgendeiner Pest geschlagenen Mannes; die dritte war der Anblick einer Gruppe trauernder Angehöriger, die auf ihren Schultern den Leichnam eines geliebten Menschen zur Verbrennung trugen. Diese traurigen Zeichen bewegten ihn tief. Die vierte Erscheinung jedoch machte einen nachhaltigen Eindruck auf ihn. Er sah einen Einsiedler, ruhig und gefasst, abseits und unabhängig, und erfuhr, dass er jemand war, der sein Haus verlassen hatte, um ein Leben der Reinheit zu führen, die Wahrheit zu suchen und das Rätsel des Lebens zu lösen. Gedanken der Entsagung kamen dem Prinzen und er kehrte in tiefer Kontemplation heim. Das Herzklopfen einer gemarterten und leidenden Menschheit fand ein antwortendes Echo in seinem Herzen. Je mehr er in Berührung mit der Welt außerhalb seiner Palastwände kam, desto mehr war er überzeugt, dass es der Welt an wahrem Glücke fehlte … Es war Mitleid, das sein Herz nun in Richtung auf die Große Entsagung zubewegte und ihm die Türen des goldenen Käfigs seines Hauslebens öffnete. Es war Mitleid, das seinen Entschluss unerschütterlich machte, sogar bei dem letzten Abschiedsblick auf seine geliebte schlafende Frau mit ihrem Baby im Arm. Im Alter von 29 Jahren … verzichtete [der Prinz] mit übermenschlicher Willenskraft auf Frau, Kind, Vater und eine Krone, die ihm Macht und Ansehen versprach, und in der Verkleidung eines bedürftigen Asketen zog er sich in die Waldeinsamkeit zurück, um die ewigen Wahrheiten des Lebens zu suchen, auf der Suche nach der höchsten Sicherheit vor der Fesselung [ans Dasein] — dem Nibbāna. Das war die Große Entsagung.

Als er sich der edlen Aufgabe widmete, ein Heilmittel gegen des Lebens Universalübel zu entdecken, suchte er die Führung von zwei berühmten Weisen … Die Kompetenz ihres Wissens, der Umfang ihrer mystischen Erfahrung waren jedoch nicht in der Lage, ihm das zu verschaffen, was er ernsthaft suchte. Daher verließ er sie auf der Suche des noch Unbekannten. Auf seinen Wanderungen

Das Nibbana oder »Erlöschen«

Die Erlösung des Menschen in einem Kosmos ohne Gott entstammt dem Wunsch, dem abermaligen Tod zu entkommen. Letztes Ziel ist das »Erlöschen« von Begehren, Hass und Verblendung als den Ursachen der Wiedergeburt im Kreislauf des Samsara. Die Transzendenz des Nibbana, das nicht mehr bedingt ist und daher nicht den Veränderungen im Seinsflux unterliegt, bezeichnet das Eingehen in eine andere Existenzweise: das Absolute oder die Realität im Sinne der Negation des Endlichen.

sterbenden Buddha, 12. Jh., Sri Lanka

Buddha verkündetete bei Benares 528 v. Chr. seine Lehre und verlieh seinen Jüngern die Mönchsordination: das Rad des Gesetzes (Dhamma) wurde ins Rollen gebracht, der Sangha gegründet und die Mission begonnen. In den folgenden Jahrhunderten verbreitete sich der Buddhismus von Indien über den größten Teil Asiens, von Afghanistan bis Japan einerseits und von Java bis in die südliche Mongolei und Teile von Südrussland andererseits. Heute ist der Buddhismus längst auch in Ländern des Westens wie z. B. Deutschland anzutreffen. Man unterscheidet heute drei große Traditionen:
- *Theravāda (»Lehre der Ordensältesten«) in Sri Lanka und Südostasien: ca. 100 Mio Gläubige;*
- *Mahāyāna (»Großes Fahrzeug«) in China, Korea, Japan, Vietnam: 500 Mio bis 1 Milliarde Anhänger;*
- *Vajrayāna (»Diamant-Fahrzeug«) oder tibetischer Buddhismus als eine Sonderform des Mahāyāna: 10 bis 20 Mio Gläubige in Tibet, der Mongolei und Teilen von Nepal und Indien.*

erreichte er schließlich Uruvela am Fluss Nerañjarā bei Gaya … Fünf andere Asketen, die seine fortgesetzten Bemühungen bewunderten, dienten ihm … In Indien gab und gibt es noch unter vielen Asketen den Glauben, dass Reinigung und endgültige Befreiung vom Unheil über rigorose Selbstkasteiung erlangt werden kann, und der Asket Gotama entschied sich, die Wahrheit desselben zu testen. Und so begann er in Uruvela einen entschlossenen Kampf, seinen Körper zu unterwerfen … Er lebte von Blättern und Wurzeln, ständig die Nahrungsaufnahme verringernd, und trug Lumpen vom Abfallhaufen; er schlief neben Leichen und auf Dornenunterlagen. Die äußerste Knappheit der Nahrung ließ ihn zu einem physischen Wrack werden … Nachdem er sich auf diese Weise sechs lange Jahre abgemüht hatte, kam er dem Tode sehr nahe, sah sich aber seinem Ziel nicht näher … Sein Experiment der Erleuchtung war fehlgeschlagen. Aber keineswegs entmutigt, suchte sein immer noch aktiver Geist nach neuen Wegen zu dem angestrebten Ziel. Da geschah es, dass er sich des Friedens der Meditation in seiner Kindheit unter einem Rosenapfelbaum erinnerte und zuversichtlich fühlte: »Dies ist der Pfad zur Erleuchtung.« Aber er wusste, dass mit einem so äußerst geschwächten Körper wie dem seinen er diesen Weg nicht mit Aussicht auf Erfolg beschreiten konnte. Daher gab er die Selbstkasteiung und das extreme Fasten auf und nahm normale Nahrung zu sich … Nun verließen ihn die fünf Gefährten aus Enttäuschung, … [aber er] entschloss sich, … seine letzte Suche in völliger Einsamkeit zu vollziehen. Mit gekreuzten Beinen unter einem Baum, der später als Bodhi-Baum, der »Baum der Erleuchtung« oder »Baum der Weisheit« am Ufer des Flusses Nerañjarā, bei Gayja … [bekannt wurde] unternahm er die letzte Anstrengung … So erlangte Bodhisatta Gotama wiederum an einem Vollmond des Mai, im Alter von 35 Jahren, die letzte Erleuchtung, indem er die Vier Edlen Wahrheiten, die Ewigen Wahrheiten, in ihrem ganzen Umfang erkannte und zum Buddha wurde, zum großen Heiler und vollkommenen Meister-Arzt …, der alle Krankheiten der Wesen heilen kann. Eine Woche lang saß der Buddha, unmittelbar nach der Erleuchtung, am Fuße des Bodhi-Baumes, das Glück der Befreiung erfahrend. Dann dachte über er die Bedingte Enstehung oder die kausale Genese … nach. Der Gesegnete Eine verbrachte danach sechs weitere Wochen in Einsamkeit an sechs verschiedenen Orten in der Nähe des Bodhi-Baumes. Am Ende von sieben Wochen entschied er sich, den Dhamma – seine Entdeckung des Alten Pfades – … seinen früheren Freunden, den fünf Asketen, zu erklären.

Piyadassi Thera, 1974

Wie in der Mystik allgemein vermag der Weise das Absolute zu Lebzeiten zu erkennen. Aber um diesen Pfad zu begehen, bedarf es auch der Hingabe und des Vertrauens, nämlich dass Buddha diesen Weg gegangen ist und das Nibbana kein Trugbild ist. Im ***täglichen Glaubensbekenntnis der »Dreifachen Zuflucht«*** *heißt es daher:*
Ich nehme meine Zuflucht zum Buddha (= Lehrer).
Ich nehme meine Zuflucht zum Dhamma (= Lehre).
Ich nehme meine Zuflucht zum Sangha (= Jüngerschar).

Bodhi wird meistens mit Erleuchtung übersetzt, bezeichnet jedoch eigentlich das Stadium des »Erwachens« – ist daher ein Erkenntnisakt aus eigener Kraft.

> Zu »Buddhas Abschiedsworten« als Inbegriff buddhistischer Lehre vgl. S. 322/23

Die prophetischen Religionen Judentum und Islam

Das Judentum, die »Mutter« von Christentum und Islam, umfasst neben religiösen Lehren und Wertvorstellungen auch die soziale Ordnung und Kultur des »Volkes Israel«. Seinen Ursprung führt das Judentum auf Abraham zurück, der nach Genesis [1. Mose] 18,19 als Erster den monotheistischen Gott JHWH verehrt hat. Das Selbstverständnis führt über die Patriarchen, den Auszug unter Führung Moses aus Ägypten, die Gabe der Tora sowie den Bundesschluss am Sinai zur Eroberung des verheißenen Landes Kanaan. Die Diaspora (Zerstreuung) begann nach der Zerstörung des Herodes-Tempels 70 n. Chr. und führte zu einer langen Geschichte von Duldung und Verfolgung – bis zum Holocaust oder hebräisch Shoah, »Katastrophe«, d. h. der Vernichtung von einem Drittel der Juden durch die NS-Diktatur (vgl. S. 270/71; 385). Mit Gründung des Staates Israel 1948 begann ein neuer Abschnitt jüdischen Lebens.

Das Judentum: Religion und Sittlichkeit bilden eine Einheit

Höre, Israel, der Ewige, unser Gott, der Ewige ist einzig! Gelobt sei der Name der Herrlichkeit seines Reiches immer und ewig.

Jüdisches Glaubensbekenntnis (Auszug)

Ihr sollt mir sein ein Königreich von Priestern und ein heiliges Volk.

Exodus [2. Mose] 19,6

Nach jüdischer Lehre hat Mose am Sinai neben der schriftlichen Tora auch eine mündliche Tora erhalten. Diese wurde um 200 n.Chr. als Mischna (Wiederholung) kodifiziert, dann weiter diskutiert und zusammen mit den Diskussionen zum Talmud (Lehre) zusammengefasst. Nach Leo Trepp sind »die Tora oder die Fünf Bücher Moses … die Hauptquelle jüdischen Rechts und jüdischer Ethik und Wegweiser für Denken und Lebenswandel und die Beziehungen zwischen Mensch und Gott und Mensch und Mensch. Darum wird die Tora dem Volk regelmäßig abschnittsweise im Lauf des Jahres … vorgelesen …«

Eckpunkte jüdischer Existenz

- Gott der Einzige und Eine, auf den der Glaube vertraut;
- das Volk Israel, das von Gott am Sinai zum Bundesschluss erwählt wurde;
- Moses, der Vater aller Propheten;
- die Tora (Lehre, Führung) als Gottesgabe und Grundlage der Halacha;
- der Messias aus dem Hause Davids, dessen Kommen erwartet wird;
- die Ethik, die nach traditioneller Auffassung aus der Halacha folgt und ihre praktische Umsetzung in dem Vollzug der 613 Mizwot (365 negative: »Tue dieses nicht« und 248 positive: »Tue dieses«) findet.

H. J. Loth

Opferung Isaaks, Mosaikfußboden, Beth-Alpha-Synagoge (Ausschnitt), 6. Jh.

Zwei Torot

Dieses Judentum [das von den postbiblischen Zeiten bis zum heutigen Tag vorherrschte] behauptet, bei der Offenbarung am Sinai habe Gott die Tora durch Schrift und Erinnerung übergeben. Daher gebe es de facto zwei Torot: eine geschriebene Tora und eine mündlich überlieferte Tora.

Jacob Neusner, 1997

Die Halacha

[von hebr. halakh, »gehen«] ist zu einer Bezeichnung jenes Aspektes von Judentum geworden, der das jüdische Gesetz als Ganzes betrifft: die Regeln und Vorschriften, mittels derer der Jude durch das Leben »geht«. Traditionelle Juden … haben immer in der Halacha das herausragendste Merkmal der jüdischen Religion gesehen.

Louis Jacobs, 1995

Was dir verhasst ist, tue nicht deinem Nächsten an: Das ist die ganze Tora! Der Rest ist Kommentar, geh und studiere!

Hillel, jüdischer Lehrer des 1. Jh.

Die Haggada

»Erzähltes«, bezeichnet das lehrhafte und erbauliche Schrifttum, das im Zusammenhang mit der biblischen Lehre entstand und Anekdoten, Legenden, Mythen, Parabeln, Wundergeschichten, Rätsel u. a. m. umfasst. In der Regel ist die Haggada didaktischer Natur: Haggada hat das Gesetz ethischer und Halacha hat die Ethik verbindlicher werden lassen.

H.-J. Loth

Die Mizwot

In der Tat konstituiert das vollendet ausgearbeitete System ritueller Vorschriften – nämlich die Mizwot [Singular Mizwa, »Gebot«] –, das uns in jeder Lebenssituation Führung und Leitung sein kann, die wirksamste Maschinerie unserer moralischen Kultur, Charaktererziehung und Selbsterziehung.

H. E. Blumenthal, 1997

Der Islam: Hingabe und Aussöhnung mit Gott

Der Koran ist die Lesung des Wortes Gottes

Auch in jenem Monat Ramadan, in dem Gott ihn ehren wollte, in jenem Jahre, in dem Er ihn sandte, zog Muhammad wieder mit seiner Familie nach dem Berg Hira, um sich in der Einsamkeit dem Gebet zu widmen. Und in jener Nacht, in der Gott ihn durch die Sendung auszeichnete und sich damit der Menschen erbarmte, kam Gabriel zu ihm. Als ich schlief, so erzählte der Prophet später, trat der Engel Gabriel zu mir mit einem Tuch wie aus Brokat, worauf etwas geschrieben stand, und sprach: »Lies!« – »Ich kann nicht lesen«, erwiderte ich. Da presste er das Tuch auf mich, sodass ich dachte, es wäre mein Tod … (Nach der 3. Aufforderung) … fragte ich aus Angst, er könnte es nochmals tun: »Was soll ich lesen?« – Da sprach er: »Lies im Namen deines Herrn, des Schöpfers, der den Menschen erschuf aus geronnenem Blut! Lies! Und der Edelmütigste ist dein Herr, Er, der das Schreibrohr zu brauchen lehrte, der die Menschen lehrte, was sie nicht wussten.« (Sure 96, 1–5) Ibn Ishaq, 1988

Muhammad,
570 n. Chr. in Mekka geboren, begann 610 die Botschaft von dem einen Gott, Allah, zu verkünden, was ihm die Feindschaft der Mekkaner einbrachte.
Am 17. September 622 (Jahr 1 der islamischen Zeitrechnung) emigrierte er nach Yathrib, die so zur »Stadt des Propheten« wurde: Medina. Der Prophet begründete dort die Umma (Gemeinde), die zu einer weltumspannenden Gemeinschaft mit 1,2 Milliarden Gläubigen geworden ist. Das altarabische Heiligtum der Ka'ba in Mekka wurde zum weltberühmten Wallfahrtszentrum.
Am 8. Juni 632 verstarb der Prophet, ohne seine Nachfolge geklärt zu haben.

»Essentials« des Islam

Das Wort Islam bedeutet »das sich Ergeben in Gottes Willen« oder auch »die Aussöhnung zum Frieden mit Gott«. Er umfasst die Bereiche I–III:

I Die gottesdienstlichen Verpflichtungen und die Scharia; die Scharia umfasst als Religionsgesetz das gesamte Gesetz des Gläubigen. Die gottesdienstlichen Verpflichtungen werden als die Fünf Säulen des Islam bezeichnet:
(1) das Glaubensbekenntnis: »Ich bezeuge, dass kein Gott da ist als Gott. Ich bezeuge, dass Muhammad der Gesandte Gottes ist« (die Schahada);
(2) das fünfmalige rituelle Pflichtgebet vormittags, mittags, nachmittags, vor Sonnenaufgang und nach Sonnenuntergang (die Salat);
(3) die regelmäßige soziale Pflichtabgabe (die Zakat);
(4) das Fasten im Monat Ramadan (der Saum);
(5) die Wallfahrt nach Mekka am 1. Tag nach dem Monat Ramadan (der Haddsch);

II Iman, »Glaube« an Gott und seine Einheit mit seiner Schöpfung, an Gottes Engel und die Auferstehung, an die geoffenbarten Bücher mit dem Koran als letztes Buch, an Gottes Propheten, unter denen Muhammad der letzte und endgültige Prophet ist, und der Glaube an die göttliche Vorsehung;

III Ihsan, »Tugend« (vgl. die islamischen »Zehn Gebote« in Sure 17, 1–10 und Sure 6, 151–153). H.-J. Loth

Allahu akbar: Gott ist größer [als alles in seiner Schöpfung]! Allahu akbar! Allahu akbar! Allahu akbar! Ich bezeuge, dass kein Gott da ist als Gott! Ich bezeuge, dass kein Gott da ist als Gott! Ich bezeuge, dass Muhammad der Gesandte Gottes ist! Ich bezeuge, dass Muhammad der Gesandte Gottes ist! Auf zum Gebet! Auf zum Gebet! Auf zum Heil! Auf zum Heil! Das Gebet ist besser als der Schlaf! Das Gebet ist besser als der Schlaf! Allahu akbar! Allahu akbar! Es ist kein Gott außer Gott!

Gebetsruf des Muezzin

Ich glaube mit vollkommenem Glauben, dass die Prophetie unseres Lehrers Mose, über ihm sei Friede, wahr ist; und dass er der Vater der Propheten vor ihm und nach ihm war.

7. Glaubensartikel des Maimonides

Die Sunna lehrt, was Glaube ist

Ein Mann kam … und sagte: »Was ist Glaube?« Der Prophet erwiderte: »Der Glaube (Iman) ist, dass du an Allah, an Seine Engel, an die Begegnung mit Ihm, an Seine Gesandten und an die Auferstehung glaubst.« Der Mann fragte weiter: »Was ist Islam?« Der Prophet sagte: »Islam ist, dass du Allah anbetest, Ihm nichts beigesellst, das Gebet verrichtest, die vorgeschriebene Zakat entrichtest und im Ramadan fastest.« Der Mann sagte: »Was ist Güte (Ihsan [auch ›Tugend‹])?« Der Prophet sagte: »Dass du Allah anbetest, als ob du Ihn sähst; denn, wenn du Ihn nicht siehst, so sieht Er dich doch.«

Abu-r-Rida' Muhammad Ibn Ahmad Ibn Rassoul, 1994

► *Informieren Sie sich im Glossar, welchen Stellenwert die Verpflichtung zum »Dschihad« als eine »sechste Säule« für den Islam hat (vgl. S. 334/35).*

➤ *Zur »Halacha« vgl. S. 324/25*

➤ *Zur »goldenen Regel« vgl. Matthäus 7, 12 (positive Formulierung) und S. 319 (Konfuzianismus)*

Jesus von Nazareth – der Christus der Kirche

Nach dem Zeugnis der Evangelien war Jesus der Sohn frommer Eltern mit Namen Josef und Maria aus Nazareth in Galiläa, das in dieser Zeit auch nichtjüdischen Einflüssen ausgesetzt war. Seine Geburt ist vermutlich vor dem Tode des Königs Herodes (37–4 v. Chr.) anzusetzen, sein Beruf wäre nach Markus 6,3 der eines Zimmermanns gewesen. Die Taufe durch Johannes den Täufer, seine zwei- oder dreijährige Tätigkeit als religiöser und rechtskundiger Lehrer sowie galiläischer Heiler sind als gesicherte Tatsachen anzusehen. Das gilt auch von seiner Kreuzigung durch die römische Besatzungsmacht – auch wenn es nicht sicher ist, ob diese im Jahre 30, 31 oder 33 n. Chr. erfolgte. Die historische Existenz Jesu und das Fortbestehen seiner Bewegung wird auch durch nicht-evangeliale Zeugnisse – durch den jüdischen Historiker Flavius Josephus (ca. 38–100), durch Belege aus römischen Geschichtswerken und rabbinischen Schriften – bestätigt. Die Gestalt Jesu oder arabisch Isa findet sich auch im Koran, wo er in Sure 61,6 als Prophet die Ankunft Muhammads ankündigt (vgl. S. 305).

Über den Versuch, Jesus zu deuten

Sandro Botticelli, Mystische Geburt Christi (Ausschnitt), 1501

Wie 1992 eine Umfrage des SPIEGELS verdeutlicht, entspricht das Bild der Deutschen kaum mehr dem, was die Kirchen seit zwei Jahrtausenden über Jesus lehren: Nur noch eine Minderheit glaubt daran, dass Jesus nach drei Tagen auferstanden ist, danach mit seinen Jüngern gegessen, getrunken und gesprochen hat und dann zu Gott zurückgekehrt ist. 51 % aller evangelischen Christen sehen in Jesus von Nazareth einen wie auch immer von Gott ausgezeichneten Menschen, der lediglich in seinen Werken weiterlebt.

▶ *Es gibt heute viele verschiedene Jesusbilder. Nennen Sie einige. Was finden Sie daran gut, was stört Sie daran?*

▶ *Erläutern Sie die Unterscheidung in Jesus und Christus. Warum ist nach Heiligenthal diese Unterscheidung problematisch?*

Deutungsversuche

Auch bei den Menschen, die der christlichen Religion wie auch immer noch verbunden sind, gibt es keinen Konsens, keine Klarheit darüber, an wen sie nun glauben sollen: An einen guten Menschen, der vor 2000 Jahren in Palästina lebte und ihnen Vorbild für ein gottgemäßes irdisches Leben sein kann, oder an den auferstandenen Sohn Gottes, der am Ende der Zeiten als Messias zurückkehrt, Gericht halten wird und durch dessen Opfertod am Kreuz man schon heute im Glauben sakramental die Vergebung der Sünden erlangen kann. Im Jahre 451 n. Chr. versuchten die Kirchenväter auf dem Konzil von Chalcedon diese Frage letztgültig und verbindlich für die gesamte Christenheit zu beantworten. Sie fragten danach, wie sich die göttliche Seite Jesu zu seiner menschlichen Seite verhält. Nach heftigen und langen Auseinandersetzungen fanden sie für diese Frage die folgende Antwort, die mehrheitlich angenommen wurde: Die eine Person Jesu schließt zwei Naturen in sich, nämlich eine menschliche und eine göttliche. Beide Naturen wirken in vollkommener Harmonie zusammen … Jesus ist wahrer Mensch und wahrer Gott zugleich. Diese so genannte Zwei-Naturen-Lehre wurde von Beginn an unterschiedlich interpretiert, und viele unserer heutigen Probleme erklären sich aus der Schwierigkeit, dass von Anfang an Menschen Probleme mit dem Verständnis dieses Dogmas von beiden Naturen Jesu von Nazareth gehabt haben …

Jesus oder Christus?

Sehr früh schon – vielleicht … bereits zu Jesu Lebzeiten – setzte der Versuch ein, sein Wirken und Tun christologisch zu deuten und zu verstehen. So entstand bereits in der frühesten Zeit eine Vielfalt von Jesusbildern, die deshalb ihre Berechtigung hatten, weil sie alle an unterschiedliche Aspekte der Person und Wirksamkeit des irdischen Jesus anknüpften. Die neutestamentlichen und frühchristlichen Jesusdeutungen sind damit eine entscheidende Ursache für die Komplexität, die Vielschichtigkeit des Phänomens Jesus von Nazareth. Dies heißt auch, dass der Versuch einer Rekonstruktion von »echten« Jesusworten oder authentischen Zügen seines irdischen Lebens mit Hilfe reduktiver Methodik problematisch ist. Wer zwischen einem vorösterlichen historischen bzw. irdischen Jesus und einem nachösterlichen verkündigten Christus scharf unterscheiden möchte, steht in der Gefahr, nur seine eigenen Vorstellungen über Jesus legitimieren zu wollen. All das, was diesem vorgefassten Bild nicht entspricht, wird auf spätere Deutungen verrechnet. Ein solcher Ansatz unterschätzt die Möglichkeit, dass Jesus selbst seine Sendung bereits auch mit christologischen Paradigmen gedeutet haben könnte und dass Außenstehende … in Jesus mehr sahen als einen wie immer ausgezeichneten Menschen. Hierin sehe ich eine Hauptursache für die zahlreichen teilweise grotesk miss-deutenden Versuche, den wirklichen Jesus darzustellen. Roman Heiligenthal, 1997

Eine neue Weltreligion entsteht

Jesus – ein Jude

Das Christentum hat seine Wurzeln im Judentum: über Jesus selbst und seine Jünger und auch über Paulus. Religionsgeschichtlich bedeutsam wurde, dass Jesus – aufgrund seiner eigenen Gottesbeziehung – die Halacha der Pharisäer sowie die religiöse Praxis seiner Zeit kritisierte. Das blieb jedoch im Rahmen jüdischer Positionen. Allerdings nimmt Jesus in den als Verkündigung konzipierten Schriften des Neuen Testaments eine autoritative Präsenz ein, die sich von der der Rabbinen in der Mischna unterscheidet. Seine Wandertätigkeit führt ihn auch in nichtjüdische Gebiete. Der Auftrag der Mission an die Jünger, wie ihn z. B. Matthäus Jesus in den Mund legt, zielte zwangsläufig (wie schon im Falle Buddhas) auf Gruppenbildung ab. Über den Juden Paulus und die frühe Kirche, die seit Konstantin d. Gr. (288–337) den Ausgleich mit der griechisch-römischen Kultur suchte, entwickelte sich das Christentum zu einer eigenständigen universalen Religion. Sie hat zwar keinen Einfluss auf das Judentum ausüben können, gelangte aber über die Mission auf alle Kontinente. Heute befindet sich die Mehrheit der Christen in außereuropäischen Ländern. H.-J. Loth

Die Behauptung der Kirchen, dass die Dogmen lediglich die Darlegung der christlichen Offenbarungen selbst seien, weil aus den heiligen Schriften gefolgert, wird von der geschichtlichen Forschung nicht bestätigt. Vielmehr ergibt diese, dass das dogmatische Christentum (die Dogmen) in seiner Konzeption und seinem Ausbau ein Werk des griechischen Geistes auf dem Boden des Evangeliums ist.

Adolf von Harnack, o. J.

▶ *Diskutieren Sie, wie die christlichen Kirchen aus Ihrer Sicht mit der Tatsache umgehen sollten, dass (nach Harnack) Dogmen keine heiligen Offenbarungen sind. Konkretisieren Sie das an gesellschaftspolitischen Fragen, wie z. B. an dem Frauenbild der katholischen Kirche.*

Die Ablösung vom Judentum

Auch wenn die Anfänge des Christentums auf Leben und Werk Jesu von Nazareth zurückgehen, so ist es doch der Pharisäer Paulus, der durch seine Mission unter den »Heiden« (Nichtjuden) den Weg für eine universale Ausdehnung ebnet: Der Glaube an Jesus Christus ist nach dem Apostelkonzil (Apg 15,23–29) nicht mehr ethnisch gebunden und nicht von der Zugehörigkeit zum jüdischen Volk abhängig. Aufgewachsen in der griechisch-römischen Welt, ist Paulus Jesus nie begegnet, sondern gelangt zum Glauben an Jesus Christus aufgrund persönlicher Erfahrung, die mit mystischen Erlebnissen zu tun hat (Apg 22,6–11; 2. Kor 12,1–6). Er verkündet den geglaubten Christus: Tod und Auferstehung bewirken Teilhabe an Christus und damit die Erlösung für den, der an Christus glaubt. Mit diesem Gedanken, der zu einem tragenden Fundament des Christentums wird, löst sich dieses vom Judentum. Erst nach der Shoa wird die theologische Reflexion wieder stärker auf die jüdischen Wurzeln gelenkt. H.-J. Loth

Marc Chagall, Weiße Kreuzigung

Urkunde des christlichen Glaubens

Die Bibel besteht aus:

- *dem Alten Testament (für Juden die hebräische Bibel);*
- *dem Neuen Testament:*
  den Geschichtsbüchern, bestehend aus den vier Evangelien und der Apostelgeschichte des Lukas;
  den Briefen des Paulus und anderer Autoren und
  dem Prophetischen Buch (der Offenbarung des Johannes).

▶ *Beschreiben Sie, welchen Stellenwert das Judentum für das Christentum hat. Begründen Sie das aus seiner Geschichte.*

⊳ *Zur »Shoah« vgl. S. 270; 385*

Die Kooperation von Mensch, Himmel und Ahnen

Die Länder Ostasiens wurden nachhaltig vom Buddhismus geprägt (vgl. S. 302/03; 312/13; 322/23; 344/45). Daneben aber konnten sich auch Taoismus, Konfuzianismus und in Japan zusätzlich der Shinto erfolgreich behaupten und den Menschen eine Orientierung geben. Die Menschen in Ostasien leben seit mehr als einem Jahrtausend in multireligiösen Kontexten. Sie entwickelten ein hohes Maß an Anpassungsfähigkeit. Das erleichtert ihnen heute, auf die Herausforderungen unserer modernen Lebenswelt erfolgreich zu reagieren. Aber das gilt nicht nur mit Blick auf Japan, Korea, Taiwan, Singapur oder Hongkong. Auch in der VR China werden konfuzianische Werte als Instrument der Disziplinierung des Wirtschaftsverhaltens wieder entdeckt.

Der »Weg des Himmels« und der »Weg der Menschlichkeit«

Das Tao als letzte Wirklichkeit, der das Universum entspringt
Es gibt ein eigenschaftsloses und vollkommenes Wesen, das vor dem Himmel und der Welt entstanden ist: Wir dürfen es als die Mutter dieser Welt betrachten, doch kenne ich ihren Namen … nicht. So nenne ich es … Tao. Und wenn ich ihm unbedingt einen Namen … geben soll, dann das [unendlich] Große …

Lao-Tzu, Tao-tê-ching,
»Buch des Weges und seiner Kraft«

Das Tai-Chi-Symbol von Ying und Yang steht für das Höchste Eine, aus dem alle Phänomene entstanden sind.

Das Konzept des Himmels
Konfuzianismus, Buddhismus und Neokonfuzianismus hatten alle weitreichenden Einfluss auf Chinas Nachbarn, einschließlich Japan, Korea und Vietnam. Die Hauptmerkmale der kulturellen Tradition Chinas sind »Ideen«, »geschichtliche Kontinuität« und »kultureller Reichtum«. Die Mehrheit der Philosophen Chinas legten besonderes Gewicht auf den »Weg des Himmels« (T'ien-tao) … und den »Weg der Menschlichkeit« (Jen-tao) … Sie sahen den »Himmel« nicht nur als »Natur«, sondern als die Quelle allen Lebens und der menschlichen Werte. Das Konzept von »Himmel« umfasst das »Universum«, als Organismus voll von schöpferischer Lebenskraft. Die Erschaffung von Leben wird nicht als körperlicher Vorgang gesehen, sondern als geistiger, bedeutungsvoller Prozess. Mit anderen Worten ist der »Mensch« das Ergebnis der unaufhörlichen Schöpfung des »Himmels« von immer neuen Wesen mit immer größerer Weisheit. Vertrauend auf die ihm vom Himmel verliehene Weisheit und Tugend, erschafft der Mensch eine immer höher entwickelte, verfeinerte Kultur und neue Werte. Neues Leben und neue Werte werden ständig in das Universum und die menschliche Gesellschaft gebracht. Das erstgenannte wird als »Geburt neuen Lebens« (sheng-sheng) … bezeichnet, das letztgenannte als »Ausspielen seiner angeborenen Natur (chin-hsing) … Die Verbindung der beiden wird »Einheit der gesamten Natur« oder »Himmel und Mensch sind von gleichem Geist« genannt. Diese Art philosophischen Denkens wurde hauptsächlich von den konfuzianischen und neokonfuzianischen Schulen gefördert. Verfechter des Taoismus und Buddhismus unterstützen im Wesentlichen die gleiche Meinung, wobei jedoch das konfuzianische Konzept der kulturellen Werte mehr Gewicht auf das »Moralische«, das taoistische auf das »Künstlerische« und das buddhistische auf das »Religiöse« legt. Die Philosophie der »Einheit der gesamten Natur« brachte die chinesische Lebensanschauung »Sei zufrieden mit deinem von der Vorsehung bestimmten Schicksal«. Diese Anschauung verleiht den Chinesen die Fähigkeit, die unendliche Schönheit der Natur im Wesentlichen zu erleben und die ganze Fülle der Empfindungen der moralischen Welt zu erfassen. Gleichzeitig sind sie weniger von Verdruss geplagt und können sich mit innerer Ruhe ganz ihrer Arbeit widmen. Das Werk des Menschen ist letzten Endes das Werk des Himmels. Diese Ansicht bietet eine Art religiösen Trost.

Jason C. Hu, 1992

▶ *Vergleichen Sie das »Konzept des Himmels« mit dem, was Sie über die Buchreligionen (Judentum, Christentum und Islam) und ihre Vorstellungen vom Himmel wissen.*

Die Welt des Shinto

Vom Standpunkt des Lebens – nach diesem geht man davon aus, dass der Mensch in diese Welt durch die Gnade der Götter und Ahnen hineingeboren wird – ist nichts so wertvoll wie das Leben in dieser Welt, und das Leben in dieser Welt ist wie ein kostbares unschätzbares Juwel. Im Shinto gibt es das Wort naka-ima (wörtlich: »Mitte-jetzt«), welches die Gegenwart bezeichnet, in der Mitte zwischen Vergangenheit und Zukunft; dieser Ausdruck enthält die Bedeutung eines Segens, der auf der Gegenwart ruht. Das Wort naka (Mitte, Zentrum, innen) bezieht sich nicht nur auf einen Ort, sondern meint auch räumlich den besten Ort und zeitlich die beste Zeit. Das Wort naka-tsu-kuni (wörtlich: »Land der Mitte«) enthält einen Segen für das Land, in dem man lebt – als der im räumlichen Sinne bestmögliche Ort. Diese Worte naka-ima und naka-tsu-kuni drücken nach der Vorstellung des Shinto die Vollkommenheit in Hinblick auf diese Welt als eine Welt voller Segnungen aus. Natürlich heißt das mit Blick auf diese Welt, der Welt voller Segnungen, dass notwendig die gegenwärtige Zeit und der gegenwärtige Lebensort als eine gesegnete Zeit und als ein gesegneter Ort anzusehen sind … Tod ist eher Dunkelheit als Licht. Da gibt es nichts außer Dunkelheit und Unheil verkündende Geschehnisse. Um diese Dunkelheit auszudrücken, benutzte der antike Japaner das Wort yomi no kuni, die Welt des Todes. Aber im Shinto wird dem Tod nicht mit Verzweiflung begegnet. Denn es gibt eine Zusage der Erlösung von der Dunkelheit des Todes. Die Nachkommen und Nachbarn des Verstorbenen vollziehen, in Trauer und Angedenken, die Beerdigungszeremonien, welche das Ziel haben, zur Freude zurückkehren zu können; und durch matsuri [rituelle Verehrung] für die Seele des Verstorbenen, wird es den Seelen der verschiedenen Ahnen möglich gemacht, der dunklen Welt des Todes zu entrinnen und diese Welt zu besuchen. So schauen die Ahnen mit ihren spirituellen Augen auf ihre Nachkommen und gewähren ihnen Segnungen; ihre Geister werden gereinigt und verwandeln sich in hoch erhabene Geister und gelangen schließlich in die Welt der Götter, die Welt der edlen Ahnen. Auf diese Weise glaubt man, dass die kommende Welt spirituell mit dieser Welt verbunden sein wird; von den Geistern der Verstorbenen glaubt man, dass sie in einer zweiten Welt leben, in einer unsichtbaren Welt gegenüber dieser sichtbaren Welt. Sie leben sozusagen in einer zweiten »dieser Welt«. Wie der Verstorbene vorher ein Mensch in dieser Welt in einem Kontext der Einheit mit seinen Ahnen war, so lebt er nun in Einheit mit seinen Nachkommen. Seine Nachkommen sind sozusagen sein zweiter Körper und sein unsichtbarer Körper ist als Geist mit seinen Nachkommen gegenwärtig. Ein menschliches Wesen ist durch seinen Körper mit seinen Ahnen und seinen Nachkommen verbunden, welche er in der gegenwärtigen Zeit repräsentiert. Shinto Committee, Tokyo 1958

Japans »Ahnenpaar« Izanagi und Izanami, Noto-Halbinsel

Ein neukonfuzianisches »Glaubensbekenntnis«

Wir sind hier, weil in unserer menschlichen Natur der geheime Code für die Selbstverwirklichung des Himmels verborgen liegt. Der Himmel ist allgegenwärtig, ja, vielleicht auch allwissend, aber wahrscheinlich ist er nicht allmächtig. Es bedarf unserer aktiven Teilnahme, wenn wir die ihm innewohnende Wahrheit verwirklichen wollen. Wir sind die Partner des Himmels, wir sind seine Mitschöpfer. Wir dienen dem Himmel mit unserem gesunden Menschenverstand, an dem es uns heutzutage in einem so hohen Maße mangelt, daß wir uns an den Rand der Selbstzerstörung gebracht haben. Wir helfen dem Himmel, sich selbst zu verwirklichen, indem wir uns in unserem alltäglichen Leben selbst entdecken und Verständnis für uns entwickeln. Und so liegt der allerhöchste Sinn des Lebens in unserer gewöhnlichen menschlichen Existenz. Tu Wei-ming, 1997

▶ *Welche Aspekte östlicher Spiritualität halten Sie für wertvoll und zukunftsweisend?*

Diese Welt hat ihre Wurzeln im Himmel …

Diese Welt hat ihre Wurzeln im Himmel und ihre Zweige hier unten, lehrt die Bhagavadgītā: »Wurzelaufwärts, zweigeabwärts, so steht der ew'ge Feigenbaum [XV, 1]«. Diese Stellen wollen uns sagen, dass die Erkenntnis der Wahrheit aus unserem inneren Sein kommt, das über das Irdische erhaben ist. Geistige Kräfte, jenseits von Raum und Zeit, wirken in uns. Der Mensch ist der Knotenpunkt der Wechselbeziehungen zwischen Zeit und Ewigkeit.

Sarvepalli Radhakrishnan,
indischer Staatspräsident 1962–1967

Vishvarupa, »Allgestaltige Gottheit« Vishnu, zeigt nach einer Vision aus der Bhagavadgita seine umfassende Göttlichkeit; Köpfe, Hände und Attribute mehrerer Gottheiten dienen zur Veranschaulichung.

Der Mensch als Teil einer religiös begründeten Sozialordnung

Purusha allein ist diese Welt, die gewordene und die werdende, und er ist der Herr über die Unsterblichkeit (und auch über das), was durch Speise noch weiter wächst … Als sie [die Götter] den Purusha auseinander legten, in wie viele Teile teilten sie ihn? … Sein Mund ward zum Brahmanen, seine beiden Arme wurden zum Rājanya [»König«] gemacht, seine beiden Schenkel zum Vaishya, aus seinen Füßen entstand der Shudra … Mit dem Opfer opferten die Götter dem Opfer.

Rigveda X, 90, 2. 11.16

Kastenordnung in Indien

Für den Hinduismus spielt die Gesellschaft eine wichtige Rolle. Dennoch ermöglicht er den Hindus, gesellschaftliche Ansprüche mit eigenen spirituellen Zielen zu verbinden. Die Sozialstruktur ist durch drei Lehren charakterisiert: die Lehre der Kasten (Varnas, »Farben«), der Lebensstadien (Ashramas) und der Lebensziele (Purushartas). Die Lehre der Kasten spiegelt sich wider in dem Hymnus des Rigveda X, 90. Die Welt ist nach diesem kosmogonischen Hymnus ein Opferplatz und Purusha, der«Mensch«, steht im Brennpunkt des Geschehens: Der Purusha ist zugleich die kosmische Gesamtheit und das absolute Eine. Aus der liturgischen Ordnung folgen die vier sozialen Kasten, die eine organische Einheit bilden.

- die Brahmanen: Priester mit der Pflicht zu lehren und zu opfern;
- die Kshatriyas: Krieger und Herrscher;
- die Vaishyas: Bauern, Viehzüchter und Händler;
- die Shudras: »Nicht-Arier«, die als Handwerker oder Arbeiter den drei anderen Kasten zu dienen haben. Hinzugezählt werden die»Unberührbaren« oder«Kastenlosen« – auch »Dalits«, »Gebrochene«, »Unterdrückte« genannt – und die »Adivasi«, d. h. die »Ureinwohner«/»Stämme«.

Heute bestehen die vier Kasten infolge sozialer, beruflicher und regionaler Unterscheidungen aus mehr als 4000 Unterkasten oder Jatis (Geburtsgemeinschaften). Während die Brahmanen, Kshatriyas und Vaishyas je ca. 6 % der Hindubevölkerung in Indien ausmachen, stellen die Shudras mit 50–60 % den stärksten Anteil der Hindubevölkerung.

H.-J. Loth

▶ *Erläutern Sie die Aussage: »Als Hindu wird man nicht geboren, sondern wiedergeboren.«*

▶ *Versuchen Sie, die mystische Sicht des Menschen, wie sie die Rigveda (s. o.) überliefert, zu erklären. Erläutern Sie das hinduistische Bild des Menschen.*

Das Karma

Die Zusammengehörigkeit von Beruf und Geburt wird mit der Lehre von Karma [von Sanskrit kri: »tun«] und Wiedergeburt gerechtfertigt, denn als Hindu wird man nicht geboren, sondern wiedergeboren. Man wird nicht zufällig in eine Familie hineingeboren, deren Mitglieder einem bestimmten Beruf nachgehen. Man wird dort geboren als Ergebnis dieses universalen Buchführungssystems, genannt Karma … In der Geschichte des Hinduismus taucht die Lehre der Varnas zeitlich vor der Lehre vom Karma auf. Das läßt die Vermutung aufkommen, daß die Lehre vom Karma im nachhinein eine rationale Erklärung für eine Gesellschaft lieferte, die ihre Mitglieder aufgrund ihrer Geburt einteilte, die also schon existierte, ehe die Lehre vom Karma populär wurde … Unser Karma bestimmt also unser Dharma, unseren Verhaltenskodex … Karma ist das große, metaphysische, ordnende Prinzip des Hinduismus, und Dharma ist sein moralisches und soziologisches Gegenstück.

Arvind Sharma, 1997

Lebenskreislauf und kein Wandel?

Das indische religiöse Denken nimmt eine moralische Kausalität an, die wie eine transzendente Macht über die Raum-Zeit-Grenze hinaus wirkt. Das Karmagesetz und die Wiedergeburtslehre sind die beiden Dogmen des religiösen Denkens der Inder … Die Zeiten kehren wieder … So ist es auch mit der Wiederkehr, dem endlosen Kreislauf von Geburt und Tod. Diesen Kreislauf nennt man die Welt (samsāra – Daseinskreislauf) … Nur das Erreichen der »unio mystica«, des »Das bist du«, kann die Kette der Wiedergeburten durchbrechen. Die menschliche Seele war vor aller Geburt mit dem Schöpfer; sie kannte noch nicht die schmerzliche Trennung. Ihr Ziel ist daher, die verlorene Einheit zu erreichen. Moksha, die Befreiung, ist daher auch das Ziel aller menschlichen Bemühungen. Das Nicht-geboren-werden-Müssen soll bewirkt werden.

Ram Adhar Mall, 1997

Ashramas – Stadien des Lebens

Vier Stufen verdeutlichen uns, dass das Leben eine Pilgerreise durch verschiedene Entwicklungen hin zum ewigen Leben ist: Brahmacarya die Stufe der Schulung, Garhastya die Stufe der Arbeit für die Welt als Hausvater, Vanaprasthya die Stufe des Rückzugs und der Loslösung von den gesellschaftlichen Pflichten, Samnyāsa die Stufe der Entsagung und der Erwartung der Befreiung … Das Ziel des Samnyāsin besteht nicht darin, sich von den Sorgen der äußeren Welt, sondern einen Zustand geistiger Freiheit zu erlangen, in dem er von Reichtum und Ehre nicht verlockt, durch Erfolg nicht zur Überheblichkeit verleitet, durch Misserfolg nicht in Verzweiflung geführt wird … Diese freien Menschen sind die einsamen Seelen, die weder persönliche Neigungen noch privaten Ehrgeiz kennen, sondern in ihrem eigenen Geist die Freiheit der Welt verkörpern. Sie nehmen die Größe der ganzen Erde an, wohnen in der Liebe und wandeln in der Gerechtigkeit.

Sarvepalli Radhakrishnan,
indischer Staatspräsident, 1962–1967

Die prägende Kraft der »Heiligen«

Wesentlich für ein Verständnis der vielen gegenwärtigen Formen des Hinduismus ist die Erkenntnis, daß … »die Heiligen doch die schöpferischen Mittelpunkte des Hinduismus bleiben, die sie schon immer gewesen sind«. Das bedeutet, die gegenwärtig lebenden Heiligen, die sich als Hindus begreifen, definieren die Identität der Hindus im allgemeinen. Sie »erzeugen« eine Form von Hinduismus, die für ihre Zeit am meisten relevant ist. Mahatma Gandhi stellt ein ausgezeichnetes Beispiel dafür dar, wie auch andere Persönlichkeiten …

Arvind Sharma, 1997

Das Kastensystem in der Kritik

Das Kastensystem ist Kennzeichen für die todesähnliche Verfestigung der Äußerlichkeiten des vedischen Glaubens und die damit verbundene Paralyse seines inneren Wesens. Solange diese niederdrückende Situation fortdauert, wird die wahre Größe des vedischen Glaubens unterdrückt bleiben.

Swami Agnivesh, 1999

Mahatma Gandhi,

»Große Seele« (1869–1948), hat wie wohl kaum ein anderer im 20. Jahrhundert ein Leben des aktiven Dienens als Weg zur Gottesverwirklichung mit politischem Handeln verbunden. Durch sein Wirken trug er wesentlich zur Unabhängigkeit Indiens 1947 bei. Es sind vor allem drei Tugenden, die er zeitlebens vertrat und die in der Religion ihre Wurzeln haben: das Festhalten an der Wahrheit, keine Ausübung von Gewalt und Keuschheit, die er insbesondere durch sein asketisches Leben vorlebte. Gandhi war Staatsmann und Heiliger, was ihm die Verehrung der Massen einbrachte. Männer wie Gandhi oder Dayanand Saraswati (vgl. S. 343: Arya Samaj) prägen heute noch das Erscheinungsbild des modernen Hinduismus. Der durch sie bewirkte Wandel wird z. B. darin sichtbar, dass auch Frauen in Indien und der Hindu-Diaspora als Priesterin und Pandita (Gelehrte) ordiniert werden, d. h. die religiösen Riten vollziehen und auch die Heiligen Schriften studieren und auslegen dürfen. Bislang war das ausschließlich das Privileg der Brahmanen.

▶ *Erklären Sie, wie sich nach europäischem Verständnis Kreislauf und Wandel zueinander verhalten. Versuchen Sie, in dieser Frage die Position eines Hindu zu vertreten.*

➢ *Zu »Tugenden« im Hinduismus vgl. S. 320/21*
➢ *Zu den »Heilige Schriften« des Hinduismus vgl. S. 301*

Dasein ist vergänglich, dem Leiden unterworfen, unpersönlich

Das Leiden gibt es, doch kein Leidender ist da.
Die Taten gibt es, doch kein Täter findet sich.
Erlösung gibt es, doch nicht den erlösten Mann.
Den Pfad gibt es, doch keinen Wandrer sieht man da.

Visuddhi-Magga XVI

Kein Ich

Wer da über die Bedingte Entstehung ... der Dinge im Unklaren ist und die Entstehung der karmischen Willenshandlungen ... aus der Unwissenheit ... usw. nicht begreift, der denkt, dass es ein »Ich« sei, das da erkenne oder nicht erkenne, das handle und handeln lasse, das bei der Wiedergeburt zur Entstehung komme, ... dass es das mit den Fähigkeiten ausgestattete Ich sei, das den Bewusstseinseindruck habe ..., fühle ..., begehre ..., anhafte ..., fortdauere und wieder in einem anderen Dasein zum Entstehen komme.

Visuddhi-Magga XVII

Die buddhistische Kernlehre vom Nicht-Selbst oder Nicht-Ich (anattā)

Diese Lehre von »anattā« oder der Unpersönlichkeit besagt, dass es weder innerhalb noch außerhalb der körperlichen und geistigen Daseinserscheinungen irgendetwas gibt, das man im höchten Sinne als eine für sich bestehende unabhängige Ich-Wesenheit oder Persönlichkeit bezeichnen könnte. Es ist dies die Kernlehre des ganzen Buddhismus, ohne deren Verständnis eine wirkliche Kenntnis des Buddhismus unmöglich ist, die einzige wirklich spezifisch buddhistische Lehre, mit der das ganze buddhistische Lehrgebäude steht und fällt. Alle anderen buddhistischen Lehren mögen mehr oder weniger auch in anderen Philosophien und Religionen anzutreffen sein, die Anattā-Lehre aber wurde in ihrer vollen Klarheit nur vom Buddha gewiesen, weshalb auch der Buddha als der Anattā–vādi, der Verkünder der Unpersönlichkeit, bezeichnet wird. Wer die Unpersönlichkeit des ganzen Daseins nicht durchschaut hat und nicht erkennt, dass es in Wirklichkeit nur diesen beständig sich verzehrenden Prozess des Entstehens und Vergehens geistiger und körperlicher Daseinsphänomene gibt, aber keine Ich-Wesenheit in oder hinter diesen Daseinserscheinungen, der ist außerstande, die Vier Edlen Wahrheiten (sacca) im richtigen Lichte zu erfassen. Er wird glauben, dass es eine Ichheit, eine Persönlichkeit sei, die das Leiden erfahre; eine Persönlichkeit, die böses oder gutes Karma verübe und gemäß ihres Karma wiedergeboren werde; eine Persönlichkeit, die ins Nirwarna (nibbāna) eingehe; eine Persönlichkeit, die auf dem Achtfachen Pfade (magga) wandle.

Nyanatiloka, 1989

▶ *Vergleichen Sie Ihre Vorstellung von Vergänglichkeit mit der buddhistischen Lehre vom Nicht-Selbst.*

Die Vergänglichkeit als Grundeigenschaft aller Vorgänge

Es gibt einen Seinsflux, dem alle Vorgänge, ob körperlich oder geistig, in der Innen- oder Außenwelt, unterliegen. In seiner berühmten Benares-Predigt lehrt der Buddha: »Was auch immer dem Entstehen unterworfen ist, ist dem Vergehen unterworfen.« Auch in seiner Abschiedspredigt, kurz vor seinem Tod, verweist er wieder auf diese letzte Wahrheit.

Die Vier Edlen Wahrheiten (ariya-sacca)

sind der kürzeste Ausdruck für die gesamten Lehren des Buddhismus, sodass sämtliche in den 3 buddhistischen Sammlungen niedergelegten Lehren in ihnen eingeschlossen sind, nämlich: die Wahrheit vom Leiden, von der Leidensentstehung, der Leidenserlöschung und dem zur Leidenserlöschung führenden Achtfachen Pfade.

Die erste Wahrheit, kurz gesagt, lehrt, dass alles Dasein elend, unbefriedigend und dem Leiden unterworfen ist.
Die zweite Wahrheit lehrt, dass das Leiden durch das alles Leiden und alle Wiedergeburt erzeugende Begehren bedingt ist.
Die dritte Wahrheit lehrt, dass durch Erlöschung des Begehrens es notwendigerweise zur Erlöschung der Wiedergeburt und des Leidens kommen muss.
Die vierte Wahrheit vom Achtfachen Pfad gibt die Mittel an zur Erreichung dieser Leidenserlöschung.

Nyanatiloka, 1989

Buddhistische Feuerbestattung in Sikkim (Indien)

Mit der Sittlichkeit beginnt die dreifache »Hohe Geistesschulung«, die über Sammlung (Konzentration, Meditation) zur Einsicht (Weisheit), d. h. zum Durchschauen aller Daseinsgebilde als vergänglich, elend und unpersönlich, führt.

Der Edle Achtfache Pfad

1. Rechte Erkenntnis	III. Einsicht
2. Rechte Gesinnung	(pañña)
3. Rechte Rede	
4. Rechtes Handeln	I. Sittlichkeit
5. Rechter Lebenserwerb	(sila)
6. Rechte Anstrengung	
7. Rechte Achtsamkeit	II. Sammlung
8. Rechte Sammlung	(samādhi)

Der Buddha lehnt die alte Hindu-Lehre vom Atman ab und diagnostiziert: Person und Individualität, Persönlichkeit oder Selbst sind nur relative Daseinsphänomene, die sich von Augenblick zu Augenblick verändern. Allenfalls kann man hilfsweise von einem empirischen Ich sprechen, das sich aus körperlichen und geistigen Phänomenen zusammensetzt. Es handelt sich um ein Prozessgeschehen, das schon vor unserer Geburt im Gange war und sich nach dem Tode fortsetzen wird. Folglich ist der Begriff von Kamma (Sanskrit »Karma«) und Samsara auch ein anderer, insofern es keinen Täter gibt, sondern nur eine Verknüpfung von Ursachen und Wirkungen innerhalb dieses Prozessgeschehens.

Die Bedingte Enstehung des Menschen

Die Unwissenheit (avijja) ist stets untrennbar verbunden mit Verblendung, Gier und Hass, welche die drei unheilsamen Wurzeln des unerleuchteten Daseins sind. Sie sind verantwortlich für das unheilsame Karma, das von einer Wiedergeburt zur anderen führt.

Ich will euch, ihr Bhikkhus, das Gesetz von der Bedingten Entstehung lehren; höret zu und merket wohl auf:

Aus Unwissenheit als Ursache entstehen die Gestaltungen; aus den Gestaltungen als Ursache entsteht das Bewusstsein; aus dem Bewusstsein als Ursache entstehen Geist und Körper; aus Geist und Körper als Ursache entstehen die sechs Sinnenbereiche; aus den sechs Sinnesbereichen als Ursache entsteht die Berührung; aus der Berührung als Ursache entsteht die Empfindung; aus der Empfindung als Ursache entsteht der Durst; aus dem Durst als Ursache entsteht das Anhaften; aus dem Anhaften als Ursache entsteht das Werden; aus dem Werden als Ursache entsteht die Geburt; aus der Geburt als Ursache entstehen Alter und Tod, Schmerz, Kummer, Leid, Betrübnis und Verzweiflung. Auf solche Art kommt der Ursprung der ganzen Masse des Leidens zustande.

Samyutta-Nikaya XII, 2

Der Kanon der buddhistischen Schriften *besteht aus drei Teilen oder »Körben« (daher »Dreikorb« in Pali Tipitaka): (1) »Korb der Disziplin« (Vinaya-Pitaka): Regeln und Verordnungen für das Zusammenleben von Mönchen/Nonnen; (2) »Korb der Lehrreden [Buddhas]« (Sutra-Pitaka): entstand zwischen dem 1. Jh. v. Chr. und dem 6. Jh. n. Chr.; zum ursprünglichen Pali-Kanon haben die einzelnen Traditionen und Schulen immer weitere Lehrreden hinzugefügt; (3) »Besondere Lehre« (Abhidhamma-Pitaka): bezeichnet das früheste Kompendium buddhistischer Philosophie und Psychologie und stammt aus der Zeit zwischen dem 3. Jh. v. Chr. und dem 3. Jh. n. Chr. Der Abhidhamma ist die dogmatische Grundlage von Theravada- und Mahayana-Buddhismus.*

> *Zu den »buddhistischen Traditionen« vgl. S. 303*

Gott, Mensch und Welt im jüdischen und islamischen Denken

Judentum und Islam – und auch das Christentum – teilen die Überzeugung, dass Gott der Schöpfer von Welt und Mensch ist. Vom ersten Menschenpaar Adam und Eva stammen alle nachfolgenden Generationen ab, was notwendig zum Verständnis der Menschheit als einer Einheit führt. Spricht das Judentum von der Ebenbildlichkeit des Menschen mit Gott, so zeichnet der Islam den Menschen stärker als Stellvertreter Gottes auf Erden. Eine Besonderheit im Verhältnis zu Judentum und Christentum ist zudem die Vorstellung, dass Adam bereits Muslim war, weshalb alle Menschen eigentlich als Muslime geboren werden.

Die jüdische Sicht

Die Anerkennung der vielfältigen Natur der Schöpfung seitens des Judentums und der Bewegung weg von der Einheit, welche sie darstellt, hat nicht dazu geführt, die Schöpfung als ein negatives, unwirkliches oder trügerisches Phänomen zu betrachten. Die jüdische Bekräftigung der Güte von Gottes Natur, der die Schöpfung entspringt, lässt keinen Spielraum für das Entstehen einer radikalen, gnostischen Einstellung. Die jüdischen Quellen reflektieren die Anerkennung des Gutseins der Schöpfung sowie das Bemühen, Einheit in der geschöpflichen Ordnung zu entdecken. Die Antinomien, die im geschöpflichen Prozess manifest sind und das Leben bestimmen, sollten nicht als ein hoffnungsloser Konflikt angesehen werden. Sie können polarisiert werden, aber tatsächlich ergänzen sie einander und finden ihre Auflösung in einer höheren Ordnung. Die letztendliche Einheit des geschöpflichen Lebens sollte auf theologische Weise in Relation zu Gott und außerdem auf symbolische Weise in Relation zum [anderen] Menschen gefasst werden. Es ist gerade die jüdische Bekräftigung von Gottes Einheit, die das Verständnis erforderlich macht, dass die Einheit sich über die Vielfalt der Schöpfung und jenseits derselben manifestiert. Das göttliche Attribut der Güte als ein auslösender Faktor des geschöpflichen Prozesses, sollte als das einende Prinzip angesehen werden, welches überall in der Schöpfung evident ist … Es ist ein Allgemeinplatz im jüdischen Denken, dass der Mensch ein Mikrokosmos ist, der im Kleinen in sich die Kräfte enthält, die überall in der Schöpfung manifest sind. Es ist daher legitim, in traditioneller Weise vom Menschen auf die Schöpfung als ein Ganzes zu schließen. Die menschliche Wirklichkeit ist die Seele, die, aus Gründen der Evolution, einen Körper angenommen hat, um auf einer physischen Ebene agieren zu können … Die physische Schöpfung ist der Körper, durch den das Göttliche handelt. Wir können vermuten, die Evolution ist die motivierende Kraft hinter diesem Prozess, die Gottes Willen entspringt und deshalb für uns vom Wesen her unbekannt ist … Das Wesen dieser spirituellen Vervollkommnung besteht in der Entdeckung der Einheit in der Vielfalt der Schöpfung. Es ist eine Rückkehr zur Quelle der Schöpfung, zur ursprünglichen Einheit der Vielfalt der physischen Phänomene.

Alon Goshen-Gottstein, 1988

Jerusalem, Tempelberg

Neue Synagoge in Berlin/Mitte

Das Menschengeschlecht am Ende der Zeiten …

Judentum: Vision einer vereinten Menschheit

Das klassische hebräische Denken bestätigt die grundlegende Einheit der Menschheit in seinem Schöpfungsmythos und ergänzte diesen Mythos mit seiner messianischen Vision von einer vereinten Menschheit unter Gott. Es anerkannte einen Zugang zu Gott und rettende Tugend außerhalb des Judentums, da sein eigener Bund mit Gott nur die Bundesgemeinschaft band. Die übrige Menschheit war gerechtfertigt durch die Einhaltung der noachitischen Gesetze oder die Disziplin der Religion. Was Israel angeht, so hatte es die Aufgabe, sich heilig zu halten und Gottes Namen unter den Menschen zu heiligen. Israels Beziehung zu seinem Nachbarn beruhte niemals bloß auf Gegenseitigkeit; etwas von seiner Berufung, die Wirkung des Wortes Gottes zu bezeugen, mischte sich in all sein Handeln nach außen. Sein messianischer Eifer, der niemals ganz abgekühlt ist, flammt gelegentlich in der einen oder anderen Form wieder auf, wenn sich irgendwo eine Bewegung andeutet, welche Brüderschaft der Menschen auf Erden verwirklichen könnte.

Moshe Greenberg, 1973

Die islamische Sicht

Der Islam nimmt Bezug auf den Menschen ..., der unmittelbar vor Gott steht und Sein Diener ... wie auch zugleich Sein Statthalter auf Erden ... ist. Gott schuf den ersten Menschen (Adam) aus Lehm und hauchte ihm Seinen Geist ein. Er lehrte Adam die Namen aller Dinge und befahl den Engeln, sich vor Ihm niederzuwerfen, und alle außer Satan taten es. ... Von Adam schuf Gott Eva, machte sie zu seiner Gefährtin und seiner Ergänzung, und die beiden weilten im Paradies, bis das Paar Gottes Befehl mißachtete und von der Frucht des verbotenen Baumes aß. Daraufhin fielen sie ... aus der paradiesischen Vollkommenheit auf die Erde und wurden mit Vergessenheit behaftet, die die gefallenen menschlichen Wesen charakterisiert. Sie begingen aber nicht eine Ursünde im christlichen Sinne, die die menschliche Natur von Grund auf entstellen würde. Darüber hinaus waren Adam und Eva gleichermaßen für ihren Fall verantwortlich, und es war nicht Eva, die Adam dazu verführte, von der verbotenen Frucht zu essen. Nach islamischer Anschauung tragen Männer und Frauen noch immer tief in ihrer Seele ihre ursprüngliche Natur ... die die Göttliche Einheit bezeugt und an die sich der Islam im wesentlichen richtet. Für den Islam ist der Mensch ein mit Vernunft begabtes Wesen, das, bedingt durch seine Natur, die Einheit (al-tawhid) bestätigt; zu dieser Intelligenz kommt der Wille, der der Führung durch Offenbarung bedarf. Die Funktion der Religion ist es, den Schleier der Leidenschaften zu entfernen, die die Vernunft daran hindern, richtig zu funktionieren. Die Religion ist für Männer und Frauen vor allem ein Mittel, um sich zu vergegenwärtigen, wer sie sind, und um zu ihrer inneren und ursprünglichen Natur zurückzukehren, die sie noch immer in sich tragen. Als Diener oder Sklave Gottes ... muß der Mensch dem Himmel gegenüber vollkommen passiv sein; als Gottes Statthalter auf Erden muß er der Welt gegenüber aktiv sein. Wirklich menschlich zu sein bedeutet, in vollkommener Unterwerfung unter Gott von ihm zu empfangen und der Schöpfung weiterzugeben ... Menschliche Seelengröße veranlasst den Muslim, sich in seiner Seele des Allahu akbar (»Gott ist groß«) zu erinnern und daran, daß alle Seelengröße letzten Endes von Ihm stammt.

Seeyed Hossein Nasr, 1997

[Es sind] jene, die weder an das Buch [Koran] noch an das glauben, womit Wir Unsere Gesandten [z. B. David, Abraham, Mose, Jesus und Muhammad] geschickt haben. Bald aber werden sie es wissen, wenn die Eisenfesseln und Ketten um ihren Nacken [gelegt] sein werden. Sie werden gezerrt werden in siedendes Wasser; dann werden sie ins Feuer gezogen werden.

Koran, Sure 40, 69–71

▶ *Aus jüdischer Sicht gilt es die Einheit in der Vielfalt der Schöpfung zu entdecken. Was würde darauf ein gläubiger Muslim antworten?*

Islam: Nichts wird verloren gehen

Worin liegt der Sinn der Welt, wenn nicht darin, dass sie nicht endgültig zugrunde geht? Worauf hätten dann die Geduldigen und die Demütigen gewartet, und für wen ereignete sich der ganze Ablauf des Weltgeschehens? Ihre Wahrheit und Falschheit, Gerechtigkeit und Ungerechtigkeit, die hier während unseres kurzen Lebens so in aller Deutlichkeit getrennt sind? Wann sollten sie auf ewig getrennt sein? Sollte ihre Unterscheidung nur einigen wenigen gewährt sein, den Sehern und den Propheten, oder sollte die ganze Menschheit als eine einzige Schar Auferstandener in einem Augenblick darum wissen? Jeder wird aus Tod und Staub herausgerufen werden. Nichts soll verloren gehen. Gott wird alles rufen, den Körper wie den Geist, und jeder soll Zeuge dessen sein, was er zweifelnd geglaubt oder arrogant verworfen hatte. ... Die Unordnung wird der Ordnung weichen. Die Unsicherheit des Gläubigen und der Zweifel des Ungläubigen werden sich auflösen. Die Frommen und die Demütigen, die ohne Streit und Vorbehalte an Gott geglaubt haben, werden mit Gott einig sein und Gott wird mit ihnen einig sein.

Hassan Asakari, 1973

Lahore-Moschee, Berlin

Die Inkarnation Gottes in Mensch und Welt

Das Christentum versteht sich in einem besonderen Maße als eine Religion der Inkarnation (vgl. Apostolisches Glaubensbekenntnis): Gott ist über die Fleischwerdung Jesu von Nazareth und dessen Kreuzigung einen ewigen Bund mit der Menschheit eingegangen. Nach christlich-theologischer Vorstellung wird durch diesen der Bund Gottes mit Israel nicht aufgehoben. Der Widerspruch zum Judentum folgt jedoch aus dem Glauben an Jesus als den bereits erschienenen Messias, dessen Ankunft die Juden noch erwarten. Im jüdischen Erbe stehen dagegen die Gottesebenbildlichkeit des Menschen und das Befehlswort von Genesis 1, 28 »Macht euch die Erde untertan!«

Der Mensch: für welche Herrschaft bestimmt?

Gottebenbildlichkeit

Während die altkirchliche und mittelalterliche Auslegung die Gottebenbildlichkeit inhaltlich in einer Gottverwandtschaft der menschlichen Geistseele suchte, die Reformation sie in der Willenseinheit der Ursprungsgerechtigkeit des ersten Menschen mit Gottes Willen fand, steht am Beginn der heute vorherrschenden Auslegungstradition die Beobachtung der Sozinianer, dass im biblischen Schöpfungsbericht die Gottebenbildlichkeit des Menschen und seine Bestimmung zur Herrschaft über die Erde eng miteinander verbunden sind. Die Identifikation der Gottebenbildlichkeit mit der Herrschaftsfunktion hat sich zwar nicht durchgesetzt, wohl aber wird Herrschaftsvollmacht und Herrschaftsauftrag in der heutigen Exegese meist als unmittelbare Folge jener Aussage über den Menschen verstanden. Der eigentliche Inhalt der Vorstellung dürfte sich auf eine Gottähnlichkeit des Menschen in seiner leiblichen Gestalt bezogen haben ... Neuerdings hat man gegen die jüdisch-christliche Tradition den Vorwurf erhoben, sie habe durch den Gedanken einer Bestimmung des Menschen zur Herrschaft über die Erde einer verderblichen Entwicklung Vorschub geleistet, die schließlich in die heutigen Probleme der Umweltgefährdung durch den Menschen mündet. So hat der amerikanische Historiker Lynn White 1970 die rücksichtslose technische Ausbeutung der Natur durch die westliche Menschheit auf den verhängnisvollen Einfluss der jüdisch-christlichen Verbindung der Bestimmung des Menschen zur Gottebenbildlichkeit mit dem Auftrag zur Herrschaft über die Natur zurückgeführt. Früher war dieser traditionsgeschichtliche Zusammenhang eher als positiv bedeutsam hervorgehoben worden und spielte eine wichtige Rolle in der apologetischen Argumentation zur Selbstbehauptung des christlichen Glaubens gegen den Verdacht, er stehe dem Geiste neuzeitlicher Wissenschaft und Technik feindselig oder mindestens fremd gegenüber. Heute sehen nun plötzlich auch die Theologen mehr die fragwürdigen Seiten der biblischen Herkunft des modernen, technischen Weltverhältnisses und bekennen sich zur Mitverantwortung für das rücksichtslose Streben des modernen Menschen nach Herrschaft über die Natur. So fordert einer der führenden amerikanischen Theologen, John Cobb, dass der Christ mehr Verantwortung für die Erhaltung auch der außermenschlichen Natur und insbesondere des außermenschlichen Lebens übernehmen müsse. Cobb beruft sich dafür auf die Tatsache, dass im Schöpfungsbericht der Genesis die Schöpfung als Ganze, nicht nur der Mensch, als sehr gut bezeichnet wird, und er kritisiert von daher die humanistische Verabsolutierung des menschlichen Individuums bei Nichtachtung der übrigen Natur ... Erst durch die Emanzipation des neuzeitlichen Menschen von der biblischen Offenbarung [seit dem 18. Jahrhundert] wurde aus dem biblischen Herrschaftsauftrag eine Unterwerfung der Natur aus eigener Machtvollkommenheit und zu beliebigem Gebrauch. F. Gogarten [1887–1967] hat die prinzipielle Struktur dieses Vorgangs treffend als Wendung von der »sohnhaften Herrschaft« des Menschen über die entsakralisierte und insofern säkulare Welt zum Säkularismus beschrieben ... Dabei weist ... der Ausdruck »sohnhafte Herrschaft« auch darauf hin, dass der Sinn des im Schöpfungsbericht der Genesis dem Menschen zugesprochenen Herrschaftsauftrags seine volle Realisierung erst in der Sohnschaft Jesu gefunden hat ... Jesus Christus, der Sohn Gottes, ist damit zur urbildlichen Vollendung der Gottebenbildlichkeit des Menschen überhaupt geworden, – alle andern Menschen sollen sein Bild, das Bild des zweiten Adam tragen (1 Kor 15,49). Das gilt auch für das Verhältnis zur Welt. Die Menschen sollen über die Welt herrschen in Verantwortung vor dem Vater.

Wolfhart Pannenberg, 1983

▶ *Erläutern Sie die Ambivalenz, die im Begriff »herrschen« angelegt ist (vgl. S. 94/95; 370/71).*

▶ *Sollten Christen am Herrschaftsauftrag festhalten? Wie sollte er christlich interpretiert werden (vgl. S. 359)?*

Verliert das Christentum seine Lebenswelt?

Die Funktion der Religion … besteht darin, dass Religion die Einheit der Welt überhaupt im Hinblick auf ihren göttlichen Ursprung und auf ihre von daher mögliche Vollendung zum Gegenstand hat und in diesem Zusammenhang auch und vor allem den Sinn des menschlichen Lebensvollzugs und die sinnhafte Ordnung im Zusammenleben der Menschen thematisiert. Es geht in der Religion – wie der junge [Friedrich] Schleiermacher [1768–1834] dargelegt hat – um das Universum: Das Universum der Lebenswelt (bzw. die die Sinneinheit dieses Universums konstituierende göttliche Wirklichkeit) bekundet sich geschichtlich in jeweils besonderen Gestalten oder Vorgängen, die für das religiöse Bewusstsein zum Integrationspunkt seiner Einheit werden, und zwar sowohl für die Einheit der Welt als auch für die Identität und Integration im individuellen Lebensvollzug. Weil es in den Religionen um die Einheit der Wirklichkeit überhaupt geht, darum kann und muss auch die gesellschaftliche Ordnung des Lebens ihren letzten Bezugsrahmen in der Religion suchen und finden … Die säkulare Lebenswelt der Neuzeit hat zwar ihre Wurzeln in der christlichen Unterscheidung zwischen der Ordnung dieser vergehenden Welt und der kommenden Welt Gottes … Aber die säkulare Welt des neuzeitlichen Staates und seiner Kultur hat sich diesen Wurzeln entfremdet. Zu diesem Vorgang hat nur in Einzelfällen das Pathos eines Aufstands humaner Selbstbehauptung gegen die Autorität der christlichen Überlieferung beigetragen. In der Hauptsache handelt es sich um die unvermeidliche, nur zögernd bejahte Konsequenz aus der abendländischen Kirchenspaltung und aus dem unentschiedenen Ausgang der auf sie folgenden Konfessionskriege. Damals mussten der Staat und die öffentliche Kultur um ihres Überlebens willen auf eine von den konfessionellen Streitigkeiten unabhängige Basis gestellt werden. Aber daraus ist im Ergebnis eine Ablösung von den Quellen der Religion geworden, auf die auch die intellektuellen Eliten jener Übergangszeit nur in Teilen leichthin meinten verzichten zu können. Wegen der resultierenden Sinnleere der öffentlichen Kultur und der gesellschaftlichen Institutionen hat dieser Vorgang … zu einer Gefährdung des Fortbestandes der säkularen Gesellschaft selber geführt.

Wolfhart Pannenberg, 1983

Mexikanische Frau

Denn nur die Religionen (und allenfalls noch die in der Neuzeit an ihre Stelle getretenen weltanschaulichen Ersatzgebilde) erfassen das Universum als eine sinnhafte Ordnung, sodass sich auch damit die Ordnung des gesellschaftlichen Lebens durch ihre Einbettung in den damit gegebenen Zusammenhang als sinnvoll verstehen lässt.

Wolfhart Pannenberg, 1983

Das Christentum aus religionssoziologischer Sicht

Der Glaube führt in allen Religionen zur Selektion von Wirklichkeit, wodurch eine Reduktion der komplexen Vielfalt der Phänomene erfolgt. Die Kontingenz oder Zufälligkeit derselben wird so ausgeschaltet und Sinn etabliert und damit auch zugleich Handlungsorientierung für den Menschen formuliert. Das Problem der Differenz von Immanenz und Transzendenz, mit der sich jede Religion auseinander setzen muss, wird im Christentum durch die Inkarnationstheologie überbrückt. Dabei übernimmt die Kirche die Funktion geistlicher Kommunikation, was in der säkularen Welt heute zunehmend auf Schwierigkeiten stößt. Das ist nicht zuletzt auch eine Folge der Tatsache, dass das Christentum wie wohl keine andere Religion eine Abgrenzung von ethnischen und anderen kollektiven Strukturen der Gesellschaften, in denen es sich entwickelte, vollzog. Das ermöglichte ihm die Differenzierung zwischen religiöser Gemeinschaft und den säkularen Strukturen der Gesellschaft.

H.-J. Loth

- ▶ *Was könnte Pannenberg unter »weltanschaulichen Ersatzgebilden« verstehen? Nennen Sie Beispiele. Welche prägende Kraft haben sie Ihrer Ansicht nach im Vergleich zur christlichen Religion?*
- ▶ *Beschreiben Sie Pannenbergs Weltbild und die Funktion von Religion hierbei. Welche anderen Funktionen von Religion kennen Sie (vgl. S. 292/93)?*
- ▶ *Können Naturwissenschaften ein sinnhaftes Erleben und Handeln vermitteln? Welche Rolle könnte/sollte die christliche Kirche spielen?*

Ethische Traditionen in Ostasien

Der Taoismus ist weniger an gesellschaftlichen Fragen interessiert. Er betont den Wert des individuellen Lebens, der im Wohlstand des Einzelnen, der Gesundheit und der Erlösung gesehen wird. Der Shinto dagegen entwickelte seine Ethik unter buddhistischem Einfluss. Er sieht die ethischen Verpflichtungen im Kontext der Riten zur Verehrung der Kami.

Shinto-Mönch im Kasuga-Schrein. Schreine bestehen aus einem Allerheiligsten mit Symbol für die darin wohnende Gottheit, einer Opferhalle für die Priester und einer Andachtshalle.

Das Weltbild der Taoisten

Ein Mensch, der sozialem und psychischem Druck ausgesetzt ist, braucht Ablenkung, und diese Ablenkung finden die Chinesen in der taoistischen Philosophie. Der Taoismus lehrt die Menschen, das menschliche Streben aus der Perspektive des ganzen Universums zu betrachten ... Die Menschen sollten Gewinn und Verlust, Ruhm und Schande, Erfolg und Mißerfolg nicht zu ernst nehmen. Wenn wir die menschlichen Angelegenheiten mit dem unendlichen Universum vergleichen, wird uns klar, daß es nichts gibt, worum man kämpfen oder trauern müßte. Wer sich der taoistischen Philosophie verschreibt, ist in der Lage, sich dem endlosen Kampf und Konflikt zu entziehen und sich in Momenten spirituellen Leidens selbst Trost zu spenden. Diese Art der Selbsttröstung, die das eigene Schicksal relativiert und leichter erträglich macht, wird auch heute noch praktiziert, auch wenn viele chinesische Intellektuelle diese Haltung als Selbsttäuschung kritisiert haben. Als eine rein chinesische organisierte Religion unterscheidet sich der Taoismus von anderen religiösen Traditionen. Er sieht im menschlichen Leben den höchsten Wert ... Im Taoismus spielt die Vorstellung, daß der Mensch mit Sünde geboren oder daß die Gesellschaft voll des Leidens sei, keine besondere Rolle. Er ist überzeugt, daß der Mensch sein Leben durch Selbstkultivierung und moralisches Verhalten selbst bestimmen kann ... Die Taoisten gehen davon aus, daß der Mensch nur dann Unsterblichkeit erlangen könne, wenn er bereit ist, große Anstrengungen aufzubringen.

Liu Xiaogan, 1997

Shinto: die Einheit von Mensch und Kami als Quelle der Ethik

Im alten Shinto wurden alle Vorstellungen über das moralisch Gute und Böse, gutes und schlechtes Schicksal, gute und schlechte materielle Eigenschaft mit Begriffen ausgedrückt, die auf das Vorliegen oder Fehlen von weltlichem Wert verweisen: yoshi (gut) und ashi (schlecht). Die Seele des Menschen ist gut. Der Shinto kennt nicht die Vorstellung einer ursprünglichen Sünde. Der Mensch ist von Natur aus gut und die Welt, in der er lebt, ist gut. Das ist die Kami-Welt. Das Böse kann daher nicht seinen Ursprung im Menschen und in dieser Welt haben. Es ist ein Eindringling ... Die Quelle der Versuchung und des Bösen ist die Welt der Dunkelheit. Der Grund sind die bösen Geister ... Das moralisch Böse ist folglich eine Beschädigung – eine zeitliche Beschädigung. Während des Menschen Seele gut ist, erliegen Fleisch und Sinne bereitwillig der Versuchung. Der Mensch begeht das Böse, da er die Fähigkeit zu normalen Handeln verloren hat – sie wurde ihm entzogen. Im modernen Shinto gibt es keinen festen und unwandelbaren moralischen Kodex. Gut und Böse sind relativ. Bedeutung und Wert einer Handlung sind abhängig von Umständen, Motiven, Absicht, Zeit, Ort usw. Dennoch muss, im Allgemeinen, des Menschen Herz ernsthaft sein; sein Verhalten muss höflich und korrekt sein; ein böses Herz, selbstsüchtiges Wollen, Streit und Hass müssen beseitigt werden; Versöhnung muss praktiziert und Gefühle des guten Willens, der Zusammenarbeit und Zuneigung müssen verwirklicht werden. Das, was die soziale Ordnung stört und Unglück verursacht sowie die Verehrung der Kami und die friedliche Entwicklung dieser Kami-Welt behindert, ist böse. Die Sünde und das Böse, einschließlich Katastrophen, Unreinheit und sogar das Abnorme werden von bösen Geistern verursacht, die exorziert werden müssen ... Die Seele des Menschen ist das, womit zwischen Gut und Böse unterschieden werden kann. Diese Unterscheidung wird möglich durch die Hilfe der Kami. Ein korrektes Urteil, das mit dem Geist der Kami übereinstimmt, ist möglich, wenn ein Zustand der Einheit zwischen dem Göttlichem und dem Menschlichen besteht, wenn der Mensch sich den Kami in der [rituellen] Verehrung mit einem reinen strahlenden Geist nähern kann.

Sokyo Ono, 1989

▶ *Erläutern Sie, wie im Taoismus und Shinto der Mensch »gut« handelt. Beschreiben Sie die unterschiedlichen Welt- und Menschenbilder, die dem zugrunde liegen.*

Einkaufsstraße in Osaka

Kami im Shinto

Das japanische Wort Kami kann sowohl einzelne höhere Wesen und Gottheiten bezeichnen als auch die »800 Myriaden Kami« in ihrer Gesamtheit. So können z. B. die Ahnen, nationale Helden und Kulturheroen zu Kami werden, weshalb Mensch und Kami sich nur graduell unterscheiden. So gilt Japans Kaiser, der Tenno, als Nachkomme der weiblichen Sonnengottheit Amaterasu. Charakteristisch ist also die Manifestation der Kami in der Welt, stehen diese doch für eine mystisch gedachte Lebenskraft als Urgrund allen Seins.

Die Kardinaltugenden

Die Lebensphilosophien »Neues Leben entstehen zu lassen« und »Einheit der gesamten Natur« führten die Chinesen einerseits dazu, die moralischen Werte wie »Güte« … zu betonen und andererseits besonderen Wert auf die Ordnung der Gesellschaft und vernünftige Regeln des Benehmens der Menschen wie »Höflichkeit« und »Zeremonie« … zu legen. »Güte« ist das angeborene Empfinden für Moral und Recht; es [ist] die selbstlose Nächstenliebe. »Nächstenliebe« wird »Güte« genannt. Sie muss echt sein, und je größer sie ist, desto besser. »Zeremonien« erfordern vernunftgemäße Vorsorge und Selbstbeherrschung. Sie dienen dem Zweck, die moralische Ordnung der Gesellschaft aufrechtzuerhalten und der Ermutigung, harmonisch als Gruppe zusammenzuleben, und zwar je eingeschränkter, desto besser. »Güte« und »Zeremonie« sind untrennbar und ergänzen sich gegenseitig; sie sind der menschlichen Natur angeboren und bringen Tugenden wie die Achtung der Eltern, Ehrfurcht vor Angehörigen … Zuverlässigkeit und Einfühlungsvermögen … und Treue und Redlichkeit … hervor.

Iason C. Hu, 1992

Existenz als Sinn des Lebens

Wir sind hier, weil in unserer menschlichen Natur der geheime Code für die Selbstverwirklichung des Himmels verborgen liegt. Der Himmel ist allgegenwärtig, ja, vielleicht auch allwissend, aber wahrscheinlich ist er nicht allmächtig. Es bedarf unserer aktiven Teilnahme, wenn wir die ihm innewohnende Wahrheit verwirklichen wollen. Wir sind die Partner des Himmels, wir sind seine Mitgeschöpfe. Wir dienen dem Himmel mit unserem gesunden Menschenverstand, an dem es uns heutzutage in einem so hohen Maße mangelt, daß wir uns an den Rand der Selbstzerstörung gebracht haben. Wir helfen dem Himmel, sich selbst zu verwirklichen, indem wir uns in unserem alltäglichen Leben selbst entdecken und Verständnis für uns entwickeln. Und so liegt der allerhöchste Sinn des Lebens in unserer gewöhnlichen menschlichen Existenz.

Tu Wei-ming, 1997

Die goldene Regel des Konfuzius

Dsi Gung fragte und sprach: »Gibt es ein Wort, nach dem man das ganze Leben hindurch handeln kann?« Der Meister sprach: »Die Nächstenliebe. Was du selbst nicht wünschest, tu nicht an andern.«

Lun Yü, Gespräche XV, 23

▶ *Nennen Sie Regeln aus der jüdischen und christlichen Tradition, die Sie an das »Wort« des Meisters erinnern (vgl. S. 304/05; 330).*

Torbogen, der zum Grab des Konfuzius führt, Qufu

Was bedeutet Dharma für einen Hindu?

Im Hinduismus existieren scheinbar widersprüchliche Lebensführungen nebeneinander. In dieser Vielfalt gibt es jedoch ein Zentrum, aus dem heraus die verschiedenen Lebensführungen begründet werden können: das Dharma. So schreibt der Philosoph Ram Adhar Mall : Dharma bezeichnet das, was alles trägt und zusammenhält, die Lehre von den Pflichten und Rechten des Einzelnen in einer idealen Gesellschaft.

Denn alle, die ihre Zuflucht in mir [= Krishna] suchen, o Partha [= Arjuna], auch wenn sie Niedrig geborene, Frauen, Vaishyas und Shudras sind, auch sie gelangen an das höchste Ziel. Bhagavadgita 9,32

Auf dem Weg der Tugenden

Die Hindu-Literatur kennt unterschiedliche Darstellungen der Tugenden und Pflichten. Eine Liste von Manu führt fünf Pflichten an:

1. Ahimsa (nicht töten/verletzen)
2. Wahrheit
3. nicht Stehlen
4. Sauberkeit
5. Sinneskontrolle.

»Sechs innere Feinde« müssen nach der Hindu-Ethik auf dem Weg der wahren Tugenden besiegt werden:

1. übertriebene Sinneslust
2. Zorn
3. Hochmut
4. Gier
5. innere Verwirrung und Ohnmacht
6. Feindschaft.

Nach: Ram Adhar Mall

▶ *Vergleichen Sie den Manu-Pflichten-Katalog mit christlichen Geboten des Alten und Neuen Testamentes (vgl. S. 326; 330).*

Vier Lebensziele (Purusharthas)

Im Hinduismus gibt es vier Ziele menschlicher Bemühungen:

1. ein moralisches Leben führen (dharma);
2. Reichtum erwerben (artha);
3. die Sinnesfreuden genießen (kama);
4. das Streben nach Befreiung (moksha).

Der Hinduismus akzeptiert demnach auf allen Ebenen einen Pluralismus von Mitteln und Zielen, und darin liegt ein weiteres Geheimnis seines Universalismus. Auf die Frage »Was soll ich tun?« antwortet der Hinduismus: Lerne die Prinzipien der Moral und des Berufes in den ersten fünfundzwanzig Jahren des Lebens. Verdiene Geld und genieße die Sinnesfreuden in den nächsten fünfundzwanzig Jahren.
Danach führe für weitere fünfundzwanzig Jahre ein tugendhaftes und frommes Leben in der Abgeschiedenheit, und dann strebe nach Befreiung.

Arvind Sharma, 1997

Wer für mich [= Krishna] wirkt, wer mich als sein Ziel betrachtet, wer mich verehrt, frei von Anhänglichkeit und ohne Feindschaft gegen alle Geschöpfe ist, dieser gelangt zu mir, o Pandava [= Arjuna]

Bhagavadgita 11,55

Orientierung am Dharma

Dharma ist nicht nur Gesetz, sondern zugleich die Tugend, die zum Wohle der Gemeinschaft und des Einzelnen zu befolgen ist. Die einzelnen Pflichten oder Dharmas sind abhängig von der Sozialstruktur: Das Svadharma, die »eigene Pflicht«, ist das jedem Menschen eigene Tat-Gesetz, welches die ethischen, sozialen und religiösen Pflichten in Übereinstimmung mit Kaste (Varna) und Lebensstadium (Ashrama) zum Gegenstand hat. Davon zu unterscheiden ist das Sādhārana-Dharma, das allgemeine Dharma, d. h. die allgemeinen Rechte und Pflichten, die nicht von der Kaste abhängig sind, sondern alle anderen Pflichten ergänzen und für die universalen humanitären Werte wie Nichtgewalt und Wahrhaftigkeit stehen. Beide Dharma-Arten können in Konflikt geraten. In der Bhagavadgita fordert Gott Krishna auf, den Arjuna im Kampf zu töten, wenn es die Situation verlangt – zur Aufrechterhaltung der kosmischen Ordnung.

H.-J. Loth

▶ *Stellen Sie die verschiedenen Aspekte zusammen, die den Stellenwert des Dharma im Hinduismus erklären.*

Dharma trägt, fordert, gestaltet

Wenn im Westen unterstellt wird, der Hinduismus sei weltfremd und nicht interessiert an aktiver Gestaltung des menschlichen Lebens, so ist das ein Fehlschluss. Die Bhagavadgita fordert ausdrücklich dazu auf, in aktiver Weise gesellschaftliche Aufgaben zu übernehmen, denn das Handeln oder Tun macht des Menschen Wesen aus. Doch alle Handlungen müssen Ausdruck des »Dharma-Lebens« sein, dessen Ziel in der Spiritualisierung dieses Lebens besteht, an dessen Ende dann die Moksha erfolgen kann. So wie das Karma in der vorherigen Existenz mein jetziges Leben und das damit verbundene Dharma bestimmt hat, wird mein jetziges Karma durch Befolgen oder Verstoß des mir auferlegten individuellen Dharmas meine zukünftige Reinkarnation bestimmen.

H.-J. Loth

Krishna und Arjuna diskutieren philosophische Fragen in einem Streitwagen (Torbogen über dem heiligen Ganges in Rishikesh). Der Held Arjuna verkörpert den spirituell strebenden Menschen.

Mit Dharma die Welt verwandeln

Das Leben ist ein Kampf gegen den Geist des Bösen. Das Böse und die Unvernunft [die Avidya, das Nichtwissen um die Natur der Dinge] sind Elemente der Unvollkommenheit in unserer Welt. Die Aufgabe des Menschen besteht darin, durch Handeln in Übereinstimmung mit dem Dharma die Welt zu verwandeln. Die Welt ist kein Schauspiel, sondern der Bewährungsort für die individuelle Natur auf dem Wege zu sozialen Besserung. Gott Krishna ist auf dem Felde des Rechtes anwesend, denn er ist der Herr des Dharmas. Der Kriegszug gegen das Böse ist sowohl vergeltendes Gericht als auch Buße und Züchtigung, denn Gott ist in gleicher Weise Richter und Erlöser, er zerstört und schafft – er ist Shiva und Vishnu zugleich. Die Gita ist ein moralischer Kodex, der eine Erlösung verheißt. Insofern sie diese allen Kasten und auch den Kastenlosen zuspricht, aber zugleich an den spezifischen Dharmas der Geburtsgemeinschaft festhält, ist sie als eine soziale Ethik zu bezeichnen. Nach: Sarvepalli Radhakrishnan

Zu wenig Spiritualität?

Dharma ist das, was die Ganzheit von Schöpfung und sozialem Leben unterstützt ... Wenn jemand sagt, er habe Liebe in seinem Herzen, aber sich niemals darum bemüht, sie während seines Lebens auszudrücken, dann ist er ein Lügner. Folglich gehört wesentlich zur Logik der Spiritualität, dass sie im vorgegebenen Kontext Gestalt annimmt. In diesem Sinne müssen wir von »sozialer Spiritualität« sprechen, da Spiritualität durch Definition schon »sozial« ist ... Eine der dringlichsten Erfordernisse in Indiens Kontext heute besteht in der Reform der eigentlichen Idee von Religion. Unsere Tragödie ist, dass wir zu viel Religion und zu wenig Spiritualität haben. Religion ohne Spiritualität, besonders in ihrer sozialen Dimension, tendiert dazu, ein System der Bedrückung und Ausbeutung zu werden. Es war ein Christentum ohne den Einsatz für soziale Gerechtigkeit, gegen das Karl Marx seine bekannte Verurteilung richtete. Die menschliche Geschichte, unter Einschluss der Kirche, ist diesbezüglich reicher geworden. Es ist Zeit, dass ein ähnliches spirituelles Ferment auch in unserem Kontext aufkommt. Aber dies wird nicht geschehen, solange es in den Händen eines professionellen Klerus [= Brahmanen] und den Anhängern des religiösen Establishment liegt ... Derjenige, der ein Glas Wasser reicht, um den Durst eines anderen zu stillen, ist spirituell weiter als jene, die ihre Schriften chanten [rezitiere], während ihre Augen sich vor der gigantischen Agonie unserer Welt verschließen. Swami Agnivesh, 1999

Es ist besser, das eigene Gesetz [svadharma] unvollkommen zu erfüllen, als das Gesetz eines anderen vollkommen zu erfüllen. Es ist besser, in der Erfüllung des eigenen Gesetzes zu sterben; denn gefährlich ist es, dem Gesetz eines anderen zu folgen. Bhagavadgita 3,35

Wir müssen unsere Pflichten ausführen, indem wir unseren Geist zu Gott wenden, uns von jeglichem Interesse an den weltlichen Dingen freimachen und keine Feindschaft gegen irgendein lebendiges Wesen hegen. Sarvepalli Radhakrishnan

▶ *Beschreiben Sie, wie Pflicht nach hinduistischem Verständnis Teil einer Ordnung ist. Wie würden Sie aus Ihrer Sicht »Pflicht« definieren (vgl. dazu »Kant« S. 246/47)?*

▶ *Diskutieren Sie, ob ein Christ ähnlich wie Agnivesh im Blick auf das Christentum argumentieren könnte.*

> *Zu »Marx« vgl. S. 368/69*

»Vergänglich sind alle Dinge, daher strebet mit Eifer!«

In der Regel werden nur die fünf Silas (Sittenregeln) als Inbegriff buddhistischer Laien-Ethik angeführt: die Enthaltung vom Töten (aller Lebewesen), vom Stehlen, von ungesetzlichem Verkehr mit Frauen, vom Lügen und dem Genusse berauschender Getränke. Für Novizen und Mönche bzw. Nonnen kommen noch fünf weitere Silas hinzu: Enthaltung vom Essen nach 12 Uhr; Sichfernhalten von Tanz, Gesang, Musik und Schaustellungen; Vermeidung von Blumenschmuck, Wohlgerüchen, Schminke, Schmuck, Zierrat; Vermeidung von hohen, üppigen Betten und Enthaltung vom Annehmen von Gold und Silber. Die Silas sind jedoch keine Regelwerke, sondern moralische Verhaltensmuster. Daher steht der negativen Formulierung der fünf Vorsätze für die Laien jeweils eine positive Aufforderung gegenüber: dem Enthalten von der Gewalt – die Metta, d. h. die Liebe oder die von Herzen kommende Freundlichkeit, die nach Umsetzung verlangt. Der Enthaltung vom Stehlen steht Dana gegenüber, d. h. das Geben in Großzügigkeit, dem Verzicht auf unerlaubte Sexualität die Zufriedenheit mit dem Partner, dem Enthalten von falscher Rede ist mit Wahrhaftigkeit zu begegnen und der Enthaltung von berauschenden Getränken steht die Mahnung der Achtsamkeit hinsichtlich des Körpers, der Gefühle und des Geistes gegenüber. Die fünf Silas entsprechen in etwa der Sittlichkeit im Achtfachen Pfad, wenn man als »Rechten Lebenserwerb« die Vermeidung eines die anderen Wesen schädigenden Berufes hinzuzieht.

Der Inbegriff buddhistischer Ethik: Buddhas Abschiedsworte

Oh, Mönche, hört mir aufmerksam zu, dies ist meine letzte Unterweisung für euch alle … Vergänglich sind alle Dinge [»Gestaltungen«], daher strebet mit Eifer, was ihr zu tun habt.

… Nach diesen Worten verstummte der Lord Buddha. Niemand hörte noch etwas aus seinem Munde. Und das »Auge der Welt« erlangte seine letzte Befreiung. Buddhisten haben seit langem erkannt, dass dieser prägnante Ausdruck Buddhas seine gesamte Lehre zusammenfasst … Der letzte Ausspruch des Buddha … enthält die überzeugendste Aufforderung an jeden Zuhörer, die Zeit wertzuschätzen und sich anzustrengen, die eigene Verantwortung im Leben zu meistern. Egal welche Pflicht man übernimmt, dieser kurze Satz fordert immer den maximalen Gebrauch der eigenen Zeit und verlangt danach, alle Aufgaben bestmöglich nach eigener Fähigkeit zu verrichten, d. h., mache das Meiste und Beste aus deinem Leben! … Der Lord Gotama stellte sich nicht als der einzige Gründer einer neuen Religion dar, sondern bot sich als Wiederentdecker einer langen verlorenen kosmischen Tradition des Universums an. Nach dem Erlangen seiner Erleuchtung bezeichnete sich Gotama selbst als Tathāgata – ein mystischer Terminus für denjenigen, der die Wahrheit erlangt hat [wörtlich: »der so Dahingelangte«], oder Buddha, der Erwachte Eine. Gemäß seiner Erklärung war die Ewige Wahrheit, die er gefunden hatte, nicht neu. Es ist die gleiche wie die seiner Vorgänger, welche die Buddhas der Vergangenheit beschrieben haben und die von der Menschheit vergessen worden waren. Und was auch immer die Buddhas der Zukunft der Welt enthüllen werden, wird dasselbe sein, was er in den 45 Jahren seiner Mission lehrte. Die Wahrheit des Dhamma bleibt die gleiche von Anbeginn der Zeit, solange es Leiden im weiten Rund des Samsara gibt …

Buddhistische Mönche bei ihrer Ordination, Sri Lanka

Der Ausgang: nur drei Prinzipien

Der buddhistische Pfad zur Befreiung, in seiner einfachsten und praktischen Formulierung, ist ein integriertes System der Entwicklung von drei ganz einfachen Prinzipien: Enthaltung von allem Bösen …, Verwirklichen eines guten Verhaltens … und Reinigung des Geistes. Diese drei Prinzipien können zu einer verfeinerten Definition ausgeweitet werden, genannt der Achtfache Pfad … Der Achtfache Pfad wird noch weiter erklärt, um dem Leben des Laien und des Ordinierten [= Mönch oder Nonne] zu entsprechen: die 38 Mangalas oder gute Vorzeichen. »Nicht mit dem Törichten verkehren, sondern die Gemeinschaft mit dem Weisen eingehen und jene verehren, die der Verehrung würdig sind«, diese ersten drei zusammenhängenden Weisungen für die Anhänger, ihren Weg der Entwicklung zu beginnen, sind die einfachsten und leichtesten der Praxis. Dann berühren sie andere Bereiche als Ort der Umsetzung und, nachdem Verdienst in der Vergangenheit erlangt wurde, verbinden sie uns mit der heilsamen Lebensphilosophie. Sie sind detaillierte praktische Prinzipien, welche alle Aspekte des Lebens regeln, nämlich Sozialisation, Erziehung, Fertigkeiten, Familie und Verantwortung, bis zu den höheren Lehren von Keuschheit, höherer Moral, Fortschreiten in der Meditation, bis hin zur vollen Verwirklichung des Nirvana und des Zustandes des glücklichen unerschütterlichen Geistes. Die 38 praktischen Prinzipien der guten Vorzeichen zeigen uns, wie ein spirituelles Leben gelebt werden kann.

Alles ist miteinander verbunden
Beginnend mit der externen Realität, entwickelt sich der spirituelle Fortschritt hin zum Aufbau einer heilsamen Wahrnehmung, welcher weiter zu einem Zustand des vollkommenen und reinen Bewusstseins führt, unberührt, unverbunden mit der Welt der Phänomene. Sie sind nicht nur Illustration dafür, wie das Leben gelebt werden sollte, sondern alle 38 Mangalas sind praktisch untereinander verbunden und stützen einander. Die Lehre der guten Vorzeichen des Buddha zeigt deutlich, dass der Pfad zur endgültigen Erlösung kein isolierter Pfad ist, sondern ein kreatives Engagement zwischen dem Anhänger und der sozialen, familiären und spirituellen Umgebung. Gemäß dieser Interpretation der Mangalas ist niemand gut oder schlecht aus eigener Konsequenz. Alle Glieder der Menschheit beeinflussen sich gegenseitig und sind, zum Guten oder Bösen, allzeit untereinander verbunden. Das Gute, das wir in unserem Leben tun, kommt nicht nur uns zugute, sondern auch anderen und umgekehrt. Die eigene Handlung – ob mental, verbal oder physisch – führt immer zu einem weiteren Wandel der Umwelt und formt stets von neuem so unser eigenes Verhalten auf dem kultiviertesten und unkultiviertesten Level der Existenz. Das Muster des Wandels wird »Bedingte Entstehung« … genannt, die universale Norm, die die ganze materielle und immaterielle Welt beherrscht: das Samsāra. Alles im Bereich von Samsāra ist null und nichtig hinsichtlich jeglicher Bedeutung und Wertung. Sie [= die Dinge oder Phänomene] sind dem Wandel unterworfen und von außen kommender Kausalität. Das ist die Bedeutung des ersten Teils der letzten Aussage Buddhas: »Vergänglich sind alle Dinge [›Gestaltungen‹]«. Durch die Praxis der 38 Mangalas schreitet man voran durch das dynamische und verbindende Netzwerk spiritueller Entwicklung, bis das eigene Bewusstsein ein und dasselbe ist mit dem unwandelbaren höchsten Glück des Nirvāna.

Unterweisung eines buddhistischen Mönches in einem tibetanischen Kloster

Das Lebensziel
Das Nirvāna kann als eine komplette Leere angesehen werden, d.h. als ein Leersein von Wandel und Phänomenen, oder als die Fülle, d.h. die Erfüllung von höchstem Glück und Weisheit. Wer das Nirvāna erlangt hat, hat sein Lebensziel erreicht. Es gibt kein weiteres Glück noch Veränderung darüber hinaus. Und deshalb ist es kein Zustand des Auslöschens. Durch die Lupe der guten Vorzeichen können wir erkennen, dass das Erlangen von Nirvāna eine Lebenserfahrung ist, d.h. es muss erarbeitet werden, während wir leben und nicht nach dem Tode. Eine Auslegung der letzten Aussage des Buddha »Daher strebet mit Eifer, was ihr zu tun habt« besteht darin, eifrig die 38 Mangalas umzusetzen oder den kompletten »Achtfachen Pfad« oder die drei Prinzipien des Ovadapatimokkha. Wer den Dhamma praktiziert, wird sein Leben zur Fülle leben und schließlich eins mit dem Dhamma werden. Seine oder ihre Existenz ist zugleich die Verkörperung des Dhamma. Dieser Status ist im Buddhismus als Sangha bekannt. Die Beziehung zwischen dem Buddha, dem Dhamma und dem Sangha wird die Drei Kleinodien genannt und ist die höchste Form der Zuflucht unter den Buddhisten.

Der Ehrenwerte Bhikkhu (= Mönch) Mettanando aus Thailand, 1999

Hass wird in dieser Welt niemals durch Hass besänftigt; nur durch Nicht-Hass wird Hass erlöschen. Das ist ein ewiges Gesetz. Dhammapada (Lehrsystem) 5

Sich des Bösen enthalten, nach dem Guten trachten, sein Denken zu reinigen – das ist die Lehre des Buddha.
Dhammapada (Lehrsystem) 183

▶ *Beschreiben Sie »geglücktes Leben« aus buddhistischer Sicht. Was würden Sie gern von Buddhisten »lernen« (vgl. S. 390/91; 406/07)?*

Die 38 Mangalas umsetzen
Das Pali-Wort Mangala meint in seiner positiven Bedeutung das, was »förderlich für das Allgemeinwohl« ist. Das »Buch über das Große Mangala« ist Teil des Sutra-Pitaka und findet in Ländern des Theravada Anwendung als ein Kompendium individueller und sozialer Ethik in der Unterweisung von Kindern und Erwachsenen. Es gibt daneben noch andere Bücher, welche ebenfalls konkrete ethische Anweisungen für die Laienanhänger enthalten. H.-J. Loth

>
Zum »Achtfachen Weg« vgl. S. 313; zu »Nirvāna« und »Dhamma« vgl. S. 302/03

Tora, Halacha und die moralische Verinnerlichung

Noch heute vertritt das orthodoxe Judentum die Lehre vom göttlichen Ursprung der beiden Torot und die grundsätzliche Unwandelbarkeit der Halacha (vgl. S. 304). Die Orthodoxie ist jedoch seit mehreren Jahrhunderten zu einer Richtung unter vielen eines modernen jüdischen Pluralismus geworden. Die heute mehrheitlich nichtorthodoxen Juden verneinen die Vorstellung, nach der sich das Leben, trotz der damit verbundenen Härten, an den beiden Torot und der Halacha zu orientieren habe. So will das so genannte konservative Judentum die Halacha mit Blick auf die Moderne fortentwickeln, die so genannten Reformjuden ordnen sie dem menschlichen Urteil unter, während die liberalen Juden Englands den Zwang des Religionsgesetzes ganz ablehnen. Ist z. B. für Orthodoxe die Ordination einer Frau zum Rabbiner unvorstellbar, so ist sie in den anderen Bewegungen bereits die Norm. Auch in Deutschland mit seiner wachsenden Gemeinschaft gibt es wieder nichtorthodoxe jüdische Gemeinden.

Die Gesamtzahl der Gebote (Mizwot) ist 613, und zwar 365 Verbote und 248 Gebote.

Stärker als der Islam hat das Judentum seit dem 3. Jh. seine Gebote auf biblischer Grundlage zu einem Korpus vereinigt. Dieser enthält neben ethischen Vorschriften über das Verhältnis von Mensch zu Mitmensch gottesdienstliche Anweisungen, Speisevorschriften, Ehe- und Sexualvorschriften und zahlreiche Anweisungen für den Priester und Tempeldienst. Da der Tempel 70 n. Chr. zerstört wurde, gibt es heute faktisch keinen Juden, der alle Mizwot einhält.

H.-J. Loth, 1999

Die Sichtweise des orthodoxen Judentums

Beten mit Kopf und Hand

Die Tora, d. h. die fünf Bücher Mose, sollen dem Menschen seinen Weg weisen, den Weg, auf dem er wandeln soll, wie auch jenen Weg zeigen, der ihm verboten ist. So wie der erste Regen als [hebräisch] »Jore«, als Weisender, bezeichnet wird, weil er den Menschen den bevorstehenden Winter ankündigt und ihnen Zeichen gibt, dass sie sich auf ihn vorbereiten müssen, so zeigt uns auch die Tora unseren Lebensweg und bahnt ihn uns. Und was ist Halacha? Sie ist der Weg, auf dem man geht (Halacha gebildet vom Wort halach: gehen); sie bestimmt die Art und Weise unseres Lebens. Das Judentum, das sich aus diesen Lebenswegen zusammensetzt, unterscheidet sich von vielen anderen Glaubensweisen dadurch, dass es vor allem eine Religion der Tat ist … Im Judentum vereinen sich Wort und Tat; es ist eine Harmonie zwischen einer Vision und der Verwirklichung, Realisierung von Plänen, Werten und Ideen, die in den Seiten des Buches der Bücher, der Bibel, verborgen sind. Das Judentum beruht demnach auf zwei Grundlagen: einer ideologischen einerseits und einer praktischen andererseits. So bestehen zum Beispiel die Gebetsriemen … aus zwei Kapseln: aus Gebetskapseln, die dem Kopf zugeordnet werden und das jüdische Denken symbolisieren, und aus Gebetskapseln, die der Hand zugeordnet werden und Ausdruck des praktischen Aspekts der jüdischen Lebensweise sind. Beide können weder getrennt noch allein für sich betrachtet werden; sie gehören vielmehr untrennbar zusammen. Da das Judentum so sehr eine praktische Religion ist, dass es die Gläubigen dazu verpflichtet, bei jedem Schritt seinen Werten treu zu bleiben, hat es drei Texte als allgemein verbindliche Norm festgelegt, die die Eckpfeiler der unzähligen für den Juden verbindlichen Vorschriften geworden sind. Diese Verpflichtung geht direkt aus der Tatsache hervor, dass die Halacha Wort und Praxis im prosaischen alltäglichen Leben untrennbar miteinander verbindet. Der erste Text beginnt mit: »Ich habe den Herrn beständig vor Augen« (Ps 16,8). Dieser Spruch fasst knapp den Glauben an den Schöpfer der Welt zusammen, der das ganze Land mit seiner Herrlichkeit erfüllt hat, der seine Welt und seine Geschöpfe nicht sich selbst überlässt und vor dem sich niemand verstecken kann. Der zweite Text lautet: »Israel … mach dich bereit, deinem Gott gegenüberzutreten« (Am 4,12). Dieser Vers bringt die Verpflichtung jedes Juden zum Ausdruck, sich stets bereitzuhalten zur Erfüllung der ihm täglich aufs Neue auferlegten Aufgaben. Und im dritten Text heißt es: »Such ihn zu erkennen auf all deinen Wegen« (Spr 3,6). Darin kommt zum Ausdruck, dass das Judentum kein Leben in einem Vakuum erlaubt, sondern die Heiligung all dessen befiehlt, was uns allen banal, grau und langweilig erscheint. Auch diesen Dingen sollen wir Inhalt und Bedeutung geben. All diese Verpflichtungen, die sich aus dem bisher Gesagten herleiten, beginnen in der Praxis schon in dem Augenblick, in dem der Mensch aus dem Schlaf erwacht und morgens die Augen öffnet.

Das Anlegen der Gebetsriemen und des Tallit (Gebetsmantel) sind Gebote. Die Verknüpfung der Fransen oder Schaufäden an den vier Ecken des Tallit symbolisiert die 613 Mizwot.

Israel Meir Lau, orthodoxer Oberrabbiner der aschkenasischen Juden in Israel, 1993

Sollen die Gesetze alles aufwiegen?

»Wir verehren Gott nicht mit unserem Intellekt«

Leo Beck College in London: Frauen und Männer werden zu Rabbinen ausgebildet.

Das liberale Judentum kann das geschriebene Gesetz und Brauchtum nicht als unwandelbar oder nichtfortschreitend ansehen, denn es weißt allenthalben die Anzeichen einer sich wandelnden, unvollkommenen und sich entwickelnden Menschheit auf. Dennoch …: Das liberale Judentum betrachtet die Tora – die Rolle des Gesetzes [= Fünf Bücher Mose] – als das Hauptsymbol jüdischen Lebens und jüdischer Verpflichtung. Aber sie ist nicht das einzige [Symbol]. Sie ist das Hauptgesetz, doch ihre Stellung in der Synagoge bedingt nicht die Verpflichtung, alle ihre Lehren zu akzeptieren oder ihren Geboten zu gehorchen. »Der Gerechtigkeit, Gerechtigkeit sollst du nachfolgen.« Gerechtigkeit zu üben, das ist des Menschen vornehmste Pflicht, gleichsam wie die Gnade »ein Attribut Gottes selbst« ist. Aber das ist nicht die einzige Pflicht oder Aufgabe des Menschen. Das Prinzip der Gerechtigkeit bleibt, aber unsere Interpretation dessen, was Gerechtigkeit bedeutet und fordert, ist weit über das mosaische Gesetz hinausgegangen hinsichtlich seiner Anwendigkeit auf das Leben von heute … Was machte das alte Judentum zu einer warmen und frohen und befriedigenden Religion? Ich denke, es war unzweifelhaft die praktische Observanz und das Zeremional. Vieles davon zieht uns [heute] nicht mehr an, insbesondere die vielen abergläubischen Vorstellungen, die noch immer zur Substanz des orthodoxen Judentums gehören. Aber es gibt sehr viel an Observanz, welche das liberale Judentum akzeptiert und bewahren will … Wir wissen von den Psalmisten über die bewegende Kraft des Glaubens. Wir wissen, dass es die Haggada – das Spirituelle, das Homiletische, das Illustrative, die Legenden, die Folklore – im Talmud ist, das die Vorstellungskraft anzog (und es immer noch kann), und nicht die Halacha, die aus den Teilen besteht, welche von dem strikt rechtlichen und rituellen Inhalt der Tora handelt. Ferner wissen wir, dass die Art und Weise, mit der das gewöhnliche Individuum auf Religion reagiert und von ihr inspiriert ist, der Weg des Gefühls und nicht der Vernunft ist, das Fühlen eher als das Denken. Sich dem Judentum mit Intelligenz und Wissen zu nähern, ist eine wesentliche Grundlegung. Aber wir verehren Gott nicht mit unserem Intellekt, sondern mit unserem Herzen und unserer Seele. Vivian G. Simmons, 1961

Das liberale Judentum kann die alte Lehre von der verbalen Inspiration der Tora nicht akzeptieren … Die Haltung zur Tora macht die Hauptunterscheidung zwischen orthodoxem und liberalem Judentum aus … Eines ist völlig klar: Das liberale Judentum unternimmt alles, was in seiner Macht steht, der alten Idolatrie (Bilderverehrung) des Gesetzes ein Ende zu bereiten. Vivian G. Simmons, 1961

Der Auslegung der Tora sind enge Grenzen gesetzt

Für die Juden stehen nicht die illustrativen Geschichten der Tora mit ihrer narrativen Pädagogik im Vordergrund, sondern ihre Gebote (mizwot): Sie wiegen alles andere in der Bibel auf. Diese Einstellung geht so weit, dass RaSCHI seinen Kommentar mit der Frage beginnt, wozu denn eigentlich das ganze Buch Genesis hätte geschrieben werden müssen, wenn es in ihm nur drei Gebote gibt. Deshalb gehen Kommentatoren mit den narrativen Passagen recht selbstständig um und legen sie nach aktuellen Umständen und Notwendigkeiten, nach dem Zeitgeist, ja sogar nach eigener Neigung … aus … Geht es aber um die Gebote, sind dieser Freiheit enge Grenzen gesetzt. Nur befugte Autoritäten dürfen sie interpretieren, und alle anderen sind angehalten, diese Interpretationen zu beachten. Sie können sich zwar über sie hinwegsetzen, eigenmächtig auslegen allerdings dürfen sie sie nicht. In welcher Sprache die Schlange im Paradiese sprach, und ob sie überhaupt sprach, darüber kann debattiert werden; dass aber – weil der gleichzeitige Genuss von Fleisch der Säugetiere und Milch von der Tora her untersagt ist – Geflügel nach Entscheid der Rabbiner auch unter den Begriff Fleisch fällt, steht nicht zur Diskussion und ist nur übertretbar. Yehuda T. Radday, 1992

RaSCHI, eig. Salomo ben Isaak (1040–1107), bedeutender Bibel- und Talmud-Kommentator

▶ *Vergleichen Sie die Positonen von Simmons und Radday. Sehen Sie Parallelen zum Islam (vgl. S. 328/29)?*

»Ich bin JHWH, dein Gott, der dich aus Ägypten geführt hat«

Eine »Ethik« der hebräischen Bibel, des von den Christen so genannten Alten Testamentes, gibt es nicht. Auch trifft das moderne Wort »Ethik« kaum die Gebote und Weisungen und die mit diesen verbundenen Zusagen der Treue Gottes, wie sie die hebräische Bibel kennt. Die hebräische Bibel beschreibt einen Zeitraum von über 1000 Jahren Geschichte des Volkes Gottes. Die Zeit reicht vom Halbnomadentum mit Kleinviehherden über die Sesshaftigkeit, Staatenbildung und das Königtum in Israel, dessen Teilung, teilweisen Untergang bis hin zur Integration in ein fremdes Großreich. Unterschiedliche »Ethiken« begleiteten diesen Weg des Volkes Gottes und wurden auf ihm konzipiert. Die bestimmende Erfahrung dieses Volkes, seines Glaubens und seiner »Ethik« war die Befreiung aus ägyptischer Sklaverei.

Rembrandt, Mose zertrümmert die Gesetzestafeln, 1659

»Du sollst deinen Nächsten lieben wie dich selbst« (3. Mose 19, 18) Dieser, in der hebräischen Sprache aus nur drei Wörtern bestehende Satz, kann als »geheimes Ziel« alttestamentlicher Ethik bezeichnet werden. Er schließt die Feindesliebe mit ein.
Die Zehn Gebote im 2. Buch Mose 20, 1–17 sind eng mit dem Exodus des Volkes Israel aus Ägypten verbunden. Sie sind einerseits die göttliche Weisung Jahwes an sein Volk und andererseits dessen Antwort auf seine Befreiungstat sowie seine Treue in der Geschichte.

▶ *Diskutieren Sie den Zusammenhang von Nächsten- und Selbstliebe. Vergleichen Sie diese alttestamentliche Aussage mit Kernsätzen neutestamentlicher Ethik (vgl. S. 330/31).*
▶ *Überdenken Sie den Stellenwert der einzelnen Gebote des Dekalogs als einer Ethik von »Befreiten«, mit denen Gott einen Bund geschlossen hat.*

Die Zehn Gebote: der Dekalog

1 Ich bin JHWH, dein Gott, der dich aus Ägypten geführt hat, aus dem Sklavenhaus. Du sollst neben mir keine anderen Götter haben.
Du sollst dir kein Gottesbild machen und keine Darstellung von irgendetwas am Himmel droben, auf der Erde unten oder im Wasser unter der Erde.
Du sollst dich nicht vor anderen Göttern niederwerfen und dich nicht verpflichten, ihnen zu dienen. Denn ich, der Herr, dein Gott, bin ein eifersüchtiger Gott: Bei denen, die mir Feind sind, verfolge ich die Schuld der Väter an den Söhnen, an der dritten und vierten Generation; bei denen, die mich lieben und auf meine Gebote achten, erweise ich Tausenden meine Huld.
2 Du sollst den Namen des Herrn, deines Gottes, nicht missbrauchen; denn der Herr lässt den nicht ungestraft, der seinen Namen missbraucht.
3 Gedenke des Sabbats: Halte ihn heilig! Sechs Tage darfst du schaffen und jede Arbeit tun. Der siebte Tag ist ein Ruhetag, dem Herrn, deinem Gott, geweiht. An ihm darfst du keine Arbeit tun: du, dein Sohn und deine Tochter, dein Sklave und deine Sklavin, dein Vieh und der Fremde, der in deinen Stadtbereichen Wohnrecht hat. Denn in sechs Tagen hat der Herr Himmel, Erde und Meer gemacht und alles, was dazugehört; am siebten Tag ruhte er. Darum hat der Herr den Sabbattag gesegnet und ihn für heilig erklärt.
4 Ehre deinen Vater und deine Mutter, damit du lange lebst in dem Land, das der Herr, dein Gott, dir gibt.
5 Du sollst nicht morden.
6 Du sollst nicht die Ehe brechen.
7 Du sollst nicht stehlen.
8 Du sollst nicht falsch gegen deinen Nächsten aussagen.
9 Du sollst nicht nach dem Haus deines Nächsten verlangen.
10 Du sollst nicht nach der Frau deines Nächsten verlangen, nach seinem Sklaven oder seiner Sklavin, seinem Rind oder seinem Esel oder nach irgendetwas, das deinem Nächsten gehört.

Prophetische Kritik und Weisung

Der Prophet Amos

Weh denen, die das Recht in bitteren Wermut verwandeln und die Gerechtigkeit zu Boden schlagen. Bei Gericht hassen sie den, der zur Gerechtigkeit mahnt, und wer Wahres redet, den verabscheuen sie.
Weil ihr von den Hilflosen Pachtgeld annehmt und ihr Getreide mit Steuern belegt, darum baut ihr Häuser aus behauenen Steinen und wohnt nicht darin, legt ihr euch prächtige Weinberge an und werdet den Wein nicht trinken.
Denn ich kenne eure vielen Vergehen und eure zahlreichen Sünden. Ihr bringt den Unschuldigen in Not, ihr lasst euch bestechen und weist den Armen ab bei Gericht.
Darum schweigt in dieser Zeit, wer klug ist; denn es ist eine böse Zeit.
Sucht das Gute, nicht das Böse; dann werdet ihr leben, und dann wird, wie ihr sagt, der Herr, der Gott der Heere, bei euch sein.
Hasst das Böse, liebt das Gute, und bringt bei Gericht das Recht zur Geltung!

Amos 5,7. 10–15

הִגִּיד לְךָ אָדָם מַה־טּוֹב וּמָה־יְהוָה דּוֹרֵשׁ מִמְּךָ [אֱלֹהֶיךָ׃
כִּי אִם עֲשׂוֹת מִשְׁפָּט וְאַהֲבַת חֶסֶד וְהַצְנֵעַ לֶכֶת עִם

8 הִגִּיד[a] לְךָ אָדָם מַה־טּוֹב וּמָה־יְהוָה דּוֹרֵשׁ מִמְּךָ [אֱלֹהֶיךָ׃ עוֹד
כִּי אִם־עֲשׂוֹת מִשְׁפָּט וְאַהֲבַת חֶסֶד וְהַצְנֵעַ לֶכֶת עִם־

Hebräisches Original von Micha 6, 8: Es ist dir gesagt worden, Mensch …

Der Prophet Micha

Womit soll ich vor den Herrn treten, wie mich beugen vor dem Gott in der Höhe? Soll ich mit Brandopfern vor ihn treten, mit einjährigen Kälbern?
Hat der Herr Gefallen an Tausenden von Widdern, an Zehntausenden Bächen von Öl? Soll ich meinen Erstgeborenen hingeben für meine Vergehen, die Frucht meines Leibes für meine Sünde?
Es ist dir gesagt worden, Mensch, was gut ist und was der Herr von dir erwartet: Nichts anderes als dies: Recht tun, Güte und Treue lieben, in Ehrfurcht den Weg gehen mit deinem Gott.

Micha 6, 6–8

▶ *Übertragen Sie die Bedeutung der Prophetenworte auf konkrete ethische und gesellschafts- und kirchenkritische Fragen. Können sie auch heute noch Perspektiven gelingenden Lebens aufzeigen?*

➤ *Zu alttestamentlichen »Weisungen« vgl. Psalm 15; Psalm 24, 3–6; Jesaja 33, 14–16; Hosea 18, 5–9; Micha 6, 6-8; Hiob 31*

»Ich bin Jahwe«

Das wichtigste Charakteristikum und zugleich die entscheidende Legitimation der sittlichen Forderung im Alten Testament liegen in ihrer Zurückführung auf Jahwe, den Gott Israels, der der Gott der ganzen Welt ist. Der Satz »Ich bin Jahwe« steht mit großem Gewicht am Anfang des Dekalogs und sollte eigentlich bei jedem einzelnen Gebot mitgehört werden … Den für alle Ethik fundamentalen Begriff des Guten kennt natürlich auch Israel; aber er steht hier in diesem Zusammenhang: »Es ist dir gesagt, Mensch, was gut ist und was Jahwe von dir fordert« (Micha 6, 8). Hierhin muss prinzipiell immer zurückgefragt, an diese Instanz muss appelliert werden. Rechtes Handeln heißt Gehorsam gegen Jahwe. »Hören auf seine Stimme«, »Wandeln in seinen Wegen« und »vor seinem Angesicht«.

Rudolf Smend, 1982

Hiob 38 f., JHWH offenbart sich in der Schöpfung, Codex Vaticanus Graecus, 9. Jh.

▶ *Diskutieren Sie die von Smend beschriebene enge Bindung von Ethik und Glaube, von sittlichem Handeln und Jahwe unter dem modernen Autonomiepostulat.*

Koran, Scharia und das rechte Tun

Die Sure 17 des Korans handelt nach islamischer Interpretation von der mystischen Himmelsreise Muhammads von Mekka nach Jerusalem. Sie ist Teil des koranischen Ethikkatalogs. Ähnlich wie in den Zehn Geboten (vgl. S. 326) geht es um folgende Bereiche des Lebens: die Beziehungen des Menschen zu Gott, die Unantastbarkeit menschlichen Lebens, das Eigentum als Mittel zu Erhaltung und Förderung des Lebens und die Wahrheit als Grundlage des gesellschaftlichen Lebens. Ihsan, »Tugend«, gehört zu den grundlegenden Werten im Islam.

Die »Zehn Gebote« des Koran

1 Und dein Herr hat befohlen: Verehrt keinen außer Ihm,

2 und (erweist) den Eltern Güte. Wenn ein Elternteil oder beide bei dir ein hohes Alter erreichen, so sage dann nicht »Pfui!« zu ihnen und fahre sie nicht an, sondern sprich zu ihnen in ehrerbietiger Weise. Und senke für sie in Barmherzigkeit den Flügel der Demut … (Verse 22–23)

3 Und gib dem Verwandten, was ihm gebührt, und ebenso dem Armen und dem Sohn des Weges [= Heimatloser], aber sei (dabei) nicht ausgesprochen verschwenderisch. Denn die Verschwender sind Brüder der Satane … Und lass deine Hand nicht an deinen Hals gefesselt sein, aber strecke sie auch nicht zu weit geöffnet aus, damit du nicht getadelt (und) zerschlagen niedersitzen musst. (Verse 25–26.28)

4 Und tötet eure Kinder nicht aus Furcht vor Armut; wir sorgen für sie und für euch. Wahrlich, sie zu töten ist ein großer Fehler.

5 Und kommt der Unzucht nicht nahe; seht, das ist eine Schändlichkeit und ein übler Weg.

6 Und tötet nicht das Leben, das Allah unverletzlich gemacht hat, es sei denn zu Recht. (Verse 30–32)

7 Und tastet nicht das Gut der Waise an, es sei denn zu (ihrem) Besten, bis sie die Reife erreicht hat. Und haltet die Verpflichtung ein; denn über die Verpflichtung muss Rechenschaft abgelegt werden.

8 Und gebt volles Maß, wenn ihr messt, und wägt mit richtiger Waage; das ist durchaus vorteilhaft und letzten Endes das Beste.

9 Und verfolge nicht das, wovon du keine Kenntnis hast. Wahrlich, das Ohr und das Auge und das Herz – sie alle sollen zur Rechenschaft gezogen werden.

10 Und wandle nicht ausgelassen (in Übermut) auf der Erde; denn du kannst weder die Erde durchbrechen, noch kannst du die Berge an Höhe erreichen. (Verse 33–36)

Und sprich zu meinen Dienern, sie möchten nur das Beste reden; denn Satan stiftet zwischen ihnen Zwietracht. (Vers 52) Und sprich: »Gekommen ist die Wahrheit und dahingeschwunden ist die Falschheit; wahrlich, das Falsche verschwindet bestimmt.« Und wir senden vom Koran das hinab, was eine Heilung und Barmherzigkeit für die Gläubigen ist; den Ungerechten aber mehrt es nur den Schaden. (Verse 80–81)

Aus: Sure 17

▶ *Vergleichen Sie die »Zehn Gebote« des Koran mit den Zehn Geboten der hebräischen Bibel (vgl. S. 326).*

Die Scharia in innerislamischer Auseinandersetzung

Die Scharia – eine Frage der Interpretation?

Während der ersten drei Jahrhunderte des Islams (7. bis 9. Jahrhundert n. Chr.) entwickelten muslimische Gelehrte die Prinzipien der Scharia aus dem Koran (und aus der Sunna und anderen Traditionen der frühen Muslime). Die Scharia, und nicht so sehr die »reinen« Texte des Korans (und anderer Quellen), hat das Fundament der islamischen Zivilisation seit dem siebten Jahrhundert gebildet … Das arabische Wort Scharia ist ein vom Verb schara'a abgeleitetes Nomen und bedeutet: den Weg oder Pfad einschlagen, der den Zugang zu einer Quelle schafft. Der Terminus Scharia kann außerdem eine Lebensweise bezeichnen. Der Stamm und seine Ableitungen werden nur in ihrer allgemeinen Bedeutung in fünf Suren des Korans, nämlich 5,48; 7,163; 42,13; 42,21; und 45,18, verwendet. Zu gegebener Zeit jedoch bekam der Begriff Scharia die Bedeutung »göttlich gefügte islamische Lebensweise«. In dieser Bedeutung umfasst er nicht nur gesetzliche und rechtswissenschaftliche Themen, sondern auch Frömmigkeitsrituale, Theologie, Ethik und sogar persönliche Hygiene- und Umgangsformen. Wir müssen nicht die Ursprünge und Entwicklung der Scharia an dieser Stelle im Detail erörtern. Was hervorgehoben werden muss, ist die Tatsache, dass, was gemeinhin als Scharia bezeichnet wird, das Produkt eines menschlichen Verständnisses von den Quellen des Islams im historischen Kontext des siebten bis neunten Jahrhunderts n. Chr. ist. Während dieser Zeit interpretierten muslimische Rechtsgelehrte den Koran und andere Textquellen, um ein umfassendes und kohärentes Scharia-System zum Zweck der Führung muslimischer Gemeinschaften zu entwickeln. Wenn diese historische Fassung der Scharia heute angewendet werden sollte, würde sie viele der fundamentalen Menschenrechte von Frauen und Nicht-Muslimen verletzen.

Abdullahi Ahmed An-Na'im, 1990

In Übereinstimmung mit dem Gesetz leben

Für gewöhnlich wird sie [Scharia] der Klarheit halber und um das Erlernen ihrer Gebote zu erleichtern in »ibadat« (zum Gebetskreis gehörend) und »mu'amalat« (zum Bereich des Handelns gehörend) unterteilt. Zur ersten Kategorie zählen alle Gebote, die die islamischen Rituale betreffen, sowohl die obligatorischen als auch die empfohlenen wie Gebet und Fasten; wohingegen die zweite Kategorie jede Art von Transaktion einschließt, gleich ob sie sozialer, ökonomischer oder politischer Art ist oder ob sie nachbarschaftliche Belange oder die gesamte Gesellschaft betrifft. Die Scharia unterteilt alle Handlungen in fünf Kategorien: obligatorische Handlungen …, empfohlene Handlungen …, Handlungen, gegenüber denen das göttliche Gesetz indifferent ist ..., Handlungen, die tadelnswert sind … und verbotene Handlungen … Ein Beispiel für die erste Kategorie wären die fünf täglichen Gebete …; für die zweite den Armen Almosen zu geben; für die dritte die Art der Pflanzen, die man ißt, oder die Art von Übungen, die man macht; für die vierte Scheidung und für die fünfte Mord, Ehebruch, Diebstahl sowie Verbote bestimmter Speisen wie Schweinefleisch … oder alkoholische Getränke. Der Muslim und die Muslima führen ein Leben, das aus Handlungen gewoben ist, deren Bewertung ihnen aufgrund der Scharia bekannt ist. Das bedeutet nicht, daß Muslime keine Freiheit hätten, denn Freiheit ist im Islam nicht bloß als individuelle Rebellion gegen jedwede Autorität definiert, sondern als ein Teilhaben an jener Freiheit, die nur Gott in vollem Umfang besitzt. Das Gesetz ist göttlichen Ursprungs und muß eine Gesellschaft nach seinen Normen hervorbringen, statt sich einfach den jeweiligen Änderungen in der Gesellschaft anzupassen, denen gegenüber die Menschen sich passiv verhalten sollen. Auf die Forderung, die von modernen westlichen Islam-Kritikern häufig aufgestellt wird, daß das islamische Recht mit der Zeit Schritt halten müsse, antwortet der Islam: Wenn dem so wäre, was es denn sei, womit die Zeit Schritt halten müsse; was es denn sei, das den Zeiten befiehlt und sie zwingt, sich so zu ändern, wie sie es tun? Der Islam geht davon aus, daß der ausschlaggebende Faktor, also der, der sowohl »die Zeiten macht« als auch die menschliche Gesellschaft koordiniert, die Scharia sein muß. Die Menschen müssen danach trachten, nach dem Willen Gottes zu leben, wie er in der Scharia dargelegt ist, und dürfen nicht das Gesetz Gottes den wechselnden Gesellschaftsmustern entsprechend ändern, die auf der Vergänglichkeit der Natur aufbauen.

Seyyed Hossein Nasr, 1997

▶ *Welche Sichtweisen vertreten Muslime, wenn es um das Selbstverständnis der Scharia geht? Vergleichen Sie dazu die Positionen von An-Na'im und Nasr.*

Die Übereinstimmung mit dem göttlichen Gesetz bedingt für den Muslim Freiheit, nicht Einschränkung, denn die Grenzen seines Seins werden durch diese Übereinstimmung erweitert. Indem die Muslime sich dem Willen Gottes fügen, sind sie in der Lage, das Eingesperrtsein in das eigene Ego sowie die erdrückende Einengung durch die Leidenschaften ihres Ichs zu transzendieren. Seyyed Hossein Nasr

Eine Bewertung aus nicht-islamischer Sicht

Die Scharia ist keine einheitliche Größe und schon gar nicht ein Rechtskorpus mit einzelnen Vorschriften für den Gläubigen, sondern eher ein »Referenzsystem von religiösen, ethischen und kulturellen Prinzipien« (Olaf Schumann). Nur 3% desselben befassen sich mit dem Strafrecht! Strafen wie Steinigung bei Ehebruch oder Abschlagen der rechten Hand des Diebes werden in nur wenigen autoritär regierten Staaten angewandt. Die Scharia ist ein idealistischer Versuch, sich der Wahrheit Gottes und dem Aufbau einer »heiligen« Gesellschaft anzunähern. Insofern ist sie bestens geeignet, von Fundamentalisten und Islamisten für ihre politischen Zwecke instrumentalisiert zu werden. In der Realität hat es auch immer ein paralleles Recht gegeben, das über Pflichten und Verbote informierte. In der Gegenwart dominiert in fast allen islamischen Staaten ein säkulares Recht, welches mehr oder minder auf europäischen Vorstellungen basiert.

H.-J. Loth, 1999

Der »Edle Koran« ist zwar die Offenbarung Gottes, Letztere ist aber mehr, insofern sie auch als Rechtleitung sichtbar wird im Lebensvollzug Muhammads: in seinem persönlichen Beispiel und in seinen Äußerungen. Solche Taten und Aussprüche wurden unter der Bezeichnung Hadith gesammelt und ergeben in ihrer Gesamtheit die Sunna, »das Brauchtum«. H.-J. Loth

▶ *Informieren Sie sich über Länder, in denen die Scharia eingeführt wurde.*

▶ *Wem nützen Ihrer Ansicht nach die unterschiedlichen Meinungen zum Stellenwert der Scharia (vgl. S. 299)?*

➢ *Zu den »Schriften« und »Säulen« des Islam sowie zu »Muhammad« vgl. S. 305*

»Ich bin der Weg, die Wahrheit und das Leben« (Jesus)

Ähnlich wie in der hebräischen Bibel ist Ethik im Neuen Testament situationsbezogene, kontextuelle Ethik (vgl. S. 326/27). Die Autoren schreiben für bestimmte Gemeinden in bestimmten Lebenssituationen und Konflikten. So gibt es auch hier eine Pluralität ethischer Konzepte unterschiedlicher Reichweite. Es kann nur indirekt etwas über die praktische Verwirklichung ethischer Postulate ausgesagt werden. Da neutestamentliche Ethik primär präskriptiv und nicht deskriptiv ist und vor allem anderen nach Gottes Gebot fragt, kann es das gelebte Ethos aus neutestamentlicher Zeit nicht geben. Zwei wichtige Quellen, aus denen wesentliche Züge der neutestamentlichen Ethik ermittelt werden können, sind das Matthäus-Evangelium und die Apostelgeschichte des Lukas.

Die Bergpredigt

Eine Zusammenfassung unterschiedlicher Reden und Worte Jesu bietet die Bergpredigt im Matthäus-Evangelium (Matthäus 5–7). Hier findet sich die Ethik Jesu, wie sie Matthäus aus unterschiedlichen Aussagen zusammengestellt hat.

Die Seligpreisungen

1 Als Jesus die vielen Menschen sah, stieg er auf einen Berg. Er setzte sich, und seine Jünger traten zu ihm.

2 Dann begann er zu reden und lehrte sie:

3 Er sagte: Selig, die arm sind vor Gott; denn ihnen gehört das Himmelreich.

4 Selig die Trauernden; denn sie werden getröstet werden.

5 Selig, die keine Gewalt anwenden; denn sie werden das Land erben.

6 Selig, die hungern und dürsten nach der Gerechtigkeit; denn sie werden satt werden.

7 Selig die Barmherzigen; denn sie werden Erbarmen finden.

8 Selig, die ein reines Herz haben; denn sie werden Gott schauen.

9 Selig, die Frieden stiften; denn sie werden Söhne Gottes genannt werden.

10 Selig, die um der Gerechtigkeit willen verfolgt werden; denn ihnen gehört das Himmelreich.

11 Selig seid ihr, wenn ihr um meinetwillen beschimpft und verfolgt und auf alle mögliche Weise verleumdet werdet.

12 Freut euch und jubelt: Euer Lohn im Himmel wird groß sein. Denn so wurden schon vor euch die Propheten verfolgt. Matthäus 5, 1–12

▶ *Diskutieren Sie die Relevanz dieser ethischen Perspektiven für die Gegenwart, insbesondere für die Frage des Militär- oder Friedensdienstes und der Gerechtigkeit.*

Und vergib uns unsere Schuld ... »Abendmahl« nach Leonardo da Vinci

Nach Matthäus fasst Jesus in der so genannten goldenen Regel die ethischen Weisungen seiner Heiligen Schrift – der hebräischen Bibel – zusammen und formuliert sie bündig auch für seine Botschaft:

Alles, was ihr also von anderen erwartet, das tut auch ihnen! Darin besteht das Gesetz und die Propheten. Matthäus 7, 12

Ihr seid das Salz der Erde. Wenn das Salz seinen Geschmack verliert, womit kann man es wieder salzig machen? Es taugt zu nichts mehr, es wird weggeworfen und von den Leuten zertreten. Matthäus 5, 13

Feindesliebe

Ihr habt gehört, dass gesagt worden ist: Du sollst deinen Nächsten lieben und deinen Feind hassen. Ich aber sage euch: Liebet eure Feinde und betet für sie, die euch verfolgen, damit ihr Söhne eures Vaters im Himmel werdet; denn er lässt seine Sonne aufgehen über Bösen und Guten, und er lässt regnen über Gerechte und Ungerechte. Wenn ihr nämlich nur die liebet, die euch lieben, welchen Lohn könnt ihr dafür erwarten? Tun das nicht auch die Zöllner? Und wenn ihr nur eure Brüder grüßt, was tut ihr damit Besonderes? Tun das nicht auch die Heiden? Ihr sollt also vollkommen sein, wie es auch euer himmlischer Vater ist. Matthäus 5, 43–48

Die ersten christlichen Gemeinden

Wenige Jahre nach Jesu Tod und dessen überlieferter Auferstehung entstanden die ersten christlichen Gemeinden. Von ihrem Leben und seinen Ordnungen heißt es in den ersten Kapiteln der Apostelgeschichte (2, 43–47; 4, 32–37):

Das Leben der jungen Gemeinde

Alle wurden von Furcht ergriffen; denn durch die Apostel geschahen viele Wunder und Zeichen.
Und alle, die gläubig geworden waren, bildeten eine Gemeinschaft und hatten alles gemeinsam.
Sie verkauften Hab und Gut und gaben davon allen, jedem so viel, wie er nötig hatte.
Tag für Tag verharrten sie einmütig im Tempel, brachen in ihren Häusern das Brot und hielten miteinander Mahl in Freude und Einfalt des Herzens.
Sie lobten Gott und waren beim ganzen Volk beliebt. Und der Herr fügte täglich ihrer Gemeinschaft die hinzu, die gerettet werden sollten.

Apostelgeschichte 2, 43–47

▶ *Die ersten christlichen Gemeinden wurden auch als »urchristlicher Kommunismus« beschrieben. Diskutieren Sie, ob Sie Perspektiven für Ihr eigenes ethisches und/oder politisches Verhalten übernehmen würden (vgl. S. 412/13).*

Die Gütergemeinschaft der Urgemeinde

Die Gemeinde der Gläubigen war ein Herz und eine Seele. Keiner nannte etwas von dem, was er hatte, sein Eigentum, sondern sie hatten alles gemeinsam.
Mit großer Kraft legten die Apostel Zeugnis ab von der Auferstehung Jesu, des Herrn, und reiche Gnade ruhte auf ihnen allen.
Es gab auch keinen unter ihnen, der Not litt. Denn alle, die Grundstücke oder Häuser besaßen, verkauften ihren Besitz, brachten den Erlös und legten ihn den Aposteln zu Füßen.
Jedem wurde davon so viel zugeteilt, wie er nötig hatte.
Auch Josef, ein Levit aus Zypern, der von den Aposteln Barnabas, das heißt übersetzt Sohn des Trostes, genannt wurde, verkaufte einen Acker, der ihm gehörte, brachte das Geld und legte es den Aposteln zu Füßen.

Apostelgeschichte 4, 32–37

»Gottes vorbehalt- und voraussetzungsloser Zuwendung zur Welt soll nach Matthäus die bedingungslose und entschlossene Kehrtwendung des Menschen zu Gott korrespondieren. Gefordert ist nicht bloß Partielles, sondern radikaler ungeteilter Gehorsam« (Wolfgang Schrage). Die Konsequenz der Umkehr ist die Nachfolge Jesu, nicht dessen Imitation, d. h. dem Weg seiner Liebe zu den Menschen zu folgen. Vor-Bilder der Nachfolge sind die Jünger und Jüngerinnen Jesu – diejenigen, die mit ihm durch Galiläa und nach Jerusalem zogen.

Umkehr und Nachfolge

Mit Jesus war das Reich Gottes auf die Erde gekommen: Jetzt war es schon nahe, noch nicht aber war es vollendet. Angesichts der Hoffnung auf Gottes Reich rief Jesus zur Umkehr: »Kehrt um! Denn das Himmelreich ist nahe.«

Matthäus 4, 17

▶ *Welche Personen fallen Ihnen ein, wenn Sie an Nachfolge Jesu denken?*
▶ *Machen Sie sich mit dem Leben eines Mannes oder einer Frau vertraut und fragen Sie nach der Relevanz von »Umkehr« und »Nachfolge« heute.*

> *Zur »Urgemeinde als Vorbild und Sozialutopie« vgl. S. 412/13*

Keiner glaubt für sich allein

Die 1. Weltmissionskonferenz 1910 in Edinburgh erklärte das 20. Jahrhundert zum Jahrhundert der Weltmission: In diesem Jahrhundert – so die große Vision des missionarischen Aufbruchs, der zugleich als Beginn der modernen ökumenischen Bewegung gilt – sollte die Welt christlich werden! Das Evangelium sollte – ausgehend von Europa und Nordamerika – Menschen in allen Kontinenten verkündigt werden. Sie sollten von den nicht-christlichen Religionen, die teils als »Götzendienst«, teils als »Heidentum« charakterisiert wurden, zum Christentum bekehrt werden. Es galt, wie Graf Zinzendorf dies bereits im 19. Jahrhundert formuliert hatte, »einen Menschen zu bereden, dass er so rede wie ich, so tut wie ich, in eine Verfassung tritt wie ich, auf Hoffnung, er wird noch einmal gut werden«. Dieses gigantische Vorhaben – so lässt sich am Jahrhundertwechsel feststellen – ist historisch gescheitert.

Jesus trat zu den Jüngern und sprach: »Mir ist gegeben alle Gewalt im Himmel und auf Erden. Darum gehet hin und machet zu Jüngern alle Völker: Taufet sie auf den Namen des Vaters und des Sohnes und des Heiligen Geistes und lehret sie halten alles, was ich euch befohlen habe. Und siehe ich bin bei euch alle Tage bis an der Welt Ende.« Matthäus 28, 16–20

Weltgebetstag in Assisi, 1986

Eine Erkenntnis knapp 2000 Jahre später

Andere Religionen ernst nehmen

Die christliche Religion ist mit dem für sie weitgehend geltenden Ziel, den »Absolutheitsanspruch« des Christentums zu verifizieren, in und an der Geschichte gescheitert. Die Tatsache, dass das Judentum fortbesteht, ist von höchster theologischer Relevanz. Relevant für christliche Theologie sind gleichfalls die Entstehung des Islam nach dem Christentum und die fortdauernde Lebensfähigkeit der indischen Religionen. Die Religionen stehen uns nicht zur Verfügung und können christlicher Wahrheit nicht dienstbar gemacht werden. Ihnen theologisch den Garaus machen zu wollen, ist eine würdelose Spiegelfechterei. Vielmehr kommt es darauf an, das, was vom christlichen Glauben etwa in Richtung des Islam unbedingt gesagt werden muss, in islamischer Weise zu sagen. Eine andere Religion kann man nur im Ernstnehmen ihres »Absolutheitsanspruches« zu verstehen beginnen. Das Christentum ist und bleibt eine partikulare Religion. Hans Jochen Margull, 1980

► *Versuchen Sie zu beschreiben, was es für das Selbstverständnis einer zur Weltmission angetretenen Religion heißen könnte, ihre historischen Erfahrungen ernst zu nehmen.*

Sich selbst definieren können

Derjenige, der mir z. B. als Muslim begegnet, kann nicht vor der Hand durch »den« Islam und gar noch aufgrund meiner Kenntnis des Islam definiert sein, sondern muss sich als Muslim selber erweisen, worin er dann Islam als sich hingebenden Glauben, folglich nicht mehr nur den Islam als System zur Sprache bringen kann – ihm zur Prüfung und Vergewisserung, mir als Frage solchen Glaubens an meinen Glauben und an meine Tradition, in der ich glaube. Hans Jochen Margull, 1980

► *Diskutieren Sie, warum es für einen Dialog von entscheidender Bedeutung ist, sich selbst definieren zu können. Welche Bedeutung hat ein so verstandener Dialog?*

Von Mission und Eingliederung zu Dialog und Zeugnis

Ja zum Leben
Heute lebt die Mehrzahl der Christen in unmittelbarer Gemeinschaft mit Menschen, die anderen Religionen und Ideologien angehören. Sie müssen ihre mitmenschlichen Beziehungen so gestalten, dass darin das Füreinander der Menschen und ihr Bemühen um gegenseitiges Verstehen zum Ausdruck kommen. Diese Form des Dialogs ist praktisch und konkret. Es geht dabei um Probleme des heutigen Lebens – soziale, politische, ökologische Probleme – sowie vor allem um den Alltag und das Familienleben. Es gibt aber auch Probleme, die über die konkrete Ortsebene hinausgehen. Hier müssen sich die Christen auf den Dialog einlassen, um eine erweiterte Gemeinschaft zu schaffen, in der Friede und Gerechtigkeit umfassender verwirklicht werden können. Dies wiederum führt zu einem Dialog zwischen Gemeinschaften, in dessen Rahmen Fragen von nationalem und internationalem Interesse verhandelt werden. Der Dialog ist ein grundlegender Bestandteil unseres christlichen Dienstes in der Gemeinschaft. Im Dialog erfüllen die Christen das Gebot: »Liebe Gott und deinen Nächsten wie dich selbst.« Ihr Eintreten für den Dialog ist Ausdruck ihrer Liebe und gibt Zeugnis von der Liebe, die ihnen in Christus zuteil geworden ist. Es ist ein freudiges Ja zum Leben gegen das Chaos und eine gemeinsame Suche mit allen, die Bundesgenossen des Lebens sind, nach den einstweiligen Zielen einer besseren menschlichen Gesellschaft. Darum ist »Dialog in der Gemeinschaft« keine Geheimwaffe im Arsenal einer aggressiven christlichen Militanz, sondern ist vielmehr ein Mittel, den Glauben an Christus im Dienst an der Gemeinschaft mit den Mitmenschen zu leben. Dialog ist auch eine Möglichkeit, den christlichen Glauben in der Beziehung zu und der Verpflichtung gegenüber den Mitmenschen zu leben, mit denen zusammen die Christen dieselben Dörfer, Städte, Länder und dieselbe Erde bewohnen. Dialog ist ein auf den Nächsten bezogener Lebensstil. Dieser ersetzt oder beschränkt jedoch in keiner Weise unsere christliche Verpflichtung zum Zeugnis, da ja die Partner mit ihren jeweiligen Bindungen in den Dialog eintreten. Ziel des Dialogs ist nicht, die Religionen und Ideologien unserer Zeit auf den kleinsten gemeinsamen Nenner zu bringen, und auch nicht, lediglich Symbole und Konzepte zu vergleichen und zu diskutieren, sondern eine wahre Begegnung zwischen jenen spirituellen Einsichten und Erfahrungen zu ermöglichen, die nur in den tiefsten Gründen des menschlichen Daseins zu finden sind.

Ökumenischer Rat der Kirchen, 1987

Begegnung zwischen Muslimen und Christen auf dem Evangelischen Kirchentag 1995 in Hamburg mit dem Motto: »Es ist dir gesagt, Mensch, was gut ist«

▶ *»Mission und Bekehrung« werden ersetzt durch »Zeugnis und Dienst« – warum?*

▶ *Erklären Sie, welche unterschiedlichen Dialog-Ebenen der Ökumenische Rat der Kirchen mit bestimmten Aufgabenstellungen verknüpft.*

▶ *Wenden Sie diese Art des Dialogs auf ein Thema an, das Ihnen wichtig ist. Nennen Sie Gründe für Ihre Entscheidung, in einen solchen Dialog mit Menschen verschiedener Religionen und Ideologien einzutreten (vgl. S. 82/83).*

*Eine Kurzfassung
für das Ethos des Dialogs ist,
dass der eine danach strebt,
den anderen zu verstehen,
wie er sich selbst versteht.*

Hans Jochen Margull, 1980

Islam und Frieden haben eine Wurzel: Allah!

Der Muslim Scheich Sakouta unternimmt 1999 eine Reise nach Jerusalem. Warum wird sie von der islamischen Welt widersprüchlich aufgenommen? Welchen Stellenwert hat diese Mission, zu der ihn keine Organisation offiziell entsendet hat? Scheich Sakouta kommt aus eigener Überzeugung einer Einladung nach, die ihm vom Jerusalemer Zentrum für liberales orthodoxes Judentum und des Van Leer Jerusalem Institut ausgesprochen wurde. Yossi Klein Halevi berichtet von diesem Besuch als Augenzeuge einer Reise, die er als Mission für den Frieden begreift.

Scheich (Ishak Idriss) Sakouta lebt in Kairo; er trägt den Ehrentitel eines religiösen Beraters der »Liga der Islamischen Welt«, einer führenden muslimischen Organisation. Sie wird von der saudischen Königsfamilie finanziell unterstützt und befindet sich in Mekka. Sakouta ist ein Mitglied des Sufismus, der tolerantesten Bewegung im Islam. Im Alter von 20 Jahren verließ er seine Familie in Khartum und zog nach Mekka.

Erstmals traf ich Juden vor 10 Jahren in Europa. Sie waren sehr verschieden von dem Bild, welches ich von Juden hatte. Sie waren gebildet, liebten Menschen und ich fühlte mich zu ihnen hingezogen.

Scheich Sakouta

Scheich Sakouta bekräftigte mit starker Stimme, dass Juden und Christen seine Mitgläubigen seien, Politik die Religion korrumpiere und das Töten in Gottes Namen eine Entweihung sei, begangen von »pseudo-religiösen Menschen, die nur halb verstehen und halb verdrehen …« Er zeigte auf sein Herz und streckte seine Hände aus, Gesten des Großmuts.

Am Tage des Gerichts wird Gott mich nicht fragen, ob ich Erfolg hatte, den Frieden zu bringen, sondern nur, ob ich alles in meiner Macht Stehende unternahm, Frieden zu bringen. Scheich Sakouta

Er war schon einmal zuvor nach Jerusalem gekommen, im Jahre 1992, als die erste bedeutende spirituelle Gestalt des Islam aus dem Ausland, welche einen Dialog mit dem jüdischen Staat suchte. Rabbi David Rosen, Leiter des Israel-Büros der »Anti-Defamation League« und selbst ein führender Aktivist des interreligiösen Dialogs, hatte ihn in Europa bei einem solchen getroffen. »Ich hatte verschiedenen moderaten muslimischen Führern vorgeschlagen, nach Jerusalem zu kommen, aber sie fürchteten um ihr Leben«, erinnerte sich Rosen. Nur Scheich Sakouta wäre bereit gewesen zu kommen.

Ich bin kein Palästinenser oder ein Saudi. Ich bin kein Angestellter des Saudi-Königs Fahd. Ich bin ein Muslim unter Muslimen und habe das Recht, in Jerusalem zu beten. Es gibt muslimische Führer, die wie ich denken, aber sie sind Sklaven jener, welche ihre Gehälter bezahlen.

Scheich Sakouta

In der palästinensischen Presse war sein Besuch von 1992 als »ein Akt des Verrats« bezeichnet worden. Diesmal wurde er weitgehend von den palästinensischen Medien ignoriert, und er vermied politische Erklärungen, indem er es eher vorzog, für den religiösen Frieden zu sprechen als den heiligen Krieg ausdrücklich zu verdammen … Er stand mehreren Mitgliedern der saudischen Königsfamilie nahe, denen – so gestand er ein – seine erste Reise nach Jerusalem missfiel. Eben weil er niemandes Angestellter sei, sondern ein unabhängiger vermögender Mann, der kein Gehalt von irgendeiner Gruppe bezog, konnte der Scheich seine Ein-Mann-Mission des religiösen Friedens unternehmen.

Nach: Yossi Klein Halevi, 1999

▶ *Charakterisieren Sie die Haltung von Sakouta, die er als gläubiger Muslim zum Weltfrieden hat. Diskutieren Sie über den Stellenwert seiner »Mission«. Berücksichtigen Sie hierbei das politische Klima zwischen Israel und der islamischen Welt.*

Zeugnisse des Islam für den weltweiten Frieden

Frieden als religiöse Aufgabe

Der religiös verdienstvolle Kampf mit militärischen Mitteln dient im Koran in erster Linie der Verteidigung der jungen islamischen Gemeinde in Mekka gegen die Übermacht seiner Feinde. Nach der Tradition gehörten zu den »100 schönsten Namen Gottes« solche wie »Der Barmherzige, der Gnädige«, »Der Erbarmer«, »Der Liebe- und Erbarmungsvolle«, »Der Liebevolle« und »Der Frieden«. Nach der »Sunna«, den Berichten über Muhammads Aussprüche und Handlungen, sind folgende Reden des Propheten überliefert: »Gott ist sanftmütig und er liebt die Sanftmut und belohnt sie mit dem, was er der Gewalt nicht gibt.« »Wer sich anderer nicht erbarmt, wird kein Erbarmen finden.« »Wahrlich, Allah selbst ist As-Salam (Der Frieden).« »Jedem Menschen obliegt die Pflicht einer Zadaka (Almosen) für jedes Gelenk seines Körpers und an jedem Tag, an dem die Sonne scheint; und das Schlichten zwischen den Menschen ist von ihm eine geleistete Sadaqa.« »Wer einen Angehörigen eines Friedensvertrages tötet, wird nicht einmal den Geruch des Paradieses einatmen dürfen …« H.-J. Loth

Auch Muslime werden Opfer muslimischer Extremisten. Im November 1977 unternahm der tief religiöse äygptische Staatspräsident Anwar al-Sadat eine Friedensreise nach Jerusalem, die zum Friedensvertrag vom 26. März 1979 führen sollte. Er starb durch einen Terroranschlag am 6. Oktober 1981.

Kein Krieg ist heilig

Auch dann [ist ein Krieg] nicht [heilig], wenn er als der islamisch erlaubte Verteidigungskrieg geführt wird. Nirgends ist im Koran deswegen vom heiligen Krieg die Rede. Das Wort Krieg in seinem engeren Sinne wird im Koran mit »Harb« bezeichnet. Der Dschihad, der jeder Muslima und jedem Muslim zur Pflicht gemacht wird, ist der vollständige permanente gesellschaftliche Einsatz des Einzelnen für das Gute in allen Bereichen der Gesellschaft. Der Dschihad ist nach dem Selbstverständnis des Islam der vollständige permanente gesellschaftliche Einsatz des Einzelnen für das Bewahren der gesamten Menschheit vor dem Bösen. Selbst in diesem Sinne ist der Dschihad nicht heilig. Kein Mittel darf geheiligt werden. Nur Gott ist heilig.

Nadeem Elyas, Vorsitzender des Zentralrats der Muslime in Deutschland, 1996

Gott wollte die Harmonie zwischen Muslimen und Juden und die kann nur durch religiöse Führer, nicht Politiker, erreicht werden. Einige sagen, ich sei ein mutiger Mensch. Wenn der Glaube an Gott groß ist, dann gibt es keinen Raum für Angst. Mut kommt aus dem Glauben. Scheich Sakouta

► *Die Position Elyas' widerspricht der landläufigen Propaganda vom »heiligen Krieg«. Wer könnte ein Interesse an der Aufrechterhaltung des Bildes eines kriegerischen Islam haben?*

> *Zum »Heiligen Krieg« vgl. Glossar unter »Dschihad«*

Frieden schaffen ohne Waffen

Pazifismus ist – wider alle historischen Erfahrungen – ein zentrales Anliegen biblischer Überlieferungen: Jesus preist diejenigen »selig«, die »keine Gewalt anwenden« und die »Frieden schaffen« (vgl. S. 330). Der römische Friede – die Pax Romana –, innerhalb derer das Christentum zunächst unterdrückt und dann zur Staatsreligion wurde, war durch militärische Eroberung, ökonomische Ausbeutung und politische Unterdrückung durch das machtvolle Rom erreicht und gesichert. Dies war nicht der Friede, von dem auch die Überlieferungen der hebräischen Bibel künden und für die sich Christinnen und Christen auch heute noch engagieren. Diese Friedensarbeit ist geprägt von der Hoffnung, dass die Starken zu den Schwachen sich bekehren (Jesaja 11), und dass Gerechtigkeit und Frieden sich küssen (Psalm 85). Nach dem Zweiten Weltkrieg entstanden eine evangelische und eine katholische Friedensorganisation, die sich zu dieser biblischen Hoffnung bekannten: Aktion Sühnezeichen Friedensdienste und Pax Christi. 1998 feierten beide Friedensorganisationen, ASF (40 Jahre) und Pax Christi (50 Jahre), Geburtstag.

Gnade und Treue begegnen einander,
Gerechtigkeit und Frieden küssen sich.
Treue sprosst auf aus der Erde,
und Gerechtigkeit schaut hernieder vom Himmel.
Dann spendet der Herr auch den Segen,
und unser Land gibt seinen Ertrag.
Gerechtigkeit geht vor ihm her
und Heil folgt der Spur seiner Schritte.
Psalm 85, 11–14

Aktion Sühnezeichen Friedensdienste

Entstehung und Entwicklung

Die Anerkennung der historischen Schuld für die nationalsozialistischen Verbrechen war der Ausgangspunkt des Gründungsaufrufes der »Aktion Sühnezeichen«. Er wurde 1958 bei der Synode der Evangelischen Kirche in Deutschland von zwei Dritteln ihrer Mitglieder unterzeichnet. »Wir Deutschen«, heißt es darin, »haben den Zweiten Weltkrieg begonnen und damit mehr als andere unmessbares Leiden der Menschheit verschuldet. Deutsche haben in frevlerischem Aufstand gegen Gott Millionen Juden umgebracht. Wer von uns Überlebenden das nicht gewollt hat, der hat nicht genug getan, es zu verhindern.« Frieden wurzelt in Versöhnung. In der Überzeugung, dass der erste Schritt hierzu von der Seite der Täter und ihrer Nachkommen zu gehen sei, baten die Sühnezeichengründer »die Völker, die von uns Gewalt erlitten haben, dass sie uns erlauben, mit unseren Händen und mit unseren Mitteln in ihrem Land etwas Gutes zu tun« – zeichenhaft, als Bitte um Vergebung und Frieden. Von evangelischen Christen ins Leben gerufen, verstand sich die »Aktion Sühnezeichen«, so der ursprüngliche Name, von Anfang an als weltanschaulich offen … Sie wurde nach der deutschen Teilung wieder zusammengeführt und in »Aktion Sühnezeichen Friedensdienste« umbenannt.

Am 7. Dezember 1970 kniete der deutsche Bundeskanzler Willi Brandt vor dem Ehrenmal in Warschau nieder.

Programm und Aufgabengebiete

»Dem Hass eine Kraft entgegensetzen« ist noch heute das Ziel von ASF. Seit 1958 haben viele tausend Menschen »Dienste für den Frieden« getan. Aktion Sühnezeichen Friedensdienste ist in folgenden Bereichen tätig:
- In langfristigen freiwilligen Diensten über eineinhalb Jahre in 150 Projekten und 13 Ländern. Kriegsdienstverweigerer können mit ASF ihren Friedensdienst als »Anderen Dienst im Ausland« machen.
- In kurzfristigen freiwilligen Diensten: Jedes Jahr werden mehr als 20 internationale Sommerlager angeboten, wo junge Menschen aus vielen Ländern für zwei bis drei Wochen in ausgewählten Projekten leben und arbeiten.
- Aktion Sühnezeichen äußert sich zu politischen Themen, wie z. B. zur Anerkennung und Entschädigung von NS-Verfolgten sowie in den Bereichen Frieden, Rechtsextremismus, Rassismus, Asyl und dem christlich-jüdischen Dialog.

Nach: Informationprospekt ASF

▶ *Welche Begründungen und Perspektiven lassen sich aus der Geschichte von Aktion Sühnezeichen Friedensdienste ablesen?*

Pax Christi

Entstehung und Entwicklung

Die deutsche Sektion von Pax Christi wurde am 3. April 1948 in Kevelaer gegründet. Sie war eine Antwort auf das Angebot der Versöhnung, das den Deutschen bereits vorher von katholischen Christinnen und Christen aus Frankreich gebracht worden war. Die berühmten Worte des Pax-Christi-Gründers, Bischof Théas von Lourdes, »Ich bringe euch den Kuss des christlichen Frankreich ..., den Kuss der Versöhnung« waren selbst Resultat eines langen, schmerzhaften Ringens um die Bedeutung christlicher Feindesliebe und Vergebung gegenüber Deutschland, dass Frankreich eben noch mit Krieg, Okkupation und Massakern überzogen hatte. Nicht die Deutschen baten zunächst Frankreich um Vergebung, sondern Franzosen boten sie den Deutschen an. Im Mittelpunkt von Pax Christi steht heute noch die biblische Versöhnungsbotschaft. Sie bildet für Pax Christi die unüberholbare Grundlage aller christlicher Friedensarbeit und ist Ausgangspunkt und Ziel allen praktischen Friedenshandelns. Die Geschichte der deutsch-französischen Verständigung wurde durch den Impuls der Versöhnung maßgeblich mitgeprägt.

Im April 1948 wurde die deutsche Sektion von Pax Christi gegründet. Bischof Pierre Marie Théas sprach hier vom Kuss der Versöhnung, den er aus Frankreich bringe.

Aufgabengebiete

Die Versöhnung zwischen den Völkern, zwischen Frankreich und Deutschland oder Polen und Deutschland, an der Pax Christi wegweisend mitarbeitete, war bereits politisch, ehe Pax Christi selbst die Dimension des Politischen für die eigene Friedensarbeit entdeckte. So fand eine kritische Auseinandersetzung innerhalb von Pax Christi mit der NS-Zeit, mit den Ursachen des Zweiten Weltkrieges und mit der Vernichtung der europäischen Juden erst viel später statt. Heute gehört selbstverständlich zur Friedensarbeit von Pax Christi die Dimension der Gerechtigkeit dazu; dahinter steht die Überzeugung, dass Frieden nicht ohne gerechte Lebensbedingungen in einer lebensfähigen Umwelt verwirklicht werden kann. Auf diesem Selbstverständnis beruht das Engagement von Pax Christi in Nord-Süd-Fragen, Flüchtlings- und Asylarbeit, Fragen von Rechtsextremismus, Nationalismus und Antisemitismus, Kriegsdienstverweigerung, Gewaltfreiheit und Abrüstung. Friedensdienste stehen gleichrangig neben einer Auseinandersetzung mit diesen politischen Fragen. Angesichts einer schleichenden Wiedergewöhnung an die »Normalität« militärischer Konfliktlösungen als Mittel der Politik sieht es Pax Christi als eine vorrangige Aufgabe an, weiter an der Erweiterung ziviler Handlungsmöglichkeiten in Konflikten zu arbeiten und an der Entwicklung von Instrumenten und Projekten ziviler Konfliktbearbeitung mitzuwirken. Die Pazifismus-Debatte, ausgelöst durch den Krieg im ehemaligen Jugoslawien, hat das gewaltfreie Profil von Pax Christi geschärft. Pax Christi ist u. a. mit einer eigenen Friedensdienst-Arbeit in Kroatien und Bosnien aktiv.

Nach: Informationsprospekt Pax Christi

Der Schlüssel für Frieden und Versöhnung liegt heute in den reichen Industrienationen, zu denen Deutschland gehört. Deshalb ist es für die Friedensarbeit wichtig, auf die »unversöhnlichen« unterdrückenden Aspekte der herrschenden (Wirtschafts-)Entwicklung und der sie flankierenden Politik aufmerksam zu machen und auf Partnerschaft als unabdingbare Voraussetzung von Versöhnung und Frieden.

Wolfgang Jung (ASF), über Pax Christi

Aktion Sühnezeichen hat ihr Hauptanliegen, erinnernde Friedensarbeit, auf Dauer gestellt. Deutsche entrinnen der Haftung für Shoah und Vernichtungskrieg auch dann nicht, wenn kein persönlicher Schuldzusammenhang mehr besteht. Die »Gnade der späten Geburt« entschuldigt gerade nicht, sondern macht erst richtig sehend für das Ausmaß geschehenen Unrechts.

Joachim Garstecki, (Pax Christi), über ASF

Aktion Sühnezeichen Friedensdienste
Auguststr. 80
10117 Berlin

Pax Christi
PF 1345
61103 Bad Vilbel

▶ *In welcher Weise hat Pax Christi seinen Friedensbegriff erweitert und verändert?*

Freiwillig für den Frieden »schaffen« – ohne Waffen

Aktion »Sühnezeichen Friedensdienste« und »Pax Christi« (vgl. S. 336/37) leben von der Arbeit tausender Freiwilliger: Jugendliche, Männer und Frauen, die einen freiwilligen Friedensdienst leisten – nicht zuletzt auch um ein Zeichen für ein anderes, friedliches, auf Versöhnung bedachtes Deutschland zu setzen. Einige ihrer Erfahrungen sind im Folgenden abgedruckt:

Tafel mit deutschen Städten im »valley of communities« (Yad Vashem) zum Gedenken an zerstörte jüdische Gemeinden

... aus Yad Vashem (Israel)

Yad Vashem ist die zentrale jüdische Gedenk- und Forschungsstätte für die Opfer der Shoah. Im Zentralarchiv bearbeite ich die »Aktengruppe Reichsvertretung«. Hinter diesem Begriff verstecken sich sämtliche Dokumente, wie Briefwechsel, Präsidiums- und Ausschussprotokolle, aber auch Gestapo-Beurteilungen der »Reichsvertretung der deutschen Juden«. Diese wurde im Jahre 1933 als Gesamtvertretung des deutschen Judentums gegründet, um auf politischer Ebene etwas gegen die antijüdischen Maßnahmen und Gesetze zu unternehmen. Sie versuchte, das deutsche Judentum mit seinen vielzähligen sozialen, religiösen und kulturellen Einrichtungen am Leben zu erhalten, und wurde in die vom Reichssicherheitshauptamt – also den Nationalsozialisten – kontrollierte »Reichsvereinigung« umgewandelt. Ähnlich dem Fotoarchiv beschreibe ich auch diese Akten auf Englisch. Natürlich trage ich – als Angehöriger der dritten Generation nach der Shoah – keine Schuld; ich brauche auch nicht aufgrund meiner deutschen Herkunft mit gesenktem Haupt durch die Welt umherzulaufen. Aber gerade als Deutscher habe ich nicht nur »einfach so« eine Verantwortung für Gegenwart und Zukunft. Dazu gehört auch der ehrliche Blick auf das Gestern. Historische Fakten – wie die Verbrechen der Wehrmacht hinter der Front – müssen endlich akzeptiert und gesehen werden; Gleiches gilt für die jahrzehntelange »Taktik des Schweigens« in beiden deutschen Staaten, um – im wahrsten Sinne des Wortes – Gras über die Geschichte wachsen zu lassen. Es ist aber unmöglich, einen »Schlussstrich« unter die Themen »Zweiter Weltkrieg und Shoah« zu setzen, wenn die Folgen dieser Verbrechen noch bis zum heutigen Tage ersichtlich sind.

Tobias Bütow, ASF, 1998

... aus Selfhelp in Chicago (USA)

»... Wir können nicht für den Rest des Lebens hassen.« Die Mehrheit der Bewohnerinnen und Bewohner in Selfhelp war bereit, den Neuanfang zu wagen. Sie war bereit dazu, Hass gegen Vertrauen und Hoffnung einzutauschen, und stimmte dem Vorschlag zu, einen deutschen Freiwilligen aufzunehmen. Damit begann für mich mein Neuanfang in ihrer Mitte. Selfhelp war, als es 1938 gegründet wurde, eine Anlauf- und Auffangstelle für Flüchtlinge in Mitteleuropa mit Nachbarhilfe, Arbeitsvermittlung und Veranstaltungen, die den Neuankömmlingen die Gelegenheit zum Zusammensein und Austausch boten. Im Laufe der Jahre verlagerte sich der Schwerpunkt zur Pflege von alten Menschen. Hier bin ich also, im Bereich Freizeitaktivitäten – kurz gesagt bedeutet das, dass ich Ansprechpartner für die ResidentInnen bin, Gruppen leite und im Büro arbeite. Hier bin ich umgeben von Leuten, die, wie ich, in ihren Zwanzigern aus Deutschland in die USA kamen. Für manche bin ich der erste Deutsche, den sie seit langem treffen, viele waren zum letzen Mal vor 60 Jahren in Deutschland. Die Leute, die in Selfhelp wohnen, hatten in der Regel Glück im Unglück. Die meisten konnten Deutschland vor der Pogromnacht verlassen, die wenigsten waren in Konzentrationslagern. Doch fast alle verloren Familienmitglieder. Genommen wurde vielen auch ihre Jugend, waren sie gezwungen, jahrelang herumzuziehen, von Stadt zu Stadt, von Land zu Land. Viele hatten im Zuge des Ausschlusses von Juden aus dem öffentlichen Leben keine Möglichkeit zu studieren, und in Amerika ging es darum, ein paar Dollar für das Überleben zu verdienen; ein Studium stand da nicht zur Diskussion. Die während der Wirren gerettete und aufgebaute Familie ist für viele nach all den Verlusten der Schatz ihres Lebens. Manchmal werde ich gefragt, warum ich denn als junger Mensch in ein Umfeld mit Leuten gegangen bin, deren Altersdurchschnitt bei neunzig liegt, wo ich doch viel eher Spaß haben müsse. Und ob nicht die vielen Geschichten und Trostlosigkeit des Alters einseitig und belastend sei. Meine Antwort? Dass es neben vielen ernsten Minuten auch ebenso viele heitere gibt und beides wichtig ist, dass das nicht so einfach einzuteilen ist mit der Rolle des/der Nehmenden und des/der Gebenden, dass ich oft derjenige bin, der bekommt. Damit meine ich nicht so sehr die unzähligen Ratschläge, die mir bei einer guten Lebensbewältigung behilflich sein sollen. Ich denke vielmehr an Gaben auf menschlicher Ebene, Gesten, Unterhaltungen, selbst wenn es sich dabei eher um Monologe als um Dialoge handelt.

Jan Schultheiß , ASF, 1998

… aus dem Kinderheim in Nowinki (Russland)

Das Kinderheim … Nowinki besteht aus fünf Abteilungen mit jeweils ca. 30 Kindern. Die fünfte Abteilung ist »meine Abteilung«, in der ich meist sechs Tage in der Woche fünf bis sechs Stunden arbeite. Dort sind die körperlichen Behinderungen der Kinder nicht so groß: Sie können laufen, hopsen, krabbeln oder zumindest auf allen Vieren robben. Dafür sind fast alle Kinder stark geistig behindert. Ihnen fehlte zielgerichtete Förderung. Die Kinder sind hyperaktiv und aggressiv oder aber apathisch. In den Abteilungen arbeiten drei Sanitarkas in 24-Stunden-Diensten. Eine Sanitarka muss also zehn körperlich und geistig behinderte Kinder versorgen. Wenn man sich überlegt, wie anstrengend es ist, zehn »normale« Kinder zu betreuen, kann man sich vorstellen, was das für die Sanitarkas bedeutet. Sie haben keinerlei pädagogische Ausbildung und müssen oft an den freien Tagen zwischen den Diensten noch einen Nebenjob ausüben, um ihre Familie zu ernähren. Ich habe die Gruppe meines Vorgängers Christian »übernommen«. Sie besteht aus sechs Kindern, die nicht von den Lehrerinnen gefördert werden. Natascha ist 14 Jahre alt. Sie ist fast blind und spricht nicht. Natascha zeigt durch abweisende oder zustimmende Laute und Gesten, was sie will und was nicht … Wir tasten, wenn Natascha Lust hat, verschiedene Sachen, welche auf Holztafeln aufgeklebt sind … Es fällt mir nicht leicht, sie zu beschäftigen bzw. gezielt mit ihr zu spielen oder sie zu fördern. Ein willkommener Ausgleich ist das Spazierengehen. Ihre Freude beim Anziehen der Straßenkleider ist erstaunlich. Sie macht unnachahmliche, phantastische, wippende Bewegungen mit ihrem Oberkörper, begleitet von lautem, tief rollendem Kinderlachen. Was diese Kinder brauchen, ist ein großes Maß an Zuwendung und Förderung. Jetzt bin ich hier, und das ist gut und wichtig für mich und die Kinder, die ich betreue. Matthias Arndt, ASF, 1998

… Proteste gegen die Castortransporte

Der Sonntagsspaziergang … ist eine seit drei Jahren praktizierte Aktion, durch die an jedem dritten Sonntag im Monat gegen die Zwischenlagerung von Atommüll in Ahaus protestiert wird. Verschiedenste Gruppierungen, Parteien und Organisationen haben im Laufe der Zeit die Verantwortung und Organisation eines Sonntagsspazierganges übernommen … Beim Sonntagsspaziergang am 15. Februar [1998], den die Frauengemeinschaft kfd, die Katholische Jugend (BDK), die Katholische StudentInnengemeinde (KSG) und die Pax-Christi-Bistumsstelle Münster gemeinsam vorbereiten, kamen ca. 4000 »Spaziergänger/Spaziergängerinnen«. Im Juni 1997 hatte die Ahauser Pax-Christi-Gruppe mit Unterstützung der Bistumsstelle schon einmal einen gut gelungenen Sonntagsspaziergang organisiert. Wenige Tage später hatte dann der Pfarrgemeinderat der Gemeinde Mariä Himmelfahrt in Ahaus eine mutige Erklärung abgegeben, in der er einerseits selbstkritisch zum Energiesparen aufrief, aber auch vor den langfristigen Gefahren der Atomenergie warnte und den Ausstieg forderte. Ein solch deutliches Signal einer katholischen Kirchengemeinde aus Ahaus hatte eigentlich niemand erwartet. Diese klare Profilierung setzte einen enormen Diskussionsprozess bis weit über die Grenzen von Ahaus in Gang … Trotz aller Vorbereitung war es für uns eine Gleichung mit mehreren Unbekannten, insbesondere, da es bei den vorangegangenen Sonntagsspaziergängen zu gewalttätigen Auseinandersetzungen gekommen war … Als wir nach dem Gottesdienst beim Sammelpunkt für den Sonntagsspaziergang am Zwischenlager ankamen, war [das ganze Spektrum der Bevölkerung] vertreten: [90 Bauern mit ihren Treckern,] Familien mit kleinen Kindern, Jugendliche und Senioren, Frauen und Männer in gleicher Weise, PolitikerInnen aus Bundes-, Land- und Kreistagen und ein buntes Meer von Fahnen und Transparenten machten ebenso wie die Redner/Rednerinnen unmissverständlich klar, dass ein großer Teil der Bevölkerung den Ausstieg aus der Atompolitik will.

Willi Riemer, Pax-Christi-Bistumsstelle Münster, 1998

Widerstand – gewaltfrei

► *Informieren Sie sich über die Castortransporte. Diskutieren Sie Für und Wider des Protestes dagegen (vgl. S. 64/65).*

► *Vergleichen Sie die Freiwilligen-Berichte und suchen Sie nach Parallelen in den Tätigkeitsfeldern. Welcher Bereich würde Sie interessieren?*

»Der Gerechtigkeit sollst du nachjagen, nur der Gerechtigkeit«

Im April 1991, kurz nach dem Golfkrieg, wurde in Ramle, zwischen Tel Aviv und Jerusalem gelegen, mit dem Open House ein Zentrum für die Förderung arabischer Kinder und für eine jüdisch-arabische Koexistenz eröffnet. Die Gründung geht zurück auf das religiöse jüdische Ehepaar Dalia und Yehezkel Landau und die palästinensische Familie al-Khayri. Eingebunden in das Projekt ist der christliche Palästinenser Michail Fanous, dessen Familie seit mehr als 700 Jahren in Ramle ansässig ist. Inzwischen wird das Projekt – das einzige seiner Art in Ramle – von namhaften jüdischen und christlichen Organisationen finanziell unterstützt.

Ein offener Brief der Israelin Dalia Landau an den Palästinenser Bashir Khayri

Dalia Landau mit Familie

Lieber Bashir,
wir haben uns vor 20 Jahren unter ungewöhnlichen Umständen kennen gelernt. Seitdem ist jeder von uns ein Teil des Lebens des anderen geworden. Jetzt höre ich, dass du ausgewiesen wurdest. Deshalb habe ich mich dafür entschieden, dir diesen offenen Brief zu schreiben … Nach dem Sechs-Tage-Krieg 1967 kamst du mit zwei anderen Menschen, um das Haus in Ramle anzusehen, in dem du geboren wurdest. Dies war meine erste Begegnung mit Palästinensern. Meine Familie und ich lebten schon seit 1948 in diesem Haus. Wir zogen ein, nachdem deine Familie gezwungen worden war, das Haus zu verlassen. Wir waren zusammen mit 50.000 anderen bulgarischen Juden in den neuen Staat Israel gekommen, und euer Haus wurde als »verlassenes Eigentum« betrachtet. Nach eurem ersten Besuch 1967 nahm ich eure Einladung zu einem Besuch bei euch in eurer neuen Heimat Ramallah an, wo ich sehr gastfreundlich empfangen wurde. Wir sprachen stundenlang und bauten eine warme persönliche Beziehung auf. Auf der anderen Seite wurde deutlich, dass unsere politischen Auffassungen sehr weit voneinander entfernt waren. Aber es ergaben sich einige Veränderungen in meiner Perspektive. Ein unvergesslicher Tag, als dein Vater, begleitet von deinem Bruder, in unser Haus in Ramle kam. Dein Vater war damals alt und blind. Er berührte die unebenen Steine des Hauses. Er fragte dann, ob der Zitronenbaum noch im Hinterhof stehe. Er wurde zu dem vollen Baum geführt, den er viele Jahre zuvor angepflanzt hatte. Er liebkoste ihn und stand schweigend dort. Tränen rannen über sein Gesicht … Es war für mich als junge Frau vor 20 Jahren sehr schmerzhaft, die Wirklichkeit zu entdecken. Zum Beispiel wurden wir glauben gemacht, dass die arabische Bevölkerung von Ramle und Lod 1948 vor der näher rückenden israelischen Armee weggerannt sei und in einer überstürzten feigen Flucht alles hinter sich gelassen hat. Dieser Glaube beruhigte uns. Er sollte Schuld und Gewissensbisse verhindern. Aber nach 1967 traf ich nicht nur dich, sondern auch einen israelischen Juden, der persönlich an der Vertreibung in Ramle und Lod teilgenommen hatte. Er erzählte mir die Geschichte so, wie er sie erlebt hatte und wie sie später Itzhak Rabin in seinen Memoiren bestätigte. Meine Liebe zu meinem Land verlor ihre Unschuld. Sie nahm neue Dimensionen an. Während ich lernte mit diesen schmerzhaften Tatsachen zu leben, warst du im Gefängnis. Du warst angeklagt, eine Bombe geworfen zu haben, durch die mehrere Zivilisten getötet wurden. Mein Herz tut mir jetzt noch weh angesichts der Ermordeten. Für dein Verbrechen hast du fünfzehn Jahre im Gefängnis gesessen. Wenn ich auf meinem Weg zur Arbeit am Gefängnis von Ramle vorbeiging, habe ich mich oft gefragt, ob du dort bist. Ich hatte niemals den Mut zu fragen. Es war zu schmerzhaft. Nach meiner Heirat und dem Tod meiner Eltern erbte ich das Haus in Ramle. Ich erzählte unsere Geschichte meinem Mann [= Yehezkel Landau] und beide, er und ich, fühlten, dass wir das Haus widmen wollten – einem heilenden Zweck. Wir wollten dies zusammen mit dir tun, doch wir wussten nicht, ob dies überhaupt möglich sein würde. Nach deiner Entlassung aus dem Gefängnis trafen wir dich. Ich hatte das Gefühl, dass du und ich, deine und meine Familie durch ein merkwürdiges Schicksal verbunden waren, dass das Haus mit seinen Kindheitserinnerungen uns zwang, uns ins Gesicht zu sehen. Allerdings zeigten die Gespräche, dass trotz der Zeit, die vergangen war, sich deine Position nicht verändert hatte – und dies macht es unmöglich, eine gemeinsame Basis zu finden. Vielleicht wird eines Tages eine gegenseitige Vergebung möglich werden, wenn wir beide bereit sind, Opfer zu bringen. Wenn du dich von deinen terroristischen Aktionen der Vergangenheit distanzieren könntest, würde deine Verpflichtung deinem Volk gegenüber in meinen Augen eine wirkliche moralische Kraft gewinnen. Einige der politischen Führer von Israel waren in der Vergangenheit Terroristen und haben niemals bereut. Ich weiß, dass das, was wir als Terror von

eurer Seite sehen, dein Volk als seinen heldenhaften »bewaffneten Kampf« mit den Mitteln, die ihm zur Verfügung stehen, betrachtet. Was wir als unser Recht auf Selbstverteidigung ansehen, wenn wir palästinensische Ziele aus der Luft bombardieren und dabei unvermeidlich Zivilisten treffen, siehst du als massenhaften Terror aus der Luft mit moderner Technologie. Jede Seite besitzt einen Scharfsinn, mit dem sie ihre Positionen rechtfertigt. Wie lange werden wir diesen verwerflichen Kreislauf noch verewigen? Der erste Schritt heraus aus diesem toten Punkt besteht darin, uns von dem selbst rechtfertigenden moralischen Relativismus zu befreien. Uns wird beigebracht, dass man das Wesen unserer jüdischen Tradition in folgendem Lehrsatz zusammenfassen kann: »Was dir selbst verhasst ist, das füge keinem anderen zu.« Solange nicht beide, Juden und Palästinenser, dieses grundsätzliche menschliche Prinzip annehmen können, werden wir keine solide Grundlage für eine Koexistenz haben. Diese Grundlage wird das Recht beider Völker auf Selbstbestimmung mit sich bringen. Du, Bashir, bist ein Habash-Unterstützer und lehnst das Selbstbestimmungsrecht meines Volkes in diesem Land ab … Leute wie du, Bashir, tragen eine große Verantwortung für das Auslösen unserer Ängste, die wohl gerechtfertigt sind, wenn man die Entschlossenheit der »Volksfront zur Befreiung Palästinas« in Betracht zieht, Israel durch einen »säkularen demokratischen Staat« zu ersetzen und Terror anzuwenden, um dieses Ziel zu erreichen. Unabhängig davon, was du in der letzten Zeit gemacht hast, was der Militärregierung nicht gefallen hat: Eine Ausweisung ist eine Verletzung der Menschenrechte und deshalb falsch … In diesem kleinen Land stecken unsere beiden Völker in einer schicksalhaften Umarmung … Ich appelliere an beide, Palästinenser und Israelis, zu verstehen, dass die Anwendung von Gewalt den Konflikt auf seiner grundlegenden Ebene nicht lösen wird. Diese Art von Krieg kann keiner gewinnen … Unsere Kindheitserinnerungen, deine und meine, sind auf tragische Weise miteinander verflochten. Wenn wir nicht Mittel finden, diese Tragödie in eine gemeinsame Wohltat zu transformieren, wird unser Festhalten an der Vergangenheit unsere Zukunft zerstören. Wir werden dann eine weitere Generation einer freudevollen Kindheit berauben und sie zu Märtyrern für eine unheilige Sache machen. Ich bete, dass mit deiner Kooperation und mit Gottes Hilfe unsere Kinder Freude haben werden an der Schönheit und den Gaben dieses heiligen Landes. Allah ma'ak – möge Gott mit dir sein.

Dalia Landau, 1988

Itzhak Rabin,
ehemaliger Kriegsheld und Premier Israels, schloss am 13. 9. 1993 mit Jasir Arafat in Washington einen Grundlagenvertrag mit der PLO. Damit wurde der Friedensprozess zwischen beiden Völkern eingeleitet. Ein jüdischer Extremist erschoss Rabin deshalb am 4. November 1995 in Tel Aviv.

> *Der Gerechtigkeit und nur der Gerechtigkeit sollst du nachjagen, auf dass du am Leben bleibst und das Land erbst, das der Ewige, der Einzige, dein Gott dir gibt*
>
> 5. Mose 16,20

Der zweimalige Gebrauch des Wortes »Gerechtigkeit«

… wurde auf verschiedene Weise erklärt. Eine Interpretation lautete: Mache keinen Gebrauch von unrechten Mitteln beim Streben nach gerechten Zwecken. Eine andere Art, den Vers zu sehen, besteht darin, das Streben nach Gerechtigkeit bei einer Konfliktsituation als Anerkennung und Übereinkommen über die beiderseitigen relativen Rechte zu sehen. Es ist natürlich schwierig, die Gerechtigkeit deines Widersachers zusammen mit deiner eigenen zu erstreben, da man zwangsläufig Groll und Abneigung gegen ihn hegt. Dennoch ist genau dies der Grund, weswegen (entsprechend dieser Ansicht) die Bibel dazu auffordert, nach einem umfassenden, pauschalen Standard als der Grundlage für Konfliktlösungen zu streben … Israel und Palästina stellen nicht Größen dar, die sich gegenseitig ausschließen. Kulturell und geistlich haben sie wechselseitig viel zu bieten, und ihre gemeinsamen Wurzeln in Abraham ermöglichen einen derartigen Austausch eher, als er in anderen Konfliktsituationen möglich ist … Tragischerweise liegen beide Völker im Kampf um ein winziges gemeinsames Heimatland; und dadurch, dass sie so handeln, wird alles, was beiden heilig ist, eingeschlossen das Land selbst, durch Unrecht und Gewalt entheiligt … Die Erfahrung der Heiligkeit, die durch ihr innerstes Wesen religiöse und nationale Grenzen transzendiert, wird durch politische Ideologien befleckt, die das Gruppen-Ich verherrlichen. Beide Völker haben es nötig, zu einer umfassenderen und den Lehren Abrahams getreueren Vision zu wachsen …

Yehezkel Landau, 1993

▶ *Beschreiben Sie die »Schicksalsgemeinschaft« von Juden und Muslimen im »Heiligen Land«.*

▶ *Erläutern und beurteilen Sie Landaus Appell an Palästinenser und Israelis, den Krieg zu beenden (vgl. S. 182/83).*

Die Versklavung widerspricht dem Geist der Veden

Zu den brennenden Problemen unserer Zeit gehören noch immer Sklaverei und Sklavenarbeit, von der insbesondere Kinder und Frauen in Teilen der arabischen und afrikanischen Welt, der Karibik oder Asiens betroffen sind. Religion, Tradition und ökonomische Not sind die Pfeiler dieser alten Form der Herabwürdigung des Menschen zu einem Gegenstand, mit dem der Eigentümer nach Belieben verfahren kann. Die über Schuldknechtschaft erzwungene Sklavenarbeit, deren Opfer in Indien insbesondere die Unberührbaren sind, wird vor allem von Swami Agnivesh bekämpft. Er ist ein Mönch des Arya Samaj – »Swami« oder »Meister« weist ihn als religiöse Autorität aus –, der 1980 eine »Bonded Labour Liberation Front« gründete, nachdem er die Arbeitsverhältnisse und Lebensbedingungen von Steinbrucharbeitern nahe Neu Delhis kennen gelernt hatte. Mit bewundernswerter Energie kämpft er seitdem landesweit gegen die unheilige Allianz aus höherkastigen Politikern und Unternehmern, die eine staatliche Verantwortung für die Armen nicht aufkommen lässt.

Swami Agnivesh: Spiritualität ist von ihrer Natur her sozial!

Jene, die wie ich sich der vedischen Weltsicht anschließen, haben gegen die Institutionalisierung von Ungerechtigkeit und systemischer Unterdrückung im Namen des Hinduismus eine Menge vorzubringen. Einerseits ist unsere Gesellschaft eine friedliche gewesen. Unterschiedliche religiöse Gemeinschaften haben, zumindest bis vor kurzem, in bemerkenswerter Freundschaftlichkeit und Harmonie miteinander gelebt. Aber andererseits sind wir eine der gewalttätigsten Gesellschaften in der Welt. Keine andere Gesellschaft hat so viele Millionen seit so vielen Jahrhunderten in einem Zustand von unmenschlicher Unterdrückung und Ausbeutung gehalten, wie mit den unterkastigen Menschen in allen religiösen Gemeinschaften dieses Landes geschehen. Sogar noch heute, 50 Jahre nach Erlangen der Freiheit, leiden Millionen weiterhin unter dem Joch der Kastenunterdrückung und Sklavenarbeit. Millionen existieren wie lebende Geister unter der Epidemie von Armut und vermeidbaren Krankheiten. 46 % unseres Volkes sind heute Analphabeten. Ihre Zahl ist heute größer als die der gesamten Bevölkerung Indiens zur Zeit der Unabhängigkeit.

Die Tragik ist, dass das, was Leiden, Versklavung und Ausbeutung in unserem Kontext zu einer endemischen Erscheinung macht, gleichzeitig unsere grundlegende Stärke ist: die Unverwüstlichkeit als Volk. Ironischerweise sind wir durch unsere Stärke geschwächt worden. Menschen können in diesem Land eine Menge verkraften. Sie haben die Geduld von Bergen. Stumm halten sie am Rande der Vernichtung aus. Denn schon zu lange haben wir diesen langsamen Selbstmord romantisiert, nur weil es den Interessen des Status quo dient, den Interessen jener, die alles hatten und die vorhandenen Ressourcen nicht mit ihren Nachbarn teilen wollten. Alle Religionen haben es so gehalten. Das Christentum machte aus der strengen biblischen Ethik eine zahme Angelegenheit ohne Biss, die verständlicherweise von Nietzsche als zu milde und human gegeißelt wurde, um von Nutzen sein zu können. Die Kirche hatte für Jesus keine Verwendung, der an der Stätte der Ausbeutung vor Entrüstung explodierte und die Tische der Interessensvertreter auf dem Tempelgelände umstürzte. Stattdessen hat die Kirche durchweg Selbstverleugnung gepredigt, während sie Tyrannei und Üppigkeit praktizierte. Der Zweck dieser Bemerkung besteht darin, die Notwendigkeit einer radikalen Neubewertung unserer orthodoxen ethischen Dogmen und Voraussetzungen hervorzuheben. Um dieses sinnvoll zu tun, müssen wir eine Balance zwischen unserer gewohnten Weltferne und der Notwendigkeit einer dynamischen Diesseitigkeit finden. Die unehrliche Praxis, die Hoffnung auf eine bessere Geburt oder den Himmel anstelle minimaler menschlicher Würde und persönlicher Erfüllung in dieser Welt anzubieten, muss hinterfragt werden. Jene, die nicht eine helfende Hand jenen gewähren können, die leiden und in dieser Welt verkümmern, haben kein moralisches Recht, jene mit dem Spottvers »a pie in the sky when you die« zu beleidigen. Das muss als Grundlage für die Entwicklung der Konturen einer sozialen Spiritualität gelten. Von fundamentaler Bedeutung für das Problem der sozialen Spiritualität ist die vom religiösen Establishment bewirkte Verdrehung der Ethik. Während das religiöse Establishment stärker und stärker wird und als Interessensgruppen von Klasse oder Kaste die spirituellen Ideale einer religiösen Tradition ablösen, sehen wir die revolutionären Aspekte der religiösen Ethik abgeschwächt. Ethische Prinzipien werden neu orientiert in Richtung auf Erhaltung und Propagierung des Status quo. Ironischerweise ist es das Establishment, sowohl das religiöse als auch das säkulare, das eifrig Moral predigt. Die Bereitschaft zur Umsetzung von Moral in dieser Beziehung ist umgekehrt proportional zum Eifer, mit dem sie gepredigt wird ... Es gibt mindestens drei Hauptgründe, warum wir soziale Dimensionen für unsere Spiritualität entwickeln müssen. (1) Unser Land bedarf der sozialen Erstarkung. Ein Land, in dem Millionen gesellschaftlich versklavt und ohnmächtig sind, kann nicht auf Fortschritt hoffen und seine Verwirklichung erlangen. In diesem Kontext sind Fragen wie das endemische Analphabetentum, Armut, Krankheit und Ungleichheit als spirituelle Herausforderungen angesehen worden. Das Kastensystem ist eine offensichtliche Verletzung der sozialen Spiritualität. Die Beseitigung dieser unterdrückenden, unmenschlichen Praxis ist eine Vorbedingung für die Verwirklichung unseres Schicksals als Nation. (2) Wir müssen eine Grundlage für unsere Einigkeit und Geschlossenheit als ein Volk schaffen. Uneinigkeit und soziale Spannung sind unvermeidbar, wenn die soziale Gerechtigkeit ignoriert wird. Der wahre Indikator für den gesundheitlichen Zustand einer Gesellschaft ist ihr Engagement für die soziale Gerechtigkeit. Einigkeit und Dynamik sind ihre Nebenergebnisse. Heute befinden wir uns in einer beklagenswert fragmentierten Gesellschaft, in der auf paradoxe Weise auf Uneinigkeit hinauslaufende Manöver unternommen werden, um eine künstliche Einigkeit zu fördern. Das ist der Grund, warum die Hindu-Gemeinde geeint werden soll, indem man sich verschiedener, von Zeit zu Zeit improvisierter Hassobjekte bedient. (3) Wir müssen eine partizipatorische Kultur der Entwicklung aufbauen, in die alle uns verfügbaren menschlichen Energien und Ressourcen zur Bildung der Nation eingesetzt werden. Der Umfang, in dem die 400 Millionen Analphabeten in diesem Lande am Aufbau der Nation teilnehmen oder zu ihm beitragen können, ist minimal. Vom Standpunkt einer aktiven Teilnahme oder eines einzubringendes Beitrages muss die Bevölkerung Indiens quantitativ auf wenige Millionen angesetzt werden. Dieses ist bereits in sich ein klarer Hinweis auf das Ausmaß sozialer Ungerechtigkeit, die heute in unserem Kontext vorherrscht. Die Notwendigkeit, eine dynamische Sozialordnung zu schaffen, ist im Kontext der Globalisierung noch dringlicher. Der Egalitarismus und die Partizipation des Volkes sind bedeutende Faktoren in der sozioökonomischen Dynamik der entwickelten Gesellschaften gewesen. Heute sind sie in der Position, den größten Vorteil aus der entstehenden globalen Ordnung zu ziehen. Der Markt ist kein Platz für Sentimentalitäten, Mitleid oder Barmherzigkeit. Effekt haschende Gags wie explodierende atomare Sprengköpfe werden nicht die Nacktheit unserer sozialen Unterentwicklung verdecken, nach der wir weiterhin gerichtet und verurteilt werden. Jene, die da beanspruchen, in spiritueller Hinsicht aufgeklärt zu sein, können nicht länger ihre Augen vor den blutenden Wunden unserer Gesellschaft verschließen. Die Situation heute ist so, dass wir eine neue »Befreiungsbewegung« in Indien lancieren müssen. Für viele in unserem Land hat das Erlangen der politischen Freiheit nicht viel bedeutet. Millionen warten auf ihre Befreiung aus Sklavenarbeit, Kinderarbeit, Analphabetentum, Armut, Krankheit, Ausbeutung und konspirativer Vernachlässigung von Seiten des Staates. Noch mehr Millionen müssen befreit werden von Aberglauben, religiösem Obskurantismus und Fundamentalismus und der unvermeidlichen Vergeudung von Energien und Ressourcen, die damit verbunden ist. Der Anstieg des religiösen Fundamentalismus ist nur durch die Schwächung unseres Einsatzes für soziale Gerechtigkeit möglich geworden.

Swami Agnivesh, 1999

Die Reformbewegung Arya Samaj wurde 1875 von dem Brahmanengelehrten Swami Dayanand Saraswati (1824–1883) gegründet und versteht sich nach dem Rigveda als die »Vereinigung der Edlen«, die rein in ihren Herzen und wahrhaftig in ihren Handlungen sind und für Bildung und ein aktiv-progressives Leben eintreten. Saraswati – wie Gandhi von einem orthodoxen Hindu ermordet – verband die Rückkehr zu den Veden mit einem monotheistischen Verständnis Gottes, der Verwerfung des ausufernden Rituals (z. B. Bilderdienst) und des Kastensystems. Heute verfügt die Bewegung weltweit über 7 000 Zentren und widmet sich erzieherischen und sozialen Aufgaben, gewissermaßen als »Wächter des Hinduismus«.

- *Wogegen richtet sich Agniveshs Religionskritik, die nicht nur den Hinduismus betrifft?*
- *Erläutern Sie die hinduistische Vorstellung der postmortalen Existenz des Menschen (vgl. S. 310/11). Inwiefern begünstigt diese Vorstellung Ausbeutung und soziale Ungerechtigkeit?*
- *Nennen Sie Staaten, die nach Medienmeldungen im Verdacht stehen, die Sklaverei noch nicht aufgehoben zu haben.*

Wer seinen Wohlstand auf harmlosen Wegen erwirbt …

Wer seinen Wohlstand auf harmlosen Wegen erwirbt,
gleich einer Biene, die Honig sammelt,
für den häuft sich Reichtum,
gleich dem schnellen Wachstum eines Ameisenhügels.
Mit derart erworbenem Wohlstand
ist ein Laie für das Hausvater-Dasein gerüstet,
in vier Teile ordnet er seinen Wohlstand;
so wird er Freundschaft erwerben.
Einen Teil benutzt er für seine Bedürfnisse,
zwei Teile investiert er in seine Unternehmungen,
den vierten verwahrt er für die Zeiten der Not. Buddhas Lehrrede an Sigala

Das Wirtschaftsleben aus zenbuddhistischer Sicht

Das Sein prägt das Bewusstsein

Wir leben in einer Zeit, in der die »Wirtschaftsunternehmen« fast alle Aspekte unseres Lebens durchdringen. Die Allgegenwart moderner Geschäftsaktivitäten bei der Bereitstellung von Produkten, Dienstleistungen und Informationen für fast alles, was wir tun, hat Auswirkungen auf die tiefsten Schichten unseres Denkens … Es wäre im Westen äußerst schwierig, eine autonome Gemeinschaft zu etablieren, die nicht in irgendeiner Form Kontakt mit Wirtschaftskreisen hätte, denn Geld und Produkte wären allein schon für die Aufrechterhaltung der Gemeinschaft und ihre Steuerzahlungen nötig. Der Aufstieg der Wirtschaftsunternehmen ist nicht das Resultat eines Strebens nach religiöser Vereinigung, sondern eine organische Evolution eines Mechanismus zur Verteilung des Reichtums einer Gesellschaft … Die Macht von Wirtschaftskreisen ist exponentiell angewachsen. Genauso nehmen Wirtschaftsunternehmen eine politisch relevante Haltung zu ethischen und Menschenrechte betreffenden Fragen. Die Ideologie, die dabei bestimmend ist, ist die des ökonomischen Rationalismus, der Unternehmen als neutrale Mechanismen zur Erzeugung von Reichtum betrachtet.

▶ *Veranschaulichen Sie die Macht des ökonomischen Rationalismus an Beispielen aus Ihrem Alltag (vgl. S. 138/39).*

»Jeder Tag ist ein guter Tag«

Der Mahayana-Buddhismus hinterfragt viele der fundamentalen Annahmen, von denen dieser ökonomische Rationalismus ausgeht. Das buddhistische Ideal des mitfühlenden Handelns … setzt radikal andere Schwerpunkte. Die Idee der Arbeit als Mittel zum Zweck reflektiert eine grundlegende Entfremdung von auf Verwirklichung beruhendem Handeln. Yun Mens berühmter Koan »Jeder Tag ist ein guter Tag« bedeutet nicht, dass es von der Anhäufung materieller Güter oder von Erfolg bei der Arbeit abhängt, ob ein Tag ein guter ist oder nicht. Yun Men will damit vielmehr die Möglichkeiten der buddhistischen Praxis unterstreichen. Die Komplizenschaft moderner Wirtschaftsunternehmen beim Missbrauch von Menschenrechten läuft dieser Sicht diametral entgegen. Der Buddhismus, wie er sich in den Mahayana-Schulen des Chan oder Zen entwickelt hat, hat eine besondere Interpretation der buddhistischen Ethik hervorgebracht, die sich durch Fürsorge für alle Wesen, nicht nur für menschliche, auszeichnet. Aus einer mahayanistischen Perspektive müssen die Menschenrechte im Kontext dieses sich auf alle Wesen erstreckenden Mitgefühls gesehen werden. Alle Wesen sind phänomenale Manifestationen des Dharma. Dies bedeutet, dass es in der Natur keine Hierarchie gibt, sondern vielmehr ein unfassbares, komplexes Set an einander beeinflussenden Beziehungen …

Durch Leere Mitgefühl erfahren

Die Verflechtung von Mitgefühl und Einsicht sind im Mahayana der Schlüssel zum Verständnis der Praxis. Diese Beziehung findet ihren Ausdruck im Archetyp des Bodhisattva. Ein Bodhisattva ist ein erleuchtetes Wesen, ein mitfühlender Führer aller Wesen, der sich aber selbst auch noch immer auf dem Weg der Erleuchtung befindet. Dieses Paradox ist essentiell, um die mahayanistische Praxis begreifen zu können. Robert Aitken … betont: »Die Rolle des Bodhisattva akzeptieren zu lernen, das macht die Natur der buddhistischen Praxis aus.« Einer der populärsten archetypischen Bodhisattvas ist Guanyin, der Bodhisattva des Mitgefühls. Guanyin ist der chinesische Name für Avalokitesvara, »Die/der den Ton der Welt wahrnimmt«. Sie/er repräsentiert die Erfahrung von Prajñaparamita, der Vollkommenheit der Weisheit. In diesem Zustand, so heißt es im Prajñaparamitasutra, sind alle fünf Skandhas [= körperliche und geistige Daseinserscheinungen, die das »empirische Ich« erscheinen lassen] leer, was Angst und Kummer verwandelt. Es ist ein Zustand, der frei von jeder Beschäftigung mit einem selbst ist, wodurch das Leiden der anderen Wesen bewusst wird. In diesem Zustand erkennen wir die gegenseitige Durchdrungenheit aller Dinge …

Zum ersten Teil, der ausgegeben werden darf, gehören auch die Gaben für die Mönche/Nonnen, die als spirtuelle Gemeinschaft von den »Weltlingen« abhängig sind. Erstere können sich also nicht von der Welt zurückziehen, sondern werden auf ihren täglichen Bettelgängen ständig an die realen Verhältnisse unter Menschen außerhalb des Ordens erinnert. Und den Menschen draußen sind die Bettelmönche eine stete Mahnung, in spiritueller Hinsicht Anstrengungen zu unternehmen – auf der Basis ethischen Verhaltens. H.-J. Loth

Die Kritik

Die kommerziellen Unternehmen in der ganzen Welt brechen ständig die ... buddhistischen Grundsätze und können den Dharma von Individuen oder der Natur nicht mit Mitgefühl erfüllen. Stephen Batchelor ... argumentiert, dass die traditionelle Ökonomie, aus buddhistischer Sicht betrachtet, in ihrem Kern von einer dualistischen Auffassung von Geist und Natur ausgeht. Aus buddhistischer Perspektive sind, um die Worte von Torei Zenji zu gebrauchen, »alle Dinge geheiligte Erscheinungsformen der nie versagenden Essenz des Tathagata [= der ›Vollendete‹, d. h. Buddha]«. Dualistische Annahmen fördern Egoismus statt Altruismus, Individualismus statt Gemeinschaftssinn, Hedonismus statt Spiritualität und stellen Menschen über die Tiere ... Der Buddhismus ist nicht grundsätzlich gegen den Markt als Mechanismus des Austauschs ..., sondern gegen das unethische Verhalten, das in Marktbeziehungen auftreten kann. Wenn man den Mangel an marktbezogener Information zu seinem eigenen Vorteil ausnutzt, würde dies gegen die buddhistische Ethik verstoßen ... Der Wert, den der Käufer dem Produkt beimisst, ist ein weiterer, aus buddhistischer Sicht problematischer Faktor. Was Menschen kaufen, ist weniger ein Produkt einer Herstellungstechnologie, sondern ein Produkt einer Marketingtechnologie. Uns werden Träume und Ego-Extensionen verkauft, die wir als Requisiten im Drama des Lebens verwenden. Die Tatsache, dass die modernen Medien die Macht haben, unsere Wahrnehmung der Wirklichkeit zu verzerren, wird (seltsamerweise) selten öffentlich thematisiert ... Wir müssen uns die reale Welt anschauen, um mit der Ersten Edlen Wahrheit konfrontiert zu werden: dass nämlich Leben Leid ist. Dieses Leiden ist nicht auf bestimmte Gesellschafts- oder Einkommensschichten beschränkt ... Und doch steht hinter unserem aktuellen ökonomischen System die Annahme, dass die Anhäufung von Reichtum das Ende des Leidens bedeute. Dies steht in Widerspruch zur Vierten Edlen Wahrheit– dass Freisein von Leiden durch das Praktizieren des Achtfachen Pfades – des Mittleren Weges erlangt werden kann ... Der wesentlichste Beitrag des Buddhismus besteht darin, dass er davon ausgeht, dass Leiden durch unser Anhaften an Dinge verursacht wird und nicht so sehr durch den Mangel an Dingen. Freiheit von Leiden kann daher nicht dadurch erlangt werden, dass wir materielle Güter anhäufen, sondern nur durch die Praxis des Achtfachen Pfades, der implizit für Mäßigung, spirituelle Reflexion, moralisches Verhalten und schließlich meditative Achtsamkeit eintritt. Dies ist eine Position, die sich radikal vom aktuellen wirtschaftlichen Ethos unterscheidet.

David Bubna-Litic, 1997

Zen (satori) ist ein japanisches Wort, *das über das chinesische Chan auf das Sanskrit-Wort Dhyāna zurückgeht und die Technik der Meditation bezeichnet, die zum Samādhi führt. Zen betont die Vorrangigkeit der Erleuchtungserfahrung und die Nutzlosigkeit von rituellen religiösen Übungen. Das Zazen oder »Sitzen in Versunkenheit« soll in einem Zustand vollkommener inhaltloser Wachheit zu einem plötzlichen Erwachen des Erleuchtens führen.*

▶ *Erläutern und konkretisieren Sie mit Bubna-Litic die buddhistische Kritik am wirtschaftlichen Ethos des Westens:*
– Auffassung von Geist und Natur;
– Verhalten in Marktbeziehungen;
– Medienmacht, Bedürfnisse zu schaffen;
– Anhäufung materieller Güter als Ziel.

▶ *In welchen Punkten würden Sie ihm Recht geben?*

▶ *Konkretisieren Sie aus Buddhas Lehrrede S. 344 o. seine Vorstellungen einer ökonomischen Leitlinie.*

➢ *Zum »Buddhismus« vgl. S. 302/03; 312/13; 322/23*

»Gott steht auf der Seite der Armen«

Die Weltversammlung der ökumenischen Christenheit verabschiedete 1990 in Seoul/Südkorea 10 Affirmationen (»Bekräftigungen«) zu Gerechtigkeit, Frieden und Bewahrung der Schöpfung. Sie bilden die Quintessenz des weltweiten konziliaren Aktions- und Reflexionsprozesses vieler christlicher Gruppen und Kirchen. Die Aufgabe dieser 10 Affirmationen ist es, dass Christinnen und Christen sowie christliche Gruppen und Kirchen, die in unterschiedlichen Kontexten der Erde leben, sich wechselseitig im Blick auf ihre Praxis und ihr Nachdenken, ihre Gottesdienste und ihre Spiritualität befragen können und immer wieder einander ermutigen, festzuhalten am Zusammenhang von Spiritualität und Kampf, von Gebet und einer Gerechtigkeit lebenden und auf sie zielenden Praxis.

Affirmationen (Auszüge)

I. Wir bekräftigen, dass alle Ausübung von Macht vor Gott verantwortet werden muss.

Diejenigen, die wirtschaftliche, politische, militärische, gesellschaftliche, kulturelle, juristische Macht ausüben, sollten Haushalter von Gottes Gerechtigkeit und Frieden sein. Wir werden uns jeder Ausübung von Macht und Autorität widersetzen, die ein Machtmonopol anstrebt und damit Veränderungen im Hinblick auf Gerechtigkeit, Frieden und Bewahrung der Schöpfung verhindert.

II. Wir bekräftigen, dass Gott auf der Seite der Armen steht.

Wir erklären, dass wir als Christen die Pflicht haben, Gottes Handeln im Kampf der Armen um unser aller Befreiung zu unterstützen. Wir werden allen Kräften, politischen Maßnahmen und Institutionen widerstehen, die Armut verursachen und fortbestehen lassen oder sie als unvermeidlich und unausrottbar hinnehmen.

III. Wir bekräftigen, dass alle Rassen und Völker gleichwertig sind.

Mit ihren vielfältigen Kulturen und Traditionen spiegeln sie die reiche Vielfalt der Schöpfung Gottes. Wir werden der Leugnung der Grundrechte von Menschen widerstehen, die ausgebeuteten und unterdrückten rassischen und ethnischen Gruppen, Kasten und Urvölkern angehören. Wir werden uns allen Versuchen dominanter Kulturen und Gruppen widersetzen, diesen Menschen ihre kulturelle Identität und ihre eingeschränkte Staatsbürgerschaft sowie den gleichberechtigten Zugang zu wirtschaftlicher, politischer und kirchlicher Macht vorzuenthalten.

IV. Wir bekräftigen, dass Mann und Frau nach dem Bilde Gottes geschaffen sind.

Wir bekräftigen die schöpferische Macht, die den Frauen geschenkt worden ist, um für das Leben dort einzutreten, wo der Tod regiert. Wir werden jeder patriarchischen Struktur widerstehen, die die Gewalt gegen Frauen in der Familie und in einer Gesellschaft verfestigt, die ihre Arbeitskraft und ihre Sexualität ausbeuten.

V. Wir bekräftigen, dass Wahrheit zur Grundlage einer Gemeinschaft freier Menschen gehört.

Wir bekräftigen, dass der Zugang zur Wahrheit und zu Bildung, Information und Kommunikationsmitteln ein menschliches Grundrecht ist. Alle Menschen haben das Recht auf Bildung und zu sagen, was ihnen wichtig ist, ihre Überzeugungen und Meinungen zu äußern, von anderen angehört zu werden und die Fähigkeit zu besitzen, Wahrheit von Lüge zu unterscheiden. Wir widerstehen allen Bestrebungen, die freie Meinungsäußerung zu verweigern, die Kommunikationsmedien in den Händen des Staates oder wirtschaftlich mächtiger Monopole zu konzentrieren.

»Für die Rechte der Kinder« – 1. Preis des Wettbewerbs »Kinder zeigen Flagge«, 1998/99 ausgeschrieben von »Brot für die Welt« und dem Ernst-Lange-Institut

VI. Wir bekräftigen den Frieden Jesu Christi.

Die einzig mögliche Grundlage für einen dauerhaften Frieden ist Gerechtigkeit (Jesaja 32,17). Gottes Gerechtigkeit ist der Schutz der »Geringsten« (Matthäus 25, 31–46), der am meisten Verwundbaren (5. Mose 24). Wir werden allen Sicherheitsdoktrinen und -systemen widerstehen, die sich auf den Einsatz von Massenvernichtungswaffen und die Abschreckung mit ihnen und auf militärische Invasionen, Interventionen und Besetzungen stützen, sowie Doktrinen der nationalen Sicherheit, die das Ziel haben, das Volk zu beherrschen und zu unterdrücken, um die Privilegien einiger weniger zu schützen.

VII. Wir bekräftigen, dass Gott die Schöpfung liebt.
Da die Schöpfung von Gott ist und seine Güte die ganze Schöpfung durchdringt, sollen wir alles Leben heilig halten. Wir werden dem Anspruch widerstehen, alle geschaffenen Dinge dienten lediglich dazu, vom Menschen ausgebeutet zu werden. Wir widersetzen uns des Weiteren der Vernichtung der Arten um des von Menschen erzielten Gewinns willen, dem Konsumdenken und der schädlichen Massenproduktion, der Verschmutzung von Land, Luft und Wasser, allen menschlichen Aktivitäten, die jetzt zu wahrscheinlich raschen Klimaveränderungen führen, sowie politischen Vorhaben und Plänen, die zur Zerstörung der Schöpfung beitragen.

VIII. Wir bekräftigen, dass die Erde Gott gehört.
Das Land und die Gewässer bedeuten Leben für die Menschen, ja für alles, was lebt, heute und in Zukunft. Doch Millionen sind ihres Landes beraubt und leiden unter der Verschmutzung des Wassers; ihre Kultur, ihre Spiritualität und ihr Leben werden zerstört. Wir werden jeder Politik widerstehen, die Land als bloße Ware behandelt, die Spekulation auf Kosten der Armen erlaubt, die Giftmüll auf das Land und ins Wasser entlädt, die Ausbeutung, ungleiche Verteilung und Verseuchung des Landes und seiner Erzeugnisse fördert und die jenen, die unmittelbar von der Nutzung des Landes leben, die Verfügungsgewalt darüber vorenthält.

Brot für die Welt, aus der Fotoreihe »Gebt den Kindern eine Chance«

IX. Wir bekräftigen die Würde und das Engagement der jüngeren Generation.
Wir bekräftigen
- die Würde der Kinder, die sich aus ihrer besonderen Verletzlichkeit und aus ihrem Bedürfnis nach Zuwendung und Liebe ergibt,
- die Kreativität und Opferbereitschaft der jungen Menschen beim Aufbau einer neuen Gesellschaft und erkennen ihr Recht an, bei Entscheidungen, die ihr Leben und ihre Gemeinschaft betreffen, eine prophetische Stimme zu erheben,
- die Rechte und Bedürfnisse junger Menschen als entscheidende Kriterien bei der Festlegung von Prioritäten für Bildung und Entwicklung.

X. Wir bekräftigen, dass die Menschenrechte von Gott gegeben sind.
Wir werden allen Strukturen und Systemen widerstehen, die Menschenrechte verletzen und die Einzelnen und Völkern die Möglichkeit nehmen, sich uneingeschränkt zu entfalten; wir widersetzen uns insbesondere der Folter, dem Verschwindenlassen von Menschen, Hinrichtungen ohne Gerichtsverfahren sowie der Todesstrafe. Wir verpflichten uns zur Solidarität mit Organisationen und Bewegungen, die sich für die Förderung und den Schutz der Menschenrechte einsetzen, und wir werden für die Annahme und uneingeschränkte Durchsetzung der Menschenrechtsnormen durch wirksame Instrumente eintreten.

Ullrich Schnitthenner, 1990

▶ *Vergleichen Sie die Positionen der ökumenischen Christenheit mit einem Programm politischer Parteien. Worin unterscheiden sie sich grundlegend, worin stimmen Sie überein?*

Projekt »Weltethos«?

»Kein Überleben ohne Weltethos. Kein Weltfriede ohne Religionsfriede. Kein Religionsfriede ohne Religionsdialog« – davon handelt das Projekt des katholischen Theologen Hans Küng, das dieser 1990 begonnen hat und dem sich mittlerweile eine Fülle unterschiedlicher Menschen angeschlossen haben, darunter das Parlament der Weltreligionen (vgl. S. 350) in einer von Küng entworfenen Erklärung zum Weltethos.

Auszüge aus der Erklärung zum Weltethos

Hans Küng, katholischer Theologe

Weltethos

Mit Weltethos meinen wir keine neue Weltideologie, auch keine einheitliche Weltreligion jenseits aller bestehenden Religionen, erst recht nicht die Herrschaft einer Religion über alle anderen. Mit Weltethos meinen wir einen Grundkonsens bezüglich bestehender verbindlicher Grundhaltungen. Ohne einen Grundkonsens im Ethos droht jeder Gemeinschaft früher oder später das Chaos oder eine Diktatur, und einzelne Menschen werden verzweifeln.

Die goldene Regel

Es gibt ein Prinzip, die goldene Regel, die seit Jahrtausenden in vielen religiösen und ethischen Traditionen der Menschheit zu finden ist und sich bewährt hat: Was du nicht willst, das man dir tut, das füg auch keinem anderen zu. Oder positiv: Was du willst, was man dir tut, das tue auch den anderen! Dies sollte die unverrückbare, unbedingte Norm für alle Lebensbereiche sein, für Familie und Gemeinschaften, für Rassen, Nationen und Religionen.

Egoismen jeder Art – jede Selbstsucht, sie sei individuell oder kollektiv, sie trete auf in Form von Klassendenken, Rassismus, Nationalismus oder Sexismus – sind verwerflich. Wir verurteilen sie, weil sie den Menschen daran hindern, wahrhaft Mensch zu sein. Selbstbestimmung und Selbstverwirklichung sind durchaus legitim – solange sie nicht von der Selbstverantwortung und Weltverantwortung des Menschen, von der Verantwortung für die Mitmenschen und den Planeten Erde losgelöst sind.

Vier unverrückbare Weisungen

Dieses Prinzip schließt ganz konkrete Maßstäbe ein, an die wir Menschen uns halten sollen. Aus ihm ergeben sich vier umfassende uralte Richtlinien, die sich in den meisten Religionen dieser Welt finden.

– Verpflichtung auf eine Kultur der Gewaltlosigkeit und der Ehrfurcht vor dem Leben;

– Verpflichtung auf eine Kultur der Solidarität und eine gerechte Wirtschaftsordnung;
– Verpflichtung auf eine Kultur der Toleranz und ein Leben in Wahrhaftigkeit;
– Verpflichtung auf eine Kultur der Gleichberechtigung und die Partnerschaft von Mann und Frau.

Hans Küng

Ein Appell

Zum Schluss appellieren wir an alle Bewohner dieses Planeten: Unsere Erde kann nicht zum Besseren verändert werden, ohne dass das Bewusstsein des Einzelnen geändert wird. Wir plädieren für einen individuellen und kollektiven Bewusstseinswandel, für ein Erwecken unserer spirituellen Kräfte durch Reflexion, Meditation, Gebet und positives Denken, für eine Umkehr der Herzen. Gemeinsam können wir Berge versetzen! Ohne Risiko und Opferbereitschaft gibt es keine grundlegende Veränderung unserer Situation! Deshalb verpflichten wir uns auf ein gemeinsames Weltethos: auf ein besseres gegenseitiges Verstehen sowie auf sozialverträgliche, friedensfördernde und naturfreundliche Lebensformen. Wir laden alle Menschen, ob religiös oder nicht, ein, dasselbe zu tun.

▶ *Beschreiben Sie Ihre Einstellung zu dem Appell des Projektes Weltethos. Wie beurteilen Sie die geforderte »Umkehr der Herzen«?*

▶ *Diskutieren Sie auf dem Hintergrund Ihrer eigenen ethischen Optionen die Perspektiven eines Weltethos.*

Die 1995 gegründete Stiftung Weltethos fordert, die Weltethos-Idee in den Lehrplan aufzunehmen. Die Stiftung prämierte Unterrichtsmodelle, die die Idee des Weltethos-Projektes befördern, also interreligiösen Dialog fördern, Nachdenklichkeit erzeugen und zu Entscheidungen führen.

Das umstrittene »Projekt Weltethos«

Problemlösung?
Küngs Ethikkonzeption ist aufgrund ihrer pauschalen Universalisierung und des nicht reflektierten Problems der Superstrukturbildung ungeeignet, sowohl moralische als auch politische Dilemmata unserer Zeit zu lösen. Gesa Heinrichs, 1998

Global denken, lokal handeln?
Das schwierigste zu lösende Problem beim »Projekt Weltethos« ist m. E. die notwendige Verbindung von Universalismus und Lokalismus, von globaler Verbindlichkeit und kontextueller Differenzierung. Hans Ruh kommt zu der Formel: »Die Idee des Weltethos verwirklichen heißt, einseitig das allseitig Richtige und Verbindliche denken und tun.«
Christoph Stückelberger, 1997

Ein Graffiti-Künstler zur Weltethos-Idee, 1997

Ethos verzwecken?
Ein Ethos, das zum Projekt wird, hört auf, letzter Maßstab zur Beurteilung von Projekten zu sein, es wird selbst Mittel zu anderen Zwecken. Ethos ist für Küng etwas, das gebraucht wird. … Wozu brauchen wir das Weltethos? Eigentlich ist Ethos das, was darüber belehrt, was wir brauchen und wozu. Aber das Wozu steht bei Küng von vorneherein fest. Zweck ist der Frieden, und Zweck des Friedens ist das Überleben der Menschheit. Eine solche Instrumentalisierung trifft jedes Ethos natürlich im Kern. Wenn es selbst Mittel zu einem naturalen Zweck ist, ist es seiner Pointe beraubt. Robert Spaemann, 1998

Ein gemeinsamer Nenner?
Moderne Kulturen sind im Kern widersprüchlich, geprägt durch nicht verrechenbare Heterogenität, durch permanente Spannung zwischen konkurrierenden Wertsphären. Sie sind bestimmt durch vielfältige irreduzible Eigengesetzlichkeiten und den fortwährenden Widerstreit unterschiedlicher Rationalitätstypen, die in einzelnen Subsystemen Plausibilität entfalten, aber nicht für das »Ganze« Geltung beanspruchen können. Friedrich Wilhelm Graf, 1995

▶ *Würden Sie ein Unterrichtsmodell im Sinne des Weltethos unterstützen? Beziehen Sie in Ihre Argumentation die folgenden kritischen Einwände mit ein.*
▶ *Projektidee: Entwickeln Sie eigene Ideen für ein Unterrichtsmodell (Kontakt: Stiftung Weltethos, Waldhäuser Str. 23, 72076 Tübingen).*

1997 diskutierten diese muslimischen, jüdischen und christlichen Jugendlichen in einem »Weltethos-Jugendcamp« in Tirol: »Lässt sich Weltethos tatsächlich unter den Menschen verwirklichen?«

Religion – eine notwendige moralische Grundlage?

Innerer und äußerer Friede

Um weltweiten Frieden zu erreichen, ist der politische Wille, tatsächlich das Notwendige erreichen zu wollen, wichtig. Er muss besonders bei denjenigen vorhanden sein, die die Verantwortung tragen und die die Macht haben. Deshalb ist ihr eigenes Inneres, ihr Geist von entscheidender Bedeutung. Im eigenen Geist müssen Liebe und Mitgefühl vorhanden sein und der innere Wunsch, etwas Gutes zu erreichen … Hass kann man nicht mit Hass begegnen, so wie man Feuer nicht mit Feuer löschen kann. Indem man diese inneren Eigenschaften wie Zuneigung und Mitgefühl entwickelt, öffnet man gewissermaßen seine innere Tür, durch die man dann mit anderen Menschen und Konfliktpartnern kommunizieren kann. Daraus entwickelt sich der Wille, das Problem gemeinsam zu lösen. Deshalb bin ich davon überzeugt, dass ein äußerer Friede nur entwickelt werden kann, wenn man zuerst einen inneren Frieden entwickelt, durch Kultivierung entsprechender innerer Eigenschaften.

Dalai Lama zum Weltparlament der Religionen, 1993

▶ *Was – vermuten Sie – würde der Dalai Lama auf Huntingtons Prognose eines kuturellen Weltkonfliktes (S. 82) antworten?*

Der Dalai Lama ist das weltliche und geistliche Oberhaupt Tibets; er flüchtete 1959 vor den chinesischen Besatzern nach Indien und erhielt 1989 für seine Friedensbemühungen den Friedensnobelpreis.

Im Oktober 1970 traf sich zum ersten Mal die »Weltkonferenz der Religionen für den Frieden«. Teilnehmer kamen aus allen Kontinenten. Gemeinsam berieten Vertreter aller Religionen: Buddhisten, Christen, Hindus, Jains, Juden, Konfuzianer, Muslime, Parsis, Shintoisten, Sikhs und Anhänger afrikanischer Religionen. Seitdem trifft sich die Weltkonferenz regelmäßig alle vier bis fünf Jahre, um Fragen der Gerechtigkeit, des Friedens und einer Ehrfurcht vor dem Leben zu diskutieren. Neben der »Weltkonferenz der Religionen für den Frieden« gibt es eine Reihe weiterer interreligiöser Zusammenschlüsse. Der älteste ist das »Weltparlament der Religionen«, das 1993 – genau hundert Jahre nach der ersten Versammlung – wieder zusammenkam. Anlässlich »Hundert Jahre Weltparlament der Religionen« formulierte Martin Stöhr, ein evangelischer Theologe aus Deutschland, »zwölf Gedanken über konkrete Aufgaben der Glaubigen beim Aufbau einer Gemeinschaft vor, während und nach Konflikten« (nebenstehender Auszug).

1. Die Religionen sind nicht für sich selbst da, sondern für Gott und seine ganze Kreatur. Sie kämpfen nicht zuerst um ihre Macht, Selbstbehauptung und Rechthaberei. Das ist ihre größte Versuchung. Sie stehen zuerst für Wahrheit, Gerechtigkeit und Frieden Gottes und der Menschen.
2. Als Sprache bedienen sie sich nicht nur der Worte und der Gebete, sondern des ganzen Lebens. Was nicht gelebt wird, ist nicht in der Welt. Die Ziele der Wahrheit, Gerechtigkeit und des Friedens sind auch die Wege. Fragen, die den Menschen wichtig sind, müssen den Religionen auch wichtig sein. Sie drücken die Erfahrung aus, wie sehr Gottes Welt und damit die Menschen, beschädigt sind, wie sehr also Gott leidet in seinen Menschen …
3. Die Geschichte zeigt, dass meistens nur Minderheiten in den verschiedenen Religionen Brücken bauen und Konflikte überwinden helfen. Der Hauptstrom verschärft dagegen die Konflikte. Mut zum Nonkonformismus ist also auch gegenüber der eigenen Tradition und ihren konservierenden Neigungen nötig.
4. Dietrich Bonhoeffer, Mahatma Gandhi, Martin Luther King, Oscar Romero und Chris Hani mussten ihre Aufträge zuerst kritisch der eigenen Tradition gegenüber vertreten, ehe sie zum Segen für ihre Gemeinschaft wurden …
5. Gott will mit allen Menschen vier Elemente seines unausschöpflichen Reichtums teilen: Für alle Menschen sind alle Güter der Erde bestimmt. Hier sind wir noch weit von jeder Gerechtigkeit entfernt. Nicht nur, dass wir für die gegenwärtigen Menschen den (a) Reichtum sowie Reis und Brot der Erde ungerecht verteilen. Unseren Enkeln haben wir große Stücke ihres Anteils durch die Zerstörung der Schöpfung schon jetzt gestohlen. Millionenfache Arbeitslosigkeit zeigt, wie ungerecht (b) Arbeit und damit Lebenschancen verteilt sind. Dasselbe zeigt sich bei der ungerechten Verteilung von (c) Macht und (d) Wissen auf unserem Globus. Millionen Menschen haben keinen Anteil an dem, was Menschen wissen, produzieren und können. Der religiöse Glaube ist der göttliche Widerspruch gegen diese Quelle aller Ungerechtigkeiten und Konflikte bei der Teilung der göttlichen und menschlichen Ressourcen.

6. Die Religionen allein verfügen über Weisheiten, das Leben zu bewältigen. Sie sind unterschiedlich. Ihnen ist ein revolutionäres Wissen des Lebens anvertraut, mit dem Wissen, über das Wissenschaften, Technik, Handwerk und Industrie verfügen, menschlich umzugehen. Das ist Weisheit. Wissen und Macht folgen Fakten der Logik des Maximierens. Der Glaube folgt der Logik des Optimierens des menschlichen Lebens, Zusammenlebens und Überlebens. Lernen wir das nicht, dann bleiben Politik, Medien, Wirtschaft und Wissenschaft ohne Ethik …
7. Vor dem Konflikt sind religiöse Menschen wachsam: Wo drohen Konflikte? Wo beginnt das Töten ganz früh durch Vorurteile und Feindbilder, durch Unkenntnis und Feigheit? Wo werden Konflikte in falschen Kategorien dargestellt? …
8. Konflikte zu beginnen ist leichter als Konflikte zu beenden. Konflikte zu vermeiden ist leicht, wenn die Religionen ihre menschenfreundlichen Traditionen neu entdecken; es ist schwer, wenn sie sich von den Menschen und ihren Nöten abwenden. Ökonomische Interessen, Nationalismus und Fundamentalismus legitimieren am häufigsten Gewalt. Sie bedürfen am stärksten religiöser Supervision und Intervention …
9. Erziehung zur Toleranz bedeutet, nicht passiv oder gleichgültig hinzunehmen, was geschieht oder was es gibt. Es bedeutet, die anderen Glaubensweisen genau kennen zu lernen, auf Andersgläubige zuzugehen, mit den Menschen zu reden und nicht über sie; nicht nur nach Gemeinsamkeiten zu fragen, sondern scharf auch die Verschiedenheiten herauszuarbeiten und dann zu respektieren, was anders ist.
10. Erziehung zur Toleranz bedeutet zu bejahen, dass mein Glaube durch die anderen nicht nur angefragt, sondern auch verändert oder bereichert wird. Differenzen sollen keine Angst oder Bedrohung produzieren, sondern die Fragen und das Vertrauen vermehren. Kein religiöser und kein politischer Fundamentalismus gedeiht in einem Klima der Toleranz und des Pluralismus. Wahre Demokratie wächst an der Basis, wo Respekt vor anderen Überzeugungen lebt …
11. Wenn ein Konflikt blutige Opfer fordert, dann gehören mit den Opfern auch die Religionen zu den Verlierern. Im Konflikt schrumpft die Macht der Religionen fast zur Ohnmacht. Ein paar Aufgaben bleiben: Nie verlernen, im »Feind« den Menschen zu sehen; immer fragen, ob die Mittel der herrschenden Gewalt den Zielen entsprechen, ob die öffentlichen Äußerungen über die Feinde der Wahrheit entsprechen; sich für das Recht und das Leben der »Feinde« interessieren; jederzeit bereit sein, sich mit dem Gegner zu treffen und zu verhandeln; Orte und Chancen der Begegnung suchen.
12. Nach dem Konflikt ist es nötig, die eigene Schuld am Konflikt zu analysieren und um Vergebung zu bitten; jeder Demütigung der unterlegenen Seite entgegenzutreten; die Chancen für ein Zusammenleben zu verbessern, das menschlicher ist als vor dem Konflikt; neue Brücken der Versöhnung zu bauen.

Martin Stöhr, 1993/1997

▶ *Erläutern Sie, wie aus der Sicht des Christen Stöhr »Gerechtigkeit« verstanden wird und welche Rolle hierbei aus seiner Sicht Religionen spielen (können). Vergleichen Sie das mit einer philosophischen Reflexion über »Gerechtigkeit« (vgl. z. B. S. 164/65 oder S. 236/37). Nehmen Sie Stellung dazu.*

Was auf dem Spiel steht
Statt einer unstillbaren Gier nach Geld, Prestige und Konsum ist wieder neu der Sinn für Maß und Bescheidenheit zu finden! Denn der Mensch der Gier verliert seine »Seele«, seine Freiheit, seine Gelassenheit, seinen inneren Frieden und somit das, was ihn zum Menschen macht.

Aus der Deklaration des Parlaments der Weltreligionen, 1993

Man kann nicht soziale, wirtschaftliche, wissenschaftliche, politische und rein religiöse Arbeit schön getrennt voneinander in verschiedenen Abteilungen führen. Ich kenne keine Religion, die von der menschlichen Fähigkeit abgesondert ist. Sie gibt allen anderen Fähigkeiten eine moralische Grundlage, die ihnen sonst fehlt.

Mahatma Gandhi, 1968

▶ *Diskutieren Sie Gandhis Position für ethische Urteilsbildung. Ist Religion wirklich unabdingbar (vgl. S. 294)?*
▶ *Benennen Sie die Kernsätze aus Stöhrs Katalog, die die besondere Rolle von Religion herausstellen.*

▶ *Vergleichen Sie verschiedene ethische Ansätze auf ihren Sinn für Maß und Bescheidenheit (z. B. die utilitaristische, die buddhistische, die christliche). Welche finden Sie am plausibelsten?*

Von der verfolgten Gemeinde zur staatstragenden Institution

Zu Beginn des Christentums wurden die christlichen Gemeinden verfolgt. Sie weigerten sich, den römischen Kaiser anzubeten, und widersetzten sich so staatlicher Autorität. Doch schon 311 wurde die christliche Religion erlaubt. Unter Kaiser Konstantin wurde das Christentum 313 zur Staatskirche. Mit der Integration christlicher Gemeinden in das Staatswesen begann die Ketzerverfolgung: Um 380 wurde der erste Ketzer verbrannt, kurz nach dem ersten Jahrtausend begannen Kreuzzüge und Hexenverfolgungen.

Spottkruzifix – Zeichnung aus der Zeit vor Konstantin, mit der ein heidnischer Junge seinen christlichen Mitschüler mit dem Namen Anaxamenos, verspottete: »Anaxamenos betet seinen Gott an.«

Kirche und Staat in den ersten Jahrhunderten

Ich, der Kaiser Konstantin, der Kaiser Licinius, haben alles, was der Wohlfahrt und Sicherheit des Staates dient, erwogen und beschlossen, den Christen ebenso wie allen anderen freie Wahl zu lassen, der Gottesverehrung zu folgen, die jeder sich wünscht, damit, was an Göttlichem auf himmlischem Sitz thront, uns und allen, die unter unserer Herrschaft leben, gewogen und gnädig sein möge. Dies geschieht im Interesse der Ruhe unserer Zeiten.

Aus dem Mailänder Edikt, 313

Es ist unser Wille, dass in allen Orten fortan die Tempel geschlossen werden und dass, indem alle an deren Besuch gehindert werden, den Verworfenen die Freiheit genommen werde sich zu vergehen. Wir wollen auch, dass alle sich der Opfer enthalten. Wenn aber jemand etwas Derartiges begehen sollte, so sei seine Strafe der Tod durchs Schwert. Auch das Vermögen des Hingerichteten soll, so verfügen wir, der Steuerbehörde zufallen; und ebenso sollen die Leiter der Provinzen bestraft werden, wenn sie es versäumen, diese Verbrechen zu ahnden.

Aus dem Edikt des Kaisers Konstantin, 346

▶ *Welche Motive bestimmen die beiden Kaiser bei der Zulassung der christlichen Religion im Jahre 313?*

▶ *Gut dreißig Jahre nach seiner Zulassung war das Christentum zur alleinigen erlaubten Religion geworden. Wie erklären Sie sich diese Entwicklung?*

Wenige Jahrzehnte, nachdem die christliche Kirche zur Reichskirche geworden war, formulierte Augustinus die grundlegende Theorie, die die Einstellung aller christlichen Großkirchen bis zum heutigen Tag in verschiedenen Variationen bestimmte: Die Beteiligung an der staatlichen Gewalt wurde zur christlichen Pflicht. Der Christ dürfe die Gewalt nicht den Gewaltmenschen, den Nichtchristen und Gottlosen überlassen. Seinen durch den Einfluss des Geistes Christi erzeugten Abscheu gegen die Gewalt müsse der Christ gleichzeitig empfinden und überwinden und aus Liebe zu den Mitmenschen sich die Hände mit Gewalt schmutzig und blutig machen.

Gerade so ist er der rechte Mann zur Verwaltung der gesellschaftlichen Gewaltmittel, weil sein Abscheu vor Gewalt ihn schützt vor dem Verfallen an den Geist der Gewalt, der stets versucherisch den bedroht, der über die Gewaltmittel verfügt. Aurelius Augustinus

Aufruf zum 1. Kreuzzug (1095)

Mögen diejenigen, die vorher gewöhnt waren, in privater Fehde verbrecherisch gegen Gläubige zu kämpfen, sich mit den Ungläubigen schlagen; mögen diejenigen, die bis jetzt Räuber waren, nun Soldaten werden; mögen diejenigen, die sonst Söldlinge waren, um schnöden Lohn, jetzt die ewige Belohnung gewinnen. Papst Urban II.

▶ *Begründen Sie mit Augustinus die Ausübung von Gewalt durch Christen* *(vgl. S. 182/83).*

Beteilligung an staatlicher Macht?
Geben wir zu, dass es einem Christen gelingen könne, als Inhaber irgendeiner Ehrenstelle mit dem bloßen Titel derselben aufzutreten, ohne auch nur zu schwören, ferner er spreche kein Urteil über Leben und Tod oder die bürgerliche Ehre eines Menschen, er verurteile nicht, er gebe keine Strafgesetze, er lasse niemanden fesseln, niemanden einkerkern oder foltern – wenn das glaublich ist, dann mag es sein.

Tertullian, ca. 160–220 n. Chr.

Kaiser Karl IV., Nürnberg, erste Hälfte des 15. Jahrhunderts

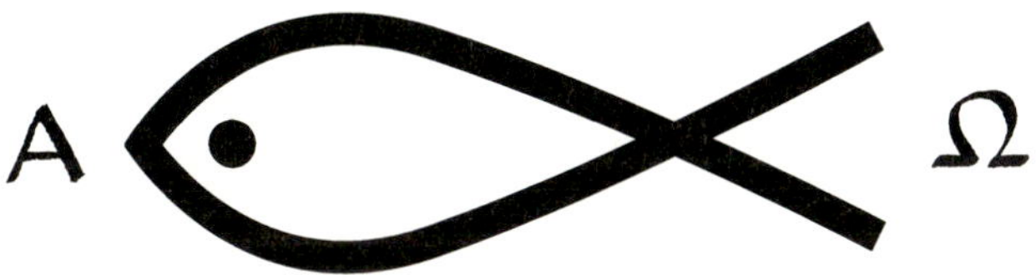

Der Fisch (griechisch: ichtus) war ein christliches Geheimsymbol und diente den Urchristen als Erkennungszeichen; die einzelnen Buchstaben von »ichtus« ergeben: Jesus Christus, Sohn Gottes und Retter.

Das christliche Bild von Staat und Kirche wandelt sich

Babylon oder Jerusalem
Wir können wenigstens einen Anhaltspunkt geben, wonach ein jeder beurteilen kann, zu welchem Staat er gehört. Zwei Staaten werden durch zwei Arten von Liebe gegründet. Jerusalem durch die Liebe zu Gott. Babylon durch die Liebe zur Welt. Es fragt sich also jeder, was er liebt, und er wird finden, wessen Bürger er ist. Und fand er den Bürger Babylons, so rotte er aus die Begehrlichkeit und pflanze die Liebe. Fand er sich aber als Bürger Jerusalems, so dulde er die Gefangenschaft und hoffe auf Freiheit.

Aurelius Augustinus

▶ *Beschreiben Sie, wie sich die christliche Einstellung zu Gewalt und Teilhabe an staatlicher Macht in den ersten Jahrhunderten wandelte .*

▶ *Wie wirkte sich diese Zuordnung von Staat und Kirche im Mittelalter und teilweise bis ins 20. Jahrhundert hinein aus (vgl. S. 354/55)?*

Wie Sonne und Mond
Wie Gott, der Schöpfer des Alls, am Himmel zwei große Lichter geschaffen hat, ein größeres, das den Tag, und ein kleineres, das die Nacht regieren sollte (1. Mose 1, 16), so hat er in der katholischen Kirche, die mit dem Himmel gemeint ist, zwei große Herrscher eingesetzt, einen höheren über die Seelen und einen niedrigeren über die Leiber, die sich zueinander verhalten wie Tag und Nacht: Das sind die Autorität des Papstes und die Macht des Königs. Wie nun der Mond sein Licht von der Sonne erhält und zugleich kleiner und im Hinblick auf Helligkeit, Stellung und Wirksamkeit unbedeutender ist, so erhält die köngliche Macht ihren Glanz von der Autorität des Papstes. Je enger sie in deren Umkreis bleibt, desto weniger wird sie beleuchtet; und je weiter sie sich von ihrer Pracht enfernt, desto stärkeren Glanz gewinnt sie.

Papst Innozenz III. (1198–1216)

***Aurelius Augustinus* (354–430),** *war Theologe und Philosoph; er verband in seinen theologisch-philosophischen Werken christlichen Glauben, antike Philosophie und persische Religionsvorstellungen. Er setzte sich stark mit dem Begriff und der Vorstellung des Bösen auseinander.*

Luthers Zwei-Reiche-Lehre und ihre reformierte Kritik

Angesichts der Verquickung von Kirche und Staat im ausgehenden Mittelalter suchte Martin Luther im Zuge seiner Reformation eine neue Zuordnung von Kirche und Staat. 1523 schrieb er seine diesbezüglich bedeutsamste Schrift »Von weltlicher Obrigkeit, wie weit man ihr Gehorsam schuldig sei«. Die Schweizer Reformatoren Zwingli und Calvin entwarfen im 16. Jahrhundert eine andere Zuordnung von Kirche und Staat als Luther. Diese gewann im 20. Jahrhundert mit Karl Barths Schrift »Christengemeinde und Bürgergemeinde« unmittelbar nach Nationalsozialismus und Zweitem Weltkrieg (1946) neue Aktualität.

Martin Luther (1483–1546), Reformator

Zwei-Reiche-Lehre bei Martin Luther

Geistliches und Weltliches

Darum hat Gott zwei Regimente verordnet, das geistliche, das Christen und fromme (gerechte) Leute macht durch den Heiligen Geist unter Christus, und das weltliche, das den Unchristen und Bösen wehrt, dass sie äußerlich müssen Frieden halten und still sein, ob sie wollen oder nicht … Darum muss man die beiden Regimente mit Fleiß unterscheiden, und beide bleiben lassen, das eine, das fromm (gerecht) macht, und das andere, das äußerlich Frieden schafft und den bösen Werken wehrt; keins ist ohne das andere genug in der Welt …

▶ *Nach welchen Kriterien unterscheidet Luther die beiden Regimente?*

Genfer Standbild der Reformatoren

Beiden »Reichen« gerecht werden

… Also geht nun beides fein miteinander, dass du zugleich Gottes Reich und der Welt Reich genug tust äußerlich und innerlich, zugleich Übel und Unrecht leidest und doch Übel und Unrecht bestrafst, zugleich dem Übel nicht widerstehst (Mt 5, 39) und ihm doch widerstehst. Denn mit dem einen siehst du auf dich und das Deine und mit dem andern auf den Nächsten und das Seine. Für dich und das Deine verhältst du dich nach dem Evangelium und leidest Unrecht als rechter Christ; für den andern und das Seine verhältst du dich nach der Liebe und leidest kein Unrecht an deinem Nächsten, welches das Evangelium nicht verbietet, sondern vielmehr gebietet … Das weltliche Regiment hat Gesetze, die sich nicht weiter erstrecken als über Leib und Gut und das, was äußerlich ist auf Erden. Denn über die Seele kann und will Gott niemanden regieren lassen als sich selbst allein.

»Christlicher« Krieg

Kein Fürst soll gegen seinen Oberherrn Krieg führen … Wenn aber die Gegenseite zu deinesgleichen gehört oder einen niedrigeren Stand hat als du oder wenn sie einer fremden Obrigkeit untersteht, so sollst du ihr als Erstes Recht und Frieden anbieten (5. Mose 20, 10). Will sie dann nicht, so denke an dein Bestes und wehre dich mit Gewalt gegen Gewalt, wie 5. Mose 20, 12 ff. das alles fein beschreibt … Und in solche einem Krieg ist es christlich und ein Werk der Liebe, die Feinde getrost zu erwürgen, zu rauben und zu brennen und alles zu tun, was schändlich ist, bis man sie im Kampf überwunden hat. Nur vor Sünden soll man sich hüten und nicht Weiber und Jungfrauen schänden. Wenn man die Feinde aber überwunden hat, dann soll man denen, die sich ergeben und demütigen, Gnade und Frieden erweisen.

Martin Luther, 1523

▶ *Wie beschreibt Luther Lebensweise und Aufgaben der Christen?*

▶ *Welches moderne Rechtsgut formuliert Luther in dem Text links?*

▶ *Diskutieren Sie Vorteile und Nachteile Luthers kriegsethischer Überlegung.*

Christen- und Bürgergemeinde bei Karl Barth

Kein apolitisches Christentum

Die Verwendung des einen Begriffs »Gemeinde« zur Bezeichnung beider Größen mag gleich zum vornherein auf die zwischen den beiden Größen bestehende positive Beziehung hinweisen ... Es gibt unter den den Staat bedrückenden Problemen keines, welches nicht irgendwie auch die Kirche berührte ... Man wird von da aus von einer gerade allerletztlich hoch politischen Bedeutung der Existenz der Christengemeinde reden dürfen und müssen ... Die Bürgergemeinde hat mit der Christengemeinde sowohl den Ursprung als auch das Zentrum gemeinsam. Sie ist Ordnung der göttlichen Gnade. Sie hat also keine vom Reich Jesu Christi abstrahierte, eigengesetzlich begründete und sich auswirkende Existenz ... Sicher ausgeschlossen ist von da aus Eines: die Entscheidung für die Indifferenz, ein apolitisches Christentum. Die Kirche kann sich gegenüber der Erscheinung einer mit ihrem Auftrag in so klarem Zusammenhang stehenden Anordnung auf keinen Fall gleichgültig, auf keinen Fall neutral verhalten ...

Karl Barth (1886–1968), schweizerischer, protestantischer Theologe

Freiheit durch das Wort

... Im Raum der Bürgergemeinde ist die Christengemeinde mit der Welt solidarisch und hat sie diese Solidarität resolut ins Werk zu setzen ... Die Christengemeinde ist nicht in der Lage, eine Lehre als die christliche Lehre vom rechten Staat aufzustellen ... Sie wartet angesichts aller schon vollzogenen und angesichts aller noch zu vollziehenden politischen Verwirklichungen auf »die Stadt, die einen Grund hat, deren Baumeister und Schöpfer Gott ist« (Hebr. 11,10). Sie vertraut und gehorcht – nicht einer politischen Gestalt und nicht einer politischen Wirklichkeit, sondern – der Kraft des Wortes, durch das Gott alle Dinge trägt (Hebr. 1,3), auch die politischen Dinge. Gerade in dieser Freiheit macht sie sich aber für die Gestalt und die Wirklichkeit der Bürgergemeinde in ganz bestimmtem Sinn verantwortlich ...

▶ *Worin sehen Sie Gemeinsamkeiten und Unterschiede zwischen Barth und Luther? Was ist für Barth nach den Erfahrungen aus der Zeit des Nationalsozialismus von entscheidender Bedeutung?*

▶ *Wie beschreibt Barth die Dialektik der Beziehung der Christengemeinde zur Bürgergemeinde, mit der er Freiheit und Bestimmtheit der Kirche gegenüber dem Staat festzuhalten sucht?*

Auftrag der Christengemeinde

Und so legt sie auch mit ihrem politischen Unterscheiden, Urteilen, Wählen und Wollen ein implizites, ein indirektes, aber doch reales Zeugnis ab ... So also wird durch sie die Geschichte in Gang gebracht, die die Gestaltung der Bürgergemeinde zum Gleichnis des Reiches Gottes und also die Erfüllung ihrer Gerechtigkeit zum Ziel und Inhalt hat ... Nachdem Gott selbst Mensch geworden ist, ist der Mensch das Maß aller Dinge, kann und darf der Mensch nur für den Menschen eingesetzt und u. U. geopfert, muss der Mensch, auch der elendeste Mensch – gewiss nicht des Menschen Egoismus, aber des Menschen Menschlichkeit – gegen die Autokratie jeder bloßen Sache resolut in Schutz genommen werden. Der Mensch hat nicht den Sachen, sondern die Sachen haben dem Menschen zu dienen. Die Christengemeinde ist Zeuge dessen, dass des Menschen Sohn gekommen ist, zu suchen und zu retten, was verloren ist. Das muss für sie bedeuten, dass sie – frei von aller falschen Unparteilichkeit – auch im politischen Raum vor allem nach unten blickt ... Die Christengemeinde steht im politischen Raum als solche und also notwendig im Einsatz und Kampf für soziale Gerechtigkeit. Und sie wird in der Wahl zwischen den verschiedenen sozialistischen Möglichkeiten ... auf alle Fälle die Wahl treffen, von der sie jeweils (unter Zurückstellung aller anderen Gesichtspunkte) das Höchstmaß von sozialer Gerechtigkeit erwarten zu sollen glaubt.

Karl Barth, 1946

▶ *Was wird in diesen Beispielen christlich politischen Unterscheidens, die Barth nennt, deutlich? Diskutieren Sie diese auf dem Hintergrund Ihrer Kenntnisse der Grundlagen alt- und neutestamentlicher Ethik (vgl. S. 326/27; 330/31).*

Kann man mit der Bergpredigt die Welt regieren?

Die Frage nach der Bedeutung der Bergpredigt für das alltägliche Leben und die große Politik beschäftigte Christen von Anfang an. Der Evangelist Matthäus – der ursprüngliche Redakteur der Bergpredigt (vgl. S. 330) – war von der Erfüllbarkeit der Forderungen Jesu überzeugt. In den ersten christlichen Jahrhunderten meldeten sich jedoch Zweifel, ob Jesu Ethik auch für Menschen maßgeblich sein können, die sich in die weltlichen Geschäfte hineinbegeben. Es wurde gefolgert, die Bergpredigt sei nur für die »vollkommenen« Christen gedacht, für die anderen Menschen seien die Zehn Gebote Richtschnur genug. Andere Christen schlossen aus der alltäglich erfahrenen Schwierigkeit, die Bergpredigt zu leben, dass Jesu Gebote wohl schon von vornherein als unerfüllbar gedacht und gegeben seien; so sollte der Mensch aus der Bergpredigt vor allem lernen, wie sehr er auf Gottes gnädige Vergebung angewiesen sei.

Welche Rolle soll heute die Bergpredigt spielen?

Die Bergpredigt – ein Kanon für staatliches Handeln?
Die Idee, die Bergpredigt unmittelbar auf die Außenpolitik unseres Staates zu übertragen, kann man leicht bewerten, indem man sie auf den extremen Fall anwendet: Was hätte es dem Frieden genützt, wenn ein ausländischer Staat Hitler oder Stalin auch noch die andere Backe hingehalten hätte? Das sind in ihrer Naivität absurde Vorstellungen, die völlig abstrahieren von der konkreten geschichtlichen Erfahrung ... Jemand, der für andere entscheidet, muss sich – jedenfalls in der Demokratie – dafür verantworten. Er muss sich vor Gott oder – wenn es weniger aufwendig klingen soll – vor dem eigenen Gewissen entscheiden, umso mehr, wenn er für andere entscheidet. Er muss die Folgen für alle verantworten. Der Irrtum derer, die Waffenlosigkeit predigen, liegt darin, dass sie die Lauterkeit ihrer Motive bereits für den Erfolg halten ... Ich war und bin der Meinung, dass es ein Irrtum wäre, die Bergpredigt als einen Kanon für staatliches Handeln aufzufassen. So ist sie nicht gemeint gewesen; sie war in einer anderen Zeit für eine andere Gemeinde für eine andere Lage gesprochen.

Helmut Schmidt, deutscher Bundeskanzler, 1967

Entscheidungshilfe
Über die Bedeutung des Evangeliums für die Politik ist schon viel gesagt worden, z. B. dass man mit der Bergpredigt nicht regieren könne, dass das Evangelium mehr für den persönlichen Bereich und die individuelle Frömmigkeit gut sei und die Gesetze dieser Welt und der Politik andere Spielregeln hätten. Je länger ich in der Politik bin, desto klarer wird mir, dass solche Reden Unsinn sind oder zumindest auf einem großen Missverständnis beruhen. Nein, gerade in der Politik, wo es ständig gilt Entscheidungen zu treffen, wo es oft schwierig ist, den rechten Weg zu finden, wo Sachzwänge mich einengen und die Kompliziertheit der Probleme mich zu lähmen droht, da kann ich auf den geradezu unerschöpflichen Ideenvorrat der Bibel, auf die überraschend neuen Wegzeichen, die Jesus mit seinem Leben gesetzt hat, nicht verzichten. Zugespitzt könnte ich sagen, ich weiß gar nicht, wie ich ohne die Bergpredigt regieren sollte.

Reinhard Höppner, Ministerpräsident von Sachsen-Anhalt, 1995

Schritte wagen
Warum reden Politiker so ablehnend gegen die Bergpredigt? Fürchten sie, es könnte etwas aus der Ordnung geraten, wenn Menschen nicht zurückschlagen, sondern beten statt in Bundestagsdebatten ihre Gegner lächerlich zu machen? Meine Eltern haben meinen Brüdern und mir Jesus durch Erzählen sympathisch gemacht und uns erklärt, nach welchen Regeln er mit seinen Jüngern gelebt hat. Ich halte es durchaus für möglich, sich auch heute nach den Regeln der Bergpredigt zu richten. Natürlich macht man dann auch Fehler, aber die kann man verzeihen und wieder gutmachen, wenn die anderen einem dabei helfen. Ich vermute, viele Politiker halten aber die Menschen für ihre Feinde und haben Angst vor ihnen. Oder macht man im Laufe seines Lebens so viele schlechte Erfahrungen?

Christina, 15 Jahre, 1994

Plakat des Deutschen Evangelischen Kirchentages 1999 in Stuttgart. Sollen und wollen Christen das »Salz der Erde« sein?

Für eine »andere Realität«

In meinem politischen Leben habe ich stets zur Gewaltlosigkeit aufgerufen. Gewalt hat schließlich noch nie Probleme gelöst, sondern nur neue geschaffen. Als Oberbürgermeister habe ich mich bemüht, Feindbilder abzubauen. Aber das in der Bergpredigt ausgesprochene Gebot der Feindesliebe sehe ich im Lichte der vergangenen Jahrhunderte für nicht haltbar. Ich weiß nicht, ob Jesus, wäre er Zeitzeuge von Auschwitz gewesen, danach heute noch sagen würde: »Liebet eure Feinde!« Ich persönlich kann solchen Personen, die Millionen Menschen auf dem Gewissen haben – richtiger: haben müssten – weder vergeben, noch gar sie lieben. Denn dann müsste ich einen Hitler, Streicher, Goebbels, Eichmann … lieben können, was eindeutig außerhalb meiner Humanitätsskala liegt. Auch die sehr idealistische Forderung von Jesus: »Wenn dir jemand auf die rechte Backe schlägt, halte auch deine linke hin«, muss heute, nach den psychologischen Erfahrungen der späteren Jahrhunderte neu überdacht werden. In unserer Zeit würde die Aufforderung folgendermaßen klingen: »Wenn dir einer mit dem Baseballschläger auf die rechte Wange schlägt – dann halte ihm auch die linke hin.« Der Schlagende wird sich aber mit ziemlicher Sicherheit nicht etwa schädigen – wie es Jesus erwartet hätte, sondern entsprechend den heutigen Erfahrungen mit dem genannten Schlagwerkzeug auch auf die linke Wange schlagen. Ohne Zweifel hat Jesus das Richtige gewollt – die reale Geschichte der Menschheit ist jedoch in weiten Bereichen leider anders verlaufen.

Arthur Levi, ehemaliger Oberbürgermeister der Stadt Göttingen, 1994

▶ *Welche der Argumentationen überzeugt Sie am meisten? Diskutieren Sie Stärken und Schwächen der einzelnen Positionen.*

▶ *Stellen Sie Ihre Meinung zur Bergpredigt dar. Versuchen Sie sich jedoch dann probeweise mit einer der genannten Positionen zu identifizieren und inszenieren Sie ein Streitgespräch.*

Anfang der 1980er Jahre – auf dem Höhepunkt der Friedensbewegung – druckte die »Frankfurter Rundschau« die Bergpredigt Jesu (das Evangelium Matthäus 5–7). Damit hatte sie tagespolitische Aktualität erreicht.

Die Welt »verändern«?

Drei Interpretationsmodelle waren für die theologische Auslegung der Bergpredigt im 20. Jahrhundert wichtig: Die Interimsethik geht davon aus, dass Jesus die Tora damals nur so streng habe auslegen können, weil er an das unmittelbare Eintreffen des Gottesreiches geglaubt habe. Seine Auslegung sei eine Ethik für die kurze Zeitspanne (das »Interim«) bis zum Ende der weltlichen Geschichte gewesen. Da dieses Ende aber bis heute nicht eingetroffen sei, müsse man den Irrtum einsehen, wieder nach den Regeln der Welt leben und Jesu Toraauslegungen als Vorahnungen des Lebens im Gottesreich bewahren. Die Gesinnungsethik interpretiert die Toraauslegung Jesu in der Bergpredigt dahingehend, dass sie eine rechte Herzenseinstellung bewirken solle. Es gehe um ein vollkommenes Wollen und eine innere Haltung. Dass dies nicht immer in die Tat umzusetzen sei, das liege an den Widrigkeiten der Welt. Die Verantwortungsethik betont ebenfalls das rechte Wollen, ob dieses aber erfolgreich sei oder nicht, dafür trage jeder einzelne Mensch Verantwortung: Es kommt darauf an, die Verhältnisse dieser Welt schrittweise so zu verändern, dass immer mehr von den Geboten Jesu erfüllt werden könne.

Gottfried Orth

▶ *Diskutieren Sie, inwieweit sich die drei theologischen Interpretationsmodelle in den Positionen von Schmidt, Höppner, Levi und Christine wiederfinden.*

▶ *Wie verändern sich Fragestellungen und Argumentationsmöglichkeiten, wenn wir die Erfahrung ernst nehmen, dass wir in einer multikulturellen und multireligiösen Gesellschaft leben?*

⮚ *Zur »Gesinnungs- und Verantwortungsethik« vgl. S. 266 (Weber)*

Zur Freiheit befreit – Grundlagen christlicher Ethik

Michelangelo (1475–1567), Die Erschaffung Adams (Ausschnitt), Sixtinische Kapelle, Rom

Mitte des 1. Jh. n. Chr.: In der griechischen Hafenstadt Korinth entsteht durch die missionarische Arbeit des Apostels Paulus eine erste christliche Gemeinde. Die Stadt ist gespalten in vielfacher Hinsicht: Arme und sehr reiche Menschen bestimmen ihr Gesicht. Unterschiedliche Religionen leben in ihr. Der Gemeinde, die hier im Entstehen ist, schreibt Paulus in seinem 2. Brief an die Korinther (Kap. 3, Vers 17) folgenden Leitsatz: »Der Herr ist der Geist; wo aber der Geist des Herrn ist, da ist Freiheit.« Damit ist das Thema christlicher Ethik in ihren ganz unterschiedlichen Entfaltungen über die Jahrhunderte, in den verschiedenen christlichen Konfessionen und in den unterschiedlichen Gegenden der einen Erde genannt: Christliche Ethik handelt von der Freiheit zum Leben. Sie versteht diese Freiheit als Geschenk Gottes. Dabei gilt diese Bestimmung zur Freiheit nicht nur der einzelnen Person in ihrer Individualität oder Innerlichkeit, sondern sie will auch ausgelegt und gelebt werden in der Gesellschaft und ihren Institutionen wie gegenüber der Natur: Individualethik, Sozialethik und Umweltethik bilden deshalb für den christlichen Glauben und die aus ihm zu entwickelnde Ethik eine Einheit. Christliche Ethik handelt von der Freiheit zum Leben in Gottes Schöpfung, die einmal sehr gut war (1. Mose 1), und der die Verheißung eines Lebens ohne Tränen, Leid und Tod gilt (Offenbarung 21). Sie hat diese Freiheit auszulegen versucht im Rahmen normativer Ethik, einer Gesinnungs- und (in der Gegenwart) im Kontext einer Verantwortungsethik.

Ansprüche an eine christliche Ethik

Verantwortungsethisch denken aus christlicher Sicht

Eine normative Ethik ist – wenn nicht ausschließlich, so doch vorrangig – an der sozialen Welt und am Geltungsanspruch der Richtigkeit orientiert. Eine Gesinnungsethik ist – wenn nicht ausschließlich, so doch vorrangig – an der subjektiven, inneren Welt und am Geltungsanspruch der Wahrhaftigkeit, der Authentizität, orientiert. In beiden Formen der Ethik tritt die objektive, äußere Welt zurück. Und in der Tat ist es ja für die neuzeitliche Entwicklung charakteristisch, dass sie die objektive, äußere Welt von ethischen Ansprüchen weithin freigestellt hat; die These von der Eigengesetzlichkeit der Ökonomie ist dafür beispielhaft. An dieser Stelle setzt die Revision an, die sich mit dem Konzept der Verantwortungsethik verbindet. Sie ist gerade an der Verknüpfung der drei Weltkonzepte und der drei Geltungsansprüche interessiert. Sie geht von eigner und fremder Gewissenfreiheit und damit von der Frage nach authentischer Lebensorientierung aus. Doch sie will dies in einen Prozess der Kommunikation einbringen und dadurch zur Konstitution gemeinsam geteilter normativer Ansprüche beitragen, die auf ihre Richtigkeit befragt werden können. Und sie fragt nach den Handlungsbedingungen und den Handlungsfolgen in der objektiven, äußeren Welt, an welche die Verwirklichung solcher normativer Ansprüche gebunden sind. Diese Orientierung an den drei Weltkonzepten bestimmen auch den methodischen Weg einer Verantwortungsethik, die nur in interdisziplinärer Arbeit beschritten werden kann. Wolfgang Huber, 1990

▶ *Aus welchen Zusammenhängen ist Ihnen die Unterscheidung in normative, Gesinnungs- und Verantwortungsethik bekannt? Erläutern Sie sie (vgl. S. 357).*

▶ *Huber vertritt einen verantwortungsethischen Ansatz, der normative und gesinnungsethische Elemente hat. Worin sehen Sie das Besondere dieses Ansatzes? Begründen Sie, warum.*

Mut für stellvertretendes Handeln

Die Unterpriviligierten der heutigen Weltgesellschaft, die Angehörigen künftiger Generationen und die außermenschliche Natur sind es, die stellvertretendes Handeln heute in besonderer Dringlichkeit herausfordern. Sie sind die »geringsten Brüder«, die das Gleichnis vom Weltgericht zum Maßstab unserer Verantwortung machen (Matthäus-Evangelium 25). Verantwortungsethik ist an der Frage orientiert: Wie sind heute zu ergreifende Maßnahmen vor dem Forum künftigen Lebens zu vertreten? ... Der christliche Glaube bewahrt die Hoffnung auf ein Leben auf, das nicht kraft menschlichen Handelns, sondern kraft göttlicher Gnade gelingt. Diese Hoffnung ermächtigt zu einer Verantwortung, die dem, was droht, keine Herrschaft über unsere Gedanken zuerkennt. Wolfgang Huber, 1990

▶ *Was bedeutet für Sie der Begriff »stellvertretendes Handeln«, der in der christlichen Theologie seine Herkunft im Leben, Sterben und in der Auferstehung Jesu hat?*

Umweltethik aus christlicher Sicht

Wie kann die ethische Forderung nach verantwortlichem Handeln der Mitwelt gegenüber christlich begründet werden? Christliche Ethik argumentiert hier schöpfungstheologisch.

Folgende theologische Begriffe geben wichtige Orientierungen für das praktische Verhältnis des Menschen zur Schöpfung:

- **Gottesebenbildlichkeit:** Der Mensch soll dem Weltverhältnis Gottes so entsprechen, dass er als sittliches Subjekt frei über sich selbst bestimmt. Dies macht seine besondere Würde aus und verpflichtet ihn zur Verantwortung gegenüber allen Kreaturen;
- **Mitgeschöpfe:** Den Menschen verbindet mit allen übrigen Kreaturen das gemeinsame Geschaffensein von Gott. Dies verbietet, dass der Mensch seine Mitgeschöpfe nur als Mittel zum Erreichen seiner Zwecke behandelt;
- **Ehrfurcht:** Dem christlichen Schöpfungsglauben geht es um eine Haltung der Ehrfurcht, die die Unversehrtheit und Schönheit der Schöpfung inmitten von Leid und Konflikt immer neu entdeckt und schützt;
- **Einheit von Gottes- und Menschenliebe:** Die Liebe zu Gott konkretisiert sich in der Liebe zum Menschen und zur ganzen Schöpfung.

Markus Vogt, Matthias Sellmann, 1999

Niki de Saint Phalle, Nana mit Schlange, 1984

Die Mitwelt als Schöpfung

... Wir würden uns als Menschen heillos überschätzen, wollten wir aus dem Auftrag zur Bewahrung der Schöpfung eine menschliche Verantwortung für das Heil-Sein der Schöpfung ableiten ... Verantwortung für das Ganze – das bleibt Handeln Gottes, des Schöpfers. Was bedeutet dies für unser Handeln als Christen angesichts der sich zuspitzenden Umweltkrise? Die erste und vielleicht wichtigste Folgerung ist, dass wir den wahren Charakter der Umweltkrise erkennen, sie mit neuen Augen sehen. Es geht nicht nur um eine technische Krise, die durch entsprechende Maßnahmen behoben werden könnte. Alle so genannte Umweltpolitik ist bislang nicht viel mehr gewesen als ein Kurieren an Symptomen. Der Auseinandersetzung mit den Ursachen weichen wir weitgehend aus. Im Kern handelt es sich um eine geistige/geistliche Krise und insofern um eine Herausforderung unseres Glaubens.

Konrad Raiser, Generalsekretär des ÖRK, 1994

Der Verantwortung würdig

- **Dimension 1:** Die Verantwortung des Menschen für sich selbst
  Kriterium: individuelle Angemessenheit
  Konkretionen: Freiheitsrechte, Vorrang von Eigenverantwortung
- **Dimension 2:** Die Verantwortung des Menschen für seine soziale Mitwelt
  Kriterium: Sozialverträglichkeit
  Konkretionen: zum Beispiel Vermeidung von Gesundheitsrisiken
- **Dimension 3:** Die Verantwortung des Menschen für seine natürliche Umwelt
  Kriterium: Umweltverträglichkeit
  Konkretionen: zum Beispiel Beachtung der Tragekapazität ökologischer Systeme

Markus Vogt/Matthias Sellmann, 1999

Bei der Grundlegung der Ethik ist die Sonderstellung des Menschen als sittliches Subjekt unverzichtbar.

M. Vogt/M. Sellmann

▶ *Entdecken Sie in der christlichen Begründung zur Umweltethik normative, gesinnungs- und verantwortungsethische Elemente? Wie stellt sich für Sie das spezifisch Christliche dabei dar?*

▶ *Vergleichen Sie die beschriebene christliche umweltethische Sicht mit anderen Ihnen bekannten (vgl. S. 96/97).*
▶ *Nennen Sie Vor- und Nachteile einer theologisch-ethischen Argumentation.*

Katholische und evangelische Ausprägung christlicher Ethik

Die entscheidenden ethischen Trennungslinien – wenn es z. B. um die Fragen von Armut und Reichtum, von Krieg und Frieden oder um Fragen der ökologischen Krise geht – verlaufen nicht mehr zwischen der katholischen und der evangelischen Kirche. Sie sind an anderer Stelle wahrzunehmen: zwischen katholischen Christen ebenso wie zwischen evangelischen Christen; es gibt diejenigen, die den Status quo (ggfs. reformorientiert) beibehalten wollen, und diejenigen, die zu radikalen Veränderungen aufrufen. Zudem lässt sich eine große Pluralität ethischer Entwürfe sowohl auf katholischer wie auch auf evangelischer Seite beobachten. Trotz dieser Vielschichtigkeit in der ethischen Diskussion ist es notwendig, die konfessionellen Besonderheiten einer katholischen oder einer evangelischen Ethik anzusprechen, die unbeschadet dessen hierbei noch im Hintergrund stehen.

Von der Moraltheologie zur theologischen Ethik

Moral oder Ethik?

Bis ins 20. Jahrhundert hinein entsprach dem Fach »Ethik« an den evangelisch-theologischen Fakultäten das Fach »Moraltheologie« an den katholisch-theologischen. Vielfach schuf die Moraltheologie die Voraussetzungen für einen kasuistischen Moralunterricht, der als Folge der Vorschrift des Konzils von Trient, alle schweren Sünden seien nach Art und Zahl zu beichten, den Beichtvätern zu einer differenzierten Sündenbeurteilung verhelfen wollte. »Gegen solche Verengung soll die theologische Ethik verstanden werden als Theorie menschlicher Lebensführung unter dem Anspruch des Glaubens« (F. Böckle). Gottfried Orth

Die naturrechtliche Basis katholischer Ethik

Die katholische Ethik bezieht sich auf eine naturrechtliche Basis aller konkreten Ethik, aus der moralische Grundsätze – nicht nur für katholische Christen und Christinnen, sondern für alle Menschen – abgeleitet werden können. Dahinter steht die Überzeugung, dass mit der Schöpfung Gottes prinzipiell alle Menschen teilhaben an dem Schöpfungswillen Gottes und diesen prinzipiell erkennen können. Daraus stellt sich für die vom Glauben geprägte Ethik die Kernfrage, ob und wie die sich aus der umfassenden Botschaft des Evangeliums ergebenden Konsequenzen für das zwischenmenschliche Leben allen Menschen verständlich gemacht werden können, weil sie im Blick auf eine heilsgeschichtlich verstandene Natur im Prinzip konsensfähig sind. Die Heilsgeschichte vollzieht sich in der großen Zuordnung von Verheißung und Erfüllung. Insofern Jesus Christus in seinem Kommen Erfüllung brachte, waren seine Forderungen neu und anders, ohne dem Menschlichen fremd zu sein. So sind auch die Verheißungen des kommenden Herrn, im Heute verkündet, provokativ anders, als pragmatisches Denken ersinnt. Trotzdem verfremden auch sie Menschen nicht; sie sind vielmehr geeignet, den Menschen vor sich selbst zu bringen. Und da die Verheißung seit dem Schöpfungsmorgen allen Menschen gegeben ist, so ist auch die Offenheit dafür sowie die grundsätzliche Möglichkeit zur Erkenntnis überall zu finden. Darum kann sich Glaube im Medium der Ethik auslegen.

Nach: Franz Böckle, 1984

»Katholische Moraltheologie als Hilfestellung für eine differenzierte Sündenbeurteilung?«

▶ *Welche Urteile oder Vor-Urteile bestimmen Ihre Sicht auf die katholische Ethik?*

Die Basis evangelischer Ethik

In der protestantischen Tradition soll gültige Einsicht in das Gute entweder allein durch die Offenbarung Jesu Christi – das Evangelium – erreicht werden, so die Schweizer Reformatoren Zwingli und Calvin, oder es steht hinsichtlich der weltlichen Ordnungen noch im tiefen Schatten der nach der Schöpfung durch den Menschen in die Welt gekommenen Sünde, so Luther. Die reformatorische Gewissheit des Gutseins menschlichen Handelns hängt freilich hier wie dort daran, dass man solches Handeln als durch Gottes Wort geboten erkennt. Aufgrund solcher Erkenntnis wird gefordert, was »den Leuten« dient.

Luther-Denkmal, Eisenach

Findest du ein Werk an dir, dass du Gott oder seinen Heiligen oder dir zugute tust und nicht allein deinem Nächsten, dann wisse, dass das Werk nicht gut ist. Also soll ein Mann seinem Weib und Kind, das Weib dem Mann, die Kinder den Eltern, die Knechte den Herrn, die Herren den Knechten, die Obrigkeit den Untertanen, die Untertanen der Obrigkeit und ein jeglicher den andern, auch den Feinden, zu Lieb und Dienst leben, reden, tun, hören, leiden und sterben, dass immer eines des andern Hand, Mund, Auge, Fuß, ja Herz und Mut sei. Das heißen recht christlich, natürlich gute Werk, die ohn Unterlass, alle Zeit, an allen Orten, gegen alle Personen geschehen mögen und sollen. Martin Luther

Werden solche profanen guten Werke als durch Gottes Wort geboten erkannt, dann ist ihr Zusammenhang mit dem Glauben offensichtlich:

Solche Werk sind ein gewiss Zeichen des Glaubens, der an Christo erlangt aller Sünd und Todes Überwindung. Denn es ist nicht möglich, dass der nicht leben sollt und Guts tun, der Christum hält für seinen rechtfertigen Heiland. Tut er aber nicht Gutes und liebt nicht, so ists gewiss, dass der Glaube nicht da ist. Martin Luther

▶ *Vergleichen Sie den katholischen und evangelischen Ansatz. Ist diese Differenz Nicht-Christen vermittelbar?*

▶ *Diskutieren Sie die möglichen Folgen der Differenz unter demokratietheoretischen Gesichtspunkten (vgl. S. 290/91).*

Eine weitere Differenz und eine Gemeinsamkeit

Amtscharisma für Priester?

Für die christliche Ethik im engeren Sinne unterscheidet die römisch-katholische Ethik zwischen allgemeinen Geboten und »evangelischen Räten«. Diese Unterscheidung findet ihren Ausdruck in dem besonderen Amtscharisma des Priesters (Priesteramt) und dem heiligen Stande des Mönchtums. Die reformatorische Theologie hat diese Unterscheidung im Namen des allgemeinen Priestertums aller Christen aufgehoben und damit gerade für die besonderen Forderungen christlicher Liebe Allgemeingültigkeit gefordert.

Trutz Rendtorff, 1974

Freiheit vor Gott gestalten

Überkonfessionell aber ist das ethische Thema der Freiheit des Menschen als Mensch Gottes, vor der her die Geschichte als eine Freiheitsgeschichte begriffen werden kann. Tatsächlich gibt es neben den kirchlichen Konfessionen und quer durch sie hindurch gleichsam ethische Konfessionen in der Neuzeit, die seit der Französischen Revolution auch immer einen politischen und gesellschaftlichen Sinn haben. Insbesondere im gegenwärtigen ökumenischen Zeitalter des Christentums bestimmen diese ethischen Konfessionen die Auseinandersetzung.

Trutz Rendtorff, 1974

Fall der Mauer

▶ *Diskutieren Sie die Relevanz konfessioneller Ethiken für heute. Könnte auf Sie verzichtet werden?*

⪢ *Zu »Luther« vgl. S. 354*

»Der Mensch schuf Gott nach seinem Bilde«

Die Religionskritik des Ludwig Feuerbach: Im Zentrum steht der Mensch!

Nach Feuerbach ist das Wesen des Menschen unendlich; dies unterscheidet den Menschen vom Tier. Dieses sein unendliches Wesen schaut der Mensch in der Religion so, als ob es eine ihm gegenüberstehende Wirklichkeit wäre: »Die Religion ist das Bewusstsein des Unendlichen.« In der Religion verhält sich der Mensch also nicht zu einem real existierenden Gott, sondern zu seinem eigenen Wesen. Feuerbach fasst dies zusammen in die Umkehrung des Satzes aus der Schöpfungsgeschichte (Gen 1,27), indem er sagt: »Der Mensch schuf Gott nach seinem Bilde.« Der Mensch ist endlich; die Menschheit als Ganze dagegen ist nach Feuerbach zugleich unendlich. Insofern jeder einzelne Mensch zur Menschheit gehört, hat er teil an deren Unendlichkeit; darum kann er sich nach Unendlichkeit sehnen, obwohl er selbst endlich ist. Weil die Menschheit als Ganze die ersehnte Unendlichkeit darstellt, ist sie die wahre Transzendenz des Menschen. Auf der Suche nach Unendlichkeit und Transzendenz ist der Mensch nach Feuerbach in die Irre gegangen. Weil seine Sehnsucht nach Unendlichkeit nicht erfüllt wird, projiziert er aus sich selbst Unendlichkeit, ein unendliches Wesen, das er Gott nennt. »Was der Mensch nicht wirklich ist, aber zu sein wünscht, macht er zu seinem Gott, das ist sein Gott.« »Hätte der Mensch keine Wünsche, hätte er auch keine Religion.« Aus seinem Streben nach Glückseligkeit entsteht Religion.

► *Erläutern Sie aus den folgenden Feuerbach-Zitaten, wie er Religion begreift.*

Die Entzweiung des Menschen

Die Religion ist die Entzweiung des Menschen mit sich selbst: Er setzt sich Gott als ein ihm entgegengesetztes Wesen gegenüber. Gott ist nicht, was der Mensch ist – der Mensch nicht, was Gott ist. Gott ist das unendliche, der Mensch das endliche Wesen; Gott vollkommen, der Mensch unvollkommen; Gott ewig, der Mensch zeitlich; Gott allmächtig, der Mensch ohnmächtig; Gott heilig, der Mensch sündhaft. Gott und Mensch sind Extreme: Gott das schlechthin Positive, der Inbegriff aller Realitäten, der Mensch das schlechtweg Negative, der Inbegriff aller Nichtigkeiten.

Verwandelte Wünsche

Er [der Mensch] glaubt ein seliges Wesen, nicht nur, weil er eine Vorstellung der Seligkeit hat, sondern weil er selbst selig sein will; er glaubt ein vollkommenes Wesen, weil er selbst vollkommen zu sein wünscht; er glaubt ein unsterbliches Wesen, weil er selbst nicht sterben will. Was er selbst nicht ist, aber zu sein wünscht, das stellt er sich in seinen Göttern als seiend vor. Die Götter sind die als wirklich gedachten, die in wirkliche Wesen verwandelten Wünsche des Menschen.

Ludwig Feuerbach, 1845

Zeus (Herrscher des griechischen Olymp) und Aphrodite (Göttin der Liebe) in der griechischen Mythologie

Ein Gott aus Holz

Das Holz nehmen die Menschen zum Heizen; man macht sich ein Feuer und wärmt sich daran. Auch schürt man das Feuer und bäckt damit Brot. Oder man schnitzt daraus einen Gott und wirft sich nieder vor ihm; man macht ein Götterbild und fällt vor ihm auf die Knie. Den einen Teil des Holzes wirft man ins Feuer und röstet Fleisch in der Glut und sättigt sich an dem Braten. Oder man wärmt sich am Feuer und sagt: Oh, wie ist mir warm! Ich spüre die Glut. Aus dem Rest des Holzes aber macht man sich einen Gott, ein Götterbild, vor das man sich hinkniet, zu dem man betet und sagt: Rette mich, du bist doch mein Gott! Unwissend sind sie und ohne Verstand; denn ihre Augen sind verklebt, sie sehen nichts mehr, und ihr Herz wird nicht klug. Sie überlegen nichts, sie haben keine Erkenntnis und Einsicht, sodass sie sich sagen würden: Den einen Teil habe ich ins Feuer geworfen, habe Brot in der Glut gebacken und Fleisch gebraten und es gegessen. Aus dem Rest des Holzes habe ich mir einen abscheulichen Götzen gemacht, und nun knie ich nieder vor einem Holzklotz. Wer Asche hütet, den hat sein Herz verführt und betrogen. Er wird nicht sein Leben retten und wird nicht sagen: Ich halte ja nur ein Trugbild in meiner rechten Hand. Jesaja 44, 15–20

► *Kommentieren Sie mit Feuerbach die Einsicht Jesajas, der ca. 750 v. Chr. im heutigen Israel lebte.*

Durch die Projektion entfremdet sich der Mensch. Er bringt sich dabei um das Beste seiner selbst. »Der Mensch bejaht in Gott, was er an sich selbst verneint.« »Um Gott zu bereichern, muss der Mensch arm werden; damit Gott alles sei, der Mensch nichts sei.« Religion ist somit »die Entzweiung des Menschen mit sich selbst«. Ein religiöser Mensch sein bedeutet ein zwiespältiger Mensch sein; in der Religion wird der Mensch verneint, wird er klein, schwach und erbärmlich. Religion entfremdet den Menschen von sich selbst; sie ist die Negation des Menschen. Der Atheismus als das »Nein« zu Gott ist nach Feuerbach das uneingeschränkte »Ja« zum Menschen.

Der Mensch – des Menschen Gott

Die Religion ist das erste Selbstbewusstsein des Menschen. Heilig sind die Religionen, eben weil sie die Überlieferungen des ersten Bewusstseins sind. Aber was der Religion das Erste ist, Gott, das ist, wie bewiesen, an sich, der Wahrheit nach das Zweite, denn er ist nur das sich gegenständliche Wesen des Menschen, und was ihr das Zweite ist, der Mensch, das muss daher als das Erste gesetzt und ausgesprochen werden. Die Liebe zum Menschen darf keine abgeleitete sein; sie muss zur ursprünglichen werden. Dann allein wird die Liebe eine wahre, heilige, zuverlässige Macht. Ist das Wesen des Menschen das höchste Wesen des Menschen, so muss auch praktisch das höchste und erste Gesetz die Liebe des Menschen zum Menschen sein. Homo homini Deus est [Der Mensch ist des Menschen Gott] – dies ist der oberste praktische Grundsatz, dies der Wendepunkt der Weltgeschichte. Ludwig Feuerbach, 1845

Gott – »Gegenstand« des Denkens

Gott als Gott, d.h. als nicht endliches, nicht menschliches, nicht materiell bestimmtes, nicht sinnliches Wesen ist nur Gegenstand des Denkens. Er ist das unsinnliche, gestaltlose, unfassbare, bildlose – das abstrakte, negative Wesen; er wird nur durch Abstraktion und Negation (via negationis) erkannt, d. i. Gegenstand. Warum? Weil er nichts ist als das gegenständliche Wesen der Denkkraft, überhaupt der Kraft oder Tätigkeit, man nenne sie nun, wie man wolle, wodurch sich der Mensch der Vernunft, des Geistes, der Intelligenz bewusst wird. Der Mensch kann keinen anderen Geist – denn der Begriff des Geistes ist lediglich der Begriff des Denkens, der Erkenntnis, des Verstandes, jeder andere Geist ein Gespenst der Phantasie –, keine andere Intelligenz glauben, ahnen, vorstellen, denken als die Intelligenz, die ihn erleuchtet, die sich in ihm bestätigt. Er kann nichts weiter als die Intelligenz absondern von den Schranken seiner Individualität. Der »unendliche Geist« im Unterschied vom endlichen ist daher nichts anderes als die von den Schranken der Individualität und Leiblichkeit – denn Individualität und Leiblichkeit sind untrennbar – abgesonderte Intelligenz, die Intelligenz für sich selbst gesetzt oder gedacht. Ludwig Feuerbach, 1845

▶ *Feuerbach fordert ein Umdenken, nach dem die »Projektion« aufgelöst wird. Diskutieren Sie seine Denkvoraussetzungen und die Konsequenzen, die er sich davon verspricht.*

Ludwig Feuerbach,
geboren 1804 in Landshut, gestorben 1872 in ärmsten Verhältnissen auf dem Rechenberg bei Nürnberg. Seit 1836 lebte er als Privatgelehrter, da seine Theologie- und Religionskritik eine akademische Karriere verhinderte. Sein Ziel war es, Theologie in Anthropologie aufzulösen. Feuerbach studierte Theologie, dann Philosophie bei Hegel und brach mit dem Christentum. Feuerbach wird als »Kirchenvater des modernen Atheismus« bezeichnet. Auf ihn und sein Werk gehen fast alle derzeitigen atheistischen Systeme zurück. Seine Bedeutung zeigt die oft Karl Marx zugeschriebene Formulierung: »Feuerbach ist unser größter Prophet – es gibt keinen anderen Weg zur Wahrheit als durch den Feuerbach; er ist das Purgatorium (Fegefeuer) der Gegenwart.«

▶ *Von Eduard von Hartmann stammt die kritische Überlegung: »Wenn die Götter Wunschwesen sind, so folgt daraus für die Existenz oder Nichtexistenz gar nichts.« Diskutieren Sie diese Behauptung.*

➢ *Zu »Hegel« vgl. S. 409*

»Wo ihr ideale Dinge seht, sehe ich – Menschliches ...«

Die Religionskritik des Friedrich Nietzsche: Gott ist tot!

Wohin ist Gott? – Wir haben ihn getötet ... Wo ihr ideale Dinge seht, sehe ich Menschliches, ach nur Allzumenschliches.

Friedrich Nietzsche, 1882

Der tolle Mensch sprang mitten unter sie und durchbohrte sie mit seinen Blicken. »Wohin ist Gott?«, rief er. »Ich will es euch sagen! Wir haben ihn getötet – ihr und ich! Wir alle sind seine Mörder! Aber wie haben wir dies gemacht? Wie vermochten wir das Meer auszutrinken? Wer gab uns den Schwamm, um den ganzen Horizont wegzuwischen? Was taten wir, als wir diese Erde von ihrer Sonne losketteten? Wohin bewegt sie sich nun? Wohin bewegen wir uns?« Friedrich Nietzsche, 1882

Kritik an der Metaphysik

Plato ist für Nietzsche das größte Unglück in der Geschichte Europas. In seiner Nachfolge hat das Christentum eine Welt hinter der Welt etabliert. Jetzt wird zwischen Ideenwelt und Erscheinungswelt unterschieden, hinter der Welt unseres Alltags, die wir mit den Augen erfassen, eine andere, höhere, die metaphysische Welt geglaubt. Diese Weltverdoppelung, wie Nietzsche sie versteht, verspottet er als »Hinterweltlerei«. Die Hinterwelt ist eine Illusion, eine Projektion des Menschen, durch die er sich aus seiner Welt, seinen Aufgaben, seinem Alltag flüchtet. Nach seiner Überzeugung sind alle unsere Ideale aus dem Gegenteil geboren, sie entstammen aus niedrigen Trieben und Beweggründen und wollen diese scheinheilig verdecken. Weil der Mensch sich für schlecht hält, schafft er die Idee des Guten, weil er lügt, schafft er die Idee des Wahren, weil er hässlich ist, schafft er die Idee des Schönen. Alle diese Ideen haben keinerlei Wirklichkeit außerhalb des Wünschens des Menschen. Die Metaphysik ist die Wissenschaft, »welche von den Grundirrtümern des Menschen handelt – doch so, als wären es Grundwahrheiten«.

Peter Neuner, 1983

Die Parabel vom tollen Menschen

Bekannt geworden ist Nietzsches Wort vom Tode Gottes. Er verkündet diesen Tod zuerst in seiner Schrift »Die fröhliche Wissenschaft« in der Vision vom »tollen Menschen«, einem scharfsichtigen Seher, »der am hellen Vormittage eine Laterne anzündete, auf den Markt lief und unaufhörlich schrie: ›Ich suche Gott!‹ Da dort gerade viele von denen zusammenstanden, welche nicht an Gott glaubten, so erregte er ein großes Gelächter. Ist er denn verloren gegangen? sagte der eine. Hat er sich verlaufen wie ein Kind? sagte der andere. Oder hält er sich versteckt? Fürchtet er sich vor uns? Ist er zu Schiff gegangen? Ausgewandert? – so schrieen und lachten sie durcheinander.« Nietzsche wendet sich an dieser Stelle nicht an die Theologen und die Glaubenden, sondern in erster Linie an jene, die ganz selbstverständlich nicht an Gott glauben, »an unsere Herren Naturforscher und Physiologen ...« Ihnen fehlt die Leidenschaft in diesen Dingen, das Leiden an ihnen. Ihnen tut der Atheismus nicht weh.

Peter Neuner, 1983

▶ *Warum, vermuten Sie, wendet sich Nietzsche an die »Herren Naturforscher und Physiologen«?*

Wohnhaus, in dem Friedrich Nietzsche mit seiner Schwester seine letzten drei Lebensjahren von 1897 bis 1900 verbrachte

Im Anfang war der Unsinn, und der Unsinn war bei Gott, und Gott (göttlich) war der Unsinn.

Friedrich Nietzsche, 1888

▶ *Auf welchen bahnbrechenden Gedanken des ausklingenden 18. Jh. stützt sich Nietzsche, wenn er die Ideenwelt verspottet und als Projektion bzw. Illusion bezeichnet (vgl. S. 362/63)?*

Der Übermensch und sein Wille zur Macht

Nietzsches Botschaft vom Tod Gottes zeigt auch dessen emotionale Betroffenheit. Aber er bleibt dabei: Man kann nicht Gott leugnen und so tun, als wäre nichts geschehen. Gott ist die größte Gefahr für den Menschen, den Übermenschen. Der Mensch kann nur frei sein, wenn Gott tot ist. Mit dem Tod Gottes fällt alles: der Glaube an eine vergöttlichte Natur, an eine letzte Ordnung, eine Zweckhaftigkeit, eine Zielgerichtetheit, eine Vernünftigkeit, entfällt jede Ethik, die zwischen Gut und Böse unterscheiden will. Konsequenz des Todes Gottes ist der Nihilismus, der Zusammenbruch aller Werte und Wahrheit.

Pieter Brueghel d. Ä., Turmbau zu Babel (alttestamentliches Sinnbild menschlicher Hybris)

Wir sind frei! Sind wir frei?

Wohin bewegen wir uns? Fort von allen Sonnen? Stürzen wir nicht fortwährend? Und rückwärts, seitwärts, vorwärts, nach allen Seiten? Gibt es noch ein Oben und ein Unten? Irren wir nicht wie durch ein unendliches Nichts? Haucht uns nicht der leere Raum an? Ist es nicht kälter geworden? Kommt nicht immerfort die Nacht und mehr Nacht? …

Wir Philosophen und freien Geister fühlen uns bei der Nachricht, dass der alte Gott tot ist, wie von einer neuen Morgenröte angestrahlt; unser Herz strömt dabei über von Dankbarkeit, Erstaunen, Ahnung, Erwartung – endlich erscheint uns der Horizont frei, gesetzt selbst, dass er nicht hell ist, endlich dürfen unsere Schiffe wieder auslaufen, das Meer, unser Meer liegt wieder offen da, vielleicht gab es noch niemals ein so offenes Meer. Friedrich Nietzsche, 1882

▶ *Nietzsche kündigt den Übermenschen an. Und die Konsequenzen?*

▶ *Diskutieren Sie, ob Sinnlosigkeit die einzig mögliche Konsequenz des Todes Gottes sein muss.*

Der tolle Mensch – kommt er zu früh?

»Auch Götter verwesen! Gott ist tot! Gott bleibt tot! Und wir haben ihn getötet! Wie trösten wir uns, die Mörder aller Mörder? Das Heiligste und Mächtigste, was die Welt bisher besaß, es ist unter unsern Messern verblutet – wer wischt dies Blut von uns ab? Mit welchem Wasser könnten wir uns reinigen? Welche Sühnefeiern, welche heiligen Spiele werden wir erfinden müssen? Ist nicht die Größe dieser Tat zu groß für uns? Müssen wir nicht selber zu Göttern werden, um nur ihrer würdig zu erscheinen? Es gab nie eine größere Tat – und wer nur immer nach uns geboren wird, gehört um dieser Tat willen in eine höhere Geschichte, als alle Geschichte bisher war!« – Hier schwieg der tolle Mensch und sah wieder seine Zuhörer an: Auch sie schwiegen und blickten befremdet auf ihn. Endlich warf er seine Laterne auf den Boden, dass sie in Stücke sprang und erlosch. »Ich komme zu früh«, sagte er dann, »ich bin noch nicht an der Zeit.« Dies ungeheure Ereignis ist noch unterwegs und wandert. »Es ist noch nicht bis zu den Ohren der Menschen gedrungen. Blitz und Donner brauchen Zeit, das Licht der Gestirne braucht Zeit, Taten brauchen Zeit, auch nachdem sie getan, um gesehn und gehört zu werden. Diese Tat ist ihnen immer noch ferner als die fernsten Gestirne – und doch haben sie dieselbe getan!« – Man erzählt noch, dass der tolle Mensch desselbigen Tages in verschiedene Kirchen eingedrungen sei und darin sein Requiem aeternam deo angestimmt habe. Hinausgeführt und zur Ruhe gesetzt, habe er immer nur dies entgegnet: »Was sind denn diese Kirchen noch, wenn sie nicht die Grüfte und Grabmäler Gottes sind?« Friedrich Nietzsche, 1882

▶ *Wie lässt sich erklären, dass der tolle Mensch das Gefühl hat, zu früh gekommen zu sein, obwohl doch die Menschen Gott getötet hätten?*

➤ *Zu »Nietzsche« vgl. S. 258/59*

➤ *Zu »Platon« vgl. S. 208–211*

»Der Neurotiker läuft seinen eigenen Ohrfeigen hinterher«

Die Religionskritik des Sigmund Freud: Religion – ein psychologisches Problem

Das Geheimnis der Stärke religiöser Vorstellungen

In vergangenen Zeiten haben die religiösen Vorstellungen trotz ihres unbestreitbaren Mangels an Beglaubigung den allerstärksten Einfluß auf die Menschheit gehabt. Das ist ein neues psychologisches Problem. Man muß fragen, worin besteht die innere Kraft dieser Lehren, welchem Umstand verdanken sie ihre von der vernünftigen Anerkennung unabhängige Wirksamkeit? Die religiösen Vorstellungen, die sich als Lehrsätze ausgeben, sind nicht Niederschläge der Erfahrung oder Endresultate des Denkens, es sind Illusionen, Erfüllungen der ältesten, stärksten, dringendsten Wünsche der Menschheit; das Geheimnis ihrer Stärke ist die Stärke dieser Wünsche. Wir wissen schon, der schreckende Eindruck der kindlichen Hilflosigkeit hat das Bedürfnis nach Schutz – Schutz durch Liebe – erweckt, dem der Vater abgeholfen hat; die Erkenntnis von der Fortdauer dieser Hilflosigkeit durchs ganze Leben hat das Festhalten an der Existenz eines – aber nun mächtigeren – Vaters verursacht. Durch das gütige Walten der göttlichen Vorsehung wird die Angst vor den Gefahren des Lebens beschwichtigt, die Einsetzung einer sittlichen Weltordnung versichert die Erfüllung der Gerechtigkeitsforderung, die innerhalb der menschlichen Kultur so oft unerfüllt geblieben ist, die Verlängerung der irdischen Existenz durch ein zukünftiges Leben stellt den örtlichen und zeitlichen Rahmen bei, in dem sich diese Wunscherfüllungen vollziehen sollen. Antworten auf Rätselfragen der menschlichen Wißbegierde, wie nach der Entstehung der Welt und der Beziehung zwischen Körperlichem und Seelischem, werden unter den Voraussetzungen dieses Systems entwickelt; es bedeutet eine großartige Erleichterung für die Einzelpsyche, wenn die nie ganz überwundenen Konflikte der Kinderzeit aus dem Vaterkomplex ihr abgenommen und einer von allen angenommenen Lösung zugeführt werden.

Sigmund Freud, 1927

Wunsch und Illusion

Wenn ich sage, das alles sind Illusionen, muß ich die Bedeutung des Wortes abgrenzen. Eine Illusion ist nicht dasselbe wie ein Irrtum, sie ist auch nicht notwendig ein Irrtum. Die Meinung des Aristoteles, daß sich Ungeziefer aus Unrat entwickle, an der das unwissende Volk noch heute festhält, war ein Irrtum. Es wäre mißbräuchlich, diese Irrtümer Illusionen zu heißen. Dagegen war es eine Illusion des Kolumbus, daß er einen neuen Seeweg nach Indien entdeckt habe. Der Anteil seines Wunsches an diesem Irrtum ist sehr deutlich … Wir heißen also einen Glauben eine Illusion, wenn sich in seiner Motivierung die Wunscherfüllung vordrängt, und sehen dabei von seinem Verhältnis zur Wirklichkeit ab, ebenso wie die Illusion selbst auf ihre Beglaubigungen verzichtet.

Sigmund Freud, 1927

Die Hoffnung auf Wissenschaft

Wenden wir uns nach dieser Orientierung wieder zu den religiösen Lehren, so dürfen wir wiederholend sagen: Sie sind sämtlich Illusionen, unbeweisbar, niemand darf gezwungen werden, sie für wahr zu halten, sie zu glauben. Einige von ihnen sind so unwahrscheinlich, so sehr im Widerspruch zu allem, was wir mühselig über die Realität der Welt erfahren haben, daß man sie – mit entsprechender Berücksichtigung der psychologischen Unterschiede – den Wahnideen vergleichen kann. Über den Realitätswert der meisten von ihnen kann man nicht urteilen. So wie sie unbeweisbar sind, sind sie auch unwiderlegbar. Man weiß noch zu wenig, um ihnen kritisch näher zu rücken. Die Rätsel der Welt entschleiern sich unserer Forschung nur langsam, die Wissenschaft kann auf viele Fragen heute noch keine Antwort geben. Die wissenschaftliche Arbeit ist aber für uns der einzige Weg, der zur Kenntnis der Realität außer uns führen kann. Es ist wiederum nur Illusion, wenn man von der Intuition und Selbstversenkung etwas erwartet; sie kann uns nichts geben als – schwer deutbare – Aufschlüsse über unser eigenes Seelenleben, niemals Auskunft über die Fragen, deren Beantwortung der religiösen Lehre so leicht wird. Die eigene Willkür in die Lücke eintreten zu lassen und nach persönlichem Ermessen dies oder jenes Stück des religiösen Systems für mehr oder weniger annehmbar zu erklären, wäre frevelhaft. Dafür sind diese Fragen zu bedeutungsvoll, man möchte sagen: zu heilig.

Sigmund Freud, 1927

▶ *Von der Neurose zu seelischer Gesundheit, von der Illusion zur Wissenschaft – ist dieser Argumentationsstrang Freuds schlüssig? Wie setzen Sie sich ideologie-/wissenschaftskritisch mit dem Wissenschaftler Freud auseinander?*

Sigmund Freud arbeitete als Arzt und Psychologe vor allem in Wien, von wo er 1938 wegen seiner jüdischen Abstammung nach London emigrierte. Seine in der individuellen Psychoanalyse gewonnenen Erkenntnisse übertrug er auch auf kulturelle und gesellschaftliche Phänomene. Freuds Theorie baut auf Feuerbachs Projektionsthese auf. Wie dieser sieht er in Gott eine Projektion des Menschen. Während Marx diese Projektion gesellschaftlich deutet, begründet Freud die Entzweiung und Projektion mittels des Instrumentariums der Psychoanalyse.

Religion – eine Neurose?
Freud sieht den Menschen in erster Linie als Triebwesen, ständig in Konflikt zwischen ES, ICH, ÜBERICH und Umwelt. Auch die Religion erklärt sich Freud mittels des psychoanalytischen Instrumentariums: Zunächst fällt auf, dass es eine weitreichende Ähnlichkeit gibt zwischen religiösen Vorstellungen und Riten einerseits und neurotischen Zwangsvorstellungen andererseits. Zwangsneurose und religiöses Ritual sind bestimmt von Gewissensangst bei Nichterfüllung bestimmter von außen gestellter Ansprüche; vom Bedürfnis, den Ablauf vor äußerer Störung zu bewahren; von der peinlichen Gewissenhaftigkeit in der Ausführung; vom Hineingleiten in ein immer komplizierteres, kleinlicheres Zeremoniell; von Bußhandlungen und Anrufungen, die als Abwehr- und Schutzmaßnahmen dienen. Freud kommt zu dem Ergebnis: »Nach diesen Übereinstimmungen und Analogien könnte man sich getrauen, die Zwangsneurose als pathogenes Gegenstück der Religionsbildung aufzufassen, die Neurose als eine individuelle Religiosität, die Religion als eine universelle Zwangsneurose zu bezeichnen.« Neurotisch ist Religion nach Freud allerdings nicht allein als äußeres Ritual, sondern vor allem als illusionäre Wunschvorstellung. Sie entspringt dem Versuch, angesichts der Härte des Lebens und der Entbehrungen einen Trost zu finden, um so die menschliche Hilflosigkeit erträglich zu machen. Religiöse Vorstellungen sind Illusionen, Erfüllungen der ältesten, stärksten, dringendsten Wünsche der Menschheit. Es liegt im Wesen des Kindes, an die Stelle der harten Realität den Wunsch zu setzen. Wunschdenken ist also nach Freud die kindliche Form der Bewältigung der Wirklichkeit.

Nach: Peter Neuner, 1983

Just like a prayer, your voice can take me there
Just like a muse to me, you are a mystery
Just like a dream, you are not what you seem
Just like a prayer, no choice your voice can take me there
Just like a prayer, I´ll take you there
It´s like a dream to me.

Madonna, Like a prayer (Auszug)

▶ *Derzeit haben religiöse Vorstellungen auf den Menschen deutlich größeren Einfluss als in den Jahren zuvor. Wie erklären Sie sich dieses Phänomen?*

Gott – der überhöhte Vater
Gott ist nichts anderes als der überhöhte Vater. Wenn der Mensch nicht fähig ist, die Welt in ihrer Härte zu ertragen, wenn er wie ein Kind vom Wunschdenken beherrscht ist und damit im Kindeszustand bleibt, wenn er eine Illusion an die Stelle der Realität setzt, schafft er Religion. Diese ist darum nach Freuds Urteil »eine infantile Illusion«. »Der letzte Grund der Religion ist die infantile Hilflosigkeit des Menschen.« Diesem Infantilismus setzt Freud die Erziehung zur Realität gegenüber, wenn er gegen jeden Versuch einer Illusionierung der menschlichen Lebensverhältnisse behauptet, dass die Absicht, dass der Mensch glücklich wird, im Plan der Schöpfung nicht vorhanden ist. Im Moment, da man nach Sinn und Wert des Lebens fragt, ist man krank; denn beides gibt es ja in objektiver Weise nicht. Der Mensch muss von der Krankheit »Religion« befreit werden, muss seine Illusionen und Wünsche preisgeben, damit er sich der Wirklichkeit sachgerecht stellt. »Dadurch, dass er seine Erwartungen vom Jenseits abzieht und alle frei gewordenen Kräfte auf das irdische Leben konzentriert, wird er wahrscheinlich erreichen können, dass das Leben für alle erträglich wird und die Kultur keinen mehr unterdrückt.«

Peter Neuner, 1983

▶ *Ist das Wunschdenken beschränkt auf Kindheit? Wie sieht erwachsenes Wunschdenken aus?*
▶ *Überlegen Sie, wie Freud Religion in seiner Zeit erfahren haben könnte. Deckt sich das mit Ihren Erfahrungen mit Religion (vgl. S. 292/93)?*
▶ *Diskutieren Sie Freuds Behauptung, der Mensch müsse seine Wünsche preisgeben, damit er sich der Wirklichkeit sachgerecht stellen könne.*

> *Zu »Freud« vgl. S. 44/45*

Religion als Ausdruck des wirklichen Lebens ...

Religion als Ausdruck des wirklichen Lebens und Protest dagegen! So könnte die Religionskritik des Philosophen Karl Marx zusammengefasst werden. Er fordert die Aufhebung von Religion. Von welchen Voraussetzungen geht er hierbei aus? Wie versteht er Religion?

Religion – das Selbstbewusstsein des Menschen?

Für Deutschland ist die Kritik der Religion im Wesentlichen beendet, und die Kritik der Religion ist die Voraussetzung aller Kritik. Die profane Existenz des Irrtums ist kompromittiert, nachdem seine himmlische Oratio pro aris et focis widerlegt ist. Der Mensch, der in der phantastischen Wirklichkeit des Himmels, wo er einen Übermenschen suchte, nur den Widerschein seiner selbst gefunden hat, wird nicht mehr geneigt sein, nur den Schein seiner selbst, nur den Unmenschen zu finden, wo er seine wahre Wirklichkeit sucht und suchen muss. Das Fundament der irreligiösen Kritik ist: Der Mensch macht die Religion, die Religion macht nicht den Menschen. Und zwar ist die Religion das Selbstbewusstsein und das Selbstgefühl des Menschen, der sich selbst entweder noch nicht erworben und schon wieder verloren hat. Aber der Mensch das ist kein abstraktes, außer der Welt hockendes Wesen. Der Mensch, das ist die Welt des Menschen, Staat, Sozietät. Dieser Staat, diese Sozietät produzieren die Religion, ein verkehrtes Weltbewusstsein, weil sie eine verkehrte Welt sind. Die Religion ist die allgemeine Theorie dieser Welt, ihr enzyklopädisches Kompendium, ihre Logik in populärer Form, ihr spiritualistisches Point-d'honneur, ihr Enthusiasmus, ihre moralische Sanktion, ihre feierliche Ergänzung, ihr allgemeiner Trost- und Rechtfertigungsgrund. Sie ist die phantastische Verwirklichung des menschlichen Wesens, weil das menschliche Wesen keine wahre Wirklichkeit besitzt. Der Kampf gegen die Religion ist also mittelbar der Kampf gegen jene Welt, deren geistiges Aroma die Religion ist.

Karl Marx, 1843/44

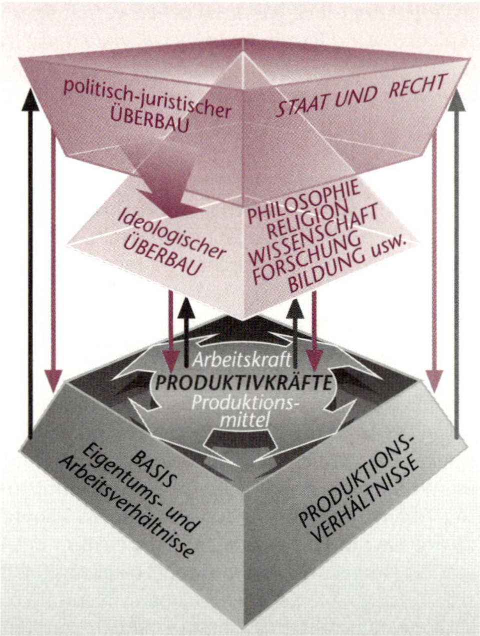

▶ *Beschreiben Sie mit Marx das Verhältnis von Mensch und Religion. Wo liegt das zentrale Problem, das Marx anspricht?*

Opium und Protestation: die zwei Seiten der Religion

Das religiöse Elend ist in einem der Ausdruck des wirklichen Elends und in einem die Protestation gegen das wirkliche Elend. Die Religion ist der Seufzer der bedrängten Kreatur, das Gemüt einer herzlosen Welt, wie sie der Geist geistloser Zustände ist. Sie ist das Opium des Volks. Die Aufhebung der Religion als des illusorischen Glücks des Volkes ist die Forderung eines wirklichen Glücks. Die Forderung, die Illusionen über seinen Zustand aufzugeben, ist die Forderung, einen Zustand aufzugeben, der der Illusion bedarf. Die Kritik der Religion ist also im Keim die Kritik des Jammertales, dessen Heiligenschein die Religion ist. Die Kritik hat die imaginären Blumen an der Kette zerpflückt, nicht damit der Mensch die phantasielose, trostlose Kette trage, sondern damit er die Kette abwerfe und die lebendige Blume breche. Die Kritik der Religion enttäuscht den Menschen, damit er denke, handle, seine Wirklichkeit gestalte wie ein enttäuschter, zu Verstand gekommener Mensch, damit er sich um sich selbst und damit um seine wirkliche Sonne bewege, solange er sich nicht um sich selbst bewegt.

Karl Marx, 1843/44

▶ *Können Sie aufgrund Ihrer Erfahrungen und Kenntnisse den Doppelcharakter der Religion, wie Marx sie beschreibt, nachvollziehen? Wie erleben oder bedenken Sie Religion (vgl. S. 294/95)?*

Kritik des Himmels und der Erde

Es ist also die Aufgabe der Geschichte, nachdem das Jenseits der Wahrheit verschwunden ist, die Wahrheit des Diesseits zu etablieren. Es ist zunächst die Aufgabe der Philosophie, die im Dienste der Geschichte steht, nachdem die Heiligengestalt der menschlichen Selbstentfremdung entlarvt ist, die Selbstentfremdung in ihren unheiligen Gestalten zu entlarven. Die Kritik des Himmels verwandelt sich damit in die Kritik der Erde, die Kritik der Religion in die Kritik des Rechts, die Kritik der Theologie in die Kritik der Politik ... Die Kritik der Religion endet mit der Lehre, dass der Mensch das höchste Lebewesen für den Menschen sei, also mit dem kategorischen Imperativ, alle Verhältnisse umzuwerfen, in denen der Mensch ein erniedrigtes, ein geknechtetes, ein verlassenes, ein verächtliches Wesen ist.

Karl Marx, 1843/44

▶ *Reicht es nach Marx aus, Religion zu kritisieren? Was sind seine Forderungen?*

Mit Feuerbach begründet Karl Marx die These, dass sich die religiöse Welt in ihre weltliche Grundlage aufgelöst habe. Gegenstand seiner Analyse ist darüber hinaus die Frage, wie es zur religiösen Entfremdung kommt. Welche Rolle spielen hierbei die gesellschaftlichen wie wirtschaftlichen Bedingungen des Menschen?

Karl Marx (1818–1883), geboren in Trier, in einer Familie getaufter Juden. 1844 lernt er in Paris Friedrich Engels kennen und tritt mit ihm in den Kommunistischen Bund ein. 1848 schreibt er das »Kommunistische Manifest« – einen der bedeutsamsten Hoffnungstexte des 19. Jahrhunderts. Gemeinsam mit Engels entwickelt er die Theorie des historischen Materialismus, die Gesellschaftstheorie des Marxismus. Marx stirbt in London.

Religion hat ihren Grund in sozialen Verhältnissen

Religion hat ihren Grund in den sozialen Verhältnissen. Sie gibt eine Gesamtdeutung von Welt, die dem Interesse der herrschenden Klasse dient. Das sachfremde Klasseninteresse verkleidet sich gleichsam »in das Gewand der schönen Idee«, Religion ist damit »Ideologie«, wie Marx diesen Begriff definiert, ist »ideologischer Überbau«, im Gegensatz zu den Produktions- und Eigentumsverhältnissen, die für ihn die »Basis« darstellen.

Unter Basis versteht Marx die ökonomische Struktur einer Gesellschaft, also die Eigentumsverhältnisse an Produktionsmitteln, die Formen der Güterverteilung oder auch die Stellung von den am Produktionsprozess beteiligten Gruppen bzw. Klassen. Über diese Basis wölbt sich nach marxistischer Auffassung ein politischer und ideologischer Überbau. Der politische Überbau besteht aus den Elementen Staat und Recht, der ideologische Überbau aus den Bereichen Religion, Philosophie, Bildung, Kunst usw. Dabei versteht Marx den Überbau als Widerspiegelung der Basis. Da die Produktionsverhältnisse im Kapitalismus nach Marx durch Ausbeutung gekennzeichnet und damit ungerecht sind, steht auch notwendigerweise der Überbau, und damit beispielsweise auch die Religion, im Dienste der Ungerechtigkeit. Die Religion leistet nach marxistischer Auffassung eine ideologische Absicherung der ungerechten Produktionsverhältnisse, indem sie die ausgebeuteten Massen auf ein »paradiesisches Jenseits« vertröstet. Damit schwächt die Religion (oder religiöse Ideologie) den Willen des Proletariats zur Änderung realer Verhältnisse.

Peter Neuner, 1983

Ihre Zeit ist abgelaufen

Die sozialen Prinzipien des Christentums erklären alle Niederträchtigkeiten der Unterdrücker gegen die Unterdrückten entweder für gerechte Strafe der Erbsünde und sonstigen Sünden oder für Prüfungen, die der Herr über die Erlösten nach seiner unendlichen Weisheit verhängt. Die sozialen Prinzipien des Christentums predigen die Feigheit, die Selbstverachtung, die Erniedrigung, die Unterwürfigkeit, die Demut, kurz alle Eigenschaften der Kanaille, und das Proletariat, das sich nicht als Kanaille behandeln lassen will, hat seinen Mut, sein Selbstgefühl, seinen Stolz und seinen Unabhängigkeitssinn noch viel nötiger als sein Brot. – Die sozialen Prinzipien des Christentums sind duckmäuserisch, und das Proletariat ist revolutionär.

Karl Marx, Artikel der Deutschen Brüsseler Zeitung vom 12. 9. 1847 (Auszug)

▶ *Übertragen Sie Marx' Analyse in die heutige Zeit. Decken sich seine Aussagen zum ideologischen Überbau mit Ihren Erfahrungen? Aktualisieren Sie seine Kritik.*

> *Zum »Kommunistischen Manifest« vgl. S. 412/13*

Haben wir einen Gotteskomplex?

Im 19. Jahrhundert kritisierte der Theologe und Philosoph Feuerbach die Religion, weil sie den Menschen gering achte *(vgl. S. 362/63)**. Religion und Gott gäbe es deshalb, weil der Mensch alle seine Wünsche auf Gott projiziere. Das »Nein« zu Gott und Religion sei deshalb das »Ja« zum Menschen und beschreibt dies als den »Wendepunkt der Weltgeschichte«. Der Psychoanalytiker Horst Eberhard Richter sieht diesen Wendepunkt der Weltgeschichte auch, doch bewertet er ihn kritisch. Richter fragt nach den Ursachen und den Konsequenzen des neuen Selbstbewusstseins, das sich in den letzten Jahrhunderten entwickelte. Ist es für die Zukunft tragfähig oder ist es eine trügerische Falle? Ist Feuerbachs Idee aufgegangen, nach der an die Stelle Gottes die Liebe des Menschen zum Menschen tritt? Lesen Sie auf den folgenden zwei Seiten Richters Analyse:*

Ich habe Angst vor der Nacht. Ich habe Angst davor, dass mich einer anspringt, wenn es finster ist. Da bekomme ich richtig Herzklopfen. Aber ich habe keine Angst in meinem Auto, weil ich das beherrsche.

Niki Lauda, Rennfahrer, 1978

Gott ist tot!

Der lange Zeit als großartige Selbstbefreiung gepriesene Schritt des mittelalterlichen Menschen in die Neuzeit war im Grunde eine neurotische Flucht aus narzisstischer Ohnmacht in die Illusion narzisstischer Allmacht. Der psychische Hintergrund unserer so imposant scheinenden neueren Zivilisation ist nichts anderes als ein von tiefen unbewältigten Ängsten genährter infantiler Größenwahn. Wie das Kind, das sich gewaltsam und illusionär selbst in eine allmächtige Elternfigur verwandelt, um seinen unverlässlichen Eltern nicht länger wehrlos ausgeliefert zu sein, trägt unsere Zivilisation seit damals zahlreiche Merkmale einer krampfhaften Selbstüberforderung. Der verunsicherten Beziehung zu Gott, die einen langen Prozess schmerzhafter Auseinandersetzung erfordert hätte, hat man sich durch Identifizierung entzogen. Aber das durch diese Gleichsetzung erzeugte großartige Selbstbewusstsein ist stets trügerisch geblieben, und das auf die technische Naturbeherrschung fundierte Machtgefühl verleugnet seit je die tatsächliche infantile Abhängigkeit von eben dieser Natur, ohne deren Ressourcen ein Überleben der Menschheit undenkbar ist. Dies ist eben der Pferdefuß neurotischer Überkompensation: Da die Ohnmachtsangst nur durch unkritische Selbstüberschätzung, die passive Auslieferung nur durch gewaltsame Überaktivität in Schach gehalten wird, hat sich eine verhängnisvolle Unfähigkeit fixiert, noch diejenigen natürlichen Abhängigkeiten zu registrieren und zu akzeptieren, welche die menschliche Existenz begrenzen. Aber es liegt eben im Wesen dieses unbewussten Ohnmacht-Allmacht-Komplexes, dass die Brüchigkeit des größenwahnsinnigen Selbstbildes so schwer durchschaubar werden kann. Nachdem die Gewissheit der Geborgenheit in Gott entfallen ist und das Ich nur noch in seiner Selbstgewissheit und in der egozentrischen Naturbeherrschung Halt sucht, bleibt ihm nichts anderes übrig, als das illusionäre Moment dieser Selbstvergötterung zu verleugnen.

Horst Eberhard Richter, 1979

▶ *Richter verwendet bei seiner Beschreibung des Übergangs vom Mittelalter in die Neuzeit das Bild der Eltern-Kind-Beziehung. Erläutern Sie dieses Bild.*

▶ *Entwerfen Sie ein Schaubild, mit dem Sie Richters Zivilisationskritik erklären können. Inwiefern passt das Zitat von Lauda in diesen gedanklichen Zusammenhang?*

▶ *Nach Richter ist der Mensch der Neuzeit Kind geblieben. Steht das nicht im Widerspruch zu den intellektuellen Fähigkeiten, die der Mensch entwickelt hat?*

Raison statt Gott

Die spektakulären Entdeckungen der naturwissenschaftlichen Ursachenforschung stützen von Anfang an das Verleugnungssystem, weil sie ja, anders als die Rezepte der mittelalterlichen Magie, tatsächlich viele unheimliche Naturprozesse durchschaubar machen. Begeistert von der Tragfähigkeit der mathematischen Methode, vermag man sich – mit Descartes – fortan zu suggerieren, die intellektuelle Gewissheit mache eine Selbsttäuschung unmöglich. Die mathematische Logik trüge nie. Wenn man der »raison«, der Vernunfterkenntnis, folge, so erklärt Malebranche, einer der bedeutendsten französischen Philosophen in der unmittelbaren Nachfolge des Descartes, verfüge man über das unendliche und unabhängige Prinzip, an welches auch Gott gebunden sei … Die Verfügung über die »raison« garantiert dem Menschen, das ist die heimliche triumphale Folgerung, gottgleiche Unabhängigkeit und Macht. Der seit dem Mittelalter versteckt erhalten gebliebene Aberglaube bedingt die Illusion, durch praktische Ausnutzung der mathematischen Naturgesetze die eigene Endlichkeit überwinden zu können … Das kontinuierliche Vordringen der mathematischen Naturerkenntnis und die damit verbundene Erweiterung technischer Macht werden immerfort gleichgesetzt mit einer allmählichen Annäherung an das Ziel, der Unendlichkeit habhaft zu werden und die Grenzen der menschlichen Existenz definitiv aufzuheben.

Horst Eberhard Richter, 1979

Auf der Flucht vor der eigenen Ohnmacht
Das undurchschaute magische Moment dieser phantastischen Illusion wird gegenwärtig eklatant durch die Tatsache deutlich, dass nur die allerwenigsten vernünftig auf die Tatsache reagieren können, dass derzeit gerade die exakte naturwissenschaftliche Forschung die Zwangsläufigkeit eines kollektiven Selbstzerstörungsprozesses prognostiziert, die mit einer automatischen Fortsetzung der bisherigen expansionistischen Naturbeherrschungsstrategie verbunden wäre. Die Menschen sind unfähig zu akzeptieren, dass eben die Mittel, die bislang unumstritten zur unaufhörlichen Erweiterung unserer Selbstsicherheit tauglich sein sollten, nun auf einmal ganz anders bewertet werden müssen. Es ist eine mit der hintergründigsten neurotischen Dynamik verbundene Paradoxie, dass den so lange idealisierten quantitativen Methoden in dem Augenblick nicht mehr vertraut werden kann, in dem diese beweisen, dass der Anspruch einer immer vollständigeren naturwissenschaftlich-technischen Inbesitznahme der Natur gleichbedeutend mit Selbstvernichtung ist. Die Angst, sich die seit dem Mittelalter nur verdrängte infantile Abhängigkeitsposition einzugestehen, ist fatalerweise momentan immer noch viel größer als die Angst, mit einem objektiv selbstmörderischen Größenwahn unterzugehen. Das ist der Fluch dieses kollektiven Komplexes, des Ohnmacht-Allmacht-Komplexes, den man auch zusammenfassend als Gotteskomplex bezeichnen kann.

Horst Eberhard Richter

Die Krise der Vernunft … wird auch verdächtigt den Untergang der Menschheit zu besorgen. Eine Menschheit, die das ABC des Todes nicht nur stammelt, sondern perfekt berherrscht und sich dabei auf Vernunft beruft, scheint die Vernunft zum Komplizen eines gewaltigen Selbstmordprogramms zu machen. Dennoch möchte ich die Möglichkeit eines Sieges einer über sich aufgeklärten Vernunft über allen Obskurantismus behaupten, wenn sie die ihr innewohnenden Einschlüsse von Widervernunft und Unvernunft erkennt und ernst nimmt.

Rupert Lay, Philosoph, 1988

▶ *Wie könnte der Gotteskomplex mit Lay aufgelöst werden?*

▶ *Beschreiben Sie den Zusammenhang von Ohnmacht und Naturbeherrschung, wie Richter ihn sieht.*

Ein anderes Selbstbild

Die mit Descartes in Gang gesetzte Dynamik hat zu Entwicklungen geführt, auf die heute niemand mehr zu verzichten bereit ist. Was aber weder Descartes noch Feuerbach wissen konnten, wissen wir heute: Der Fortschritt ist zum Selbstläufer geworden. Die Kehrseiten dieser Entwicklungen sind offensichtlich.

Edvard Munch, Tanz am Meeresstrand, 1990

Ein Mensch mittlerer Größe
Der verinnerlichte Gotteskomplex hat zwischen der Stufe der kindlichen Abhängigkeit und der Stufe des narzisstischen Übermaßes ein Vakuum gelassen. So haben sich die Menschen entweder immer nur ganz klein gesehen, was sie zu verdrängen versuchten, oder nur ganz groß, was sie sich eben mit Hilfe der Verdrängung einzubilden verstanden. Dazwischen konnte sich nicht das Selbstbild entfalten, das für ein eigentliches gedeihliches Zusammenleben … das einzig Sinnvolle wäre: nämlich das Bild von Menschen mittlerer Größe, die sich in einer Gemeinschaft auf gleicher Stufe befinden, die ihre Freiheit in dieser Gemeinschaft und nicht gegen sie verwirklichen wollen und die ihre Abhängigkeit untereinander nicht als einseitige Unterdrückungsverhältnisse hassen oder fürchten müssen, sondern als sinnvolles symmetrisches Aufeinanderangewiesensein bejahen können.

Horst Eberhard Richter, Psychoanalytiker, 1979

Die Weisheit der Religionen sagt: Der Mensch kann nur leben, wenn er sich in einem größeren Lebenszusammenhang versteht, über den er nicht verfügt. Diese Weisheit erschließt sich uns Heutigen nicht mehr dadurch, dass wir uns der Übermacht der Natur beugen müssen. Sie kann nur im Akt bewusster Selbstbegrenzung anerkannt werden.

Wolfgang Huber, 1990

▶ *Diskutieren Sie darüber, wie Sie den Menschen sehen: Ist der Mensch des Menschen Gott, dem droht, »mit einem objektiv selbstmörderischen Größenwahn« unterzugehen? Oder ist der Mensch des Menschen Mitmensch, der aufgerufen ist, zu einem menschlichen Maß zurückzukehren (oder voranzuschreiten)?*

➤ *Zum »Fortschritt« vgl. S. 90/91; 410/11*

Was bedeutet für Sie Freiheit?

»Wind in den Haaren und Geld in der Tasche – das nenne ich Freiheit!« Aus einer Bank-Werbung, 1998

▶ *Stellen Sie die Aspekte heraus, die Ihnen bei der Bestimmung Ihrer Freiheit besonders wichtig sind. Gegen welche »Angebote« möchten Sie sich bewusst abgrenzen?*
▶ *Lassen sich Ihre persönlichen Vorstellungen von Freiheit und den damit verbundenen Wünschen mit dem logischen Freiheitsbegriff von Freytag-Löringhoff zusammendenken (vgl. S. 380/81)?*

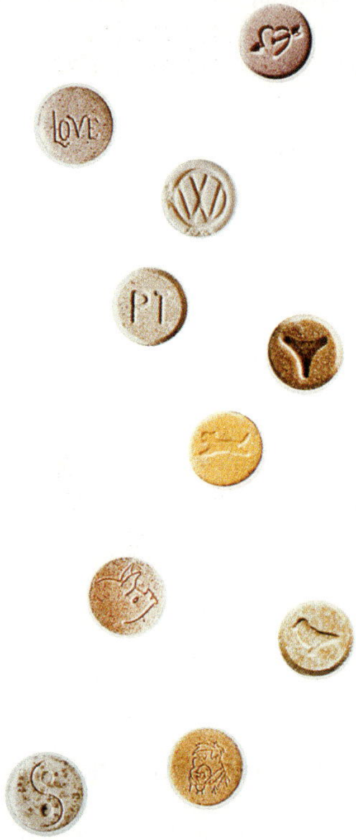

In parallele Welten abtauchen, wann immer man will?

Freiheit(en) denken

Frei zu sein ist anspruchsvoll
»Sei frei!« ist eine Forderung der Aufklärung. Kant formulierte sie so: »Habe Mut, dich deines eigenen Verstandes zu bedienen!« Befreiung aus Unmündigkeit, aus Unterdrückung, aus entmündigender Abhängigkeit ist noch immer aktuell ... An die Stelle politischer Abhängigkeiten sind (heute) andere getreten. Die modernen Abhängigkeiten sind meist subtiler, indirekter, schwerer erkennbar als die plumpe Abhängigkeit von Despoten und anderen sichtbaren Mächten dieser Welt. Die Forderung, frei zu sein, ist äußerst anspruchsvoll. Aber was besagt sie? Auf keinen Fall, zu tun und zu lassen, was uns gerade einfällt. Wir sollen das tun, was wir sollen, dann sind wir frei, meint Kant. Und was sollen wir tun? Was auch jeder andere an unserer Stelle tun sollte und was unserer Würde als Menschen entspricht. Freiheit in den Grenzen der Menschenwürde, das ist Kants Forderung. Um sie zu erfüllen, brauchen wir Vernunft und den guten Willen. Wenn wir beides haben, können wir uns die Gesetze unseres Handelns selber geben, uns wirklich selbst bestimmen.

Wilhelm Vossenkuhl, 1995

▶ *Erläutern Sie, was Vossenkuhl meint, wenn er sagt, wir können äußerlich unsere Freiheit und Würde zerstören, ohne dass sie Schaden nehme.*
Inwiefern kritisiert Vossenkuhl damit Kants Denkansatz (vgl. S. 244–255; 378/79)?

Äußere und innere Freiheit
Wir mögen Freiheit und Würde haben, aber solange sie nur in einem Inneren unverletzlich verborgen sind, können wir ihrer nicht wirklich sicher sein. Weder Freiheit noch Würde sichern unsere Identität. Im Gegenteil, weil Freiheit und Würde im Innern sind, können sie in der äußeren Welt ohne Strafe missachtet werden. Wir können uns gegenseitig alles Erdenkliche und Schreckliche antun. Wir können, so paradox dies ist, äußerlich unsere Freiheit und Würde zerstören, ohne dass sie Schaden nehmen. Denn die wahre Freiheit und Würde sind unverletztlich im Innern. Ihre absolute Gewissheit geht auf Kosten unserer Identität. Freiheit und Würde bleiben bestehen, nur wir selbst können zerstört werden, durch Folter, Hunger, Krankheit und Elend.

Wilhelm Vossenkuhl, 1995

Wenn wir uns tatsächlich selbst bestimmen, indem wir unser Leben, unsere Arbeit, unser Verhältnis zu andern und zur Natur gestalten, wissen wir, wer wir sind. Dabei sind unsere Freiheit und Würde aber nicht in einem unzugänglichen Inneren, sondern offen und sichtbar.

Wilhelm Vossenkuhl, 1995

Sherman MacCoy ist die zentrale Figur in Tom Wolfes Roman »The Bonfire of Vanities« (dt.: »Fegefeuer der Eitelkeiten«). Wolfe beschreibt, wie MacCoy, einer der Meister des Finanzuniversums an der Wall Street, wegen seiner eher komischen als tragischen Affäre mit der schönen Maria abstürzt. Weil er ohne eigene Schuld in den Tod eines schwarzen Schülers verwickelt ist, verliert er seine Macht, seine Frau und sein Penthouse im 50. Stock an der Park Avenue. Er stürzt direkt ab in ein schmutziges Untersuchungsgefängnis in der Bronx. Doch Wolfe bleibt nicht bei der Beschreibung stehen, sondern fragt, was eigentlich der bleibende Kern des eigenen Selbst ist, wenn es einen solchen Absturz erlebt.

Nach: Wilhelm Vossenkuhl, 1995

Kraft zur Gestaltung nur geliehen?
Ich bin in gesellschaftliche Verhältnisse gespannt, mit anderen auf Gedeih und Verderb verbunden, von ihnen getragen, gefördert, gewertet, verurteilt, gerichtet. Ich bin darüber hinaus von den Geschicken der Gesellschaft insgesamt abhängig. Wenn es ihr schlecht geht, geht es mir auch schlecht. Es gibt kein Entrinnen. Meine Individualität kann heute mehr als zu irgendeiner Zeit deutlich und unverwechselbar hervortreten. Ich kann mehr denn je der sein, der ich sein will. Das Doppelbödige ist aber, dass meine Kraft, mich selbst zu gestalten, nicht gänzlich meine eigene ist. Sie ist zu einem großen Teil geborgt und kann von den anderen zurückgefordert werden, wenn ich den Bogen der Selbstbestimmung überspanne und zu sehr oder zu provozierend hervortrete. Meine Selbstbestimmung kann die Anerkennung durch andere gefährden. Ich entziehe meiner sozialen Selbstidentifikation dann meine Grundlage ... Das Bedürfnis nach Identität ist auch ein Bedürfnis nach Selbstbehauptung. »Selbstbehauptung« bedeutet nicht nur, dass wir etwas verteidigen, was wir bereits haben, sondern dass wir den Anspruch, die Person zu werden, die wir sein wollen, in die Tat umsetzen ... Sherman McCoy zeigt uns, dass wir dies nicht völlig allein können. Und die ungerechte Verteilung von Glück und Unglück weist uns außerdem darauf hin, dass unsere Kraft zur Selbstgestaltung nicht ganz unserer eigenen Leistung entspringt, sondern teilweise von anderen Menschen und von unserer Gesellschaft geliehen ist. Sie ist geliehen durch Erziehung, Bildung, Wohlfahrt, Sicherheit und Arbeit. Aus der Einsicht in die geliehene Kraft erwächst eine Verpflichtung denen gegenüber, denen die Kraft zur Selbstgestaltung versagt wird. Kein Mensch bildet und erzieht sich selbst. Wir können erst etwas allein lernen, wenn wir eingewiesen sind, und dann erst können wir unsere Fähigkeiten verbessern. Wir lernen nicht einmal allein gehen. Schließlich lernen wir nicht allein denken und unser Leben leben. Die Kraft zur Selbstgestaltung haben wir, wenn wir sie dann haben, allein zu verantworten. Sie ist aber erworben und geliehen. Wenn wir diese Kraft aufmerksam wahrnehmen und nicht vergessen, wie wir zu ihr kamen, erkennen wir unsere Verpflichtung den anderen gegenüber, die diese Kraft nicht haben, noch nicht oder nicht mehr haben oder niemals haben können.

Wilhelm Vossenkuhl, 1995

▶ *Können Sie Vossenkuhls Beschreibung der Individualität aus eigener Erfahrung bestätigen?*

▶ *Wenn die Freiheit, Ihr Leben so oder so zu gestalten, tatsächlich in weiten Teilen geliehen ist, welche moralische Verpflichtung würden Sie persönlich daraus ableiten? Diskutieren Sie an konkreten Beispielen.*

➢ *Zur »Person« vgl. S. 132/33*

Sind wir immer frei, zu wählen?

Ich hätte stattdessen anders wählen können

Nehmen wir an, Sie stehen Schlange in einem Selbstbedienungsrestaurant, und nun, da Sie bis zu den Desserts vorgedrungen sind, können Sie sich nicht zwischen einem Pfirsich und einem riesigen Stück Schokoladentorte mit Buttercreme obendrauf entscheiden. Die Torte sieht gut aus, doch Sie wissen, dass sie dick macht. Dennoch nehmen Sie sie und essen sie mit Vergnügen auf. Am folgenden Tag schauen Sie in den Spiegel oder stellen sich auf die Waage und denken: »Hätte ich doch diese Schokoladentorte nicht gegessen. Ich hätte stattdessen einen Pfirsich essen können.« Wenn Sie sagen: »Ich hätte stattdessen einen Pfirsich essen können«, so meinen Sie zusätzlich, dass Sie ihn hätten wählen können, ohne jedes Wenn und Aber. Was heißt das jedoch? Diesen Gedanken von »können« und »hätte … können« wenden wir nur auf Personen (und vielleicht auf einige Tiere) an. Wenn wir sagen »Das Auto hätte durchaus den Gipfel erreichen können«, so meinen wir, dass das Auto über genügend Leistung verfügte, um den Gipfel zu erreichen, »wenn« es jemand dort hoch führe. Wir meinen nicht, dass das am Fuß des Berges geparkte Auto irgendwann einfach von selbst hätte losfahren und den Gipfel erklimmen können, statt bloß tatenlos herumzustehen. Irgendetwas anderes hätte vorher geschehen müssen, etwa dass jemand einsteigt und den Motor anlässt. Bei Personen jedoch scheinen wir zu glauben, dass sie einige Dinge, die sie in Wirklichkeit gar nicht tun, tun können, einfach so und ohne dass vorher etwas anderes geschehen muss. Was bedeutet das? Es bedeutet vielleicht unter anderem Folgendes: Nichts von dem, was bis zu dem Punkt geschieht, an dem Sie sich entscheiden, legt unwiderruflich fest, wie Ihre Entscheidung ausfallen wird. Es besteht bis zu dem Augenblick, in dem Sie in Wirklichkeit zur Torte greifen, eine »offene Möglichkeit«, dass Sie den Pfirsich wählen. Es ist nicht von vornherein festgelegt.

Thomas Nagel, 1990

Michael Sowa, Gegen den Strom (Ausschnitt)

▶ *Menschen definieren ihre Handlungsspielräume unterschiedlich. Diskutieren Sie anhand des Bildes die Konsequenzen, die sich daraus ergeben.*

▶ *Stellen Sie anhand der Texte und des Bildes die verschiedenen Aspekte zusammen, die Wahlfreiheit allgemein und konkret einschränken.*

▶ *Für Horkheimer bedeutet Freiheit in erster Linie Handlungsfreiheit. Er nennt Beispiele aus der Zeit des Wirtschaftswunders. Beurteilen Sie seine Position aus heutiger Sicht.*

Freiheit des Handelns

In den realen Kämpfen um die Freiheit geht es zunächst um das bessere Leben, vielmehr um das Leben überhaupt … Ziel ist die Freiheit des Handelns, nicht des Willens. Tun können, was man will, unter vielem wählen können, durch möglichst wenig Umstände beschränkt sein, das ist die Freiheit, die der Kampf der Einzelnen, der sozialen Schichten wie der Nationen sichern soll. … Wer zur Zeit des Wirtschaftswunders die endlosen Front der glänzenden Schaufenster abschreitet und wirklich zwischen allem wählen kann, ist freier als wer nur wenig Geld in der Tasche hat und womöglich den größeren Teil davon noch mit nach Hause bringen soll. Wer die Zeiten selbst bestimmen kann, zu denen er einkauft, freier, als wer sich kurz vor Ladenschluss zur Zeit der Überfüllung gerade noch das Notwendigste besorgt; wer gesund ist, ist freier als der Kranke, wer über Menschen und Dinge verfügen darf, sei es auch in bescheidenem Bereich, freier als die einsame Alte mit der kleinen Rente.

Max Horkheimer, 1962

»Mich trifft keine Schuld! Ich habe das unfreiwillig getan.« Wer kennt nicht diese Entschuldigung als Rechtfertigung für ein Verhalten, das kritisiert wird. Doch was ist freiwillig, was unfreiwillig? In welcher Situation ist eine solche Entschuldigung gerechtfertigt, wann nicht? Gilbert Ryle aus dem vorigen Jahrhundert und Aristoteles aus dem 4. Jahrhundert vor Christus philosophieren über die Zwänge, denen wir unterworfen sind, wenn wir unfreiwillig handeln. Ryle nimmt hierbei jedoch eine Unterscheidung vor, die Aristoteles unterlässt.

Das bewegende Prinzip

(Es) ist es wohl für den, der über Ethik philosophiert, notwendig, die Begriffe freiwillig und unfreiwillig gegeneinander abzugrenzen. Es ist überdies auch nützlich für den Gesetzgeber, wenn er Ehren oder Strafen anordnet. Als unfreiwillig gilt, was unter Zwang oder aus Unwissenheit geschieht. Gewaltsam ist ein Vorgang, dessen bewegendes Prinzip von außen her eingreift, und zwar so, dass bei seinem Eingreifen die handelnde oder die erleidende Person in keiner Weise mitwirkt: wenn z. B. jemand durch einen Sturmwind irgendwohin entführt wird oder durch Menschen, in deren Gewalt er sich befindet. Taten aber, die aus Angst vor noch größerem Unheil oder für ein edles Ziel ausgeführt werden – wenn z. B. ein Tyrann jemandem ein Verbrechen zu tun befiehlt, dessen Eltern und Kinder er in seiner Gewalt hat, und wenn diesen im Fall der Ausführung der Tat das Leben geschenkt, sonst aber verwirkt wäre –, lassen die Streitfrage entstehen, ob sie unfreiwillig oder freiwillig sind. Ähnlich ist es, wenn im Seesturm Teile der Ladung über Bord geworfen werden, denn an sich wirft man Güter nicht aus freien Stücken weg. Jedoch um sich und die anderen zu retten, tut es jeder, der einen gesunden Menschenverstand hat. Solche Handlungen haben also einen Mischcharakter, stehen aber näher dem Freiwilligen, denn im Augenblick des Vollzugs besteht die Freiheit der Wahl, und das Ziel der Handlung wechselt je nach den Umständen. Also muss man von freiwillig und unfreiwillig sprechen im Hinblick auf den Zeitpunkt des Handelns. Der Mensch aber handelt freiwillig. Aristoteles

Zwang von innen?

Sehr oft kontrastieren wir freiwillige Handlungen mit Handlungen unter Zwang. Manche Soldaten sind Freiwillige, andere sind Dienstpflichtige; einige Jachtsegler steuern freiwillig ins offene Meer hinaus; andere werden vom Wind und den Gezeiten hinausgetrieben. Hier brauchen wir Fragen der Anschuldigung und Entschuldigung nicht aufzuwerfen. Was in diesem Sinne unfreiwillig ist, kann nicht als eine Handlung bezeichnet werden. Zur See hinausgetrieben oder zum Wehrdienst aufgerufen werden ist etwas, was jemandem widerfährt, nicht etwas, was er tut. In dieser Beziehung besteht ein gewisser Unterschied zwischen dem Gegensatzpaar von freiwillig und unfreiwillig und dem Gegensatzpaar, auf das wir uns beziehen, wenn wir fragen, ob ein gewisser Webeleinstek oder ein gewisses Stirnrunzeln freiwillig war. Jemand, der unfreiwillig seine Stirn runzelt, wird nicht dazu gezwungen, wie etwa ein Jachtsegler ins offene Meer hinausgezwungen werden mag; doch wird der achtlose Junge gezwungen, einen Webeleinstek zu binden, so wie der Dienstpflichtige zum Wehrdienst gezwungen wird. Sogar Stirnrunzeln ist etwas, was einer tut. Es widerfährt ihm nicht. Die Frage »unfreiwillig oder freiwillig?« bedeutet manchmal: »Hat er es getan oder ist es ihm widerfahren?« Manchmal setzt sie voraus, dass er es getan hat, aber sie bedeutet dann: »War er bei der Ausführung aufmerksam oder unaufmerksam? Hat er es absichtlich getan oder versehentlich, mechanisch oder instinktiv etc.?« Gilbert Ryle, 1969

Freiheit heißt Verantwortlichkeit, deshalb wird sie von den meisten Menschen gefürchtet. George Bernard Shaw

▶ *Klären Sie mit Hilfe einer Tabelle die unterschiedlichen Beurteilungen von Handlungen: freiwillig, unfreiwillig, neutral/absichtlich, unabsichtlich.*

▶ *Nehmen Sie den Standpunkt eines Juristen, Soziologen oder Psychologen ein und diskutieren Sie mit Aristoteles darüber, dass 1. das bewegende Prinzip in uns liegt und dass wir 2. Herr über die Handlungen von Anfang bis Ende sind.*

➤ *Zu »Aristoteles« vgl. S. 212–223*

Sind wir nur Teil eines Programms?

»Sosehr wir Menschen auch biologisch oder kulturell programmiert sein mögen, wir können uns am Ende immer für etwas entscheiden, das nicht im Programm vorgesehen ist«, schreibt Fernando Savater 1993 in seiner »Ethik für die Erwachsenen von morgen.« Und weiter: »Wir können ja oder nein sagen, ›Ich will‹ oder ›Ich will nicht‹. Sosehr wir uns auch von den Umständen erdrückt sehen, es gibt nie nur einen einzigen Weg, dem wir folgen können, sondern immer mehrere.« Nicht alle teilen Savaters Meinung. So gibt es zwei unterschiedliche Positionen in der Frage, inwieweit der Mensch tatsächlich über einen freien Willen verfügt: die der Deterministen und die der Indeterministen. Wer hat Recht?

Geschlossene Gesellschaften

Ein Mann möchte einem Club beitreten. In seiner kleinen Stadt gibt es nur zwei. Wofür sie da sind, weiß er nicht so genau; ihre Namen versteht er nicht; es ist ihm auch gleichgültig. Er geht also zu dem einen, auf dessen Schild der »Club der Deterministen. Neue Mitglieder sind willkommen« steht. Unser Mann geht hinein und sieht sich in einem wohlausgestatteten Etablissement um. »Möchten sie dem Club beitreten?«, wird er gefragt. »Ja, gern.« »Und warum?« »Nun ich will einfach!« »Oh, dann sind Sie hier falsch am Platz. Wir glauben nicht an den freien Willen. Ihr Club ist gegenüber.« In der Tat sieht unser Freund auf der anderen Straßenseite ein freilich etwas schäbigeres Lokal mit der Aufschrift »Club der Indeterministen«. Er geht hinein. »Ich möchte Ihrem Club beitreten.« »Und warum?« »Ach, verstehen Sie bitte: Ich bin zunächst drüben gewesen, bei den Deterministen, aber die haben mich nicht genommen. Wenn ich überhaupt in einen Club will, dann bleibt mir nichts anderes übrig, als hier beizutreten.« »Tut uns Leid, mein Herr. Wir nehmen nur Mitglieder auf, die aus freiem Willen kommen.«

Volker Pfeifer

▶ *Identifizieren Sie anhand der Texte die Position der Deterministen/Indeterministen.*
▶ *Diskutieren Sie die folgenden Argumente auf der Grundlage konkreter Beispiele:*
1. Ein Zustand, der freie Entscheidung nicht zulässt, wird als schmerzlich empfunden.
2. Wir würden uns völlig anders verhalten, wenn wir nicht durch Erfahrung wüssten, dass alles eine vorausliegende Bedingung hat.

Auf die Perspektive des Betrachters kommt es an

Ein wissenschaftlich geschulter Beobachter, der weder Schach noch ein anderes Spiel kennt, darf in den Pausen zwischen den Zügen ein Schachbrett ansehen. Er sieht noch nicht, wie die Spieler die Züge machen. Nach einiger Zeit bemerkt er einige Regelmäßigkeiten ... Nach langer Forschungsarbeit wird dieser Zuschauer alle Schachregeln entdeckt haben, und dann lässt man ihn sehen, dass die Züge von Leuten gemacht werden, die wir »Spieler« nennen. Er spricht ihnen sein Bedauern über ihre Unfreiheit aus. »Jeder Zug, den ihr macht«, sagt er, »ist von unentrinnbaren Regeln bestimmt; von dem Augenblick, wo einer von euch mit seiner Hand nach einem Bauern greift, kann der Zug, den er machen wird, in den meisten Fällen mit Genauigkeit vorausgesagt werden. Der Gesamtablauf dessen, was ihr tragischerweise euer ›Spiel‹ nennt, ist erbarmungslos im Voraus angeordnet; nichts findet darin statt, das nicht nachweislich von der einen oder anderen dieser ehernen Regeln bestimmt wird. Fühllose Notwendigkeit diktiert das Spiel und lässt darin keinen Platz für Verstand oder Zweck. Ich bin zwar noch nicht imstande, jeden von mir beobachteten Zug mit den von mir bisher entdeckten Regeln zu erkennen, aber es wäre unwissenschaftlich, anzunehmen, dass es unerklärbare Züge gibt. Es muss daher noch weitere Regeln geben, welche ich noch zu entdecken hoffe, und welche, die die von mir begonnenen Erklärungen zufrieden stellend zu Ende führen werden.« Die Spieler lachen natürlich und erklären ihm ...

Gilbert Ryle, 1969

▶ *Schreiben Sie Ryles Text fort. Wie werden die Spieler dem Beobachter das Schachspiel aus ihrer Sicht plausibel machen?*

So oder so?

So: Alles, was geschieht, geht aus vorausliegenden Bedingungen mit gesetzmäßiger Notwendigkeit hervor. Die Regelhaftigkeit der Veränderungen in der Welt ist etwas, was durch die Erfahrung, die wir mit den Ereignissen der Welt machen, in hohem Maß bestätigt ist. Wäre das nicht der Fall, würden wir uns völlig anders verhalten.

Oder so: Der vertrauten Erfahrung von der Regelhaftigkeit steht die ebenso vertraute Erfahrung von der Entscheidungsfähigkeit der Personen gegenüber; die Personen erfahren sich selbst als die Instanz, die über ihre Handlungen entscheidet; ein Zustand, der eine freie Entscheidung nicht zuläßt, wird als schmerzhaft empfunden. Daß die Person wählt, heißt, daß sie zwischen mehreren möglichen Handlungen wählt und auch anders wählen könnte.

Nach: Ulrich Pothast, 1978

Wer entscheidet hier über die Spielregeln? –

Kann man sich frei – also immer auch anders – entscheiden?

Wir haben keine Wahl

Wir denken uns also mit Schopenhauer einen Menschen, der, auf der Straße stehend, zu sich sagt: »Es ist sechs Uhr abends, die Tagesarbeit ist beendigt. Ich kann jetzt einen Spaziergang machen; oder ich kann in den Club gehen; ich kann auch auf den Turm steigten, die Sonne untergehen zu sehen; ich kann auch ins Theater gehen; ich kann auch diesen oder jenen Freund besuchen, ja ich kann auch zum Tor hinauslaufen in die weite Welt und nie wiederkommen. Das alles steht bei mir, ich habe völlige Freiheit dazu; ich tue jedoch davon nichts, sondern gehe ebenso freiwillig nach Hause, zu meiner Frau.« Das ist geradeso, als wenn das Wasser spräche: »Ich kann hohe Wellen schlagen (ja, nämlich im Meer und im Strom!); ich kann reißend hinabeilen (ja, nämlich im Bette des Stromes!); ich kann schäumend und sprudelnd hinunterstürzen (ja, nämlich im Wasserfall!); ich kann frei als Strahl in die Luft steigen (ja, nämlich im Springbrunnen!); ich kann endlich gar verkochen und in die Luft verschwinden (ja, nämlich bei hundert Grad Wärme!); tue jedoch von alledem nichts, sondern bleibe freiwillig, ruhig und klar im spiegelnden Teiche.« Wie das Wasser jenes alles nur dann kann, wenn die bestimmten Ursachen zu einem oder anderem eintreten, ebenso kann jeder Mensch, was er zu können wähnt, nur unter genau derselben Bedingung.

Alfred Menzel, 1962

Freiheit besteht darin, ja oder nein sagen zu können, »Ich tue es« oder „Ich tue es nicht«, was auch immer mein Chef oder die anderen sagen, »Das gefällt mir, und ich will es«, »Das passt mir nicht und deshalb will ich es nicht.« Freiheit heißt entscheiden, aber auch, vergiss das nicht, dir darüber Rechenschaft zu geben, wie du dich entscheidest.

Fernando Savater, 1993

Das subjektive Erlebnis der Freiheit

Ich darf hier wohl etwas zitieren, was ich vor langer Zeit geschrieben habe ...: »Es ist jetzt sechs Uhr abends, ich habe gerade einen Martini getrunken und fühle mich versucht, noch einen zu trinken und dann mit Freunden auszugehen, anstatt diesen Essay zu schreiben. Während der letzten Viertelstunde habe ich mit der Versuchung gekämpft, und schließlich habe ich den Gin und den Wermut in den Schrank geschlossen und mich an den Schreibtisch gesetzt, mit mir selbst zufrieden. Vom wissenschaftlichen Gesichtspunkt aus ist diese Zufriedenheit völlig eitel, da die Frage bereits entschieden war, ehe ich sie schreibe. Natürlich glaube ich in meinem Innersten nicht, dass dem so ist, und ganz gewiss glaubte ich es vor einer Viertelstunde nicht. Hätte ich es geglaubt, so hätte sich der so genannte ›innere Kampf‹ nicht vollzogen und ich hätte ruhig weitertrinken können mit der Ausrede, dass es eben so vorherbestimmt war. Das subjektive Erlebnis der Freiheit ist eine ebenso feststehende Gegebenheit wie die Wahrnehmung von Farben oder das Empfinden von Schmerz. Es ist das Gefühl, eine nicht aufgezwungene, nicht unausweichliche Wahl zu treffen. Es scheint von innen nach außen zu wirken und seinen Ursprung im Kern der Persönlichkeit zu haben.«

Arthur Koestler, 1968

- *Vergleichen Sie die Argumentationsweisen von Menzel und Koestler. Wer überzeugt Sie mehr?*
- *Stellen Sie alle Argumente der Deterministen und Indeterministen zusammen. Begründen Sie Ihren eigenen Standpunkt zur Frage der Willensfreiheit.*
- *Welche Position scheint Ihnen für Ihre Lebensführung, welche für die Bewältigung der Probleme des angebrochenen Jahrtausends geeignet?*

eine Frage der Perspektive!

Philosophischer Streit um Selbst- und Fremdbestimmung

Der Streit der Indeterministen und Deterministen zieht sich durch die Geschichte der Moralphilosophie. Zwei prominente Moralphilosophen der europäischen Aufklärung, David Hume (vgl. S. 232–235) und Immanuel Kant (vgl. S. 244–255), nehmen zu dieser Frage Stellung. Hume behauptet, dass der Streit zwischen Deterministen und Indeterministen ein bloßer Wortstreit sei, da sie von falschen Voraussetzungen ausgingen: Willenshandlungen seien zwar determiniert, aber dennoch gäbe es einen Spielraum für Handlungsfreiheit. Kant stimmt ihm in einem Punkt zu: der absoluten Abhängigkeit menschlicher Handlungen von der Naturnotwendigkeit. Doch, so argumentiert Kant weiter, könne sich die menschliche Vernunft nicht mit dieser Abhängigkeit abfinden: Sie gerate mit ihr in einen Widerstreit.

Alle Handlungen vernünftiger Wesen, sofern sie Erscheinungen sind
(in irgendeiner Erscheinung angetroffen werden),
stehen unter der Naturnotwendigkeit.

Antithesis
Es ist keine Freiheit, sondern alles in der Welt geschieht lediglich
nach den Gesetzen der Natur.

Thesis
Die Kausaltität nach Gesetzen der Natur
ist nicht die einzige,
aus welcher die Erscheinungen der Welt insgesamt
abgeleitet werden können.
Es ist noch eine Kausalität durch Freiheit
zur Erklärung derselben anzunehmen notwendig.

Aus Kants »Kritik der praktischen Vernunft«

Ein Beweis der letzten Behauptung könne – so Kant – nicht angetreten werden; es sprächen aber vernünftige Überlegungen für sie.

Der Mensch ist eine von den Erscheinungen der Sinnenwelt und insofern auch eine der Naturursachen, deren Kausalität unter empirischen Gesetzen stehen muss. Als eine solche muss er demnach auch einen empirischen Charakter haben, so wie alle Naturdinge. Wir bemerken denselben durch Kräfte und Vermögen, die er in seinen Wirkungen äußert … Weil dieser empirische Charakter selbst aus den Erscheinungen als Wirkung und aus der Regel derselben, welche Erfahrung an die Hand gibt, gezogen werden muss: So sind alle Handlungen des Menschen in der Erscheinung aus seinem empirischen Charakter und den mitwirkenden anderen Ursachen nach der Ordnung der Natur bestimmt; und wenn wir alle Erscheinungen seiner Willkür bis auf den Grund erforschen könnten, so würde es keine einzige menschliche Handlung geben, die wir nicht mit Gewissheit vorhersagen und aus ihren vorhergehenden Bedingungen als Notwendigkeit erkennen könnten. Wenn wir aber eben dieselben Handlungen in Beziehung auf die Vernunft erwägen, sofern Vernunft die Ursache ist, sie selbst zu erzeugen; mit einem Worte, vergleichen wir sie mit dieser in praktischer Absicht, so finden wir eine ganz andere Regel und Ordnung, als die Naturordnung ist. Denn da sollte vielleicht alles das nicht geschehen sein, was doch nach dem Naturlaufe geschehen ist und nach seinen empirischen Gründen unausbleiblich geschehen musste. Bisweilen aber finden wir oder glauben wenigsten zu finden, dass die Ideen der Vernunft wirklich Kausalität in Ansehung der Handlungen des Menschen als Erscheinungen bewiesen haben und dass sie darum geschehen sind, nicht weil sie durch empirische Ursachen, nein, sondern weil sie durch Gründe der Vernunft bestimmt waren.

Immanuel Kant

Handlungen sind determiniert

Um aber meiner Beweisführung größere Kraft zu verleihen, werde ich … aus der Erfahrung dartun, dass unsere Handlungen in konstanter Verbindung mit unseren Motiven, unserem Temperament und den Umständen stehen … Wenn wir die Menschheit betrachten in ihren Unterschieden des Geschlechtes, des Alters, der Regierungen, der äußeren Lebensbedingungen, der Erziehung, immer gibt sich dieselbe Gleichförmigkeit und regelmäßige Wirksamkeit natürlicher Prinzipien zu erkennen … Es gibt einen allgemeinen Naturverlauf in den menschlichen Handlungen, so gut wie in den Wirkungen der Sonne und des Klimas. Es gibt Eigenschaften, die verschiedenen Nationen und einzelnen Menschen eigentümlich, und solche, die allgemein menschlich sind. Die Kenntnis dieser Eigenschaften gründet sich auf die Beobachtung der Gleichförmigkeit der ihnen entspringenden Handlungen; in solcher Gleichförmigkeit aber besteht eben das eigentliche Wesen der Notwendigkeit … Bei der Beurteilung menschlicher Handlungen müssen wir nach denselben Grundsätzen verfahren, nach denen wir äußere Gegenstände betrachten … Denn: Ist es sicherer, dass zwei ebene Marmorstücke aneinander haften als dass zwei junge Wilde verschiedenen Geschlechts sich vereinigen werden?

David Hume

▶ *Hume spricht von einer Gleichförmigkeit menschlicher Handlungen als Wesen der Notwendigkeit – was meint er damit?*

Freiheit als Macht zu handeln

Denn was verstehen wir eigentlich unter Freiheit in ihrer Anwendung auf Willenshandlungen? Sicherlich nicht, dass Handlungen eine so geringe Verknüpfung mit Beweggründen, Neigungen und Umständen haben, dass nicht jene mit einer gewissen Gleichförmigkeit aus diesen folgten und dass nicht die einen eine Ableitung erlaubten, durch die wir das Dasein der anderen erschließen könnten. Denn dies sind offenbare und anerkannte Tatsachen. Also können wir unter Freiheit nur verstehen: eine Macht zu handeln oder nicht zu handeln, je nach den Entschließungen des Willens; das heißt, wenn wir in Ruhe zu verharren vorziehen, so können wir es; wenn wir vorziehen, uns zu bewegen, so können wir dies auch. Diese bedingte Freiheit wird nun aber einem jeden allgemein zugestanden, der nicht ein Gefangener in Ketten ist. David Hume

▶ *Für Hume bleibt dem Menschen ein »Rest« Freiheit. Beschreiben Sie diese.*

Freiheit zur Selbstbestimmung zwischen Idee und Wirklichkeit

René Magritte, Der Schlüssel zur Freiheit

Im Wesensmoment der Selbstbestimmung liegt auch das Geheimnis der Bezauberung, die die Freiheit auf uns ausübt. Wir wollen uns ursprünglich und unmittelbar als solche, die über sich selber bestimmen. Wir finden ein Leben, in dem bloß über uns verfügt wird, nicht eigentlich lebenswert … Und wenn uns zum Bewußtsein kommt – worauf wir zumeist nicht achten –, in wie hohem Maß anonyme Mächte über uns herrschen – Konvention, öffentliche Meinung, Propaganda, Massenmedien, Mode –, dann lehnen wir uns vom Grunde unseres Wesens her dagegen auf.

Wilhelm Weischedel, 1976

Dem Willen nach frei?

Ein jedes Wesen, das nicht anders als unter der Idee der Freiheit handeln kann, ist eben darum in praktischer Rücksicht wirklich frei, d. i. es gelten für dasselbe alle Gesetze, die mit der Freiheit unzertrennlich verbunden sind, eben so, als ob sein Wille auch an sich und in der theoretischen Philosophie gültig für frei erklärt würde. Nun behaupte ich: dass wir jedem vernünftigen Wesen, das einen Willen hat, notwendig auch die Idee der Freiheit leihen müssen, unter der es allein handle. Denn in einem solchen Wesen denken wir uns eine Vernunft, die praktisch ist, d.i. Kausalität in Ansehung ihrer Objekte hat … Alle Menschen denken sich dem Willen nach frei. Daher kommen alle Urteile über Handlungen als solche, die hätten geschehen sollen, ob sie gleich nicht geschehen sind. Gleichwohl ist diese Freiheit kein Erfahrungsbegriff und kann es auch nicht sein, weil er immer bleibt, obgleich die Erfahrung das Gegenteil von denjenigen Forderungen zeigt, die unter Voraussetzung derselben als notwendig vorgestellt werden. Daher ist Freiheit nur eine Idee der Vernunft, deren objektive Realität an sich zweifelhaft ist. Immanuel Kant, 1785

▶ *Freiheit – eine Wesenseigenschaft des Menschen, die in ihm »eingeschlossen« ist? Diskutieren Sie Kants Position zur Ambivalenz von Freiheit und Notwendigkeit.*

▶ *Erörtern Sie anhand eines alltäglichen Beispiels, dass menschliche Handlungen sowohl aus Freiheit als auch durch Naturnotwendigkeit verursacht sind.*

▶ *Selbstbestimmung – ein nie erreichbarer Zustand, ein (über-)lebensnotwendiger Anspruch, eine Täuschung?*

Freiheit durch Bindung – geht das?

Die logische Struktur des Freiheitsbegriffs

▶ *Überprüfen Sie das Verständnis von Freiheit, das der Skateboarder demonstriert, anhand der folgenden Analyse von Freytag-Löringhoff. Erklären Sie dann die These: Freiheit ist Bindung!*

▶ *Kann im Fall des Skaters überhaupt von Freiheit gesprochen werden? Was würden Sie ihm auf die Fahne schreiben?*

Freiheit wovon wodurch?

Ungebundenheit als solche ist noch nicht Freiheit. Diese ist kein negativer Begriff. Jede Freiheit beruht auf Bindungen. ... Sagt ... jemand »X ist frei«, so muss, damit hier eine sinnvolle Mitteilung erfolgt sei, zumindest gefragt werden können oder bereits bekannt sein, wovon X frei ist. Ein entsprungener Strafgefangener ist eben entsprungen, flüchtig, noch auf freiem Fuße höchstens, aber nicht frei. »Frei« aber ist der aus ungerechter Haft freigelassene Ehrenmann oder der Strafgefangene, der seine Strafe verbüßt hat. Ziehen wir die neue Bindung mit in Betracht, so wird die Relation der Freiheit zu einer dreistelligen: X ist frei gegenüber der niederen Bindung Y durch eine höhere Bindung Z (XYZ). In jedem Falle, in dem berechtigt von Freiheit gesprochen wird, muss also gefragt werden dürfen: Wer ist frei wovon wodurch?

Die befreiende Bindung

Freiheit bezeichnet also nicht eine Eigenschaft des X für sich alleine, sondern seine Beziehung zu dem, wovon er frei ist, also eine mindestens zweistellige Relation »X ist frei von Y«. »Bleifreies Benzin« sagt man nicht nur, weil »frei« in einem Wort reklamepsychologisch gut wirkt, einen guten Klang hat, sondern auch, weil nach bisheriger Ansicht Blei in ein ordentliches Benzin gehörte und man es ungern aber doch hineintun musste. Bleiloses Benzin wäre als schlechtes Benzin gekennzeichnet gewesen, bleifreies Benzin aber ist gutes, bei dessen Herstellung man auf irgendeine Weise den lästigen Zwang, Blei ins Benzin zu tun, außer Kraft gesetzt, umgangen hat. Wo keine Bindung bestand, wird man dagegen nicht von Freiheit sprechen. Es bestand z. B. nie ein Zwang, Pferdeäpfel ins Benzin zu tun, der Begriff des pferdeäpfelfreien Benzins würde sich daher nur für eine Büttenrede empfehlen. In der Silbe »frei« schwingt überdies unüberhörbar ein Ton, der Zustimmung bedeutet und heischt. Bleifreies Benzin ist besonders gutes Benzin. Warum eigentlich? Weil seine Hersteller für ihr Benzin eine neue Verbindlichkeit eingegangen sind, nämlich Rücksicht auf Umweltfreundlichkeit oder zuvor schon auf die Haltbarkeit des Motors. Die Hersteller haben dieser höherwertigen Bindung die niedere, die nur aus Wirtschaftlichkeitserwägungen gespeist war, geopfert. So ist es, behaupte ich, immer. Von Bindungen kann man sich nur dadurch befreien, dass man neue, und zwar im Wertrang höhere eingeht. Bleiloses Benzin wäre solches, in dem das Blei schlicht nicht darin, vielleicht vergessen worden ist, bleifreies ist umweltfreundliches, das deshalb kein Blei enthält. Die neue befreiende Bindung bejahen ist das befreiende Prinzip der betreffenden Freiheit. Interessant ist, dass dabei die alten Bindungen meist nicht schlicht aufgelöst werden, sondern bestehen bleiben, aber sozusagen umgelenkt und auf andere Weise befriedigt werden. Auf die Höhe der Bindung kommt es an.

Stufen der Freiheit

Die ersten drei Stufen

Nehmen Sie an, ich sei in der verwerflichen aber festen Absicht, einen schönen Apfel hoch am Baume meines Nachbarn zu entwenden, auf eine Leiter gestiegen, als diese urplötzlich wegrutscht. Als schwerer physischer Körper, der ich bin, muss ich nun nach dem Galilei'schen Fallgesetz fallen wie ein Stein. Ich bin aber auch ein Lebewesen und daher zusätzlich an spezielle Gesetze des Lebendigen gebunden, reagiere also, zapple, greife um mich und falle deshalb anders als ein Stein. Das hat das Fallgesetz nicht geändert und mich ihm auch nicht entzogen, aber meinen Fall geändert. Als sogar intelligentes Lebewesen, das ich in irgendeinem Maße auch bin, greife ich vielleicht nicht blind um mich, nicht nach irgendeinem Ast, sondern nach dem stärksten, den ich noch erreichen kann, und rette mich deshalb überhaupt vor dem Absturz.

Verstand und Geist
Als nur durch Triebe und Intellekt gelenktes Lebewesen müsste ich nun weiter vorsichtig zum Apfel klettern und ihn verspeisen. Aber als Mensch, den außerdem manchmal sittliche Werte und Gesichtspunkte bestimmen können, oder als ein abergläubischer, der den kleinen Unfall als böses Omen auffassen kann, bin ich jetzt sogar unter Umständen imstande, in mich zu gehen und den Apfel hängen zu lassen. Das wäre zum Beispiel eine kleine Skizze dafür, wie beim Menschen, weil er allen Schichten der Welt zugleich angehört, nämlich der unbelebten Natur, des Bewussteins, des Verstandes und des Geistes, für ihn jeweils die Eigengesetzlichkeit der höheren Schicht Freiheit schafft gegenüber dem blinden Walten der Gesetzlichkeiten der niederen und wie die Gesamtfreiheit des Menschen sich aus den zwischen benachbarten Schichten entstandenen Freiheiten zusammensetzt.

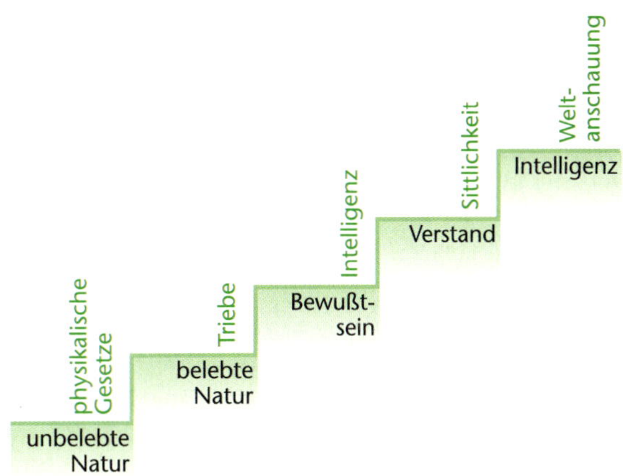

▶ *Erläutern Sie die Schichten, denen der Mensch angehört.*

Das Prinzip der gesamten Freiheit

Ein Modell
Das freie Wesen sei nun dargestellt durch eine schwere Kugel. Ungebunden müsste sie senkrecht herabfallen. Bindet man sie aber mit einer langen Schnur an einen Haken an der Decke, so braucht sie nicht mehr zu fallen und kann, angestoßen, in vielen, meist elliptischen Bahnen pendeln; die Aufhängung hat sie dazu gleichermaßen befreit. Würde es ihr nun nützen, noch eine zweite solche Bindung einzugehen? Nein, denn an zwei Haken so aufgehängt, könnte sie nur noch in einer Ebene pendeln, und fügte man noch eine dritte Aufhängung dazu, so könnte sie sich gar nicht mehr bewegen, ohne dass mindestens eine Schnur schlaff würde, die betreffende Bindung also außer Kraft gesetzt wäre. Jetzt sieht es so aus, als wäre es für die Freiheit am besten, nur eine einzige Bindung an Höheres einzugehen. Wie verträgt sich das aber damit, dass der Mensch immer in einer Fülle solcher Bindungen steckt, die einzugehen er gar nicht vermeiden kann? … Im Bilde wäre das etwa so möglich: Man schneidet ein Stück der Zimmerdecke rund um die drei Haken heraus und hängt dieses ganze Gebilde mit einer einzigen Schnur an die Decke des darüberliegenden Stockwerkes. Jetzt kann sich die Kugel zusammen mit dem ganzen Deckenstück in neuen, recht komplizierten Koppelschwingungen bewegen, und zwar ohne dass ein einziger der Fäden schlaff würde … Der Mensch kann also sehr viele Bindungen an Höheres eingehen, ohne seine Freiheit zu verlieren, wenn er durch jeweils noch höhere Bindungen ganze Systeme schon bestehender relativiert. Alle Bindungen müssen fest sein, am festesten aber die jeweils höchste, das Prinzip der Gesamtfreiheit, denn wenn dieser Faden reißt, dann fällt die Kugel und reißt alles mit sich. Selbstverständlich muss es auch möglich sein, Bindungen abzulegen. Würde man die an drei Schnüren hängende Kugel noch an eine vierte hängen, so wäre nichts gewonnen, und es wäre sehr schwierig zu vermeiden, dass eine der vier Schnüre ständig schlaff wäre. Man dürfte, ja müsste eine zerschneiden, um saubere Verhältnisse zu bekommen. So wechselt der Mensch oft seine nicht erstrangigen Prinzipien.

Freytag-Löringhoff (gekürzt), 1977

Die Kugel wird mit einer Schnur an einem Haken an der Decke befestigt. Sie ist dadurch zum Pendeln »befreit«.

▶ *Was bewirken zusätzliche Anbindungen?*
▶ *Ist dieses Modell auf den Menschen und seine Freiheit übertragbar?*
▶ *Veranschaulichen Sie anhand des Kugel-Modells Ihren persönlichen Freiheitsspielraum.*
▶ *Diskutieren Sie, für welche höhere Bindungen es sich lohnt, Freiheiten aufzugeben (vgl. S. 372).*

Moralische Verantwortung – was heißt das?

Verantwortung ist eine Relation

Elemente der Verantwortung

Der Kern der Verantwortung besteht darin, dass jemand etwas verantwortet. Wer ist das Subjekt der Verantwortung? In der traditionellen Verantwortungsethik kommt als Akteur nur die individuelle Person in Betracht; formal ist es jedoch nicht ausgeschlossen, inhaltlich gar in vielen Fällen zwingend notwendig, auch kollektive oder institutionelle Akteure als Subjekt der Verantwortung zu betrachten. Beispielsweise ist die Idee des Großraumbüros nicht von einem einzelnen Planer, sondern von einem organisierten Planungsteam kollektiv entwickelt worden. Was ist nun zu verantworten? Das Objekt der Verantwortung ist zunächst eine bestimmte Handlung, die der Akteur ausführt. Eine Handlung soll im weitesten Sinne als zweckbestimmte Transformation einer Anfangssituation in eine Endsituation begriffen werden; dazu gehören als Grenzfälle auch Unterlassungen und reine Sprechakte. Wer es beispielsweise unterlässt, wohlbegründete Kritik am Großraumbüro zu äußern, obwohl er das mit der Aussicht auf Wirksamkeit tun könnte, hat ebenfalls eine Handlung zu verantworten. Nun ergibt sich aber der besondere Charakter der Verantwortung nicht schon aus der Handlung selbst, sondern daraus, wofür man verantwortlich ist: für die beabsichtigten und unbeabsichtigten Folgen der Handlung. Zunächst geht es um konkrete primäre Handlungsfolgen, die andere Personen oder auch Sachen betreffen. Wird ein Schaden verursacht, der bei richtigem Handeln hätte vermieden werden können, und ist ein solcher Schaden in der einen oder anderen Weise wieder gutzumachen, kann sich Verantwortung als Haftung konkretisieren. So kann ein Statiker, der eine Baukonstruktion grob fahrlässig so falsch berech net hat, dass diese einstürzt, dafür haftbar gemacht werden, indem er für den materiellen Schaden aus eigenen Mitteln aufkommen muss. Heute wird zunehmend darüber diskutiert, ob sich Verantwortung auch auf sekundäre, tertiäre und weitere Fernwirkungen einer Handlung erstrecken kann oder muss, ob neben dem Nahbereich auch der Fernbereich, neben der Gegenwart auch die Lebenssituation künftiger Generationen zu berücksichtigen ist. Schließlich gibt es auch Handlungen, deren Folgen bestimmte Elemente der Verantwortungsrelation betreffen, so vor allem die Organisation von Verantwortungsinstanzen und die Entwicklung des Wertsystems; in solchen Fällen geht es sozusagen um Meta-Verantwortung. Überhaupt kann Verantwortung nur dann sinnvoll wahrgenommen werden, wenn man weiß, weswegen man mit einer Handlung bestimmte Folgen herbeiführen und andere vermeiden soll. Das kann letztlich nur im Rückgriff auf Werte begründet werden, die als normative Orientierungskonzepte gewissen Klassen von Handlungen und Handlungsfolgen auszeichnen, die es anzustreben, zu befürworten oder vorzuziehen gilt. Letzte Maxime der Verantwortung ist schließlich das gute Leben aller; diese Maxime setzt sich aus den Prinzipien der Nützlichkeit, des Wohlwollens und der Gerechtigkeit zusammen. Schon in der ursprünglich juristischen Wortbedeutung ist es konstitutiv für den Begriff, wovor jemand eine Handlung verantwortet: nämlich vor einem Gericht, das Antwort verlangt. Neben der juristischen Instanz sind weitere formelle Instanzen in Betracht zu ziehen, beispielsweise Standesorganisationen, Arbeitgeber oder Dienstherren. Aber auch vor informellen Instanzen kann man sich verantwortlich fühlen, so vor der öffentlichen Meinung, vor dem Urteil bestimmter anderer wie Kollegen, Verwandte und Freunde oder vor dem eigenen Gewissen. Freilich ist umstritten, ob das individuelle Gewissen eine Art letzter Verantwortungsinstanz darstellt oder lediglich das zu erwartende Urteil externer Instanzen internalisiert und antizipiert. Damit ist schließlich auch die Frage bereits angedeutet, wann Verantwortung eintritt: erst nach getaner Tat, wenn sich die Folgen wirklich eingestellt haben, oder auch schon bei der Handlungsplanung, soweit sich die möglichen Handlungsfolgen im Voraus absehen und beurteilen lassen … Heute [wird] zunehmend für einen prospektiven Verantwortungsbegriff plädiert, der dem Akteur die vorausschauende Kalkulation der möglichen Handlungsfolgen auferlegt und ihn auf eine »präventive« Ethik der Zukunftsverantwortung verpflichtet.

Günther Ropohl, 1987

▶ *Veranschaulichen Sie anhand des Cartoons die »Elemente der Verantwortungsrelation« (vgl. auch Schema rechts).*

▶ *Entlarven Sie die »Schwachstellen« des »Akteurs«.*

Moralische Verantwortung

Ständige Aufgabe
Dass er sich moralisch verantwortlich weiß, das zeichnet in der Tat den Menschen aus. Die moralische Vernunft ist es, die den Menschen als das ethische Wesen unter anderen auszeichnet. … Die Auszeichnung ist eher als besondere Bürde, besondere Bewusstheit, besondere Aufgabe zu verstehen. Insofern ist der Mensch das moralische Vernunftwesen, als er Verantwortung vernünftig zu erkennen und zu tragen hat. »Zu tragen hat!« – die »Auszeichnung« ist ebenfalls kein sicherer Besitz und Lohn, sondern ständige Aufgabe. Die moralische Vernünftigkeit ist ein Sollideal – ist normative Idee, normative »Auszeichnung« und Anspruch. Man kann sich nicht auf den Lorbeeren der Rationalität ausruhen – auch und gerade nicht auf den Efeublättern ethischer »Auszeichnung«. Ethik ist ständige Unruhe im unendlichen Aufforderungs- und Anforderungsbereich, die jedes ruhige Gewissen verbietet. … Die ethische Auszeichnung ist als die durch eine normative Idee selbst empfundene Selbstverpflichtung – selbst auferlegt. Das normative Soll ist nie ein sanftes Ruhekissen. Das Gewissen als Bewusstsein selbst zugeschriebener, selbst übernommener Verantwortlichkeit – als ein normatives Selbstinterpretationskonstrukt – spielt eine entscheidende Rolle im moralischen Selbstverständnis. Hans Lenk, 1991

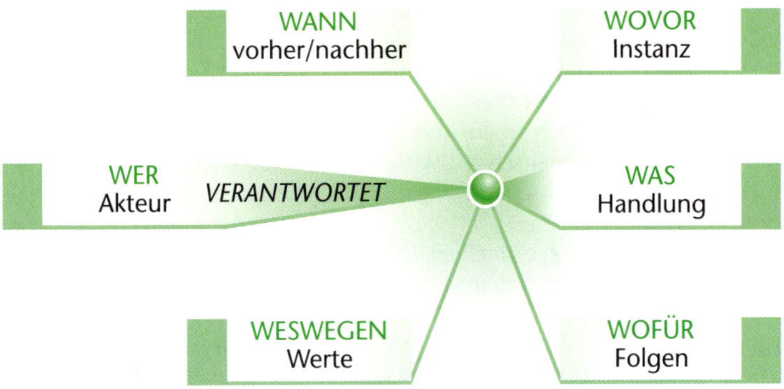

▶ *Übertragen Sie das Schema auf eine Konfliktsituation, in der Sie Verantwortung übernehmen mussten. Beurteilen Sie Ihre Entscheidungen.*
▶ *Diskutieren Sie, wo im Schema Moral eine Rolle spielt.*

Ein Verantwortungsdilemma
Georg, der gerade seinen Doktor in Chemie gebaut hat, hat große Schwierigkeiten, einen Job zu bekommen. Er ist gesundheitlich nicht sehr robust, was die Anzahl der Stellen einschränkt, in denen er vielleicht zufrieden stellend arbeiten könnte. Seine Frau muss arbeiten gehen, um die Familie zu ernähren, was an sich schon eine große Belastung verursacht, da sie kleine Kinder haben … Ein älterer Chemiker, der die Lage kennt, sagt, dass er Georg eine ganz gut bezahlte Arbeit in einem Labor vermitteln kann, in dem Forschungsarbeit für die chemische und biologische Kriegsführung getrieben wird. Georg sagt, dass er das nicht akzeptieren kann … Der ältere Chemiker antwortet, dass er darüber auch nicht besonders erfreut sei, dass aber Georgs Weigerung nicht bewirke, dass die Stelle oder gar das Labor verschwinden. Darüber hinaus weiß er zufällig, dass dann, wenn Georg die Stelle nicht annimmt, sie ein Gleichaltriger erhält, der nicht durch solche Skrupel gehemmt ist und der, wenn er sie erhält, wahrscheinlich die Forschung mit größerem Eifer als Georg vorantreiben wird. Tatsächlich hat nicht nur die Anteilnahme für Georg und seine Familie, sondern auch die Beunruhigung über den Übereifer des Gleichaltrigen den älteren Chemiker dazu gebracht, seinen Einfluss geltend zu machen, damit Georg die Stelle bekommt … Was soll(te) er tun? Bernard Williams, 1979

▶ *Wie würden Sie entscheiden?*

Wir sind moralisch verpflichtet den Leuten, die ganz weit entfernt von uns wohnen. Schließlich sind wir so nahe, dass wir sie tödlich treffen können. Und wir sind verpflichtet gegenüber den Kindern und Kindeskindern, weil unsere heutigen Taten deren Nichtexistenz zur Folge haben können. Sagen wir also: Wir haben in die Moral die Kategorie der Distanz einzuführen und nicht nur als Denkkategorie, sondern als Fühlkategorie.
Günther Anders, 1983

▶ *Erläutern Sie den Begriff »prospektive Verantwortung« (vgl. S. 100/01; 114/115).*
▶ *Welchen Stellenwert hat dieser Begriff in der Ethik von Jonas (vgl. S. 278–281)?*

Verantwortung übernehmen?

Wir verändern nichts
Ich bin nicht politisch engagiert. Ich schreibe Lieder, um Frust rauszulassen. Das klingt jetzt so, als ob ich die Probleme nicht sehe. Ich sehe sie, aber wir haben keine Macht da was zu verändern. Ich persönlich mache mir keine Hoffnungen. Unsere Band kritisiert den Staat und seine Form, wie er reagiert. Wir machen uns darüber lustig. Wir machen nachdenkliche Texte. Überlegen uns, wer bin ich und was will ich hier? Dann gibt es Lieder über die Liebe und darüber, was Spaß macht. Ich muss selbstkritisch sagen, wir verändern gar nichts durch unsere Musik. Das schaffen wir gar nicht. Ich bin halt nur ein kleiner Punker. Selbst wenn fünf Leute unsere Texte gut finden und sagen, dass es stimmt. Trotzdem können sie nichts verändern. Früher habe ich gedacht, wir würden sonstwas hier schaffen in Greiz. Es hat sich aber nichts ergeben. Politisch gesehen kräht bestimmt kein Hahn nach uns. Mein Ziel ist es, bekannt zu werden. Und wenn man dann bekannt ist und viele Leute hinter sich hat, dann kann man wirklich sagen, jetzt kann ich was verändern. Aber die meisten haben Angst, ihren Arsch zu riskieren. Ich profitiere von Deutschland und meckere darüber. Ganz schön widersprüchlich und bescheuert. Mit dem Kapitalismus komme ich klar, da ich selbst mit der Musik extremen Kommerz betreiben will. Ich will Kohle scheffeln. Ich komme nicht klar damit, dass wir den Kapitalismus auf den Schultern der anderen austragen. Die Reichen werden immer reicher, die Armen werden ärmer. Das ist das, was mich hier ankotzt. Diese ganze Armut und die Kriminalität und dann wieder diese Unehrlichkeit der Politiker. Das regt mich auf. Durch die Band bin ich kritischer und nachdenklicher gegenüber dem Staat geworden. Ich kann ja schlecht über Milch singen und habe das Zeug noch nie gesoffen.

Daniel (21 Jahre), 1997

Politische Betätigung
fängt im privaten Bereich an, wenn man Freunde unterstützt, für eine Gruppe den Urlaub organisiert. Ich habe schon mitbekommen, dass Leuten in der Bahn ein Platz angeboten wurde, das ist auch eine Form des Engagements.

Jugendlicher (22 Jahre alt), 1997

Zur Aidshilfe bin ich per Zufall
gekommen, weil ich eine Risikogruppe bin, und es muss wer helfen. Ich kann auch jederzeit Aids bekommen, und dann bin ich froh, wenn mir jemand hilft, deshalb helfe ich jetzt. Spaß ist dabei, und du hilfst kranken Menschen, denen sonst keiner mehr hilft. Wenn sie's erwischt, die Heterosexuellen, klingeln sie bei uns, und wir waren die Ersten, wir haben diese Sache eröffnet. ... Als ehrenamtlicher Aids-Mitarbeiter trete ich auch bei Podiumsdiskussionen auf. Ja, ich sage, dass das eine politische Arbeit ist, absolut. Gerade beim letzten Treffen zu »Gewalt und Schwulsein«, da habe ich gemerkt, dass das schon Politikforen sind.

Jugendlicher (21 Jahre), 1997

Man soll sich gegenseitig helfen.
Man soll gemeinsam etwas durchziehen, wenn es einen Grund gibt. Zum Beispiel hat die Stadt Frankfurt kein Geld. Dann haben wir die Chance, uns zusammenzuschließen zu einem Bürgerbegehren, dass zum Beispiel Einrichtungen für Jugendliche wichtiger sind, als irgendwelche Straßen zu bauen. In Bergen (Stadtteil Frankfurts) sollte das Schwimmbad verkauft werden, da gab es ein Bürgerbegehren, bei dem ich mitgemacht habe. Jugendlicher (22 Jahre), 1997

▶ *Mit welcher der Meinungen könnten Sie sich am meisten identifizieren?*
▶ *Erläutern Sie die Aspekte von Verantwortung, die Sie am wichtigsten finden.*

▶ *Beziehen Sie hierbei das Schema zur Verantwortungsrelation S. 383 mit ein.*
▶ *Beschreiben Sie, wofür und wie Sie Verantwortung übernehmen (wollen).*

Es liegt an dir!

... Weil du ein Deutscher bist und außerdem jung, betrachten dich viele von uns auf eine andere und besondere Weise. Es ist nicht leicht, am Ende dieses Jahrhunderts ein Deutscher zu sein. Du gehörst einer Generation an, die entschlossen ist, all das aufzudecken, was man vor ihr verborgen hielt. Da du nun für eine Erinnerung verantwortlich bist, deren Spur sich eingebrannt hat, brauchst du nicht nur unsere Unterstützung, sondern auch unser Vertrauen – Vertrauen in deinen Hunger nach Integrität und in deine Befähigung, sie zu erreichen. Vertrauen in deinen eigenen Durst nach einer Kultur der Hoffnung. ... Der Jude in mir schuldet dir seine Aufrichtigkeit und sagt: Niemals habe ich dir gegenüber Hassgefühle gehegt. Ich habe versucht, deine Qual zu ermessen und so die Bürde des Entsetzens zu begreifen, die auf deinen Schultern lastet. Es liegt nun an dir, eine ererbte Geschichte zu humanisieren, indem du ihr eine erlösende Bedeutung zuschreibst. Weil deine Eltern den Abgrund aufgerissen haben, wird dein Blick aus seinen Tiefen ein Licht emporholen können, das die Suchenden von morgen erleuchten wird. Weil du die Gefahren von Hass und Fanatismus kennen gelernt hast, musst du sie entwaffnen. ... Für euch, meine jungen deutschen Freunde, bedeutet dies eine Herausforderung, um die euch keiner beneidet. Ihr musstet ganz neu beginnen, musstet den Extremismus der Rechten wie der Linken zurückweisen. Musstet die Alpträume von gestern gegen die Träume von morgen aufrechnen. Musstet mit verfluchten Erinnerungen arbeiten und die ruchlose Ideologie, von der eure Eltern gelebt hatten, abweisen. Ihr brauchtet Gründe, um die Hoffnung neu zu erfinden. Und um mit Camus zu sagen, dass es am Menschen mehr zu feiern als zu verunglimpfen gibt. Und es ist euch gelungen. Das heutige Deutschland unterscheidet sich völlig vom damaligen. Die Jugend eures Landes verdient unsere Zuneigung. Bei ihr halten sich Wissensdurst und die Leidenschaft für soziale Gerechtigkeit die Waage. Wie in vielen anderen Ländern kämpft sie für Menschenrechte im In- und Ausland. Ihre Anhänglichkeit an eine Kultur, die ethnische, nationale und religiöse Grenzen überschreitet, ist ein Versprechen über das Politische hinaus. Trotzdem möchte ich euch als der jüdische Zeuge, der ich bin, einen Rat geben: An der Schwelle zum 21. Jahrhundert muss alle Kultur auch ethisch sein. Und die Ethik erfordert eine humane Haltung gegenüber anderen – gegenüber Gefangenen und Opfern von Ungerechtigkeit. Verteidigt, als Richtmaß und Orientierung, das Recht jedes Menschen auf Erinnerung. Noch nie hat die Erinnerung so viele Menschen berührt und betroffen – in diesem Land und anderswo. Während ihr nach vorne schaut, meine jungen deutschen Freunde, vergesst nicht die Vergangenheit – auch wenn sie euch zeitweise in Verzweiflung führen mag ...

Elie Wiesel, Holocaust-Überlebender, 1998

▶ *Fühlen Sie sich von Wiesels Appell angesprochen? Antworten Sie ihm in einem fiktiven Brief. Beschreiben Sie darin, was Sie unter Verantwortung für die Zukunft verstehen, die die Vergangenheit mit einschließt.*

> *Zur »Erinnerung« vgl. S. 336–339 (Pax Christi; Aktion Sühnezeichen Friedensdienste)*

Verantwortung – es kommt auf dich an!

Verantwortung ist eine Tatsache

Im ersten Buch Mose wird von zwei Sündenfällen gesprochen, dem ersten im Paradies, dem zweiten als dem Brudermord Kains. »Wo bist du?«, fragt Gott nach dem ersten Fall, »Wo ist dein Bruder?«, nach dem zweiten. Und die Antwort Kains: »Bin ich denn der Hüter meines Bruders?«, bringt nur die Gesinnung zum Ausdruck, die schon dem Brudermord zugrunde lag.

Menschen stehen einander nicht als autarke Freiheitssubjekte gegenüber, die für sich selbst Subjekte, füreinander aber gleichgültige Objekte wären. Sie sind vielmehr in doppelter Weise aufeinander angewiesen. Sie sind es dadurch, dass nicht jeder eine eigene, dem anderen unzugängliche Sphäre der Selbstentfaltung besitzt, sondern wir alle eine gemeinsame Sphäre, die Natur, in die wir handelnd ständig miteinander interferieren und daher einander für die Folgen unserer Handlungen verantwortlich sind.

Robert Spaemann, 1989

Lyonel Feininger, Wolken am Meer I, 1923

▶ *Stellen Sie in einem Schaubild die Abhängigkeiten dar, mit denen Spaemann Verantwortung erklärt.*

Ver(Antwort)ung als dialogisches Prinzip

In Verantwortung steckt »antworten«. Antworten ist ein Modus des Sprechens. Verantwortung wird also nur da anzutreffen sein, wo Sprechen möglich ist. Sprechen ist aber eine Auszeichnung des Menschen. Demnach ist das Feld der Verantwortung der Mensch. Tier und Stein kommen nicht in die Dimension der Verantwortung, nur der Mensch ist es, der sich verantworten kann. Solches, was den Menschen anspricht, kann sein ein anderer Mensch. Im dialogischen Verhältnis zwischen Menschen gründet eine bestimmte Art von Verantwortung. Sie spielt sich im Mit-den-andern-sein ab; wir nennen sie deshalb die soziale Verantwortung. Im Verhältnis zu den andern aber erschöpfen sich nicht alle Möglichkeiten des Dialogs. Das Gebet etwa wird gemeint als Zwiesprache, nicht mit andern Menschen, sondern mit Gott. Dem dialogischen Verhältnis zu Gott entspricht eine eigene Art von Verantwortung: die Verantwortung vor Gott oder die religiöse Verantwortung. Schließlich ist auch der Monolog eine Art Zwiesprache: das Gespräch des Menschen mit sich selbst. Auch zu sich selbst steht der Mensch im dialogischen Verhältnis, und auch hier hat demnach eine bestimmte Art Verantwortung ihren Platz: die Selbstverantwortung. Wir haben damit drei Grundarten von Verantwortung gefunden: die soziale Verantwortung, die religiöse Verantwortung und die Selbstverantwortung. Beweisen lässt sich allerdings nicht, dass es diese und nur diese Arten von Verantwortung gibt.

Wilhelm Weischedel, 1972

Selbstverantwortung

heißt: ich verantworte mich vor mir selbst, mich – den Anspruch auf Verwirklichung, den ich im Bilde meiner Möglichkeit meines Existierens an mich stelle. – Ich selbst, das besagt zunächst: Ich, nicht ein anderer, bin es, vor dem die Verantwortung stattfindet. Selbstsein ist also eine Art und Weise, wie der Mensch im Verwirklichen seiner Möglichkeiten sein kann ... Selbstsein besteht nicht parallel mit Hungrigsein, Bürgersein, Erwachsensein. Vielmehr kann der Mensch prinzipiell in all seinen Möglichkeiten er selbst oder nicht er selbst, von sich aus oder nicht von sich aus sein.

Wilhelm Weischedel, 1972

▶ *Jemand steht vor der Möglichkeit, einer religiösen Gemeinschaft beizutreten. Er geht mit sich zu Rate. Diskutieren Sie, um welche Grundart der Verantwortung nach Weischedel es sich hier handelt.*

▶ *Überlegen Sie an einem selbst gewählten Beispiel die Möglichkeit von Selbstverantwortung, wie Weischedel sie entfaltet.*

Wenn Verantwortung bewusst wird

Wer ist hier verantwortlich?

Die Frage nach der Verantwortung ist nun die: Wer ist als wahrer Täter der Handlung anzusehen? Die Frage ist nicht einfach identisch mit der nach dem Urheber der Handlung überhaupt, denn als solche könnten schließlich ebenso gut die Urgroßeltern des Täters gelten, denen er durch Vererbung seinen Charakter verdankt, ferner die Staatsmänner, die sein soziales Milieu geschaffen haben usw. – Sondern »Täter« heißt derjenige, an dem die Motive hätten einsetzen müssen, um die Tat sicher zu verhindern (bzw. hervorzurufen). Die Betrachtung weit entfernter Ursachen nützt da nichts, denn erstens läßt sich ihr wirklicher Beitrag nicht feststellen, und zweitens sind sie im allgemeinen außer Reichweite. Es muß vielmehr dasjenige Individuum gefunden werden, in dem der entscheidende Kreuzungspunkt der Ursachen liegt. Die Frage nach dem Verantwortlichen ist die Frage nach dem richtigen Angriffspunkt der Motive. Viel wichtiger jedoch als die Frage, wann ein Mensch für verantwortlich erklärt wird, ist die , wann er sich selbst verantwortlich fühlt. Dieses Bewußtsein, der wahre Täter der Tat, der wahre Urheber der Handlung zu sein, worin besteht es? Offenbar nicht bloß darin, daß der Mensch selbst es war, der die nötigen Schritte zur Ausführung unternahm, sondern es muß das Bewußtsein hinzukommen, daß er es »selbstständig, aus eignem Antrieb« tat – oder wie der Ausdruck sonst lauten mag. Es ist nichts andres als das Bewußtsein der Freiheit, und dies ist einfach das Wissen, aus eignen Wünschen heraus gehandelt zu haben. »Eigne Wünsche« aber, das sind solche, die aus der Gesetzmäßigkeit des eignen Charakters in gegebner Situation entstehen und nicht durch eine äußere Gewalt, wie oben erläutert, aufgedrängt werden. Die Abwesenheit der äußeren Gewalt dokumentiert sich in dem bekannten Gefühl (das gewöhnlich als das Charakteristische im Freiheitsbewußtsein angesehen wird), daß man auch anders hätte handeln können … Das Verantwortungsgefühl setzt voraus, daß ich frei handle, daß mein eigner Wunsch die Triebfeder war, und wenn ich auf Grund dieses Gefühls einen Tadel für mein Verhalten willig hinnehme oder »mir selbst Vorwürfe mache« und damit zugebe, daß ich auch anders hätte handeln können, so heißt dies: Ein andres Verhalten war mit den Willensgesetzen durchaus vereinbar – natürlich bei anderen Motiven; und ich wünsche selbst das Vorhandensein solcher Motive und nehme die durch mein Verhalten in mir erzeugte Unlust (Bedauern, Reue) selbst als ein Motiv hin, das seine Wiederholung verhindern wird. Moritz Schlick, 1984

▶ *Analysieren Sie mit Schlick die Pointe des im Cartoon dargestellten Generationenkonflikts.*

▶ *»Man sieht nur mit dem Herzen gut« schreibt Antoine de Saint-Exupéry in seinem weltberühmten Buch »Der kleine Prinz«. Ist letzten Endes Verantwortung eine Sache des Herzens?*

▶ *Überlegen Sie Konsequenzen aus der Tatsache, dass Gefühl für das Wahrnehmen von Verantwortung so eine zentrale Rolle spielt (vgl. Schlick).*

Tut … jemand etwas z. B. unter dem Einfluß einer Tortur, so fehlen Schuldbewußtsein und Reue, denn er weiß, daß nach den Willensgesetzen kein anderes Verhalten ihm möglich gewesen wäre – was immer für Vorstellungen in seinem Bewußtsein auch sonst noch durch ihre Gefühlstöne als Motive gewirkt hätten. Immer ist das Wesentliche, dass Verantwortung fühlen bedeutet: sich selbst, die eignen psychischen Prozesse als den Punkt wissen, an dem Motive angreifen müssen, um die Handlungen des Körpers zu lenken.

Moritz Schlick, 1984

▶ *Kann es nach Schlick drei Grundarten von Verantwortung geben, wie sie Weischedel vorschlägt?*

Mit einer oder gegen eine herrschende Moral?

Viele Menschen, die aus Verantwortung und mit allen Risiken gegen den Trend für eine Sache eintraten, haben – auch nach ihrem Tod oder Scheitern – nichts an ihrer Ausstrahlung verloren. Wenn ihre Motive offen gelegt sind, werden die Beweggründe für ihr Handeln auch für spätere Generationen sichtbar. War ihr Handeln gesinnungs- oder verantwortungsethisch motiviert, oder beides? Spielen diese beiden ethischen Theoriemodelle für uns heute überhaupt noch eine Rolle? Müssen wir uns heute nicht beim Nachdenken über Moral ganz anderen Herausforderungen stellen?

Gesinnungs- und verantwortungsethisch motivierte Handlungen

Sophie Scholl gehörte zur Zeit des nationalsozialistischen Terrorregimes in Deutschland mit ihrem Bruder Hans Scholl und Christoph Probst zu den führenden Mitgliedern einer studentischen Widerstandsbewegung, der »Weißen Rose«. Sie verteilten Flugblätter und riefen zum Sturz der Diktatur auf. Sie wurden wie viele Widerstandskämpfer verhaftet und zum Tode verurteilt. Die Geschwister sahen der Hinrichtung in der Zuversicht entgegen, dass ihre Tat nicht vergeblich gewesen sei. »Wir haben alles auf uns genommen, das wird Wellen schlagen«, sagte Sophie Scholl im letzten Gespräch mit ihrer Mutter.

Aufruf zum Widerstand

Der Tag der Abrechnung der deutschen Jugend mit der verabscheuungswürdigsten Tyrannis, die unser Volk je erduldet hat. Im Namen der deutschen Jugend fordern wir vom Staat Adolf Hitlers die persönliche Freiheit, das kostbarste Gut des Deutschen, zurück, um das er uns in der erbärmlichsten Weise betrogen hat ... Es gilt den Kampf jedes einzelnen von uns um unsere Zukunft, unsere Freiheit und Ehre in einem sittlich verantworteten Staatswesen. Freiheit und Ehre! ... Der deutsche Name bleibt für immer geschändet, wenn nicht die deutsche Jugend endlich aufsteht, rächt und sühnt zugleich, ihre Peiniger zerschmettert und ein neues geistiges Europa errichtet.

Flugblatt der Weißen Rose, 1943

Jan Palach verbrannte sich am 16. Januar 1969 in Prag aus Protest gegen die Okkupation der damaligen Tschechoslowakei durch russische Truppen, die eingesetzt wurden, dem »Prager Frühling« ein Ende zu setzen. Palach wollte damit, dass er sich selbst anzündete, ein Fanal setzen. Er übergoss sich mit Benzin und lief als brennende Protestfackel über den Wenzelsplatz. Er lebte noch 72 Stunden. Vor seinem Tod sagte er: »Ich habe damit gerechnet, zu überleben, aber das Sterben nicht ausgeschlossen. In der Geschichte kommt der Moment, wo etwas geschehen muss. In Vietnam hat es geholfen. Hat die Regierung schon etwas unternommen? Beginnt man, unsere Forderungen zu erfüllen?«

Fackel des Gewissens

In einem mitgeführten Brief bezeichnete sich der Student Jan Palach als »Fackel Nummer 1«: »Wir fordern, sofort die Zensur aufzuheben und den Vertrieb der [Okkupantenzeitschrift] Zpravy einzustellen ... Wenn das Volk nicht mit genügender Unterstützung auftritt, ... werden weitere Fackeln brennen.«

Christian Schmidt-Häuer

▶ *Diskutieren Sie, inwieweit Sophie Scholl und Jan Palach für Sie heute Vorbild sein könnten.*

▶ *Nennen Sie Konfliktsituationen, in denen Sie nur gesinnungs- oder verantwortungsethisch handeln würden. Erklären Sie warum (vgl. S. 266/67).*

▶ *Analysieren Sie die Motive von Sophie Scholl und Jan Palach. Inwieweit sind sie gesinnungs- bzw. verantwortungsethisch motiviert?*

Und wenn es die eine Moral nicht mehr gibt?

Moral im ausklingenden 20. Jahrhundert

Wir alle sind heute mit moralischen Grundfragen konfrontiert, die wir nicht umhin können so oder so zu beantworten und auf die wir gleichwohl keine Antworten haben, die wir ausreichend begründen können. Überhaupt ist das moderne Nachdenken über Moral eigentlich ergebnislos geblieben, aber die Konsequenz, die viele daraus gezogen haben, nämlich die Moral als bloß Subjektives anzusehen, ist keine Ausweg, weil ein solcher Subjektivismus nur eine verbale Attitüde ist, im wirklichen Leben fällen wir dauernd objektive moralische Urteile. Wir müssten, wenn wir wirklich Subjektivisten würden, unser gesamtes intersubjektivistisches Verhalten auf eine kaum vorstellbare Weise ändern. Es sind moralische Schwierigkeiten auf zwei verschiedenen Ebenen, auf die ich im Folgenden eingehen werde: die erste betrifft die Begründung der Moral überhaupt, die zweite ihre Ausdehnung, d.h. die Frage, wer alles es ist, demgegenüber wir moralische Verpflichtung haben. Die erste Ebene beunruhigt die Philosophie seit dem 17. und 18. Jahrhundert. Es ist die spezifische Herausforderung der Aufklärung: Dass Moral nicht mehr durch Tradition und religiösen Glauben begründet ist und daher eine irgendwie natürliche Begründung erfordert. Es sind verschiedene Versuche einer solchen natürlichen Begründung gemacht worden. Aber dass keiner dieser Versuche so überzeugend ist, dass er auf allgemeine Zustimmung trifft, darin vor allem zeigt sich die Hilflosigkeit, in der wir uns angesichts der Moral befinden. Wenn ich … von den moralischen Herausforderungen unserer Zeit spreche, so ist also mit unserer Zeit auf dieser ersten Ebene eine Zeit gemeint, in der wir uns schon seit mindestens 200 Jahren befinden. Die zweite Ebene hingegen, die die Frage betrifft, umfasst eine Reihe von Problemen, die erst in den letzten Jahrzehnten virulent geworden sind. Bis etwa zur Mitte unseres Jahrhunderts [gemeint ist das 20. Jh.] war es üblich, sich die moralische Gemeinschaft als konstituiert durch wechselseitige Verpflichtung zwischen erwachsenen, gleichzeitig lebenden Personen zu denken. Wenngleich man die Frage, ob alle Personen damit gemeint sind, theoretisch bejahen mochte, so war doch in erste Linie in der Individualethik an die unmittelbare Umgebung gedacht und in der politischen Ethik an das einzelne Staatengebilde. Erst nach dem Zweiten Weltkrieg hat das Bewusstsein Gewicht gewonnen, dass unsere moralische Verantwortung sich auf alle Menschen erstreckt. Ernst Tugendhat, 1990

▶ *Ist gesinnungs- oder verantwortungsethisches Handeln eine »Erfindung« der Aufklärung?*

▶ *Benennen Sie mit Tugendhat die zwei großen Herausforderungen an Moral heute. Welche Auswirkungen hat das auf den Menschen und seine ethische Urteilsbildung? Nennen Sie Vor- und Nachteile dieser Entwicklung.*

Neue Tugenden der Phantasie?

Es ist ein ethisches System denkbar, in dem alle Tugenden, die unsere Phantasie nicht brauchen, überflüssig werden. Der Gehorsam wird abgelöst, Ordnung, Pünktlichkeit, Sauberkeit, Sparsamkeit und Fleiß – um nur einige Gehorsamtugenden zu benennen – werden nur noch dort Sinn haben, wo sie im Dienst der Einfühlung in den anderen Menschen stehen. Pünktlichkeit gilt nicht als solche für gut, aber die Phantasie weiß, wie Unpünktlichkeit in bestimmten Situationen verletzen kann. Unordnung ist kein Unglück, aber sie kann unsere Spannkraft und Wachheit störend aufhalten. Sie kann Zeit fortnehmen, ja sie kann das Strahlende, das ein Mensch haben kann, verdunkeln. Es ist ein ethisches System denkbar, in dem sich alle Tugenden auf Phantasie gründen. Ich nenne einige dieser neuen Tugenden, die gerade für das nahe Zusammenleben der Menschen im privaten Bereich wichtig werden: die Toleranz und der Humor, der gerechte Zorn und die Einfühlung, die Initiative und die Beharrlichkeit einer produktiven Vorstellungskraft.

Dorothee Sölle, 1968

▶ *Denken Sie über die Gründe nach, die Sölle dazu bewogen haben könnten, Tugenden nicht nur als Pflicht zu verstehen.*

Dorothee Sölle gehört zu den bekanntesten Theologinnen der Gegenwart. Sie lehrte an verschiedenen Universitäten im In- und Ausland.

▶ *Versuchen Sie sich das Zusammenleben von Menschen vorzustellen, die Tugenden mit Phantasie verbinden.*

Anleitung zum Glücklich-Sein?

Kann ein anderer wissen, was mich glücklich macht?
Muss das nicht jeder selbst wissen? Kann man es überhaupt wissen? Muss es nicht jeder fühlen? Und was fühlen kann man doch immer nur selber? Die Frage, ob ein anderer wissen kann, was mich glücklich macht oder was überhaupt Glück heißt, stellen sich Menschen, die ihr eigenes Leben leben wollen. Niemand kann das Glücksrezept schlechthin für die unterschiedlichen Wünsche, Möglichkeiten und Lebenssituationen geben. Wie aber können wir unser Leben so gestalten, dass wir wirklich glücklich sind oder ein erfülltes Leben führen können? Gibt es vielleicht bei aller Skepsis dennoch Menschen, die besser als ich wissen, was mich speziell und was uns als Menschen allgemein glücklich macht? Wären wir nicht sogar froh, wenn wir einen solchen Menschen träfen? Ekkehard Martens, 1997

▶ *Kann wirklich kein anderer wissen, was mich glücklich macht, oder gibt es Gemeinsamkeiten zwischen den Menschen bezüglich ihrer Vorstellung vom Glück? Kommentieren Sie in diesem Zusammenhang die Werbung für verschiedene Produkte.*

▶ *Welche Rolle sollten Berater bei der Suche nach dem persönlichen Glück spielen? Fühlen Sie sich durch die Werbung gut beraten?*

Es ist nicht selbstverständlich, dass man eine Theorie darüber macht, wie man glücklich werden kann. Es scheint nämlich so, als ob Glück nicht allgemein beschrieben werden könnte. Dennoch ist es möglich und sinnvoll, wenigstens Bedürfnisse zu formulieren, die die Grundbedingungen für gelingendes bzw. misslingendes Leben auch überindividuell beschreiben.

Bedürfnisse und Werte
Die sittliche Forderung, sich nach bestimmten Werten zu richten oder diese zu verwirklichen, klingt meist abstrakt und persönlichkeitsfremd. Motivierende Bedeutung kann nur eine Auffassung der Werte haben, die sie im ursprünglichen Zusammenhang der Handlung begreift. Dem Menschen erscheint etwas wertvoll, weil er als Bedürfniswesen bestimmter Güter bedarf, um zu überleben. Im Zustand des Hungers etwa erscheint mir Brot wertvoller als Bücher. Das besondere Werten der einzelnen Person (subjektives Kriterium) steht immer im Zusammenhang sozialen Wertens (gesellschaftliches Kriterium), da sich jeder in seiner Bedürfnisbefriedigung mit den anderen auseinander setzen muss. Die Gesellschaft hat jeweils schon bestimmte Wertvorstellungen ausgebildet, die vorbestimmen, welche Bedürfnisse als wertvoll zur Befriedigung zugelassen, welche unterdrückt oder auf andere Werte verschoben werden. Diese treten dem Individuum als geltende Werte in Form von Geboten und Verboten gegenüber. Dadurch lernt der Einzelne zu unterscheiden, was ihm persönlich wertvoll erscheint und was er als wertvoll betrachten soll … Das Zusammenleben in der Gesellschaft erfordert jedoch auch einen inhaltlichen Konsens darüber, welche Werte ein lebenswertes Leben für alle Menschen einschließen müssen. Otfried Höffe

▶ *Ist Maslows Liste der Bedürfnisse sinnvoll? Fehlt etwas Wesentliches? Ist etwas Überflüssiges erwähnt? Könnte man eine Rangordnung erstellen?*
▶ *Ist die Befriedigung von Bedürfnissen immer die Voraussetzung dafür, glücklich zu sein? Welchen Stellenwert haben sie dann?*
▶ *Grenzen Sie Bedürfnisse von Werten ab (vgl. S. 285).*

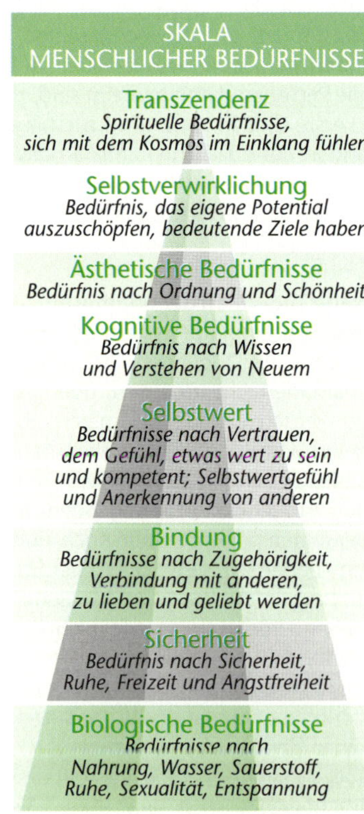

Nach: Abraham H. Maslow

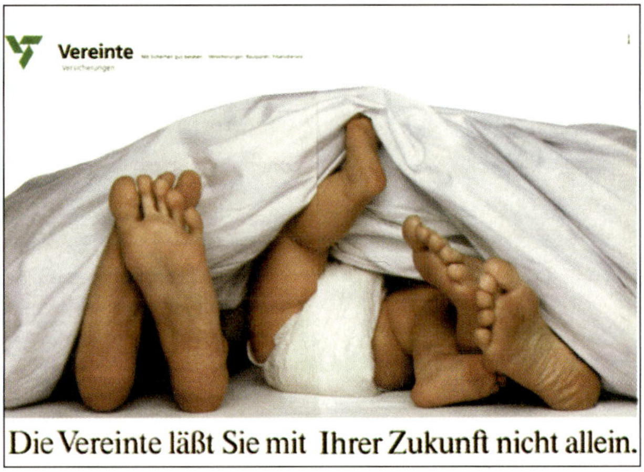

▶ *Kann aus der Werbung geschlossen werden, von welchen Bedürfnissen, Werten und Glücksvorstellungen Werbeagenturen ausgehen? Gibt es einen Glücks-Anspruch?*

In der Fülle des Glücks

Diese Augenblicke, in denen wir in die Luft springen oder voller überschäumender Energie losrennen möchten, in denen unser Herz leicht ist, wie könnten wir nicht den Wunsch haben, unser Leben voller derartiger Augenblicke zu sehen? Man hat das Gefühl, dass die Dinge genau richtig sind, und mit seinem Optimismus erwartet das Glück, dass dies so weitergeht und mit seiner Fülle möchte das Glück überfließen. Natürlich wünschen wir den Menschen, dass sie viele solche Momente und Tage des Glücks haben. (Ist die richtige Einheit für Glück der Tag?) Doch es ist nicht klar, dass wir diese Augenblicke beständig wollen, dass unser Leben einzig und allein aus ihnen bestehen soll. Wir wollen auch andere Gefühle erfahren, Gefühle mit wertvollen Aspekten, die das Glück nicht so stark besitzt. Und sogar gerade die Glücksgefühle können sich in andere Aktivitäten lenken wollen, wie etwa Hilfe für andere oder künstlerische Arbeit, die dann mit der Vorherrschaft anderer Gefühle verbunden sind. Wir wollen Erfahrungen, passende Erfahrungen, solche einer tiefen Verbindung zu anderen, eines tiefen Verständnisses von Naturerscheinungen, der Liebe, der tiefen Bewegtheit durch Musik und Tragödie, davon, dass wir etwas Neues und Innovatives tun, Erfahrungen, die ganz anders sind als der Schwung und der rosige Schimmer der glücklichen Augenblicke. Kurz gesagt, was wir wollen, sind ein Leben und ein Ich, auf die Glück ein passendes antwortendes Eingehen ist und dann ihm dieses Eingehen widmen.

Robert Nozick, 1989/93

Ekkehard Martens (geb. 1943),
Professor für Didaktik der Philosophie und der Alten Sprachen an der Universität Hamburg.

Robert Nozick (geb. 1937),
Professor für Philosophie an der Harvard University in Boston.

▶ *Stellen Sie mit Maslow einen Katalog der Werte auf, den Sie gesamtgesellschaftlich für unverzichtbar halten.*

▶ *Stehen Werte persönlichen Glückserfahrungen im Wege? Wie würde vermutlich Nozick antworten?*

Vom vollkommenen Augenblick zum geglückten Leben

Die Theorien des Glücks reichen von psychologischen Beschreibungen »seliger« Augenblicke völliger Erfüllung bis zu einer philosophischen Theorie einer tiefen Zufriedenheit mit dem Leben als Ganzem. Kennen Sie das Glück der Philosophen? Stimmt es mit Ihren Vorstellungen von Glück überein?

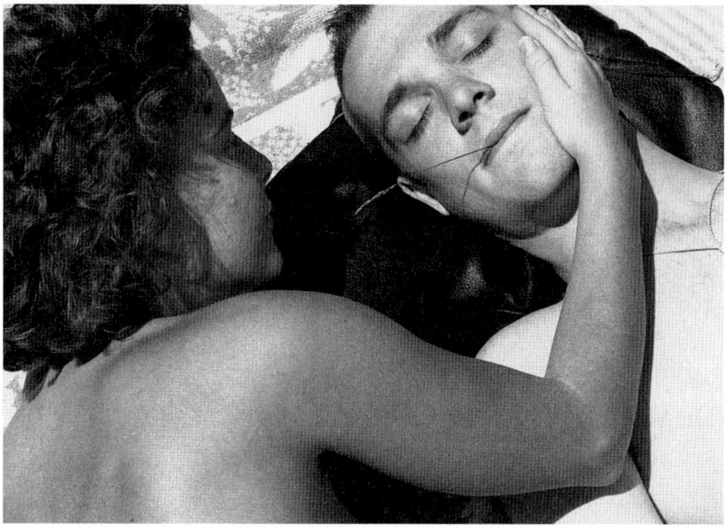

Der deutsche Philosoph Martin Seel unterscheidet vier verschiedene Formen des Glücks: »Wunscherfüllung«, »erfüllte Augenblicke«, »Selbstbestimmung« und »gelingende Welterschließung«:

Menschliches Glück ist ein Wohlergehen endlicher und verletzlicher Lebewesen, die wissen, dass ihr Leben endlich und ihr Zustand verletzlich ist. Ihr Glück ist ein Glück in dieser Lage … Dass sich unsere Wünsche erfüllen, ist das einfachste und nahe liegendste Verständnis von Glück. Glück besteht demnach darin, dass uns, wie Kant einmal sagt, »alles nach Wunsch und Willen geht« … Ein philosophischer Begriff des Glücks muss außerdem dem Umstand entsprechen können, dass Glück etwas ist, das nicht selten unseren persönlichen Begriff von Glück übersteigt. Dies gilt bereits auf der Ebene des episodischen Glücks … Nicht alles episodische Glück kann nämlich als Erfüllung eines schon bestehenden Wunsches oder überhaupt eines Wunsches verstanden werden. Das wird verständlicher, wenn man sich mit Kant daran erinnert, dass es für den Menschen nicht so leicht zu sagen ist, »was er hier eigentlich wolle » … Es gibt sogar eine eigene Form episodischen Glücks, die gerade aus diesem Nichtwissen entspringt … Diese besondere Art des Glücks ist die des erfüllten Augenblicks. Bei dieser Art des Glücks gehört das Zufallsmoment allen Glücks direkt zur Bedeutung der Glückserfahrung selbst. Denn der glückhafte Augenblick eröffnet eine Situation plötzlich eintretender Erfüllung … Wer auf gutem Wege ist, einen aussichtsreichen Lebensentwurf zu verwirklichen, und sich doch an diesen Entwurf nicht fesseln lässt, führt ein in ausgezeichneter Weise selbst bestimmtes Leben … Das übergreifende Glück besteht nach diesem Vorschlag darin, den eigenen Lebensweg frei wählen zu können … Diese Charakterisierung aber reicht noch nicht aus … Zu unserem Glück sind wir nicht auf Übereinstimmung oder Korrespondenz mit der Wirklichkeit angewiesen; angewiesen aber sind wir darauf, dass uns in dieser Wirklichkeit Raum für eine bewahrende und erneuernde Erschließung entgegenkommender Lebensbereiche und Lebenssituationen bleibt. In diesem Sinn ist das Gelingen menschlicher Existenz gleichbedeutend mit gelingender Welterschließung: mit einem Lebensvollzug, der sich offen hält für die Vielfalt des Wirklichen, in einer Wirklichkeit, die den Spielraum eines selbst bestimmten Lebens offen lässt.

Martin Seel, 1994

Die beiden extremen Form des Glücks, der erfüllte Augenblick und das gelungene Leben, werden eindrucksvoll beschrieben in den Theorien von Mihaly Csikszentmihalyi und Wladyslaw Tatarkiewicz. Csikszentmihalyi beschreibt den psychischen Zustand eines Menschen bei Erleben eines erfüllten Augenblicks unter dem Begriff »Flow« wie folgt:

Flow ist der dynamische Zustand eines holistischen Gefühls bei völligem Aufgehen in einer Tätigkeit. Im Flow-Zustand folgt Handlung auf Handlung, und zwar nach einer inneren Logik, welche kein bewusstes Eingreifen von Seiten des Handelnden zu erfordern scheint. Er erlebt den Prozess als ein einheitliches »Fließen« von einem Augenblick zum nächsten, wobei er Meister des Handelns ist und kaum eine Trennung zwischen sich und der Umwelt … oder zwischen Vergangenheit, Gegenwart und Zukunft verspürt.

Mihaly Csikszentmihalyi, 1990/92

Der polnische Philosoph Tatarkiewicz definiert Glück von einem völlig anderen Gesichtspunkt aus: Mit Blick auf das »gelungene Leben« beschreibt er Glück als eine »besondere Art von Zufriedenheit«:

Das, was wir hier »Glück« nennen wollen und was weder mit »Wohlergehen« noch mit »großer Freude« noch mit dem »Besitz großer Güter« identisch ist, soll jetzt definiert werden ... Das Glück in dieser Bedeutung ist eine Art von Zufriedenheit. Die Zufriedenheit ist sein Genus – aber es muss noch seine »differentia specifica« hinzugefügt werden; eine Definition des Glücks einfach als Zufriedenheit wäre zu weit gefasst. Wenn jedes Glück Zufriedenheit ist, so ist doch nicht jede Zufriedenheit auch Glück ... In diesem Sinn muss man das Glück definieren als: volle und dauerhafte Zufriedenheit mit der Ganzheit des Lebens ... Die Definition des Glücks muss ... noch um ein Charakteristikum erweitert werden: nämlich, dass das Glück eine begründete Zufriedenheit ist. Dann befindet sich die Euphorie des Paralytikers außerhalb des Glücksbereichs, sie stellt nämlich eine Zufriedenheit dar, die keine Rechtfertigung hat.

Wladyslaw Tatarkiewicz, 1984

▶ *Diskutieren Sie anhand Ihrer Assoziationen zu den Bildern die verschiedenen Begriffsdefinitionen von Glück, die auf dieser Doppelseite genannt werden. Würden Sie diesen Definitionen zustimmen? Welche scheint Ihnen für Ihr Leben am wertvollsten?*

> *Zum »Flow« vgl. S. 397*

Das Rätsel Glück

Glück und Unglück der Menschen sind ein zentrales Thema der Literatur und der anderen Künste. Eine deutsche Märchengestalt gibt uns einen seltsamen Eindruck von Glück: »Hans im Glück«. Welche Botschaft transportieren Märchen dieser Art? Drewermann gibt erste Hinweise, wie man sich dem Glück im Märchen von Hans im Glück aus tiefenpsychologischer Sicht nähern kann. Die überlieferten Aphorismen laden ein, Glückserfahrungen, die Menschen zu bestimmten Zeiten gemacht haben, zu überprüfen. Sind sie heute noch relevant?

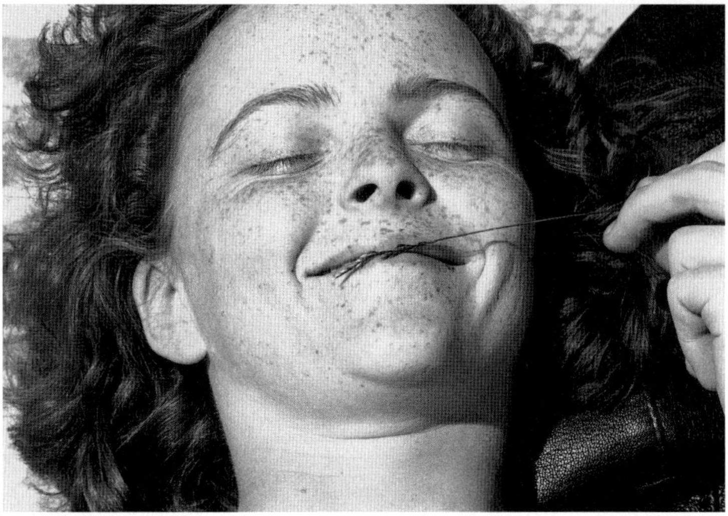

Glück im Märchen

Hans im Glück
Nach sieben Dienstjahren erhält der junge Hans, als er wieder zu seiner Mutter nach Hause zurückkehren will, von seinem zufriedenen Dienstherrn ein sehr großes, schweres Stück Gold. Hans tauscht dieses gegen ein Pferd, weil er es nicht mehr tragen will, und lieber reitet als zu gehen. Als ihn das Pferd abwirft, tauscht er es gegen eine Kuh, weil diese ihn mit Milch und Käse versorgen kann. Da sich das Melken der alten Kuh als schwierige und fruchtlose Kunst erweist, tauscht er auch die Kuh ein. So wird er zum Besitzer eines Schweines, das er wenig später gegen eine Gans eintauscht. Diese tauscht er schließlich gegen einen Wetzstein und einen großen anderen Stein. Als diese ihm in einen Brunnen fallen, hat er alles verloren. Sein seltsames Fazit aber ist: »So glücklich wie ich bin, gibt es keinen Menschen unter der Sonne.«

▶ *Sollte der Titel des Märchens nicht eher lauten: »Hans im Unglück« oder »Der dumme Hans«?*
▶ *Welchen Begriff von Glück muss man annehmen, um den Titel »Hans im Glück« angemessen zu finden?*

Märchen – Wegweiser des Unbewussten?
Märchen sind eher Erzählungen für Erwachsene als für Kinder. Was sie zu sagen haben, entstammt zum überwiegenden Teil einer Bilderwelt und Weisheit, der man bereits in den Mythen des Altertums und in den Erzählungen der Naturvölker begegnet. Erst mit dem Absterben der alten Religion sind sie zu Geschichten herabgesunken, die man nur noch Kindern erzählt. Ihr Inhalt und ihre Symbolsprache indessen beschreiben und deuten auch dann noch – wie im Stadium mythischer Überlieferung – menschliches Schicksal nach dem Vorbild der großen Gegensätze und Bewegungen der äußeren Natur. Religionsgeschichte, Naturmythologie und Theologie eröffnen daher im Grunde die ersten Wege zum Verständnis zahlreicher Märchentexte. Doch obwohl ursprünglich an Erwachsene gerichtet, sind die Märchen, diese Überreste aus den Kindertagen der Menschheit, dem Verständnis von Kindern eigentümlich verwandt. Ihre Sprache ist die Sprache der Träume, ihre Symbolik fußt in der archetypischen Bilderwelt des Unbewussten, und so bedarf es einer Art kindlichen Nachträumens, einer neuen Unmittelbarkeit der Einfühlung und des Erlebens, um als Erwachsener die Märchen zu verstehen. Die wissenschaftliche Anleitung dazu bietet die Tiefenpsychologie. Man muss zunächst wissen, welche Mächte und Gestalten der äußeren Natur die Märchen im Erbe der Mythen symbolisieren und welch eine Bedeutung sie ihnen verleihen; aber im Grunde sprechen die Märchen von Gegensätzen und Konflikten der menschlichen Psyche. Sie beschreiben in zeitlosen Bildern den mühsamen Weg, den es kostet, von einem Kind zu einem Erwachsenen zu werden; sie schildern die Belastungen und Schwierigkeiten, die jemand aus den Eindrücken seiner Kindheit ins Leben mitnimmt und in irgendeiner Weise überwinden muss; sie zeigen, wie das Ich eines Erwachsenen sich aus seiner seelischen Einseitigkeit und Starre lösen und zu sich selbst finden kann; und in all dem vermitteln sie den Mut, trotz aller Angst und Schuldgefühle an die Berechtigung des eigenen Lebens zu glauben und bedingungslos der Wahrheit des eigenen Herzens zu folgen. So sind die Märchen in sich selbst Wegweiser und Richtmarken des Unbewussten.

Eugen Drewermann, katholischer Theologe, 1982

▶ *Können Sie mit Drewermann »Hans im Glück« für sich deuten? Vergleichen Sie Ihre Interpretationen.*

Jede/r seines Glückes Schmied?

Jedermann ist seines Glückes Schmied, vorausgesetzt, dass ihm das Schicksal nicht Hammer und Amboss versagt hat. Volksweisheit

Glück ist meistens nur ein Sammelname für Tüchtigkeit, Klugheit, Fleiß und Beharrlichkeit. Charles F. Kettering

Glück hat auf die Dauer doch zumeist wohl nur der Tüchtige. Helmuth von Moltke

Das Glück hilft denen nicht, die sich nicht selbst helfen. Sprichwort

Auf das Glück darf man nicht warten, dann kommt es nicht; man muss daran arbeiten. Lebensregel

Marc Chagall, Doppelporträt mit Weinglas

Geteiltes Glück?

Wer glücklich ist, kann glücklich machen; wer's tut, vermehrt sein eigenes Glück. J. L. W. Gleim

Glück ist das Einzige, was sich verdoppelt, wenn man es teilt. Anonym

Glück ist ein Wunderding: Je mehr man gibt, umso mehr hat man. Madame de Staël

Unmerkliches Glück?

Mit dem Glück geht es oft wie mit der Brille: Man hat sie auf der Nase und weiß es nicht. Lebensphilosophie

Dann erst erkennen wir Menschen unser Glück, wenn wir verloren haben, was einst unser war. Titus Maccius Plautus

Glück ist der Zustand, den man nicht spürt. Kurt Tucholsky

Glück ist etwas, das man zum ersten Mal wahrnimmt, wenn es sich mit großem Getöse verabschiedet. Marcel Achard

Glück ist selten etwas, das man erlebt, sondern etwas, an das man sich erinnert. James Garner

Glück ist ein Mosaikbild, das aus lauter unscheinbaren kleinen Freuden zusammengesetzt ist. Daniel Spitzer

Glück: ein »Talent für das Schicksal«? (Novalis)

Glück ist Scharfblick für Gelegenheiten und die Fähigkeit, sie zu nutzen. Samuel Goldwyn

Glück ist, sich zu wünschen, was man bekommen kann. Charles F. Kettering

Glück ist: das mögen, was man muss, und das dürfen, was man mag. Hans Clarin

▶ *Welche der zahlreichen Meinungen über das Glück erscheinen Ihnen zutreffend/unzutreffend?*
▶ *Fehlen wichtige Aspekte des Glücks in den Aphorismen?*

Dem Glück der Psychologen auf der Spur

Keith Haring, ohne Titel 1984

▶ *Diskutieren Sie Titelvorschläge für das Bild von Haring, in denen »Glück« vorkommt.*

Glück nicht im Programm
[Die Menschen] streben nach dem Glück, sie wollen glücklich werden und so bleiben. Das Streben hat zwei Seiten, ein positives und ein negatives Ziel, es will einerseits die Abwesenheit von Schmerz und Unlust, anderseits das Erleben starker Lustgefühle ... Es ist, wie man merkt, einfach das Programm des Lustprinzips, das den Lebenszweck setzt. Dies Prinzip beherrscht die Leistung des seelischen Apparates von Anfang an ... und doch ist sein Programm im Hader mit der ganzen Welt ... Es ist überhaupt nicht durchführbar, alle Einrichtungen des Alls widerstreben ihm; man möchte sagen, die Absicht, daß der Mensch glücklich sei, ist im Plan der Schöpfung nicht enthalten. Sigmund Freud, 1972

Auf den Spuren des Glücks
Was ist Glück überhaupt? Und kann man es, wenn man die Bedingungen des »subjektiven Wohlbefindens« erforscht hat, mit größerer Sicherheit planen, herbeiführen – oder wenigstens doch anlocken? Oder ist das »Subjektive« im Wohlbefinden so unterschiedlich, so individuell, dass sich keine Gesetzmäßigkeiten herausfinden lassen? Schon Ray Conniff wusste: »Happiness is – different things to different people.« Für einige ist Glück das Intervall zwischen Zeiten des Unglücklichseins, das Nachlassen eines Schmerzes oder die Abwesenheit von Stress. Paradoxerweise kann für manche sogar das Suhlen im eigenen Unglück, in Masochismus und Selbstmitleid trübe Quelle von Glücksgefühlen sein. Aber jenseits solcher Paradoxien definiert eine Mehrheit der Menschen »Glück« als ausgeprägtes Gefühl, wie der Glücksforscher David Meyers feststellte: Glück ist die »anhaltende Wahrnehmung des eigenen Lebens als erfüllt, sinnvoll und angenehm«. Das ist ein anderes, ein wesentlich umfassenderes Glücks-Modell als jenes, das der Skeptiker Sigmund Freud entwarf: »Was man im strengsten Sinne Glück heißt, entspringt eher der plötzlichen Befriedigung hoch aufgestauter Bedürfnisse und ist seiner Natur nach nur als episodisches Phänomen möglich. Jede Fortdauer einer vom Lustprinzip ersehnten Situation ergibt nur ein Gefühl von lauem Behagen; wir sind so eingerichtet, dass wir nur den Kontrast intensiv genießen können, den Zustand sehr wenig. Somit sind unsere Glücksmöglichkeiten durch unsere Konstitution beschränkt.« ... Die heutigen Glücksforscher gehen zunächst von der Frage aus, welche Menschen sich selbst als glücklich einschätzen – und wenden sich dann der Frage zu: Warum fühlt sich jemand glücklich? Auf beide Fragenkomplexe gibt es inzwischen Antworten, mehr noch: Es schälen sich Hinweise mit Rezeptcharakter heraus. Anders als etwa das Lotto-Glück lässt sich das persönliche Lebensglück zumindest beeinflussen und gestalten. Heiko Ernst, 1997

▶ *Vergleichen Sie den Denkansatz der modernen Psychologie mit Freuds Auffassung. Wo liegen die entscheidenden Unterschiede?*

Glück ist keine Glückssache – aber was ist sein Geheimnis?

Das »richtige« Verhältnis finden

Gelassene Distanz zu sich und den Dingen der Welt ist die erste Glücklichkeitsbedingung. Denn um das Innerste des Menschen, um sein Herz ist es so bestellt, wie er gewillt und gesinnt ist, wie er sich

1. zu sich selbst,
2. zu den Dingen und Lebensgütern und
3. zur Welt insgesamt stellt – wie er also eingestellt ist.

Ich meine damit etwas Letztes und Tiefes, aber doch nicht etwas Tiefsinniges, sondern das Folgende. Eine bekannte Redewendung belehrt uns: »Es gibt kein schlechtes Wetter, es gibt nur falsche Kleidung.« Es gilt, die richtige und gültige Einsicht, die hier für einen konkreten einzelnen Lebenszusammenhang festgehalten ist, sich nutzbar zu machen im Umgang mit dem Weltlauf überhaupt und mit dem, was uns von dort aus zukommt.

»Es gibt kein schlechtes Wetter, es gibt nur falsche Kleidung« meint: Es kommt darauf an, wie man sich zu den Situationen, zu den Dingen und zum Lauf der Welt mit seinem Herzen, seinem Geist und seinem Verstand verhält. Günther Bien

Können Kinder nach Bien überhaupt glücklich sein?

Ergebnisse aus der Glücksforschung

Die Umstände, die für uns als ideale Voraussetzungen für Lebensglück gelten, haben erstaunlich wenig Einfluss darauf. Glück können wir nur dann selbst wirklich genießen, wenn wir es selbst herbeigeführt haben. Ein »unverdientes«, blindes Glück – etwa ein großer Lottogewinn – versetzt nur eine relativ kurze Zeit in Hochstimmung. Es gibt keinen zwingenden Zusammenhang zwischen Wohlstand und Glück. Mit Geld und Reichtum verhält es sich wie mit der Gesundheit; wir gewöhnen uns sehr schnell an einen Zustand, und wenn bestimmte Mindestbedürfnisse befriedigt sind, bringt jeder weitere Zuwachs eine immer geringere emotionale Dividende. Menschen können auch dann glücklich sein (oder es wieder werden), wenn ihnen ein großes Unglück zugestoßen ist. Selbst eine so schwere und irreparable Verletzung wie eine Querschnittslähmung macht die Betroffenen nicht für den Rest des Lebens unglücklich. Untersuchungen zeigten, dass das Glücksempfinden von Gelähmten – nach einer Zeit des Zorns und der Depression – wieder auf das durchschnittliche Niveau anstieg. Die Glücksforscher erklären dieses Phänomen mit der Anpassungsfähigkeit der Psyche: Sie reguliert ihr Anspruchsniveau entsprechend den objektiven Lebensumständen. Glückliche Menschen sind aktive Menschen: Sie sind häufig so engagiert und absorbiert in dem, was sie tun, dass sie den Grad von Selbstvergessenheit erreichen, der den »Flow«-Zustand auszeichnet: Flow entsteht, wenn eine Tätigkeit ausgeübt wird, in der die psychischen und körperlichen Fähigkeiten aufs Äußerste gefordert sind. Das Meistern anspruchsvoller Aufgaben erhöht das Selbstwertgefühl – und das macht glücklich. Manchmal tritt der Flow-Effekt nur dann ein, wenn versucht wird, die Grenzen eigener Fähigkeiten zu überschreiten. Nach: Heiko Ernst, 1997

▶ *Deckt sich Biens Glücksvorstellung mit Ergebnissen aus der Glücksforschung? Korrigieren bzw. ergänzen Sie Biens Ideen.*

▶ *Überlegen Sie, worin sich Glück-Haben von Glücklich-Sein unterscheidet.*

Zum »Flow« vgl. S. 392

Zu »Freud« vgl. S. 44/45; 366/67

Der Mensch auf der Suche nach dem Sinn

Zu den vorherrschenden Vorstellungen über das Glück in der neueren Philosophie gehört die Annahme, Glück im eigentlichen Sinne sei identisch mit einem geglückten Leben; dieses aber setzt voraus, dass das individuelle menschliche Leben einen Sinn habe. Es sind daher die Fragen zu stellen, ob die Existenz des Menschen tatsächlich einen Sinn hat und ob dieser der Grund für die Möglichkeit menschlichen Glücks ist. Der Wiener Psychologe Viktor Frankl vertritt in seinem Buch »Der leidende Mensch« mit Nachdruck eine positive Antwort auf beide Fragen. Der Zentralbegriff der von ihm entwickelten »Logotherapie« ist der Begriff des Sinns.

Dr. Dr. Victor E. Frankl (1905–1997), *Professor für Neurologie und Psychiatrie an der Universität Wien; Begründer der »Logotherapie«*

Der Titel [Der Mensch auf der Suche nach dem Sinn] umreißt mehr als ein Thema; er umfasst eine Definition, zumindest eine Interpretation des Menschen. Eben als eines Wesens, das letztlich und eigentlich auf der Suche nach Sinn ist. Der Mensch ist immer schon ausgerichtet und hingeordnet auf etwas, das er nicht selbst ist, es sei eben ein Sinn, den er erfüllt, oder anderes menschliches Sein, dem er begegnet … Ist es aber nicht so, dass der Mensch eigentlich und ursprünglich danach strebt, glücklich zu sein? Hat denn nicht selbst Kant zugegeben, dass dies der Fall sei, und nur hinzugesetzt, der Mensch solle auch danach streben, des Glücklichseins würdig zu sein. Ich würde sagen, was der Mensch wirklich will, ist letzten Endes nicht das Glücklichsein an sich, sondern ein Grund zum Glücklichsein. Sobald nämlich ein Grund zum Glücklichsein gegeben ist, stellt sich das Glück, stellt sich die Lust von selber ein … Im klinischen Alltag zeigt es sich immer wieder, dass es gerade die Abwendung vom »Grund zum Glücklichsein« ist, die den sexualneurotischen Menschen – den potenzgestörten Mann bzw. die frigide Frau – nicht glücklich werden lässt. Wodurch aber kommt diese pathogene Abwendung vom »Grund zum Glücklichsein« zustande? Durch eine forcierte Zuwendung zum Glück selbst, zur Lust selbst. Wie Recht hatte doch Kierkegaard, als er einmal sagte, die Tür zum Glück gehe nach außen auf – wer sie einzurennen versucht, dem verschließt sie sich nur. Wie können wir uns das aber erklären? Nun, wovon der Mensch zutiefst und zuletzt durchdrungen ist, ist weder der Wille zur Macht noch der Wille zur Lust, sondern der Wille zum Sinn … Aufgrund seines Willens zum Sinn ist der Mensch darauf aus, Sinn zu finden und zu erfüllen, aber auch anderem menschlichen Sein in Form eines Du zu begegnen, es zu lieben. Beides, Erfüllung und Begegnung, gibt dem Menschen einen Grund zum Glück und zur Lust.

Viktor E. Frankl, 1975/90

Karl Hofer, Zwei Mädchen, 1935

▶ *Stimmen Sie Frankls These zu, der Mensch suche nach Sinn und könne deshalb sein Glück nur in einem sinnerfüllten Leben finden?*

▶ *Wie könnte Ihrer Meinung nach ein solches sinnerfülltes Leben aussehen?*

Das Glück des Sisyphos

Albert Camus (1913–1960),
französischer Schriftsteller und Philosoph, geb. in Mondovi (Algerien); erhielt 1957 den Nobelpreis für Literatur. Er starb 1960 bei einem Verkehrsunfall. Camus vertritt in »Mythos von Sisyphos« eine Philosophie des Absurden. Zusammen mit Jean-Paul Sartre gilt er als Hauptvertreter des atheistischen französischen Existenzialismus.

Was aber wäre, wenn die Suche nach Sinn ihrerseits sinnlos wäre, weil ein solcher in der menschlichen Existenz nicht zu finden ist? Könnte der Mensch auch in einer sinnlosen Existenz glücklich werden? Der französische Existenzialist Albert Camus hat tatsächlich die Meinung vertreten, das Glück des Menschen setze keineswegs den Sinn seiner Existenz voraus. Das Leben des Menschen könne sinnlos und glücklich zugleich sein. Camus drückt diesen Gedanken mit Hilfe des griechischen Mythos des Sisyphos aus, der von den Göttern dazu verurteilt wurde, ohne ein absehbares Ende einen schweren Stein einen Hügel hinaufzurollen, der gleich nach dem Erreichen des Hügels immer wieder unweigerlich den Hügel hinabrollt. Für Camus ist die Situation des Sisyphos mit der des Menschen in einer sinnlosen Existenz zu vergleichen.

Darin besteht die ganze verschwiegene Freude des Sisyphos. Sein Schicksal gehört ihm. Sein Fels ist seine Sache. Ebenso lässt der absurde Mensch, wenn er seine Qual bedenkt, alle Götzenbilder schweigen … Der absurde Mensch sagt Ja, und sein Mühsal hat kein Ende mehr. Wenn es ein persönliches Geschick gibt, dann gibt es kein übergeordnetes Schicksal oder zumindest nur eines, das er unheilvoll und verächtlich findet. Darüber hinaus weiß er sich als Herr seiner Zeit. Gerade in diesem Augenblick, in dem der Mensch sich wieder seinem Leben zuwendet (ein Sisyphos, der zu seinem Stein zurückkehrt), bei dieser leichten Drehung betrachtet er die Reihe unzusammenhängender Taten, die sein Schicksal werden, seine ureigene Schöpfung, die in seiner Erinnerung geeint ist und durch den Tod alsbald besiegelt wird. Überzeugt von dem rein menschlichen Ursprung alles Menschlichen, ist er also immer unterwegs – ein Blinder, der sehen möchte und weiß, dass die Nacht kein Ende hat. Der Stein rollt wieder. Ich verlasse Sisyphos am Fuße des Berges! Seine Last findet man immer wieder. Nur lehrt Sisyphos uns die größere Treue, die die Götter leugnet und die Steine wälzt. Auch er findet, dass alles gut ist. Dieses Universum, das nun keinen Herrn mehr kennt, kommt ihm weder unfruchtbar noch wertlos vor. Jedes Gran dieses Steins, jeder Splitter dieses durchnächtigten Berges bedeutet allein für ihn eine ganze Welt. Der Kampf gegen Gipfel vermag ein Menschenherz auszufüllen. Wir müssen uns Sisyphos als einen glücklichen Menschen vorstellen. Albert Camus, 1942/88

Nach: Abraham van Diepenbeek, Sisyphos

► *Kann man sich Sisyphos wirklich als einen glücklichen Menschen vorstellen? Worin besteht dann sein Glück?*

► *Vergleichen Sie Camus' Glücksbegriff mit demjenigen Frankls. Sind die beiden Positionen völlig unvereinbar oder können Sie sich eine Vermittlung zwischen ihnen vorstellen?*

Nur so zum Vergnügen?

»Fun« zu haben, ist ein zentrales Lebensziel vieler moderner Menschen. Doch das hat Geschichte. Jahrhunderte v. u. Z. gab es philosophische Kreise, die zwar nicht »fun«, aber dafür das Glück ins Zentrum ihrer Ethik stellten. Epikur ist ein Vertreter von ihnen (vgl. S. 224/25). Aus dem griechischen »hedone«, was so viel heißt wie Freude, Lustgefühl und Genuss, entstand dann der Begriff »Hedonismus« als Sammelbezeichnung für verschiedene Begründungen von Glücksethiken: Allen gemeinsam ist die Überzeugung, dass menschliches Vergnügen oder Lustgefühl das Einzige an sich selbst Gute ist und Unlust oder Schmerz das Einzige an sich selbst Böse. Diese Gleichsetzung von gutem Leben und Glück mit Freude, Genuss oder Vergnügen fordert(e) immer wieder zur Kritik heraus: So fragen viele, ob der Hedonismus nicht eine auf sich selbst bezogene und egoistische Lebenshaltung ist, die kein glückliches und gutes Leben sein kann. Haben vielleicht doch diejenigen Recht, die meinen, dass eher ein selbstloses ein gutes und deshalb glückliches Leben ist? Hört mit der Moral der Spaß auf?

Beschränkung des Vergnügens?

Die menschliche Existenz war zu allen Zeiten und in jedem Augenblick ein gefährliches Spiel – und dies gilt für die ersten Horden, die sich vor Tausenden von Jahren um das Feuer scharten, und auch für uns, die wir heute die Straße überqueren müssen, wenn wir eine Zeitung kaufen wollen. Das Vergnügen lenkt uns manchmal zu sehr ab, was sich für uns als fatal herausstellen kann. Daher wurden den Vergnügen immer Tabus und Beschränkungen auferlegt, sie wurden vorsichtig rationiert, nur zu bestimmten Zeiten erlaubt: Es waren soziale Vorsichtsmaßnahmen (die manchmal in Kraft blieben, auch wenn es nicht mehr nötig war), damit niemand zu sehr von der Gefährlichkeit des Lebens abgelenkt wurde. Andererseits gibt es die, die nur genießen können, wenn sie andere nicht genießen lassen. Sie haben solche Angst davor, dass ihnen das Vergnügen unwiderstehlich wird, sie ängstigen sich so sehr, wenn sie daran denken, was ihnen passieren könnte, wenn sie eines Tages ihrem Körper wirklich einen Gefallen tun, dass sie sich in berufsmäßige Verleumder des Vergnügens verwandeln ... Der Puritaner glaubt, dass es jemandem, der gut lebt, schlecht gehen muss, und wenn es jemandem schlecht geht, dann deshalb, weil er gut lebt. Selbstverständlich halten sich die Puritaner für die »moralischsten« Leute der Welt und außerdem für die Wächter der Moral ihrer Nachbarn. Fernando Savater, 1993

Thesen des Hedonismus

1. Glück ist Vergnügen oder ein angenehmes Gefühl.
2. Alle Vergnügungen sind in sich gut, oder alles, was in sich angenehm ist, ist in sich gut.
3. Nur Vergnügen sind in sich gut, oder alles, was in sich gut ist, ist in sich angenehm.
4. Das angenehme Gefühl ist das Kriterium eigenständigen Wertes. Es macht eine Sache als Selbstzweck gut.

▶ *Sollte Vergnügen noch aus anderen Gründen, als sie Savater beschreibt, »beschränkt« werden?*

▶ *Was steckt hinter der einseitig moralisierenden Haltung, die Savater kritisiert?*

▶ *Einigen Sie sich auf die Punkte, die ein glückliches Leben ausmachen, in dem auch das Vergnügen seinen Platz hat.*

Haben die Hedonisten doch Recht?

Moral, die krank macht

Die Moral zielt auf ein gutes Leben – sagt man. Die Bezeichnung »gut« ist allerdings doppeldeutig. Wir sagen, dass jemand »sich ein gutes Leben macht«; und wir meinen – mit Achtung oder mit Mitleid – jemand sei ein »guter Mensch«. Im ersten Fall geht es um ein genussvolles, im zweiten Fall um ein tugendhaftes Leben. Hier entsteht der Streit um die Moral. Ein befreundeter Psychoanalytiker pflegt süffisant zu behaupten: »Die tugendhaften Menschen sind nicht glücklich, und die Glücklichen sind nicht tugendhaft.« Er verweist auf seine Patienten, die gerade deshalb psychisch gestört seien, weil sie von klein auf hätten »gut« sein müssen. Der Alpdruck des tugendhaften Lebens mache sie krank. Zugleich ergeht sich der Freund in bissigen Bemerkungen über seine Kollegen, die sich mit abgehärmten Gesichtern, aber unerbittlichem Opfermut von früh bis spät für ihre Patienten auspressten. Sie seien »gut«, verlören aber ihre vitale Ausstrahlungskraft und könnten deshalb die in den Panzer der Anständigkeit eingezwängten Lebenskräfte der Patienten nicht befreien. So vermitteln sie jene Güte, von der nichts als Langeweile ausgeht. Der Freund genießt sein Leben; er ist ein guter Analytiker. Jörg Bopp, 1980

▶ Ist Ihnen das Phänomen, das Bopp beschreibt, vertraut? Nennen Sie Beispiele.

▶ Diskutieren Sie verschiedene Schlussfolgerungen, die aus Bopps Beobachtung gezogen werden könnten. Was würde Epikur jeweils darauf antworten (vgl. S. 224/25)?

▶ Frankena übt Kritik an der hedonistischen These, die Vergnügen mit Glück gleichsetzt. Inwiefern deckt sich diese Kritik mit Ihrer Auffassung eines glücklichen Lebens ? Würden Sie sich als Hedonisten bezeichnen?

Kritik am Hedonismus (vier Thesen)

Wir müssen, so glaube ich, zwischen Vergnügen und Glück unterscheiden. »Vergnügen« lässt an ziemlich spezifische Gefühle denken, »Glück« dagegen nicht. »Vergnügen« gibt es im Plural, »Glück« nicht. »Vergnügen« legt außerdem, anders als »Glück«, den Gedanken an Empfindungen körperlicher Natur nahe sowie an Formen der Befriedigung, die relativ kurz und oberflächlich sind. Und wenn man von einem »angenehmen Leben« und einem »Leben voller Vergnügen« spricht, so denkt man doch an etwas ganz anderes, als wenn man von einem »glücklichen Leben« spricht. Daher ist die hedonistische These (1) falsch; Recht hat der Hedonist allerdings mit der Annahme, dass Glück eine Form von Befriedigung darstellt. Die Hedonisten haben, so glaube ich, Recht mit ihrer These (2), dass nämlich jedes Vergnügen und jede Freude, für sich genommen und in sich selbst, etwas Gutes ist. Die Gegner des Hedonismus machen dagegen ... gewöhnlich geltend, dass es schlechte Formen des Vergnügens gibt – schlecht nicht nur wegen der Folgen, sondern in sich selbst. Doch soweit ich sehen kann, haben sie das bisher nie richtig zeigen können. Es stimmt, dass sadistische Vergnügungen und Freude am Hässlichen schlecht sind; aber sind sie in sich schlecht, als Formen des Vergnügens oder der Freude? Sie mögen in sich moralisch schlecht sein, weil sie Symptome eines Defektes oder einer Zerrüttung der Persönlichkeit sind. Aber wir dürfen ihre Minderwertigkeit in dieser Hinsicht nicht mit ihrer Minderwertigkeit qua Vergnügen durcheinander bringen. William K. Frankena, 1972

Das Gegenteil zu einem einfachen Lebensstil ist keineswegs das luxuriöse, sondern das zerfaserte Leben. Eine Überzahl von Dingen verstopft den Alltag, zerstreut die Aufmerksamkeit, verzettelt die Energien und schwächt die Kraft, eine klare Linie zu finden. Leerlauf und Schrott sind die Feinde des Glücks.

BUND/Misereor, 1996

Glück als Aufgabe

Sokrates und das Glück der Narren

Unter »Glück« ist in der Geschichte der Philosophie Verschiedenes verstanden worden und auch in der gegenwärtigen Diskussion werden unterschiedliche »Güter« vorrangig mit dem Begriff assoziiert: z. B. Erfolg, Geld, Liebe, Familie, Frieden, Gesundheit, Freude. Bei einigen dieser Güter ist klar, dass ihre Realisierung eine schwierige Aufgabe sein kann: Erfolg, Frieden und Gesundheit zum Beispiel erfordern unsere engagierte Bemühung um sie.
Insofern können wir das mit ihnen verbundene Glück auch verfehlen, etwa durch Gleichgültigkeit, Trägheit oder durch Feigheit. Der englische Philosoph John Stuart Mill hat die Diskussion um die jeweils angemessene Form des Glücks mit einer provozierenden These
bereichert. Er glaubt, dass es wichtig ist, das Glück auf verschiedenen »Glücksebenen« zu definieren. Das anzustrebende Glück richtet sich nach den Fähigkeiten des Glückssuchenden. Auch wer sich unterfordert, verfehlt demnach seine spezifische Glückschance:

Marc Chagall, Der Spaziergang 1917

Kein intelligenter Mensch möchte ein Narr, kein gebildeter Mensch ein Dummkopf, keiner, der feinfühlig und gewissenhaft ist, selbstsüchtig und niederträchtig sein – auch wenn sie überzeugt wären, dass der Narr, der Dummkopf oder der Schurke mit seinem Schicksal zufriedener ist als sie mit dem ihren … Ein höher begabtes Wesen verlangt mehr zu seinem Glück, ist wohl auch größeren Leidens fähig und ihm sicherlich in höherem Maße ausgesetzt als ein niedrigeres Wesen; aber trotz dieser Gefährdungen wird es niemals in jene Daseinsweise absinken wollen, die es als niedriger empfindet. Wir mögen dieses Widerstreben erklären, wie wir wollen … Aber am zutreffendsten wird es als ein Gefühl der Würde beschrieben, das allen Menschen in der einen oder anderen Weise und im ungefähren Verhältnis zu ihren höheren Anlagen zu eigen ist und das für die, bei denen es besonders stark ausgeprägt ist, einen so entscheidenden Teil ihres Glücks ausmacht, dass sie nichts, was mit ihm unvereinbar ist, länger als nur einen Augenblick lang zu begehren imstande sind. Wer meint, dass diese Bevorzugung des Höheren ein Opfer an Glück bedeutet – dass das höhere Wesen unter den gleichen Umständen nicht glücklicher sein könne als das niedrigere –, vermengt die zwei durchaus verschiedenen Begriffe des Glücks (happiness) und der Zufriedenheit (content) … Es ist besser, ein unzufriedener Mensch zu sein, als ein zufriedenes Schwein; besser ein unzufriedener Sokrates als ein zufriedener Narr. Und wenn der Narr oder das Schwein anderer Ansicht sind, dann deshalb, weil sie nur die eine Seite der Angelegenheit kennen. Die andere Partei hingegen kennt beide Seiten.

John Stuart Mill, 1861

▶ *Rekonstruieren Sie die zentralen Argumentationsschritte dieses Textes von Mill und nehmen Sie kritisch Stellung zu seiner Hauptthese.*

▶ *Halten Sie Mills Unterscheidung von Glück und Zufriedenheit für sinnvoll? Kann man wirklich unzufrieden und dennoch glücklich sein?*

Die Einheit von Vernunft und Gefühl

Auf welcher Ebene soll der Mensch sein Glück zu realisieren versuchen? Nach Mill ist klar, dass man nicht nach dem leichten und banalen Glück der Narren streben, sondern sich vielmehr an seinen höchsten Möglichkeiten orientieren soll. Was aber sind die höchsten Möglichkeiten des Menschen? – Seit der Aufklärung ist es üblich geworden, diese mit seiner Vernunftbegabung in Verbindung zu bringen, und auch heute ist dies das vorherrschende Selbstverständnis der Menschen in unserer Kultur. Dies ist aber nicht selbstverständlich. Schon Friedrich Schiller nahm eine kritische Haltung gegenüber der aufklärerischen Vernunftkultur ein. Nach ihm ist die höchste Leistung des Menschen und damit zugleich auch die ihm angemessenste Glücksform darin zu sehen, dass er seine innere Zerrissenheit überwindet. Nach Schiller würde dies bedeuten, dass die Menschen eine Einheit von Gefühls- und Vernunftwelt anstreben sollten, weil Glück nur in der Verwirklichung des ganzen Menschen gefunden werden kann.

Der Mensch kann sich aber auf eine doppelte Weise entgegengesetzt sein: entweder als Wilder, wenn seine Gefühle über seine Grundsätze herrschen; oder als Barbar, wenn seine Grundsätze seine Gefühle zerstören. Der Wilde verachtet die Kunst und erkennt die Natur als seinen unumschränkten Gebieter; der Barbar verspottet und entehrt die Natur; aber verächtlicher als der Wilde fährt er häufig genug fort, der Sklave seines Sklaven zu sein. Der gebildete Mensch macht die Natur zu seinem Freund, und ehrt ihre Freiheit, indem er bloß ihre Willkür zügelt. ... Woran liegt es, dass wir noch immer Barbaren sind? ... Nicht genug also, dass die Aufklärung des Verstandes nur insofern Achtung verdient, als sie auf den Charakter zurückfließt; sie geht auch gewissermaßen von dem Charakter aus, weil der Weg zu dem Kopf durch das Herz muss geöffnet werden. Ausbildung des Empfindungsvermögens ist also das dringendere Bedürfnis der Zeit.

Friedrich Schiller, 1795

Bei der Beschreibung des anzustrebenden Zustands des gebildeten Menschen verwendet Schiller das Bild des »Spiels«. In diesem wird für ihn der Zusammenhang von Moral und Glück, von Freiheit und Regel sowie die Einheit von Vernunft und Gefühl greifbar. Deshalb ist in seiner Sicht das so verstandene Spiel die Lebensform, in welcher der Mensch seine höchsten Möglichkeiten verwirklicht. Moral, Spiel und Glück bilden in seinem Menschenbild eine Einheit.

▶ *Was meint Schiller hier mit »Natur«? Sind wir Ihrer Meinung nach im Sinne Schillers auch heute noch »Barbaren«?*
▶ *Wie sehen Sie den Zusammenhang von »gebildetem Menschen« und »geglücktem Leben«?*

Aber was heißt denn ein bloßes Spiel, nachdem wir wissen, dass unter allen Zuständen des Menschen gerade das Spiel und nur das Spiel es ist, was ihn vollständig macht, und seine doppelte Natur entfaltet? ... Mit dem Angenehmen, mit dem Guten, mit dem Vollkommenen ist es dem Menschen nur ernst, aber mit der Schönheit spielt er ... Der Mensch soll mit der Schönheit nur spielen und er soll nur mit der Schönheit spielen. ... Der Mensch spielt nur, wo er in voller Bedeutung des Wortes Mensch ist, und er ist nur da ganz Mensch, wo er spielt.

Friedrich Schiller, 1795

▶ *Kommentieren Sie Schillers These über den Zusammenhang von Menschlichkeit und Spiel. Wie sollte man »Spiel« in diesem Zusammenhang verstehen?*
▶ *Wie lässt sich die Beziehung von Moral, Spiel und Glück im Sinne Schillers erläutern?*

➤ *Zu »Schiller« vgl. S. 247*
➤ *Zu »Mill« vgl. S. 237*

»Glück synthetisch«

Viele Menschen durchleiden mindestens einmal im Leben eine Phase tiefster Schwermut. Sie reicht von unerklärlicher Traurigkeit bis hin zur Suizidgefahr. Wissenschaftler sind dabei, das Phänomen zu erforschen. Können Neurophysiologen uns sagen, wie Glück »funktioniert«?

»Wir gleichen blinden Forschern, die einzelne Körperteile einer großen, mysteriösen Kreatur ertasten und daraus deren Gestalt ableiten wollen«, fasst … ein international renommierter Depressionsforscher … den gegenwärtigen Stand zusammen. Schon Ende des letzten Jahrhunderts hatten Mediziner erstmals die Vermutung geäußert, dass der Grund für die seit dem Altertum bekannte mysteriöse Melancholie in einer Fehlfunktion des Gehirns zu suchen sei. Doch einen ersten Anhaltspunkt für diese Hypothese lieferte mehr zufällig erst die moderne Biochemie … Schon glaubten die Wissenschaftler, mit einem Schlag die Ursache der Krankheit und zugleich ein Mittel gefunden zu haben: Depressiv wird, dessen Gehirn zu wenig Monoamine produziert. So genannte Monoamin-Oxidase-Hemmer sollten den Abbau der Monoamine hemmen. Doch zeigte sich rasch, dass die Wirklichkeit weit komplizierter ist … Immerhin lösten jene ersten handfesten Erkenntnisse in Sachen Schwermut eine wahre Forschungseuphorie aus. So fanden Genetiker heraus, dass Blutsverwandte von Depressiven öfter von dieser Krankheit befallen werden als die Durchschnittsmenschheit. Allerdings war ein Gen, das die Schwermut vererbt, bis heute nicht zu orten. Erfolgreicher waren die Neurobiologen, die sich mit Stoffwechseldefekten im Gehirn beschäftigten. Zur Substanzklasse der Monoamine gehören Botenstoffe wie Serotonin und Noradrenalin, die Signale von Nervenzelle zu Nervenzelle übermitteln … In den letzten Jahren mehren sich Hinweise, dass jene Hormone, die der Bewältigung außergewöhnlicher Belastung dienen, auch die Entstehung von Depressionen beeinflussen … Die Balance (über einen Regelkreis den Körper in eine dem Stress angemessene Alarmbereitschaft zu versetzen) scheint bei Depressiven nicht zu funktionieren. Hunderte von Untersuchungen haben gezeigt, dass in deren Stress-Hormonkaskade immer Hochflut herrscht … Vieles deutet darauf hin, dass für Menschen, in deren Familien Fälle von Depressionen vorgekommen sind und die selbst eine problematische Kindheit hatten, ein größeres Erkrankungsrisiko besteht als für andere. Eine einheitliche, monokausale Ursache für alle Formen und Fälle von Depression gilt als immer unwahrscheinlicher, je länger Biologen und Ärzte dieses Leiden erforschen. Aber bestimmte, bisher isolierte Teile des Puzzles scheinen zusammenzupassen. So deuten neue, vorläufige Befunde auf einen Zusammenhang zwischen Serotoninmangel und überaktiven Stresshormonen.

Manfred Pietschmann

»Zu viel Glück gehabt« –

Auf einem Stockwerk verlaufen

Sebastian konnte an diesem Tag keine Zeitung lesen, er hatte Angst vor den Schlagzeilen: Alles, was dort stand, drehte sich um ihn. Er rannte los, raus aus der Wohnung, weg vor diesem Wahnsinn, der Mittelpunkt der Welt zu sein. Er suchte einen Ort, an dem ihn niemand kannte, wo Ampeln, Autos, Supermärkte auch ohne ihn funktionierten. Doch die Welt da draußen und jeder, der ihm begegnete, schien alles über ihn zu wissen. Er versuchte das zu ignorieren. Die einzigen Menschen, denen er noch traute, waren Kinder. Wie ferngesteuert lief er ihnen hinterher, bat sie um Hilfe und landete in der halb leeren Nachmittagsvorstellung eines Zeichentrickfilms. Irgendwann später lag Sebastian betäubt und festgeschnallt auf einem Bett der geschlossenen Abteilung der … Klinik … Heute glaubt er sich zu erinnern, dass die Kinokassiererin, der sein paranoider Zustand aufgefallen war, die Polizei gerufen hat. Eine Spritze, die auch einen Amokläufer ins Koma gebracht hätte, legte die Drogen in seinem Körper lahm und löschte die nächsten Minuten und Stunden aus. Als er wieder zu sich kam, begann die Mischung aus Ecstasy, LSD und Marihuana, die er auf Partys, auf Raves über zwei Jahre hinweg genommen hatte, abermals wie ein Trafo in seinem Kopf zu rauschen. Am Abend vorher hatte Sebastian seine besten Freunde um sich versammelt. »Ich saß kerzengerade auf meinem Bett, erzählten sie mir später, und ab zu sagte ich einen Satz, den keiner verstand.« Mit diesen Freunden war Sebastian

mit Folgen

oft in Klubs gegangen, hatte Ecstasy geschluckt – nicht mehr und nicht weniger als die anderen, denn E gehörte einfach dazu. Manchmal hatte er dazu noch Marihuana geraucht oder einen Trip genommen. »Wie waren sie erschrocken, dass ich plötzlich auf den Pillen hängen geblieben bin.« Denn Sebastian war immer Vorbild gewesen: Er hatte als Erster und ohne große Probleme den synthetischen Drogencocktail genommen. Nach der Spritze, die ihm die Ärzte gegeben hatten, glaubte Sebastian klarer zu sehen, »aber dann fingen wieder diese Visionen an; irgendwelche unbekannten Menschen und Gesichter kamen auf mich zu.« Die Ärzte diagnostizierten eine durch Drogen ausgelöste Psychose. »Da dieser Zustand immer mit Drogen aufgetreten ist, nehmen sie an, dass mein Ausklinken und Hängenbleiben damit zu tun haben.« Sebastian bekam Psychopharmaka. Die konnten aber sein Gefühl nur mildern, von etwas verfolgt zu werden. Die Medikamente stellten für eine Zeit sein Gleichgewicht künstlich wieder her – die Ursache konnten sie nicht eliminieren. Es war so, als hätte sich Sebastian in einem Stockwerk verlaufen und fände den Weg nicht mehr zurück zum Erdgeschoss. Als sei er in einer parallelen Welt hängen geblieben. »Irgendwann brachte mich der Arzt dazu, dass ich wieder meinen Namen sagen konnte.« Jedes Mal, wenn man Sebastian trifft, begegnet man einem anderen Menschen. Warum Sebastian auf dem Drogencocktail hängen geblieben ist, kann bislang noch kein Arzt erklären. Sabine Magerl, 1998

▶ *Beurteilen Sie die Möglichkeit, künstlich Einfluss auf die Glücksgefühle des Menschen nehmen zu können. Bestimmen Sie eine Grenze und die Kriterien, die dabei für Sie leitend sind.*

Was ist Ecstasy?

Ecstasy ist eine synthetische Droge. Erstmals wurde sie 1912 hergestellt. Ihre Wirkung: Sie steigert die Körpertemperatur auf bis zu 49 Grad, euphorisiert und treibt den Puls an. Sie wird im Gegensatz zu anderen Drogen wie Heroin oder Marihuana im Körper abgebaut und ist nach einigen Tagen nicht mehr nachweisbar. Ecstasy macht körperlich nicht süchtig. Es werden jedoch psychische Spätfolgen des Drogenkonsums beobachtet. Durch die Einnahme von Ecstasy wird das Gleichgewicht der Botenstoffe, die neuronale Impulse im Gehirn übertragen, gestört. Die Hirnregion, die für die Gefühle zuständig ist, wird kurzzeitig vom körpereigenen Transmitterstoff Serotonin überschwemmt, die Glücksgefühle produzieren. Nach heutigem Wissensstand verändert Ecstasy die Hirnstruktur des Menschen und verringert die Botenstoffe. Impulse wie etwa Musik können Flashbacks auslösen, die das Drogenpartygefühl wieder aufleben lassen. Unabhängig von Konsummenge und -häufigkeit können deshalb Psychosen auftreten. Nach: Sabine Magerl

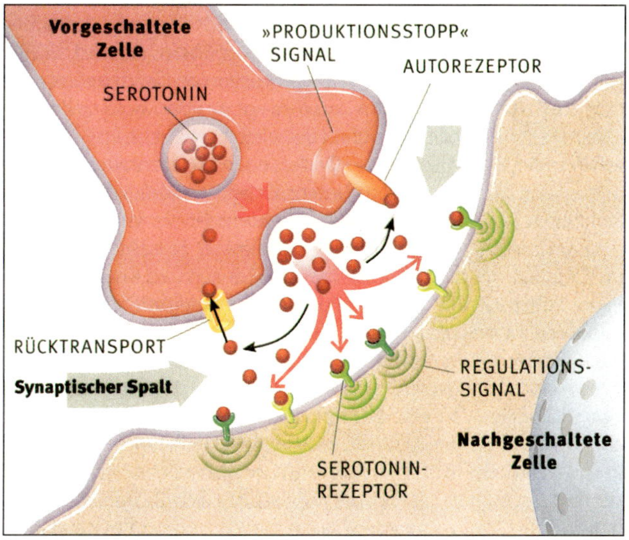

Die vorgeschaltete Nervenzelle schüttet den Botenstoff Serotonin aus (rote Kugeln), der vermutlich bei der Steuerung von Gemütszuständen eine Rolle spielt. Er dockt auf Rezeptoren (grüne Gabeln) einer nachgeschalteten Zelle an und beeinflusst so deren Erregung. Strukturen in der Membran der vorgeschalteten Zelle regulieren den Serotoninspiegel im synaptischen Spalt zwischen beiden Zellen: Rücktransporter (gelb) holen überschüssiges Serotonin zurück und Autorezeptoren (orange) drosseln über ein Signal dessen Ausschüttung. Da Wissenschaftler von einer geringeren Serotonin-Konzentration bei Depressiven ausgehen, setzen sie Medikamente ein, die jene Wiederaufnahme in die vorgeschaltete Zelle hemmen und so den Serotonin-Gehalt im synaptischen Spalt erhöhen.

Glückssehnsucht – eine Sucht auf Irrwegen?

Ohne seine gesellschaftlichen Bedingungen lässt sich Glück nicht denken. Leben wir heute in einer Gesellschaft, für die Glück etwas bedeutet? Welche Namen gibt sie dem Glück, und lässt es sich damit gut leben? Der Philosoph Bertrand A. W. Russell (1872–1970) zeichnet ein wenig schmeichelhaftes Bild des »Kulturmenschen«. Haben wir vergessen, wie man glücklich wird? Der Kommunikationsforscher Norbert Bolz sieht einen direkten Zusammenhang zwischen Kaufverhalten und Sehnsüchten, die seiner Ansicht nach mehr sind als »nur« materielle Wünsche. Steckt dahinter die Sehnsucht nach einem »anderen Glück«, als das, was »üblich« ist?

Unglück als Krankheit des Kulturmenschen

Nehmen wir einmal an, wir wären in New York … und stellten uns während der Arbeitsstunden an einer lebhaften Straßenecke oder am Wochenende an einer der großen Durchfahrtsstraßen auf, oder wir sähen bei einem abendlichen Tanzvergnügen zu. Unser eigenes Ich haben wir für den Augenblick völlig ausgeschaltet, um die Persönlichkeiten der Fremden der Reihe nach von uns Besitz ergreifen zu lassen. Da werden wir finden, daß jede von diesen verschiedenen Menschengruppen ihre besonderen Sorgen hat. Bei der Masse der Arbeitenden weist eine übermäßige Spannung der Gesichtszüge vielfach auf Angst, auch erkennen wir diesen Leuten an, daß sie an schlechter Verdauung leiden, für nichts außer für den Existenzkampf Interesse aufbringen, unfähig zu jeder spielerischen Leichtigkeit sind und in keiner Weise um ihre Mitmenschen wissen. Auf der breiten Autostraße sehen wir am Wochenende wie Männer und Frauen, von denen alle vermögend, manche sehr reich sind, ihrem Vergnügen nachjagen – eine Jagd, die bei allen im gleichen Tempo vor sich geht, nämlich in dem des langsamsten Wagens der langen Reihe. Die Straße ist vor Autos nicht zu sehen und die Umgebung deshalb nicht, weil jeder Seitenblick sogleich einen Unfall nach sich ziehen würde; alle Autoinsassen haben nur den einen Wunsch, den anderen Wagen vorzufahren, was bei der überfüllten Fahrbahn natürlich unmöglich ist; schweifen ihre Gedanken einmal von diesem Wunsch ab – bei denen, die nicht lieber lenken, kommt das gelegentlich vor –, dann fühlen sie sich gleich maßlos angeödet, und über ihre Züge legt sich ein Ausdruck kleinlichen Mißvergnügens. Ab und zu einmal sieht man eine Wagenladung voll farbiger Ausflügler, bei denen es vergnügt zugeht; durch ihr formloses Benehmen erregt sie aber sogleich den allgemeinen Unwillen und fällt gewöhnlich, weil die Sache mit einem Zusammenstoß endet, der Polizei in die Hände: Lebensfreude an freien Tagen verträgt sich nun einmal nicht mit dem Gesetz. Oder man sehe sich die Menschen während einer Abendgesellschaft an! Alle kommen sie mit dem festen Willen, sich zu amüsieren, mit derselben Art grimmiger Entschlußfestigkeit, die man zum Zahnarzt mitbringt. Da alle meinen, Trinken und Knutschen seien die Tore zum Lebensgenuß, betrinken sie sich so schnell wie möglich und mühen sich, die Antipathie, die ihnen ihr Partner nicht selten einflößt, zu unterdrücken. Nachdem gehörig gezecht worden ist, erfaßt die Männer dann heulendes Elend, und sie fangen an, darüber zu jammern, daß sie der Liebe ihrer Mütter unwürdig seien. Der einzige Erfolg der Trinkerei ist nämlich, daß sie Schuldgefühle freilegt, die der gesunde Menschenverstand in lichteren Augenblicken nicht aufkommen läßt … Was kann der Mensch hier und jetzt als Mitglied unserer Gesellschaft, die an der Sehnsucht nach Besserem krankt, tun, um sich selbst ein Glück zu schaffen? Augenblicklich kommt es mir darauf an, einen Ausweg aus dem gewöhnlichen Alltagsunglück zu finden, an dem die meisten Kulturmenschen kranken und das um so unerträglicher ist, als es keine deutlich erkennbare Ursachen hat und daher kaum heilbar scheint. Unglück solcher Art beruht, wie ich glaube, meist auf einer falschen Weltauffassung, falschen ethischen Begriffen und falschen Lebensgewohnheiten, die zur Vernichtung jeder natürlichen Lebensfreude, jener Lust nach erreichbaren Freuden führen, von denen letzten Endes alles Menschenglück abhängt.

Bertrand Russell

Hat sich das Kaufen verändert? Wie und wohin geht der Trend?

Es wird heute sehr viel mehr Geist verkauft als die konkrete Qualität der Ware. Und zwar durch ein Versprechen, eine Verheißung, wie etwa in eine bestimmte Welt einzutreten, wenn man ein Produkt kauft, oder dass man dann irgendeinem Clan angehört, irgendeinem Stamm. Wenn heute bestimmte Jugendliche, Kids, bestimmte Turnschuhe kaufen, dann nicht, weil diese Turnschuhe besser in der Qualität sind als andere Marken, sondern weil mit dieser bestimmten Marke ein Mythos verknüpft ist, eine große Geschichte, eine Themenwelt … Es gibt ein sehr berühmtes und wirklich eindrucksvolles Beispiel: die NIKE-Town in Chicago, die Verwandlung eines Warenhauses in einen Tempel. Dort zelebrieren gewisse Oberpriester diesen NIKE-Sportkult: große Basketballspieler wie Michael Jordan oder Charles Barkley. Diese Hohepriester eines neuen Konsumkultes ziehen geradezu magisch nicht nur die Kids, sondern auch ihre Eltern an … Man sieht hier sehr deutlich, dass man Kunden des 21. Jahrhunderts nicht mehr einfach nur mit Produkten ansprechen kann und mit Produktqualität. Das zeichnet sich sehr deutlich ab, wie die Konturen des Marktes in Zukunft verlaufen: Wer nicht dieses große spirituelle Mehrwertversprechen gibt, der wird auf dem Markt überhaupt keine Produkte mehr durchsetzen können.

Ist Kaufen eine Art religiöser Opferhaltung?
Richtig! Kaufen ist dann so eine Art Opfern. Der Markt nimmt immer mehr den Charakter eines Ablasshandels an. Denken Sie doch nur an die große Ökowelle. Man kauft sich ein gutes Gewissen, indem man ein Produkt mit grünem Punkt kauft, oder sonst irgendwelche Garantien, wie etwa, dass man damit die Regenwälder in Brasilien rettet ... Es gibt eine Fülle von Möglichkeiten, sich ein gutes Gewissen, ein gutes religiöses Gewissen zu kaufen ... Das hört sich an, als hätte die Menschheit keinerlei Fortschritt gemacht ... Ich würde nicht sagen, dass es keinen Fortschritt gab.

Otto Dix, Die Großstadt, 1927/28 (Ausschnitt)

Es gab gewaltige Fortschritte auf der Ebene politischer Organisationen und technologische Fortschritte. Wer möchte das leugnen? Deutlich erkennbar ist allerdings, dass die Träume, die Utopien von einem rationalen, aufgeklärten Menschen, der vernünftig kalkuliert, was er auf dem Markt einkauft, ausgeträumt ist. Dass wir uns mit dem Sachverhalt vertraut machen müssen, dass im Menschen Kräfte wirken, die nicht rational kontrollierbar sind. Dass Menschen nicht nur Bedürfnisse haben, sondern auch Wünsche, Begehren, dass es Unbewusstes gibt und dass Menschen Sehnsucht nach Orientierung haben, nach Sinn, nach Ritual und nach Kulten. Unsere offizizielle Kultur sieht diesem Sachverhalt mehr oder minder ohnmächtig entgegen. Weil sie immer noch in der Ideologie der Aufklärung befangen ist. Wir müssen aus diesem Traum erwachen. Die Konsumenten sind schon längst aus diesem Traum erwacht. Norbert Bolz (Gesprächsauszug), 1996

▶ *Stimmt die Schilderung Russells mit Ihren Beobachtungen überein?*
▶ *Glauben Sie wie Russell, dass das »gewöhnliche Alltagsunglück der Kulturmenschen keine deutlich erkennbaren Ursachen hat«? Diskutieren Sie über mögliche Ursachen.*

▶ *Wie schätzen Sie die Zukunft einer Gesellschaft ein, die ihr Glück zunehmend über ihren Konsum definiert?*
▶ *Versuchen Sie die Sehnsüchte näher zu bestimmen, von denen Bolz spricht. Was hat das mit Religion zu tun (vgl. S. 296–299)?*
▶ *Nehmen Sie Stellung zur These, dass wir immer noch in der »Ideologie der Aufklärung« befangen sind (vgl. 290/91).*

Woran ist der Fortschritt der Geschichte zu messen?

Der technologische und politische Fortschritt seit den Zeiten der frühen Aufklärung wird im Allgemeinen nicht bestritten. In Zweifel steht jedoch immer wieder die Annahme, dass in der Geschichte der Menschheit auch ein moralischer Fortschritt stattgefunden habe. Angesichts immer wieder begangener unmenschlicher Grausamkeiten zwischen Menschen – in jüngster Zeit etwa im ersten Jugoslawien-Krieg und im Kosovo-Konflikt – sind viele Theoretiker geneigt, die Möglichkeit einer moralischen Verbesserung der Menschheit grundsätzlich auszuschließen. Tatsächlich zeigt auch die Geschichte sehr viele Ereignisse, die sich als Rückfälle in die Barbarei von der jeweils erreichten Stufe der Zivilisation aus verstehen lassen. Die Aufklärung des 17. und 18. Jahrhunderts und ihre Ausläufer im 19. Jahrhundert sind dagegen durch einen Fortschrittsoptimismus geprägt, der auch solchen zunächst sinnlos und rückschrittlich erscheinenden Ereignissen einen übergeordneten Sinn unterstellt.

Leitet eine »Naturabsicht« die menschliche Geschichte?

Da die Menschen in ihren Bestrebungen nicht bloß instinktmäßig wie Tiere und doch auch nicht wie vernünftige Weltbürger nach einem verabredeten Plan im Ganzen verfahren, so scheint auch keine planmäßige Geschichte (wie etwa von den Bienen oder den Bibern) von ihnen möglich zu sein. Man kann sich eines gewissen Unwillens nicht erwehren, wenn man ihr Tun und Lassen auf der großen Weltbühne aufgestellt sieht; und bei hin und wieder anscheinender Weisheit im Einzelnen, doch endlich alles im Großen aus Torheit, kindischer Eitelkeit, oft auch aus kindischer Bosheit und Zerstörungswut zusammengewebt findet; wobei man am Ende nicht weiß, was man sich von unserer auf ihre Vorzüge so eingebildeten Gattung für einen Begriff machen soll. Es ist hier keine Auskunft für den Philosophen, als dass, da er bei den Menschen und ihrem Spiele im Großen gar keine vernünftige eigene Absicht voraussetzen kann, er versuche, ob er nicht eine Naturabsicht in diesem widersinnigen Gange menschlicher Dinge entdecken könne; aus welcher von Geschöpfen, die ohne eigenen Plan verfahren, dennoch eine Geschichte nach einem bestimmten Plane der Natur möglich sei.

Die Idee eines allgemeinen weltbürgerlichen Zustandes

Man kann die Geschichte der Menschengattung im Großen als die Vollziehung eines verborgenen Plans der Natur ansehen, um eine innerlich – und zu diesem Zwecke auch äußerlich – vollkommene Staatsverfassung zustande zu bringen, als den einzigen Zustand, in welchem sie alle ihre Anlagen in der Menschheit völlig entwickeln kann … Obgleich z. B. unsere Weltregierer zu öffentlichen Erziehungsanstalten und überhaupt zu allem, was das Weltbeste betrifft, für jetzt kein Geld übrig haben, weil alles auf den künftigen Krieg schon zum Voraus verrechnet ist, so werden sie doch ihren eigenen Vorteil darin finden, die obzwar schwachen und langsamen eigenen Bemühungen ihres Volkes in diesem Stücke wenigstens nicht zu hindern. Endlich wird selbst der Krieg allmählich nicht allein ein so künstliches, im Ausgang von beiden Seiten so unsicheres, sondern auch durch die Nachwehen, die der Staat in einer immer anwachsenden Schuldenlast (einer neuen Erfindung) fühlt, deren Tilgung unabsehlich wird, ein so bedenkliches Unternehmen, dabei jeder Einfluss, den jede Staatserschütterung in unserem durch seine Gewerbe so sehr verketteten Weltteil auf alle anderen Staaten tut, so merklich: dass sich diese, durch ihre eigene Gefahr gedrungen, obgleich ohne gesetzliches Ansehen, zu Schiedsrichtern anbieten, und so alles von weitem zu einem künftigen großen Staatskörper anschicken, wovon die Vorwelt kein Beispiel aufzuzeigen hat. Obgleich dieser Staatskörper für jetzt nur noch sehr im rohen Entwurfe dasteht, so fängt sich dennoch gleichsam schon ein Gefühl in allen Gliedern, deren jedem an der Erhaltung des Ganzen gelegen ist anzuregen; und dieses gibt Hoffnung, dass man nach manchen Revolutionen der Umbildung endlich das, was die Natur zur höchsten Absicht hat, ein allgemeiner weltbürgerlicher Zustand als der Schoß, worin alle ursprünglichen Anlagen der Menschengattung entwickelt werden, dereinst einmal zustande kommen werde.

Immanuel Kant, 1784

▶ *Was meint Kant mit »Naturabsicht«?*
▶ *Wie stellen Sie sich den »allgemeinen weltbürgerlichen Zustand« im Sinne Kants vor?*

Die List der Vernunft

Hegel glaubt, ganz ähnlich wie Kant, dass die einzelnen Menschen nicht ihrer Vernunftbestimmung gemäß auf dieses gemeinsame Ziel der menschlichen Geschichte hinarbeiten, sondern in ihrem Handeln in aller Regel vielmehr Privatinteressen verfolgen. Diese Privatinteressen nennt er »Leidenschaften«. Ohne sie wird in der Geschichte »nichts Großes vollbracht«. Der inneren Ordnung der Geschichte gelingt es nun, sich diese Leidenschaften zunutze zu machen, um das übergeordnete Ziel zu erreichen:

Das ist die List der Vernunft zu nennen, daß sie die Leidenschaften für sich wirken läßt, wobei das, durch was sie sich in Existenz setzt, einbüßt und Schaden leidet … Das Partikuläre ist meistens zu gering gegen das Allgemeine, die Individuen werden aufgeopfert und preisgegeben. Die Idee bezahlt den Tribut des Daseins und der Vergänglichkeit nicht aus sich, sondern aus der Leidenschaft der Individuen … Bei der Betrachtung des Schicksals, welches die Tugend, Sittlichkeit, auch Religiosität in der Geschichte haben, müssen wir nicht in die Litanei der Klagen verfallen, daß es den Guten und Frommen in der Welt oft oder gar meist schlecht, den Bösen und Schlechten dagegen gut gehe. Unter dem Gutgehen pflegt man sehr mancherlei zu verstehen, auch Reichtum, äußerliche Ehre und dergleichen. Aber wenn von solchem die Rede ist, was an und für sich seiender Zweck wäre, kann solches sogenanntes Gut- oder Schlechtgehen von diesen oder jenen Individuen nicht zu einem Momente der vernünftigen Weltordnung gemacht werden sollen. Mit mehr Recht als nur Glück, Glücksumstände von Individuen, wird an den Weltzweck gefordert, dass gute, sittliche, rechtliche Zwecke unter ihn und in ihm ihre Ausführung und Sicherung suchen. G. W. F. Hegel, 1830

Freiheit – das Ziel der Geschichte?
Die Weltgeschichte ist der Fortschritt im Bewußtsein der Freiheit – ein Fortschritt, den wir in seiner Notwendigkeit zu erkennen haben … Es ist also als die Bestimmung der geistigen Welt und … als der Endzweck der Welt das Bewußtsein des Geistes von seiner Freiheit und eben damit die Wirklichkeit seiner Freiheit überhaupt angegeben worden … Dieser Endzweck ist das, worauf in der Weltgeschichte hingearbeitet worden, dem alle Opfer auf dem weiten Altar der Erde und in dem Verlauf der langen Zeit gebracht worden. Dieser ist es allein, der sich durchführt und vollbringt, das allein Ständige in dem Wechsel aller Begebenheiten und Zustände sowie das wahrhaft Wirkliche in ihnen. G. W. F. Hegel, 1830

▶ *Deuten die Lehren von Hegel und Kant eher darauf hin, dass sie auch eine moralische Verbesserung der Menschheit für möglich halten, oder zeigt sich in ihnen ein grundsätzlicher Zweifel an einer solchen Entwicklung?*

Georg Wilhelm Friedrich Hegel (1770–1831),
Philosoph, ein Hauptvertreter des deutschen Idealismus. Die Textstücke dieser Seite stammen aus seinen »Vorlesungen über die Philosophie der Geschichte«.

▶ *Wie sehen Kant und Hegel individuelles menschliches Handeln und persönliches Glück im Vergleich zum Gesamtziel der Geschichte?*
▶ *Kommentieren Sie die Begriffe »Naturabsicht« (Kant) und »List der Vernunft« (Hegel).*

Albrecht Dürer, »Die Apokalypse«; Ausschnitt: Die vier apokalyptischen Reiter, 1498

> *Zur »Aufklärung« vgl. S. 244/45 (Kant); 290/91 (A. als »unvollendetes Projekt«)*

Die Idee des vollkommenen Menschen

Da alle jetzigen Lebensformen lineare Nachkommen derjenigen sind, welche lange vor der kambrischen Periode gelebt haben, so können wir überzeugt sein, dass die regelmäßige Aufeinanderfolge der Generationen niemals unterbrochen worden ist und niemals eine allgemeine Flut die Welt zerstört hat. Daher können wir mit Vertrauen auf eine Zukunft von gleichfalls unberechenbarer Länge blicken. Und da die natürliche Zuchtwahl nur durch und für das Gute eines jeden Wesens wirkt, so wird jede fernere körperliche und geistige Ausstattung desselben seine Vervollkommnung zu fördern streben. Charles Robert Darwin, 1859

MEIN FOTO DES JAHRHUNDERTS

Der Zeichner Tomi Ungerer zeichnete »sein Foto des 20. Jahrhunderts«. Er schreibt dazu: »Jeder Fortschritt vollendete sich in den Händen von Zauberlehrlingen als Albtraum. Schwarz ist meine Vision, und schwarz ist mein Bild, das aus Schichten und abermals Schichten von menschlichem Irrsinn und Irrtum besteht. Sollte ich solange überleben, wäre in 100 Jahren mein Bild ein weißes Quadrat. Weiß wie die flach gehobelte Fläche der Welt in einem neuen Eiszeitalter. Weiß auch wegen der Strahlungen, die alle Filme verwaschen und bleichen würden.«

Neben aufklärerischer Geschichtsphilosophie und christlichen sowie sozialistischen Sozialutopien hat es auch wissenschaftliche Versuche gegeben, die Geschichte des Universums, der Erde oder der Menschen als eine Geschichte systematischen Fortschritts auf das Ziel der Vollkommenheit hin zu deuten. Solchen Utopien stellt John Passmore die »Dystopien« (negativen Utopien) entgegen. Er kommentiert o. g. Passage aus »Die Entstehung der Arten« von Darwin wie folgt:

Hieraus folgt aber nicht, dass der Mensch vervollkommnet werden muss. Die Vervollkommnung seiner »körperlichen und geistigen Ausstattung« kann die Entwicklung des Menschen zu einer ganz neuen Gattung zur Folge haben, gerade so, wie sich die Fähigkeit bestimmter Fische sich auf dem Lande vorwärts zu bewegen, nur dadurch vervollkommnen konnte, dass sie aufhörten Fische zu sein. Der Mitentdecker des Prinzips der natürlichen Auslese, Alfred Wallace, war weitaus optimistischer und bereit vorherzusagen, dass die Evolution für die Menschen in ein irdisches Paradies münden würde. In einer Sprache, die sehr stark an Trotzki erinnert, sagte er, dass die Evolution in einem Zustand gipfeln muss, in dem die Welt »von einer einzigen homogenen Masse bewohnt wird, der kein Individuum angehören wird, das den edelsten Beispielen der gegenwärtigen Menschheit unterlegen sein wird. Die Regierungsgewalt wird verschwinden und durch freiwillige Zusammenschlüsse ersetzt. Die Menschen werden es sich nicht länger erlauben, sich von ihren Leidenschaften beherrschen zu lassen, wenn sie erst einmal entdeckt haben, dass sie nur die Fähigkeiten ihrer höheren Natur zu entwickeln brauchen, um diese Erde, die so lange der Schauplatz ihrer ungezügelten Leidenschaften und unvorstellbaren Elends gewesen ist, in ein so strahlendes Paradies zu verwandeln, wie es den Sehern und Dichtern nur je im Traum erschienen ist«. Das Paradies liegt also im Bereich des Menschenmöglichen. Nicht nur eine geistige Elite und nicht nur einige Auserwählte werden es betreten, sondern »durch die Entwicklung ihrer höheren Fähigkeiten« werden absolut alle Menschen es erreichen. Wenn es auch vielleicht nicht hier und jetzt geschieht, so doch zumindest im Rahmen der Geschichte dieser Erde. John Passmore, 1997

▶ *Versuchen Sie, Argumente für utopische und für dystopische Positionen zu entwickeln.*

▶ *Kann man Ihrer Ansicht nach biologische und geschichtliche Entwicklungen analog betrachten?*

Die Menschlichkeit des Unvollkommenen

Die Idee der vollkommenen Gesellschaft ist auf heftige und fundamentale Kritik gestoßen. Neben den vergleichsweise offensichtlichen Zweifeln an der Realisierbarkeit der vollkommenen menschlichen Gesellschaft erhebt sich aber vor allem unter »Dystopisten« der grundsätzlichere Zweifel daran, ob diese Gesellschaft überhaupt wünschenswert, ob sie noch eine menschliche Gesellschaft wäre.

Wenn man … die Kritik betrachtet, die die Dystopisten sowohl an den aufklärerischen als auch an den platonischen Vollkommenheitsidealen, die beide in vielen Punkten übereinstimmen, geübt haben, so erkennen wir, dass sie, allgemein ausgedrückt, das Ideal der technischen Perfektion und das damit zusammenhängende Ideal der »ästhetischen Vervollkommnung« durch totale Ordnung der Gesellschaft als entmenschlichend ablehnen. Die Dystopisten behaupten, dass der Versuch, die Gesellschaft dadurch zu vervollkommnen, dass man einen Gesamtplan auf sie anwendet, nach dem jeder seinen festgelegten Platz hat, sowohl die persönlichen Beziehungen als auch literarische und wissenschaftliche Leistungen zunichte macht. Wie die sozialistischen Tendenzen unserer Zeit zeigen, müsse ein solcher Versuch entweder in einer graudüsteren Gesellschaft gipfeln, in der das Vollkommenheitsideal nur eine Verschleierung der Machtverhältnisse darstellt – dies ist in Orwells »1984« und den kommunistischen Gesellschaften Osteuropas der Fall –, oder in einer Gesellschaft, in der die Menschen nur deshalb Zufriedenheit erlangen, weil sie konditioniert sind, zufrieden zu sein, oder unter Drogen gesetzt oder sinnlich befriedigt werden, um diese Konditionierung zu verstärken. Dies ist in der westlichen Zivilisation der Fall, wie einige ihrer Kritiker meinen. In beiden Fällen, so heißt es, werden die menschlichen Beziehungen einem fremden Ideal untergeordnet: dem Ideal der Perfektion des Ordnungssystems und der technischen Leistungsfähigkeit einer Maschine. John Passmore, 1975

Auf einer ähnlichen Linie liegen die Befürchtungen einiger Philosophen unserer Tage, dass das Streben nach der vollkommenen Gesellschaft zu einem zerstörerischen Einsatz der Möglichkeiten der Genmanipulation führen könnte. In diesem Zusammenhang haben Überlegungen des deutschen Philosophen Peter Sloterdijk 1999 für eine heftige Kontroverse gesorgt:

Bis zum Beginn der Ära der elektronischen Medien hatte es der Humanismus nicht geschafft, den Menschen zu humanisieren, d. h. den Menschen zu entbestialisieren. Humanismus als Wort und Sache hat immer ein Wogegen, denn er ist das Engagement für die Zurückholung des Menschen aus der Barbarei. Wer heute nach der Zukunft von Humanität und Humanisierungsmedien fragt, will im Grunde wissen, ob Hoffnung besteht, der aktuellen Verwilderungstendenzen beim Menschen Herr zu werden. Dabei fällt beunruhigend ins Gewicht, daß Verwilderungen, heute wie immer, gerade bei hoher Machtentfaltung aufzubrechen pflegen, sei es als unmittelbare kriegerische und imperiale Rohheit, sei es als alltägliche Bestialisierung der Menschen in den Medien enthemmter Unterhaltung … Aber der Diskurs über die Differenz und Verschränkung von Zähmung und Züchtung, ja überhaupt der Hinweis auf die Dämmerung eines Bewußtseins von Menschenproduktionen und allgemeiner gesprochen: von Anthropotechniken – dies sind Vorgaben, von denen das heutige Denken den Blick nicht abwenden kann, es sei denn, es wollte sich von neuem der Verharmlosung widmen … Daß die Domestikation [Zähmung] des Menschen das große Ungedachte ist, vor dem der Humanismus von der Antike bis zur Gegenwart die Augen abwandte – dies einzusehen genügt, um in tiefes Wasser zu geraten. Peter Sloterdijk, 1999

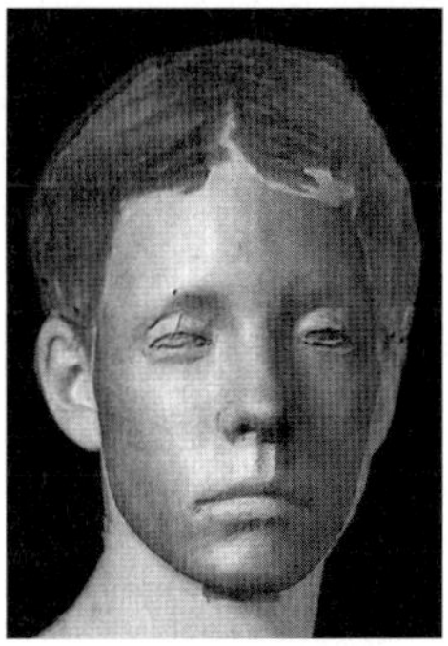

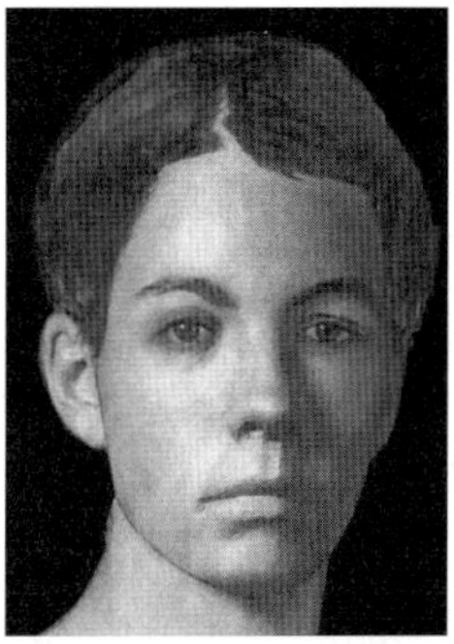

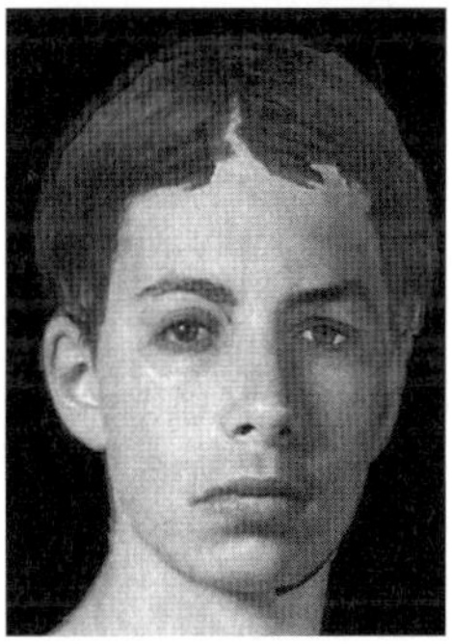

Keith Cottingham, Fictitious Portraits

▶ *Teilen Sie die Einschätzung, dass eine »perfekte Welt« notwendig eine unmenschliche Welt wäre? Wie würden Sie für diese Einschätzung argumentieren?*

▶ *Erläutern Sie den von Sloterdijk angesprochenen Zusammenhang von »Bestialisierung« und »Anthropotechniken«. Nehmen Sie kritisch Stellung dazu.*

> *Zu »Darwin« vgl. S. 22/23*
> *Zur »Gentechnologie« vgl. S. 108–113*

Es ist dir gesagt, Mensch, was gut ist …

Der Philosoph Richard Rorty schreibt 1998: »Gescheiterte Prophezeihungen sind oft eine inspirierende Lektüre. Zwei Beispiele: das Neue Testament und das Kommunistische Manifest. Beide waren von ihren Verfassern als Voraussagen künftiger Geschehnisse gedacht – als Weissagungen, die sich auf ein höheres Wissen um jene Kräfte beriefen, die den Lauf der Menschheitsgeschichte bestimmen sollten. Beide Prophetien haben sich bisher als absolute Fehlschläge erwiesen. In beiden Fällen ist über den Anspruch auf höheres Wissen viel gespottet worden.« Sollte über beide also nicht mehr gesprochen werden?

Zwei Visionen der Menschheitsgeschichte

Das Kommunistische Manifest

Die moderne Staatsgewalt ist nur ein Ausschuss, der die gemeinschaftlichen Geschäfte der ganzen Bourgeoisieklasse verwaltet …

Sind im Laufe der Entwicklung die Klassenunterschiede verschwunden und ist alle Produktion in den Händen der assoziierten Individuen konzentriert, so verliert die öffentliche Gewalt den politischen Charakter. Die politische Gewalt im eigentlichen Sinne ist die organisierte Gewalt einer Klasse zur Unterdrückung einer anderen. Wenn das Proletariat im Kampfe gegen die Bourgeoisie sich notwendig zur Klasse vereinigt, durch eine Revolution sich zur herrschenden Klasse macht und als herrschende Klasse gewaltsam die alten Produktionsverhältnisse aufhebt, so hebt es mit diesen Produktionsverhältnissen die Existenzbedingungen des Klassengegensatzes, die Klassen überhaupt, und damit seine eigene Herrschaft als Klasse auf. An die Stelle der alten bürgerlichen Gesellschaft mit ihren Klassen und Klassengegensätzen tritt eine Assoziation, worin die freie Entwicklung eines Jeden die Bedingung für die freie Entwicklung aller ist … Mit einem Wort, die Kommunisten unterstützen überall jede revolutionäre Bewegung gegen die bestehenden gesellschaftlichen und politischen Zustände. In allen diesen Bewegungen heben sie die Eigentumsfrage, welche mehr oder minder entwickelte Form sie auch angenommen haben möge, als die Grundfrage der Bewegung hervor. Die Kommunisten arbeiten endlich überall an der Verbindung und Verständigung der demokratischen Parteien aller Länder. Die Kommunisten verschmähen es, ihre Ansichten und Absichten zu verheimlichen. Sie erklären es offen, dass ihre Zwecke nur erreicht werden können durch den gewaltsamen Umsturz aller bisherigen Gesellschaftsordnung. Mögen die herrschenden Klassen vor einer kommunistischen Revolution zittern. Die Proletarier haben nichts in ihr zu verlieren als ihre Ketten. Sie haben eine Welt zu gewinnen.

Proletarier aller Länder, vereinigt euch! Karl Marx, Friedrich Engels, 1848 (Auszug)

Seligpreisungen

Selig, ihr Armen, denn euch gehört das Reich Gottes.

Selig die, die ihr jetzt hungert, denn ihr werdet satt werden. Selig, die ihr jetzt weint, denn ihr werdet lachen.

Selig seid ihr, wenn euch die Menschen hassen und aus ihren Gemeinschaften ausschließen, wenn sie euch beschimpfen und euch in Verruf bringen um des Menschensohns willen …

Aber weh euch, die ihr reich seid; denn ihr habt keinen Trost mehr zu erwarten.

Weh euch, die ihr jetzt satt seid; denn ihr werdet hungern.

Weh euch, die ihr jetzt lacht; denn ihr werdet klagen und weinen.

Lukas 6, 20b–22, 24–25

Von der Liebe zu den Feinden

Euch, die ihr mir zuhört, sage ich: Liebt eure Feinde; tut denen Gutes, die euch hassen. Segnet die, die euch verfluchen; betet für die, die euch misshandeln. Dem, der dich auf die eine Wange schlägt, halt auch die andere hin, und dem, der dir den Mantel wegnimmt, lass auch das Hemd. Gib jedem, der dich bittet; und wenn dir jemand etwas wegnimmt, verlang es nicht zurück. Was ihr von anderen erwartet, das tut ebenso auch ihnen. Wenn ihr nur die liebt, die euch lieben, welchen Dank erwartet ihr dafür? Auch die Sünder lieben die, von denen sie geliebt werden. Und wenn ihr nur denen Gutes tut, die euch Gutes tun, welchen Dank erwartet ihr dafür? Das tun auch die Sünder. Und wenn ihr nur denen etwas leiht, von denen ihr es zurückzubekommen hofft, welchen Dank erwartet ihr dafür? Auch die Sünder leihen Sündern in der Hoffnung, alles zurückzubekommen. Ihr aber sollt eure Feinde lieben und sollt Gutes tun und leihen, auch wo ihr nichts dafür erhoffen könnt. Dann wird euer Lohn groß sein, und ihr werdet Söhne des Höchsten sein; denn auch er ist gütig gegen die Undankbaren und Bösen. Seid barmherzig, wie es auch euer Vater ist.

Lukas 6, 27–36

Rosa Luxemburg, 1871–1919, revolutionäre Führerin der polnischen und deutschen Arbeiterbewegung; wurde von konterrevolutionären Offizieren ermordet.

▶ *Stellen Sie die »Sozialutopie« des Neuen Testaments (vgl. S. 330/31) der des Kommunistischen Manifests (vgl. S. 368/69) gegenüber.*

▶ *Was meint Rorty mit dem Scheitern der beiden »Prophetien«?*

In der rechten Hand das Manifest, in der linken die Bibel?

Quelle von Inspiration und Hoffnung

... beide Dokumente [das NeueTestament und das Kommunistische Manifest] sind Ausdruck der gleichen Hoffnung: daß wir eines Tages bereit und fähig sein werden, den Bedürfnissen aller Menschen mit jenem Respekt und jener Rücksichtnahme zu begegnen, die wir den Bedürfnissen derer entgegenbringen, die uns am nächsten stehen, die wir lieben. Beide Texte haben im Laufe der Jahre an Inspirationskraft sogar gewonnen. Denn jeder von ihnen ist das Gründungsdokument einer Bewegung, die für die Freiheit der Menschen und die Gleichheit zwischen ihnen viel bewirkt hat ... Inzwischen gibt es möglicherweise schon genauso viele sozialistische wie christliche Märtyrer. Wenn die menschliche Hoffnung die mit Milzbrandbakterien geladenen Gefechtsköpfe, die handkofferkleinen Nuklearwaffen, die Überbevölkerung des Planeten, den globalisierten Arbeitsmarkt und die Umweltkatastrophen des nächsten Jahrhunderts überstehen, wenn wir Nachkommen haben werden, die sich in hundert Jahren noch auf eine historische Überlieferung beziehen und aus der Vergangenheit Inspiration schöpfen können, dann werden sie möglicherweise der Meinung sein, die heilige Agnes und Rosa Luxemburg ... hätten allesamt der gleichen Bewegung angehört. ... Die Kinder [heute] sollten beides lesen – Christi Botschaft von der Brüderlichkeit zwischen den Menschen und den Text, in dem Marx und Engels darstellen, wie sehr der Industriekapitalismus und die freien Märkte – auch wenn sie sich längst als unentbehrlich erwiesen haben – das Erreichen dieser Brüderlichkeit behindern und erschweren. Sie sollten sehen, daß ihrem Leben ein Sinn zuwächst, wenn sie sich um die Verwirklichung jenes moralischen Potentials bemühen, das unserer Fähigkeit zum Austausch mit anderen, zur Verständigung über unsere Bedürfnisse und unsere Hoffnungen innewohnt. Sie sollten von den Christengemeinden, die in Katakomben zusammenkamen, ebenso erfahren wie von den Arbeiterdemonstrationen, die sich auf den Plätzen der Städte versammelten. Denn beide Arten der Zusammenrottung waren in dem langwierigen Prozeß der Verwirklichung dieses Potentials gleichermaßen wichtig. Richard Rorty, 1998

▶ *Rorty würdigt kritisch das Neue Testament und das Kommunistische Manifest. Würden Sie ihm in allen Punkten zustimmen?*

Hoffnung statt Wahrheit?

Am besten wäre es wohl, wir fänden ein neues Dokument, das den Kindern Inspiration und Hoffnung vermittelt und dabei weder mit den Mängeln des Neuen Testaments noch denen des Kommunistischen Manifests behaftet ist. Es wäre gut, wenn wir einen reformistischen Text ohne die apokalyptische Prägung dieser beiden Bücher besäßen – einen Text, der nicht behauptet, »alles« müsse erneuert werden, Gerechtigkeit könne »nur erreicht werden durch den gewaltsamen Umsturz aller bisherigen Gesellschaftsordnung«. Es wäre gut, wenn wir ein Dokument besäßen, das die Einzelheiten einer diesseitigen Utopie erläutert, ohne zu behaupten, daß diese Utopie mit einem Schlag und fertig in Erscheinung treten werde, sobald nur diese oder jene »entscheidende« Veränderung zustande gebracht – das Privateigentum abgeschafft oder Jesus in unsere Herzen eingezogen sei. Kurz, es wäre am besten, wenn wir ohne Prophetien und ohne Ansprüche auf ein höheres Wissen um die Kräfte, die Geschichte lenken, auskommen könnten – wenn sich großzügige Hoffnung ohne solche Beteuerungen erhalten könnte. Eines Tages werden wir vielleicht einen solchen neuen Text haben, den wir unseren Kindern geben können – einen Text, der auf Weissagungen verzichtet und doch die gleiche Sehnsucht nach Brüderlichkeit zum Ausdruck bringt wie das Neue Testament und so erfüllt ist von klaren Einsichten in die neuesten Formen unserer Unmenschlichkeit im Umgang miteinander wie das Kommunistische Manifest. Aber bis es soweit ist, sollten wir dankbar für zwei Texte sein, die uns um einiges besser gemacht haben – die uns geholfen haben, ... unseren zivilisierten Sadismus bis zu einem gewissen Grade zu überwinden. Richard Rorty, 1998

▶ *Einigen Sie sich darauf, was Sie in ein Dokument hineinschreiben würden, das für die Zukunft tragfähig sein soll (vgl. Küngs »Weltethos« S. 348/49).*

▶ *Kann es Ihrer Meinung nach ein »höheres Wissen« um die »Kräfte« geben, die die »Geschichte lenken«?*

Glossar–Begriffe

ABDUKTIV
logische Folgerung, bei der von einem oder mehreren ähnlichen Einzelfällen aus Vorhersagen für einen vergleichbaren Fall getroffen werden, ohne dass hierzu ein allgemeines Gesetz bekannt wäre; v. a. benutzt im täglichen Erfahrungswissen (s. a.: deduktiv, induktiv)

ARISTOTELES
(ca. 384/84–322/21 v. Chr.), neben Platon der bedeutendste Philosoph der Antike. Erzieher von Alexander dem Großen. Gründer und Leiter einer eigenen philosophischen Hochschule. Die Philosophie verdankt ihm ihre Entfaltung in einzelnen Disziplinen. Seine entscheidende Leistung ist die Begründung der Metaphysik.

AL-TAWHID
gesprochen Tauhid; von grundlegender Bedeutung für jegliches Verständnis des Islam ist dieser Gedanke der absoluten Einheit von Gott, Mensch und Kosmos, aus dem die zeit- und raumlose Unmittelbarkeit des Menschen vor Gott resultiert

AMORALISCH
nicht unter moralische Kriterien fallend, d. h. weder gut noch schlecht (z. B.: Nacht)

ANNA KARENINA
russischer Roman (1875–1877) von Leo Tolstoi (1828–1910); der Roman spielt in aristokratischen russischen Kreisen. In seinem Mittelpunkt steht die mit einem sehr viel älteren, frommen Mann verheiratete schöne Anna Karenina. Ihr Verhängnis beginnt damit, dass sie sich leidenschaftlich in den Grafen Wronski verliebt und nach anfänglichem Zögern dessen Geliebte wird. Als sie sich entschließt, ihren Mann und ihren Sohn zu verlassen, wird sie zur gesellschaftlich Ausgestoßenen, während Wronski weiterhin gesellschaftsfähig bleibt. Vereinsamt und selbst von ihren Geliebten unverstanden, tötet sie sich schließlich selber.

ANTHROPOTECHNISCH
(gr. anthropos: Mensch) Mensch und Technik eng zusammenbindend (z. B. in der Bedienung technischer Systeme, Autofahrer)

APOSTOLISCHES GLAUBENSBEKENNTNIS
fälschlich auf die Apostel Jesu zurückgeführt, ist es eines der ältesten und bekanntesten Bekenntnisse, das die Trinität ausdrückt: »Ich glaube an Gott, den Vater ... und an Jesus Christus ... Ich glaube an den Heiligen Geist ...« Da es zudem fast überall anerkannt wird, bezeichnet man es auch als ein ökumenisches Glaubensbekenntnis.

ARJUNA
ist der Kriegsheld aus dem Mahabharata bzw. der Bhagavadgita, der auf dem Schlachtfeld von seinem Freund und Wagenlenker, dem Gott Krishna über die Beziehungen zwischen der materiellen Welt und dem allerhöchsten Gott belehrt wird. Höhepunkt ist die aus Gnade gewährte allumfassende Schau, in dem Arjuna die Gottheit als Vater bezeichnet. So wird Arjuna zum Beispiel des spirituell strebenden Menschen.

ARTEFAKT
künstlich, durch den Menschen (oder evtl. auch ein höheres Lebewesen) absichtsvoll Hergestelltes

ASSIMILATION
»Angleichung«, »Ähnlichmachung«, bezeichnet langsam verlaufende Prozesse der Angleichung zwischen verschiedenen Gruppen, sowohl hinsichtlich soziokultureller Werte, religiöser Anschauungen und Verhaltensmuster. Bisweilen kann Assimilation auch gleichbedeutend sein mit der Übernahme dessen, was für die dominierende Gruppe charakteristisch ist.

AUFKLÄRUNG; ZEITALTER DER A.
Ende des 17. Jh. entstandene, bis heute prägende geistesgeschichtliche Epoche; Überzeugung, der Mensch könne durch Anleitung, Erziehung oder eigenes Nachdenken zu einem vernünftig gemäß rationaler Einsicht Handelnden werden, und stets rationale, nachvollziehbare Gründe für sein Tun angeben

AUTARK/AUTARKIE
sich selbst versorgend/am Leben haltend

AUTONOMIE
Selbstbestimmtheit, eigenständige Steuerung

CHILIASTISCH
in Erwartung göttlicher Erlösung (meist durch das Weltenende); i. w. S.: in passiver Heilserwartung; ohne selbst nach einer Lösung zu suchen

CHIMÄRE
(gr.: sagenhaftes Ungeheuer), unrealistische Wahnvorstellung, im engeren Sinn Lebewesen mit Zellen aus unterschiedlichen Genom-Sätzen, genetische Mischung zweier Arten

DEDUKTIV
logische Folgerung, bei der von einem allgemeinen Gesetz auf einen Einzelfall geschlossen wird; v. a. benutzt in der Anwendung von Wissenschaft, z. B. der Entwicklung von Technik (s. a.: induktiv, abduktiv)

DEESKALATION
stufenweise Verringerung oder Abschwächung eingesetzter (urspr. militärischer) Mittel

DEONTOLOGISCH
(griech. deon: Pflicht), unabhängig von der Realität geltend; auf ein Sollen bezogen, s. a.: ontologisch

DESKRIPTIV
beschreibend (s. a. präskriptiv, normativ)

DESTRUKTIVITÄT
zersetzendes, zerstörendes Verhalten

DHARMA, DHAMMA
Pali-Wort für Sanskrit Dharma, einem zentralen Begriff des Hinduismus. Im Buddhismus ist es ebenfalls ein zentraler Begriff, der folgende Bedeutungsebenen aufweist: 1. das kosmische Gesetz, dem Karma und Samsara, also der Kreislauf der Wiedergeburten unterliegen; 2. die Lehre Buddhas selbst, der dieses ewige Gesetz erkannt und formuliert hat. Dhamma in diesem Sinne als Lehre existierte schon vor der Geburt des historischen Buddha; 3. Manifestationen der Wirklichkeit, die nach der Lehre des Mahayana-Buddhismus nicht-wesenhaft sind, d. h. sie sind ohne selbständige Substanz, reine Erscheinungen und leer von einer Selbstnatur. Diese Leerheit durchdringt alle Phänomene und ermöglicht gleichzeitig, dass diese sich entwickeln können.

DIALEKTIK
philosophisches Reflexionsverfahren, bei dem von einer Feststellung aus über die Erörterung des Gegenteils (und dessen begrenzter Gültigkeit) auf eine höhere Wahrheit geschlossen wird

DIFFERENTIA SPECIFICA
(lat.: spezifischer, d. h. besonderer Unterschied): Gemeinsam mit dem »genus proximum« (der nächstliegenden Gattung) die definitionsbildende Eigenschaft einer Person oder einer Sache. Muster: Der Mensch ist ein Säugetier (genus proximum), das über Vernunft verfügt (differentia specifica).

DISKONTIERUNG
die zunehmende Geringbewertung von Gütern, Schäden oder Risiken, je später in der Zukunft sie anfallen

DISKRIMINIERUNG
Ausschließung, Bevorzugung oder Benachteiligung einer Person oder Personengruppe bei Entscheidungen (z. B. der Verteilung von Gütern, beim Zuerkennen von Rechten und Pflichten usw.) auf Grund von Eigenschaften, die für die Entscheidung keine Bedeutung haben (sollten) (z. B.: Ausschluss Farbiger vom Staatsdienst, nicht: Ausschluss Seuchenkranker von einer Kellnertätigkeit)

DISKURS
methodisch geführte Erörterung unterschiedlicher Meinungen zu einem Thema mit argumentativer Begründung der verschiedenen Standpunkte

DOWN-SYNDROM
(auch: Mongolismus, Trisomie 21), eine durch vielfältige Störung der Embryonalentwicklung hervorgerufene Form geistiger und körperlicher Behinderung

DSCHIHAD
Wie wohl kein anderer Begriff des Islam unterliegt Dschihad einer Fehlinterpretation von Seiten der Nichtmuslime. Seine Grundbedeutung ist »Anstrengung«, die sich in der Geschichte äußern konnte als »kleiner Dschihad« zum Zwecke der militärischen Ausbreitung des islamischen Herrschaftsgebietes, während mit dem »großen Dschihad« der Kampf gegen das eigene Ego, aber auch das Bemühen um eine gerechte und menschenwürdige Gesellschaft umschrieben wird. Die Übersetzung »Heiliger Krieg« ist dagegen falsch, weil es hierfür keine arabische Entsprechung gibt. Wenn heute einige Islamisten von einem »Heiligen Dschihad« sprechen, so ist das eine Nachbildung europäischer Begriffe, die ihren Ursprung in der christlichen Kreuzzugsidee haben.

EFFEKTIVITÄT
Umfang der Wirkungen eines Verfahrens

EFFI BRIEST
Deutscher Roman (1894–1895) von Theodor Fontane (1819–1898): Fontane schildert in dem Roman, wie zwei Menschen, die einander aufrichtig zugetan sind, unter dem Druck der Konventionen (die u. a. Effi im Wesentlichen zur Untätigkeit verdammen) ihr bescheidenes Glück zerstören: Baron von Instetten, Effis wesentlich älterer Ehemann, tötet trotz seiner inneren Zweifel an der Richtigkeit der Konventionen den ehemaligen Liebhaber seiner geliebten Frau in einem Duell, als er viele Jahre nach dem Ende der Affäre von dieser erfährt. Zudem lässt er sich von seiner Frau scheiden und nimmt ihr die gemeinsame Tochter weg. Sowohl Effi als Instetten leben zunächst vereinsamt weiter. Effi aber stirbt, als sie merkt, dass sich ihre Tochter ihr entfremdet hat.

EFFIZIENZ
Grad der Wirksamkeit eines Verfahrens i. B. a. den Einsatz bzw. die Kosten des Verfahrens

ELIZA
Name einer Computer-Software (1966 von J. Weizenbaum), die dem Benutzer das Gespräch mit einem Psychiater simuliert; trotz streng algorithmischem Vorgehen fühlten sich die Benutzer vom Computer »verstanden«, weil die typische psychiatrische Technik der Wiederaufnahme und Spiegelung des Patienten mit seinen eigenen Aussagen verwendet wurde.

EMOTIVISMUS
(von lat. emovere = erschüttern), eine metaethische Theorie, der zufolge Werturteile keine auf Vernunftsgründe gestützte (rationale) Behauptungen sind, sondern lediglich Ausdruck von Gefühlen bzw. Haltungen sind. Werturteile können nach dieser Theorie weder wahr noch falsch sein. Sie sind bloße Gefühlsäußerungen, mit denen der Sprecher andere zur Übernahme der eigenen Haltung bewegen will.

ENTFREMDUNG
Distanzierung des Menschen von sich selbst (seiner Selbstwahrnehmung, seiner Handlungen und Handlungsfolgen, seiner Gefühle und seiner Wahrnehmung) durch gesellschaftlich-soziale, kulturelle, ihm ursprünglich nicht »eigene« Prägung (z. B. wenn das Ergebnis einer Handlung nicht mehr als eigenes Produkt erscheint, weil das Handeln fremdbestimmt war; wenn das eigene Gefühl, gesund oder krank zu sein, verloren geht, weil zunehmend medizinische Laborwerte »Krankheit« bestimmen usw.)

ENTITÄT
ein einzelnes »Seiendes«, z. B. ein Gegenstand oder ein Lebewesen, aber auch etwas nicht Materielles wie z. B. ein Wunsch

ETATISMUS
(lat. etat: Staat) Bezeichnung für eine starke Regelung gesellschaftlicher Bereiche durch den Staat, v. a. der Wirtschaft (»Planwirtschaft«), aber auch des privaten oder kulturellen Lebens (z. B. durch Pressezensur, Subventionierung genehmer Kultur, gesetzliche Geburtenkontrolle usw.)

ETHNOZENTRISMUS
Einstellung, die das eigene soziale Kollektiv (Gruppe, Volk, Nation u. a.) in den Mittelpunkt stellt und gegenüber anderen, fremden als höherwertig interpretiert. Eine Variante des E. wäre der Eurozentrismus: fremde Kulturen werden mit typisch europäischen Maßstäben und Kategorien bewertet.

ETHOS
Sitte, moralische Haltung, Sittlichkeitskodex für einen bestimmten Bereich (z. B. Berufsethos)

EUGENIK
Vererbungslehre, Wissenschaft erbschädigender Einflüsse/krankheitstragender Gene

EXODUS
Auszug der Israeliten aus Ägypten und Bezeichnung des zweiten Buch Mose im Alten Testament

FAHRLÄSSIGKEIT
Hinnahme schädlicher Folgen einer Handlung, die zwar nicht in der Absicht des Handelnden gelegen haben, die er aber mit einiger Überlegung (zumindest als Risiko) hätte voraussehen können

FAIRNESS
Anständiges, ehrliches, gerechtes Verhalten (aus dem Englischen)

FEINDESLIEBE
Dieser, in der hebräischen Sprache aus nur drei Wörtern bestehende Satz »Du sollst deinen Nächsten lieben wie dich selbst« (in 3. Mose 19, 18) kann als »geheimes Ziel« alttestamentlicher Ethik bezeichnet werden. Er schließt die Feindesliebe mit ein, denn was den Feind angeht, so hat der Israelit sich nach 2. Mose 23, 4–5 auch um dessen Esel zu kümmern: »Wenn du dem verirrten Rind oder dem Esel deines Feindes begegnest, sollst du ihm das Tier zurückbringen. Wenn du siehst, wie der Esel deines Gegners unter der Last zusammenbricht, dann lass ihn nicht im Stich, sondern leiste ihm Hilfe!«

FEN-SHUI
chinesisch-asiatische Lehre von guten und schädlichen Energieströmen in der Erde; mit herkömmlichen physikalischen Theorien und Messinstrumenten nicht nachweisbar

GEMEINSCHAFT
eine nicht nur durch rationale gegenseitige Verpflichtungen (z. B. Verträge) oder gleiche Lebensweise, sondern vor allem durch emotionale und meist auch moralische Beziehungen zustande gekommene Gruppe von Menschen (z. B. Familie, Volk, Freundschaft, aber auch Schicksalsg., G. von Betroffenen); s. a. Gesellschaft

GENANALYSE
Untersuchung des Chromosomen-Satzes einer Zelle, um bei Embryos Schlüsse auf den Phänotyp zu ziehen, bei Erwachsenen Schlüsse über mögliche spätere Krankheiten und bei einzelnen Zellen (z. B. von Haaren) Schlüsse über ihre Herkunft

GENERATIONENVERTRAG
übliche Bezeichnung für die gesetzliche Rentenversicherung, bei der die Rente der heutigen Rentner und Renterinnen durch die heute Arbeitenden, also die Generation ihrer Kinder und Enkel finanziert wird (und nicht aus den – verzinsten – früheren Beiträgen dieser Rentner selbst, wie bei privaten Rentenversicherungen)

GENOM
der Chromosomensatz einer Zelle oder auch einer gesamten Art (z. B. Genom der menschlichen Population)

GERECHTIGKEIT
Sowohl oberstes Prinzip des Rechts als auch als menschliche Tugend diejenige sittliche Grundhaltung, die alles Handeln an diesem Prinzip geleiten sein lässt.

GESELLSCHAFT
absichtsvoll, durch einen (meist fiktiven) Vertrag, traditionelle Regeln oder Moralsysteme, meist auch durch gemeinsame Sprache und Geschichte gebildete Gruppe von Menschen; s. a. Gemeinschaft

GESINNUNGSETHIK
Ethik, die eine Handlung danach als gut oder schlecht beurteilt, ob sie in guter Absicht geschah; s. a. Verantwortungsethik

GNOSISTISCH/GNOSIS
»Erkenntnis«, dient zur Bezeichnung von spätantiken Bewegungen, die einen Dualismus von Geist und Materie lehrten und folglich die Körperlichkeit des Menschen negativ bewerteten.

HEILIG
In der Religionsforschung hat man immer wieder versucht, Definitionen des Heiligen zu formulieren, wobei man in der Vergangenheit in diesem eine ontologische Kategorie sah, die nicht mit den Methoden der übrigen Wissenschaft zugänglich sei. Kulturübergreifende Forschungen haben jedoch gezeigt, dass das Verständnis dessen, was als heilig angesehen wird, von der jeweiligen Kultur abhängig ist, in der der Gläubige/die Gläubige lebt. Allgemein kann man jedoch sagen, dass das Heilige auf die Relation zwischen Mensch und Gott/Göttern/Göttlichem verweist, die mit Begegnung und antwortendem Handeln des Menschen zu tun hat.

HIERARCHIE
Rangordnung, Rangfolge, Über- und Unterordnungsverhältnisse

HIPPOKRATISCHER EID
ethische Selbstverpflichtung des Arztes auf das Wohl des Patienten und den wissenschaftlichen Nutzen, erstmals formuliert von dem gr. Arzt Hippokrates (ca. 460–377 v. Chr.); erste berufsethische Selbstverpflichtung überhaupt

HOLOCAUST
ist das griechische Wort für »Brandopfer« (im Sinne von Ganzopfer), das den Völkermord an den Juden im Dritten Reich bezeichnet. Viele Juden lehnen jedoch diesen Begriff ab, da ihnen Martyrium und Vernichtung aufgezwungen wurden, und reden lieber von Shoa.

INDUKTIV
logische Folgerung, bei der von einem oder mehreren ähnlichen Einzelfällen aus auf ein allgemeines Gesetz geschlossen wird; v. a. benutzt in der wissenschaftlichen Forschung (s. a.: deduktiv, abduktiv)
INHÄRENT
innewohnend, einer Entität von sich aus zukommend, nicht von außen zugeordnet
INITIATION; INITIATIONSRITUS
Einweihung, Neuaufnahme eines Mitglieds in eine Gemeinschaft durch traditionelle Verfahren, Prüfungen, Feiern usw.
INKARNATION
Die »Fleischwerdung« im Sinne der Menschwerdung Gottes in Jesus von Nazareth ist ein Axiom des christlichen Glaubens. Im Hinduismus bezeichnet der Begriff den Herabstieg des Gottes Vishnu in Gestalt von Tieren oder Menschen, wie z. B. in der des Gottes Krishna, um den Menschen seine Hilfe in Krisensituationen zu gewähren.
INTRINSISCH
autonom gesetzt, aus eigenem Antrieb heraus
IN-VITRO-FERTILISATION (IVF)
extra-uterale Befruchung; künstliche Befruchtung einer den Eierstöcken entnommenen Eizelle mit einer Samenzelle (lat. in vitro: im [Reagenz-]Glas)
IRREVERSIBILITÄT
nicht wieder zurückzunehmende, unumkehrbare Verfahren/Ereignisse/Abläufe
JAHWE: Nach der Überlieferung der hebräischen Bibel Bezeichnung für den Gott des Volkes Israel, der es aus der Knechtschaft in Ägypten herausgeführt hat
JAINISTISCH, JAINISMUS
(wird von Jina, »spiritueller Sieger«, abgeleitet): ist der Name einer unorthodoxen Religion Indiens, die die Autorität der Veden, das Kastensystem und die Idee eines Schöpfergottes ablehnt. Grundpfeiler jainistischer Ethik ist die Absolutsetzung von Ahimsa (vgl. S. 304), die Mahatma Gandhis Leben und Werk entscheidend prägen sollte.
KANON
die endgültig festgelegte Sammlung der für den Glauben maßgebenden und verbindlichen heiligen Schriften
KEIMBAHNTHERAPIE
Gentechnologie, bei der die DNS bereits in der Ei- oder Samenzelle verändert und also ein noch nicht geborenes Lebewesen genetisch verändert wird. In Deutschland galt 1999 folgendes Gesetz: § 3: Wer es unternimmt, eine menschliche Eizelle mit einer Samenzelle künstlich zu befruchten, die nach dem in ihr enthaltenen Geschlechts-Chromosom ausgewählt worden ist, wird mit Freiheitsstrafe bis zu einem Jahr oder mit Geldstrafe bestraft. Dies gilt nicht, wenn die Auswahl der Samenzelle durch einen Arzt dazu dient, das Kind vor der Erkrankung an einer ... schwerwiegenden geschlechtsgebundenen Erbkrankheit zu bewahren, und die dem Kind drohende Erkrankung von der nach Landesrecht zuständigen Stelle als entsprechend schwerwiegend anerkannt worden ist. § 5 (1): Wer die Erbinformation einer menschlichen Keimbahnzelle künstlich verändert, wird mit Freiheitsstrafe bis zu fünf Jahren oder mit Geldstrafe bestraft.
KLON-VERBOT
Wer künstlich bewirkt, dass ein menschlicher Embryo mit der gleichen Erbinformation wie ein anderer Embryo, ein Foetus, ein Mensch oder ein Verstorbener entsteht, wird mit Freiheitsstrafe bis zu fünf Jahren bestraft. (Gesetz zum Schutz von Embryonen, 1990)
KOAN
Das japanische Wort Koan bezeichnet im Zen-Buddhismus eine Erfahrung, die auf die Letzte Wahrheit hindeutet. Ihr Wesen ist das Paradoxon, weshalb das Koan nicht mit dem Verstand zu lösen ist, sondern den Sprung auf eine andere Ebene des Begreifens erforderlich macht.
KOGNITIV
rationale Erkenntnis und Wissensverwendung, Vorgänge des Verstandes
KOMMUNIKATION
allgemein das In-Verbindung-Sein von Menschen miteinander
KONFLIKTMANAGER
auch Mediator genannt, zunehmend in Institutionen (Gemeinden, Schulen, Rechts- und Sozialberatungen usw.) eingesetzte Personen, die im Falle eines Konfliktes zwischen den verschiedenen Interessen der Einzelpersonen oder Gruppen vermitteln und im Gespräch mit den Betroffenen eine für alle akzeptable Lösung herbeiführen sollen, s. auch Mediation
KONFUZIUS, KONFUZIANISMUS
Dieser Begriff wurde im 16. Jh. von Jesuitenmissionaren für die mit dem Namen des chinesischen Weisen Konfuzius verbundene Denkschule entwickelt. Die chinesische Bezeichnung ist dagegen Schule oder Lehren der Gelehrten, welche nicht nur die Lehren des Konfuzius selbst umfassen, sondern auch diejenigen, die er selbst überliefert sowie die gesamte Traditionsentwicklung nach ihm. Konfuzius (552–479 v. Chr.) – die latinisierte Form von Kung Fu-tzu, »Meister Kung« – gründete seine ethische Philosophie auf die ererbte religiöse Vorstellung des »Herrn in der Höhe« oder des »Himmels«, des höchsten persönlichen Gott. Nach dem 10. Jh. kam es infolge der Begegnung mit dem Buddhismus zu einer neukonfuzianistischen Erneuerung; in den letzten Jahrzehnten erfolgte eine Neubewertung, die als moderner Neukonfuzianismus bekannt ist. Die leiblichen Nachkommen des Konfuzius leben noch heute in seinem Geburtsort Kufu.
KONSENS
(von lat. zustimmen) im gemeinsamen Gespräch und im Austausch der Argumente und Meinungen gefundene Regelung zwischen unterschiedlichen Interessen, bei denen alle Beteiligten zu ihrem Recht kommen
KONTINGENT
unwesentlich, auch anders möglich, nicht notwendig, nicht zum Wesen einer Sache gehörend (bes. für die Eigenschaften eines Gegenstandes, z. B.: Ein Pudel ist notwendigerweise ein Hund, seine Farbe – schwarz oder weiß ist kontingent); Gegensatz: inkontingent
KREUZZÜGE
die sieben vom 11.–13. Jh. geführten Kriegszüge der abendländischen Christenheit zur Rückeroberung der heiligen Stätten von islamischer Herrschaft; Auslöser: Eroberung Jerusalems 1070 durch die türkischen Seldschuken
KULTURALISMUS
den kulturellen Unterschieden, ihrer Integration in die Gesellschaft und der Auseinandersetzung mit verschiedenen Kulturen hohe Bedeutung beimessend
KYBERNETIK
Wissenschaft über die Steuerungs- und Regelungsverfahren in technischen, biologischen oder gesellschaftlichen Systemen
LAO-TZU
(auch Lao-tse), der »Alte Lehrer«, war nach der Tradition ein Zeitgenosse des Konfuzius. Über sein Leben ist nur wenig bekannt: Er legte sein Hofamt nieder, weil er mit den moralischen und politischen Verhältnissen unzufrieden war und verließ sein Land, wurde aber vom Grenzwächter gebeten, seine Weisheit niederzuschreiben. So entstand der Tradition nach das »Tao-te ching«, dessen Deutung schwierig ist. Im 1. Jh. n. Chr. wurde er vergöttlicht.
LEGALITÄT, legal
Beurteilung danach, ob etwas gesetzlich erlaubt ist; s. a. Legitimität
LEGITIMATION
Nachweis der Berechtigung/Rechtfertigung
LIBERALISMUS
politische Richtung, steht für möglichst große Freiheit des Einzelnen und ein Minimum gesetzlicher Regelungen sowie für hohe Selbstverantwortung bei minimaler staatlicher Sozialfürsorge
LOGOTHERAPIE
Von Viktor E. Frankl entwickelte Form der Tiefenpsychologie und Psychotherapie, in deren Zentrum die Begriffe »Sinn« und »Sinnsuche« stehen
MADAME BOVARI
Französischer Roman (1857) von Gustave Flaubert (1821–1880): Flaubert schildert darin das unglückliche Leben der Frau eines Landarztes, die aus der durch strukturelle Ereignislosigkeit und erdrückende Konventionalität geprägten Enge ihrer Existenz als Gattin und Mutter auszubrechen sucht, indem sie nach einigem Zögern zwei Mal romantische Liebesbeziehungen zu anderen Männern aufnimmt. Die Beziehungen enden für sie unglücklich und ernüchternd. Da sie sich zudem in ihrem Bemühen, ihrem enttäuschenden Leben durch die Anschaffung von Luxusartikeln etwas Glanz zu verschaffen, hoffnungslos verschuldet hat, sieht sie ihre Lage als aussichtslos und tötet sich mit Arsen.

MEDIATION
in der Politik für Verfahren, wichtige Entscheidungen (z. B. über den Einsatz gentechnischer Verfahren, aber auch den Standort einer Müllverbrennungsanlage usw.) nicht allein im Parlament oder in örtlichen Verwaltungen zu treffen, sondern unter Anhörung und oft auch im Konsens-suchenden Gespräch aller später von der Entscheidung Betroffenen

MEDIENKOMPETENZ
die Fähigkeit, mit den modernen Informations- und Kommunikationsmedien »kompetent«, d. h. eigenverantwortlich und ohne sich manipulieren zu lassen umzugehen (z. B. eine Nachrichtenquelle auf ihre Seriosität hin beurteilen zu können, soziale Schwierigkeiten nicht durch übermäßiges Fernsehen zu kompensieren, sich nicht durch Gewalt- oder Horrorfilme beeinflussen zu lassen usw.)

METAPHYSIK
das über das physikalisch Greifbare Hinausgehende (griech. meta: über, hinter); klassische Bezeichnung für die Philosophie, die sich mit dem nicht Sichtbaren, Immateriellen beschäftigt

MINDERHEIT
kleinere geschlossene, innerhalb eines Gebietes mit (ethnisch, nach Sprache, Kultur, Religion usw.) andersartiger Bevölkerung lebende Gruppe oder im gesamten Territorium versprengt lebende Einzelpersonen (»Diaspora«), denen entsprechend internationaler Abkommen (z. B. der Vereinten Nationen und der europäischen Union) bei Mehrheitsentscheidungen besondere Minderheitenrechte (z. B. Quoten) zukommen und denen die Ausübung ihrer Religion, das Sprechen ihrer Sprache, ihre traditionelle Lebensweise usw. erlaubt und teilweise (z. B. durch finanzielle Förderung) staatlicherseits ermöglicht werden muss

MITTELIDENTIFIKATION
in der Handlungstheorie für die Wahl eines Mittels (Gegenstand oder auch Art, wie vorzugehen ist, Methode, Technik des Vorgehens), wenn Ziel (Zweck) und Absicht einer Handlung klar ist; ein Mittel muss kognitiv identifiziert werden (»gewusst wie«) und normativ (in möglichen Nebenfolgen akzeptabel z. B.: Der Mord an seiner Erbtante ist – kognitiv – ein Mittel, um in den Besitz einer größeren Geldmenge zu kommen, scheint jedoch moralisch – normativ – nicht angemessen. (s. normativ, kognitiv)

MONOTHEISMUS
der Glaube an die Absolutheit und Ausschließlichkeit eines Gottes im Gegensatz zum Polytheismus, dem Glauben an viele Götter. Dieser europäische Begriff ist aber problematisch: Für Muslime z. B. ist der christliche Glaube an die Dreifaltigkeit Gottes (Vater, Sohn und Heiliger Geist) nur schwerlich als echter Monotheismus zu verstehen und andererseits verstehen sich die Anhänger des Gottes Krishna oder Shiva auch als Monotheisten und erklären die vielen anderen Gottheiten Indiens als andere Namen des einen persönlichen und allmächtigen Gottes

NACHHALTIGKEIT
Strategie, die in einem Produktionsverfahren oder für eine Tätigkeit verbrauchten Rohstoffe und abgenutzten Hilfsmittel wieder zu ersetzen (zu »substituieren«, s. a. Substitut)

NATURRECHT
das im Wesen des Menschen begründete und daher unwandelbare Recht, das als höchstrangige Rechtsquelle zur Legitimierung des positiven Rechts dient, christlich: das in die menschliche Natur durch die Schöpfungsordnung gepflanzte göttliche Gesetz

NOACHITISCHE GESETZE
Ausgehend von Gen 9,1 ff. umfasst die Liste nach rabbinischer Festlegung die Verbote von Götzenverehrung, Gotteslästerung, Mord, Blutschande und Ehebruch, Raub, Essen des Fleisches von einem noch lebenden Wesen sowie das Gebot, ein System der Gerechtigkeit zu errichten (vgl. Acta 15,20).

NORMATIV
wertend (s. a. prädikativ, deskriptiv)

NOTHILFE
(evtl. gewaltsame) Beihilfe eines in Not Befindlichen, der selbst keine Notwehr mehr leisten kann

NOTSTAND, NOTSTANDSGESETZE
gesetzliche Regelung über die im (Not-)Fall des Angriffs auf den Staat (durch äußere, aber auch »innere« Feinde, z. B. Revolutionäre oder Terroristen) geltenden Sonderregelungen, mit denen teilweise Grundrechte außer Kraft gesetzt werden können (z. B. Verpflichtung zu unbefristetem Wehrdienst, Verhaftung ohne richterlichen Entscheid, zwangsweiser Vermögenseinzug usw.)

NOTWEHR
Abwehr eines Angriffs auf die eigene Person (körperlich oder u. U. auch als immaterielle Verletzung der Persönlichkeit und Grundrechte, z. B. Freiheitsberaubung), evtl. gewaltsam, also die normalerweise gesetzlich erlaubten Mittel übersteigend; jedoch müssen die Mittel dem Maß des Angriffs stets angemessen sein

NUMINOS
In der altrömischen Religion bezeichnet »Numen« das göttliche Wirken und den göttlichen Willensakt, welcher zwar über Vorzeichen erforscht werden kann, der göttliche Urheber selbst jedoch nicht klar zu erkennen ist. Das Numinose wurde von Rudolf Otto (1869–1937) in die Religionsforschung eingeführt und mit dem Heiligen gleichgesetzt. Es umschreibt aber mehr die Gefühle von Furcht und Anziehung, die der Gläubige im Angesicht der Wirklichkeit Gottes empfindet.

ÖKUMENISCHER RAT DER KIRCHEN
hervorgegangen aus der ökumenischen Bewegung, gegründet 1948 in Amsterdam, umfasst über 330 Mitgliedskirchen; Sitz des Generalsekretariat ist Genf

ONTOLOGIE
Wissenschaft vom Seienden bzw. vom Sein; ontologisch: auf das Seiende (und nicht das Gedachte, Gewollte, bloß Mögliche usw.) bezogen

ONTOLOGISCH
das Seiende, die Realität betreffend

ORTHODOXIE
»Rechtgläubigkeit«, ist ein ursprünglich christlicher Begriff, der die Kirchen des Osten von der römisch-katholischen Kirche abgrenzte; dient heute in der Welt der Religionen zur Bezeichnung einer Haltung, die an traditionellen religiösen Lehren und Praktiken festhalten will.

OVADAPATIMOKKHA
s. Patimokkha

PARADIGMA
modellhaftes Beispiel; Raster, in das sich alles weitere fügen muss

PATIMOKKHA
bezeichnet den Katalog der Schulungsregeln, die der Buddha für das monastische Leben festlegte. In seiner gegenwärtigen Form enthält dieser Katalog 227 Vorschriften. Aber nach der buddhistischen Tradition musste der Buddha in der ersten Zeit seiner Tätigkeit keinen systematischen Katalog von Regeln festlegen, denn die Mönche waren unablässig korrekt in ihrem Verhalten und eifrig in der Disziplin. Daher, so wird gesagt, wenn die Sangha-Mitglieder sich jeden Monat zweimal trafen aus Anlass der Uposatha-Feier (die Vollmond- und Neumondversammlungen), mussten die Mönche nicht den Patimokkha der niedergelegten Vorschriften rezitieren, wie es später Brauch wurde. Stattdessen hätte Buddha, die Versammlung leitend, nur drei Verse rezitiert, welche die gesamte Disziplin des Mönches zusammenfasst.

PERSON
Träger aller wesentlichen menschlichen Eigenschaften (wie Selbstbewusstsein, Sprachfähigkeit, Handlungsfähigkeit); Personenstatus wird von einigen Philosophen u. U. auch bestimmten höheren Tieren zugesprochen oder hirntoten Koma-Patienten sowie ohne Großhirn geborenen Säuglingen abgesprochen.

PLURALISMUS
Die Anschauung, nach der die Wirklichkeit aus mehreren Grundelementen besteht. Im P. wird anerkannt, dass es grundverschiedene Dimensionen und Ordnungen der Wirklichkeit gibt, die nicht von einem umfassenden Prinzip her zu verstehen sind. Allgemein auch verwendet für: Vielgestaltigkeit weltanschaulicher, politischer oder gesellschaftlicher Phänomene.

POTENZIALITÄT
eine bloß der Möglichkeit nach vorhandene Fähigkeit, die noch entwickelt werden muss, um »aktual« vorhanden zu sein (z. B. der aufrechte Gang des Säuglings)

PRÄDIKATIVE MEDIZIN
medizinische Verfahren, die der Vorhersage (nicht der Heilung) von Krankheiten oder allgemeinen Wesensmerkmalen dienen

(z. B. Vorhersage des Geschlechts eines Embryos durch Ultraschall)

PRÄIMPLANTATIONSDIAGNOSTIK
Untersuchung der Gene einer »in vitro«, d. i. auf künstlichem Wege im Reagenzglas befruchteten Eizelle oder eines Keims im Mehr-Zell-Stadium auf Defekte und Vorhersagen über den Phänotyp (vor einer Implantation in die Gebärmutter)

PRAJÑAPARAMITA-SUTRA
Mit diesem Begriff werden eine Reihe von Sutras (wörtlich »Leitfaden«), d. h. Lehrreden Buddhas bezeichnet, die zu intuitiver Schau führen sollen: Paramita, »das, was das andere Ufer erreicht«, gemeint ist das Transzendente, während Prajña die unmittelbare, also intuitive Weisheit bezeichnet. Wesentlich für Letztere ist die Einsicht, dass das wahre Wesen der Welt die Leere ist. Diese ist aber zugleich die Matrix aller Phänomene, die vordergründig wahrgenommen werden, weil sie auch wirklich existieren – aber nur als Erscheinungen.

PRÄNATALE MEDIZIN
Diagnostiken und Therapien des Fötus oder Embryos

PRÄSKRIPTIV
vorschreibend, voraussagend (s. a. normativ, deskriptiv)

PRIMA-FACIE-ARGUMENT
ein Argument, das nicht bewiesen werden kann, aber plausibel erscheint und daher so lange als gültig angenommen wird

PRODUKTHAFTUNGSGESETZ
(auch: Herstellerhaftungsgesetz); verpflichtet den Hersteller (oder, bei nicht in der EU hergestellten Gütern, den Importeur), nicht nur für offensichtliche Mängel seiner Produkte zu haften, sondern auch dann Schadensersatz zu leisten, wenn ein Anwender das Produkt falsch oder missbräuchlich verwendete, weil es keine eindeutige Bedienungsanleitung, Warnhinweise oder eine technische Verhinderung dieses Missbrauchs gab, obwohl er für den Hersteller voraussehbar gewesen wäre (z. B. Mord oder Selbsttötung mit einem Revolver, der zur Selbstverteidigung verkauft wird).

RABBINER
Der Titel Rabbi, »mein Meister« (wörtlich: »mein Großer«), bezeichnete seit etwa dem 1. Jh. hervorragende jüdische Gelehrte, die als Lehrer der Tora und Halacha angesehen wurden. Seit dem 14. Jh. entwickelte sich das Rabbineramt zu einem Beruf, der wesentlich mit der Rechtsfindung, aber auch mit der Überwachung religiöser Aktivitäten zu tun hatte. Abgesehen von den strikt orthodoxen Gemeinden, umfasst das Amt heute auch seelsorgerliche, soziale, pädagogische und ökumenische Aufgaben.

RADON-THERAPIE
früher eingesetzte Strahlenbehandlung zur allgemeinen Gesundheitsförderung (als »Kuraufenthalte« in stillgelegten Bergwerken); gilt heute als krebserzeugend

RAISONNEMENT
rationales Abwägen von Argumenten, Problem-Erörterung

RASSE
ist ein überholter und vielfach missbrauchter Begriff zur typologischen Bildung von Kategorien, in die die Menschen aufgrund unterschiedlicher Haut-, Haar-, Augenfarbe, Körper-, Kopf-, Gesichtsformen, Wärmeregulation, Blutmerkmale und Hautfarben eingeordnet werden; man spricht heute von Menschentypen.

RASSENDISKRIMINIERUNG
UN-Definition von 1960: Jede auf der Rasse, der Hautfarbe, der Abstammung, dem nationalen Ursprung oder dem Volkstum beruhende Unterscheidung, Ausschließung, Beschränkung oder Bevorzugung, die zum Ziel oder zur Folge hat, dass dadurch ein gleichberechtigtes Anerkennen, Genießen oder Ausüben von Menschenrechten und Grundfreiheiten im politischen, wirtschaftlichen, sozialen, kulturellen oder jedem sonstigen Bereich des öffentlichen Lebens vereitelt oder beeinträchtigt wird

RATIONALITÄT
Bestimmung durch Vernunft und verstandesgemäße Einsicht (ratio: lat. Vernunft, Verstand); in der zeitgenöss. Philosophie (bes. der Postmoderne) werden häufig verschiedene Rationalitäten unterschieden, die jeweils ihre eigene Argumentationslogik, ihre eigenen Wahrheiten und häufig ihren eigenen, begrenzten Geltungsbereich haben (z. B. ästhetische R., praktische R., wissenschaftliche R., lebensweltliche R. usw.).

RECHT
Im Sinne von Rechtsordnung die an der Idee der Gerechtigkeit ausgerichtete, allgemeinverbindliche Ordnung typischer zwischenmenschlicher Beziehungen

RESORPTIONSKAPAZITÄT
Fähigkeit eines Stoffes oder eines Ökosystems, einen anderen Stoff aufzunehmen oder unschädlich zu machen (z. B. Resorbtionskapazität der Atmosphäre für CO_2)

RESSOURCE
Vorräte, deren Menge nicht genau bekannt sind (im Unterschied bereits erschlossenen, gelagerten Reserven)

RITUALE
strukturieren Zeit und deren Erfahrung; organisieren das Verhältnis von Gemeinschaft und Einzelnen, teils eher gemeinschaftlich, teils eher individuell orientiert, und tragen bei zur Tragfähigkeit der Beziehungen zwischen Menschen und Gott/Göttern.

RORSCHACH-TEST
psychologischer Persönlichkeitstest, den der schweizerische Psychiater Hermann Rorschach (1884–1922) 1921 entwickelte. In ihm muss die getestete Person bunte oder schwarz-weiße Farbklekse »interpretieren«.

SADISMUS
Nach dem französischen Schriftsteller Marquis de Sade (1740–1814), allgemein: Lust am Quälen, an Grausamkeiten, konkret: das Empfinden von sexueller Lust beim Ausführen körperlicher oder seelischer Misshandlungen.

SÄKULARISIERUNG
(von lat. saeculum, Zeitalter, Jh.), Verweltlichung: Bezeichnung für den Prozess, durch den die vom Menschen geprägte Welt als etwas verstanden wird, das keiner religiösen Begründung bedarf. Die Welt des Menschen soll aus sich selbst heraus verstanden und begründet werden. Historisch bezeichnet S. vor allem jene kulturelle Entwicklung, die mit der Renaissance und Reformation einsetzt und im Zeitalter der Aufklärung zum Durchbruch kommt.

SCHEICH
Das arabische Wort bedeutet »Alter« und ist Titel für angesehene Würdenträger des geistlichen, weltlichen oder sozialen Lebens; unter Sufis weist der Titel darauf hin, dass sein Träger als ein spiritueller Meister angesehen wird.

SCHLICHTUNGSSTELLE
vor die gerichtliche Auseinandersetzung geschaltete Einigungsstellen, die im Konfliktfall nach einem für alle akzeptablen Kompromiss oder im Falle einer Straftat (meist nur einer kleineren, also juristisch ein Vergehen) nach einem direkten Täter-Opfer-Ausgleich sucht; s. a. Wiedergutmachung

SCHLUSS; LOGISCHER
formales, rational-methodisches Verfahren, aus zwei oder mehr Voraussetzungen (»Prämissen«) eine Folgerung (»Konklusion«) analytisch (meist begrifflich) abzuleiten (z. B. 1. Alle Menschen sind sterblich + 2. Sokrates ist ein Mensch = Folgerung: Sokrates ist sterblich); s. a.: induktiv, deduktiv, abduktiv, Syllogismus

SHOAH
Das hebräische Wort bezeichnet die völlige »Vernichtung«, gemeint ist der Mord an nahezu 6 Millionen Juden im Dritten Reich; s. Holocaust.

SCHULDFÄHIGKEIT
Feststellung, dass eine Person geistig und psychisch in der Lage war, die Folgen ihrer Handlung vorauszusehen und ggf. die Handlung zu unterlassen (z. B. nicht durch Alkohol oder Drogen in der Urteilsfähigkeit getrübt, durch blinde Wut im Affekt handelnd, durch geistige Behinderung dauerhaft nicht zu rationaler Überlegung fähig)

SELBSTORGANISATION
Fähigkeit der Selbststeuerung; Lenkung und Entwicklung durch autonome Prinzipien und Mechanismen

SELEKTION
Aussonderung, Auswahl, Auslese

SHINTO
Das japanische Wort ist dem chinesischen Shen-tao entlehnt und bedeutet »Kami-Weg«, womit die angestammte Religion Japans bezeichnet wird. Sie hat keinen Stifter und auch keine heiligen Schriften. Von zentraler Bedeutung ist die Vorstellung von der Gründung Japans und seines Herrscherhauses durch Himmelsgottheiten. In seiner Entwicklung wurde der Shinto von Konfuzianismus und Buddhismus geprägt, behielt aber seine Eigenständigkeit. Im Mittelpunkt stehen die Wallfahrten zu den Schreinen wie

z. B. dem von Ise, wo die Sonnengöttin Amaterasu verehrt wird, und die Ahnenverehrung. Daneben kann auch die Anwesenheit von Kami an herausragenden Stellen in der Natur (z. B. Berge) angenommen und verehrt werden.

SKLAVEREI
eine extreme Form der Unfreiheit, nach der ein Mensch zu einem verfügbaren Eigentum eines anderen Menschen erklärt wird. Sklavenhaltung ist seit der Antike bekannt, verlor aber bis ins Mittelalter hinein an Bedeutung. Mit dem Vordringen der Muslime und der Europäer in das Innere Afrikas im 15. Jh. entwickelte sich ein Sklavenhandel von riesigen Ausmaßen, an dem auch afrikanische Herrscher beteiligt waren. Insbesondere Europäer missbrauchten Menschen als Arbeitssklaven für ihre Plantagen in Nord- und Südamerika. Schätzungen sprechen von 10,5 oder mehr Millionen verschleppter Afrikaner. Ganze Völker wurden vernichtet. In einigen Teilen Afrikas und Arabiens wurde die Sklaverei erst im 20. Jahrhundert abgeschafft. Es gibt aber noch heute Berichte von Missionaren über den Freikauf von versklavten Menschen z. B. im Südsudan. In Indien und Pakistan müssen Kinder und Erwachsene durch sklavenähnliche Arbeit ein menschenunwürdiges Dasein führen; noch heute werden Kinder in Schuldknechtschaft hineingeboren.

SOPHISTEN
historische Bezeichnung für eine Gruppe von Philosophen, die in Griechenland im 5. Jahrhundert v. Chr. als Lehrer für Philosophie und Rhetorik auftraten; sie arbeiteten gegen Bezahlung und unterrichteten u. a. in der Kunst, andere zu überreden, eine Fertigkeit, die für jene nützlich war, die im demokratischen Athen Karriere machten wollten. Viele Sophisten standen dem ethischen Relativismus nahe. Moralische Normen waren für sie lediglich zweckmäßige Konventionen. Unter dem Recht der Natur verstanden sie das Recht des Stärkeren.

SOUVERÄN
Gesetzgeber, uneingeschränkt Herrschender (z. B. König)

SOUVERÄNITÄT
das Recht, in einem bestimmten Bereich frei bestimmen zu können

SOZIALISATION
Sammelbegriff für die durch Elternhaus und Umwelt bedingte Erziehung und Entwicklung des Menschen oder eines in sozialen Gemeinschaften lebenden höheren Tieres

SOZIALSTAAT
bezeichnet einen Staat, der eine vergleichsweise hohe Zahl sozialer Absicherungssysteme bietet für Personen, die ihren Lebensbedarf nicht oder nicht vollständig selbst sichern können (Alte, Kranke, Arbeitslose, Kinder usw.) und diese Systeme aus Zwangsabgaben (z. B. Steuern) aller Verdienenden und/oder Vermögenden finanziert.

SOZINIANER
Bezeichnung für eine christliche Bewegung, die ihren Namen von Lelio Sozzini (1525–1562) und seinem Neffen Fausto (1539–1604) ableitet. Sie vertraten ein rationalistisches, humanistisches und tolerantes Christentum, dessen Einfluss bis ins 19. Jh. reicht.

SPEZIEZISMUS
Überzeugung, die eigene Spezies sei von höherem Rang als andere Spezies; ein Speziezist hält also die Menschen für ranghöher als alle Tiere.

SPIRITUALITÄT, SPIRITUALISIERUNG
bezeichnet die Vergeistigung von Welt und Leben, wie sie insbesondere in den Religionen anzutreffen ist. Grundlage ist die mit dem Glauben auftretende Sinnstiftung in einer ansonsten materiell-biologischen Welt, die aufgrund der Kommunikation zwischen Gott und Mensch (und umgekehrt) dem menschlichen Dasein Ziel und Aufgaben zuteilt.

STERBEHILFE
alle Handlungen des Arztes oder anderer Beteiligter, die den Sterbeprozess einer Person verkürzen (aktive St.; v. a. bei offensichtlich stark leidenden Sterbenden bzw. Todkranken diskutiert), auf eine medizinisch mögliche Lebensverlängerung verzichten (passive St.; v. a. diskutiert, wenn Lebensverlängerung nur Leidensverlängerung bedeuten würde) oder eine Lebensverkürzung als Nebenwirkung von leidensvermindernden Therapien (z. B. Schmerzmittel) in Kauf nehmen (ebenfalls passive St.). Passive St. ist in Deutschland erlaubt, wenn die Zustimmung des Patienten vorliegt oder (im Falle seiner Bewusstlosigkeit o. Ä.) angenommen werden kann. Umstritten ist v. a., ob auch bei Komatösen, Hirntoten und nicht bewusstseinsfähig (d. h. ohne Großhirn) Geborener, jedoch bei intensivmedizinischer Pflege nicht Sterbender der Verzicht auf diese Pflege (»Abschalten der Geräte«) Sterbehilfe ist; ebenso wie ärztliche Beihilfe zur Selbsttötung oder Tötung auf Verlangen bei hochgradig Behinderten (z. B. vollständig Gelähmten).

SUFISMUS
ist der Name für die islamische Mystik, der von »suf« abgeleitet wird, dem Wollgewand der frühen Asketen. Ausgangspunkt war seit dem 8. Jahrhundert die Suche nach dem inneren (esoterischen) Sinn des Korans; das Ziel besteht bis heute in der Aktualisierung der göttlichen Gegenwart in der mystischen Schau, bis hin zur ekstatischen Union mit Allah. Dieser spirituelle Islam, dem es um die reine Gottesliebe geht, hat einen wesentlichen Anteil an der friedlichen Ausbreitung des Islam in der Welt.

SUNNA
Das arabische Wort für »Brauch«, »Gewohnheit« bezieht sich auf die Aussprüche und Handlungen des Propheten Muhammad, die im Hadith, d. h. in der »Erzählung« gesammelt wurden und neben dem Koran die zweite Offenbarungsquelle des Islam ist. Wenn der Koran als Buch die geoffenbarte Eingebung Allahs ist, so ist die Sunna die verborgene Eingebung der göttlichen Weisheit und damit entscheidende Ergänzung zum Koran. Die Bezeichnung Sunniten für die überwiegende Mehrheit aller Muslime meint dann jene, die der Sunna bzw. Gewohnheit des Propheten folgen und häufig auch als Orthodoxe bezeichnet werden.

SUPERVISION
Beratung und Beaufsichtigung von Arbeits- oder sonstigen Gruppen durch Psychotherapeuten zur Erhöhung der Effektivität

SYLLOGISMUS
Schluss vom Allgemeinen auf das Besondere, v. a. von einem Gesetz auf einen Einzelfall (z. B. Alle Äpfel fallen vom Baum: daher fällt dieser Apfel vom Baum.)

SYNERGETISCH, SYNERGIE-EFFEKT
sich gegenseitig verstärkendes Zusammenwirken verschiedener Faktoren und Kräfte

SYNODE
Konzil, Zusammenkunft; Versammlung von Bischöfen und anderen kirchlichen Amtsträgern sowie Laien zur Erörterung und Entscheidung theologischer und kirchlicher Fragen

SYNTHETISCH
zusammengesetzt, phil. für ein Urteil, das unter Hinzunahme einer weiteren Prämisse gewonnen wurde; z. B.: Max und Moritz sind gleich alt + Max und Moritz sind Geschwister => Max und Moritz sind Zwillinge; s. auch: analytisch

SYSTEMIMPERATIV
durch ein (soziales, ökonomisches usw.) System und die damit verbundenen Verfahrensweisen notwendigerweise so

TAOISMUS, GESPROCHEN DAOISMUS
Hierunter versteht man eine Philosophie als auch eine Religion; Erstere wird traditionell auf Lao-tzu zurückgeführt, dem Autor des »Tao-te ching« (»Buch des Weges und seiner Kraft«). Der Welt liegt ein namenloses erstes Prinzip zugrunde, das universale Tao, aus dem alle Dinge des Seins stammen, in denen wiederum seine Kraft, Te, sich offenbart. Der Weise ist aufgefordert, in Einklang mit dem Te zu leben, durch das sich das Tao äußert. Der Weg der Tugend besteht dann im Wu-wei, dem »Nichthandeln«, womit ein Handeln gemeint ist, welches das Tao sich in der Welt entwickeln lässt. Der religiöse Taoismus, der aus vielen Schulen besteht und auch vom Buddhismus beeinflusst wurde, umfasst ein weites Spektrum von Praktiken, die von Meditation und Askese über Vorzeichenbestimmung (Divination) bis zu Ritualen des Exorzismus (Beschwörung von Geistern), der Heilung und der Befreiung der Ahnen von den Qualen der Hölle reichen. Eine besondere Rolle spielt der Taoismus der Himmelsmeister-Schule, in der das Patriarchenamt eines »Himmelsmeisters« vom Vater auf den Sohn vererbt wird. Mit der Flucht des 63. Himmelsmeister nach Taiwan 1949 wurde das Überleben der Schule gesichert.

TECHNIKFOLGENABSCHÄTZUNG (TFA)
Forschung über Art und Umfang der gewollten, ungewollten, schädlichen, bloß mög-

lichen und evtl. unbekannten Folgen einer Technik oder einer Technologie
TIEFENPSYCHOLOGIE
Etwa seit 1930 benutzte Sammelbezeichnung für eine Gruppe untereinander durchaus verschiedener psychologischer Forschungsrichtungen, die aber alle von der Psychoanalyse Sigmund Freuds (1856–1936) ausgehen: Die Tiefenpsychologie führt bewusste seelische Erlebnisse auf unbewusste (etwa triebbestimmte) Regungen zurück. Zu ihren Hauptvertretern gehören: Carl Gustav Jung (1875–1961), Alfred Adler (1870–1937) und Viktor E. Frankl (1905–1997).
TORA
wird im Judentum als Unterweisung, Lehre oder Führung verstanden. Dem Wort liegt ursprünglich das Werfen von Losen zugrunde, um über dieses Orakel die göttliche Führung zu ermitteln.
ULTIMATO RATIO
letztes, äußerstes Mittel, letztmöglicher Weg, wenn nichts anderes mehr Aussicht auf Erfolg hat
UNIVERSALISIERUNG
eine Einzelaussage zum allgemein gültigen Gesetz erheben; i. e. S. in der Ethik: Forderung, moralische Vorschriften müssten für alle Personen gleichermaßen gelten
UNVERFÜGBARKEIT
etwas, das sich menschlichem Zugriff entzieht, also nicht verändert, benutzt oder verbraucht werden kann oder darf
VERANTWORTUNGSETHIK
Ethik, die eine Handlung danach als gut oder schlecht beurteilt, ob sie Gutes oder Schlechtes bewirkt hat; s. a. Gesinnungsethik
VOLONTÉ DE TOUS
(frz.: summarischer Wille aller) Summe aller unmittelbaren Einzelinteressen der Personen eines Territoriums oder einer Gesellschaft
VOLONTÉ GÉNÉRALE
(frz. Gesamtwillen) in einem (fiktiven) Gesellschaftsvertrag festgehaltener Wille, dem alle Bewohner eines Gebietes freiwillig und zu ihrem eigenen Vorteil zustimmen müssten, Vernunft und Einsichtsfähigkeit vorausgesetzt (in ihre menschliche Natur als Gesellschaftswesen und die Notwendigkeit, sich die vorhandenen (Natur-)Güter mit anderen teilen zu müssen); v. a. durch die Gesellschaftstheorie des frz. Kulturphilosophen Jean Jacques Rousseaus (11712–1778) bekannt; s. auch volonté de tous
WELTAUFFASSUNG, MYTHISCHE
Form der Wirklichkeitsdeutung, die jedes Geschehen, also auch die Naturprozesse, auf göttliche Wesen, auf ihre Beziehungen untereinander und zu den Menschen zurückführen
WERTFREIHEIT
frei von moralischen Urteilen und Voraussetzungen; i. e. S. für die These, das ein Bereich (z. B. die Technik oder die Wissenschaft) allein auf rationalen, unabhängig von moralischen Urteilen richtigen Voraussetzungen aufgebaut ist
WERTURTEIL
Urteil, das nicht (nur) auf Grund von rationalen Beweisen gefällt wird, sondern auf ethischen/moralischen Überzeugungen beruht
WIEDERGUTMACHUNG
(auch Täter-Opfer-Ausgleich) juristisch für Urteile und Schlichtungssprüche, die nicht auf eine Bestrafung des Täters zielen, sondern ihn auf eine Wiedergutmachung des angerichteten Schadens gegenüber dem Opfer verpflichten (z. B. durch finanziellen Ausgleich für den Geschädigten)
YAD VASHEM
Gedenkstätte in Israel, wörtlich: »ein Denkmal und ein Name« – nimmt Bezug auf eine Textstelle im Buch Jesaja (65,5): »Ich will Ihnen in meinem Hause und in meinen Mauern ein Denkmal und einen Namen geben, ... einen ewigen Namen, der nicht vergehen soll.«
ZIVILISATION
(von lat. civis: Bürger) Gesamtsystem der politischen, ökonomischen, technischen, sozialen Gesellschaftsordnung
ZUKUNFTSFÄHIGKEIT
i. e. S. für Gemeinwesen, Wirtschaftsunternehmen, Systeme, Nutzungsarten, die »nachhaltig« wirtschaften, also für ständigen Ersatz verbrauchter Güter und Ressourcen sorgen
ZWECKSETZUNGSKOMPETENZ
Fähigkeit, sich autonom Ziele für das eigene Handeln zu setzen (in Unterschied zu instinktiv gesteuertem Verhalten)

Glossar–Personen

BACON, Francis
(1561–1626), englischer Philosoph und Wissenschaftler; begründete die Überzeugung, dass alles Wissen allein aus methodischem, rationalen Vorgehen und genauer Beobachtung der Dinge gezogen werden kann (»Erfahrungswissenschaft«); sah in der Vermehrung des menschlichen Wissens den Schlüssel zu einer besseren Welt
BARTH, Karl
schweizer. ref. Theologe, geb. am 10.05.1886 in Basel, gest. am 10.12.1968 ebd. ; Gegner des Nationalsozialismus, führendes Mitglied der Bekennenden Kirche; Mitbegründer der dialektischen Theologie; religiöser Sozialist
BONHOEFFER, Dietrich
evangelischer Theologe, geb. am 04.02.1906 in Breslau, hingerichtet am 09.04.1945 im KZ Flossenbürg; 1935 Direktor des Predigerseminars der Bekennenden Kirche in Finkenwalde, schloss sich Widerstandsbewegung gegen Hitler um Canaris an (20. Juli 1944)
BRUNO, Giordano
(1548–1600), italienischer Philosoph, Dominikaner. Er wurde von der katholischen Inquisition als Ketzer auf dem Scheiterhaufen verbrannt. Bruno bekämpfte im Geiste des Kopernikus das geozentrische Weltbild.
CALVIN, Johannes
frz.-schweizer. Reformator, geb. am 10.07.1509 in Noyon, gest. am 27.05.1564 in Genf; (Mit-)Begründer der reformierten Kirche
CONDORCET; Marquis de C.
(1743–1794) frz. Mathematiker, Politiker und Staatstheoretiker, Vertreter der Aufklärung
CONSTANT, Benjamin
eigentlich: Henri Benjamin Constant de Rebecque; französischer Intellektueller und Politiker schweizerischer Herkunft (1767–1830). Autor von psychologischen Romanen, Tagebüchern und politischen Abhandlungen
DESCARTES, René
franz. Philosoph, Mathematiker und Physiker, geb. am 31. 03. 1596 in La Haye, gest. am 11. 02. 1650 in Stockholm; gilt als erster systematischer Denker der Neuzeit
ENGELS, Friedrich
Philosoph und Politiker, geb. am 28.11.1820 in Barmen, gest. am 05.08.1895 in London; Mitbegründer des Marxismus, engster Freund und Mitarbeiter von Karl Marx
EPIKTET
(ca. 55–135 n. Chr.), Vertreter der späten Stoa. In Rom war er noch Sklave. Nach seiner Freilassung lehrte er in Griechenland Philosophie. Epiktets Morallehre zielt auf die Unabhängigkeit des Menschen von den Schicksalsschlägen seines Lebens.
HABERMAS, Jürgen
(geb. 1929), Philosoph und Soziologe; gehört neben Karl-Otto Apel (geb. 1922) zu den Begründern der »Diskursethik«. Kernstück dieser Ethik ist die Annahme, dass moralische Probleme in einem gesamtgesellschaftlichen Diskurs grundsätzlich lösbar sind. Elementare Voraussetzung hierfür ist, dass bestimmte Regeln der Kommunikation eingehalten werden. Jeder muss ernsthaft und mit nachprüfbaren Beweisgründen argumentieren. Keiner darf aus dem Gespräch ausgeschlossen und jeder soll die gleichen Mitsprachemöglichkeiten haben.
HEGEL, Georg Wilhelm Friedrich
Philosoph, geb. am 27. 08. 1770 in Stuttgart, gest. am 14. 11. 1831 in Berlin; sein System besteht aus drei Teilen: der Logik (das »An-sich-Sein«), der Naturphilosophie (das »Für-sich-Sein«) und der Philosophie des Geistes (das »An-und-für-sich-Sein«).
KAISER KONSTANTIN I DER GROSSE,
geb. am 27. 02. 272 o. 273 (o. um 280?) in Naissus, gest. am 22. 05. 337 bei Nikomedia; begünstigte das Christentum und verhalf ihm letztendlich, zur Staatsreligion zu werden
KING, Martin Luther
amerikanischer Theologe, geb. am 15.01.1929 in Atlanta (Georgia), ermordet

am 04. 04. 1968 in Memphis (Tennessee); Baptistenpfarrer, seit Mitte der 1950er Jahre in der Bürgerrechtsbewegung der USA aktiv, forderte eine freie und auf Gleichheit beruhende Gesellschaft; erhielt 1964 den Friedensnobelpreis

KUHN, Thomas S.
(geb. 1929) engl. Wissenschaftstheoretiker, vertritt die Überzeugung, dass die gesellschaftlichen Bedingungen und das Weltbild einer Zeit prägend sind auch für wissenschaftliche Theorien, die daher stets innerhalb eines geschichtlich sich wandelnden Paradigmas entworfen werden

KÜNG, Hans
(geb. 1928) schweizerischer katholischer Theologe, befasste sich vor allem mit Fragen der Ökumene und der kirchlichen Strukturen; 1979 wurde ihm die kirchliche Lehrerlaubnis entzogen, weil er unter anderem das Dogma der Unfehlbarkeit des Papstes kritisierte; prägte den Begriff des »Weltethos«

LUTHER, Martin
Reformator, geb. am 10. 11. 1483 in Eisleben, gest. am 18. 02. 1546 ebd.; 1505 Eintritt ins Erfurter Augustiner- Eremitenkloster, 1507 Priesterweihe und Beginn des Theologiestudiums, Promotion zum Doktor der Theologie und Professor für Bibelauslegung; veröffentlichte am 31. 10. 1517 in Wittenberg seine 95 Thesen über den Ablass; gegen ihn wurde Ketzerprozess ein geführt

MAIMONIDES, Moses
Der Name ist die latinisierte Form von Rabbi Mosche ben Maimon (1135–1204), dem größten Halacha-Lehrer und Philosophen des jüdischen Mittelalters. Zur Abgrenzung von Christentum und Islam verfasste er »13 Glaubensprinzipien«, die Bestandteil des jüdischen Gebetsbuches sind. Sein arabisch geschriebenes philosophisches Hauptwerk »Führer der Unschlüssigen« hatte auch Einfluss auf das Christentum, in dem es zeigte, wie Aristoteles mit der Bibel zu versöhnen ist. Heute ist sein Grab in Tiberias (Israel) ein bekannter Wallfahrtsort.

MALEBRANCHE, Nicolas de
französischer Philosoph, geb. am 06. 08. 1638 in Paris, gest. am 13. 10. 1715

RASCHI
Der Name ist ein Kunstwort aus den Anfangsbuchstaben des Rabbi Schelomo Jizchaki (Salomo ben Isaak, 1040–1105). Der jüdische Gelehrte gilt immer noch als herausragender Kommentator von Bibel und Talmud. Sein Bibel-Kommentar zu den Fünf Büchern Moses, das erste gedruckte hebräische Buch in Europa (1475), übte auch auf die christlichen Theologen einen nachhaltigen Einfluss aus.

ROMERO Y GALDAMEZ, Oscar Arnulfo
salvadorianischer katholischer Theologe, geb. am 15. 08. 1917 in Ciudad Barrios, ermordet am 24. 03. 1980 in San Salvador; er setzte sich für die Einhaltung der Menschenrechte in El Salvador ein.

SENECA
(ca. 4 v. Chr.–65 n. Chr.), römischer Politiker, Schriftsteller und Philosoph, ein Hauptvertreter der römischen Stoa. Er war Lehrer und Erzieher Kaiser Neros. Auf dessen Befehl musste er sich das Leben nehmen.

TERTULLIAN
Quintus Septimius Florens, lat. Kirchenschriftsteller, geb. um 160 in Karthago, gest. nach 220 ebd.; um 195 Übertritt zum Christentum; gilt als Schöpfer der lat. Kirchensprache

TROTZKIJ, LEO, D.
eigentlich: Bronstein (1879–1940); sowjetischer Politiker; zunächst Weggefährte, später Rivale von W. I. Lenin. Trotzkij bekleidete von 1917 bis 1925 verschiedene Partei- und Staatsämter in der Sowjetunion. Später wurde er ausgewiesen und im Exil im Auftrag des sowjetischen Geheimdienstes ermordet.

WALLACE, Alfred Russell
britischer Zoologe (1823–1913); er betrieb umfangreiche tiergeografische Studien und war einer der Wegbereiter der Abstammungslehre.

ZINZENDORF,
Nikolaus Ludwig Graf von Zinzendorf und Pottendorf, Begründer der Herrnhuter Brüdergemeine, geb. 26. 5. 1700 in Dresden, gest. 9. 5. 1760 in Herrnhut, ab 1736 mährischer Bischof

ZWINGLI, Huldrych
ev. Theologe, Reformator der deutschsprachigen Schweiz, geb. am 01. 01. 1484 in Wildhaus, gefallen am 11. 10. 1531 bei Kappel am Albis; er wollte alles beseitigen, was sich nicht aus der Heiligen Schrift als der »(Richt-) Schnur Christi« begründen ließ.

Index – Begriffe

Agenda 21 104/05; 105/107; 114/15; 150/51; 152/53
Aggression 46/47; 62/63
Altruismus, 24/25; 28/29; 146; 167; **s. a. Nächstenliebe**
– phänotyptisch/nepotischer/reziproker 24/25
Alttestamentliche Ethik 304; 314/15; 326/327
Angst (Kierkegaard) 260/61
Antimoralische Triebfedern 24/25; 44/45; 258/59
Antisemitismus s. Shoah
Arbeit 140/41; 146–149; 161; 271
– und Herstellen 268/69
– nach marxistischer Auffassung 369/70
Arbeits
-losigkeit 58/59
-moral 118/19; 120/21; 130/31; 382/83
Armut 166/67; 346/47
Asyl
-bewerber 176/77
-recht 168/69; 176/77; 180/81
– Kirchen- 177
Aufklärung 32/33; 44/45; 50/51; 116/17; 244/45; 290/91; 389
Autonomie 36/37; 43; 46/47; 168/69; 178/79;
Autorität 43; 254/55; 346/47
Bedürfnisse 46/47; 99; 167; 240/41; 373; 390
Begabung 30/31
Behinderte 109; 232; 239
Beistandspflicht 174/75; 176/77; 182/83
Bergpredigt 330/31; 356/57
Bioethik 108–113
Biologie 21–31
Bürger zweier Welten 247
Buße 194/95; 336/37; 360
Chancen 162/63
-ausgleich, 142/43; 148/49; 162/63; 164/65
Dekalog 326
Demokratie 161; 168/69; 178/79; 180/81; 182/83; 190/91; 192/93; 199/200; 290/91
Deontologisches Argumentieren 246/47
Destruktivität 170/71
Determinismus 93; 376–378
Dialektik der Mittel 112/13; 126–129; 132/33; 134/35; 182/83
Dialog
– interkultureller 78/79
– zwischen Öffentlichkeit, Politik und Wissenschaft 60/61; 106/07
– zwischen den Generationen 347; 385
– zwischen Religionen 332–341; 348/49
Dianoethische Tugenden 219
Diktatur 178/79; 192/93; 388/89
Dilemma 148; 218; 253; 263; 383
Diskriminierung 162/63; 178/79; 180/81; 342/43; 346/47
Diskursethik 282/83
Drogen 372; 403/04
Egalität 162/63; 168/69; 180/81
Egoismus 44/45; 138/39; 140/41; 142/43; 146/47; 160/61
Ehe/Familie/Partnerschaft 32/33; 36/37; 163; 288/89
Eigennutz 24/25; 106/07; 138/39; 140/41; 146/47; 164/65; 232/33
– genetischer 22–25
Eigenwert 102–105
Einwanderung 68/69; 176/77; 180/81; 295
Emanzipation 34/35; 52/53; 290/91
Entelechie 219/20
Entfremdung 70/71; 112/113; 126/27; 184/85; 270/71
– durch Technik 126/27; 132/33; 134/45
– von der Natur 104/105; 110/11; 112/13
Erlebnisgesellschaft 90/91; 214/15; 400/01; 406/07
Erziehung 44/45; 254/55; 278; 290/91; 347
– religiöse 79; 294/95
Ethik
– anthropozentrische 94–107
– Bio-, 108–113
– biozentrische 94/95; 102/03
– der Religionen 318–332
– medizinische 108/09; 110/11; 132/33

Index – Personen

Textquellenverzeichnis

Kapitel 1

S. 10/11 **Bloch, Ernst:** Kein Leben ohne Ideale? – In: Bloch, Ernst: Im Prinzip Hoffnung. Gespräch zum 90. Geburtstag. – S. 22. – In: Katalog zur Ausstellung des Ernst-Bloch-Archivs der Stadtbibliothek Ludwigshafen zum 100. Geburtstag, 22. 6. bis 13. 10. 1985. – Baden-Baden: Nomos Verlag, 1985.

Bloch, Ernst: Das Prinzip Hoffnung. – S. 149. – Zitiert nach: Sternberger, Dolf: Vergiss das Beste nicht! – In: Schmidt, Burghart (Hrsg.): Materialien zu Ernst Blochs »Prinzip Hoffnung«. Frankfurt a. M.: Suhrkamp, 1. Aufl., 1978 – S. 147–159.

Diner, Dan: Keine Aussicht auf Besserung? – In: Von der «Urkatastrophe« zur »Dauerkatastrophe«; Adalbert Reif im Gespräch mit Dan Diner. – Universitas Nr. 638, 8/1999. – S. 800–807 (S. 801).

Fried, Erich: Gründe. – Zitiert nach: Conrady, Karl Otto (Hrsg.): Das große deutsche Gedichtbuch. – Kronberg/Ts.: Athenäum, 1. Aufl., 1977. – S. 951.

Hobsbawn, Eric: Das Prinzip Hoffnung. – S. 179. – In: Schmidt, Burghart (Hrsg.): Materialien zu Ernst Blochs »Prinzip Hoffnung«. – S. 176–183.

Kant, Immanuel: Idee zu einer allgemeinen Geschichte in weltbürgerlicher Absicht. – In: Weischedel, W. (Hrsg.): Werksausgabe. – Frankfurt a. M.: Suhrkamp, 1968. – S. 44.

S. 12/13 **Aristoteles:** Nikomachische Ethik/aus dem Griech. übers. und Nachw. von Franz Dirlmeier. – Buch I, 4 – Stuttgart: Reclam, 1969. – S. 11.

Hare, Richard M.: Die Sprache der Moral/ übers. von Petra von Morstein. – Frankfurt a. M.: Suhrkamp, 1. Aufl., 1983. – S. 185–186.

Nach: Strawson, P. F.: Der ethische Intuitionismus, 1974. – In: Grewendorf, Gunther; Meggle, Georg (Hrsg.): Seminar Sprache und Ethik: zur Entwicklung der Methaethik. – Frankfurt a. M.: Suhrkamp, 1. Aufl., 1974. – S. 100–116.

S. 14/15 **Hume, David:** Traktat über die menschliche Natur/Neuausgabe von Reinhard Brandt in zwei Bänden. – Bd. 2 – Hamburg: Meiner, 1989. – S. 211.

Nach: Stegmüller, Wolfgang: Hauptströmungen der Gegenwartsphilosophie. – Bd. 1. – Stuttgart: Kröner, 6. Aufl., 1976. – S. 518 f.

S. 16/17 **Kutschera, Franz von:** Das Humesche Gesetz. – In: Grazer Philosophische Studien 4 (1977), S. 13.

Moore, George Edward: Principia ethica/ übers. u. hrsg. v. Burkhard Wisser. – Stuttgart: Reclam, 1970. – S. 40 ff.

S. 18/19 **Fontane, Theodor:** Effi Briest/ hrsg. von Rolf Toman. – Köln: Könemann, 1994. – S. 252.

Kindlers Literatur-Lexikon. – Bd. 8. – München: Kindler, 1974. – S. 2985.

Sainte-Beuve, Charles Augustin de: Madame Bovari. – In: Flaubert, Gustave: Madame Bovari. Sitten der Provinz. – Zürich: Diogenes, 3. Aufl., 1987. – S. 411.

Wedel, Erwin: Anna Karenina. – In: Kindlers Literatur Lexikon. – Bd. 3. – a. a. O. – S. 1048.

Kapitel 2

S. 20/21 **Beck, Ulrich; Vossenkuhl, Wilhelm; Erdmann Ziegler, Ulf:** Eigenes Leben. Ausflüge in die unbekannte Gesellschaft, in der wir leben (Ausstellung: Eigenes Leben)/hrsg. v. d. Bayerischen Rückversicherung und der Aktiengesellschaft. – München: Beck, 1995. – S. 172 f.

Gronemeyer, Reimer: Ohne Seele, ohne Liebe, ohne Hass. Vom Ende des Individuums und vom Anfang des Retortenmenschen. – Düsseldorf: ECON, 1992. – S. 98 f.

S. 22/23 **Kurt Bayertz:** Wie biologisch ist die Moral? – In: Ethik und Sozialwissenschaften. Streitformen für Erwägungskultur. Nr. 1/1990. – Stuttgart: Lucius & Lucius, 1990. – S. 168.

Darwin, Charles: Ursprung und Entwicklung der moralischen Gefühle. – In: Bayertz, Kurt (Hrsg.): Evolution und Ethik. – Stuttgart: Reclam, 1993. – S. 43 f.

Wuketits, Franz M.: Die evolutionäre Ethik und ihre Kritiker. – In: Lütterfels, Wilhelm (Hrsg.): Evolutionäre Ethik zwischen Naturalismus und Realismus. – Darmstadt: Wiss. Buchges., 1993, S. 229 f.

S. 24/25 **Funkkolleg Der Mensch:** Anthropologie heute/hrsg. v. Deutschen Institut für Fernstudienforschung an der Universität Tübingen/wiss. Team: Wulf Schiefenhövel. – Tübingen: Dt. Inst. für Fernstudien, 1993. – S. 17 f. (2 Beiträge).

S. 26/27 **Sommer, Volker:** Lob der Lüge. Täuschung und Selbstbetrug bei Tier und Mensch. – München: Dt. Taschenbuchverlag, 1992. – S. 71 f.

Voland, Eckart: Von der Ordnung ohne Recht zum Recht durch Ordnung. – In: Lampe, Ernst-Joachim (Hrsg.): Zur Entwicklung von Rechtsbewusstsein. – Frankfurt a. M.: Suhrkamp, 1997. – S. 113–116.

S. 28/29 **Ott, Konrad:** Varianten der evolutionären Ethik und deren Kritik. – In: Sonderveröffentlichung des LEU (Landesinstitut für Erziehung und Unterricht, Rotebühlstr. 133, Stuttgart), Eth 30, 1995. – S. 20.

Ruse, Michael: Die Ethik der Evolution. – In: Bayertz, Kurt (Hrsg.): Evolution und Ethik. – a. a. O. – S. 160 f.

Siep, Ludwig: Was ist Altruismus?. – In: Bayertz, Kurt (Hrsg.): Evolution und Ethik. – a. a. O. – S. 160 f. 294 f. (3 Beiträge).

Vogel, Christian: Evolutionsbiologie und Moral. – In: Funkkolleg Der Mensch. – a. a. O. S. 28.

S. 30/31 **Pinker, Steven:** Wie das Denken im Kopf entsteht/aus d. Amerikan. v. Martina Wiese u. Sebastian Vogel. – München: Kindler, 1998. – S. 75/76.

Psychologie Heute, August 1998, S. 30.

Nach: Rowe, David C.: Genetik und Sozialisation. Die Grenzen der Erziehung. – Weinheim: Beltz, Psychologie-Verl.-Union, 1997. – S. 76 f.

S. 32/33 **Apel, Karl-Otto:** Transformation der Philosophie. – Bd. 1. – Frankfurt a. M.: Suhrkamp, 1976. – S. 202 f.

Gehlen, Arnold: Mensch und Institutionen. – In: Gehlen, Arnold: Anthropologische Forschung. Zur Selbstbegegnung und Selbstentdeckung des Menschen. – Reinbek b. Hamburg: Rowohlt, 1961. – S. 46 f. (2 Beiträge).

Shell-Studie/hrsg. v. Jugendwerk der Deutschen Shell. – Opladen: Leske + Budrich, 1997. – S. 77; 296. (2 Beiträge).

S. 34/35 **Berger, Peter; Luckmann, Thomas:** Die gesellschaftliche Konstruktion der Wirklichkeit. Eine Theorie der Wissensoziologie/übers. v. Monika Plessner. – Frankfurt a. M.: Fischer, 1969. – S. 78 f.

Bundeszentrale für Politische Bildung (Hrsg.): PZ »Wir in Europa«, Nr. 85/März 1996, S. 38.

Nach: Dux, Günter: Normen und ihre Geltung im Verständnis der prozessualen Logik der Neuzeit. – In: Wils, Jean-Pierre (Hrsg.): Anthropologie und Ethik. – Tübingen: Francke, 1997. – S. 177 f.

Gewerkschaft der Chemieindustrie. – Nach: Geschichte der Familie/hrsg. v. Burguière, André. – Bd. 4. – Frankfurt a. M.: Campus, 1998. – S. 39.

S. 36/37 **Beck, Ulrich; Beck-Gernsheim, Elisabeth:** Das ganz normale Chaos der Liebe. – Frankfurt a. M.: Suhrkamp, 1990. – S. 23

Nach: Geschichte der Familie: a. a. O. – S. 253 f.

Nach: Peukert, Rudolf: Die Destabilisierung der Familie. – In: Heitmeyer, Wilhelm (Hrsg.): Bundesrepublik Deutschland. Auf dem Weg von der Konsens- zur Konfliktgesellschaft. – Bd. 1. – Frankfurt a. M.: Suhrkamp, 1997. – S. 287 f.

Shell-Studie/hrsg. v. Jugendwerk der Deutschen Shell. a. a. O. – S. 296.

S. 38/39 **Habermas, Jürgen:** Der philosophische Diskurs der Moderne. – Frankfurt a. M.: Suhrkamp, 1. Aufl., 1985. – S. 427.

Luhmann, Niklas: Ökologische Kommunikation. – Opladen: Westdt. Verl., 3. Aufl., 1990. – S. 122.

Wilke, Hubert: Systemtheorie. – Tübingen: Mohr, 1983. – S. 122 ff.

S. 40/41 **Höffe, Otfried:** Kategorische Rechtsprinzipien. Ein Kontrapunkt der Moderne. – Frankfurt a. M.: Suhrkamp, 1. Aufl., 1990. – S. 53 f.

Nach: Luhmann, Niklas: Die gesellschaftliche Moral und ihre ethische Reflexion. – In: Ethik und Unterricht. – Heft 3, 1990. – Frankfurt a. M.: Diesterweg, 1990. – S. 4 f.

Wilke, Hubert: Systemtheorie. – a. a. O. – S. 122 ff.

S. 42/43 **Beck, Ulrich:** Die Erfindung des Politischen. – Frankfurt a. M.: Suhrkamp, 1. Aufl., 1993. – S. 193 f.

Nach: Habermas, Jürgen: Faktizität und Geltung. – Frankfurt a. M.: Suhrkamp, 1. Aufl., 1992. – S. 145 f.

Nach: Riesmann, David; Denny, Reuel;

Glaser, Nathan: Die einsame Masse / aus dem Amerikanischen übertr. – Reinbek b. Hamburg: Rowohlt, 1977. –S. 31 f.
Searle, John R.: Die Konstruktion der gesellschaftlichen Wirklichkeit/übers. v. Martin Suhr. – Reinbek b. Hamburg: Rowohlt Taschenbuch Verl., 1997. – S. 103f.
S. 44/45 **Nach: Freud, Sigmund:** Abriss der Psychoanalyse. Das Unbehaben in der Kultur. – Frankfurt: Fischer-Taschenbuchverlag, 1974. – S. 6f.
Nach: Hesse, Hermann: Der Steppenwolf. – Frankfurt: Suhrkamp, 1974. – S. 17f.
Nach: Schulz, Walter: Philosophie in der veränderten Welt. – Pfullingen: Neske, 1980. – S. 684f.
Sloterdijk, Peter: Kritik der zynischen Vernunft. – Bd.1 – Frankfurt: Suhrkamp, 1983. – S. 116f.
S. 46/47 **Nach: Butzer, Ralph J.:** Heinz Kohut zur Einführung. – Hamburg: Junius, 1997. – S. 107f.
Kohut, Heinz: Heilung des Selbst/übers. v. Elke von Scheidt. – Frankfurt a. M.: Suhrkamp, 6. Aufl., 1996. – S. 76f.
Kohut, Heinz: Wie heilt die Psychoanalyse?/ hrsg. v. Arnold Goldberg unter Mitw. v. Paul Stepansky / übers. v. Elke von Scheidt. – Frankfurt a. M.: Suhrkamp, 1. Aufl., 1987. – S. 79, 84 (2 Beiträge).
Nach: Kohut, Heinz: Heilung des Selbst. – a. a. O. – S. 108, 119 (2 Beiträge).
S. 48/49 **Nach: Schröder, Richard:** Aliens lachen nicht. – In: Die Zeit vom 2. 7. 1998. – Hamburg: G. Bucerius. – S. 33.
Skinner, Burrhus F.: Jenseits von Freiheit und Würde/übers. v. Edwin Ortmann. – Reinbek b. Hamburg: Rowohlt, 1973. – S. 96.
Nach: Der Spiegel. – Nr. 27/1998. – S. 97ff. (Interview mit W. Lürzer über neue Trends in der Werbung).
S. 50/51 **Arendt, Hannah:** Eichmann in Jerusalem. Ein Bericht von der Banalität des Bösen. – München u. a. : Piper, 1964. – S. 224.
Kant, Immanuel: Anthropologie in pragmatischer Absicht, 1798. – In: Kant, Immanuel: Werke in 10 Bänden/hrsg. von Wilhelm Weischedel. – Bd. 8. – Darmstadt: Wiss. Buchges., 1975. – S. 673f.
Plessner, Helmuth: Die Frage nach der Conditio humana. –Frankfurt: Suhrkamp, 1976. – S. 115f.
Nach: Reif Adelbert (Hrsg.): Gespräche mit Hannah Arendt. – München: Piper, 1976. – S. 15–17.
Rorty, Richard: Kontingenz, Ironie und Solidarität. – Frankfurt: Suhrkamp, 1. Aufl., 1992. – S. 310.
S. 52/53 **Fellmann, Ferdinand:** Orientierung Philosophie. Was sie kann, was sie will. –Reinbek bei Hamburg: Rowohlt-Taschenbuch-Verl., 1998. – S. 123.
Fellmann, Ferdinand: Orientierung Philosophie. – a. a. O. – S. 124f., 126, 136 (3 Beiträge).
Gil, Thomas: Einführung in philosophisches Denken. –München: Fink, 1998. – S. 154.
Marquard, Odo: Wozu Philosophie? – In: Böhm, U.: Philosophie Heute. – Frankfurt: Campus, 1997. – S. 30.
Meyer-Abich, Klaus Michael: Wege zum Frieden mit der Natur. Praktische Naturphilosophie für die Umweltpolitik. – München: Carl Hanser, 1984. – S. 240.
Wittgenstein, Ludwig: Philosophische Untersuchungen. – Frankfurt a. M.: Suhrkamp, 1977. – S. 32.
S. 54/55 **Gensicke, Thomas:** Sind die Deutschen reformscheu? – In: Bundeszentrale für politische Bildung (Hrsg.): Beilage zum Parlament B Nr. 18/1998. – Bonn, 1998. – S. 21f.
Nach: Guggenberg, Bernd: Sein oder Design. – Berlin: Rotbuch, 1988. – S. 74f.
Nach: Shell-Studie 1997. – a. a. O. – S. 300f.
S. 56/57 **Beck, Ulrich; Vossenkuhl, Wilhelm; Erdmann Ziegler, Ulf:** Eigenes Leben. Ausflüge in die unbekannte Gesellschaft, in der wir leben. a. a. O. – München: Beck, 1995. – S. 13, 14 (2 Beiträge).
Montaigne, Michel de: Die Essais. übers. vom Arthur Franz. – Bd. 2. – Leipzig: Carl Schünemann, 1953. – S. 165f.
Nietzsche, Friedrich: Jenseits von Gut und Böse. Werke in 12 Bänden. – Bd. 5 – München: Dt. Taschenbuch-Verl., 1980. – S. 152.
Peuckert, Rüdiger: Die Destabilisierung der Familie. – In: Heitmeyer, Wilhelm (Hrsg.): Bundesrepublik Deutschland – a. a. O. – S. 287f.
S. 58/59 **Beck, Ulrich:** Die feindlose Demokratie – Stuttgart: Reclam, 1995. – S. 31f.
Heitmeyer, Wilhelm: Was treibt die Gesellschaft auseinander? – a. a. O. – S. 11.
Höffe, Otfried: Den Staat braucht selbst ein Volk von Teufeln. – Stuttgart: Reclam, 1988. – S. 27, 105f. (2 Beiträge).
Soros, G.: Die kapitalistische Bedrohung. – In: Die Zeit vom 17. 1. 1997. – a. a. O. – S. 33 Zitatausschnitte aus einem Interview der **ZEIT.** – In: Die Zeit Nr. 48 vom 21. 11. 1997. – a. a. O. – S. 41ff. (Titel: Die ungerechte Gesellschaft: Nachwuchs ohne Illusion).
S. 60/61 **Heitmeyer, Wilhelm:** – In: DIE ZEIT Nr. 5 vom 28. 1. 1999. – a. a. O. – S. 6 (Titel des Interviews: Es geht um Macht) – (2 Beiträge).
Höffe, Otfried: Den Staat braucht ein Staat von Teufeln. – a. a. O. – S. 110f.
S. 62/63 **Benhabib, Seyla:** Selbst im Kontext/aus dem Amerikan. von Isabella König. – Frankfurt a. M.: Suhrkamp, 1. Aufl., 1995. – S. 70f.
Born, Max: Von der Verantwortung des Naturwissenschaftlers. – München: Nymphenberger Verlagsbuchhandlung, 1965. – S. 183.
Heckmann, Gustav: Das Sokratische Gespräch. – Hannover: Schroedel, 1998. – S. 8.
Nach Horster, Detlef: Das Sokratische Gespräch in Theorie und Praxis. – Opladen: Leske und Budrich, 1994. – S. 64f.
S. 64/65 **Offenloch, Werner:** Sie sollten auch das sehen… – In: Frankfurter Allgemeine Zeitung vom 29. 1. 1985. – Frankfurt a. M.: FAZ – S. 18.
Nach Rawls, John: Eine Theorie der Gerechtigkeit. – Frankfurt a. M.: Suhrkamp, 1979. – S. 399ff.
Jens, Walter: Das ist ja ungeheuerlich! Wo leben wir denn? – In: Frankfurter Allgemeine Zeitung vom 29. 1. 1985 – a. a. O. – Institut. – S. 17.
S. 66/67 **Nach Alexy, Robert:** Menschenrechte. – In: Gosepath, Stefan; Lohmann, Georg (Hrsg.): Philosophie der Menschenrechte. – Frankfurt a. M.: Suhrkamp, 1. Aufl., 1998. – S. 244ff.
Kaufman, F. X.: Was hält die Gesellschaft heute zusammen? – In: Frankfurter Allgemeine Zeitung vom 4. 11. 1997. – a. a. O. – S. 12.
Nach: Klingst, Martin: Das Urteil. – In: Die Zeit vom 4. 3. 1999. – a. a. O. – S. 1.
Reuter, Hans-Richard: Menschenrechte zwischen Universalismus und Relativismus. – In: Zeitschrift für evangelische Ethik. Nr. 40/1996. – Gütersloh: Gütersloher Verl.-Haus, 1996. – S. 135ff.
Sacharow, Andrei – In: Thüringer Allgemeine vom 2. 8. 1999. – Erfurt: Thüringer-Allgemeine-Verl., 1999. – S. 12.
S. 68/69 **Nach: Eckert, Guido:** Auf Entdeckungstour durch die Wrangelstraße. – In: Zeit Punkte 02/1999. Türken in Deutschland. – Hamburg: Gruner + Jahr. – S. 28f.
Koelbl, Herlinde: Gegensätze. – In: SPIEGEL spezial 1/98. – Hamburg: Spiegel-Verl. – S. 97f.
Vigl, M.; Alter, Ey; u. a.: – In: Badische Zeitung vom 27. 01. 1999. – Freiburg: Badischer Verl. – S. 12.
S. 70/71 **Enzensberger, Hans Magnus:** Die große Wanderung. – Frankfurt a. M.: Suhrkamp, 1992. – S. 11.
Nach: Kristeva, Julia: Fremde sind wir uns selbst. – Frankfurt a. M.: Suhrkamp, 1990 – S. 58f.
Nach: Kristeva, Julia: Fremde sind wir uns selbst. – a. a. O. – S. 197f.
Montesquieu, Charles: Betrachtungen über die Universalmonarchie in Europa. – Zitiert nach: Kristeva, Julia: Fremde sind wir uns selbst. – a. a. O. – S. 142.
Nach: Waldenfels, Bernhard: Der Stachel des Fremden. – Frankfurt a. M.: Suhrkamp, 1990. – S. 59f., 64.
S. 72/73 **Geißler, Heiner:** Sie sind ein Utopist. – In: Der SPIEGEL Nr. 14/1998 – a. a. O. – S. 50.
Leggewie, Claus: Mulit Kulti. Spielregeln für die Vielvölkerrepublik. – Berlin: Rotbuch, 3. Aufl., 1993. – S. 105.
Markl, Hubert: Das mißbrauchte Wir-Gefühl. – In: Die Zeit vom 11. 2. 1994. – a. a. O. – S. 5 .
Nach: Zimmer, Dieter: Werden wir mit einem Urmisstrauen gegen Fremde geboren? – In: Die Zeit vom 9. 7. 1993. – a. a. O. – S. 24.
S. 74/75 **Geertz, Clifford:** Dichte Beschreibung. Beiträge zum Verstehen kultureller Syteme. –Frankfurt a. M.: Suhrkamp, 5. Aufl., 1997. – S. 9ff., 294f. (3 Beiträge).
Nach: Winkler, Beate (Hrsg.): Zukunfts-

TEXT

angst Einwanderung. – München: Beck, 2. Aufl., 1992. – S. 72f.
S. 76/77 **Nach: Blum, Mechthild.** – In: Badische Zeitung vom 2. 7. 1997. – a. a. O. – S. 34.
Nach: Gaserow, Vera: Das Leben türkischer Frauen in Deutschland. – In: Zeit Punkte 02/1999. – a. a. O. – S. 40/41.
Nach: Machui, Thomas von: Lassen sich Glauben und Lebenspraxis des Islam mit dem westlichen Wertesystem vereinbaren? – In: Süddeutsche Zeitung vom 22. 3. 1999. – München: Süddeutscher Verl. – S. 27.
Nach: Rösch, Annemarie. – In: Badische Zeitung vom 2. 7. 1997. – a. a. O. – S. 34.
S. 78/79 **Heller, Agnes:** Zehn Thesen zum Asylrecht. – In: Die Zeit vom 6. 11. 1992. – a. a. O. – S. 19.
Spiewak, Martin: Allah ist schulreif. – In: Die Zeit vom 23. 7. 1998. – a. a. O. – S. 10.
Interview mit Udo Steinbach, Direktor des deutschen Orient-Instituts in Hamburg. – In: Die Zeit vom 4. 2. 1999. – a. a. O. – S. 12
S. 80/81 **Nach Benhabib, Seyla:** Selbst im Kontext. – a. a. O. – S. 60ff.
Frankfurter Allgemeine Zeitung vom 11. 1. 1999. – a. a. O. – S. 6.
Höffe, Otfried: Den Staat braucht selbst ein Volk von Teufeln. – a. a. O. – S. 113f.
Nietzsche, Friedrich: Was ist vornehme? – In: Nietzsche, Friedrich: Jenseits von Gut und Böse. Werke in 12 Bänden. – Bd. 5 – München: Dt. Taschenbuch-Verl., 1980. – S. 208ff.
S. 82/83 **Huntington, Samuel:** Im Kampf der Kulturen. – In: Die Zeit vom 13. 8. 1993. – a. a. O. – S. 19f.
Roman Herzogs Rede zur Verleihung des Friedenspreises des deutschen Buchhandels. – In: **DIE ZEIT** vom 16. 10. 1995. – a. a. O. – S. 9.
S. 84/85 **Herskovits, Melville J.:** Ethnologischer Relativismus und Menschenrechte. – in: Birnbacher, Dieter; Hoerster, Norbert (Hrsg.): Texte zur Ethik. – München: Dt. Taschenbuch Verl., 1978. – S. 39f.
Mackie, John Leslie: Ethik/übers. von Rudolf Ginters. – Stuttgart: Reclam, 1981. – S. 41.
Nussbaum, Martha C.: Menschliches Tun und soziale Gerechtigkeit. – In: Brumlik, Micha (Hrsg.): Gemeinschaft und Gerechtigkeit. –Frankfurt a. M.: Fischer Taschenbuchverl., 1993. – S. 324, 339 (2 Beiträge).
Shue, Henry: Menschenrechte und kulturelle Differenz. – In: Gosepath, Stefan (Hrsg.): Philosophie der Menschenrechte. – a. a. O. – S. 371f.
S. 86/87 **Nach: Bauman, Zygmunt:** Schwache Staaten. – In: Beck, Ulrich (Hrsg.): Kinder der Freiheit. – a. a. O. – S. 328ff.
Beck, Ulrich: Was ist Globalisierung? – Frankfurt a. M.: Suhrkamp, 1997. – S. 48, 80, 88 (3 Beiträge).
Marx, Karl: Kommunistisches Manifest. – Stuttgart: Reclam, 1977. – S. 26.
S. 88/89 **Nach: Beck, Ulrich:** Demokratie jenseits des Nationalstaats. – In: Die Zeit vom 16. 7. 1998. – a. a. O. – S. 43.
Benhabib, Seyla: Kulturelle Vielfalt. – Frankfurt a. M.: Fischer, 1999. – S. 14f.
Havel, Václav: Moral in Zeiten der Golbalisierung/aus dem Tschech. Von Joachim Bruss und Eva Profousová. – Reinbek b. Hamburg: Rowohlt, 1998. – S. 78f.
Kant, Immanuel: Zum ewigen Frieden/ hrsg. von Höffe, Otfried. – Berlin: Akademie Verl., 1995. – S. 265.
Menzel, Ulrich: Globalisierung versus Fragmentierung. – Frankfurt a. M.: Suhrkamp, 1998. – S. 237f.
S. 90/91 **Brecht, Bertolt:** Leben des Galilei. – In: Brecht, Bertolt: Die Stücke von Bertolt Brecht in einem Band. – Frankfurt a. M.: Suhrkamp, 1978. –S. 530.
Global 2000: Der Bericht an den Präsidenten/hrsg. vom Council on Evironmental Quality/Hrsg. d. dt. Übers. Reinhard Kaiser/aus dem Amerikanischen von Thomas Berendt. – Frankfurt a. M.: Zweitausendeins, 4. Aufl., 1980. – S. 19ff.
Havel, Václav: Neujahrsansprache 1990. – In: Havel, Václav: Angst vor der Freiheit. – Reinbek b. Hamburg: Rowohlt, 1991. – S. 7–17.
Jonas, Hans: Das Prinzip Verantwortung. – Frankfurt a. M.: Insel, 1979. – S. 7.
Opaschowski, Horst W. in einem Interview. – PZ Nr. 94 vom Juni 1998/hrsg. v. Bundeszentrale für politische Bildung. – Wiesbaden: Universum Verl.-Anst., 1998. – S. 4
Petermann, Thomas: Wissen, Vorausschau, Handeln. – In: Zwierlein, Eduard (Hrsg.): Verantwortung in der Risikogesellschaft. – Idstein: Schulz-Kirchner, 1994. – S. 70.
Schell, Jozef: Pflanzen ohne Gentechnik werden sich eines Tages nicht mehr verkaufen lassen. – In: Die Welt vom 4. 4. 1998. – Hamburg: Springer, 1998.
Umfrage bei Oberstufenschülerinnen und -schülern. – In: Berliner Zeitung vom 28. 5. 1999. »Zeitung in der Schule«. – Berlin: Ullstein, 1999.
S. 92/93 **Gehlen, Arnold:** Die gesellschaftliche Situation in unserer Zeit/Vortrag 1961. – In Gehlen, Arnold: Anthropologische und sozialpsychologische Untersuchungen. – Reinbek b. Hamburg: Rowohlt, 1986. – S. 127–140.
Krings, Hermann: Evolution und Revolution – zwei Interpretamente der modernen Welt. – In: Löw, Reinhard u. a. (Hrsg.): Fortschritt ohne Maß? – München: Piper, 1981. – 44f.
Weber, Max: Wissenschaft als Beruf. – In: Weber, Max: Ges. Aufsätze zur Wissenschaftslehre/hrsg. von Johannes Winckelmann. – Tübingen: Mohr, 3. Aufl. 1968, S. 593f.
S. 94/95 **Descartes, René zit. n.:** Ausstellung »Gen-Welten der Ernährung«, Museé de l´alimentation, Vevey 1998.
Gespräch mit **H. F. Kaplan.** – In: taz vom 17. 12. 1996. – Berlin: taz Verlags- und Vertriebsgesellschaft. – S. 7. (Titel des Interviews: »Kein Wesen will leiden«).
Schweitzer, Albert: Kultur und Ethik. – München: Biederstein, 6. unveränd. Aufl. 1947. – S. 240.
Spaemann, Robert: Welt des Grauens. – In: Weiss, Ilja (Hrsg.): Kritik der Tierversuche. – Lampertheim: Kübler, 1980. – S. 28.
Weber, Jörg: Die Erde ist nicht Untertan. Grundrechte für Tiere und Umwelt. – Frankfurt a. M.: Eichborn, 1990. – S. 47 (zit. n. Cicero, De natura deorum, 2. Buch, Kap. LXII u. LXIV), S. 55, S. 59 (3 Beiträge).
S. 96/97 **Bentham, Jeremy:** Introduction to the Principles of Morals and Legislation (1780). – In: Collected Works of Jeremy Bentham. – Ed. J. H. Burns and H. L. A. Hart. – Oxford: Clarendon Press, 1996. – Chapter 17 § i 4, footnote b, p. 283. (übers. v. Eva Jelden)
Singer, Peter: Alle Tiere sind gleich. – In: Krebs, Angelika: (Hrsg.): Naturethik. – Frankfurt a. M.: Suhrkamp, 1997. – S. 13–32.
Tugendhat, Ernst: Wer sind alle? – In: Krebs, Angelika (Hrsg.): Naturethik. – a. a. O. – S.104.
S. 98/99 **Bekanntmachung** der Neufassung des Tierschutzgesetzes vom 25. 05. 1998. – In: Bundesgesetzblatt Jahrgang 1998 Teil I Nr. 30, 29. 05. 1998, S. 1105–1120.
Nach: FAZ vom 15. 5. 1999. – S. 7.
Robert Spaemann, Welt des Grauens. – In: Weiss, Ilja (Hrsg.): Kritik der Tierversuche. – Lampertheim: Kübler, 1980, S. 29.
S. 98/99 **Hanns Carl von Carlowitz.** – In: Zürcher, Ulrich: Die Waldwirtschaft wird nachhaltig sein oder sie wird nicht sein! – In: Schweizerische Zeitschrift für Forstwesen 144 (1993)4, S. 254f.
Karl Kasthofer: Keine Schwächung des Ertrages. – In: Zürcher, Ulrich: Die Waldwirtschaft wird nachhaltig sein oder sie wird nicht sein! – a. a. O., 254f.
S. 102/103 **Krebs, Angelika:** Naturethik im Überblick. – In: Dies. (Hrsg.): Naturethik. – a. a. O., S. 352ff.
Rolston, Holmes: Werte in der Natur und die Natur der Werte. – In: Krebs, Angelika (Hrsg.): Naturethik. – a. a. O., S. 248, 251, 253f, 255, 259, 260f, 265.
Taylor, Paul W.: Die Ethik der Achtung gegenüber der Natur. – In: Krebs, Angelika (Hrsg.): Naturethik. – a. a. O., S. 122ff.
S. 104/105 **Birnbacher, Dieter:** »Natur« als Maßstab menschlichen Handelns. – In: Ders. (Hrsg.): Ökophilosophie. – Stuttgart: Reclam, 1997, S. 218f.
Krebs, Angelika: Naturethik im Überblick. – In: Dies. (Hrsg.): Naturethik. – a. a. O., S. 370 (3 Beiträge).
Sichler, Ralf: Die Entfremdung des Menschen von der Natur. – In: Dröschel, Alexander (Hrsg.): Kinder, Umwelt, Zukunft. – Münster: Votum, 1995, S. 44f.; Zitate: Mittelstraß, Jürgen: Aneignung und Verlust der Natur. – In: Ders.: Wissenschaft als Lebensform. – Frankfurt am Main: Suhrkamp, 1. Aufl., 1982, S. 65ff.
S. 106/107 **Nach: Hare, Richard M.:** Eine moderate Form der Goldenen Regel. – In: Ders.: Freiheit und Vernunft. – Aus dem Englischen von Georg Meggle. – Düsseldorf: Patmos, 1. Aufl., 1973, S. 108–131.

Leist, Anton: Ökologische Ethik II: Gerechtigkeit – Ökonomie – Politik. – In: Nida-Rümelin, Julian (Hrsg.): Angewandte Ethik: die Bereichsethiken und ihre theoretische Fundierung. – Stuttgart: Kröner, 1996, S. 393ff. (2 Beiträge).
S. 108/109 **Löw, Richard:** Artikel ›Gentechnik‹, 2. – In: Eser, Albin u.a. (Hrsg.): Lexikon Medizin – Ethik – Recht: darf die Medizin, was sie kann? – Freiburg; Basel; Wien: Herder, 1. Aufl., 1989, S. 389.
Rehmann-Sutter, Christoph: Politik der genetischen Identität: gute und schlechte Gründe, auf Keimbahntherapie zu verzichten. – In: Rehmann-Sutter, Christoph; Müller, Hansjakob (Hrsg.): Ethik und Gentherapie: zum praktischen Diskurs um die molekulare Medizin. – Tübingen: Attempto, 1995, S. 180f.
Reiter, Johannes: Ethische Aspekte der Humangenetik und Embryonenforschung. – In: Aus Politik und Zeitgeschichte, Beilage zur Wochenzeitung Das Parlament, B 6/91, 1. 2. 1991, S. 26f.
Schell, Josef: Pflanzen ohne Gentechnik werden sich eines Tages nicht mehr verkaufen lassen. – In: Die Welt vom 4. 4. 1998. – a. a. O.
S. 110/111 **Bayertz, Kurt:** GenEthik: Problem der Technisierung menschlicher Fortpflanzung. – Reinbek bei Hamburg: Rowohlt, 1987, S. 201.
Craig Venter, US-Wissenschaftler in Anaheim/Kalifornien – In: Pressemitteilung v. 9. 3. 1999.
Edwards, Robert auf dem 11. Weltkongreß für Gynäkologie. –In: Die Zeit vom 11. 10. 1985. – Hamburg: Zeitverlag, 1985.
Reich, Jens: Auf der Jagd nach dem ewigen Leben. – In: Der Tagesspiegel vom 7. 2. 1999, Berlin: Verlag Der Tagesspiegel, 1999.
Schöne-Seifert, Bettina: Medizinethik. – In: Nida-Rümelin, Julian (Hrsg.): Angewandte Ethik. – a. a. O., S. 628f.
S. 112/113 **Bayertz, Kurt:** GenEthik. – a. a. O. – S. 168.
Habermas, Jürgen: Zwischen Dasein und Design. – In: Die Zeit vom 12. 3. 1998. – Hamburg: Zeitverlag, 1998.
Habermas, Jürgen: Nicht die Natur verbietet das Klonen: wir müssen selbst entscheiden. – In: Die Zeit vom 19. 2. 1998. – Hamburg: Zeitverlag, 1998.
S. 114/115 **Ahrens, Ralph:** Geschäfte mit dem Schutz der Erdatmosphäre. – In: Berliner Zeitung Nr. 109 vom 12. 5. 1999. – a. a. O. – S. II.
Hengsbach, Friedhelm: Ein neuer Gesellschaftsvertrag? – In: Universitas 54 (1999) 2 = Nr. 632. – S. 123.
Rheinischer Merkur, Nr. 36 vom 3. 9. 1999. – Koblenz; Bonn: Verlag Rheinischer Merkur GmbH, 1999. – S. 8.
In: Geleitwort zu **Weizsäcker, Ernst Ulrich von; Lovins, Amory B.; Lovins, L. Hunter:** Faktor vier: doppelter Wohlstand – halbierter Naturverbrauch. – München: Droemer, Knaur, 1995, S. 9f., S. 281f (2 Beiträge).
Zens, Josef: Gut eine halbe Milliarde Mark für den Klimaschutz. – In: Berliner Zeitung Nr. 109 vom 12. 5. 1999. – a. a. O. – S. IV.
S. 116/117 **Bacon, Francis:** Neu-Atlantis. – Deutsche Übersetzung von Beate Behrens. – Berlin: Akademie Verlag, 2. durchgesehene Auflage, 1984, S. 40.
Brecht, Bertolt: Leben des Galilei. – In: Ders.: Die Stücke von Bertolt Brecht in einem Band. – Frankfurt am Main: Suhrkamp, 1978, S. 537.
Habermas, Jürgen: Theorie kommunikativen Handelns. – Bd. 2, Frankfurt am Main, 1981, S. 482.
Illich, Ivan: Entmündigende Expertenherrschaft. – In: Ders. u. a.: Entmündigung durch Experten: zur Kritik der Dienstleistungsberufe. – Reinbek bei Hamburg: Rowohlt, 1983, S. 7, 17f.
Mittelstraß, Jürgen: Wissenschaft als Lebensform. – Frankfurt am Main, 1. Aufl., 1982, S. 51ff.
Nietzsche, Friedrich: Sämtliche Werke. Kritische Studienausgabe in 15 Einzelbänden/ hrsg. von Colli, Giorgio; Montinari, Mazzino. – München: Deutscher Taschenbuchverlag u. a., 1980, Bd. 5, S. 402; Bd. 11, S. 194.
Siep, Ludwig: Ethische Probleme der Gentechnologie. – In: Ach, Johann S.; Gaidt, Andreas (Hrsg.): Herausforderung der Bioethik. – Stuttgart/ Bad Cannstadt: fromann holzboog, 1993, S. 141.
S. 118/119 **Hilgendorf, Eric:** Wertfreiheit in der Jurisprudenz? – In: Universitas 54 (1999)2 = Nr. 620. – S. 151; 153; 161.
Mohr, Hans: Möglichkeiten und Grenzen der Zukunftsforschung: Weltgespräch 10. – Freiburg;Wien;Basel: Herder, 1970, S. 23ff.
Schell, Josef: Pflanzen ohne Gentechnik werden sich eines Tages nicht mehr verkaufen lassen. – In: Die Welt. – a. a. O.
S. 120/121 **Bayertz, Kurt:** Wissenschaft als moralisches Problem. – In: Lenk, Hans (Hrsg.): Wissenschaft und Ethik. – a. a. O., S. 287.
Brecht, Bertolt: Leben des Galilei. – In: Ders.: Die Stücke von Bertolt Brecht in einem Band. – Frankfurt am Main: Suhrkamp, 1978, S. 537.
Eigen, Manfred: »Wir müssen wissen, wir werden wissen«. – In: Lenk, Hans (Hrsg.): Wissenschaft und Ethik. – Stuttgart: Reclam, 1991, S. 29.
Kollek, Regine: Die Landkarte des Menschen: Genotyp und Phänotyp. – In: Dt. Institut für Fernstudienforschung (Hrsg.): Funkkolleg Technikbewertung, STE 9. Hemsbach: Beltz, 1994, S. 22f.
Ropohl, Günter: Ethik und Technikbewertung. – Frankfurt am Main: Suhrkamp, 1. Aufl., 1996, S. 61, 124 (2 Artikel).
S. 122/123 **Dürr, Hans-Peter:** Ist Biologie nur Physik? – In: Universitas 52 (1997)1 = Nr. 607. – S. 2ff.
Global 2000: Der Bericht an den Präsidenten/hrsg. vom Council on Evironmental Quality/Hrsg. d. dt. Übers. Reinhard Kaiser/aus dem Amerikanischen von Thomas Berendt. – Frankfurt a. M.: Zweitausendeins, 4. Aufl., 1980. – S. 577.
Simon, Herbert; Newell, Allan: Neuristic Problem Solving. – Zitiert nach: Dreyfus, Hubert L. und Stuart E.: Künstliche Intelligenz: von den Grenzen der Denkmaschine und dem Wert der Intuition. – Aus dem Amerikanischen von Michael Mutz. – Reinbek bei Hamburg: Rowohlt, 1987, S. 27.
Simon, Herbert: The Shape of Automation for Man and Management. – Zitiert nach: Dreyfus, Hubert L. und Stuart E.: Künstliche Intelligenz. – a. a. O. – S. 99.
S. 124/125 **Beck, Gotthard; Wolf, Stefan:** Risiko – das heiße Eisen der Technikbewertung. – In: Dt. Institut für Fernstudienforschung (Hrsg.): Funkkolleg Technikbewertung, STE 6. – Hemsbach: Beltz, 1994, S. 4ff.
Lübbe, Hermann: Sicherheit: Risikowahrnehmung im Zivilisationsprozess. – In: Bayrische Rück (Hrsg.): Risiko ist ein Konstrukt. – München: Knesebeck, 1993, S. 29ff.
S. 126/127 **Hubig, Christoph:** Technik- und Wissenschaftsethik – Ein Leitfaden. – Berlin;Heidelberg u. a.: Springer, 2. Auflage, 1995, S. 20, 20f., 21 (3 Beiträge).
Philippe Morillon zitiert nach Hubig, Christoph; Jelden, Eva: Werkzeuge, Maschinen und Systeme – Leben in der Technik. – In: Dt. Institut für Fernstudienforschung (Hrsg.): Funkkolleg, Technikbewertung, STE 1. – Hemsbach: Beltz, 1994, S. 8.
Ropohl, Günter: Die unvollkommene Technik. – Frankfurt am Main: Suhrkamp, 1985, S. 144ff.
S. 128/129 **Bugl, Josef; Mai, Manfred:** Technikbewertung als Aufgabe der Politik. – In: Dt. Institut für Fernstudienforschung (Hrsg.): Funkkolleg Technikbewertung, STE 18. – Hemsbach: Beltz, 1994, S. 8.
Jochimsen, Reimut: Technikentwicklung und Wirtschaftspolitik. – In: Zöpel, Christoph (Hrsg.): Technikgestaltung durch den Staat. – Bonn: Verlag Neue Gesellschaft, 1988, S. 57.
Schelsky, Helmut: Der Mensch in der wissenschaftlichen Zivilisation. – In: Arbeitsgemeinschaft f. Forschung des Landes Nordrhein-Westfalen – Geisteswissenschaften, Heft 96, Köln: Westdeutscher Verlag, 1961, S. 13, 17.
Thoms, Eva-Maria: Wer Straßen sät, wird Verkehr ernten. – In: PZ 3/97 Nr. 89. – a. a. O. – S. 5 (2 Beiträge).
S. 130/131 **Kodex der National Society of Professional Engineers**, 1990 (Auszug). – Zitiert nach: Lenk, Hans; Ropohl, Günter (Hrsg.): Technik und Ethik. – Stuttgart: Reclam, 2., rev. und erw. Aufl., 1993, S. 322f.
Link, Hans: Interview-Ausschnitt. – In: Universitas 54 (1999)12 = Nr. 642. – S. 1177f.
Ropohl, Günter: Ethik und Technikbewertung. – a. a. O., S. 110, 71, 110, 83, 89 (2 Beiträge).
S. 132/133 **Arnold, Michael:** Es geht um eine Technikfolgenabschätzung. – In: Universitas 50 (1995) = Nr. 586. – S. 309; Spittler, Johann Friedrich: Der Hirntod ist der Tod

des Menschen. – In: Universitas 50 (1995) = Nr. 586. – S. 319f.
Gehlen, Arnold: Neuartige kulturelle Erscheinungen. – In: Ders.: Anthropologische und sozialpsychologische Untersuchungen. – Reinbek bei Hamburg: Rowohlt, 1986. – S. 176f.
Nach: »Grundsätze der Bundesärztekammer zur ärztlichen Sterbebegleitung« des Ausschusses »Medizinisch-juristische Grundsatzfragen«. – In: Deutsches Ärzteblatt 95 (1998) 39. – Köln: Deutscher Ärzte-Verlag. – S. 19.
Klein, M.; Schreiber, Klaus: Leserbriefe zur Kontroverse »Hirntod«. – In: DIE ZEIT Nr. 30 vom 22. 7. 1994, Hamburg: Zeitverlag, S. 24 (2 Beiträge).
Schöne-Seifert, Bettina: Medizinethik. – In: Nida-Rümelin, Julian (Hrsg.): Angewandte Ethik. – a. a. O., S. 587.
S. 134/135 **Biervert, Bernd; Monse, Kurt:** Technik und Alltag als Interferenzproblem. – In: Joerges, Bernward (Hrsg.): Technik im Alltag. – Frankfurt am Main, Suhrkamp, 1. Aufl., 1988. – S. 117.
Braun, Ingo: Technische Infrastrukturen der Konsumarbeit am Beispiel des Wäschewaschens. – In: Zeitschrift für Umweltpolitik und Umweltrecht, Frankfurt am Main: Deutscher Fachverlag, 4/1989. – S. 370.
Der Tagesspiegel vom 6. Juni 1991. – Berlin: Verlag Der Tagesspiegel, 1991. – S. 36.
Hubig, Christoph; Jelden, Eva: Werkzeuge, Maschinen und Systeme - Leben in der Technik. – a. a. O. – S. 17f.
Paris, Rainer: Eine Gretchenfrage. – In: Universitas 48 (1993)12 = Nr. 570. – S. 1196f.
S. 136/137 **Nach: Der Tagesspiegel** vom 29. 8. 1987 und 21. 1. 1990. – Berlin: Verlag Der Tagesspiegel, 1987, 1990.
dpa-Pressemeldung
Ropohl, Günter: Ethik und Technikbewertung. – a. a. O. – S. 117.
Schell, Jozef: Pflanzen ohne Gentechnik werden sich eines Tages nicht mehr verkaufen lassen. – In: Die Welt – a. a. O.
Stelz, Herbert: Neue Waffe gegen Goliath. – In: DIE ZEIT vom 11. 09. 1992. – Hamburg: Zeitverlag, 1992. – S. 26 (3 Beiträge).
S. 138/139 **Gentz, Manfred:** Wirtschaftsethik in der Unternehmensführung. – In: Wieland, Josef (Hrsg.): Wirtschaftsethik und Theorie der Gesellschaft. – Frankfurt am Main: Suhrkamp, 1993. – S. 92f., 93ff. (2 Beiträge).
Interview (Ausschnitt) aus: »Ausbruch aus dem Kerker der Sachzwänge«, Wirtschaftsethiker **Peter Ulrich** im Gespräch mit Gerhard Endres. – In: Publik Forum Nr. 2/1999. – Oberursel: Publik-Forum-Verlag, 1999. – S. 18f.
S. 140/141 **Friedhelm Hengsbach:** Gerechtigkeit in der Marktwirtschaft. – In: Becker, Jörg u. a. (Hrsg.): Ethik in der Wirtschaft. – Stuttgart u. a.: Kohlhammer, 1996. – S. 38f.
Kirsch, Guy: Von der Schwierigkeit, in der Wirtschaftsgesellschaft seinen Nächsten zu lieben. – In: Rinderer, Claus (Hrsg.): Finanzwissenschaftliche Aspekte von Religionsgemeinschaften. –Breda/Baden: Nomos Verlagsgesellschaft, 1989. – S. 57–60.
Koesters, Paul-Heinz: Ökonomen verändern die Welt: Wirtschaftstheorien, die unser Leben bestimmen. – Genehmigte Taschenbuchausgabe: München: Goldmann, 7. Aufl., 1993. – S. 17.
S. 142/143 **Baum, Holger; Offenhäußer, Dieter:** Kaffee. Armut – Macht – Märkte: ein Produkt und seine Folgen. – Unkel/Rhein: Horlemann, 1994. – S. 95–100 (2 Artikel).
Leist, Anton: Ökologische Ethik II. – In: Nida-Rümelin, Julian (Hrsg.): Angewandte Ethik. – a. a. O. – S. 393.
Der Spiegel vom 5. 10. 1987. – Hamburg: Spiegel-Verl., 1987. – S. 28.
S. 144/145 **Brodersen, Ingke:** Ratgeber Heimwerken. – Reinbek bei Hamburg: Rowohlt, 1998, S. 75, 79.
dpa-Meldung vom 16. 4. 1999. – In: Der Tagesspiegel vom 17. 4. 1999. – Berlin: Verlag Der Tagesspiegel, 1999.
Pressemeldung April 1999.
Pressemitteilung des BDI / dpa Februar 1999.
Rogalla, Thomas: Kommentar. – In: Berliner Zeitung vom 4. 6. 1999. – a. a. O. – S. 4.
Der Tagesspiegel vom 28. 02. 1999. – Berlin: Verlag Der Tagesspiegel, 1999.
S. 146/147 **Davoser Manifest** – In: Lenk, Hans (Hrsg.): Wirtschaft und Ethik. – a. a. O. – S. 397f.
Etzioni, Amitai: Über den Eigennutz hinaus. – In: Wieland, Josef (Hrsg.): Wirtschaftsethik und Theorie der Gesellschaft. – a. a. O., S. 109;
Huxley, Aldous: Schöne neue Welt. – Zitiert nach: Biesterfeld, Wolfgang (Hrsg.): Utopie. – Stuttgart: Reclam, 1985. – S. 88.
Pforr, Bernd: Gesellschaftliche Verantwortung eines Großunternehmens. – In: Zwierlein, Eduard (Hrsg.): Verantwortung in der Risikogesellschaft. – Idstein: Schulz-Kirchner, 1994, S. 104.
Siebenhüner, Bernd: Homo sustinens: für ein neues Menschenbild. – In: Universitas 54 (1999) Nr. 5. – S. 449ff.
Smith, Adam: Eine Untersuchung über Natur und Wesen des Wohlstandes der Nationen. – Zitiert nach: Göll, Edgar: Adam Smith – Leben und Werk. – hier: Buchbesprechung von Simpson Ross. – In: Universitas 54 (1999) Nr. 8. – S. 808.
Pforr, Bernd: Gesellschaftliche Verantwortung eines Großunternehmens. – In: Zwierlein, Eduard (Hrsg.): Verantwortung in der Risikogesellschaft. – Idstein: Schulz-Kirchner, 1994, S. 104.
Ulrich, Peter; Thielemann, Ulrich: Wie denken Manager über Markt und Moral? – In: Wieland, Josef (Hrsg.): Wirtschaftsethik und Theorie der Gesellschaft. – a. a. O., S. 86.
S. 148/149 **Amartya Sen:** »Die Moral in der Marktwirtschaft«/aus dem Englischen übers. von Hainer Kober. – In: Die Zeit Nr. 33 vom 12. 8. 1999. – a. a. O. – S. 37 (2 Artikel).
Hengsbach, Friedhelm: Ein neuer Gesellschaftsvertrag? – In: Universitas 54 (1999)2 = Nr. 632. – S. 118ff.
Hengsbach, Friedhelm: Gerechtigkeit in der Marktwirtschaft. – In: Becker, Jörg u. a. (Hrsg.): Ethik in der Wirtschaft. – a. a. O., S. 23ff.
Lynch, James J.: Banken und Moral. – Wiesbaden: Gabler, 1996. – S. VII–X.
S. 150/151 **Binswanger, Hans Christoph; Minsch, Jürg:** Theoretische Grundlagen der Umwelt- und Ressourcenökonomie – Traditionelle und alternative Ansätze. – In: Hauff, Michael von; Schmid, Uwe (Hrsg.): Ökonomie und Ökologie. – Stuttgart: Schäffer-Poeschel, 1992. – S. 43f., 54 (2 Artikel).
S. 152/153 **Apel, Karl-Otto:** Verantwortung heute – nur noch Prinzip der Bewahrung und Selbstbeschränkung oder immer noch der Befreiung und Verwirklichung von Humanität? – In: Ders: Diskurs und Verantwortung. – Frankfurt am Main: Suhrkamp, 1990. – S. 183f.
Bundesumweltministerium (Hrsg.): Umweltpolitik, Konferenz der Vereinten Nationen für Umwelt und Entwicklung im Juni 1992 in Rio de Janeiro, Dokumente, Agenda 21. Eine Information des Bundesumweltministeriums, – Bonn o. J. – S. 9, 44 (2 Beiträge).
Schmidt, Helmut: Vortrag in der Kath. Akademie Hamburg (23. 5. 1976). – In: Gorschenek, Günter (Hrsg.): Grundwerte in Staat und Gesellschaft. – München: Beck, 1977. – S. 183.
15 Uhr aktuell Nr. 22 vom 2. 2. 1999. – Berlin: 15-Uhr-Aktuell-Verl., 1999. – S. 2.
S. 154/155 **Bauer, Nora:** Über die eigenen Grenzen gehen – Von der Kunst, ein Fremder zu sein. Feature des Deutschlandfunks Köln, gesendet am 5. 2. 99, 19.15–20.00 Uhr, Manuskript S. 26f.
Aus den Geboten der Papayas, zu denen sich der Jugendliche bei der Initiation bekennen muss. – Zitiert nach: **Bensch, Rudolf; Trutwin, Werner (Hrsg.):** Philosophisches Kolleg 3: Ethik. – Düsseldorf: Patmos, 1977. – S. 24.
Hobbes, Thomas: Grundzüge der Philosophie II: Lehre vom Bürger/übers. von Max Frischeisen-Köhler. – Leipzig: Meiner, 1949. – Kapitel 1, S. 78.
Locke, John: Zwei Abhandlungen (Two treatises of government) / hrsg. und eingeleitet von Walter Euchner. – Frankfurt am Main: Europäische Verlags-Anstalt u. a., 1967. – S. 218, 264.
Ernst Tugendhat: Wer sind alle? – In: Krebs, Angelika (Hrsg.): Naturethik. – Frankfurt am Main: Suhrkamp, 1997. – S. 108.
S. 156/157 **Pressemeldung** . – In: Stein, Rosemarie: Wer bekommt ein Herz? Transplantation und Obduktion. – In: Der Tagesspiegel vom 01. 02. 2001. a. a. O.
Rimscha, Robert von: Der schmerzhafte Abschied von der Rassenquote. – In: Der Tagesspiegel vom 21. 03. 1999, S. Weltspiegel 3.
La Roche, Sophie de. In: Brinker-Gabler, Gisela (Hrsg.): Deutsche Literatur von Frauen. Band 1. – München 1988, S. 456.
S. 158/159 **Priddat, Birgit:** Blinde Sozial-

wut. – In: Rheinischer Merkur Nr. 41, 2000, S. 14.
Statistisches Bundesamt: 06. 01. 01
Widmann, Arno: Bonbonkanonen und mündige Bürger. – In: Berliner Zeitung vom 30./31.12.2000.
S. 160/161 **Donges, Juergen B.:** Interview von Jobst-Hinrich Wiskow. – In: Der Tagesspiegel vom 29. 08. 1999. – Berlin: Verlag Der Tagesspiegel, 1999. – S. 24.
Möhring-Hesse, Matthias: Mit Schmarotzern solidarisch sein? – In: Hengsbach, Friedhelm; Möhring-Hesse, Matthias (Hrsg.): Eure Armut kotzt uns an! – Frankfurt am Main: Fischer, 1996. – S. 85ff., 89ff. (2 Artikel).
Werner Müller im Interview. – In: Der Tagesspiegel Nr. 16762 vom 25. 07. 1999. – Berlin: Verlag Der Tagesspiegel, 1999. – S. 4.
»Auf dritten Wegen zur neuen Mitte. Wie definieren Linke anderswo in Europa Modernität. Auszüge aus einer Antwort von **Thierse und Genossen**« – In: Rheinischer Merkur Nr. 39 vom 24. 9. 1999. – Koblenz; Bonn: Verlag Rheinischer Merkur GmbH, 1999.
S. 162/163 **Datenbank der www.fernuni-hagen.de:** Kommentar zum Urteil des Europäischen Gerichtshofs am 1997–11–11, Rs. C–409/95, Hellmut Marschall / Land Nordrhein-Westfalen; 1997.
Haug, Frigga: Frauen-Politiken. – Berlin; Hamburg: Argument, 1. Aufl., 1996. – S. 29 (2 Beiträge).
Öffentliches Manifest zu 80 Jahren Frauenwahlrecht, 19. 1. 1999, von **Renate Künast**, MdA; Sibyll Klotz, MdA; Ingrid Lottenburger, MdA; Rosi Giesen, Fraktionsjuristin; Ines Koenen, Fraktionsassistentin; Reingard Jäkl, Bezirksverordnete, und viele Unterzeichnerinnen (Flugblatt).
Lang, Regina: Frauenquoten: des einen Freud, des anderen Leid. – Bonn: Dietz, 1998. – S. 9; 11; 12; 27; 144; 145.
Olbricht, Ingrid: Frauen-Krankheit, Frauen-Gesundheit. – In: Universitas 54 (1999) 2 = Nr. 632. – S. 168.
S. 164/165 **Spaemann, Robert:** Moralische Grundbegriffe. – München: Beck, 1991. – S. 51 ff (2 Artikel).
S. 166/167 **»Armut** in Deutschland. Opfer werden zu Tätern gemacht.« – Interview mit dem Armutsforscher Walter Hanesch (Auszug). – In: Publik Forum Nr. 15 vom 11.8.1995. – S. 12ff.
Bericht »Ich mach jetzt anderthalb Jahre Platte« – In: Drommer, Renate: … und segne, was du uns bescheret hast. – Berlin: Aufbau Verlag, 1993. – S. 26f.
Böckenförde, Ernst-Wolfgang: Was nützen soziale Grundrechte? – In: Frankfurter Allgemeine Zeitung vom 27. 2. 1980.
Interview: »Die hätten uns ja abknallen können«. – In: Drommer, Renate: … und segne, was du uns bescheret hast. – a. a. O., S. 30f.
Nida-Rümelin, Julian: Ethik des Risikos. – In: Ders. (Hrsg.): Angewandte Ethik. – Stuttgart: Kröner, 1996. – S. 827.
S. 168/169 **Auswärtiges Amt,** Bonn (Hrsg.): Menschenrechte in der Welt. – Remscheid: Ziegler, 1988. – S. 19ff.; 71ff.
Bernewitz, Ernst Heinrich von; Bonin, Konrad von: Das Grundgesetz verstehen. – Reinbek bei Hamburg: Rowohlt, 1976. – S. 15ff., 23f. (2 Beiträge).
Krokow, Christian Graf: Gewalt für den Frieden? – München: Piper, 1983. – S. 54f.
Radbruch, Gustav: Fünf Minuten Rechtsphilosophie = Gesamtausgabe Band 3. – Heidelberg: Müller, 1990. – S. 79.
Riezler, Erwin: Der totgesagte Positivismus. – In: Festschrift Fritz Schulz, Band 2. – Weimar: Böhlau, 1951. – S. 330–344.
S. 170/171 **Fromm, Erich:** Bösartige Destruktivität; Physische und seelische Grausamkeit – 1973 (2 Beiträge).
Lorenz, Konrad: Herrschaft, Macht, Gewalt, Kritik an der Macht – 1963 (3 Beiträge).
S. 172/173 **Gerhard, Volker:** »Gewalt«. »Macht«; **Hellmann, Kai-Uwe:** »Herrschaft«. – In: Metzler-Philosophie-Lexikon/ hrsg. von Peter Piechtl. – Stuttgart u. a.: Metzler, 2. Aufl., 1999, S. 211 f.; 340–343; 233.
S. 174/175 **Deile, Volkmar:** Menschenrechtspolitik. – In: Tessmer, Carsten (Hrsg.): Kein Recht auf Menschenrechte? – Marburg: Schüren, 1994. – S. 24f.
Fragesteller in einem **Interview** mit Jimmy Carter (13. 04. 1979). – Zitiert nach: Schäfer, Bernd; Schulze, Theodor (Hrsg.): Menschenrechte im Unterricht. – Bundeszentrale für politische Bildung, Darmstadt: Druck- und Verlagsgesellschaft, 1982, S. 384.
Kogon, Eugen: Der SS-Staat (1946). – Zitiert nach: Heumann, Hans (Hrsg.): Demokratie und Diktatur. – Frankfurt am Main: Hirschgraben, 1976. – S. 45f.
Nietzsche, Friedrich: Morgenröte. – In: Ders.: Werke in zwei Bänden. Band 1. – München: Hanser, 1955. – S. 1104f.
Stöckli, Thomas: Jugendpädagogik. – Dornach: Verlag am Goetheaneum, 1998. – S. 68.
Weiß, Christa: Reden wie mit einem Freund. – Wuppertal-Barmen: Jugenddienst-Verlag, 2. Aufl. 1964. 46 S. – Zitiert nach: Kiefel, Gerhard (Red.): Hoffnung für heute und morgen. – Gladbeck: Schriftenmissions-Verlag; Wuppertal-Barmen: Kiefel Verlag, 2. Aufl., 1970. – S. 28.
S. 176/177 **Galtung, Johann:** Grenzen öffnen, Armut bekämpfen oder massenhafter Tod? – In: Jahrbuch Frieden. – München: Beck, 1992, S. 95.
Rüßmann, Ursula: Kirchen brennen, weil Menschen nicht zählen. Gegen Fremdenfeindlichkeit helfen nur mehr Demokratie und mehr Solidarität. Fragen an Lübecks Bürgermeister Michael Bouteiller. – In: Publik-Forum Nr. 3, 1988. – S. 6ff.
Spaemann, Robert: Moralische Grundbegriffe. – a. a. O., S. 53.
S. 178/179 **Apel, Karl-Otto:** Diskursethik als Verantwortungsethik und das Problem der ökonomischen Rationalität. – In: Apel, Karl-Otto: Diskurs und Verantwortung. – a. a. O. – S. 280f.
Ernst Forsthoff: Der totale Staat … – In: Heumann, Hans (Hrsg.): Demokratie und Diktatur. – a. a. O. – S. 30f.
Krockow, Christian Graf von: Gewalt für den Frieden? – a. a. O. – S. 109; 107f; 81f.
Mussolini, Benito: Der Faschistische Staat (1932). – Zitiert nach: Heumann, Hans (Hrsg.): Demokratie und Diktatur. – a. a. O. – S. 21.
S. 180/181 **Gössweiner-Saiko,** Theodor i. A. der Bundeszentrale für politische Bildung (Hrsg.): Menschenrechte – Dokumente und Deklarationen. – Bonn 1991. – S. 57; Art. 27.
John, Barbara: Was ist ein integrierter Ausländer? – In: American Academy = Beilage des Tagesspiegel Berlin vom 06. 06. 1999 zur Berliner Konferenz über Zuwanderung, Tagung der American Academy, Juni 1999. – S. B6.
»Sie sind ein Utopist«: Spiegel-Streitgespräch zwischen Irenus Eibl-Eibesfeld und Heiner Geißler. – Moderiert von U. Klußmann und G. Latsch. – In: Der SPIEGEL, 14/1998, S. 48.
Unschuld, Paul U.: Das Kreuz mit dem Kopftuch. – In: Universitas 54 (1999)7 = Nr. 637. – S. 621 ff.
S. 182/183 **Drewermann, Eugen:** Über Krieg führt kein Weg zum Frieden. – In: Neues Deutschland vom 27./28. 03. 1999. – Berlin: Verl. Neues Deutschland, 1999. – S. 1.
Revel, Jean-François: Die Verantwortung der Täter. – In: Der Tagesspiegel vom 02.01.2000. – Berlin: Verlag Der Tagesspiegel, S. 28 (Ausschnitt).
Studie der FU Berlin: Befragung von 1105 Berliner Schülern. – In: 15 Uhr aktuell Berlin Nr. 167 vom 30. 08. 1999. – a. a. O. – S. 2.
Weber, Max: Soziologie, universalgeschichtliche Analysen, Politik. – Stuttgart: Kröner, 1973. – S. 175f.
S. 184/185 **Augustinus, Aurelius:** Über den Gottesstaat. – Zitiert nach: Spaemann, Robert: Ethik-Lesebuch. – München: Piper, 1987. – S. 398f.
Friedrich Ebert, Ansprache zur Nationalversammlung nach seiner Wahl zum Reichspräsidenten 1919. – Zitiert nach: Heumann, Hans (Hrsg.): Demokratie und Diktatur. – a. a. O. – S. 4f.
Gumppenberg, Rudolf von: Glück als Friede. – Einführung zu: Augustinus, Über den Gottesstaat. – In: Spaemann, Robert: Ethik-Lesebuch. – a. a. O. – S. 397.
von Hentig, Hartwig: Lernen, ungehorsam zu sein. – In: Theorie und Praxis der Sozialarbeit und Sozialpädagogik. – Hamburg: Theorie- und Praxisverlag, 1980. – S. 277.
Kant, Immanuel: Zum ewigen Frieden, Definitivartikel 2. – a. a. O. – S. 208–212.
Krockow, Christian Graf von: Gewalt für den Frieden? – a. a. O. – S. 63.
S. 186/187 **Mann, Heinrich:** Der Untertan. – Stuttgart u. a.: Lizenzausgabe für den Deutschen Bücherbund, o. J., S. 7–11
S. 188/189 **Bund für Soziale Verteidigung e. V.,** Informationsblatt Dez. 2000.

Jeffery, K.; Noack, U.: Streiten – Vermitteln – Lösen. Das Schüler-Streit-Schlichter-Programm. – Lichtenau: AOL, 1995.
Nach: Milan/Bund für Soziale Verteidgung, Web-Page, 12/2000.
Tagesspiegel: 14. 12. 2000; 19. 12. 2000.
S. 190/191 **»Erklärung** der Rechte des Menschen und des Bürgers« der französischen Nationalversammlung vom 03. 09. 1791 (Auszug). – Zitiert nach: Musulin, Janko (Hrsg.): Proklamationen der Freiheit. – a. a. O. – S. 74–76.
Kriele, Martin: Legitimität und Widerstand. – In: Höffe, Otfried; Kadelbach, Gerd; Plumpe, Gerhard (Hrsg.): Praktische Philosophie/Ethik 2. – Frankfurt am Main: Fischer, 1981. – S. 36ff.; 40ff.; 44.
Montesquieu, Charles Baron de: Vom Geist der Gesetze/hrsg. von Friedrich August Freiherr von der Heyte. – Berlin: de Gryuter & Co, 1950. – S. 85f.; 128; 138f.; 130.
Montesquieu, Charles-Louis Baron de: Esprit des Lois [Vom Geist der Gesetze]. – Zitiert nach: Musulin, Janko (Hrsg.): Proklamationen der Freiheit. – Frankfurt am Main: Fischer, 1959. – S. 55.
Roussaeu, Jean Jacques: Contrat Social. – In: Ders.: Staat und Gesellschaft/übers. und kommentiert von Kurt Weigand. – München: Goldmann, 1959. – S. 21f.; 59.
S. 192/193 **Huber, K.:** Schlußwort des Angeklagten vor dem Volksgerichtshof 1943. – In: Hofer, Walther (Hrsg.): Der Nationalsozialismus, Dokumente 1933–1945. – Frankfurt am Main: Fischer Taschenbuch Verlag, 1974. – S. 332f.
Kriele, Martin: Legitimität und Widerstand. – In: Höffe, Otfried; Kadelbach, Gerd; Plumpe, Gerhard (Hrsg.): Praktische Philosophie/Ethik 2. – a. a. O. – S. 36ff.; 40ff.; 44.
Patzig, Günther: Ethik ohne Metaphysik. – Göttingen: Vandenhoeck & Ruprecht, 1971.– S. 9–15.
S. 194/195 **Baumann, Jürgen:** Strafrecht im Umbruch. – Neuwied: Luchterhand, 1977. – S. 21, 25.
Ortner, Helmut: Gefängnis. – Weinheim: Beltz, 1988. – S. 16ff.; 40; 143.
Wolf, Birgitta: Ende der Vergeltung – Utopie? – In: Ortner, Helmut (Hrsg.): Freiheit statt Strafe. – Frankfurt am Main: Fischer, 1981. – S. 17; 22f.; 24 (3 Beiträge).
S. 196/197 **Brieskorn, Norbert:** Rechtsphilosophie. – Stuttgart u. a.: Kohlhammer, 1990. – S. 136; 134f.
Kersten, Joachim; Wolffersdorff-Ehlert, Christian von: Jugendstrafe. – Frankfurt am Main: Fischer, 1980. – S. 275f.
Lüthke, Albrecht; Müller, Ingo: Strafjustiz für Nicht-Juristen. – Opladen: Leske + Budrich, 1997. – S. 50; 65; 93.
Lüth, Paul: Gerechtigkeit ohne Recht. – Reinbek bei Hamburg: Rowohlt, 1981. – S. 31f.
Ortner, Helmut: Gefängnis. – a. a. O. – S. 66.
S. 198/199 **Eberle, Ute:** Die kleinen Richter. – In: Die Zeit Nr. 34 vom 13. 08. 1998. – Hamburg: Zeitverlag, 1998. – S. 49f.
Lüth, Paul: Gerechtigkeit ohne Recht. – a. a. O. – S. 132.
Klassendisziplin per Vertrag. – In: Focus Nr. 51/1994. – München: FOCUS-Magazin-Verl., 1994. – S. 48.
S. 200/201 **Bülow, Vicco von:** Interview von Hellmuth Karasek und Stephan Lebert. – In: Der Tagesspiegel Nr. 16 818 vom 19. 09. 1999. – Berlin: Verlag Der Tagesspiegel, 1999.
Etzioni, Amitai: Über den Eigennutz hinaus. – In: Wieland, Josef (Hrsg.): Wirtschaftsethik und Theorie der Gesellschaft. – a. a. O. – S. 121f.
Jöhr, Walter: Die kollektive Selbstschädigung durch Verfolgung des eigenen Vorteils. – In: Neumark, Fritz; Thalheim, Karl C.; Hölzner, Heinrich (Hrsg.): Wettbewerb, Konzentration und wirtschaftliche Macht. – Berlin: Duncker & Humblot, 1976. – S. 127.
Krockow, Christian Graf von: Gewalt für den Frieden? – a. a. O. – S. 72ff.
Merkel, Angela: Angstszenarien helfen nicht: Interview von Bernd Ulrich und Stephan-Andreas Casdorff. – In: Der Tagesspiegel Nr. 16818 vom 19. 09. 1999. – Berlin: Verlag Der Tagesspiegel, 1999.
Renn, Ortwin: Umweltkonflikte und innovative Konfliktregelungen, Möglichkeiten und Grenzen diskursiver Verfahren. – Renn, Ortwin: Ergebnisschwerpunkte. – Beides in: Arbeitsgemeinschaft für Umweltfragen (Hrsg.): Umweltmediation in Deutschland. – a. a. O. – S. 19, 29, 6f. (2 Beiträge).
Schily, Otto: Interview. – In: Der Tagesspiegel vom 06. 06. 1999. – Berlin: Verlag Der Tagesspiegel, 1999.
S. 202/203 **Emmrich, Michael:** Die Medien und die Wissenschaft. – In: Universitas 54 (1999) 7 = Nr. 637. – S. 631ff. (3 Beiträge).
Kießling, Bernd: Wie Massenmedien Wirklichkeit machen. – In: Universitas 54 (1999) 7 = Nr. 637. – S. 639ff. (2 Beiträge).
Am Ozonloch sind immer die anderen schuld: **Pressemeldung** der Deutschen Forschungsgemeinschaft. – In: Universitas 54 (1999)7 = Nr. 637. – S. 712.

Kapitel 4
S. 204/205 **Homer:** Die Odysee/erzählt von Christoph Martin Eichborn. – a. a. O. – S. 118, 122 (2 Beiträge)
MacIntyre, Alasdair: After Virtue, a study in moral theory. – London: Duckworth, 2. Aufl., 1985. – S. 123f. (Übersetzung: Matthias Jung).
Snell, Bruno: Die Entdeckung des Geistes, Studien zur Entstehung des europäischen Denkens bei den Griechen. – Hamburg: Claasen & Goverts, 2. erw. Aufl., 1948. – S. 44.
Xenophanes – In: Die Vorsokratiker, die Fragmente und Quellenberichte/übers. und eingel. von Wilhelm Capelle. – Stuttgart: Kröner, 1968. – S. 120, 121 (2 Beiträge)
S. 206/207 **Gadamer, H. G.:** Ein sokratischer Dialog. – In: FAZ vom 9. 2. 1990. – S. 32f. (2 Beiträge).
Platon: Apologie/hrsg. von Kurt Hildebrandt. – Stuttgart: Reclam, 1982. – S. 24f.
Platon – In: Pleger, Wolfgang H.: Sokrates. Der Beginn des philosophischen Dialogs. – Reinbek b. Hamburg: Rowohlt, 1998. – S. 181.
Nach: Pleger, Wolfgang H.: Sokrates. Der Beginn des philosophischen Dialogs. – Reinbek b. Hamburg: Rowohlt, 1998. – S. 177f.
S. 208/209 **Platon:** Der Staat. 7. Buch. – In: Platon: Werke/hrsg. von Ernesto Grassi/übers. F. Schleiermacher. – Bd. III. – Reinbeck b. Hamburg: Rowohlt, 1958. – S. 224 ff.
S. 210/211 **Nach: Hösle, Vittorio:** Moral und Politik. – München: Beck, 1997. – S. 31 ff.
Kant, Immanuel: Werke/hrsg. von W. Weischedel – Bd.VII. – Darmstadt: Wiss. Buchgesellschaft, 1975. – S. 369.
Platon: Gorgias. – In: Platon: Werke/hrsg. von Ernesto Grassi/übers. F. Schleiermacher. – Bd. I. – Reinbeck b. Hamburg: Rowohlt, 1957. – S. 238f.
Platon: Der Staat. 7. Buch. – In: Platon: Werke. – Bd. III – a. a. O. – S. 120; 160f.
Sokrates: Gorgias. – In: Platon: Werke. – Bd. I. – a. a. O. – S. 240.
S. 212/213 **Arendt, Hannah:** Vita activa oder vom tätigen Leben. – München u. a.: Piper, 1998. – S. 389.
Aristoteles: Nikomachische Ethik. Aus dem Griech. übers. und Nachw. von Franz Dirlmeier. – Stuttgart: Reclam, 1969. – S. 1094a 1ff., 1139b 25ff. (2 Beiträge).
Nach: Gosepath, Stefan (Hrsg.): Motive, Gründe, Zwecke. – Frankfurt a. M.: Fischer-Taschenbuch-Verl., 1999. – S. 10f.
S. 214/215 **Aristoteles:** Nikomachische Ethik. I, 6. – a. a. O. – S. 1097b 12ff.
Aristoteles: Nikomachische Ethik. I, 3. – a. a. O. – S. 1095a 32ff.; X,7, 1177a 16ff.
Fromm, Erich: Psychoanalyse und Ethik/überarb. von Rainer Funk. – München: Dt. Taschenbuchverl., 2. Aufl., 1986. – S. 24ff.
Psycholgie Heute 2/1999. – S. 29.
S. 216/217 **Aristoteles:** Nikomachische Ethik. II, 1. – a. a. O. – S. 1103a ff.
Aristoteles: Nikomachische Ethik. II, 5. – a. a. O. – S. 1106b 8ff.
Höffe, Otfried: Moral als Preis der Moderne. – Frankfurt a. M.: Suhrkamp, 1. Aufl., 1993. – S.147f.
Kolakowski, Leszek: Der Mensch ohne Alternative. – München: Piper, 1974. – S. 247ff.
Picht, Georg: Zum Begriff des Maßes. – In: Eisenbart; Constanze (Hrsg.): Humanökologie und Frieden. – Stuttgart: Klett-Cotta, 1982. – S.418ff.
S. 218/219 **Aristoteles:** Nikomachische Ethik. VI, 5. – a. a. O. – S. 1140a ff.
Schmid, Wilhelm: Philosophie der Lebenskunst. – Frankfurt a. M.: Suhrkamp, 1. Aufl., 1998. – S. 221ff.
Nach: Schnädelbach, Herbert: Zur Rehabilitierung des animal rationale. – Frankfurt a. M.: Suhrkamp, 1. Aufl., 1992. – S. 226
S. 220/221 **Politik** I 5; 125 a f. – In: Platon: Werke. – Bd. III – a. a. O. – S. 73f.
Welzel, Hans: Naturrecht und materiale Gerechtigkeit. – Göttingen: Vandenhoeck & Ruprecht, 1990. – S. 29ff. (2 Beiträge).
S. 222/223 **Artikel** in einer Schülerzeitung (1. 1. 97). – In: Jugend 97. Shell-Studie. – Opladen: Leske + Budrich, 1997. – S.184.

Bien, Günther: Aristoteles. – In: Aristoteles: Nikomachische Ethik. Auf der Grundlage der Übers. von Eugen Rolfs hrsg. von Günther Bien. – Hamburg: Meiner, 4. durchges. Aufl., 1985. – S. XXI.
Marquard, Odo: Apologie des Zufälligen. – Stuttgart: Reclam, 1986. – S. 122ff.
MacIntyre, Alasdair: Ist der Patriotismus eine Tugend? – In: Honneth, Axel: (Hrsg.): Kommunitarismus. – Frankfurt a. M.: Campus, 1993. – S. 92f.
***S. 224/225* Epikur:** Brief an Menoikes. – In: Epikur: Philosophie der Freude/übers. von J. Mewaldt. – Stuttgart: Alfred Kröner Verlag, 1975. – S. 63f. (2 Beiträge).
Epikurs Weisungen. – In: Epikur: Briefe, Sprüche, Werkfragmente/übers. und hrsg. von Hans-Wolfgang Krautz. – Stuttgart: Reclam, 1985. – S. 85; 75.
Savater, Fernando: Tu was du willst. Ethik für die Erwachsenen von morgen. – Frankfurt a. M.: Campus, 7. Aufl., 2000. – S. 121–124.
***S. 226/227* Aurel, Mark:** Grundsätze eines moralisch guten Lebens. – In: Höffe, Otfried (Hrsg.): Lesebuch zur Ethik. – a. a. O. – S. 114ff.
Epiktet: Lebensregeln. – In: Höffe, Otfried (Hrsg.): Lesebuch zur Ethik. – a. a. O. – S. 112ff.
Nach: Pohlenz, Max: Die Stoa. – Göttingen: Vandenhoeck & Ruprecht, 1992. – S. 112.
Seneca: Was heißt »naturgemäß« leben? – In: Höffe, Otfried (Hrsg.): Lesebuch zur Ethik. – München: Beck, 1998. – S. 111f.
***S. 228/229* Cicero:** De officiis III/hrsg. und übers. von Carl Atzert. – München: Goldmann, 1962. – S. 21ff.
Cicero: De re publica 1, 25. Vom Gemeinwesen/hrsg. und übers. von Karl Büchner. – Stuttgart: Artemis, 1960. – S. 37f, III 12–112f (2 Beiträge).
Hochkeppel, Willy: War Epikur ein Epikureer? – München: Dt. Taschenbuch-Verl., 1984. – S. 190.
Seneca: Epistulae morales ad Lucilium 47. Brief an Lucilius/hrsg. und übers. von Ernst Glaser-Gerhard. – Reinbeck b. Hamburg: Rowohlt, 1965. – S. 47.
***S. 230/231* Butler, Joseph:** Fifteen Sermons Preached at Rolls Chapel (1726)/übers. von Rudolf Lüthe. – Bernard-Edition, Sermon I. – S. 30ff.
Hume, David: Eine Untersuchung über die Prinzipien der Moral/übers. von Carl Winckler. – Hamburg: Meiner, 1972. – S. 6.
Hutcheson, Francis: An Inquiry into the Original of Our Ideas of Beauty and Virtue (1725)/übers. von Rudolf Lüthe. – Bd. 1. – Collected Works. – S. VI.
Shaftesbury, Anthony: An Inquiry Concerning Virtue, or Merit (1711)/übers. von Rudolf Lüthe. – Bd. 1. – Standard Edition Abteilung II. – S. 86.
***S. 232/233* Hume, David:** Ein Traktat über die menschliche Natur/übers. von Theodor Lipps. – Bd. II. – Hamburg: Meiner, 1978. – S. 278.
Hume, David: Eine Untersuchung über die Prinzipien der Moral. – a. a. O. – S. 118f.
***S. 234/235* Hume, David:** Eine Untersuchung über die Prinzipien der Moral. – a. a. O. – S. 19ff. (5 Beiträge).
***S. 236/237* Hume, David:** Eine Untersuchung über die Prinzipien der Moral. – a. a. O. – S. 132f.
Mill, John Stuart: Der Utilitarismus/übers., Anm. und Nachw. von Dieter Birnbacher. – Stuttgart: Reclam, 1994. – S. 75ff. (2 Beiträge).
Singer, Peter: Praktische Ethik/übers. a. d. Engl. O. Bischoff, J.-C. Wolf u. D. Klose. – Stuttgart: Reclam, 2. rev. u. erw. Aufl., 1994, S. 15.
***S. 238/239* Bentham, Jeremy:** The Principles of Morals and Legislation/übers. von Rudolf Lüthe. – New York: Prometheus, 1988. – S. 1f.; 29.
Mill, John Stuart: Der Utilitarismus/übers., Anm. und Nachw. von Dieter Birnbacher. – Stuttgart: Reclam, 1994. – S. 15f., 50 (2 Beiträge).
S. 240/241 Fabel von **Aesop.**
Patzig, Günther: Gesammelte Schriften. – Bd. 1. – Göttingen: Wallstein, 1994. – S. 24f., 80ff., 108f., 114f. (3 Beiträge).
***S. 242/243* Hegselmann, Rainer; Merkel, Reinhard (Hrsg.):** Zur Debatte über Euthanasie. – Frankfurt a. M.: Suhrkamp, 1991. – S. 7.
Hoerster, Norbert: Abtreibung im säkularen Staat. – Frankfurt a. M.: Suhrkamp, 1991. – S. 161f.
Patzig, Günther: Gesammelte Schriften. – Bd. 2. – Göttingen: Wallstein, 1993. – S. 158f.
Spaemann, Robert: Personen. Versuche über den Unterschied zwischen »etwas« und »jemand«. – Stuttgart: Klett-Cotta, 2. Aufl., 1998. – S. 254ff.
***S. 244/245* Kant, Immanuel:** Beantwortung der Frage: Was ist Aufklärung? – In: Kant, Immanuel: Werke in 10 Bänden/hrsg. von Wilhelm Weischedel. – Bd. 10. – Darmstadt: Wiss. Buchges., 2. überprüft. reprogr. Nachdr. d. Ausg. Darmstadt 1964, 1968. – S. 53 (A 481/482).
Kant, Immanuel: Zu einer allgemeinen Geschichte in weltbürgerlicher Absicht. – In: Kant, Immanuel: Werke in 10 Bänden/hrsg. von Wilhelm Weischedel. – Bd. 10. – a. a. O. – S. 37f. (A 392), S. 44 (A 403) (2 Beiträge).
Schopenhauer, Arthur: Parerga und Paralipomena. – In: Schopenhauer, Arthur: Sämtliche Werke in fünf Bänden. – Bd. 5. – Leipzig: Brockhaus,1938. – S. 708f.
***S. 246/247* Kant, Immanuel:** Grundlegung zur Metaphysik der Sitten/hrsg. von K. Vorländer. – Hamburg: Meiner, 3. Aufl., 1965, S. 10, 14f, 15, 77 (4 Beiträge).
***S. 248/249* Kant, Immanuel:** Grundlegung zur Metaphysik der Sitten. – a. a. O. – S. 20, 34f., 42 (3 Beiträge).
***S. 250/251* Kant, Immanuel:** Grundlegung zur Metaphysik der Sitten. – a. a. O. – S. BA52, 55, 67, 78 (4 Beiträge).
Ludwig, Ralf (Hrsg.): Kant für Anfänger. Der kategorische Imperativ. – München: Dt. Taschenbuch-Verl., 1995. – 81f.
***S. 252/253* Constant, Benjamin:** Bedingte Wahrheitspflicht. – In: Kant, Immanuel: Kants Werke. Akademie-Textausgabe. – Bd. VIII. – Berlin: De Gruyter, 1968. – S. 425.
Kant, Immanuel: Grundlegung zur Metaphysik der Sitten. – a. a. O. – S. 38.
Kant, Immanuel: Über ein vermeintes Recht, aus Menschenliebe zu lügen. – In: Kant, Immanuel: Kants Werke. Akademie-Textausgabe. – Bd. VIII. – Berlin: De Gruyter, 1968. – S. 426.
***S. 254/255* Kant, Immanuel:** Über Pädagogik. – In: Kant, Immanuel: Werke in 10 Bänden/hrsg. von Wilhelm Weischedel. – Bd. 10. – a. a. O. – S. 696–699 (A 1–7), S. 702 (A 14); S. 702 (A 14); S. 707 (A 25) (4 Beiträge).
Leggewie, Claus: »Mut zur Erziehung«. – In: Beutler, Kurt; Horster, Detlev (Hrsg.): Pädagogik und Ethik. – Stuttgart: Reclam, 1996. – S. 217; 220.
Mayr, Ernst: Das ist Biologie. Die Wissenschaft des Lebens. – Heidelberg; Berlin: Spektrum Akad. Verl., 1998. – S. 336f.
***S. 256/257* Schopenhauer, Arthur:** Preisschrift über die Grundlage der Moral (1838). – In: Schopenhauer, Arthur: Werke. Züricher Ausgabe. – Bd. 4. – Zürich: Diogenes, 1977. – S. 247–248; S. 311–312 (2 Beiträge).
Nach: Tugendhat, Ernst: Vorlesungen über Ethik. – Frankfurt: Suhrkamp, 1993. – S. 182ff.
***S. 258/259* Nietzsche, Friedrich:** Jenseits von Gut und Böse. Zur Genealogie der Moral. – Bd. 5. –München: Dt. Taschenbuch-Verl., 1988. – S. 53; 104–106; 107; 281f. (4 Beiträge).
***S. 260/261* Jaspers, Karl:** Antwort auf die Frage: Aus welchen Kräften leben Sie? (1962). – In: Karl Jaspers: Philosophische Aufsätze. – München: Piper, 1967. – S. 93, 95
Jaspers, Karl: Einführung in die Philosophie. – München: Piper, 1971. – S. 18.
Weischedel, Wilhelm: Die philosophische Hintertreppe. – München: Dt. Taschenbuch-Verl., 1998. – S. 233f.
***S. 262/263* Sartre, Jean-Paul:** Ist der Existenzialismus ein Humanismus? – In: Sartre, Jean-Paul: Drei Essays. – Frankfurt a. M. u. a.: Ullstein, neue durchges. Aufl., 1969. – S. 10–11, 16, 17–18 (3 Beiträge).
***S. 264/265* Scheler, Max:** Der Formalismus in der Ethik und materiale Wertehtik. – Halle a. d. S.: Niemeyer, 2. unveränd. Aufl., 1921. – S. 12/13, 511/512, 515 (3 Beiträge).
Schweitzer, Albert: Kultur und Ethik. – München: Beck, 1960. – S. 330/331, 340–341 (2 Beiträge).
***S. 266/267* Birnbacher, Dieter:** Das Tötungsverbot aus Sicht des klassischen Utilitarismus. – In: Hegselmann, Rainer; Merkel, Reinhard (Hrsg.): Zur Debatte über Euthanasie. – Frankfurt a. M.: Suhrkamp, 1991. – S. 47f. (2 Beiträge).
Singer, Peter: Mir leuchtet nicht ein, wie man so Werte bewahren will. Peter Singer

im Gespräch mit Christoph Fehige und Georg Meggle. – In: Hegselmann, Rainer; Merkel, Reinhard (Hrsg.): Zur Debatte über Euthanasie. – Frankfurt a. M.: Suhrkamp, 1991. – S. 161.
Weber, Max: Politik als Beruf. – In: Weber, Max: Gesammelte politische Schriften/mit einem Geleitw. von Theodor Heuss/hrsg. von Johannes Winckelmann. – Tübingen: Mohr, 3. erneut verm. Aufl., 1971. – S. 551–558.
S. 268/269 **Arendt, Hannah:** Vita activa oder vom tätigen Leben. – München: Piper, 1981. – S. 16–17, 112–114 (2 Beiträge).
Jonas, Hans: Handeln, Erkennen, Denken. Zu Hannah Arendts philosophischem Werk. – In: Reif, Adelbert (Hrsg.): Hannah Arendt. Materialien zu ihrem Werk. – Wien u. a.: Europa-Verl., 1979. – S. 353.
S. 270/271 **Hart, H. L. A.:** Freiheit und ihre Priorität bei Rawls. – S. 143. – In: Höffe, Otfried (Hrsg.): Über John Rawls Theorie der Gerechtigkeit. – Frankfurt a. M.: Suhrkamp, 1. Aufl., 1977. – S. 131–161.
Hellmer, Thomas (Fußball-Nationalspieler) ausgezeichnet mit der Fair-Play-Trophäe 1998 des Verbandes dt. Sportjournalisten. – In PZ Nr. 94 vom Juni 1998/hrsg. von Bundeszentrale für Politische Bildung. – Wiesbaden: Universum Verl.-Anst., 1998. – S. 16.
Rawls, John: Gerechtigkeit als Fairness. – In: Rawls, John: Eine Theorie der Gerechtigkeit. – Frankfurt a. M.: Suhrkamp, 1. Aufl., 1975. – S. 19ff., 337 (2 Beiträge).
S. 272/273 **Aristoteles:** Nikomachische Ethik. – München: Deutscher Taschenbuchverlag, 1972, S. 155.
Kant, Immanuel: Die Metaphysik der Sitten/hrsg. von Wilhelm Weischedel. – Frankfurt a. M.: Suhrkamp, 1968, S. 422f.
Mill, John Stuart: Der Utilitarismus/übers. von Dieter Birnbacher. – Stuttgart: Reclam, 1994, S. 103.
Rawls, John: Eine Theorie der Gerechtigkeit- – Frankfurt a. M.: Suhrkamp, 1975, S. 74.
Schopenhauer, Arthur: Die Welt als Wille und Vorstellung. – Zürich: Diogenes, 1977, S. 438.
Steinvorth, Ulrich: Gerechtigkeit. – In: Martens, Ekkehard u. a. (Hrsg.): Philosophie. Ein Grundkurs. – Reinbek b. Hamburg: Rowohlt, 1991, S. 314.
S. 274/275 **Hart, H. L. A.:** Freiheit und ihre Priorität bei Rawls. – S. 143. – In: Höffe, Otfried (Hrsg.): Über John Rawls Theorie der Gerechtigkeit. – Frankfurt a. M.: Suhrkamp, 1. Aufl., 1977. – S. 131–161.
Helmer, Thomas (Fußball-Nationalspieler) ausgezeichnet mit der Fair-Play-Trophäe 1998 des Verbandes dt. Sportjournalisten. – In PZ Nr. 94 vom Juni 1998/hrsg. von Bundeszentrale für Politische Bildung. – Wiesbaden: Universum Verl.-Anst., 1998. – S. 16.
Rawls, John: Gerechtigkeit als Fairness. – In: Rawls, John: Eine Theorie der Gerechtigkeit. – Frankfurt a. M.: Suhrkamp, 1. Aufl., 1975. – S. 19ff, 337 (2 Beiträge).
S. 276/277 **Habermas, Jürgen:** Die Einbeziehung des Anderen. Studien zur politischen Theorie. – Frankfurt a. M.: Suhrkamp, 1996, S. 95.
Horster, Detlef: Postchristliche Moral. Eine sozialphilosophische Begründung. – Hamburg: Junius, 1999, S. 242–244.
Rawls, John: Die Idee des politischen Liberalismus. – In: Honneth, Axel (Hrsg.): Kommunitarismus. – Frankfurt a. M.; New York: Campus, 1996, S. 36–39.
S. 278/279 **Jonas, Hans:** Das Prinzip Verantwortung. – Frankfurt a. M.: Insel, 1. Aufl., 1979. – S. 7.
Jonas, Hans: Ethik für die Zukunft. Im Diskurs mit Hans Jonas/hrsg. von. Dietrich Böhler. – München: Beck, 1994. – S. 206, 211 (2 Beiträge).
Spiegel-Interview »Dem bösen Ende näher«. Gespräch mit dem Technik-Philosophen Hans Jonas über den Umgang der Menschheit mit der Natur. – In: Der Spiegel Nr. 20/1992. – Hamburg: Spiegel-Verl., 1992. – S. 92ff.
S. 280/281 **Jonas, Hans:** Das Prinzip Verantwortung. – a. a. O. – S. 35/36, 80, 172, 174, 184/185 (5 Beiträge).
Jonas, Hans: Rassismus im Lichte der Menschheitsbedrohung. – In: Jonas, Hans: Ethik für die Zukunft. Im Diskurs mit Hans Jonas. – a. a. O. – S. 25.
S. 282/283 **Habermas, Jürgen:** Theorie des kommunikativen Handelns. – Bd. 2. – Frankfurt a. M.: Suhrkamp, 1997. – S. 142.
Nach Ott, Konrad: Diskursethik. – In: Ethik und Unterricht 2/1994. – Frankfurt a. M.: Diesterweg, 1994. – S. 2ff.
Nach: Tugendhat, Ernst: Vorlesungen über Ethik. – Frankfurt a. M.: Suhrkamp, 1. Aufl., 1993. – S. 165f.
S. 284/285 **MacIntyre, Alasdair** – In: Honneth, Axel (Hrsg.): Kommunitarismus. Eine Debatte über die moralischen Grundlagen moderner Gesellschaften. – Frankfurt a. M.: Campus, 1993. – S. 90ff.
MacIntyre. Alasdair: Der Verlust der Tugend. Zur moralischen Krise der Gegenwart/übers. von Wolfgang Rhiel. – Frankfurt a. M.: Suhrkamp, 1. Aufl., 1995. – S. 271, 295–296 (2 Beiträge).
S. 286/287 **Baudrillard, Jean:** Unmögliche Moral. Gespräch mit Nicole Czechowski. – In: Stäblein, Ruthard: Moral. Strapazierter Begriff. – Bühle-Moos; Baden-Baden: Elster-Verl., 1993. – S. 33, 385 (2 Beiträge).
Keupp, Heiner: Bedrohte und befreite Identitäten in der Risikogesellschaft. – In: Barkhaus, Annette (Hrsg.): Identität, Leiblichkeit, Normativität. – Frankfurt a. M.: Suhrkamp, 1. Aufl., 1996. – S. 385, 388 (2 Beiträge).
S. 288/289 **Döbert, Rainer:** Männliche Moral – Weibliche Moral. – S. 129, 133. – In: Nunner-Winkler, Gertrud (Hrsg.): Weibliche Moral. – a. a. O. – S. 121–146.
Nach Gilligan, Carol: Moralische Orientierung und moralische Entwicklung. – S. 84, 83. – In: Nunner-Winkler, Gertrud (Hrsg.): Weibliche Moral. – a. a. O. – S. 79–100.
Nietzsche, Friedrich – Zitiert nach: Nunner-Winkler, Gertrud (Hrsg.): Weibliche Moral. – München: Dt. Taschenbuch-Verl., 1991. – Einführung, S. 9.
Piper, Annemarie: Aufstand des stillgelegten Geschlechts. – Freiburg: Herder, 1993. – S. 11, 43 (2 Beiträge).
S. 290/291 **Dewey, John:** Die Erneuerung der Philosophie. – Hamburg: Junius, 1989. – S. 227, 229 (2 Beiträge).
Dürr, Hans Peter: Wirft die Evolution den Menschen aus der Bahn. Fragen an den Alternativ-Nobelpreisträger Hans Peter Dürr. Von Wolfgang Kessler. – In: Publik-Forum-Dossier Nr. 1 vom 14. 01. 2000. – Oberursel: Publik-Forum Verlagsgesellschaft, 2000, – S. III.
Habermas, Jürgen: Vergangenheit als Zukunft. – Zürich: Pendo-Verl., 1991. – S. 128f., 136f. (2 Beiträge).

Kapitel 5
S. 292/293 **Nach: Berner, Ullrich:** Art. Religion. – In: Lexikon der Religionen: Phänomene – Geschichte – Ideen. – Freiburg u. a.: Herder, 2. Aufl., 1995. – S. 531.
Vortrag von **Helmut Gollwitzer** bei einem Symposion des Max-Planck-Institutes für Bildungsforschung, Berlin 1974. – In: Ders.: Was ist Religion? Fragen zwischen Theologie, Soziologie und Pädagogik. – München: Piper, 2. Aufl., 1985. – S. 19f.
Carl Gustav Jung-Zitat, zitiert nach: Jung, Carl Gustav: Von Religion und Christentum. Einsichten und Weisheiten, ausgewählt von Franz Alt. – Olten und Freiburg im Breisgau: Walter, 1987. – S. 27.
S. 294/295 **Haas, Britta:** Wir stehen da wie begossene Pudel. Die Furcht vor dem Islam und die Hürden des Dialogs. Ein Gespräch mit Cem Özdemir. – In: Publik-Forum. – Oberursel: Publik-Forum-Verlags-Gesellschaft. – Nr. 2/1998. – S. 39.
Nach: Hansen, Georg; Schmalz-Jacobsen, Cornelia (Hrsg.): Kleines Lexikon der ethnischen Minderheiten in Deutschland. – Lizenzausgabe für die Bundeszentrale für politische Bildung. Bonn: Bundeszentrale für politische Bildung, 1997. – S. 226 (© München, Beck), (2 Beiträge).
King, Stephen – In: Publik-Forum. – Oberursel: Publik-Forum-Verlags-Gesellschaft. - Nr. 11/1998. – S. 53.
Hans Küng, Projekt Weltethos. – München/Zürich: Piper, 5. Aufl., 1995, S. 67.
Der Spiegel 41/1994 v. 16. 10. 1994. – S. 109f. (Artikel: Alle sind ziemlich nervös.).
S. 296/297 **Albrecht, Renate; Schüßler, Werner:** Paul Tillich. Sein Werk. – Düsseldorf: Patmos, 1. Aufl., 1986. – S. 134f.
Smith, Wilfred Cantwell: Modern Culture from a Comparative Perspektive. – Albany: State University of New York Press, 1997. – S. 1–8. Übersetzung: H.-J. Loth (2 Beiträge).
S. 298/299 **Mensching, Gustav:** Die Religion: Erscheinungsformen, Strukturtypen und Lebensgesetze. – München: Goldmann, 1962. – S. 14–16 (2 Beiträge).
S. 300/301 **Mall, Ram Adhar:** Der Hinduismus. – Darmstadt: Wissenschaftliche

Buchgesellschaft, 1997. – S. 19, 52 (2 Beiträge).
Sharma, Arvind: Der Hinduismus. – In: Ders. (Hrsg.): Innenansichten der großen Religionen. – Frankfurt am Main: Fischer, 1997. – S. 320f.
Thannippara, Alexander: Art. Yoga. – In: Waldenfels, Hans (Hrsg.): Lexikon der Religionen. – Freiburg u. a.: Herder, 2. Aufl., 1995. – S. 710.
S. 302/303 **Thera, Piyadassi:** The Buddha´s Ancient Path. – Kandy: Buddhist Publication Society, 1974 (reprint). – S. 11–15; 17. Übersetzung: H.-J. Loth.
S. 304/305 **Blumenthal, H. E.:** In dieser Nacht sprechen wir von der Geschichte Israels: Gedanken zu Pessach. – In: Allgemeine Jüdische Wochenzeitung vom 6. April 1979. – Bonn: Jüdische Presse, 1979. – S. 6.
Ibn Ishaq: Das Leben des Propheten. – Aus dem Arabischen übertragen u. bearbeitet von Gernot Rotter. – [München:] Goldmann, 1988. – 43f.
Jacobs, Louis: The Jewish Religion. – Oxford: Oxford University Press, 1995. – S. 210.
Neusner, Jacob: Judentum. – In: Sharma, Arvind (Hrsg.): Innenansichten der großen Religionen. a. a. O. – S. 582.
Rassoul, Abu-r-Rida' Muhammad Ibn Ahmad Ibn: Von der Sunna des Propheten. – Köln: Islamische Bibliothek, 2., verb. und erw. Aufl., 1994. – S. 228f.
S. 306/307 **Harnack, Adolf von:** Dogmengeschichte. – Genf: nachgedruckt auf Veranlassung der Kriegsgefangenenhilfe des Weltbundes der Christlichen Vereine Junger Männer, 7. photomechanisch gedruckte Aufl., o. J. [ca. 1946]. – S. 4.
Heiligenthal, Roman: Der verfälschte Jesus: eine Kritik moderner Jesusbilder. – Darmstadt: Primus, 1997. – S. 1; 2f.; 5.
S. 308/309 **Hu, Jason C. (Hrsg.):** Philosophie: chinesische philosophische Gedanken. – Taipei: Kwang Hwa Publishing Company, 1992.
An Outline of Shinto Teachings. – Compiled by Shinto Committee for the IXth International Congress for the History of Religions. – Tokyo: **Jinja Honcho** (The Association of Shinto Shrines), 1958. – S. 23–25.
Tu Wei-ming: Der Konfuzianismus. – In: Sharma, Arvind (Hrsg.): Innenansichten der großen Religionen. a. a. O. – S. 764.
S. 310/311 **Mall, Ram Adhar:** Der Hinduismus. – a. a. O. – S. 19; 39; 41f.
Radhakrishnan, Sarvepalli: Erneuerung des Glaubens aus dem Geist. – Übersetzt von Eva Gärtner. – Frankfurt am Main: Ullstein, 1955. – 132f. (2 Beiträge).
Rigveda X, 90, 2. 11.16. – In: Mehlig, Johannes (Hrsg.): Weisheit des alten Indien. – Bd. 1 – Leipzig; Weimar: Kiepenheuer, 1987. – S. 53f.
Sharma, Arvind: Der Hinduismus. – In: Sharma, Arvind (Hrsg.): Innenansichten der großen Religionen. – a. a. O. – S. 307, 325f. (2 Beiträge).
Swami Agnivesh [19] 1 5.3 – In: Email vom 6. Mai 1999: Renewing the Arya Samaj Movement/übers. von Heinz-Jürgen Loth. – Bonded Labour Liberation Front, 7 Jantar Mantar Road, New Dehli 110001. Email: agnivesh@vsnl.com.
S. 312/313 **Nach: Nyanatiloka.** – a. a. O. – S. 186f, 220 (2 Beiträge).
Samyutta-Nikaya XII, 2. – Nach: Kantowsky, Detlef: Buddhismus. – Braunschweig: Aurum, 1993. – S. 34f.
Visuddhi-Magga XVI. – In: Nyanatiloka: Buddhistisches Wörterbuch. – Konstanz: Christiani, 4. Aufl., 1989. – S. 24–26 (2 Beiträge).
S. 314/315 **Askasri, Hassan:** Einheit und Entfremdung im Islam. – In: Greenberg, Moshe: Die Menschheit, Israel und die Nationen in hebräischer Überlieferung. – In: Nelson, J. Robert; Pannenberg, Wolfhart (Hrsg.): Um Einheit und Heil der Menschheit. – a. a. O. – S. Frankfurt a. M.: Lembeck, 1973. – S. 79.
Goshen-Gottstein, Alon: Creation. – In: Cohen, Arthur A.; Mendes-Flohr, Paul (Hrsg.): Contemporary Jewish Religious Thought. – New York; London: Scribner, 1988. – S. 114f. 117. Übersetzung: H. J. Loth.
Greenberg, Moshe: Die Menschheit, Israel und die Nationen in hebräischer Überlieferung. – In: Neslon, J. Robert; Pannenberg, Wolfhart (Hrsg.): Um Einheit und Heil der Menschheit. a. a. O. – S. 47f.
Nasr, Seeyed Hossein: Der Islam. – In: Sharma, Arvind (Hrsg.): Innenansichten der großen Religionen. – a. a. O. – S. 436f.
S. 316/317 **Pannenberg, Wolfhart:** Anthoropologie in theologischer Perspektive: religiöse Implikationen anthropologischer Theorie. – Göttingen: Vandenhoeck & Ruprecht, 1983 – S. 71; 74; 75f, 460f, 469 (3 Beiträge).
S. 318/319 **Hu, Iason C.:** Philosophie: chinesische philosophische Gedanken. – a. a. O.
Ono, Sokyo: Shinto: the Kami Way. – Rutland (Vermont); Tokyo: Charles E. Tuttle Company, 20th printing, 1989. – S.106f.
Wei-ming, Tu: Der Konfuzianismus. – In: Sharma, Arvind (Hrsg.): Innenansichten der großen Religionen. – a. a. O. – S. 764.
Xiaogan, Liu: Der Daoismus. – In: Sharma, Arvind (Hrsg.): Innenansichten der großen Religionen. – a. a. O. – S. 280f.; 286.
S. 320/321 **Nach: Bhagavadgita:** Sanskrittext mit Einleitung und Kommentar. Mit dem indischen Urtext verglichen und ins Deutsche übers. von Sarvapalli Radhakrishnan und Siegfried Lienhard. – Wiesbaden: Löwit, 1958. – S. 331f.
Nach: Mall, Ram Adhar: Der Hinduismus. – a. a. O. – S. 71–73.
Sharma, Arvind: Der Hinduismus. – In: Sharma, Arvind (Hrsg.): Innenansichten der großen Religionen. – a. a. O – S. 324.
Swami Agnivesh. – In: Email vom 6. Mai 1999: Social Spirituality/übers. von Heinz-Jürgen Loth. – Bonded Labour Liberation Front, 7 Jantar Mantar Road, New Dehli 110001. Email: agnivesh@vsnl.com.
S. 322/323 **Der Ehrenwerte Bhikkhu (= Mönch) Mettanando** aus Thailand: »All Things are passing Away, Therefore, You Should Accomplish Diligently«. – In: Pro Diaologo: Bulletin/Pontificium Consilium pro Dialogo inter Religiones. – Città del Vaticano: Consilium, 100/1, 1999. – S. 129; 130; 131; 132ff.
S. 324/325 **Lau, Israel Meir:** Wie Juden leben. – Gütersloh: Gütersloher Verlagshaus Gerd Mohn, 3. Aufl., 1993. – S. 3–5.
Radday, Yehuda T.: Auf den Spuren der Parascha/unter. Mitarb. von Magdalena Schultz. – Arbeitsmappe 3. – Frankfurt am Main: Diesterweg, 1992. – S. 58.
Simmons, Vivian G.: The Path of Life: a study of the background, faith and practice of Liberal Judaism. – London: Vallentine Mitchell, 1961. – S. 46; 48f.; 52 (2 Beiträge).
S. 326/327 **Smend, Rudolf:** Art. Ethik III. – In: Theologische Realenzyklopädie. – Bd 10. – Berlin; New York: de Gruyter, 1982, S. 428.
S. 328/329 **An-Na´im, Abdullahi Ahmed:** Koran, Scharia und Menschenrechte. – In: Concilium 26,2 (1990). – Mainz: Matthias-Grünewald-Verlag, 1990. – S. 129f.
Nasr, Seyyed Hossein: Der Islam. – In: Sharma, Arvind: Innenansichten der großen Religionen. – a. a. O. – S. 444f.; 447 (2 Beiträge).
Sure 17 – In: Rassoul, Ibn: Die ungefähre Bedeutung des Al-Qur'an Al-Karim in deutscher Sprache. – Köln: IB Verlag Islamische Bibliothek, 7. Verb. Aufl., 1416/1995. – S. 367–375.
S. 332/333 **Margull, Hans Jochen:** Der Absolutheitsanspruch des Christentums im Zeitalter des Dialogs. – In: Theologica Practica 15/1980. – Mainz: Kaiser, 1980. – S. 73, 75 (2 Beiträge).
Hans Jochen Margull zitiert nach: Paul Löffler.: Dialog mit anderen Religionen. – In: Krüger, Hanfried (Hrsg.): Ökumene-Lexikon. Frankfurt am Main: Lembeck, 1983. – Sp. 259.
Ökumenischer Rat der Kirchen, Leitlinien zum Dialog mit Menschen verschiedener Religionen und Ideologien. – In: Berger, Ulrike; Mildenberger, Michael (Hrsg.): Keiner glaubt für sich allein. Frankfurt am Main: Lembeck, 1987, S. 72–74 i. A.
S. 334/335 **Elyas, Nadeem:** Presse-Information, Ansprache des Vorsitzenden des Zentralrats der Muslime in Deutschland, Dr. Nadeem Elyasbei der Zentralveranstaltung anläßlich des 900-jährigen Gedenktages der Kreuzzüge; Essen, 20. 05. 1996. – S. 4.
Halevi, Yossi Klein: A One-Sheikh Mission. – In: Jerusalem Report vom 01. 02. 1999. Jerusalem: Jerusalem Report Publ. – S. 14f.
Scheich Sakouta – – In: Jerusalem Report vom 01. 02. 1999. Jerusalem: Jerusalem Report Publ. – S. 14f.
S. 336/337 **Joachim Garstecki.** – Zitat aus: Geburtstagsgespräch zwischen Friedensgeschwistern. – a. a. O. – S. 18f.
Nach einem **Informationsprospekt von Aktion Sühnezeichen/Friedensdienste** (ASF) (ASF, Auguststr. 80, 10117 Berlin)
Nach der Erklärung des Präsidiums von

Pax Christi »Für Frieden durch Versöhnung und Gerechtigkeit« anlässlich des 50. Jahrestages der Organisation (Pax Christi, PF 1345, 61103 Bad Vilbel).
Wolfgang Jung über Pax Christi. – Zitat aus: Geburtstagsgespräch zwischen Friedensgeschwistern. – In: Publik-Forum 10/1998. Oberursel: Publik-Forum-Verlags-Gesellschaft, S. 18f.
S. 338/339 **Arndt, Matthias:** 1998/Broschüre von ASF (ASF, Auguststr. 80, 10117 Berlin).
Bütow, Tobias: 1998 / Broschüre von ASF (ASF, Auguststr. 80, 10117 Berlin).
Riemer, Willi: Pax-Christi-Bistumsstelle Münster, 1998 (Pax Christi, PF 1345, 61103 Bad Vilbel).
Schultheiß, Jan: 1998/ Broschüre von ASF (ASF, Auguststr. 80, 10117 Berlin).
S. 340/341 **Landau, Dalia:** A letter to a deportee. – In: Jerusalem Post vom 14.01.1988/ übers. von Jörn Böhme. – Jerusalem: Jerusalem Report Publ., 1988. – unpaginiert
Landau, Jehezkel: Wahrheit, Gerechtigkeit und Frieden. – In: Echos of Peace 42, 1993/übers. von Rudolf Beringer. – S. 4–6.
S. 342/343 **Swami Agnivesh.** – In: Email vom 6. Mai 1999: Social Spirituality/übers. von Heinz-Jürgen Loth. – Bonded Labour Liberation Front, 7 Jantar Mantar Road, New Dehli 110001. Email: agnivesh@vsnl.com.
S. 344/345 **Buddhas Lehrrede** an Sigala nach: Loth, Heinz-Jürgen: Christentum und Buddhismus. – In: Der Evangelische Erzieher 38,5 (1986). – Frankfurt a. M.: Diesterweg, 1986. – S. 481.
Bubna-Litic, David: Buddhistische Ethik und Unternehmensstrategie. – In: Ursache und Wirkung. Zeitschrift für Buddhismus. – Wien, 7. Jg., Nr. 23 Winter 1997/98, S. 38.40. 41f.43.45.
S. 346/347 **Schmitthenner, Ullrich (Hrsg.):** Arbeitsbuch für Gerechtigkeit, Frieden und die Bewahrung der Schöpfung. – Frankfurt a. M.: Ökumenischer Informationsdienst, 1990. – S. 144–154.
S. 348/349 **In: Feuervogel** 2/98. – Hamburg: Evangelisches Missionswerk in Deutschland, 1998. – S. 27.
Graf, Friedrich Wilhelm: Akzeptierte Endlichkeit: protestantische Ethik in einer Welt der Widersprüche. – In: Mehlhausen, Joachim (Hrsg.): Pluralität und Identität. – Gütersloh: Gütersloher Verlagshaus Gerd Mohn, 1995. – S. 112.
Küng, Hans: Parlament der Weltreligionen. Erklärungen zum Weltethos. – In: Küng, Hans; Kuschel, Karl-Josef (Hrsg.): Erklärung zum Weltethos. – München: Piper, 1993, S. 24, 27f.
Spaemann, Robert: Weltethos als Projekt. – In: Merkur 570/71. – Stuttgart: Klett-Cotta, 1998. – S. 893–904.
Stückelberger, Christoph: Umwelt und Entwicklung. – Stuttgart u. a.: Kohlhammer, 1997. – S. 203.
S. 350/351 **Dalai Lama** zum Weltparlament der Religionen – Feuer kann man nicht mit Feuer löschen. Der Dalai Lama im Gespräch. In: Publik-Forum Nr. 22 vom 19. Nov. 1993. Oberursel: Publik-Forum-Verlags-Gesellschaft, 1993. – S. 11f.
Küng, Hans; Kuschel, Karl-Josef (Hrsg.): Erklärung zum Weltethos. – a. a. O. – S. 34.
Ghandi, Mahatma: Freiheit ohne Gewalt. Eingeleitet, übersetzt und herausgegeben von Klaus Klostermeier. – Köln: Hegner, 1968. – S. 132.
Stöhr, Martin: Dreinreden: Essays, Vorträge, Thesen, Meditationen/hrsg. von Klaus Müller und Alfred Wittstock. – Wuppertal: Foedus, 1997. – S. 176–178.
S. 354/355 **Barth, Karl:** Christengemeinde und Bürgergemeinde. – Zürich: EVZ-Verlag, 1970. – S. 49–82.
Luther, Martin: Von weltlicher Obrigkeit, wie weit man ihr Gehorsam schuldig sei. – In: Luther, Martin: Von der Freiheit eines Christenmenschen/dt. von Kurt Aland. – Bd. 7. – Göttingen: Vandenhoeck & Ruprecht, 1967. – S. 9–51.
S. 356/357 **Christina:** Warum reden Politiker so ablehnend … – In: Versöhnung lernen. Religion 9/10. – a. a. O. – S. 117.
Höppner, Reinhard: Über die Bedeutung des Evangeliums … – In: Versöhnung lernen. Religion 9/10. – a. a. O. – S. 116.
Levi, Arthur: In meinem politischen Leben … – In: Evangelische Zeitung vom 27.02.1994. – Hannover: Lutherisches Verl.-Haus, 1994.
Schmidt, Helmut: Politik u. Geist, Gespäch mit Bundeskanzler H. Schmidt – In: Evangelische Kommentare 14 (1981), S. 209 –216.
S. 358/359 **Huber, Wolfgang:** Konflikt und Konsens. – München: Kaiser, 1990. – S. 154, 156f.
Sellmann, Matthias; Vogt, Markus: Handeln für die Zukunft der Schöpfung. – Hamm: Hoheneck, 1999. – S. 78.
Raiser, Konrad: Wir stehen noch am Anfang. – Gütersloh: Kaiser u. a., 1994. – S. 100f.
Sellmann, Matthias; Vogt, Markus: Handeln für die Zukunft der Schöpfung. – a. a. O. – S. 86.
S. 360/361 **Böckle, Franz:** Ethik. – In: Eicher, Peter (Hrsg.): Neues Handbuch theologischer Grundbegriffe. – Bd 1. – München: Kösel, 1984. – S. 286, 275–287 (2 Beiträge). S. 275–287.
Luther, Martin: Martin Luthers Werke. Kritische Gesamtausgabe (Weimarer Ausgabe). – Bd. 10 I. – Weimar: Böhlau u. a. – S. 2; Zeile 41 (2 Beiträge).
Rendtorff, Trutz: Ethik. – In: Fahlbusch, Erwin (Hrsg.): Taschenlexikon Religion und Theologie. – Bd. 1. – Göttingen: Vandenhoeck & Ruprecht, 1974. – S. 260-265 (2 Beiträge).
S. 362/363 **Feuerbach, Ludwig:** Das Wesen der Religion/hrsg. von Albert Esser. – Köln: Hegner-Bücherei, 1967. – S. 128–132, 212–214 (4 Beiträge).
S. 364/365 **Neuner, Peter:** Kritik an der Metaphysik. – In: Funkkolleg Religion/hrsg. vom Deutschen Institut für Fernstudien an der Universität Tübingen. – Weinheim; Basel: Beltz, 1983. – S. 39f.
Neuner, Peter: Die Parabel vom tollen Menschen. – In: Funkkolleg Religion. – a. a. O. – S. 39f.
Nietzsche, Friedrich: Menschliches, Allzumenschliches II, Nr. 22. – In: Nietzsche Werke in 2 Bänden/hrsg. von Gerhard Stenzle. – Bd. 1. – Salzburg: Berglandverl., o. J. – S. 750.
Nietzsche, Friedrich: Die fröhliche Wissenschaft, Nr. 343. – In: Nietzsche Werke in 2 Bänden/hrsg. von Gerhard Stenzle. – Bd. 2. – Salzburg: Berglandverl., o. J. – S. 599, 645f. (2 Beiträge).
S. 366/367 **Freud, Sigmund:** Die Zukunft einer Illusion. – In: Gesammelte Werke/hrsg. von Anna Freud u. a. – Frankfurt a. M.: Fischer, 1963. – o. S. (2 Beiträge).
Neuner, Peter: Religion – eine Neurose? – In: Funkkolleg Religion. – a. a. O. – S. 26f., 38f. (2 Beiträge).
S. 368/369 **Karl Marx**, Brüsseler Zeitung vom 12. 9. 1847. – In: Marx, Karl; Engels, Friedrich: Werke/hrsg. vom Institut für Marxismus-Leninismus beim Zk der SED. – Bd. 4. – Berlin: Dietz, 1974. – S. 200.
Marx, Karl: Zur Kritik der Hegelschen Rechtsphilosophie. – In: Marx, Karl: Die Frühschriften/hrsg. von Siegfried Landshut. – Stuttgart: Gröner-Verl., 1968. – S. 207, 209, 216 (3 Beiträge).
Neuner, Peter: Religion hat ihren Grund in sozialen Verhältnissen. – In: Funkkolleg Religion. – a. a. O. – S. 37f.
S. 370/371 **Huber, Wolfgang:** Konflikt und Konsens: Studien zur Ethik der Verantwortung. – München: Kaiser, 1990. – S. 234.
Lay, Rupert: Philosophie für Manager. – Düsseldorf; Wien; New York: Econ Taschenbuch Verlag, 1991. – S. 13.
Richter, Horst Eberhard: Der Gotteskomplex. – Reinbek bei Hamburg: Rowohlt, 1979. – S. 29–31, 218 (2 Beiträge).

Kapitel 6
S. 372/373 **Vossenkuhl, Wilhelm:** Eigenes »Ich«. Ein Essay üb er die menschliche Identität. – In: Beck, Ulrich; Vossenkuhl Wilhelm; Erdmann Ziegler, Ulf: Eigenes Leben, Ausflüge in die unbekannte Gesellschaft, in der wir leben (Ausstellung: Eigenes Leben)/hrsg. v. d. Bayerischen Rückversicherung und der Aktiengesellschaft. – München: Beck, 1995. – S. 200f., 208, 209, 211f. (4 Beiträge).
S. 374/375 **Aristoteles:** Nikomachische Ethik/übers. und Nachwort von Franz Dirlmeier. – Stuttgart: Reclam, 1969. – S. 54f.
Horkheimer, Max: Um die Freiheit.- Frankfurt a. M.: Europ. Verl.-Anst., 1962. – S. 9ff.
Nagel, Thomas: Was bedeutet das alles? Eine ganz kurze Einführung in die Philosophie/aus dem Engl. übers. von Michael Gebauer. – Stuttgart: Reclam, 1990. – S. 41f.
Ryle, Gilbert: Der Begriff des Geistes. – Stuttgart: Reclam, 1969. – S. 94f.
S. 376/377 **Koestler, Arthur:** Das Gespenst in der Maschine?/aus dem Engl. übertr. v.

Wolfram Wagmuth. – Wien u.a.: Molden, 1968. – S. 234.
Menzel, Alfred: Das Problem der Willensfreiheit.- In: Borden, Friedrich (Hrsg.): Das Problem der Freiheit.- Paderborn: Schöningh, 1962.- S. 43f.
Nach: Pothast, Ulrich (Hrsg.): Seminar: Freies Handeln und Determinismus. – Frankfurt a. M.: Suhrkamp, 1. Aufl., 1978. – S. 9
Ryle, Gilbert: Der Begriff des Geistes. – a. a. O. – S. 98f.
S. 378/379 **Hume, David:** Ein Traktat über die menschliche Vernunft. Buch II. (Über die Affekte, über Moral.) – Hamburg: Meiner, 1978. – S. 138ff.
Hume, David: Eine Untersuchung über den menschlichen Verstand/hrsg. v. Raoul Richter. – Hamburg: Meiner, 1973. – S. 112f.
Kant, Immanuel: Kritik der reinen Vernunft/ hrsg. v. Ingeborg Heidemann. – Stuttgart: Reclam, 1966. – S. 585; 588f.
Kant, Immanuel: Grundlegung zur Metaphysik der Sitten. – Stuttgart: Reclam, 1965. – S. 105 f.; 116.
Weischedel, Wilhelm: Skeptische Ethik. – Frankfurt a. M.: Suhrkamp, 1976. – S. 134.
S. 380/381 **Freytag-Löringhoff, Bruno Baron von:** Die logische Struktur des Begriffs Freiheit. – In: Simon, Josef (Hrsg.): Freiheit. Theoretische und praktische Aspekte des Problems. – Freiburg; München: Alber, 1977. – S. 50.
S. 382/383 Zitat **Günther Anders.** – In: Schoeller, Wilfried F.: Die Verwandlungen der Seele. – In: Börsenblatt 63 vom 06.08.1996. – Frankfurt a. M.: Buchhändler-Vereinigung GmbH. – S. 14.
Lenk, Hans: Prometheisches Philosophieren zwischen Praxis und Paradox. – Stuttgart: Radius-Verlag, 1991. – S. 58f.
Ropohl, Günter: Neue Wege, die Technik zu verantworten. – In: Lenk, Hans (Hrsg.): Technik und Ethik. – Stuttgart: Reclam, 1987. – S. 154ff.
Williams, Bernard: Kritik des Utilitarismus/ hrsg. und übers. von Wolfgang R. Köhler. – Frankfurt a. M.: Klostermann, 1979. – S. 61.
S. 384/385 Jugend 97. 12. **Shell Jugendstudie**/ hrsg. v. Jugendwerk der Deutschen Shell. – Opladen: Leske + Budrich, 1997. – S. 74, 159 f. (3 Beiträge).
Wiesel, Elie: Brief an einen jungen deutschen Freund. Wie Kultur die Welt neu schafft. – In: Die Zeit Nr. 36 vom 27.08.1998/aus dem Engl. übers. v. Sigrid Löffler. – Hamburg: G. Bucerius. – S. 42 (Auszug).
S. 386/387 **Schlick, Moritz:** Fragen der Ethik/hrsg. und eingel. von Rainer Hegselmann. – Frankfurt a. M.: Suhrkamp, 1. Aufl., 1984. – S. 161 f.; 164 (2 Beiträge).
Spaemann, Robert: Glück und Wohlwollen: Versuch über Ethik. – Stuttgart: Klett-Cotta, 3. Aufl., 1989. – S. 234.
Weischedel, Wilhelm: Das Wesen der Verantwortung. Ein Versuch (1933). – Frankfurt a. M.: Klostermann, 3. Aufl., 1972. – S. 15ff. (2 Beiträge).
S. 388/389 **Flugblatt der Weißen Rose, 1943:** Aufruf vom 18. 2. 1943 – In: Hofer, Walther (Hrsg.): Der Nationalsozialismus, Dokumente 1933–1945. – Frankfurt a. M.: Fischer, 1957. – S. 329ff.
Schmidt-Häuer, Christian: Fackel des Gewissens. – In: Die Zeit Nr. 3 vom 14.01.1999. – a. a. O. – S. 8.
Sölle, Dorothee: Phantasie und Gehorsam: Überlegungen zu einer künftigen christlichen Ethik. – Stuttgart: Kreuz Verlag, 1968. – S. 68.
Tugendhat, Ernst: Essays. – In: Information Philosophie vom 02. 05. 1990. Lörrach: Verlag Claudia Moser, 1990. – S. 5f.
S. 390/391 **Martens, Ekkehard :** Zwischen Gut und Böse: Elementare Fragen angewandter Philosophie. – Stuttgart: Reclam 1997. – S. 13.
Höffe, Otfried (Hrsg.): Lexikon der Ethik. – München: Beck, 2. neubearb. Aufl., 1980. – S. 272.
Nach: Maslow, Abraham H. – Psychologie Heute Nr. 12/1995. – Weinheim: Beltz, 1995. – S. 22.
Nozick, Robert: Vom richtigen, guten und glücklichen Leben/aus dem Amerikan. von Martin Pfeiffer. – München: Deutscher Taschenbuch-Verlag, 1993. – S. 144f.
S. 392/393 **Csikszentmihalyi, Mihaly:** FLOW. Das Geheimnis des Glücks/aus dem Amerikan. übers. von Annette Charpentier. – Stuttgart: Klett-Cotta, 3. Aufl., 1993. – S. 21; 25.
Seel, Martin: Glück. – In: Hastedt, H.; Martens, E. (Hrsg.): Ethik. Ein Grundkurs. – Hamburg: Rowohlt, 1994. – S. 148–160.
Tatarkiewicz, Wladyslaw: Über das Glück/aus dem Polnischen übertr. von Zbigniew Wilkiewicz. – Stuttgart: Klett–Cotta, 1. Aufl., 1984. – S. 21; 25.
S. 394/395 **Aphorismen aus:** Zitate von A–Z. – Herrsching: Manfred Pawlak Verlagsgesellschaft, 1989. – S. 136–138.
Aphorismen aus: Tange, Ernst Günter: Lexikon der boshaften Zitate. – Frankfurt a. M.: Eichborn, 1997. – S. 207–210.
Drewermann, Eugen; Neuhaus, Ingritt: Der goldene Vogel. Märchen Nr. 57 aus der Grimmschen Sammlung/Vorwort v. Eugen Drewermann. – Freiburg im Breisgau: Walter, 8. Aufl., 1991. – S. 5.
S. 396/397 **Bien, Günther:** Über das Glück. – In: Schummer, Joachim (Hrsg.): Glück und Ethik. – Würzburg: Königshausen & Neumann, 1998. – S. 37.
Nach: Ernst, Heiko: Wer ist glücklich?. – In: Psychologie Heute, März 1997. – S. 20ff., 21–22 (2 Beiträge).
Freud, Sigmund: Das Unbehagen in der Kultur: und andere kulturtheoretische Schriften. – Frankfurt a. M.: Fischer Taschenbuch-Verlag, 1994. – S. 74–75.
S. 398/399 **Camus, Albert:** Der Mythos von Sisyphos. Ein Versuch über das Absurde. – Hamburg: Rowohlt, 1989. – S. 98f.
Frankl, Viktor E.: Der leidende Mensch. Anthropologische Grundlagen der Psychotherapie. – München: Piper, 1990. – S. 10–12.
S. 400/401 **Bopp, Jörg:** Wir machen es jetzt. Zur Moral der Jugendlichen. – In: Kursbuch 60, Moral. – Berlin: Kursbuch-Verlag, 1980. – S. 23.
BUND/Misereor (Hrsg.): Zukunftsfähiges Deutschland. Ein Beitrag zu einer global nachhaltigen Entwicklung, Studie des Wuppertal-Instituts im Auftrag v. BUND und Misereor, Kurzfassung (Red. Martina Krause ...). – Bonn: Bund für Umwelt und Naturschutz Deutschland e.V. (BUND) u. a., 6. unveränd. Aufl., 1996. – S. 224.
Camus, Albert: Der Mythos von Sisyphos. Ein Versuch über das Absurde. – Hamburg: Rowohlt, 1989. – S. 98f.
Frankena, William K.: Analytische Ethik: eine Einführung. – München: dtv, 1972. – S. 109–110.
Frankl, Viktor E.: Der leidende Mensch. Anthropologische Grundlagen der Psychotherapie. – München: Piper, 1990. – S. 10–12.
Savater, Fernando: Tu was du willst. Ethik für die Erwachsenen von morgen. – Frankfurt a. M.; New York: Campus, 3. Aufl., 1993. – S. 118–119.
S. 402/403 **Mill, John Stuart:** Der Utilitarismus/Übersetzung, Anmerkungen und Nachwort von Dieter Birnbacher. – Stuttgart: Reclam, (Nachdr.) durchges. Ausgabe 1985, 1994. – S. 16–18.
Schiller, Friedrich: Über die ästhetische Erziehung des Menschen in einer Reihe von Briefen. – In. Schillers Werke. Nationalausgabe. – Bd. 20. – Weimar: Böhlau, 1962. – S. 318; 331 f.; S. 358f. (2 Beiträge).
S. 404/405 **Pietschmann, Manfred:** Die Suche nach dem Keim der Schwermut. – In: GEO 11/1998. – Hamburg: Gruner + Jahr, 1998. – S. 68–72.
Magerl, Sabine: Die Ich rief. – In: ZEITmagazin Nr. 20 vom 7. Mai 1998. – S. 21, 22, 26, 21–28 (2 Beiträge).
S. 406/407 **Bolz, Norbert:** Wenn die Sehnsucht gekauft wird, Fragen an Trendanalytiker Norbert Bolz. – In: Publik-Forum Nr. 22 vom 22. November 1996. – S. 3233 (Auszüge)
Russel, Bertrand: Eroberung des Glücks. Neue Wege zu einer besseren Lebensgestaltung. – Frankfurt a. M.: Suhrkamp, 1977. – S. 11–13.
S. 408/409 **Hegel, G. W. F.:** Vorlesungen über die Philosophie der Geschichte (Werke 12). – Frankfurt: Suhrkamp, 1986. – S. 32f., 49; 51 (2 Beiträge).
Kant, Immanuel: Idee zu einer allgemeinen Geschichte in weltbürgerlicher Absicht. – In: Kants Werke. Akademie Textausgabe. – Bd. VIII. – Berlin: de Gruyter, 1968. – S. 17f.; 27f.
S. 410/411 **Darwin, Charles Robert:** Die Entstehung der Arten – In: Passmore, John: Der vollkommene Mensch. Eine Idee im Wandel von drei Jahrtausenden. – Stuttgart: Reclam, 1975. – S. 247.
Passmore, John: Der vollkommene Mensch. – a. a. O. – S. 247f., 294 (2 Beiträge).
Sloterdijk, Peter: Regeln für den Menschenpark. Ein Antwortschreiben zu Heideggers Brief über den Humanismus. – Frankfurt: Suhrkamp, 1999. – S. 16; 41ff.

S. 410/411 **Marx, Karl; Engels, Friedrich:** Das Kommunistische Manifest/mit Vorreden von Marx und Engels, eingel. v. Karl Knautsky. – 4. Bd. – Berlin: Dietz Nachf., 8. Aufl., 1930. – S. 464, 482, 493.

Rorty, Richard: Das kommunistische Manifest 150 Jahre danach: Gescheiterte Prophezeiungen, glorreiche Hoffnungen/aus dem Amerikan. v. Reinhard Kaiser. – Frankfurt a. M.: Suhrkamp, 1998. – S. 11–15, 28–29 (2 Beiträge).

Bildquellenverzeichnis

Abkürzungen
o. = oben, m. = mitte, u. = unten, l. = links, r. = rechts

Cover:
o. r. Fotoarchiv/Tom Hutchins, Essen
u. l. dpa/Allessandro Abbonizio, Frankfurt a. M.
u. m. Ostkreuz/Annette Hauschild, Berlin
u. r. Joker/Peter Winandy, Bonn

Umschlagrückseite (von links nach rechts):
• Museum für Abgüsse Klassischer Bildwerke München.
• Staatliche Antikensammlung und Glyptothek, München Foto: Koppermann.
• Museum für Abgüsse Klassischer Bildwerke München.
• Ralf Ludwig: Kant für Anfänger: Die Kritik der reinen Vernunft. Umschlagillustration von Ralf Bittner © 1995 Deutscher Taschenbuch Verlag, München.
• Ullstein Bild, Berlin.
• dpa, Frankfurt a. M.
• dpa, Frankfurt a. M.

Kapitel 1
10 oben AKG, Berlin; unten AKG, Berlin.
11 unten AKG, Berlin; oben B. Hölzl u. a.: Fragen der Philosophie, ÖBV, Wien 1998.
12 © VG Bild-Kunst, Bonn 2001.
13 Dieter Thärigen, Leipzig.
14 links epd-bild/Lohnes, Frankfurt a. M.; rechts Dieter Thärigen, Leipzig.
15 Dieter Thärigen, Leipzig.
16 M. C. Escher's »Zeichnen« © 2000 Cordon Art B. V. – Baarn – Holland. All rights reserved.
17 AKG, Berlin.
18 Cinetext, Frankfurt a. M.
19 Rex Features/Justin Williams, London.

Kapitel 2
20 Ludwig Forum für Internationale Kunst, Aachen © A. R. Penck, Courtesy Galerie Michael Werner, Köln und New York.
22 AKG, Berlin.
23 AKG, Berlin.
24 © VG Bild-Kunst, Bonn 2001.
25 Dieter Thärigen, Leipzig.
26 Jörg Hess, Basel.
27 rechts Volker Wendt, Leipzig; links Dieter Thärigen, Leipzig.
28 Focus/Pierre Boulat, Hamburg.
29 Focus/Thomas Hoepker, Hamburg.
30 oben © VG Bild-Kunst, Bonn 2001; unten ZEFA/Alan E. Cober, Düsseldorf.
31 The Far Side by Gary Larson © 1990 Far Works, Inc. Used with permission. All rights reserved.
32 M.C. Escher: Band ohne Ende © 1999 Cordon Art B. V. – Baarn – Holland. All rights reserved.
33 aus: 12. Shell Jugendstudie. Herausgeber: Jugendwerk der Deutschen Shell, Hamburg.
34 Mauritius/age fotostock, Stuttgart
35 oben Bavaria/Prince, Gauting; unten Frankfurter Allgemeine Zeitung v. 26. 7. 95 Janusz Majewski (André Burguiére, Klapisch-Zuber).
36 Sally & Richard Greenhill, London.
37 © Globus-Infografik, Hamburg.
38 Rheinisches Bildarchiv, Köln/Museum Ludwig Köln © A. R. Penck, Courtesy Galerie Michael Werner, Köln und New York
39 oben Süddeutscher Verlag Bilderdienst/ Teutopress, München; unten Dieter Thärigen, Leipzig.
40/41 World Council of Churches – photo oikoumene/Peter Williams, Genf
42 Damien Hirst: Acquired Inability to Escape 1991. Glass, steel, table, chair, ashtray, cigarettes, lighter 214 x 305 x 214 cm, Collection: The Irish Museum of Modern Art, on loan of the Weltkunst Foundation © White Cube, London
43 oben AP Photo/Sven Kaestner, Frankfurt a. M.; mitte Dieter Thärigen, Leipzig.
44 Dieter Thärigen, Leipzig
45 Artothek/Joachim Blauel, Peissenberg; © Demart pro Arte B.V./VG Bild-Kunst, Bonn 2001
46 Hetty Krist, Frankfurt a. M.
47 A: Visum/Dietmar Gust, B: Visum/ Wolfgang Steche, C: Visum/Dietmar Gust, Hamburg, D: Bilderberg/Andreas Taubert, Hamburg.
E: Bilderberg/Milan Horacek, Hamburg, F: laif/B. Flittner, Köln, G: Fotoarchiv/Peter Hollenbach, Essen.
48 oben United Colors of Benetton, München; unten Dieter Thärigen, Leipzig.
49 Ullstein Bild, Berlin.
50 F. Rosenstiel, Köln © VG Bild-Kunst, Bonn 2001.
52 AKG Berlin; Gordes, Mus. Didactique, Fond. Vasarely © VG Bild-Kunst, Bonn 2001.
53 AKG, Berlin.
54/55 © Katharina Sieverding, Düsseldorf/Fotos: Klaus Mettig
55 Dieter Thärigen, Leipzig
56 Artothek, Peissenberg © VG Bild-Kunst, Bonn 2001.
57 unten Paul Klee, Hauptweg und Nebenwege, 1929, 90 Öl auf Leinwand; 83,7 x 67,5 cm; Museum Ludwig Köln/ Rheinisches Bildarchiv Köln © VG Bild-Kunst, Bonn 2001; oben AKG, Berlin.
59 Anuschka Blommers/Niels Schumm, Amsterdam.
60 Sedat Mehder, Kamen.
61 CCC/Gerhard Mester, München.
62 CCC/Oswald Huber, München.
63 © VG Bild-Kunst, Bonn 2001.
64 CCC/CORK, München.
65 argus/Mike Schröder, Hamburg.
66 Dieter Thärigen, Leipzig.
67 Lucinda Devlin, Time Magazine, Time Inc./Inter Topics, Hamburg.
68 Oben Das Fotoarchiv/Henning Christoph, Essen; 68 mitte Bilderberg/ Hans-J. Ellerbrock, Hamburg; unten links Bilderberg/Hans-J. Ellerbrock, Hamburg; unten mitte Bilderberg/Hans-J. Ellerbrock, Hamburg.
69 oben rechts laif/Türemis, Köln; oben links © Globus-Infografik, Hamburg; mitte © Globus-Infografik, Hamburg.
70/71 © Michael Najjar, Berlin.
72 oben links CCC/Hans G. Rauch, München.
72/73 Fotoarchiv/Vickie Lewis, Essen
74/75 Bilderberg/M. Kirchgessner, Hamburg.
75 Bilderberg/M. Kirchgessner, Hamburg.
76 Bilderberg/Hans-J. Ellerbrock, Hamburg.
77 Fotoarchiv/Yavuz Arslan, Essen.
78 Süddeutscher Verlag – Bilderdienst/ Manfred Vollmer, München.
79 KNA-Bild, Frankfurt a. M.
81 © VG Bild-Kunst, Bonn 2001.
82/83 Barbara Klemm/Frankfurter Allgemeine Zeitung.
84 Bilderberg/Renate v. Forster, Hamburg.
85 Pedro Citoler/Photom, Köln.
86 Bilderberg/Frieder Blickle, Hamburg.
87 rechts Bilderberg/Till Leeser, Hamburg.
87 links Artothek/Josef S. Martin, Peissenberg
88 Mauritius/Vidler, Stuttgart
89 oben dpa, Frankfurt a. M.; mitte dpa, Frankfurt a. M.

Kapitel 3
90 dpa, Frankfurt a. M.
91 Foto: Expo 2000
92 Kunsthalle Emden/Stiftung Henri und Eske Nannen.
94 unten Domstiftsarchiv Naumburg; oben Aus: Eckart Witzigmann: Meisterwerke aus der Drei-Sterne-Küche. Heyne, München, 1986, © 1978 by Mosaik Verlag München 1982/5.
95 © VG Bild-Kunst, Bonn 2001.

97 AKG/Erich Lessing, Berlin.
98 dpa/Kay Nietfeld, Frankfurt a. M.
99 © VG Bild-Kunst, Bonn 2001.
100 Heike Faß.
101 oben © VG Bild-Kunst, Bonn 2001; unten Greenpeace/Chip Vinai, Hamburg.
102/103 Timm Ulrichs, Hannover © VG Bild-Kunst, Bonn 2001.
104 Staatliche Museen zu Berlin/ Preußischer Kulturbesitz, Nationalgalerie/ Foto: Reinhard Friedrich, Berlin.
105 BPK, Berlin.
106 Giraudon, Paris © VG Bild-Kunst, Bonn 2001.
108 Joker/Peter Winandy, Bonn.
109 CCC/Anna Regula Hartmann, München.
110 Focus/Prof. P. M. Motta et Al, Hamburg.
111 AKG Berlin.
112 Johannes Grützke, Berlin; Foto: Böckmann & Partner, Berlin.
114 Giraudon, Paris © VG Bild-Kunst, Bonn 2001.
116 BPK, Berlin.
119 © VG Bild-Kunst, Bonn 200.1
120 e. t. archive, London.
121 Russian Academy of Sciences/Peter The Great Museum of Anthropology and Ethnology, St. Petersburg.
122 Konkav und Konvex by M.C. Escher. © 2000 Cordon Art – Baarn – Holland. All rights reserved.
123 links Oben und Unten by M.C. Escher. © 2000 Cordon Art – Baarn – Holland. All rights reserved; rechts Council on Enviroment Quality, US-Außenministerium, Washington, US Government Printing Office, 1980.
125 dpa/Staton R. Winter, Frankfurt a. M.
126 Heiner Bastian – Fine Art, Berlin.
127 Sammlung Feelisch, Remscheid © VG Bild-Kunst, Bonn 2001.
128 dpa/Holger Hollemann, Frankfurt a. M.
129 dpa/Jens Kalaene, Frankfurt a. M.
130 © Elefanten-Press, Berlin.
131 unten AKG, Berlin © VG Bild-Kunst, Bonn 2001; oben AKG, Berlin.
132/133 Photo: Jörg P. Anders, Berlin ©VG Bild-Kunst, Bonn 2001.
134/135 dpa/Holger Hollemann, Frankfurt a. M.
135 CCC/Freimut Wössner, München.
136 Bizarro©by Dan Piraro. Reprinted with permission of UNIVERSAL PRESS SYNDICATE. All rights reserved.
138 dpa/Oliver Berg, Frankfurt a. M.
139 dpa, Frankfurt a. M.
140 oben AKG, Berlin; mitte © A. R. Penck, Courtesy Galerie Michael Werner Köln und New York.
141 Fotoarchiv/Henning Christoph, Essen.
142 mitte aus: Prospekt der gepa mbH, Wuppertal; unten epd-bild/Christoffer, Frankfurt a. M.
143 rechts oben RAL Deutsches Institut für Gütersicherung und Kennzeichnung e. V.; rechts mitte Rugmark Deutschlandbüro, Köln; unten mitte Fairtrade Labelling Organizations International, Bonn; rechts mitte Empfohlen vom Institut für Baubiologie Rosenheim GmbH; rechts unten FSC Arbeitsgruppe Deutschland e. V., Freiburg.
144 Chiquita.
145 unten Mit freundlicher Genehmigung des Blumengroß- und Importhandelsverband (BGI); oben BanaFair e.V., Gelnhausen.
146 © für Davringhausen: Renata Davringhausen c/o Leopold-Hoesch-Museum, Düren.
148 links Archiv der sozialen Demokratie in der Friedrich-Ebert-Stiftung; rechts Friedrich-Naumann-Stiftung, Archiv des Deutschen Liberalismus, Gummersbach.
149 CCC/Burkhard Mohr, München.
150 Ralf-Uwe Beck, Eisenach.
151 Ralf-Uwe Beck, Eisenach.
152 aus: Gerhard Finckh, Henri Nannen: Glasnost, Austellungskatalog Kunsthalle Emden, Stiftung H. Nannen, 1988, S. 53.
152/153 Stephen Gill, London.
154 links Süddeutscher Verlag Bilderdienst, München; rechts Ullstein Bild, Berlin.
155 oben AP/David Guttenfelder, Frankfurt a. M.; unten Bilderberg/Hans-J. Ellerbrock, Hamburg.
156 Konrad Hoffmeister, Berlin.
157 aus: M. Klant: Schulspott. Karikaturen aus 2500 Jahren Pädagogik. – Hannover: Fackelträger Verl., 1983. – S. 25.
158 AP, Frankfurt a. M.
159 Bundesbildstelle, Berlin.
160 Ullstein Bild, Berlin.
161 AKG, Berlin.
162 EMMA Mai/Juni 1999, S. 109.
163 Sammlung Industrielle Gestaltung/ Horst Geil, Berlin.
165 Bilderberg/M. Kirchgessner, Hamburg.
166 Susanne Klippel, Hamburg.
167 © epd-bild/version, Frankfurt a. M.
168 Bilderberg/Bernd Jonkmanns, Hamburg.
169 aus: Seipel, Michael: Triumph der Bürger!: Mehr Demokratie in Bayern und wie es weitergeht. – München: Mehr Demokratie e. V., 1997.
171 oben Paul Weber-Museum, Ratzeburg © VG Bild-Kunst, Bonn 2001.
171 unten Pressefoto Michael Seifert, Hannover.
173 dpa/Oliver Multhaup, Frankfurt a. M.
174 Artothek/Josef S. Martin, Peissenberg © Sucession Picasso/VG Bild-Kunst, Bonn 2001.
175 Artothek/Hans Hinz, Peissenberg.
176 rechts Sigrid Merkl, München; links Ullstein Bild, Berlin.
177 Reuters, Berlin.
178 unten Focus/Thomas Hoepker, Hamburg.
178/179 Ullstein Bild, Berlin.
180 Konrad-Adenauer-Stiftungn e.V., Archiv für Christlich-Demokratische Politik (ACDP), Plakatsammlung.
181 mitte CCC/Klaus Stuttmann, München; unten Junge Union Deutschlands, Friedrichshain-Kreuzberg.
182 links dpa, Frankfurt a. M.
182/183 Berliner Zeitung/Dieter Zehentmayr.
183 oben © VG Bild-Kunst, Bonn 2001.
184 gettyone Stone/Pascal Crapet, München.
185 dpa/Chris Bacon, Frankfurt a. M.
186 Cinetext, Frankfurt a. M.
187 oben AKG, Berlin; unten Cinetext, Frankfurt a. M.
188 Bilderberg/Andreas Taubert, Hamburg.
190 CCC/Johann Mayr, München.
191 © VG Bild-Kunst Bonn, 2001.
192/193 Museum Folkwang, Essen © VG Bild-Kunst, Bonn 2001.
194 Paul Klee, Schande, 1933, 15(K 15), Pinsel auf Papier mit Leimtupfen auf Karton; 47,2 x 62,6 cm. Paul-Klee-Stiftung, Kunstmuseum Bern, Inv. Nr. Z 962 © VG Bild-Kunst, Bonn 2001.
195 AKG, Berlin.
196 Hans Kilian, Wäschenbeuren.
197 oben © VG Bild-Kunst, Bonn 2001; unten dpa, Frankfurt a. M.
198/199 Foto: Wilfried Bauer; aus: PZ Extra Dezember 1998, hrsg. v. d. Bundeszentrale für politische Bildung, 1998. – Titelbild.
198 unten Caroline Kroon/Impact Visuals, New York.
200 Alberto Giacometti, Der Platz, 1948. Bronze, 21,6 x 64,5 x 43,8 cm. The Museum of Modern Art, New York. Purchase. Photograph © 1999 The Museum of Modern Art, New York © VG Bild-Kunst, Bonn 2001.
201 oben Dieter Thärigen, Leipzig; unten CCC/Gerhard Mester, München.
202 Focus/Philip Jones-Griffith/Magnum Photos, Hamburg.
203 Foto: Michael Friedel – aus: 3. Weltausstellung der Photographie »Unterwegs zum Paradies«, Nr. 155 »Sternbuch«. Gruner + Jahr/C. Bertelsmann, Druckhaus Tempelhof 1973 © Gruner + Jahr.

Kapitel 4
204 AKG, Berlin (2).
205 mitte AKG, Berlin; unten Gettyone Stone, München.
206 Museum für Abgüsse Klassischer Bildwerke, München.
208 Staatliche Antikensammlung und Glyptothek München; Foto: Koppermann.
210/211 Möbiusband I by M. C. Escher. ©2000 Cordon Art – Baarn – Holland. All rights reserved.
211 Dieter Thärigen, Leipzig.
213 oben Artothek/Joseph S. Martin, Peissenberg; unten Dieter Thärigen, Leipzig.
214/215 Opel AG Rüsselheim/Lowe & Partners Werbeagentur, Frankfurt.
216/217 Wassily Kandinsky, Circles in a circle: Philadelphia Museum of Art/The Louise and Walter Arensberg Collection ©VG Bild-Kunst, Bonn 2001.

218 Hand mit spiegelnder Kugel by M.C. Escher. © 2000 Cordon Art – Baarn – Holland. All rights reserved.
219 Tomi Ungerer, Straßburg.
220 oben Gestempeltes und koloriertes Ornament I by M.C. Escher. © 2000 Cordon Art – Baarn – Holland. All rights reserved; unten Dieter Thärigen, Leipzig.
221 Stephen Hawking, Eine kurze Geschichte der Zeit © 1988 by Rowohlt Verlag GmbH, Reinbek.
222 © Photothèque des Musées de la Ville de Paris, Cliché: Delepelaire.
223 Kunsthistorisches Museum, Wien.
224 links Museum für Abgüsse Klassischer Bildwerke, München.
224/225 Martina Sandkühler/ Jump, Hamburg.
225 Rolf Zöllner, Berlin.
226 links BPK, Berlin; rechts Alinari, Florenz.
227 Dieter Thärigen, Leipzig.
228 AKG, Berlin.
229 Paul Klee, Revolution des Viaduktes, 1937, 153 (R 13); Öl auf Baumwolle, 60 x 50 cm, Hamburger Kunsthalle, Hamburg; © VG Bild-Kunst, Bonn 2001.
230 dpa/Anja Niedringhaus, Frankfurt a.M.
231 links CCC/Gerhard Mester, München; Mary Evans Picture Libary, London (2)
232 oben Ullstein Bild, Berlin; unten CCC/ Erik Liebermann, München.
233 Dieter Thärigen, Leipzig.
234 unten dpa/Senna, Frankfurt a. M.
234/235 © Royal Geographical Society (Photo: V. C. Scott O'Connor), London.
236 Artothek/Peter Willi, Peissenberg.
237 oben Süddeutscher Verlag Bilderdienst, München; unten dpa/Markku Ulander, Frankfurt a. M.
238 Action Press, Hamburg.
239 Süddeutscher Verlag Bilderdienst, München.
240 oben Süddeutscher Verlag Bilderdienst, München; mitte dpa/Alessandro Abbonizio, Frankfurt a. M.
241 Sue Fox, Manchester.
242 Manfred Vollmer, Essen.
243 Bilderberg/Michael McGovern, Hamburg.
244 © Anselm Kiefer, Barjac/France.
245 Ralf Ludwig: Kant für Anfänger: Die Kritik der reinen Vernunft. Umschlagillustration von Ralf Bittner; © 1995 Deutscher Taschenbuch Verlag, München.
246 © 2000 Oskar Schlemmer, Archiv und Familien Nachlass, I – Oggebbio/Photoarchiv C. Raman Schlemmer, Archiv und Familien Nachlass, I – Oggebbio.
247 Ullstein Bild, Berlin.
248 CCC/P. Gaymann, München.
249 Bernd Pfarr, Frankfurt a. M.
250 Artothek/Bayer & Mitko, Peissenberg.
251 Graphische Sammlung Albertina, Wien.
252/253 © 2000 Oskar Schlemmer, Archiv und Familien Nachlass, I – Oggebbio.
254 Artothek/Peter Willi, Peissenberg; ©VG Bild-Kunst, Bonn 2001.
255 BPK, Berlin.
256 AKG, Berlin.
257 oben AKG, Berlin; unten CCC/ Haitzinger, München.
258/259 Artothek/Joachim Blauel, Peissenberg; Kunsthalle, Hamburg.
259 rechts Edition St. Gertrude, Hamburg.
260 links AKG, Berlin; rechts Artothek/ Claus Hausmann, Peissenberg © The Munch Museum/The Munch Ellingsen Group/VG Bild-Kunst, Bonn 2001.
261 oben Das Fotoarchiv/Tom Hutchins, Essen; unten Ullstein Bild, Berlin.
262 oben Ullstein Bild, Berlin; mitte dpa, Frankfurt a. M.
263 Paul Klee, Flucht vor sich selbst (erstes Stadium), 1931, 25 (K5) Feder auf Papier mit Leimtupfen auf Karton; 41,8/ 42,2 x 58/58,2 cm. Paul-Klee-Stiftung, Kunstmuseum Bern, Inv. Nr. Z 778, Ref. Nr. 5430 © VG Bild-Kunst, Bonn 2001.
264 mitte AKG, Berlin; unten Dieter Thärigen, Leipzig.
264/265 Artothek/Joachim Blauel, Peissenberg © B. Schargorodsky, Herzberg.
265 mitte AKG, Berlin.
266 oben Ullstein Bild, Berlin; unten Corbis/Stephanie Maze – Picture Press, Hamburg.
267 dpa, Frankfurt a. M.
268/269 Artothek/Joachim Blauel, Peissenberg © VG Bild-Kunst, Bonn 2001.
269 mitte dpa, Frankfurt a. M.
270/271 Candace Carter, Seltz © VG Bild-Kunst, Bonn 2001.
272 Bilderberg/Eberhard Grames, Hamburg.
273 AKG, Berlin.
274/275 © 2000 – Les Editions Albert René/Goscinny – Uderzo.
275 oben Misereor Medienproduktion und Vertriebsgesellschaft mbH, Aachen.
276 Suhrkamp Verlag/Bildarchiv, Frankfurt a. M.
277 dpa, Frankfurt a. M.
278 Helge Leiberg, Berlin © VG Bild-Kunst, Bonn 2001.
279 unten Greenpeace/Noel Matoff, Hamburg; oben dpa, Frankfurt a. M.
280 oben Focus/Mauro Fermariello, Science Photo Library, Hamburg.
280 unten CCC/Gerhard Mester, München.
281 Astrofoto, Sörth.
282 mitte Tomi Ungerer, Straßburg (für Caritas, Freiburg)
282/283 © Disney The Walt Disney Company GmbH, Eschborn.
284 CCC/Walter Hanel, München.
285 Fondation Dubuffet, Paris © VG Bild-Kunst, Bonn 2001.
286/287 © 2001 Andy Warhol Foundation for the Visual Arts/ARS, New York.
289 oben aus: DIE GRÜNEN im Bundestag/AK Frauenpolitik (Hrsg.): Frauen & Ökologie – Gegen den Machbarkeitswahn. Köln: Volksblatt Verlag, 1987./ Titelmotiv: Anne Kaute; unten Constantin Beyer, Weimar.
290 Christo and Jeanne-Claude, Wrapped Reichstag, Berlin 1971 – 1995, W. Volz, Bilderberg, Hamburg.
291 Christo and Jeanne-Claude, Wrapped Reichstag, Berlin 1971 – 1995, W. Volz, Bilderberg, Hamburg.

Kapitel 5
292 oben Horst Munzig, Mindelheim
292/293 Malakademie Köln, Adelheid Resch.
293 AKG, Berlin (5); unten links AKG, Berlin; unten mitte epd-Bild/Neetz, Frankfurt a. M.; oben mitte Dr. Frank Usarski, Groß Köthel.
294 © by Tom.
295 unten links Detlev Konnerth, Berlin; unten mitte Detlev Konnerth, Berlin; unten links dpa/Tim Brakemeier, Frankfurt a.M.
296 Guido Mangold, Ottobrunn.
297 oben Titelgraphik: Heiner Barz, Religion ohne Institution, Leske + Budrich, Opladen, 1992; unten Titelgraphik: Heiner Barz, Postmoderne Religion, Leske + Budrich, Opladen, 1992.
298 mitte Corbis/Julian Calder – Picture Press, Hamburg; oben Corbis/John Garret – Picture Press, Hamburg.
299 Corbis/John Garret – Picture Press, Hamburg.
300 oben Focus/Sam Faulkner, Hamburg.
300/301 © Sharma Picture Publications; 175 Princess Street, Bombay.
302/303 Foto: Hitoshi Tamura – aus: Reynolds, Christopher: Sri Lanka, Die heilige Insel des Buddhismus. Freiburg: Herder, 1982. – S. 78/79.
304/305 Photo Courtesy of Beth Hatefutsoth, Photo Archive, Tel Aviv.
306 © The National Gallery, London.
307 © VG Bild-Kunst, Bonn 2001.
308 AKG, Berlin.
309 Rainer Hackenberg, Köln.
310 Peter Keilhauer, Salzburg.
311 Bilderberg/DINODIA, Hamburg.
312 Ralf-Uwe Beck, Eisenach.
313 Robert Harding Picture Library, London; (© British Museum London).
314 unten dpa, Frankfurt a. M.
314/315 Bilderberg/Felipe J. Alcoceba, Hamburg.
315 unten Bilderberg/Ralf Kreuels, Hamburg.
316 Kalender Brot für die Welt 2000; Illustration: Inge Reitner, Irmhild Spiegel.
317 Gérard Klijn, Königswinter.
318 Rainer Hackenberg, Köln.
319 oben Rainer Hackenberg, Köln; unten Jack Fields/Corbis-Picture Press, Hamburg.
320/321 Mary Pat Fischer, Neu Dehli/ Indien.
322 Bilderberg/Klaus-D. Francke, Hamburg.
323 Focus/Roland & Sabine Michaud, Hamburg.

324 Bilderberg/Felipe J. Alcoceba, Hamburg.
325 Impact Photos/Rachel Morton, London.
326 Berlin, Staatliche Museen Preussischer Kulturbesitz Gemäldegalerie.
328/329 Dr. Frank Usarski, Groß Köthel.
330 Brot für die Welt.
332 KNA-Bild/Herb, Frankfurt a. M.
333 epd-Bild/Arnold, Frankfurt a. M.
334 ASAP, Jerusalem.
335 dpa, Frankfurt a. M.
336 dpa, Frankfurt a. M.
337 Pax Christi, Bad Vilbel.
338 dpa, Frankfurt a. M.
339 Transparent/Hagemeyer, Köln.
340 Debbie Cooper.
341 dpa, Frankfurt a. M.
342 Brot für die Welt/Foto: Anti Slavery Society, London (2).
343 Brot für die Welt/Foto: Hildegard Feldtkeller.
344/345 Fotoarchiv/Martin Sasse, Essen.
346 1. Preis des Wettbewerbs »Kinder zeigen Flagge«, ausgeschrieben von Brot für die Welt und dem Ernst-Lange-Institut 1998/99.
347 Brot für die Welt, Stuttgart, 1998, mit Collagen von Grafikstudio Werbe Neun, Essen.
348 links dpa, Frankfurt a. M.
348 rechts Kirsten Schmidt, Düsseldorf
349 Kirsten Schmidt, Düsseldorf.
350 dpa, Frankfurt a. M.
353 oben AKG, Berlin; mitte Erhard Müller, Leipzig; rechts AKG, Berlin.
354 oben AKG, Berlin; mitte Lightmotif/ Blatt, Genf.
355 AKG, Berlin.
356/357 epd-bild, Frankfurt a. M.
357 rechts dpa/Holschneider, Frankfurt a.M.
358/359 Artothek/Josef S. Martin, Peissenberg.
359 rechts © VG Bild-Kunst, Bonn 2001.
360 KNA-Bild, Frankfurt a. M.
361 oben Ralf-Uwe Beck, Eisenach; unten dpa, Frankfurt a. M.
362 BPK, Berlin.
363 oben AKG, Berlin; unten BPK, Berlin.
364 AKG, Berlin.
365 AKG, Berlin.
366 AKG, Berlin.
367 Inter Topics/LaMoine, Hamburg.
368 Dieter Thärigen, Leipzig.
369 AKG, Berlin.
370 dpa, Frankfurt a. M.
371 Artothek/Jochen Remmer, Peissenberg © The Munch Museum/The Munch Elligsen Group / VG Bild-Kunst, Bonn 2001.

Kapitel 6

372 oben links gettyone Stone/Andre Picou, München; oben rechts Action Press/Kirchhoff, Hamburg.
373 United Feature Sydicate/Presse-Illustrationsbüro Kopenhagen.
374 © VG Bild-Kunst, Bonn 2001.
376/377 Loriot – Wahre Geschichten © 1968, 1986 Diogenes Verlag AG Zürich.
379 © VG Bild-Kunst, Bonn 2001.
380 Baaske Cartoon, Jan Tomaschoff, München.
381 Dieter Thärigen, Leipzig (2)
382 CCC/Freimut Wössner, München.
383 Dieter Thärigen, Leipzig.
384 H.I.S. Jeans, Garching/München.
385 oben Action Press, Hamburg; unten CCC/Erik Liebermann, München.
386 © VG Bild-Kunst, Bonn 2001.
387 Erich Rauschenbach, Berlin.
388 mitte Süddeutscher Verlag – Bilderdienst/Jürgen Wittenstein, München © Geschwister Scholl-Archiv; unten dpa/Scheuermann, Frankfurt a. M.
389 dpa, Frankfurt a. M.
390 Dieter Thärigen, Leipzig.
390/391 Mannesmann o.tel.o GmbH, Köln.
391 oben aus: Das Medium – 50 Jahre Werbung im Stern. Hamburg: Gruner + Jahr, 1998. S. 200; unten Parion/Gothaer Versicherung, Köln.
392 © Walter Hirsch, Nacka-Schweden.
393 © Walter Hirsch, Nacka-Schweden (2).
394 © Walter Hirsch, Nacka-Schweden.
395 Giraudon, Paris © VG Bild-Kunst, Bonn 2001.
396 © The Estate of Keith Haring, New York.
397 Guido Mangold, Ottobrunn.
398 oben Ullstein Bild, Berlin.
399 oben AKG, Berlin.
398 mitte Städtische Kunsthalle Mannheim.
399 unten AKG, Berlin.
400 dpa, Frankfurt a. M.
401 mitte Ostkreuz, Annette Hauschild, Berlin; rechts Bilderberg, Andreas Taubert, Hamburg.
402/403 Giraudon, Paris © VG Bild-Kunst, Bonn 2001.
404 Joyce Tenneson, New York
405 oben Daniel Josefsohn, Hamburg; unten Grafik: Toma Narashima – aus: Geo Nr. 11/Nov. 1998. Gruner+Jahr, Hamburg, S. 61
407 Artothek, Peissenberg; Galerie der Stadt Stuttgart.

Trotz aller Bemühungen war es uns in einigen Fällen nicht möglich, den Rechteinhaber ausfindig zu machen. Berechtigte Ansprüche werden selbstverständlich im Rahmen der üblichen Vereinbarungen abgegolten.